Microsoft Excel 2016 – Das Handbuch

Frank Arendt-Theilen, Dietmar Gieringer, Hildegard Hügemann,
Dominik Petri, Eckehard Pfeifer, Dieter Schiecke, Helmut Schuster

Microsoft Excel 2016 – Das Handbuch

Von den Grundlagen der Tabellenkalkulation
bis zu PivotTable und Power Query
inkl. Add-Ins und Makros

O'REILLY®

Frank Arendt-Theilen, Dietmar Gieringer, Hildegard Hügemann,
Dominik Petri, Eckehard Pfeifer, Dieter Schiecke, Helmut Schuster

Lektorat: Ariane Hesse und Sandra Bollenbacher
Korrektorat: Petra Heubach-Erdmann, Düsseldorf
Satz: mediaService, Siegen, www.mediaservice.tv
Herstellung: Susanne Bröckelmann
Umschlaggestaltung: Michael Oreal, www.oreal.de
Druck und Bindung: Schleunungdruck GmbH, Marktheidenfeld

Bibliografische Information der Deutschen Nationalbibliothek
Die Deutsche Nationalbibliothek verzeichnet diese Publikation in der Deutschen Nationalbibliografie; detaillierte bibliografische Daten sind im Internet über http://dnb.d-nb.de abrufbar.

ISBN:
Print 978-3-96009-039-7
PDF 978-3-96010-099-7
ePub 978-3-96010-100-0
mobi 978-3-96010-101-7

1. Auflage 2017

5 4 3 2 1 0

Inhalt

Vorwort

In diesem Kapitel:

Mit der Version 2016 hat sich Microsoft Excel abermals weiterentwickelt. Neue Diagrammtypen, die stärkere Integration der BI-Tools in die Excel-Oberfläche, oder auch Verbesserungen beim Einsatz von Pivot-Tabellen machen die Datenauswertung noch komfortabler und schneller.

Dieses Handbuch zeigt Ihnen anhand konkreter Praxisbeispiele, wie Sie diese neuen Möglichkeiten produktiv nutzen. Natürlich ist es stets auch ein Nachschlagewerk dazu, wie Sie Excel für Ihre Aufgaben einsetzen.

Die in diesem Handbuch gezeigten Beispiele basieren auf der jahrelangen Erfahrung der Autoren als Trainer, Berater und in operativer Verantwortung. Nutzen Sie das Know-how aus den Praxislösungen, um Excel künftig noch erfolgreicher einsetzen zu können. Wir wünschen Ihnen viel Spaß beim Ausprobieren und Anwenden.

Die Autoren

Frank Arendt-Theilen aus Hameln ist Trainer und Programmierer. Er arbeitet seit der ersten Version mit Excel. Sein umfangreiches Wissen gibt er in verschiedenen Foren weiter. Aufgrund seiner mehr als 10.000 Newsgroup-Beiträge wurde er von Microsoft als »Most Valuable Professional« (MVP) ausgezeichnet. Als Autor für Microsoft Press hat er bereits an mehreren Excel-Büchern mitgewirkt. Seine VBA-Kenntnisse machen ihn zu einem gefragten Programmierer, wenn es ums Erstellen komfortabler Excel-Lösungen geht. Seine Website: *www.at-exceltraining.de.*

Dietmar Gieringer aus Stuttgart ist Dipl.-Betriebswirt (BA) und Microsoft Certified Trainer. In seinen Workshops und Vorträgen begeistert er durch fundiertes Fachwissen und seine verständliche Art. Er zeigt Firmen, wie sie mit Excel und den Business Intelligence-Werkzeugen schnell und sicher auf relevante Daten zugreifen können. Seine Spezialität ist das Aufbereiten und Visualisieren betriebswirtschaftlicher Kennzahlen, was er im »Excel-Ideenbuch« eindrucksvoll gezeigt hat. Sie erreichen ihn über seine Homepage *www.office-performance.de.*

Hildegard Hügemann aus Rödermark ist Diplom-Informatikerin. Seit 20 Jahren steht sie Fachanwendern und IT-Führungskräften als Coach für den effektiven Einsatz von Excel und Access zur Seite. Sie ist Co-Autorin des Buches »Keine Angst vor Excel« und schreibt regelmäßig für Fachzeitschriften. Die zahlreichen Excel-Beiträge in ihrem Blog *www.huegemann-informatik.de/blog* erfreuen sich in der Internetgemeinde großer Beliebtheit.

Dominik Petri aus Stadtallendorf ist Dipl.-Betriebswirt und Chartered Financial Analyst CFA® mit 20-jähriger Berufserfahrung in Großbanken. Als VBA-Programmierer entwickelt er Analysetools für Excel. Er unterstützt Firmen beim Einsatz der neuen Werkzeuge für Business Intelligence und ist Gründer der von Microsoft geförderten Power BI User Group Frankfurt. In seinen Seminaren begeistert er die Teilnehmer durch seine verständliche, praxisnahe und lebendige Art. Seinen Blog finden Sie unter *www.petri-software.de.*

Dr. Eckehard Pfeifer aus Dresden ist habilitierter Mathematiker und »Microsoft Certified Application Developer .NET«. Der freiberufliche Berater, Entwickler und Trainer gilt bundesweit als exzellenter Spezialist für Programmierungen im Office-Umfeld. Er verfügt über umfangreiche Projekterfahrungen und setzt dabei auch auf die XML-Integration. Er hat an zahlreichen Microsoft Press-Büchern mitgewirkt wie etwa »Microsoft Excel: Formeln & Funktionen – Das Maxibuch«.

Dieter Schiecke aus Berlin ist seit 1992 als Trainer und Berater für Microsoft-Produkte tätig. 1997 hob er gemeinsam mit anderen Autoren bei Microsoft Press die Excel-Handbuchreihe aus der Taufe und hat bisher an 20 Büchern zu Excel und PowerPoint mitgewirkt. Hinzu kommen Hunderte von Artikeln für Fachzeitschriften und Onlinemagazine. Er ist Chefredakteur von »PowerPoint aktuell«. Sein Wissen gibt er auch als Blogger auf *www.office2010-blog.de* weiter.

Helmut Schuster aus München ist ein erfahrener Betriebswirt und Controller sowie versierter Trainer mit Coaching-Kompetenz. In seinen Projekten verzahnt er Betriebswirtschaft und Excel und entwickelt Tools zum Optimieren der Datenanalyse. Seine Erfahrung bei der Unternehmenssteuerung mithilfe der Office-Produkte überträgt er auch auf die Gestaltung der Kommunikations- und Veränderungsprozesse in Firmen.

Alle Autoren zusammen können Sie live auf den jährlich stattfindenden *Kompetenztagen* in Fulda erleben, dem europaweit größten Trainingsevent zu Excel.

Danksagung

Ein Dankeschön geht an *Susanne Walter*, die uns bei der optischen Gestaltung der Beispieldateien unterstützt hat.

Als Lektorinnen standen uns *Ariane Hesse* und *Sandra Bollenbacher* mit großer Geduld zur Seite. Sie haben uns immer wieder motiviert und tatkräftig unterstützt. Danke!

Vielen Dank auch an unsere Kunden, durch deren vielfältige Aufgabenstellungen wir auf erstklassige Praxisbeispiele zurückgreifen konnten.

Nicht zuletzt möchten wir unseren Familien danken, die die Belastungen während der Arbeiten an diesem Buch mit uns teilten.

Ein besonderer Dank gilt Ihnen, liebe Leser, für das entgegengebrachte Vertrauen. Wir wünschen Ihnen eine interessante Lektüre und viel Erfolg beim Umsetzen.

Wie ist dieses Buch aufgebaut?

Das Buch ist in acht Teile mit 32 Kapiteln unterteilt. Hervorhebungen im Layout machen Sie auf Tipps, Hinweise und Beispieldateien aufmerksam:

Achtung Damit wird auf Umstände und Auswirkungen hingewiesen, die besondere Beachtung verdienen und möglicherweise zu Problemen führen könnten.

Hinweis Hier erhalten Sie Zusatzinformationen zum gerade beschriebenen Thema.

Tipp Tipps helfen Ihnen, Zeit zu sparen, und erleichtern den Umgang mit Excel. An einigen Stellen finden Sie auch Insidertipps, die Sie deutlich produktiver machen.

Wichtig Hier stehen Fakten, die Sie unbedingt wissen sollten.

Online In diesen Hinweisen erfahren Sie, wo Sie die gezeigten Beispiele finden.

So finden Sie, was Sie suchen

Sie müssen dieses Handbuch nicht von vorn nach hinten durchlesen. Vielmehr können Sie direkt zu den Stellen springen, die für Sie relevant sind.

- Verwenden Sie zur Orientierung das Inhaltsverzeichnis.
- Nutzen Sie das ausführliche Stichwortverzeichnis am Ende des Buches, um herauszufinden, auf welchen Seiten die Informationen zu einem Begriff oder Befehl stehen.

Zum Vertrautmachen mit der Oberfläche von Excel 2016 empfiehlt sich Kapitel 1, in dem alle wichtigen Elemente wie Menüband, Registerkarten et cetera erklärt sind.

Schreiben Sie uns, was Ihnen gefällt oder welches Thema umfangreicher behandelt werden soll. Besuchen Sie uns auf *www.office-kompetenz.de*. Hier finden Sie Tipps und informative Videos. Mit Ihren Kommentaren können Sie Impulse für neue Beiträge geben und sich mit anderen austauschen. Wir freuen uns auf Sie.

Übungsdateien

Anhand zahlreicher Übungsdateien können Sie den Aufbau der einzelnen Beispiele selbst nachvollziehen. Natürlich gibt es zu jedem Kapitel auch Lösungsdateien. Sämtliche Beispieldateien stehen Ihnen zum Download unter *www.oreilly.de/excel2016* zur Verfügung.

Was ist neu in Excel 2016?

In diesem Kapitel:

Excel 2016 hat neben vielen kleinen auch bedeutende Verbesserungen und neue Features erhalten. Neben sechs neuen Diagrammtypen wurde die Integration der Werkzeuge für Business Intelligence erheblich verbessert. Das betrifft die ehemaligen Add-Ins Power Query und Power Map, aber auch die Möglichkeit, für *jeden* Anwender dem Datenmodell eigene Measures und Zeitgruppierungen hinzuzufügen. Ihre Arbeitsmappe lässt sich mit Excel 2016 auf einfachem Weg veröffentlichen und für Analysen mit Power BI freigeben.

In diesem Abschnitt erhalten Sie einen Überblick über einige dieser Neuerungen in Excel 2016. Lesen Sie die hierzu ausführlichen Informationen in den jeweiligen Kapiteln dieses Handbuchs.

Sechs neue Diagrammtypen

Mussten Sie in den Vorgängerversionen von Excel 2016 teilweise eine aufwendige und spezielle Datenbasis für das Diagramm organisieren, erstellen Sie jetzt mit wenigen Mausklicks ein Wasserfalldiagramm, Paretodiagramm, Kastendiagramm (Whisker-Boxplot) oder ein Treemap- oder Sunburst-Diagramm. Die neuen Diagrammtypen finden Sie entweder auf der Registerkarte *Einfügen/Diagramme* (siehe Abbildung 1 [1]) oder über die Auswahl *Empfohlene Diagramme/Alle Diagramme* [2].

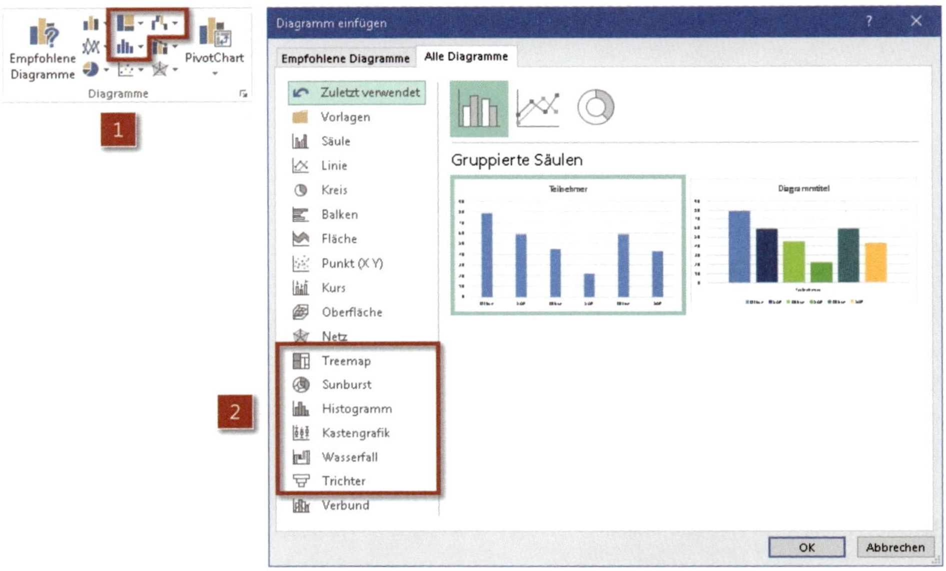

Abbildung 1: Mit den neuen Diagrammtypen visualisieren Sie schnell finanzielle oder hierarchisch strukturierte Informationen oder verdeutlichen statistische Eigenschaften der Daten

Abrufen und Transformieren (Power Query)

Das ehemalige Add-In Power Query ist vollständig in Excel 2016 integriert. Sie finden es unter dem Namen *Abfragen und Transformieren* auf der Registerkarte *Daten* (siehe Abbildung 2). Fast jeden Monat erhält dieses Werkzeug durch Updates Verbesserungen.

Abfragen und Transformieren ist das zentrale Werkzeug, um große Datenmengen aus den unterschiedlichsten Quellen abzufragen, zusammenzuführen, aufzubereiten und für eine Auswertung zur Verfügung zu stellen. Hierbei geht dieses Werkzeug konstruktiv vor, d.h., die Rohdaten bleiben vollständig erhalten. Ändern sich die Rohdaten, werden die Änderungen beim Aufbereiten automatisch mit berücksichtigt.

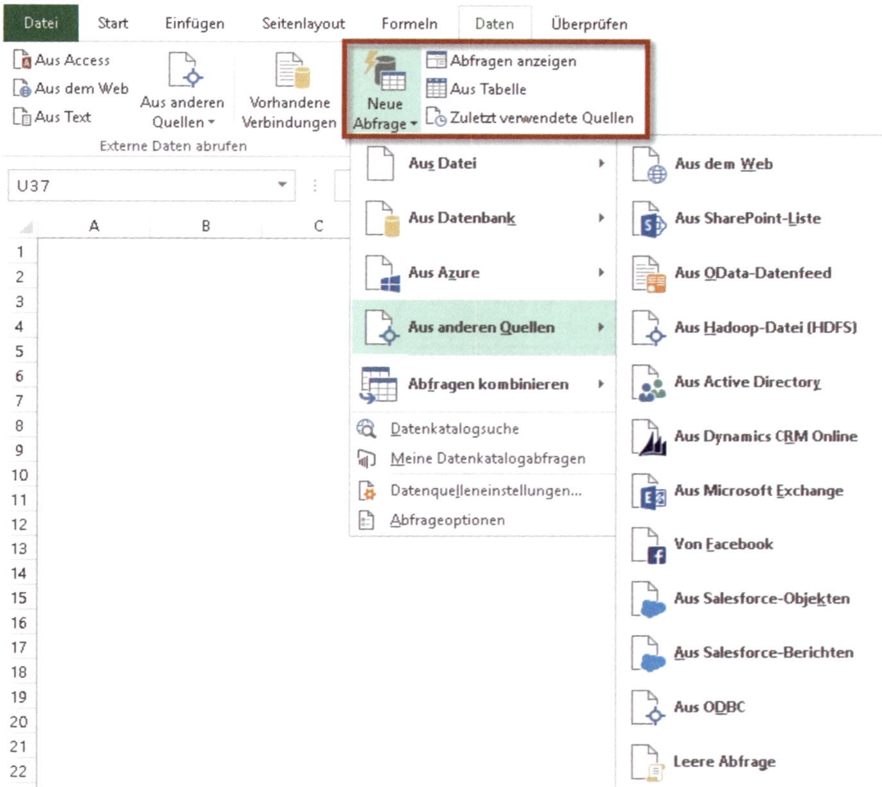

Abbildung 2: Mit dem Werkzeug Abfragen und Transformieren *haben Sie Zugriff auf die unterschiedlichsten Datenquellen*

3D-Karten (Power Map) erstellen

Ab der Version Excel 2016 steht *jedem* Anwender das Werkzeug 3D-Karten zur Verfügung. Das Add-In Power Map wurde in Excel vollständig integriert. Damit visualisieren Sie Daten mit geografischem Bezug, fügen Szenen, Touren und Ansichten hinzu oder exportieren eine 3D-Karte als Video. Dieses Visualisierungswerkzeug finden Sie auf der Registerkarte *Einfügen/Touren*.

Verbesserungen im PivotTable

Anwendern, denen die Verwaltung des Datenmodells mit dem Add-In Power Pivot nicht zur Verfügung steht, können dennoch mit den folgenden Verbesserungen im PivotTable mehr Informationen aus großen Datenmengen gewinnen:

- Verwenden Sie im Datenmodell Tabellen, zwischen denen eine Beziehung besteht, erkennt Excel diese Beziehung und erstellt sie Ihnen automatisch.

- Führen Sie in der PivotTable-Feldliste einen Rechtsklick auf den Namen einer Tabelle aus (siehe Abbildung 3), können Sie eigene Measures mit mächtigen DAX-Formeln erstellen und damit ganz neue Berechnungen im PivotTable-Bericht ausführen lassen.

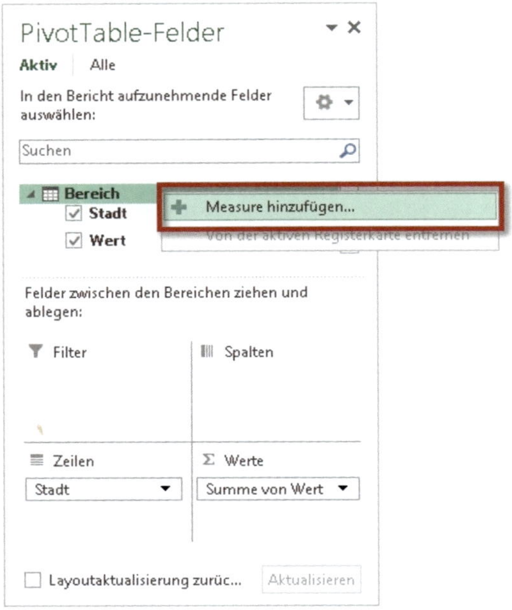

Abbildung 3: Auch ohne Power Pivot kann jeder Anwender Measures seinem PivotTable-Bericht hinzufügen

- Ziehen Sie in der PivotTable-Feldliste ein Datumsfeld zum Beispiel in den Zeilen-Bereich, erstellt Excel automatisch zeitbezogene Felder (Jahr, Quartal, Monat). Sie sind hierarchisch organisiert und können für einen Drilldown im PivotTable genutzt werden. Im Datenschnitt werden die Monatsnamen in der Reihenfolge des Jahres dargestellt.
- In großen Datenmodellen finden Sie über die Suche in der PivotTable-Feldliste schnell das gewünschte Feld.

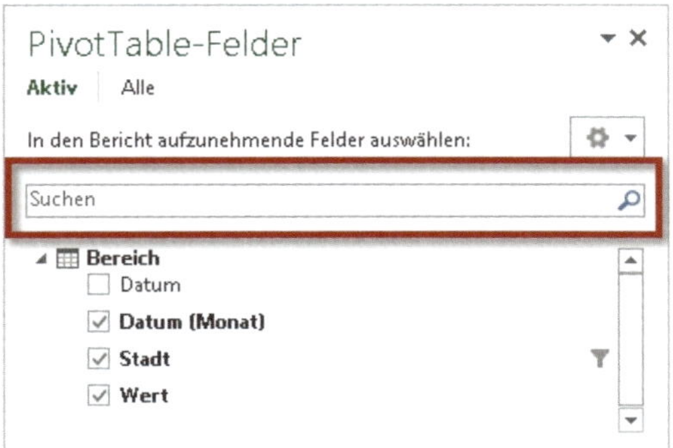

Abbildung 4: Beginnen Sie im Suchenfeld mit der Eingabe, springt die Auswahl direkt zu dem Feld, das mit dem eingegebenen Zeichen beginnt

- Ändern Sie in Ihrer Arbeitsmappe den Namen einer Tabelle oder Spalte, auf die sich der PivotTable-Bericht bezieht, aktualisiert Excel automatisch alle zugehörigen Tabellen und Berechnungen, einschließlich aller DAX-Formeln. Der PivotTable-Bericht bleibt dabei in seinem Aufbau erhalten.

Arbeitsmappe in Power BI veröffentlichen und freigeben

Befinden sich in Ihrer Arbeitsmappe Datenmodelle, können Sie diese für die Erstellung eines interaktiven Berichts oder ein Dashboard in Power BI veröffentlichen und für einen Kunden freigeben. Wechseln Sie in die Backstage-Ansicht und klicken Sie auf die Schaltfläche *Veröffentlichen.* Haben Sie sich beim Power BI-Dienst angemeldet, können Sie auch Excel Online nutzen und formatierte Excel-Arbeitsblätter anzeigen lassen.

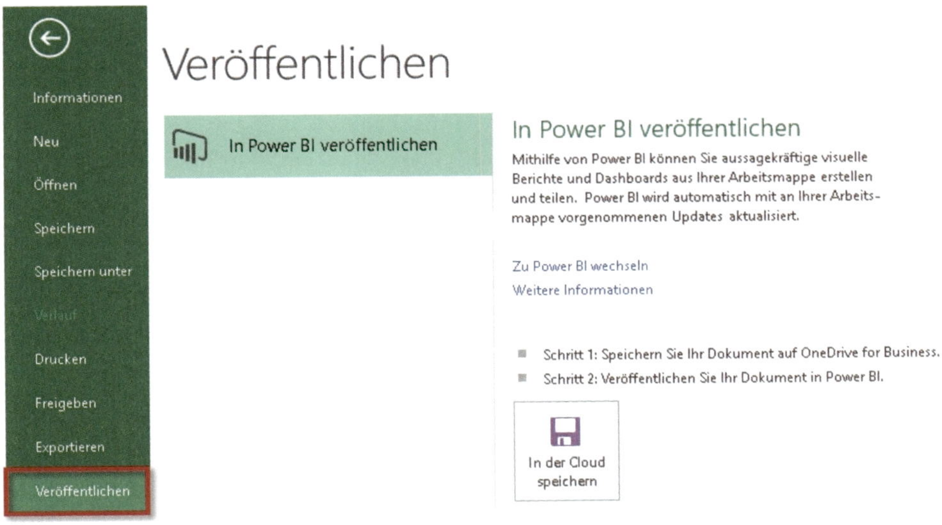

Abbildung 5: Nach dem Veröffentlichen Ihrer Arbeitsmappe steht Ihnen der Cloud-basierte Power BI-Dienst zur Verfügung

Datenschnitt mit Mehrfachauswahl nutzen

Schalten Sie auf einem Gerät mit Touchscreen die Mehrfachauswahl an (siehe Abbildung 6), können Sie auf einfache Weise mehrere Elemente im Datenschnitt auswählen. Dies war in den Vorgängerversionen von Excel 2016 so nicht möglich.

Abbildung 6: Wählen Sie leicht mehrere Elemente im Datenschnitt über die Mehrfachauswahl aus

»Was möchten Sie tun?«

Im Menüband von Excel finden Sie ein Textfeld mit der Beschriftung *Was möchten Sie tun?*. Geben Sie in dieses Textfeld Wörter oder Ausdrücke ein, bekommen Sie von Excel eine Liste von Features und Aktionen angezeigt. Diese Liste variiert und wird auf der Grundlage der eingegebenen Wörter gebildet. Wählen Sie ein Feature aus oder lassen Sie sich mit der *Intelligenten Suche* durch die Bing-basierten Webdienste Hilfe zu einem Begriff geben!

Die *Intelligente Suche* steht Ihnen bei einem Rechtsklick auf ein Wort in der Bearbeitungsleiste zur Verfügung. Excel öffnet den Aufgabenbereich *Intelligentes Nachschlagen*, mit dem Sie nach weiteren Informationen suchen können.

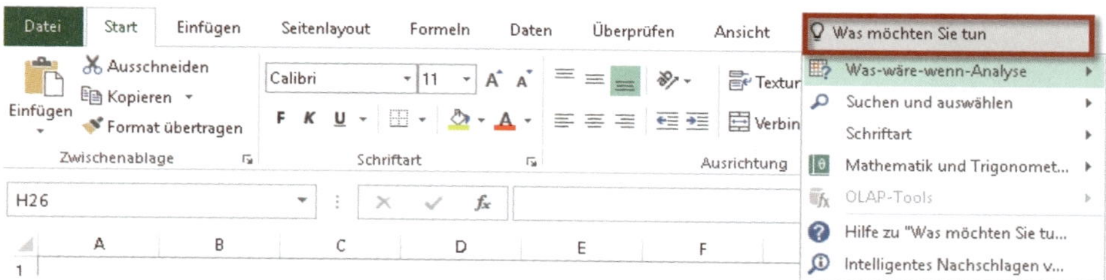

Abbildung 7: Nach der Eingabe von Wörtern oder Ausdrücken zeigt Ihnen Excel im Textfeld Was möchten Sie tun? *eine Liste von Features und Aktionen an*

Leichtes Erstellen von Freihandformeln

Bei einem Gerät mit Touchscreen lassen sich komplexe mathematische Formeln leicht per Finger oder mit einem Eingabestift schreiben. Excel konvertiert sie in Text und fügt sie als Objekt im Arbeitsblatt ein. Während der Arbeit können Sie Formelteile markieren, radieren und ändern. Die Freihandformel steht auch für die Eingabe per Maus zur Verfügung.

Die Eingabe einer Freihandformel finden Sie auf der Registerkarte *Einfügen* in der Gruppe *Symbol* und einem Klick auf den unteren Teil der Schaltfläche *Formel*. Klicken Sie im Katalog der integrierten Formeln ganz unten auf die Auswahl *Freihandgleichung*.

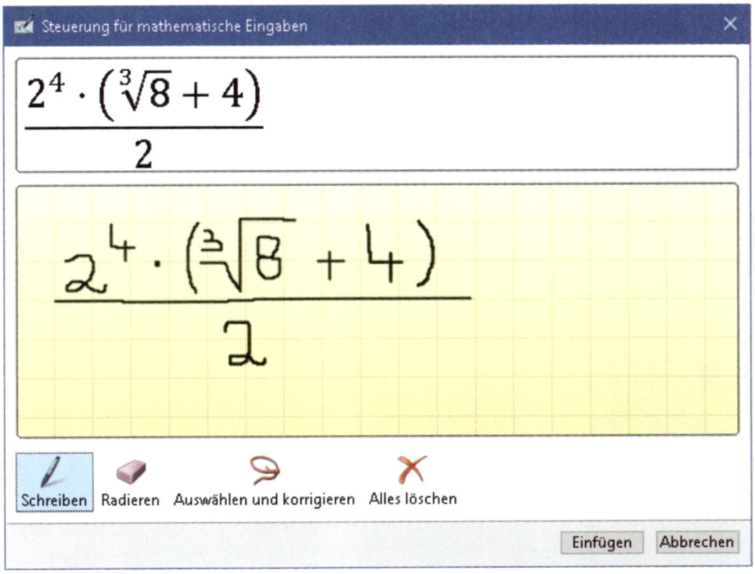

Abbildung 8: Die Freihandformel wurde mit einer Maus geschrieben und von Excel in einen Text konvertiert

Kapitel 1

Wo ist was? Die Arbeitsoberfläche kennenlernen

In diesem Kapitel:

Microsoft Excel ist ein leistungsfähiges, weitverbreitetes Programm zum Erfassen und Auswerten umfangreicher Datenbestände. Es eignet sich für komplexe Berechnungen ebenso wie für einfache. Oft wird Excel auch nur zum Verwalten von Informationen genutzt, ohne dass Berechnungen erfolgen. Schlüssel für all diese Möglichkeiten ist das Gitternetz aus Millionen von Zellen. Diese Zellen können Datumsangaben, Zahlen, Texte oder Formeln enthalten. Durch das Vorhandensein von Zeilen und Spalten werden die eingegebenen Daten übersichtlich gruppiert. Sie lassen sich leicht addieren, sortieren, filtern, in Tabellen zusammenfassen oder in informative Diagramme verwandeln.

Egal, ob Sie all diese Möglichkeiten oder nur einige davon erkunden wollen – beginnen Sie mit dem ersten Schritt: Holen Sie Excel 2016 auf Ihren Bildschirm.

Excel starten und beenden

Je nach vorhandenem Betriebssystem läuft das Starten von Excel etwas anders ab. Hier finden Sie eine Anleitung für das aktuelle Betriebssystem Windows 10.

Excel unter Windows 10 aufrufen

Zum Starten von Excel unter Windows 10 stehen folgende Möglichkeiten zur Verfügung:

- **Über das Windows-Startmenü:** Beginnen Sie direkt auf der Startseite (siehe Abbildung 1.1) mit der Eingabe der ersten Buchstaben von `Excel` [1]. Die Suche wird schon während der Eingabe automatisch geöffnet. Klicken Sie dann in der Liste der Suchergebnisse auf die Excel-Anwendung, um sie zu starten [2].

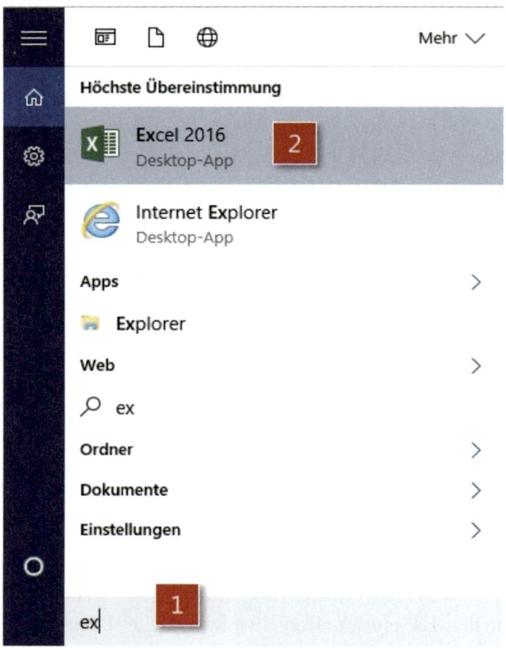

Abbildung 1.1: Über die Windows-Startseite nach der Excel-Anwendung suchen

- **Über den Start-Button von Windows:** Wählen Sie *Start/Alle Apps* und scrollen Sie dann zum Eintrag *Excel 2016*.
- **Über den Startbildschirm oder die Taskleiste:** Wenn Sie Excel 2016 schneller öffnen möchten, heften Sie es an den Startbildschirm oder an die Taskleiste am unteren Bildschirmrand an. Suchen Sie Excel 2016 über *Start/Alle Apps* und wählen Sie dann per Rechtsklick aus dem Kontextmenü *An „Start" anheften* beziehungsweise *An Taskleiste anheften* aus.
- **Über eine Desktopverknüpfung:** Eine solche Verknüpfung legen Sie wie folgt an: Suchen Sie Excel 2016 über *Start/Alle Apps* und wählen Sie dann über Rechtsklick *Dateipfad öffnen*. Ziehen Sie nun die markierte Excel 2016-Verknüpfung mit der rech-

ten Maustaste nach links in den Bereich unter *Favoriten* auf den Eintrag *Desktop* und wählen Sie im sich öffnenden Kontextmenü *Verknüpfungen hier erstellen*. Alternativ dazu können Sie die Excel-Verknüpfung mit der linken Maustaste bei gleichzeitig gedrückter Strg-Taste auf den Eintrag *Desktop* ziehen.

Abbildung 1.2: Excel 2016 über Start/Alle Apps *suchen und das Excel-Symbol über das Kontextmenü an den Startbildschirm oder an die Taskleiste anheften*

- **Per Tastenkombination:** Richten Sie eine Tastenkombination zum Aufrufen von Excel ein, indem Sie – wie in Abbildung 1.3 gezeigt – mit der rechten Maustaste auf das Symbol der Desktopverknüpfung klicken [1]. Wählen Sie dann *Eigenschaften* [2], klicken Sie anschließend im Eigenschaftendialogfeld auf der Registerkarte *Verknüpfung* in das Eingabefeld *Tastenkombination* und drücken Sie die Taste in Kombination mit Strg+Alt, mit der Sie in Zukunft das Programm starten wollen [3].

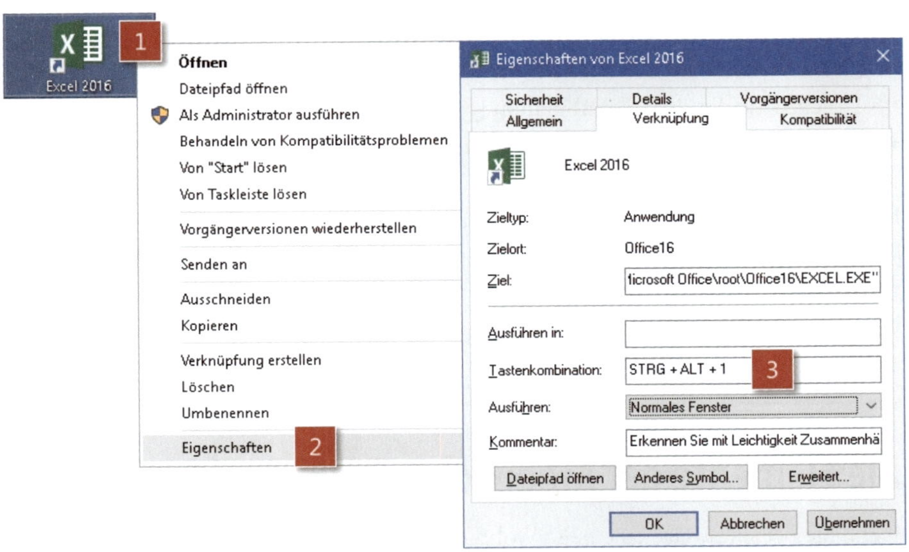

Abbildung 1.3: Eine Tastenkombination für den Aufruf von Excel einrichten, hier Strg+Alt+1

- Durch Öffnen einer Excel-Arbeitsmappe über den Explorer: Doppelklicken Sie auf die betreffende Arbeitsmappe.

Der Excel-Startbildschirm

Nach dem Aufruf von Excel 2016 erscheint der in Abbildung 1.4 gezeigte Startbildschirm. Wählen Sie hier entweder *Leere Arbeitsmappe* [1] oder eine bestimmte Vorlage [2] oder eine bereits vorhandene Excel-Arbeitsmappe [3].

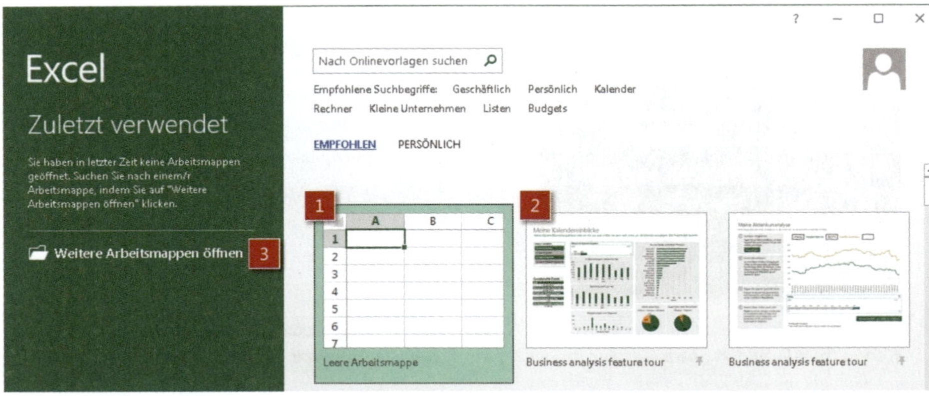

Abbildung 1.4: Im Startbildschirm von Excel 2016 wählen Sie zunächst Leere Arbeitsmappe, *wenn Sie mit einer leeren Standardarbeitsmappe beginnen möchten*

Excel beenden

Auch beim Beenden von Excel können Sie auf mehrere Varianten zurückgreifen:

- Klicken Sie auf die Schaltfläche *Schließen* – das X in der rechten oberen Ecke des Programmfensters.
- Drücken Sie die Tastenkombination `Alt`+`F4`.
- Wählen Sie per Rechtsklick auf das Programmsymbol in der Taskleiste *Fenster schließen.*

Excel schließt bei allen drei Varianten die aktuell geöffnete Arbeitsmappe – gegebenenfalls mit einer Abfrage zum Speichern – und anschließend das Programmfenster selbst.

Hinweis Über die Befehlsfolge *Datei/Schließen* im Menüband schließen Sie die aktuelle Arbeitsmappe; Excel selbst bleibt geöffnet.

Die Elemente der Arbeitsoberfläche im Überblick

Wenn Sie beispielsweise eine neue Wohnung beziehen oder sich in ein neues Auto setzen, verschaffen Sie sich vermutlich zunächst einmal einen Überblick, wo was zu finden ist. Beim Umgang mit einer Software ist es ebenso: Zu Beginn machen Sie sich mit der Arbeitsoberfläche und ihren wichtigsten Elementen vertraut.

Kurzorientierung für Umsteiger

Egal, ob Sie mit Tastatur und Maus arbeiten oder auf einem Tablet-PC mit Finger- und Stiftbedienung, der Umgang mit den Elementen der Arbeitsoberfläche von Excel soll in jedem Fall intuitiv und flüssig von der Hand gehen. Daher erhielt die Excel-Oberfläche einen neuen Look. Aber: Fast alle wesentlichen Bedienelemente blieben gegenüber den Vorgängerversionen unverändert. Wer bereits mit Version 2007, 2010 oder 2013 gearbeitet hat, wird den Umstieg auf Excel 2016 mühelos meistern.

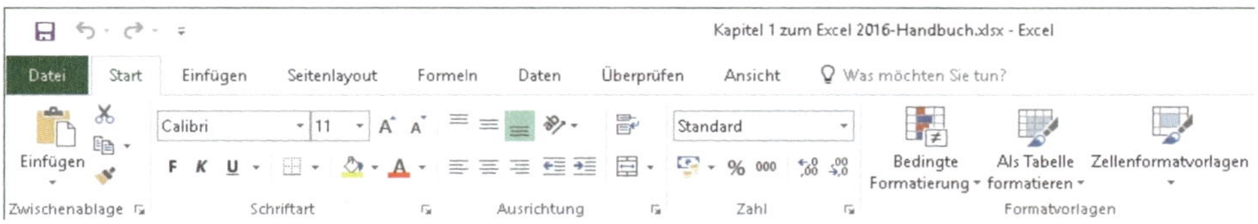

Abbildung 1.5: Das Menüband aus den Versionen ab 2007 gibt es auch in Excel 2016, allerdings deutlich blasser

Gewöhnungsbedürftig allerdings ist – wie in Abbildung 1.5 zu sehen – die blasse und kontrastarme Farbgebung der Bedienelemente seit der Version 2013. Das erschwert mitunter die Orientierung. Eine positive Neuerung seit der Version 2013: Das Menüband kann schneller auf- und zugeklappt werden. So lässt sich der Arbeitsbereich von Ballast befreien und optisch vergrößern.

Eine grundlegende Änderung seit Office 2013 ist die Rückkehr der Aufgabenbereiche – vielen sicher noch aus Excel 2002 und 2003 bekannt. Soll beispielsweise die Optik eines Diagramms angepasst werden, erledigen Sie das nun über einen Aufgabenbereich, der – wie in Abbildung 1.6 gezeigt – rechts neben dem markierten Diagramm erscheint.

Abbildung 1.6: Formatierungsarbeiten werden zum Teil über Aufgabenbereiche erledigt

Die wichtigsten Elemente der Excel-Oberfläche

Für alle, die zum ersten Mal mit Excel arbeiten oder die von einer älteren Version wie 2003 auf Excel 2016 umsteigen, hier zuerst eine Übersicht über die wichtigsten Elemente, die Sie beim Umgang mit der Excel-Arbeitsoberfläche kennen sollten.

- Sehen Sie in Abbildung 1.7 zunächst, welche Elemente beim Bedienen des Programmfensters wichtig sind.
- Abbildung 1.7 liefert Ihnen den Überblick, welche Elemente beim Arbeiten in einem Arbeitsblatt wichtig sind.
- In Abbildung 1.8 und Tabelle 1.1 erfahren Sie im Detail, welche Bezeichnung die einzelnen Elemente haben und welche Funktion sie erfüllen.

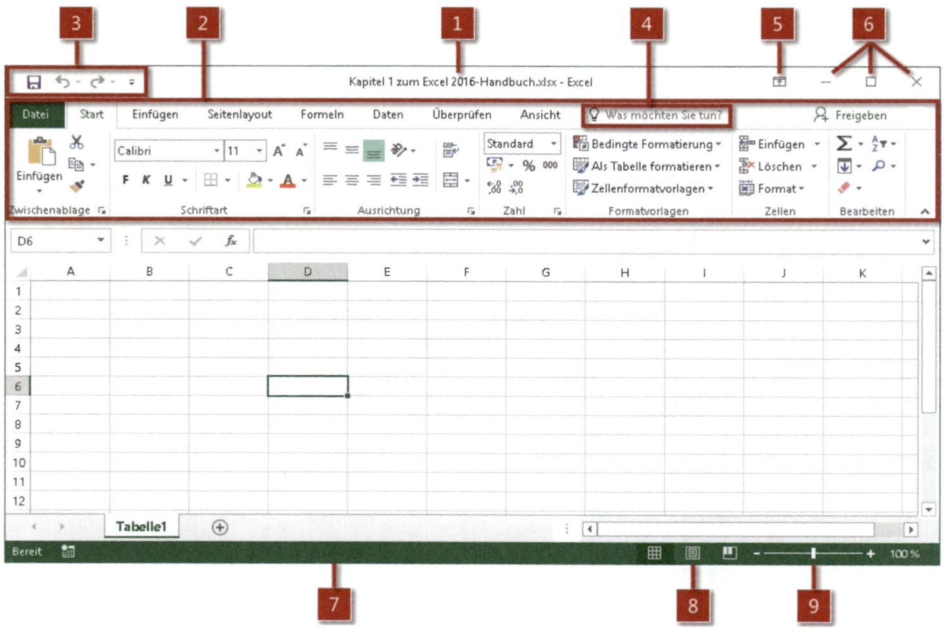

Abbildung 1.7: Die wichtigsten Elemente beim Umgang mit dem Excel-Programmfenster

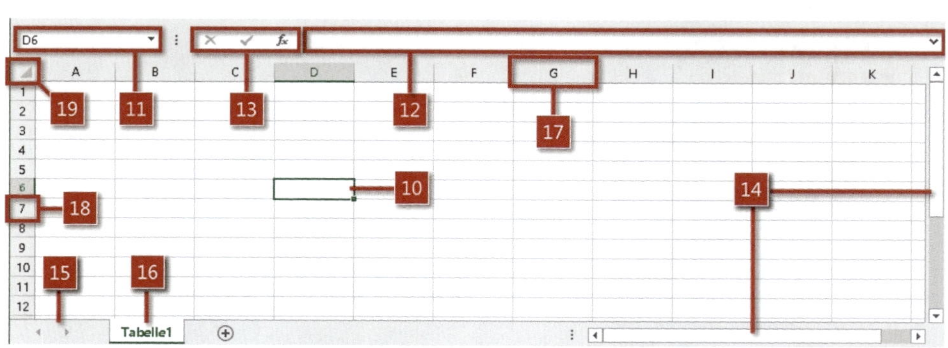

Abbildung 1.8: Diese Elemente sind beim Arbeiten in einem Arbeitsblatt wichtig

Nr.	Bezeichnung	Beschreibung
1	*Titelleiste*	Sie zeigt den Namen der Anwendung – hier Excel – und den Namen der Arbeitsmappe an.
2	*Menüband mit Registerkarten*	Hier finden Sie die häufig gebrauchten Befehle thematisch auf mehrere Registerkarten verteilt.
3	*Symbolleiste für den Schnellzugriff*	Passen Sie diese Leiste individuell an, um oft benötigte Befehle sofort im Zugriff zu haben.
4	*Befehle schneller finden und Hilfe*	Fragen Sie etwas über *Was möchten Sie tun?*, so gelangen Sie über die Suchergebnisse im Handumdrehen zu den Aktionen, die Sie ausführen möchten. Für Hilfeinhalte zu Ihrem Suchbegriff klicken Sie dann auf die Option *Hilfe zu "Suchbegriff" erhalten*.
5	*Menüband-Anzeigeoptionen*	Hierüber können Sie das Menüband komplett ausblenden, nur die Registerkartenbezeichnungen anzeigen oder das Menüband vollständig darstellen.
6	*Fenstersteuerung*	Mit diesen Schaltflächen können Sie das Fenster minimieren, maximieren/verkleinern und schließen.
7	*Statusleiste*	Sie dient der Anzeige nützlicher Hinweise und kann über das Kontextmenü mit weiteren Funktionen ausgestattet werden.
8	*Ansichtsschaltflächen*	Über diese drei Symbole wechseln Sie schnell zwischen den Ansichten *Normal*, *Seitenlayout* und *Umbruchvorschau*.
9	*Zoomregler*	Benutzen Sie den Schieberegler, um den Inhalt des Arbeitsblattes in verschiedenen Vergrößerungsstufen darzustellen.
10	*Aktive Zelle*	Dies ist die markierte Zelle; sie ist an dem grünen Rahmen zu erkennen. In die aktive Zelle können Sie Ihre Daten eingeben.
11	*Namenfeld*	Es hilft bei der Orientierung, da es die Adresse der aktuell markierten Zelle oder den Namen des aktuell markierten Objekts anzeigt.
12	*Eingabefeld in der Bearbeitungsleiste*	Hier sehen Sie den Inhalt der aktiven Zelle – beispielsweise Formeln, Zahlen oder Texte –, geben Inhalte ein oder bearbeiten sie.
13	*Symbole in der Bearbeitungsleiste*	Fügen Sie mit *fx* eine Funktion per Assistent ein, bestätigen Sie mit dem Häkchen Ihre Eingabe oder brechen Sie sie mit dem X ab.
14	*Bildlaufleisten*	Sie ermöglichen das Blättern in großen Datenbereichen. Mit ihnen können Sie den sichtbaren Teil der Tabelle horizontal und vertikal verschieben.
15	*Blattregisterleiste*	Sie listet alle Arbeitsblätter auf, die in der Arbeitsmappe enthalten sind. Hier können Sie zwischen den Arbeitsblättern navigieren sowie ihre Namen und Reihenfolge ändern. Außerdem können Sie über das Plussymbol ein neues Arbeitsblatt einfügen.
16	*Blattname*	Jedes Arbeitsblatt ist über einen eindeutigen Blattnamen identifizierbar.
17	*Spaltenkopf*	Er zeigt die jeweilige Spaltenbezeichnung, die aus ein oder mehreren Buchstaben besteht.
18	*Zeilenkopf*	Er zeigt die jeweilige Zeilennummer.
19	*Alle auswählen*	Diese Schaltfläche liegt im Kreuzungspunkt von Zeilen- und Spaltenüberschriften. Sie dient zum schnellen Markieren aller Zellen des aktuellen Arbeitsblattes.

Tabelle 1.1: Die wichtigsten Elemente der Excel-Oberfläche und ihre Funktionen

Das Menüband: Die Schaltzentrale für alle wichtigen Befehle

Das Menüband bietet Ihnen Zugriff auf die häufig gebrauchten Befehle von Excel. Die Befehle sind auf mehrere Registerkarten verteilt. Jede von ihnen enthält Befehle für bestimmte Aufgaben. Hier drei Beispiele: Über die Befehle auf der Registerkarte *Start* erledigen Sie alle Formatierungsaufgaben. Auf der Registerkarte *Einfügen* finden Sie die Befehle, mit denen Sie Ihre Tabellen um nützliche Informationen ergänzen – beispielsweise durch ein Diagramm. Über die Befehle auf der Registerkarte *Seitenlayout* legen Sie fest, wie Ihre Arbeitsblattinhalte beispielsweise beim Ausdrucken aussehen sollen.

Das Menüband unterstützt Ihren Workflow

Wenn Sie ein wenig mit dem Menüband gearbeitet haben, werden Sie feststellen, dass es von links nach rechts entsprechend Ihren Arbeitsabläufen aufgebaut ist. Ein weiterer Vorteil: Auf jeder Registerkarte sehen Sie nur die Befehle, die Sie gerade brauchen. Alles Überflüssige ist ausgeblendet.

Sollten Sie feststellen, dass Sie für die von Ihnen häufig gebrauchten Befehle erst umständlich die Registerkarte wechseln müssen, können Sie das Problem einfach lösen. Denn bei Bedarf können Sie die Elemente des Menübands anpassen und beispielsweise die Reihenfolge der Registerkarten ändern, neue Registerkarten hinzufügen oder die von Ihnen oft benutzten Befehle innerhalb einer Registerkarte umgruppieren.

Hinweis Alternativ können Sie Ihre »Lieblingsbefehle« auch in die Symbolleiste für den Schnellzugriff einbauen. Mehr dazu erfahren Sie weiter hinten in diesem Kapitel.

Die acht Standardregisterkarten im Menüband

Wie in Abbildung 1.9 zu sehen, werden im Menüband standardmäßig acht Registerkarten angezeigt: *Datei*, *Start*, *Einfügen*, *Seitenlayout*, *Formeln*, *Daten*, *Überprüfen* und *Ansicht*.

Hinweis Das Aussehen der Symbole und Befehle in den in Abbildung 1.9 gezeigten Registerkarten kann von dem abweichen, was Sie auf Ihrem Bildschirm sehen. Je nach Monitorgröße und Bildschirmauflösung werden die Befehle mit Bild und Beschriftung oder nur mit Bild dargestellt.

Die Bildschirmauflösung gibt die Zahl der Pixel (Bildpunkte) an, die am Monitor in Breite und Höhe angezeigt werden. Bei einer höheren Auflösung erscheinen Objekte am Bildschirm deutlicher, werden aber kleiner dargestellt. Dadurch können mehr Elemente nebeneinander angezeigt werden als bei einer niedrigeren Auflösung.

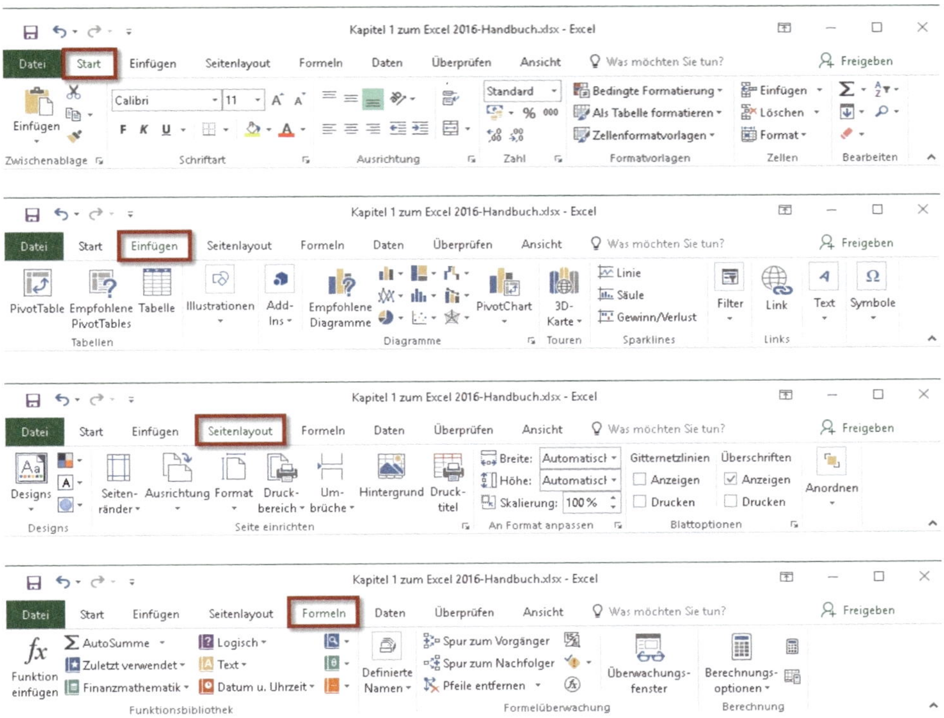

Abbildung 1.9: Blick auf vier der acht Registerkarten, die standardmäßig im Menüband angezeigt werden

Tabelle 1.2 liefert Ihnen eine Orientierung, welche wichtigen Befehle Sie auf den acht Standardregisterkarten finden.

Registerkarte	Wichtige Befehle, die Sie dort finden
Datei	Alles, was zum Verwalten von Dateien gebraucht wird – vom Öffnen, Speichern und Schließen über das Drucken bis hin zum Freigeben und Exportieren
Start	Zwischenablage, Formatierung von Zellen, bedingte Formatierung, Spalten und Zeilen einfügen und löschen, Sortieren, Filtern, Suchen, Ersetzen, Summenbildung
Einfügen	Diagramme, Formen, Bilder, Pivot-Tabellen, Minidiagramme (Sparklines), Datenschnitte, Zeitachsen einfügen
Seitenlayout	Zwischen Hoch- und Querformat wechseln, Seitenränder anpassen, Druckbereich festlegen, Office-Design, Designfarben und -schriften ändern
Formeln	Funktions-Assistenten aufrufen, oft verwendete Funktionen wie Summe, Minimum, Maximum, Mittelwert, Anzahl abrufen, Zugriff auf die verschiedenen Funktionskategorien, Bereichsnamen vergeben und verwalten, die Elemente von Formeln verfolgen
Daten	Duplikate entfernen, Datenüberprüfung per Dropdownliste einrichten, Daten importieren, Daten gruppieren, Teilergebnisse bilden
Überprüfen	Rechtschreibung kontrollieren, Kommentare einfügen, Blatt und Mappe schützen, Arbeitsmappe freigeben
Ansicht	Zwischen Normalansicht, Umbruchvorschau und Seitenlayoutansicht wechseln, Fensterinhalt zoomen, Fenster fixieren, zwischen Fenstern wechseln, Gitternetzlinien ein- und ausschalten

Tabelle 1.2: Die acht Standardregisterkarten des Excel-Menübands

Das Menüband passt sich mit kontextbezogenen Registerkarten Ihren Arbeitsabläufen an

Neben den dauerhaft angezeigten acht Standardregisterkarten gibt es weitere, die nur manchmal zu sehen sind – dann nämlich, wenn Sie bestimmte Arbeitsschritte durchführen. Zu diesen sogenannten kontextbezogenen Registerkarten gehören unter anderem *Tabellentools*, *Diagrammtools*, *Zeichentools* und *Bildtools* mit ihren jeweiligen Unterregisterkarten.

Nach dem Einfügen eines Diagramms erscheinen die *Diagrammtools*, nach dem Einfügen einer Grafik die *Bildtools*. Diese zusätzlichen Registerkarten liefern Ihnen die Befehle, die Sie für das aktuell markierte Objekt benötigen. Sie werden – wie in Abbildung 1.10 zu sehen – jeweils am rechten Rand des Menübands angezeigt. Die kontextbezogenen Registerkarten bleiben so lange angezeigt, wie Sie das Diagramm, die Grafik et cetera markiert haben.

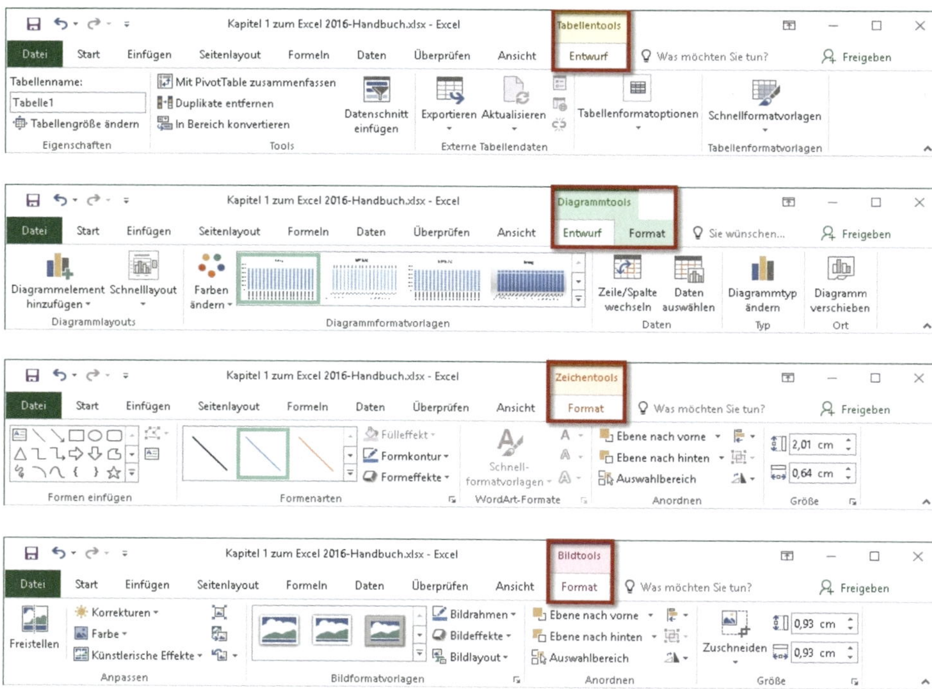

Abbildung 1.10: Blick auf einige der Registerkarten, die nur bei bestimmten Arbeitsschritten verfügbar sind

In Tabelle 1.3 finden Sie eine Übersicht über die kontextbezogenen Registerkarten und darin enthaltene Befehle.

Registerkarte	Wichtige Befehle, die Sie dort finden
Bildtools	Fotos und Grafiken freistellen, zuschneiden und vielfältig gestalten
Datenschnitttools	Komfortabel zu bedienende Filter für Pivot-Tabellen und »intelligente« Tabellen einstellen und ändern
Diagrammtools	Diagramme bearbeiten und im Detail anpassen
Formeltools	Mathematische Formeln erstellen und anpassen
Kopf- Und Fußzeilentools	Inhalte für Kopf- und Fußzeilen eingeben und formatieren – beispielsweise Seitenzahlen, aktuelles Datum, Dateipfad und Dateiname, Logo
PivotTable-Tools	Pivot-Tabellen konfigurieren, erweitern und per Diagramm darstellen
Smartart-Tools	Schaubilder gestalten und anpassen
Sparklinetools	Minidiagramme in Zellen anpassen
Tabellentools	Als Tabelle formatierte Bereiche anpassen und gestalten
Zeichentools	Eingefügte Formen bearbeiten und anpassen
Zeitachsentools	Die neuen Zeitachsenfilter konfigurieren

Tabelle 1.3: Registerkarten, die nur bei bestimmten Arbeitsabläufen erscheinen

Details zur Struktur von Registerkarten

Neben den Registerkarten gibt es die in Abbildung 1.11 gezeigten drei weiteren wichtigen Elemente im Menüband: Gruppen, Befehle und Startprogramm für Dialogfelder.

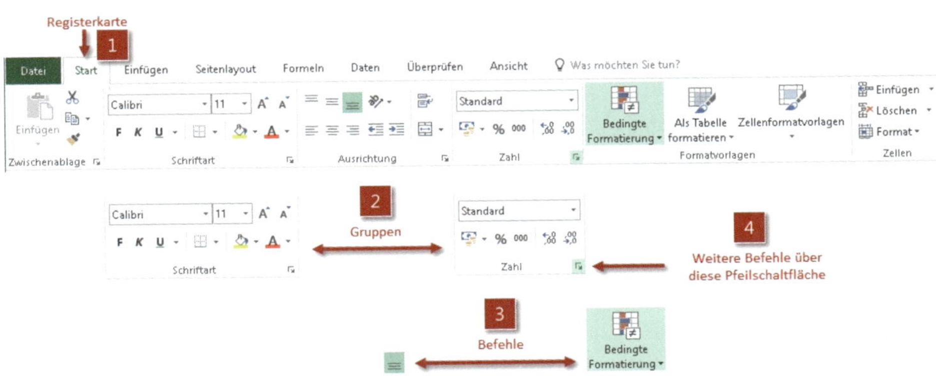

Abbildung 1.11: Neben den Registerkarten enthält das Menüband drei weitere wichtige Elemente

Die Gruppen in einer Registerkarte

Sie dienen zur schnelleren Orientierung innerhalb der einzelnen Registerkarten und fassen thematisch verwandte Befehle zusammen. Die Registerkarte *Start* beispielsweise hat sieben solcher Unterteilungen. Zwei dieser Gruppen (*Schriftart* und *Zahl*) sind in Abbildung 1.11 herausgehoben [2].

Die Befehle im Menüband erkunden und nutzen

Innerhalb der Gruppen können Sie per Mausklick die einzelnen Befehle aufrufen. Wie in Abbildung 1.11 unter [3] zu sehen, erscheinen manche der Befehle nur als kleines Symbol, andere hingegen als großes Symbol mit Beschriftung.

Wenn Sie nicht wissen, was ein kleines, nicht beschriftetes Symbol leistet, zeigen Sie einfach mit der Maus darauf. Lesen Sie dann die QuickInfo, die unterhalb des Menübands zu diesem Befehl eingeblendet wird. Klicken Sie auf das Symbol beziehungsweise die Schaltfläche, um den hinterlegten Befehl auszulösen.

Wenn Befehle nicht gleich im Menüband zu finden sind

Befehle, die im Menüband nicht angezeigt werden, können Sie meist über ein Dialogfeld, einen Aufgabenbereich oder in einem Katalog finden. Um ein Dialogfeld aufzurufen, gibt es einen kleinen unscheinbaren Pfeil, das sogenannte *Startprogramm für Dialogfelder.*

Klein, aber wichtig: Startprogramm für Dialogfelder

Diese kleinen Pfeile, mit deren Hilfe Sie Dialogfelder und zum Teil auch Aufgabenbereiche öffnen können, befinden sich in bestimmten Gruppen in der rechten unteren Ecke. In Abbildung 1.12 sehen Sie, dass es beispielsweise auf der Registerkarte *Start* gleich viermal ein Startprogramm für Dialogfelder gibt.

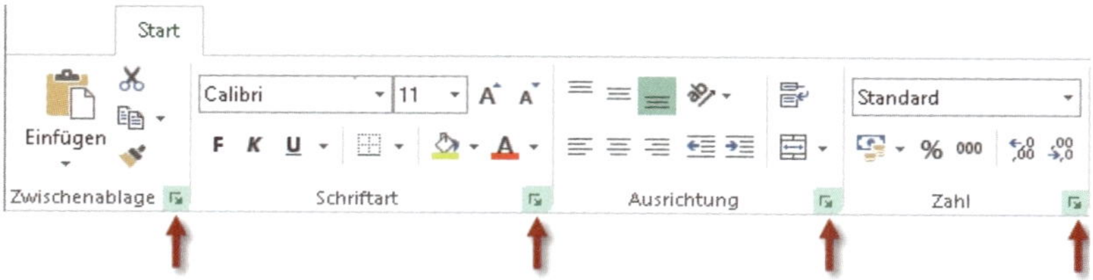

Abbildung 1.12: Sind wichtig, werden aber oft übersehen: die kleinen Pfeile zum Aufrufen von Dialogfeldern

Über diese kleinen unscheinbaren Bedienelemente können Sie Dialogfelder oder Aufgabenbereiche mit all den Befehlen und Einstellungen aufrufen, die Sie zuvor im Menüband in der jeweiligen Gruppe nicht gefunden haben. Achten Sie also auf diese kleinen Pfeile, wenn Sie vergeblich nach einem bestimmten Befehl Ausschau gehalten haben.

Schnell und einheitlich formatieren: Nutzen Sie Kataloge

Bei manchen Befehlen oder Funktionen gibt es so viele Optionen, dass diese im Menüband oder in einem Dialogfeld nicht übersichtlich dargestellt werden könnten. So existieren beispielsweise für die Gestaltung von einzelnen Zellen, kompletten Tabellen oder Diagrammen zahlreiche vorgefertigte Muster – sogenannte Formatvorlagen. Um diese Befehle und Funktionen benutzerfreundlich zur Auswahl zu stellen, gibt es Kataloge – beispielsweise für Tabellen, für Diagramme, für Formen, für Bilder oder für WordArt-Objekte.

Die meisten der Kataloge haben den Vorteil, dass Sie – dank Livevorschau – bereits vor der Wahl einer Gestaltungsoption sehen können, wie sie sich auf Ihre Tabelle oder Ihr Diagramm auswirkt. Das spart viel Zeit, denn langwieriges Klicken und Suchen entfällt.

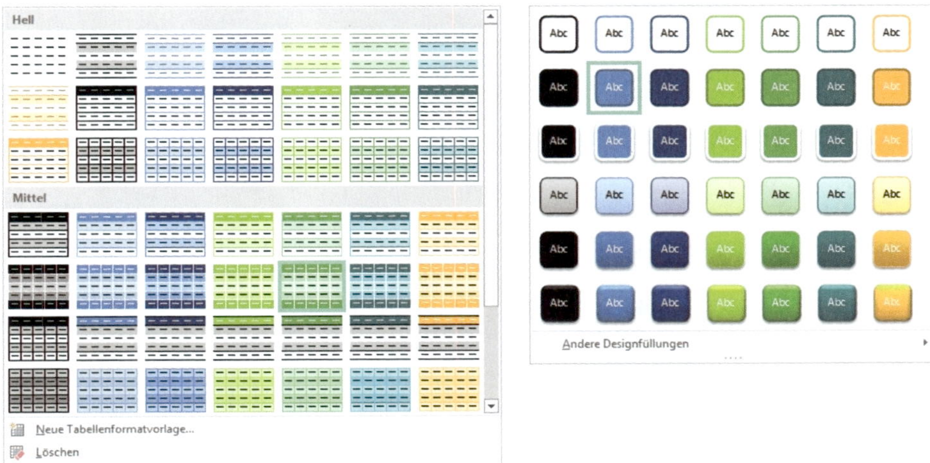

Abbildung 1.13: Links der Katalog zum Formatieren von Tabellen, rechts der zum Formatieren von Formen

Zum Öffnen eines Katalogs klicken Sie auf die in Abbildung 1.14 gekennzeichnete Schaltfläche *Weitere* unterhalb der Bildlaufpfeile. Zum Blättern durch die Kataloge können Sie auch die Bildlaufpfeile oberhalb von *Weitere* verwenden.

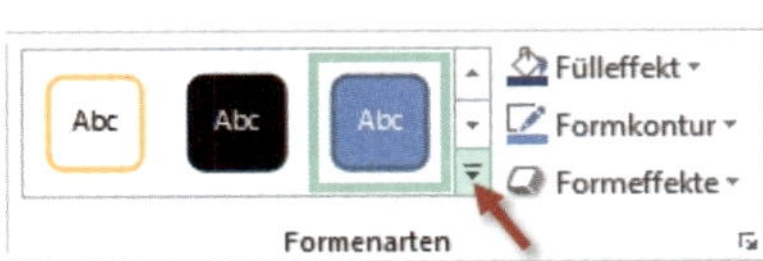

Abbildung 1.14: Einen Katalog per Klick auf die Schaltfläche Weitere *öffnen*

Kataloge gibt es aber nicht nur zum Auswählen von Formatierungsvarianten. Wie Abbildung 1.15 zeigt, entscheiden Sie per Katalog auch, welches Element – hier welche Form – Sie einfügen oder welchen Befehl Sie verwenden.

- Klicken Sie zuerst auf den in Abbildung 1.15 unter [1] gezeigten Dropdownpfeil, um den Katalog zu öffnen, und wählen Sie dann das Gewünschte aus.
- Wenn ein geöffneter Katalog wichtige Stellen des Bildschirms verdeckt, können Sie ihn durch Ziehen der rechten unteren Ecke in der Größe anpassen [2].

Abbildung 1.15: In einem Katalog – hier der für Formen – das gewünschte Element auswählen

Wo sind die Befehle im Menüband abgeblieben?

Die Office-Programme werden heutzutage nicht mehr nur auf Desktop-PCs oder Notebooks genutzt, sondern verstärkt auch auf mobilen Geräten mit kleineren Bildschirmen wie Netbooks, Tablet-PCs und Smartphones. Das hohe Menüband ist da oft störend. Daher gibt es mehrere Methoden, das Menüband auszublenden:

- Die schnellste Möglichkeit ohne Mauseinsatz ist die Tastenkombination `Strg`+`F1`. Damit klappen Sie das Menüband zu und wieder auf.
- Für die Bedienung per Maus, Finger oder Stift gibt es ganz rechts im Menüband das in Abbildung 1.16 rot umrahmte Pfeilsymbol. Klicken oder tippen Sie darauf, wird das Menüband sofort weggeblendet. Ein Doppelklick auf eine beliebige Registerkartenbezeichnung blendet das Menüband ebenfalls aus. Ein erneuter Doppelklick macht es wieder komplett sichtbar.

Abbildung 1.16: Eine Methode zum Zuklappen des Menübands führt über das rot eingerahmte Pfeilsymbol

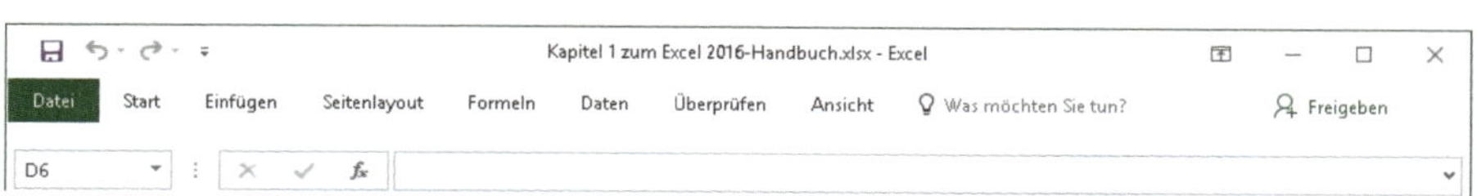

Abbildung 1.17: Im zugeklappten Menüband sind nur noch die Registerkartenbezeichnungen, aber nicht mehr die Befehle sichtbar

- Die dritte Methode zum Ein- und Ausblenden führt über das in Abbildung 1.18 gezeigte Menü zur Schaltfläche *Menüband-Anzeigeoptionen* rechts oben im Programmfenster. Hierüber können Sie das Menüband komplett ausblenden, nur die Registerkartenbezeichnungen anzeigen oder das Menüband wieder vollständig darstellen lassen.

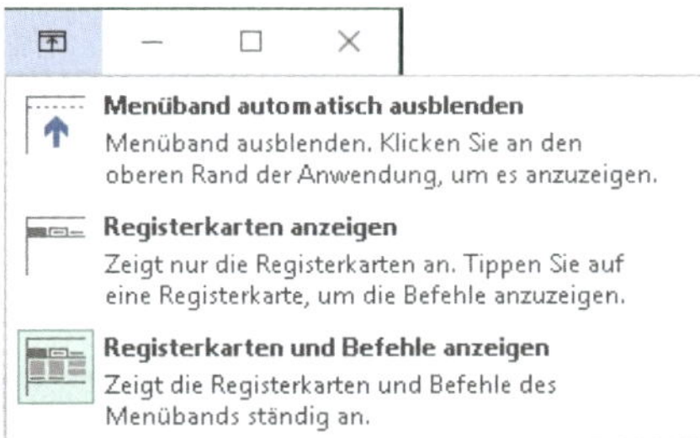

Abbildung 1.18: Drei unterschiedliche Anzeigemodi für das Menüband – hier mit der aktuellen Einstellung Registerkarten und Befehle anzeigen

Wenn Sie die in Abbildung 1.18 oben gezeigte Option *Menüband automatisch ausblenden* wählen, verschwinden auch die Registerkarten. Es bleibt nur noch die in Abbildung 1.19 gezeigte Leiste mit drei Punkten am rechten Rand übrig.

Abbildung 1.19: Wählen Sie Menüband automatisch ausblenden, *sind weder Befehle noch Registerkarten sichtbar*

Ein Klick auf diese Leiste lässt das Menüband vorübergehend erscheinen. Es verschwindet allerdings sofort wieder, wenn Sie etwas im Arbeitsblatt anklicken. Erst durch ein erneutes Öffnen des Menüs zur Schaltfläche *Menüband-Anzeigeoptionen* können Sie festlegen, dass die Registerkartenbezeichnungen oder das komplette Menüband wieder sichtbar werden.

Mehr Bedienkomfort: Das Menüband anpassen

Sie vermissen eine Registerkarte? Oder fehlen Ihnen wichtige Befehle auf einer der Registerkarten? Oder sollen bestimmte Befehle auf mehreren weiteren Registerkarten verfügbar sein? In all diesen Fällen lösen Sie das Manko durch Anpassen des Menübands.

Beispiel 1: Die Registerkarte »Entwicklertools« anzeigen

Wenn Sie zeitsparende Formulare mit Excel anlegen wollen – beispielsweise um Bestellvorgänge zu standardisieren –, werden Sie schnell bemerken, dass die Symbole zum Einfügen von Formularsteuerelementen nicht im Menüband zu finden sind.

Doch keine Sorge, sie sind alle noch vorhanden. Nur eben auf einer Registerkarte, die standardmäßig nicht eingeblendet ist – die Registerkarte *Entwicklertools*. Wer also Formulare anlegen oder beispielsweise Makros bearbeiten möchte, braucht diese Registerkarte. So blenden Sie diese Registerkarte dauerhaft im Menüband ein:

1. Wählen Sie *Datei/Optionen*. Klicken Sie im folgenden Dialogfeld (wie in Abbildung 1.20 gezeigt) links die Rubrik *Menüband anpassen* an [1].
2. Aktivieren Sie in der rechten Liste unter *Menüband anpassen* das Kontrollkästchen *Entwicklertools* [2].

3. Schließen Sie die Aktion mit *OK* ab.

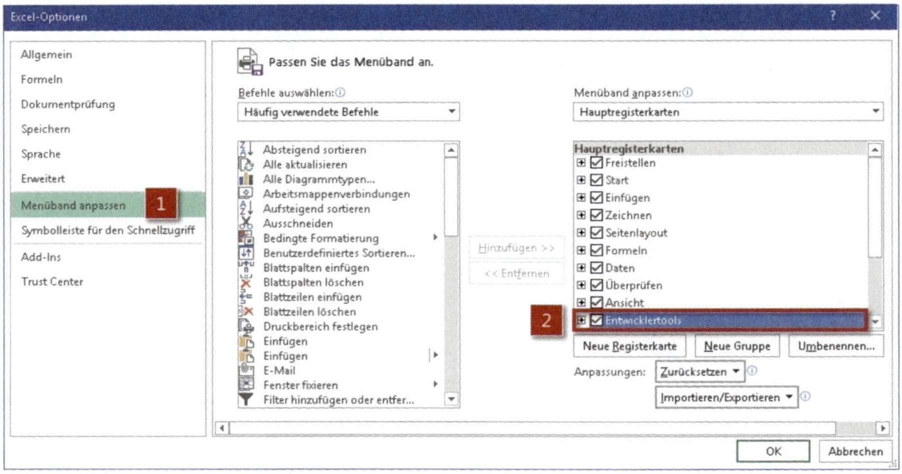

Abbildung 1.20: Einstellen, dass die Registerkarte Entwicklertools *im Menüband angezeigt wird*

Beispiel 2: Eine eigene Registerkarte anlegen

Angenommen, Sie brauchen zum Erledigen Ihrer Aufgaben in Excel eigentlich nur zwei Dutzend Befehle, die allerdings auf verschiedenen Registerkarten verteilt sind. In einem solchen Fall kann es sinnvoll sein, diese Befehle in einer speziellen Registerkarte zusammenzufassen. Mit den folgenden Schritten legen Sie eine eigene Registerkarte an und platzieren dort die von Ihnen gewünschten Befehle:

1. Überlegen Sie sich, wie viele Gruppen Ihre neue Registerkarte haben soll und welche der Befehle am sinnvollsten in welche Gruppe gehören. Wählen Sie dann *Datei/Optionen* und klicken Sie im Dialogfeld *Excel-Optionen* links auf *Menüband anpassen* [1] (siehe Abbildung 1.21).
2. Klicken Sie rechts unten auf die Schaltfläche *Neue Registerkarte* [2].
3. Geben Sie der daraufhin eingefügten Registerkarte eine aussagekräftige Bezeichnung, indem Sie auf den betreffenden Eintrag und anschließend auf die Schaltfläche *Umbenennen* klicken [3].
4. Fügen Sie der neuen Registerkarte dann eine Gruppe hinzu. Klicken Sie dazu auf *Neue Gruppe* [4]. Ändern Sie deren Namen – wiederum per Klick auf *Umbenennen*.
5. Ändern Sie in der linken Liste unter *Befehle auswählen* den Filter in *Alle Befehle* oder *Nicht im Menüband enthaltene Befehle* [5].
6. Markieren Sie dann darunter in der Liste den gewünschten Befehl [6].
7. Klicken Sie auf die Schaltfläche *Hinzufügen* [7], um den Befehl in die zuvor markierte Gruppe Ihrer eigenen Registerkarte aufzunehmen.
8. Wiederholen Sie die Schritte 6 und 7, um weitere Befehle hinzuzufügen. Legen Sie zwischendurch weitere Gruppen an und geben Sie diesen sinnvolle Namen.

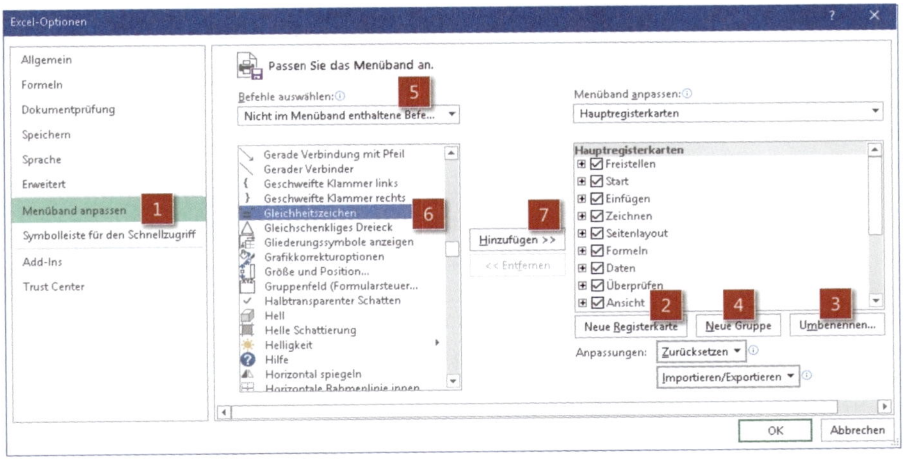

Abbildung 1.21: Über das Dialogfeld Excel-Optionen *eine eigene Registerkarte anlegen*

Das Menüband zurücksetzen

Wenn Sie die Änderungen an Registerkarten des Menübands rückgängig machen, die Anpassungen der Schnellzugriffsleiste (siehe hierzu weiter hinten in diesem Kapitel) aber beibehalten möchten, gehen Sie wie folgt vor:

1. Wählen Sie die Befehlsfolge *Datei/Optionen/Menüband anpassen.*
2. Markieren Sie in der rechten Liste die Registerkarte, die wieder ihren Originalzustand erhalten soll.
3. Klicken Sie auf die Schaltfläche *Zurücksetzen* und wählen Sie in diesem Fall die Option *Nur ausgewählte Registerkarte des Menübands zurücksetzen.*

Achtung Wenn Sie im Menü der Schaltfläche *Zurücksetzen* die Option *Alle Anpassungen zurücksetzen* wählen, werden alle Änderungen, die am Menüband und an der Symbolleiste für den Schnellzugriff vorgenommen wurden, zurückgenommen.

Noch schneller zum passenden Befehl: Die Alternativen zum Menüband

Wenn Sie schon mit anderen Versionen von Excel gearbeitet haben, werden Sie sich möglicherweise die eine oder andere Tastenkombination angewöhnt haben – beispielsweise ⇧+F2 für das Einfügen eines Kommentars oder F12 zum Aufruf des Befehls *Speichern unter.* Solche Tastenkürzel sind natürlich schneller als der Weg mit der Maus ins Menüband. Erfahren Sie in diesem Abschnitt, über welche Wege Sie Befehle auch ohne Maus und Menüband aufrufen.

Wenn's ganz fix gehen soll: Befehle per Tastatur aufrufen

Neben Maus, Finger oder Stift können Sie Excel an vielen Stellen auch einfach über Tasten steuern. Oft übrigens deutlich zeitsparender, als dies mit der Maus der Fall wäre. Hierfür stehen Ihnen drei Möglichkeiten zur Verfügung:

- Zugriffstasten,
- Funktionstasten und
- Tastenkombinationen.

Ein guter Mausersatz: Die Zugriffstasten verwenden

In allen Office-Programmen können Sie zahlreiche Aufgaben auch ohne Mauseinsatz erledigen, indem Sie spezielle Zugriffstasten nutzen. Viele Routineoperationen können Sie mit zwei bis vier Tastenanschlägen erledigen.

Probieren Sie es und drücken Sie kurz die [Alt]-Taste. Im Menüband sehen Sie nun – wie in Abbildung 1.22 oben gezeigt – die Zugriffstasteninfos:

- Buchstaben für die einzelnen Registerkarten und
- Zahlen für die Befehle in der Symbolleiste für den Schnellzugriff.

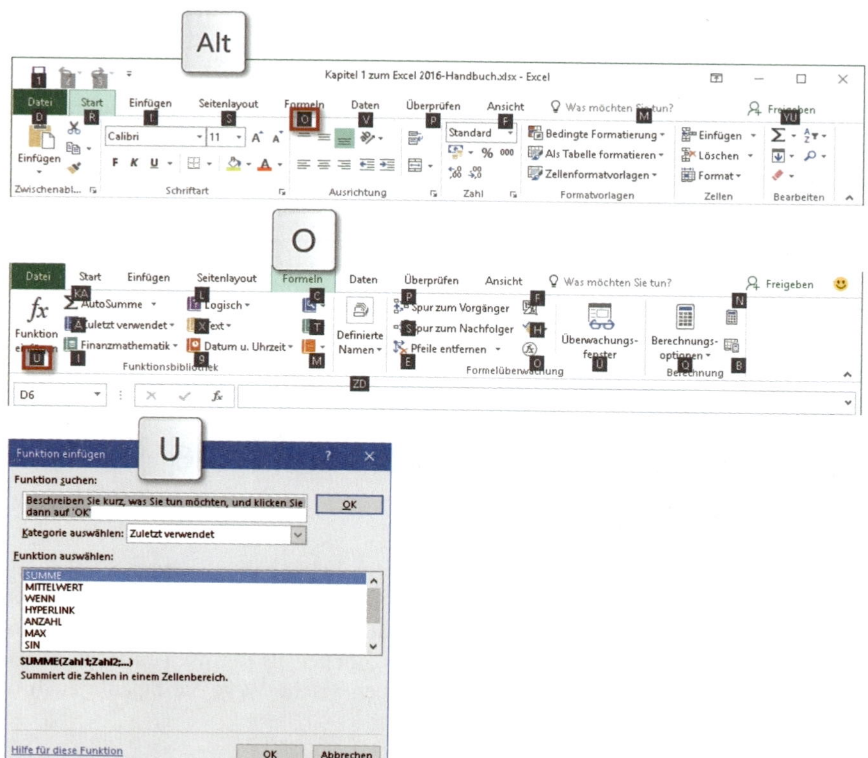

Abbildung 1.22: Den Funktions-Assistenten nicht per Maus, sondern mit einer Abfolge von drei Tasten aufrufen

Abbildung 1.22 demonstriert an einem Beispiel, wie Sie mit den Zugriffstasten den Funktions-Assistenten aufrufen. Drücken Sie nacheinander die Tasten [Alt], [O], [U], um das Dialogfeld *Funktion einfügen* aufzurufen.

Und so funktioniert es:

- Nach dem Drücken der Taste [Alt] wird zunächst für jede der Registerkarten ein Buchstabe eingeblendet – für die Registerkarte *Formeln* ist es das [O].
- Nach dem Drücken der Taste [O] wird die Registerkarte *Formeln* angezeigt. Auf der wiederum sind zu jedem der Befehle ein oder zwei Buchstaben eingeblendet.
- Das Drücken dieser Buchstabentaste(n) – hier [U] für *Funktion einfügen* – ruft dann den gewünschten Befehl auf.

Tipp Drücken Sie zum Abbrechen der Aktion, die Sie gerade ausführen, sowie zum Ausblenden der Zugriffstasten erneut kurz die [Alt]-Taste.

Standardbefehle mittels Funktionstasten sofort aufrufen und Routinevorgänge per Tastenkombination erledigen

Wenn Sie häufig die gleichen Routinebefehle brauchen – beispielsweise Kopieren, Ausschneiden, Einfügen, Speichern oder Fett –, werden Sie sich vielleicht schon gefragt haben, ob das nicht schneller geht. Die Antwort lautet eindeutig »Ja«.

Denn gerade bei den Befehlen, die oft verwendet werden, hat Microsoft in vielen Fällen eine Funktionstaste oder eine Tastenkombination hinterlegt. Abbildung 1.23 zeigt drei solcher Fälle:

- Beim Zeigen auf die Schaltfläche *Kopieren* [1] erfolgt darunter in der QuickInfo der Hinweis auf die Tastenkombination [Strg]+[C].
- Bewegen Sie die Maus über die Schaltfläche *Fett* [2], wird die Tastenkombination [Strg]+[⇧]+[F] als Alternative empfohlen.
- Zeigen Sie mit der Maus ganz oben rechts im Menü *Datei* auf das Fragezeichen, über das die Excel-Hilfe aufgerufen wird [3], wird die Funktionstaste [F1] angeboten.

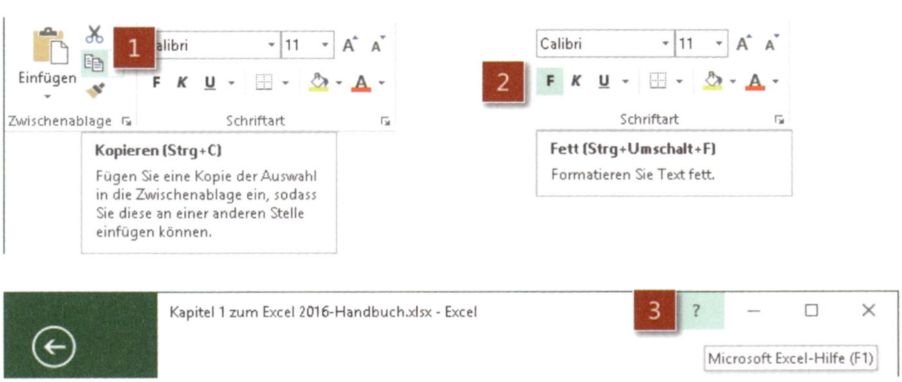

Abbildung 1.23: Prüfen Sie beim Zeigen auf einen Befehl, ob die QuickInfo eine Tastenkombination empfiehlt

In Tabelle 1.4 finden Sie eine Auswahl von 20 Tastenkürzeln, mit denen Sie die Arbeit mit Excel sicher an mancher Stelle beschleunigen und vereinfachen können.

Taste(n)	Beschreibung
F1	Die Hilfe aufrufen
F2	Den Bearbeitungsmodus für eine markierte Zelle aktivieren
F3	Während der Formeleingabe die Liste der Bereichsnamen aufrufen
F4	Den letzten Befehl wiederholen
F5	Das Dialogfeld *Gehe zu* aufrufen
F7	Die Rechtschreibprüfung starten
F9	Formeln manuell aktualisieren
F11	Ein Standarddiagramm in einem separaten Arbeitsblatt einfügen
F12	Das Dialogfeld *Speichern unter* öffnen
Strg+S	Den Befehl *Speichern* ausführen
Strg+N	Eine neue, leere Arbeitsmappe anlegen
Strg+O	Eine vorhandene Excel-Datei öffnen
Strg+F4	Die aktuelle Excel-Datei schließen
Alt+F4	Excel beenden
Strg+C	Markierten Inhalt in die Zwischenablage kopieren
Strg+X	Markierten Inhalt in die Zwischenablage ausschneiden
Strg+V	Inhalt aus der Zwischenablage einfügen
Strg+1	Ein Dialogfeld oder einen Aufgabenbereich zum Formatieren aufrufen
Strg+Z	Den letzten Befehl rückgängig machen
Alt+=	Die Summe für einen markierten Zellbereich berechnen

Tabelle 1.4: Ausgewählte wichtige Funktionstasten und Tastenkombinationen

Oft übersehen, aber echt nützlich: Die Symbolleiste für den Schnellzugriff

Sie haben zum wiederholten Mal zu einer anderen Registerkarte wechseln müssen, um dort einen bestimmten Befehl aufzurufen? Sie möchten diesen Aufwand unbedingt reduzieren, aber eine Tastenkombination steht nicht zur Verfügung oder Sie können sich diese einfach nicht merken?

Genau in solchen Fällen bringt die in Abbildung 1.24 rot umrandete Symbolleiste für den Schnellzugriff – auch kurz Schnellzugriffsleiste genannt – Zeitersparnis. Weiterer Vorteil dieser Symbolleiste: Sie wird immer angezeigt – egal welche Registerkarte gerade im Vordergrund ist. Daher empfiehlt es sich, in diese stets sichtbare Leiste die Befehle einzufügen, die Sie oft verwenden.

Fügen Sie einfach Symbole, die Sie häufig verwenden oder die Sie immer wieder lange suchen, in diese Symbolleiste ein. Schaffen Sie sich damit eine eigene, individuelle Schaltzentrale für Ihre Lieblingsbefehle. Langes Suchen und lästiges Wechseln zwischen den Registerkarten gehören damit der Vergangenheit an.

Abbildung 1.24: Die Symbolleiste für den Schnellzugriff ist standardmäßig oberhalb des Menübands angeordnet

Die Symbolleiste für den Schnellzugriff befindet sich standardmäßig (wie in Abbildung 1.24 zu sehen) in der linken, oberen Ecke des Excel-Fensters. Sie besteht zunächst nur aus wenigen Schaltflächen und wird daher zu Beginn oft übersehen. Dennoch ist sie der Teil der Oberfläche, der sich am einfachsten an Ihre individuellen Arbeitsabläufe anpassen lässt.

Häufig verwendete Befehle ab sofort schneller aufrufen

Um oft gebrauchte Befehle in die Symbolleiste für den Schnellzugriff aufzunehmen, stehen Ihnen drei Wege zur Verfügung:

- Sie klicken – wie in Abbildung 1.25 gezeigt – am rechten Rand der Schnellzugriffsleiste auf die Pfeilschaltfläche [1]. Wählen Sie in dem dann aufklappenden Menü beispielsweise die Befehle *Neu* und *Öffnen* [2] sowie *Seitenansicht und Drucken* [3] aus.
- Um andere Befehle ebenfalls in die Symbolleiste für den Schnellzugriff einzubauen, klicken Sie in dem Menü auf *Weitere Befehle* [4]. Alternativ dazu können Sie auch die Befehlsfolge *Datei/Optionen/Symbolleiste für den Schnellzugriff* wählen. In dem dann eingeblendeten Dialogfeld (siehe Abbildung 1.26) stehen Ihnen Hunderte von Excel-Befehlen zur Verfügung.

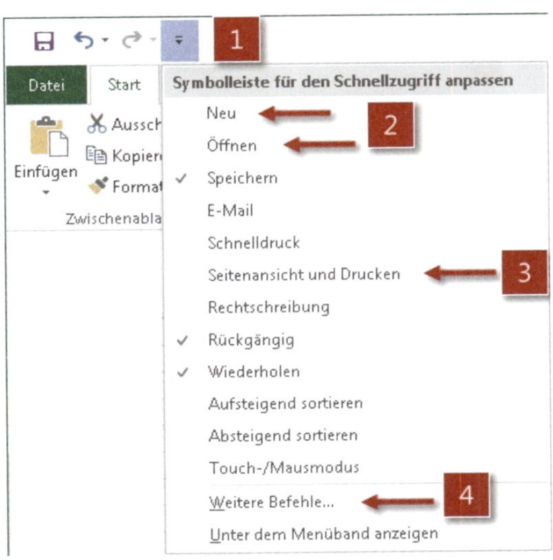

Abbildung 1.25: Eine Auswahl oft benutzter Befehle wird bereits zum Einbauen in die Schnellzugriffsleiste angeboten, sie müssen nur noch aktiviert werden

- Die dritte Methode ist möglicherweise am einfachsten anzuwenden. Immer dann, wenn Sie einen Befehl entdecken, den Sie oft benutzen oder nach dem Sie nicht mehr lange suchen wollen, klicken Sie ihn beziehungsweise die betreffende Schaltfläche mit der rechten Maustaste an. Wählen Sie dann im Kontextmenü *Zu Symbolleiste für den Schnellzugriff hinzufügen.*

Darf nicht fehlen: Den Befehl »Speichern unter« hinzufügen

Neben dem Befehl *Speichern*, der bereits standardmäßig in der Symbolleiste für den Schnellzugriff enthalten ist, werden Sie sicher auch den Befehl *Speichern unter* benötigen. Um ihn in die Schnellzugriffsleiste einzubauen, gehen Sie wie folgt vor:

1. Wählen Sie *Datei/Optionen.*
2. Klicken Sie in dem in Abbildung 1.26 gezeigten Dialogfeld links die Rubrik *Symbolleiste für den Schnellzugriff* an [1].
3. Stellen Sie rechts unter *Befehle auswählen* den Filter auf *Häufig verwendete Befehle* ein [2].
4. Scrollen Sie darunter in der Liste nach unten und markieren Sie den Befehl *Speichern unter* [3].
5. Markieren Sie in der Liste rechts daneben den Befehl *Speichern*, bevor Sie auf die Schaltfläche *Hinzufügen* klicken [4]. Damit stellen Sie sicher, dass der neue Befehl nach dem zuvor markierten – hier *Speichern* – hinzugefügt wird. Das Ergebnis sehen Sie in Abbildung 1.27.
6. Wollen Sie im Nachhinein die Reihenfolge der Befehle in der Symbolleiste für den Schnellzugriff ändern, verwenden Sie die beiden Pfeilschaltflächen am rechten Rand des Dialogfeldes *Excel-Optionen* [5].

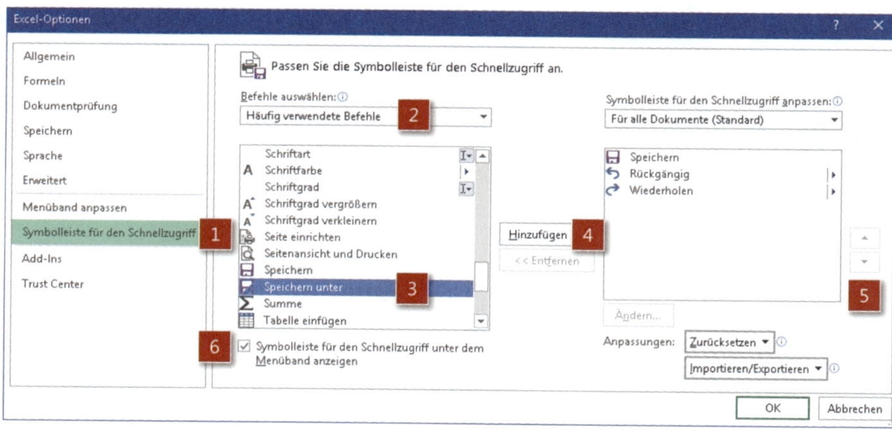

Abbildung 1.26: Wichtige Befehle mit System zur Schnellzugriffsleiste hinzufügen

---

Tipp

Wenn Sie die Symbolleiste für den Schnellzugriff nach und nach mit den für Sie wichtigsten Excel-Befehlen ausgestattet haben, sollten Sie den Weg zu diesen Schaltflächen verkürzen. Ordnen Sie dazu die Schnellzugriffsleiste nicht mehr über, sondern unter dem Menüband an.

Setzen Sie dazu – wie in Abbildung 1.26 gezeigt – in den *Excel-Optionen* ein Häkchen vor *Symbolleiste für den Schnellzugriff unter dem Menüband anzeigen* [6]. In Abbildung 1.27 sehen Sie das Resultat: eine Schnellzugriffsleiste, die nun unterhalb des Menübands zu finden ist.

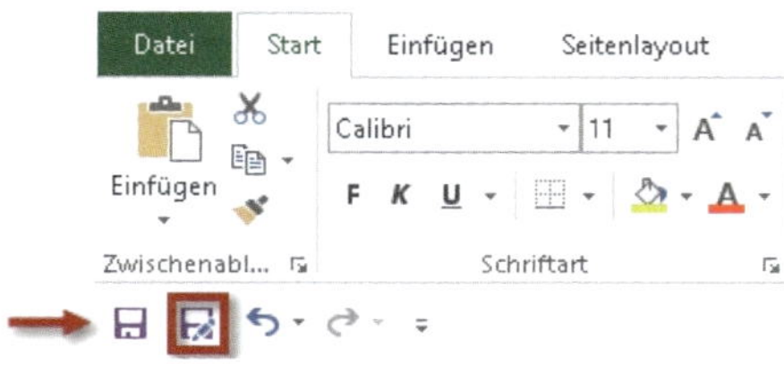

Abbildung 1.27: Die Schnellzugriffsleiste – jetzt unterm Menüband – enthält zusätzlich den Befehl Speichern unter

Befehle aus der Schnellzugriffsleiste entfernen

Manchmal werden Befehle, die der Symbolleiste für den Schnellzugriff hinzugefügt wurden, nach einer Weile nicht mehr gebraucht. Kein Problem, denn diese Zusatzsymbole können Sie mit minimalem Aufwand wie folgt wieder entfernen.

1. Klicken Sie die Schaltfläche, die in der Schnellzugriffsleiste nicht mehr gebraucht wird, mit der rechten Maustaste an.
2. Wählen Sie im Kontextmenü – wie in Abbildung 1.28 zu sehen – den Befehl *Aus Symbolleiste für den Schnellzugriff entfernen.*

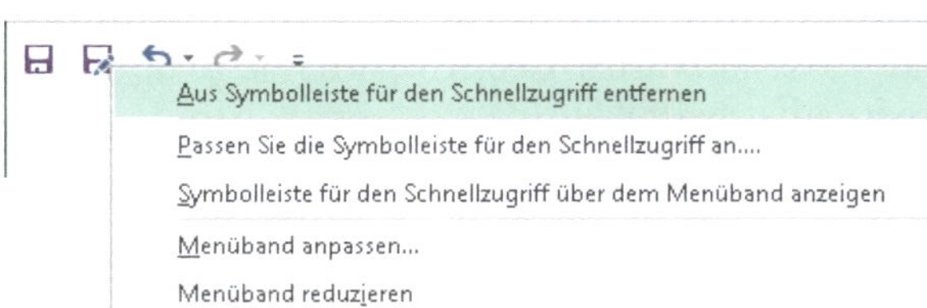

Abbildung 1.28: Zwei Mausklicks genügen, um einen Befehl wieder aus der Schnellzugriffsleiste zu entfernen

Die Schnellzugriffsleiste in den Ursprungszustand zurückversetzen

Sie haben im Laufe der Zeit die Symbolleiste für den Schnellzugriff deutlich erweitert und ausgiebig mit ihr experimentiert. Nun möchten Sie den Ausgangszustand wiederherstellen, aber ohne – wie eben beschrieben – jeden Befehl einzeln löschen zu müssen. Kein Problem, wenn Sie wie folgt vorgehen:

1. Klicken Sie mit der rechten Maustaste auf eine beliebige Stelle der Symbolleiste für den Schnellzugriff.
2. Wählen Sie im Kontextmenü den Eintrag *Passen Sie die Symbolleiste für den Schnellzugriff an.*
3. Klicken Sie im nun folgenden Dialogfeld in der rechten unteren Ecke auf die Schaltfläche *Zurücksetzen.*

4. Wählen Sie *Nur die Symbolleiste für den Schnellzugriff zurücksetzen.*
5. Bestätigen Sie die folgende Abfrage mit einem Klick auf *Ja* und schließen Sie die Aktion mit *OK* ab.

Die Schnellzugriffsleiste auf andere Rechner übertragen

Sie haben an Ihrem Arbeitsplatzrechner die Schnellzugriffsleiste mit den wichtigsten Befehlen bestückt und möchten nun diesen Bedienkomfort auch unterwegs auf Ihrem Notebook nutzen? Genau für diesen Fall gibt es in den Excel-Optionen das Befehlspaar *Importieren/Exportieren.* Damit können Sie eine individuell angepasste Symbolleiste für den Schnellzugriff ganz leicht auf andere Rechner übertragen.

1. Prüfen Sie, ob in der Schnellzugriffsleiste alle gewünschten Befehle enthalten und in der richtigen Reihenfolge angeordnet sind.
2. Wählen Sie dann *Datei/Optionen/Symbolleiste für den Schnellzugriff.*
3. Klicken Sie in der rechten unteren Ecke des Dialogfeldes *Excel-Optionen* auf den Pfeil neben der Schaltfläche *Importieren/Exportieren.*
4. Wählen Sie *Alle Anpassungen exportieren.*
5. Es wird eine Datei mit dem Namen *Excel-Anpassungen.exportedUI* generiert. Merken Sie sich den Pfad zum Speicherort dieser Datei. Oder speichern Sie diese Datei in einen speziellen Ordner Ihrer Wahl oder auf einen USB-Stick.
6. Kopieren Sie die Datei mit den Anpassungen auf den anderen Rechner. Den Speicherort können Sie beliebig wählen. Oder verwenden Sie den USB-Stick, auf dem Sie die Anpassungsdatei abgelegt haben.
7. Wählen Sie wieder die Befehlsfolge *Datei/Optionen/Symbolleiste für den Schnellzugriff.*
8. Klicken Sie auf die Schaltfläche *Importieren/Exportieren.*
9. Wählen Sie diesmal *Anpassungsdatei importieren.* Geben Sie den Pfad zu der Datei an – entweder auf der Festplatte oder auf dem USB-Stick.

Noch ein Zeitsparer: Die Minisymbolleiste

In den vorhergehenden Abschnitten konnten Sie bereits feststellen, dass es eine Reihe recht nützlicher Alternativen zum Menüband gibt. Doch neben den Zugriffstasten und der Schnellzugriffsleiste gibt es noch ein weiteres Werkzeug, das Ihnen Zeitersparnis bringt: die Minisymbolleiste. In Abbildung 1.29 sehen Sie drei verschiedene Versionen dieser speziellen Symbolleiste.

Abbildung 1.29: Von links nach rechts: Minisymbolleisten, die erscheinen, wenn Zellen, Formen oder Bilder markiert wurden

Über die Minisymbolleiste können Sie für die aktuelle Markierung häufig verwendete Formatierungsbefehle schneller aufrufen. Sie erscheint direkt über dem markierten Zellinhalt. Auf diese Weise sparen Sie sich lange Mauswege zu den jeweiligen Registerkarten des Menübands.

Wenn Sie mit der rechten Maustaste auf einen markierten Zellbereich, eine Form, ein Diagrammelement oder ein Bild klicken, erscheinen die in Abbildung 1.29 gezeigten Varianten der Minisymbolleiste.

Was bieten die verschiedenen Minisymbolleisten?

- Bei markierten Zellen können Sie per rechtem Mausklick beispielsweise alle wichtigen Befehle für das Formatieren der Schrift, der Zellenfarbe und der Rahmen aufrufen sowie wichtige Zahlenformate zuweisen.
- Bei Formen, Diagrammen und Bildern können Sie über die jeweilige Minisymbolleiste schnell auf vorgefertigte Formatvorlagen zugreifen sowie die Füll- oder Linienfarben ändern oder das Objekt zuschneiden.

Rechtsklick ist Trumpf: Mit Kontextmenüs arbeiten

Das Kontextmenü ist auch in Excel 2016 eine oft probate Methode, die den Weg ins Menüband und das lange Suchen in Registerkarten überflüssig macht.

In Abbildung 1.30 können Sie sehen, dass das Kontextmenü zum Teil völlig unterschiedliche Einträge enthält. Das hängt davon ab, was Sie angeklickt haben: beispielsweise Zellen, Objekte, Tabellen oder Diagramme. Im oberen Teil des Kontextmenüs finden Sie immer die Befehle zum Ausschneiden, Kopieren und Einfügen. Danach folgen Befehle, die für das angeklickte Objekt verfügbar sind.

Der Aufruf des Kontextmenüs ist jedoch unabhängig vom angeklickten Inhalt stets gleich: Ein Klick mit der rechten Maustaste lässt es erscheinen.

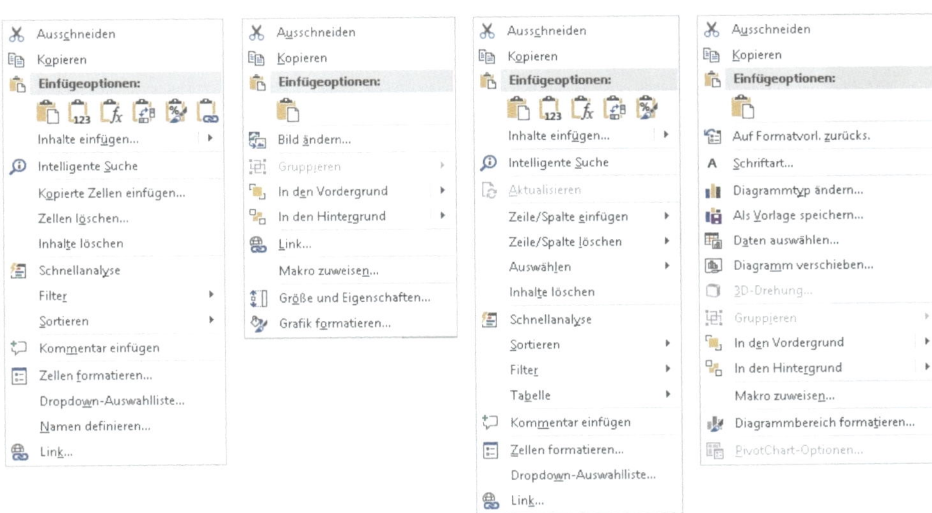

Abbildung 1.30: Von links nach rechts: die Kontextmenüs für markierte Zellen, Grafiken, Tabellen und Diagramme

Hinweis Gerade zu Beginn, wenn noch nicht klar ist, wo bestimmte Befehle zu finden sind, ist das Kontextmenü oft eine Entlastung. Da es aber immer nur eine Teilmenge der möglichen Befehle enthalten kann, ist es sicher kein Ersatz für das systematische Kennenlernen des Menübands.

Die Backstage-Ansicht und das Startverhalten von Excel 2016

Ganz links im Menüband befindet sich eine Registerkarte, die besonders wichtig ist: *Datei*. Der Klick auf diese Registerkarte öffnet die sogenannte Backstage-Ansicht. Hier finden Sie alle Befehle, die Sie zum Verwalten Ihrer Dateien brauchen – angefangen beim Erstellen, Öffnen und Speichern über das Drucken bis hin zum Weitergeben und Schließen von Dateien. Die Backstage-Ansicht ist so etwas wie die Schaltzentrale für den Umgang mit Dateien, außerdem legen Sie hierüber die Programmoptionen fest und können von hier aus die Hilfe aufrufen.

Zum Verlassen der Backstage-Ansicht und zur Rückkehr zum Arbeitsblatt klicken Sie auf den nach links weisenden Pfeil links oben oder drücken die Taste [Esc].

Die besonders oft gebrauchten Befehle zum Anlegen, Öffnen und Speichern von Excel-Mappen finden Sie in der Backstage-Ansicht ganz oben.

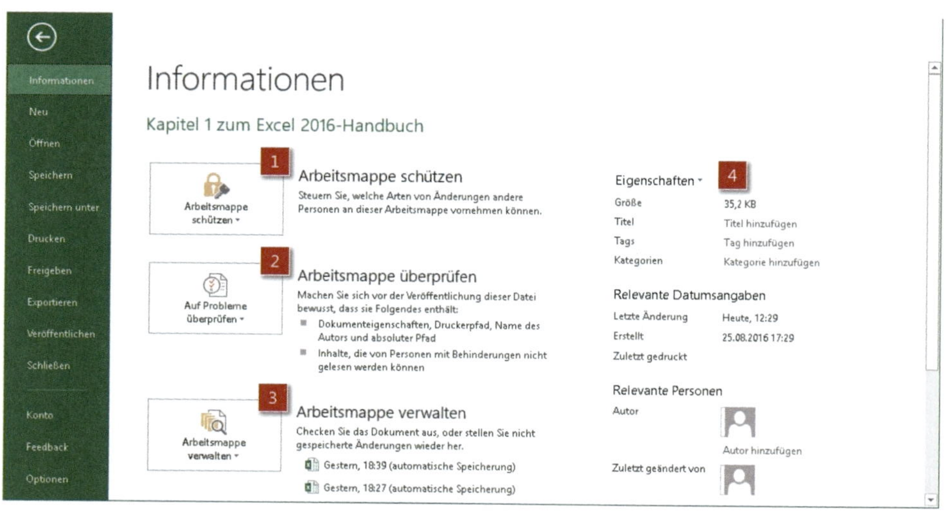

Abbildung 1.31: Blick in die Rubrik Informationen *der Backstage-Ansicht*

Die Rubrik »Informationen«

Wenn Sie mit einem Klick auf *Datei* die Backstage-Ansicht öffnen, sehen Sie an oberster Stelle die Rubrik *Informationen* – wie in Abbildung 1.31 zu sehen.

- Sie zeigt im rechten Teil die Eigenschaften der aktuellen Datei [4]. Hier sehen Sie beispielsweise auf einen Blick, wie groß die Datei ist, wann sie erstellt, zuletzt geändert und ob – beziehungsweise wann – sie gedruckt wurde und natürlich auch, wer der Autor ist.
- Im mittleren Bereich der Rubrik *Informationen* stehen Ihnen Befehle zur Verfügung, um die Datei zu schützen [1], zu überprüfen [2] oder um frühere Versionen dieser Datei abzurufen [3].

Hinweis Wenn Sie eine Arbeitsmappe aus früheren Excel-Versionen (mit der Dateiendung *.xls*) geöffnet haben, steht im Bereich *Informationen* auch der Befehl *Konvertieren* zur Verfügung. Mehr zum Umwandeln alter Dateien ins neue Dateiformat XLSX lesen Sie in Kapitel 2.

In der Rubrik »Neu« mehr als nur leere Mappen holen

Wird eine neue Arbeitsmappe benötigt, drücken erfahrene Office-Anwender einfach die Tastenkombination `Strg`+`N`. Allerdings ist das Ergebnis dann nur eine leere Standardmappe.

Soll ein spezieller Bericht, ein bestimmtes Formular oder eine andere Vorlage als Basis für eine neue Arbeitsmappe verwendet werden, ist ein Klick auf *Datei/Neu* der richtige Weg. In diesem in Abbildung 1.32 gezeigten Teil der Backstage-Ansicht finden Sie neben der Vorlage *Leere Arbeitsmappe* weitere Muster für das Erledigen mehr oder weniger typischer Excel-Aufgaben.

Tipp Nehmen Sie sich ruhig einmal die Zeit: Klicken Sie in der Rubrik *Neu* auf die Option *Willkommen bei Excel*. In wenigen Minuten lernen Sie in kompakter Form die neuen Techniken für leichteres Arbeiten *Blitzvorschau*, *Schnellanalyse* und *Empfohlene Diagramme* kennen, die bereits mit Excel 2013 eingeführt wurden. Weiterhin wird Ihnen an einem Beispiel das mit Excel 2016 neu eingeführte Suchfenster *Was möchten Sie tun?* nähergebracht. Es lohnt sich. Wer Interesse an einer kostenlosen Excel-Schulung hat, kann den hier ebenfalls hinterlegten Link nutzen.

Ist für Ihr Excel die Onlineoption eingestellt, können Sie oben im Feld *Nach Onlinevorlagen suchen* durch Eingabe entsprechender Stichwörter nach einem bestimmten Thema suchen, das die Vorlage enthalten soll. Zudem gibt es darunter bereits vorbereitete Kategorien wie beispielsweise *Budgets*, *Kleine Unternehmen* oder *Kalender*. Stöbern und Inspirationen holen lohnt sich.

Abbildung 1.32: Bei Wahl der Onlineoption bietet die Rubrik Neu *zusätzliche Vorlagen von* templates.office.com

---

Hinweis

Wie die Onlineoption ein- oder ausgestellt werden kann, lesen Sie weiter hinten in diesem Kapitel im Abschnitt zur Excel-Hilfe. Arbeiten Sie in einem Firmennetzwerk und sind Onlineinhalte von Microsoft nicht verfügbar, wenden Sie sich an Ihren Administrator.

So beschleunigen Sie das Startverhalten von Excel

Wie oft wollen Sie beim Start von Excel nur eine leere Arbeitsmappe haben und dann sofort losarbeiten? In mehr als 50 Prozent der Fälle? Wenn das für Sie zutrifft, sollten Sie erwägen, den Start von Excel zu verkürzen. Stellen Sie dazu den standardmäßig eingeblendeten Startbildschirm wie in Abbildung 1.33 gezeigt ab:

1. Wählen Sie *Datei/Optionen*. Behalten Sie links die Auswahl der Rubrik *Allgemein* bei [1].
2. Entfernen Sie im letzten Abschnitt *Startoptionen* das Häkchen vor *Startbildschirm bei Start dieser Anwendung anzeigen* [2].

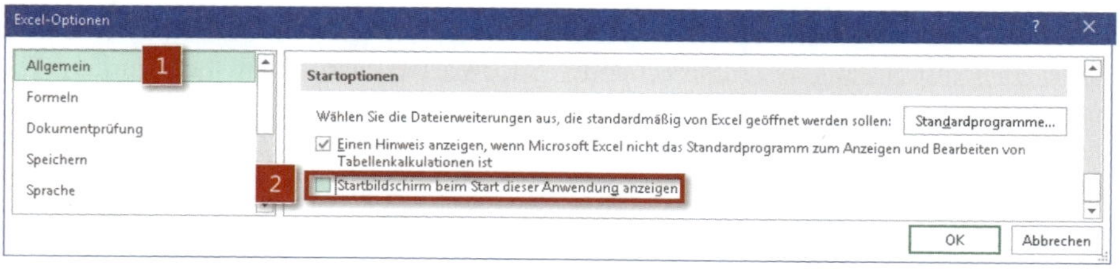

Abbildung 1.33: Wird der Startbildschirm als überflüssig betrachtet, kann er hier einfach abgeschaltet werden

Ab sofort gelangen Sie beim Start von Excel direkt zu einer leeren Standardarbeitsmappe.

Tipp Für den Fall, dass Sie eine Mappe auf Basis einer anderen als der Standardvorlage benötigen, wählen Sie einfach *Datei/Neu* und dann die passende Vorlage.

So vereinfachen Sie das Öffnen und Speichern von Mappen

Die Backstage-Ansicht ist sicher oft eine nützliche Sache. Wenn Sie aber nur schnell eine bestimmte Mappe mit [Strg]+[O] öffnen oder die aktuell bearbeitete Datei mit [F12] unter einem anderen Namen speichern wollen, haben Sie gewiss keine Lust, sich jedes Mal durch die Backstage-Ansicht durchzuklicken.

Ähnlich wie beim Startbildschirm können Sie auch hier die Wege abkürzen. Das erledigen Sie mit den in Abbildung 1.34 gezeigten Schritten:

1. Wählen Sie *Datei/Optionen*. Klicken Sie links die Rubrik *Speichern* an [1].
2. Setzen Sie rechts im Abschnitt *Arbeitsmappen speichern* ein Häkchen vor *Backstage beim Öffnen oder Speichern von Dateien nicht anzeigen* sowie vor *Standardmäßig auf Computer speichern* [2].

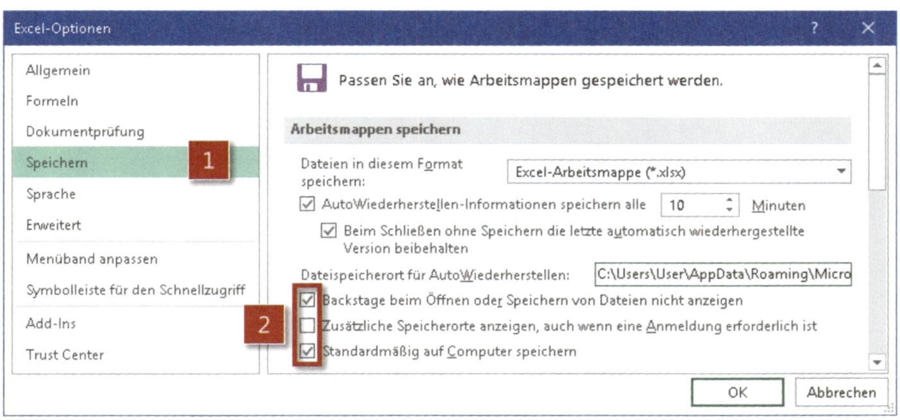

Abbildung 1.34: Den Zugriff beim Öffnen und Speichern von Dateien beschleunigen

---

Hinweis Wie Sie im Detail vorgehen, um eine vorhandene Excel-Datei zu öffnen oder um die gerade bearbeitete Mappe zu speichern und wie Sie das zudem zeitsparend erledigen, lesen Sie in Kapitel 2.

Die Befehle zum Weitergeben von Excel-Dateien

Zur Weitergabe Ihrer Arbeitsmappen an andere Personen stehen Ihnen in Excel mehrere Wege zur Verfügung:

- Sie wählen *Datei/Speichern unter* und legen dann die Datei auf einem externen Speichermedium – beispielsweise einem USB-Stick – oder an einem der Speicherorte ab, die für das Konto verfügbar sind, bei dem Sie angemeldet sind.
- Sie verwenden die Befehlsfolge *Datei/Freigeben/Für Personen freigeben* – wie in Abbildung 1.35 [1] zu sehen –, um die Mappe auf einem Onlinespeicherort zur Verfügung zu stellen und bestimmten Personen freizugeben.
- Sie nutzen die Befehlsfolge *Datei/Freigeben/E-Mail* – wie in Abbildung 1.35 gezeigt –, um eine Kopie der Arbeitsmappe als Anlage per E-Mail zu senden, wahlweise als Excel-Datei [2], als PDF-Datei [4] oder als XPS-Datei [5]. Weiterhin besteht die Möglichkeit, einen Link zur Mappe zu versenden [3] oder die Mappe über einen Internet-Faxdienst zu faxen [6].
- Sie speichern – wie in Mit Freigeben auf eine Fülle von Möglichkeiten zugreifen, die Arbeitsmappe anderen zur Verfügung zu stellen
- gezeigt – mit der Befehlsfolge *Datei/Exportieren/PDF/XPS-Dokument erstellen* [1] die Arbeitsmappe als PDF-oder XPS-Datei ab. Weiterhin haben Sie die Möglichkeit, über *Datei/Exportieren/Dateityp ändern* [2] die Arbeitsmappe in einem anderen Arbeitsmappen-Format, beispielsweise als Excel 97-2003-Arbeitsmappe, als Vorlage oder als Open-Document-Kalkulationstabelle oder in einem anderen Dateityp, beispielsweise als .txt- oder .csv-Datei auf einem Ihnen zur Verfügung stehenden Speicherort abzuspeichern.

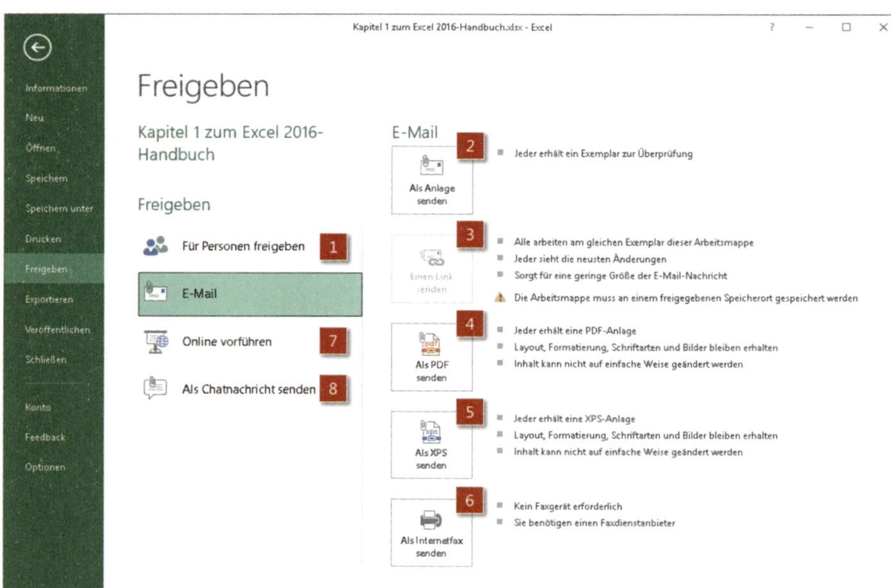

Abbildung 1.35: Mit Freigeben *auf eine Fülle von Möglichkeiten zugreifen, die Arbeitsmappe anderen zur Verfügung zu stellen*

- Sie wählen *Veröffentlichen/In Power BI veröffentlichen* und haben damit die Möglichkeit, interaktive Berichte und Dashboards auf Grundlage der Daten in Ihrer Arbeitsmappe zu erstellen und auf Ihrer Power-BI-Website zu veröffentlichen. Mehr dazu unter diesem Link *https://powerbi.microsoft.com/de-de/documentation/powerbi-service-publish-from-excel.*
- Sie wählen *Veröffentlichen/Auf Docs.com veröffentlichen* und können damit Ihre Excel-Datei über den kostenlosen Onlinedienst Docs.com auch für die breite Masse zur Verfügung stellen.

Je nach Installationsumfang auf Ihrem Rechner und ob Sie Office 2016 oder Office 2016 als Aboprodukt (Office 365) haben, können weitere Befehle wie beispielsweise *Online vorführen* [7] oder *Als Chatnachricht senden* [8] zur Verfügung stehen. Jeden Monat kommen Updates, wo weitere Funktionen hinzukommen können.

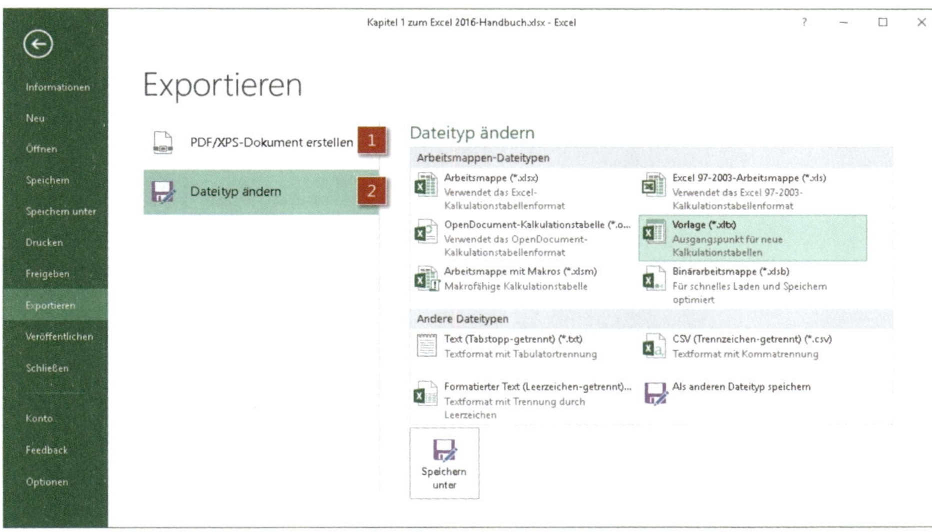

Abbildung 1.36: Mit dem Befehl Exportieren *die Excel-Arbeitsmappe in andere Formate umwandeln*

Warum die Rubrik »Konto« wichtig ist

Sie verwenden Excel 2016, aber Ihnen fehlen Funktionen, die Sie bei Kollegen oder Bekannten gesehen haben, die ebenfalls mit Excel 2016 arbeiten? Verschaffen Sie sich deshalb Klarheit darüber, welche Version von Office 2016 Sie eigentlich nutzen. Per Klick auf die Registerkarte *Datei* und dann auf *Konto* gelangen Sie zu den in Abbildung 1.37 gezeigten Informationen.

- Rechts unter *Produktinformationen* erfahren Sie zunächst, mit welcher Office-Version Sie arbeiten [1].
- Weiter unten neben der Schaltfläche *Updateoptionen* finden Sie eine weitere entscheidende Information, nämlich wie schnell und wie oft Sie mit Updates beliefert werden: Das Spektrum reicht von *Aktuell* bis *Verzögert* [2].

- Sie wollen wissen, ob Ihr Excel 2016 wirklich auf dem aktuellen Stand ist? Klicken Sie auf *Updateoptionen* und dann auf *Jetzt aktualisieren*.
- Per Klick auf die Schaltfläche *Info zu Excel* erfahren Sie die interne Nummer Ihrer Excel-2016-Version und ob und welches Service Pack installiert ist.

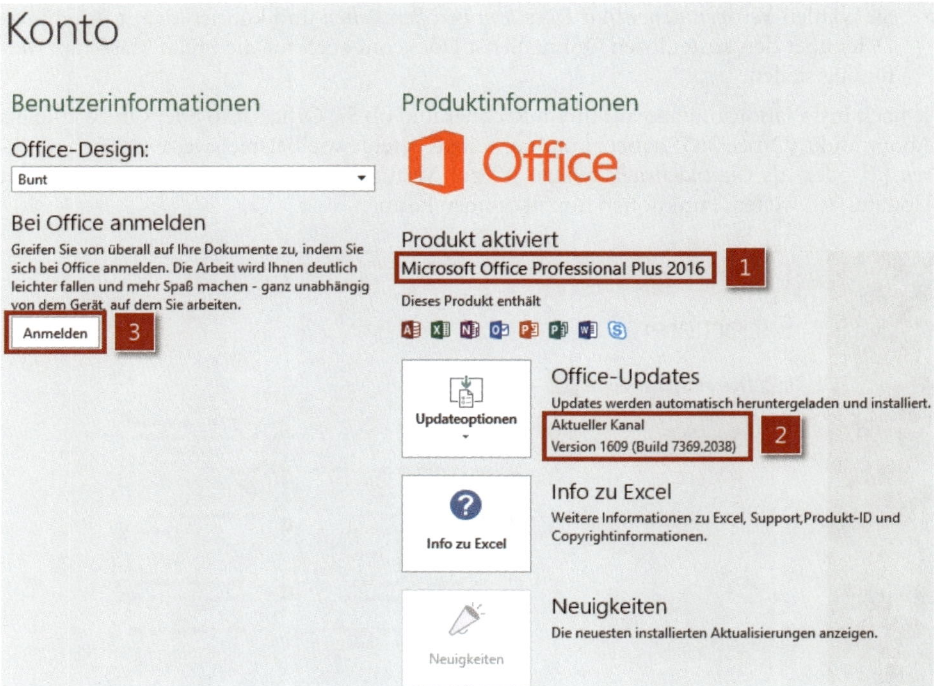

Abbildung 1.37: Über Konto erhalten Sie Informationen zu Ihrer Office-Version und deren Update-Status

Der Funktionsumfang hängt von der Edition ab

Vor der Markteinführung von Office 2016 konnten Sie anhand der Versionsnummer – zum Beispiel 2003, 2007, 2010 oder 2013 – klar umreißen, welche Funktionen Ihnen Ihr Excel zur Verfügung stellt und welche nicht. Verwenden Sie hingegen Excel 2016, dann lässt sich nur anhand der Versionsnummer 2016 nicht mehr abgrenzen, welche Funktionen Ihr Excel hat. Können Sie beispielsweise für Ihre Umsätze schon ein Trichterdiagramm erstellen oder verschachtelte und fehleranfällige WENN-Formeln durch die neue und deutlich einfacher zu bedienende Funktion WENNS ersetzen?

Mit Office 2016 hat Microsoft seine Strategie geändert und teilt die Anwender nun in zwei Klassen ein: diejenigen, die von Neuerungen nahezu ausgeschlossen sind und diejenigen, die die Möglichkeit haben, die neuen Funktionen zu nutzen. Entscheidend dafür, ob und wie Anwender mit neuen Funktionen versorgt werden, ist, ob Sie eine Kauf- oder eine Abonnement-Version von Office 2016 nutzen:

- Ist auf Ihrem PC die traditionelle Kaufversion installiert, dann haben Sie zwar eine Dauerlizenz zur Nutzung von Office, sind aber von allen Neuerungen, die Office 2016 nach dem 15. September 2015 erhalten hat, nahezu ausgeschlossen.

- Bei der Abonnementversion Office 365 ist die Nutzung der Office-Programme zeitlich begrenzt, meist auf die Dauer von einem Jahr. Natürlich kann jederzeit verlängert werden. Wenn Sie in einer Firma arbeiten, bekommen Sie davon vermutlich gar nichts mit: Sie öffnen einfach Excel und erledigen Ihre Aufgaben. Der entscheidende Vorteil der Abo-Variante gegenüber der Kaufversion mit Dauerlizenz besteht darin, dass Microsoft für Office 365 kontinuierlich neue Funktionen zur Verfügung stellt. Ob und wann Sie diese erhalten, hängt davon ab, welcher Updatekanal für Ihr Office eingestellt ist.

Sie sind nach dem Lesen dieser Zeilen leicht verwirrt? Keine Sorge, das geht allen anderen Anwendern, selbst Administratoren, ebenso. Die Informationen in dem folgenden Kasten helfen Ihnen dabei, die neuen Gegebenheiten besser zu verstehen.

Gut zu wissen: Typische Editionen und Update-Kanäle für Office 2016

Eigentlich wollen Sie nur mit Ihrem Excel 2016 arbeiten. Doch ob es eine Kauf- oder eine Aboversion ist, macht jetzt sehr wohl einen Unterschied, wenn es um den Funktionsumfang geht. Hier ist zunächst ein Überblick über die Editionen:

- Zu den Versionen mit Dauerlizenz gehören unter anderem die folgenden Editionen: Office Home & Student 2016, Office Home & Business 2016, Office Professional 2016, Office Professional Plus 2016 und Office Standard 2016.
- Als Aboprodukt gibt es Office 2016 in den Editionen Office 365 Personal, Office 365 Home, Office 365 Business, Office 365 Business Premium, Office 365 ProPlus,

Nachdem Sie über *Datei/Konto* herausgefunden haben, welche Edition bei Ihnen installiert ist, stellt sich die zweite entscheidende Frage: Werden Sie mit Updates beliefert, die den Funktionsumfang von Excel 2016 erweitern und in welchem Zeitintervall?

Selbst wenn Sie Excel 2016 als Bestandteil von Office 365 nutzen, bedeutet dies noch nicht, dass alle Neuerungen sofort für Sie bereitstehen. Entscheidend dafür ist, welcher Updatekanal eingestellt ist:

- Ist *Aktueller Kanal* eingestellt, werden die Anwender monatlich mit Updates versorgt. Als Untergruppe für diesen Kanal gibt es die *Office-Insider*, die zum Teil noch häufiger Updates erhalten, bis hin zu zweimal wöchentlich.
- *Verzögerter Kanal* wird in Firmen und Institutionen als Standard empfohlen, denn hier erhalten die Anwender die neuen Funktionen zeitversetzt, zum Beispiel vier Monate später. Das lässt der IT-Abteilung ausreichend Zeit zum Testen.
- *First Release für verzögerten Kanal* ist für Pilotbenutzer und all jene gedacht, die die Anwendungskompatibilität neuer Funktionen prüfen müssen. Diese spezielle Kanalversion bietet etwa vier Monate Vorlauf zum Testen, bevor dann die Version *Verzögerter Kanal* an alle anderen Anwender ausgeliefert wird.

Detaillierte Informationen zu den Updatekanälen finden Sie auf der folgenden Microsoft-Seite: *https://technet.microsoft.com/de-de/library/mt422981.aspx*.

Abbildung 1.38: Wer Excel 2016 als Bestandteil des Abonnementprodukts Office 365 nutzt, kann eher auf die zahlreichen Programmneuerungen zugreifen, die seit der Markteinführung von Office 2016 hinzugekommen sind

Die Vorteile einer Anmeldung über das »Konto«

Die Rubrik *Konto* enthält neben den Informationen zur Excel-Version und zum Updatekanal noch zwei weitere wichtige Elemente für Ihre Arbeit mit Excel:

- Immer mehr Anwender wollen auch unterwegs von anderen PCs oder einem Tablet auf Office-Dateien zugreifen, die zuvor auf Onlinespeicherorten abgelegt wurden. Auch hier ist die Rubrik *Konto* entscheidend. Über *Datei/Konto* melden Sie sich mit Ihrer E-Mail-Adresse und dem Kennwort an und können so beispielsweise direkt auf bestimmte Excel-Mappen zugreifen.
- Über die Registerkarte *Einfügen* und die Gruppe *Add-Ins* können Sie Excel um nützliche Funktionen erweitern, beispielsweise um einen Tachometer zum dynamischen Anzeigen wichtiger Kennzahlen. Dieses und zahlreiche weitere Add-Ins können Sie über den Store kostenlos erwerben. Dazu brauchen Sie ein Konto. Damit Ihr Excel die von Ihnen erworbenen Add-Ins bereitstellt, müssen Sie beim Start von Excel mit Ihrem Konto angemeldet sein. Ist das noch nicht der Fall, holen Sie dies über die Befehlsfolge *Datei/Konto/Anmelden* schnell nach.

Hinweis Mehr zu Add-Ins in Excel lesen Sie in Kapitel 31.

Wichtig, aber oft übersehen: Elemente der Oberfläche mit Zeitsparpotenzial

Die Excel-Oberfläche ist zu großen Teilen recht übersichtlich, sodass sich Befehle und Informationen leicht finden lassen. Das Menüband mit seinen Registerkarten ist überall präsent, die Rubriken innerhalb der Backstage-Ansicht sind gut strukturiert. Doch es gibt auch Elemente, die nicht so schnell entdeckt werden – beispielsweise die Symbolleiste für den Schnellzugriff (siehe Abbildung 1.24) oder die Befehle in der rechten oberen Ecke des Excel-Fensters, über die Sie die Anzeige des Menübands steuern (siehe Abbildung 1.18). Bei zwei weiteren Elementen ist das Risiko ebenfalls recht groß, dass ihre Inhalte übersehen werden: die Titelleiste am oberen und die Statusleiste am unteren Rand des Excel-Fensters.

Zusätzliche Informationen in der Titelleiste

Dass Sie den Namen der aktuellen Datei und den des Programms – hier Microsoft Excel – in der Titelleiste ablesen können, wissen Sie sicherlich. Doch haben Sie auch bemerkt, dass manchmal in der Titelleiste noch weitere Informationen erscheinen? Beispielsweise *Kompatibilitätsmodus* und *Geschützte Ansicht*. Was hat es damit auf sich und warum sind diese beiden Informationen bedeutsam?

Kompatibilitätsmodus: Eingeschränkter Funktionsumfang bei Dateien im alten XLS-Format

Wenn Sie eine Arbeitsmappe öffnen, die mit einer älteren Excel-Version (bis 2003) erstellt wurde, gibt die Titelleiste – wie in Abbildung 1.39 zu sehen – darüber Auskunft, dass sich die Datei in einem speziellen Modus befindet: Zwischen Datei- und Programmname steht noch die Information *[Kompatibilitätsmodus]* [1].

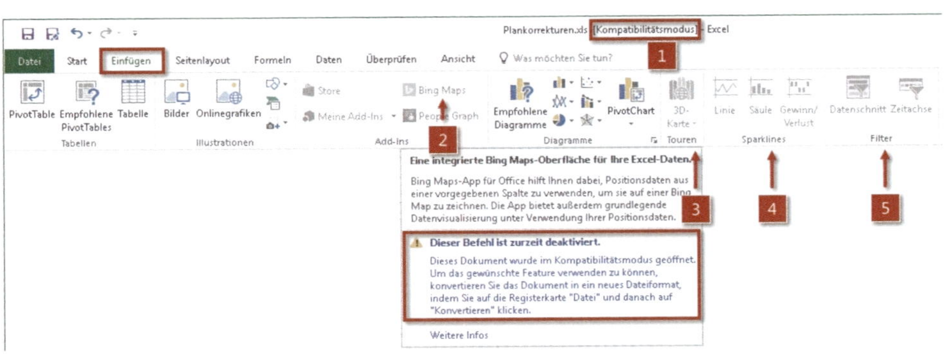

Abbildung 1.39: Im Kompatibilitätsmodus stellt Excel eine Reihe von Befehlen gar nicht erst zur Verfügung

Das sagt auf den ersten Blick wenig. Wenn Sie aber zur Registerkarte *Einfügen* wechseln, werden Sie – wie in Abbildung 1.39 unten gezeigt – recht schnell feststellen, dass einige Befehle abgeblendet, also nicht aktiv sind. In dem Fall sind es beispielsweise das Add-In *Bing Maps* [2], *3D-Karte* [3], *Sparklines* [4] sowie die beiden Filter *Datenschnitt* und *Zeitachse* [5].

Kompatibilitätsmodus bedeutet also eingeschränkter Funktionsumfang in Excel.

Hinweis Welche Folgen der Kompatibilitätsmodus im Detail hat, wie Sie Mappen in diesem Modus überprüfen und wie Sie den Modus ausschalten, erfahren Sie in Kapitel 2 im Abschnitt über das Öffnen von Dateien.

Geschützte Ansicht: Wie Excel für mehr Sicherheit sorgt

Eine zweite Besonderheit, die Sie in der Titelleiste ablesen können, ist *Geschützte Ansicht*.

Wie in Abbildung 1.40 gezeigt, erhalten Sie den Hinweis auf diesen besonderen Modus beim Öffnen bestimmter Dateien gleich zweimal: oben in der Titelleiste [1] und unterhalb des Menübands in einer gelben Meldungsleiste [2].

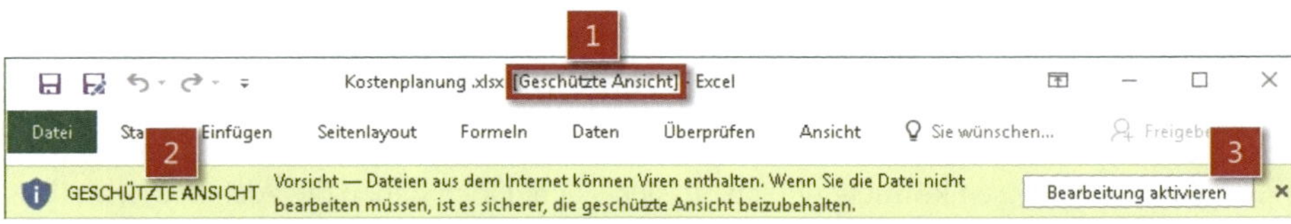

Abbildung 1.40: Eine gelbe Leiste weist unterhalb des Menübands auf eine Besonderheit hin

Dass eine Datei im Modus *Geschützte Ansicht* geöffnet wird, hat zum Ziel, die Anwender vor dem Risiko von Computerviren zu schützen. Die *Geschützte Ansicht* wird stets dann automatisch aktiviert, wenn Sie Dateien öffnen, die Sie per E-Mail erhalten oder aus dem Internet heruntergeladen haben.

Solange die *Geschützte Ansicht* aktiv ist, können Sie die betreffende Datei öffnen und ansehen, aber nicht bearbeiten. Erst nach einem Klick auf *Bearbeitung aktivieren* [3] ist der Schutzmechanismus aufgehoben.

Hinweis Mehr dazu, wie Sie den Modus *Geschützte Ansicht* abschalten und wie Sie steuern, welche Arbeitsmappen in diesem Modus geöffnet werden, lesen Sie in Kapitel 2 im Abschnitt über das Öffnen von Dateien.

Wenig beachtet, aber informativ: Die Statusleiste

Wie oft schauen Sie bei der Arbeit mit Excel auf die am unteren Rand angeordnete Statusleiste? Dort stehen recht oft wichtige Informationen: beispielsweise, dass sich eine Liste im Filtermodus befindet, was der Mittelwert der gerade markierten drei Zellen ist oder welche Taste Sie drücken sollen, wenn Sie gerade etwas kopiert haben.

Mehr noch: Sie können die Statusleiste an Ihre Bedürfnisse anpassen.

1. Klicken Sie dazu einfach mit der rechten Maustaste auf die Statusleiste am unteren Rand des Excel-Fensters.

   Es öffnet sich das Kontextmenü mit einer Vielzahl von Einstellmöglichkeiten – Abbildung 1.41 zeigt einen Ausschnitt.

2. Setzen Sie im Abschnitt mit den Funktionen ein Häkchen vor alle sechs Berechnungsoptionen, also *Mittelwert*, *Anzahl*, *Numerische Zahl*, *Minimum*, *Maximum* und *Summe*.

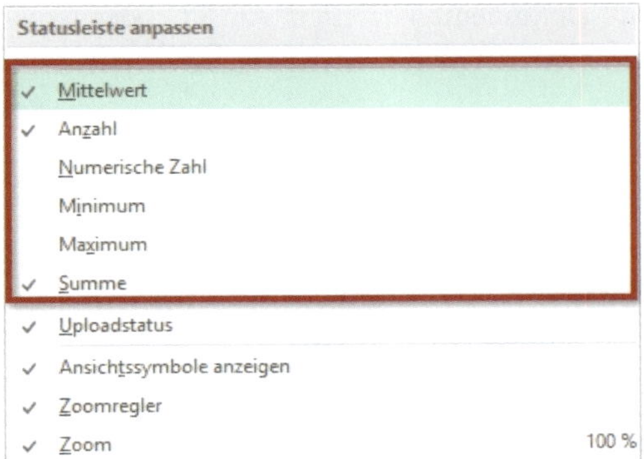

Abbildung 1.41: Setzen Sie sechs Häkchen, um typische Berechnungen in der Statusleiste anzeigen zu lassen

Warum die Statusleiste so nützlich ist

Nachdem Sie alle Berechnungsoptionen aktiviert haben, bekommen Sie künftig immer, wenn Sie zwei und mehr Zellen markieren, in der Statusleiste ohne Eingabe einer Formel sechs berechnete Ergebnisse angezeigt (siehe Abbildung 1.42). Werden Sie beispielsweise am Telefon gefragt, wie hoch die Summe der Werte im ersten Quartal ist, markieren Sie einfach die entsprechenden Zellen und lesen in der Statusleiste das Ergebnis ab. Oder noch spannender: Wenn sich jemand nach den durchschnittlichen Kosten eines Projekts im ersten Halbjahr bei Ihnen erkundigt, markieren Sie die Kosten der entsprechenden Monate und sehen – ohne zuvor eine Formel eingeben zu müssen – in der Statusleiste den Durchschnittswert.

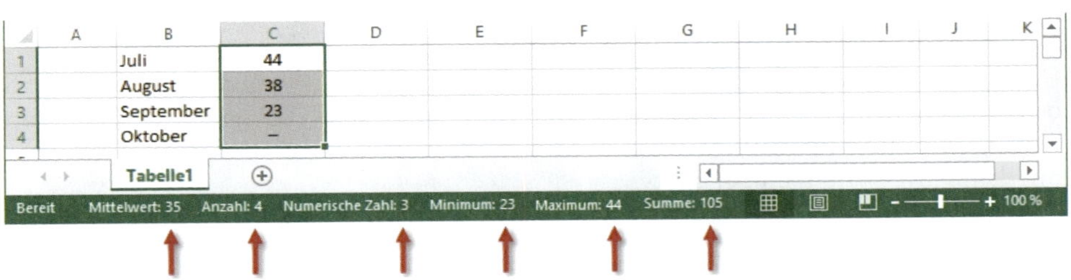

Abbildung 1.42: Zu den im Blatt markierten Zellen liefert die Statusleiste unten sechs berechnete Ergebnisse

Leichte Bedienung per Touchtechnik: Excel mit Fingern oder Stift steuern

Die Grenzen zwischen Desktop-PCs und Notebooks auf der einen und Tablet-PCs sowie Smartphones auf der anderen Seite verschwinden immer mehr. Je nachdem, wo sich Anwender aufhalten, nutzen sie unterschiedliche Geräte für ihre Arbeit. Daher müssen auch die Programme über solche Gerätegrenzen hinweg durchgehend nutzbar sein. Office 2016 bietet dafür eine nützliche Lösung: Unterwegs können Sie auf mobilen Geräten mit

Touchscreen kommunizieren und auf Office-Dokumente zugreifen. Am PC oder Notebook stehen Ihnen dann über Tastatur und Maus alle Funktionen zur Feinbearbeitung Ihrer Dateien zur Verfügung.

Abbildung 1.43: Excel auf dem Display eines Tablet-Computers (Quelle: Wolfgang Scheide)

Wie wird Excel per Gesten gesteuert?

Damit Sie auf einem Touchscreen die Elemente der Excel-Oberfläche besser mit Fingern bedienen können, schalten Sie das Programm zunächst in den »Touchmodus«. Daraufhin vergrößert sich der Abstand zwischen den Symbolen im Menüband. Die präzise Steuerung mit dem Finger wird damit einfacher.

Das in der Randspalte gezeigte Symbol zum Umschalten zwischen Maus- und Fingereingabe ist ein wenig versteckt. Am einfachsten ist es, wenn Sie den betreffenden Befehl in der Symbolleiste für den Schnellzugriff benutzen. Danach können Sie den Bedienmodus mit einem Klick beziehungsweise einem Fingertipp schnell umschalten. Gehen Sie wie folgt vor und orientieren Sie sich dabei auch an Abbildung 1.44:

1. Klicken Sie auf die Pfeilschaltfläche am rechten Rand der Symbolleiste für den Schnellzugriff [1].
2. Wählen Sie in der Liste den Eintrag *Touch-/Mausmodus*.

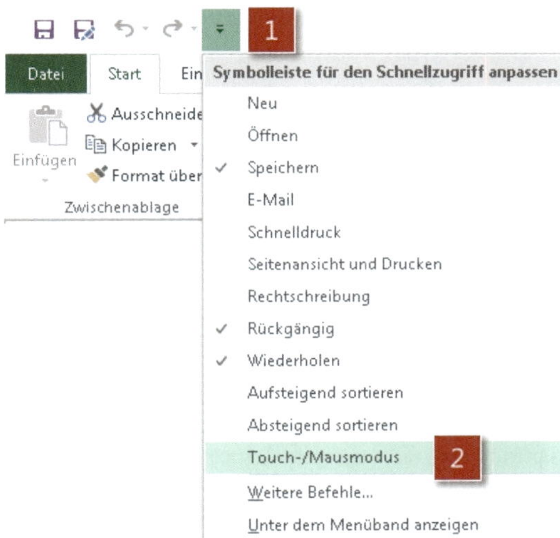

Abbildung 1.44: Den Befehl zum Umschalten zwischen Touch- und Mausmodus verfügbar machen

Ab sofort können Sie über die Schnellzugriffsleiste mit nur einer Aktion in den Maus- oder in den Touchmodus wechseln.

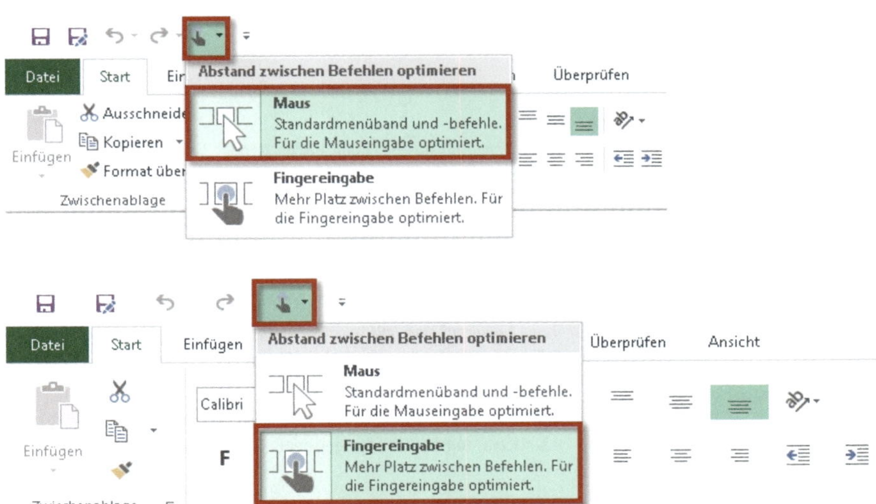

Abbildung 1.45: Das Menüband im Maus- und Fingereingabemodus im Vergleich – mit einfacher Umschaltmöglichkeit über die Symbolleiste für den Schnellzugriff

Fünf Gesten, mit denen Sie auf Touchscreens arbeiten

Wenn statt der Maus Ihre Finger die Steuerung der Befehle übernehmen, bringt Ihnen das folgende Vorteile:

- Sie schonen die Gelenke und Sehnen Ihrer Hand und Ihres Arms.
- Sie können zahlreiche Aktionen am Bildschirm, wie Auswählen, Verschieben, Blättern sowie Vergrößern und Verkleinern, deutlich schneller und einfacher erledigen.

Tabelle 1.5 zeigt, mit welchen Gesten Sie Excel auf einer Touchoberfläche steuern.

Geste	Bezeichnung	Einsatzgebiete
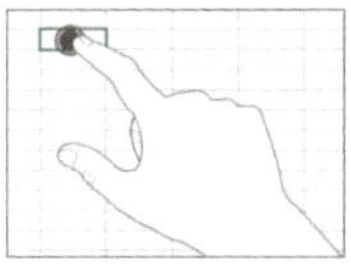	*Tippen*	Durch *Tippen* wird eine Zelle markiert. Bei *zweimaligem Tippen* wird das Kontextmenü angezeigt. Über das Kontextmenü steht dann die Funktion *AutoAusfüllen* zur Verfügung. Tippen Sie auf *AutoAusfüllen*, ändert sich das Symbol unten rechts an der markierten Zelle in einen Pfeil nach unten. Durch Ziehen dieses Pfeils füllen Sie die Liste nach unten aus. Im Anschluss stehen wie gewohnt die *Auto-Ausfülloptionen* zur Verfügung. Vom Kontextmenü wechseln Sie durch erneutes Tippen in die Zelle in den Bearbeitungsmodus. Das erreichen Sie auch durch direktes *Doppeltippen* – sofern in den Excel-Optionen die direkte Zellbearbeitung nicht deaktiviert ist. Durch Tippen auf eine Zeilen- oder Spaltenbeschriftung wird die ganze Zeile oder Spalte markiert. Durch *Ziehen* an einem der Auswahlziehpunkte an den Rändern können Sie die Zeilen-/Spaltenmarkierung erweitern.
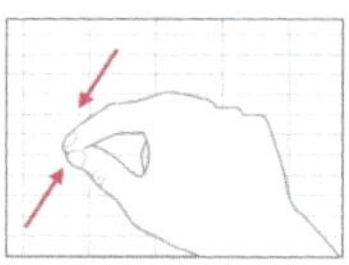	*Zusammendrücken*	Beim *Zusammendrücken* werden die Finger weit voneinander auf den Bildschirm gelegt und dann zusammengeführt. Dadurch können Sie Bereiche im Arbeitsblatt herunterzoomen.
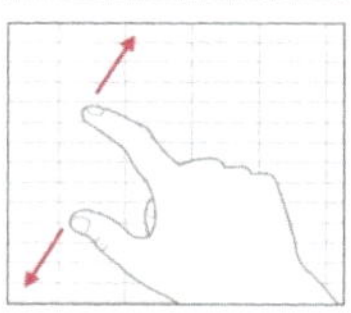	*Aufziehen*	Beim *Aufziehen* werden die Finger voneinander weggespreizt. Dadurch bewirken Sie ein Hochzoomen im Arbeitsblatt.
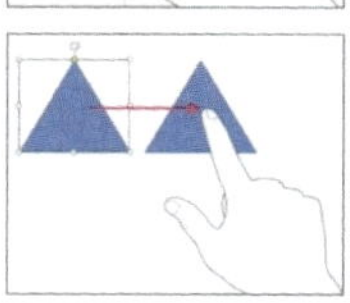	*Ziehen*	Durch *Tippen* auf ein Objekt und anschließendes *Ziehen* kann dieses Objekt verschoben werden. Durch *Tippen* auf ein Objekt, dann auf seinen Drehpunkt und anschließendes *Ziehen* können Sie es drehen. Durch *Tippen* auf ein Objekt, dann auf einen der Ziehpunkte zur Größenänderung und anschließendes *Ziehen* passen Sie die Größe des Objekts an.
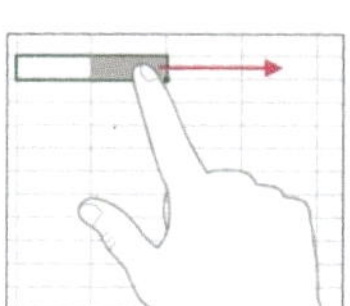	*Streifen*	Durch *Tippen* auf eine Zelle und anschließendes *Streifen* der benachbarten Zellen von einem der beiden Ziehpunkte aus ändern Sie die Bereichsmarkierung. Durch ein einfaches *Streifen* über den Bildschirm verschieben Sie den Ausschnitt, was sonst durch Bewegen der Bildlaufleisten bewirkt würde.

Tabelle 1.5: Übersicht der Gesten zur Fingersteuerung von Excel

Wenn's klemmt: Die Hilfefunktion kennen und nutzen

Der Funktionsumfang von Excel ist extrem groß. Die Suche nach dem passenden Befehl zu einer Aufgabe oder die Frage, wie eine Funktion genutzt wird, gehören somit zum Excel-Alltag. Es lohnt sich daher, die naheliegende Möglichkeit zum Nachschlagen zu kennen: die Excel-Hilfe.

In den ersten Versionen wurde Excel noch mit dicken Handbüchern ausgeliefert. Solche Handbücher haben nach und nach der in Excel eingebauten Hilfe Platz gemacht. Excel 2016 folgt konsequent dem Trend zu onlinegestützten Inhalten. Zudem hat sich der Aufruf der Hilfe verändert. Es gibt also gute Gründe, sich die Möglichkeiten und Abläufe beim Nutzen der Hilfe näher anzuschauen.

Hier sind einige typische Szenarien, wann Sie in Excel die Hilfe brauchen:

- Sie sind Excel-Einsteiger und wollen beispielsweise wissen, was Sie beim Drucken eines Arbeitsblattes zu beachten haben.
- Sie suchen einen Befehl und finden ihn im Menüband nicht.
- Sie wollen etwas berechnen und suchen nach einer geeigneten Funktion.
- Sie tippen eine Formel ein und sind sich unsicher, in welcher Reihenfolge die Argumente eingetragen werden müssen.

Für jedes dieser Szenarien bietet Excel unterschiedliche Wege zum Aufruf der Hilfe an. Auch die jeweils angebotenen Hilfeinhalte variieren je nach Situation.

Die Excel-Hilfe für allgemeine Inhalte aufrufen

Die *Hilfe* öffnen Sie über eine der in Abbildung 1.46 gezeigten Möglichkeiten:

- Drücken Sie einfach die Funktionstaste F1 [1].
- Holen Sie sich das Hilfesymbol in die *Symbolleiste für den Schnellzugriff* [2] und rufen Sie von hier aus die Hilfe auf. Wechseln Sie dazu über *Datei/Optionen/Symbolleiste für den Schnellzugriff* in das betreffende Dialogfeld. Wählen Sie in der Dropdownliste unter *Befehle auswählen* die Option *Alle Befehle* aus. Markieren Sie in der Liste den Befehl *Hilfe*, klicken Sie auf *Hinzufügen* und anschließend auf *OK*.
- Greifen Sie per Klick auf *Datei* auf die Hilfe zu, indem Sie in der rechten oberen Ecke auf die vertraute Schaltfläche mit dem Fragezeichen klicken [3].

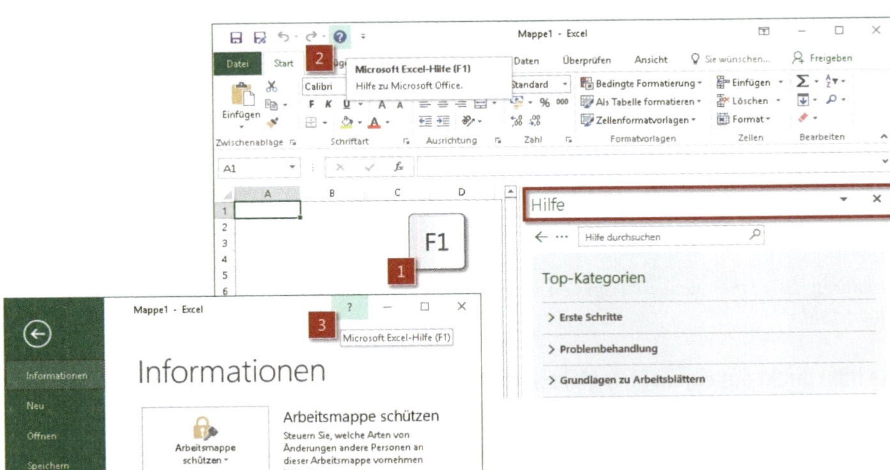

Abbildung 1.46: Drei Möglichkeiten, die generelle Hilfe aufzurufen

Die Hilfe zu einem bestimmten Thema, einem Befehl oder einer Funktion aufrufen

Sie haben eine ganz bestimmte Frage und wollen sofort die Inhalte sehen, die zu diesem Thema passen? Über die folgenden Wege gelangen Sie schnell zum Ziel.

Neu: Das Eingabefeld »Was möchten Sie tun?«

Wenn Sie auf der Suche nach einem Befehl sind, geben Sie Ihren Suchbegriff bei *Sie wünschen?* beziehungsweise *Was möchten Sie tun?* am Ende des Menübands ein. Unterhalb der Liste von Befehlen, die zu Ihrem Suchbegriff passen, finden Sie die Option *Hilfe zu "Suchbegriff" erhalten* – wie in Abbildung 1.47 zu sehen.

Hinweis Auch mit der Tastenkombination Alt+M rufen Sie *Was möchten Sie tun?* auf.

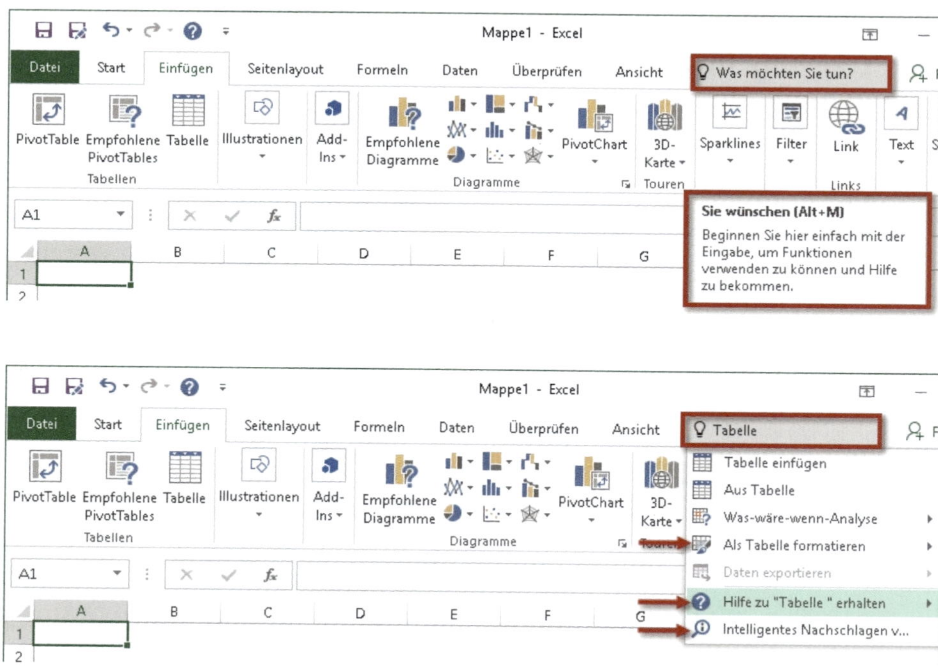

Abbildung 1.47: Über die neue Funktion Was möchten Sie tun? *rufen Sie die Hilfe zu einem speziellen Thema auf*

Die Hilfe direkt aus einem Dialogfeld heraus aufrufen

Sie befinden sich in einem Dialogfeld und benötigen Hilfe. Klicken Sie im Dialogfeld oben rechts auf das Fragezeichen, wie in Abbildung 1.48 am Beispiel des Dialogfeldes *Zellen formatieren* gezeigt.

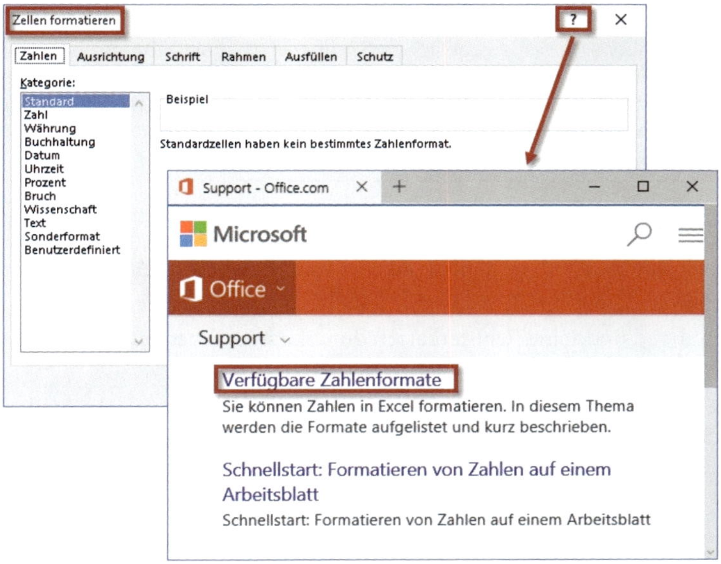

Abbildung 1.48: Aus einem Dialogfeld heraus – hier Zellen formatieren *– direkt zur passenden Hilfe gelangen*

Beim Eintippen einer Funktion die Hilfe aufrufen

Sie sind dabei, eine Funktion einzugeben und benötigen Hilfe? Klicken Sie in der angezeigten QuickInfo (Abbildung 1.49) auf den Namen der Funktion. Der Mauszeiger verwandelt sich dabei in eine kleine Hand. Sie gelangen dann direkt zur Hilfe für diese Funktion.

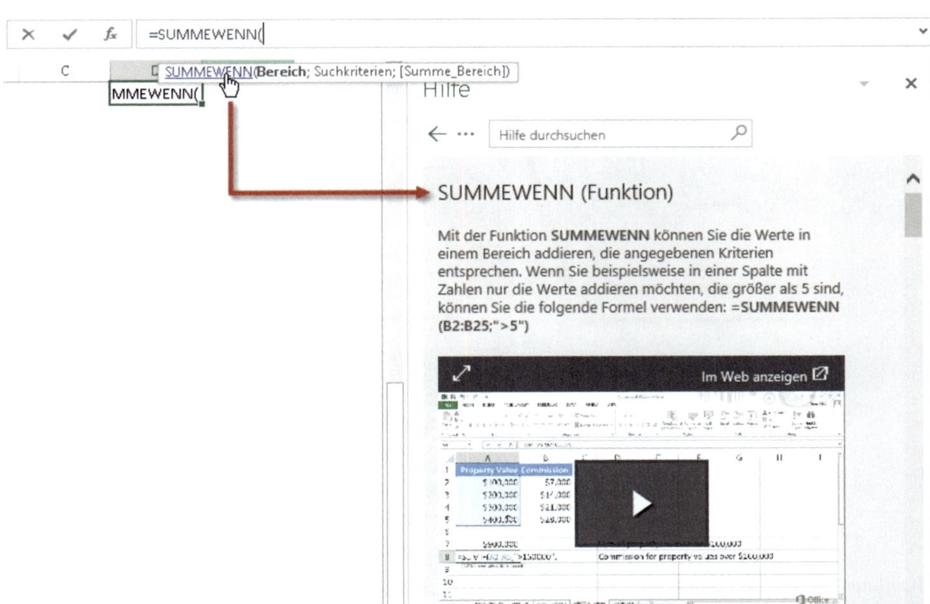

Abbildung 1.49: Beim Eingeben einer Funktion direkt auf die passende Hilfe zugreifen

Hinweis Vom Aufgabenbereich *Hilfe* aus gelangen Sie über die Schaltfläche mit den drei Punkten zur Microsoft-Support-Seite mit dem Office-Hilfecenter und von dort aus zur Excel-Hilfe. Diese Seite erreichen Sie ebenfalls, indem Sie im Menü *Datei* in der rechten oberen Ecke des Excel-Fensters auf das kleine Fragezeichen klicken.

Nach einem bestimmten Befehl suchen

Sie arbeiten zwar täglich mit Excel, aber manche Befehle nutzen Sie eher selten. Da stellt sich schnell mal die Frage: »Wo finde ich nun diesen Befehl?«

Bevor Sie nun das Menüband und seine Registerkarten durchforsten, geben Sie Ihren Suchbegriff am Ende des Menübands bei *Was möchten Sie tun?* ein.

Hier ein Beispiel: Sie haben von »intelligenten Tabellen« gehört. Aber wo gibt es den Befehl dazu? Geben Sie bei *Was möchten Sie tun?* einfach das Wort *Tabelle* ein. Wie in Abbildung 1.47 zu sehen, finden Sie sofort den Befehl *Als Tabelle formatieren*. Ein Klick auf diesen Eintrag genügt und schon sind Sie am Ziel.

Neu: Wenn Sie Details zu einem Begriff benötigen

Nutzen Sie das neue Feature *Intelligentes Nachschlagen*, um Erklärungen oder Zusatzinformationen zu einem Begriff zu erhalten. Geben Sie dazu einen Begriff in eine Zelle ein und wählen Sie per Rechtsklick im Kontextmenü *Intelligente Suche*. Excel durchsucht daraufhin das Internet nach relevanten Informationen. Sie erhalten so hilfreiche Details zu Begriffen oder Daten.

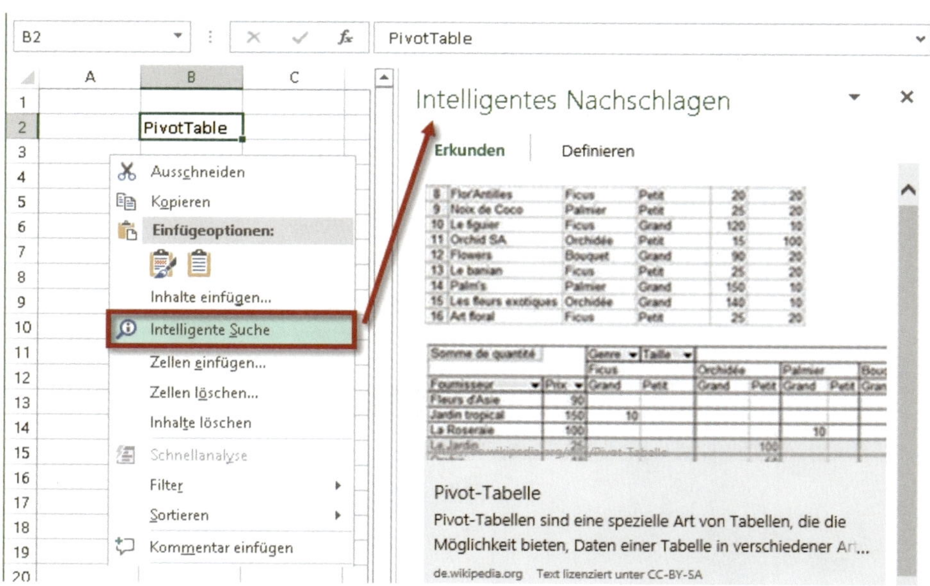

Abbildung 1.50: Per Rechtsklick auf einen Begriff auf Zusatzinfos zugreifen

Kapitel 2

Daten eingeben, ändern und speichern: Mit Blättern und Mappen umgehen

In diesem Kapitel:

Mit einer neuen Arbeitsmappe starten oder bestehende Arbeitsmappen öffnen

Excel-Dateien werden als Mappen bezeichnet, da jede beliebig viele Blätter enthalten kann. Öffnen Sie eine neue Arbeitsmappe, steht Ihnen zunächst nur ein Arbeitsblatt zur Verfügung. Weitere Blätter fügen Sie mit einem Klick auf das Pluszeichen rechts im Blattregister hinzu (siehe Abbildung 2.2).

Die verschiedenen Wege zu einer Arbeitsmappe

Beim Start von Excel stehen Ihnen – wie in Abbildung 2.1 zu sehen – verschiedene Möglichkeiten zur Verfügung, um zu einer Arbeitsmappe zu gelangen.

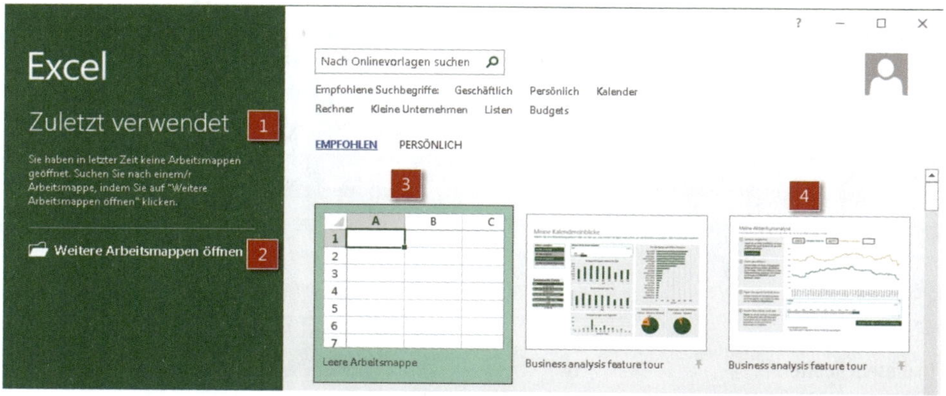

Abbildung 2.1: Im Startbildschirm werden verschiedene Möglichkeiten gezeigt, eine Arbeitsmappe zu öffnen

- Im linken Bereich des Startbildschirms haben Sie Zugriff auf kürzlich bearbeitete Dateien [1] oder
- auf andere Dateien über den Befehl *Weitere Arbeitsmappen öffnen* [2].
- Rechts erhalten Sie per Klick auf *Leere Arbeitsmappe* eine neue, leere Mappe [3].
- Wählen Sie eine Vorlage, um ein vorgegebenes Thema zu bearbeiten [4].

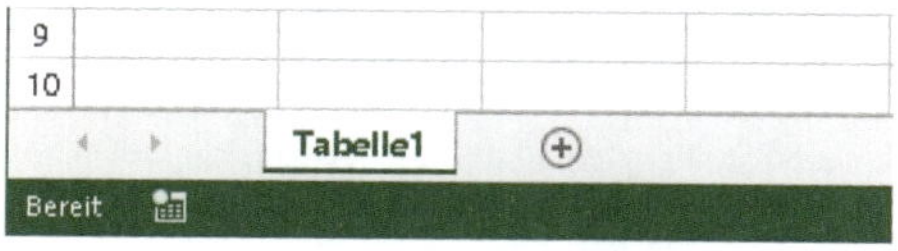

Abbildung 2.2: In einer neuen Arbeitsmappe ist zunächst stets ein Arbeitsblatt mit dem Namen Tabelle1 *verfügbar*

Tipp

Wenn Sie beim Öffnen einer leeren Arbeitsmappe üblicherweise mehr als nur ein Arbeitsblatt brauchen, stellen Sie das in den Optionen von Excel ein. Wechseln Sie dazu über *Datei/Optionen* zum Dialogfeld *Excel-Optionen*. Ändern Sie dort – wie in Abbildung 2.3 gezeigt – in der Rubrik *Allgemein* [1] unter *Beim Erstellen neuer Arbeitsmappen* bei *So viele Arbeitsblätter einfügen* [2] die Zahl von 1 in beispielsweise 6.

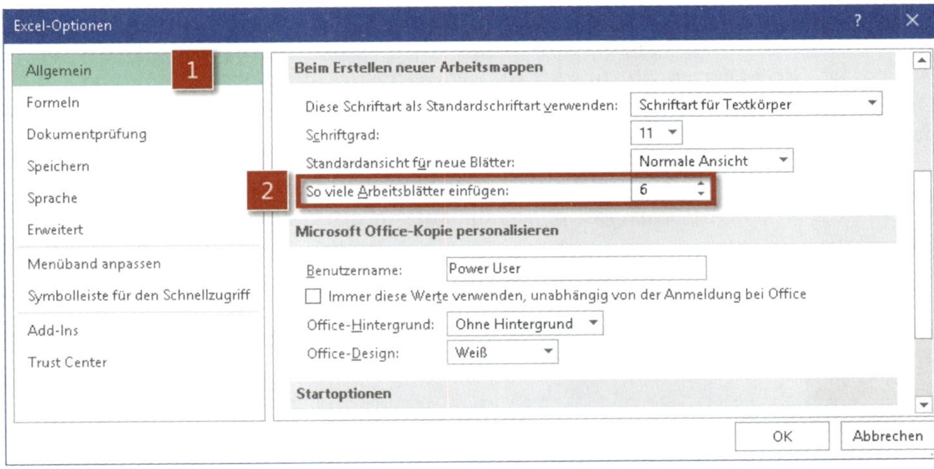

Abbildung 2.3: Für das Öffnen einer leeren Arbeitsmappe die gewünschte Anzahl von Arbeitsblättern voreinstellen

Eine weitere, leere Arbeitsmappe öffnen

Haben Sie bereits eine Excel-Datei geöffnet und benötigen zusätzlich eine leere Arbeitsmappe, wählen Sie *Datei/Neu/Leere Arbeitsmappe*.

Tipp Noch schneller geht das Erstellen einer neuen, leeren Arbeitsmappe mit der Tastenkombination `Strg`+`N`.

Hinweis In Excel 2016 können Sie mehrere Mappen als unabhängige Fenster auf einem oder auf mehreren Bildschirmen anordnen.

Vorgefertigtes nutzen: Vorlagen

Beim Anlegen einer neuen Arbeitsmappe kostet das Zusammenstellen der Formeln und das Layouten der Tabellen viel Zeit. Vorlagen nehmen Ihnen die meisten dieser Konfigurations- und Entwurfsarbeiten ab. Sie können sich so auf die Daten konzentrieren. Wenn Sie Excel 2016 öffnen, sehen Sie im rechten Bereich – wie in Abbildung 2.1 gezeigt – eine Reihe von Vorlagen, beispielsweise für Business Analysis, Aufgabenlisten, Projektplanung und so weiter. Über das Eingabefeld am oberen Rand können Sie mit Suchbegriffen weitere Vorlagen finden und herunterladen – vorausgesetzt, Sie haben einen Onlinezugang.

Bereits vorhandene Arbeitsmappen öffnen

Wollen Sie Excel-Dateien öffnen, die auf der Festplatte, auf Netzwerklaufwerken oder Onlinespeicherorten abgelegt sind, stehen Ihnen beim Starten von Excel – wie in Abbildung 2.1 gezeigt – zwei Möglichkeiten zur Verfügung:

- Die Dateien in der Rubrik *Zuletzt verwendet* und
- der Link *Weitere Arbeitsmappen öffnen*, um auf sonstige Dateien zuzugreifen.

Ist die gewünschte Datei nicht unter den zuletzt verwendeten Dateien aufgeführt, klicken Sie auf *Weitere Arbeitsmappen öffnen* und gehen wie folgt vor:

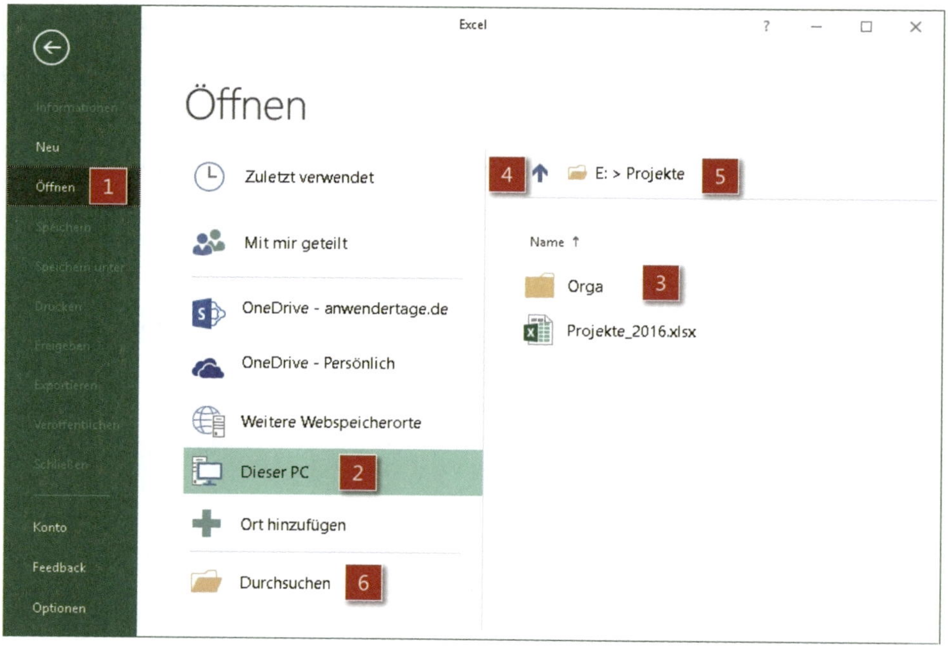

Abbildung 2.4: Der Bereich Öffnen *für den Zugriff auf bereits vorhandene Arbeitsmappen und Ordner*

1. Zunächst erscheint der in Abbildung 2.4 gezeigte Bereich *Öffnen* [1] der Backstage-Ansicht.
2. Klicken Sie dort auf *Dieser PC* [2]. Sie sehen nun rechts die Ordner und Dateien, die auf dem Standard-Speicherort dieses PC zuletzt benutzt wurden [3]. Über den blauen Pfeil [4] oben in der Liste können Sie eine Ebene nach oben navigieren oder per Klick auf den Ordner daneben [5] in diesen weiter verzweigen.
3. Falls die Datei, die Sie öffnen wollen, nicht in diesen Ordnern enthalten ist, klicken Sie unten auf den Eintrag *Durchsuchen* [6].
4. Wechseln Sie dann zu dem Ordner, der die gewünschte Datei enthält. Markieren Sie die Datei und klicken Sie auf *Öffnen*.

Hinweis Zum Bereich *Öffnen* der Backstage-Ansicht gelangen Sie auch über die Tastenkombination `Strg`+`O`.

Die vielfältigen Optionen zum Öffnen von Dateien

Haben Sie schon bemerkt, dass sich – wie in Abbildung 2.5 zu sehen – rechts neben der Schaltfläche *Öffnen* ein Dropdownpfeil befindet? Beim Klick darauf erhalten Sie mehrere nützliche Optionen. Abbildung 2.5 und Tabelle 2.1 bieten einen Überblick über diese Optionen.

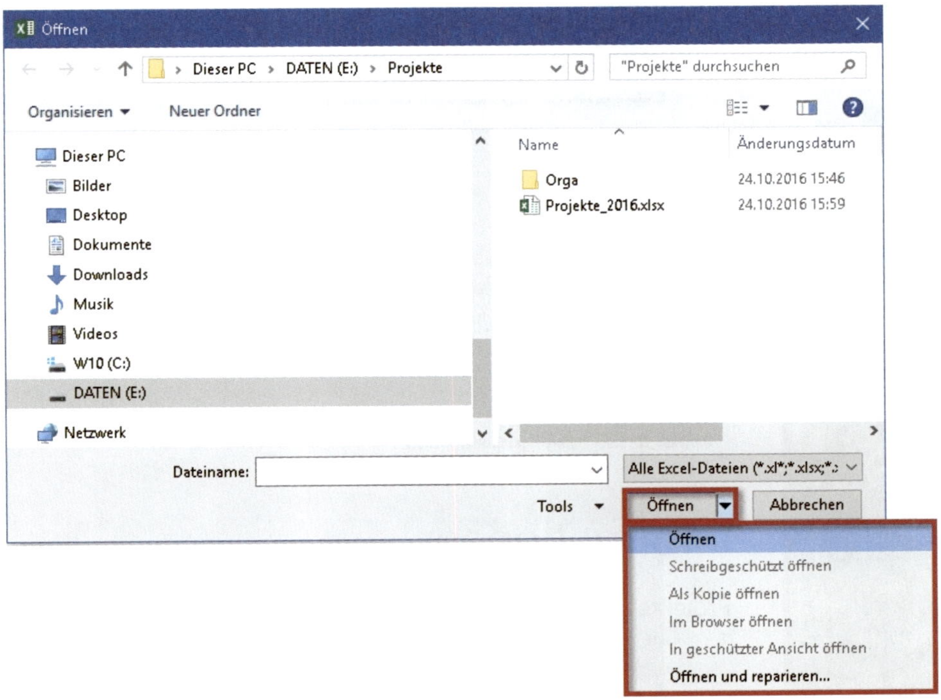

Abbildung 2.5: Das Menü zur Schaltfläche Öffnen *bietet verschiedene Möglichkeiten beim Öffnen*

Befehl	Beschreibung
Öffnen	Die Datei kann bearbeitet werden.
Schreibgeschützt öffnen	Die Inhalte der Datei können gelesen oder auch kopiert, aber nicht geändert werden.
Als Kopie öffnen	Eine Kopie wird im gleichen Ordner erstellt, in dem sich auch die ursprüngliche Datei befindet. Die neue Datei erhält den Namen der Ursprungsdatei mit dem Wort *Kopie* und einer Nummer davor.
Im Browser öffnen	Die Datei wird im Browser geöffnet, wenn es sich um eine HTML-Datei handelt.
In geschützter Ansicht öffnen	Die aktiven Inhalte werden blockiert. Mehr dazu erfahren Sie weiter hinten in diesem Kapitel im Abschnitt »Besonderheiten beim Öffnen von Arbeitsmappen«.

Tabelle 2.1: Die verschiedenen Möglichkeiten zum Öffnen einer Datei im Überblick

Befehl	Beschreibung
Öffnen und reparieren	Hiermit startet Excel einen Reparaturversuch. Nach einem Klick auf die Schaltfläche *Daten extrahieren* weist Excel darauf hin, dass unter Umständen Formeln nicht wiederhergestellt werden können. In diesem Fall können Sie versuchen, zumindest die Daten zu retten.

Tabelle 2.1: Die verschiedenen Möglichkeiten zum Öffnen einer Datei im Überblick (Forts.)

Eine Datei schreibgeschützt öffnen

Wenn Sie verhindern möchten, dass Sie oder ein anderer Bearbeiter die Inhalte einer Datei versehentlich ändern, öffnen Sie die betreffende Datei schreibgeschützt. Die geöffnete Datei weist dann in der Titelleiste hinter dem Dateinamen den Text *[Schreibgeschützt]* auf (siehe Abbildung 2.6).

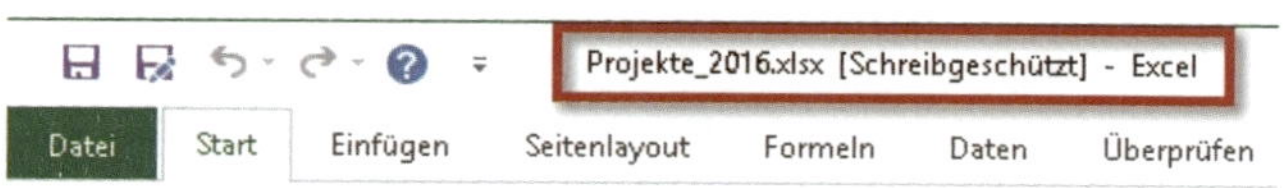

Abbildung 2.6: Die Titelleiste zeigt einen eindeutigen Hinweis auf den Schreibschutz

Eine Datei mit Schreibschutz kann gelesen oder auch kopiert werden. Wenn Änderungen an ihr vorgenommen werden, können diese auch gespeichert werden, allerdings nur, wenn die Datei unter einem neuen Namen abgelegt wird. Diesen Hinweis erhalten Sie auch – wie in Abbildung 2.7 gezeigt – im Bereich *Informationen*, nachdem Sie auf die Registerkarte *Datei* geklickt haben. Hier können Sie über *Speichern unter* die geänderte Datei unter einem neuen Namen speichern.

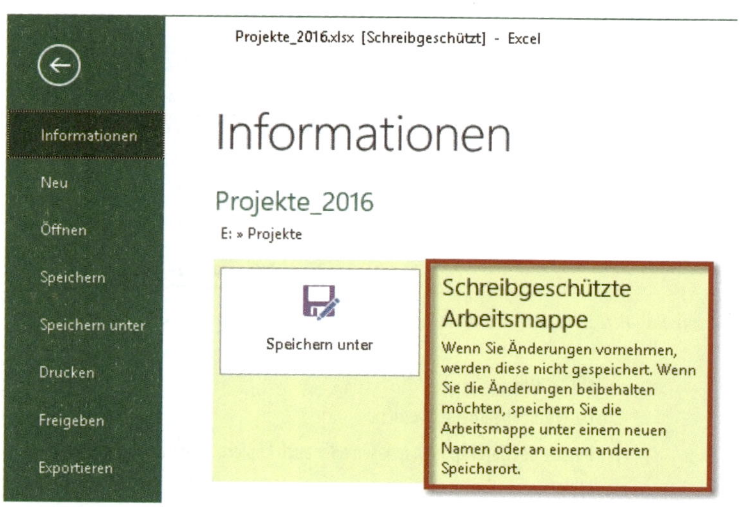

Abbildung 2.7: In der Backstage-Ansicht wird unter Informationen *auf die schreibgeschützte Datei verwiesen*

Hinweis Sollten Sie ein Schnellspeichern versuchen, mit der Tastenkombination `Strg`+`S` oder per Klick auf die *Speichern*-Schaltfläche in der Schnellzugriffsleiste, erhalten Sie die in Abbildung 2.8 gezeigte Fehlermeldung. Nach Bestätigen der Meldung mit *OK* werden Sie automatisch zu *Datei/Speichern unter* geleitet.

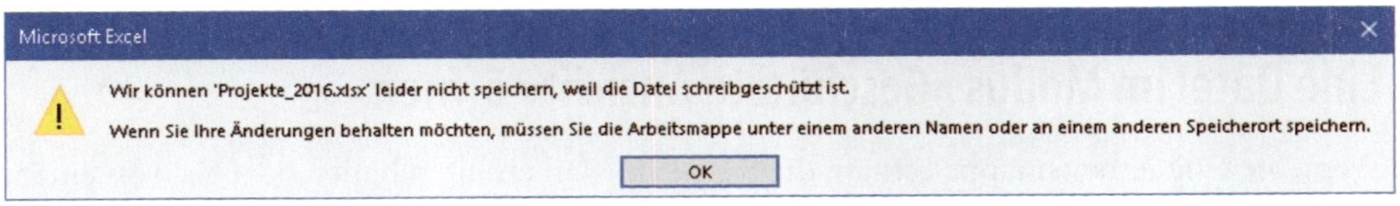

Abbildung 2.8: Das Schnellspeichern führt zu einer Fehlermeldung, die auf den Schreibschutz hinweist

Eine Arbeitsmappe als Kopie öffnen

Wollen Sie ungehindert eine Arbeitsmappe nutzen, um Tests durchzuführen oder um die Daten zu anderen Zwecken weiterzuverarbeiten, ohne die Originaldaten zu ändern, ist die Option *Als Kopie öffnen* die ideale Variante. Excel erstellt dabei eine Kopie im gleichen Ordner, in dem sich auch die ursprüngliche Datei befindet. Die neue Datei erhält den Namen der Ursprungsdatei mit dem Wort *Kopie* und einer Nummer davor (siehe Abbildung 2.9).

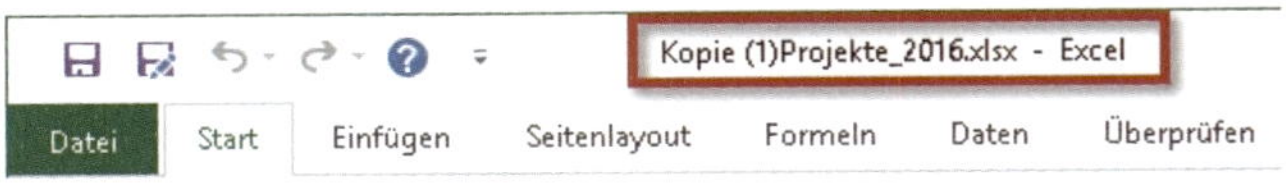

Abbildung 2.9: Beim Öffnen wird bereits eine Kopie der Datei erstellt

Öffnen und reparieren

Wenn Sie Probleme beim Öffnen einer Excel-Datei haben, können Sie mit dem Befehl *Öffnen und reparieren* versuchen, die Datei wiederherzustellen oder zumindest die Daten auszulesen.

Beim Auswählen des Befehls weist Excel mit der in Abbildung 2.10 gezeigten Meldung darauf hin. Sie können beide Versuche starten, um Ihre Daten zu retten.

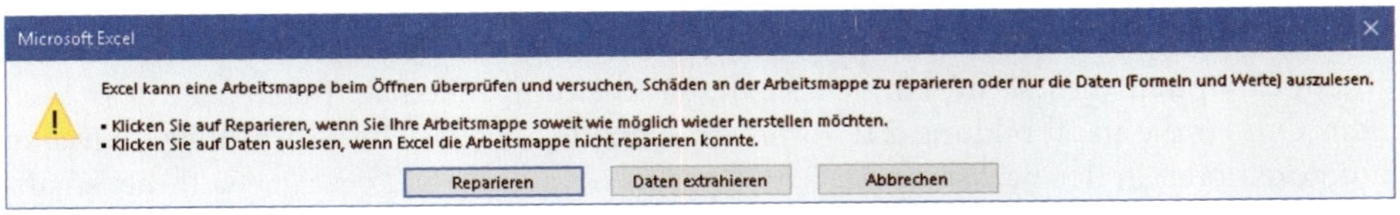

Abbildung 2.10: Wenn das Öffnen nicht funktioniert: Reparieren *oder* Daten extrahieren

Besonderheiten beim Öffnen von Arbeitsmappen

Im vorangegangenen Abschnitt konnten Sie sich bereits davon überzeugen, dass es beim Öffnen von Dateien mehrere verschiedene Möglichkeiten gibt. Lesen Sie auf den folgenden Seiten, welche Besonderheiten es außerdem noch zu beachten gilt.

Eine Datei im Modus »Geschützte Ansicht« öffnen

Wenn Sie eine Arbeitsmappe öffnen, die Sie per E-Mail erhalten haben oder die von einem möglicherweise unsicheren Speicherort kommt (ein Netzlaufwerk, eine Webseite oder ein Onlinespeicherort), besteht die Gefahr, dass diese Arbeitsmappe Viren, Würmer oder andere Arten von Malware enthält. Aus diesem Grund öffnet Excel die Arbeitsmappe im Modus *Geschützte Ansicht*. Oberhalb der Bearbeitungsleiste wird – wie in Abbildung 2.11 zu sehen – zusätzlich eine gelbe Meldungsleiste mit einer Sicherheitswarnung eingeblendet. Auch in der Titelleiste erscheint hinter dem Dateinamen der Hinweis *[Geschützte Ansicht]*.

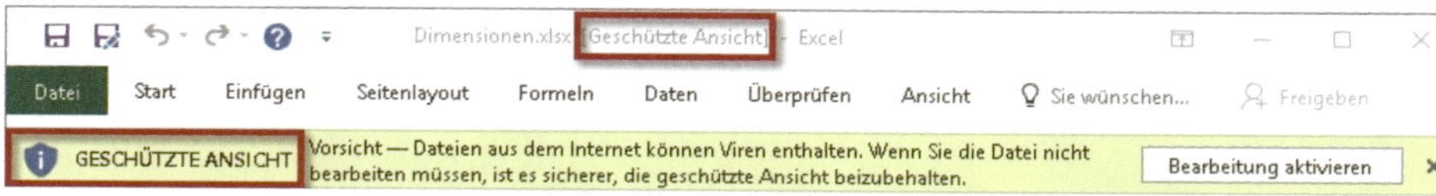

Abbildung 2.11: Eine Arbeitsmappe von einem unsicheren Speicherort wird in der geschützten Ansicht geöffnet

Im Modus *Geschützte Ansicht* können Sie eine Arbeitsmappe ansehen, diese aber nicht bearbeiten.

Mehr Details zum Modus *Geschützte Ansicht* erhalten Sie über die in Abbildung 2.12 gezeigte Backstage-Ansicht, zu der Sie über die Befehlsfolge *Datei/Informationen* gelangen [1]. Hier findet sich auch ein Hinweis, warum sich diese Mappe in dem speziellen Schutzmodus befindet [2].

Mit einem Klick auf den Link *Einstellungen für die geschützte Ansicht* [3] gelangen Sie zum Trust Center (siehe Abbildung 2.12) und können dort den Modus *Geschützte Ansicht* für bestimmte Dateien aktivieren oder deaktivieren.

Sind Sie sicher, dass Ihre in der geschützten Ansicht geöffnete Datei keine Schäden auf Ihrem Computer verursacht, können Sie die Bearbeitung zulassen, indem Sie direkt nach dem Öffnen die in Abbildung 2.11 rechts zu sehende Schaltfläche *Bearbeitung aktivieren* anklicken oder in der Backstage-Ansicht – wie in Abbildung 2.12 gezeigt – auf die Schaltfläche *Bearbeitung aktivieren* klicken [4]. Überprüfen Sie gegebenenfalls die Datei vorher mit einem Antivirenprogramm, um sicherzugehen, dass sie keinen Schaden verursachen kann.

Abbildung 2.12: Mehr Details zum Modus Geschützte Ansicht *erhalten Sie über* Datei/Informationen

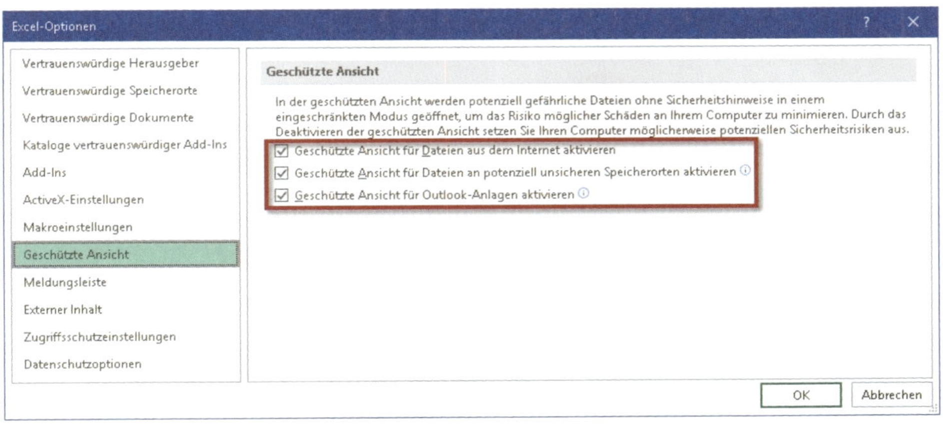

Abbildung 2.13: Den Modus Geschützte Ansicht *im Trust Center für bestimmte Dateien aktivieren oder deaktivieren*

Tipp

Wenn Sie beim Öffnen einer Arbeitsmappe im Modus *Geschützte Ansicht* versehentlich ganz rechts auf das X geklickt und damit die Meldung samt gelber Leiste geschlossen haben, ist die Bearbeitung der Datei gesperrt.

Um nachträglich den Modus *Geschützte Ansicht* abzuschalten und die Datei bearbeiten zu können, wählen Sie *Datei/Informationen* und klicken auf die Schaltfläche *Bearbeitung aktivieren* (siehe Abbildung 2.12 [4]).

Mappen, die automatisch im Kompatibilitätsmodus geöffnet werden

Wenn Sie eine Arbeitsmappe verwenden wollen, die mit einer älteren Version – also Excel 2000, 2002 oder 2003 – erstellt wurde, öffnet Excel 2016 diese Datei automatisch im sogenannten *Kompatibilitätsmodus.*

Der Hauptgrund dafür: Die Datei soll so beibehalten werden, dass sie sich in älteren Excel-Versionen problemlos wieder öffnen lässt. Der Kompatibilitätsmodus soll verhindern, dass in der Arbeitsmappe Befehle und Funktionen von Excel 2016 verwendet werden, die in alten Excel-Versionen nicht zur Verfügung stehen. So wird sichergestellt, dass es beim erneuten Öffnen der Arbeitsmappe in einer älteren Version keinen Daten- oder Genauigkeitsverlust gibt.

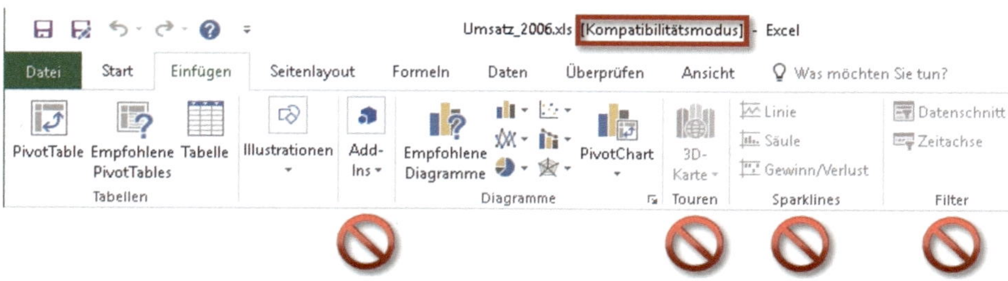

Abbildung 2.14: Der Kompatibilitätsmodus bewirkt, dass gleich in vier Gruppen die Befehle deaktiviert sind

Arbeitsmappen im alten XLS-Dateiformat können Sie in Excel 2016 bearbeiten. Allerdings sind – wie in Abbildung 2.14 zu sehen – neue Funktionen wie beispielsweise *Filter* oder *Sparklines* und einige andere von vornherein deaktiviert. Auch die neuen Dimensionen eines Arbeitsblattes von 1.048.576 Zeilen und 16.384 Spalten können nicht genutzt werden.

Erst wenn Sie die XLS-Datei ins neue XLSX-Format konvertieren, steht Ihnen der volle Funktionsumfang von Excel 2016 zur Verfügung. Wie das Konvertieren geht, erfahren Sie weiter hinten in diesem Kapitel.

Kompatibilitätsprüfung für ältere Dateien, die in Excel 2016 bearbeitet werden

Wenn Sie eine Arbeitsmappe im alten Excel-Format mit der Dateiendung *.xls* in Excel 2016 bearbeitet haben, wird beim Speichern automatisch eine Kompatibilitätsprüfung durchgeführt. Wollen Sie schon zwischendurch wissen, ob es infolge kleiner Änderungen an der Datei Probleme in einer älteren Excel-Version (bis 2003) geben kann, rufen Sie die Kompatibilitätsprüfung manuell auf. Wählen Sie dazu *Datei/Informationen*, klicken Sie – wie in Abbildung 2.15 gezeigt – auf die Schaltfläche *Auf Probleme überprüfen* [1] und anschließend auf *Kompatibilität prüfen* [2].

Anschließend stellt Excel – so wie in Abbildung 2.15 zu sehen – in einem gesonderten Dialogfeld ein Protokoll der Kompatibilitätsprüfung zusammen.

- Zeigt Excel zusammen mit einem weißen X auf rotem Untergrund den Warnhinweis *Erheblicher Funktionalitätsverlust* an, sollten Sie den Inhalt dieser Meldung sorgfältig lesen und anschließend den Risikofaktor beseitigen.

- Meldet Excel *Geringer Genauigkeitsverlust*, betrifft das meist Formatierungen, die in älteren Programmversionen (bis 2003) noch nicht unterstützt werden. Oft sind das Farben oder Schatten, also Dinge, die verschmerzbar sind.

Nehmen Sie je nach Ergebnis der Kompatibilitätsprüfung Änderungen an der Datei vor, wenn sie noch in einer früheren Excel-Version verwendet werden soll. So vermeiden Sie Daten- oder Genauigkeitsverlust beim Öffnen in einem älteren Excel.

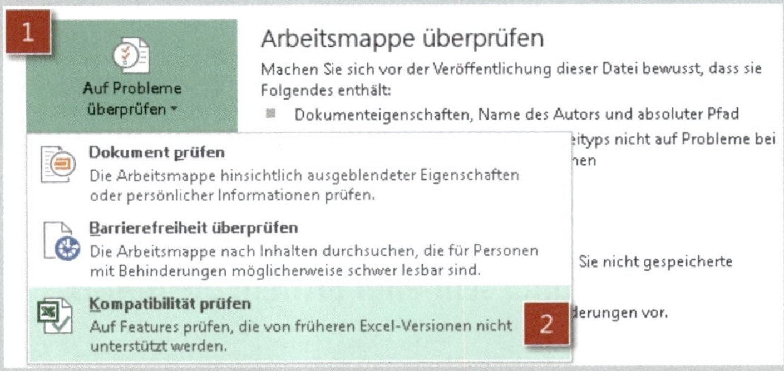

Abbildung 2.15: Prüfen, ob eine Mappe mit der Dateiendung .xlsx *noch kompatibel mit Excel 2003 und früher ist*

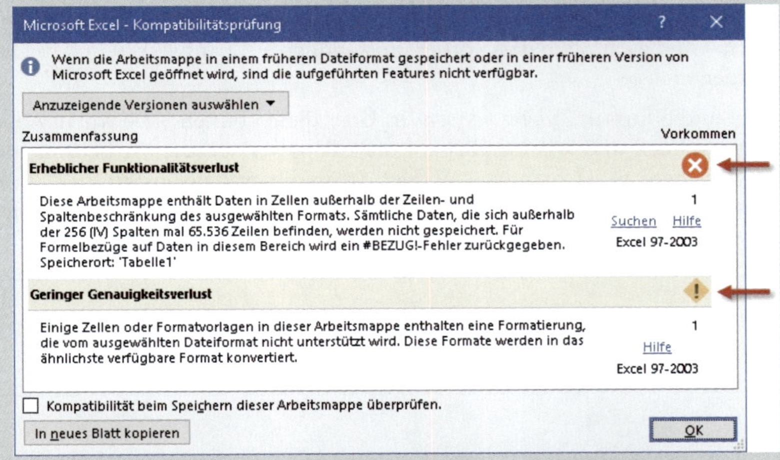

Abbildung 2.16: Das Ergebnis der Kompatibilitätsprüfung enthält eindeutige Warnhinweise

Den Kompatibilitätsmodus beenden: Datei konvertieren

Wenn eine Arbeitsmappe, die Sie weiterhin verwenden wollen, nicht mehr in älteren Versionen bearbeitet werden muss, sollten Sie den Kompatibilitätsmodus beenden. Wandeln Sie die alte XLS-Datei wie folgt ins neue XLSX-Format um:

1. Wählen Sie *Datei/Informationen*.
2. Klicken Sie – wie in Abbildung 2.17 gezeigt – auf die Schaltfläche *Konvertieren*.
3. Bestätigen Sie den folgenden Hinweis mit *OK*.

Excel überführt die aktuelle Datei nun ins XLSX-Format.

Achtung Beim Konvertieren wird die alte XLS-Datei überschrieben und durch die neue Datei im XLSX-Format ersetzt.

Wollen Sie sicherheitshalber die alte XLS-Datei behalten, wählen Sie statt *Konvertieren* die Befehlsfolge *Datei/Speichern unter* und als Dateityp *Excel-Arbeitsmappe (*.xlsx)*.

Abbildung 2.17: Eine Datei im alten XLS-Format ins neue XLSX-Format konvertieren

Oft genutzte Dateien und Ordner schneller öffnen: Die Rubrik »Zuletzt verwendet«

Bei der Arbeit mit Excel werden häufig immer wieder dieselben Mappen bearbeitet oder Dateien aus demselben Ordner benötigt. Da liegt der Wunsch nahe, möglichst schnell auf diese Dateien und Ordner zuzugreifen. Bis Excel 2003 gab es zu diesem Zweck ganz unten im *Datei*-Menü die Liste der zuletzt verwendeten Dateien. Ein Klick reichte, um eine dieser Mappen zu öffnen – und zwar ohne dass vorher umständlich auf Laufwerken und in Ordnern gesucht werden musste.

In Excel 2016 gibt es die Rubrik *Zuletzt verwendet*. Über diese können Sie – wie in Abbildung 2.18 gezeigt – schnell und komfortabel auf die zuletzt verwendeten Arbeitsmappen eines beliebigen Speicherorts [1] zugreifen. Wählen Sie in dieser Liste anstatt *Zuletzt verwendet* einen bestimmten Speicherort aus, so haben Sie Zugriff auf die dort vorhandenen Ordner und Arbeitsmappen in alphabetischer Reihenfolge [2].

Hinweis Excel merkt sich maximal 50 Dateien und 50 Ordner. Wie Sie diese Anzahl ändern können, lesen Sie weiter hinten in diesem Kapitel.

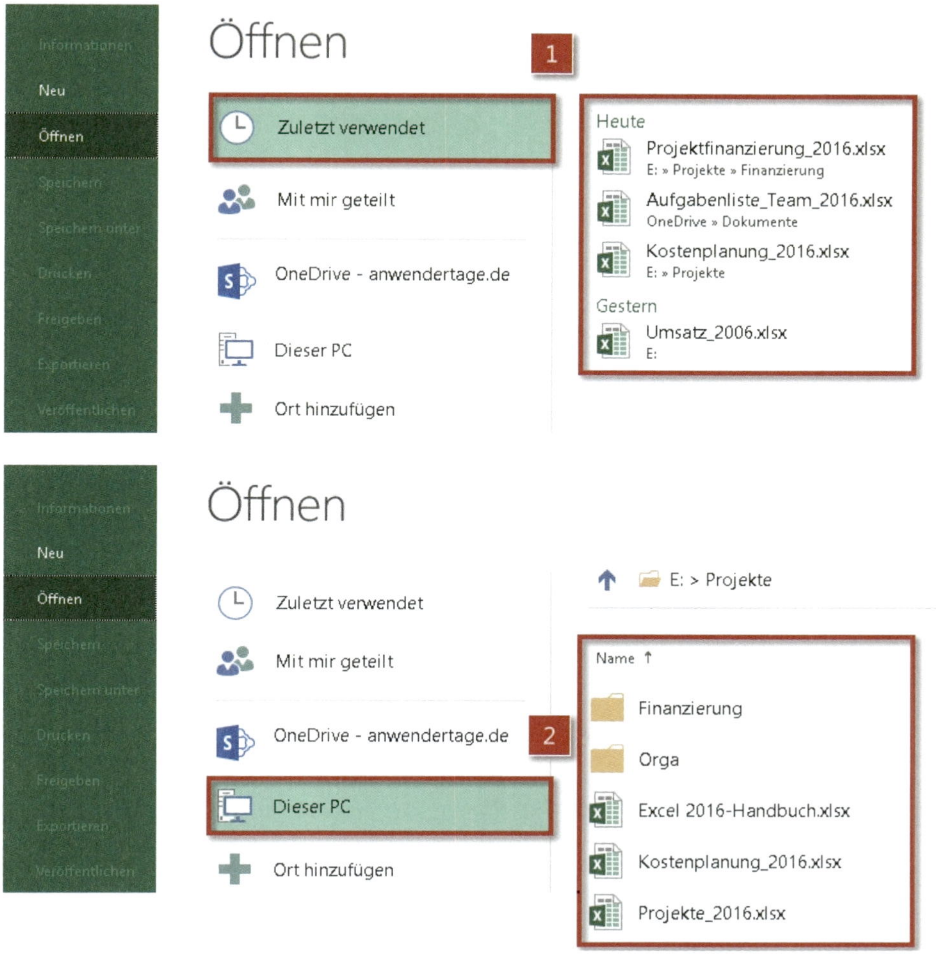

Abbildung 2.18: Für Arbeitsmappen wie auch für Ordner führt Excel Zuletzt verwendet*-Listen*

Wichtige Arbeitsmappen anheften

Damit die Mappen, die Sie oft brauchen, in der Liste der zuletzt verwendeten Dateien ganz oben angeordnet sind, pinnen Sie sie an. Damit stellen Sie zudem sicher, dass die Dateieinträge nicht irgendwann aus der Liste verschwinden. So beschleunigen Sie den Zugriff auf häufiger gebrauchte Mappen und heften die Dateien oben in der Liste an:

- Klicken Sie in der Liste der zuletzt verwendeten Mappen am rechten Rand des betreffenden Dateieintrags auf die kleine Pinnnadel *Dieses Element an die Liste anheften.*

Daraufhin wird der Dateieintrag nach oben verschoben und hat nun am rechten Rand eine senkrecht stehende Pinnnadel (siehe Abbildung 2.19).

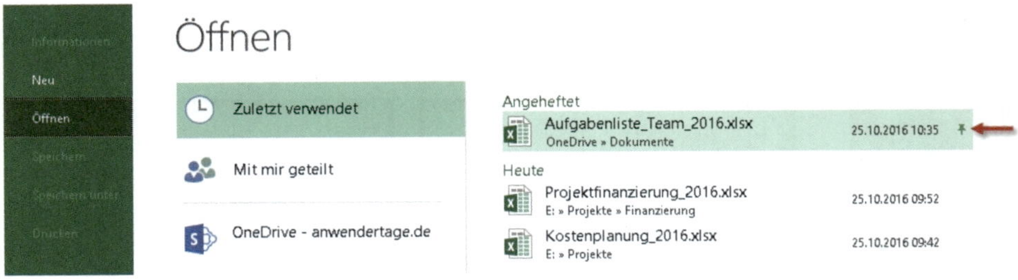

Abbildung 2.19: Das Anheften per Pinnadel ordnet die betreffenden Dateien aus der Rubrik Zuletzt verwendet *ganz in der Rubrik* Angeheftet *an*

Hinweis

Auch beim Excel-Start klappt der schnelle Zugriff. Die Liste der zuletzt verwendeten Dateien ist – wie in Abbildung 2.20 gezeigt – im Startbildschirm links zu sehen. Dort sind die von Ihnen angepinnten Mappen ebenfalls ganz oben angeordnet [1]. Darunter folgen die zuletzt verwendeten Dateien in chronologischer Reihenfolge [2]. Leider gibt es in Excel 2016 keine Möglichkeit mehr, auch Ordner anzupinnen.

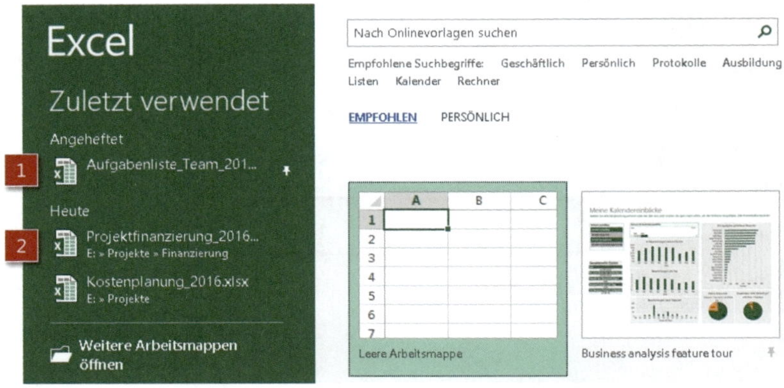

Abbildung 2.20: Auch im Startbildschirm von Excel haben Sie Zugriff auf die zuletzt verwendeten und angepinnten Arbeitsmappen

---

Das Anheften von Dateien wieder aufheben

Wenn Sie für eine Arbeitsmappe das Anpinnen wieder aufheben möchten, haben Sie zwei Möglichkeiten:

- Klicken Sie einfach erneut auf die Pinnadel oder
- klicken Sie den Eintrag mit der rechten Maustaste an und wählen Sie im Kontextmenü *Von Liste lösen*.

Tipp

Möchten Sie einzelne Dateien ganz aus der Rubrik *Zuletzt verwendet* entfernen, so wählen Sie im Kontextmenü der Datei *Aus Liste entfernen.* Möchten Sie alle nicht angehefteten Dateien aus der Rubrik *Zuletzt verwendet* entfernen, wählen Sie im Kontextmenü *Nicht angeheftete Arbeitsmappen löschen.* Nach Bestätigen des in Abbildung 2.21 gezeigten Dialogfeldes ist die Rubrik *Zuletzt verwendet* automatisch aufgeräumt.

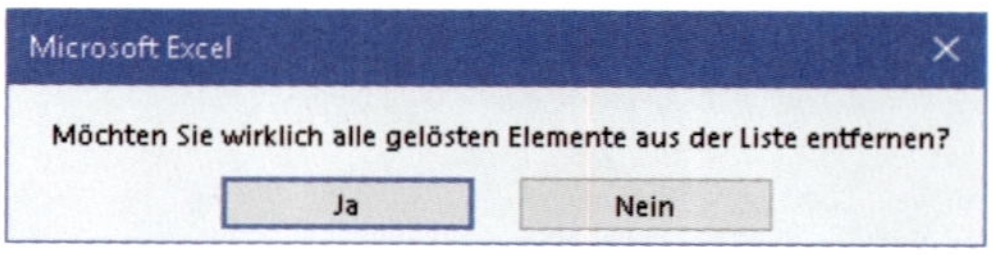

Abbildung 2.21: Alle nicht angepinnten Elemente werden automatisch aus der Rubrik Zuletzt verwendet *entfernt*

Die Anzahl der Elemente unter »Zuletzt verwendet« anpassen

Die Anzahl der Dateien, die unter *Zuletzt verwendet* angezeigt werden, können Sie selbst einstellen.

1. Klicken Sie dazu auf *Datei/Optionen/Erweitert.* Scrollen Sie rechts bis zum Abschnitt *Anzeige.*
2. Stellen Sie – wie in Abbildung 2.22 gezeigt – im Feld *Diese Anzahl zuletzt verwendeter Arbeitsmappen anzeigen* den für Sie passenden Wert ein [1].

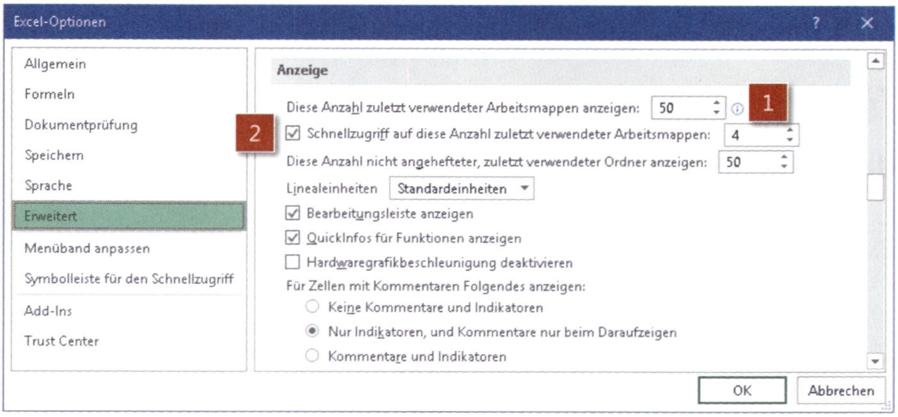

Abbildung 2.22: Anzahl der Dateien festlegen, die unter Zuletzt verwendet *aufgelistet werden sollen*

Noch schneller auf zuletzt verwendete Dateien zugreifen

Wenn Sie immer wieder dieselben Arbeitsmappen verwenden, gibt es noch eine spezielle Option, die den Zugriff auf solche Dateien erleichtert.

- Aktivieren Sie in dem in Abbildung 2.22 gezeigten Dialogfeld das Kontrollkästchen *Schnellzugriff auf diese Anzahl zuletzt verwendeter Arbeitsmappen* [2].

Diese Anzahl von Arbeitsmappen wird – wie in Abbildung 2.23 zu sehen – am linken Rand der Backstage-Ansicht unterhalb von *Optionen* angezeigt. Der Platz dort ist aber begrenzt.

Abbildung 2.23: Schneller Zugriff auf immer wieder dieselben Arbeitsmappen in der Backstage-Ansicht

---

Tipp

Wenn Sie das in Abbildung 2.22 gezeigte Kontrollkästchen *Schnellzugriff auf diese Anzahl zuletzt verwendeter Arbeitsmappen* [2] aktiviert haben, können Sie auch per Tastenfolge auf die Liste zuletzt verwendeter Dateien zugreifen. So bringt die Tastenfolge [Alt], [D], [1] die an erster Stelle aufgelistete Datei auf den Monitor, [Alt], [D], [2] die zweite und so weiter.

Zellen markieren sowie Daten eingeben, bearbeiten und löschen

Bevor Sie Berechnungen durchführen oder Listen sortieren können, müssen zunächst die Daten eingegeben werden. Wie Sie dabei vorgehen und wie Sie dies mit minimalem Aufwand erledigen, erfahren Sie in den folgenden Abschnitten.

Eine Zelle zur Eingabe von Daten auswählen

Daten geben Sie immer in die aktive Zelle ein. Das ist diejenige, die mit einem grünen Rahmen umgeben ist. Nach dem Öffnen einer neuen Arbeitsmappe ist dies standardmäßig die Zelle A1 (siehe Abbildung 2.24 links). Möchten Sie mit der Dateneingabe nicht in der Zelle A1 beginnen, machen Sie zuvor die gewünschte Zelle zur aktiven Zelle – entweder per Mausklick oder durch Verschieben der Zellmarkierung per Tastatur.

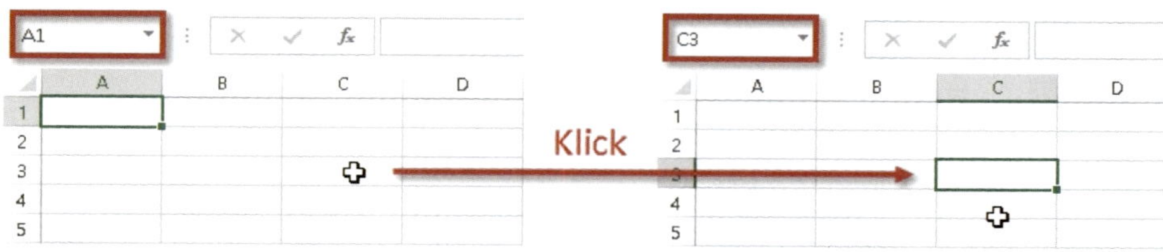

Abbildung 2.24: Im Markierungsmodus eine andere Zelle zur aktiven Zelle machen

Zelle mit der Maus markieren

Hat der Mauszeiger wie in Abbildung 2.24 links die Form eines weißen Kreuzes, ist die Maus im Markierungsmodus. Sie können dann die gewünschte Zelle einfach mit der Maus anklicken. Die so markierte Zelle erhält einen grünen Rahmen und wird zur aktiven Zelle. In Abbildung 2.24 rechts ist dies nun C3.

Hat der Mauszeiger wie in Abbildung 2.25 links nicht die Form eines weißen Kreuzes, wechseln Sie wieder in den Markierungsmodus, indem Sie die [Esc]-Taste drücken und anschließend die betreffende Zelle anklicken.

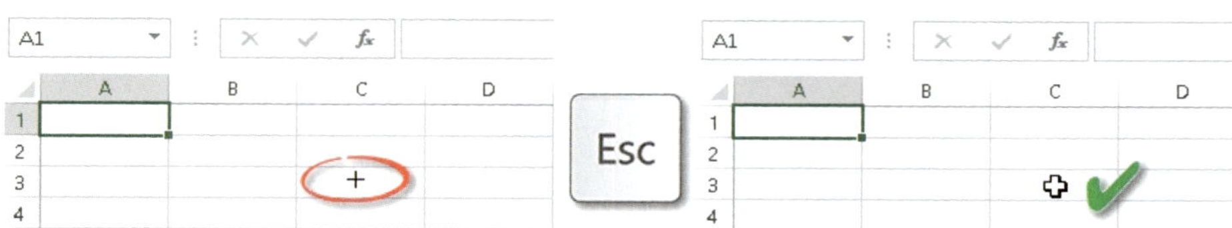

Abbildung 2.25: Mit der [Esc]-Taste in den Markierungsmodus zurückgelangen

Zelle mit der Tastatur markieren

Natürlich können Sie eine oder mehrere Zellen auch per Tastatur aktivieren. Welche Tasten oder auch Tastenkombinationen dabei möglich sind, zeigt Tabelle 2.2.

Taste oder Tastenkombination	Was wird markiert?
[←], [→], [↑], [↓]	Die nächste Zelle entsprechend der Pfeilrichtung
[Strg]+[←] [Strg]+[→] [Strg]+[↑] [Strg]+[↓]	Die erste oder letzte Zelle in einer Spalte oder Zeile des nächsten Bereichs je nach Pfeilrichtung (siehe Abbildung 2.26)
[Pos1]	Die erste Zelle in der aktuellen Zeile
[Strg]+[Pos1]	Die erste Zelle des Arbeitsblattes, also A1
[Strg]+[Ende]	Der Kreuzungspunkt der äußersten Zeile und Spalte, die irgendwo mit Daten – und dies kann auch ein Leerzeichen sein – gefüllt wurden (siehe Abbildung 2.26)

Tabelle 2.2: Tasten/Tastenkombinationen zum Aktivieren einer bestimmten Zelle

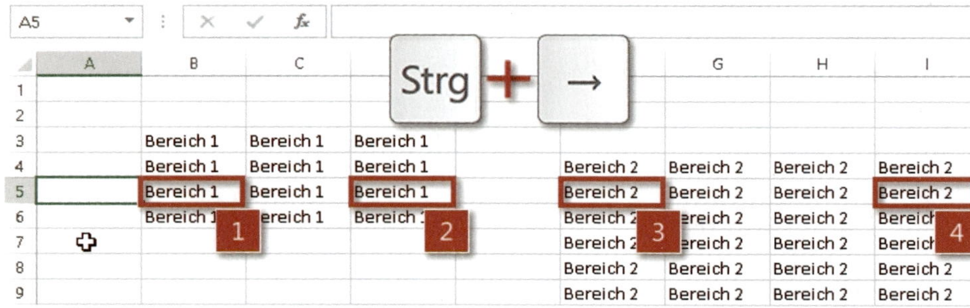

Abbildung 2.26: Durch mehrmaliges Drücken von Strg+→ *werden Anfang und Ende der Bereiche in der aktuellen Zeile angesteuert*

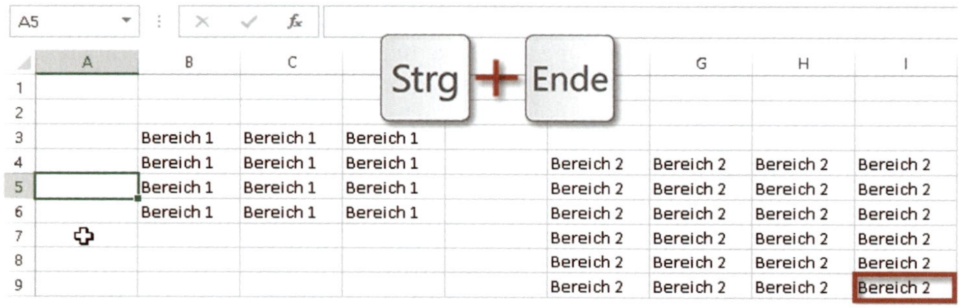

Abbildung 2.27: Durch Strg+Ende *wird die Zelle im äußersten beschriebenen Kreuzungspunkt markiert*

Tipp

Druckt Ihr Drucker mehr, als Sie erwartet haben, prüfen Sie mit der Tastenkombination Strg+Ende, welche Zeilen oder Spalten irgendwann schon verwendet wurden. Liegt die letzte Zelle außerhalb des von Ihnen benutzten Bereichs, löschen Sie alle Zeilen und Spalten bis zu dieser letzten Zelle. Speichern Sie dann die Arbeitsmappe. Prüfen Sie mit Strg+Ende, wo nun die letzte Zelle liegt.

Schwer erreichbare Zellen über das Namenfeld markieren

In großen Tabellen kommt es häufig vor, dass ein bestimmter Zellbereich ausgewählt werden muss, der weit entfernt von der aktuellen Zelle liegt. Bevor Sie mühsam zu der gewünschten Stelle scrollen, nutzen Sie lieber eine der im Folgenden beschriebenen Möglichkeiten:

1. Klicken Sie in das Namenfeld ganz links in der Bearbeitungsleiste und geben Sie den Zellbezug der Zelle ein – wie in Abbildung 2.28 [1, links] gezeigt.
2. Bestätigen Sie die Eingabe mit der Taste ↵ und Sie gelangen direkt zu der betreffenden Zelle – siehe Abbildung 2.28 [1, rechts].

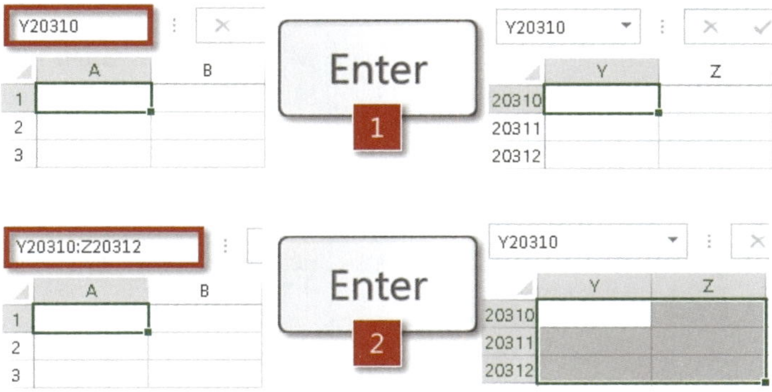

Abbildung 2.28: Schwer erreichbare Zellen über das Namenfeld markieren

Auch ganze Zellbereiche lassen sich mit dieser Methode markieren. Geben Sie dazu – wie in Abbildung 2.28 [2, links] gezeigt – in das Namenfeld den Zellbezug der linken oberen Zelle getrennt durch einen Doppelpunkt von dem Zellbezug der rechten unteren Zelle des gewünschten Bereichs ein.

Weitere Möglichkeiten zum zeitsparenden Markieren sind:

- einzelne Zellbezüge jeweils durch Semikolon getrennt: A1;A5;A9;B2;B3
- ganze Zeilen in der Form 5:5 für die Zeile 5
- ganze Spalten in der Form C:C für die Spalte C
- Kombination aus verschiedenen Zellbereichsangaben jeweils durch Semikolon getrennt: A1;C:C;F10:F26

Mehrere Zellen für die gleichzeitige Bearbeitung auswählen

Sie können bestimmte Arbeiten – beispielsweise Eingeben, Ausfüllen, Formatieren, Kopieren, Verschieben – für mehrere Zellen gleichzeitig durchführen. Hierzu ist es notwendig, die Zellen vor Aufruf des Befehls zu markieren. Dies können Sie mit der Maus oder auch mit der Tastatur erledigen.

- Markierte Zellen werden farbig hinterlegt und mit einem Rahmen versehen. Die entsprechenden Zeilen- und Spaltenköpfe werden ebenfalls farbig hervorgehoben.
- Sämtliche Befehle, die zur Bearbeitung von Zellen zur Verfügung stehen, werden automatisch auf alle markierten Zellen angewandt.

Markierungsvarianten mit der Maus

Tabelle 2.3 gibt einen Überblick über sechs verschiedene Markierungsvarianten mit der Maus. In Abbildung 2.29 sind diese im Bild dargestellt.

Nr.	Markieren ...	Aktion
1	des gesamten Arbeitsblattes	Klicken Sie oben links auf den Kreuzungspunkt von Zeilen- und Spaltenüberschriften.
2	mehrerer zusammenhängender Zellen	Ziehen Sie mit gedrückter linker Maustaste über alle Zellen, die markiert werden sollen, oder klicken Sie die linke obere Zelle des auszuwählenden Bereichs an, halten Sie die [⇧]-Taste gedrückt und klicken Sie auf die rechte untere Zelle des Bereichs.
3	einer Zeile	Klicken Sie links in den Zeilenkopf, wenn ein kleiner schwarzer, nach rechts weisender Pfeil erscheint.
4	einer Spalte	Klicken Sie oben in den Spaltenkopf, wenn ein kleiner schwarzer, nach unten weisender Pfeil erscheint.
5	mehrerer Zeilen/Spalten	Ziehen Sie den Mauszeiger bei gedrückter linker Maustaste über die Zeilen-/Spaltenköpfe, wenn der schwarze, nach rechts beziehungsweise nach unten weisende Pfeil erscheint.
6	mehrerer einzelner Zellen oder Zellbereiche	Klicken Sie bei gedrückter [Strg]-Taste die einzelnen Zellen oder die einzelnen Zeilen- oder Spaltenbeschriftungen an.

Tabelle 2.3: Verschiedene Markierungsvarianten mit der Maus

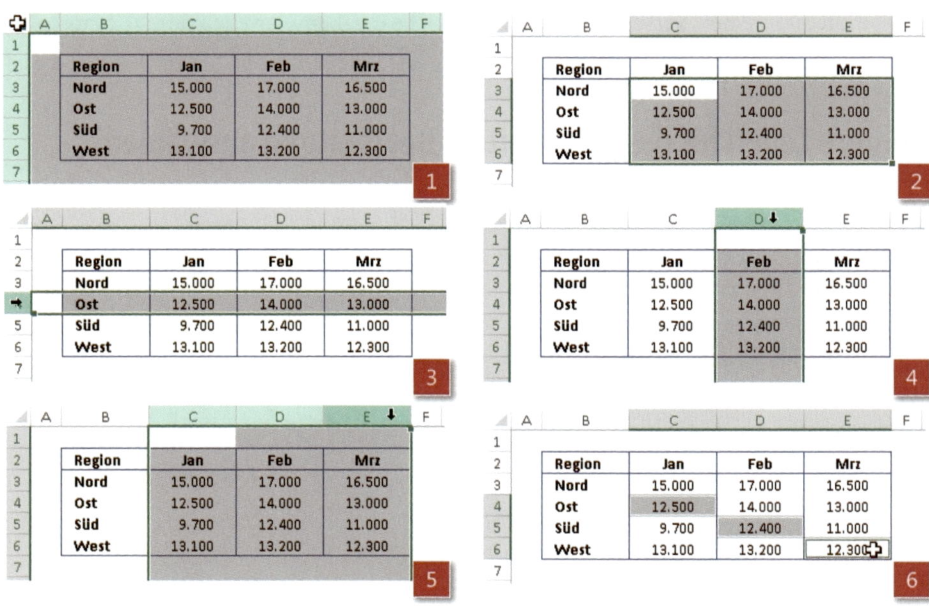

Abbildung 2.29: Verschiedene Markierungstechniken mit der Maus

Profitipp

Bereiche mit der Maus einfach bis zum Ende markieren

Wenn Sie die Daten einer Spalte oder einer Zeile per Maus bis zum Ende markieren wollen, kann das schon mal schnell für Unmut sorgen. Dann nämlich, wenn der Bildschirm »wegläuft« und Sie plötzlich ungewollt in Zeile 4000 oder in Spalte AZ landen.

Probieren Sie einmal folgende ganz einfache Markierungsvariante:

1. Klicken Sie auf die oberste Zelle in dem zu markierenden Spaltenbereich.
2. Doppelklicken Sie bei gedrückt gehaltener [⇧]-Taste auf den unteren Rand dieser Zelle.

Nun wird der zusammenhängende (!) Datenbereich in dieser Spalte bis zum Ende nach unten markiert. Möchten Sie die Markierung in eine andere Richtung vornehmen, führen Sie den Doppelklick auf dem Rand aus, der in die betreffende Richtung zeigt.

Um eine Zeile bis zum Ende nach rechts zu markieren, doppelklicken Sie demzufolge auf den rechten Rand der Zelle, bei der die Markierung beginnen soll. Wie bei den Spalten beschrieben, funktioniert die Markierung auch in die anderen Richtungen.

Markierungsvarianten mit der Tastatur

Während der Dateneingabe kann es sinnvoll und praktischer sein, mithilfe von Tastenkombinationen zu markieren. Diese Methode wird gegenüber dem Markieren mit der Maus immer wichtiger, je mehr Daten in Excel untergebracht werden, weil große Bereiche mit gedrückter Maustaste nur mühsam markiert werden können. Je nach Position der aktiven Zelle können Sie bestimmte in Tabelle 2.4 genannte Bereiche einfach per Tastatur markieren.

Markieren von	Tastenkombination
aktueller Zeile	[⇧]+[Leertaste]
aktueller Spalte	[Strg]+[Leertaste]
ausgefülltem Zellbereich um die aktive Zelle	[Strg]+[A] – einmal drücken
gesamtem Arbeitsblatt	[Strg]+[A] – zweimal drücken
ab aktiver Zelle in die gewünschte Richtung	[⇧]+[←] [⇧]+[→] [⇧]+[↑] [⇧]+[↓]
aktiver Zelle bis zur untersten Zelle mit Inhalt	[⇧]+[Strg]+[Ende]
aktiver Zelle bis zur Zelle A1	[⇧]+[Strg]+[Pos1]

Tabelle 2.4: Häufig verwendete Markierungstechniken per Tastatur

Excel markieren lassen: Die Taste F5

Drücken der Taste F5 ruft das Dialogfeld *Gehe zu* auf, das Sie auch über *Start/Bearbeiten/Suchen und Auswählen/Gehe zu* erreichen können.

Bereiche gezielt markieren

Abbildung 2.30 zeigt unter [1] das Feld *Verweis*, in dem Sie – wie weiter vorn in diesem Kapitel im Abschnitt »Schwer erreichbare Zellen über das Namenfeld markieren« beschrieben – konkrete Zellbezüge zur Markierung eingeben können.

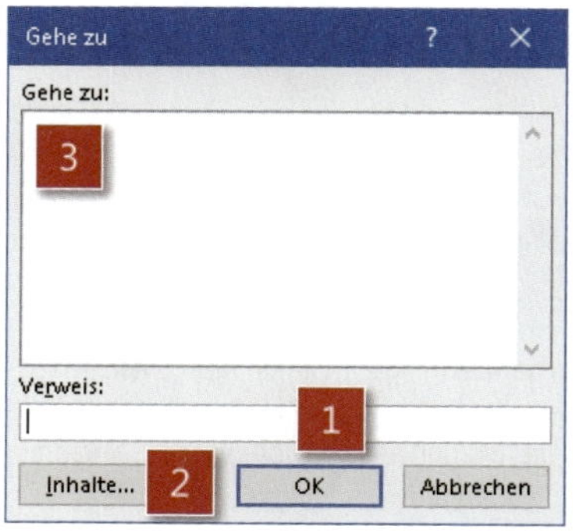

Abbildung 2.30: Mit Gehe zu *lassen sich angegebene Zellbezüge markieren*

Inhalte markieren und dabei besondere Aktionen ausführen

Excel bietet die Möglichkeit, im aktuellen Arbeitsblatt in einem Arbeitsgang alle Zellen des gleichen inhaltlichen Typs (beispielsweise leere Zellen, Formelzellen, Konstanten) oder mit besonderen Eigenschaften (beispielsweise nur sichtbare Zellen, Zellen mit Datenüberprüfung) zu finden.

Dies ist möglich über die Schaltfläche *Inhalte* im Dialogfeld *Gehe zu* (siehe Abbildung 2.30 [2]). Es öffnet sich das Dialogfeld *Inhalte auswählen*, über das Sie eine Anzahl weiterer differenzierter Auswahlmöglichkeiten festlegen können – wie in Abbildung 2.31 zu sehen. Ein direkter Weg zu diesem Dialogfeld führt über *Start/Bearbeiten/Suchen und Auswählen/Inhalte auswählen*. So können Sie beispielsweise alle Formeln im Blatt markieren, um sie anschließend zu schützen oder in feste Werte umzuwandeln. (Mehr zum Thema Schützen von Arbeitsblattinhalten lesen Sie in Kapitel 20.)

Bereiche mit Bereichsnamen markieren

Das Dialogfeld *Gehe zu* zeigt unter [3] in Abbildung 2.30 eine dritte Möglichkeit, bestimmte Bereiche zu markieren. Hier sind es Bereiche, denen ein Bereichsname zugeordnet wurde und die Sie auf diese Weise schnell markieren können. Erfahren Sie mehr über den Nutzen von Bereichsnamen in Kapitel 13.

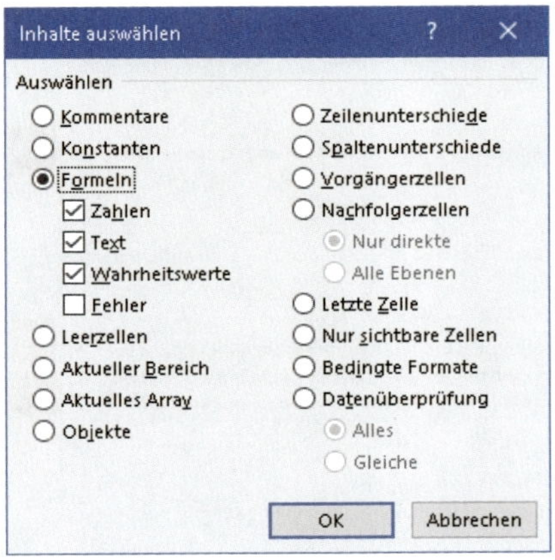

Abbildung 2.31: Das Dialogfeld Inhalte auswählen *stellt differenzierte Markierungsmöglichkeiten zur Verfügung*

Tipp

Excel merkt sich unter [3] die letzten vier Zellen, von denen aus Sie den Befehl *Gehe zu* aufgerufen haben. Haben Sie über dieses Dialogfeld einen neuen Bereich ausgewählt, können Sie anschließend schnell wieder über die gelisteten Zellen zu einem der Ursprungsorte zurückkehren.

Hinweis

Wenn ein Bereich markiert ist, bleibt immer eine Zelle aktiv. Es handelt sich dabei um die erste Zelle, ab der die Markierung erweitert wurde.

Tipp

Ist ein Zellbereich markiert, können Sie mit der ↵- beziehungsweise der ⭾-Taste oder der Tastenkombination ⇧+↵ beziehungsweise ⇧+⭾ zwischen den markierten Zellen wechseln.

Eine Markierung wieder aufheben

Um eine Bereichsauswahl wieder aufzuheben, klicken Sie einfach eine beliebige Zelle an oder benutzen eine der in Tabelle 2.2 genannten Tasten oder Tastenkombinationen, um die Auswahl auf eine bestimmte einzelne Zelle zu setzen.

Daten eingeben in unterschiedlichsten Varianten

Aktivieren Sie zunächst die Zelle, in der Sie Daten eingeben möchten, und führen Sie dann Ihre Eingabe durch. Dies können Sie direkt in der Zelle tun oder in der Bearbeitungsleiste. Die Bearbeitungsleiste – in Abbildung 2.32 dargestellt – hat den Vorteil, dass Sie sie durch Anklicken des Dropdownpfeils am rechten Rand der Leiste [1] vergrößern können. Bei umfangreichen Einträgen kann der gewünschte Teil des Zellinhalts dann mit den Bildlaufpfeilen am rechten Rand [3] angezeigt werden. Mit der nach dem Vergrößern der Bearbeitungsleiste angezeigten Pfeilschaltfläche [2] kann die ursprüngliche Größe der Bearbeitungsleiste wiederhergestellt werden.

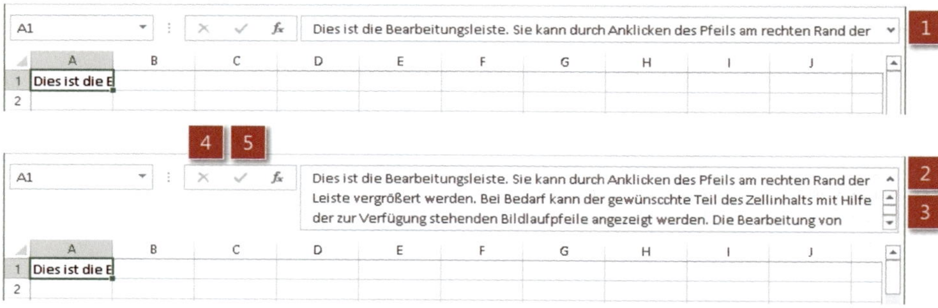

Abbildung 2.32: Die Bearbeitungsleiste kann vergrößert werden und ist für die Dateneingabe zu empfehlen

Excel erkennt an den eingegebenen Daten automatisch, ob es sich um Text, Zahlen, Datumsangaben oder Formeln handelt. Allerdings gibt es bei den verschiedenen Datentypen einige Dinge zu beachten.

Texte eingeben

Folgende Besonderheiten gibt es bei der Texteingabe:

- Texte werden standardmäßig in der Zelle linksbündig platziert – wie in Abbildung 2.33 unterhalb von *Bestellnummer* zu sehen.
- Text gemischt mit Zahlen wird ebenfalls als Text eingestuft und damit linksbündig angeordnet [1].
- Reicht die Spaltenbreite für die Darstellung des Texteintrags nicht aus und sind die rechten Nachbarzellen leer, überdeckt dieser Eintrag diejenigen Nachbarzellen, die für die komplette Darstellung benötigt werden [2]. Sind die rechten Nachbarzellen allerdings nicht leer, wird der Text in der Zelle nur abgeschnitten angezeigt. Der komplette Inhalt bleibt jedoch erhalten und ist in der Bearbeitungsleiste sichtbar.

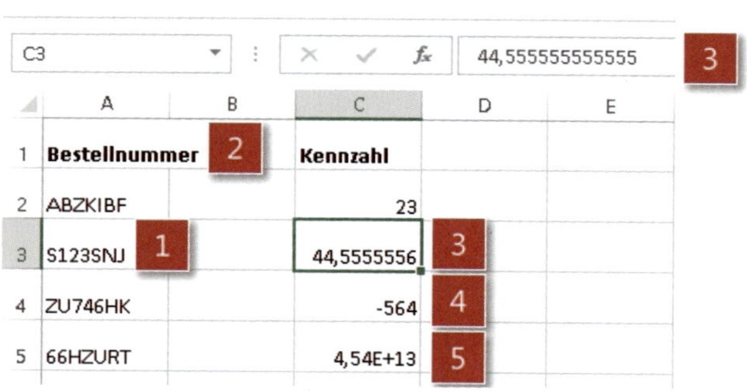

Abbildung 2.33: Texte werden in Excel linksbündig, Zahlen rechtsbündig ausgerichtet

Zahlen eingeben

Die Zahleneingabe zeichnet sich durch Folgendes aus:

- Werden in eine Zelle nur Ziffern eingegeben, interpretiert Excel diese Eingabe als Zahl – siehe Abbildung 2.33 unterhalb von *Kennzahl*.
- Zahlen werden automatisch rechtsbündig platziert.
- Bei Zahlen mit Nachkommastellen wird die letzte angezeigte Nachkommastelle kaufmännisch gerundet. Excel rechnet jedoch immer mit dem ursprünglichen ungerundeten Wert [3].
- Um eine negative Zahl einzugeben, beginnen Sie die Eingabe mit einem Minuszeichen [4].
- Bei sehr großen Zahlen wandelt Excel die Darstellung in Exponentialschreibweise um [5].

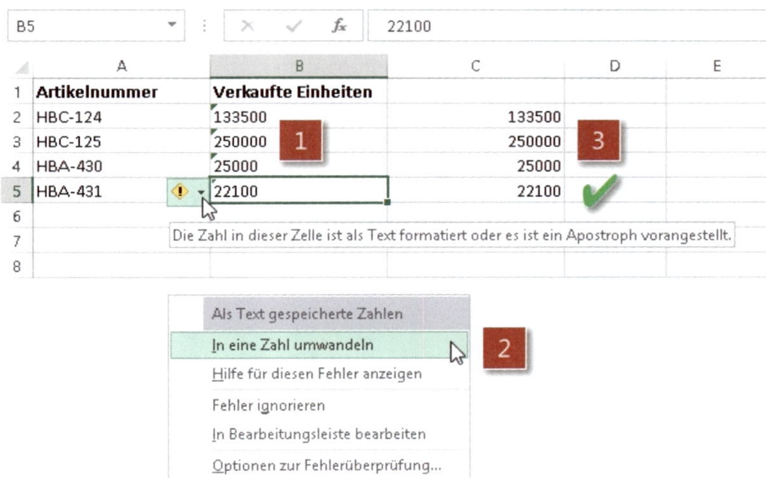

Abbildung 2.34: Wie Sie Fehler beim Eingeben von Zahlen vermeiden

---

Achtung

Folgendes ist beim Eingeben von Zahlen zu beachten:

- Zahlen dürfen nicht mit Einheiten – wie kg oder m^3 – zusammen in die gleiche Zelle eingegeben werden, sonst kann Excel mit dieser Spalte keine Berechnungen durchführen. Verwenden Sie stattdessen beschreibende Spaltenüberschriften – wie *Gewicht in kg* – oder die in Kapitel 7 beschriebenen benutzerdefinierten Zahlenformate.
- Bei Währungsbeträgen können Sie das €-Zeichen mit eintippen. Excel wählt dann automatisch das Währungsformat. Leichter ist es jedoch, wenn Sie nur die Zahlen eingeben und diese dann als Währung formatieren. Sie haben somit weniger Tipparbeit.
- Geben Sie in eine Zelle einen Bruch ein, beispielsweise `1/2`, wird dieser von Excel als Datum interpretiert und automatisch entsprechend in 01. Feb umgewandelt. Wie Sie Bruchzahlen eingeben können, erfahren Sie weiter hinten in diesem Kapitel im Abschnitt »Besonderheiten bei der Dateneingabe: Brüche und Sonderzeichen«.

- Geben Sie Zahlen in Zellen ein, die zuvor als Text formatiert wurden, interpretiert Excel die Zahlen als Text. Dies macht Berechnungen unmöglich. Sie sehen dies bereits daran, dass die Zahlen linksbündig ausgerichtet sind. Mit einem kleinen grünen Dreieck links oben in der betreffenden Zelle (siehe Abbildung 2.34 [1]) macht Excel auf dieses Problem aufmerksam. Nutzen Sie im Menü der Optionsschaltfläche links neben der Zelle das Umwandeln in Zahlen [2]. Anschließend sehen die Zahlen unterhalb von *Verkaufte Einheiten* so aus wie unter [3] dargestellt.

Datum und Uhrzeit eingeben

Datum und Uhrzeit können Sie – wie in Abbildung 2.35 und Abbildung 2.36 gezeigt – in drei verschiedenen Schreibweisen eingegeben. Je nach Eingabeart formatiert Excel das Datum beziehungsweise die Uhrzeit in einem bestimmten Format. Eine Zusammenstellung verschiedener Eingabearten finden Sie in Abbildung 2.36.

Folgendes ist beim Eingeben von Datums- und Zeitangaben zu beachten:

- Als Trennzeichen bei Datumseingaben kann der Punkt, der Bindestrich oder der Schrägstrich verwendet werden (siehe Abbildung 2.35).
- Geben Sie die Jahreszahl zweistellig ein, wandelt Excel die Angaben 00 bis 29 in die Jahreszahlen 2000 bis 2029 und die Angaben 30 bis 99 in 1930 bis 1999 um. Deshalb empfiehlt es sich, alle Jahreszahlen vor 1930 beziehungsweise nach 2029 vierstellig einzugeben.
- Bei Uhrzeiten muss zwischen Stunden und Minuten ein Doppelpunkt stehen.

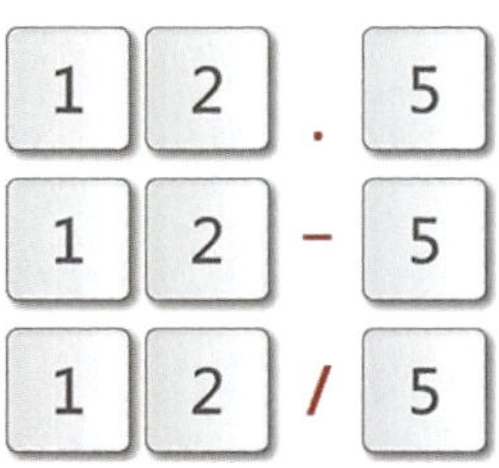

Abbildung 2.35: Beim Eingeben eines Datums haben Sie drei verschiedene Möglichkeiten für das Trennzeichen …

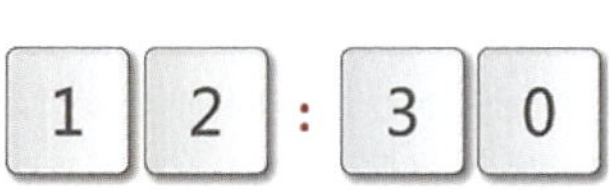

Abbildung 2.36: … beim Eingeben einer Uhrzeit hingegen ist nur ein Trennzeichen möglich: der Doppelpunkt

Datumseingabe	Aut. Form.	Uhrzeiteingabe	Aut. Form.
12.9.17	12.09.2017	9:00	09:00
12-9-17	12.09.2017	9:	09:00
12/9/17	12.09.2017	9:0:30	09:00:30
12.9.2017	12.09.2017	9:30	09:30
12.9	12. Sep	9 pm	9:00 PM
12.Sep	12. Sep	9 p	9:00 PM
12Sep	12. Sep	9 a	9:00 AM

Abbildung 2.37: Datums- und Uhrzeiteingaben werden automatisch formatiert

Wichtig fürs Verständnis: Wie Excel mit Datums- und Zeitangaben umgeht

Um auch mit Datums- und Uhrzeitangaben rechnen zu können, wandelt Excel ein Datum oder eine Uhrzeit intern in eine Zahl um. Für jedes Datum seit dem 1.1.1900 vergibt Excel eine fortlaufende Nummer: 1 für den 1.1.1900 bis hin zu 2.958.465 für den 31.12.9999. Das Datum 1.1.2013 beispielsweise trägt für Excel intern die Nummer 41.275.

Uhrzeiten sind Teile eines Tages, also Bruchteile von 1 und werden demzufolge intern von Excel als Dezimalzahlen von 0 bis kleiner 1 behandelt. 12:00 Uhr beispielsweise ist für Excel 0,5 – die Hälfte eines Tages –; 0,75 steht für 18:00 Uhr.

Fazit: Die Ziffern rechts vom Komma geben eine Uhrzeit an, die links vom Komma ein Datum. Ein Beispiel: Die serielle Zahl 10,25 steht für den 10.1.1900 6:00 Uhr. In Excel sind Datums- und Uhrzeitangaben also Punkte auf einer Zeitachse zwischen 1900 und 9999 (siehe Abbildung 2.38).

Abbildung 2.38: Die Zeitrechnung in Excel geht vom 1.1.1900 bis zum 31.12.9999

Versehentlich als Datum formatierte Zelle wieder zurücksetzen

Vielleicht ist Ihnen das auch schon passiert: Sie wollen in eine Zelle eine Ziffer mit Nachkommastellen eintippen – beispielsweise `7,12` –, haben aber versehentlich anstelle des Kommas einen Punkt eingegeben. Sofort steht in der Zelle ein Datum; im Beispiel also `07. Dez`. Kein Problem denken Sie und tragen erneut die Ziffer ein, diesmal wirklich `7,12`. Doch Überraschung – jetzt zeigt Excel `07. Jan` an, und wenn Sie oben in die Bearbeitungsleiste schauen, sehen Sie dort sogar die vollständige Zeitangabe `07.01.1900 02:52:48`.

Um wieder normale Werte in die Zelle eintragen zu können, ändern Sie das automatisch auf Datum gesetzte Zahlenformat der Zelle zurück in Standard.

- Wählen Sie dazu auf der Registerkarte *Start* in der Gruppe *Zahl* in der Dropdownliste *Zahlenformat* das Format *Standard* aus.
- Mit der Tastenkombination [Strg]+[⇧]+[6] ist dies ebenfalls möglich.

Korrekturen während der Eingabe vornehmen

Zum Korrigieren von Eingaben stehen mehrere Möglichkeiten zur Verfügung:

- Wollen Sie Tippfehler beheben, drücken Sie die [Rück]-Taste.
- Wollen Sie die Eingabe komplett abbrechen, drücken Sie die [Esc]-Taste oder klicken auf die X-Schaltfläche links in der Bearbeitungsleiste – wie in Abbildung 2.32 [4] zu sehen.

Enthält die Zelle vor der Eingabe bereits Daten, werden diese durch Abschließen der Eingabe überschrieben. Im Falle eines Abbruchs bleiben die Originaldaten erhalten.

Hinweis Innerhalb einer Zelle können Sie durch Drücken der Tastenkombination [Alt]+[↵] einen festen Zeilenumbruch erzeugen.

Die Dateneingabe abschließen

Drücken Sie die [↵]- oder die [↹]-Taste oder eine der vier Richtungstasten ([←], [→], [↑], [↓]), um zur nächsten Zelle zu wechseln und so die Dateneingabe in der aktuellen Zelle abzuschließen. Eine weitere Möglichkeit – wie in Abbildung 2.32 [5] ersichtlich – ist das Verwenden der Häkchen-Schaltfläche links in der Bearbeitungsleiste.

Den Turbo einschalten: Mehrere Zellen mit gleichem Inhalt füllen

Oftmals kommt es vor, dass Zellen mit dem gleichen Inhalt gefüllt werden müssen. Dies können Sie mit einer einzigen Eingabe erledigen – wie in Abbildung 2.39 dargestellt. Als Voraussetzung dafür markieren Sie zunächst alle zu beschreibenden Zellen [1] – zusammenhängend oder mehrere einzelne. Geben Sie dann die gewünschte Zeichenfolge ein [2] und bestätigen Sie die Eingabe abschließend mit [Strg]+[↵] [3].

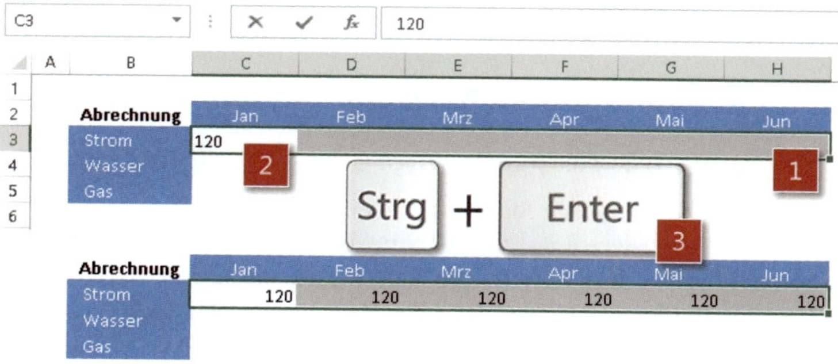

Abbildung 2.39: Mehrere Zellen in einem Schritt mit gleichem Inhalt füllen

---

Hinweis Das Füllen von mehreren Zellen mit gleichem Inhalt in einem Schritt funktioniert sogar über Arbeitsblätter hinweg. Gehen Sie dazu wie folgt vor:

1. Markieren Sie im Arbeitsblatt *Tabelle1* den gewünschten Bereich, beispielsweise A1:C7.
2. Drücken Sie die [Strg]-Taste, klicken Sie unten im Blattregister *Tabelle2* an und lassen Sie dann die [Strg]-Taste wieder los. Die Markierung ist damit abgeschlossen.
3. Geben Sie nun die gewünschte Zeichenfolge ein und drücken Sie die Tastenkombination [Strg]+[↵].

Der Bereich A1:C7 ist damit auf beiden Arbeitsblättern mit der eingegebenen Zeichenfolge gefüllt.

Daten über die Zwischenablage einfügen

Das Füllen von Tabellen mit Zahlen und Texten geht am schnellsten, wenn das Datenmaterial bereits vorliegt, Sie es nur noch kopieren und über die Zwischenablage einfügen müssen. Dabei ist es egal, ob die Quelle ein anderes Excel-Arbeitsblatt, eine Word- oder PowerPoint-Tabelle oder beispielsweise eine Webseite ist – Excel 2016 hält alle Befehle bereit, damit Sie die Daten je nach Situation in der passenden Form einfügen können. Nachdem Sie die Quelldaten markiert und mit Strg+C in die Zwischenablage kopiert haben, bieten sich Ihnen zwei Möglichkeiten zum Einfügen in Excel an:

- Entweder Sie nutzen die Livevorschau, begutachten so die möglichen Einfügevarianten und deren Wirkung und treffen dann Ihre Wahl.
- Oder Sie fügen die kopierten Inhalte aus der Zwischenablage zunächst ein und entscheiden erst im Nachhinein, welche Einfügevariante am besten passt.

Beim Einfügen von Daten können Sie entscheiden, wie diese Übernahme erfolgen soll: Brauchen Sie beispielsweise nur die Werte ohne Formate und Formeln oder wollen Sie den Zustand der Originaltabelle eins zu eins übertragen oder wollen Sie eine Verknüpfung zu den Originaldaten herstellen und so die kopierten Daten immer auf dem aktuellen Stand halten? Für diese und viele weitere Fälle hält Excel spezielle Einfügeoptionen bereit, die Sie in den folgenden Abschnitten näher kennenlernen.

Mit der Vorschau arbeiten

Wenn Sie Inhalte kopiert haben und nun aus der Zwischenablage in ein Excel-Arbeitsblatt einfügen wollen, erhalten Sie bereits eine Vorschau, wie der eingefügte Inhalt aussieht – vorausgesetzt, Sie nutzen eine der in Abbildung 2.40 gezeigten drei Möglichkeiten:

- Sie klicken auf der Registerkarte *Start* ganz links in der Gruppe *Zwischenablage* auf den Pfeil der Schaltfläche *Einfügen*. Daraufhin öffnet sich das unter [1] gezeigte Menü mit Einfügeoptionen. Bewegen Sie den Mauszeiger über die einzelnen Symbole, um die verschiedenen Varianten zum Einfügen zu sehen.
- Sie klicken mit der rechten Maustaste auf die Zelle, die die linke obere Ecke der einzufügenden Inhalte sein soll. Es erscheint das unter [2] gezeigte Kontextmenü mit mehreren Symbolen für unterschiedliche Einfügeoptionen. Bewegen Sie den Mauszeiger über die Symbole, um die Vorschau zu begutachten.
- Ebenfalls mit einem Rechtsklick auf die Zielzelle rufen Sie das Kontextmenü auf, wählen aber diesmal *Inhalte einfügen*, um die unter [3] gezeigte größere Auswahl an Einfügeoptionen zu erhalten. Diese ist übrigens identisch mit dem Angebot aus Variante [1].

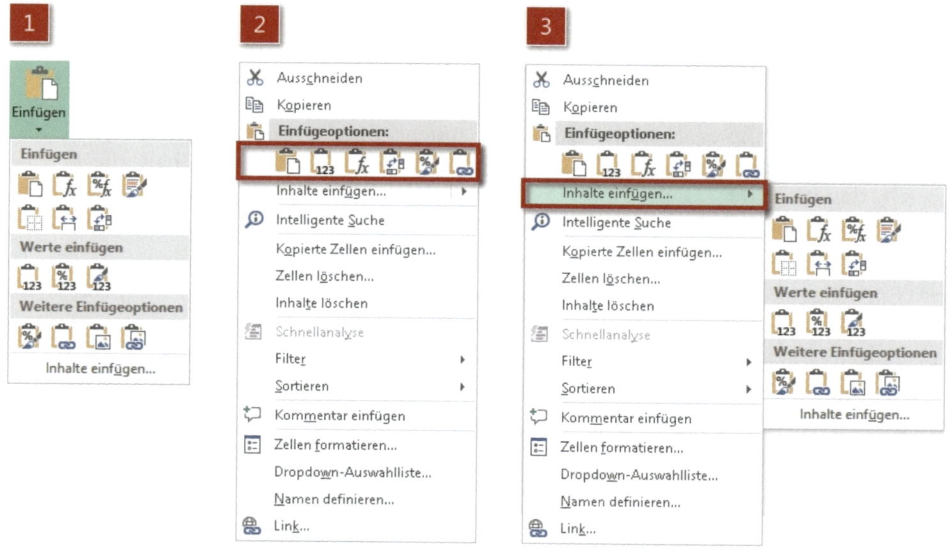

Abbildung 2.40: Drei Wege, die vor dem Einfügen der Daten aus der Zwischenablage eine Vorschau bieten

Das Ergebnis nach dem Einfügen noch anpassen

Wenn Ihnen die beschriebenen Varianten zum Einfügen mit Vorschau zu verwirrend erscheinen, fügen Sie den Inhalt der Zwischenablage an der gewünschten Stelle durch Klicken auf die Schaltfläche *Einfügen* ganz links in der Gruppe *Zwischenablage* auf der Registerkarte *Start* oder einfach durch Drücken der Tastenkombination [Strg]+[V] ein.

Danach wird die Schaltfläche *Einfügeoptionen* direkt unterhalb der eingefügten Daten angezeigt. Wenn Sie diese Schaltfläche anklicken, sehen Sie die Optionen, mit denen Sie steuern können, wie die Daten aus der Zwischenablage eingefügt werden sollen.

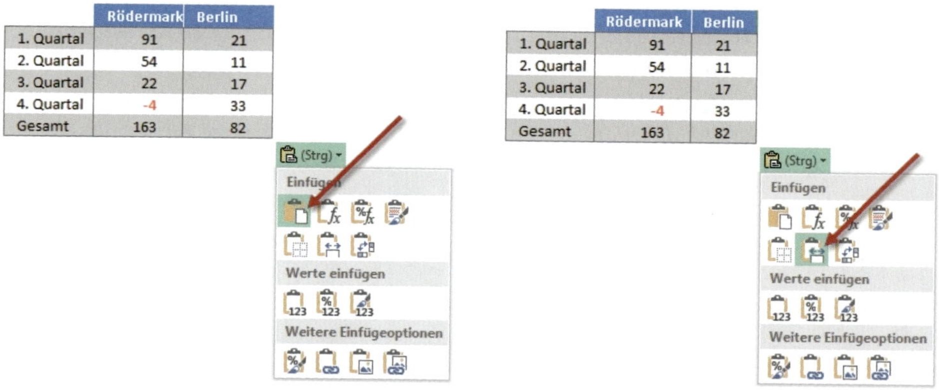

Abbildung 2.41: Auch nach dem Einfügen können Sie mittels der Einfügeoptionen das Ergebnis noch beeinflussen, rechts wurde beispielsweise nachträglich die Spaltenbreite des Originals gewählt

Entscheiden Sie nun – wie in Abbildung 2.41 zu sehen – die Art und Form des Einfügens. Im vorliegenden Beispiel hat das links gezeigte einfache Einfügen dazu geführt, dass die vorgegebene Spaltenbreite des Zielbereichs verwendet und so die Spaltenüberschrift *Rödermark* leicht abgeschnitten wurde.

Kein Problem, denn Sie können die Einfügeoptionen auch mehrfach aufrufen und verschiedene Varianten durchprobieren, bis die optimale gefunden ist. Hier führt die in Abbildung 2.41 rechts gezeigte Einfügeoption *Breite der Ursprungsspalte beibehalten* zum besten Ergebnis. Beide Spaltenüberschriften sind nun uneingeschränkt lesbar und die unterschiedlichen Spaltenbreiten der Ursprungstabelle wurden übernommen.

Die verschiedenen Einfügeoptionen im Überblick

Der Klick auf die Schaltfläche *Einfügeoptionen* bietet eine große Anzahl von Varianten. Einige davon werden Sie möglicherweise nie brauchen, andere hingegen häufig. Grund genug also, die einzelnen Symbole und ihre Wirkung im Detail zu betrachten. Tabelle 2.5 gibt Ihnen dabei Hilfestellung. Je nach markiertem Inhalt – Zellen, Diagramme, Formen, Bilder – variieren die Einfügeoptionen und können noch durch weitere Möglichkeiten ergänzt werden.

Symbol	Beschreibung
	*Einfügen:* Fügt Inhalte und Formate ein, aber nicht in der Spaltenbreite des Originals; verwendet werden die Designfarben der Zielmappe.
	*Formeln:* Fügt alle Werte und Formeln ein, aber ohne jegliche Formatierung.
	*Formeln und Zahlenformat:* Formeln, Werte und Zahlenformate werden übertragen, nicht jedoch Zellenformate wie Zellenfarben oder Rahmenlinien.
	*Ursprüngliche Formatierung beibehalten:* Fügt Inhalte und Formate ein, jedoch nicht in der Spaltenbreite des Originals; es werden die Designfarben der Quellmappe beibehalten.
	*Keine Rahmenlinien:* Formeln, Werte und Zahlenformate sowie Zellenfarben werden übertragen, nicht jedoch Rahmenlinien.
	*Breite der Ursprungsspalte beibehalten:* Fügt Inhalte und Formate in der Spaltenbreite des Originals ein; es werden die Designfarben der Zielmappe verwendet.
	*Transponieren:* Fügt die Originaltabelle um 90 Grad gedreht mit Formaten ein; Zeilen werden zu Spalten, Spalten zu Zeilen; die Designfarben der Zielmappe werden verwendet.
	*Werte:* Fügt nur die Werte, keine Formate und keine Formeln oder Verknüpfungen ein.
	*Werte und Zahlenformat:* Fügt die Werte und Zahlenformate ein, aber keine Zellenformate wie Zellenfarbe oder Rahmenlinien und keine Formeln oder Verknüpfungen.
	*Werte und Quellformatierung:* Fügt Werte, Zahlenformate und Zellenformate in den Farben der Quellmappe ein, aber keine Formeln oder Verknüpfungen.
	*Formatierung:* Übernimmt nur die Formate des Quellbereichs, keine Werte oder Formeln; es kommen die Designfarben der Zielmappe zur Anwendung.
	*Verknüpfung einfügen:* Fügt den Quellbereich als verknüpfte Formeln ohne jegliche Formatierung ein.
	*Grafik:* Fügt den Quellbereich als unveränderbares Bild ein.
	*Verknüpfte Grafik:* Fügt den Quellbereich als veränderbare Grafik mit Bezug zum Ursprungsort ein.

Tabelle 2.5: Die verschiedenen Symbole der Einfügeoptionen und deren Wirkung

Die unterschiedliche Wirkung der Einfügeoptionen

In Abbildung 2.42 können Sie anhand von drei typischen Szenarien vergleichen, zu welch unterschiedlichen Ergebnissen die Einfügeoptionen führen. Die kleine Originaltabelle links wurde in drei verschiedenen Varianten eingefügt – und zwar mit folgenden Optionen:

- *Werte* [1]: Formate und Formeln gehen hierbei verloren. Diese Option ist beispielsweise dann sinnvoll, wenn Sie in eine fertig formatierte Auswertung nur neue Werte aufnehmen wollen, ohne dass die Gestaltung beeinträchtigt wird.
- *Einfügen* [2]: Formate, Werte und Formeln werden übertragen, aber nicht die Spaltenbreite, was hier zum Beschneiden einer Überschrift führt.
- *Breite der Ursprungsspalte beibehalten* [3]: Zusätzlich zur vorhergehenden Option werden hier auch die Spaltenbreiten der Originaltabelle übernommen.

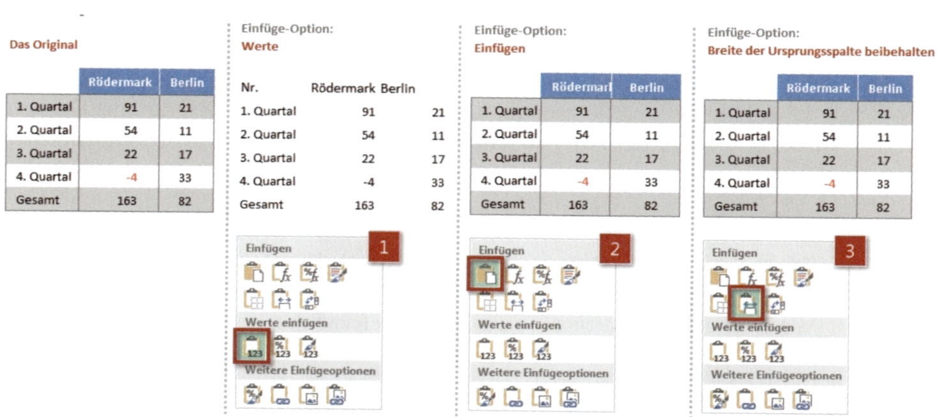

Abbildung 2.42: Drei häufig gebrauchte Einfügeoptionen im Vergleich

Mit den Einfügeoptionen rechnen – ganz ohne Formel

Manchmal müssen Daten durch aktuellere ersetzt werden – beispielsweise wenn Preise um einen bestimmten Prozentsatz erhöht werden sollen. In solchen Fällen ist keine gesonderte Spalte mit Berechnungen erwünscht, sondern die Originalpreise sollen einfach durch die erhöhten Preise überschrieben werden. Abbildung 2.43 zeigt dafür ein Beispiel: Die Originalpreise links sollen, wie rechts zu sehen, um 25 % angehoben werden.

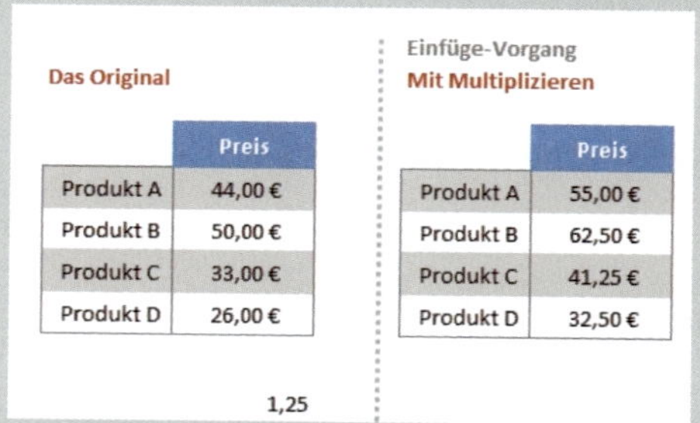

Abbildung 2.43: Schnelle Preiserhöhung ohne Formel als Ergebnis eines speziellen Einfügevorgangs

Zum Ersetzen der ursprünglichen Daten durch um 25 Prozent höhere Werte gehen Sie wie folgt vor:

1. Schreiben Sie die Zahl `1,25` – also den Zielwert von 125 % – in eine Zelle.
2. Kopieren Sie diese Zelle mit [Strg]+[C] in die Zwischenablage.
3. Markieren Sie nun die Zellen, in denen die Werte um 25 Prozent erhöht werden sollen.
4. Klicken Sie auf der Registerkarte *Start* in der Gruppe *Zwischenablage* auf den Pfeil der Schaltfläche *Einfügen* [1]. Wählen Sie *Inhalte einfügen* [2] und in dem in Abbildung 2.44 rechts gezeigten Dialogfeld die Option *Multiplizieren* [3].

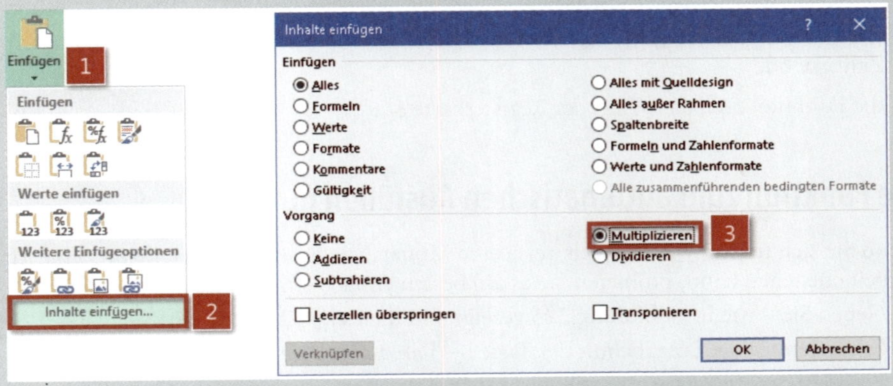

Abbildung 2.44: Zeitsparend: Den Einfügevorgang mit einer Berechnung – hier Multiplizieren – kombinieren

Zellinhalte löschen

Wurden Daten versehentlich eingegeben oder werden sie nicht mehr gebraucht, können sie auf zwei Wegen wieder gelöscht werden.

Schnelles Löschen per Tastatur

Markieren Sie die Zellen mit den zu löschenden Inhalten und drücken Sie die Taste [Entf]. Es gibt keine Sicherheitsabfrage, Excel löscht die Daten einfach. Allerdings werden auf diesem Weg nur die Inhalte, nicht jedoch die Formate aus den markierten Zellen entfernt.

Gründliches Löschen per Mausklick

Wollen Sie Inhalte und zugleich auch die Formate – beispielsweise die Füllfarbe von Zellen oder Rahmenlinien – löschen, wählen Sie den Weg über das Menüband:

Klicken Sie auf der Registerkarte *Start* ganz rechts in der Gruppe *Bearbeiten* auf die Schaltfläche *Löschen* – ein kleiner Radiergummi – und wählen Sie in den daraufhin angezeigten Optionen den Eintrag *Alle löschen*.

Listen zeitsparend mit automatischen Datenreihen erstellen

Haben Sie schon einmal bei anderen Excel-Anwendern gesehen, wie nach Eingabe eines Monatsnamens oder eines Wochentags im Handumdrehen eine Liste mit allen Monaten des Jahres beziehungsweise allen Tagen der Woche entsteht – und zwar ohne mühsame Tipparbeit? Neben dem bisher beschriebenen manuellen Eingeben von Daten oder dem Einfügen über die Zwischenablage gibt es einen dritten Weg, um Tabellen mit Inhalt zu versehen: das automatische Ausfüllen von Zellen mit Zahlen und Texten.

Um solche automatischen Datenreihen zu erzeugen, gibt es zwei Möglichkeiten:

- die Funktion *AutoAusfüllen* durch Ziehen des Ausfüllkästchens an der rechten unteren Zellecke oder
- die Funktion *Füllbereich* auf der Registerkarte *Start*.

Die Funktion zum automatischen Ausfüllen nutzen

Wenn Sie sich fragen, wie beispielsweise eine Monatsliste für das erste Halbjahr ohne Tipparbeit entstehen kann, probieren Sie es am besten einfach einmal aus.

1. Geben Sie – wie in Abbildung 2.45 gezeigt – in die Zelle B2 `Januar` ein.
2. Schließen Sie die Eingabe mit der Taste [↵] ab. Lassen Sie B2 markiert.
3. Bewegen Sie die Maus zur rechten untere Ecke der Zellmarkierung. Der sonst weiße Mauszeiger verwandelt sich in ein schwarzes Pluszeichen, wenn er über der Zellecke positioniert wird. Diese Ecke ist das *Ausfüllkästchen* [1].
4. Drücken Sie die linke Maustaste und ziehen Sie das Ausfüllkästchen nach unten. Sie sehen dabei anhand einer kleinen QuickInfo, wie viele Monate Ihre Liste bereits enthalten wird [2].
5. Nach dem Loslassen der Maustaste in Zeile 6 – Sie konnten an der Position die QuickInfo *Juni* sehen – erscheint in der rechten unteren Ecke die Schaltfläche *Auto-Ausfülloptionen* [3], zu der Sie im folgenden Abschnitt mehr erfahren.

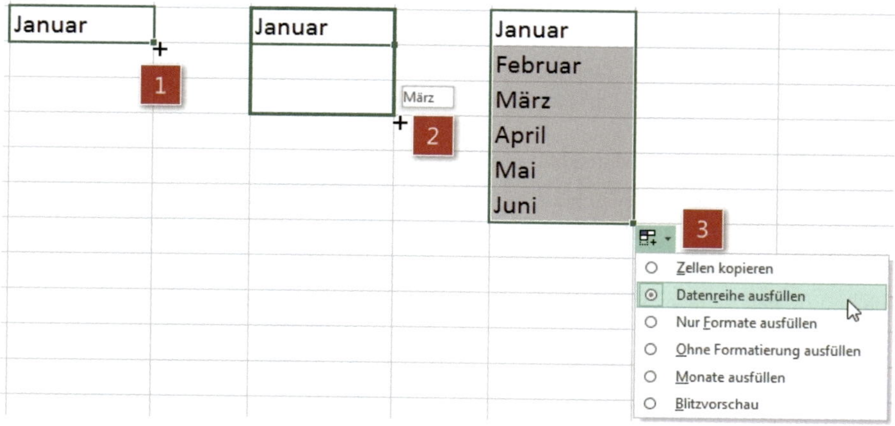

Abbildung 2.45: Die Schritte zum Anlegen einer Monatsliste für das erste Halbjahr

Das Ausfüllkästchen können Sie in alle vier Richtungen ziehen – mit unterschiedlichem Ergebnis:

- Beim Ziehen nach rechts oder nach unten erweitern Sie die Reihe – geben Sie beispielsweise Januar ein, folgen dann *Februar* und *März*.
- Ziehen Sie hingegen das Ausfüllkästchen nach links oder oben, bauen Sie eine Reihe in umgekehrter Reihenfolge auf – links oder oberhalb von *Januar* erhalten Sie dann *Dezember* und *November*.

AutoAusfüllen bei unterschiedlichen Datentypen

Die Funktion zum automatischen Ausfüllen von Zellen führt je nach Zellinhalt zu recht unterschiedlichen Ergebnissen. Entscheidend ist der Inhalt der Ausgangszelle. In Abbildung 2.46 und Abbildung 2.47 sehen Sie typische Fälle, was dies sein kann: ein Monatsname, ein Wochentag, ein Datum, eine Zahl oder ein Text mit Zahl.

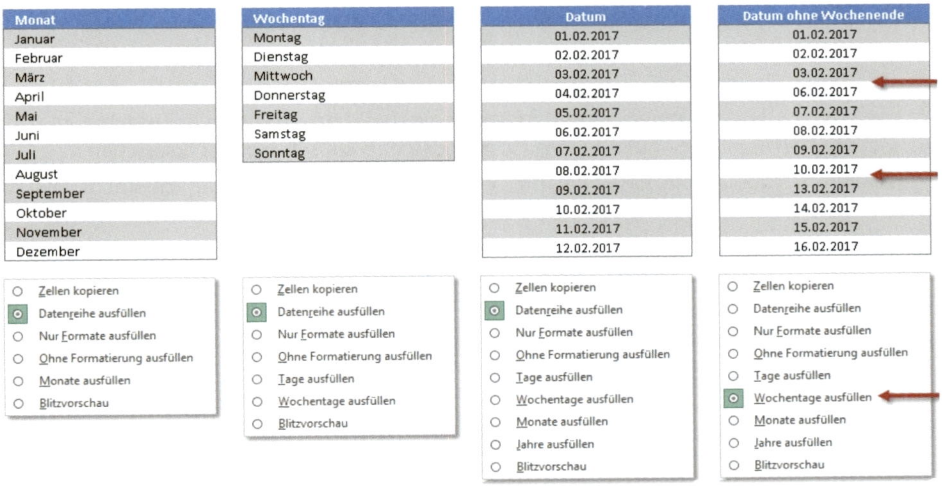

Abbildung 2.46: Typische Fälle für den Einsatz von AutoAusfüllen: Monate, Wochentage, Datumsangaben

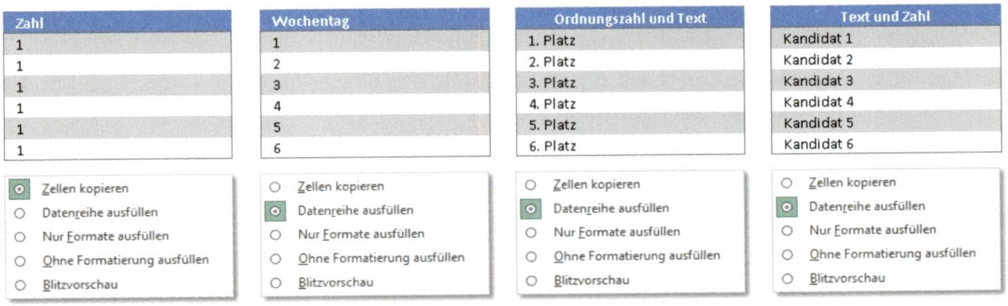

Abbildung 2.47: AutoAusfüllen lässt sich auch für Zahlen sowie für Texte mit Zahlen nutzen

Listen mit Wochentagen und Monaten anlegen

In den ersten drei Beispielen aus Abbildung 2.46 wurde nach Eingabe des ersten Monatsnamens, Wochentags oder Datums einfach das Ausfüllkästchen nach unten gezogen. Excel bildet automatisch eine fortlaufende Liste und wendet – wie unten zu sehen – die Option *Datenreihe ausfüllen* an.

Wenn Sie eine fortlaufende Liste mit Monatsnamen erstellen, aber aus Platzgründen statt des ausgeschriebenen nur den abgekürzten Monatsnamen brauchen, ist auch das kein Problem. Geben Sie statt `Januar` einfach nur `Jan` ein und ziehen Sie das *Ausfüllkästchen*, um eine Liste mit abgekürzten Monatsnamen zu erhalten.

Das klappt natürlich auch bei Wochentagen – nur dass Sie hier jeweils zwei Buchstaben eingeben, also beispielsweise `Mo` statt `Montag`.

Datumslisten im Handumdrehen erstellen

Im dritten Beispiel aus Abbildung 2.46 sehen Sie, wie einfach es ist, eine fortlaufende Datumsreihe zu bilden: einfach das Startdatum eingeben und das Ausfüllkästchen ziehen. Probieren Sie es selbst einmal aus:

1. Markieren Sie eine leere Zelle, drücken Sie die Tastenkombination [Strg]+[.] (Punkt) und dann die Taste [↵]. Das aktuelle Datum erscheint.
2. Lassen Sie die Zelle markiert und bewegen Sie die Maus an die rechte untere Ecke der Zellmarkierung. Der Mauszeiger verwandelt sich in ein schwarzes Pluszeichen.
3. Ziehen Sie das Ausfüllkästchen mit gedrückter linker Maustaste nach unten. Bis zu welchem Datum die Liste schon reicht, können Sie in der QuickInfo beobachten.

Im vierten Beispiel aus Abbildung 2.46 wurde der Datumswert ebenfalls per Ausfüllkästchen nach unten ausgefüllt. Doch diesmal wurde im Nachhinein bei den an der rechten unteren Ecke erscheinenden *Auto-Ausfülloptionen* der Eintrag *Wochentage ausfüllen* gewählt. Das hat zur Folge, dass die Wochenenden aus der Datumsreihe entfernt werden und so beispielsweise nach dem 3. Februar der 6. Februar folgt.

Eine Liste mit jeweils dem letzten Tag des Monats

Wenn am Monatsende jeweils ein Umsatzwert oder eine Kosteninformation eingetragen werden soll, legen Sie sich eine Liste an, in der jeweils das letzte Datum eines Monats aufgeführt wird. Auch das funktioniert ohne mühsame Tipparbeit und vor allem ohne Nachdenken darüber, wie viele Tage jeder Monat hat. So geht's:

1. Geben Sie in eine leere Zelle das Datum vom letzten Tag eines Monats ein – beispielsweise `31.01.2017` wie in Abbildung 2.48 gezeigt.
2. Ziehen Sie das Ausfüllkästchen dieser Startzelle um elf Zeilen nach unten. Excel bildet zunächst eine fortlaufende Datumsreihe.
3. Klicken Sie rechts unterhalb der Datenreihe auf die Schaltfläche *Auto-Ausfülloptionen* und wählen Sie – wie in Abbildung 2.48 rechts zu sehen – die Option *Monate ausfüllen*.

Abbildung 2.48: Mit der Option Monate ausfüllen *eine Liste mit den Monatsletzten erstellen*

Eine aufsteigende Zahlenreihe generieren

Wie Sie in Abbildung 2.46 bereits sehen konnten, lassen sich mit der Funktion AutoAusfüllen auch Zahlenreihen bilden. Das linke Beispiel in dieser Abbildung zeigt, dass Excel im Falle von Zahlen – im Unterschied zu Datumsangaben – beim Ziehen des Ausfüllkästchens im Normalfall keine fortlaufende Reihe bildet, sondern einfach nur den Startwert kopiert.

Dies können Sie beeinflussen und anpassen, indem Sie nach dem Ziehen des Ausfüllkästchens – so wie in Abbildung 2.46 in Beispiel 2 gezeigt – in den Auto-Ausfülloptionen den Eintrag *Datenreihe ausfüllen* wählen. Excel erstellt daraufhin eine fortlaufende Zahlenreihe.

Eine andere Möglichkeit besteht darin, dass Sie vor dem automatischen Ausfüllen zwei Werte eingeben und so Excel das gewünschte Intervall mitteilen. Geben Sie beispielsweise in die erste Zelle `1` und darunter `2` ein, markieren Sie beide Zellen und ziehen dann das Ausfüllkästchen, erscheinen automatisch die Zahlen *3*, *4*, *5* und so weiter.

Tipp Anstelle der Auto-Ausfülloptionen können Sie auch die `Strg`-Taste gedrückt halten, wenn Sie eine Datenreihe brauchen, die um den Wert 1 wächst. Geben Sie beispielsweise in eine leere Zelle die Jahreszahl **2017** ein und ziehen Sie dann mit gedrückter `Strg`-Taste das Ausfüllkästchen nach rechts, um die Jahreszahlen **2018**, **2019** sowie **2020** erscheinen zu lassen.

Sie können auch Reihen mit größeren Intervallen bilden – etwa in Zehnerschritten:

1. Geben Sie in eine leere Zelle die Zahl `10` und rechts daneben `20` ein.
2. Markieren Sie beide Zellen und ziehen Sie dann das Ausfüllkästchen nach rechts. Sie erhalten eine fortlaufende Zahlenreihe in Zehnerschritten.

AutoAusfüllen auch bei Texten mit Zahlen

Sie können eine Textaufzählung erzeugen, wenn der Text am Anfang und am Ende eine Ziffer enthält – wie in Abbildung 2.46 gezeigt. Im Beispiel *1. Platz* muss nach dem Punkt dabei zwingend ein Leerzeichen stehen, damit das AutoAusfüllen funktioniert.

Beim AutoAusfüllen die Formate nicht beibehalten

Wenn Sie beim AutoAusfüllen die Formate nicht mit übernehmen wollen – wie beispielsweise Rahmenlinien –, wählen Sie in den *Auto-Ausfülloptionen* die Option *Ohne Formatierung ausfüllen.*

Hinweis Die Auto-Ausfülloption *Nur Formate ausfüllen* kann die Funktion des Formatpinsels ersetzen, der unter *Start/Zwischenablage/Format übertragen* zu finden ist.

Nie mehr Tipparbeit: Benutzerdefinierte Listen anlegen

Besitzen Ihre Tabellen häufig gleiche oder ähnliche Überschriften, können Sie sich mit benutzerdefinierten Listen viel Tipparbeit sparen. Beispielsweise können Sie immer wieder gebrauchte Standorte, Warengruppen oder Abteilungen in einer benutzerdefinierten Liste hinterlegen. Abbildung 2.51 zeigt dies am Beispiel von Standorten. Gehen Sie wie folgt vor:

1. Navigieren Sie unter *Datei/Optionen/Erweitert* ganz nach unten. Klicken Sie auf die Schaltfläche *Benutzerdefinierte Listen bearbeiten* rechts von der Option *Listen zur Verwendung bei Sortierungen und Fülloperationen erstellen.*
2. Im folgenden Dialogfeld *Benutzerdefinierte Listen* ist im linken Teil bereits der Eintrag *Neue Liste* (siehe Abbildung 2.49 [1]) markiert. Geben Sie im rechten Feld *Listeneinträge* [2] die gewünschte Liste – hier sind es fünf Standorte – ein und schließen Sie jeden Eintrag mit der [↵]-Taste ab.
3. Übernehmen Sie die eingegebene Liste mit Klick auf die Schaltfläche *Hinzufügen* [3]. Sie wird danach im linken Bereich im Feld *Benutzerdefinierte Listen* [4] angezeigt.

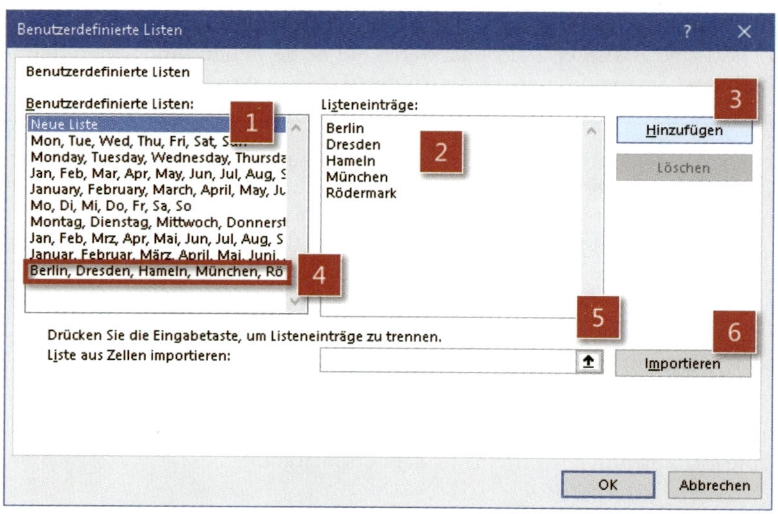

Abbildung 2.49: Häufig benötigte Zeilen- oder Spaltenüberschriften als benutzerdefinierte Liste anlegen

Wenn eine solche Liste im Arbeitsblatt schon vorhanden ist, geht es noch schneller:

1. Klicken Sie nach Aufruf des Dialogfeldes *Benutzerdefinierte Listen* auf das unter [5] in Abbildung 2.49 gezeigte Symbol.
2. Markieren Sie nun im Arbeitsblatt – wie in Abbildung 2.50 gezeigt – die bestehende Liste [1].
3. Klicken Sie auf das in Abbildung 2.50 mit [2] markierte Symbol und anschließend auf die Schaltfläche *Importieren* (siehe Abbildung 2.49 [6]).

Abbildung 2.50: Bereits bestehende Liste in die benutzerdefinierten Listen übernehmen

---

Hinweis Beim Anlegen einer benutzerdefinierten Liste aus einer bereits bestehenden wird die Formatierung nicht mit übernommen, sondern nur die Werte.

Eine benutzerdefinierte Liste verwenden

Um nun eine selbst definierte Liste zu erzeugen, geben Sie einen beliebigen Eintrag dieser Liste ein und ziehen das Ausfüllkästchen. Abbildung 2.51 zeigt Beispiele für das AutoAusfüllen mit einer benutzerdefinierten Liste.

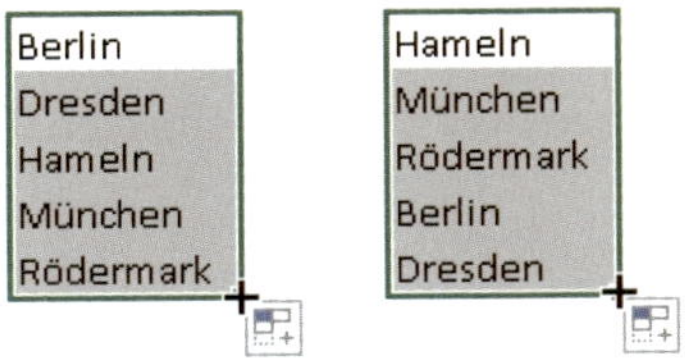

Abbildung 2.51: Eine benutzerdefinierte Liste kann von einem beliebigen Eintrag aus ausgefüllt werden

---

Tipp Benutzerdefinierte Listen können auch dazu verwendet werden, eigene Sortierreihenfolgen vorzugeben.

Perfekt für Schichtpläne: Eine Halbjahresliste ohne Wochenende mit der Funktion »Füllbereich«

Zum Erstellen eines Schichtplans ist das AutoAusfüllen eine tolle Hilfe. Allerdings wäre es recht mühsam, einen Schichtplan für ein halbes oder ein ganzes Jahr durch Ziehen mit der Maus zu erstellen. Viel schneller und einfacher erledigen Sie das mit der Funktion *Füllbereich*, die auf der Registerkarte *Start* ganz rechts in der Gruppe *Bearbeiten* zu finden ist.

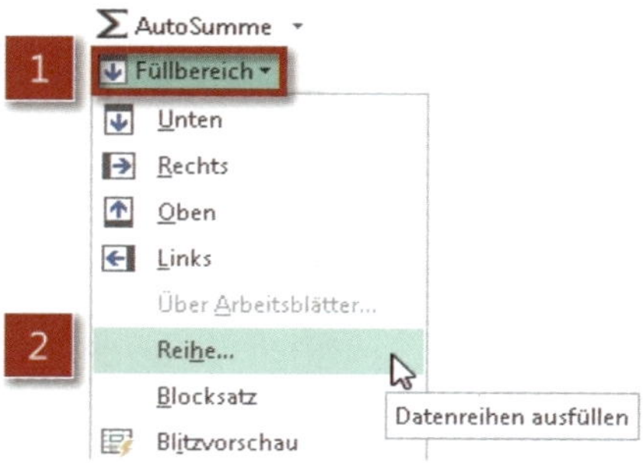

Abbildung 2.52: Die Funktion Füllbereich *bietet noch mehr Ausfüllmöglichkeiten als das Ausfüllkästchen*

Gehen Sie zum Erstellen einer Datumsliste für das erste Halbjahr 2017 wie folgt vor:

1. Geben Sie in eine beliebige Zelle das Anfangsdatum ein – hier also `2.1.2017`, da dies ein Montag ist.
2. Lassen Sie die Zelle mit dem Startdatum markiert und rufen Sie mit [Strg]+[1] das Dialogfeld *Zellen formatieren* auf. Wählen Sie dort auf der Registerkarte *Zahlen* links *Benutzerdefiniert* und geben Sie rechts unter *Typ* den folgenden Formatcode ein: `TTT* TT.MM.JJJJ`.
3. Lassen Sie die Startzelle weiterhin markiert. Wählen Sie *Start/Bearbeiten/Füllbereich* und dann die Option *Reihe* (siehe Abbildung 2.52).
4. Im folgenden Dialogfeld wählen Sie – wie in Abbildung 2.53 gezeigt – links *Spalten* [1], wenn Sie eine Spalte ausfüllen wollen, sonst *Zeilen*; in der Mitte wählen Sie als Typ *Datum* [2] und rechts als Zeiteinheit *Wochentag* [3]. Belassen Sie *Inkrement* auf *1* [4] und geben Sie als *Endwert* [5] `30.6.2017` an.
5. Beenden Sie den Vorgang mit *OK*.

Der Schichtplan bis zum 30.6.2017 ist damit auf die Schnelle erstellt. Das vorab eingestellte benutzerdefinierte Datumsformat mit Anzeige des abgekürzten Wochentags hat sich auf alle Einträge der Datumsliste übertragen.

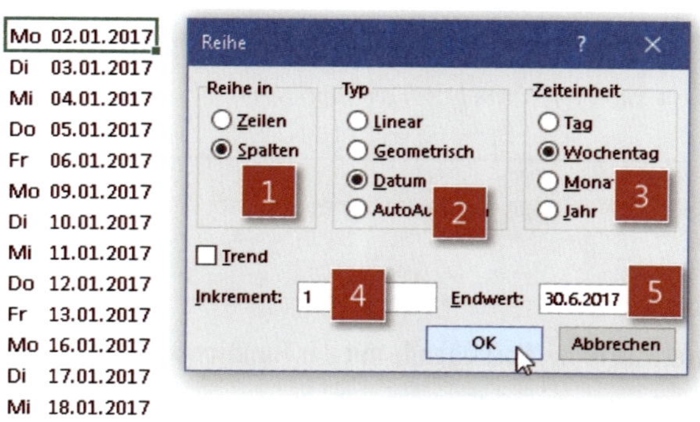

Abbildung 2.53: Einen Schichtplan ohne Wochenende für ein halbes Jahr mit der Funktion Füllbereich *erzeugen*

Besonderheiten bei der Dateneingabe: Brüche und Sonderzeichen

Manchmal kann es passieren, dass Sie Daten eingeben und nach Drücken der [↵]-Taste sehen diese plötzlich völlig anders aus. Typische Beispiele hierfür sind Brüche und Sonderzeichen wie ©.

Brüche eingeben

Wenn Sie in eine Zelle 4/7 eintippen, interpretiert Excel diese Eingabe als Datum. Statt des gewünschten Bruchs wird in der Zelle das Datum vom 4. Juli im aktuellen Jahr angezeigt. Geben Sie dagegen 56/3 ein – also eine Zahlenkombination, die nicht als Datum interpretiert werden kann –, erkennt Excel diese Eingabe als Text und richtet sie entsprechend linksbündig aus. Mit einer solchen Eingabe können Sie allerdings nicht mehr rechnen.

Wollen Sie Brüche eingeben und auch als solche anzeigen lassen, sind vorbereitende Schritte notwendig. Dabei gibt es zwei Varianten:

- Die Zellen für Brüche müssen zuvor eine spezielle Formatierung erhalten. Dazu rufen Sie mit der Tastenkombination [Strg]+[1] das Dialogfeld *Zellen formatieren* auf (siehe Abbildung 2.54 [1]), wählen die Kategorie *Bruch* [2] und auch gleich den gewünschten Typ [3].

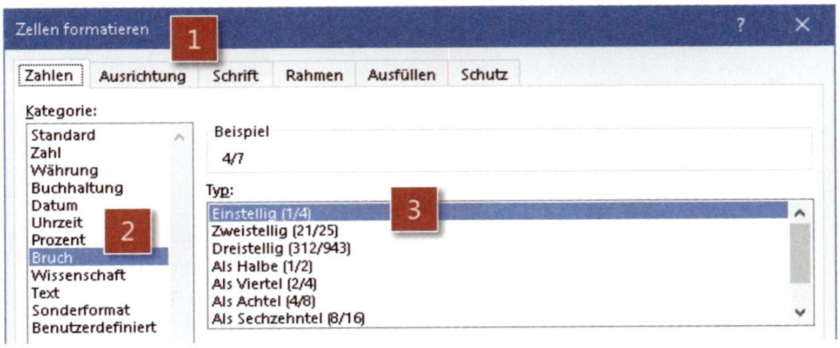

Abbildung 2.54: Zellen werden über Zellen formatieren *auf einen speziellen Bruchtyp eingestellt*

- Alternativ zum vorherigen Formatieren der Zellen verwenden Sie beim Eingeben der Brüche eine bestimmte Tastenfolge. Dieser Weg über die Tastatur ist natürlich schneller. Bevor Sie den Bruch selbst eingeben, tippen Sie zunächst 0 ein und drücken die [Leertaste]. Dann folgt der Bruch selbst, also im vorliegenden Fall 4, dann / und schließlich 7.

Hinweis Bei beiden Varianten werden die Brüche von Excel als Zahlen interpretiert, das heißt, Sie können anschließend mit den Bruchzahlen rechnen.

Soll nicht gerechnet werden und benötigen Sie einfach nur eine Bruchzahl, reicht es, vor der Eingabe des Bruchs die [Leertaste] zu drücken oder ein Hochkomma (') einzutippen. In beiden Fällen behandelt Excel die Eingabe als Text.

Sonderzeichen per Tastenkombination einfügen

Es gibt Fälle, in denen ein bestimmtes Symbol viel aussagekräftiger ist als ein Wort. In anderen Fällen muss Platz eingespart werden und statt des Wortes *Durchmesser* oder *Durchschnitt* soll nur das Symbol Ø angezeigt werden.

Egal ob Sie in Excel, Outlook, Word oder PowerPoint arbeiten, mit den folgenden Tastenkombinationen können Sie häufig vorkommende Sonderzeichen schnell an beliebiger Stelle einfügen. Wichtig ist dabei, wie Sie die Tasten drücken:

1. Drücken Sie die Taste `Alt` und halten Sie sie gedrückt.
2. Geben Sie die entsprechende Ziffernfolge ein.
3. Erst nach dem Loslassen der `Alt`-Taste erscheint dann das Sonderzeichen.

Achtung Die Eingabe der Zahlenfolgen bei gedrückter `Alt`-Taste funktioniert nur auf dem Ziffernblock der Tastatur. Diesen aktivieren Sie gegebenenfalls zuvor mit der `NumLock`-Taste.

Ziffernfolge	Sonderzeichen
0137	‰
0177	±
0216	Ø
0149	•
0150	–
0169	©

Tabelle 2.6: Gängige Sonderzeichen, die Sie in Kombination mit der Taste `Alt` *einfügen können*

Hinweis Wenn Sie auf der Suche nach weiteren Sonderzeichen sind und außerdem herausfinden wollen, ob dafür eine Tastenkombination verfügbar ist, rufen Sie das Windows-Programm *Zeichentabelle* auf. Drücken Sie dazu einfach die `⊞`-Taste, geben Sie `Zeichentabelle` ein und bestätigen Sie mit `↵`.

Wer den Punkt vermisst: Uhrzeiteingabe über den Ziffernblock mit einem Trick

Müssen Sie häufig Uhrzeiten eingeben und sind Sie es gewohnt, Zahlen über den Ziffernblock einzutippen, ist es störend, wegen des Doppelpunkts stets erst nach links zum Schreibmaschinenteil der Tastatur wechseln zu müssen.

Dieses Manko beheben Sie mit einer Tastenfolge, die Sie zwar über den Ziffernblock eintippen, die aber trotzdem zum Doppelpunkt führt. Hier die Anleitung:

1. Wählen Sie *Datei/Optionen/Dokumentprüfung* und klicken Sie rechts auf die Schaltfläche *AutoKorrektur-Optionen*.
2. Wechseln Sie – wie in Abbildung 2.55 gezeigt – zur Registerkarte *AutoKorrektur* [1].

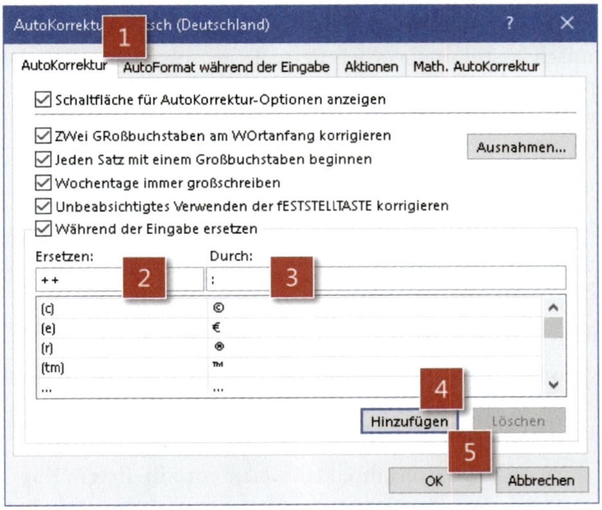

Abbildung 2.55: Zeitsparend und bequem: Aus zwei Pluszeichen macht Excel den Doppelpunkt für Uhrzeitangaben

3. Tippen Sie in das Feld *Ersetzen* die Tastenfolge ein, die zum Doppelpunkt führen soll – hier zwei Pluszeichen [2]. Dies sind also zwei Zeichen, die auf dem Ziffernblock liegen und die Sie sonst nie in dieser Kombination verwenden.
4. Geben Sie in das Feld *Durch* einen Doppelpunkt ein [3].
5. Klicken Sie auf *Hinzufügen* [4] und schließen Sie mit *OK* ab [5].

Künftig können Sie alle Uhrzeitangaben bequem komplett über den Ziffernblock eintippen. Die Eingabe von `21++30` wandelt Excel dann automatisch in `21:30` um.

Übrigens: Dieser neue AutoKorrektur-Eintrag gilt nicht nur in Excel, sondern ab sofort auch in den anderen Office-Anwendungen.

Excel nimmt automatische Korrekturen vor

Wie Sie in dem Beispiel soeben gesehen haben, nimmt Excel bei bestimmten Eingaben automatische Korrekturen vor – und zwar in drei verschiedenen Varianten:

- *AutoKorrektur:* Fehlerhafte Eingaben werden automatisch korrigiert, die festgelegten Ersetzungstexte automatisch ausgetauscht.
- *AutoFormat:* Bestimmte Eingaben erhalten automatisch eine bestimmte Formatierung.
- *AutoVervollständigen:* Wörter werden wie von Geisterhand automatisch vorgeschlagen.

Die AutoKorrektur

Die AutoKorrektur ersetzt automatisch bestimmte, vordefinierte Texte, sobald die Eingabe abgeschlossen ist – dies kann durch ein Leerzeichen, das Drücken der [↵]-Taste oder das Markieren einer anderen Zelle erfolgen. Dabei gibt es verschiedene Arten von Korrekturen:

- zwei Großbuchstaben am Wortanfang
- kleingeschriebene Wochentage
- häufige Tippfehler, die in der Liste typischer Fehler hinterlegt sind, beispielsweise »uz« in »zu«
- Zeichenfolgen, die durch Symbole ersetzt werden, beispielsweise (c) durch ©

Eine AutoKorrektur können Sie rückgängig machen, wenn Sie nach dem Wort ein Leerzeichen eingeben und direkt im Anschluss in der Schnellzugriffsleiste auf die Schaltfläche *Rückgängig* klicken oder die Tastenkombination [Strg]+[Z] drücken.

Wie Sie selbst AutoKorrektur-Einträge definieren, erfahren Sie weiter vorn in diesem Kapitel im Abschnitt »Wer den Punkt vermisst: Uhrzeiteingabe über den Ziffernblock mit einem Trick«.

Das AutoFormat

Bei angehakter AutoFormat-Funktion *Internet- und Netzwerkpfade durch Links* werden Internet- und E-Mail-Adressen nach der Eingabe als Hyperlinks formatiert.

Haben Sie die Zelleingabe bestätigt – durch Drücken der [↵]-Taste oder durch Markieren einer anderen Zelle –, können Sie mit dem Befehl *Rückgängig* die automatische Formatierung zurücknehmen.

Falls Sie diese Autoformatierung generell nicht wünschen, entfernen Sie das in Abbildung 2.56 angezeigte Häkchen.

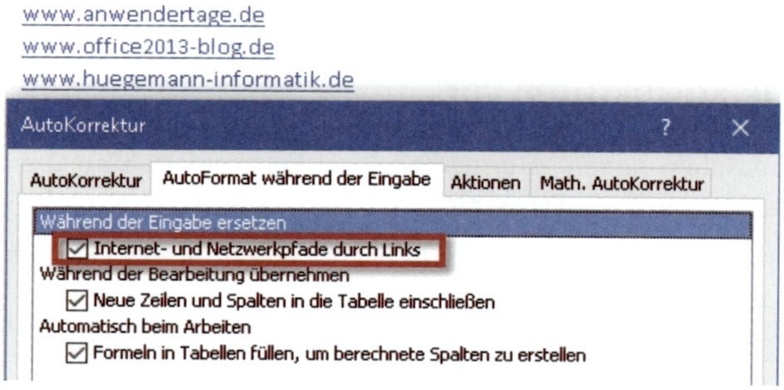

Abbildung 2.56: Internet- und E-Mail-Adressen werden nach der Eingabe automatisch als Hyperlinks formatiert; über die AutoKorrektur-Optionen können Sie dieses Verhalten steuern

Die AutoFormat-Funktion ist besonders vorteilhaft in *als Tabelle formatierten* Bereichen, denn sie sorgt dafür, dass zusätzlich eingefügte Zeilen und Spalten automatisch das richtige Format erhalten. Auch das automatische Ausfüllen von Formeln können Sie hierüber steuern.

Das AutoVervollständigen

Excel vergleicht beim Eingeben von Text, ob in den darüber liegenden Zellen derselben Spalte bereits gleichlautende Einträge vorhanden sind. Die Funktion AutoVervollständigen ergänzt beispielsweise – wie in Abbildung 2.57 gezeigt – in einer Liste von Bearbeitern den Namen *Berger*. Schon nach den ersten Buchstaben zeigt Excel einen Vorschlag an und zwar dann, wenn die Eingabe eindeutig einem bereits vorhandenen Eintrag entspricht.

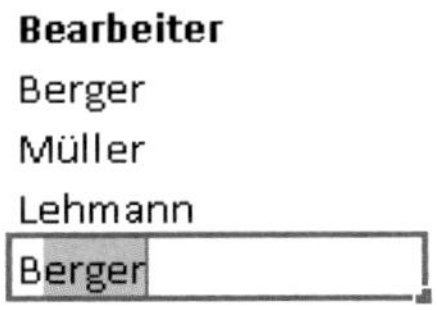

Abbildung 2.57: Excel erspart Ihnen die Tipparbeit mit der AutoVervollständigen-Funktion

Sobald Excel eine Zelleingabe ergänzt, haben Sie folgende Möglichkeiten:

- Mit der [↵]-Taste oder durch Markieren einer anderen Zelle können Sie den Vorschlag übernehmen.
- Tippen Sie einfach weiter, um ein anderes Wort einzugeben.

Hinweis Ist eine Zelle oberhalb der aktiven Zelle in der Spalte leer, wird kein Vorschlag zum AutoVervollständigen angezeigt.

Den Aufbau von Tabellen ändern

Sicher kennen Sie das auch: Bestehende Tabellen müssen manchmal erweitert oder umgestellt werden, um neue Informationen aufzunehmen oder veraltete zu entfernen. Je nach Situation sind dann Zellen, Zeilen oder Spalten einzufügen oder zu löschen oder die Reihenfolge der Spalten und Zeilen muss umgestellt werden. Wie Sie solche Aufgaben schnell und problemlos erledigen, erfahren Sie auf den folgenden Seiten.

Daten verschieben und kopieren

Wenn Sie an einer fertigen Tabelle im Nachhinein die Struktur verändern und Spalten oder Zeilen an eine andere Stelle verschieben wollen, kann das einigen Aufwand verursachen. Erfahren Sie im Folgenden, wie das zeitsparend zu erledigen ist.

Spalten oder Zeilen verschieben – einfach mit der Maus

Viele Anwender schaffen sich zunächst in der Tabelle eine leere Spalte oder Zeile, schneiden dann die zu verschiebende Spalte oder Zeile aus und fügen diese an der vorbereiteten leeren Stelle in die Tabelle ein.

Viel schneller und einfacher geht das mit der Maus und einem kleinen Trick. Hier die Schritte zum Verschieben einer Spalte:

1. Markieren Sie die gesamte Spalte per Klick auf den Spaltenkopf.
2. Bewegen Sie den Mauszeiger auf den linken oder rechten Rand der Spaltenmarkierung. Der Mauszeiger wird zu einem Vierfachpfeil.
3. Drücken Sie die Taste [⇧] und halten Sie sie gedrückt. Ziehen Sie nun die Spalte am Rand zu der gewünschten Position. Sie sehen eine graue senkrechte Linie, die die Einfügeposition kennzeichnet.
4. Lassen Sie zuerst die Maustaste und dann die Taste [⇧] los.

Wollen Sie eine Zeile verschieben, gehen Sie analog vor. Klicken Sie in dem Fall auf den oberen oder unteren Rand der markierten Zeile und verschieben Sie sie mit gedrückter linker Maustaste und gleichzeitig gedrückter [⇧]-Taste nach oben oder unten.

Spalten oder Zeilen per Maus kopieren

Wenn Sie eine bereits gefüllte Tabellenspalte oder -zeile an anderer Stelle noch einmal brauchen – beispielsweise um dort bestimmte Kalkulationen zu testen –, ist das ebenfalls ganz schnell per Maus erledigt.

Gehen Sie wie beim Verschieben vor, aber halten Sie beim Ziehen der Spalte oder Zeile zusätzlich zur Taste [⇧] noch die Taste [Strg] gedrückt. Sie sehen: Wie in vielen anderen Fällen bewirkt auch hier die [Strg]-Taste ein Kopieren.

Eine Tabelle um 90 Grad drehen: Transponieren

Manchmal muss eine Tabelle im wahrsten Sinne des Wortes komplett umgestellt werden. Was nebeneinander steht, soll untereinander angezeigt werden, und umgekehrt. Doch keine Sorge, Sie müssen nicht alles neu eingeben oder mühsam kopieren. Aufgaben dieser Art erledigen Sie im Handumdrehen mit einer Funktion, die Excel speziell für solche Fälle bereithält: *Transponieren*. Und so geht's:

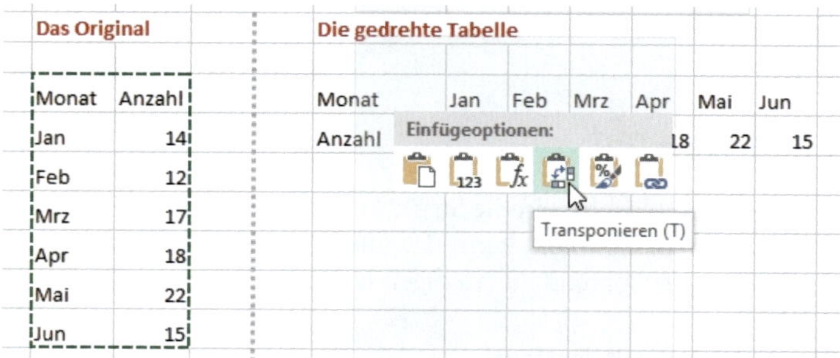

Abbildung 2.58: Eine Tabelle mit wenigen Handgriffen um 90 Grad drehen

1. Markieren Sie – wie in Abbildung 2.58 links gezeigt – die Originaltabelle. Kopieren Sie sie mit [Strg]+[C] in die Zwischenablage.
2. Klicken Sie mit der rechten Maustaste auf die leere Zelle, an der Sie die um 90 Grad gedrehte Tabelle einfügen wollen.

3. Die in Abbildung 2.58 rechts gezeigten *Einfügeoptionen* erscheinen. Bewegen Sie die Maus auf die vierte Option von links: *Transponieren*. Sie erhalten eine Livevorschau der gedrehten Tabelle. Klicken Sie auf das Symbol, um den Vorgang abzuschließen.

Spalten und Zeilen einfügen und löschen

Brauchen Sie innerhalb einer Tabelle zusätzliche Spalten oder Zeilen, können Sie diese jederzeit einfügen. Hier zwei Methoden, um dies zu erledigen. Lernen Sie zu Beginn die Methode kennen, die über das Menüband führt:

- Markieren Sie zunächst rechts beziehungsweise unterhalb der gewünschten Einfügeposition die Anzahl der Spalten oder Zeilen, die Sie zusätzlich benötigen. Nutzen Sie dann auf der Registerkarte *Start* in der Gruppe *Zellen* den Befehl zum Einfügen zusätzlicher Tabellenelemente. Wie Sie in Abbildung 2.59 links sehen, können Sie nach einem Klick auf den Pfeil der Schaltfläche *Einfügen* wählen, ob Sie einzelne Zellen, komplette Zeilen oder Spalten einfügen möchten. Die neuen Spalten werden links, die neuen Zeilen oberhalb der Markierung eingefügt.
- Wollen Sie hingegen Spalten oder Zeilen aus einer Tabelle entfernen, klicken Sie auf der Registerkarte *Start* in der Gruppe *Zellen* auf den Pfeil der Schaltfläche *Löschen*. Wählen Sie in dem in Abbildung 2.59 rechts gezeigten Menü dann je nach Fall den passenden Befehl.

Abbildung 2.59: Über die Registerkarte Start *können Sie Zeilen oder Spalten einfügen und löschen*

Schneller sind Sie beim Einfügen beziehungsweise Löschen von Spalten und Zeilen mit der zweiten Methode, bei der Sie einfach Tastenkombinationen verwenden:

- Markieren Sie die Anzahl der Spalten oder Zeilen, die Sie zusätzlich benötigen. Drücken Sie dann die Tastenkombination Strg + + (Pluszeichen), um die zuvor markierte Anzahl neuer Spalten links beziehungsweise neuer Zeilen oberhalb einzufügen.
- Zum Löschen von Spalten oder Zeilen markieren Sie diese und drücken dann die Tastenkombination Strg + - (Minuszeichen).

Spalten und Zeilen aus- und wieder einblenden

Um Platz zu sparen oder um den Blick auf die wesentlichen und aktuellen Daten zu lenken, ist es manchmal zweckmäßig, Spalten oder Zeilen komplett auszublenden.

Am schnellsten erledigen Sie das über das Kontextmenü. Gehen Sie wie folgt vor:

1. Markieren Sie über den Spaltenkopf die Spalten oder über den Zeilenkopf die Zeilen, die ausgeblendet werden sollen – in Abbildung 2.60 sind es die Spalten B und C [1].
2. Klicken Sie mit der rechten Maustaste in den soeben markierten Spalten- oder Zeilenkopf. Wählen Sie im Kontextmenü den Befehl *Ausblenden* [2].

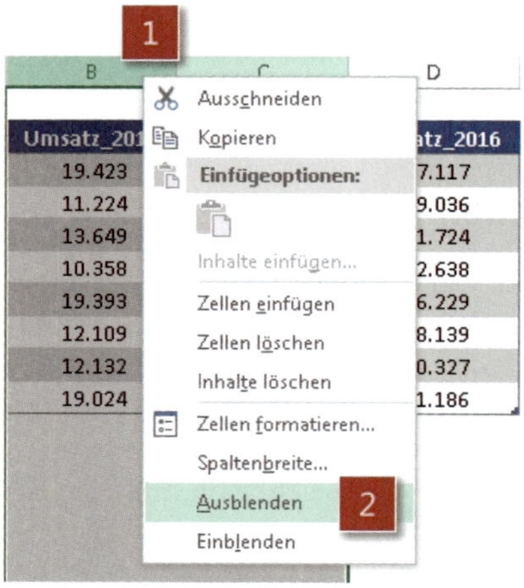

Abbildung 2.60: Über das Kontextmenü zwei Spalten ausblenden

Spalten und Zeilen können Sie wie folgt auch über das Menüband ausblenden:

1. Markieren Sie zuerst die Spalten oder die Zeilen, die ausgeblendet werden sollen.
2. Klicken Sie auf der Registerkarte *Start* – wie in Abbildung 2.61 gezeigt – ganz rechts in der Gruppe *Zellen* auf *Format* [1].
3. Wählen Sie den Eintrag *Ausblenden & Einblenden* [2].
4. Im nun aufklappenden Untermenü wählen Sie – je nach Bedarf – *Zeilen ausblenden* oder *Spalten ausblenden* [3].

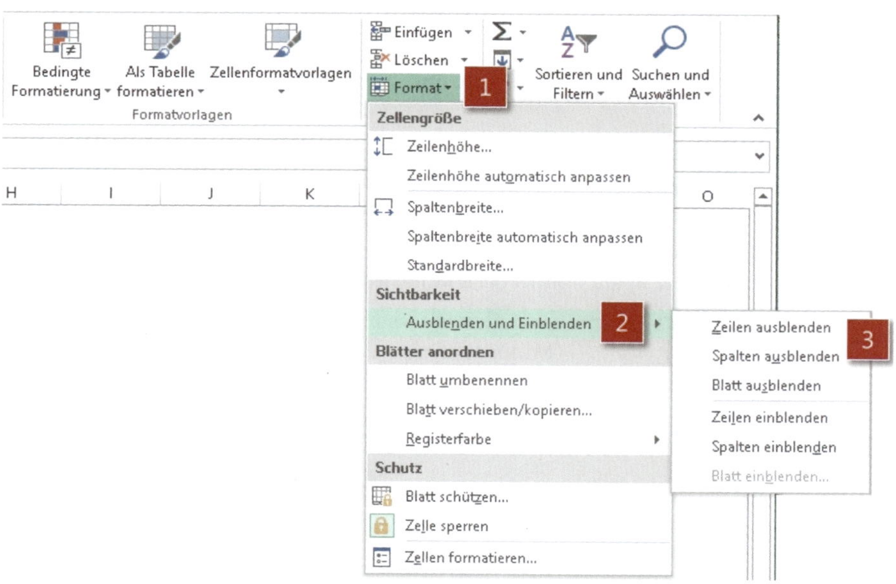

Abbildung 2.61: Über das Menüband ist das Aus- und Einblenden auch möglich – allerdings etwas aufwendiger

Spalten und Zeilen wieder einblenden

Um ausgeblendete Spalten oder Zeilen wieder sichtbar zu machen, gehen Sie wie folgt vor:

1. Markieren Sie mit gedrückter linker Maustaste die Spalten links und rechts der ausgeblendeten Spalten beziehungsweise die Zeilen oberhalb und unterhalb der ausgeblendeten Zeilen.
2. Klicken Sie mit der rechten Maustaste in den so markierten Bereich.
3. Wählen Sie im Kontextmenü den Befehl *Einblenden*.

Die ausgeblendeten Spalten oder Zeilen sind nun wieder sichtbar. Durch das Markieren der benachbarten Spalten beziehungsweise Zeilen lagen die ausgeblendeten Bereiche – obwohl nicht sichtbar – innerhalb der Markierung und wurden so vom *Einblenden*-Befehl erfasst.

Auch hier können Sie natürlich den etwas längeren Weg über das Menüband gehen und die Befehlsfolge *Start/Format/Ausblenden & Einblenden* ausführen.

Tipp Sie können eine ausgeblendete Spalte auch durch Ziehen mit der Maus wieder einblenden. Bewegen Sie dazu die Maus im Spaltenkopf an den rechten Rand der Spalte, die vor der ausgeblendeten Spalte liegt. Eine kleine Lücke weist dort auf Ausgeblendetes hin. Ziehen Sie in dieser Lücke mit gedrückter Maustaste nach rechts. Ist die Spalte mit Daten gefüllt, können Sie sie per Doppelklick einblenden und auch gleich in der Breite optimieren. Das Ganze funktioniert natürlich auch für Zeilen.

Zeilenhöhe und Spaltenbreite ändern

Sicherlich ist es auch bei Ihnen schon vorgekommen, dass Zellinhalte bei Texteinträgen nicht vollständig angezeigt werden oder dass anstelle eines Datums oder einer Zahl in der Zelle nur Rauten zu sehen sind. In diesen Fällen ändern Sie die Zeilenhöhe beziehungsweise Spaltenbreite, um alle Informationen vollständig angezeigt zu bekommen. Manchmal ist eine Änderung aber auch sinnvoll, um die Tabellendaten besser lesbar zu machen.

Individuell per Augenmaß festlegen

Wollen Sie Spalten mit der Maus breiter oder schmaler ziehen, bewegen Sie den Mauszeiger im Spaltenkopf an den rechten Rand der betreffenden Spalte. Der Mauszeiger wird zu einem senkrechten Strich mit einem Doppelpfeil. Nun können Sie die Spaltenbreite durch Ziehen per Augenmaß festlegen oder auch mit der sich zeigenden QuickInfo die Breite auf ein bestimmtes Maß festlegen. Die QuickInfo zeigt die Breite in Millimeter und Pixel an – beispielsweise *Breite: 11,00 (82 Pixel)*.

Hinweis Möchten Sie für mehrere Spalten die gleiche Breite einstellen, markieren Sie zunächst alle betroffenen Spalten und ziehen dann eine beliebige der betroffenen Begrenzungslinien im Spaltenkopf nach links oder rechts.

Das Ganze funktioniert natürlich auch für Zeilen zum Ändern der Zeilenhöhe.

Optimale Zeilenhöhe und Spaltenbreite einstellen

Excel kann die Spaltenbreite automatisch optimal anpassen. Platzieren Sie dazu den Mauszeiger auf der Trennlinie zwischen zwei Spaltenköpfen. Wenn sich der Mauszeiger in einen senkrechten Strich mit einem Doppelpfeil verwandelt, führen Sie einen Doppelklick aus. Die Spaltenbreite wird dann an die Zelle mit dem breitesten Eintrag in dieser Spalte angepasst.

Das gleiche Verfahren können Sie auch beim Anpassen der Zeilenhöhe anwenden. Diesmal wird der Mauszeiger zu einem waagerechten Strich mit einem Doppelpfeil. Mit einem Doppelklick zwischen zwei Zeilenköpfen sorgen Sie für die optimale Zeilenhöhe, die sich nach der Zelle mit der größten benötigten Höhe in der Zeile bemisst.

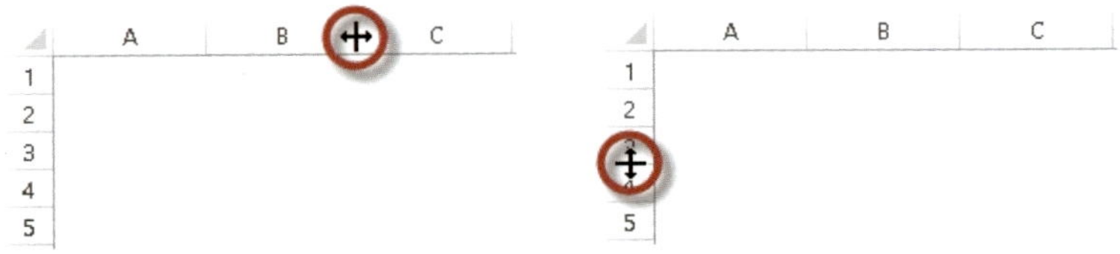

Abbildung 2.62: Die Spaltenbreite beziehungsweise Zeilenhöhe durch Ziehen mit der Maus ändern

---

Achtung

- Die Größe einer einzelnen Zelle kann nicht geändert werden. Es wird immer die Breite der gesamten Spalte beziehungsweise die Höhe der gesamten Zeile geändert.
- Wenn Sie die Trennlinien einer Spalte nach links bis zur nächsten Spalte oder darüber hinaus ziehen, wird die Spalte ausgeblendet. Wie Sie sie wieder einblenden, erfahren Sie weiter vorn in diesem Kapitel.

Perfekt für die Optik: Überschriften mittig über Tabellen anordnen

Über jeder Tabelle sollte ein kurzer Titel Auskunft über ihren Inhalt geben. Möchten Sie diese Überschrift dauerhaft genau mittig über den Spalten der Tabelle anordnen, brauchen Sie eine Lösung, die auch dann funktioniert, wenn Spaltenbreiten nachträglich verändert werden. Hier zwei Varianten, wie Sie das realisieren.

Variante 1: Zellen verbinden

Am schnellsten lösen Sie das über die Registerkarte *Start* mit dem in Abbildung 2.63 gezeigten Befehl *Verbinden und zentrieren.* So gehen Sie vor, um beispielsweise für eine vierspaltige Tabelle in Zeile 1 eine zentrierte Beschriftung zu erstellen:

1. Markieren Sie die Zellen, die Sie verbinden möchten – hier A1 bis D1.
2. Klicken Sie auf der Registerkarte *Start* in der Gruppe *Ausrichtung* auf *Verbinden und zentrieren.*

Tipp

Wollen Sie die Zellen zwar verbinden, aber Inhalte nicht zentrieren, klicken Sie auf den Pfeil der Schaltfläche *Verbinden und zentrieren* und wählen *Verbinden über*.

Wollen Sie mehrere Zellen untereinander zusammenfassen, benutzen Sie den Befehl *Zellen verbinden*.

Wichtig

Sorgen Sie dafür, dass sich die Information, die in der verbundenen Zelle stehen soll, in der linken oberen Zelle des markierten Bereichs befindet – hier also A1. Denn beim »Verschmelzen« der Zellen gehen die Daten in den benachbarten markierten Zellen verloren.

Wollen Sie verbundene Zellen wieder teilen, wählen Sie im Menü zur Schaltfläche *Verbinden und zentrieren* den Befehl *Zellverbund aufheben*.

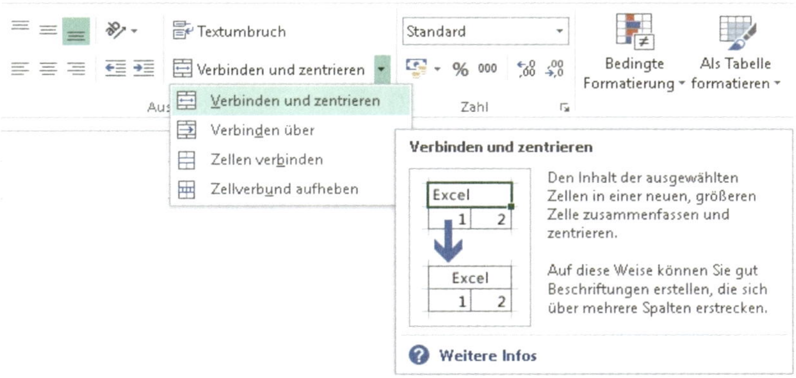

Abbildung 2.63: Der Befehl Verbinden und zentrieren *bietet mehrere Auswahlmöglichkeiten*

Variante 2: Zellen über Auswahl zentrieren

Variante 1 hat den Vorteil, dass die Aufgabe schnell erledigt ist. Erst später, wenn Sie mit der Tabelle weiterarbeiten und Spalten markieren oder neue einfügen wollen, werden Sie manchmal feststellen, dass schnell nicht immer auch gut ist.

Hier eine Alternative, die dafür sorgt, dass die Überschrift über einer Anzahl von Spalten stets mittig steht, aber ohne dabei Zellen zu verbinden.

1. Angenommen, die Tabelle reicht wieder von Spalte A bis D. Geben Sie in A1 die Überschrift ein und markieren Sie dann A1 bis D1.
2. Rufen Sie mit `Strg`+`1` das Dialogfeld *Zellen formatieren* auf und wechseln Sie dort zur Registerkarte *Ausrichtung* [1].
3. Öffnen Sie – wie in Abbildung 2.64 gezeigt – das Dropdown-Listenfeld *Horizontal* [2] und wählen Sie den Eintrag *Über Auswahl zentrieren* [3]. Schließen Sie mit *OK* ab.

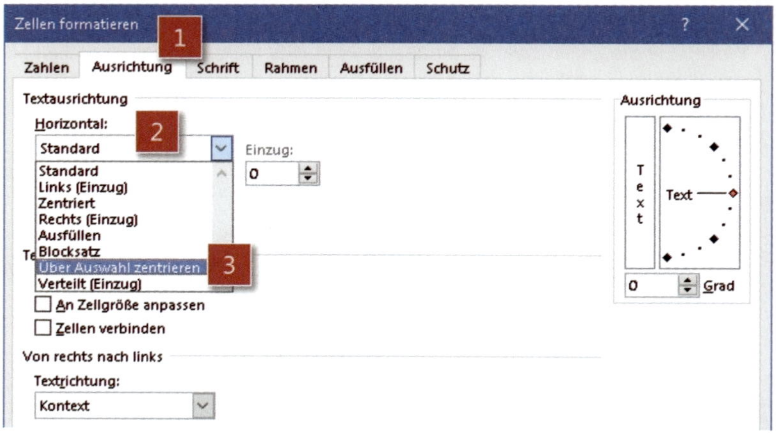

Abbildung 2.64: Gut versteckt ist der Befehl, mit dem Sie Inhalte über Spalten zentrieren, ohne Zellen zu verbinden

Zeilen- und Spaltenüberschriften immer im Blick: In großen Tabellen ausgewählte Bereiche fixieren

Mit der Befehlsfolge *Ansicht/Fenster/Fenster fixieren* können Sie – wie in Abbildung 2.65 zu sehen – beliebige Zeilen und/oder Spalten fixieren, sodass diese beim Scrollen in großen Listen immer sichtbar bleiben. Was ist dabei zu beachten?

- Wollen Sie stets die *oberste Zeile* sehen, wählen Sie den Befehl *Oberste Zeile fixieren*. Die aktuell markierte Zelle spielt dabei keine Rolle.
- Soll immer die *erste Spalte* angezeigt werden, wählen Sie den Befehl *Erste Spalte fixieren*. Auch hierbei spielt die aktuell markierte Zelle keine Rolle.
- Sollen *mehrere Spalten* beim Scrollen nach rechts immer zu sehen sein, markieren Sie die erste Zelle der Spalte, die nicht mehr zum fixierten Bereich gehören soll. Sollen beispielsweise die Spalten A, B und C fixiert werden, setzen Sie die Markierung auf Zelle D1. Wählen Sie dann den Befehl *Fenster fixieren*.

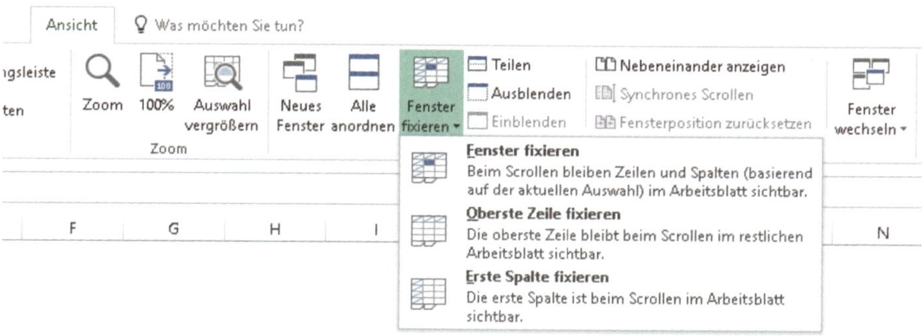

Abbildung 2.65: Je nach Bedarf und Situation wählen Sie hier die jeweils passende Art der Fixierung aus

- Um *mehrere Zeilen* stets anzeigen zu lassen, markieren Sie zuvor die erste Zelle in der Zeile, die nicht mehr zum fixierten Bereich gehören soll. Sollen die Zeilen 1 und 2 stets zu sehen sein, setzen Sie die Markierung auf die Zelle A3. Wählen Sie dann *Fenster fixieren*.
- Um *Zeilen und Spalten* zu fixieren, markieren Sie zuvor die am weitesten links und am weitesten oben liegende Zelle, die nicht mehr zum fixierten Bereich gehören soll. Wollen Sie die ersten beiden Zeilen und Spalten fixieren, setzen Sie die Markierung auf die Zelle C3. Wählen Sie dann *Fenster fixieren*.

Eine Fensterfixierung können Sie jederzeit wieder über die Befehlsfolge *Ansicht/Fenster/Fenster fixieren/Fixierung aufheben* rückgängig machen.

Hinweis In einer »intelligenten« Tabelle – erstellt mit der Befehlsfolge *Start/Formatvorlagen/Als Tabelle formatieren* – brauchen Sie die Spaltenüberschriften nicht zu fixieren. Sofern Sie eine Zelle in der »intelligenten« Tabelle markiert haben, werden die Spaltenbezeichnungen (A, B, C ...) beim Scrollen durch die jeweiligen Spaltenüberschriften der Tabelle ersetzt. Mehr dazu lesen Sie in Kapitel 13.

Mit mehreren Blättern und Mappen arbeiten

Eine Arbeitsmappe enthält standardmäßig zunächst nur ein Arbeitsblatt. Sie können aber jederzeit neue Blätter einfügen. Die maximale Anzahl der Arbeitsblätter hängt von der Größe des Arbeitsspeichers Ihres Computers ab.

Die Arbeitsblätter sind am unteren Rand des Excel-Fensters wie Registerkarten angeordnet. Das gerade aktive Arbeitsblatt erkennen Sie am grünen, fett formatierten Namen. Auf den folgenden Seiten finden Sie Tipps zum Umgang mit Arbeitsblättern.

Neue Arbeitsblätter einfügen und benennen

Wollen Sie neue Arbeitsblätter einfügen und benennen, gehen Sie wie folgt vor:

1. Klicken Sie auf das Plussymbol im Blattregister (siehe Abbildung 2.66). Das neue Arbeitsblatt reiht sich hinter dem aktiven Arbeitsblatt ein.
2. Markieren Sie per Doppelklick den Blattnamen und überschreiben Sie ihn.
3. Schließen Sie die Eingabe des Blattnamens mit der [↵]-Taste ab.

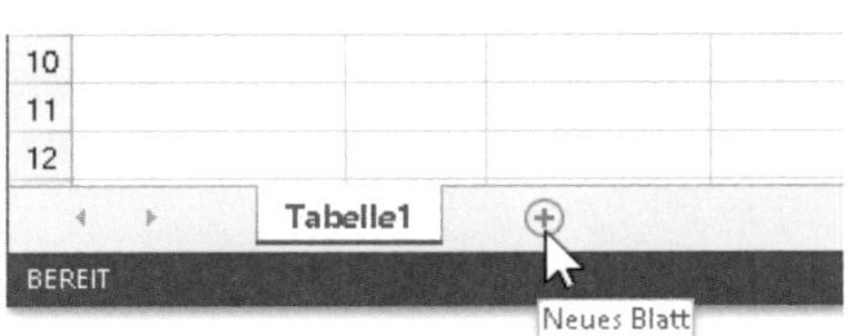

Abbildung 2.66: Mit nur einem Mausklick fügen Sie ein neues Arbeitsblatt ein

Zwischen Arbeitsblättern navigieren

Wenn Sie zu einem bestimmten Arbeitsblatt wechseln wollen, können Sie das unten im Blattregister per Mausklick auf das gewünschte Arbeitsblatt erledigen.

Noch schneller geht der Wechsel zwischen den Arbeitsblättern mit zwei Tastenkombinationen:

- Drücken Sie die Tastenkombination Strg+Bild↓, um zum nächsten Arbeitsblatt rechts vom aktiven Arbeitsblatt zu wechseln.
- Mit Strg+Bild↑ blättern Sie zurück zum links gelegenen Arbeitsblatt.

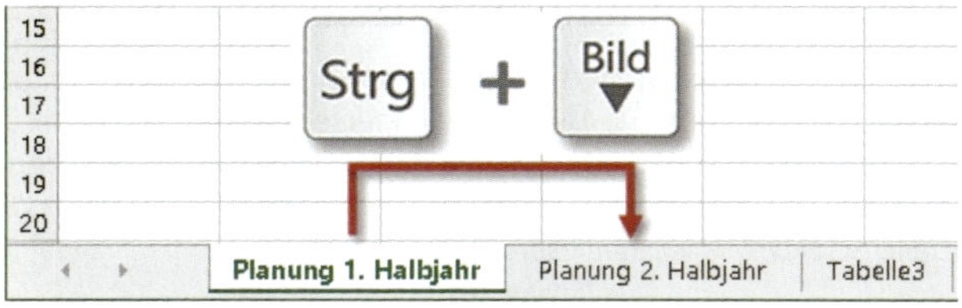

Abbildung 2.67: Per Navigationsschaltflächen oder per Tastenkombination zum nächsten Arbeitsblatt wechseln

Die Tastenkombinationen sind dann besonders nützlich, wenn Ihre Mappe aus vielen Arbeitsblättern besteht und Sie nach einem Arbeitsblatt suchen, das nicht im Blattregister am unteren Rand sichtbar ist.

Überflüssige oder störende Arbeitsblätter vorübergehend verbergen

Beim Arbeiten in einer Mappe oder bei ihrer Weitergabe sind manchmal bestimmte Arbeitsblätter störend oder überflüssig. Die Daten werden noch gebraucht, müssen aber im Moment nicht angezeigt werden. Blenden Sie solche Blätter wie folgt aus:

1. Markieren Sie die Arbeitsblätter, die Sie ausblenden möchten – mehrere Blätter können Sie mit gedrückter ⇧- oder Strg-Taste auswählen.
2. Klicken Sie mit der rechten Maustaste auf eine der markierten Registerkarten und wählen Sie im Kontextmenü *Ausblenden*.

Alternativ dazu wählen Sie *Start/Zellen/Format/Ausblenden & Einblenden/Blatt ausblenden*.

Um unsichtbare Arbeitsblätter wieder anzuzeigen, wählen Sie per Rechtsklick auf ein beliebiges Blattregister im Kontextmenü den Befehl *Einblenden*. Alternativ wählen Sie *Start/Zellen/Format/Ausblenden & Einblenden/Blatt einblenden*. Anschließend werden alle ausgeblendeten Arbeitsblätter aufgelistet und Sie können sie nacheinander wieder einblenden.

Hinweis Ausgeblendete Arbeitsblätter sind zwar am Bildschirm nicht sichtbar und werden nicht gedruckt, dennoch können Sie in Formeln auf die Inhalte ausgeblendeter Arbeitsblätter Bezug nehmen.

Mehrere Blätter einer Mappe gleichzeitig anzeigen

Wenn Sie die Inhalte von zwei oder mehr Arbeitsblättern einer Mappe vergleichen wollen, können Sie mit den in Abbildung 2.68 gezeigten Schritten die gewünschten Blätter gleichzeitig am Bildschirm anzeigen lassen. So geht's:

1. Wählen Sie auf der Registerkarte *Ansicht* [1] in der Gruppe *Fenster* den Befehl *Neues Fenster* [2]. Dadurch wird die aktuelle Arbeitsmappe ein zweites Mal in einem neuen Fenster angezeigt. Zur Kennzeichnung sehen Sie in jedem Fenster in der Titelleiste hinter dem Dateinamen einen Doppelpunkt und eine fortlaufende Nummer.
2. Klicken Sie dann daneben auf den Befehl *Alle anordnen* [3].
3. Wählen Sie im nun folgenden Dialogfeld die Option *Unterteilt* [4] und bestätigen Sie mit *OK*.

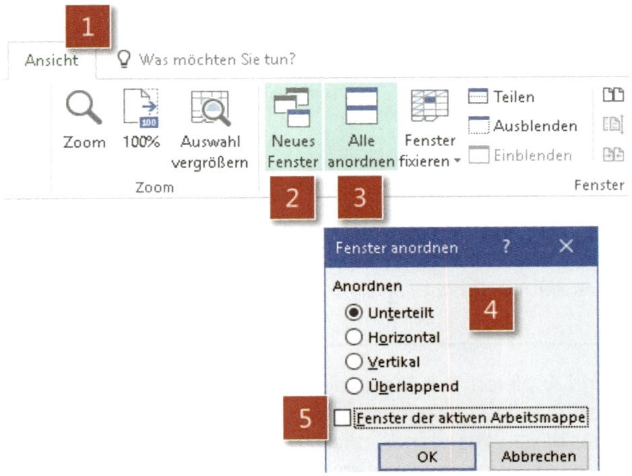

Abbildung 2.68: Über die Registerkarte Ansicht *lassen sich mehrere Blätter einer Mappe zugleich anzeigen*

Hinweis Für den Fall, dass mehrere Excel-Dateien geöffnet sind: Wollen Sie nur die Blätter der aktuellen Arbeitsmappe anzeigen, setzen Sie im Dialogfeld *Fenster anordnen* ein Häkchen bei *Fenster der aktiven Arbeitsmappe* [5].

Möchten Sie anschließend die aktuelle Arbeitsmappe wieder in einem Fenster anzeigen, klicken Sie in der rechten oberen Ecke auf die *Schließen*-Schaltfläche. Klicken Sie dann auf die *Maximieren*-Schaltfläche des anderen Arbeitsmappenfensters.

Arbeitsblätter kopieren oder verschieben

Angenommen, Sie benötigen für Testzwecke eine exakte Kopie des aktuellen Blattes. Diese Aufgabe müssen Sie nicht umständlich über das Menüband oder über das Kontextmenü erledigen. Gehen Sie einfach wie folgt vor:

1. Drücken Sie die Strg-Taste und halten Sie sie gedrückt.
2. Zeigen Sie mit der Maus unten im Blattregister auf das Blatt, das Sie kopieren wollen. Ziehen Sie es mit gedrückter linker Maustaste nach links oder rechts an die gewünschte Position. Der Mauszeiger hat dabei die Form eines kleinen weißen Blattes mit einem Pluszeichen.
3. Lassen Sie zum Einfügen der Kopie erst die Maustaste und dann die Strg-Taste los.

Möchten Sie ein Blatt nur verschieben, führen Sie die obigen Schritte aus, ohne dabei die Strg-Taste gedrückt zu halten.

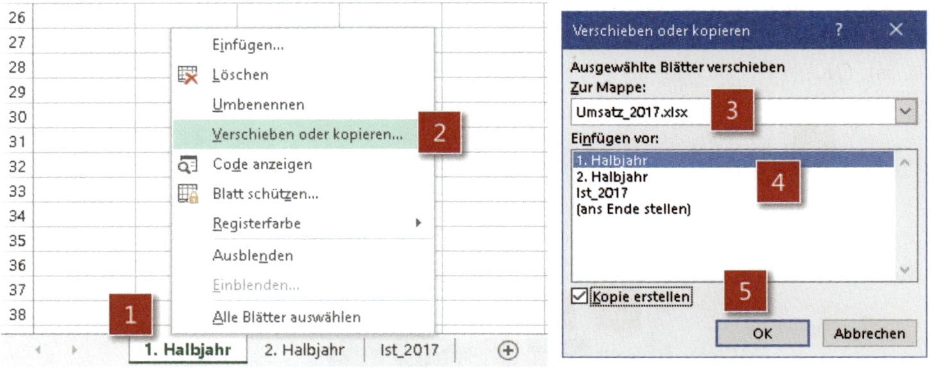

Abbildung 2.69: Über das Kontextmenü ein Arbeitsblatt kopieren

---

Hinweis Das Verschieben und Kopieren von Arbeitsblättern können Sie auch komfortabel mit einem Dialogfeld erledigen. Wählen Sie dazu – wie in Abbildung 2.69 gezeigt – per Rechtsklick auf das zu kopierende oder zu verschiebende Blatt [1] im Kontextmenü den Befehl *Verschieben oder kopieren* [2]. Legen Sie im folgenden Dialogfeld fest, in welche Mappe das Blatt kopiert oder verschoben werden soll [3] und an welche Stelle [4]. Soll das Blatt kopiert werden, setzen Sie unten im Dialogfeld ein Häkchen bei *Kopie erstellen* [5]. Sie sehen: Der Weg über das Dialogfeld erlaubt es Ihnen auch, ein Arbeitsblatt in eine andere geöffnete Arbeitsmappe zu übertragen.

Arbeitsblätter löschen

Wird ein Arbeitsblatt nicht mehr benötigt, können Sie es mit dem folgenden Befehl einfach löschen:

1. Rufen Sie per Rechtsklick auf das entsprechende Arbeitsblatt im Blattregister den Kontextmenübefehl *Löschen* auf.
2. Quittieren Sie eine Rückfrage per Klick auf die Schaltfläche *Löschen*.

Achtung Gelöschte Arbeitsblätter können nicht wiederhergestellt werden.

Arbeitsblätter durch farbige Blattregister besser erkennbar machen

In Mappen mit vielen Arbeitsblättern können Sie zum leichteren Wiederfinden oder zur Hervorhebung einzelne Blattregister farbig kennzeichnen. Abbildung 2.70 zeigt dafür ein Beispiel. Das Einfärben eines Blattregisters erledigen Sie wie folgt:

1. Klicken Sie mit der rechten Maustaste unten im Blattregister auf das Blatt, das eine andere Farbe bekommen soll, und wählen Sie im Kontextmenü *Registerfarbe*.
2. Wählen Sie in der folgenden Palette die gewünschte Farbe aus.
3. Klicken Sie auf ein anderes Arbeitsblatt, um die Farbänderung zu sehen.

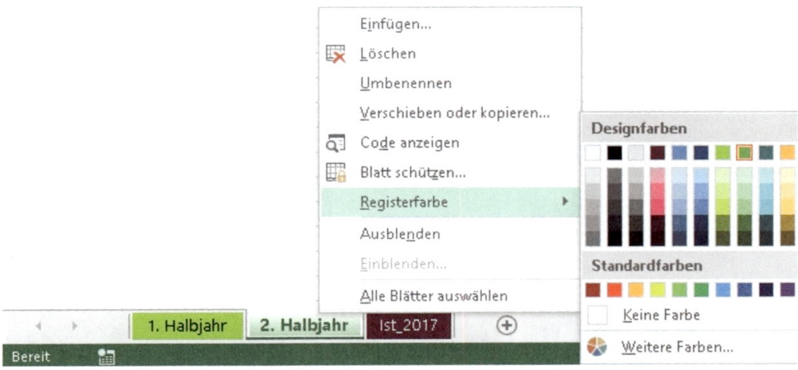

Abbildung 2.70: Wichtige oder aktuell zu bearbeitende Arbeitsblätter mittels Farbe schneller erkennen

Wie mit Blaupapier: Gleiche Struktur für mehrere Blätter mit der Funktion »Gruppe« erreichen

Sollen mehrere Arbeitsblätter gleich aufgebaut sein, erledigen Sie das mit einer zeitsparenden Technik von Excel: dem Gruppieren von Blättern. Angenommen, Sie wollen für die Monate des ersten Quartals drei Arbeitsblätter mit identischer Struktur und gleichen Druckeinstellungen anlegen; gehen Sie dann wie folgt vor:

1. Legen Sie zuerst die drei Blätter für Januar, Februar und März an.
2. Klicken Sie dann mit der linken Maustaste auf das Blattregister *Januar*, halten Sie die ⇧-Taste gedrückt und klicken Sie auf das letzte Monatsblatt – hier also auf das Blattregister *März*.
3. Ab jetzt gelten nahezu alle Aktionen – von der Formatierung über die Dateneingabe bis hin zu Formeln – für die auf diese Weise selektierten Arbeitsblätter, so als würden Sie mit Durchschlagpapier auf mehreren Blättern gleichzeitig schreiben. In der Titelleiste am oberen Bildschirmrand steht hinter dem Namen der aktuellen Mappe die Information *[Gruppe]*. Das heißt, Sie arbeiten im Gruppenmodus.
4. Legen Sie nun Tabellen an. Geben Sie Texte und Werte ein, die in allen drei Blättern enthalten sein sollen. Formatieren Sie mit Rahmenlinien und Zellenfarben.
5. Stellen Sie über die Registerkarte *Seitenlayout* und die Befehle *Seitenränder* und *Ausrichtung* die gewünschten Druckoptionen ein.
6. Beenden Sie nach Eingabe aller Daten und Erledigung aller Formatierungen den Gruppenmodus, indem Sie beispielsweise auf das Blatt *Februar* klicken.

Mit mehreren Arbeitsmappen arbeiten

Im Unterschied zu älteren Versionen wird in Excel 2016 jede Arbeitsmappe in einem eigenen Fenster geöffnet. Auf diese Weise ist es möglich, dass Sie sich zwei oder mehr Mappen nebeneinander anzeigen lassen können – auch auf verschiedenen Bildschirmen. Jedes Excel-Fenster enthält das Menüband.

Zwischen Arbeitsmappen wechseln

Zwischen geöffneten Arbeitsmappen können Sie folgendermaßen wechseln:

- *Über die Windows-Taskleiste:* Bewegen Sie den Mauszeiger auf die Excel-Schaltfläche – siehe Abbildung 2.71 [1] – und klicken Sie anschließend die Arbeitsmappe an, die Sie bearbeiten möchten [2].

Abbildung 2.71: Über die Windows-Taskleiste zwischen den geöffneten Arbeitsmappen wechseln

- *In Excel:* Wählen Sie auf der Registerkarte *Ansicht* [1] in der Gruppe *Fenster* den Befehl *Fenster wechseln* [2] und klicken Sie – wie in Abbildung 2.72 gezeigt – in der dann eingeblendeten Liste die Arbeitsmappe an, die angezeigt werden soll [3].
- Möchten Sie *alle geöffneten Arbeitsmappen anzeigen,* wählen Sie auf der Registerkarte *Ansicht* in der Gruppe *Fenster* den Befehl *Alle anordnen.*

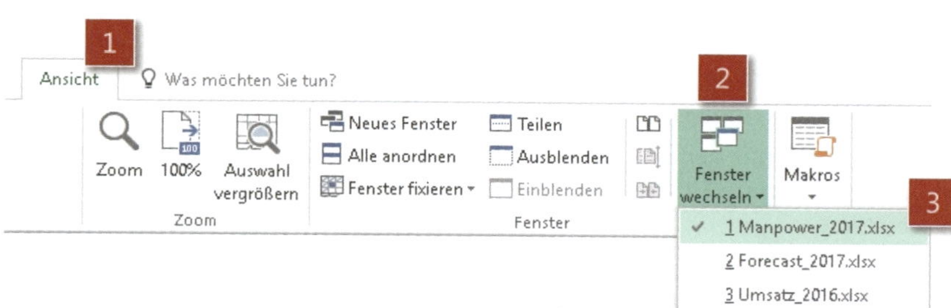

Abbildung 2.72: Wechsel zu einer anderen Mappe über die Registerkarte Ansicht *im Menüband*

Tipp Das Drücken der Tastenkombination Strg+F6 – gegebenenfalls mehrmals – bewirkt ebenfalls den Wechsel zwischen den geöffneten Arbeitsmappenfenstern.

Abbildung 2.73: Am schnellsten wechseln Sie mit dieser Tastenkombination zwischen den geöffneten Arbeitsmappenfenstern

Hinweis Die Einstellungen zur Anzeige der Arbeitsmappe – beispielsweise die Zoomstufe oder die Ansichtssteuerung – werden in der Excel-Datei gespeichert. Das bedeutet, dass sich beim Wechsel zwischen Arbeitsmappen die Zoomstufe ändern kann.

Die Arbeitsergebnisse sichern: Mappen speichern

Nachdem Sie Daten eingegeben, Berechnungen durchgeführt und die Tabellen lesegerecht gestaltet haben, wollen Sie natürlich die Ergebnisse Ihrer Mühen speichern. So gehen Sie dabei vor:

- Klicken Sie – wie in Abbildung 2.74 gezeigt – in der Symbolleiste für den Schnellzugriff auf die Schaltfläche *Speichern*.
- Alternativ drücken Sie die Tastenkombination Strg+S.

Wenn Sie Ihre Arbeitsmappe früher schon einmal gespeichert hatten, sind Sie damit fertig.

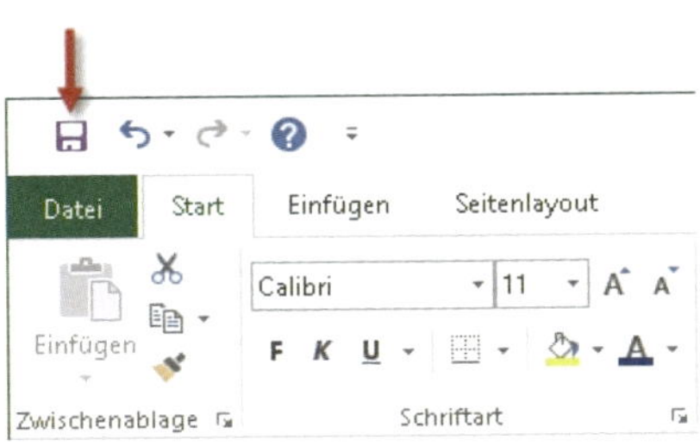

Abbildung 2.74: Die Schaltfläche Speichern *in der Schnellzugriffsleiste*

Rufen Sie hingegen für die aktuelle Arbeitsmappe den Befehl zum Speichern zum ersten Mal auf, erscheint nach dem Klick auf *Speichern* der Bereich *Speichern unter* der Backstage-Ansicht. Führen Sie dort folgende Schritte aus:

1. Wählen Sie aus, wo Ihre Arbeitsmappe gespeichert werden soll: Navigieren Sie zu dem gewünschten Laufwerk und Ordner.
2. Geben Sie im Feld *Dateiname* eine aussagekräftige Bezeichnung für die Arbeitsmappe ein.
3. Klicken Sie auf *Speichern*, um den Vorgang abzuschließen.

Wenn Sie ältere Arbeitsmappen weiterhin nutzen wollen: Dateien konvertieren

Sollten Sie noch Dateien haben, die mit einer der Excel-Versionen bis 2003 erstellt wurden, liegen diese im alten XLS-Format vor. Damit Sie alle neuen Funktionen und Verbesserungen in Excel 2016 auch wirklich problemlos nutzen können, empfiehlt es sich, diese alten Dateien in das neue XLSX-Format umzuwandeln – natürlich nur die Arbeitsmappen, die Sie tatsächlich weiterverwenden möchten.

Gehen Sie dazu wie folgt vor:

1. Klicken Sie auf die Registerkarte *Datei* und dann im Bereich *Informationen* auf die Schaltfläche *Konvertieren*.
2. Die nun folgende Meldung (siehe Abbildung 2.75) weist Sie unter anderem darauf hin, dass die ursprüngliche Mappe beim Konvertieren gelöscht wird. Quittieren Sie den Hinweis mit *OK*.
3. Daraufhin erhält die Mappe die neue Dateiendung .xlsx.

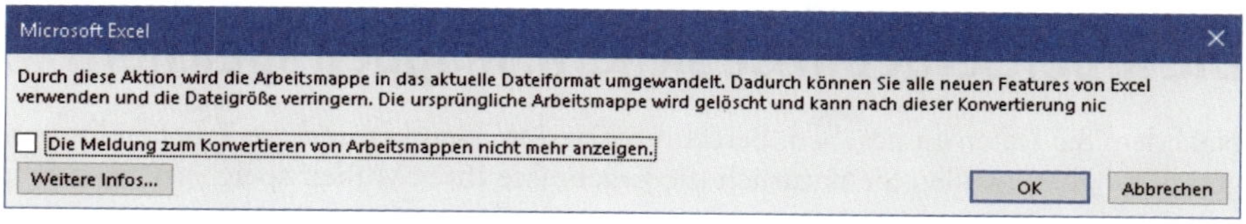

Abbildung 2.75: Der Hinweis, dass beim Konvertieren die Originaldatei überschrieben wird

---

Achtung Beim Konvertieren wird die alte Mappe durch die neue ersetzt. Wenn Sie sicherheitshalber die alte Mappe behalten wollen, wählen Sie statt *Datei/Informationen/Konvertieren* die Befehlsfolge *Datei/Speichern unter*. Ändern Sie im Dialogfeld *Speichern unter* im Feld *Dateityp* den Eintrag von *Excel 97-2003-Arbeitsmappe* in *Excel-Arbeitsmappe*.

Nicht gespeicherte Arbeitsmappen oder frühere Versionen einer Datei wiederherstellen

Vielleicht ist Ihnen das auch schon passiert: Sie erstellen eine Tabelle, drucken sie aus und schließen dann die Datei, ohne zu speichern, denn der Vorgang ist für Sie abgeschlossen. Eine Stunde später soll an der Tabelle doch noch etwas geändert werden. Müssen Sie die Tabelle noch einmal von Grund auf neu erstellen? Nein, denn Excel speichert Ihre Arbeitsergebnisse bis zu vier Tage an einem speziellen Ort. So gelangen Sie zu diesen temporären Kopien:

1. Wählen Sie die Befehlsfolge *Datei/Öffnen/Zuletzt verwendete Arbeitsmappen*.
2. Klicken Sie auf die in Abbildung 2.76 gezeigte Schaltfläche *Nicht gespeicherte Arbeitsmappen wiederherstellen*.

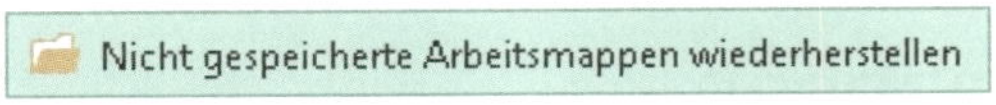

Abbildung 2.76: Unterhalb der zuletzt benutzten Dateien haben Sie auch Zugriff auf die nicht gespeicherten Arbeitsmappen

3. Wählen Sie im daraufhin angezeigten Dialogfeld die gesuchte Datei aus. Orientieren Sie sich dabei an Datum und Uhrzeit.
4. Wählen Sie *Datei/Speichern unter*, um die Arbeitsmappe dauerhaft abzulegen.

Auf frühere Versionen einer Arbeitsmappe zugreifen

Sie haben eine vorhandene Datei versehentlich mit neuen Inhalten gespeichert und brauchen aber den vorherigen Zustand der Datei wieder? Auch das ist machbar, da Excel Arbeitsergebnisse bis zu vier Tage speichert. Gehen Sie wie folgt vor:

1. Öffnen Sie die betreffende Arbeitsmappe und wählen Sie *Datei/Informationen*.
2. Wie in Abbildung 2.77 zu sehen, sind neben der Schaltfläche *Arbeitsmappe verwalten* die verfügbaren Zwischenstände der Datei aufgelistet. Je länger an einer Arbeitsmappe gearbeitet wird, desto länger ist diese Liste.
3. Klicken Sie auf den Eintrag, der laut Datum und Uhrzeit der gewünschten Version am nächsten kommt, um diesen Stand der Arbeitsmappe zu öffnen.

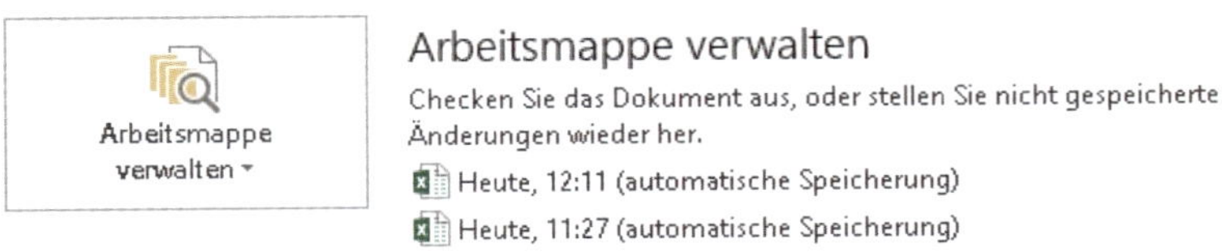

Abbildung 2.77: Über die entsprechenden Links neben der Schaltfläche Arbeitsmappe verwalten *auf einen früheren Stand einer Datei zugreifen*

Persönliche Informationen entfernen

Sie möchten nicht, dass beim Weitergeben einer Excel-Arbeitsmappe ersichtlich ist, wer die Datei bearbeitet hat? Normalerweise speichern die Office-Anwendungen sogenannte Metadaten zu jeder Datei. Dazu gehört beispielsweise der Name des Bearbeiters. Um diese und weitere persönliche Informationen vor der Weitergabe der Arbeitsmappe zu entfernen, gehen Sie wie in Abbildung 2.78 gezeigt vor:

1. Wählen Sie *Datei/Informationen* [1].
2. Klicken Sie auf die Schaltfläche *Auf Probleme überprüfen* [2] und dann auf *Dokument prüfen* [3].
3. Starten Sie den Dateicheck im folgenden Dialogfeld per Klick auf *Prüfen*.
4. Anschließend wird das Dialogfeld *Dokumentprüfung* eingeblendet. Sehen Sie dort ein rotes Ausrufezeichen bei *Dokumenteigenschaften und persönliche Informationen* [4], klicken Sie auf *Alle entfernen* [5]. Die persönlichen Informationen werden daraufhin gelöscht.

Abbildung 2.78: In fünf Schritten die Weitergabe persönlicher Informationen vermeiden

Datei im PDF-Format speichern

Sie möchten die Ergebnisse Ihrer Arbeit an andere weitergeben, aber nur zum Lesen – Veränderungen sollen nicht möglich sein? Ohne komplizierte Schutzmechanismen erledigen Sie das, indem Sie die Excel-Arbeitsmappe als PDF-Datei speichern.

1. Prüfen Sie über *Datei/Drucken* zunächst, ob die Inhalte der Mappe gut zu lesen sind. Nehmen Sie gegebenenfalls über die Befehle der Registerkarte *Seitenlayout* entsprechende Korrekturen vor (alle Details dazu finden Sie in Kapitel 5).

2. Wählen Sie dann die Befehlsfolge *Datei/Exportieren* und klicken Sie auf die Schaltfläche *PDF/XPS-Dokument erstellen*.

Hinweis Die Weitergabe als PDF-Datei hat übrigens auch den Vorteil, dass der Empfänger nicht Excel installiert haben muss, um die Inhalte ansehen zu können.

Dateien beim Speichern schützen

Wenn Sie verhindern möchten, dass andere Personen eine fertiggestellte Excel-Arbeitsmappe ändern, wählen Sie *Datei/Informationen/Arbeitsmappe schützen*. Excel stellt Ihnen nun unter anderem die folgenden vier Schutzmechanismen zur Verfügung:

- *Als abgeschlossen kennzeichnen:* Damit weisen Sie andere Personen darauf hin, dass die Arbeitsmappe fertiggestellt ist.
- *Mit Kennwort verschlüsseln:* Hiermit sorgen Sie dafür, dass die Mappe nur von Personen geöffnet werden kann, die ein von Ihnen festgelegtes Passwort kennen.
- *Aktuelle Tabelle schützen:* Mit dieser Option stellen Sie ein, dass andere die Mappe zwar öffnen können, aber Sie legen fest, welche Änderungen möglich sind.
- *Arbeitsmappenstruktur schützen:* Auch bei dieser Option können andere Personen die Mappe öffnen, aber vorhandene Arbeitsblätter können nicht gelöscht und es können keine Blätter hinzugefügt werden.

Hinweis Detaillierte Informationen, welche Mechanismen zum Schützen Ihrer Excel-Daten es gibt und wie Sie diese einsetzen, finden Sie in Kapitel 20.

Standardspeicherort für Arbeitsmappen anpassen

Wenn Sie Arbeitsmappen speichern, werden diese standardmäßig im Ordner *Eigene Dokumente* gespeichert, der sich in der Bibliothek *Dokumente* befindet.

Im Dialogfeld *Excel-Optionen* können Sie diesen Standardspeicherort wie folgt ändern:

1. Wählen Sie die Befehlsfolge *Datei/Optionen/Speichern.*
2. Geben Sie rechts unter *Arbeitsmappen speichern* in das Eingabefeld *Lokaler Standardspeicherort für Datei* den gewünschten Speicherort ein.

Kapitel 3

Rechnen in Excel: Formeln erstellen und einfache Funktionen verwenden

In diesem Kapitel:

Wenn in Excel gerechnet werden soll, kommen Formeln und Funktionen ins Spiel. In diesem Kapitel erfahren Sie,

- wie Sie Formeln Schritt für Schritt aufbauen,
- wie Sie Formeln auf andere Zellen und Bereiche übertragen,
- wie Sie eingebaute Funktionen nutzen, um schnell zu Ergebnissen wie Summe, Minimum, Maximum, Mittelwert und Anzahl zu gelangen, und
- wie Sie auf Daten aus unterschiedlichen Arbeitsblättern und Arbeitsmappen zugreifen.

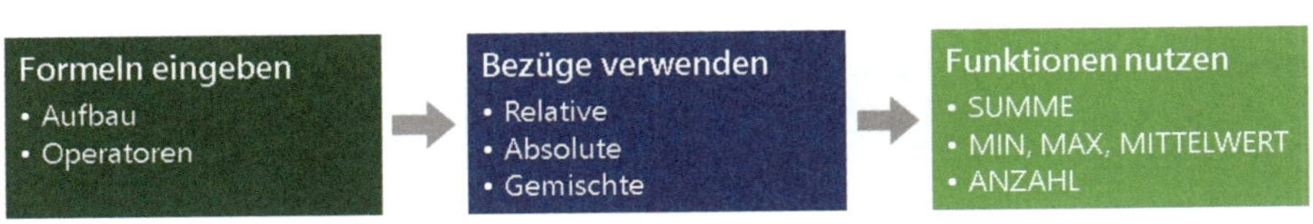

Abbildung 3.1: Die Inhalte dieses Kapitels im Überblick

Formeln Schritt für Schritt aufbauen

Eine Anweisung zum Berechnen wird in Excel als *Formel* bezeichnet. Sie können Formeln entweder direkt in Zellen oder oberhalb des Arbeitsblattes in der Bearbeitungsleiste eingeben.

- Eine Formel beginnt in Excel immer mit einem Gleichheitszeichen (=). Dann folgt die Rechenanweisung, wie in [1] von Abbildung 3.2 zu sehen.
- In der Zelle, in der die Formel eingegeben wurde, erscheint nach Drücken der [↵]-Taste [2] das Ergebnis [3].
- In der Bearbeitungsleiste wird immer die Formel angezeigt [4].

Abbildung 3.2: Eine Formel direkt in der Zelle oder in der Bearbeitungsleiste eingeben

Was ist der Vorteil einer Formel in Excel gegenüber dem, was ein Taschenrechner leistet? Ganz einfach: Ändern Sie in Excel innerhalb eines Bereichs eine Zahl, werden alle für diesen Bereich berechneten Ergebnisse automatisch aktualisiert. Beim Taschenrechner müssten Sie erst alle Werte neu eingeben und dann berechnen, um ein aktualisiertes Ergebnis zu erhalten.

Formeln sorgen also dafür, dass Sie a) schneller als mit dem Taschenrechner Ergebnisse erhalten und b) diese Ergebnisse stets auf dem aktuellen Stand sind. Hinzu kommt, dass Excel weitaus mehr Funktionen zum Berechnen bietet als ein Taschenrechner.

Die Grundrechenarten in Excel einsetzen

Die vier Grundrechenarten Addition, Subtraktion, Multiplikation und Division können Sie in Excel natürlich auch verwenden. Wie die vier Rechenoperatoren dabei aussehen, zeigt Tabelle 3.1. Testen Sie am Beispiel der in Abbildung 3.3 gezeigten Berechnungen, wie Sie die vier Grundrechenarten in Excel benutzen.

Beispiele Öffnen Sie zum Nachvollziehen der folgenden Berechnungen die Beispieldatei *Kap03_UEB.xlsx* und wechseln Sie dort zum Arbeitsblatt *Formeln eingeben*.

Eine Formel zum Addieren erstellen

Beginnen Sie mit der in Abbildung 3.3 unter [1] gezeigten Addition. Gehen Sie wie folgt vor, um eine Formel zu erstellen, mit der Sie Werte addieren:

1. Markieren Sie im Blatt *Formeln eingeben* die gekennzeichnete Zelle B4, denn hier soll das Ergebnis der Addition angezeigt werden.
2. Tippen Sie ein Gleichheitszeichen (=) ein.

3. Geben Sie anschließend – wie in Zelle C4 vorgegeben – die Formel 16+4 ein.
4. Schließen Sie mit der Taste [↵] ab.

Das Ergebnis in Zelle B4 lautet 20. In der Bearbeitungsleiste oberhalb des Arbeitsblattes steht aber – wie in Abbildung 3.3 [1] zu sehen – die Formel =16+4.

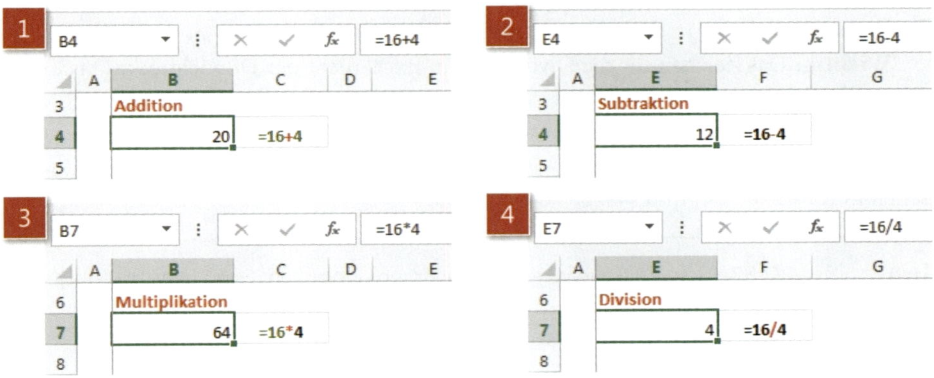

Abbildung 3.3: Oben in der Bearbeitungsleiste wird die Formel angezeigt, in den Zellen hingegen das Ergebnis

Eine Formel zum Subtrahieren eingeben

Nun sind die Schritte bei der Formeleingabe für eine Subtraktion an der Reihe:

1. Markieren Sie im Blatt *Formeln eingeben* zuerst die Zelle, in der das Ergebnis der Subtraktion erscheinen soll – im vorliegenden Beispiel ist dies Zelle E4.
2. Beginnen Sie die Formel wieder mit einem Gleichheitszeichen (=).
3. Tragen Sie nun die in Zelle F4 gezeigte Anweisung ein, also 16-4.
4. Schließen Sie mit der Taste [↵] ab.

Das Ergebnis in Zelle E4 lautet 12. Oben in der Bearbeitungsleiste lautet die Formel, die zu diesem Ergebnis führt =16-4 – zu sehen in Abbildung 3.3 unter [2].

Eine Formel zum Multiplizieren aufbauen

Beim Multiplizieren von Zahlen gehen Sie in der gleichen Weise vor:

1. Markieren Sie zunächst im Blatt *Formeln eingeben* wieder die Zelle, in der das Ergebnis der Multiplikation stehen soll – hier im Beispiel ist dies Zelle B7.
2. Starten Sie die Formeleingabe erneut mit einem Gleichheitszeichen (=).
3. Tragen Sie nun die Anweisung aus C7 ein, also 16*4.

   Wichtig: Das Zeichen zum Multiplizieren wird nicht mit der Taste [X], sondern mit der Taste [*] eingegeben.
4. Drücken Sie die [↵]-Taste, um die Formel abzuschließen.

In Zelle B7 sehen Sie nun als Ergebnis 64. In der Bearbeitungsleiste steht die Formel =16*4 – siehe Abbildung 3.3 unter [3].

Eine Formel zum Dividieren aufstellen

Testen Sie nun noch das Vorgehen für die letzte der Grundrechenarten, die Division.

1. Markieren Sie im Blatt *Formeln eingeben* zuerst die Zelle, in der das Ergebnis der Division angezeigt werden soll – im vorliegenden Beispiel ist dies Zelle E7.
2. Beginnen Sie die Formel wieder mit einem Gleichheitszeichen (=).
3. Tragen Sie nun die in F7 gezeigte Anweisung ein, also `16/4`.

   Wichtig: Das Zeichen für die Division ist in Excel nicht der Doppelpunkt (Taste [:]), sondern der Schrägstrich (Taste [/]).
4. Schließen Sie die Formeleingabe mit der Taste [↵] ab.

Das Ergebnis in Zelle E7 ist `4`. Oben in der Bearbeitungsleiste steht die Formel `=16/4` – zu sehen in Abbildung 3.3 unter [4].

Tipp

Die Zeichen für die vier Rechenoperatoren sind auf der Computertastatur wie folgt angeordnet:

- Das Pluszeichen (+) für die *Addition* liegt auf der Taste neben dem [ü].
- Das Malzeichen (*) für die *Multiplikation* finden Sie ebenfalls auf der Taste neben dem [ü] – diesmal aber mit gedrückter [⇧]-Taste.
- Das Geteiltzeichen (/) für die *Division* erhalten Sie durch Drücken der Taste [7] mit gleichzeitig gedrückter [⇧]-Taste.
- Das Minuszeichen (-) für die *Subtraktion* ist die Taste mit dem Bindestrich unterhalb von [ö] und [⊞].

Alternativ dazu können Sie alle Zeichen auch auf dem Ziffernblock der Computertastatur eingeben.

In Formeln häufig gebrauchte Elemente einfacher aufrufen

Ist Ihnen beim Eingeben von Formeln der ständige Wechsel zwischen Tastatur und Maus lästig? Kein Problem: Konfigurieren Sie Ihre Symbolleiste für den Schnellzugriff einfach so, dass dort die Zeichen für alle Rechenoperationen – einschließlich runde Klammern, Prozentzeichen und Gleichheitszeichen – zur Verfügung stehen. Die fertige Lösung sehen Sie in Abbildung 3.4.

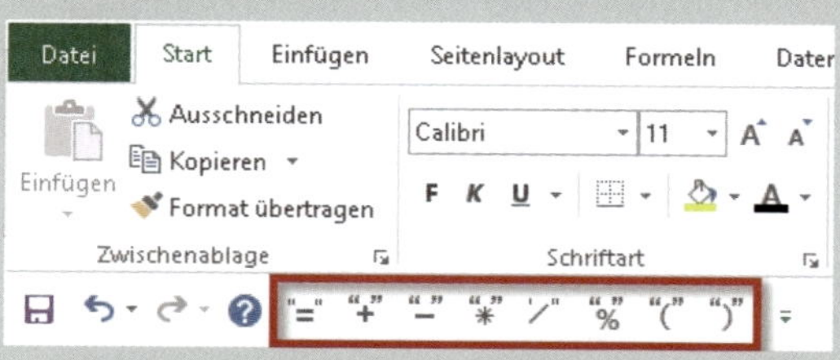

Abbildung 3.4: Häufig gebrauchte Rechenoperatoren in die Schnellzugriffsleiste einbauen und damit Zeit sparen

Zum Anpassen der Symbolleiste für den Schnellzugriff gehen Sie wie folgt vor:

1. Klicken Sie mit der rechten Maustaste auf die Leiste. Wählen Sie den Befehl *Symbolleiste für den Schnellzugriff anpassen.*
2. Sie gelangen zu dem in Abbildung 3.5 gezeigten Dialogfeld *Excel-Optionen*, Rubrik *Symbolleiste für den Schnellzugriff.* Im Dropdown-Listenfeld *Befehle auswählen* stellen Sie die Kategorie *Alle Befehle* ein [1].

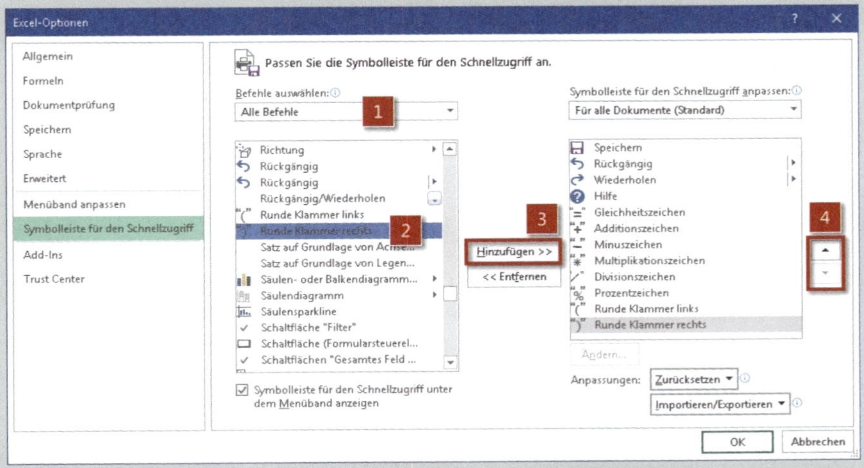

Abbildung 3.5: Rechenoperatoren in die Symbolleiste für den Schnellzugriff einfügen

3. Wählen Sie in der darunter liegenden Liste nacheinander folgende Befehle aus [2]:
   - *Gleichheitszeichen*
   - *Additionszeichen*
   - *Minuszeichen*
   - *Multiplikationszeichen*
   - *Divisionszeichen*
   - *Prozentzeichen*
   - *Runde Klammer links*
   - *Runde Klammer rechts*
4. Klicken Sie nach jeder Auswahl auf die Schaltfläche *Hinzufügen* [3].
5. Ändern Sie – falls gewünscht – die Reihenfolge der Operatoren über die Pfeiltasten am rechten Rand des Dialogfeldes [4].
6. Schließen Sie das Dialogfeld per Klick auf *OK*.
7. Klicken Sie nun noch auf den Dropdownpfeil am rechten Ende der Symbolleiste für den Schnellzugriff und wählen Sie die Option *Unter dem Menüband anzeigen.* Dadurch haben Sie kürzere Wege beim Klicken auf die Rechenoperatoren.

Die Reihenfolge beim Rechnen mit Klammern steuern

Auch in Excel gilt die Regel »Punkt- vor Strichrechnung«. Um die Reihenfolge von mehreren Berechnungen innerhalb einer Formel festzulegen, werden – wie sonst in der Mathematik üblich – runde Klammern verwendet. Ausdrücke in runden Klammern haben Vorrang – wie in Abbildung 3.6 zu erkennen ist.

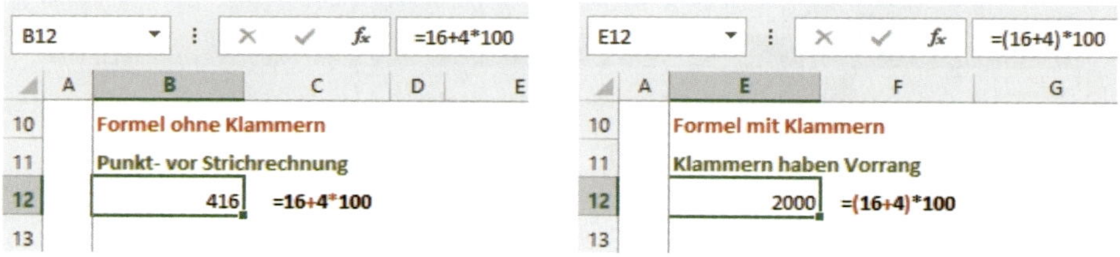

Abbildung 3.6: Mit Klammern die Prioritäten in der Berechnung ändern

Testen Sie dies selbst, um sich von der Wirkung der Klammern zu überzeugen:

1. Markieren Sie im Blatt *Formeln eingeben* die gekennzeichnete Zelle B12.
2. Tippen Sie ein Gleichheitszeichen (=) ein.
3. Geben Sie anschließend – wie in Zelle C12 gezeigt – die Formel 16+4*100 ein.
4. Schließen Sie mit der Taste [↵] ab.

   Das Ergebnis in Zelle B12 lautet 416. In der Bearbeitungsleiste oberhalb des Arbeitsblattes steht die Formel =16+4*100 – zu sehen in Abbildung 3.6 (links).
5. Klicken Sie nun die Zelle E12 an.
6. Geben Sie ein Gleichheitszeichen (=) ein.
7. Setzen Sie die Formeleingabe fort wie in Zelle F12 vorgegeben: (16+4)*100.
8. Schließen Sie mit der Taste [↵] ab.

Sie erhalten infolge der Klammersetzung ein völlig anderes Ergebnis als in Zelle B12. Diesmal ist das Ergebnis 2000.

Zellbezüge in Berechnungen verwenden und Formeln kopieren

Wenn Sie in Excel eine Formel erstellen, setzen Sie sie stets aus mehreren Teilen zusammen. In den obigen Beispielen kamen das Gleichheitszeichen, Rechenoperatoren wie +, -, *, / und Konstanten zum Einsatz. Eine Formel kann aber auch andere Elemente enthalten, beispielsweise Zellbezüge und Bereichsnamen. Diese Elemente machen die Formeln flexibler. Tabelle 3.1 gibt einen Überblick über die Formelelemente, die im folgenden Abschnitt näher beleuchtet werden.

Bestandteil	**Beschreibung**
Gleichheitszeichen	Formeln beginnen in Excel immer mit einem =.
Zellbezüge	Zellbezüge sind Koordinaten von Zellen, mit deren Inhalten Sie rechnen – beispielsweise A1 oder B5. Zellbezüge werden bei der Formeleingabe automatisch in verschiedenen Farben dargestellt. Bei Funktionen (einer besonderen Form von Formeln) können Sie Zellbezüge auch für Zellbereiche angeben: `A1:A6` für den Bereich A1 bis A6 `A1;A3;A5;A7` für die Zellen A1, A3, A5 und A7
Konstanten	Konstanten sind vorgegebene, feste Zahlen oder Texte: bei Zahlen beispielsweise `33` oder `0,25` oder `19%`, bei Texten beispielsweise `"Gesamtlohn"` oder `"Plan 2017"` bei Datumsangaben beispielsweise `20.03.2017`
Bereichsnamen	Meist sind Formeln verständlicher, wenn Sie statt Bezügen auf Zellen wie A1 oder B7 »sprechende« Namen für die zu berechnenden Daten verwenden. Um den Gewinn zu ermitteln, könnte die Formel `=Erlös*Gewinnspanne` lauten.
Rechenoperatoren	Mit Operatoren führen Sie auch in Excel die Grundrechenarten aus (plus, minus, mal, geteilt). Hier die möglichen Operatoren: Addition + Subtraktion - Multiplikation * Division / Potenz ^

Tabelle 3.1: Die Bestandteile einer Formel

Ob Sie in die Formel Konstanten, Zellbezüge oder Bereichsnamen als Werte einbringen, hängt von der Aufgabenstellung ab. Abbildung 3.7 zeigt an einem Beispiel, dass verschiedene Wege zum gleichen Ergebnis führen. Um in Zelle E8 den Gewinn beim Frischblumenverkauf zu ermitteln, kann dieser

- nur mit Konstanten `1500*40%` [1],
- einem Zellbezug und der Prozentzahl als Konstante `C8*40%` [2],
- nur mit Zellbezügen `C8*D8` [3],
- mit Bereichsnamen `Erlös*Gewinnspanne` [4] – die Zelle C8 wurde vorher *Erlös* und die Zelle D8 *Gewinnspanne* genannt (mehr zum Erstellen von Bereichsnamen erfahren Sie in Kapitel 13) – berechnet werden. Alle Varianten führen hier im Beispiel zum gleichen Ergebnis.

Abbildung 3.7: Formeln mit Konstanten, Zellbezügen oder Namen aufbauen

Berechnungen flexibler machen: Zellbezüge statt Konstanten verwenden

Meist ist es besser, wenn Sie in einer Formel statt Zahlen die Bezüge zu Zellen eingeben, in denen die zu verwendenden Werte stehen. Dies hat folgende Vorteile:

- Bei einer Formel, die Zellbezüge nutzt, rechnet Excel immer mit den aktuellen Werten in den jeweiligen Zellen.
- Sobald Sie den Wert in einer solchen Zelle ändern, berechnet Excel automatisch alle Formeln neu, in denen der Zellbezug dieser Zelle verwendet wird.

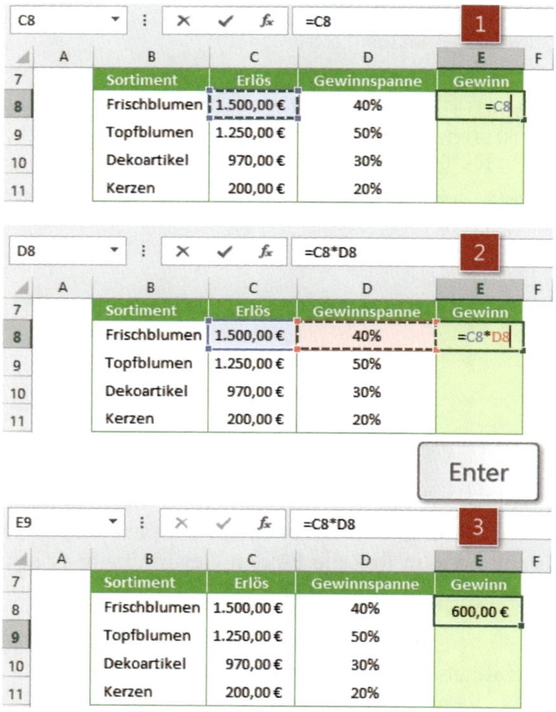

Abbildung 3.8: Berechnungen mit Zellbezügen flexibel machen

Testen Sie dies an einem Beispiel zur Berechnung der Gewinne.

Beispiele Nutzen Sie auch für diese Aufgabe weiterhin die Mappe *Kap03_UEB.xlsx*, diesmal das Arbeitsblatt *Zellbezüge nutzen*.

---

1. Markieren Sie im Blatt *Zellbezüge nutzen* die gekennzeichnete Zelle E8.
2. Tippen Sie ein Gleichheitszeichen (=) ein.
3. Klicken Sie Zelle C8 an. Die markierte Zelle wird dadurch mit einem Laufrahmen versehen. Zellbezug und dazugehörige Zelle bekommen eine einheitliche Farbe – wie in Abbildung 3.8 [1] zu sehen.

4. Geben Sie ein Multiplikationszeichen (*) ein.
5. Klicken Sie nun Zelle D8 mit der Gewinnspanne an. Nun läuft der Laufrahmen um diese Zelle. Der gerade erstellte Zellbezug und die dazugehörige Zelle werden wieder durch eine eindeutige Farbe dargestellt. Abbildung 3.8 [2] zeigt, wie besser lesbar dadurch die eingegebene Formel wird.
6. Schließen Sie mit der Taste [↵] ab.

Das Ergebnis in Zelle E8 lautet `600,00 €`. In der Bearbeitungsleiste oberhalb des Arbeitsblattes steht die Formel `=C8*D8` – zu sehen in Abbildung 3.8 unter [3].

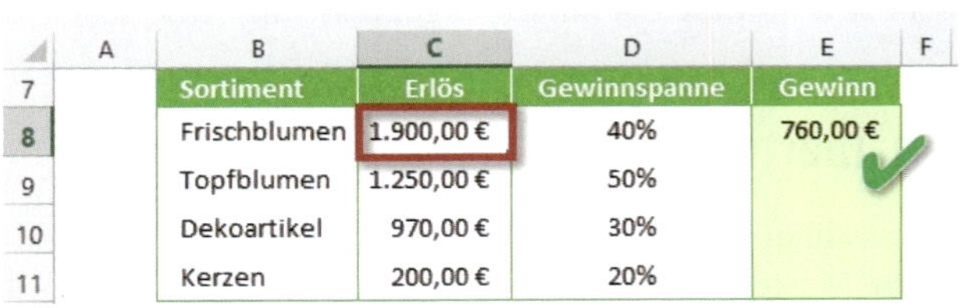

	A	B	C	D	E	F
7		Sortiment	Erlös	Gewinnspanne	Gewinn	
8		Frischblumen	1.900,00 €	40%	760,00 €	
9		Topfblumen	1.250,00 €	50%		
10		Dekoartikel	970,00 €	30%		
11		Kerzen	200,00 €	20%		

Abbildung 3.9: Formeln mit Zellbezügen sind immer aktuell

Müssen Sie den Erlös korrigieren oder die Gewinnspanne ändert sich, kein Problem. Sie geben die neuen Daten ein und der Gewinn wird automatisch neu berechnet – nach dem Motto: Einmal eingeben, immer aktuell. Die Berechnung ist damit transparent und zudem einfach zu pflegen – wie Abbildung 3.9 zeigt.

Erstellen Sie nun die Formeln für die Gewinne bei Topfblumen, Dekoartikeln und Kerzen in der gleichen Weise. Weiter hinten in diesem Kapitel erfahren Sie, wie Sie solche Formeln nur einmal erstellen und einfach auf andere Zellen übertragen.

Berechnungen oberhalb der Daten aufbauen

Zellbezüge und Operatoren können frei kombiniert werden. Dadurch gibt es keine Einschränkungen, wie und wo Berechnungen auf dem Arbeitsblatt stattfinden. Machen Sie sich frei von Summenberechnungen, die immer unterhalb einer Auflistung stattfinden müssen. Bauen Sie sich eine kleine Übersicht mit den wichtigsten Informationen – sozusagen ein kleines Cockpit – im Kopf Ihrer Tabelle auf, wie es in Abbildung 3.10 zu sehen ist.

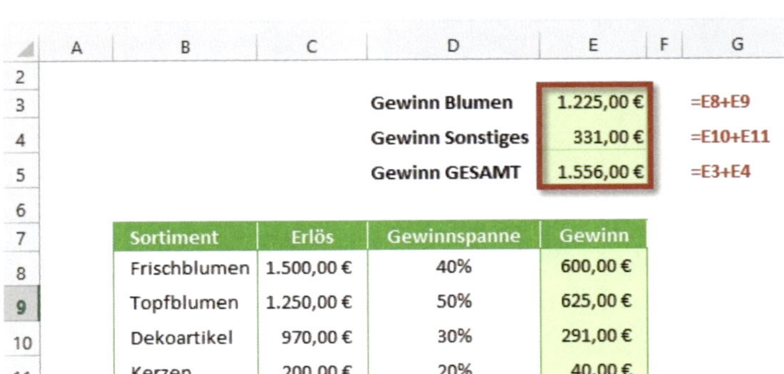

	A	B	C	D	E	F	G
2							
3				Gewinn Blumen	1.225,00 €		=E8+E9
4				Gewinn Sonstiges	331,00 €		=E10+E11
5				Gewinn GESAMT	1.556,00 €		=E3+E4
6							
7		Sortiment	Erlös	Gewinnspanne	Gewinn		
8		Frischblumen	1.500,00 €	40%	600,00 €		
9		Topfblumen	1.250,00 €	50%	625,00 €		
10		Dekoartikel	970,00 €	30%	291,00 €		
11		Kerzen	200,00 €	20%	40,00 €		

Abbildung 3.10: Mit Zellbezügen ein flexibles Cockpit aufbauen

1. Bleiben Sie im Blatt *Zellbezüge nutzen* und markieren Sie Zelle E3.
2. Tippen Sie ein Gleichheitszeichen (=) ein.
3. Klicken Sie Zelle E8, also den Gewinn für die Frischblumen, an.
4. Geben Sie ein Pluszeichen (+) ein.
5. Markieren Sie nun Zelle E9 – den Gewinn bei den Topfblumen.
6. Schließen Sie mit der Taste [↵] ab.

Der Gewinn bei den Blumen beträgt `1.225,00 €`. Erstellen Sie die Formeln für *Gewinn Sonstiges* und *Gewinn GESAMT* wie für die Zellen G4 und G5 erläutert. Jegliche Wertänderung im Bereich C8 bis E11 wirkt sich unmittelbar auf die Ergebnisse im Cockpit aus.

Formeln auf andere Zellen übertragen

Beim Erstellen von Formeln kommt es häufig vor, dass die Berechnungen für mehrere Spalten oder Zeilen nach dem gleichen Muster ablaufen. Warum sich also doppelte Arbeit machen? Excel sieht mit dem AutoAusfüllen nicht nur das Übertragen von Werten und Reihen, sondern auch das Anpassen von Formeln auf andere Zellen vor. Dieses automatische Ausfüllen kann in der Spalte nach unten oder in der Zeile nach rechts erfolgen. Diese Funktionalität ist umso wichtiger, je größer die Datenbestände sind. Bei dem Beispiel in Abbildung 3.9 musste die Formel zur Gewinnberechnung nach dem ersten Erstellen in Zelle E8 drei weitere Male eingegeben werden. Was aber, wenn der Datenbestand 500 Datensätze enthielte?

Formeln in der Spalte nach unten kopieren

Eine Möglichkeit, das AutoAusfüllen für Formeln zu verwenden, ist das Übertragen von Formeln auf Zellen in der gleichen Spalte.

Im folgenden Beispiel soll ein Plan/Ist-Vergleich für verschiedene Regionen stattfinden. Für jede Region soll der Saldo berechnet werden. Dies geschieht zunächst für die Region Nord. Die Formeln für die anderen Regionen werden dann per AutoAusfüllen abgeleitet.

Beispiele Nutzen Sie auch hier die Mappe *Kap03_UEB.xlsx* mit dem Arbeitsblatt *Formeln übertragen (1)*.

Gehen Sie wie folgt vor:

1. Markieren Sie Zelle E5.
2. Tippen Sie ein Gleichheitszeichen (=) ein.
3. Klicken Sie nun die Zelle C5 an.
4. Geben Sie ein Minuszeichen (-) ein.
5. Markieren Sie dann die Zelle D5.
6. Schließen Sie die Eingabe mit der [↵]-Taste ab.

Die Formel für die Region Nord im Januar lautet nun `=C5-D5` und der Saldo beträgt `2.000` – wie in Abbildung 3.11 [1] zu sehen.

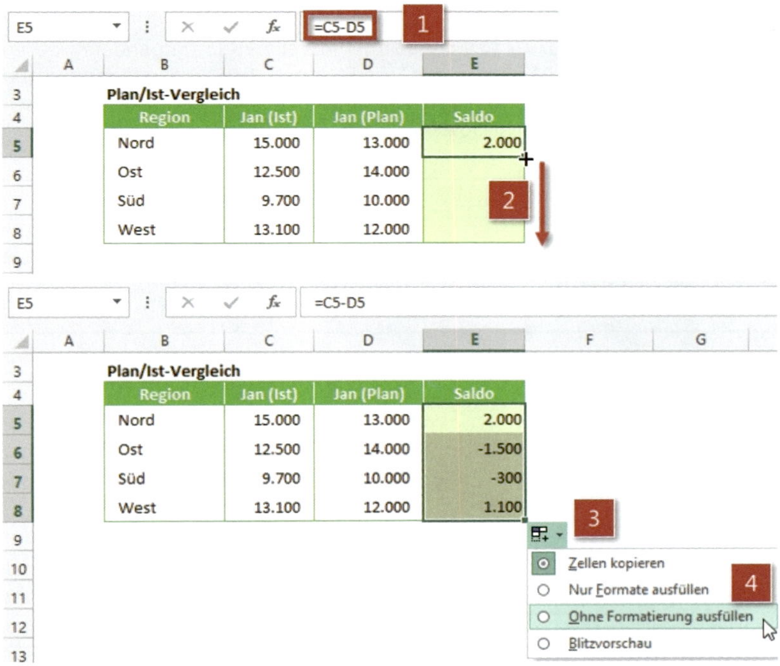

Abbildung 3.11: Formel auf die Zellen in der Spalte übertragen

Leiten Sie nun die Formeln für die weiteren Regionen per AutoAusfüllen daraus ab – wie in Abbildung 3.11 veranschaulicht und im Folgenden beschrieben:

1. Setzen Sie den Mauszeiger auf das Ausfüllkästchen in der rechten unteren Ecke von Zelle E5.
2. Wenn das kleine schwarze Pluszeichen aus Abbildung 3.11 [2] erscheint, drücken Sie die linke Maustaste und ziehen das Ausfüllkästchen bis zur Zelle E8 herunter.
3. Klicken Sie nun auf die in Abbildung 3.11 [3] gezeigte Schaltfläche *Auto-Ausfülloptionen*.
4. In dem sich öffnenden Menü – siehe Abbildung 3.11 [4] – wählen Sie nun die Option *Ohne Formatierung ausfüllen*. Damit stellen Sie sicher, dass bestehende Formatierungen nicht zerstört werden. Sonst würde bei *Zellen kopieren* beispielsweise die grüne Rahmenlinie am unteren Ende der Liste nach dem AutoAusfüllen fehlen (siehe Abbildung 3.12).

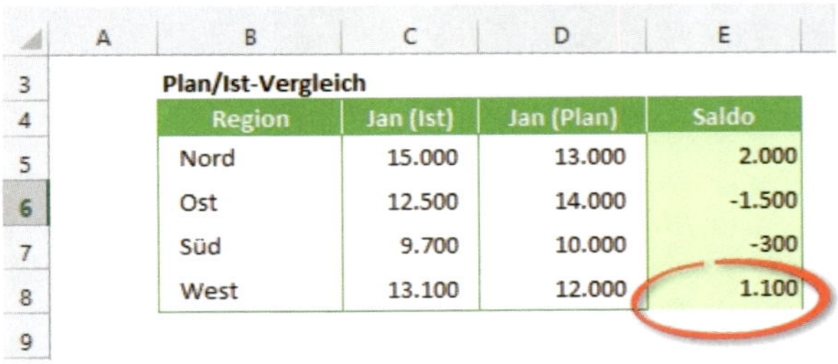

Abbildung 3.12: Zellen können mit und ohne Formatierung kopiert werden

Hinweis Beobachten Sie einmal, was aus der Formel in Zelle E5 in den anderen Zellen geworden ist. Statt =**C5**-**D5** steht in der Zelle E6 nun =**C6**-**D6**, in der nächsten dann =**C7**-**D7**. Beim AutoAusfüllen nach unten werden bei Zellbezügen also automatisch die Zeilennummern angepasst. So etwas nennt sich *relative Adressierung*.

Tipp Haben Sie einmal eine Formel weiter unten in einer Spalte erstellt, können Sie diese Formel natürlich mit AutoAusfüllen auch nach oben kopieren.

Formeln in der Zeile nach rechts kopieren

So wie Sie Formeln per AutoAusfüllen in der Spalte nach oben oder unten kopieren, können Sie sie auch in der Zeile nach rechts oder links kopieren. In diesem Fall passen sich bei den Zellbezügen in den Formeln nicht die Zeilennummern, sondern die Spaltenbuchstaben an die jeweilige Spalte an.

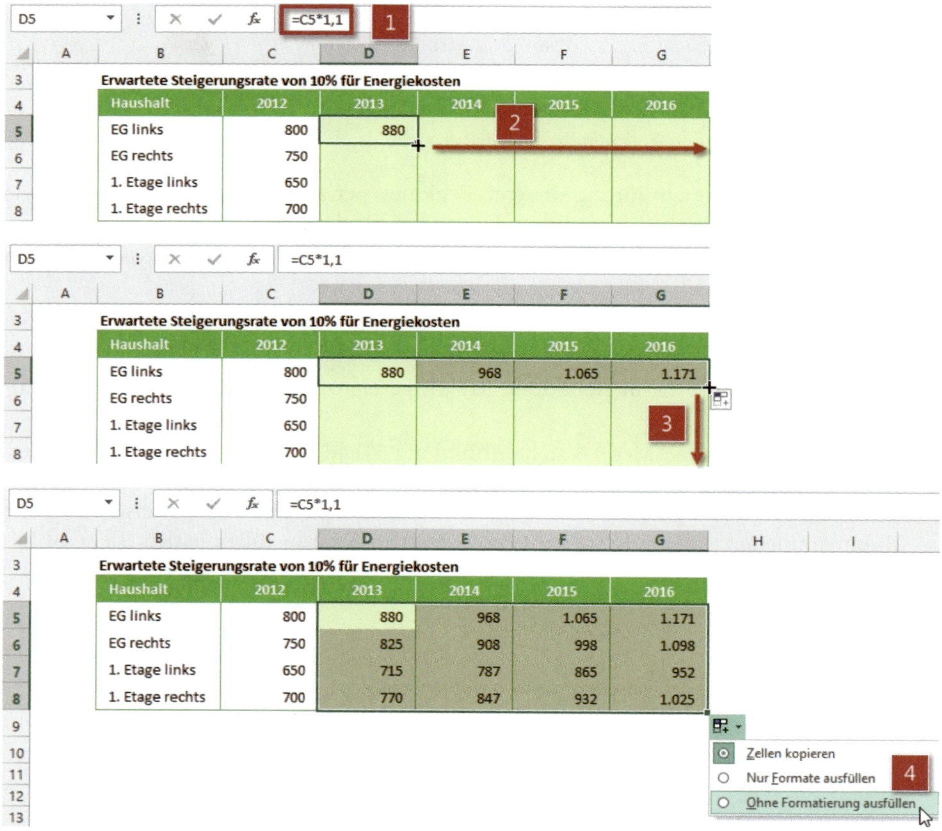

Abbildung 3.13: Eine Formel in der Zeile automatisch ausfüllen

Sehen Sie selbst, wie gut dies funktioniert. Im folgenden Beispiel sollen die Energiekosten für die nächsten Jahre kalkuliert werden – bei einer angenommenen jährlichen Steigerungsrate von zehn Prozent.

Beispiele Nutzen Sie zum Nachvollziehen dieser Aufgabe in der Mappe *Kap03_UEB.xlsx* das Arbeitsblatt *Formeln übertragen (2).*

---

1. Markieren Sie die Zelle D5.
2. Tippen Sie ein Gleichheitszeichen (=) ein.
3. Klicken Sie nun die Zelle C5 an.
4. Geben Sie ein Multiplikationszeichen (*) und anschließend `1,1` ein.
5. Schließen Sie die Eingabe mit der [↵]-Taste ab.

   In Zelle D5 steht nun die Formel `=C5*1,1`, die einen Wert von `880` ergibt – wie in Abbildung 3.13 [1] gezeigt. Leiten Sie die Formel für die weiteren Jahre daraus ab.
6. Bewegen Sie den Mauszeiger auf die rechte untere Ecke von Zelle D5.
7. Wenn das kleine schwarze Pluszeichen aus Abbildung 3.13 [2] erscheint, drücken Sie die linke Maustaste und ziehen das Ausfüllkästchen nach rechts bis Zelle G5.
8. Um nun gleich noch die Berechnung für die weiteren Haushalte durchzuführen, übertragen Sie durch Ziehen des Ausfüllkästchens in Zelle G5 die Formeln für alle Haushalte nach unten – wie in Abbildung 3.13 [3] zu sehen.
9. Damit beim AutoAusfüllen die Rahmenlinien nicht verloren gehen, wählen Sie abschließend in den Auto-Ausfülloptionen *Ohne Formatierung ausfüllen* [4].

Fazit: Sie mussten nur eine Formel erstellen und können durch das Kopieren nun 16 verschiedene Werte berechnen.

Hinweis Vergewissern Sie sich, dass Excel beim AutoAusfüllen auch korrekt arbeitet. Aus der Formel `=`**`C`**`5*1,1` in D5 wurde in E5 die Formel `=`**`D`**`5*1,1`, in F5 die Formel `=`**`E`**`5*1,1`. Beim AutoAusfüllen in der Zeile werden bei Zellbezügen also automatisch die Spaltennummern angepasst. Auch hier handelt es sich um eine *relative Adressierung*.

Tipp

- Das *Kopieren von Formeln* können Sie natürlich auch mit *Kopieren* und *Einfügen* über die Zwischenablage oder per Drag&Drop erledigen. Die Zellbezüge passen sich dabei genauso an wie bei Verwendung der AutoAusfüllen-Funktion.
- Beim *Verschieben einer Formel* werden relative Zellbezüge nicht an die neue Position angepasst.
- Beim *Verschieben des berechneten Bereichs* werden die Bezüge in der Formel automatisch an die neue Position des Berechnungsbereichs angepasst.

Eine Formel in mehrere Zellen zugleich eingeben

Abbildung 3.14 zeigt eine besonders schnelle Methode, mit der Sie eine Formel für einen ganzen Bereich eingeben. Sie besteht aus drei Schritten: Markieren des Bereichs [1], Eingeben der Formel [2] und Abschließen mit `Strg`+`↵` [3]. Probieren Sie diese Methode im Arbeitsblatt *Formeln übertragen (3)* selbst aus.

1. Markieren Sie den farbig hinterlegten Bereich von D5 bis G8.
2. Geben Sie – wie oben beschrieben – die Formel `=C5*1,1` ein.
3. Beenden Sie die Eingabe mit der Tastenkombination `Strg`+`↵`.

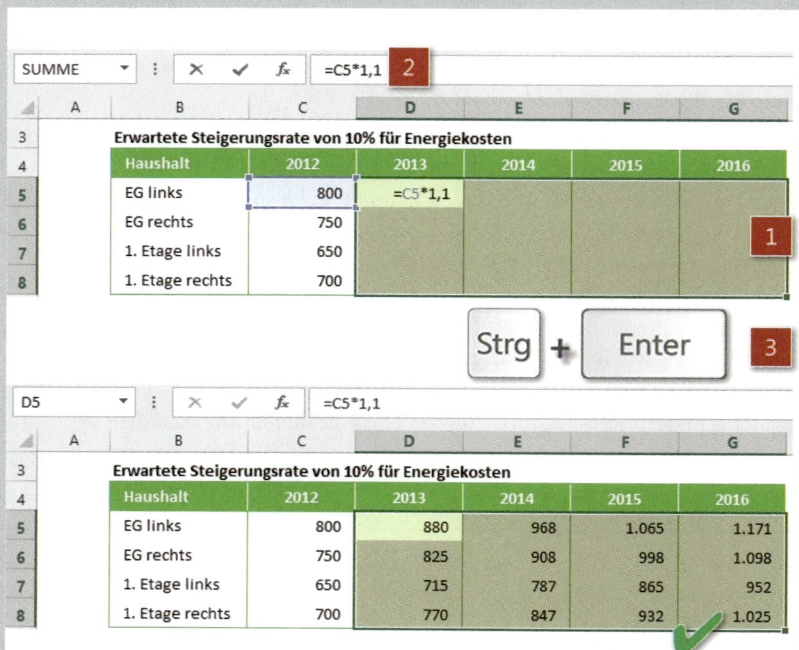

Abbildung 3.14: Formeln schnell in einen Zellbereich eingeben

Diese Methode hat zwei wesentliche Vorteile:

- Formatierungen werden bei dieser Vorgehensweise nicht übertragen. Hier bleibt die untere Rahmenlinie des Datenbereichs erhalten.
- Mehrere voneinander getrennte Bereiche können markiert und mit einer Formel ausgefüllt werden.

Wenn Formeln nicht einfach kopiert werden können

In den vorherigen Beispielen konnten Sie sehen, wie einfach es ist, Formeln auf andere Zellen zu übertragen. Je nach Ausfüllrichtung – horizontal oder vertikal – werden die Spalten- oder die Zeilennummern relativ zur Position der Zellbezüge in der ursprünglichen Formel automatisch angepasst. Dies ist aber nicht immer gewünscht, wie das Beispiel in Abbildung 3.15 zeigt.

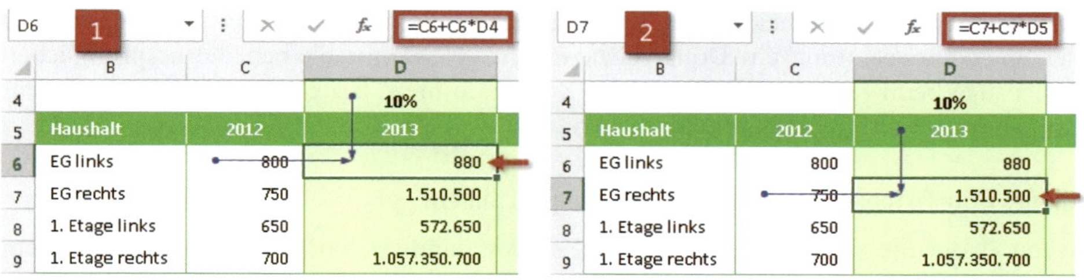

Abbildung 3.15: Der relative Bezug auf Zelle D4 führt beim Kopieren der Formel zu falschen Werten

In diesem Beispiel soll die Steigerungsrate nicht als fester Wert in der Formel hinterlegt werden. Flexibler ist es, wenn die Formel die Steigerungsrate aus einer Zelle bezieht. Wie in Abbildung 3.15 zu sehen, ist der Prozentwert in Zelle D4 hinterlegt. Er wird für alle Formeln in den verschiedenen Jahren benötigt.

Wenn dazu die Formel aus Zelle D6 [1] nach rechts und nach unten bis zur Zelle G9 kopiert wird, passt Excel den Zellbezug auf D4 von Zeile zu Zeile und von Spalte zu Spalte an. Die Folge: Die Ergebnisse sind falsch. Dies ist in Abbildung 3.15 für die Zelle D7 deutlich zu sehen [2].

Einen absoluten Bezug setzen

Wie lässt sich die automatische Anpassung der Spaltenbezeichnungen und Zeilennummern, die in vielen anderen Fällen erwünscht ist, diesmal verhindern? Normalerweise passt Excel beim Kopieren einer Formel die Zeilen- und Spaltenbezüge automatisch an. Excel merkt sich also gar nicht den Bezug D4, sondern den Weg zu dieser Zelle. Dies wird als *relativer* Bezug bezeichnet. Damit Excel in den kopierten Formeln nun richtig rechnet, muss in der Formel in Zelle D6 demzufolge der Bezug auf Zelle D4 »festgeschrieben« werden – wie in Abbildung 3.16 zu sehen. Dies nennt sich *absoluter Bezug*.

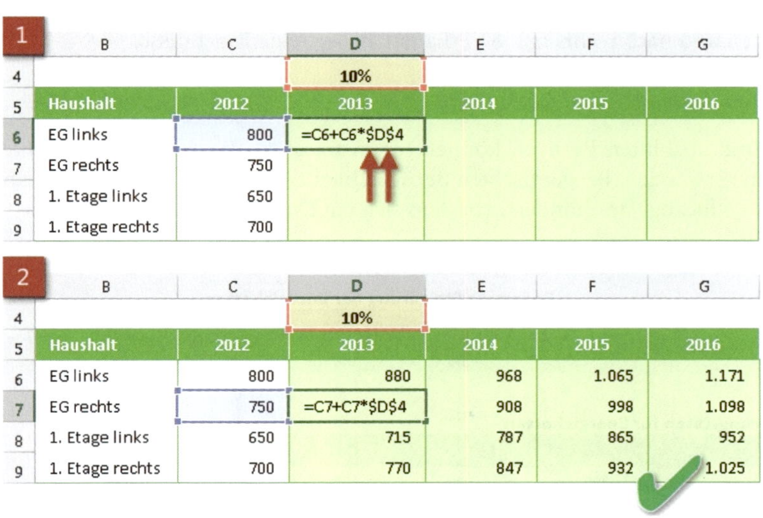

Abbildung 3.16: In der Ausgangsformel wurde die Zelle mit der Steigerungsrate zu einem absoluten Bezug gemacht. Das Kopieren der Formel führt nun zu korrekten Ergebnissen.

Absolute Bezüge unterscheiden sich von relativen dadurch, dass vor der Zeilen- und/oder der Spaltenbezeichnung ein Dollarzeichen steht [1]. Damit bleiben die ursprünglichen Zellbezüge beim Kopieren erhalten [2] – Zeilennummern beziehungsweise Spaltenbuchstaben werden also nicht automatisch angepasst.

Mit der Taste F4 fehlerfrei und schnell die Bezugsart ändern

Wenn es darum geht, die Bezugsart für Zellen zu ändern – um beispielsweise aus dem *relativen* Zellbezug D5 den *absoluten* Bezug $D$5 zu machen –, ist die Taste [F4] der perfekte Helfer.

Anstatt selbst die $-Zeichen einzugeben, erledigen Sie dies einfacher durch Drücken der Taste [F4] – und zwar schnell und zudem fehlerfrei. Nutzen Sie die Taste in folgenden drei Eingabesituationen:

- *Beim Festlegen der Zellbezüge per Mausklick:* Sie klicken beim Erstellen einer Formel die Zellen an, die in der Berechnung verwendet werden sollen. Mit [F4] ändern Sie anschließend die Bezugsart.
- *Beim Eingeben der Zelladressen über die Tastatur:* Sie tippen beispielsweise `D5` ein und nach Drücken der Taste [F4] wird daraus sofort $D$5.
- *Beim nachträglichen Ändern von Zellbezügen:* Sie wollen einen Zellbezug im Nachhinein korrigieren und beispielsweise aus D5 den gemischten Bezug D$5 machen? Kein Problem, klicken Sie oben in der Bearbeitungsleiste in die Adresse – hier D5 – und drücken Sie zweimal die [F4]-Taste.

Beispiele Nutzen Sie zum Nachvollziehen dieser Aufgabe in der Mappe *Kap03_UEB.xlsx* das Arbeitsblatt *Formeln übertragen (4)*.

Geben Sie die Formel – wie beschrieben – mit einem absoluten Bezug ein und füllen Sie sie dann nach unten und nach rechts aus. So erhalten Sie korrekte Ergebnisse.

Gemischte Bezüge

Neben relativen und absoluten Bezügen können Sie in Excel bei Bedarf auch *gemischte* Bezüge in Formeln verwenden. Bei gemischten Bezügen bleibt beim Kopieren von Formeln derjenige Teil des Zellbezugs unverändert, vor dem sich ein Dollarzeichen befindet.

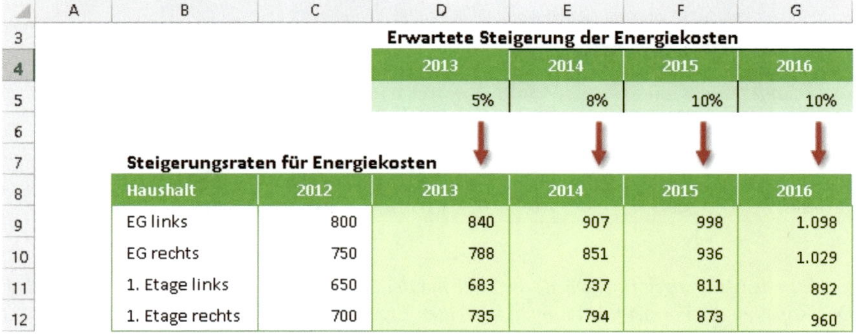

	A	B	C	D	E	F	G
3				Erwartete Steigerung der Energiekosten			
4				2013	2014	2015	2016
5				5%	8%	10%	10%
6							
7		Steigerungsraten für Energiekosten					
8		Haushalt	2012	2013	2014	2015	2016
9		EG links	800	840	907	998	1.098
10		EG rechts	750	788	851	936	1.029
11		1. Etage links	650	683	737	811	892
12		1. Etage rechts	700	735	794	873	960

Abbildung 3.17: Für jede Spalte ist eine individuelle Steigerungsrate vorgesehen

Im Beispiel in Abbildung 3.17 soll für jedes Jahr eine individuelle Steigerungsrate hinterlegt werden. Für das Erstellen der Formel bedeutet dies:

- Wird die Formel nach rechts gezogen, muss sich der Spaltenbuchstabe ändern und immer aus der aktuellen Spalte die Steigerungsrate ermitteln.
- Wird die Formel hingegen nach unten gezogen, darf sich die Zeilennummer für die Steigerungsrate nicht erhöhen, denn sie steht immer in Zeile 5.

Folglich wird für die Zeile ein *absoluter Bezug* und für die Spalte ein *relativer Bezug* benötigt. Wie wird ein solcher Bezug nun erzeugt?

Setzen Sie den Cursor in den Zellbezug oder direkt dahinter. Durch mehrmaliges Drücken der Taste [F4] können Sie zwischen den verschiedenen Bezugsarten umschalten. Drücken Sie also so oft die [F4]-Taste, bis Sie den Zustand *D$5* erreicht haben.

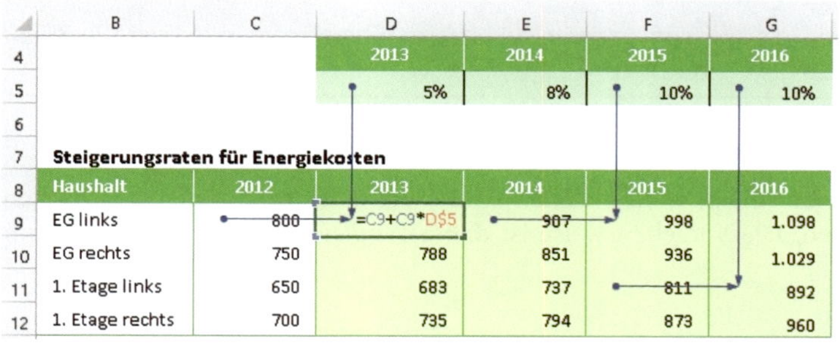

	B	C	D	E	F	G
4			2013	2014	2015	2016
5			5%	8%	10%	10%
6						
7	**Steigerungsraten für Energiekosten**					
8	Haushalt	2012	2013	2014	2015	2016
9	EG links	800	=C9+C9*D$5	907	998	1.098
10	EG rechts	750	788	851	936	1.029
11	1. Etage links	650	683	737	811	892
12	1. Etage rechts	700	735	794	873	960

Abbildung 3.18: Die blauen Pfeile zeigen für drei ausgewählte Ergebnisse – hier D9, F9 und G11 –, aus welchen Zellen die Werte berechnet werden

Die blauen Pfeile bei den Zellen D9, F9 und G11 verdeutlichen, aus welchen Zellen sich die Formel mit den gemischten Bezügen die Werte holt.

Beispiele Zum Testen dieses Beispiels benutzen Sie in der Mappe *Kap03_UEB.xlsx* das Arbeitsblatt *Formeln übertragen (5)*.

Zellbezüge in einer Formel nachvollziehen: Spuren legen

Wenn Sie von anderen Personen Arbeitsmappen bekommen oder in Ihren eigenen Formeln Bezüge nachvollziehen möchten, gibt es eine Funktion, mit der Sie Bezüge gut sichtbar aufzeigen können: die Spuren zu Vorgängern und Nachfolgern. Sie finden diese auf der Registerkarte *Formeln* in der Gruppe *Formelüberwachung* (siehe Abbildung 3.19). Mit den beiden Befehlen *Spur zum Vorgänger* und *Spur zum Nachfolger* zeigen Sie die Beziehungen zwischen Formeln und Zellen durch farbige Spurpfeile an.

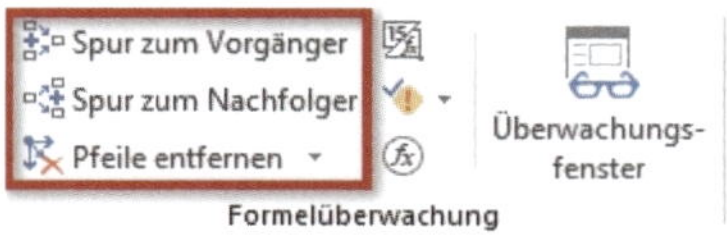

Abbildung 3.19: Mit Pfeilen die Bezüge in Formeln verdeutlichen

Spur zum Vorgänger einblenden

Möchten Sie zu einer Zelle mit Formel die Zellen herausfinden und kennzeichnen, die die Werte für die Formel liefern, gehen Sie wie folgt vor:

1. Markieren Sie die Formelzelle.
2. Wählen Sie *Formeln/Formelüberwachung/Spur zum Vorgänger.*

Auf diese Weise können Sie beispielsweise – wie in Abbildung 3.15 und Abbildung 3.18 gezeigt – Formeln nach dem Kopieren perfekt daraufhin kontrollieren, ob Sie die richtige Bezugsart gewählt haben und die Formeln korrekte Ergebnisse liefern.

Hinweis

- Liegt die Vorgänger-/Nachfolgerzelle außerhalb des sichtbaren Bereichs, können Sie per Doppelklick auf den Spurpfeil schnell zu den betreffenden Zellen wechseln.

- Spuren, die zu einem anderen Arbeitsblatt führen, werden mit dem Tabellensymbol gekennzeichnet.

Spur zum Nachfolger einblenden

Interessant ist es auch zu sehen, welche Zellen vom Wert einer bestimmten markierten Zelle beeinflusst werden. Die Vorgehensweise ist dabei die gleiche wie bei der Spur zum Vorgänger.

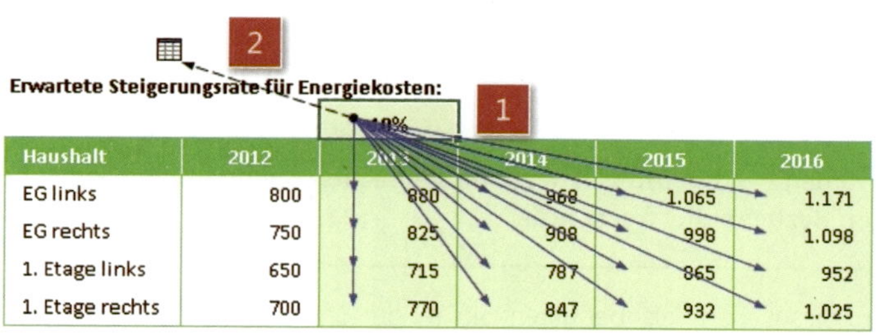

Abbildung 3.20: Mit der Spur zum Nachfolger alle Zellen kenntlich machen, die vom Wert der markierten Zelle abhängig sind

Im Beispiel in Abbildung 3.20 ist deutlich zu erkennen, dass zur Berechnung der Steigerungsrate in den verschiedenen Jahren und Haushalten auf den gleichen Prozentwert zugegriffen wird [1]. Zudem gibt es noch einen Bezug auf ein anderes Arbeitsblatt [2]. Per Doppelklick auf den Spurpfeil können Sie schnell zu dieser Zelle wechseln und die Beziehung nachvollziehen.

Spurpfeile löschen

Spurpfeile werden automatisch beim Speichern der Arbeitsmappe gelöscht. Möchten Sie die Spurpfeile bereits vorher löschen, haben Sie zwei Möglichkeiten:

- Um *alle* Spurpfeile in einer Arbeitsmappe zu entfernen, klicken Sie auf der Registerkarte *Formeln* in der Gruppe *Formelüberwachung* auf die Schaltfläche *Pfeile entfernen* [1] (siehe Abbildung 3.21).

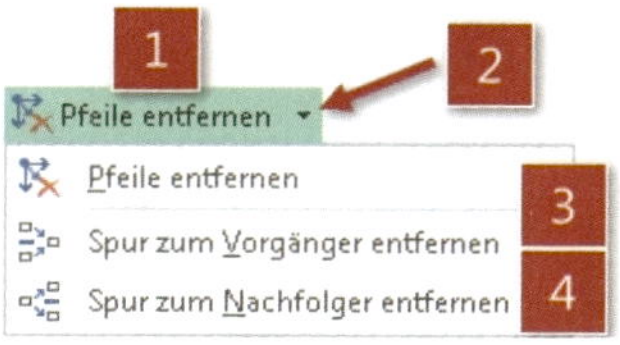

Abbildung 3.21: Spurpfeile ganz oder nur teilweise entfernen

- Um *einzelne* Spurpfeile zum Vorgänger oder zum Nachfolger zu löschen, klicken Sie auf den Pfeil der Schaltfläche *Pfeile entfernen* [2] und wählen dann die Option *Spur zum Vorgänger entfernen* [3] oder *Spur zum Nachfolger entfernen* [4].

Typische Berechnungen mit einfachen Funktionen erledigen

Bisher haben Sie in diesem Kapitel erfahren, wie Sie mit Rechenoperatoren und verschiedenen Bezugsarten die vier Grundrechenarten in Excel umsetzen. Bei der Arbeit mit Excel werden Sie allerdings recht schnell an einen Punkt gelangen, an dem Sie mehr als nur die Grundrechenarten brauchen. Das Erstellen von Formeln mit Rechenoperatoren wäre dann zu mühsam oder würde nicht zum benötigten Ergebnis führen.

Spätestens nun wird der Einsatz von Funktionen für Sie interessant. Die folgenden Abschnitte erleichtern Ihnen den Einstieg in das Universum der Funktionen – es sind immerhin rund 500. Sie erhalten einen Überblick, welche Gruppen von Funktionen es gibt, wo Sie sie finden, wie sie aufgebaut sind und wie Sie sie eingeben, um die gewünschten Ergebnisse und Auswertungen zu erhalten.

Was ist eine Funktion im Unterschied zu einer Formel?

Rein äußerlich ist eine Funktion auch eine Formel, denn sie beginnt mit einem Gleichheitszeichen. Doch im Unterschied zu den Formeln, die Sie bisher mittels solcher Rechenoperatoren wie + und - zusammengesetzt haben, können Sie mit Funktionen Berechnungen und Auswertungen realisieren, die viel umfangreicher, schneller und zuverlässiger sind.

Hier ein Beispiel, das den Nutzen von Funktionen demonstriert:

Angenommen, Sie notieren in einer Excel-Tabelle untereinander für jeden Tag die Anzahl der Minuten, die Sie mit Telefonieren verbringen. Nach einer Woche wollen Sie erstmals den Durchschnitt Ihres täglichen Telefonierverhaltens ermitteln. Kein Problem: Sie addieren alle Minuten und dividieren das Ergebnis durch die Anzahl der Tage – in dem Fall also durch sieben. Was aber wenn Sie einen Monat später oder nach einem halben Jahr diesen Durchschnittswert wissen möchten? Das Summieren der Minuten wäre kein Problem. Aber wie viel Tage sind jetzt eigentlich zu berücksichtigen? Dies müssten Sie durch manuelles Abzählen herausfinden. Genau für solche umfangreicheren Anforderungen gibt es Funktionen – im vorliegenden Fall passt die Funktion MITTELWERT perfekt. Sie berechnet für den Bereich der eingetragenen Minutenwerte automatisch die Summe, ermittelt ebenso automatisch die Anzahl der bisherigen Einträge und zeigt stets aktuell das Ergebnis der Division.

Ganz einfach: Die Funktion »AutoSumme« nutzen

Wenn Sie schon länger mit Excel arbeiten, kennen Sie garantiert die Funktion SUMME. Schließlich ist dies die Funktion, die am häufigsten gebraucht wird. Daher ist sie auch besonders leicht zu erreichen.

Sie finden sie auf der Registerkarte *Start* ganz rechts in der Gruppe *Bearbeiten* mit der Schaltfläche *AutoSumme*. Doch auch über die Registerkarte *Formeln* haben Sie in der Gruppe *Funktionsbibliothek* Zugriff auf die *AutoSumme*.

Klicken Sie direkt auf die Schaltfläche, erstellt Excel eine Summe. Klicken Sie hingegen auf den Pfeil der Schaltfläche, haben Sie Zugriff auf Funktionen zum Ermitteln des Durchschnitts, des kleinsten und des größten Wertes sowie der Anzahl von Werten.

Beispiele Das Lösen der folgenden Aufgaben können Sie am einfachsten nachvollziehen, wenn Sie die Beispieldatei *Kap03_UEB_Auswertung.xlsx* öffnen und dort zum Arbeitsblatt *Summe & Mittelwert Haus A* wechseln.

Im folgenden Beispiel soll der Verbrauch für Wasser und Strom in verschiedenen Wohneinheiten statistisch ausgewertet werden. Wie in Abbildung 3.22 rechts zu sehen, sollen der Gesamtverbrauch und die Mittelwerte pro Haus ermittelt werden.

	B	C	D	E	F
5	Haus	WE	Personen	Wasser (m³)	Strom (kWh)
6	A	0101	2	101	2.800
7	A	0102	3	84	3.000
8	A	0201	2	76	2.450
9	A	0202	3	110	3.100
10	A	0301	4	131	4.200
11	A	0302	2	60	2.360
12	A	0401	3	89	3.800
13	A	0402	3	101	3.670
14	A	0501	3	112	4.000
15			Summe		
16			Mittelwert		

	B	C	D	E	F
5	Haus	WE	Personen	Wasser (m³)	Strom (kWh)
6	A	0101	2	101	2.800
7	A	0102	3	84	3.000
8	A	0201	2	76	2.450
9	A	0202	3	110	3.100
10	A	0301	4	131	4.200
11	A	0302	2	60	2.360
12	A	0401	3	89	3.800
13	A	0402	3	101	3.670
14	A	0501	3	112	4.000
15			Summe	864	29.380
16			Mittelwert	96	3.264

Abbildung 3.22: Ermitteln des Gesamtverbrauchs und der Mittelwerte für Wasser und Strom pro Haus

Beginnen Sie mit der Berechnung der Spaltensumme für den Wasserverbrauch:

1. Markieren Sie Zelle E15.
2. Klicken Sie auf der Registerkarte *Start* in der Gruppe *Bearbeiten* auf die *AutoSumme*-Schaltfläche. Der Laufrahmen zeigt Ihnen den für die Summe vorgeschlagenen Auswertungsbereich.
3. Prüfen Sie den Vorschlag von Excel und bestätigen Sie ihn mit der [↵]-Taste. Es ergibt sich eine Summe von 864 m³.
4. Markieren Sie nun die Zelle F15.
5. Klicken Sie wiederum auf die *AutoSumme*-Schaltfläche.
6. Bestätigen Sie den im Laufrahmen vorgeschlagenen Auswertungsbereich mit der [↵]-Taste. Dies ergibt einen Gesamtverbrauch für Strom von 29.380 kWh.

»AutoSumme« kann mehr als nur addieren

Um nun die Durchschnittswerte für den Wasser- und Stromverbrauch zu berechnen, nutzen Sie wiederum die *AutoSumme*-Schaltfläche. Klicken Sie aber diesmal auf den Pfeil der Schaltfläche. Nun haben Sie Zugriff auf die Funktionen *Summe*, *Mittelwert*, *Anzahl*, *Max*, *Min*. Der Klick auf *Weitere Funktionen* führt Sie zum Funktions-Assistenten.

Abbildung 3.23: Über die AutoSumme-*Schaltfläche haben Sie Zugang zu den Funktionen MITTELWERT, MIN, MAX, ANZAHL*

Ohne umständlich erst die Summe zu berechnen und diese dann durch die Anzahl der Werte zu teilen, können Sie für die Berechnung der Durchschnittswerte aus der Liste die Funktion *Mittelwert* auswählen. So geht's:

1. Markieren Sie zum Ermitteln des durchschnittlichen Wasserverbrauchs Zelle E16.
2. Klicken Sie auf den Pfeil der *AutoSumme*-Schaltfläche und in der aufklappenden Liste auf *Mittelwert* (siehe Abbildung 3.23).

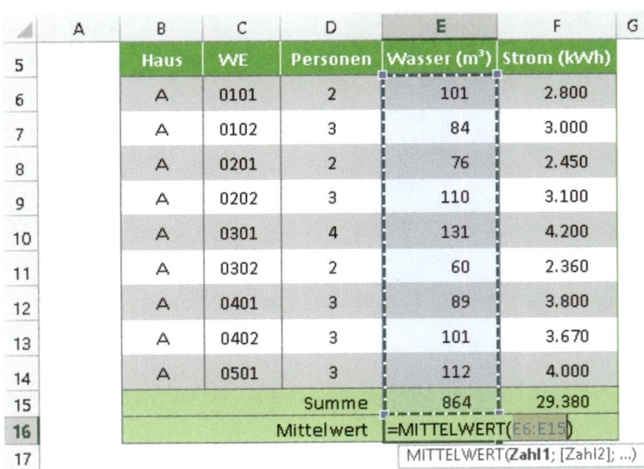

	A	B	C	D	E	F	G
5		Haus	WE	Personen	Wasser (m³)	Strom (kWh)	
6		A	0101	2	101	2.800	
7		A	0102	3	84	3.000	
8		A	0201	2	76	2.450	
9		A	0202	3	110	3.100	
10		A	0301	4	131	4.200	
11		A	0302	2	60	2.360	
12		A	0401	3	89	3.800	
13		A	0402	3	101	3.670	
14		A	0501	3	112	4.000	
15				Summe	864	29.380	
16				Mittelwert	=MITTELWERT(E6:E15)		
17					MITTELWERT(**Zahl1**; [Zahl2]; ...)		

Abbildung 3.24: Excel schlägt zwar einen Zellbereich vor, aber der ist in diesem Fall nicht korrekt

3. Wie in Abbildung 3.24 zu sehen, schlägt Excel `=MITTELWERT(E6:E15)` vor. Der Zellbezug in der Klammer ist nicht korrekt, denn auch die zuvor gebildete Summe würde in die Berechnung einbezogen werden. Korrigieren Sie dies, indem Sie mit gedrückter linker Maustaste den richtigen Bereich markieren, also E6:E14.
4. Schließen Sie mit der [↵]-Taste ab. Das Ergebnis in E16 ist *96*, die Formel lautet `=MITTELWERT(E6:E14)`.

5. Kopieren Sie die Formel per Ausfüllkästchen nach rechts, indem Sie die Zelle E16 markieren und an der rechten unteren Ecke der Zellmarkierung bis Spalte F ziehen. In F16 steht damit die Formel `=MITTELWERT(F6:F14)` und es ergibt sich ein Wert von 3.264.
6. Achten Sie auf die anschließend rechts unten von der Zelle gezeigte Schaltfläche *Auto-Ausfülloptionen* und wählen Sie nach Klick auf diese Schaltfläche den Eintrag *Ohne Formatierung ausfüllen*. Damit wird das bereits vorbereitete Zahlenformat mit dem Tausenderpunkt und ohne Dezimalstellen in der Spalte beibehalten.

Und wenn nicht alle Zellen mit Zahlen gefüllt sind?

Nicht in jedem Fall sind überall Zahlenwerte vorhanden, beispielsweise weil einige Wohneinheiten unvermietet sind. Damit stellt sich die Frage, wie die Funktionen SUMME, MITTELWERT, ANZAHL, MAX und MIN damit umgehen.

Nehmen Sie das in Abbildung 3.25 gezeigte Beispiel: In dieser Statistik gibt es in Haus B unvermietete Wohneinheiten, die in Spalte D bis F das Kürzel *unverm.* tragen. Wenn Sie hier – wie in Abbildung 3.24 für Haus A gezeigt – die Summen und Mittelwerte berechnen, werden Sie feststellen, dass beide Funktionen die Zellen nicht in die Rechnung einbeziehen, die Texte enthalten – wie hier *unverm.* Dieses Problem lösen Sie mit den Funktionen ANZAHL und ANZAHL2, deren Funktionsweisen im übernächsten Abschnitt erläutert werden.

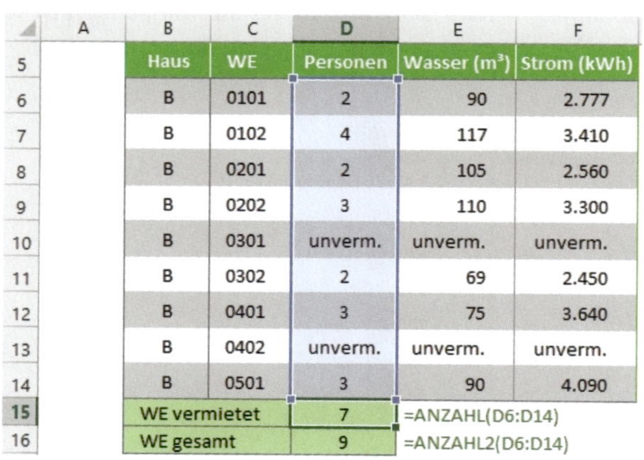

	A	B	C	D	E	F
5		Haus	WE	Personen	Wasser (m³)	Strom (kWh)
6		B	0101	2	90	2.777
7		B	0102	4	117	3.410
8		B	0201	2	105	2.560
9		B	0202	3	110	3.300
10		B	0301	unverm.	unverm.	unverm.
11		B	0302	2	69	2.450
12		B	0401	3	75	3.640
13		B	0402	unverm.	unverm.	unverm.
14		B	0501	3	90	4.090
15		WE vermietet		7	=ANZAHL(D6:D14)	
16		WE gesamt		9	=ANZAHL2(D6:D14)	

Abbildung 3.25: Mit ANZAHL und ANZAHL2 sowohl alle wie auch nur die vermieteten Wohneinheiten ermitteln

Was ist der kleinste, was der größte Wert?

Eine Frage, die sich bei statistischen Auswertungen immer stellt: Was ist der geringste, was der höchste Wert? Für das Ermitteln des kleinsten beziehungsweise größten Wertes in einem Zellbereich sind die beiden Funktionen MIN und MAX zuständig.

Beispiele Die folgenden Aufgaben können Sie nachvollziehen, indem Sie in der Beispieldatei *Kap03_UEB_Auswertung.xlsx* zum Arbeitsblatt *Min, Max Haus B* wechseln.

Um die geringsten und höchsten Verbrauchswerte für Haus B zu ermitteln, gehen Sie wie folgt vor:

1. Markieren Sie Zelle I7. Hier soll der geringste Wasserverbrauch erscheinen.
2. Klicken Sie auf den Pfeil der *AutoSumme*-Schaltfläche und in der dann aufklappenden Liste auf den Eintrag *Min*.

3. Excel schlägt wieder einen Zellbereich vor, der für diese Auswertung nicht passt. Korrigieren Sie dies, indem Sie mit gedrückter linker Maustaste den korrekten Bereich markieren: E6 bis E14.
4. Schließen Sie die Formel mit ↵ ab. In I7 steht jetzt die Formel `=MIN(E6:E14)`. Sie ergibt *69 m³* als geringsten Wasserverbrauch für Haus B.
5. Wiederholen Sie in Zelle I8 die Schritte 2 bis 4, diesmal aber mit der Funktion *Max*. Die Formel lautet anschließend `=MAX(E6:E14)`. Als höchster Wasserverbrauch für Haus B werden *117 m³* angezeigt.
6. Ermitteln Sie auf gleichem Weg für die Zellen I12 und I13 den geringsten und den höchsten Stromverbrauch für Haus B. In I12 erhalten Sie mit `=MIN(F6:F14)` den geringsten Stromverbrauch von *2.450 kWh*, in I13 mit `=MAX(F6:F14)` den höchsten Stromverbrauch von *4.090 kWh*.

Wie viele Einträge sind es eigentlich?

Wie viele Wohneinheiten werden eigentlich verwaltet und wie viele davon sind vermietet? Um hier schnell einen Überblick zu gewinnen, lassen Sie von Excel die Anzahl der Daten in der Spalte *Personen* von Zeile 6 bis Zeile 14 durchzählen.

Beispiele Verwenden Sie zum Nachvollziehen der folgenden Schritte in der Beispieldatei *Kap03_UEB_Auswertung.xlsx* das Arbeitsblatt *Anzahl Haus B*.

Nutzen Sie auch hier wieder den kurzen Weg über die Funktion *AutoSumme*:

1. Markieren Sie Zelle D15.
2. Klicken Sie auf der Registerkarte *Start* in der Gruppe *Bearbeiten* auf den Pfeil der Schaltfläche *AutoSumme* und in der folgenden Liste auf den Eintrag *Anzahl*.

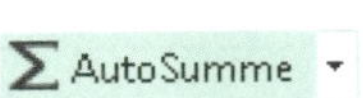

3. Excel schlägt *=ANZAHL(D14)* vor, da die Spalte oberhalb von D14 nicht nur Zahlen, sondern auch Texte enthält – hier das Kürzel *unverm.* Korrigieren Sie den Zellbereich durch Ziehen mit gedrückter linker Maustaste in D6 bis D14.
4. Schließen Sie mit ↵ ab. Das Ergebnis ist 7, die Formel lautet `=ANZAHL(D6:D14)`.

Wie Sie sehen, hat die ANZAHL-Funktion nur Zellen gezählt, die Zahlen enthalten. Zählen Sie im nächsten Schritt *alle* Zellen, sowohl die mit Zahlen als auch die mit dem Text *unverm.* Um alle Einträge zu zählen – nicht nur die mit Zahlen –, gibt es neben der Funktion ANZAHL noch ANZAHL2. Mit dieser Funktion ermitteln Sie nun die Gesamtanzahl der verwalteten Wohneinheiten. Machen Sie sich dabei die schon vorhandene Formel in D15 zunutze. Gehen Sie dazu wie folgt vor:

1. Klicken Sie noch einmal Zelle D15 an.
2. Markieren Sie – wie in Abbildung 3.26 gezeigt – oben in der Bearbeitungsleiste die Formel *=ANZAHL(D6:D14)*.

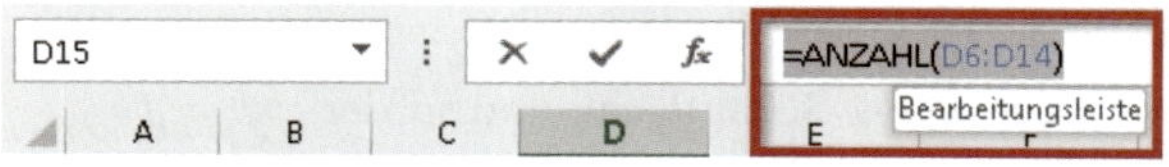

Abbildung 3.26: Die Formel aus Zelle D15 direkt in der Bearbeitungsleiste kopieren

3. Kopieren Sie die markierte Formel mit `Strg`+`C` in die Zwischenablage.
4. Beenden Sie die Bearbeitung der Formel mit `Esc`.

Hinweis Das Kopieren der Formel – nicht der Zelle – in der Bearbeitungsleiste hat den Vorteil, dass bei dieser Methode die Zellbezüge nicht angepasst werden.

---

5. Klicken Sie nun die Zielzelle an – hier also D16.
6. Fügen Sie hier die Formel aus der Zwischenablage mit `Strg`+`V` ein.
7. Klicken Sie oben in der Bearbeitungsleiste in die Formel – und zwar genau hinter *ANZAHL*. Fügen Sie dort eine `2` hinzu. Die Formel lautet nun `=ANZAHL2(D6:D14)`. Schließen Sie mit `↵` ab.

Als Ergebnis erhalten Sie in Zelle D16 den Wert 9. Dies ist die Anzahl aller Zellen im Bereich D6:D14, die nicht leer sind – also Zahlen oder Texte enthalten. Im vorliegenden Beispiel ist dies also die Gesamtzahl der verwalteten Wohneinheiten.

Achtung Die Funktion ANZAHL berechnet, wie viele Zellen in einem Bereich Zahlen enthalten. ANZAHL2 hingegen zählt alle nicht leeren Zellen, also sowohl Zellen mit Zahlen als auch mit Texten. Aber Achtung: ANZAHL2 zählt auch Zellen, in denen rein optisch nichts steht. Das Problem dabei: Ein Leerzeichen können Sie in Excel nicht sehen. Erst wenn Sie in die Bearbeitungsleiste klicken und sich der Cursor nach links bewegen lässt, wissen Sie, dass ein Leerzeichen im Spiel ist. Wie Sie ohne Fehlerrisiko alle Zellen mit einem bestimmten Inhalt zählen – beispielsweise mit dem Hinweis *unverm.* – erfahren Sie in Kapitel 10.

Ganz ohne Formel: Ergebnisse über die Statusleiste kontrollieren

Manchmal wird nur ein Zwischenergebnis oder ein Überblick gebraucht – und zwar schnell und ohne Aufwand. Für diese Fälle gibt es die zeitsparende Funktion *Auto-Berechnung*. Mit ihr können Sie sich unten in der Statusleiste die gewünschten Ergebnisse sofort anzeigen lassen – ohne vorherige Formeleingabe.

Damit Sie diese komfortable Möglichkeit nutzen können, richten Sie sich die Anzeige in der Statusleiste so ein, dass Ihnen für gerade markierte Bereiche stets sofort Summe, Mittelwert, Anzahl, Minimum und Maximum angezeigt werden.

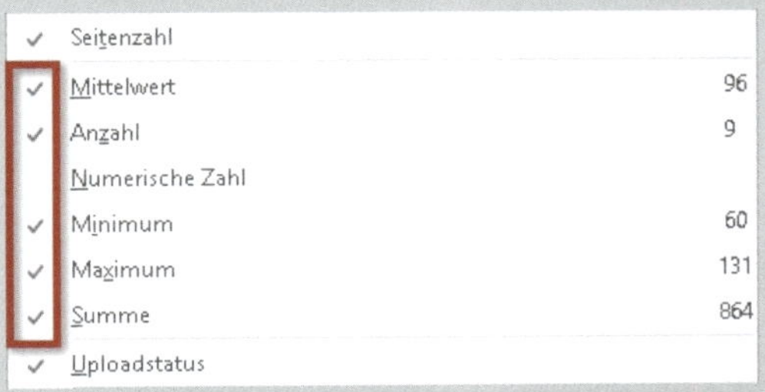

Abbildung 3.27: Die Statusleiste so konfigurieren, dass dort Mittelwert, Anzahl und weitere Ergebnisse angezeigt werden

Klicken Sie dazu mit der rechten Maustaste in die Statusleiste und setzen Sie – wie in Abbildung 3.27 gezeigt – jeweils ein Häkchen vor die gewünschten Funktionen.

Testen Sie anschließend die Wirkung: Markieren Sie dazu einen beliebigen Bereich mit Werten. In der Statusleiste werden – wie in Abbildung 3.28 zu sehen – die Funktionsergebnisse für den markierten Bereich angezeigt. So können Sie auf die Schnelle Ergebnisse kontrollieren oder sich einen Überblick verschaffen.

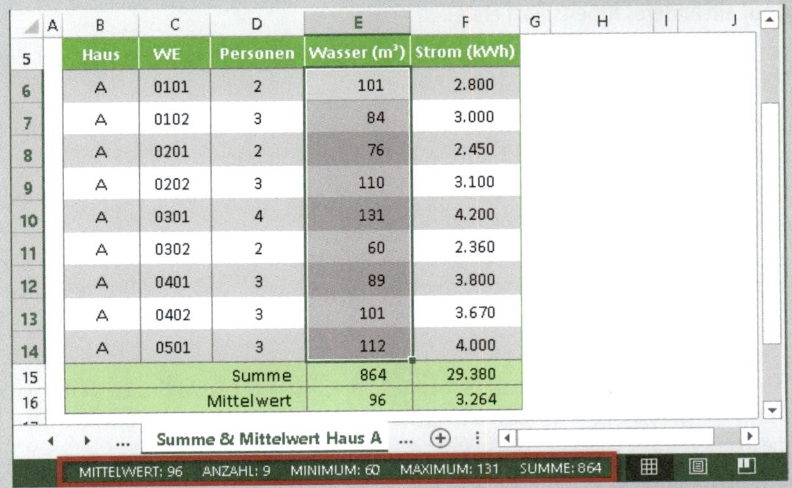

Abbildung 3.28: In der Statusleiste schnell Ergebnisse für Summe, Mittelwert, Minimum, Maximum und Anzahl anzeigen

Beim Erstellen von Formeln auf andere Arbeitsblätter und -mappen zugreifen

Aus Gründen der Übersichtlichkeit oder weil die Ergebnisse gedruckt werden sollen, ist es oft sinnvoll, Tabellen nicht auf einem Arbeitsblatt zu erstellen, sondern auf verschiedene Arbeitsblätter oder sogar -mappen zu verteilen. Beispielsweise können Daten für ein Jahr in je einer Arbeitsmappe verwaltet werden. Jede dieser Arbeitsmappen wiederum enthält auf verschiedenen Arbeitsblättern die Quartals- und Monatsdaten. So können Sie Daten strukturieren und auch das gemeinsame Arbeiten an Projekten organisieren.

Auch wenn Ihre Daten auf mehrere Orte verteilt sind, können Sie problemlos Berechnungen durchführen, die mehrere Arbeitsblätter und -mappen umfassen. Wie dies geht, lesen Sie in den folgenden Abschnitten.

Zum Rechnen auf andere Arbeitsblätter zugreifen

Häufig werden zusammenfassende Übersichten gebraucht. Wie Sie dabei vorgehen, erfahren Sie im folgenden Beispiel, bei dem es darum geht, auf einem Gesamtblatt für das Jahr 2012 Daten von drei Häusern zusammenzustellen. Zum einen sollen Berechnungen, die schon auf den Arbeitsblättern der einzelnen Häuser durchgeführt wurden, noch einmal angezeigt werden, zum anderen auch zusammenfassende Berechnungen aus den Daten der drei Arbeitsblätter erfolgen.

Beispiele Verwenden Sie zum Nachvollziehen der folgenden Schritte in der Beispieldatei *Kap03_UEB_Auswertung2012.xlsx* das Arbeitsblatt *GESAMT 2012*.

Einen Zellbezug auf ein anderes Arbeitsblatt erstellen

Zeigen Sie zunächst – wie in Abbildung 3.29 unten gezeigt – auf dem Gesamtblatt für das Jahr 2012 die Zahl der unvermieteten Wohneinheiten für jedes der drei Häuser an.

Um ausgehend vom Jahresgesamtblatt drei Zellbezüge auf die Arbeitsblätter der jeweiligen Häuser herzustellen, gehen Sie wie in Abbildung 3.30 dargestellt vor:

1. Markieren Sie zuerst im Blatt *GESAMT 2012* die Zelle C5. Geben Sie dort zum Erstellen eines Zellbezugs ein Gleichheitszeichen (=) ein [1].
2. Klicken Sie dann unten im Blattregister auf das Arbeitsblatt *Verbräuche Haus A* [2]. Das Arbeitsblatt *Verbräuche Haus A* wird daraufhin zur Auswahl des Zellbezugs angezeigt.
3. Markieren Sie dort Zelle D15 [3].
4. Schließen Sie den Vorgang mit ↵ ab [4]. Das Arbeitsblatt *GESAMT 2012* wird wieder angezeigt. Der Zellbezug wurde in die Zelle C5 übernommen – die Formel lautet `='Verbräuche Haus A'!D15`, das Ergebnis ist `0`.
5. Gehen Sie zum Erstellen der Zellbezüge in C6 und C7 analog vor. Wählen Sie für C6 das Arbeitsblatt *Verbräuche Haus B* und für C7 das Arbeitsblatt *Verbräuche Haus C* und in beiden Blättern jeweils wieder Zelle D15 aus.

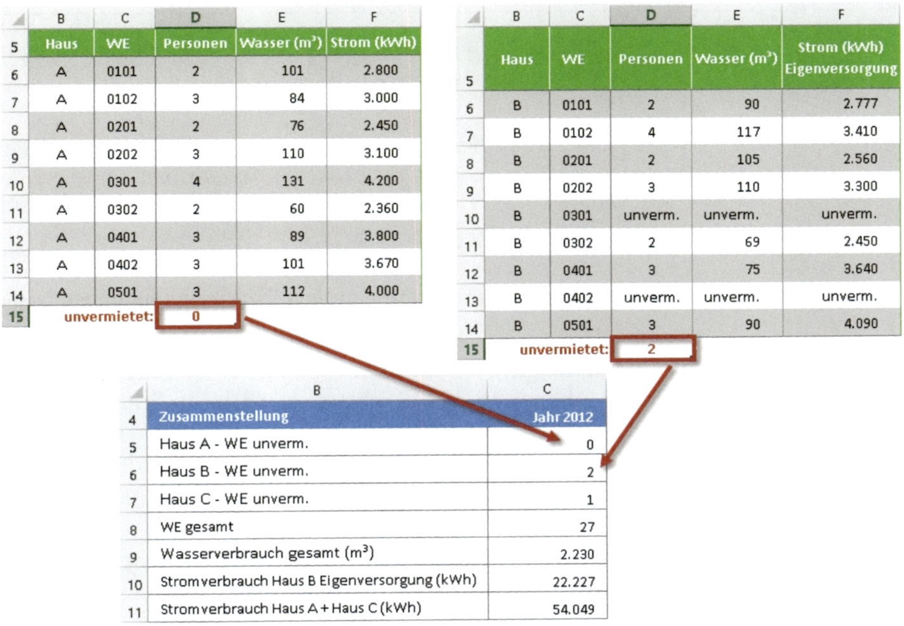

Abbildung 3.29: Auf einem Jahresgesamtblatt werden die Daten aus verschiedenen Arbeitsblättern zusammengestellt – hier am Beispiel von Haus A und Haus B

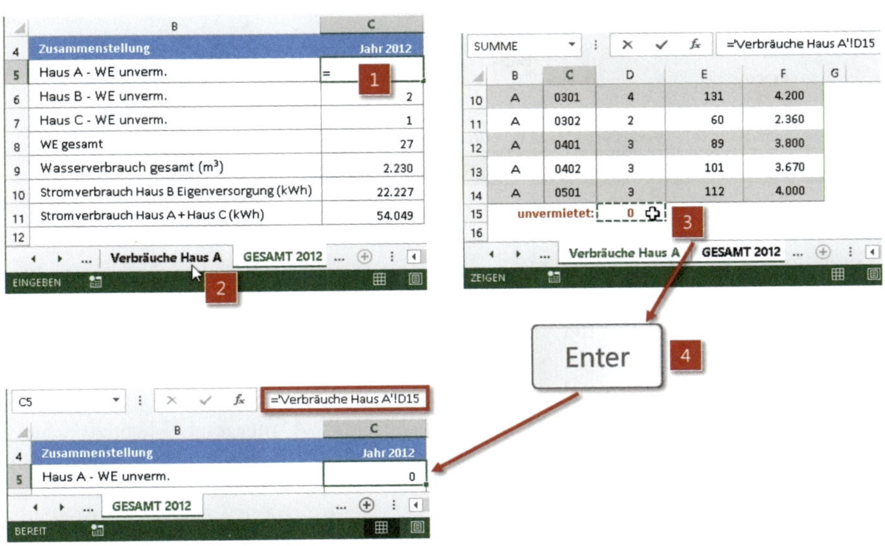

Abbildung 3.30: Die Schritte zum Erstellen eines Zellbezugs auf ein anderes Arbeitsblatt

Hinweis

- Wird in Formeln auf Zellen anderer Arbeitsblätter zugegriffen, stellt Excel dem Zellbezug den Namen des Arbeitsblattes voran – getrennt durch ein Ausrufezeichen. Die Syntax lautet also *Arbeitsblatt!Zellbezug*.
- Da Leerzeichen in einer Formel nicht erlaubt sind, schließt Excel einen Arbeitsblattnamen mit Leerzeichen in Hochkommas ein. Um Tipp- und Syntaxfehler in der Formeleingabe zu vermeiden, erstellen Sie Zellbezüge auf andere Arbeitsblätter durch Zeigen und Klicken mit der Maus.

Gleiche Zellbezüge aufeinanderfolgender Arbeitsblätter in einer Berechnung zusammenfassen

Es sollen nicht nur bereits vorhandene Daten auf dem Jahresgesamtblatt gespiegelt werden, sondern auch Neuberechnungen stattfinden, die die Blätter aller drei Häuser einbeziehen. In Zelle C8 – siehe Abbildung 3.29 – geht es im nächsten Schritt darum, die Anzahl der Wohneinheiten über alle Häuser zu ermitteln. Auf allen drei Haus-Arbeitsblättern ist der mit der Funktion ANZAHL2 auszuwertende Zellbereich gleich – er reicht von D6 bis D14. Zum Zusammenfassen der Werte gehen Sie folgendermaßen vor:

1. Markieren Sie im Arbeitsblatt *GESAMT 2012* Zelle C8.
2. Klicken Sie auf der Registerkarte *Start* in der Gruppe *Bearbeiten* auf den Pfeil der *AutoSumme*-Schaltfläche und in der aufklappenden Liste auf *Anzahl*.

3. Klicken Sie unten im Blattregister – wie in Abbildung 3.31 zu sehen – auf das Arbeitsblatt *Verbräuche Haus A* [1].

Abbildung 3.31: Mit der [⇧]*-Taste mehrere Arbeitsblätter in Folge markieren*

4. Drücken Sie die [⇧]-Taste und halten Sie sie gedrückt [2]. Klicken Sie nun im Blattregister auf das Arbeitsblatt *Verbräuche Haus C* [3], also das letzte in die Berechnung einzubeziehende Blatt in der Gruppe. In der Bearbeitungsleiste wird dadurch für die ANZAHL-Funktion ein Arbeitsblattbereich eingetragen, hier ist es `'Verbräuche Haus A:Verbräuche Haus C'`.
5. Es wird immer noch Arbeitsblatt *Verbräuche Haus A* angezeigt. Markieren Sie dort den Zellbereich, der in allen drei ausgewählten Arbeitsblättern ausgewertet werden soll: D6 bis D14.
6. Ändern Sie nun noch in der Bearbeitungsleiste den Funktionsnamen *ANZAHL* in *ANZAHL2*.
7. Schließen Sie den Vorgang mit [↵] ab. Das Arbeitsblatt *GESAMT 2012* wird daraufhin wieder angezeigt. Die Berechnung wurde in die Zelle C8 übernommen. Das Ergebnis in der Zelle ist *27* – wie Abbildung 3.29 zeigt – und die Formel lautet `=ANZAHL2('Verbräuche Haus A:Verbräuche Haus C'!D6:D14)`.

Berechnen Sie auf die gleiche Weise den *Wasserverbrauch gesamt (m^3)* in Zelle C9:

- Wiederholen Sie für Zelle C9 die Schritte 2 bis 5, wobei Sie in Schritt 2 durch Klicken auf die *AutoSumme*-Schaltfläche die Funktion *SUMME* statt *ANZAHL* verwenden.
- Wählen Sie in Schritt 5 den Zellbereich E6 bis E14 aus.
- Schließen Sie den Vorgang mit [↵] ab. Als Ergebnis sehen Sie in C9 den Gesamtwasserverbrauch in m³ von *2.230*. Die Formel in der Zelle lautet `=SUMME('Verbräuche Haus A:Verbräuche Haus C'!E6:E14)`.

Nur ausgewählte Zellbezüge einzelner Arbeitsblätter in einer Berechnung zusammenfassen

Beim Ermitteln des Stromverbrauchs soll Haus B wegen Eigenversorgung separat von Haus A und C betrachtet werden. Da die Arbeitsblätter von Haus A und Haus C nicht direkt aufeinanderfolgen, nutzen Sie diesmal nicht wie bei der Berechnung des Wasserverbrauchs die [⇧]-Taste zum Markieren der Blätter. Markieren Sie stattdessen auf jedem Arbeitsblatt den betreffenden Zellbereich einzeln. Trennen Sie in der Formel jeden der Zellbereiche vom anderen durch Semikolon.

Die Arbeitsschritte sind in Abbildung 3.32 dargestellt. Gehen Sie wie folgt vor:

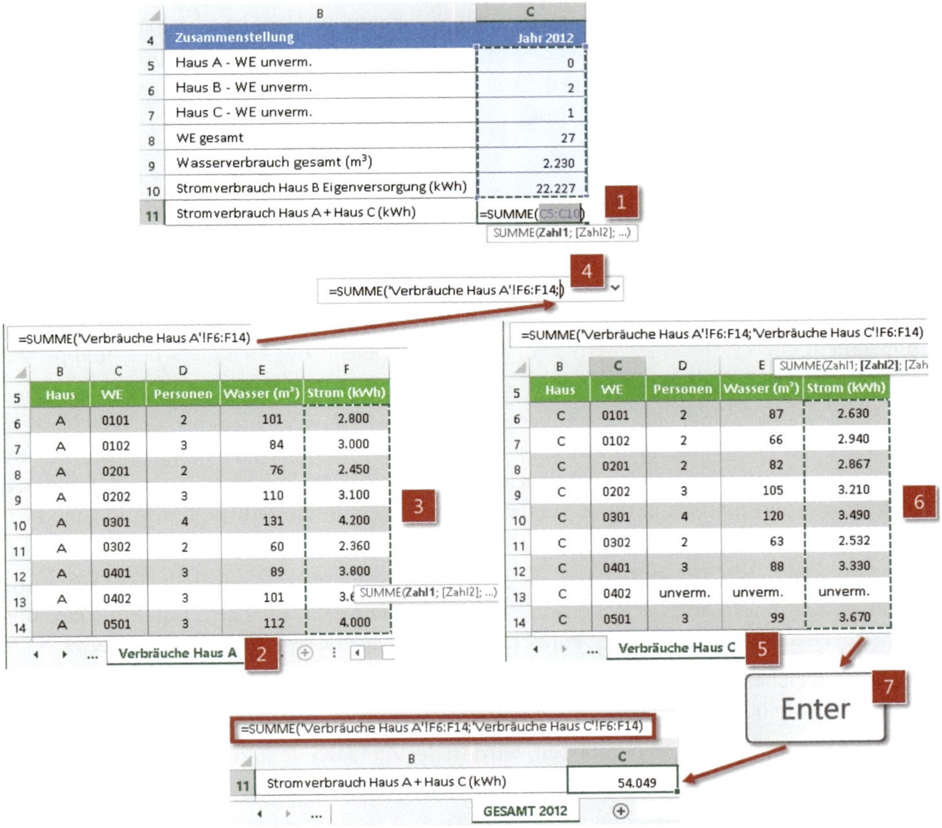

Abbildung 3.32: Zellbezüge mehrerer Arbeitsblätter in eine Berechnung einbeziehen

1. Markieren Sie Zelle C11 und klicken Sie auf die *AutoSumme*-Schaltfläche [1].
2. Klicken Sie im Blattregister auf das Arbeitsblatt *Verbräuche Haus A* [2] und markieren Sie die für den Stromverbrauch relevanten Zellen von F6 bis F14 [3].
3. Setzen Sie den Cursor in der Bearbeitungsleiste hinter *F14* und geben Sie ein Semikolon (;) ein [4]. Dadurch wird – wie in der QuickInfo für SUMME gezeigt – das zweite Argument für die SUMME-Funktion eingeleitet.
4. Klicken Sie nun im Blattregister auf das Arbeitsblatt *Verbräuche Haus C* [5].
5. Markieren Sie die für den Stromverbrauch relevanten Zellen von F6 bis F14 [6].
6. Schließen Sie den Vorgang mit ↵ ab [7]. Das Arbeitsblatt *GESAMT 2012* wird daraufhin wieder angezeigt. Die Berechnung wurde in Zelle C11 übernommen. Das Ergebnis in C11 ist *54.049*, die Formel lautet `=SUMME('Verbräuche Haus A'!F6:F14;'Verbräuche Haus C'!F6:F14)`.

Berechnen Sie abschließend noch den Stromverbrauch von Haus B:

1. Markieren Sie dazu Zelle C10 im Arbeitsblatt *GESAMT 2012*.
2. Klicken Sie auf die *AutoSumme*-Schaltfläche.
3. Klicken Sie unten im Blattregister auf das Arbeitsblatt *Verbräuche Haus B*.
4. Markieren Sie die für den Stromverbrauch relevanten Zellen – hier F6 bis F14.
5. Schließen Sie den Vorgang mit ↵ ab. Das Arbeitsblatt *GESAMT 2012* wird wieder angezeigt. Das Ergebnis in Zelle C10 ist *22.227*, die Formel lautet `=SUMME('Verbräuche Haus B'!F6:F14)`.

Auf Werte in anderen Arbeitsmappen zugreifen

Wie bereits erwähnt, kann es bei umfangreichen Datenbeständen zweckmäßig sein, die Daten auf mehrere Mappen zu verteilen – beispielsweise nach Jahren. Das schafft einerseits Übersichtlichkeit. Andererseits lassen sich die Mappen für die einzelnen Jahre an unterschiedlichen Orten speichern und separat bearbeiten. In einer Zielarbeitsmappe lassen sich jederzeit beliebige Daten aus den Quellarbeitsmappen abrufen.

Wie beim vorangegangenen Beispiel, bei dem Daten aus verschiedenen Arbeitsblättern verwendet wurden, kann auch zwischen verschiedenen Mappen mittels Zellbezügen eine dauerhafte Verknüpfung hergestellt werden. Ergeben sich Änderungen in einer Quelldatei, werden diese automatisch in der Zieldatei übernommen. Beim Verknüpfen von Daten zwischen unterschiedlichen Mappen gelten folgende Regeln:

- Wird in Formeln auf Zellen anderer Arbeitsmappen zugegriffen, erhält der Dateiname eckige Klammern und der Arbeitsblattname wird dem Zellbezug getrennt durch ein Ausrufezeichen vorangestellt. Die Syntax lautet also: *[Dateiname]Arbeitsblatt!Zellbezug*.
- Da Leerzeichen in einer Formel nicht erlaubt sind, wird ein Arbeitsblattname mit Leerzeichen in Hochkommas eingeschlossen.
- Wenn Sie eine Quelldatei schließen, wird in der Zieldatei dem externen Bezug automatisch vor dem Dateinamen der Pfad zur jeweiligen Datei hinzugefügt.

Testen Sie dies an dem folgenden Beispiel: In einer Aufstellung für das Jahr 2013 sollen zu Vergleichszwecken folgende Werte aus dem Jahr 2012 hinzugefügt werden: Anzahl der Wohneinheiten, Wasser- und Stromverbrauch. Abbildung 3.33 zeigt die fertige Lösung. Einerseits werden Werte aus der Arbeitsmappe für 2012 wiedergegeben. Andererseits werden Daten aus 2012 für Berechnungen verwendet.

Beispiele Verwenden Sie zum Nachvollziehen der folgenden Schritte in der Beispieldatei *Kap03_UEB_Auswertung2013.xlsx* das Arbeitsblatt *GESAMT 2013*.

	B	C	D	E
4	Zusammenstellung	Jahr 2013	Vergleichsjahr 2012	Differenz
5	WE gesamt	27	27	0
6	Wasserverbrauch (m³)	3.769	2.230	1.539
7	Stromverbrauch (kWh)	75.169	76.276	-1.107

Abbildung 3.33: Zellbezüge auf eine andere Arbeitsmappe liefern die Zahlen für das Vergleichsjahr 2012

Einen Zellbezug auf eine andere Arbeitsmappe erstellen

Stellen Sie – wie in Abbildung 3.33 gezeigt – in Zelle D5 einen Zellbezug auf die Arbeitsmappe *Kap03_UEB_Auswertung2012.xlsx* her – und zwar auf Zelle C8 im Arbeitsblatt *GESAMT 2012*. Gehen Sie hierzu wie folgt vor:

1. Öffnen Sie die Quellarbeitsmappe *Kap03_UEB_Auswertung2012.xlsx*, aus der Werte mit der Mappe für 2013 verknüpft werden sollen.
2. Wechseln Sie zur Zielarbeitsmappe – hier *Kap03_UEB_Auswertung2013.xlsx* – und markieren Sie dort Zelle D5, in die die Formel mit externem Bezug eingefügt werden soll.
3. Geben Sie ein Gleichheitszeichen (=) ein.
4. Wechseln Sie zur Quellarbeitsmappe, klicken Sie auf das Blatt *GESAMT 2012* und dann auf Zelle C8.
5. Schließen Sie den Vorgang mit [↵] ab. In Zelle D5 steht jetzt der Wert 27 und die Formel lautet: `='[Kap03_UEB_Auswertung2012.xlsx]GESAMT 2012'!$C$8`.

Achtung Der Bezug auf eine Zelle in der Quelldatei wird standardmäßig als *absoluter Bezug* eingefügt. Falls Sie *relative Bezüge* für ein späteres AutoAusfüllen benötigen, können Sie durch wiederholtes Drücken der [F4]-Taste den Bezug entsprechend umwandeln.

Einen externen Zellbezug kopieren

Stellen Sie nun in Zelle D6 den Zellbezug zu dem Wasserverbrauch in 2012 her. Nutzen Sie dazu den bereits erstellten Zellbezug für die Wohneinheiten in Zelle D5 und ziehen Sie das Ausfüllkästchen nach unten. Gehen Sie wie folgt vor:

1. Markieren Sie erneut die Zelle D5.
2. Setzen Sie in der Bearbeitungsleiste den Cursor direkt hinter den externen Zellbezug $C$8, der nun mit AutoAusfüllen übertragen werden soll.
3. Drücken Sie so oft die Taste [F4], bis sich keine Dollarzeichen mehr im Zellbezug befinden. Der Zellbezug ist somit zu einem *relativen Zellbezug* geworden.
4. Ziehen Sie das Ausfüllkästchen der Zelle D5 um eine Zeile nach unten. In Zelle D6 ist nun der Wasserverbrauch von 2.230 im Jahr 2012 zu sehen. Die Formel lautet `='[Kap03_UEB_Auswertung2012.xlsx]GESAMT 2012'!C9`.

Neuberechnung mit externen Bezügen durchführen

Um den Gesamtstromverbrauch im Jahr 2012 zu ermitteln, muss der Wert für Haus A und Haus C zu dem Wert für Haus B hinzuaddiert werden. So kommen Sie zum Ziel:

1. Öffnen Sie die Quellarbeitsmappe *Kap03_UEB_Auswertung2012.xlsx*, falls noch nicht geschehen.
2. Wechseln Sie zur Zielarbeitsmappe – hier *Kap03_UEB_Auswertung2013.xlsx* – und markieren Sie Zelle D7.
3. Klicken Sie auf die *AutoSumme*-Schaltfläche.
4. Wechseln Sie zur Quellarbeitsmappe zum Arbeitsblatt *GESAMT 2012* und markieren Sie dort die Zellen C10 und C11.
5. Schließen Sie den Vorgang mit [↵] ab. In D7 steht *76.276*, die Formel ist `=SUMME('[Kap03_UEB_Auswertung2012.xlsx]GESAMT 2012'!$C$10:$C$11)`.

Die aus zwei Arbeitsmappen stammenden Ergebnisse nutzen Sie nun, um – wie in Abbildung 3.33 gezeigt – weitere Berechnungen durchzuführen. Bilden Sie wie folgt die Differenz zwischen beiden Jahren:

1. Markieren Sie die Zellen E5 bis E7.
2. Geben Sie ein Gleichheitszeichen (=) ein.
3. Klicken Sie die Zelle C5 an.
4. Geben Sie ein Minuszeichen (-) ein.
5. Markieren Sie die Zelle D5.
6. Beenden Sie die Formel wegen der Mehrfachmarkierung nicht mit [↵], sondern mit [Strg]+[↵].

In E5 steht die Formel `=C5-D5` und sie ergibt eine Differenz von `0`. In E6 ist die Differenz `1.539`, in E7 `-1.107`.

Hinweis Wenn Sie die Quellarbeitsmappe schließen, wird dem Dateinamen bei den externen Bezügen der Pfad zu der jeweiligen Quelldatei vorangestellt.

Wann und wie werden verknüpfte Daten aktualisiert?

Beim Erstellen externer Bezüge entstehen Verknüpfungen zu anderen Mappen. Wann und wie werden diese Verknüpfungen aktualisiert? Tabelle 3.2 zeigt verschiedene Konstellationen:

Aktualisierung der verknüpften Daten	Beschreibung
Automatisch – Quell- und Zieldatei sind beide geöffnet	Sind Quell- und Zielarbeitsmappe gleichzeitig geöffnet, werden Änderungen in der Quellarbeitsmappe automatisch in den betreffenden Zellen der Zielarbeitsmappe aktualisiert.
Beim Öffnen der Zieldatei – Quelldatei liegt in dem in den externen Bezügen angegebenen Ordner	Es erscheint das Dialogfeld aus Abbildung 3.34. Hier können Sie sich für eine Aktualisierung [1] entscheiden oder die Daten im alten Zustand belassen [2].
Beim Öffnen der Zieldatei – Quelldatei liegt nicht in dem in den externen Bezügen angegebenen Ordner	Es erscheint das Dialogfeld aus Abbildung 3.34. Hier können Sie sich für ein Belassen der Altdaten [1] entscheiden oder die Verknüpfungen bearbeiten [2]. Wählen Sie *Verknüpfungen bearbeiten*, erscheint das in Abbildung 3.35 gezeigte Dialogfeld mit diversen Einstellungsmöglichkeiten, die in Tabelle 3.3 näher erläutert werden.

Tabelle 3.2: Verschiedene Konstellationen der Aktualisierung verknüpfter Daten

Aktualisierung der verknüpften Daten	Beschreibung
Beim Öffnen einer Zieldatei, die als nicht vertrauenswürdig eingestuft wird – Quelldatei liegt in dem in den externen Bezügen angegebenen Ordner	Je nach Speicherort der Zieldatei erscheint vorab die Sicherheitswarnung aus Abbildung 3.37. Hier können Sie sich für eine automatische Aktualisierung von Links [1] entscheiden und das Dokument – falls gewünscht – zu einem vertrauenswürdigen Dokument erklären. Dabei haben Sie auch die Möglichkeit, derartige Nachfragen beim Öffnen von Netzwerkdateien zu verhindern, indem Sie ein Häkchen vor *Nicht mehr nach Netzwerkdateien fragen* setzen.

Tabelle 3.2: Verschiedene Konstellationen der Aktualisierung verknüpfter Daten (Forts.)

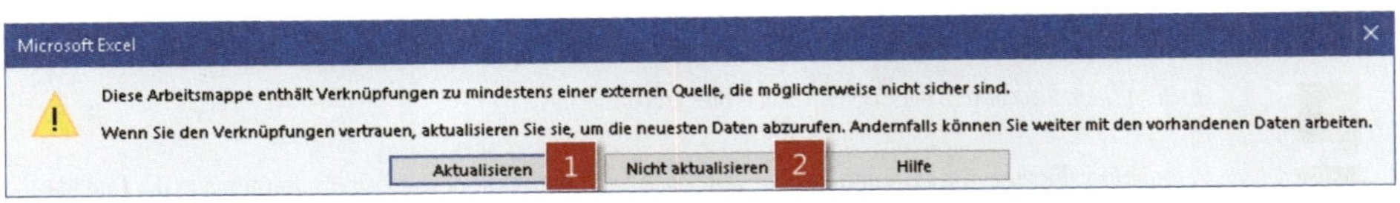

Abbildung 3.34: Beim Öffnen der Zieldatei können Sie sich entscheiden, ob Sie eine Aktualisierung der externen Daten wünschen

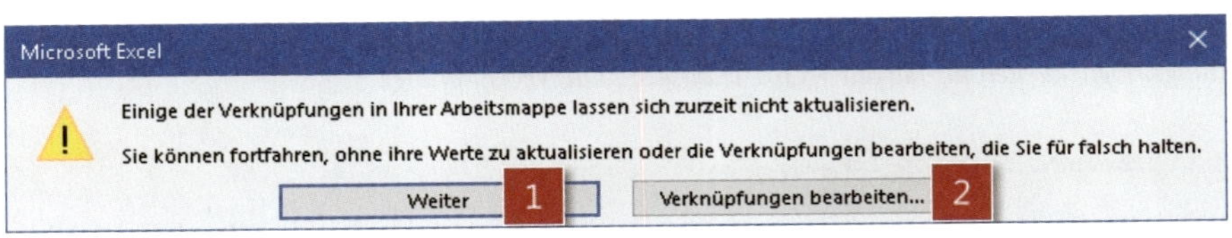

Abbildung 3.35: Beim Öffnen der Zieldatei werden Sie darauf hingewiesen, dass die Quelldatei zurzeit nicht zur Verfügung steht

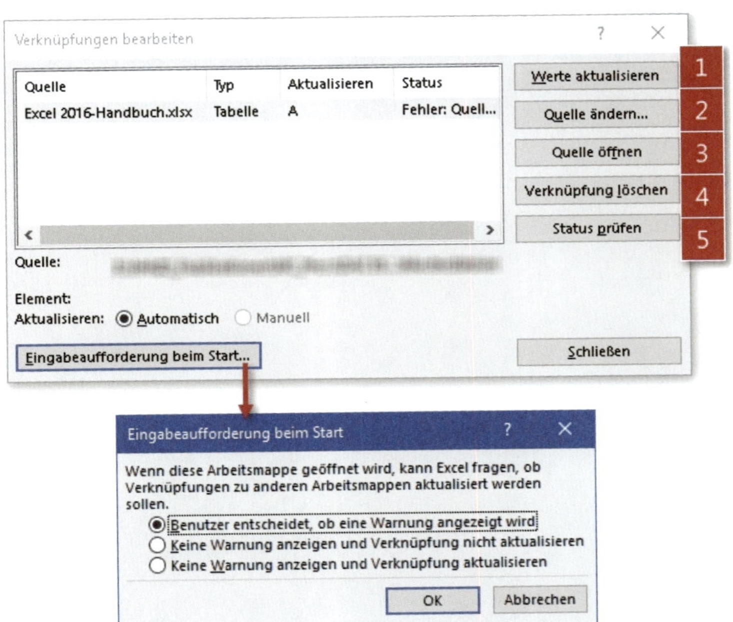

Abbildung 3.36: Das Dialogfeld Verknüpfungen bearbeiten *bietet diverse Verknüpfungseinstellungen*

Hinweis Zu dem in Abbildung 3.35 gezeigten Dialogfeld gelangen Sie auch, wenn Sie auf der Registerkarte *Daten* in der Gruppe *Verbindungen* auf die Schaltfläche *Verknüpfungen bearbeiten* klicken.

Einstellungsmöglichkeiten für Verknüpfungen	Beschreibung
1	*Werte aktualisieren:* Hierdurch aktualisieren Sie die externen Zellverknüpfungen.
2	*Quelle ändern:* Sie haben die Möglichkeit, eine andere Datei auszuwählen, die anstelle der zuvor markierten Verknüpfung als Quelldatei dienen soll.
3	*Quelle öffnen:* Sie können die Quelldatei von hier aus öffnen.
4	*Verknüpfung löschen:* Die externen Bezüge werden in feste Werte umgewandelt. Änderungen in der Quelldatei wirken sich von nun an nicht mehr auf die Zieldatei aus.
5	*Status prüfen:* Sie können die markierte Verknüpfung überprüfen.

Tabelle 3.3: Das Dialogfeld Verknüpfungen bearbeiten *aus Abbildung 3.35 bietet verschiedene Einstellungsmöglichkeiten für die unter* Quelle *ausgewählte Verknüpfung*

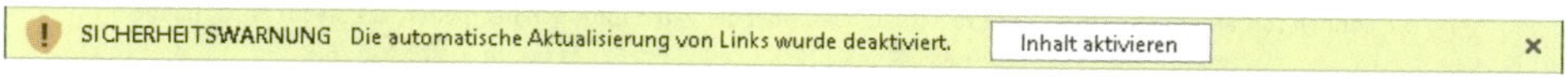

Abbildung 3.37: Die Sicherheitswarnung erscheint beim Öffnen von Arbeitsmappen, die als nicht sicher eingestuft werden

Kapitel 4

Für Eilige: Von der Tabelle zur fertigen Auswertung in weniger als 15 Minuten

In diesem Kapitel:

Sie wollen nicht erst das gesamte Buch durchlesen, um zu wissen, wie Sie Ihre nächste Auswertung aufbauen und die Daten dafür aufbereiten? Verständlich!

Lernen Sie deshalb in diesem Kapitel zwei Wege kennen, mit denen Sie ohne Formelwissen korrekte und beeindruckende Auswertungen anlegen und importierte Daten in die gewünschte Form bringen. Möglich ist dies durch zwei Neuerungen aus Excel 2013, mit denen Microsoft die Arbeit vieler Excel-Anwender produktiver und leichter macht: *Schnellanalyse* und *Blitzvorschau*. Beide Bezeichnungen klingen etwas marktschreierisch. Aber Zeitersparnis und ein Mehr an Bedienungskomfort rechtfertigen dies allemal. Überzeugen Sie sich selbst vom Nutzen der Schnellanalyse an dem Beispiel in Abbildung 4.1: Dort wird am Ende jeder Zeile der Durchschnitt ermittelt, ohne dass eine Formel eingegeben werden muss.

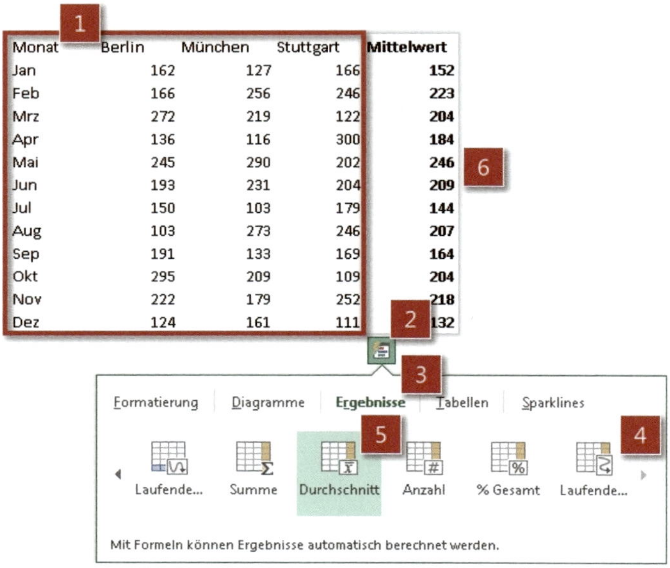

Abbildung 4.1: Mittels Schnellanalyse beispielsweise den Durchschnitt pro Zeile ermitteln lassen

Die Funktion *Schnellanalyse* kann nützliche und häufig gebrauchte Berechnungen ganz ohne Formeleingabe durch den Anwender durchführen, aber Daten auch visuell mit Datenbalken, Sparklines, Diagrammen oder professionellen Pivot-Tabellen und Pivot-Diagrammen darstellen. Ohne Kenntnisse zu solchen Themen wie bedingte Formatierung, Diagramme oder Pivot können Anwender mittels Schnellanalyse informative Auswertungen anfertigen – gerade wenig geübte Anwender können Excel damit viel produktiver nutzen. Abbildung 4.2 gibt einen Überblick über das Funktionsspektrum der *Schnellanalyse*. In den folgenden Abschnitten lernen Sie die einzelnen Möglichkeiten anhand von Beispielen kennen.

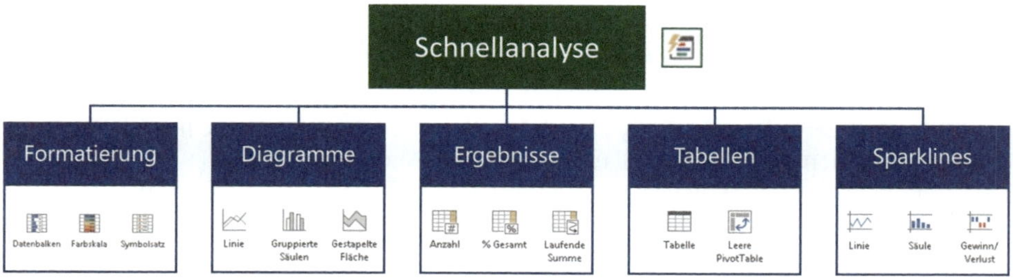

Abbildung 4.2: Die vielfältigen Möglichkeiten der Schnellanalyse auf einen Blick

Tabellen perfekt gestalten und ohne Formeleingabe Ergebnisse berechnen

Seit Version 2007 bietet Excel eine Möglichkeit, das Gestalten von Tabellen und das Rechnen darin besonders rationell zu erledigen. Das geht ganz einfach: Wandeln Sie dazu eine vorhandene »normale« Tabelle in eine »intelligente« Tabelle um. Wie das geht, welche Verbesserungen das für die Optik hat und inwiefern dies häufig vorkommende Berechnungen spürbar erleichtert, lesen Sie auf den folgenden Seiten.

In zwei Schritten zu ansprechender Tabellenoptik

Lernen Sie im ersten Beispiel einen besonders kurzen Weg kennen, wie Sie mittels Schnellanalyse aus einer einfachen Liste eine ansprechend gestaltete Tabelle machen.

Beispiele Öffnen Sie zum Nachvollziehen dieser Aufgabe die Beispielarbeitsmappe *Kap04_schnellanalyse_UEB.xlsx* und wechseln Sie zum Arbeitsblatt *Liste in Tabelle*.

---

1. Markieren Sie die Zelle B6 und drücken Sie [Strg]+[A]. Dadurch ist der zusammenhängende Bereich von B6 bis E18 automatisch markiert (siehe Abbildung 4.3 [1]).
2. Klicken Sie auf die Schaltfläche *Schnellanalyse* [2] und im sich damit öffnenden Katalog auf *Tabellen* [3].
3. Zeigen Sie links auf *Tabelle* [4]. Die erscheinende Vorschau [5] vermittelt einen Eindruck und ein Klick auf *Tabelle* genügt, um die Tabelle entsprechend zu formatieren. Ihre einfache Liste ist nun zu einer »intelligenten« Tabelle geworden. Die Spaltenüberschriften haben jetzt Dropdownpfeile, über die Sie bequem filtern und sortieren können. Farbunterscheidungen zwischen den Zeilen sorgen für eine bessere Lesbarkeit. Das kleine blaue Symbol an der rechten unteren Ecke signalisiert, dass sich die Tabelle bei Eingabe neuer Daten automatisch nach rechts und unten erweitert.

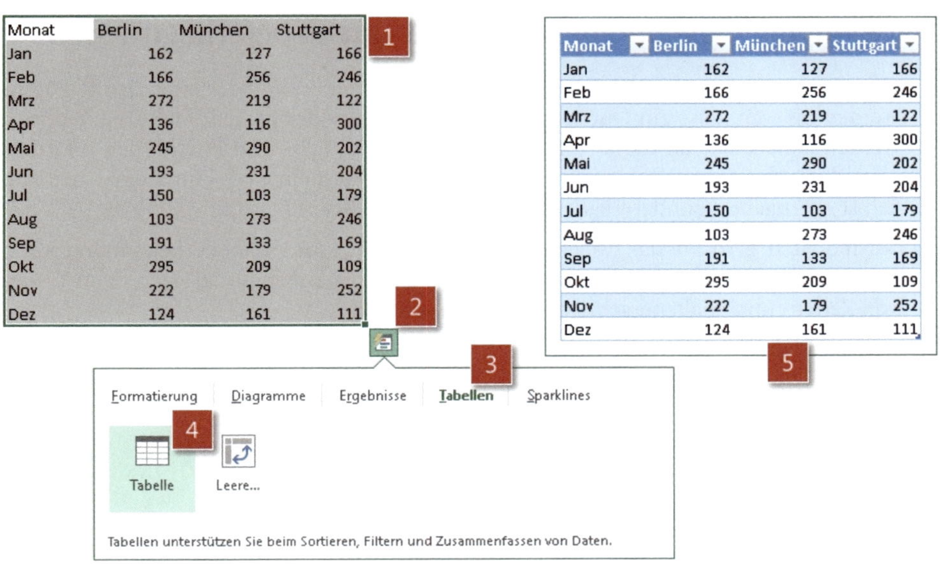

Abbildung 4.3: Per Klick auf Tabelle *wird aus der in Abbildung 4.1 gezeigten einfachen eine formatierte Tabelle*

Die Vorteile von »intelligenten« Tabellen im Überblick

- Sie verleihen Ihren Tabellen eine einheitliche Optik; Sie benötigen dazu keine speziellen Formatierungskenntnisse und haben das mit genau drei Mausklicks erledigt. Wollen Sie die Optik ändern, geht das ebenso einfach und schnell.
- Die in der Tabelle enthaltenen Daten können Sie über Dropdownlisten in den Spaltenüberschriften komfortabel filtern und sortieren.
- Über eine Ergebniszeile können Sie, ohne eine Formel eingeben zu müssen, auf Funktionen wie SUMME, MIN, MAX zugreifen und so häufig gebrauchte Berechnungen mühelos, fehlerlos und ohne tiefere Formelkenntnisse durchführen.
- Genial bei diesen Berechnungen über die Ergebniszeile: Sind in der Tabelle Zeilen gefiltert oder ausgeblendet, werden nur die Ergebnisse der gerade sichtbaren Daten angezeigt.
- Wenn Sie eine »intelligente« Tabelle unten oder rechts um weitere Zeilen beziehungsweise Spalten erweitern, werden Formatierungen und Formeln automatisch angepasst.
- Bei langen Tabellen werden beim Bewegen der Zellmarkierung nach unten die wenig aussagekräftigen Spaltenbezeichnungen A, B, C durch die jeweiligen Überschriften der Spalten ersetzt. Sie sparen sich damit das Fixieren des Fensters beim Scrollen und haben stets den Überblick – selbst in längeren Tabellen.

Lernen Sie den weiteren Umgang mit »intelligenten« Tabellen in Kapitel 13 kennen.

Zeilen- und Spaltenergebnisse automatisch berechnen lassen

Zum Excel-Alltag gehört für viele, dass Werte in einer Zeile oder einer Spalte summiert werden müssen, dass ein Durchschnittswert ermittelt oder prozentuale Anteile berechnet werden sollen. Für all diese Aufgaben sind zwar Formeln und Funktionen erforderlich, aber dank der Schnellanalyse brauchen Sie diese Formeln und Funktionen nicht mehr selbst einzugeben, sondern lassen sie sich von Excel liefern.

Sie möchten gern wissen, welche Ergebnisse Sie auf die Schnelle bekommen können? Einen Überblick gibt Tabelle 4.1, die auflistet, welche Berechnungsarten beim Ermitteln von Zeilen- und Spaltenergebnissen möglich sind.

Bereich	Symbol	Wirkung
Spalte		Berechnet die Summe am unteren Ende jeder Spalte
		Ermittelt den Durchschnitt am unteren Ende jeder Spalte

Tabelle 4.1: Übersicht über die möglichen Ergebnisse beim Verwenden der Schnellanalyse

Bereich	Symbol	Wirkung
Spalte	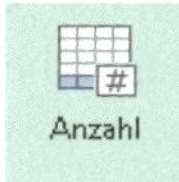	Liefert die Anzahl der Einträge am unteren Ende jeder Spalte
		Berechnet für jede Spalte den prozentualen Anteil am Gesamtergebnis
		Bildet eine laufende Summe am unteren Ende jeder Spalte
Zeile		Berechnet die Summe am Ende jeder Zeile
		Ermittelt den Durchschnitt am Ende jeder Zeile
		Zeigt die Anzahl der Einträge in einer Zeile an
		Berechnet für jede Zeile den prozentualen Anteil am Gesamtergebnis
		Bildet eine laufende Summe am Ende jeder Zeile

Tabelle 4.1: Übersicht über die möglichen Ergebnisse beim Verwenden der Schnellanalyse (Forts.)

Lernen Sie auf den folgenden Seiten einige dieser Schnellergebnisse an je einem Beispiel kennen.

Jahressummen pro Ort ermitteln

Der Klassiker beim Auswerten von Tabellen ist das Berechnen von Spaltensummen. Dafür bietet Excel mit dem Befehl *AutoSumme* im rechten Bereich der Registerkarte *Start* bereits eine komfortable Möglichkeit. Mit der Schnellanalyse ist eine weitere hinzugekommen. Testen Sie diese an dem folgenden Beispiel.

Für die in Abbildung 4.1 dargestellten Orte sollen am Ende des Jahres die vorhandenen monatlichen Beträge zu einem Jahresergebnis summiert werden. Das ist schnell erledigt – und zwar ohne jegliche Formelkenntnisse.

Beispiele Öffnen Sie zum Nachvollziehen dieser Aufgabe die Beispielarbeitsmappe *Kap04_Schnellanalyse_UEB.xlsx* und wechseln Sie zum Arbeitsblatt *Jahressumme pro Ort*.

---

1. Klicken Sie Zelle B6 an und markieren Sie mit Strg+A den gesamten Wertebereich.

2. Öffnen Sie an der rechten unteren Ecke der Markierung den Katalog *Schnellanalyse* und wählen Sie den Bereich *Ergebnisse*. Bewegen Sie den Mauszeiger über das Symbol *Summe* – das mit der blauen horizontalen Markierung. In der Vorschau werden sofort die Jahressummen pro Ort angezeigt. Ein Klick auf das Symbol fügt die Jahressummen – so wie in Abbildung 4.4 gezeigt – unterhalb der Markierung ein [1].

Zusätzlich zur Gesamtsumme pro Ort die Jahresmittelwerte anzeigen lassen

Zusätzlich zu den Spaltensummen soll auch noch der Jahresdurchschnitt pro Ort angezeigt werden. Kein Problem. Doch schaffen Sie zuvor Platz für diese zusätzliche Auswertungszeile.

Beispiele Öffnen Sie zum Nachvollziehen dieser Aufgabe die Beispielarbeitsmappe *Kap04_Schnellanalyse_UEB.xlsx* und wechseln Sie zum Arbeitsblatt *Jahresergebnisse pro Ort.*

---

1. Fügen Sie vor der Summenzeile eine neue Zeile ein, indem Sie die Summenzeile durch Anklicken des Zeilenkopfes markieren und anschließend Strg++ drücken.
2. Nun ist – wie in Abbildung 4.4 [2] zu sehen – Platz für die zusätzliche Auswertung vorhanden. Markieren Sie erneut den Datenbereich – hier B6:E18.

3. Öffnen Sie den Katalog *Schnellanalyse* und wählen Sie im Bereich *Ergebnisse* das zweite Symbol von links – *Durchschnitt*. In der Vorschau werden sofort alle drei Ortsdurchschnitte eingeblendet. Ein Klick auf das Symbol fügt diese neue Ergebniszeile ein. Abbildung 4.4 [3] zeigt, wie per Schnellanalyse zwei Ergebniszeilen entstanden sind.

Monat	Berlin	München	Stuttgart
Jan	162	127	166
Feb	166	256	246
Mrz	272	219	122
Apr	136	116	300
Mai	245	290	202
Jun	193	231	204
Jul	150	103	179
Aug	103	273	246
Sep	191	133	169
Okt	295	209	109
Nov	222	179	252
Dez	124	161	111
Summe 1	**2.259**	**2.297**	**2.306**

Monat	Berlin	München	Stuttgart
Jan	162	127	166
Feb	166	256	246
Mrz	272	219	122
Apr	136	116	300
Mai	245	290	202
Jun	193	231	204
Jul	150	103	179
Aug	103	273	246
Sep	191	133	169
Okt	295	209	109
Nov	222	179	252
Dez	124	161	111
2			
Summe	**2.259**	**2.297**	**2.306**

Monat	Berlin	München	Stuttgart
Jan	162	127	166
Feb	166	256	246
Mrz	272	219	122
Apr	136	116	300
Mai	245	290	202
Jun	193	231	204
Jul	150	103	179
Aug	103	273	246
Sep	191	133	169
Okt	295	209	109
Nov	222	179	252
Dez	124	161	111
Mittelwert 3	**188**	**191**	**192**
Summe	**2.259**	**2.297**	**2.306**

Abbildung 4.4: Mit der Schnellanalyse lassen sich auch zwei Ergebniszeilen erstellen

Am Ende jeder Zeile die Summe ermitteln lassen

Im nächsten Schritt sollen auch monatliche Auswertungen durchgeführt werden. Dafür sind nicht die Ergebnisse der einzelnen Orte pro Spalte, sondern die Summe aller Ortsergebnisse pro Zeile erforderlich. Lassen Sie auch diese Art der Berechnung für einzelne Zeilen auf die Schnelle ausführen.

Beispiele Öffnen Sie zum Nachvollziehen dieser Aufgabe die Beispielarbeitsmappe *Kap04_Schnellanalyse_UEB.xlsx* und wechseln Sie zum Arbeitsblatt *Monatssummen.*

---

1. Klicken Sie in Zelle B6 und markieren Sie mit [Strg]+[A] den gesamten Wertebereich.
2. Öffnen Sie den Katalog *Schnellanalyse* und wählen Sie im Bereich *Ergebnisse* das sechste Symbol von links – *Spaltensumme*. Sofort wird rechts eine neue Spalte *Summe* eingeblendet, deren Werte bereits fett formatiert sind. Ein Klick auf das Symbol genügt und die Summenspalte ist eingefügt.

Achtung Im Bereich *Ergebnisse* im Katalog *Schnellanalyse* verbergen sich mehr als nur die sechs Symbole, die beim Klick auf *Ergebnisse* erscheinen. Über die schwarzen Pfeile links und rechts können Sie weitere Symbole auswählen.

Die Monatssumme durch den Anteil am Jahr ersetzen

Stellen Sie fest, dass die Monatssummen nicht so interessant sind, sondern eher der monatliche prozentuale Anteil am Gesamtergebnis, ist das kein Problem. Die zuvor erstellte Summenspalte können Sie im Handumdrehen durch die prozentualen Anteile der einzelnen Monate am Jahresergebnis ersetzen. Gehen Sie wie folgt vor:

Beispiele Öffnen Sie zum Nachvollziehen dieser Aufgabe die Beispielarbeitsmappe *Kap04_Schnellanalyse_UEB.xlsx* und wechseln Sie zum Arbeitsblatt *Monatl. proz. Anteile.*

---

1. Klicken Sie Zelle B6 an und markieren Sie mit [Strg]+[A] den gesamten Wertebereich. Reduzieren Sie die Markierung um die letzte Spalte durch Drücken der Tastenkombination [⇧]+[←] – siehe Abbildung 4.5 [1].
2. Drücken Sie die Tastenkombination [Strg]+[Q], um die Schnellanalyse aufzurufen. Aktivieren Sie im Bereich *Ergebnisse* und wählen Sie dort das Symbol *% Gesamt* für die rechte Spalte.
3. Bestätigen Sie das angezeigte Dialogfeld aus Abbildung 4.5 [2] mit *OK*.

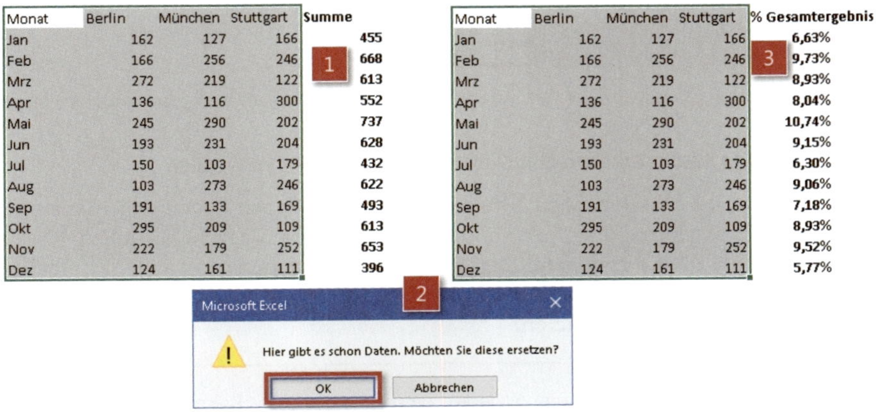

Monat	Berlin	München	Stuttgart	Summe
Jan	162	127	166	455
Feb	166	256	246	668
Mrz	272	219	122	613
Apr	136	116	300	552
Mai	245	290	202	737
Jun	193	231	204	628
Jul	150	103	179	432
Aug	103	273	246	622
Sep	191	133	169	493
Okt	295	209	109	613
Nov	222	179	252	653
Dez	124	161	111	396

Monat	Berlin	München	Stuttgart	% Gesamtergebnis
Jan	162	127	166	6,63%
Feb	166	256	246	9,73%
Mrz	272	219	122	8,93%
Apr	136	116	300	8,04%
Mai	245	290	202	10,74%
Jun	193	231	204	9,15%
Jul	150	103	179	6,30%
Aug	103	273	246	9,06%
Sep	191	133	169	7,18%
Okt	295	209	109	8,93%
Nov	222	179	252	9,52%
Dez	124	161	111	5,77%

Abbildung 4.5: Die Summen-Ergebnisspalte mit der Schnellanalyse durch eine Anteil-Ergebnisspalte ersetzen

Als Ergebnis erscheinen – wie in Abbildung 4.5 gezeigt – in der bisherigen Summenspalte die prozentualen Anteile [3].

Mit der laufenden Summe stets den Überblick über das bisherige Jahresergebnis behalten

Monatssummen und Gesamtjahressummen haben Sie bereits ermittelt. Doch oft wird während des Jahres ein Zwischenstand benötigt. Wie hoch sind die Erträge oder Kosten bis zu einem bestimmten Monat? Diese Frage können Sie mit der Option *Laufende Summe* der Schnellanalyse leicht beantworten.

Beispiele Öffnen Sie zum Nachvollziehen dieser Aufgabe die Beispielarbeitsmappe *Kap04_Schnellanalyse_UEB.xlsx* und wechseln Sie zum Arbeitsblatt *Jahreszwischensummen.*

---

1. Klicken Sie Zelle B6 an, markieren Sie mit [Strg]+[A] den gesamten Wertebereich und rufen Sie mit [Strg]+[Q] die Schnellanalyse auf.

2. Wählen Sie im Bereich *Ergebnisse* ganz rechts das Symbol *Laufende Summe.*

Sie erhalten eine Ergebnisspalte mit den fortlaufenden Jahreszwischensummen wie in Abbildung 4.6 gezeigt. In der untersten Zelle der Ergebnisspalte sehen Sie das Jahresgesamtergebnis aller drei Orte.

Monat	Berlin	München	Stuttgart	Ergebnis
Jan	162	127	166	455
Feb	166	256	246	1.123
Mrz	272	219	122	1.736
Apr	136	116	300	2.288
Mai	245	290	202	3.025
Jun	193	231	204	3.653
Jul	150	103	179	4.085
Aug	103	273	246	4.707
Sep	191	133	169	5.200
Okt	295	209	109	5.813
Nov	222	179	252	6.466
Dez	124	161	111	6.862

Abbildung 4.6: Mit Laufende Summe *Jahreszwischenergebnisse und -gesamtergebnis anzeigen lassen*

Schnelle bildhafte Auswertung mit Minidiagrammen: Sparklines verwenden

Die Ergebnisse aus verschiedenen Monaten an verschiedenen Orten liegen vor und Sie möchten die Entwicklung übers Jahr in den einzelnen Orten gegenüberstellen? Dies können Sie platzsparend und zudem bildhaft mit Minidiagrammen innerhalb der Tabellenzellen erledigen. Überzeugen Sie sich selbst, wie Sie die Entwicklung für jeden Ort mittels *Sparklines* ganz einfach visualisieren.

Beispiele Öffnen Sie zum Nachvollziehen dieser Aufgabe die Beispielarbeitsmappe *Kap04_Schnellanalyse_UEB.xlsx* und wechseln Sie zum Arbeitsblatt *Sparklines.*

---

1. Klicken Sie Zelle B6 an, markieren Sie mit [Strg]+[A] den gesamten Wertebereich und rufen Sie mit [Strg]+[Q] die Schnellanalyse auf.
2. Wählen Sie im Bereich *Sparklines* das Symbol *Linie*. In der Vorschau sehen Sie in Spalte O drei Minidiagramme. Abbildung 4.7 zeigt, dass das Ergebnis zunächst noch wenig spektakulär aussieht und noch nicht aussagekräftig genug ist [1]. Nehmen Sie deshalb ein paar kleine Formatierungen vor.

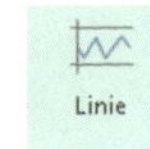

3. Wechseln Sie zur Registerkarte *Start*. Setzen Sie dort in der Gruppe *Zellen* im Menü zur Schaltfläche *Format* die *Spaltenbreite* und die *Zeilenhöhe* jeweils auf 30 fest. Dadurch wird der Verlauf der Linie besser sichtbar.
4. Aktivieren Sie anschließend auf der Registerkarte *Sparklinetools/Entwurf* in der Gruppe *Anzeigen* das Kontrollkästchen *Höchstpunkt* und das Kontrollkästchen *Markierungen*. Um die Markierungen besser vom Höchstpunkt unterscheiden zu können, wählen Sie in der Gruppe *Formatvorlage* als *Datenpunktfarbe* für die *Markierungen* einen Blau- und für den *Höchstpunkt* einen satten Rotton. Als Ergebnis erhalten Sie – wie in Abbildung 4.7 gezeigt – perfekte Miniliniendiagramme mit markierten Datenpunkten [2].

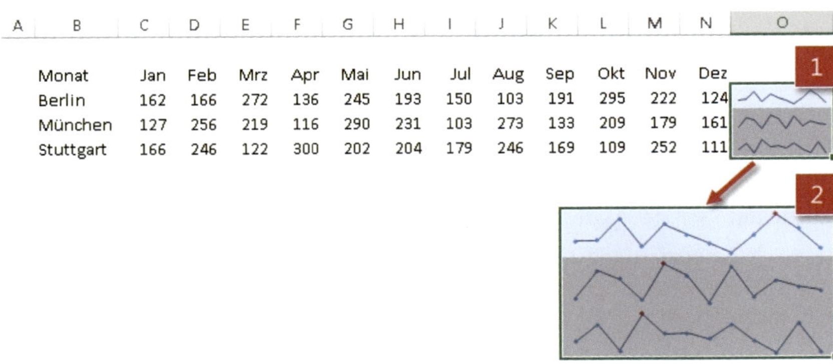

Abbildung 4.7: Schnelles Visualisieren von Daten mit Sparklines

---

Hinweis Mehr zum Erstellen von Sparklines und wie Sie ihr Aussehen anpassen, erfahren Sie in Kapitel 17.

Das ist für die Schnellanalyse erforderlich

Um die Schnellanalyse aufrufen zu können, müssen mindestens zwei Zellen markiert sein. Danach erscheint an der rechten unteren Ecke der Markierung automatisch das Symbol zum Starten der Schnellanalyse. Alternativ können Sie die Schnellanalyse auch über die Tastenkombination [Strg]+[Q] aufrufen.

Damit die Schnellanalyse funktioniert, muss der markierte Bereich aus zusammenhängenden Zeilen und Spalten bestehen. Es ist nicht möglich, beispielsweise nur die erste und dritte Spalte einer Datenliste auszuwählen. Befinden sich innerhalb der Markierung ausgeblendete Zeilen oder Spalten, werden diese von der Schnellanalyse mitberücksichtigt.

Wichtiges automatisch kennzeichnen

Die Schnellanalyse bietet neben Sparklines weitere Möglichkeiten an, Daten grafisch und farbig herauszustellen, und zwar direkt in der jeweiligen Zelle über bedingte Formatierungen, die im Bereich *Formatierung* zu finden sind.

Welche Optionen Excel hier anbietet, hängt davon ab, welche Art von Werten Sie zuvor markiert haben: Zahlen, Text oder Datumsangaben.

Zahlen per Datenbalken vergleichbar machen

Die Größe der Werte wird bei einer Formatierung mit Datenbalken durch deren Länge dargestellt. Die Zahlen gehen dabei nicht verloren, sondern sind in den Datenbalken weiterhin erkennbar.

Machen Sie die Ergebnisse der verschiedenen Monate und Orte über die Datenbalken in der Schnellanalyse auf die Schnelle vergleichbar.

Beispiele Öffnen Sie zum Nachvollziehen dieser Aufgabe die Beispielarbeitsmappe *Kap04_Schnellanalyse_UEB.xlsx* und wechseln Sie zum Arbeitsblatt *Datenbalken*.

---

1. Klicken Sie Zelle B6 an, markieren Sie mit [Strg]+[A] den gesamten Wertebereich und rufen Sie mit [Strg]+[Q] die Schnellanalyse auf.

2. Im Bereich *Formatierung* ist bereits aktiv und ein Klick auf das Symbol *Datenbalken* genügt. In den Zellen befinden sich nun – wie in Abbildung 4.8 zu sehen – blaue Datenbalken, die die Größe der Werte im Vergleich zueinander aufzeigen.

Hinweis Wie Sie die Datenbalken mit einer anderen Farbe versehen oder auch einen Farbverlauf in die Balken einbringen, lesen Sie in Kapitel 9.

Monat	Berlin	München	Stuttgart
Jan	162	127	166
Feb	166	256	246
Mrz	272	219	122
Apr	136	116	300
Mai	245	290	202
Jun	193	231	204
Jul	150	103	179
Aug	103	273	246
Sep	191	133	169
Okt	295	209	109
Nov	222	179	252
Dez	124	161	111

Abbildung 4.8: Eine superschnelle Visualisierung von Werten mit Datenbalken

Klare Statusmeldungen mit Symbolen und Ampeln

Die Datenbalken sind für Sie noch nicht die optimale Variante und Sie möchten lieber Symbole zur Veranschaulichung verwenden? Kein Problem. Allerdings sind zuvor die Datenbalken zu entfernen. Auch hierfür bietet die Schnellanalyse einen einfachen Weg.

Vorhandene Formatierungen der Schnellanalyse löschen

Die Schnellanalyse sieht mit dem Radiergummisymbol *Formatierung löschen* im Bereich *Formatierung* einen einfachen Weg vor, um bedingte Formate wieder zu entfernen. Anschließend können Sie eine neue Formatierung festlegen.

Löschen Sie die vorhandene Formatierung per Datenbalken und veranschaulichen Sie stattdessen die Zahlen mit Symbolen.

Beispiele Öffnen Sie zum Nachvollziehen dieser Aufgabe die Beispielarbeitsmappe *Kap04_Schnellanalyse_UEB.xlsx* und wechseln Sie zum Arbeitsblatt *Symbolsätze*.

---

1. Klicken Sie in den Datenbereich und rufen Sie mit `Strg`+`Q` die Schnellanalyse auf.
2. Wählen Sie im bereits aktiven Bereich *Formatierung* die Option *Formatierung löschen*.

Hinweis Auch mehrere übereinandergelegte bedingte Formate können auf diesem Weg mit einem Klick entfernt werden.

Statt Datenbalken informative Ampeln zuweisen

Weniger ist manchmal mehr. Unter diesem Motto soll nicht jedes Ergebnis mit einem Kennzeichen versehen werden, sondern nur die Extremwerte nach oben und nach unten. Ergebnisse oberhalb von 250 sollen durch eine grüne Ampel herausstechen. Ein rotes Ampelsignal soll auf kritische Ergebnisse unterhalb von 150 hinweisen.

1. Rufen Sie mit `Strg`+`Q` die Schnellanalyse auf.
2. Klicken Sie in dem bereits aktiven Bereich *Formatierung* auf *Symbolsatz*. Als Ergebnis erscheinen – wie in Abbildung 4.9 gezeigt – die Werte nun mit Pfeilen in drei unterschiedlichen Richtungen und Farben [1]. Allerdings legt hier Excel mit seinen Voreinstellungen fest, wann welcher Pfeil verwendet wird. Passen Sie daher die Symbole und Bedingungen an.
3. Wählen Sie dazu *Start/Formatvorlagen/Bedingte Formatierung/Regeln verwalten*. Beginnen Sie die Bearbeitung der Regel per Doppelklick auf die Regel im *Manager für Regeln zur bedingten Formatierung*.

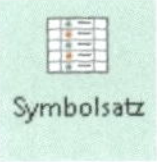

4. Wählen Sie im Dialogfeld *Formatierungsregel bearbeiten* – wie in Abbildung 4.9 gezeigt – den Typ *Zahl* [2], die Werte *250* und *150* als Grenzwerte [3] und die gewünschten Symbole [4].

So erhalten Sie eine visuelle Aufbereitung, die auf einen Blick eine bessere Zuordnung der Daten erlaubt – siehe Abbildung 4.9 [5].

Tipp

Die Zahlen und die zugehörigen Ampelsymbole haben einen zu großen Abstand. Zahlen sollen aber wie immer rechtsbündig angeordnet bleiben. Ein kleiner Trick hilft hier. Markieren Sie den Wertebereich und wählen Sie auf der Registerkarte *Start* in der Gruppe *Ausrichtung* die Option *Rechtsbündig*. Klicken Sie anschließend zweimal auf die Schaltfläche *Einzug vergrößern*.

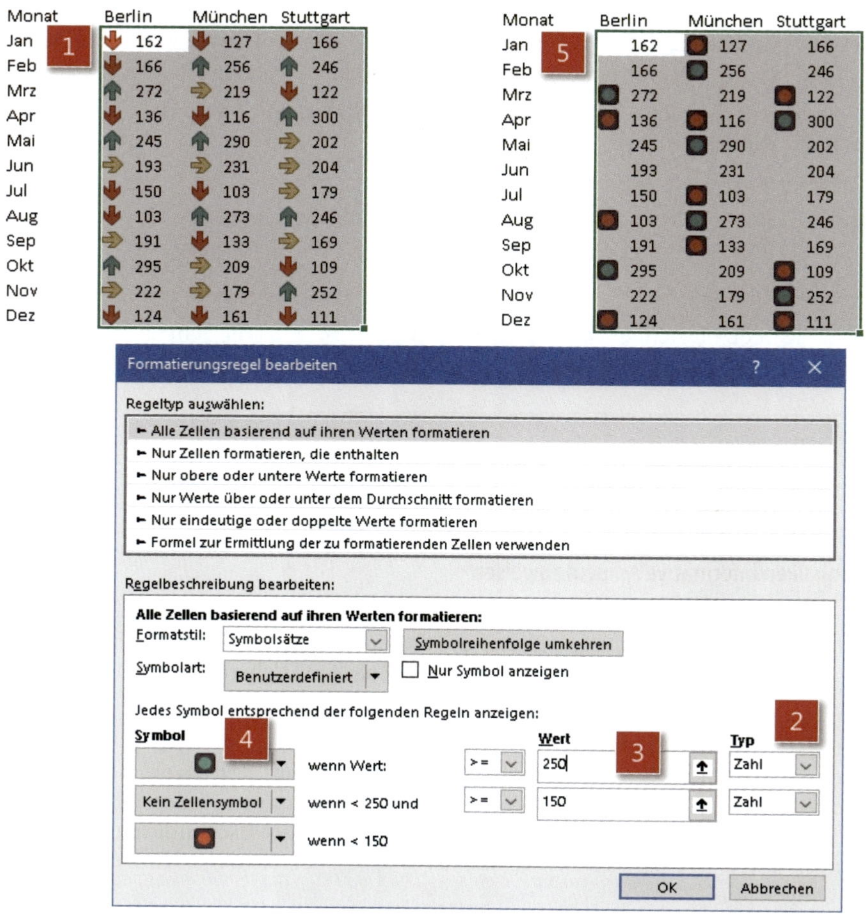

Abbildung 4.9: Visuelle Auswertung der Daten mit grünen und roten Ampelsymbolen

Daten visuell darstellen per Diagramm

Mit Diagrammen können Sie Zahlenwerte übersichtlich grafisch darstellen. Auch komplizierte Zusammenhänge oder Entwicklungstrends lassen sich so schneller und einfacher erfassen, als dies bei reinen Zahlenlisten der Fall wäre. Das Erstellen von Diagrammen ohne Vorkenntnisse stellt jedoch für viele eine Hürde dar. Diese Hürde lässt sich mit der Schnellanalyse nun leicht überwinden. Abbildung 4.10 zeigt eine Auswahl der Diagrammtypen, die über die Schnellanalyse verfügbar sind. Per Klick auf *Weitere Diagramme* steht das gesamte Spektrum zur Verfügung. Die angebotenen Diagrammtypen sind abhängig von den markierten Daten.

Abbildung 4.10: Schneller Zugriff auf häufig verwendete Diagrammtypen

Im Nu zum fertigen Säulendiagramm

Wenn es darum geht, Daten über einen Zeitraum zu vergleichen, kommen häufig Säulendiagramme zum Einsatz. Sehen Sie im folgenden Beispiel, wie Sie Monatsergebnisse auf die Schnelle mit Säulen anschaulich darstellen können.

Verschaffen Sie sich mit der Livevorschau zunächst einen Überblick über die angebotenen Diagramme. Veranschaulichen Sie schließlich die Monatsergebnisse mithilfe der Variante *Gruppierte Säulen*.

Beispiele Öffnen Sie zum Nachvollziehen dieser Aufgabe die Beispielarbeitsmappe *Kap04_Schnellanalyse_UEB.xlsx* und wechseln Sie zum Arbeitsblatt *Säulendiagramm*.

---

1. Klicken Sie in den Datenbereich und rufen Sie mit Strg+Q die Schnellanalyse auf. Bewegen Sie im Bereich *Diagramme* den Mauszeiger auf die erste Diagrammoption: *Linie*.

2. Testen Sie, da das angebotene Liniendiagramm nicht wirklich übersichtlich ist, per Livevorschau die anderen angebotenen Diagramme. Überlassen Sie nicht Excel die Wahl! Wie Sie sehen, sind für die vorliegenden Daten nur die Varianten *Gruppierte Säulen* und *Gestapelte Säulen* wirklich sinnvoll.
3. Wählen Sie *Gruppierte Säulen* per Klick auf das entsprechende Symbol.

Das Ergebnis ist ein gruppiertes Säulendiagramm wie in Abbildung 4.11.

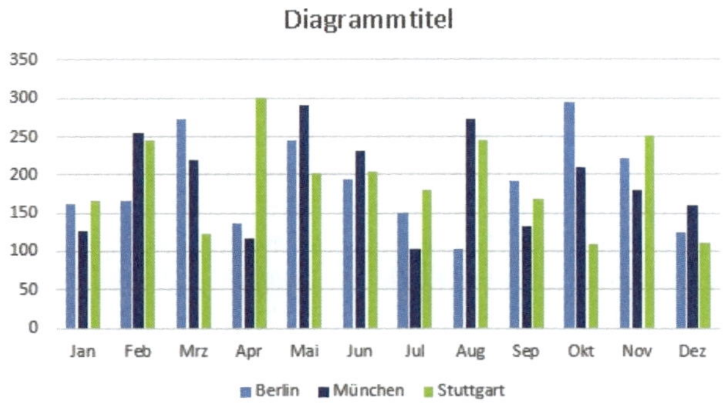

Abbildung 4.11: Mit wenigen Klicks zu einem aussagekräftigen gruppierten Säulendiagramm

Alternativ dazu können Sie auch das in Abbildung 4.12 gezeigte *Gestapelte Säulendiagramm* wählen. Es macht die Unterschiede zwischen den Monatsergebnissen besser deutlich.

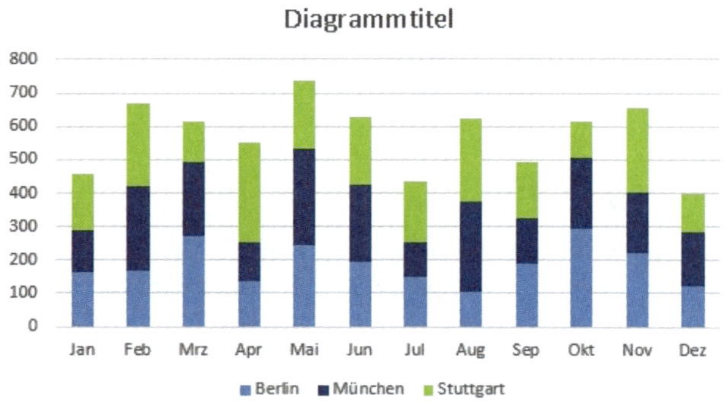

Abbildung 4.12: Mit einem gestapelten Säulendiagramm die Entwicklung des Gesamtergebnisses verfolgen

Wie Sie die Diagramme informativer machen, indem Sie den Säulen Datenbeschriftungen hinzufügen, die vertikale Achse wegblenden oder den Diagrammtitel löschen, finden Sie neben anderen interessanten Varianten in Kapitel 16.

Rangfolgen durch Balkendiagramme darstellen

Oftmals sind nicht alle Daten interessant für eine visuelle Darstellung, sondern nur die herausragenden Werte und diese in einer Rangfolge. Im folgenden Beispiel geht es um Windenergieanlagen (WEA) in Deutschland und ihre Verteilung auf die verschiedenen Bundesländer. Die hier dargestellten Daten entstammen der Quelle *http://www.windenergie.de/sites/default/files?/attachments/page/statistiken/fact-sheet-status-windenergieausbau-2012-06-30.pdf*.

Die Rangfolge der Top-10-Bundesländer mit Windenergieanlagen soll mithilfe von gruppierten Balken dargestellt werden.

Beispiele Öffnen Sie zum Nachvollziehen dieser Aufgabe die Beispielarbeitsmappe *Kap04_Schnellanalyse_UEB.xlsx* und wechseln Sie zum Arbeitsblatt *Top10 aufsteigend*.

1. Markieren Sie den Datenbereich von B9 bis C19, also ohne die Spalte *Region,* und rufen Sie mit [Strg]+[Q] die Schnellanalyse auf.
2. Bewegen Sie im Bereich *Diagramme* den Mauszeiger auf die erste angebotene Diagrammoption: *Gruppierte Balken.*

Hinweis Eine aufsteigende Sortierung der Daten ist notwendig, um im Balkendiagramm eine Rangfolge von oben nach unten darzustellen.

Die erste angebotene Diagrammvariante muss nicht immer die optimale sein. Aber in diesem Fall ist es so. Einen schnelleren Weg zu einer Rangfolgendarstellung gibt es wohl kaum.

Anteile per Kreisdiagramm darstellen

Kreisdiagramme zur visuellen Darstellung von Anteilen eignen sich nur, wenn nicht zu viele Segmente vorhanden sind. Ein Kreisdiagramm mit beispielsweise zehn Segmenten ist wenig aussagekräftig. Im folgenden Beispiel soll daher die Verteilung der Windenergieanlagen der Top-5-Bundesländer dargestellt werden.

Stellen Sie diese Verteilung der Top 5 mit einem *Kreisdiagramm* dar.

Beispiele Öffnen Sie zum Nachvollziehen dieser Aufgabe die Beispielarbeitsmappe *Kap04_Schnellanalyse_UEB.xlsx* und wechseln Sie zum Arbeitsblatt *Top 5 absteigend*.

1. Markieren Sie den Datenbereich B9 bis C14, also ohne die Spalte *Region,* und rufen Sie mit [Strg]+[Q] die Schnellanalyse auf.
2. Bewegen Sie im Bereich *Diagramme* den Mauszeiger auf die zweite angebotene Diagrammoption: *Kreis.*

Durch die zuvor in den Daten voreingestellte absteigende Sortierung in der Spalte *Anzahl WEA* erhalten Sie nun ein Kreisdiagramm mit den größten Anteilen im Uhrzeigersinn (siehe Abbildung 4.13).

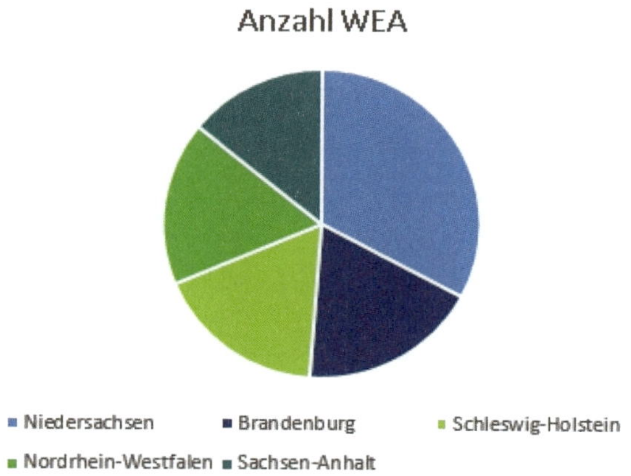

Abbildung 4.13: Einfache Darstellung der WEA-Anteile der Top-5-Bundesländer per Kreisdiagramm

Auswertungen informativer machen

Durch das Gruppieren von Daten lassen sich zusätzliche Informationen gewinnen. Beispielsweise kann im vorliegenden Beispiel der Windenergieanlagen durch das Hinzufügen der Information über die Region eine weitere Auswertung nach Regionen erfolgen. Sehen Sie selbst, wie das Hinzunehmen der Information »Region« zu einem neuen Angebot an Diagrammen in der Schnellanalyse führt.

»Berechnete« Auswertungen als Tabelle oder Diagramm

Derartige berechnete Informationen können sowohl mit einer Pivot-Tabelle als auch mit einem Pivot-Diagramm dargestellt werden.

Zusammenfassung von Daten nach Region per Pivot-Diagramm

Ermitteln Sie die Anzahl der Windenergieanlagen aus den Top-10-Bundesländern nach Regionen. Stellen Sie die Informationen sowohl als Tabelle als auch anschaulich in einem Diagramm dar.

Beispiele Öffnen Sie zum Nachvollziehen dieser Aufgabe die Beispielarbeitsmappe *Kap04_Schnellanalyse_UEB.xlsx* und wechseln Sie zum Arbeitsblatt *Top 10*. Das Ergebnis ist in der Lösungsdatei *Kap04_Schnellanalyse_LOE.xlsx* im Arbeitsblatt *WEA nach Region* zu sehen.

---

1. Klicken Sie in Zelle B9 und rufen Sie mit `Strg`+`Q` die Schnellanalyse auf. Wechseln Sie zum Bereich *Diagramme*. Dort finden Sie *Gruppierte Balken*, *Gestapelte Balken* und drei gleiche Symbole *Gruppierte Säulen*.

2. Bewegen Sie den Mauszeiger über die angebotenen Diagrammtypen. Sie werden feststellen, dass die zweite *Gruppierte Säulen*-Option die gewünschte Information zu den WEAs in den Regionen liefert.

3. Lösen Sie die Pivot-Diagramm-Erstellung durch Klicken auf das erste *Gruppierte Säulen*-Symbol aus.

Sie erhalten ein Diagramm – wie in Abbildung 4.14 zu sehen – namens *PivotChart* mit einer dazugehörenden *PivotTable* auf einem neuen Arbeitsblatt. Die PivotTable liefert dabei die Daten für das PivotChart und ist mit den Daten auf dem Arbeitsblatt *Top 10* verknüpft.

Region	Summe von Anzahl WEA
Mitte	9773
Nord	9832
Süd	1886

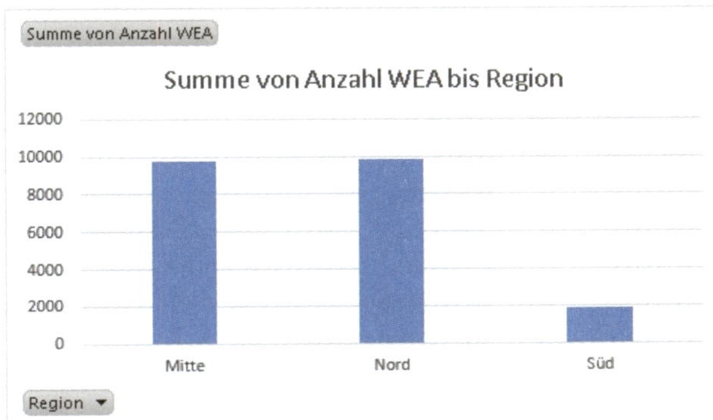

Abbildung 4.14: PivotTable und PivotChart auf Knopfdruck

Übersicht nach Regionen per Pivot-Tabelle

Benötigen Sie lediglich die zusammenfassenden Informationen per Region ohne Darstellung in einem Diagramm, lässt sich dies einfach über den Bereich *Tabelle* der Schnellanalyse erledigen.

Stellen Sie die Anzahl der Windenergieanlagen aus den Top-10-Bundesländern nach Regionen in einer Tabelle zusammen.

Beispiele Öffnen Sie zum Nachvollziehen dieser Aufgabe die Beispielarbeitsmappe *Kap04_Schnellanalyse_UEB.xlsx* und wechseln Sie zum Arbeitsblatt *Top 10*.

---

1. Klicken Sie in Zelle B9 und rufen Sie mit Strg+Q die Schnellanalyse auf. Wechseln Sie zum Bereich *Tabellen*. Dort finden Sie die schon bekannte Option *Tabelle* und zwei gleiche *PivotTable*-Symbole.
2. Wählen Sie das erste PivotTable-Symbol und Sie erhalten eine Tabelle wie links oben in Abbildung 4.14 mit einer zusätzlichen Gesamtergebniszeile – siehe Abbildung 4.15.

Zeilenbeschriftungen	Summe von Anzahl WEA
Mitte	9773
Nord	9832
Süd	1886
Gesamtergebnis	**21491**

Abbildung 4.15: PivotTable mit zusammenfassenden Informationen innerhalb von Sekunden

Hinweis Wie Sie Diagramme Schritt für Schritt erstellen und welche Werkzeuge dabei zur Verfügung stehen, erfahren Sie in Kapitel 16.

PivotTables und PivotCharts und ihre hohe Flexibilität sind Inhalt der Kapitel 23 bis 25. Dort erfahren Sie, wie Sie diese Darstellungen Ihren Anforderungen entsprechend anpassen.

Kurzes Fazit zur Schnellanalyse

Mit den hier gezeigten Beispielen haben Sie einen Einblick in die Möglichkeiten der Schnellanalyse erhalten. Dabei wurde deutlich, dass die Optionen im Bereich *Formatierung* – hier werden automatisch bedingte Formate verwendet – nur für bestimmte Fälle nutzbar sind. Die wahren Stärken der Schnellanalyse liegen in den Bereichen *Diagramme* und *Ergebnisse*. Die Arbeitsschritte, die die Schnellanalyse den Anwendern hier abnimmt, sparen nicht nur Zeit, sondern sorgen dafür, dass auch wenig geübte Excel-Nutzer aussagekräftige und fehlerfreie Auswertungen erstellen können.

Eine Einschränkung hat die Schnellanalyse allerdings: Bei der Auswahl der Daten muss stets ein zusammenhängender Bereich vorliegen. Das Markieren mehrerer einzelner Bereiche mittels `Strg`-Taste ist nicht möglich.

Die Diagrammvorschau ist teilweise ungenau bis verwirrend. Insbesondere bei den Diagrammtiteln liefert die deutsche Excel-Fassung irritierende Bezeichnungen – beispielsweise »Summe von Umsatz bis Produkt«, gemeint ist aber: »Summe des Umsatzes nach Produkt«. Solche Mängel müssen jeweils nachträglich manuell korrigiert werden.

Importierte Daten mit der Blitzvorschau genial einfach aufbereiten

Geben Sie Ihre Daten selbst in Excel ein, haben Sie die volle Kontrolle über deren Inhalt und Aussehen. Anders ist das bei Daten, die Sie aus Fremdprogrammen wie beispielsweise SAP übernehmen. Hier nur einige der häufig auftretenden Probleme:

- Vorname und Nachname stehen zusammen in einer Spalte – ein Seriendruck mit persönlicher Anrede ist damit zunächst unmöglich.
- Postleitzahl und Ort stehen in einer Zelle – daher kann nicht nach Ort sortiert werden.
- Zahlen werden von Excel als Text interpretiert – Berechnungen schlagen fehl.
- Bei Datumsangaben fehlen die Trennzeichen – Monatsauswertungen oder Geburtstaglisten lassen sich so nicht realisieren.

Solche typischen Mängel bei importierten Daten können Sie in Excel 2016 ohne umständliches Eingeben von Formeln im Handumdrehen beheben. Möglich ist dies durch die Funktion *Blitzvorschau*. Welche Möglichkeiten diese Funktion bietet, sehen Sie in Abbildung 4.16.

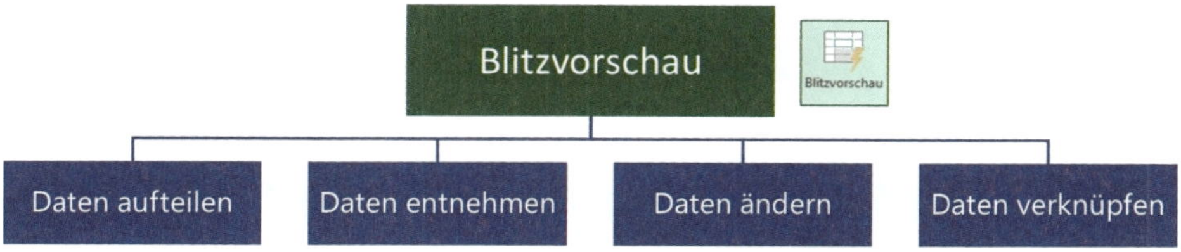

Abbildung 4.16: Die neue Funktion Blitzvorschau *mit ihren praktischen Möglichkeiten*

Die Blitzvorschau ist eine Weiterentwicklung der Funktion zum automatischen Ausfüllen von Zellinhalten und Formeln – sozusagen »AutoAusfüllen 2.0«. Der Name Blitzvorschau ist genau genommen nicht ganz passend. Die englische Originalbezeichnung »Flash Fill« trifft das, was die Funktion leistet, besser: Sie ist ein automatisches (blitzartiges) Ausfüllen mit Livevorschau.

Die Blitzvorschau als Problemlöser einsetzen

Mit der Blitzvorschau können Sie zusammengesetzte Daten aus einer Zelle – wie beispielsweise Vorname und Name – auf zwei Spalten verteilen. Oder genau umgekehrt: Sie fassen Daten aus mehreren Zellen in einer zusammen. Oder Sie ändern Daten, indem Sie beispielsweise durch Einfügen von Trennzeichen die Erkennbarkeit verbessern.

All das ohne Kenntnis solcher Funktionen wie LINKS, RECHTS & Co. Sie geben einfach nur ein Muster ein – den Rest erledigt Excel wie von Zauberhand. Abbildung 4.17 zeigt ein Beispiel hierfür.

Name	Anrede	Nachname
Herr Bernard Bauer	Herr	Bauer
Frau Reva Hein	Frau	Hein
Frau Andrea Becker	Frau	Becker
Frau Christina Kuhn	Frau	Kuhn
Herr Lars-Oliver Hoyer	Herr	Hoyer
Herr Georg Meier	Herr	Meier
Herr Hans-Josef Bach	Herr	Bach
Frau Petra Junghenn	Frau	Junghenn
Herr Kurt Wagner	Herr	Wagner
Frau Kirsten Span	Frau	Span
Herr Adil Koch	Herr	Koch

Abbildung 4.17: Ohne Eingabe einer Formel werden Anrede und Nachname ausgelesen

Der Aufruf der Funktion erfolgt eigentlich über die Registerkarte *Start* in der Gruppe *Bearbeiten* und den Befehl *Füllbereich* [1] und dann *Blitzvorschau* [2]. Abbildung 4.18 zeigt diese Befehlsfolge. Meist aber ist es gar nicht erforderlich, den Befehl über das Menüband aufzurufen. Die Blitzvorschau ist – wie in Abbildung 4.17 zu sehen – in vielen Fällen automatisch nach Eingabe eines Mustertextes sofort verfügbar.

Abbildung 4.18: Den Befehl Blitzvorschau *über die Registerkarte* Start *im Menüband aufrufen*

Anrede, Vorname und Nachname für fehlerfreie Seriendrucke trennen

Im ersten Beispiel sollen die Anrede, der Vorname und der Nachname voneinander getrennt werden. Diese Trennung ist stets dann erforderlich, wenn in einem Serienbrief eine korrekte Anrede – wie in Abbildung 4.19 gezeigt – zusammengestellt werden muss.

```
Sehr geehrte{ IF { MERGEFIELD Anrede } = "Herr" "r" "" }
{ MERGEFIELD Anrede } { MERGEFIELD Nachname },
```

Abbildung 4.19: Der Nachname wird beim Seriendruck in Word für eine persönliche Anrede benötigt

Sorgen Sie dafür, dass die in Abbildung 4.17 gezeigte zusammengesetzte Information in drei neuen Spalten mit den Überschriften *Anrede*, *Nachname* und *Vorname* getrennt erscheint.

Beispiele Zum Nachvollziehen dieser Aufgabe öffnen Sie die Beispieldatei *Kap04_Blitzvorschau_UEB.xlsx* und wählen das Arbeitsblatt *Aufteilen*.

---

1. Tippen Sie in Zelle C5 unterhalb der Überschrift *Anrede* `Herr` ein – dies ist die Anrede für den Namen aus Zelle B5. Schließen Sie die Eingabe mit [↵] ab.
2. Beginnen Sie die Eingabe in C6 mit `F` für *Frau*. Schon erscheinen in der Blitzvorschau alle aus der Spalte *Name* ausgelesenen Anreden.
3. Bestätigen Sie den Vorschlag der Blitzvorschau mit [↵].
4. Widmen Sie sich nun der Spalte mit den Nachnamen. Tippen Sie in D5 den Nachnamen der Person aus der gleichen Zeile ein – hier also `Bauer` aus Zelle B5. Beginnen Sie in der Zelle darunter mit dem Eingeben des Nachnamens der zweiten Person – hier also `H` für *Hein* aus Zelle B6.
5. Die Funktion Blitzvorschau schaltet sich jetzt ein und schlägt für die aktuelle Zelle und für alle anderen in der Spalte D das Übernehmen des Namens aus Spalte B vor.

6. Prüfen Sie diesen Vorschlag der Blitzvorschau. Um das automatische Ausfüllen zu übernehmen, drücken Sie einfach nur die ↵-Taste. Sind Sie hingegen mit dem Vorschlag nicht einverstanden, verwerfen Sie den Vorschlag durch Drücken der Taste Esc.

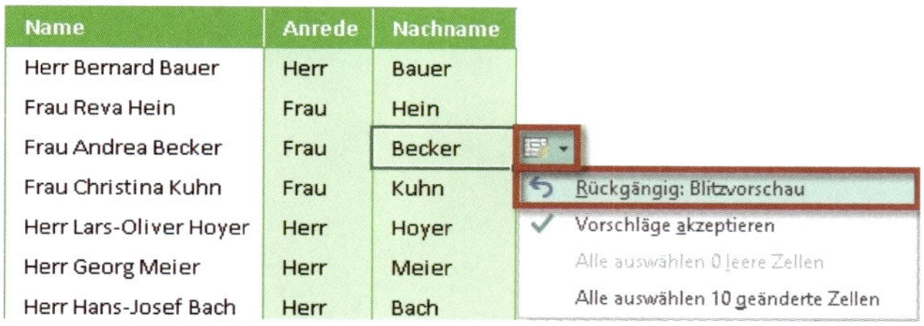

Abbildung 4.20: Über die Blitzvorschauoptionen die Blitzvorschau rückgängig machen

---

Tipp Sie haben zu spät gemerkt, dass die Blitzvorschau nicht das gewünschte Ergebnis liefert, oder Sie haben versehentlich die ↵-Taste gedrückt? Kein Problem: Direkt nach dem Drücken von ↵ können Sie über die in Abbildung 4.20 gezeigten *Blitzvorschauoptionen* das automatische Ausfüllen rückgängig machen.

---

7. Geben Sie in Spalte E mit der Überschrift *Vorname* den ersten Vornamen ein. Verfahren Sie für den Vornamen ebenso wie beim Nachnamen und bestätigen Sie die Blitzvorschau mit ↵.
8. Sie werden feststellen, dass es mit den Doppelnamen nicht ganz funktioniert hat. Statt *Lars-Oliver* wurde nur *Oliver* ausgelesen. Nehmen Sie sich diesen Eintrag vor und korrigieren Sie ihn. Die Blitzvorschau läuft nun noch einmal durch die Spalte und hat nun auch *Hans-Josef* richtig ausgelesen.

Anrede, Vorname und Nachname sind nun perfekt voneinander getrennt. Die neuen Spalten enthalten keine Formeln, sondern sofort die Informationen, die tatsächlich gebraucht werden. Die Anrede für einen Serienbrief kann nun aus den Daten in den beiden neuen Spalten korrekt zusammengesetzt werden.

Tipp Die Originalnamensspalte wird nicht mehr benötigt. Daher können Sie sie markieren und mit Strg+- löschen.

Das Geburtsjahr aus dem Geburtsdatum auslesen

Für Listen und Auswertungen ist oftmals nur der Jahrgang interessant, weniger das detaillierte Geburtsdatum. Da in Excel Datumsangaben als Zahl dargestellt werden, ist das Auslesen der Jahreszahl nur mit der Datumsfunktion JAHR möglich. Die Blitzvorschau kann auch dieses Problem ohne Einsatz einer Formel lösen.

Ermitteln Sie das Geburtsjahr aus dem Geburtsdatum mithilfe der Blitzvorschau.

Beispiele Zum Nachvollziehen dieser Aufgabe öffnen Sie die Beispieldatei *Kap04_Blitzvorschau_UEB.xlsx* und wählen das Arbeitsblatt *Entnehmen*.

---

1. Klicken Sie Zelle G5 unterhalb der Überschrift *Geburtsjahr* an. Tippen Sie 1960 ein – das Geburtsjahr von *Bernard Bauer*. Schließen Sie die Eingabe mit ↵ ab.
2. Geben Sie in Zelle G6 die Jahreszahl 1984 ein. Sollte die Blitzvorschau nicht automatisch erscheinen, drücken Sie die Tastenkombination Strg+E.

GebDatum	Geburtsjahr	PersNr
07.02.1960	1960	65476564
09.04.1984	1984	85604456
27.08.1963	1963	83-968-833
03.12.1994	1994	3413564
10.03.1955	1955	48-515-212
10.10.1961	1961	40795649
07.07.1963	1963	91-653-148
24.12.1978	1978	74103458
03.03.1963	1963	56777888
19.02.1975	1975	82-117-568
08.03.1966	1966	48470987

Abbildung 4.21: Nicht immer löst sich die Blitzvorschau automatisch aus ... Strg+E *hilft*

Profitipp

Achtung bei Zahlen, die eigentlich keine sind – beispielsweise Postleitzahlen. Hier passiert es leicht, dass eine führende Null durch die Blitzvorschau ignoriert wird. Formatieren Sie deshalb vorab die Zielspalte mit dem Format *Text*. Drücken Sie dazu die Tastenkombination Strg+1 und klicken Sie links auf *Text* und dann auf *OK*. Dieser Zwischenschritt stellt sicher, dass beim Einsatz der Blitzvorschau führende Nullen in den Postleitzahlen erhalten bleiben.

Personalnummern in das passende Format bringen

Schlüsselnummern wie Personal-, Lieferanten-, Rechnungs-, Kunden- oder Artikelnummern setzen sich häufig aus einer strukturierten Folge von Ziffern und Buchstaben zusammen, getrennt durch Sonderzeichen. Diese Struktur ist oft nach dem Datenimport aus Fremdprogrammen nicht wie gewünscht vorhanden. Um dieses Manko zu beseitigen, wären auch hier Funktionen wie LINKS, RECHTS, TEIL und VERKETTEN nötig.

Doch es geht auch einfacher. Bereiten Sie die Personalnummer mithilfe der Blitzvorschau so auf, dass die vorhandene Ziffernfolge durch Bindestriche in Dreierblöcken von rechts ausgehend getrennt wird.

Beispiele

Zum Nachvollziehen dieser Aufgabe öffnen Sie die Beispieldatei *Kap04_Blitzvorschau_UEB.xlsx* und wählen das Arbeitsblatt *Ändern*.

---

1. Klicken Sie die Zelle I5 unterhalb der Überschrift *PersNr xx-xxx-xxx* an. Tippen Sie die erste Personalnummer durch Bindestriche getrennt ein – hier ist es 65-476-564. Schließen Sie die Eingabe mit ↵ ab.

2. Beginnen Sie in der nächsten Zelle I6 mit dem Eingeben der zweiten Personalnummer, indem Sie 8 eingeben. Die Blitzvorschau zeigt den in Abbildung 4.22 zu sehenden Vorschlag an [1].
3. Nicht alle angezeigten Ergebnisse sind perfekt – in Abbildung 4.22 ist dies anhand der roten Rahmen zu sehen. Diejenigen, die schon die vorgegebene Struktur aufwiesen, haben nun zusätzliche Bindestriche. Bestätigen Sie trotzdem die Blitzvorschau mit ↵.
4. Machen Sie sich nun an die Korrektur. Klicken Sie dazu in die Zelle I7 mit der falschen Personalnummer *83--96-8-833* und korrigieren Sie die Vorgabe. Schließen Sie die Korrektur mit ↵ ab. Die Blitzvorschau läuft erneut durch und korrigiert die fehlerhaften Einträge. Abbildung 4.22 zeigt das Ergebnis [2].
5. Die Blitzvorschau lief so schnell durch, dass nicht so einfach nachzuvollziehen ist, an welchen Stellen Korrekturen durchgeführt wurden. Lassen Sie deshalb die zuletzt geänderten Zellen anzeigen, indem Sie die *Blitzvorschauoptionen* aufrufen [3]. Klicken Sie den Eintrag *Alle auswählen 3 geänderte Zellen* an [4]. Damit ist nun eine Kontrolle der geänderten Zellen einfach [5].

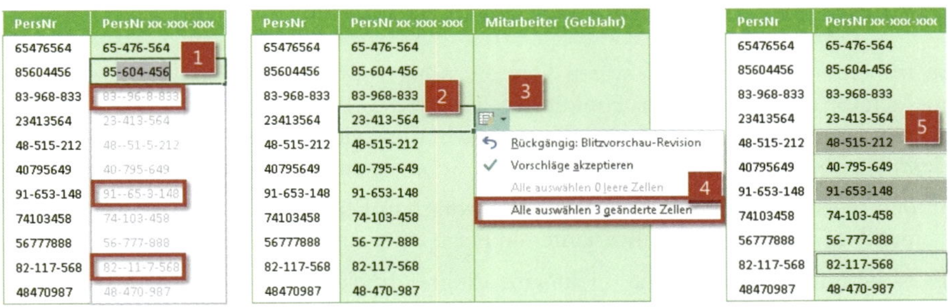

Abbildung 4.22: Auch in der Blitzvorschau sind Korrekturen möglich

Name plus Geburtsjahr anzeigen

Für Aushänge und Listen sollen oft unterschiedlichste Daten miteinander verknüpft werden. Auch dies lässt sich ohne Formelkenntnisse mit der Blitzvorschau erledigen.

Erzeugen Sie mit der Blitzvorschau eine Mitarbeiterinformation in der folgenden Form: Nachname in Großbuchstaben, dann durch ein Komma und ein Leerzeichen getrennt der Vorname, anschließend das Geburtsdatum in runden Klammern.

Beispiele Zum Nachvollziehen dieser Aufgabe öffnen Sie die Beispieldatei *Kap04_Blitzvorschau_UEB.xlsx* und wählen das Arbeitsblatt *Verknüpfen*.

---

1. Klicken Sie die Zelle J5 unterhalb der Überschrift *Mitarbeiter (GebJahr)* an und tippen Sie `BAUER, Bernard (1960)` ein. Schließen Sie die Eingabe mit ↵ ab.
2. Beginnen Sie eine entsprechende Eingabe in der Zelle darunter durch Eingabe von `H`. Die Blitzvorschau hat das Muster bereits erkannt und Sie können die Vorschau mit ↵ bestätigen.

Das Ergebnis dieser schnellen Verknüpfung von Daten ist in Abbildung 4.23 zu sehen. Zusätzlich wurde der Nachname gleich in Großbuchstaben umgewandelt.

Nachname	Vorname	Geburtsjahr	Mitarbeiter (GebJahr)
Bauer	Bernard	1960	BAUER, Bernard (1960)
Hein	Reva	1984	HEIN, Reva (1984)
Becker	Andrea	1963	BECKER, Andrea (1963)
Kuhn	Christina	1994	KUHN, Christina (1994)
Hoyer	Lars-Oliver	1955	HOYER, Lars-Oliver (1955)
Meier	Georg	1961	MEIER, Georg (1961)
Bach	Hans-Josef	1963	BACH, Hans-Josef (1963)
Junghenn	Petra	1978	JUNGHENN, Petra (1978)
Wagner	Kurt	1963	WAGNER, Kurt (1963)
Span	Kirsten	1975	SPAN, Kirsten (1975)
Koch	Adil	1966	KOCH, Adil (1966)

Abbildung 4.23: Auch das Verknüpfen von Daten stellt für die Blitzvorschau kein Problem dar

Fazit zur Funktion Blitzvorschau

In früheren Excel-Versionen wären Formeln nötig gewesen, um Vor- und Nachname auf mehrere Spalten aufzuteilen. Funktionen wie LINKS, RECHTS, SUCHEN sowie LÄNGE hätten das gelöst. Der Einarbeitungsaufwand in diese vier Funktionen bleibt Ihnen erspart, denn die Blitzvorschau löst das automatisch, wenn Sie ein oder zwei Muster eingeben.

In den meisten Fällen macht sich die Blitzvorschau bei der Eingabe des zweiten Musters bemerkbar, indem sie Ausfüllvarianten in Form einer Livevorschau vorschlägt.

Falls die Blitzvorschau einmal nicht »anspringt«, drücken Sie einfach die Tastenkombination [Strg]+[E]. Alternativ klicken Sie auf der Registerkarte *Start* ganz rechts in der Gruppe *Bearbeiten* auf die Schaltfläche *Füllbereich* [1] und wählen dann den Befehl *Blitzvorschau* [2] (siehe Abbildung 4.24).

Mit den hier gezeigten Beispielen konnten Sie sich von der Leistungsfähigkeit der mit Excel 2013 eingeführten Funktion Blitzvorschau überzeugen. Sie spart nicht nur Zeit, sondern macht es möglich, dass auch weniger geübte Anwender ohne komplizierte Formeln ihre Daten wie gefordert aufbereiten können. Für alle, die Daten aus Fremdprogrammen in Excel weiterverarbeiten müssen, ist die Blitzvorschau sicher eine spürbare Entlastung.

Die Möglichkeiten, über die *Blitzvorschauoptionen* die Vorschläge von Excel zu verwerfen oder die Folgen einer manuellen Nachkorrektur (Revision) noch einmal prüfen zu können, erhöhen die Praxistauglichkeit der Funktion deutlich.

Abbildung 4.24: Die Blitzvorschau per Tastenkombination oder über das Menüband aufrufen

Kapitel 5

Daten auf Papier präsentieren: Drucken auf die Schnelle oder ganz individuell

In diesem Kapitel:

Auch in Zeiten von Cloud, E-Mail und zunehmender Nutzung von Excel auf Smartphones und Tablet-PCs müssen Informationen immer noch auch in gedruckter Form vorliegen. Sei es, dass eine Kalkulationstabelle als Entscheidungsgrundlage gebraucht wird, ein Bericht oder eine Projektübersicht an Teilnehmer eines Meetings verteilt werden muss oder einfach eine Liste zum Abhaken von Prüfschritten oder Namen erforderlich ist. Damit das Druckergebnis optimal auf den jeweiligen Zweck abgestimmt werden kann, bietet Excel ein umfangreiches Instrumentarium von Druckbefehlen und -optionen. Es reicht vom Ein-Mausklick-Druck bis hin zum angepassten Ausdruck mit individuellen Einstellmöglichkeiten. In Abbildung 5.1 sehen Sie eine Übersicht, an welchen Stellen und mit welchen Befehlen Sie in Excel Ihre Ausdrucke realisieren können.

Abbildung 5.1: Excel bietet für jeden Bedarfsfall die passenden Druckbefehle und -optionen

- Mit dem Befehl *Schnelldruck* erledigen Sie den Ausdruck eines Arbeitsblattes mit nur einem Mausklick.
- Über die *Druckvorschau in der Backstage-Ansicht* gelangen Sie zu den häufig gebrauchten Einstellungen, mit denen Sie das Layout vor dem Drucken ändern.
- Mit den Befehlen auf der Registerkarte *Seitenlayout* haben Sie alle Optionen zum Einrichten der Seite im direkten Zugriff und können dort beispielsweise auch Druckbereiche festlegen und wieder aufheben.
- Die *Seitenlayoutansicht* nutzen Sie stets dann, wenn Sie Kopf- und Fußzeilen individuell mit Inhalt füllen wollen – mit Seitenzahlen, mit einem Firmenlogo oder mit Angaben zu Datum und Dateipfad. Nutzen Sie diese Ansicht auch, wenn Sie Kopf- oder Fußzeilen für mehrere Arbeitsblätter einrichten wollen.
- Über die *Seitenumbruchvorschau* verteilen Sie die Inhalte nach Ihren Wünschen auf die einzelnen Seiten. Hier können Sie sofort sehen, wie sich die von Ihnen vorgenommenen Änderungen auf die Seitenzahl auswirken.

Ein Mausklick genügt, um Arbeitsblätter sofort zu drucken

Sie wollen das aktuelle Arbeitsblatt sofort drucken? Kein Problem: Über den Befehl *Schnelldruck* erledigen Sie das mit genau einem Mausklick. Ihr Druckauftrag wird dann ohne weitere Nachfrage und ohne vorheriges Anzeigen eines Dialogfeldes direkt zum Drucker geschickt. Und zwar zu dem Drucker, den Sie unter Windows als Standarddrucker eingestellt haben oder den Sie während der aktuellen Excel-Sitzung zuletzt verwendet haben.

Hinweis Die Variante *Schnelldruck* sollten Sie nur dann nutzen, wenn es sich um eine kleine Tabelle handelt, die garantiert auf eine Seite passt, oder das Blatt schon mehrfach ausgedruckt wurde und die dafür erforderlichen Druckeinstellungen bereits früher vorgenommen wurden.

Allerdings ist die Schaltfläche für den Befehl *Schnelldruck* zunächst nicht verfügbar.

Die Voraussetzung für den Schnelldruck schaffen

Damit Sie immer Zugriff auf den zeitsparenden Befehl *Schnelldruck* haben, bauen Sie ihn in die Symbolleiste für den Schnellzugriff ein. Gehen Sie dazu wie folgt vor:

Beispiele Öffnen Sie zum Nachvollziehen dieser und der folgenden Aufgabe die Beispieldatei *Kap05_UEB.xlsx*. Wechseln Sie dort zum Arbeitsblatt *Leasingfahrzeug-Besitzer*.

1. Klicken Sie wie in Abbildung 5.2 gezeigt am rechten Ende der Schnellzugriffsleiste auf die Schaltfläche *Symbolleiste für den Schnellzugriff anpassen* [1].
2. Wählen Sie im Menü den Eintrag *Schnelldruck* [2].

Die Liste wird automatisch wieder geschlossen. In der Symbolleiste für den Schnellzugriff finden Sie jetzt die Schaltfläche *Schnelldruck* [3].

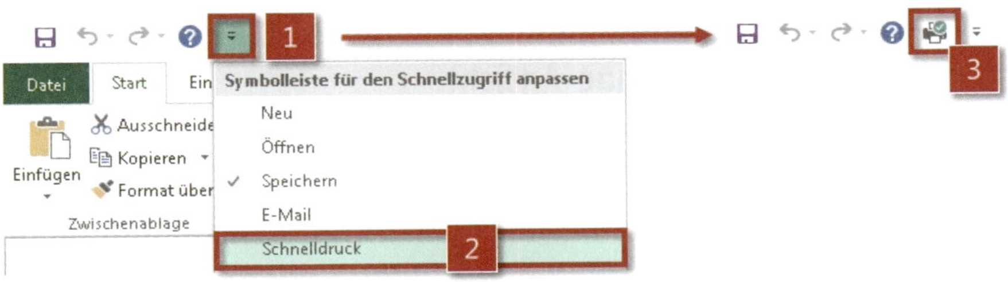

Abbildung 5.2: Die Schaltfläche für den Schnelldruck der Schnellzugriffsleiste hinzufügen

Drucken mit nur einem Mausklick

Nach diesem vorbereitenden Schritt ist das Drucken eines Arbeitsblattes nun ein Kinderspiel. Führen Sie einfach nur folgende Schritte aus:

1. Aktivieren Sie das Arbeitsblatt, das gedruckt werden soll.
2. Schalten Sie den Drucker ein und stellen Sie sicher, dass Papier eingelegt ist.
3. Klicken Sie in der Symbolleiste für den Schnellzugriff auf die Schaltfläche *Schnelldruck*.

Hinweis Achten Sie auf die QuickInfo zur Schaltfläche *Schnelldruck*. Wie in Abbildung 5.3 zu sehen, zeigt sie an, welcher Drucker derzeit aktiv ist, an welchen Drucker der Auftrag also geschickt wird.

Abbildung 5.3: Die QuickInfo zur Schaltfläche Schnelldruck *gibt Auskunft darüber, an welchen Drucker der Auftrag geht*

Achtung Wurde zuvor über die Registerkarte *Seitenlayout* ein Druckbereich festgelegt, wird beim Schnelldruck nicht das aktuelle Arbeitsblatt, sondern automatisch dieser Druckbereich gedruckt. Wie Sie einen solchen Druckbereich festlegen oder auch wieder aufheben, erfahren Sie weiter hinten in diesem Kapitel.

Vorschau und wichtige Anpassungen für den Druck in der Backstage-Ansicht

Wollen Sie ein Arbeitsblatt mit umfangreichem Datenmaterial zum ersten Mal drucken, empfiehlt sich vor dem Ausdruck zunächst ein Blick in die Vorschau. Nur so können Sie kontrollieren, wie sich die Daten auf den Druckseiten verteilen, bei Bedarf Korrekturen vornehmen und letztendlich fehlerhafte Ausdrucke vermeiden.

Nichts geht ohne die Backstage-Ansicht

Die Druckvorschau finden Sie in der Backstage-Ansicht in der Rubrik *Drucken*. Hier wird die Vorschau zunächst für das aktuelle Arbeitsblatt angezeigt.

Beispiele Nutzen Sie zum Nachvollziehen dieser Aufgabe die Beispieldatei *Kap05_UEB.xlsx*. Wechseln Sie zum Arbeitsblatt *Leasingfahrzeuge*.

So gelangen Sie zur Druckvorschau:

1. Klicken Sie im Menüband ganz links auf *Datei*. Es öffnet sich die Backstage-Ansicht.
2. Wählen Sie dort links die Rubrik *Drucken*.
3. Betrachten Sie die zu druckenden Seiten in der Vorschau. Blättern Sie per Klick auf die in Abbildung 5.4 gezeigten Pfeile *Vorherige Seite* [1] und *Nächste Seite* [2] durch das Dokument. Oder geben Sie die Seitenzahl der gewünschten Seite in das Eingabefeld [3] ein und bestätigen Sie mit der [↵]-Taste.
4. Um eine vergrößerte Anzeige zu erhalten, klicken Sie auf das Zoomsymbol [4]. Durch erneutes Anklicken dieses Symbols wird die Druckseite wieder in der vorherigen Größe dargestellt.

Tipp Mit der Tastenkombination [Strg]+[P] geht der Aufruf des Druckbefehls noch schneller.

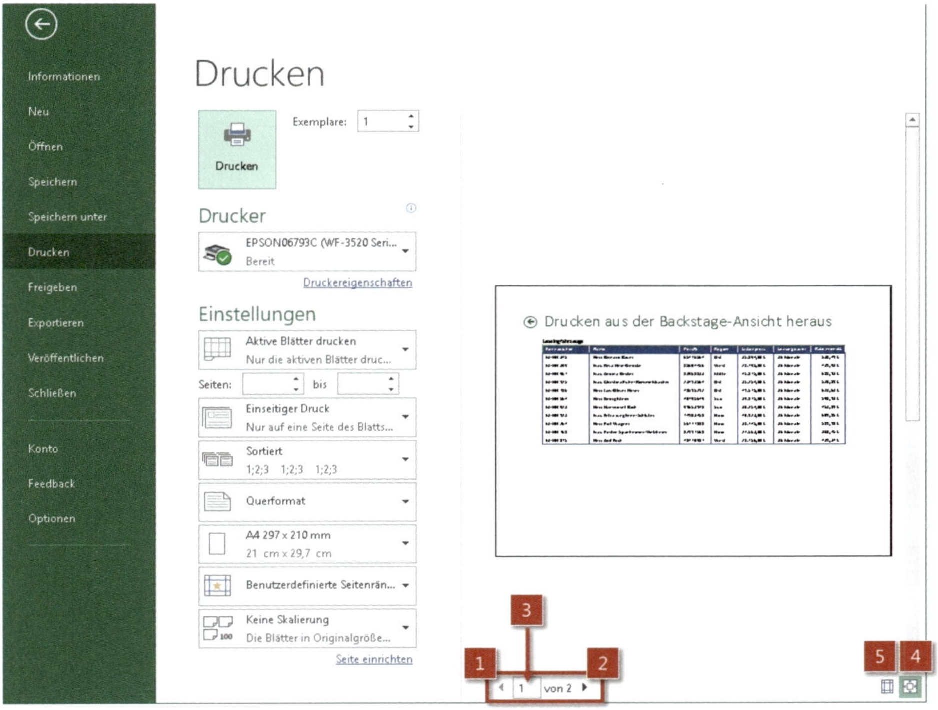

Abbildung 5.4: Mit Nächste Seite *und* Vorherige Seite *in der Seitenansicht blättern*

Hinweis Je nach installiertem Drucker werden in der Vorschau die Seiten in Schwarz-Weiß oder in Farbe angezeigt.

Die Vorschau auf das zu erwartende Druckergebnis in dem Beispielblatt entspricht wahrscheinlich nicht Ihren Vorstellungen. Wie Sie das Resultat ganz einfach über die verschiedenen Optionen in der Backstage-Ansicht optimieren können, lesen Sie im folgenden Abschnitt.

Wichtige Befehle für ein optimales Druckergebnis an einer Stelle zusammengefasst

Im Gegensatz zum Schnelldruck können Sie in der Backstage-Ansicht über die Druckvorschau festlegen, welcher Drucker verwendet, wie viele Exemplare und welcher Seitenbereich gedruckt werden soll. Eine Reihe weiterer Einstellungen wie beispielsweise der Wechsel zwischen Hoch- und Querformat kommen hinzu. Insgesamt stehen Ihnen zehn »Stellschrauben« zum Optimieren des Druckergebnisses über die Backstage-Ansicht zur Verfügung. Welche es gibt und wo sie zu finden sind, sehen Sie in Abbildung 5.5 und Abbildung 5.6.

Die Optionen besonders häufig gebrauchter Druckeinstellungen – welcher Drucker, wie viele Exemplare und welcher Datenbereich – befinden sich ganz oben in der Backstage-Ansicht.

Beispiele Testen Sie die Einstellmöglichkeiten in der Beispielarbeitsmappe *Kap05_UEB.xlsx* im Arbeitsblatt *Leasingfahrzeuge*.

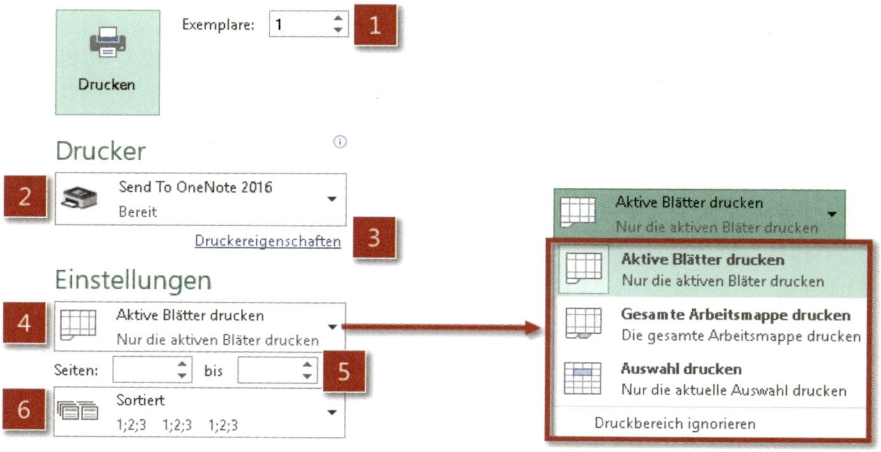

Abbildung 5.5: Wichtige Druckeinstellungen über die Backstage-Ansicht schnell im Zugriff

Abbildung 5.5 zeigt einen ersten Abschnitt wichtiger Druckeinstellungen:

- Unter [1] tippen Sie die Anzahl der zu druckenden Exemplare ein oder ändern diese über die Pfeile des Drehfeldes.
- Unter [2] können Sie bei Bedarf einen anderen Drucker wählen.
- Unter [3] – in den *Druckereigenschaften* – können Sie spezielle Einstellungen vornehmen, wie zum Beispiel Farb- oder Schwarz-Weiß- oder Entwurfsdruck.
- Unter [4] wählen Sie, was gedruckt werden soll – beispielsweise nicht das aktive Arbeitsblatt, sondern die gesamte Mappe oder nur ein zuvor markierter Bereich.
- Unter [5] stellen Sie bei Bedarf die Seiten ein, die gedruckt werden sollen. Die Seitenzahlen können Sie wiederum eintippen oder über das Drehfeld einstellen.
- Unter [6] haben Sie die Möglichkeit, die Sortierung der Seiten zu beeinflussen, wenn mehrere Exemplare mit mehreren Seiten gedruckt werden. Zur Auswahl stehen *Sortiert (1;2;3 1;2;3 1;2;3)* und *Getrennt (1;1;1 2;2;2 3;3;3)*. Wählen Sie die Variante *Sortiert*, wenn Sie komplette Exemplare nacheinander drucken möchten. Sollen jedoch zuerst alle Exemplare der ersten Seite und anschließend alle Exemplare der Folgeseiten gedruckt werden, wählen Sie *Getrennt*.

Hinweis Um die Druckvorschau wieder zu verlassen, klicken Sie links oben in der Backstage-Ansicht auf den Pfeil *Zurück* oder drücken die Esc-Taste.

Keine bösen Überraschungen dank Druckvorschau

Normalerweise wollen Sie beim Drucken einer Tabelle den Bereich ausgeben, der Daten oder Zellformatierungen wie Rahmenlinien oder Hintergrundfarben enthält. Die Daten werden beim Ausdruck – je nach Größe des zu druckenden Bereichs – automatisch auf verschiedene Seiten verteilt. Was aber, wenn von früheren Berechnungen oder gar versehentlich in Zeile 1963 oder in Spalte HH noch Informationen enthalten sind, die garantiert nicht mitgedruckt werden sollen?

Um das zu vermeiden, machen Sie sich einfach eines zur Regel: Kontrollieren Sie *vor* einem Ausdruck Ihre Tabelle immer in der Druckvorschau!

Per Markierung konkretisieren, was gedruckt werden soll

Die Standardeinstellung beim Drucken ist *Aktive Blätter drucken.* Doch oft umfasst sie nicht das, was wirklich gebraucht wird. Denn auch Überschriften und nicht mehr beachtete Rahmenlinien oder andere Zellformatierungen gehören zum aktiven Blatt.

Stellen Sie also fest, dass mit *Aktive Blätter drucken* ein zu großer Bereich gedruckt würde, ändern Sie dies durch vorheriges Markieren des gewünschten Bereichs im Arbeitsblatt. In der Backstage-Ansicht wählen Sie dann statt *Aktive Blätter drucken* die in Abbildung 5.5 unter [4] gezeigte Einstellung *Auswahl drucken.*

Beispiele Testen Sie diese Einstellung in der Beispielarbeitsmappe *Kap05_UEB.xlsx* im Arbeitsblatt *Leasingfahrzeuge*. Das Drucklayout ist hier unübersichtlich über zwei Seiten verteilt und bedarf einer Optimierung.

Gehen Sie wie folgt vor, um die Standardeinstellung zu verwerfen:

1. Rufen Sie mit der Tastenkombination Strg+P die Druckvorschau auf. Sie stellen zunächst fest, dass in der Druckvorschau die Überschrift des Arbeitsblattes *Drucken aus der Backstage-Ansicht heraus* mit ausgedruckt würde.
2. Verlassen Sie deshalb mit Esc die Druckvorschau. Klicken Sie Zelle B3 an und markieren Sie den Leasingfahrzeug-Datenbereich mit Strg+A.
3. Rufen Sie mit der Tastenkombination Strg+P die Druckvorschau erneut auf.
4. Wählen Sie statt *Aktive Blätter drucken* die Einstellung *Auswahl drucken.*

Daraufhin werden nun nur die Daten gedruckt – aber leider unübersichtlich auf zwei Seiten verteilt. Doch auch das können Sie ändern.

Mit Layoutanpassungen das Druckergebnis beeinflussen

Wenn – wie im eben gezeigten Beispiel – das von Excel vorgegebene Layout nicht zum gewünschten Druckergebnis führt, haben Sie in der Backstage-Ansicht zahlreiche Möglichkeiten, dies schnell und komfortabel zu ändern. Wechseln Sie beispielsweise von Hoch- zu Querformat oder wählen Sie eine passende Skalierung oder verkleinern Sie die Seitenränder.

Das Layout mit wenigen Mausklicks optimieren

All diese Layoutanpassungen können Sie direkt in der Backstage-Ansicht vornehmen. Nutzen Sie dafür die in Abbildung 5.6 gezeigten Optionen.

- Unter [7] ändern Sie im Handumdrehen die Seitenausrichtung von Hoch- in Querformat oder umgekehrt. Das Ergebnis können Sie sofort rechts in der Vorschau begutachten.
- Unter [8] lässt sich die Größe des Papiers ändern, auf das gedruckt werden soll. Im Normalfall ist das A4. Beim Ausdruck großer Tabellen können Sie aber beispielsweise auch A3 einstellen.
- Unter [9] ändern Sie die Seitenränder. Dies ist dann sinnvoll, wenn Sie noch etwas Platz gewinnen wollen, weil nicht alles auf eine Seite passt.
- Unter [10] überlassen Sie es Excel, die Größe des zu druckenden Bereichs so zu verkleinern, dass alle gewünschten Daten genau auf ein Blatt passen oder alle Spalten oder alle Zeilen auf einer Seite neben- beziehungsweise untereinander stehen.

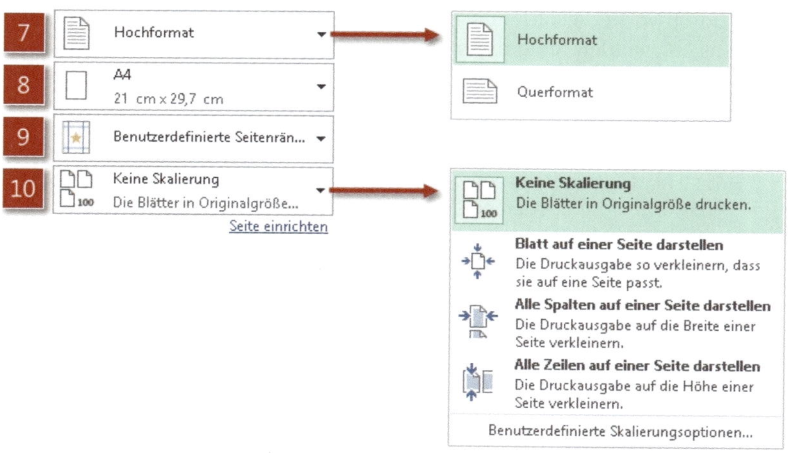

Abbildung 5.6: Die verschiedenen Layoutanpassungsmöglichkeiten in der Backstage-Ansicht

Nutzen Sie einige dieser »Stellschrauben«, um das Layout der Beispieltabelle so anzupassen, dass alle Daten auf eine Seite passen.

Beispiele Nehmen Sie die folgenden Einstellungen für ein optimales Druckergebnis wieder in der Beispielarbeitsmappe *Kap05_UEB.xlsx* im Arbeitsblatt *Leasingfahrzeuge* vor.

Zwischen Hochformat und Querformat wechseln

Versuchen Sie zunächst durch das Ändern der Ausrichtung von Hoch- in Querformat, dass beim Drucken alle Daten auf einer Seite passen.

Klicken Sie dazu in der Backstage-Ansicht – so wie in Abbildung 5.6 unter [7] gezeigt – auf *Hochformat* und wählen Sie im Dropdownmenü den Eintrag *Querformat*. Nach dieser Einstellung finden einige Spalten mehr Platz auf dem Blatt, aber es passen noch nicht alle Spalten auf die Seite.

Alle Zeilen oder alle Spalten auf einer Seite drucken

Nun stellt sich die Frage, wie weitere Spalten, die sich in dem Beispiel noch auf Seite 2 des Ausdrucks befinden würden, mit auf Seite 1 passen. Handelt es sich wie hier nur um ein oder zwei nicht allzu breite Spalten, kann der Befehl *Skalierung* weiterhelfen.

Die in Abbildung 5.6 unter [10] gezeigte Skalierung bietet Ihnen verschiedene Möglichkeiten zum Reduzieren des zu druckenden Bereichs. Gilt es, den kompletten Ausdruck auf einer Seite darzustellen oder nur alle Spalten beziehungsweise nur alle Zeilen? Tabelle 5.1 listet alle Skalierungsoptionen auf.

Im vorliegenden Beispiel genügt es, wenn Sie die Einstellung *Alle Spalten auf einer Seite darstellen* auswählen.

Symbol	Beschreibung
	*Ohne Skalierung:* Der zu druckende Bereich wird in unveränderter Größe an den Drucker gesendet. Die Skalierung bleibt bei 100 %.
	*Blatt auf einer Seite darstellen:* Der zu druckende Bereich wird automatisch so verkleinert, dass alle Daten auf eine Seite passen.
	*Alle Spalten auf einer Seite darstellen:* Der zu druckende Bereich wird automatisch so verkleinert, dass alle Spalten nebeneinander auf eine Seite passen.
	*Alle Zeilen auf einer Seite darstellen:* Der zu druckende Bereich wird automatisch so verkleinert, dass alle Zeilen untereinander auf eine Seite passen.

Tabelle 5.1: Die verschiedenen Skalierungsoptionen und ihre Wirkung

Die Wirkung der gewählten Skalierung prüfen

Nach der Wahl einer Skalierungsoption sollten Sie stets sicherstellen, ob die automatisch zugewiesene Verkleinerung sinnvoll ist und die zu druckenden Daten überhaupt noch lesbar sind.

Dies prüfen Sie ganz einfach, indem Sie im Menü der Skalierungsoptionen auf *Benutzerdefinierte Skalierungsoptionen* klicken (Abbildung 5.6 rechts unten).

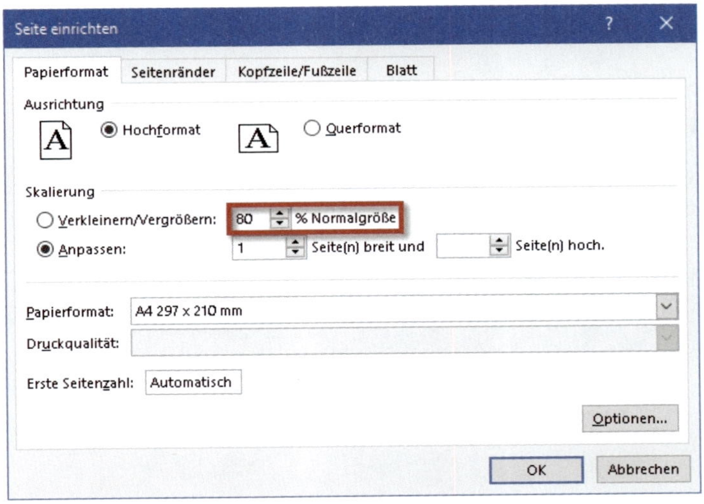

Abbildung 5.7: Im Dialogfeld Seite einrichten *können Sie den automatisch zugewiesenen Skalierungsfaktor prüfen*

Daraufhin öffnet sich das in Abbildung 5.7 gezeigte Dialogfeld *Seite einrichten* mit aktivierter Registerkarte *Papierformat*. Prüfen Sie dort den Skalierungsfaktor. Bei Bedarf können Sie ihn hier auch ändern.

Liegt der Skalierungsfaktor unter 80 %, sollte das Drucklayout noch einmal nachgebessert werden, um die Lesbarkeit zu erhöhen.

Hier kann eine kleine Reduzierung der Seitenränder schon weiterhelfen.

Eine weitere Optimierung durch Ändern der Seitenränder

Schnellen Zugriff auf die Seitenrandeinstellungen haben Sie über die Option *Benutzerdefinierte Seitenränder* – in Abbildung 5.6 unter [9] zu sehen.

Klicken Sie in dem sich öffnenden Menü ganz unten auf *Benutzerdefinierte Seitenränder.* Es erscheint wieder das Dialogfeld *Seite einrichten*, in dem Sie auf der Registerkarte *Seitenränder* die Ränder verkleinern können.

Da im vorliegenden Beispiel bereits auf Querformat umgestellt wurde und somit der linke Rand nicht zum Lochen benutzt wird, können Sie den linken und rechten Rand verringern – beispielsweise jeweils auf `0,8` cm. Die Ränder können über das Drehfeld oder durch direktes Eintippen der Werte geändert werden.

Anschließend passen nun alle Spalten und damit der komplette Ausdruck auf eine Seite.

Letzte Druckvorschaukontrolle und den Ausdruck starten

Bevor der Inhalt zu Papier gebracht wird, lassen Sie sich die Druckvorschau etwas vergrößern.

Das erledigen Sie in der Backstage-Ansicht ganz rechts unten über die Schaltfläche *Auf Seite zoomen* (siehe auch Abbildung 5.4 [4]).

In der verkleinerten Ansicht werden oftmals nicht alle Rahmenlinien korrekt angezeigt. Insofern können Sie sich in der vergrößerten Ansicht vergewissern, dass alles seine Ordnung hat. Durch nochmaliges Klicken auf das Symbol beenden Sie den Zoommodus.

Mit einem Klick auf die *Drucken*-Schaltfläche starten Sie den optimierten Ausdruck.

Feintuning für ein perfektes Druckergebnis

Nicht immer reicht es aus, auf Querformat umzustellen oder den Druckbereich zu skalieren. Hier können Sie durch Optimieren der Spaltenbreiten mit Augenmaß für ein besser lesbares Druckergebnis sorgen.

Fallen nebenbei noch abgeschnittene Spaltentexte oder für den Ausdruck nicht benötigte Spalten auf, können Sie diese Mängel direkt – sozusagen vor Ort – in der Druckvorschau beheben.

Die Spaltenbreiten nachbessern

Beispiele Testen Sie das Nachbessern der Spaltenbreiten anhand des Arbeitsblattes *Niederschläge* in der Beispielarbeitsmappe *Kap05_UEB.xlsx*. In diesem Arbeitsblatt wurde zuvor schon der zu druckende Bereich markiert und in der Backstage-Ansicht wurde *Auswahl drucken*, *Querformat* und *Alle Spalten auf einer Seite darstellen* gewählt. (Sollte durch vorherige Übungen der Druckbereich geändert worden sein, legen Sie ihn bitte erneut entsprechend fest.)

Stellen Sie beim Durchblättern in der Druckvorschau fest, dass Texte in den Spalten abgeschnitten werden, andere Spalten zu breit sind oder gar nicht für den Ausdruck benötigt werden, können Sie dies einfach vor Ort nachbessern.

Lassen Sie sich dazu zunächst die Seitenränder und Spaltenbegrenzungen in der Druckvorschau anzeigen, indem Sie auf das Symbol *Seitenränder anzeigen* (siehe Abbildung 5.4 [5]) klicken.

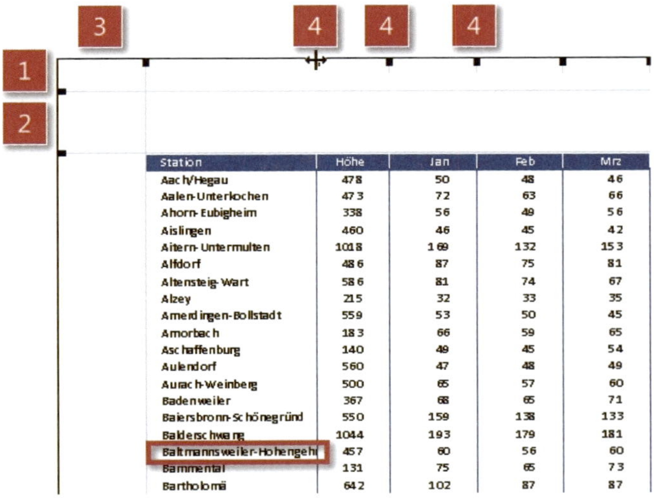

Station	Höhe	Jan	Feb	Mrz
Aach/Hegau	478	50	48	46
Aalen-Unterkochen	473	72	63	66
Ahorn-Eubigheim	338	56	49	56
Aislingen	460	46	45	42
Aitern-Untermulten	1018	169	132	153
Alfdorf	486	87	75	81
Altensteig-Wart	586	81	74	67
Alzey	215	32	33	35
Amerdingen-Bollstadt	559	53	50	45
Amorbach	183	66	59	65
Aschaffenburg	140	49	45	54
Aulendorf	560	47	48	49
Aurach-Weinberg	500	65	57	60
Badenweiler	367	68	65	71
Baiersbronn-Schönegründ	550	159	138	133
Balderschwang	1044	193	179	181
Baltmannsweiler-Hohengeh	457	60	56	60
Bammental	131	75	65	73
Bartholomä	642	102	87	87

Abbildung 5.8: Seitenränder und Spaltenbreiten in der Druckvorschau mit der Maus anpassen

Abbildung 5.8 [1] zeigt den oberen Seitenrand, [2] den Bereich für die Kopfzeile, [3] den linken Seitenrand und [4] verschiedene Spaltenbegrenzungen.

Gehen Sie nun wie folgt vor, um die Spaltenbreiten zu optimieren:

1. Verbreitern Sie die Spalte *Station* durch Ziehen der ersten in Abbildung 5.8 mit [4] gekennzeichneten Spaltentrennlinie (der Mauszeiger nimmt die Form einer senkrechten Linie mit Doppelpfeil beim Ziehen an), um das mit dem roten Rechteck gekennzeichnete Manko zu beheben.
2. Navigieren Sie durch die übrigen Seiten der Druckvorschau, kontrollieren Sie auch diese auf abgeschnittene Texte und verbreitern Sie zu schmale Spalten.
3. Fällt Ihnen ein, dass Sie die *Höhe*-Spalte nicht drucken möchten, schieben Sie – wenn der Doppelpfeil mit der senkrechten Linie erscheint – die rechte Spaltenbegrenzung dieser Spalte auf die linke.

Ränder optimieren mit der Maus

Nach dem Optimieren der Spaltenbreiten kann es dennoch sein, dass der Zoomfaktor – ersichtlich über *Benutzerdefinierte Skalierungsoptionen* in Abbildung 5.6 [10] – immer noch zu gering ist, um ein gut lesbares Druckergebnis zu erzielen. Dann ist es ein Leichtes, die Ränder mit der Maus zu verkleinern, um dadurch einen besseren Skalierungsfaktor zu erreichen.

Dazu ziehen Sie die Linie des linken Seitenrandes (siehe Abbildung 5.8 [3]) nach links und die des rechten Seitenrandes nach rechts.

Beim Durchblättern der Seiten in der Vorschau haben Sie sicherlich festgestellt, dass auf allen Folgeseiten die Überschriften fehlen. Das Drucken solcher Überschriften auf Folgeseiten kann durch das Einrichten von sogenannten Wiederholungszeilen erfolgen. Allerdings kann diese Einstellung nicht in der Backstage-Ansicht festgelegt werden. Sie muss über die Registerkarte *Seitenlayout* erfolgen. Wie Sie dazu vorgehen, lesen Sie im folgenden Abschnitt.

Das Druckergebnis über die Registerkarte »Seitenlayout« steuern

Neben den Möglichkeiten, die Sie bereits in der Backstage-Ansicht kennengelernt haben, finden Sie auf der Registerkarte *Seitenlayout* weitere Befehle, mit denen Sie den Ausdruck Ihrer Tabellen Ihren Wünschen entsprechend anpassen können.

Abbildung 5.9: Die auf den Druck bezogenen Befehle auf der Registerkarte Seitenlayout

Mit den Befehlen auf der Registerkarte *Seitenlayout* können Sie alle vorhandenen Druckeinstellungen vornehmen. Ein Wechsel in die Backstage-Ansicht ist nicht notwendig. Tabelle 5.2 zeigt die Schaltflächen, die Sie hierfür in der Befehlsgruppe *Seite einrichten* finden.

Symbol	Beschreibung
	*Seitenränder anpassen:* Verschiedene Voreinstellungen sind wähl- und individuelle Werte einstellbar.
	*Seitenausrichtung ändern:* Wechsel zwischen Hoch- und Querformat
	*Seitenformat auswählen:* Zugriff auf die wichtigsten Papierformate

Tabelle 5.2: Die verschiedenen Befehle der Befehlsgruppe Seite einrichten

Symbol	Beschreibung
	*Druckbereich:* Auf Basis des ausgewählten Zellbereichs einen Druckbereich festlegen oder den festgelegten Druckbereich wieder aufheben
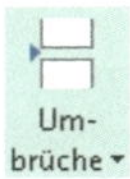	*Umbrüche:* Abhängig von der ausgewählten Zeile, Spalte oder Zelle einen Seitenumbruch einfügen
	*Hintergrund:* Ein Bild als Hintergrund des Arbeitsblattes festlegen oder wieder entfernen
	*Drucktitel:* Zeilen oder Spalten definieren, die auf jeder ausgedruckten Seite wiederholt werden

Tabelle 5.2: Die verschiedenen Befehle der Befehlsgruppe Seite einrichten *(Forts.)*

Die Befehle *Seitenränder, Ausrichtung und Format* wurden bereits in den Ausführungen zur Backstage-Ansicht im Abschnitt »Das Layout mit wenigen Mausklicks optimieren« erläutert. In der Backstage-Ansicht ist es jedoch nicht möglich, einen Druckbereich zu definieren, weil dazu der Zugriff auf das Arbeitsblatt notwendig ist.

Beispiele Sie können die nachfolgenden Ausführungen in der Beispielarbeitsmappe *Kap05_Seitenlayout.xlsx* im Arbeitsblatt *Druckbereich* nachvollziehen.

Den Druckbereich dauerhaft fixieren

Häufig befinden sich außerhalb des zu druckenden Tabellenbereichs Informationen, die nicht mit ausgedruckt werden sollen. In solchen Fällen richten Sie wie folgt einen festen Druckbereich ein, der nur die gewünschten Informationen umfasst:

1. Markieren Sie den zu druckenden Tabellenbereich.
2. Klicken Sie auf der Registerkarte *Seitenlayout* in der Gruppe *Seite einrichten* auf die Schaltfläche *Druckbereich* und wählen Sie, wie in Abbildung 5.10 zu sehen, den Befehl *Druckbereich festlegen* [1].

Damit wird ab dem nächsten Ausdruck nur noch der von Ihnen festgelegte Bereich des Arbeitsblattes ausgedruckt.

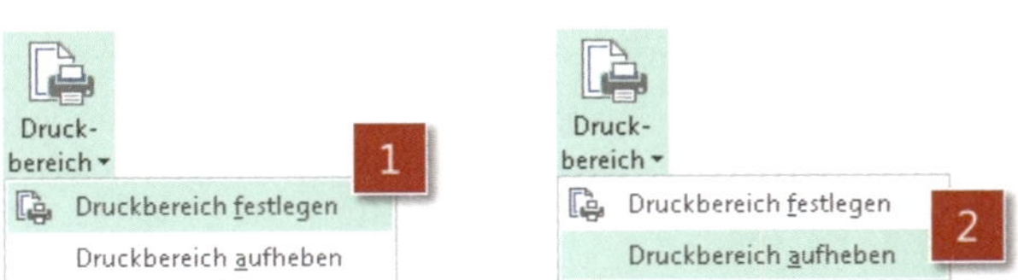

Abbildung 5.10: Das Festlegen und Aufheben eines Druckbereichs erfolgt über die gleiche Schaltfläche

Zum Aufheben des festgelegten Bereichs wählen Sie den Befehl *Druckbereich aufheben*, der in Abbildung 5.10 [2] zu sehen ist.

Tipp Üblicherweise besteht der Druckbereich aus zusammenhängenden Zellen. In der Beispielarbeitsmappe stehen die Durchschnittstemperaturen der Monate Januar bis Dezember aus den Jahren 2000 bis 2013 (soweit vorhanden) im Zellbereich B4:N19. Das Festlegen dieses Druckbereichs führt allerdings noch nicht zum erwünschten Ergebnis, weil die Seitenausrichtung auf *Hochformat* eingestellt ist – die Monate ab Oktober würden auf die zweite Seite gedruckt werden. Kontrollieren Sie deshalb vor dem Ausdruck über die *Druckvorschau* in der Backstage-Ansicht, ob noch weitere Anpassungen wie beispielsweise eine veränderte *Seitenausrichtung* oder eine *Skalierung* des Dokuments notwendig sind.

Hinweis Wenn Sie den Druckbereich aus mehreren nicht zusammenhängenden Zellbereichen zusammenstellen möchten, halten Sie beim Markieren der Zellbereiche mit der Maus die Taste `Strg` gedrückt. Anschließend weisen Sie über die Befehlsfolge *Seitenlayout/Seite einrichten/Druckbereich/Druckbereich festlegen* allen markierten Zellen einen gemeinsamen Druckbereich zu.

Beachten Sie dabei, dass der Ausdruck der unterschiedlichen Zellbereiche bei dieser Vorgehensweise nicht zusammen, sondern je Zellbereich auf einem gesonderten Blatt beginnt. Für die Reihenfolge der Ausdrucke ist dabei entscheidend, in welcher Reihenfolge die Zellbereiche bei gedrückter `Strg`-Taste mit der Maus markiert wurden.

Bei Bedarf können Sie aber auch verhindern, dass bestimmte Zellbereiche ausgedruckt werden. Blenden Sie dafür die Zeilen oder Spalten, die nicht ausgedruckt werden sollen, einfach aus. Klicken Sie hierfür mit der rechten Maustaste auf den betreffenden Zeilen- oder Spaltenkopf und wählen Sie im Kontextmenü den Befehl *Ausblenden*. Ausgeblendete Zeilen oder Spalten werden beim Ausdruck nicht berücksichtigt, selbst wenn sie innerhalb des Druckbereichs liegen sollten.

Wiederholungszeilen für den besseren Überblick: Drucktitel festlegen

Bei umfangreichen Tabellen ist es sehr hilfreich, wenn die Spaltenüberschriften auf jeder Seite gedruckt werden und nicht nur auf der ersten. Die Zuordnung der einzelnen Werte innerhalb einer Spalte wird dadurch erheblich vereinfacht. Diese Wiederholungszeilen mit den Spaltenüberschriften werden in Excel als *Drucktitel* bezeichnet.

Beispiele Verwenden Sie zum Nachvollziehen der folgenden Ausführungen in der Beispielarbeitsmappe *Kap05_Seitenlayout.xlsx* das Arbeitsblatt *Wiederholungszeilen*. Das Arbeitsblatt ist bereits im Querformat angelegt und der festgelegte Druckbereich umfasst die Spalten B bis N.

Im Beispiel stehen die Überschriften zu den umfangreichen Daten in den Zeilen *4* und *5*. Den Drucktitel mit den Wiederholungszeilen *4:5* legen Sie folgendermaßen fest (siehe Abbildung 5.11):

1. Klicken Sie auf der Registerkarte *Seitenlayout* auf die Schaltfläche *Drucktitel* [1].
2. Setzen Sie im Dialogfeld *Seite einrichten* den Cursor in das Feld *Wiederholungszeilen oben* [2]. Bei Bedarf können Sie das Dialogfeld durch einen Klick auf die Schaltfläche *Dialog reduzieren* [3] minimieren.
3. Markieren Sie nun mit der Maus die Zeilen *4* und *5* [4]. Die Zeilennummern werden dadurch in das Feld *Wiederholungszeilen oben* übernommen [5]. (Alternativ dazu können Sie auch den Zeilenbereich `4:5` eingeben.) Wenn Sie das Dialogfeld minimiert haben, klicken Sie anschließend auf die Schaltfläche zum Einblenden des Dialogfeldes [6].
4. Schließen Sie das Dialogfeld durch Klick auf die Schaltfläche *OK* [7].

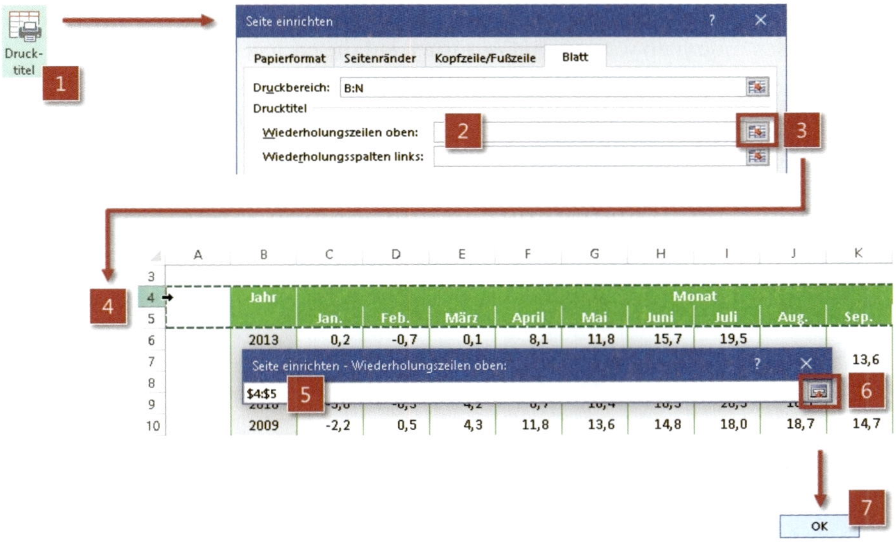

Abbildung 5.11: Der Drucktitel kann aus einer oder mehreren Zeilen bestehen

Daraufhin werden ab der Druckseite 2 oben auf allen Seiten die Zeilen 4 und 5 wiederholt, was die Orientierung auf allen Seiten erleichtert.

Auf die gleiche Weise können Sie auch *Wiederholungsspalten* definieren. Klicken Sie hierfür beim zweiten Schritt in das Feld *Wiederholungsspalten links* und wählen Sie mit der Maus die gewünschten Spalten aus, bevor Sie mit den weiteren Schritten fortfahren.

Beispiele Ein Muster mit einer Wiederholungsspalte finden Sie in der Beispielarbeitsmappe *Kap05_Seitenlayout.xlsx* im Blatt *Wiederholungsspalte*. In der Druckvorschau ist erkennbar, dass auch die Texte in den Zellen B1:B2 auf jedem Blatt wiederholt werden – allerdings nur soweit sie in der Wiederholungsspalte Platz haben. In so einem Fall reicht es schon, die betroffenen Zellen (B1:B2) um eine Zelle nach rechts zu verschieben (auf C1:C2), um ein ordentliches Druckergebnis zu erhalten.

Mit Umbrüchen für Ordnung sorgen

Kennen Sie das auch: Beim Ausdruck alphabetisch sortierter Übersichten wird mitten in einer Buchstabengruppe eine neue Seite begonnen. Besser wäre es, wenn die gesamte Buchstabengruppe erst auf der nächsten Seite beginnen würde. Solche Seitenumbrüche fügen Sie mit der Schaltfläche *Umbrüche* ein.

Beispiele Testen Sie das Einfügen von Umbrüchen in der Beispielarbeitsmappe *Kap05_Seitenlayout.xlsx* auf dem Arbeitsblatt *Seitenumbruch.*

Beim Einfügen von Umbrüchen bestehen mehrere Möglichkeiten:

- Wenn Sie eine ganze Zeile markiert haben und den in Abbildung 5.12 [1] gezeigten Befehl *Seitenlayout/Seite einrichten/Umbrüche/Seitenumbruch einfügen* wählen, wird oberhalb der markierten Zeile ein Seitenumbruch eingefügt. Die markierte Zeile und alle Zeilen unterhalb wandern im Ausdruck auf die nächste(n) Seite(n).
- Haben Sie hingegen eine ganze Spalte ausgewählt und den Umbruch eingefügt, werden die markierte Spalte und alle Spalten rechts von ihr im Ausdruck auf die nächste(n) Seite(n) versetzt.
- War vor der Auswahl des Befehls lediglich eine einzelne Zelle markiert, wird oberhalb und links von der markierten Zelle jeweils ein Seitenumbruch eingefügt. Alle Zeilen ab der markierten Zeile nach unten und alle Spalten ab der markierten Zeile nach rechts finden Sie im Ausdruck auf den nächsten Seiten wieder.

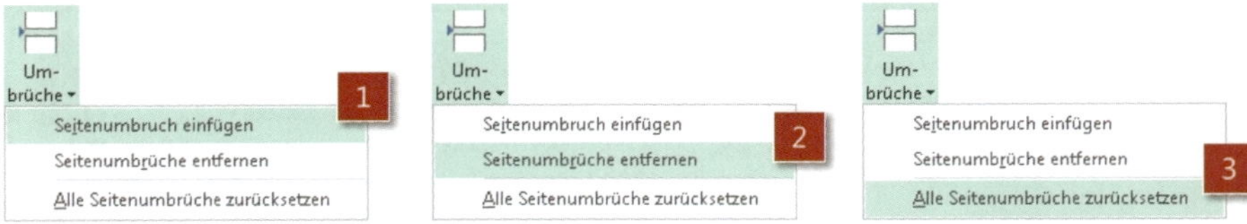

Abbildung 5.12: Befehle zum Einfügen und Entfernen von Umbrüchen

Abbildung 5.13 zeigt, dass manuell eingefügte Umbrüche mit durchgezogenen grauen Linien [1] dargestellt werden. Von Excel automatisch eingefügte Umbrüche am jeweiligen Seitenende werden als gestrichelte Linie [2] angezeigt.

Einen horizontalen Umbruch löschen Sie, indem Sie eine Zelle unterhalb des Umbruchs markieren und den Befehl *Seitenlayout/Seite einrichten/Umbrüche/Seitenumbrüche entfernen* anklicken (siehe Abbildung 5.12 [2]). Zum Löschen eines vertikalen Umbruchs markieren Sie vorab eine Zelle, die rechts von einem vertikalen Umbruch steht.

Wenn Sie alle vorhandenen Umbrüche eines Arbeitsblattes auf einen Schlag entfernen wollen, wählen Sie *Seitenlayout/Seite einrichten/Umbrüche/Alle Seitenumbrüche zurücksetzen* (siehe Abbildung 5.12 [3]).

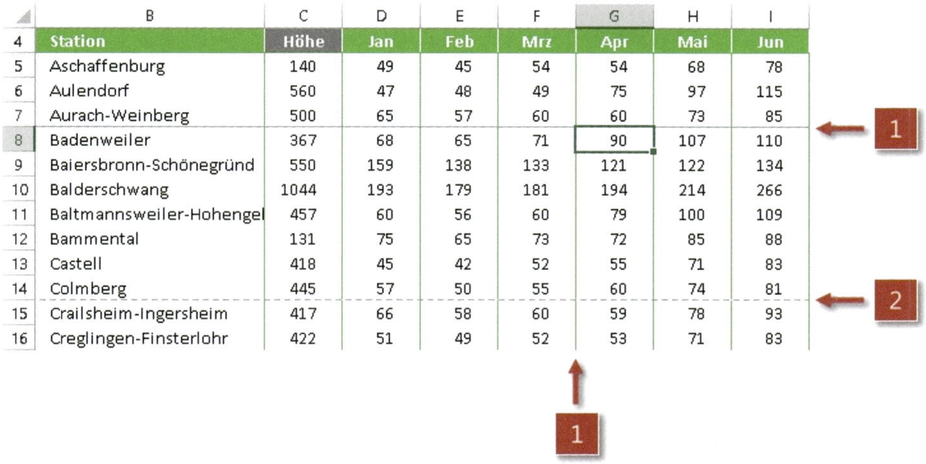

	B	C	D	E	F	G	H	I
4	Station	Höhe	Jan	Feb	Mrz	Apr	Mai	Jun
5	Aschaffenburg	140	49	45	54	54	68	78
6	Aulendorf	560	47	48	49	75	97	115
7	Aurach-Weinberg	500	65	57	60	60	73	85
8	Badenweiler	367	68	65	71	90	107	110
9	Baiersbronn-Schönegründ	550	159	138	133	121	122	134
10	Balderschwang	1044	193	179	181	194	214	266
11	Baltmannsweiler-Hohengel	457	60	56	60	79	100	109
12	Bammental	131	75	65	73	72	85	88
13	Castell	418	45	42	52	55	71	83
14	Colmberg	445	57	50	55	60	74	81
15	Crailsheim-Ingersheim	417	66	58	60	59	78	93
16	Creglingen-Finsterlohr	422	51	49	52	53	71	83

Abbildung 5.13: Durchgezogene Linien kennzeichnen in Excel sowohl Spalten- als auch Zeilenumbrüche

Noch komfortabler verändern Sie Umbrüche in der Umbruchvorschau, die weiter hinten in diesem Kapitel näher betrachtet wird.

Den Hintergrund mit einem Bild versehen

Tabellarische Übersichten lassen sich optisch aufwerten, indem als Hintergrund ein Bild oder eine Grafik verwendet wird. Nachdem Sie auf der Registerkarte *Seitenlayout* auf die Schaltfläche *Hintergrund* geklickt haben, können Sie eine Bilddatei auswählen und dem Arbeitsblatt als Hintergrund zuweisen.

Tipp Im Idealfall verwenden Sie als Hintergrundbild eine Grafik mit relativ blassen Farben, damit Text und Zahlen auf dem Arbeitsblatt weiterhin gut lesbar bleiben.

Über die gleiche Schaltfläche kann das Hintergrundbild auch wieder entfernt werden. Die Schaltfläche hat dafür ihre Beschriftung geändert und zeigt jetzt die Aufschrift *Hintergrund löschen.*

Hinweis Hintergrundbilder sind nur am Bildschirm sichtbar und werden nicht mit ausgedruckt. Die Originalgröße des Bildes bestimmt die Darstellungsgröße am Bildschirm. Eine Skalierung der Bildgröße ist beim Hintergrund nicht möglich.

Für den Ausdruck eines Wasserzeichens auf Ihren Arbeitsblättern fügen Sie in der Kopf- und Fußzeile ein übergroßes Bild – beispielsweise im DIN-A4-Format – ein, das das spätere Wasserzeichen an der richtigen Position beinhaltet. Ein Beispiel hierzu finden Sie in der Beispielarbeitsmappe *Kap05_Kopfzeile.xlsx* auf dem Arbeitsblatt *Vertraulich*.

Seitenkomprimierung auf Knopfdruck

Besonders ärgerlich sind Tabellen, in denen einige wenige Zeilen oder Spalten eine zusätzliche Seite verursachen. Excel bietet Ihnen für solche Fälle komfortable Skalierungsmöglichkeiten an.

Beispiele Verwenden Sie zum Nachvollziehen der folgenden Schritte in der Beispielarbeitsmappe *Kap05_Seitenlayout.xlsx* das Arbeitsblatt *Skalierung*. Hier ist bereits ein Druckbereich definiert, Spalte B als Wiederholungsspalte eingerichtet und die Überschriften sind sinnvoll positioniert.

Wenn Sie mit `Strg`+`P` zur Druckvorschau wechseln, sehen Sie, dass auf dem dritten ausgedruckten Blatt nur drei Spalten stehen würden. Optimieren Sie die Tabelle so, dass der Ausdruck aller Daten auf lediglich zwei Seiten erfolgt. Gehen Sie hierzu wie folgt vor (beachten Sie dabei auch die Darstellung in Abbildung 5.14):

- Öffnen Sie auf der Registerkarte *Seitenlayout* in der Gruppe *An Format anpassen* das Dropdown-Listenfeld *Breite* [1] und wählen Sie als Maximalbreite für den Ausdruck *2 Seiten* [2] aus.
- Analog können Sie auf diese Weise auch Zeilen auf einer bestimmten Anzahl von Seiten beim Ausdruck zusammenfassen.

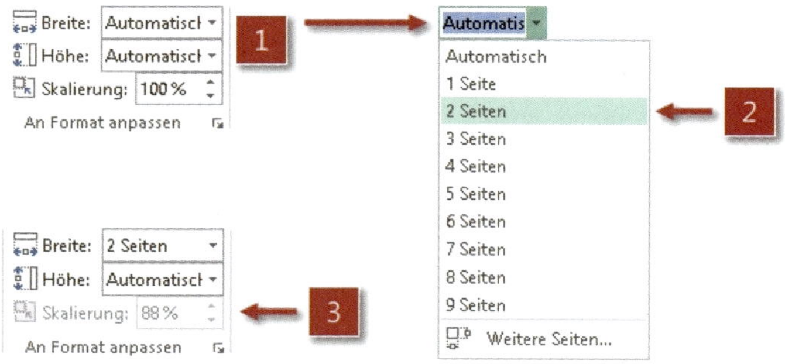

Abbildung 5.14: Die Skalierung von Höhe und Breite kann seitengenau eingestellt werden

Nach Auswahl der gewünschten Druckseitenzahl wird automatisch der Skalierungswert [3] prozentgenau angepasst.

Hinweis Wenn Sie die ausgewählte Seitenzahl im Listenfeld wieder auf *Automatisch* umstellen, wird der Prozentwert im Feld *Skalierung* (siehe Abbildung 5.14 [3]) nicht automatisch wieder auf *100%* gesetzt. Hier ist eine manuelle Korrektur notwendig.

Weitere Optionen für Anzeige und Ausdruck

Die Gitternetzlinien eines Arbeitsblattes müssen nicht immer mit ausgedruckt werden und die Anzeige der Spalten- und Zeilenköpfe ist ebenso nicht immer erforderlich. Die Bildschirmanzeige und das Drucken dieser Elemente können Sie mit der Befehlsgruppe *Blattoptionen* auf der Registerkarte *Seitenlayout* steuern.

Abbildung 5.15 zeigt die Befehlsgruppe *Blattoptionen* mit aktivierter Anzeige von Gitternetzlinien und Überschriften. Als Überschriften werden hierbei die Zeilen- und Spaltenköpfe des jeweiligen Arbeitsblattes bezeichnet. Sollen die Elemente mit ausgedruckt werden, aktivieren Sie die beiden entsprechenden Kontrollkästchen.

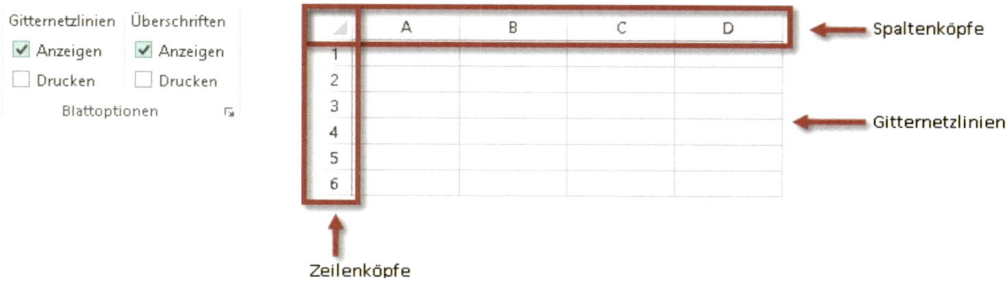

Abbildung 5.15: Arbeitsblatt mit angezeigten Gitternetzlinien und Überschriften

---

Tipp

Zu viele Linien können schnell die Orientierung auf einem ausgedruckten Blatt behindern. Verwenden Sie stattdessen Rahmenlinien, um bestimmte Bereiche zusammenzufassen. Schauen Sie sich dazu in der Beispielarbeitsmappe *Kap05_Seitenlayout.xlsx* das Arbeitsblatt *Blattoptionen* an und blenden Sie Gitternetzlinien und Überschriften ein und aus. Die formatierten Rahmenlinien reichen zur Orientierung völlig aus.

Alles an einem Ort zusammengefasst: Das Dialogfeld »Seite einrichten«

Über die Schaltflächen der Registerkarte *Seitenlayout* sind die in diesem Abschnitt gezeigten Befehle schnell und komfortabel auswählbar. Allerdings bietet das Dialogfeld *Seite einrichten* noch einige zusätzliche Möglichkeiten wie beispielsweise Schwarzweißdruck.

Am einfachsten erreichen Sie das Dialogfeld, indem Sie auf der Registerkarte *Seitenlayout* auf eines der Startprogramme für Dialogfelder klicken. Sie finden das Symbol beispielsweise rechts unten in der Befehlsgruppe *Blattoptionen*. Daraufhin erscheint das in Abbildung 5.16 gezeigte Dialogfeld.

- Aktivieren Sie die Option *Schwarzweißdruck* [1], wenn Sie keinen Farbdrucker zur Verfügung haben. Unabhängig von der eingestellten Formatierung werden vorhandener Text und alle farbigen Rahmenlinien schwarz gedruckt. Füllfarben von Zellen werden nicht gedruckt.

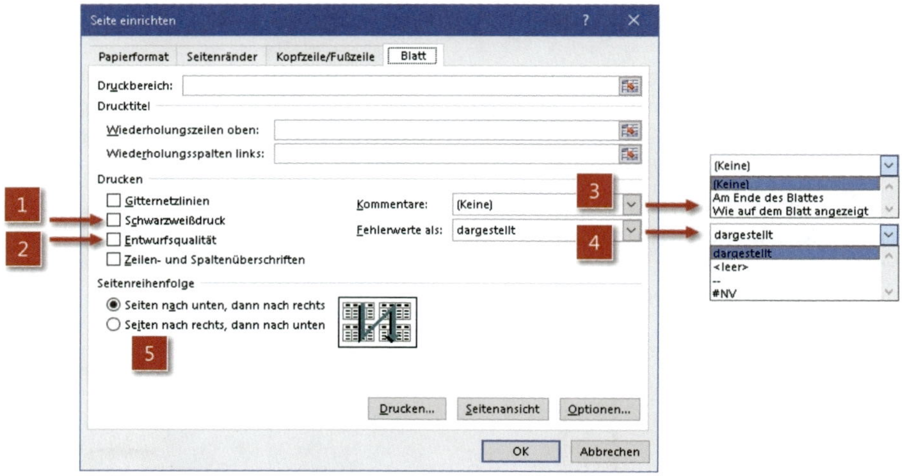

Abbildung 5.16: Blattoptionen, die nicht über die Registerkarte Seitenlayout *verfügbar sind*

- Die Aktivierung der *Entwurfsqualität* [2] unterdrückt den Ausdruck von Gitternetz- und manuell formatierten Rahmenlinien. Farbflächen werden ebenfalls nicht gedruckt. Wenn Sie weiße Schrift in einer farbigen Zelle stehen haben, empfiehlt sich daher die gleichzeitige Aktivierung der Option *Schwarzweißdruck* [1], da der Text im Ausdruck sonst nicht sichtbar ist.
- Enthält Ihr Arbeitsblatt Kommentare, können Sie diese ebenfalls mit ausdrucken. Hierfür stehen Ihnen zwei Möglichkeiten zur Verfügung:
  - Wählen Sie in der Dropdownliste *Kommentare* [3] die Option *Am Ende des Blattes*, wenn die Kommentare mit den zugehörigen Zelladressen am Ende des Dokuments auf eine neue Seite gedruckt werden sollen.
  - Wenn Sie in der Dropdownliste *Kommentare* [3] den Eintrag *Wie auf dem Blatt angezeigt* wählen, werden die Kommentare so gedruckt, wie sie auch am Bildschirm angezeigt werden. Möglicherweise werden jedoch bei dieser Druckvariante einzelne Zellen von den Kommentaren überdeckt, sodass der Zellinhalt auf dem Ausdruck nicht mehr lesbar ist.
- Formeln können Fehler beinhalten, die von Excel auf unterschiedliche Weise dargestellt werden. Mit den Optionen in der Dropdownliste *Fehlerwerte als* [4] können Sie entscheiden, wie diese Fehler im Ausdruck dargestellt werden:
  - Standardmäßig werden alle Fehler wie dargestellt ausgedruckt. Im Ausdruck können dadurch Fehlerwerte wie beispielsweise *#DIV/0!* oder *#NAME?* auftauchen.
  - Der Eintrag *<leer>* hingegen unterdrückt alle Fehler im Ausdruck.
  - Oder aber Sie entscheiden sich dafür, dass alle Fehler auf die gleiche Weise dargestellt werden: entweder als – (Bindestrich) oder als *#NV*.
- Bei großen Tabellen druckt Excel standardmäßig zuerst die Seiten nach unten, bevor mit den weiter rechts stehenden Seiten weitergemacht wird. Abbildung 5.16 zeigt im Abschnitt *Seitenreihenfolge* eine kleine Vorschau auf diese Druckreihenfolge.

  Durch Auswahl der Option *Seiten nach rechts, dann nach unten* [5] können Sie diese Reihenfolge umstellen.

Wichtig Im Gegensatz zu den Befehlen, die Sie im Menüband wählen können, werden die im Dialogfeld *Seite einrichten* vorgenommenen Änderungen erst durch Klick auf *OK* angewendet. Beachten Sie, dass die Einstellungen in der Arbeitsmappe gespeichert werden und auch beim nächsten Öffnen der Arbeitsmappe gültig sind.

Den Ausdruck abbrechen

Es kommt immer mal wieder vor, dass ein Druckvorgang gestartet und im nächsten Moment bemerkt wird, dass noch ein letztes Detail geändert werden muss. Wie lässt sich ein bereits laufender Ausdruck abbrechen? Gehen Sie dazu wie folgt vor:

1. Doppelklicken Sie auf das Druckersymbol, das Sie in der Taskleiste links neben der Datums- und Zeitanzeige finden. Daraufhin erscheint ein Fenster mit den Druckaufträgen des ausgewählten Druckers.
2. Klicken Sie auf das abzubrechende Dokument und wählen Sie im Menü *Dokument* den Befehl *Abbrechen*.

Hinweis Je kleiner die Dateigröße, je schneller der Computer und je weniger Druckaufträge noch auf Erledigung warten, desto schneller ist das Druckersymbol auch wieder aus der Taskleiste verschwunden. Der Druckauftrag ist dann bereits komplett an den Drucker übergeben worden. Sie sollten also nicht zu lange warten, wenn Sie einen Fehldruck vermeiden wollen.

Optimale Seitengestaltung mit der Seitenlayoutansicht

Die standardmäßig voreingestellte Ansicht *Normal* zeigt bildschirmfüllend die Zellen des jeweiligen Arbeitsblattes und verzichtet auf jegliche Zusatzinformation. Der große Vorteil der Ansicht *Seitenlayout* dagegen besteht darin, dass Sie die ganze Seitenaufteilung vor sich haben. Neben dem gewohnten Zellbereich sind auch die Seitenränder und die Kopf- und Fußzeilen sichtbar. Außerdem sehen Sie auf einen Blick, welche Zeilen und Spalten auf welche Seiten gedruckt werden.

Die Seitenlayoutansicht aufrufen

Durch einen Klick auf die Schaltfläche *Seitenlayout* in der Statusleiste des Excel-Programmfensters erreichen Sie die Ansicht *Seitenlayout* auf direktem Wege.

Alternativ dazu gelangen Sie zur Seitenlayoutansicht, indem Sie auf der Registerkarte *Ansicht* in der Befehlsgruppe *Arbeitsmappenansichten* auf die Schaltfläche *Seitenlayout* klicken.

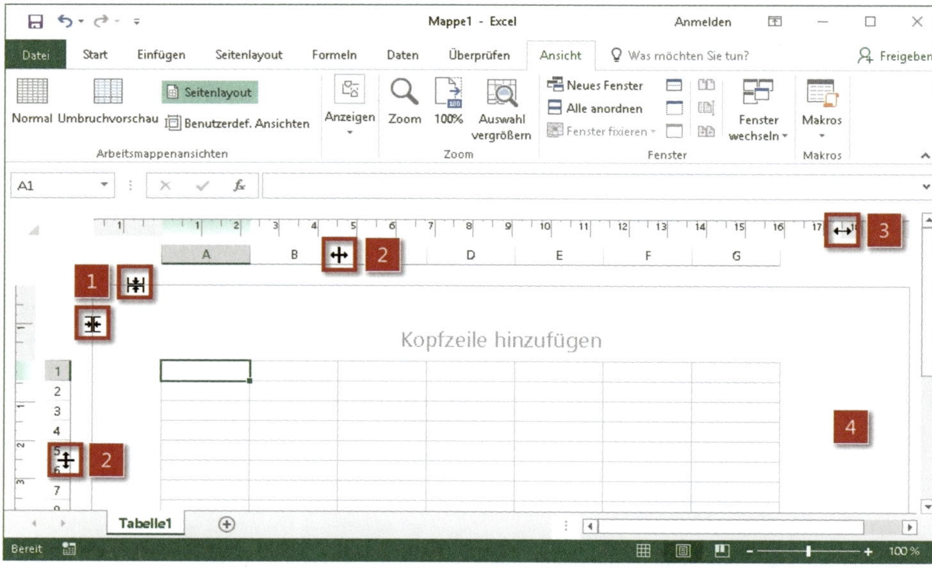

Abbildung 5.17: In der Ansicht Seitenlayout *sind Einstellungen für Ränder und Spalten per Maus möglich*

Im Gegensatz zur Normalansicht zeigt die Seitenlayoutansicht auch die Seitenränder (siehe Abbildung 5.23 [4]). Zum Ausblenden der Seitenränder auf dem Bildschirm bewegen Sie den Mauszeiger auf eine der Blattgrenzen und führen dann einen Doppelklick auf das erscheinende Symbol [1] aus. Ein Doppelklick an derselben Stelle blendet die Seitenränder wieder ein.

Spaltenbreiten und Seitenränder in Zentimeter angeben

Besonders komfortabel können Sie in der Seitenlayoutansicht Spaltenbreiten und Zeilenhöhen verändern, da in dieser Ansicht – anders als in der Normalansicht – die exakten Zentimetermaße angezeigt werden:

1. Positionieren Sie den Mauszeiger direkt auf der grauen Linie zwischen zwei Spalten- oder Zeilenköpfen. Daraufhin verändert sich der Mauszeiger zu einem Doppelpfeil (siehe Abbildung 5.17 [2]).
2. Halten Sie die Maustaste gedrückt und ziehen Sie den Rand an die neue Position. Während des Ziehens wird in der QuickInfo das genaue Maß in Zentimeter angezeigt.

Die Seitenränder können Sie auf die gleiche Weise anpassen:

1. Bewegen Sie den Mauszeiger auf die Seitenrandbegrenzung links oder rechts im Lineal. Auch hier verwandelt sich der Mauszeiger in einen Doppelpfeil [3].
2. Durch Ziehen mit gedrückter Maustaste verändern Sie die Randeinstellung. Eine QuickInfo, die während des Ziehens das neue Randmaß anzeigt, steht allerdings nicht zur Verfügung.

Tipp Wenn oberhalb der Blattdarstellung lediglich die Spaltenköpfe dargestellt werden, können Sie die Seitenränder in der Ansicht *Seitenlayout* nicht anpassen. Blenden Sie in diesem Fall das Lineal über die Befehlsfolge *ANSICHT/Anzeigen/Lineal* wieder ein.

Maßeinheiten des Lineals ändern

Standardmäßig bezieht Excel die Maßeinheiten des Lineals aus den Einstellungen der Systemsteuerung. Bei Bedarf können Sie in den Excel-Optionen aber auch eine feste Maßeinheit für das Lineal vorgeben.

1. Rufen Sie über *DATEI/Optionen* das Dialogfeld *Excel-Optionen* auf.
2. Wechseln Sie zur Kategorie *Erweitert* und wählen Sie im Abschnitt *Anzeige* im Listenfeld *Linealeinheiten* die gewünschte Einheit aus. Der Eintrag *Standardeinheiten* verweist auf die Systemsteuerung, die anderen Einträge auf die jeweiligen Maßeinheiten.

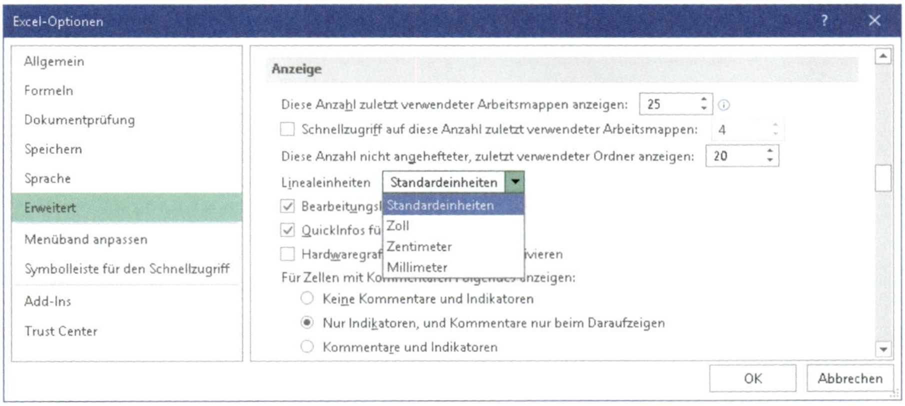

Abbildung 5.18: Im Dialogfeld Excel-Optionen *lassen sich unterschiedliche Einheiten für das Lineal einstellen*

Kopf- und Fußzeilen füllen in der Seitenlayoutansicht

Überschriften, Firmenlogos, Seitenzahlen und sonstige allgemeine Informationen werden häufig in Kopf- und Fußzeilen untergebracht, damit sie auf allen ausgedruckten Blättern sichtbar sind. Am einfachsten definieren Sie eine Kopf- oder auch eine Fußzeile in der Seitenlayoutansicht. So gehen Sie vor (beachten Sie auch die Darstellung in Abbildung 5.19):

1. Aktivieren Sie die Seitenlayoutansicht und bewegen Sie den Mauszeiger an den oberen Rand [1] des Arbeitsblattes. (Am unteren Blattrand erreichen Sie die Fußzeile.)
2. Daraufhin werden die drei Abschnitte der Kopfzeile (links, mittig und rechts) [2] sichtbar. Nach einem Klick in einen der drei Abschnitte können Sie direkt mit der Texteingabe und -formatierung beginnen.

Hinweis Zum Formatieren verwenden Sie die Befehle der Minisymbolleiste oder die Befehle der Registerkarte *Start,* die für Kopf- und Fußzeilentext aber nur eingeschränkt zur Verfügung stehen. Dabei muss nicht immer der komplette Text eines Abschnitts ausgewählt sein, das Markieren und Formatieren einzelner Wörter in der Kopfzeile ist ebenfalls möglich.

3. Durch die Aktivierung eines Abschnitts erscheint die kontextbezogene Registerkarte *Kopf- und Fußzeilentools/Entwurf*, die weitere Befehle für die Kopf- und Fußzeile bereithält.

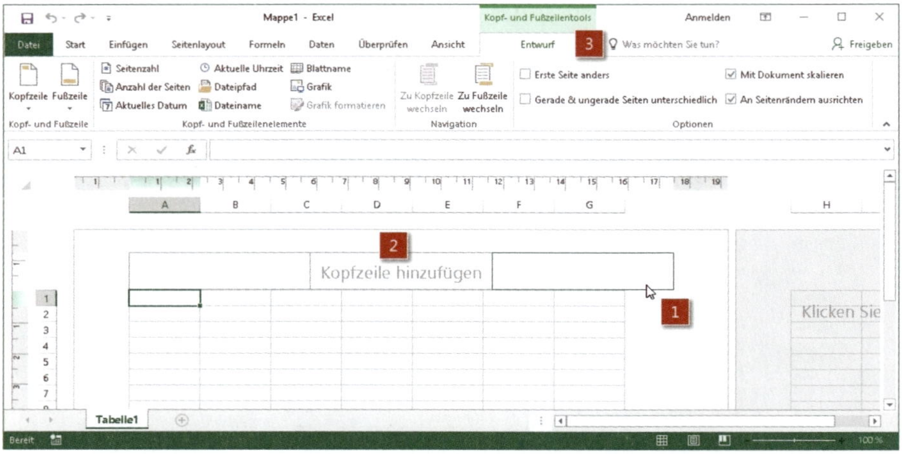

Abbildung 5.19: Ein Mausklick in den Kopfzeilenbereich aktiviert die passende Registerkarte

Hinweis Sie können auch auf der Registerkarte *Einfügen* in der Befehlsgruppe *Text* auf die Schaltfläche *Kopf- und Fußzeile* klicken. Excel wechselt daraufhin automatisch in die Seitenlayoutansicht, aktiviert den mittleren Abschnitt und zeigt die kontextbezogene Registerkarte *Kopf- und Fußzeilentools/Entwurf* an.

Spezialbefehle für Kopf- und Fußzeilen verwenden

Kopf- und Fußzeilen werden erst dann richtig lohnenswert, wenn sich ihre Inhalte dynamisch dem Dokument anpassen. Wenn beispielsweise auf einer Teilnehmerliste neue Teilnehmer hinzukommen und dadurch neue Seiten entstehen, sollte sich die Gesamtseitenzahl in der Fußzeile automatisch erhöhen. Oder benötigen Sie auf Ihren Ausdrucken immer das aktuelle Datum? Das ist alles kein Problem.

Beispiele Verwenden Sie zum Nachvollziehen der folgenden Schritte das Arbeitsblatt *Seitenzahl* in der Beispielarbeitsmappe *Kap05_Kopfzeile.xlsx*.

Die dafür notwendigen Befehle sind auf der Registerkarte *Kopf- und Fußzeilentools/Entwurf* in der Befehlsgruppe *Kopf- und Fußzeilenelemente* zusammengefasst (siehe Abbildung 5.20).

Abbildung 5.20: Für die Kopf- und Fußzeilen stehen verschiedene dynamische Feldfunktionen bereit

Gehen Sie wie folgt vor:

1. Wechseln Sie durch Klicken auf die Schaltfläche *Seitenlayout* zur betreffenden Ansicht.

2. Klicken Sie in den rechten Abschnitt der Fußzeile und tragen Sie dort `Seite?` ein (wobei ? lediglich zur eindeutigen Kennzeichnung des einzugebenden Leerzeichens steht).
3. Klicken Sie nun auf die Schaltfläche *Seitenzahl*. Dadurch wird dem Abschnitt die Feldfunktion *[&Seite]* hinzugefügt.

4. Tippen Sie direkt im Anschluss an die Feldfunktion die Zeichenfolge `?von?` ein.
5. Anschließend fügen Sie durch einen Klick auf die Schaltfläche *Anzahl der Seiten* die Feldfunktion *[&Seiten]* zur Berechnung der Gesamtseitenzahl ein.

6. Als Ergebnis zeigt der Abschnitt den Eintrag *Seite &[Seite] von &[Seiten]*.
7. Klicken Sie nun direkt in den linken Abschnitt der Fußzeile und klicken Sie auf die Schaltfläche *Aktuelles Datum*, damit die Feldfunktion *[&Datum]* zur Datumsanzeige eingefügt wird.

8. Sobald Sie die Fußzeile durch einen Klick auf eine beliebige Tabellenzelle verlassen, wird das Ergebnis angezeigt.
9. Erfassen Sie in Zeile *98* einen neuen Teilnehmer und betrachten Sie das Ergebnis der Fußzeilendarstellung durch Drücken der Tastenkombination Strg+P in der Druckvorschau.

Stellen Sie auf die gezeigte Weise Ihre eigenen individuellen Kopf- und Fußzeilen zusammen. Durch die Verwendung von Seitenzahlen helfen Sie den Lesern Ihrer Dateien bei der Orientierung in umfangreichen Ausdrucken und durch die Angabe von Dateipfad und -name erleichtern Sie beispielsweise Ihren Kollegen das Auffinden der passenden Datei zum vorliegenden Ausdruck. Es lohnt sich also, sich ein paar Gedanken über den passenden Inhalt einer Kopf- und Fußzeile zu machen.

Tipp

- Wenn Sie in einen der drei Abschnitte mehr Text eingeben, als der Abschnitt selbst aufnehmen kann, wird der Abschnitt erweitert und der Text automatisch in den oder die angrenzenden Abschnitte geschrieben. Somit können Sie auch zusammenhängende Kopfzeilen erzeugen, die nicht der vorgegebenen Dreiteilung entsprechen.
- Benötigen Sie innerhalb eines Abschnitts einen Zeilenumbruch, erhalten Sie diesen wie gewohnt mit ↵.
- Mehr als 253 Zeichen (inklusive Sonder- und Formatierungszeichen) kann eine Kopf- oder Fußzeile allerdings nicht aufnehmen.

Achtung Solange die Kopf- und Fußzeile aktiviert ist, werden lediglich die eingefügten Feldfunktionen – zum Beispiel *&[Seite]* oder *&[Register]* – angezeigt. Das dynamische Ergebnis – zum Beispiel die Seitennummer *5* oder der Blattname *Teilnehmer* – wird erst angezeigt, wenn wieder eine Zelle markiert und die Kopf- und Fußzeile nicht mehr aktiv ist.

Hinweis Bei der Verwendung von Seitenzahlen beginnt Excel standardmäßig bei 1. Sollte Ihr Ausdruck ein Teil innerhalb eines größeren Gesamtwerks sein, können Sie die Seitenzahl aber auch bei einer anderen Zahl beginnen lassen. Benötigen Sie als Startzahl beispielsweise die *5*, addieren Sie einfach die Differenz von *4* zu der (bei 1 startenden) Feldfunktion hinzu. Der komplette Eintrag lautet dann *[&Seite]+4*.

Professionelle Optik für Kopfzeilen: Grafiken einfügen

Genug der Theorie, jetzt wird es ernst: Für die jährlich im April stattfindenden Excel-Anwendertage sollen Arbeitsmappen vorbereitet werden, auf denen links oben in der Kopfzeile das Excel-Logo und rechts oben das Logo des Veranstalters stehen sollen. Diese Aufgabe meistern Sie, indem Sie über zwei Schaltflächen die benötigten Grafiken einfügen und bearbeiten. Abbildung 5.21 zeigt die genaue Reihenfolge.

Beispiele Für diese Aufgabe steht Ihnen in der Beispielarbeitsmappe *Kap05_Kopfzeile.xlsx* das Arbeitsblatt *Teilnehmer* zur Verfügung.

1. Wechseln Sie über die Schaltfläche *Seitenlayout* in der Statusleiste zur Ansicht *Seitenlayout*.
2. Klicken Sie in den linken Abschnitt der Kopfzeile [1].
3. Daraufhin erscheint die kontextbezogene Registerkarte *Kopf- und Fußzeilentools/Entwurf*.

4. Klicken Sie auf die Schaltfläche *Grafik* [2] und verwenden Sie für das Logo die Beispieldatei *Kap05_Logo_Excel.eps*.
5. Nachdem Sie das Logo eingefügt haben, sehen Sie – dass Sie nichts sehen. Auch hier müssen Sie die Kopfzeile durch einen Klick auf eine Zelle [3] erst verlassen, bevor das soeben mit der Feldfunktion *&[Grafik]* eingefügte Logo angezeigt wird.

6. Nach dem Anzeigen der Grafik und einem erneuten Klick in die Kopfzeile [4] können Sie nun die vorher noch inaktive und grau dargestellte Schaltfläche *Grafik formatieren* [5] anklicken.
7. Im folgenden Dialogfeld *Grafik formatieren* sperren Sie nun zuerst das *Seitenverhältnis* und stellen anschließend für das Logo eine *Höhe* von 1,5 cm ein [6]. Wenn Sie das Seitenverhältnis nicht sperren, wird die Grafik möglicherweise gestaucht oder gedehnt. Nach einem Klick auf die Schaltfläche *OK* wird die Grafik in der neuen Größe angezeigt.

8. Problematisch ist nun, dass die Grafik in die Zelle A1 hineinragt. Vergrößern Sie deshalb über die Befehlsfolge *Seitenlayout/Seite einrichten/Seitenränder/Benutzerdefinierte Seitenränder* den oberen Seitenrand auf 3 cm [7] und schließen Sie dann das Dialogfeld *Seite einrichten* mit *OK*.
9. Fügen Sie abschließend durch Wiederholung der Schritte 4 bis 7 im rechten Abschnitt der Kopfzeile das Logo des Veranstalters ein. Die Logodatei *Kap05_Logo_AT.eps* finden Sie ebenfalls in den Beispieldateien zu diesem Kapitel.

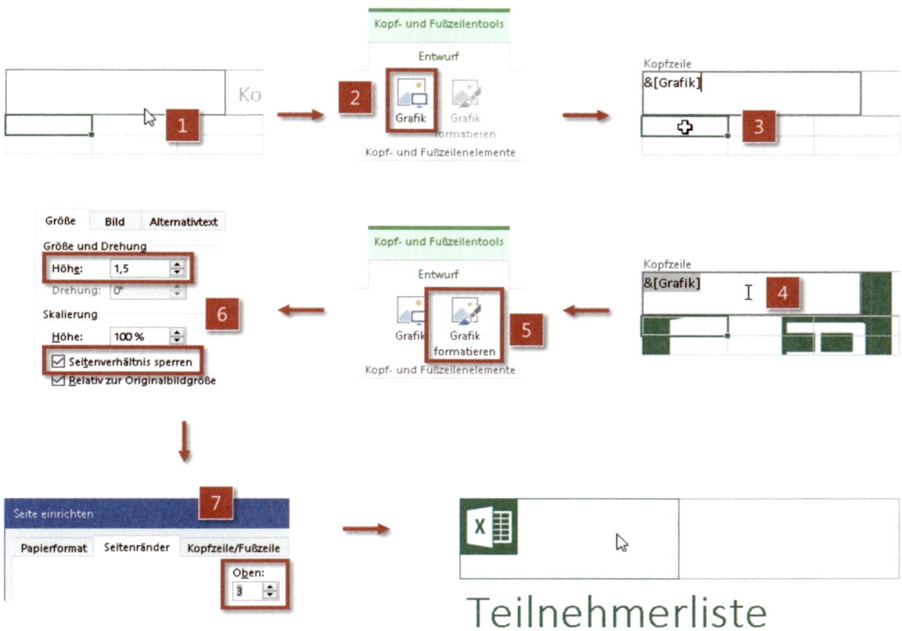

Abbildung 5.21: Die Größe einer Grafik kann auch in einer Kopf- oder Fußzeile geändert werden

---

Achtung Solange Sie sich in der Kopf- und Fußzeile befinden, sind auch nur die Befehle der Kopf- und Fußzeile verfügbar. Die anderen Registerkarten sind derweil fast vollständig ausgegraut. Selbst der Wechsel zurück in die Normalansicht ist nicht möglich, da sogar die Statusleistenschaltfläche zum Wechsel in die Normalansicht nicht anklickbar ist. Zum Weiterarbeiten verlassen Sie die Kopf- und Fußzeile durch Klick auf eine beliebige Zelle.

Beispiele Die fertige Lösung finden Sie in der Beispielarbeitsmappe *Kap05_Kopfzeile.xlsx* im Arbeitsblatt *Teilnehmer - Lösung*. Hier wurden in der Fußzeile zusätzlich das aktuelle Datum sowie die aktuelle Seitenzahl und die Gesamtseitenzahl eingebaut.

Vordefinierte Kopf- und Fußzeileneinträge verwenden

Ganz vorn auf der Registerkarte *Kopf- und Fußzeilentools/Entwurf* finden Sie die beiden Schaltflächen *Kopfzeile* und *Fußzeile.* Durch einen Klick auf eine dieser Schaltflächen können Sie aus einer Liste fertig zusammengestellte Einträge für die Abschnitte der Kopf- oder Fußzeile auswählen. Sollten Sie allerdings bereits manuelle Einträge vorgenommen haben, werden diese bei nachträglicher Auswahl der vordefinierten Einträge komplett überschrieben.

Zwischen Kopf- und Fußzeile hin- und herwechseln

Wenn Sie nach dem Eingeben der Kopfzeile gleich mit der Fußzeile weitermachen möchten, werden Sie feststellen, dass Sie mit dem Rädchen Ihrer Maus nicht nach unten scrollen können. Verwenden Sie deshalb die beiden Schaltflächen *Zu Kopfzeile wechseln* und *Zu Fußzeile wechseln*, die ebenfalls auf der Registerkarte *Kopf- und Fußzeilentools/ Entwurf* zu finden sind. Aktiv ist dabei jeweils nur die Schaltfläche, die den Sprung in die jeweils andere (Kopf- oder Fuß-)Zeile auslöst.

Perfekte Steuerung dank eigener Optionen

Bei umfangreichen Excel-Dateien kann es durchaus sinnvoll sein, unterschiedliche Kopf- und Fußzeilen einzusetzen. Sie können damit beispielsweise in Ihrer Excel-Datei auf allen ungeraden Seiten eine Seitenzahl unten rechts und auf allen geraden Seiten eine Seitenzahl unten links vorgeben. Wenn Sie diese Excel-Datei nun doppelseitig ausdrucken, stehen die Seitenzahlen wie bei einer professionell gedruckten Broschüre immer außen und können auch bei einem gebundenen oder gehefteten Ausdruck problemlos gelesen werden.

Folgende Kopf- und Fußzeilenoptionen stehen in der Gruppe *Optionen* auf der Registerkarte *Kopf- und Fußzeilentools/Entwurf* zur Verfügung:

- *Erste Seite anders:* Ermöglicht die Angabe einer eigenen Kopf- und Fußzeile für die erste Seite.

Beispiele Das passende Beispiel für eine abweichende Kopf- und Fußzeile auf der ersten Seite finden Sie in der Beispielarbeitsmappe *Kap05_Kopfzeile.xlsx* im Arbeitsblatt *Erste Seite anders.*

- *Gerade & ungerade Seiten untersch.:* Erlaubt die Eingabe abweichender Kopf- und Fußzeilen für gerade und ungerade Seiten. Ein Hinweis über der jeweiligen Kopfzeile zeigt, welche Kopfzeile gerade bearbeitet wird (siehe Abbildung 5.22)
- *Mit Dokument skalieren:* Excel-Dokumente können so eingerichtet werden, dass beispielsweise alle Spalten nebeneinander auf einem Blatt ausgedruckt werden können (siehe hierzu auch den Abschnitt »Seitenkomprimierung auf Knopfdruck«). Dabei wird unter Umständen die eingestellte Schriftgröße so weit verringert, dass alle Spalten auf einem Blatt Platz haben. Die Option *Mit Dokument skalieren* passt bei einer derartigen Skalierung auch die Größe der Kopf- und Fußzeile (Schriftgrad und Skalierung) an, sodass ein insgesamt harmonisches Druckbild erhalten bleibt.

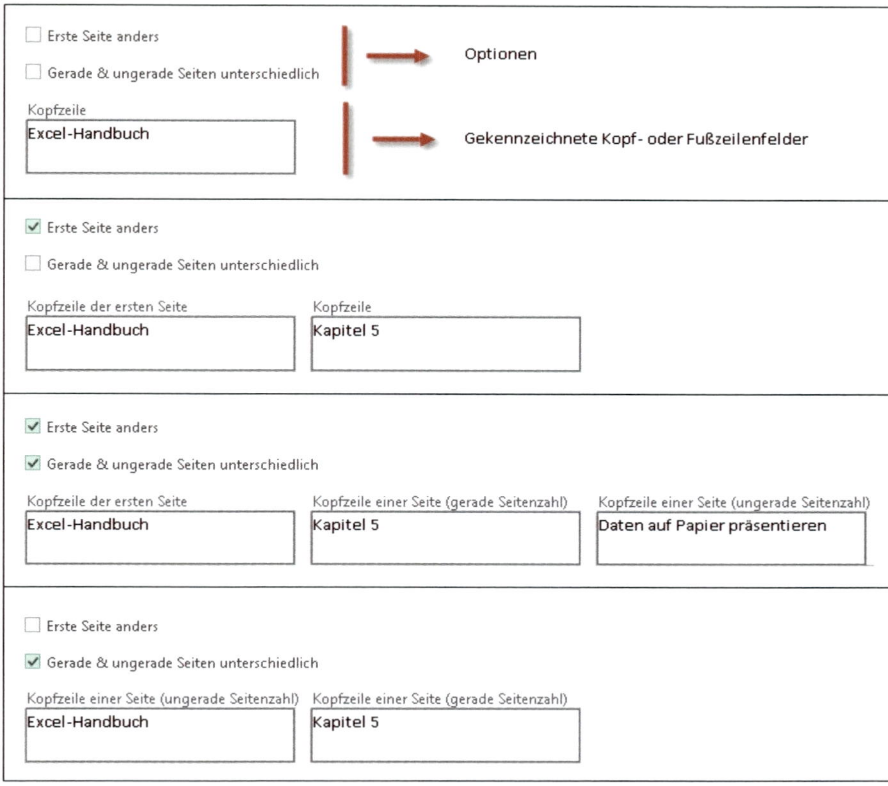

Abbildung 5.22: Je nach aktivierter Option stehen unterschiedlich gekennzeichnete Kopfzeilenfelder zur Verfügung

- *An Seitenrändern ausrichten:* Bei Aktivierung dieser Option werden der linke und der rechte Abschnitt der Kopf- und Fußzeilen an den eingestellten Seitenrändern ausgerichtet.

»&«-Zeichen als Buchstabe in der Kopfzeile verwenden

Die dynamischen Einträge in Kopf- und Fußzeilen werden durch Feldfunktionen umgesetzt, die mit einem »&« beginnen. Benötigen Sie das »&«-Zeichen jedoch als normalen Text, geben Sie einfach zwei direkt hintereinander stehende »&«-Zeichen ein. Aus Ihrer Eingabe `Müller && Sohn` wird dann im Ausdruck *Müller & Sohn*.

Zeit sparen: Kopfzeilen für mehrere Blätter gleichzeitig anlegen

Sie können Kopf- und Fußzeilen nicht nur für ein einzelnes Arbeitsblatt, sondern auch für mehrere Arbeitsblätter gleichzeitig anlegen. Vor der Eingabe sind lediglich die gewünschten Arbeitsblätter auszuwählen.

1. Markieren Sie mit der linken Maustaste bei gedrückter `Strg`-Taste nacheinander die gewünschten Arbeitsblätter im Blattregister. Wollen Sie hintereinander stehende Arbeitsblätter markieren, klicken Sie im Blattregister auf das erste Arbeitsblatt, halten

die [⇧]-Taste gedrückt und klicken anschließend auf das letzte auszuwählende Arbeitsblatt. Die gleichzeitige Auswahl mehrerer Arbeitsblätter wird in der Titelleiste mit dem Eintrag *[Gruppe]* angezeigt.

2. Alle Eingaben, die jetzt in der Kopf- und Fußzeile vorgenommen werden, befinden sich daraufhin in allen markierten Arbeitsblättern.
3. Vergessen Sie nicht, nach Ihrer Eingabe die Arbeitsblättermarkierung wieder aufzuheben, indem Sie im Blattregister auf ein beliebiges anderes Arbeitsblatt klicken. Weitere Veränderungen wie beispielsweise Eingaben in Zellen, Formatierungen oder auch Veränderungen der Spaltenbreiten würden ansonsten auf alle markierten Arbeitsblätter angewandt.

Umbrüche in der Umbruchvorschau steuern

Neben der Normal- und der Seitenlayoutansicht stellt Excel noch eine weitere Ansicht, die sogenannte *Umbruchvorschau*, zur Verfügung. Damit können Seitenumbrüche nicht nur bewertet, sondern auch sehr einfach umgestellt werden.

Am schnellsten gelangen Sie zur Umbruchvorschau über die Schaltfläche *Umbruchvorschau* im rechten Bereich der Excel-Statusleiste.

Der zweite Weg zur Umbruchvorschau führt im Menüband über die Registerkarte *Ansicht*. Klicken Sie dort in der Gruppe *Arbeitsmappenansichten* auf die Schaltfläche *Umbruchvorschau*, um zur gewünschten Ansicht zu wechseln.

Beispiele Das passende Übungsbeispiel zu den folgenden Ausführungen finden Sie in der Beispielarbeitsmappe *Kap05_Umbruchvorschau.xlsx* auf dem Arbeitsblatt *Umbruchvorschau.*

Die Bestandteile der Umbruchvorschau

Wie Sie in Abbildung 5.23 erkennen können, gibt die ausgewählte Ansicht gleich mehrere Informationen preis:

- Eine gestrichelte blaue Linie zeigt einen von Excel automatisch generierten Seitenumbruch. Dies gilt für vertikale Umbrüche [1] ebenso wie für horizontale [2].
- Umlaufende und relativ dicke blaue Linien [3] zeigen den verfügbaren Druckbereich an.
- Im Zentrum jedes Seitenbereichs steht die Nummer der Seite [4], auf die der Seitenbereich gedruckt wird.
- Ein manuell hinzugefügter Umbruch wird durch eine durchgehende dicke blaue Linie [5] dargestellt.

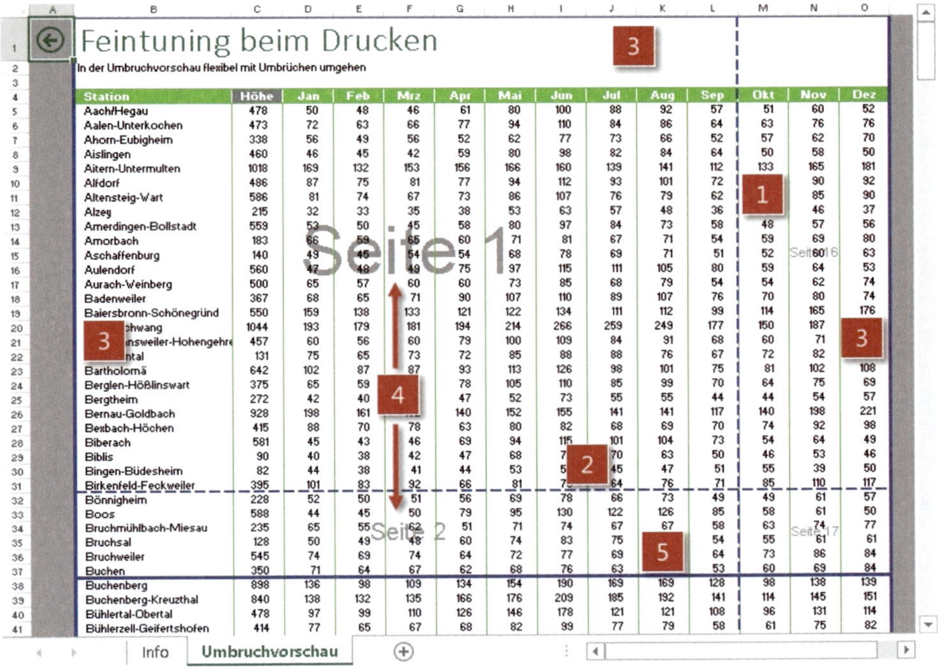

Abbildung 5.23: Die Umbruchvorschau zeigt nicht nur die Seitenumbrüche an

Schnell zum Ziel: Umbrüche mit der Maus anpassen

Es kann durchaus sinnvoll sein, einen Seitenumbruch manuell zu versetzen, wenn beispielsweise Daten unterschiedlicher Gruppen voneinander getrennt werden sollen. Sollen etwa alle Ortschaften, die mit »A« beginnen, auf einer anderen Seite stehen als die Ortschaften, die mit »B« beginnen, lässt sich der Seitenumbruch einfach verschieben, wie Abbildung 5.24 zeigt:

1. Verschieben Sie den Seitenumbruch mit gedrückter linker Maustaste [1] an die gewünschte Stelle (im Beispiel oberhalb der Zeile 18, da dort der erste Ort mit »B« steht).
2. Der ursprünglich automatisch gesetzte Umbruch [2] wird dadurch zu einem manuell gesetzten Umbruch [3] an der neuen Position.
3. Gleichzeitig werden automatisch die neuen Seitennummern [4] ermittelt und innerhalb der jeweiligen Seitenbereiche angezeigt.

Der Vorteil dieser Vorgehensweise besteht darin, dass Sie immer sehen können, wo welche Umbrüche vorhanden sind, und Sie jederzeit einfach mit der Maus die gewünschten Änderungen vornehmen können.

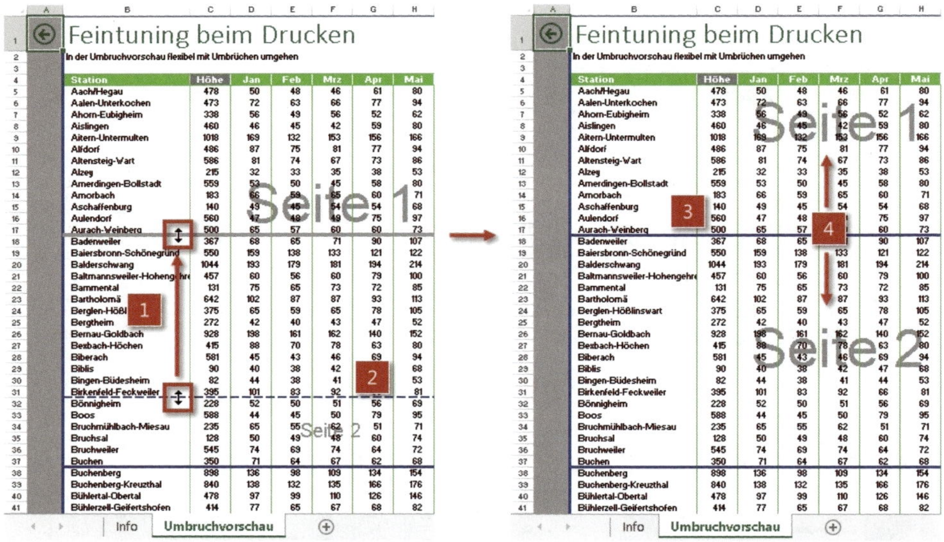

Abbildung 5.24: Umbrüche können mit der Maus neu positioniert werden

---

Tipp Wollen Sie einen Umbruch nicht verschieben, sondern hinzufügen? Dann markieren Sie hierfür entweder eine Zeile, Spalte oder Zelle, ab der eine neue Seite bedruckt werden soll, und wählen Sie nach einem Rechtsklick im Kontextmenü den Befehl *Seitenumbruch einfügen*.

Den Druckbereich in der Umbruchvorschau ändern

Wenn Sie eine der umlaufenden dicken blauen Linien mit der Maus verschieben, verändern Sie damit den zugelassenen Druckbereich [1]. In Abbildung 5.25 sehen Sie das Ergebnis. Alles, was sich außerhalb der umlaufenden blauen Linien befindet [2], wird nicht gedruckt. Sind jedoch Wiederholungszeilen als Drucktitel definiert, werden diese beim Ausdruck am jeweiligen Seitenanfang korrekt eingefügt.

Hinweis Beachten Sie, dass Sie durch Verschieben eines Umbruchs den Seitenbereich so vergrößern können, dass dieser mehr beinhaltet, als normalerweise auf der Seite Platz hat. In diesem Fall wird automatisch die Skalierung der Seite verringert, damit der gewünschte Inhalt komplett auf einer Seite Platz findet.

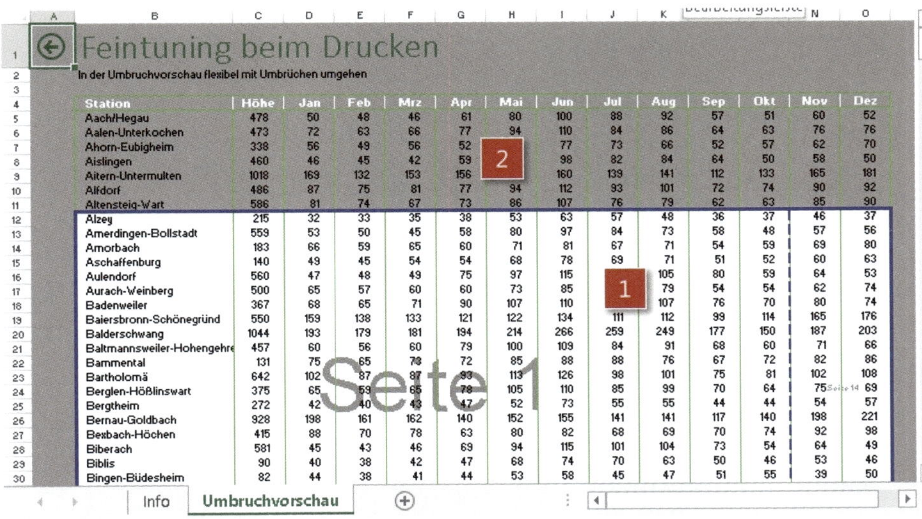

Abbildung 5.25: Der Druckbereich wird durch dicke blaue Linien begrenzt

---

Hinweis

Unter *DATEI/Optionen/Allgemein* können Sie im Abschnitt *Beim Erstellen neuer Arbeitsmappen* festlegen, mit welcher Ansicht Excel neue Blätter öffnet. Hier können Sie Ihre ganz persönliche Lieblingsansicht hinterlegen. Sollte Ihre Wahl auf die Umbruchvorschau fallen, bedenken Sie, dass die Umbruchvorschau bei einem neuen und damit leeren Arbeitsblatt lediglich eine große graue Fläche zeigt.

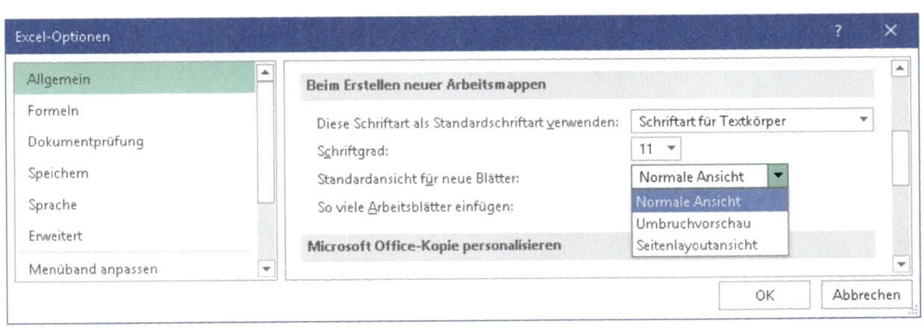

Abbildung 5.26: Auswahl der Standardansicht für neue Blätter

Kapitel 6

Zellen und Tabellen formatieren – der Einstieg

In diesem Kapitel:

Bereits während der Eingabe verfolgen Sie sehr wahrscheinlich das Ziel, Ihre Daten übersichtlich und leicht nachvollziehbar in das Arbeitsblatt einzutragen. Dabei benutzen Sie automatisch allgemein bekannte oder sogar per DIN festgelegte Regeln (beispielsweise die DIN 5008 für die Schreib- und Gestaltungsregeln von Texten und Zahlen).

Beispiel: Tragen Sie die Zahl 200 in das Arbeitsblatt ein, ist sie für sich allein gesehen nicht aussagekräftig. Erst mit einer hinzugefügten Bezeichnung wird deutlich, in welchem Zusammenhang diese Zahl zu sehen ist, zum Beispiel *Umsatz: 200*. Wobei sich sofort die Frage erhebt: 200 US-Dollar, 200 Mill. Euro oder vielleicht 200 Tsd. Yen? Entweder in der Bezeichnung, *Umsatz (in Mill. €): 200*, oder im Zahlenformat, *Umsatz: 200 Mill. €*, wird diese Frage beantwortet.

Mehrere inhaltlich zusammengehörige Zahlen werden für eine klare Gliederung zusätzlich mit einer Überschrift versehen und als Gruppe kenntlich gemacht. Die Überschrift wiederum bekommt häufig eine besondere Hintergrundfarbe, Schriftgröße oder sogar Schriftart, um zu signalisieren: Hier ist die Überschrift.

Dieses Beispiel zeigt, womit Sie bei der Erstellung von Tabellen und Listen im Arbeitsblatt ständig beschäftigt sind:

- Mit der inhaltlichen Klärung der eingegebenen Werte: Was bedeutet diese Zahl?
- Mit der Gliederung und dem leichten Nachvollziehen der Tabellen: Welche Daten gehören zusammen? Wo finde ich den gesuchten Wert?

In diesem Kapitel werden viele Werkzeuge und Techniken vorgestellt. Lernen Sie anhand eines Praxisbeispiels, Schritt für Schritt Ihre Tabellen und Listen inhaltlich und optisch ansprechend aufzubereiten. Überzeugen Sie sich, wie Sie mit dem gezielten Einsatz von Zahlenformaten, Schriften, Farben und Rahmenlinien Ihre Tabellen besser lesbar machen. Wenden Sie Techniken an, um mehrere Tabellenbereiche zeitsparend zu gestalten und aufwendig formatierte Zellen vor Veränderungen zu schützen.

Mehr Klarheit durch übersichtliche Gestaltung

Excel bietet eine Vielzahl von Befehlen, um aus Zahlenkolonnen und Texten lesbare Tabellen und Listen werden zu lassen, die übersichtlich und einheitlich gestaltet sind. Mit Formatvorlagen, Designs und den richtigen Zellen- und Zahlenformaten bringen Sie die Aussage Ihrer Daten überzeugend auf den Punkt.

Ziel könnte es sein, firmenweit ein Corporate Design zu erstellen, einheitlich zur Verfügung zu stellen und auf den Arbeitsblättern anzuwenden.

Die Formatierungsmöglichkeiten von Zellen und Tabellen – ein Überblick

Bevor Sie die zahlreichen Varianten zum Formatieren ausprobieren und einsetzen, verschaffen Sie sich zunächst eine Übersicht über die verfügbaren Formatierungsmöglichkeiten in Excel. Abbildung 6.1 zeigt fünf Bereiche, in die sich die Befehle für die Gestaltung von Zellen und Tabellen aufteilen lassen.

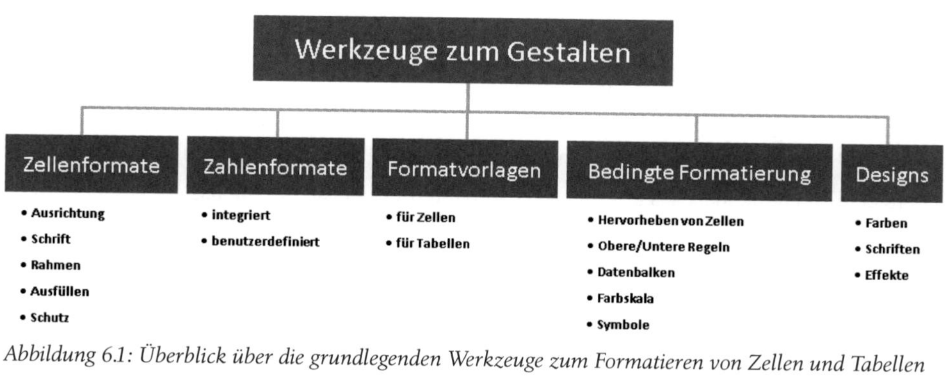

Abbildung 6.1: Überblick über die grundlegenden Werkzeuge zum Formatieren von Zellen und Tabellen

Was sind Zellenformate?

Mit Zellenformaten verändern Sie *optisch* das Aussehen der einzelnen Zelle oder den darin eingetragenen Wert. Excel bietet hierfür zahlreiche Befehle. Ein und denselben Befehl finden Sie an den unterschiedlichsten Stellen der Benutzeroberfläche beziehungsweise über unterschiedliche Zugriffswege wieder. Abbildung 6.2 zeigt eine Übersicht der verfügbaren Zellenformate.

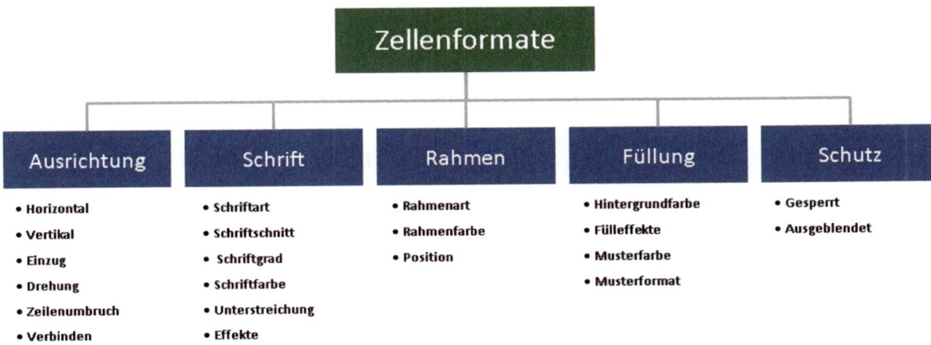

Abbildung 6.2: Ein Zellenformat setzt sich aus diesen fünf formatierbaren Elementen einer Zelle zusammen

Im Menüband sind auf der Registerkarte *Start* die wichtigsten Formatierungsbefehle der Zellenformate in der Gruppe *Schriftart* und *Ausrichtung* enthalten (siehe Abbildung 6.3). Im Abschnitt »Die Formatierungsbefehle im Detail« weiter hinten in diesem Kapitel finden Sie hierzu ausführliche Informationen.

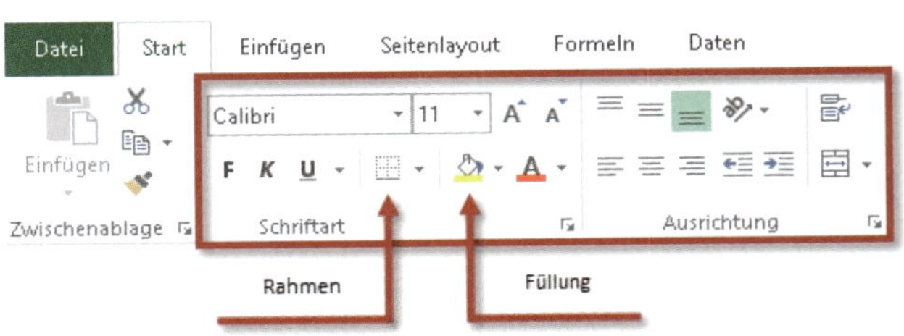

Abbildung 6.3: Mit nur einem Mausklick wenden Sie viele der Zellenformatbefehle auf die markierten Zellen an

Was sind Zahlenformate?

Zahlen stehen bei Excel im Mittelpunkt. Was die Zahl bedeutet und wie sie in einer Zelle erscheint, ob mit Nachkommastellen und Tausendertrennzeichen, ob mit einer Benennung oder Maßeinheit, ob als Bruch oder in wissenschaftlicher Exponentialschreibweise, ob als ISBN-Nummer, als Datum oder Uhrzeit – all das steuern Sie über bereits vorhandene oder selbst definierte Zahlenformate.

Auf der Registerkarte *Start* haben Sie in der Gruppe *Zahl* schnellen Zugriff auf viele Formatierungsbefehle für Zahlen.

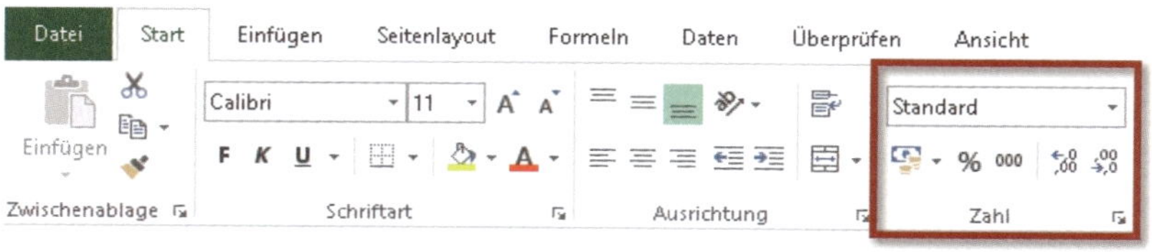

Abbildung 6.4: In der Gruppe Zahl *finden Sie einige der vordefinierten Zahlenformate*

Excel enthält nach der Installation nur wenige vordefinierte Zahlenformate. Andere Zahlenformate müssen Sie selbst definieren. Hier sind Ihr Geschick und Ihre Kreativität gefragt. In Kapitel 7 erfahren Sie, wie Sie mit Formatcodes eigene Zahlenformate erstellen.

Welche Standardformate werden in Excel benutzt?

Nachdem Sie eine neue, leere Arbeitsmappe erstellt haben, ist bereits jede Zelle im Arbeitsblatt mit festgelegten Standardformaten eingerichtet. Haben Sie weder eine Änderung der Standardformate in den Optionen von Excel vorgenommen noch irgendeine andere Technik verwendet, die sich auf Zellenformate auswirkt (zum Beispiel Mustervorlagen, Designs, Add-Ins, Makros und so weiter), sind die Zellen mit den in Abbildung 6.5 gezeigten Formaten versehen.

Standardzellenformate in Excel 2016		
Ausrichtung		
bei Text:	Horizontal:	linksbündig
	Vertikal:	Unten
	Einzug:	kein (0)
	Zeilenumbruch:	kein
	Darstellung:	wie geschrieben
bei Zahl:	Horizontal:	rechtsbündig
	Vertikal:	Unten
	Einzug:	kein (0)
	Zeilenumbruch:	kein
	Darstellung:	ohne führende oder angehängte Nullen
Schrift		
Schriftart:	Calibri	
Schriftgrad:	11	
Schriftschnitt:	Standard (Normal)	
Schriftfarbe:	Automatisch (Schwarz)	
Unterstreichung:	keine	
Effekte:	keine	
Rahmen		
keine Rahmenlinien		
Füllung		
keine Farbe		
Musterfarbe:	Automatisch (Weiss)	
Musterformat:	Uni	
Schutz		
Gesperrt		

Abbildung 6.5: Alle Zellen eines Arbeitsblattes haben die aufgelisteten Standardformate

Hinweis Die Standardspaltenbreite lässt sich auf der Registerkarte *Start* in der Gruppe *Zellen* über *Format/Standardbreite* einrichten.

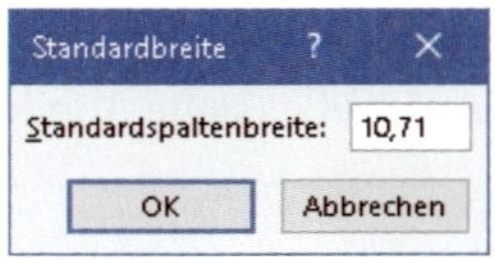

Abbildung 6.6: Richten Sie für alle Zellen des aktiven Arbeitsblattes die Standardspaltenbreite ein

Dieser Wert entspricht der Anzahl der Zeichen, die in einer mit der Standardschriftart formatierten Zelle angezeigt werden können.

Ohne Änderung der Standardspaltenbreite ist sie, ebenso wie die Standardzeilenhöhe, von der in den *Excel-Optionen* eingerichteten Standardschriftart abhängig.

Der Schnelleinstieg: Eine Tabelle Zelle für Zelle in Form bringen

Anhand eines Praxisbeispiels soll Ihnen gezeigt werden, wie Sie eine Tabelle auf einfache Weise in Form bringen. Lernen Sie in der folgenden Schritt-für-Schritt-Anleitung einige der wichtigsten Formatierungsbefehle kennen.

Die Ausgangstabelle

In Abbildung 6.7 sehen Sie die Ausgangssituation. Die Daten sind im Arbeitsblatt eingetragen und Formeln führen die gewünschten Berechnungen aus. Es fehlt allerdings jegliche Formatierung. Dies wirkt sich einmal auf die Zahlen, aber auch bei der Übersichtlichkeit der Tabelle mangelhaft aus.

	A	B	C	D	E	F	G	H
1								
2			Einnahmen	Ausgaben	Saldo	Anteil an den Jahreseinnahmen		
3		Januar	2261	2608	-347	0,10366329		
4		Februar	518	2707	-2189	0,02374948		
5		März	2755	2495	260	0,12631241		
6		April	2478	2750	-272	0,1136124		
7		Mai	737	2946	-2209	0,03379029		
8		Juni	1295	1147	148	0,05937371		
9		Juli	2989	2038	951	0,13704094		
10		August	2075	1012	1063	0,09513548		
11		September	1938	1790	148	0,08885425		
12		Oktober	2819	829	1990	0,12924671		
13		November	1238	747	491	0,05676035		
14		Dezember	708	1018	-310	0,03246068		
15		Summen	21811	22087	-276	1		
16								

Abbildung 6.7: Die Ausgangstabelle im Rohzustand, ohne jegliche Formatierung mit eingeschalteten Gitternetzlinien

Die Zahlen lassen wichtige Informationen wie Größenordnung oder Währungseinheit vermissen; den Zahlen zum *Anteil an den Jahreseinnahmen* fehlt die Prozentschreibweise.

Zusätzlich fehlt der Tabelle eine klare Übersicht. Erst mit der Formatierung angemessener Spaltenbreiten, der Einbringung von Textausrichtungen, Einzügen und Rahmenlinien, der farblichen Kennzeichnung der negativen Saldi und so weiter wird aus dem »Datenhaufen« eine optisch ansprechende und leicht nachvollziehbare Tabelle (siehe Abbildung 6.17).

Beispiele Die Beispieldatei *Kap06_Schnelleinstieg.xlsx* enthält das Arbeitsblatt *Übung*, mit dem Sie die Anleitung nachvollziehen können.

Teil 1: Den Text der Tabelle formatieren

Die Aufgabenstellung enthält folgende Arbeitsschritte:

- Der Ausgangstabelle fehlt eine aussagekräftige Überschrift.
- Die Zeilen- und Spaltenbeschriftungen sollten deutlich gegenüber dem Zahlenmaterial hervortreten. Ein farbiger Hintergrund und eine dazu kontrastierende Schriftfarbe helfen dabei.
- Die Spaltenüberschrift *Anteil an den Jahreseinnahmen* ist zu lang und bekommt einen manuellen Zeilenumbruch.
- Die Spaltentexte werden mittig angeordnet.
- Die Zeilenbeschriftungen erhalten den Schriftschnitt *Kursiv* und bekommen einen linksbündigen Einzug.

Die Tabellenüberschrift einfügen und formatieren

Beginnen Sie mit der Überschrift. In Abbildung 6.8 sehen Sie alle Arbeitsschritte.

1. Klicken Sie ganz links auf den Zeilenkopf der Zeile 1, um sie komplett zu markieren.
2. Benutzen Sie die Tastenkombination `Strg`+`+`. Die neue Zeile wird eingefügt.
3. Mit der Taste `F4` wiederholen Sie die letzte Aktion. Sie haben auf diesem Wege zwei Zeilen oberhalb der markierten Zeile 1 eingefügt.
4. Markieren Sie die Zelle B2 und tippen Sie die Überschrift `Vergleich der Einnahmen und Ausgaben` ein.

5. Klicken Sie auf der Registerkarte *Start* in der Gruppe *Schriftart* zweimal auf die Schaltfläche *Schriftgrad vergrößern*. Der Schriftgrad beträgt anschließend 14 pt.

6. Klicken Sie zusätzlich auf die Schaltfläche *Fett* für Fettschrift.
7. Öffnen Sie die Dropdownliste *Schriftart* und wählen Sie die Schriftart *Arial*.

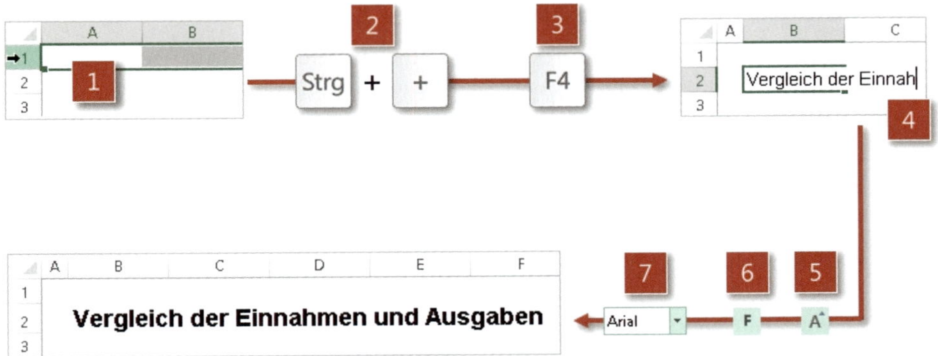

Abbildung 6.8: Die Erstellung der Überschrift mit allen Arbeitsschritten im Überblick

Eine Spaltenüberschrift auf zwei Zeilen aufteilen

Im Moment fließt die Spaltenüberschrift *Anteil an den Jahreseinnahmen* über die leeren benachbarten Zellen hinweg. Passen Sie die Spalte F in ihrer Breite automatisch an, wird dadurch die Spalte F im Vergleich zu den anderen Spalten zu breit. Hier soll ein manueller Zeilenumbruch eingefügt werden und Abhilfe schaffen. So geht's:

1. Zeigen Sie mit dem Mauszeiger auf die Spaltentrennlinie im Spaltenkopf zwischen der Spalte F und G. Führen Sie dort einen Doppelklick aus (siehe Abbildung 6.9). Die Spalte F wird automatisch auf den längsten Text dieser Spalte angepasst, in diesem Fall auf den Text *Anteil an den Jahreseinnahmen*.

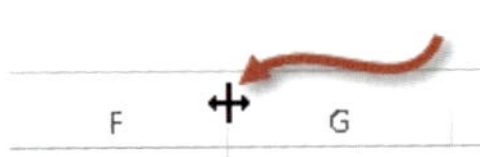

Abbildung 6.9: Der Doppelklick auf die Spaltentrennlinie passt die Spaltenbreite automatisch an

2. Markieren Sie die Zelle F4 und drücken Sie die Taste F2. Der Cursor blinkt am Ende des Textes.
3. Bewegen Sie den blinkenden Cursor mit der ←-Taste buchstabenweise oder mit der Tastenkombination Strg+← direkt vor das Wort *Jahreseinnahmen*. An dieser Stelle soll der manuelle Zeilenumbruch eingefügt werden.
4. Drücken Sie die Tastenkombination Alt+↵. Das Wort *Jahreseinnahmen* wird auf die zweite Zeile umbrochen. Schließen Sie die Aktion mit der ↵-Taste ab. Die Zeilenhöhe wird an dem umbrochenen Text automatisch neu ausgerichtet.

In der Bearbeitungsleiste sehen Sie den kompletten Text der Zelle F4 erst mit einem Klick auf die Schaltfläche *Bearbeitungsleiste erweitern* (siehe Abbildung 6.10). Ist die Zelle F4 noch markiert, wird zusätzlich in der Gruppe *Ausrichtung* die Schaltfläche *Zeilenumbruch* grün eingefärbt und signalisiert, dass der Zeilenumbruch für die markierte Zelle aktiv ist.

Abbildung 6.10: Über die Schaltfläche Bearbeitungsleiste erweitern *wird der ganze Text der Zelle* F4 *in der Bearbeitungsleiste gezeigt*

Die Spaltenüberschriften mittig anordnen

Durch die neue Zeilenhöhe der Zeile 4 stehen die Spaltenüberschriften unschön am unteren Rand der jeweiligen Zelle. Texte werden standardmäßig linksbündig in die Zelle eingetragen und »kleben« optisch zusätzlich noch am linken Zellenrand.

Mit zwei Schritten passen Sie alle Spaltenüberschriften horizontal und vertikal mittig an:

1. Markieren Sie die Zellen C4 bis F4.

2. Klicken Sie auf der Registerkarte *Start* in der Gruppe *Ausrichtung* auf die Schaltfläche *Zentriert ausrichten* und auf die Schaltfläche *Zentrieren.*

Zeilen- und Spaltenbeschriftungen hervorheben

Die Gesamtheit der Tabelle ist mit einem farbig hervorgehobenen Tabellenkopf leichter zu erfassen. Im Tabellenkopf stehen die Spaltenüberschriften. Achten Sie bei der Lesbarkeit der Spaltentexte im Tabellenkopf auf einen guten Kontrast zwischen Text- und Hintergrundfarbe. Nicht nur Menschen mit einer Sehschwäche werden Ihnen dafür dankbar sein.

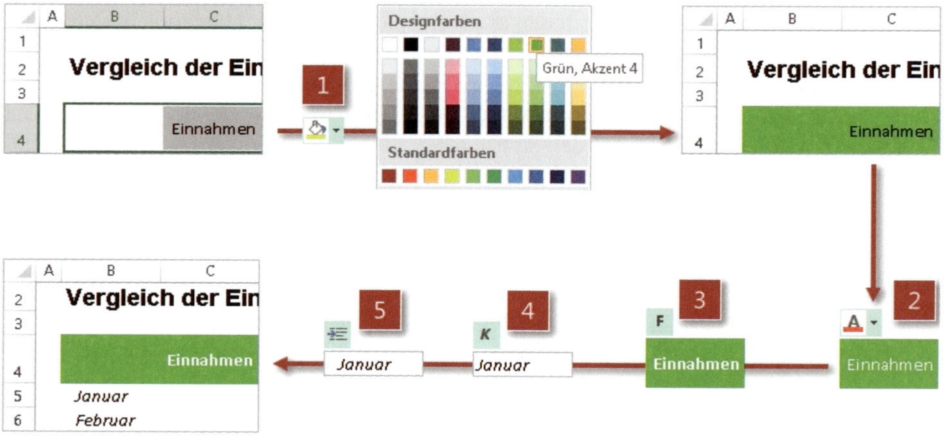

Abbildung 6.11: Mit wenigen Mausklicks sind die Zeilen- und Spaltenüberschriften eingerichtet

1. Markieren Sie die Zellen B4 bis F4 und öffnen Sie auf der Registerkarte *Start* in der Gruppe *Schriftart* mit einem Klick auf den Pfeil der Schaltfläche *Füllfarbe* die Farbpalette.
2. Wählen Sie in der Farbpalette eine passende Farbe aus (hier: Grün, Akzent 4, siehe Abbildung 6.11 [1]).

   Die Livevorschau zeigt Ihnen die markierten Zellen in der Farbe, auf die Sie mit dem Mauszeiger in der Farbpalette zeigen.

3. Rechts neben der Schaltfläche *Füllfarbe* befindet sich die Schaltfläche *Schriftfarbe.* Öffnen Sie diese Farbpalette und legen Sie die Schriftfarbe auf *Weiß* fest [2].

4. Damit die Überschriftentexte besser lesbar sind, klicken Sie zusätzlich auf die Schaltfläche *Fett* [3]. Sie befindet sich ebenfalls in der Gruppe *Schriftart.*

5. Die Zeilenbeschriftungen erhalten den Schriftschnitt *Kursiv* [4]:
   - Markieren Sie den Bereich von Zelle B5 bis B17.
   - Klicken Sie auf die Schaltfläche *Kursiv*. Sie befindet sich ebenfalls in der Gruppe *Schriftart*.

Hinweis Die Livevorschau von Excel schalten Sie über *Datei/Optionen*, Rubrik *Allgemein*, im Abschnitt *Benutzeroberflächenoptionen* mit dem Kontrollkästchen *Livevorschau aktivieren* ein und aus.

Die Zeilenbeschriftungen einrücken

Die Zeilenbeschriftungen stehen direkt am linken Zellenrand. Sie sollen mit einem Einzug nach rechts eingerückt werden (siehe Abbildung 6.11 [5]).

1. Markieren Sie den Bereich der Zellen B5 bis B17.
2. Klicken Sie in der Gruppe *Ausrichtung* auf die Schaltfläche *Einzug vergrößern*. Der Text wird in den markierten Zellen nach rechts verschoben.

   Die Weite des Einzugs ist fest vorgegeben und nicht veränderbar. Sie erhalten aber einen größeren Einzug durch mehrmaliges Klicken auf die Schaltfläche *Einzug vergrößern*.

Teil 2: Die Zahlen lesbar gestalten und besondere Zahlenformate zuweisen

Durch die Spaltenüberschriften ist klar, dass es sich bei den Einnahmen, den Ausgaben und dem Saldo um Geldbeträge handelt. Den Zahlen dieser drei Spalten fehlt noch die Währungseinheit und zur leichteren Lesbarkeit das Tausendertrennzeichen.

Die Zahlen in Spalte *F* bekommen eine Formatierung, bei der das Prozentzeichen zu sehen ist. Dabei werden die vielen Nachkommastellen auf eine Dezimalstelle nach dem Komma gerundet angezeigt.

Währungsbeträge lesbarer formatieren

Mit wenigen Mausklicks passen Sie die Formatierung der Zahlen wie folgt an (siehe Abbildung 6.12):

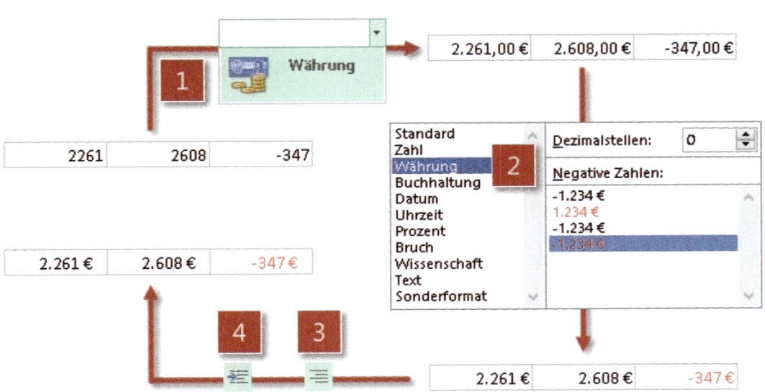

Abbildung 6.12: In vier Schritten richten Sie das Zahlenformat der Währungsbeträge ein

1. Markieren Sie die Zahlen im Bereich *C5* bis *E17* und öffnen Sie auf der Registerkarte *Start* in der Gruppe *Zahl* die Dropdownliste *Zahlenformat*. Wählen Sie dort das Zahlenformat *Währung* (siehe Abbildung 6.12 [1]).

   Die Zahlen im markierten Bereich bekommen das Tausendertrennzeichen, zwei Nachkommastellen und als Währungszeichen das Eurosymbol (€).

2. Die Markierung der Währungsbeträge im Bereich C5 bis E17 bleibt erhalten.

   – Öffnen Sie entweder mit der Tastenkombination `Strg`+`1` oder mit einem Klick auf das *Startprogramm für Dialogfelder* rechts unten in der Gruppe *Zahl* das Dialogfeld *Zellen formatieren*. Die Registerkarte *Zahlen* ist aktiviert und die Kategorie *Währung* bereits ausgewählt.

   – Richten Sie die Anzahl der Dezimalstellen auf null ein, entweder mit dem Drehfeld oder durch direkte Eingabe des Wertes 0 (siehe Abbildung 6.12 [2]).

   – Markieren Sie im Listenfeld den vierten Eintrag für rote negative Zahlen.

   – Schließen Sie das Dialogfeld mit *OK*.

   Alle Beträge sind anschließend ganzzahlig und negative Werte in roter Schrift formatiert.

3. Klicken Sie auf die Schaltfläche *Rechtsbündig ausrichten*. Dadurch bereiten Sie einen rechtsbündigen Einzug vor.

4. Klicken Sie jetzt auf die Schaltfläche *Einzug vergrößern*. Alle Zahlen werden nach links vom rechten Zellenrand weggerückt (siehe Abbildung 6.12).

   Damit haben Sie erreicht, dass die Beträge nicht zu sehr am rechten Rand der Zelle »angeklebt« wirken.

Vergleich der Einnahmen und Ausgaben

	Einnahmen	Ausgaben	Saldo	Anteil an den Jahreseinnahmen
Januar	2.261 €	2.608 €	-347 €	0,103663289
Februar	518 €	2.707 €	-2.189 €	0,023749484
März	2.755 €	2.495 €	260 €	0,126312411
April	2.478 €	2.750 €	-272 €	0,113612397
Mai	737 €	2.946 €	-2.209 €	0,033790289
Juni	1.295 €	1.147 €	148 €	0,059373711
Juli	2.989 €	2.038 €	951 €	0,137040943
August	2.075 €	1.012 €	1.063 €	0,095135482
September	1.938 €	1.790 €	148 €	0,088854248
Oktober	2.819 €	829 €	1.990 €	0,12924671
November	1.238 €	747 €	491 €	0,05676035
Dezember	708 €	1.018 €	-310 €	0,032460685
Summen	21.811 €	22.087 €	-276 €	1

Abbildung 6.13: Das Zwischenergebnis der bisherigen Formatierungsschritte

Zahlen als Prozentanteil darstellen und mit einem rechten Einzug ausrichten

Die Zahlen im Bereich F5 bis F17 sind keine Währungsbeträge. Sie geben den prozentualen Anteil der jeweiligen Monatseinnahmen an den gesamten Jahreseinnahmen wieder. Diese Zahlen erhalten eine spezielle Prozentformatierung. Das Prozentzeichen soll zu sehen sein und die vielen Nachkommastellen auf eine Dezimalstelle nach dem Komma gerundet angezeigt werden.

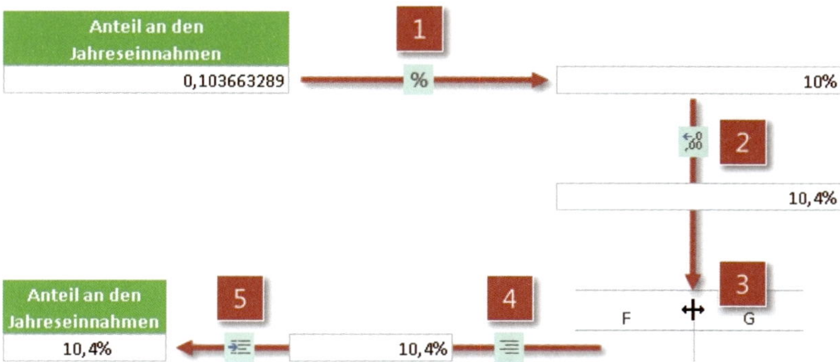

Abbildung 6.14: Prozentanteile einfach in Prozentzahlen formatieren

1. Markieren Sie zunächst die Zellen F5 bis F17 und klicken Sie dann auf der Registerkarte *Start* in der Gruppe *Zahl* auf die Schaltfläche *Prozentformat* oder benutzen Sie die Tastenkombination [Strg]+[⇧]+[%]. Die Prozentwerte werden ohne Nachkommastellen und mit einem angehängten Prozentzeichen formatiert angezeigt.
2. Klicken Sie in der Gruppe *Zahl* auf die Schaltfläche *Dezimalstelle hinzufügen*, damit die Prozentwerte eine Nachkommastelle erhalten.

   Wiederholtes Anklicken der Schaltfläche *Dezimalstelle hinzufügen* würde der Zahl weitere Nachkommastellen hinzufügen.
3. Führen Sie einen Doppelklick auf der Spaltentrennlinie zwischen dem Spaltenkopf der Spalte F und G aus. Die Spaltenbreite entspricht daraufhin der Textlänge in der Überschrift (siehe Abbildung 6.14 [3]).
4. Die Prozentzahlen im Bereich F5:F17 sind weiterhin markiert. Klicken Sie in der Gruppe *Ausrichtung* auf die Schaltfläche *Rechtsbündig ausrichten*. Damit haben Sie die Zahlen rechtsbündig formatiert und den rechtsbündigen Einzug vorbereitet.
5. Klicken Sie in der gleichen Gruppe viermal auf die Schaltfläche *Einzug vergrößern*. Die Prozentzahlen stehen anschließend ungefähr mittig und am Komma ausgerichtet untereinander in der Spalte F.

Teil 3: Die äußere Gestalt der Tabelle weiter verbessern

Während der Formatierung der Tabelle sind die Gitternetzlinien eine gute Hilfe bei der Orientierung im Arbeitsblatt. Bei einem Ausdruck auf Papier werden sie aber nicht mit ausgedruckt (siehe Abbildung 6.13). Die fehlenden optischen Orientierungsmerkmale erschweren die Lesbarkeit des Ausdrucks.

Für eine bessere Orientierung soll sowohl im Arbeitsblatt als auch auf einem Ausdruck eine alternierende Zeilenschraffur die Lesbarkeit erhöhen. Die Summenzeile bekommt zusätzlich Rahmenlinien, um die Tabelle nach unten optisch abzuschließen.

Eine alternierende Zeilenschraffur erstellen und auf andere Zeilen übertragen

Die gesamte Aufgabe erledigen Sie in zwei Schritten. Im ersten Schritt bekommt eine Zeile die gleiche Farbe wie der Tabellenkopf, aber in einem deutlich helleren Farbton. Im zweiten Schritt wird die Formatierung auf die anderen Zeilen der Tabelle übertragen.

Erster Schritt:

1. Markieren Sie die Zellen B6 bis F6 und öffnen Sie auf der Registerkarte *Start* in der Gruppe *Schriftart* die Farbpalette *Füllfarbe*.
2. Wählen Sie in der Farbpalette den Farbton des Tabellenkopfes aus, aber in einer helleren Abstufung (siehe Abbildung 6.15 [2]).

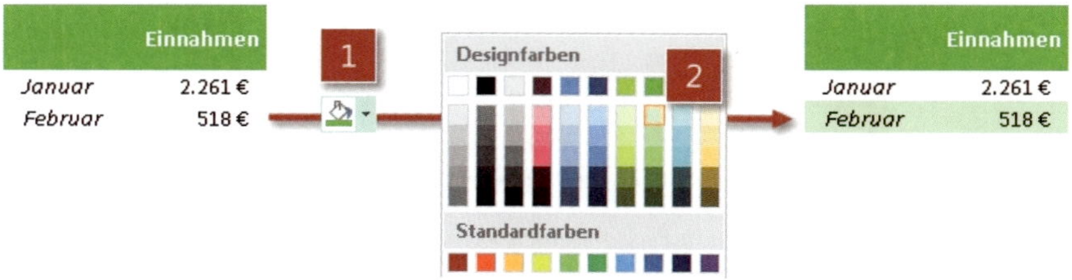

Abbildung 6.15: Mit der Schaltfläche Füllfarbe haben Sie alle Hintergrundfarben zur Auswahl

Zweiter Schritt:

1. Markieren Sie den Zellbereich B5 bis F6. Diese beiden Zeilen enthalten spaltenweise gleiche Zellenformate und zusätzlich die alternierende Zeilenschraffur.

2. Klicken Sie auf der Registerkarte *Start* in der Gruppe *Zwischenablage* auf die Schaltfläche *Format übertragen*.
3. Markieren Sie den Bereich B7 bis F17. Nach dieser Markierung werden die Zellenformate der ersten beiden Zeilen auf die anderen Zeilen übertragen.

   Haben Sie aus Versehen den falschen Bereich markiert, machen Sie den Arbeitsschritt mit der Tastenkombination Strg+Z rückgängig. Beginnen Sie dann noch einmal mit dem zweiten Schritt.

Mit Rahmenlinien die Summenzeile hervorheben

Die Rahmenlinien sind ein wichtiges Gestaltungselement, um Tabellen für den Betrachter klar zu gliedern und deutlich zu strukturieren. Sie trennen optisch verschiedene Tabellenbereiche gegeneinander ab.

Für unser Beispiel soll die Summenzeile von dem darüber liegenden Datenbereich mit einer Rahmenlinie getrennt und die Tabelle nach unten abgeschlossen werden.

Die Summenzeile erhält zum einen farbige Rahmenlinien und zum anderen unterschiedliche Linienarten, oben die einfache Linie und unten den Doppelstrich.

Diese Formatierungsarbeiten erledigen Sie im Dialogfeld *Zellen formatieren* auf der Registerkarte *Rahmen* (siehe Abbildung 6.16).

1. Markieren Sie den Bereich B17 bis F17, öffnen Sie mit der Tastenkombination Strg+1 das Dialogfeld *Zellen formatieren* und aktivieren Sie dort die Registerkarte *Rahmen*.
2. Klicken Sie als Erstes bei den verschiedenen Linienarten auf die dünne, durchgezogene Linie [1]. Sie umgibt daraufhin ein dünner gepunkteter Auswahlrahmen und eine durchgezogene Linie blinkt unterhalb als Cursor, um zu signalisieren, dass diese Rahmenlinie im Moment ausgewählt ist.

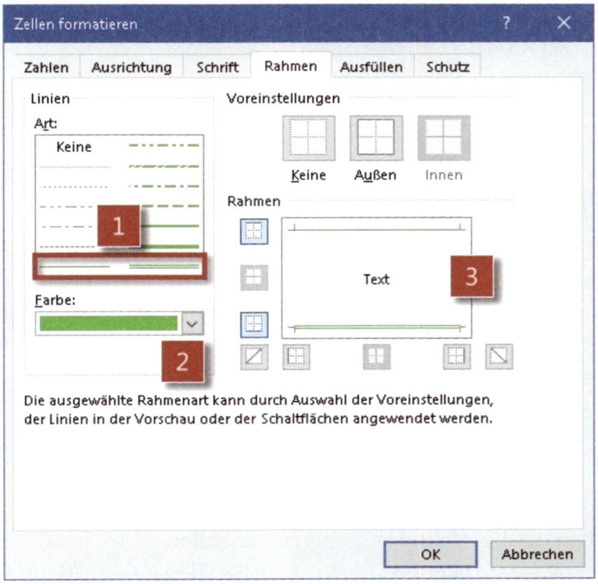

Abbildung 6.16: Mit wenigen Klicks haben Sie unterschiedliche Rahmenlinien für die markierten Zellen zusammengestellt

3. Wählen Sie in der Farbpalette die Farbe für die Rahmenlinien aus, die auch im Tabellenkopf benutzt wurde [2].
4. Klicken Sie im Vorschaubild *oben* auf die spätere Position der Linie [3].
5. Klicken Sie im Listenfeld mit den verschiedenen Linienarten auf die Doppellinie.
6. Klicken Sie im Vorschaubild *unten* auf die spätere Position der Doppellinie.
7. Schließen Sie das Dialogfeld mit *OK*.

Im Dialogfeld *Zellen formatieren* stehen Ihnen auf der Registerkarte *Rahmen* alle Formatierungsmerkmale zur Verfügung, mit denen Rahmenlinien im Arbeitsblatt vielfältig formatiert werden können.

Vergleich der Einnahmen und Ausgaben

	Einnahmen	Ausgaben	Saldo	Anteil an den Jahreseinnahmen
Januar	2.261 €	2.608 €	-347 €	10,4%
Februar	518 €	2.707 €	-2.189 €	2,4%
März	2.755 €	2.495 €	260 €	12,6%
April	2.478 €	2.750 €	-272 €	11,4%
Mai	737 €	2.946 €	-2.209 €	3,4%
Juni	1.295 €	1.147 €	148 €	5,9%
Juli	2.989 €	2.038 €	951 €	13,7%
August	2.075 €	1.012 €	1.063 €	9,5%
September	1.938 €	1.790 €	148 €	8,9%
Oktober	2.819 €	829 €	1.990 €	12,9%
November	1.238 €	747 €	491 €	5,7%
Dezember	708 €	1.018 €	-310 €	3,2%
Summen	21.811 €	22.087 €	-276 €	100,0%

Abbildung 6.17: Die fertige Tabelle mit ausgeblendeten Gitternetzlinien

Hinweis Im Arbeitsblatt schalten Sie die Gitternetzlinien auf der Registerkarte *Ansicht* in der Gruppe *Anzeigen* über das Kontrollkästchen *Gitternetzlinien* ein und aus.

Teil 4: Die Formelzellen vor Überschreiben schützen

Vor der Weitergabe der Arbeitsmappe ist es ratsam, wichtige Informationen oder Zellen mit Formeln vor dem unbedarften Verändern zu schützen. In dem vorliegenden Beispiel erhalten die Formelzellen der Saldi, der Anteile an den Jahreseinnahmen und der Summen das Formatierungsmerkmal *Gesperrt*, wobei nur das Ändern der Formel unterbunden werden soll. Andere Formatierungen sind weiterhin auf die Formelzellen anwendbar.

Diese Aufgabe besteht aus zwei Schritten:

1. Im ersten Schritt bereiten Sie den Zellschutz mit einer Formatierung der betreffenden Zellen vor.

   Sie müssen sich vorher genau überlegen, welche Zellen frei bearbeitbar bleiben und welche nach dem Einschalten des Blattschutzes gesperrt sein sollen.
2. Im zweiten Schritt schalten Sie den Blattschutz ein. Erst bei aktiviertem Blattschutz wirkt sich die hinterlegte Formatierung der Zellen – ob weiter frei bearbeitbar oder gesperrt – aus!

Den Zellschutz vorbereiten

Alle Zellen des Arbeitsblattes sind standardmäßig gesperrt formatiert. Würden Sie den Blattschutz jetzt einschalten, könnten Sie keine einzige Zelle bearbeiten.

Es sollen aber nur die Formeln geschützt sein und alle anderen Zellen frei bearbeitbar bleiben. Daher formatieren Sie zunächst alle Zellen als nicht gesperrt, wählen anschließend nur die Formelzellen aus und formatieren diese dann als gesperrt.

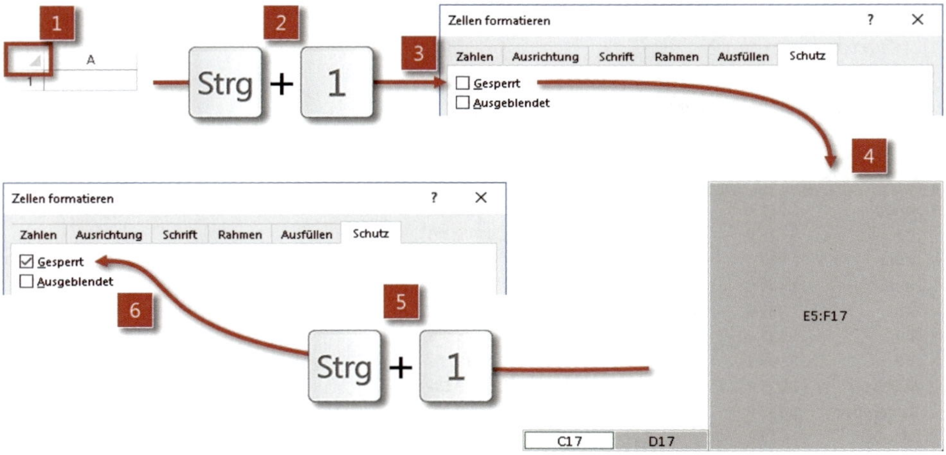

Abbildung 6.18: In sechs Arbeitsschritten schützen Sie die Formelzellen vor dem Überschreiben

Im Einzelnen gehen Sie wie folgt vor:

1. Markieren Sie mit einem Klick auf das Symbol zwischen Zeilen- und Spaltenüberschriften alle Zellen des Arbeitsblattes (siehe Abbildung 6.18 [1]).
2. Öffnen Sie mit der Tastenkombination Strg+1 das Dialogfeld *Zellen formatieren* und aktivieren Sie die Registerkarte *Schutz* [2].
3. Deaktivieren Sie das Kontrollkästchen *Gesperrt* und schließen Sie das Dialogfeld mit *OK* [3].
4. Markieren Sie die Formelzellen im Bereich E5 bis F17 und zusätzlich bei gedrückt gehaltener Strg-Taste die Zellen C17 und D17 [4]. Einen Profitipp zum Markieren von Formelzellen finden Sie weiter hinten in diesem Abschnitt.
5. Öffnen Sie erneut mit der Tastenkombination Strg+1 das Dialogfeld *Zellen formatieren* und aktivieren Sie die Registerkarte *Schutz* [5].
6. Setzen Sie für diese Zellen wieder das Häkchen in das Kontrollkästchen *Gesperrt* und schließen Sie das Dialogfeld mit *OK* [6].

Damit haben Sie die Formatierungsarbeiten für den Schutz der Formelzellen abgeschlossen.

Den Blattschutz einschalten

Bei der Aktivierung des Blattschutzes geben Sie an, welche Bearbeitungsmöglichkeiten bei den gesperrten Zellen noch zugelassen sein sollen.

1. Klicken Sie auf der Registerkarte *Überprüfen* in der Gruppe *Änderungen* auf die Schaltfläche *Blatt schützen*. Es öffnet sich das Dialogfeld *Blatt schützen*.
2. Vergeben Sie, falls Sie möchten, ein Kennwort zum Aufheben des Blattschutzes. Sie können den Blattschutz auch ohne Kennwort einrichten. Merken Sie sich das vergebene Kennwort. Es ist allerdings kein echter Schutz. Im Internet gibt es Tools, mit denen das Kennwort sehr schnell entfernt werden kann.
3. Setzen Sie Häkchen in die Kontrollkästchen, wie in Abbildung 6.19 zu sehen. Mit dieser Auswahl sind die Formeln geschützt, die Zellen aber noch bearbeitbar.
4. Schließen Sie das Dialogfeld mit *OK*.

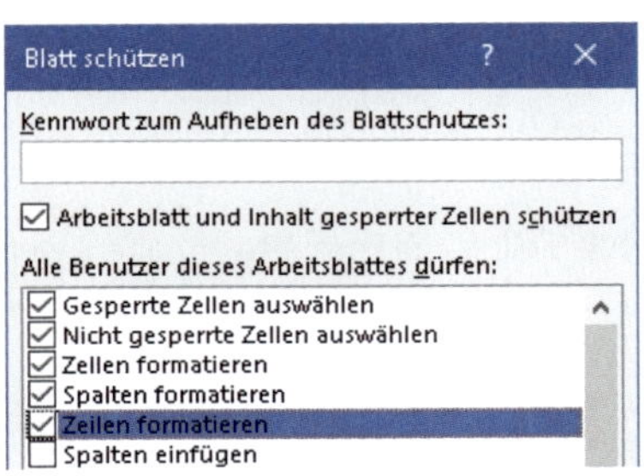

Abbildung 6.19: Geben Sie an, welche Formatierungen der Benutzer ausführen darf

Der Blattschutz ist jetzt aktiv. Falls Sie versuchen, die Formel einer Formelzelle zu ändern, erhalten Sie die in Abbildung 6.20 gezeigte Fehlermeldung.

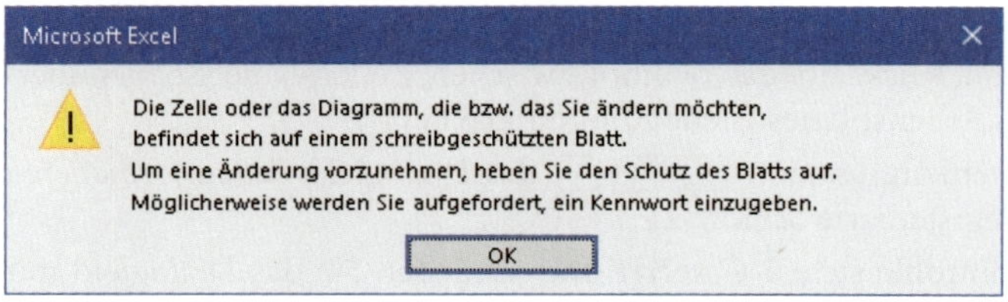

Abbildung 6.20: Die Fehlermeldung bei dem Versuch, gesperrte Zellen zu bearbeiten

Den Blattschutz aufheben

Eventuell müssen Sie den Schutz der gesperrten Zellen für die freie Bearbeitung wieder aufheben.

Klicken Sie auf der Registerkarte *Start* in der Gruppe *Zellen* auf die Schaltfläche *Format* und wählen Sie *Blattschutz aufheben*. Eventuell müssen Sie ein vergebenes Kennwort eingeben.

Alle Zellen des aktiven Arbeitsblattes sind anschließend wieder bearbeitbar.

Abschluss des Praxisbeispiels

In diesem Praxisbeispiel haben Sie einen ersten Einblick in die Gestaltungsvielfalt von Excel bekommen. Auf verschiedenen Wegen haben Sie grundlegende Formatierungsbefehle benutzt: über das Menüband, mit Tastenkombinationen, über Schaltflächen und Dialogfelder.

Eine systematische Aufbereitung der Befehle und Techniken zum Gestalten von Tabellen finden Sie weiter hinten in diesem Kapitel im Abschnitt »Die Formatierungsbefehle im Detail«. Nutzen Sie diese Informationen, wenn Sie sich tiefer in die Thematik der Formatierungsbefehle einarbeiten möchten.

Profitipp

Anstatt alle Formelzellen selber zu markieren und eventuell dabei einige zu übersehen, überlassen Sie diese Arbeit besser Excel.

1. Drücken Sie die Taste [F5] und klicken Sie im sich öffnenden Dialogfeld *Gehe zu* auf die Schaltfläche *Inhalte*.
2. Wählen Sie im Dialogfeld *Inhalte auswählen* die Option *Formeln* (siehe Abbildung 6.21).
3. Schließen Sie das Dialogfeld mit *OK*. Alle Zellen, die Formeln enthalten, werden von Excel markiert.

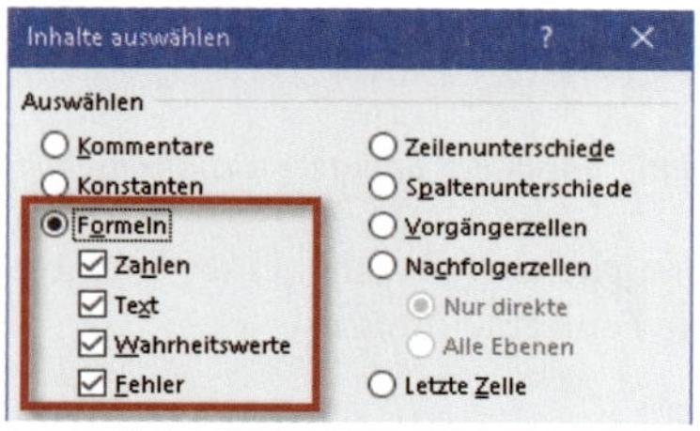

Abbildung 6.21: Alle Zellen im aktiven Arbeitsblatt markieren, die Formeln enthalten

---

Nicht gesperrte Zellen, die Formeln enthalten, mit der Fehlerüberprüfung anzeigen

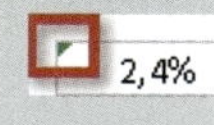

Nach der Installation von Excel ist die Fehlerüberprüfung im Hintergrund aktiviert. Mit einem grünen Dreieck in der linken oberen Ecke einer Zelle weist Sie dieser Fehlerindikator auf einen möglichen Fehler hin.

Markieren Sie eine Zelle mit einem Fehlerindikator, wird ein gelber Warnhinweis neben der Zelle angezeigt. Klicken Sie auf dieses Symbol, öffnet Excel ein Menü, das Sie über den Fehler informiert.

In Abbildung 6.22 wird auf eine Zelle mit einer ungeschützten Formel hingewiesen. Entweder beheben Sie den Fehler mit einem Klick auf die Option *Zellen sperren*, oder

- Sie lassen sich Hilfe zum Fehler anzeigen
- ignorieren den Fehler oder bearbeiten die Formel in der Bearbeitungsleiste oder
- schalten zu den *Optionen zur Fehlerüberprüfung*.

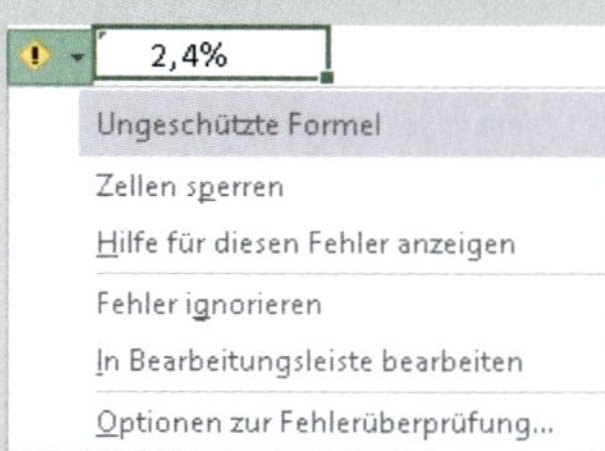

Abbildung 6.22: Excel weist darauf hin, dass diese Zelle eine Formel enthält und nicht gesperrt ist

Über die Registerkarte *Datei*, Rubrik *Optionen* gelangen Sie zum Dialogfeld *Excel-Optionen*. Aktivieren Sie hier die Rubrik *Formeln*. In den Abschnitten *Fehlerüberprüfung* und *Regeln für die Fehlerüberprüfung* stehen Ihnen die Optionen zur Verfügung (siehe Abbildung 6.23):

- Schalten Sie mit dem Kontrollkästchen *Fehlerüberprüfung im Hintergrund aktivieren* die Fehlerüberprüfung komplett ein und aus.

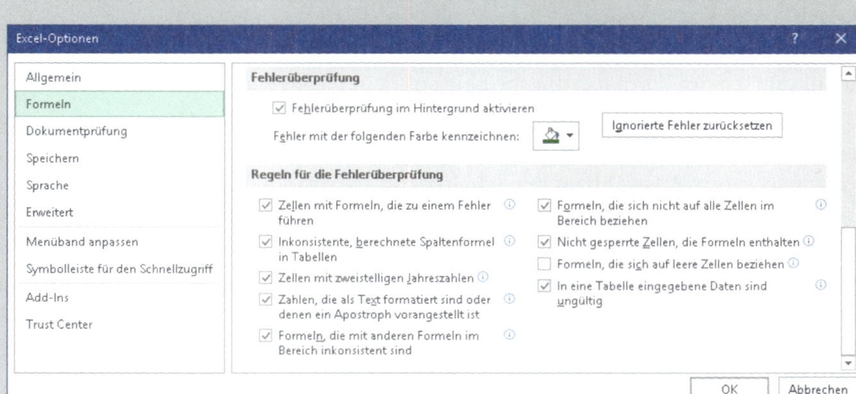

Abbildung 6.23: Die Fehlerüberprüfung *unterstützt Sie bei dem Auffinden von Fehlern*

- Falls Ihnen die Farbe des Fehlerindikators nicht gefällt, wählen Sie hier eine andere Farbe aus.
- Mit der Schaltfläche *Ignorierte Fehler zurücksetzen* setzen Sie *alle* ignorierten Fehler zurück.
- In den Regeln richten Sie Ihre individuelle Fehlerüberprüfung ein.

Die Formatierungsbefehle im Detail

In den vorangegangenen Abschnitten wurden einige Formatierungsbefehle gezeigt, ohne auf einzelne Details des jeweils benutzten Befehls einzugehen.

In den folgenden Abschnitten wird das nachgeholt, indem die Formatierungsbefehle im Detail und ihre Wirkung anhand kleiner Beispiele gezeigt werden. Die Reihenfolge der Abschnitte entspricht der Reihenfolge der Registerkarten im Dialogfeld *Zellen formatieren.*

Auf verschiedenen Wegen die Formatierungsbefehle aufrufen

Zum Formatieren der Zellen, Zahlen und Texte, ja sogar zum Aufruf ein und desselben Befehls, gibt es verschiedene Wege:

- mit einem Klick auf eine Schaltfläche, auf die Schaltfläche *Startprogramm für Dialogfelder* im Menüband oder einer Schaltfläche auf der *Symbolleiste für den Schnellzugriff*
- mit einem Rechtsklick in das Arbeitsblatt und der Auswahl im Kontextmenü
- mit den Schaltflächen auf der Minisymbolleiste
- über eine Tastenkombination
- über Zugriffstasten.

Die Formatierungsbefehle im Menüband

Im Menüband enthält die Registerkarte *Start* die drei Gruppen *Schriftart*, *Ausrichtung* und *Zahl* (siehe Abbildung 6.24). In diesen Gruppen führen Sie wichtige Formatierungsbefehle, leicht zugänglich, mit einem Mausklick auf die jeweilige Schaltfläche aus. Diese Befehle sind nur ein Teil der Formatierungsbefehle aus dem Dialogfeld *Zellen formatieren.*

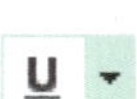

Einige dieser Schaltflächen sind zweiteilig. Mit einem Klick auf den im rechten Teil der Schaltfläche befindliche Pfeil bekommen Sie weitere Optionen angeboten. Oft wird die zuletzt ausgeführte Auswahl auf der Schaltfläche als Symbol dargestellt. Klicken Sie direkt auf das Symbol, um die gleiche Formatierung noch einmal ausführen zu lassen, ohne erneut eine Auswahl treffen zu müssen.

Das Dialogfeld *Zellen formatieren* ist *das* zentrale Werkzeug für die Formatierungsbefehle in Excel. Deshalb haben die Entwickler von Excel dafür gesorgt, das Sie es im Menüband an vielen verschiedenen Stellen öffnen können (siehe Abbildung 6.24). Je nachdem, in welche Gruppe Sie auf das Startprogramm für Dialogfelder klicken, wird auch gleich die passende Registerkarte aktiviert. Probieren Sie es aus!

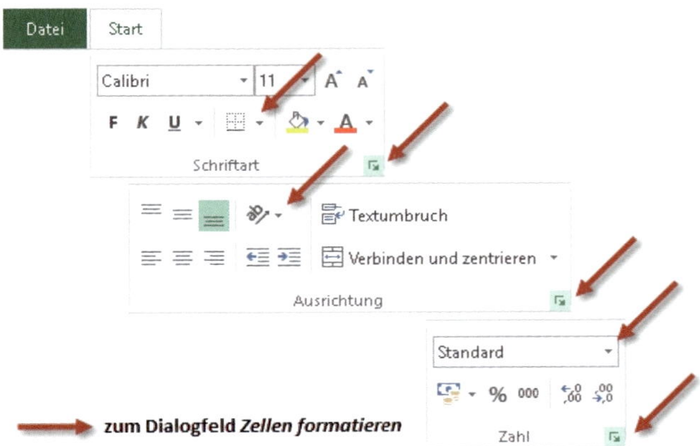

Abbildung 6.24: Viele Formatierungsbefehle finden Sie leicht zugänglich auf der Registerkarte Start

Formatieren mit den Kontextmenübefehlen und der Minisymbolleiste

Möchten Sie die Schaltflächen auf der Registerkarte *Start* benutzen, muss sie zunächst aktiviert sein. Oft ist dieser zusätzliche Handgriff aber nicht notwendig. Mit einem Rechtsklick in das Arbeitsblatt werden das Kontextmenü und die Minisymbolleiste eingeblendet (siehe Abbildung 6.25).

Im Kontextmenü befindet sich der Befehl *Zellen formatieren*, womit Sie das gleichnamige Dialogfeld für die Formatierungsbefehle öffnen.

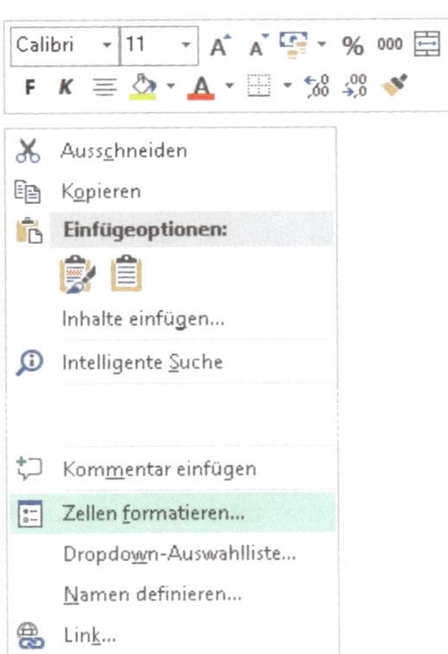

Abbildung 6.25: Ein Rechtsklick auf das Arbeitsblatt öffnet die Minisymbolleiste (oben) und das Kontextmenü (unten)

In der Minisymbolleiste sind 17 der am häufigsten benutzten Schaltflächen für die Formatierung enthalten. Die Minisymbolleiste steht in unmittelbarer Nähe der aktiven und zu bearbeitenden Zelle.

Für die Minisymbolleiste gibt es noch eine zweite Variante. Sie wird angezeigt, wenn Sie Text in der Bearbeitungsleiste markieren und einen Rechtsklick ausführen. Sie enthält die Schaltflächen, mit denen Sie den markierten Teil des Textes formatieren.

Zusätzlich wird das Kontextmenü geöffnet (siehe Abbildung 6.26).

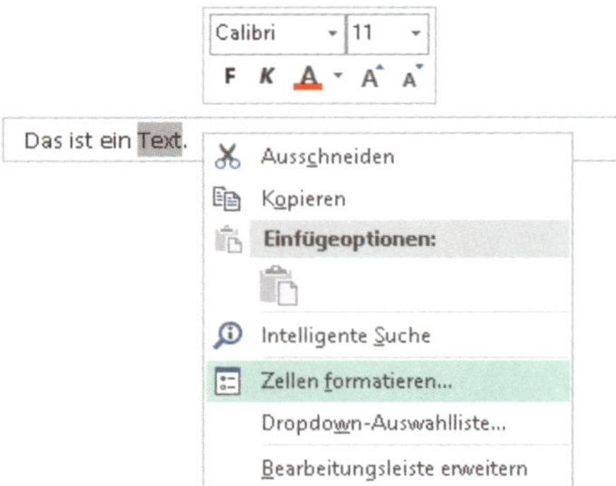

Abbildung 6.26: Formatieren Sie den markierten Text nach einem Rechtsklick in die Bearbeitungsleiste

Formatierungsbefehle mit Tastenkombinationen und Zugriffstasten ausführen

Die Arbeit mit der Maus ist sehr bequem, aber auch recht langsam. Können Sie sich Tastenkombinationen gut merken, ist es egal, auf welcher Registerkarte Sie sich gerade befinden. Die Formatierungsbefehle stehen direkt per Tastenkombination zur Verfügung. Mit ihnen führen Sie sehr schnell Ihre Formatierungsaufgaben aus.

Eine Aufstellung der Tastenkombinationen finden Sie am Ende dieses Kapitels. Die wichtigste sollten Sie sich gleich merken: Strg+1. Sie öffnen damit das Dialogfeld *Zellen formatieren* und haben unmittelbar Zugang zu allen Formatierungsbefehlen.

Abbildung 6.27: Merken Sie sich diese Tastenkombination. Damit rufen Sie das Dialogfeld Zellen formatieren *auf.*

Neben den Tastenkombinationen gibt es in Excel die sogenannten Zugriffstasten. Die Zugriffstasten brauchen Sie nicht auswendig zu lernen. Sie werden während der Benutzung in einem Zugriffstasteninfo angezeigt. Die Zugriffstasten werden nacheinander und nicht wie bei den Tastenkombinationen gleichzeitig gedrückt. Und so führen Sie einen Befehl mit einer Zugriffstastenfolge aus:

1. Drücken Sie die Alt-Taste und lassen Sie sie wieder los.

   Damit schalten Sie die Zugriffstastenfunktion ein. An den Schaltflächen in der *Symbolleiste für den Schnellzugriff* und an den Registerkarten des Menübands erscheinen Zugriffstasteninfos (siehe Abbildung 6.28).

2. Drücken Sie im zweiten Schritt die im Zugriffsinfo angezeigte Taste, um die gewünschte Registerkarte zu aktivieren, zum Beispiel *R* für die Registerkarte *Start*.

   Die Registerkarte wird aktiviert und für alle Befehle dieser Registerkarte werden die Zugriffsinfos angezeigt. Manche Befehle haben eine Tastenfolge.

3. Im dritten Schritt drücken Sie die Taste oder Tastenfolge, um den entsprechenden Befehl ausführen zu lassen.

Um beispielsweise die markierten Zellen im Schriftschnitt *Fett* darzustellen, benutzen Sie die Zugriffstastenfolge: [Alt], [R], [1].

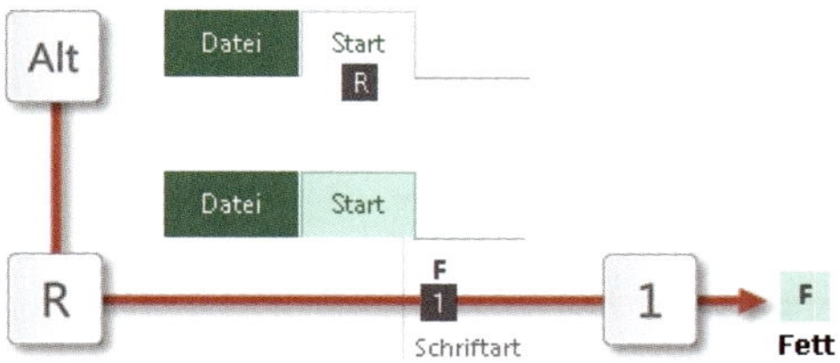

Abbildung 6.28: Die [Alt]*-Taste leitet die Zugriffstastenfolge ein, die* [R]*-Taste aktiviert die Registerkarte* Start

Zahlen formatieren

Die Zahlenformate nehmen eine zentrale Rolle bei der Formatierung in Tabellen ein.

Neben den vordefinierten Zahlenformaten bietet Ihnen Excel auch die Erstellung eigener, benutzerdefinierter Zahlenformate an. Diese Zahlenformate werden ausführlich in Kapitel 7 behandelt.

An dieser Stelle erfolgt ein Überblick über die vordefinierten Zahlenformate, die Ihnen im Menüband, in der Minisymbolleiste und im Dialogfeld *Zellen formatieren* zur Verfügung stehen.

Die Zahlenformate im Menüband und in der Minisymbolleiste nutzen

Im Menüband finden Sie auf der Registerkarte *Start* häufig verwendete Befehle für die Formatierung von Zahlen (siehe Abbildung 6.29).

Abbildung 6.29: Häufig gebrauchte Befehle für das Formatieren von Zahlen im Menüband

Bei einem Rechtsklick in das Arbeitsblatt wird neben dem Kontextmenü auch die Minisymbolleiste eingeblendet. Hier stehen fünf Zahlenformate zur Verfügung: das Buchhaltungszahlenformat, das Prozentformat, das Zahlenformat mit Tausendertrennzeichen und die beiden Schaltflächen, um Dezimalstellen hinzuzufügen oder zu löschen.

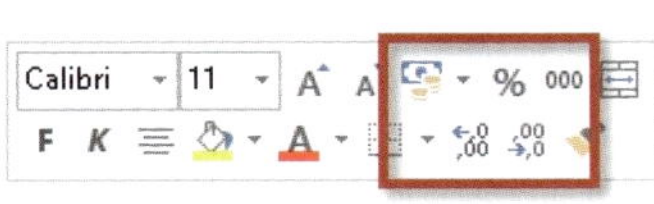

Abbildung 6.30: Die Minisymbolleiste enthält fünf Schaltflächen für die Zuweisung von Zahlenformaten

Das passende Zahlenformat im Dialogfeld »Zellen formatieren« auswählen

Auf der Registerkarte *Start* in der Gruppe *Zahlen* gelangen Sie mit einem Klick auf die Schaltfläche *Startprogramm für Dialogfelder* direkt in das Dialogfeld *Zellen formatieren*. Die Registerkarte *Zahlen* ist bereits aktiviert.

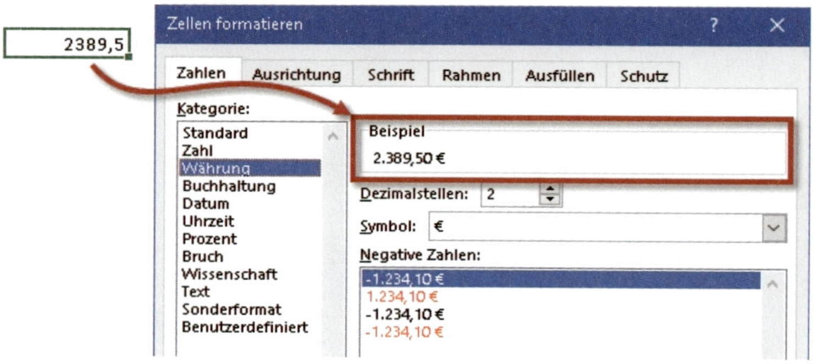

Abbildung 6.31: So sieht die Formatierung Ihrer Zahlen in der Vorschau aus

Markieren Sie im linken Listenfeld eine Kategorie, bekommen Sie im rechten Bereich des Dialogfeldes, mit Ausnahme der Kategorien *Standard* und *Text*, weitere Auswahl- und Einstellmöglichkeiten angeboten. Während Sie das Zahlenformat einrichten, zeigt Ihnen die Vorschau, wie die Zahl formatiert wird (siehe Abbildung 6.31).

Das Dialogfeld bietet auf der Registerkarte *Zahlen* in zwölf Kategorien viele vordefinierte Zahlenformate an.

In den einzelnen Kategorien finden Sie folgende Zahlenformate:

Standard

In einem neuen Arbeitsblatt hat jede Zelle das Zahlenformat *Standard*. Die Zahl wird rechtsbündig, ohne führende oder angehängte Nullen, wie eingegeben angezeigt. Ist die Breite einer Spalte zu gering, stellt Excel die Zahl in Exponentialschreibweise dar oder zeigt ##### an.

Mit der Auswahl dieses Zahlenformats setzen Sie die Zahl auf den beschriebenen Standard zurück (Strg+⇧+&).

Beispiel: -2389,9

Zahl

In dieser Kategorie legen Sie für eine Zahl die Anzahl der Dezimalstellen, das Tausendertrennzeichen und das Aussehen eines negativen Wertes fest.

Beispiel: -2.389,90

Währung

Ist die markierte Zahl ein Geldbetrag, richten Sie in dieser Kategorie das dazugehörige Währungszeichen (€) oder Währungskürzel (EUR), die Anzahl der Dezimalstellen und das Aussehen eines negativen Betrags ein. Das Tausendertrennzeichen wird automatisch mit berücksichtigt.

Beispiel: -2.389,90 €

Buchhaltung

Dieses Zahlenformat entspricht weitestgehend dem Zahlenformat aus der Kategorie *Währung*, mit den folgenden Unterschieden:

- Ein negativer Betrag wird schwarz dargestellt. Dabei steht das Minuszeichen am linken Rand und der Betrag etwas nach links eingerückt am rechten Rand der Zelle.
- Der Wert Null wird nicht als Zahl dargestellt, sondern durch einen Buchhaltungsstrich ersetzt.

  Beispiel: -   2.389,90 €

Datum

Mit diesem Format zeigen Sie Zahlen als Datumswerte an. Datumsformate, die mit einem Sternchen (*) beginnen, reagieren auf Änderungen der regionalen Datums- und Zeiteinstellungen in der Systemsteuerung von Windows.

Beispiel: Donnerstag, 24. Januar 2013

Uhrzeit

Mit diesem Format zeigen Sie Zahlen als Zeitwerte an. Zeitformate, die mit einem Sternchen (*) beginnen, reagieren auf Änderungen der regionalen Datums- und Zeiteinstellungen in der Systemsteuerung von Windows.

Beispiel: 12:45:30

Prozent

Das Zahlenformat *Prozent* multipliziert den Wert der Zelle mit 100 und hängt das Prozentzeichen an die Zahl an. Richten Sie zusätzlich die Anzahl der Dezimalstellen ein.

Beispiel: 100,0%

Bruch

Soll ein Wert nicht als Dezimalzahl, sondern als Bruch angezeigt werden, ist dieses Format die richtige Wahl. Excel bietet verschiedene vorgefertigte Muster an.

Beispiel: 1/4

Wissenschaft

Für die wissenschaftliche Darstellung von Zahlen in Exponentialschreibweise benutzen Sie die Kategorie *Wissenschaft*. Richten Sie zusätzlich die Anzahl der Dezimalstellen ein.

Beispiel: 1,0E+3

Text

Dieses Zahlenformat behandelt die Zahl als Text und stellt sie linksbündig, wie Sie sie in der Zelle eingegeben haben, dar.

Bei Postleitzahlen, Telefonvorwahlen oder Artikelnummern mit führenden Nullen bleiben die Nullen erhalten. Formatieren Sie erst die Zelle im Textformat und geben Sie anschließend die Zahl ein.

Sonderformat

Excel enthält einige Sonderformate, die sich von Land zu Land unterscheiden. Wählen Sie zunächst das Gebietsschema und anschließend das Sonderformat aus, wie zum Beispiel Postleitzahl, Versicherungsnummer oder ISBN-Nummer.

Aber Vorsicht: Manche Formate sind fehlerhaft! Benutzen Sie für spezielle Formate besser die Kategorie *Benutzerdefiniert*.

Beispiel Deutschland, Postleitzahl (D): D-12249

Benutzerdefiniert

In dieser Kategorie haben Sie vollen Zugriff auf alle Zahlenformate, auch auf die Formate der anderen Kategorien. Erstellen Sie darüber hinaus eigene Zahlenformate. Sie werden am Ende der Liste hinzugefügt, können dort ausgewählt und auf andere Zellen wiederholt angewendet werden.

Beispiel: 12 m²

Achtung

Halten Sie die Anzahl der benutzerdefinierten Zahlenformate in Ihrer Arbeitsmappe möglichst gering. Ab ungefähr 4000 benutzerdefinierten Zahlenformaten weigert sich Excel eventuell, die Arbeitsmappe wieder zu öffnen.

Die Anzahl erscheint sehr hoch, wird aber durch viel Kopieren aus anderen Arbeitsmappen relativ schnell erreicht. Im Internet finden Sie Tools, um nicht genutzte benutzerdefinierte Zahlenformate aus der Arbeitsmappe zu entfernen. [1]

Die Ausrichtung in Zellen festlegen

Standardmäßig werden Zahlen rechtsbündig und Texte linksbündig am unteren Rand der Zelle dargestellt. Möchten Sie diese Ausrichtung ändern, enthält die Registerkarte *Start*, in der Gruppe *Ausrichtung* dafür die entsprechenden Befehle.

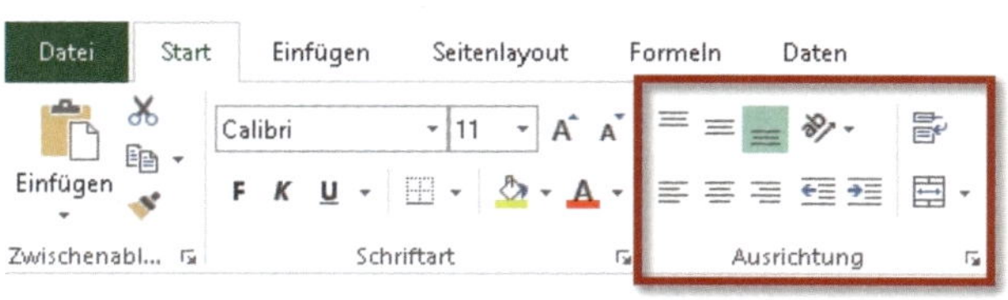

Abbildung 6.32: Ändern Sie mit einem Mausklick die Ausrichtung der Werte

Die horizontale Ausrichtung festlegen

In der Gruppe *Ausrichtung* stehen Ihnen die drei Schaltflächen *Linksbündig ausrichten*, *Zentrieren* und *Rechtsbündig ausrichten* für die horizontale Ausrichtung von Zahlen und Texten zur Verfügung.

In Abbildung 6.33 sehen Sie vier Texte, die in ihrer Länge über die Spaltenbreite der markierten Spalte hinausreichen. Der Text wird in seiner vollen Länge angezeigt, da die jeweilige Nachbarzelle leer ist. Befindet sich in der Nachbarzelle ein Wert, wird der Text an der Zellengrenze abgeschnitten dargestellt.

---

[1] Suchen Sie im Internet mit den Stichwörtern: excel xlstyles

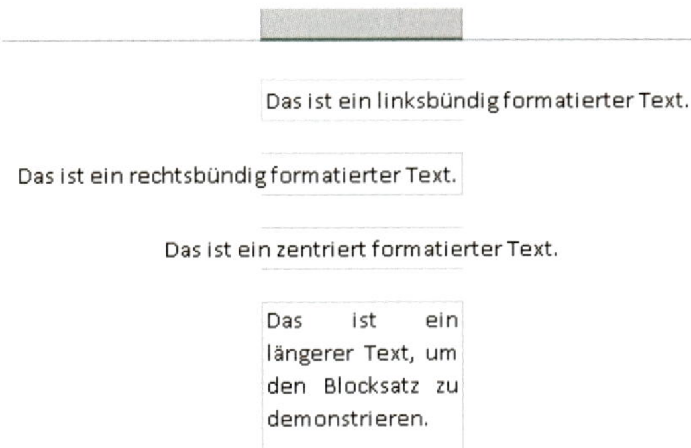

Abbildung 6.33: Vier Beispiele für die horizontale Ausrichtung langer Texte

Den horizontalen Blocksatz richten Sie wie folgt ein:

1. Markieren Sie die Zellen, die den horizontalen Blocksatz erhalten sollen.
2. Klicken Sie in der Gruppe *Ausrichtung* rechts unten auf das *Startprogramm für Dialogfelder*. Es öffnet sich das Dialogfeld *Zellen formatieren* mit aktivierter Registerkarte *Ausrichtung*.

3. Wählen Sie im Dropdown-Listenfeld *Horizontal* den Eintrag *Blocksatz* und schließen Sie das Dialogfeld mit *OK* (siehe Abbildung 6.34).

Der Blocksatz kann auf Zahlen nicht angewendet werden!

Abbildung 6.34: Der Blocksatz richtet langen Text in der Zelle an der Spaltenbreite aus

Die vertikale Ausrichtung festlegen

In der Gruppe *Ausrichtung* finden Sie auch drei Schaltflächen für die vertikale Ausrichtung: *Oben ausrichten*, *Zentriert ausrichten* und *Unten ausrichten*. Standardmäßig werden alle Zellen am unteren Zellenrand ausgerichtet.

Den vertikalen Blocksatz finden Sie ebenfalls im Dialogfeld *Zellen formatieren*, auf der Registerkarte *Ausrichtung*. Öffnen Sie das Listenfeld *Vertikal* und wählen Sie den Eintrag *Blocksatz*.

Texte und Zahlen drehen

Haben Sie lange Texte als Spaltenüberschriften, ist es vielleicht ratsam, diese Texte zu drehen, um Platz zu sparen.

In der Gruppe *Ausrichtung* finden Sie die Schaltfläche *Ausrichtung*. Mit einem Klick auf den Pfeil der Schaltfläche stehen Ihnen einige Optionen zur Verfügung, in welche Richtung der Wert gedreht werden soll.

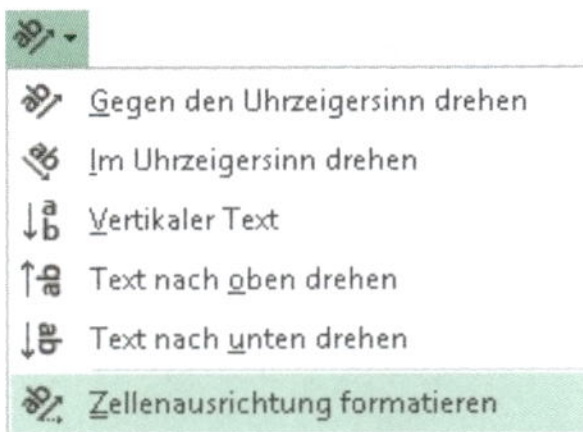

Abbildung 6.35: Das Symbol am Anfang einer jeden Option verdeutlicht die Drehrichtung

Mit dem Befehl *Zellenausrichtung formatieren* gelangen Sie direkt zur Registerkarte *Ausrichtung* des Dialogfeldes *Zellen formatieren* (siehe Abbildung 6.36). Entweder geben Sie hier eine Zahl zwischen 90 und -90 Grad im Bearbeitungsfeld beziehungsweise über das Drehfeld an, oder Sie klicken in der darüber liegenden Grafik auf einen Markierungspunkt mit fest definiertem Winkel. Mit der Einstellung *0* (null Grad) entfernen Sie die Drehung.

Abbildung 6.36: Drehen Sie den Text oder die Zahl in einem fest definierten oder frei einstellbaren Winkel

Einen Zeilenumbruch in den Text einer Zelle einfügen

In der Gruppe *Ausrichtung* gibt es die Schaltfläche *Zeilenumbruch*. Sie fügt einen automatischen Zeilenumbruch in die markierte Zelle ein. Ändern Sie die Spaltenbreite, wird der Zeilenumbruch automatisch angepasst. Dabei kann es passieren, dass ein Wort an beliebiger Stelle umbrochen wird.

Möchten Sie vor ganz bestimmten Wörtern einen manuellen *festen* Zeilenumbruch einfügen, gehen Sie wie folgt vor:

1. Klicken Sie in der Bearbeitungsleiste an die Stelle, an der der Zeilenumbruch eingefügt werden soll.
2. Drücken Sie die Tastenkombination Alt+↵. An der Stelle des blinkenden Cursors wird der manuelle Zeilenumbruch eingefügt und der Text in der Bearbeitungsleiste umbrochen angezeigt.
3. Beenden Sie die Eingabe mit der ↵-Taste.

In Text können Sie beliebig viele Zeilenumbrüche einfügen.

Das Dialogfeld *Zellen formatieren* enthält auf der Registerkarte *Ausrichtung* das Kontrollkästchen *Zeilenumbruch*. Aktivieren Sie das Kontrollkästchen, richten Sie einen automatischen Zeilenumbruch wie über die gleichnamige Schaltfläche ein.

Abbildung 6.37: Mit diesem Kontrollkästchen steuern Sie den automatischen und den manuellen Zeilenumbruch

Auch bei einem manuellen Zeilenumbruch ist dieses Kontrollkästchen aktiviert. Nehmen Sie das Häkchen bei einer Zelle mit einem manuellen, festen Zeilenumbruch heraus, wird der Wert in der Zelle zwar nicht mehr umbrochen dargestellt, aber der manuelle Zeilenumbruch ist nach wie vor in der Zelle enthalten. Er wird nur in der Bearbeitungsleiste angezeigt.

Zellen miteinander verbinden

Beim Verbinden von Zellen werden mindestens zwei nebeneinander oder untereinander liegende Zellen zu einer einzelnen größeren Zelle kombiniert. Auf diese Weise lässt sich eine Beschriftung erstellen, die sich über mehrere Spalten erstreckt.

Monatlicher Umsatz		
Jan	Feb	Mrz
280.329,00 €	992.494,00 €	318.828,00 €
196.862,00 €	353.412,00 €	377.152,00 €
261.665,00 €	107.642,00 €	33.102,00 €
35.479,00 €	328.941,00 €	511.462,00 €
610.658,00 €	596.899,00 €	765.667,00 €

Abbildung 6.38: Die Überschrift in den verbundenen Zellen informiert über die darunter angeordneten Daten

Auf der Registerkarte *Start* enthält die Gruppe *Ausrichtung* die Schaltfläche *Verbinden und zentrieren*. Klicken Sie auf den Pfeil dieser Schaltfläche, bietet Excel folgende Optionen an (siehe Abbildung 6.39):

- Die Option *Verbinden und zentrieren* kombiniert alle markierten Zellen zu einer einzigen großen Zelle und formatiert diese Zelle horizontal zentriert und vertikal unten.
- Haben Sie einen Bereich mit mehreren Zeilen markiert und klicken auf die Option *Verbinden über*, werden die Zellen *zeilenweise* verbunden, aber nicht zentriert formatiert.

- Die Option *Zellen verbinden* kombiniert alle markierten Zellen zu einer großen Zelle, aber *ohne* sie zentriert zu formatieren.
- Egal welche Art der Zentrierung bei den markierten Zellen vorliegt, mit der Option *Zellverbund aufheben* wird der Zellverbund in die Einzelzellen aufgelöst.

Die Wirkungsweise der verschiedenen Optionen zeigt Suchen Sie sich die Art der Zellenverbindung in diesem Menü aus.

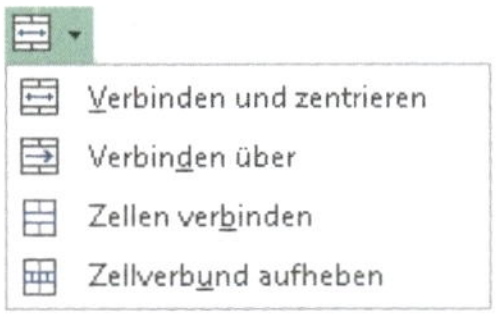

Abbildung 6.39: Suchen Sie sich die Art der Zellenverbindung in diesem Menü aus

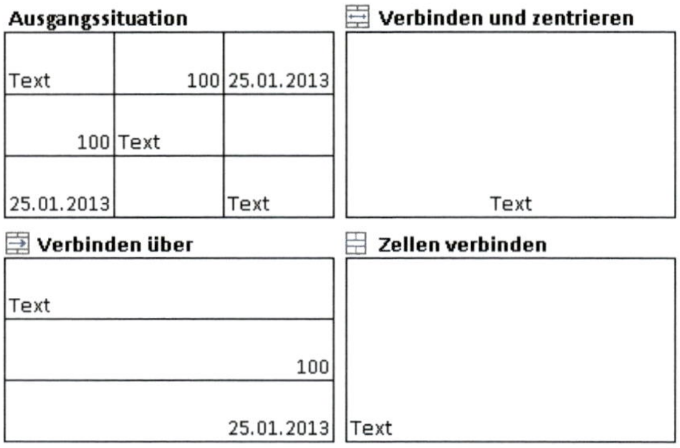

Abbildung 6.40: Enthalten mehrere zu verbindende Zellen einen Wert, bleibt nur einer erhalten

Die Schaltfläche *Verbinden und zentrieren* bleibt in ihrer Darstellung immer gleich und zeigt nicht, wie einige andere Schaltflächen, die letzte Auswahl als Symbol an. Enthält Ihre Markierung verbundene Zellen, ist die Schaltfläche hellgrün hinterlegt. Klicken Sie nun auf die Schaltfläche, wird der Zellverbund aufgehoben.

Enthalten mehrere Zellen, die Sie verbinden möchten, einen Wert, blendet Excel den in Abbildung 6.41 gezeigten Warnhinweis ein.

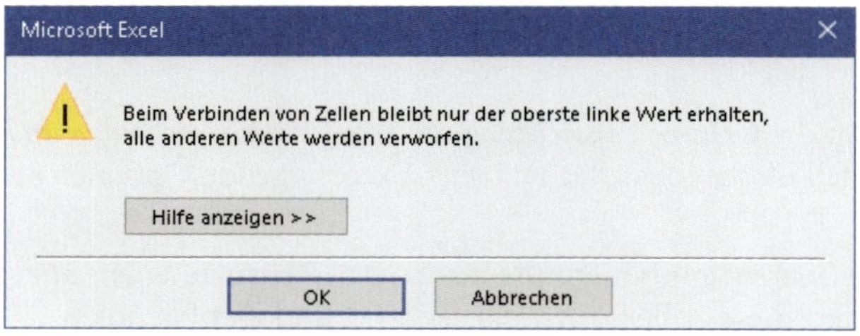

Abbildung 6.41: Warnhinweis beim Verbinden von mehreren Zellen mit Text

Im Dialogfeld *Zellen formatieren*, Registerkarte *Ausrichtung*, richten Sie mit dem Kontrollkästchen *Zellen verbinden* – in gleicher Weise wie die Option *Zellen verbinden* im Menü der Schaltfläche *Verbinden und zentrieren* – zwei oder mehr Zellen als eine große Zelle ein oder heben mit dem Deaktivieren des Kontrollkästchens den Zellverbund wieder auf.

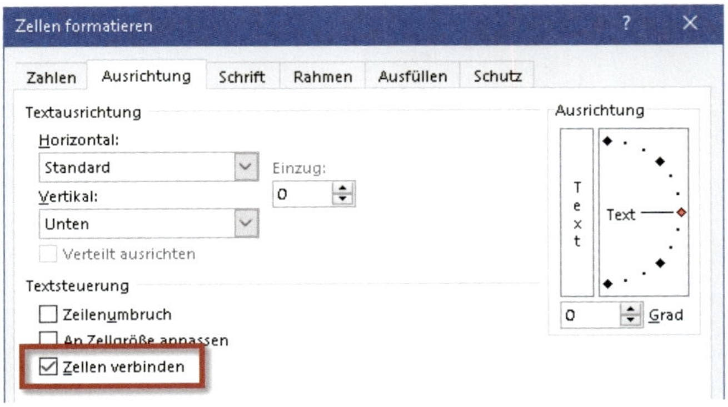

Abbildung 6.42: Mit dem Aktivieren des Kontrollkästchens verbinden Sie mehrere Zellen oder heben den Zellverbund auf

Texte und Zahlen einrücken

Damit Sie keine unliebsamen Überraschungen beim Einrücken eines Wertes (Text oder Zahl) erleben, empfiehlt sich folgende Vorgehensweise:

1. Legen Sie im ersten Schritt die Ausrichtung links- oder rechtsbündig für die Zelle fest. Benutzen Sie dazu die Schaltflächen *Linksbündig ausrichten* beziehungsweise *Rechtsbündig ausrichten*. Beide Schaltflächen finden Sie auf der Registerkarte *Start* in der Gruppe *Ausrichtung*.

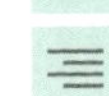

2. Erst im zweiten Schritt benutzen Sie die Schaltfläche *Einzug vergrößern*. Sie befindet sich ebenfalls in der Gruppe *Ausrichtung*.

Bei dieser Vorgehensweise ist es egal, ob Sie eine Zahl oder einen Text als Wert in der Zelle haben, die Benutzung des Einzugs ist für alle Werte gleich.

- Ist die Zelle linksbündig formatiert, gilt: Bei einem Klick auf die Schaltfläche *Einzug vergrößern* wird der Wert nach rechts eingerückt. Bei zwei oder mehr Klicks auf diese Schaltfläche wird der Wert um entsprechend viele Einzüge weiter nach rechts verschoben, sogar über den rechten Zellenrand hinaus. Bis zu 250 Einzüge sind möglich.
- Ist die Zelle rechtsbündig formatiert, gilt: Bei einem Klick auf die Schaltfläche *Einzug vergrößern* wird der Wert nach links eingerückt. Bei zwei oder mehr Klicks auf diese Schaltfläche wird der Wert um entsprechend viele Einzüge weiter nach links verschoben, sogar über den linken Zellenrand hinaus. Bis zu 250 Einzüge sind möglich.
- In derselben Gruppe finden Sie auch die Schaltfläche *Einzug verkleinern*. Sie nimmt bei jedem Klick einen Einzug zurück, bis der Wert wieder am linken beziehungsweise rechten Rand der Zelle steht.

Im Dialogfeld *Zellen formatieren* haben Sie, wie in Abbildung 6.43 zu sehen, auf der Registerkarte *Ausrichtung* im Dropdown-Listenfeld *Horizontal* drei Auswahlmöglichkeiten für den Einzug:

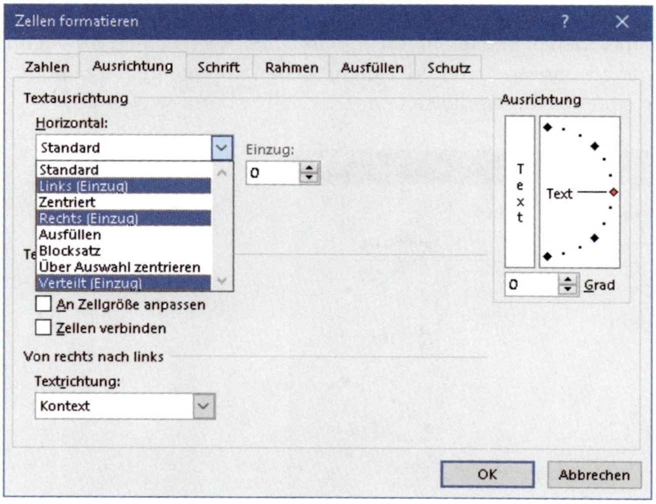

Abbildung 6.43: Im Dialogfeld Zellen formatieren *stehen Ihnen drei verschiedenen Einzugsarten zur Verfügung*

- *Links (Einzug):* Die Auswahl allein entspricht einem Klick auf die Schaltfläche *Linksbündig ausrichten.* Geben Sie zusätzlich die Anzahl der Einzüge im Feld *Einzug* beziehungsweise über das Drehfeld an, wird der Wert der Anzahl der angegebenen Einzüge entsprechend nach rechts eingerückt dargestellt.
- *Rechts (Einzug):* Die Auswahl allein entspricht einem Klick auf die Schaltfläche *Rechtsbündig ausrichten.* Geben Sie zusätzlich die Anzahl der Einzüge an, wird der Wert der Anzahl der angegebenen Einzüge entsprechend nach links eingerückt dargestellt.
- *Verteilt (Einzug):* Diese Ausrichtung ist nur bei Text mit mehreren Wörtern sinnvoll. Die Auswahl allein verteilt den Text wie bei der Auswahl von *Blocksatz.* Mit zunehmender Anzahl von Einzügen erhält die Zelle am rechten und linken Rand immer mehr Weißraum, bis der Text sogar in weitere Zeilen automatisch umbrochen wird (siehe Abbildung 6.44).

Horizontal Verteilt (Einzug)	Einzüge	Beispiel
Ausgangssituation	0	Das ist ein Text.
Verteilt (Einzug)	0	Das ist ein Text.
	1	Das ist ein Text.
	2	Das ist ein Text.
	3	Das ist ein Text.
	4	Das ist ein Text.
	6	Das ist ein Text.

Abbildung 6.44: Die Beispiele zeigen verschieden verteilte Einzüge bei einem Text

Eine Zelle automatisch ausfüllen

Eine besondere Art der Ausrichtung ist im Dropdown-Listenfeld *Horizontal* die Option *Ausfüllen* (siehe Abbildung 6.45). Mit ihr wiederholen Sie den *gesamten* Wert einer Zelle – ein einzelnes Zeichen, ein Wort, einen Satz, eine Zahl und so weiter –, bis die Zelle in ihrer Breite mit dem Wert ausgefüllt ist. Je nach Zeichenanzahl des Wertes ergibt sich ein mehr oder weniger großer Weißraum am rechten Rand der Zelle. Die Formatierung ist immer linksbündig und passt die Wiederholung des Wertes automatisch an die Spaltenbreite an.

Abbildung 6.45: Füllen Sie automatisch eine Zelle mit einem Wert aus

Einen Wert automatisch an die Zellengröße anpassen

Ist eine Spalte zu schmal, wird eine Zahl entweder in Exponentialschreibweise oder als »Land der Gartenzäune« mit dem #-Zeichen dargestellt. Texte werden bei geringer Spaltenbreite abgeschnitten oder fließen in die Nachbarzelle über. Das ist nicht gerade komfortabel und besonders ärgerlich, wenn Sie es im Nachhinein feststellen.

Tipp

Solche Pannen können Sie verhindern, wenn Sie für die betreffenden Zellen das Kontrollkästchen *An Zellgröße anpassen* aktivieren. Beim Verringern der Spaltenbreite wird die Schriftgröße des Wertes automatisch verkleinert, sodass der gesamte Wert in der Zelle zu sehen ist. Der ursprünglich eingerichtete Schriftgrad bleibt dabei unverändert. Verbreitern Sie die Spalte wieder, wird der Text bis zum eingestellten Schriftgrad automatisch vergrößert.

In Abbildung 6.46 sehen Sie die unterschiedlichen Auswirkungen bei der Formatierung *An Zellgröße ausrichten*. Im Bereich A2:F2 wirkt sich die unterschiedliche Spaltenbreite ohne diese Formatierung, vor allem bei Zahlen, dramatisch aus.

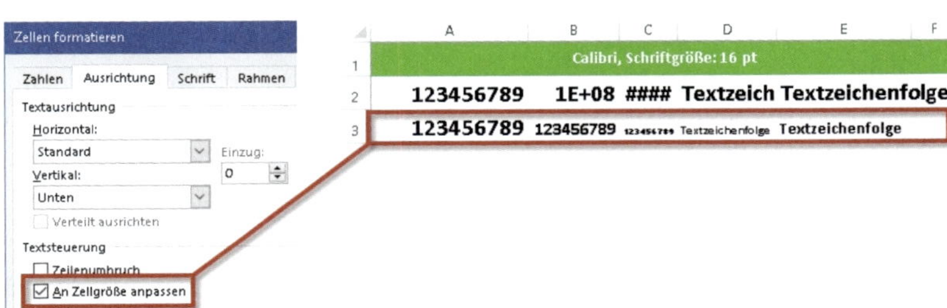

Abbildung 6.46: Lassen Sie wichtige Zahlen und Texte immer komplett in der Zelle anzeigen

---

Eine Überschrift über einer Auswahl zentrieren

Bei verbundenen Zellen kommt es im Zusammenhang mit dem Kopieren, Einfügen, Verschieben, Sortieren, Filtern oder Markieren immer mal wieder zu der in Abbildung 6.47 gezeigten Fehlermeldung.

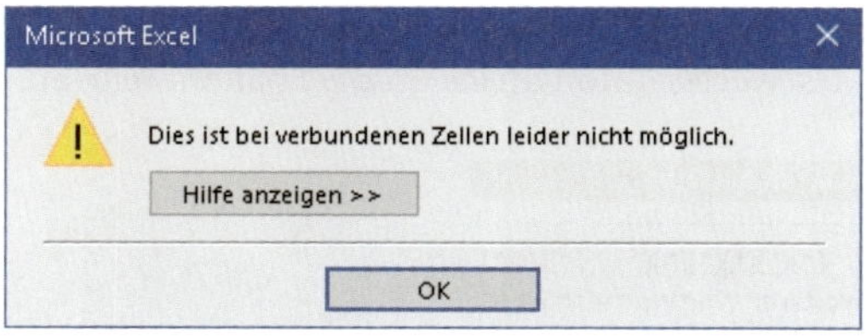

Abbildung 6.47: Es wurde versucht, einen Teil eines Zellenverbunds zu verschieben

Anstatt für eine Tabellenüberschrift die Zellen zu verbinden, benutzen Sie die Formatierung *Über Auswahl zentrieren* (siehe Abbildung 6.48). Sie finden diese Option im Dialogfeld *Zellen formatieren* auf der Registerkarte *Ausrichtung* im Dropdown-Listenfeld *Horizontal*. Gehen Sie dabei im Einzelnen wie folgt vor:

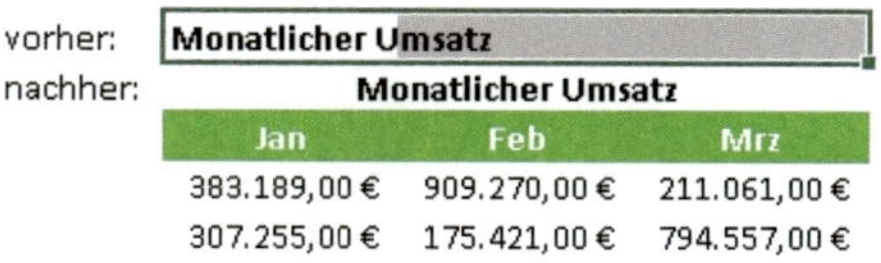

Abbildung 6.48: Eine Überschrift mit der horizontalen Ausrichtung Über Auswahl zentrieren

1. Markieren Sie die Zellen, über denen die Überschrift zentriert werden soll. In diesem Bereich befindet sich nur die Überschrift.
2. Öffnen Sie mit der Tastenkombination `Strg`+`1` das Dialogfeld *Zellen formatieren* und aktivieren Sie die Registerkarte *Ausrichtung*.
3. Wählen Sie im Dropdown-Listenfeld *Horizontal* den Eintrag *Über Auswahl zentrieren.*

Schriftformatierungen

Das Betriebssystem Windows 10 enthält im Ordner *Fonts* circa 200 Schriftarten. Neue Schriftarten kommen eventuell durch die Installation verschiedener Anwendungssoftware dazu. Alle Schriftarten, die sich in diesem Ordner befinden, stehen auch in Excel zur Verfügung. Sie sind auf der Registerkarte *Start* in der Gruppe *Schriftart* im Dropdown-Listenfeld *Schriftart* alphabetisch aufgelistet. Der Name der Schriftart wird standardmäßig im Stil der Schriftart dargestellt.

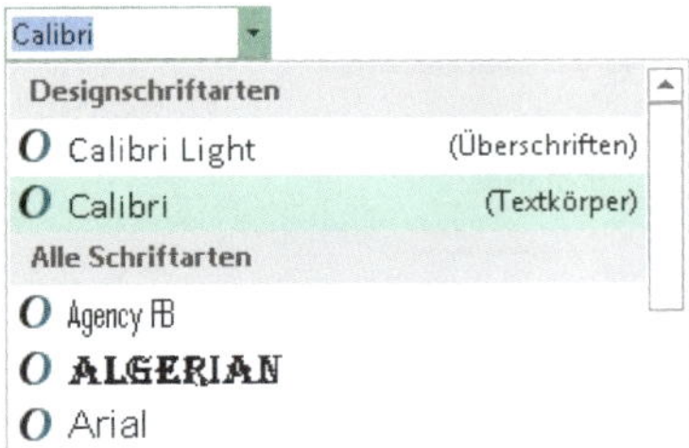

Abbildung 6.49: Der Anfang der Liste der zur Verfügung stehenden Schriftarten

Öffnen Sie das Listenfeld, wird die gerade markierte Schriftart mit der Livevorschau in der Zelle dargestellt.

Kennen Sie den Namen der Schriftart, geben Sie im Listenfeld den Anfangsbuchstaben der gesuchten Schriftart ein. Die Markierung springt dadurch direkt auf die erste Schriftart, die mit diesem Buchstaben beginnt.

Jede Zelleingabe, ob als Text oder Zahl, wird in der eingerichteten Standardschriftart dargestellt.

Überschriften, Untertitel und Fließtext lassen sich allein durch die Schriftgröße differenzieren. Die Schriftgröße wird in Punkt (pt) angegeben. In der Gruppe *Schriftart* sind im Dropdown-Listenfeld *Schriftgrad* nur einige Schriftgrößen aufgelistet. Tippen Sie den nicht aufgelisteten Wert in das Kombinationsfeld ein und schließen Sie die Eingabe mit der [↵]-Taste ab. Auch Eingaben wie `12,5` sind möglich. Die Eingabe muss zwischen 1 und 409 pt liegen. Die Livevorschau hilft Ihnen bei der Auswahl der richtigen Schriftgröße.

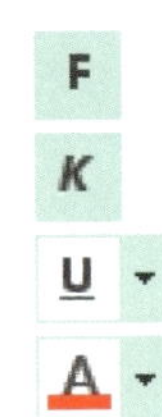

Mit den Schriftschnitten Fett, Kursiv, deren Kombination oder mit Unterstreichen heben Sie Textteile hervor oder setzen sie von anderen ab. Führen Sie diese Befehle schnell über die jeweilige Schaltfläche aus.

Mit der Schriftfarbe und mit Schrifteffekten wie hochgestellt oder tiefgestellt stehen Ihnen weitere Schriftformatierungen zur Verfügung.

Auf der Registerkarte *Start* sind in der Gruppe *Schriftart* die meisten Befehle für die Formatierung der Schrift enthalten.

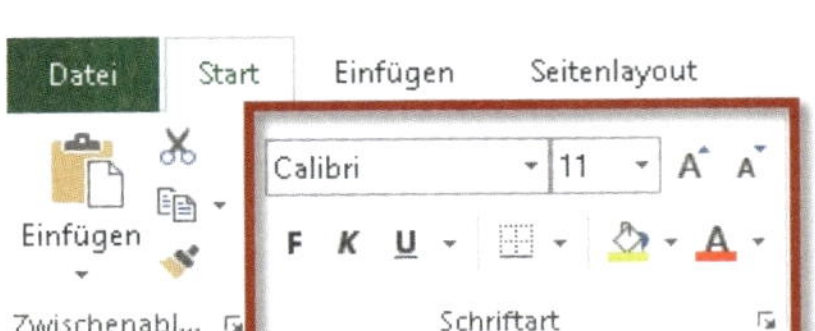

Abbildung 6.50: Formatieren Sie Texte mit den Befehlen der Gruppe Schriftart

Die beiden Schaltflächen *Schriftgrad vergrößern* und *Schriftgrad verkleinern* helfen Ihnen bei der schnellen Änderung der Schriftgröße. Mit diesen beiden Schaltflächen wird die Schriftgröße nicht gleichmäßig, sondern in Sprüngen vergrößert oder verkleinert.

Mit einem Klick auf das Startprogramm für Dialogfelder rechts unten in der Gruppe *Schriftart* oder der Tastenkombination [Strg]+[⇧]+[A] gelangen Sie direkt zur Registerkarte *Schrift* des Dialogfeldes *Zellen formatieren*.

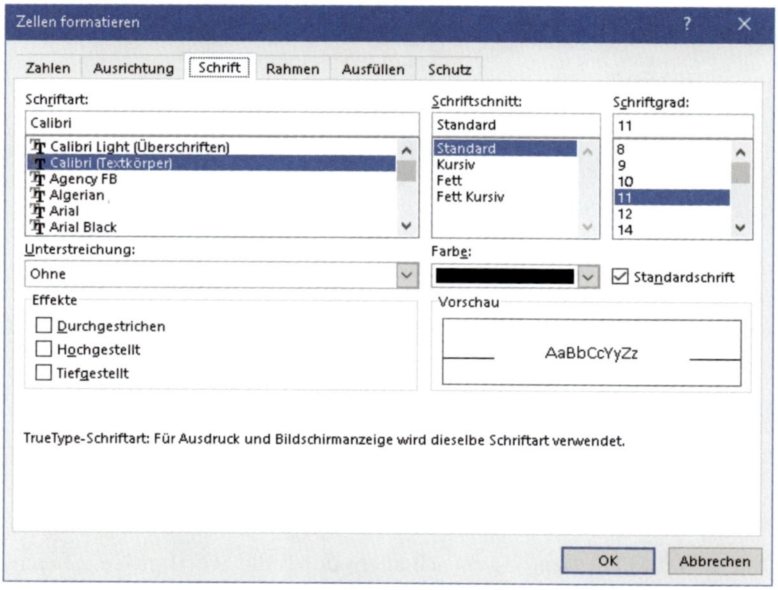

Abbildung 6.51: Auf der Registerkarte Schrift *finden Sie alle Befehle zur Schriftformatierung*

Tipp

Im Dropdown-Listenfeld *Unterstreichung* können Sie zwischen *Einfach*, *Doppelt*, *Einfach (Buchhaltung)* und *Doppelt (Buchhaltung)* auswählen. Bei den beiden letztgenannten Unterstreichungsarten führt die Unterstreichung nicht durch die Unterlängen solcher Buchstaben wie »p« oder »g« (siehe Abbildung 6.52).

Einfach	Einfach (Buchhaltung)
Doppelt	Doppelt (Buchhaltung)

Abbildung 6.52: Alternative Unterstreichungsarten finden Sie im Listenfeld Unterstreichung

---

Hinweis

Durch die Aktivierung des Kontrollkästchens *Standardschrift* (siehe Abbildung 6.51) setzen Sie mit einem Klick die Schrift in den markierten Zellen auf *alle* Einstellungen der Standardschrift zurück.

Einzelne Textteile mit anderen Schriftformaten versehen

In dem Beispiel in Abbildung 6.53 sind einzelne Textteile mit roter Schriftfarbe, dem Effekt *Tiefgestellt* und dem Schriftschnitt *Kursiv* formatiert worden. In der Bearbeitungsleiste ist diese Formatierung nicht zu sehen, sondern nur in der Zelle.

Möchten Sie einen Textteil tiefgestellt darstellen, gehen Sie wie folgt vor:

1. Markieren Sie in der Bearbeitungsleiste den entsprechenden Textteil.
2. Führen Sie einen Rechtsklick in der Bearbeitungsleiste aus und wählen Sie im Kontextmenü *Zellen formatieren*. Sie gelangen direkt zur Registerkarte *Schrift* des Dialogfeldes *Zellen formatieren*.
3. Aktivieren Sie das Kontrollkästchen *Tiefgestellt* und schließen Sie das Dialogfeld mit *OK*.
4. Schließen Sie die Bearbeitung des gesamten Textes mit der [↵]-Taste ab.
   Erst jetzt ist die Formatierung in der Zelle zu sehen.

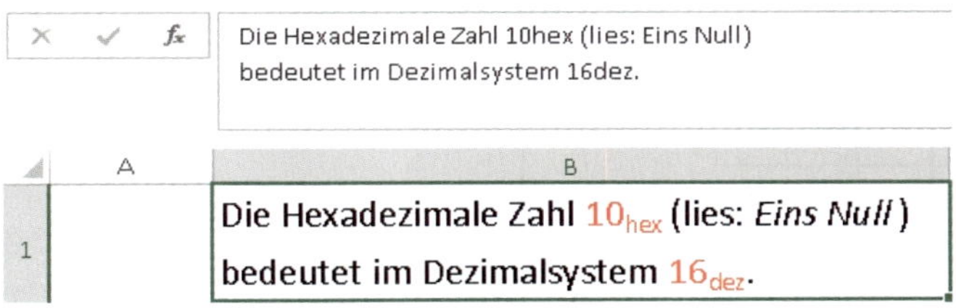

Abbildung 6.53: Versehen Sie Textteile mit eigenen Schriftformaten

Mit Rahmenlinien Tabellen übersichtlich gestalten

Wie Sie im Praxisbeispiel am Anfang dieses Kapitels gesehen haben, erleichtern Rahmenlinien das Lesen der Tabelle und »führen« den Betrachter durch die Daten. Rahmenlinien sollten Sie einsetzen, um

- wichtige Zellen oder Zellbereiche hervorzuheben
- zusammengehörige Datenbereiche zu kennzeichnen
- unterschiedliche Informationen voneinander zu trennen.

Eine Rahmenlinie ist Bestandteil der Zelle. Sie wird entweder am oberen, unteren, rechten oder linken Rand der Zelle oder auch diagonal durch die Zelle dargestellt. Diese Positionen können Sie kombinieren. Gemeinsame Rahmenlinien oben, unten, rechts und links wirken als Umrahmung. Verändern Sie die Zeilenhöhe oder die Spaltenbreite der Zelle, verändert sich auch die Länge der Rahmenlinie.

Die Wirkung der Rahmenlinie, und damit die Übersichtlichkeit Ihrer Tabelle, hängt stark von der benutzten Rahmenlinienart, der gewählten Rahmenlinienfarbe, der Position und der Menge der dargestellten Rahmenlinien ab.

Auf der Registerkarte *Start* finden Sie in der Gruppe *Schriftart* die Befehlsschaltfläche zum Gestalten von Rahmenlinien.

Im linken Bereich der Schaltfläche wird die zuletzt gewählte Rahmenlinienauswahl angezeigt. Mit einem Klick auf diesen Schaltflächenteil wenden Sie die zuletzt gewählte Rahmenlinie auf die gerade markierten Zellen an.

Tipp

Rahmenlinien wirken optisch als sehr stark trennendes Gestaltungselement. Seien Sie daher beim Zuweisen von Rahmenlinien eher zurückhaltend. Benutzen Sie gerade so viele Rahmenlinien, wie für die Verdeutlichung Ihrer Tabellenstruktur notwendig sind. Helfen Sie dem Betrachter dabei, den Aufbau Ihrer Daten leicht zu erkennen. Oft ist weniger mehr!

Andere Gestaltungselemente haben eine gleichbedeutende Strukturierungswirkung wie Rahmenlinien. Lassen Sie zum Beispiel jede zweite Zeile in einer abwechselnden Zellenfarbe erscheinen. Ein helles Grau hat sich hierfür bewährt.

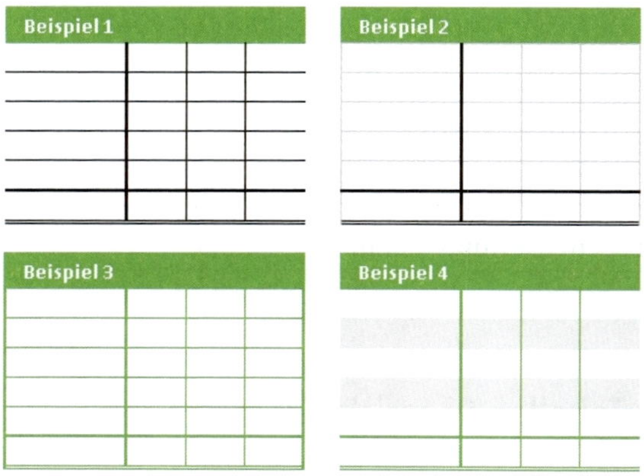

Abbildung 6.54: Vier Beispiele unterschiedlicher Rahmenlinien für einen Tabellenbereich

Mit einem Klick auf den Pfeil der Schaltfläche öffnet sich das dreiteilige Menü *Rahmenlinien* (siehe Abbildung 6.55).

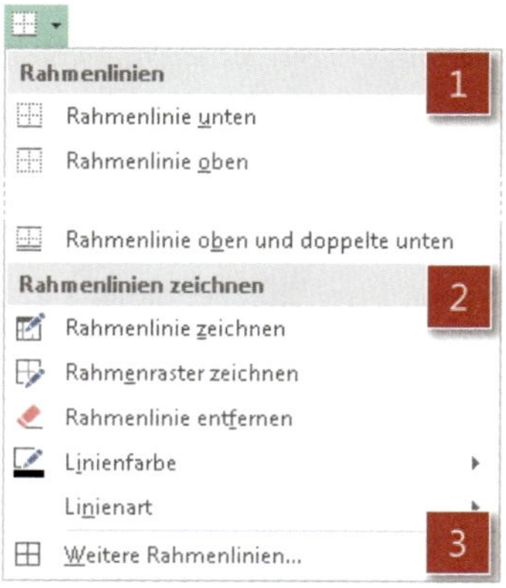

Abbildung 6.55: Das Menü enthält drei unterschiedliche Werkzeuge zum Definieren von Rahmenlinien

- Im oberen Abschnitt finden Sie vordefinierte Rahmenlinien [1]. Die durchgezogenen Linien auf dem Symbol werden gezeichnet, die gepunkteten Linien werden nicht gezeichnet. Bereits in der Zelle vorhandene Rahmenlinien bleiben erhalten.

Alle Rahmenlinien aus dieser Gruppe werden standardmäßig schwarz gezeichnet, es sei denn, Sie haben im zweiten Abschnitt *Rahmenlinien zeichnen* eine andere Linienfarbe ausgewählt. Vor der Anwendung der vordefinierten Rahmenlinien müssen Sie die Zellen markieren, bei denen die Rahmenlinie dargestellt werden soll.

Mit der Option *Kein Rahmen* entfernen Sie alle Rahmenlinien der markierten Zellen.

- Ein anderes Werkzeug steht Ihnen im zweiten Abschnitt zur Verfügung: *Rahmenlinien zeichnen* [2]. Haben Sie eine Linienfarbe oder Linienart ausgewählt, ändert sich der Mauszeiger in einen kleinen Stift. Damit zeichnen Sie die Rahmenlinien bei beliebigen Zellen im Arbeitsblatt, ohne die Zellen vorher markiert zu haben. Mit dem »Radiergummi« entfernen Sie gezielt einzelne Rahmenlinien. Das Zeichnen beenden Sie mit der Esc-Taste.
- Ganz unten finden Sie die Option *Weitere Rahmenlinien* [3]. Mit einem Klick auf diese Option öffnet sich das Dialogfeld *Zellen formatieren* und die Registerkarte *Rahmen* ist bereits aktiviert (siehe Abbildung 6.56).

  Auf dieser Registerkarte haben Sie alle Kombinationsmöglichkeiten für Rahmenlinien im Griff: die verschiedenen Rahmenlinienarten, die Rahmenlinienfarben und die unterschiedlichen Positionen.

So wählen Sie eine Rahmenlinie im Dialogfeld aus:

1. Wählen Sie zunächst eine Linienart und eine Linienfarbe aus.
2. Für die Position wenden Sie anschließend, entweder über die Schaltflächen oder mit einem Klick auf die Position im Vorschaufenster, die Rahmenlinie an.
3. Wiederholen Sie für weitere oder andere Linien die beiden Schritte.

Erst nach dem Schließen des Dialogfeldes werden die Rahmenlinien bei den markierten Zellen dargestellt.

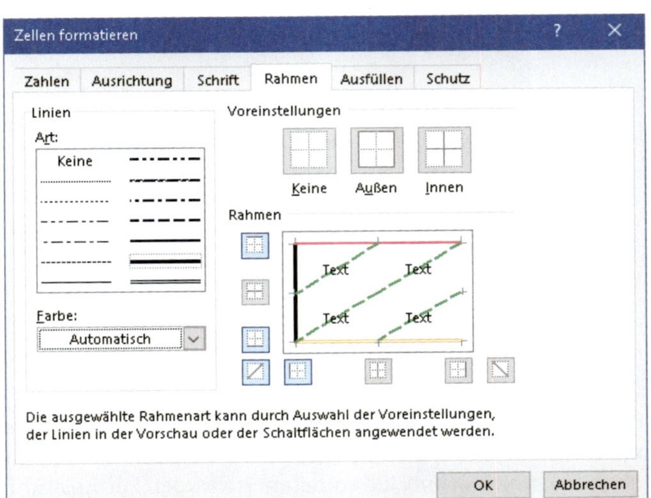

Abbildung 6.56: Auf der Registerkarte Rahmen *stellen Sie gleichzeitig verschiedene Rahmenlinien zusammen*

Wichtiges mit Zellenfarben und -mustern hervorheben

Farben haben in der Natur, bei Menschen, Tieren und Pflanzen eine erhebliche Signalwirkung. Sie dienen sowohl als Lockmittel: Hier bin ich!, als auch zur Warnung: Vorsicht Gefahr! Diese Wirkung von Farben können Sie sich bei Ihren Daten im Arbeitsblatt zunutze machen.

Unser Auge fühlt sich von Farben magisch angezogen. Möchten Sie die Aufmerksamkeit auf einen bestimmten Wert in Ihrer Tabelle lenken, benutzen Sie eine Farbe, um ihn hervorzuheben, zum Beispiel steht

- die Farbe Rot häufig für: Halt, schlecht, Achtung;
- die Farbe Grün dagegen eher für: ist in Ordnung, keine Gefahr, im grünen Bereich.

Seit Excel 2007 lassen sich bis zu 224 (16.777.216) Farben im Arbeitsblatt darstellen.

Zellen mit einer Hintergrundfarbe versehen

Auf der Registerkarte *Start* befindet sich in der Gruppe *Schriftart* die Befehlsschaltfläche *Füllfarbe*. Mit einem Klick auf den linken Teil der Schaltfläche wenden Sie die unter dem Fülleimer dargestellte Farbe auf die markierten Zellen als Hintergrundfarbe an. Ein Klick auf den Pfeil der Schaltfläche öffnet die Farbpalette (siehe Abbildung 6.57).

Abbildung 6.57: Die Farbpalette bietet Ihnen bereits vordefinierte Farben an; Sie können aber auch Ihre eigene Farbe definieren

Im oberen Teil der Palette sind die zehn Designfarben mit jeweils fünf Farbtonabstufungen enthalten. Wählen Sie eine der Designfarben aus, wird diese Farbe eventuell gegen die Farbe eines anderen Designs ausgetauscht (Informationen zum Einsatz von Designs finden Sie in Kapitel 8).

Unterhalb der Designfarben stehen zehn fest vorgegebene Standardfarben zur Auswahl. Sie bleiben auch bei dem Einsatz eines anderen Designs erhalten.

Finden Sie weder bei den Designfarben noch bei den Standardfarben die gewünschte Farbe, klicken Sie auf die Option *Weitere Farben* und gelangen zum Dialogfeld *Farben*. Auf der Registerkarte *Standard* stehen 15 Grautöne und 127 vordefinierte Farben zur Auswahl. Aktivieren Sie die Registerkarte *Benutzerdefiniert*, können Sie Ihre Farbe individuell im RGB-Farbmodell oder im HSL-Farbmodell erstellen (siehe Abbildung 6.58).

Mit der Option *Keine Füllung* setzen Sie bei allen markierten Zellen die Hintergrundfarbe auf Weiß.

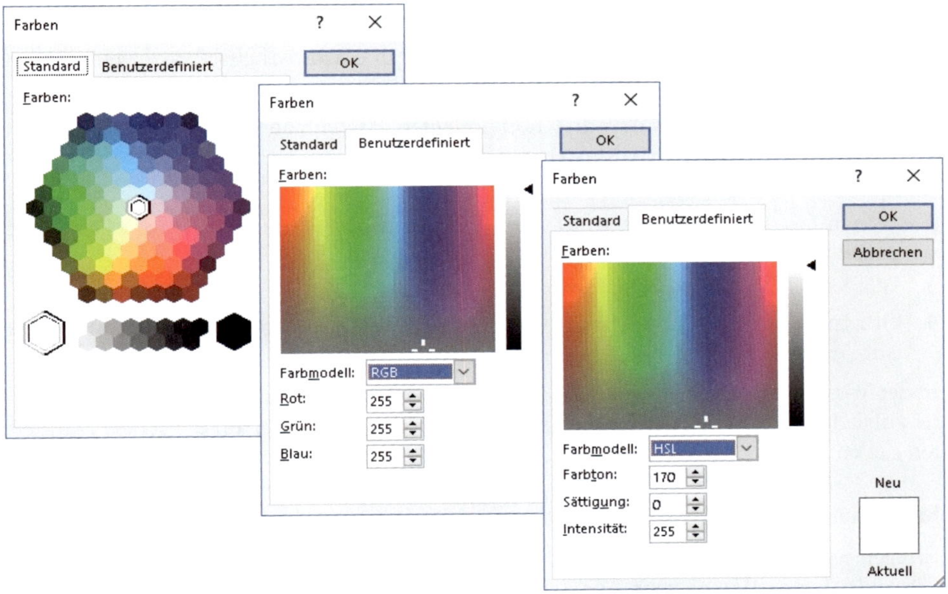

Abbildung 6.58: Versehen Sie die vorher markierten Zellen mit einer der vordefinierten oder mit einer selbstdefinierten Füllfarbe

Haben Sie eine Farbe gewählt, wird diese im Symbol der Schaltfläche dargestellt und als *Zuletzt verwendete Farbe* in die Farbpalette aufgenommen.

Die Schaltfläche *Füllfarbe* ist auch auf der Minisymbolleiste enthalten, die Sie mit einem Rechtsklick auf das Arbeitsblatt angezeigt bekommen.

Arbeiten Sie lieber mit dem Dialogfeld *Zellen formatieren*, nehmen Sie auf der Registerkarte *Ausfüllen* alle Einstellungen für die Füllfarbe vor (siehe Abbildung 6.59).

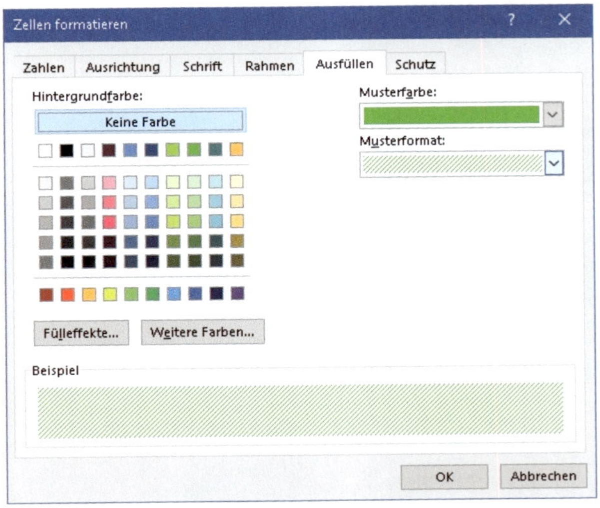

Abbildung 6.59: Im Dialogfeld Zellen formatieren *definieren Sie auf der Registerkarte* Ausfüllen *verschiedene Füllfarben, Muster und Fülleffekte*

Zellen mit einem Muster versehen

Diese Funktion ist zum Beispiel nützlich, wenn Sie in einem Arbeitsblatt einzelne Zellen oder Zellbereiche für die Eingabe optisch sperren möchten.

Das Muster setzen Sie aus den drei Komponenten Hintergrundfarbe, Musterfarbe und Musterformat zusammen. Ein Muster erstellen Sie wie folgt:

1. Markieren Sie zunächst die Zellen, die ein Muster erhalten sollen.
2. Öffnen Sie durch Drücken von Strg+1 die Registerkarte *Ausfüllen* im Dialogfeld *Zellen formatieren.*
3. Wählen Sie zuerst eine Hintergrundfarbe und anschließend eine Musterfarbe.
4. Öffnen Sie den Katalog *Musterformat* und wählen Sie dort das Muster aus (siehe Abbildung 6.59).

In der Vorschau sehen Sie unten das Muster als Beispiel dargestellt. Sind Sie mit dem Muster zufrieden, schließen Sie das Dialogfeld mit *OK,* um das Muster auf die gerade markierten Zellen anzuwenden.

Farbverläufe als Fülleffekte einsetzen

Erregen Farben schon eine starke Aufmerksamkeit beim Betrachter, haben gut gestaltete Farbverläufe den Wow-Effekt. Aus diesem Grund sollten Sie Farbverläufe nur sehr gezielt einsetzen.

Farbverläufe bestehen in Excel aus zwei Farben und einer vorgegebenen Verlaufsrichtung (Schattierungsart). Und so erstellen Sie einen Farbverlauf:

1. Markieren Sie die Zellen, die einen Farbverlauf erhalten sollen.
2. Klicken Sie im Dialogfeld *Zellen formatieren* auf der Registerkarte *Ausfüllen* auf die Schaltfläche *Fülleffekte.*
3. Wählen Sie in den Farbpaletten *Farbe 1* und *Farbe 2* jeweils eine Farbe für den Farbverlauf aus.

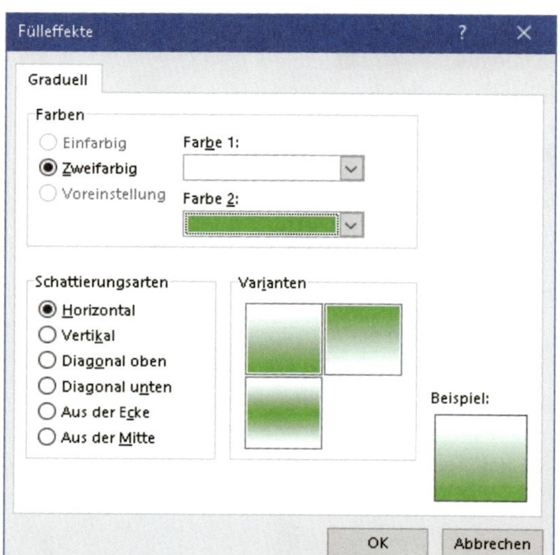

Abbildung 6.60: Ein Beispiel für einen horizontalen Farbverlauf

4. Wählen Sie eine der sechs Schattierungsarten. Rechts neben den Optionsfeldern werden verschiedene Varianten der Farbverläufe dargestellt.
5. Klicken Sie auf eine der Varianten. Unter *Beispiel* sehen Sie die Vorschau.
6. Haben Sie den Farbverlauf erstellt, schließen Sie das Dialogfeld mit *OK*. Die markierten Zellen erhalten den eingerichteten Farbverlauf.

Zellen vor Veränderungen schützen

Obwohl in einem Excel-Arbeitsblatt für alle Zellen standardmäßig die Option *Gesperrt* eingerichtet ist, können Sie in die Zellen nach Belieben Informationen eingeben und ihr Aussehen verändern. Denn der Schutz von Zellen erfordert außerdem das Aktivieren des Blattschutzes. Wenn Sie den Blattschutz einschalten, verhindern Sie, dass die zuvor als gesperrt formatierten Zellen geändert oder gelöscht werden.

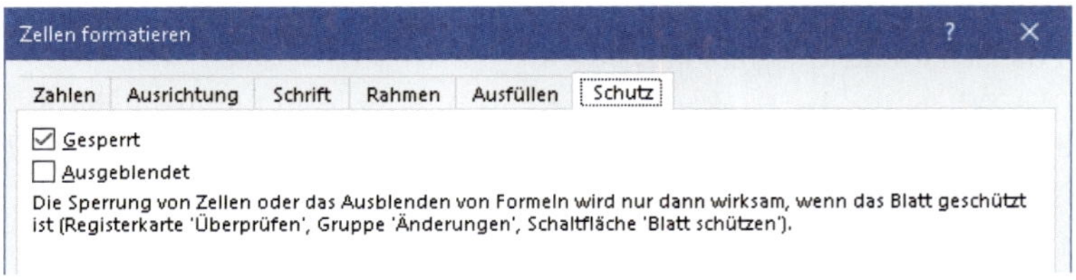

Abbildung 6.61: Standardmäßig sind alle Zellen als Gesperrt *eingerichtet*

Das Kontrollkästchen *Ausgeblendet* bewirkt im aktivierten Zustand, dass eingegebene Formeln in der Bearbeitungsleiste nicht mehr angezeigt werden. Damit können Anwender dafür sorgen, dass ihr Know-how beim Erstellen von Formeln vor anderen verborgen bleibt. Auch bei dieser Option gilt: Sie wird nur dann wirksam, wenn der Blattschutz aktiviert wird.

Hinweis Im Abschnitt »Teil 4: Die Formelzellen vor Überschreiben schützen« des Praxisbeispiels in diesem Kapitel finden Sie weitere Informationen zum Zellschutz und zum Ein- und Ausschalten des Blattschutzes.

Tipps zum zeitsparenden Formatieren

Die Formatierungsarbeiten lassen sich bei vielen Arbeitsschritten wesentlich vereinfachen oder zügiger durchführen. Setzen Sie dafür die »bordeigenen« Werkzeuge von Excel konsequent ein; hierzu zählen:

- die Schaltfläche *Format übertragen* auf der Registerkarte *Start* in der Gruppe *Zwischenablage*
- das Einfügen häufig verwendeter Schaltflächen in die Symbolleiste für den Schnellzugriff und in das Menüband
- die Nutzung von Tastenkombinationen

- der Einsatz vordefinierter oder selbst erstellter Formatvorlagen und Designs (zu diesen Themen finden Sie ausführliche Informationen in Kapitel 8)
- die Erstellung von Arbeitsblättern und Arbeitsmappen als Mustervorlage (zu diesen Themen finden Sie ebenfalls ausführliche Informationen in Kapitel 8)

Einfach genial: Zellenformate übertragen

Haben Sie im Arbeitsblatt bereits Zellen formatiert und möchten für eine einheitliche Gestaltung Ihrer Tabelle diese Formatierungen auf andere Zellen übernehmen, hilft Ihnen dabei der Befehl *Format übertragen*. Die betreffende Schaltfläche finden Sie auf der Registerkarte *Start* in der Gruppe *Zwischenablage*. So gehen Sie dabei vor:

1. Markieren Sie zuerst die Zelle, deren Formate übertragen werden sollen (siehe Abbildung 6.62).

2. Klicken Sie auf die Schaltfläche *Format übertragen*.
3. Markieren Sie die Zellen, die das Format erhalten sollen. Nach dem Loslassen der linken Maustaste ist der Befehl beendet und der Farbpinsel und der Laufrahmen sind nicht mehr zu sehen.

Sie übertragen auf diesem Wege die Formate auf eine einzelne Zelle oder auf einen zusammenhängenden Zellbereich. Die Werte und Formeln bleiben beim Übertragen erhalten.

Abbildung 6.62: Der Mauszeiger bekommt einen Farbpinsel und ein Laufrahmen umgibt die markierte Zelle

Tipp

Mit einem Trick übertragen Sie Zellenformate nicht nur auf eine einzelne Zelle oder auf einen Zellbereich, sondern auf mehrere separate Zellen und Zellbereiche. Diese Zellen können sich im gleichen Arbeitsblatt, in einem anderen Arbeitsblatt der gleichen oder auch in einer anderen Arbeitsmappe befinden. Und so geht's:

1. Markieren Sie die Zelle, deren Formate übertragen werden sollen.
2. *Doppelklicken* Sie auf die Schaltfläche *Format übertragen*. Der Mauszeiger bekommt zusätzlich einen Farbpinsel und die markierte Zelle umgibt ein Laufrahmen.
3. Markieren Sie nun nacheinander die Zellen oder Zellbereiche, die das Format erhalten sollen. Der Farbpinsel am Mauszeiger und der Laufrahmen sind weiterhin zu sehen.
4. Die Funktion schalten Sie erst durch Drücken der Esc-Taste oder durch einen Klick auf die Schaltfläche *Format übertragen* aus.

Der Doppelklick auf die Schaltfläche *Format übertragen* bewirkt, dass Sie das Format auf unterschiedliche Zellen und Zellbereiche übertragen können.

Schaltflächen für die Formatierungsarbeiten bereitstellen und organisieren

Seit Excel 2010 ist es recht einfach, viel benutzte Schaltflächen in der Symbolleiste für den Schnellzugriff bereitzustellen. Im Menüband organisieren Sie sich Ihre eigene Registerkarte mit den für Sie wichtigsten Befehlen. In den Optionen von Excel finden Sie zusätzlich Schaltflächen für Befehle, die auf keiner Registerkarte des Menübands enthalten sind, die Arbeit aber deutlich erleichtern. Wie Sie die Symbolleiste für den Schnellzugriff und das Menüband anpassen, steht in Kapitel 1.

Tastenkombinationen anwenden

Für die Formatierungsarbeiten stehen Ihnen zahlreiche Tastenkombinationen zur Verfügung; in Tabelle 6.1 sind die wichtigsten aufgelistet.

Tastenkombinationen	Beschreibung
Strg+1	Öffnet das Dialogfeld *Zellen formatieren*
Strg+⇧+A	Öffnet das Dialogfeld *Zellen formatieren* und zeigt die Registerkarte *Schrift* an
Strg+⇧+1	Weist ein Zahlenformat mit zwei Dezimalstellen, dem Tausendertrennzeichen und einem Minuszeichen bei negativen Zahlen zu
Strg+⇧+2	Weist ein Zahlenformat in Exponentialschreibweise mit zwei Dezimalstellen zu
Strg+⇧+4	Weist ein Währungsformat mit zwei Dezimalstellen, Tausendertrennzeichen und roter Schrift bei negativen Zahlen zu
Strg+⇧+5	Weist ein Prozentformat ohne Dezimalstellen zu
Strg+⇧+6	Weist das Zahlenformat *Standard* zu
Strg+⇧+[ ]	Fügt den markierten Zellen einen schwarzen Außenrahmen hinzu
Strg+⇧+F Strg+2	Schaltet die Formatierung *Fett* ein und aus
Strg+⇧+K Strg+3	Schaltet die Formatierung *Kursiv* ein und aus
Strg+⇧+U Strg+4	Schaltet die Formatierung *Unterstreichen* ein und aus
Strg+5	Formatiert den Wert *Durchgestrichen*
Strg+^	Weist ein Uhrzeitformat in der Form hh:mm zu

Tabelle 6.1: Nützliche Tastenkombinationen zum Formatieren

Kapitel 7

Mit eigenen Zahlenformaten Tabellen übersichtlich gestalten

In diesem Kapitel:

Im Alltag gib es viele Varianten, große Zahlen oder lange Ziffernkolonnen lesbarer und die Bedeutung der Zahlen verständlich zu machen.

- Die Gruppierung der Ziffernfolge einer Artikelnummer gibt den Aufbau der Nummer wieder und macht sie verständlich: 49-02-14563-230-9.
- Große Zahlen lassen sich mit dem Tausendertrennzeichen leichter erfassen und besser lesen: 9.800.560.340.
- Geldbeträge benötigen die Angabe der Währungseinheit, wobei die Währungseinheit vor oder nach dem Währungsbetrag dargestellt wird: EUR 2.500,50 oder 2500,50 EUR. Viele Länder haben auch ein landesspezifisches Währungskürzel: $ (Dollar), € (Euro), £ (Pfund), ¥ (Yen).

- Bei Datumsangaben werden je nach Land unterschiedliche Trennzeichen zwischen der Tages-, Monats- und Jahreszahl verwendet: der Schrägstrich (/), der Bindestrich (-) oder der Punkt (.). Ein und dasselbe Datum könnte wie folgt dargestellt werden: 01.02.2013, 2013-02-01, 02/01/2013, wobei im dritten Beispiel die amerikanische Reihenfolge Monat/Tag/Jahr zu beachten ist.

Die DIN 5008[1] enthält zahlreiche verbindliche Festlegungen für die Darstellung von Zahlen in Briefen. Die darin enthaltenen Regeln haben ebenfalls zum Ziel, Zahlen in ihrer Bedeutung eindeutig und leicht lesbar zu machen.

Excel bietet Ihnen für diesen Zweck viele vordefinierte Zahlenformate an. Ist das von Ihnen benötigte Zahlenformat nicht dabei, erstellen Sie einfach Ihr eigenes, benutzerdefiniertes Zahlenformat.

Dieses Kapitel dient Ihnen dabei zur Orientierung und als Werkzeugkasten.

Benutzerdefinierte Zahlenformate – der Einstieg

In Excel steuern Sie mit Zahlenformaten die Anzeige der Zahl. Die Zahl selber wird

bei der Anwendung eines Zahlenformats *nicht* geändert, sondern nur ihr Erscheinungsbild in der Zelle. Excel führt die Berechnungen weiterhin mit dem tatsächlichen Zellenwert aus. Dieser Zellenwert steht *unformatiert* in der Bearbeitungsleiste.

Beispiel:

1. Geben Sie in einer leeren Zelle die Zahl `1500` ein.
2. Markieren Sie diese Zelle. In der Bearbeitungsleiste und in der Zelle ist dieselbe Darstellung der Zahl zu sehen.

3. Klicken Sie auf der Registerkarte *Start* in der Gruppe *Zahl* auf die Schaltfläche *Buchhaltungszahlenformat*. Die Darstellung in der Zelle hat sich in den Währungsbetrag `1.500,00 €` geändert, während in der Bearbeitungsleiste weiterhin der eigentliche Zellenwert `1500` zu sehen ist (siehe Abbildung 7.1).

4. Klicken Sie jetzt auf die Schaltfläche *1.000er-Trennzeichen*. Die Zahl wird mit Tausendertrennzeichen und zwei Dezimalstellen dargestellt. Die Zahl wird dabei nach links vom Zellenrand eingerückt und ohne Währungskürzel angezeigt. In der Bearbeitungsleiste ist nach wie vor der Zellenwert `1500` zu sehen.

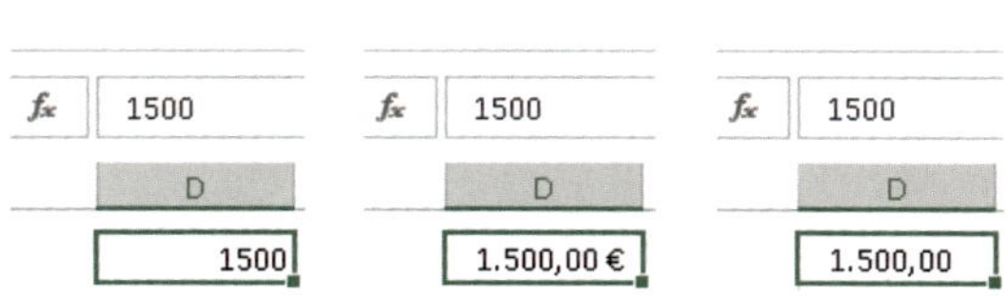

Abbildung 7.1: Der gleiche Zellenwert mit unterschiedlicher Formatierung

Im Dialogfeld *Zellen formatieren* (das Sie beispielsweise mit [Strg]+[1] öffnen) bietet Ihnen Excel in Kategorien sortiert vordefinierte Zahlenformate an (siehe Abbildung 7.2). In der Kategorie *Benutzerdefiniert* wählen Sie eines der integrierten Zahlenformate in der Liste aus oder erstellen ein eigenes Zahlenformat.

---

[1] DIN 5008: Deutsche Industrie-Norm der Schreib- und Gestaltungsregeln für die Textverarbeitung

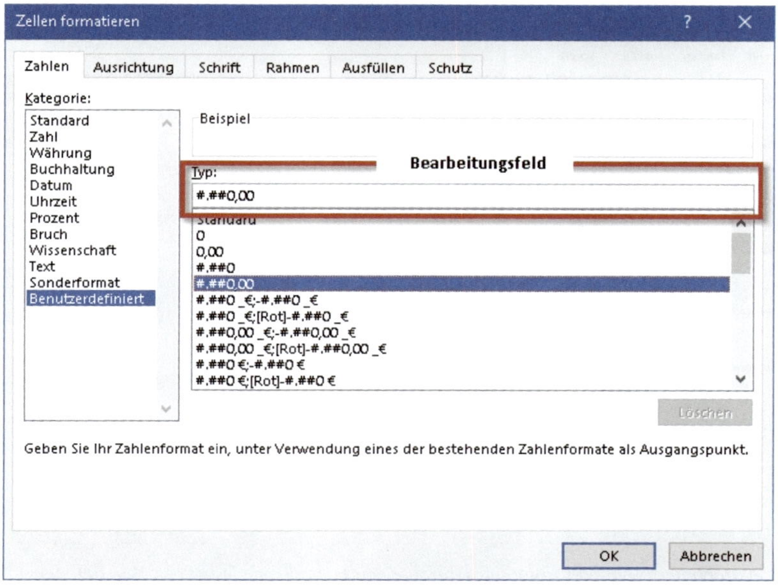

Abbildung 7.2: In der Kategorie Benutzerdefiniert *haben Sie die volle Kontrolle über alle Zahlenformate*

Um einen ersten Blick hinter die Kulissen der Zahlenformate zu werfen, führen Sie einmal folgende Schritte aus:

1. Markieren Sie im Dialogfeld *Zellen formatieren* auf der Registerkarte *Zahlen* die Kategorie *Währung* (siehe Abbildung 7.3 [1]).
2. Im rechten Bereich wählen Sie die vierte Darstellungsvariante des Währungsbetrags aus [2].
3. Markieren Sie jetzt die Kategorie *Benutzerdefiniert* [3]. Im rechten Bereich ist das gewählte Zahlenformat in seinem Formatcode im Feld *Typ* eingetragen und in der darunter liegenden Liste markiert [4].

   Auf diese Weise können Sie sich den Formatcode eines jeden vordefinierten Zahlenformats anzeigen lassen.

Im Feld *Typ* haben Sie die Möglichkeit, den Formatcode zu bearbeiten und an Ihre Anforderungen anzupassen oder einen *komplett neuen* Formatcode zu erstellen. Hierzu benötigen Sie die Informationen, wie ein Formatcode aufgebaut ist und welche Wirkung die einzelnen Zeichen im Formatcode haben. Diese Informationen finden Sie in den folgenden Abschnitten.

Achtung

Löschen Sie den *Wert* einer Zelle, bleibt das dahinterliegende Zahlenformat erhalten! Das heißt, jeder neu eingetragene Wert wird in dem verbliebenen Zahlenformat dargestellt.

Um dieses Problem zu lösen, vergeben Sie entweder für die Zelle das Zahlenformat *Standard* oder ein anderes Zahlenformat.

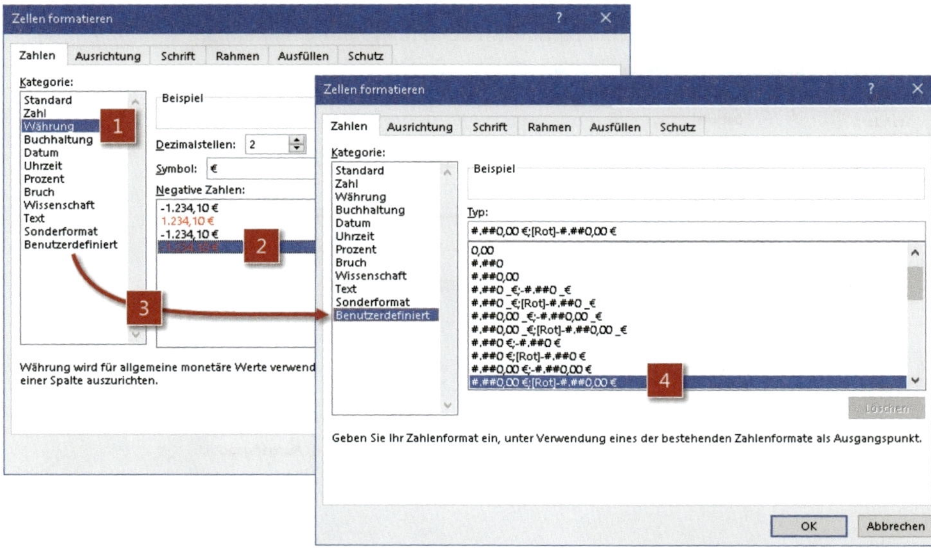

Abbildung 7.3: Jedes vordefinierte Zahlenformat wird durch einen Formatcode festgelegt. Wie sich der Formatcode zusammensetzt, ist in der Kategorie Benutzerdefiniert *zu sehen.*

Der Aufbau von benutzerdefinierten Zahlenformaten

In Abbildung 7.3 [4] sehen Sie den Formatcode des gewählten Währungsformats: `#.##0,00 €;[Rot]-#.##0,00 €`.

Dieses Zahlenformat besteht aus zwei Abschnitten, die durch ein Semikolon voneinander getrennt sind. Der erste Abschnitt legt das Aussehen positiver Zahlen fest. Der zweite ist für die Darstellung negativer Zahlen zuständig. In beiden Abschnitten wird festgelegt, dass die Zahlen mit zwei Dezimalstellen – falls entsprechend groß –, mit einem Punkt als Tausendertrennzeichen sowie dem Euro-Währungskürzel angezeigt werden. Negative Werte erhalten automatisch die Schriftfarbe Rot und einen vorangestellten Bindestrich als Minuszeichen.

Die Einteilung der Zahlenformate in Abschnitte

Ein Zahlenformat kann bis zu vier Abschnitte enthalten, die jeweils durch ein Semikolon getrennt sind. Die Abschnitte definieren das Zahlenformat für positive Zahlen, negative Zahlen, Nullwerte und Text, und zwar in der in Abbildung 7.4 gezeigten Reihenfolge.

```
POSITIV;NEGATIV;NULL;TEXT
```

Abbildung 7.4: Die Reihenfolge der vier Abschnitte des Formatcodes

Das Beispiel in Abbildung 7.5 enthält im benutzerdefinierten Zahlenformat alle vier Abschnitte des Formatcodes.

Zahlenformat:	#.##0,00;[Rot]-#.##0,00;0;"Sparkasse "@		
Eingabe	**Abschnitt**	**Formatcode**	**Darstellung**
1500,3	positive Zahl	#.##0,00	1.500,30
-354,57	negative Zahl	[Rot]-#.##0,00	-354,57
0	Nullwert	0	0
Hameln	Text	"Sparkasse "@	Sparkasse Hameln

Abbildung 7.5: Ein aus vier Abschnitten bestehendes Zahlenformat

Das Zahlenformat kann auch weniger als vier Abschnitte im Formatcode enthalten. Geben Sie zum Beispiel nur zwei Abschnitte an, wird der erste für positive Zahlen und der zweite für negative Zahlen verwendet: `#.##0,00;[Rot]-#.##0,00`.

Möchten Sie einen Abschnitt nicht verwenden, aber den nachfolgenden Abschnitt wieder einbeziehen, geben Sie das abschließende Semikolon für den nicht verwendeten Abschnitt an. Das folgende Zahlenformat zeigt zum Beispiel keine Nullwerte an: `#.##0,00;[Rot]-#.##0,00;;"Sparkasse "@`.

Das dritte Semikolon muss den nicht festgelegten Formatcode des Abschnitts für den Nullwert abschließen, damit der Formatcode für den Text angewendet werden kann.

Eigene Zahlenformate erstellen

Auf der Registerkarte *Start* stehen Ihnen in der Gruppe *Zahl* einige wichtige Befehle für die Formatierung von Werten als Zahlen zur Verfügung. Möchten Sie Ihre Werte mit einem Format versehen, das dort nicht vorhanden ist, stellen Sie im Dialogfeld *Zellen formatieren* auf der Registerkarte *Zahlen* in der Kategorie *Benutzerdefiniert* Ihr eigenes Zahlenformat zusammen.

Als Grundlage könnten Sie eines der bereits vorhandenen Zahlenformate wählen, das dem von Ihnen gewünschten Format am nächsten kommt. Wechseln Sie anschließend zur Kategorie *Benutzerdefiniert* (siehe Abbildung 7.3). Im Feld *Typ* ändern Sie den angezeigten Formatcode ab oder erstellen einen neuen Formatcode. In der Vorschau überprüfen Sie, wie der Wert der aktiven Zelle mit dem momentan eingerichteten Formatcode aussehen würde, und übernehmen dann das Zahlenformat mit *OK* für die markierten Zellen.

Dezimalstellen und Nachkommastellen festlegen

Möchten Sie Zahlen mit Dezimalstellen oder Brüche formatieren, benutzen Sie folgende Platzhalter für Ziffern, Dezimalstellen und Tausendertrennzeichen in einem Abschnitt:

0 (Null)

Nach dem Drücken der [↵]-Taste entfernt Excel standardmäßig alle führenden und nachgestellten Nullen der eingegebenen Zahl. Sollen diese »bedeutungslosen« Nullen dennoch dargestellt werden, benutzen Sie als Platzhalter die Null.

Sind mehr Dezimalstellen als Platzhalter vorhanden, wird die Zahl auf den letzten Platzhalter gerundet dargestellt (siehe Abbildung 7.6).

0 (Null)	Eingabe	Formatcode	Darstellung
PLZ	1244	00000	01244
Zahl	1,9	0,00	1,90
	1250,458		1250,46

Abbildung 7.6: Beispiele für den Platzhalter 0 *(Null) im Formatcode*

(Nummernzeichen)

Das #-Zeichen folgt als Platzhalter den gleichen Regeln wie die 0 (Null). Es werden jedoch keine zusätzlichen Nullen angezeigt, wenn die eingegebene Zahl weniger Ziffern vor oder nach dem Dezimaltrennzeichen aufweist, als #-Zeichen im Formatcode enthalten sind (siehe Abbildung 7.7).

#	Eingabe	Formatcode	Darstellung
Zahl	0,894	#,##	,89
	0,895	0,##	0,9

Abbildung 7.7: Beispiele für den Platzhalter # im Formatcode

? (Fragezeichen)

Das Fragezeichen folgt als Platzhalter den gleichen Regeln wie die 0 (Null). Es werden jedoch vor und nach dem Dezimaltrennzeichen Leerzeichen für »bedeutungslose« Nullen hinzugefügt. Damit richten Sie zum Beispiel Dezimalzahlen mit unterschiedlich vielen Nachkommastellen am Komma aus (siehe Abbildung 7.8).

In Verbindung mit dem Schrägstrich (/) formatieren Sie eine Dezimalzahl als Bruch.

?	Eingabe	Formatcode	Darstellung
Zahl	1,45	?,??	1,45
	23,7		23,7
	991,4251		991,43
Bruch	2,25	# ?/??	2 1/4
	0,25		1/4

Abbildung 7.8: Fragezeichen richtet als Platzhalter Dezimalzahlen am Komma aus

. (Punkt)

Der Punkt übernimmt als Platzhalter zwei Funktionen. Er ist zum einen das Tausendertrennzeichen[2] und gruppiert auf diese Weise große Zahlen übersichtlich.

. (Punkt	Eingabe	Formatcode	Darstellung
Zahl	42356,7345	#.##0,00	42.356,73
	42356,7345	0,00.	42,36
	42356,7345	0,00..	0,04
	42357,7345	0,00. "Tsd"	42,36 Tsd

Abbildung 7.9: Der Punkt als Tausendertrennzeichen und als Divisor

[2] In der Schweiz ist das Tausendertrennzeichen das einfache Apostroph (') und in den USA das Komma (,).

Zum anderen teilt jeder Punkt, der am Ende eines Zahlenformatcodes steht, die Zahl jeweils durch Tausend (siehe Abbildung 7.9). In diesem Fall ist es für das Verständnis der Zahl gut, die Zahlgröße durch einen Text im Formatcode zu verdeutlichen.

, (Komma)

Das Komma trennt als Dezimaltrennzeichen die Vor- und Nachkommastellen einer Zahl voneinander ab.

Zahlen als Prozentwerte darstellen

Mit dem Prozentzeichen formatieren Sie eine Zahl als Anteil von 100. Die Zahl wird mit 100 multipliziert und mit angehängtem %-Zeichen formatiert ausgegeben.[3]

% (Prozent)	Eingabe	Formatcode	Darstellung
Zahl	1	0%	100%
	0,35	0,00%	35,00%
	1,35	0,00 %	135,00 %

Abbildung 7.10: Prozentzahlen mit und ohne Leerzeichen vor dem Prozentzeichen

Abstände und Wiederholungszeichen einsetzen

Excel stellt zwei Platzhalter zur Verfügung, um Wiederholungszeichen und Abstände im Formatcode anzugeben.

_ (Unterstrich)

Der Unterstrich fügt einen Abstand in der Breite des dem Unterstrich folgenden Zeichens ein.

_ (Unterstrich)	Eingabe	Formatcode	Darstellung
Währung	245	0,00 €_-	245,00 €
Zahl	245	0,00 _€_-	245,00

Abbildung 7.11: Mit dem Unterstrich richten Sie Zahlen mit und ohne Währungskürzel am Komma aus

* (Sternchen)

Mit dem Sternchen lassen Sie ein Zeichen wiederholen, bis die Zelle in der Spaltenbreite ausgefüllt ist. Dieses Zeichen geben Sie direkt hinter dem Sternchen an. Im Formatcode benutzen Sie das Sternchen entweder am Anfang und am Ende als Wiederholungszeichen oder mittendrin als Ausfüllzeichen.

* (Sternchen)	Eingabe	Formatcode	Darstellung
Währung	5,99	**0,00 €_-	********** 5,99 €
	245	€* 0,00	€ 245,00
Text	Text:	@*.	Text:.....................

Abbildung 7.12: Das Sternchen wiederholt das angegebene Zeichen, bis die Zelle auf Spaltenbreite gefüllt ist

---

[3] Excel setzt in der Kategorie *Prozent* kein Leerzeichen vor das Prozentzeichen. Möchten Sie die Prozentzahl nach DIN 5008 formatieren, geht dies nur mit einem benutzerdefinierten Zahlenformat.

Texte und Benennungen in den Formatcode einbeziehen

Mit verschiedenen Platzhaltern und den Anführungszeichen kennzeichnen Sie ein Zeichen oder eine Zeichenfolge als Text. Dieser Text wird in der Zelle mit dargestellt.

@ (At-Zeichen)

Das @-Zeichen steht als Platzhalter für den eingegebenen Wert. Ist der Wert eine Zahl, wird sie als Text linksbündig angezeigt. Das @-Zeichen kann nur im letzten Abschnitt des Formatcodes einbezogen werden.

@ (At-Zeichen)	Eingabe	Formatcode	Darstellung
Zahl	5,99	@	5,99
Text	Hameln	"Sparkasse "@	Sparkasse Hameln
	Berlin		Sparkasse Berlin

Abbildung 7.13: Das @-Zeichen steht als Platzhalter für den eingegebenen Wert

\ (Backslash)

Der Backslash kennzeichnet das darauf folgende Zeichen als Text und zeigt es zusätzlich zur eingegebenen Zahl in der Zelle mit an.

\ (Backslash)	Eingabe	Formatcode	Darstellung
Zahl	100	0 \m\g	100 mg

Abbildung 7.14: Der Backslash leitet ein Textzeichen ein

" " (Anführungszeichen)

Excel zeigt einige Textzeichen im Formatcode ohne Verwendung von Anführungszeichen an:

€ (Eurozeichen), $ (Dollarzeichen), + (Pluszeichen), ((öffnende Klammer),) (schließende Klammer), : (Doppelpunkt), ^ (Zirkumflex), ' (Apostroph), { (linke geschweifte Klammer), } (rechte geschweifte Klammer), < (Kleiner-als-Zeichen), = (Gleichheitszeichen), - (Minuszeichen), / (Schrägstrich), ! (Ausrufezeichen), & (kaufmännisches Und), ~ (Tilde), > (Größer-als-Zeichen),   (Leerschritt).

Alle anderen Textzeichen müssen Sie mit Anführungszeichen umgeben oder jedes einzelne Zeichen mit einem vorangestellten Backslash als Text kennzeichnen (siehe Abbildung 7.14).

Zahlen benötigen oft eine Benennung, um deutlich zu machen, in welchem Kontext sie stehen. Schließen Sie diese Benennung in Anführungszeichen ein (siehe Abbildung 7.15).

"Text"	Eingabe	Formatcode	Darstellung
Zahl	1000	0 "t"	1000 t
	1000	0 "kg"	1000 kg
	250	0 "ha"	250 ha
	250	"ProjektNr: "0"P"	ProjektNr: 250P

Abbildung 7.15: Die in Anführungszeichen stehenden Zeichen werden in der Zelle mit dargestellt

Wissenschaftliche Notation verwenden

In der Wissenschaft wird häufig die Exponentialschreibweise benutzt. Excel unterstützt diese Schreibweise im Formatcode. Geben Sie vor dem großen Buchstaben `E` die Vor- und Nachkommastellen der Zahl ein. Nach dem Buchstaben `E` folgt entweder ein Pluszeichen (+) oder ein Minuszeichen (-). Das Pluszeichen wird dargestellt, das Minuszeichen hingegen nicht. Daran schließt sich die Anzahl der Exponentenstellen, entweder als Nullen oder als Nummernzeichen (#), an.

Wissenschaft	Eingabe	Formatcode	Darstellung
Zahl	65,5	0,0E+00	6,6E+01
	1000	0E-00	1E03
	10000000000	0E-##	1E10

Abbildung 7.16: Die wissenschaftliche Exponentialschreibweise im Formatcode

Datumsformate anwenden

Geben Sie in eine Zelle ein Datum in der Form `4.2.13` ein, formatiert Excel das Datum im Format *Datum (kurz)*, das bei Windows in der Systemsteuerung im Dialogfeld *Region* auf der Registerkarte *Formate* hinterlegt ist (siehe Abbildung 7.17).

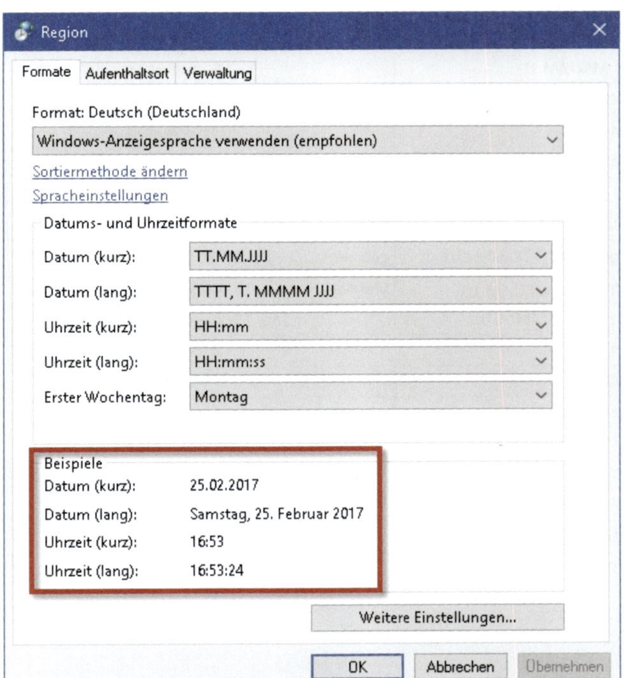

Abbildung 7.17: In den Regionseinstellungen der Systemsteuerung legen Sie betriebssystemweit das Datumsformat fest

Zusätzlich erstellt Excel aus dem eingegebenen Datum im Hintergrund eine serielle Zahl. Datumswerte werden daher als Zahl behandelt und rechtsbündig in der Zelle dargestellt. Formatieren Sie eine Zelle, die einen Datumswert enthält, im Format *Standard*, bekommen Sie die serielle Zahl angezeigt. Alle Datumsformate basieren auf dieser seriellen Zahl.

Zum Anzeigen der Tages-, der Monats- und der Jahreszahl benutzen Sie die Platzhalter `T` für Tag, `M` für Monat und `J` für Jahr. Je nachdem, wie oft Sie den einzelnen Platzhalter wiederholen, erhalten Sie eine andere Darstellung des Datums.

Abbildung 7.18 listet Beispiele häufig verwendeter Datumsformate und ihre Formatcodes auf.

Eingabe	serielle Zahl 1900-Datumswert	Formatcode	Darstellung
15.8.16	42597	T.M.JJ	15.8.16
15.8.16	42597	TT.M.JJ	15.8.16
15.8.16	42597	TT.MM.JJJJ	15.08.2016
15.8.16	42597	TTT	Mo
15.8.16	42597	TTTT	Montag
15.8.16	42597	TTT, TT.M.JJ	Mo, 15.8.16
15.8.16	42597	TTTT, "der " TT.M.JJ	Montag, der 15.8.16
15.8.16	42597	TTTT, TT. MMMM JJJJ	Montag, 15. August 2016
15.8.16	42597	T.MM.JJ	15.08.16
15.8.16	42597	TT. MMM	15. Aug
15.8.16	42597	T. MMM JJJJ	15. Aug 2016
15.8.16	42597	T. MMMM JJ	15. August 16
15.8.16	42597	MMM	Aug
15.8.16	42597	MMMM	August
15.8.16	42597	MMMMM	A
15.8.16	42597	JJ	16
15.8.16	42597	JJJJ	2016
15.8.16	42597	"geb. am:"*.TT.MM.JJJJ	geb. am:....................15.08.2016
15.8.16	42597	TTTT* TT. MMMM JJJJ	Montag 15. August 2016
15.8.16	42597	TTT, TT. MMMM JJJJ	Mo, 15. August 2016
15.8.16	42597	M/JJJJ	8/2016
15.8.16	42597	MM/JJJJ	08/2016
15.8.16	42597	MMM/JJJJ	Aug/2016
15.8.16	42597	MMMM JJJJ	August 2016
15.8.16	42597	TT/MM/JJ	15/08/16
15.8.16	42597	MM/TT/JJJJ	08/15/2016
15.8.16	42597	JJJJ-MM-TT	2016-08-15
15.8.16	42597	TT-MM-JJJJ	15-08-2016

Abbildung 7.18: Datumsformate im Überblick

Hinweis Die serielle Zahl basiert auf einem Referenzdatum, entweder auf dem 1.1.1900 oder auf dem 2.1.1904. In den Optionen von Excel richten Sie das Referenzdatum ein: Klicken Sie auf die Registerkarte *Datei*, wählen Sie *Optionen* und anschließend die Rubrik *Erweitert*. Im Abschnitt *Beim Berechnen dieser Arbeitsmappe* finden Sie das Kontrollkästchen *1904-Datumswerte verwenden*. Ist dieses Kontrollkästchen deaktiviert, benutzt Excel als Grundlage für serielle Zahlen das Referenzdatum 1.1.1900. Dieses Datum hat die serielle Zahl 1. Der 15.08.2016 hat die serielle Zahl 42597. Er ist der 42597. Tag nach dem 1.1.1900.

Aktivieren Sie das Kontrollkästchen *1904-Datumswerte verwenden*, ist das Referenzdatum der 2.1.1904, das die serielle Zahl 1 hat. Der 15.08.2016 hat daher eine andere serielle Zahl als im 1900-Datumswertesystem: 41135.

Egal welches Referenzdatum in den Optionen von Excel eingerichtet ist, es gelten die gleichen Formatcodes für die Darstellung eines Datums.

Zeitformate richtig benutzen

Das Trennzeichen für eine Zeitangabe ist in Excel der Doppelpunkt (:). Möchten Sie die Uhrzeit 12 Uhr und 45 Minuten in eine Zelle eintragen, geben Sie `12:45` ein.

Aufgrund der Schreibweise »erkennt« Excel den eingetragenen Wert als Zeitwert und formatiert ihn im Uhrzeitformat. Gleichzeitig erstellt Excel im Hintergrund die serielle Zahl dieses Uhrzeitwerts. Uhrzeitwerte werden daher als Zahl behandelt und rechtsbündig in der Zelle angezeigt.

Als Platzhalter für Stunden benutzen Sie `h`, für Minuten `m` und für Sekunden `s`, jeweils als Kleinbuchstabe. Bei doppelt hintereinander geschriebenen Platzhaltern, zum Beispiel `hh`, wird der jeweilige Zeitanteil gegebenenfalls mit führender Null in der Zelle dargestellt.

Abbildung 7.19 listet Beispiele für Uhrzeitformate und ihre Formatcodes auf.

Eingabe	serielle Zahl	Formatcode	Darstellung
07:05:00	0,295138889	h:mm	7:05
07:05:00	0,295138889	hh:mm	07:05
07:05:00	0,295138889	hh:mm:ss	07:05:00
24:00:00	1	hh:mm:ss	00:00:00
24:00:00	1	[hh]:mm:ss	24:00:00
24:00:00	1	[mm]	1440
24:00:00	1	[ss]	86400
40:30:00	1,6875	hh:mm:ss	16:30:00
40:30:00	1,6875	[hh]:mm:ss	40:30:00
00:00:10,23	0,000118403	[s],00 "Sekunden"	10,23 Sekunden

Abbildung 7.19: Uhrzeitformate im Überblick

Wichtig Bei der Angabe eines Zeitwerts über 24 Stunden beziehungsweise bei der Addition von Zeitwerten, deren Summe größer als oder gleich 24 Stunden ist, müssen Sie die Stunden mit eckigen Klammern umschließen, zum Beispiel `[hh]:mm`.

Hinweis Die serielle Zahl eines Uhrzeitwerts ist der Bruchteil eines Tages. Der Tag hat 24 Stunden, jede Stunde 60 Minuten und jede Minute 60 Sekunden. Damit lautet die serielle Zahl für eine Sekunde `1/(24*60*60) = 0,0000115740740740741`.

Die serielle Zahl `0,25` bedeutet ¼ eines Tages, also `06:00` Uhr oder `06:00` Stunden.

Dem Zahlenformat eine Schriftfarbe zuweisen

Möchten Sie positive und negative Zahlen in unterschiedlichen Schriftfarben wiedergeben, geben Sie im ersten und zweiten Abschnitt Ihres Zahlenformats in eckigen Klammern einen Farbnamen oder einen Farbcode ein. Als Farbangabe stehen Ihnen die Namen der Grundfarben Weiß, Schwarz, Rot, Grün, Blau, Gelb, Magenta und Zyan zur Verfügung. Bei allen anderen der insgesamt 56 Farben benutzen Sie die Angabe `[FarbeX]`, wobei `X` eine Zahl von 1 bis 56 bezeichnet und ohne Leerschritt hinter dem Wort `Farbe` steht.

Die Farbangabe ist immer der erste Bestandteil in einem Abschnitt des Formatcodes (siehe Abbildung 7.20).

Beispiele Das Arbeitsblatt *Farbcodes* in der Beispieldatei *Kap07_Zahlenformate.xlsx* enthält eine Auflistung der Nummern und Farben, die Sie im Formatcode benutzen, um eine bestimmte Schriftfarbe im Zahlenformat festzulegen.

Formate an eine Bedingung binden

Die Darstellung eines Zahlenformats können Sie von einer Bedingung abhängig machen. Schließen Sie die Bedingung in eckige Klammern ein. Es sind nur die Operatoren »größer als« (>), »kleiner als« (<), »gleich« (=), »ungleich« (<>), »größer oder gleich« (>=) und »kleiner oder gleich« (<=) sowie maximal zwei Bedingungen in einem Formatcode zulässig.

Bei konkurrierenden Bedingungen wird der an der ersten Stelle stehende Formatcode angewendet, dessen Bedingung zutrifft (siehe Abbildung 7.20). Geben Sie zusätzlich zur Bedingung noch eine Farbe an, wird die Schrift in dieser Farbe dargestellt, wenn die Bedingung zutrifft.

Bedingung	Eingabe	Formatcode	Darstellung
Zahl	1	[=1]0 "Tüte";0 "Tüten"	1 Tüte
	5		5 Tüten
	60	[Blau][>100]0,0;[Rot][>50]0,0	60,0
	110		110,0
	60	[Rot][>50]0,0;[Blau][>100]0,0	60,0
	110		110,0

Abbildung 7.20: Erfüllt der Zellwert die angegebene Bedingung, wird der damit verbundene Formatcode als Zahlenformat angewendet

---

Hinweis In Excel 97 ist die bedingte Formatierung erweitert und ab Excel 2007 mit neuen Features wesentlich verbessert worden. Kapitel 9 beschäftigt sich ausschließlich mit dem leistungsstarken Werkzeug der bedingten Formatierung. Lesen Sie dort, wie Sie mit Farbskalen, Datenbalken und Symbolen Ihren Daten zusätzliche Aussagekraft verschaffen.

Benutzerdefinierte Zahlenformate verwalten

Im Dialogfeld *Zellen formatieren* wird auf der Registerkarte *Zahlen* in der Kategorie *Benutzerdefiniert* jedes erstellte benutzerdefinierte Zahlenformat am Ende der Liste abgespeichert (siehe Abbildung 7.21). Löschen Sie Zellen, die mit einem benutzerdefinierten Zahlenformat versehen waren, bleibt das Zahlenformat in der Arbeitsmappe erhalten. Kopieren Sie zusätzlich oft Arbeitsblätter aus anderen Arbeitsmappen in die aktuelle hinein, werden die dort enthaltenen benutzerdefinierten Zahlenformate übernommen. Auf diesem Weg sammeln sich schnell viele Formate an, die eventuell nicht gebraucht werden. Excel verweigert teilweise einfach das Öffnen einer Arbeitsmappe, die mehr als circa 4000 Zahlenformate enthält. Daher sollten Sie in einer Arbeitsmappe die Zahl der benutzerdefinierten Zahlenformate möglichst gering halten. Im Internet finden Sie Tools, die nicht benutzte Zahlenformate aus der Arbeitsmappe entfernen.[4]

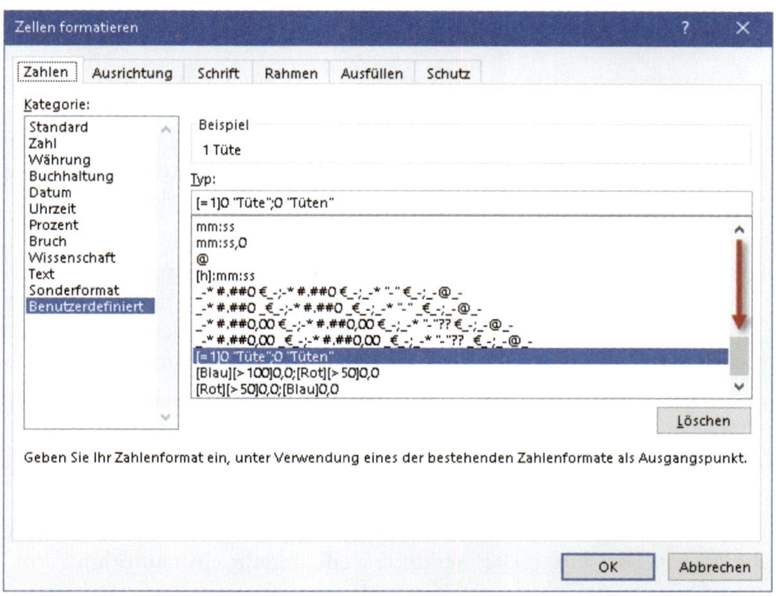

Abbildung 7.21: Neue Formatcodes werden am Ende der Liste der benutzerdefinierten Zahlenformate hinzugefügt

---

4 Internetsuche mit den Stichwörtern: `excel xlstyle`

Benutzerdefinierte Zahlenformate löschen

Excel bringt eine Liste von benutzerdefinierten Zahlenformaten mit, die nicht gelöscht werden können. Nur die neu erstellten Formatcodes lassen sich wie folgt löschen:

1. Öffnen Sie das Dialogfeld *Zellen formatieren*, wechseln Sie zur Registerkarte *Zahlen* und markieren Sie die Kategorie *Benutzerdefiniert*.
2. Markieren Sie rechts im Listenfeld den zu löschenden Formatcode. Er steht am Ende der Liste. Die Schaltfläche *Löschen* ist aktiv.
3. Mit einem Klick auf die Schaltfläche *Löschen* entfernen Sie das markierte Zahlenformat. Die Anzeige springt anschließend an den Listenanfang zurück.
4. Wiederholen Sie die letzten beiden Schritte, um weitere benutzerdefinierte Zahlenformate zu löschen.

Selbst erstellte Zahlenformate in anderen Arbeitsmappen verwenden

Die benutzerdefinierten Zahlenformate werden in der Arbeitsmappe abgespeichert, in der sie erstellt wurden. Öffnen Sie eine andere oder eine neue Arbeitsmappe, stehen Ihnen diese Zahlenformate dort zunächst nicht zur Verfügung.

Dennoch brauchen Sie die einmal erstellten Zahlenformate nicht bei jeder anderen Arbeitsmappe neu zu »erfinden«. Excel bietet Ihnen verschiedene Möglichkeiten, Ihre benutzerdefinierten Zahlenformate komfortabel weiter zu benutzen:

- Erstellen Sie eine Arbeitsmappe, die alle wichtigen und von Ihnen immer wieder benötigten Zahlenformate enthält. Speichern Sie diese Arbeitsmappe als Mustervorlage im Dateiformat **.xltx* (ohne Makros) oder **.xltm* (mit Makros) mit dem Namen *Mappe* im Ordner *XLSTART* von Excel ab.[5] Beim Starten von Excel basiert jede Arbeitsmappe auf dieser Mustervorlage. Ihre selbst erstellten Zahlenformate sind sofort einsatzbereit.
- Erstellen Sie eine Arbeitsmappe mit besonderen benutzerdefinierten Zahlenformaten in einem beliebigen Dateiformat von Excel. Speichern Sie diese Arbeitsmappe in einem gut zugänglichen Ordner Ihrer Wahl ab. Benötigen Sie die betreffenden Zahlenformate, öffnen Sie diese Arbeitsmappe und führen deren Formate mit den Formaten einer anderen geöffneten Arbeitsmappe zusammen. Wie Sie dabei vorgehen, lesen Sie in Kapitel 8.

- Haben Sie zwei Arbeitsmappen geöffnet, übertragen Sie ein benutzerdefiniertes Zahlenformat von einer in die andere Arbeitsmappe auf folgende Weise:
  - Markieren Sie die Zelle, deren Format in eine andere Arbeitsmappe übertragen werden soll.
  - Klicken Sie auf der Registerkarte *Start* in der Gruppe *Zwischenablage* auf die Schaltfläche *Format übertragen*. Die markierte Zelle umgibt ein Laufrahmen und der Mauszeiger zeigt zusätzlich einen Farbpinsel.
  - Wechseln Sie mit der Tastenkombination Strg+F6 zu der anderen geöffneten Arbeitsmappe und markieren Sie die Zelle oder den Zellbereich, die beziehungsweise der das Format erhalten soll.

---

[5] Der Ordner *XLSTART* befindet sich standardmäßig im Pfad *C:\Users\[Benutzername]\Appdata\Roaming\Microsoft\Excel*.

Kapitel 8

Formatvorlagen erstellen und anwenden

In diesem Kapitel:

Die Einrichtung und Anwendung von Vorlagen sind die Grundlage für eine schnelle und einheitliche Gestaltung Ihrer Listen, Auswertungen, Berichte und Präsentationen.

Excel enthält Formatvorlagen für einzelne Zellen, größere Tabellenbereiche und Diagramme. Mit einer Mustervorlage bereiten Sie die Erstellung eines Dokuments vor oder stellen wichtige Zellen- und Zahlenformate zur Verfügung. In einem Design legen Sie die in der Arbeitsmappe zu benutzenden Farben, die Schriftarten für Überschriften und den Fließtext sowie die Effekte für Formen und SmartArts fest.

Richtig angewendet sind Vorlagen ein Schlüssel für gut gestaltete Arbeitsmappen.

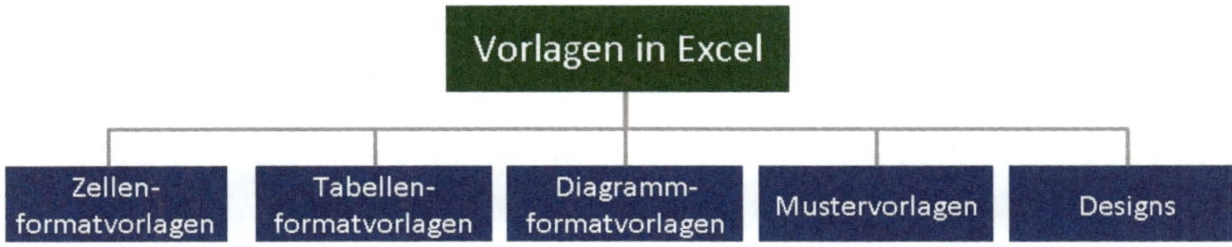

Abbildung 8.1: Die Formatvorlagen in Excel 2016

Einheitliche Optik mithilfe von Zellenformatvorlagen

In Abbildung 8.2 sehen Sie die Summenzeile eines Tabellenausschnitts. Der Prozentwert hat nach DIN 5008[1] vor dem Prozentzeichen ein Leerzeichen. Dieses Format ist in den vordefinierten Zahlenformaten von Excel nicht enthalten. Zusätzlich ist die Zahl mit einem rechtsbündigen Einzug für die am Komma ausgerichtete Darstellung und vertikal zentriert formatiert.

Anstatt jedes Format einzeln einzutragen, fassen Sie alle Formatierungsmerkmale in einer Zellenformatvorlage zusammen. Diese Vorlage steht Ihnen in der gesamten Arbeitsmappe für die wiederholte Anwendung mit einem einzigen Mausklick zur Verfügung.

Abbildung 8.2: Die Summenzeile eines Tabellenausschnitts

Eine Zellenformatvorlage enthält eine Kombination aus Zahlenformat, Ausrichtung, Schrift, Rahmen, Füllfarbe, Muster sowie Zellschutz. Es werden nur die Formatmerkmale in der Zelle angewendet, deren Kontrollkästchen in der Formatvorlage aktiviert sind (siehe Abbildung 8.3).

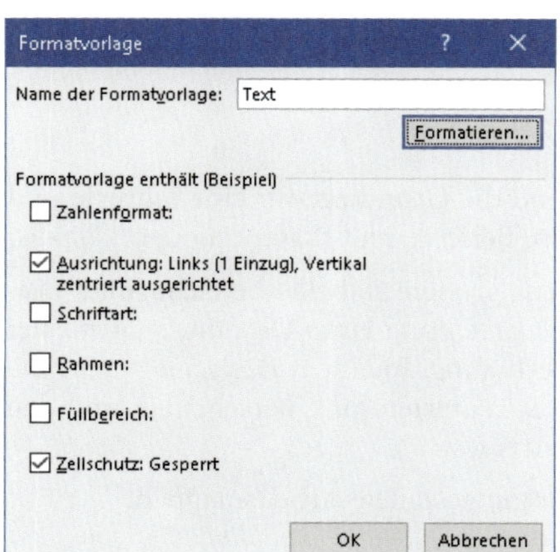

Abbildung 8.3: Die Einstellungen für die benutzerdefinierte Zellenformatvorlage Text

[1] DIN 5008: Deutsche Industrie-Norm der Schreib- und Gestaltungsregeln für die Textverarbeitung

Die vordefinierten Formatvorlagen lassen sich ändern, als Grundlage für eigene benutzerdefinierte Zellenformatvorlagen duplizieren oder löschen.

Hinweis Die Zellenformatvorlage *Standard* kann nicht gelöscht, aber geändert werden.

Nicht ausdrücklich festgelegte Formatoptionen bleiben frei formatierbar. Ändern Sie die Formatvorlage, werden alle Zellen, deren Formatierungen auf dieser Formatvorlage basieren, automatisch an die Änderung angepasst. Einer Zelle können mehrere Formatvorlagen zugewiesen werden.

Der Katalog der vordefinierten Zellenformatvorlagen befindet sich auf der Registerkarte *Start* in der Gruppe *Formatvorlagen*. Je nach Bildschirmauflösung klicken Sie entweder auf die Schaltfläche *Zellenformatvorlagen* oder auf die Schaltfläche *Weitere*, um den Katalog zu öffnen. Er enthält die folgenden Abschnitte (siehe Abbildung 8.4):

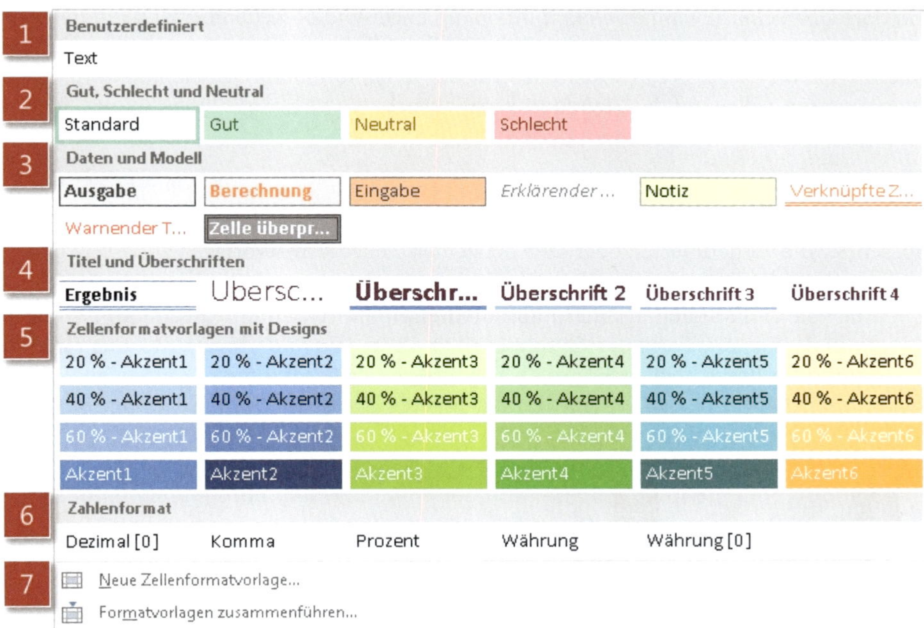

Abbildung 8.4: Wählen Sie im Katalog eine Zellenformatvorlage aus oder erstellen Sie eine neue

- [1] *Benutzerdefiniert:* Falls Sie eigene Zellenformatvorlagen erstellt haben, können Sie in diesem Bereich auf diese Vorlagen zugreifen.
- [2] *Gut, Schlecht und Neutral:* Mit diesen Vorlagen kennzeichnen Sie Ihre Daten nach dem Ampelprinzip.
- [3] *Daten und Modell:* Kommentieren oder kennzeichnen Sie mit diesen Vorlagen bestimmte Werte innerhalb einer Liste.
- [4] *Titel und Überschriften:* Benutzen Sie diesen abgestimmten Satz an Vorlagen für Titel, Überschriften und Untertitel.

- [5] *Zellenformatvorlagen mit Designs:* Nicht nur Mitmenschen mit einer Sehschwäche werden Ihnen dankbar sein, wenn Sie einen guten Kontrast zwischen Designfarbe und Schriftfarbe benutzen. Richten Sie dafür diese Vorlagen ein.[2]
- [6] *Zahlenformat:* Fünf direkt nutzbare, vordefinierte Zahlenformate, wie sie auch im Dialogfeld *Zellen formatieren* auf der Registerkarte *Zahlen* enthalten sind.
- [7] Über die Optionen im siebten Abschnitt erstellen Sie eine neue Zellenformatvorlage oder übernehmen Formatvorlagen aus anderen Arbeitsmappen in die aktuelle Arbeitsmappe.

Eine Zellenformatvorlage anwenden

Zeigen Sie auf ein Zellenformat, stellt Excel zunächst in der Livevorschau die betreffende Formatierung bei den markierten Zellen dar. Sie übernehmen das Zellenformat, indem Sie darauf einen Linksklick ausführen oder mit einem Rechtsklick das Kontextmenü öffnen und dort *Übernehmen* wählen. Gefällt Ihnen das angewendete Zellenformat nicht, wählen Sie entweder ein anderes aus oder machen die Übernahme des Zellenformats mit der Tastenkombination Strg+Z rückgängig. Mit der Zellenformatvorlage *Standard* setzen Sie die markierten Zellen auf das Standardformat zurück.

Eine Zellenformatvorlage ändern

Müssen Sie die vordefinierten oder selbst erstellten Zellenformatvorlagen anpassen, gehen Sie dabei wie folgt vor:

1. Öffnen Sie den Katalog der Zellenformatvorlagen. Sie finden ihn auf der Registerkarte *Start* in der Gruppe *Formatvorlagen*. Bei einer geringeren Bildschirmauflösung als 1700 Pixeln in der Breite klicken Sie auf die Schaltfläche *Zellenformatvorlagen* [1], ansonsten auf die Schaltfläche *Weitere* am rechten unteren Rand des Formatvorlagenfeldes [2] (siehe Abbildung 8.5).

Abbildung 8.5: Mit einer der beiden Schaltflächen öffnen Sie den Katalog der Zellenformatvorlagen

2. Führen Sie einen Rechtsklick auf der Formatvorlage aus, die geändert werden soll, und wählen Sie im Kontextmenü *Ändern* (siehe Abbildung 8.6).

[2] Die weiße Schrift bei »60% - Akzent« ist kaum lesbar und sollte angepasst werden.

Abbildung 8.6: Das Kontextmenü des Katalogs Zellenformatvorlagen

3. Im Dialogfeld *Formatvorlage* klicken Sie auf die Schaltfläche *Formatieren*. Nehmen Sie die gewünschten Änderungen auf den sechs Registerkarten des Dialogfeldes *Zellen formatieren* vor und schließen Sie es mit *OK*.
4. Aktivieren Sie nur die Kontrollkästchen, deren Formate in der Vorlage angewendet werden sollen, und schließen Sie dann das Dialogfeld *Formatvorlage* mit *OK*.

Die Änderungen an der Zellenformatvorlage wirken sich sofort bei allen Zellen der Arbeitsmappe aus, deren Formatierung mit dieser Formatvorlage vorgenommen wurde.

Eine Zellenformatvorlage erstellen

Fehlt für Sie eine wichtige Zellenformatvorlage im Katalog, erstellen Sie eine neue Formatvorlage. Diese neue Formatvorlage basiert entweder auf einem Duplikat einer bereits vorhandenen oder wird von Ihnen komplett neu erstellt, wobei Sie die Formatierungsmerkmale einer bereits formatierten Zelle im Arbeitsblatt als Grundlage für die neue Zellenformatvorlage heranziehen können.

Eine neue Zellenformatvorlage aus einer vorhandenen erstellen

Haben Sie im Katalog bereits eine Zellenformatvorlage und möchten eine neue, sehr ähnliche Formatvorlage erstellen, brauchen Sie nicht von ganz vorn zu beginnen, sondern benutzen die vorhandene Formatvorlage als Grundlage für die neue. Und so geht's:

1. Öffnen Sie den Katalog der Zellenformatvorlagen.
2. Führen Sie einen Rechtsklick auf der Formatvorlage aus, die der neuen ähnlich ist, und wählen Sie im Kontextmenü *Duplizieren*.
3. Im Dialogfeld *Formatvorlage* geben Sie zunächst im Feld *Name der Formatvorlage* einen neuen aussagekräftigen Namen ein. Der Name darf nicht mit einem bereits vorhandenen Formatvorlagennamen übereinstimmen, sonst erhalten Sie eine Fehlermeldung.

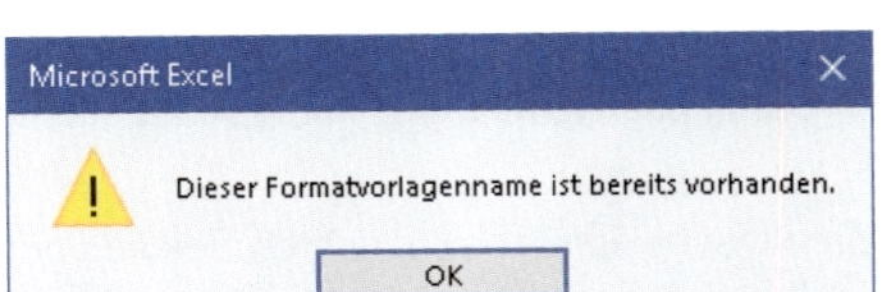

Abbildung 8.7: Jeder Formatvorlagenname muss eindeutig sein, andernfalls erscheint diese Fehlermeldung

Dieser Name wird später mit maximal zwölf Zeichen im Katalog angezeigt. Er darf dennoch bis zu 255 Zeichen lang sein. Die Verwendung von Sonderzeichen und Leerzeichen ist erlaubt.

4. Klicken Sie anschließend auf die Schaltfläche *Formatieren*, nehmen Sie im Dialogfeld *Zellen formatieren* die gewünschten Änderungen vor und schließen Sie es dann mit *OK*.
5. Aktivieren Sie nur die Kontrollkästchen, deren Formate in der Vorlage angewendet werden sollen, und schließen Sie auch das Dialogfeld *Formatvorlage* mit *OK*.

Die neue Zellenformatvorlage, die Sie ganz oben im Katalog der Zellenformatvorlagen im Abschnitt *Benutzerdefiniert* mit dem von Ihnen vergebenen Namen finden, können Sie ab sofort nutzen.

Eine komplett neue Zellenformatvorlage erstellen

Können Sie keine der vorhandenen Zellenformatvorlagen als Grundlage für eine neue verwenden, erstellen Sie eine komplett neue Zellenformatvorlage. Die Arbeitsschritte sind den zuvor beschriebenen sehr ähnlich:

1. Öffnen Sie den Katalog der Zellenformatvorlagen.
2. Klicken Sie ganz unten im Katalog auf *Neue Zellenformatvorlage*.
3. Vergeben Sie im Dialogfeld *Formatvorlage* im Feld *Name der Formatvorlage* einen aussagekräftigen Namen.
4. Klicken Sie anschließend auf die Schaltfläche *Formatieren*, legen Sie im Dialogfeld *Zellen formatieren* die gewünschten Formatierungen fest und schließen Sie es dann mit *OK*.
5. Aktivieren Sie nur die Kontrollkästchen, deren Formate in der Vorlage angewendet werden sollen, und schließen Sie auch das Dialogfeld *Formatvorlage* mit *OK*.

Die neue Zellenformatvorlage, die Sie ganz oben im Katalog der Zellenformatvorlagen im Abschnitt *Benutzerdefiniert* mit dem von Ihnen vergebenen Namen finden, können Sie ab sofort nutzen.

Tipp

Anstatt selbst die richtigen Kontrollkästchen der Formate, die angewendet werden sollen, zu aktivieren, überlassen Sie dies einfach Excel. Gehen Sie dabei wie folgt vor:

1. Öffnen Sie den Katalog der Zellenformatvorlagen.
2. Klicken Sie auf *Neue Zellenformatvorlage*.
3. Vergeben Sie einen aussagekräftigen Namen für die Formatvorlage.
4. Hier folgt der entscheidende Schritt: Entfernen Sie die Häkchen aus allen Kontrollkästchen.
5. Klicken Sie erst jetzt auf die Schaltfläche *Formatieren*, richten Sie die Formate ein und schließen Sie das Dialogfeld *Zellen formatieren* mit *OK*.
6. Nach dem Verlassen des Dialogfeldes sind nur die Kontrollkästchen der Formate aktiviert, die von Ihnen eingerichtet wurden.
7. Schließen Sie das Dialogfeld *Formatvorlage* mit *OK*.

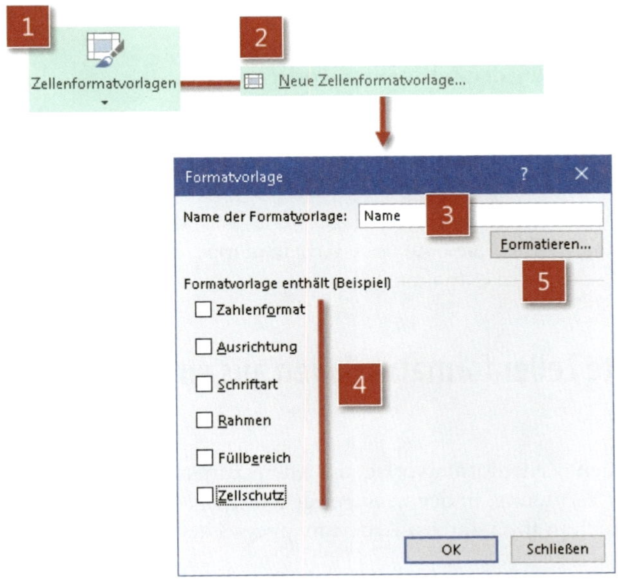

Abbildung 8.8: Entfernen Sie vor dem Formatieren alle Häkchen aus den Kontrollkästchen

Die Formatierung einer Zelle als Zellenformatvorlage übernehmen

Haben Sie bereits im Arbeitsblatt Zellen formatiert und möchten Sie die Formatierungen einer Zelle als Formatvorlage nutzen, geht dies ganz einfach wie folgt:

1. Markieren Sie die Zelle, deren Formatierung als neue Zellenformatvorlage übernommen werden soll.
2. Öffnen Sie den Katalog der Zellenformatvorlagen.
3. Klicken Sie ganz unten im Katalog auf *Neue Zellenformatvorlage*.

   Das Dialogfeld *Formatvorlage* enthält als Voreinstellung alle Formatierungen der markierten Zelle.
4. Vergeben Sie im Feld *Name der Formatvorlage* einen aussagekräftigen Namen.
5. Aktivieren Sie nur die Kontrollkästchen, deren Formate in der Vorlage angewendet werden sollen, und schließen Sie dann das Dialogfeld mit *OK*.

Die neue Zellenformatvorlage, die Sie ganz oben im Katalog der Zellenformatvorlagen im Abschnitt *Benutzerdefiniert* mit dem von Ihnen vergebenen Namen finden, können Sie ab sofort nutzen. Selbstverständlich können Sie auch diese Formatvorlage, wie alle anderen, ändern, duplizieren und auch wieder löschen.

Eine Zellenformatvorlage löschen

Alle Zellenformatvorlagen, mit Ausnahme der Formatvorlage *Standard*, können Sie löschen. Löschen Sie eine Formatvorlage, wird nicht nur die Zellenformatvorlage aus dem

Katalog entfernt, sondern zusätzlich die Formate bei allen Zellen, deren Formatierung auf der gelöschten Formatvorlage beruht. Und so geht's:

1. Öffnen Sie den Katalog der Zellenformatvorlagen.
2. Führen Sie einen Rechtsklick auf die zu löschende Formatvorlage aus und wählen Sie im Kontextmenü *Löschen*.

Die Zellenformatvorlage wird ohne Sicherheitsabfrage gelöscht.

Löschen Sie eine vordefinierte Formatvorlage, steht sie in der aktiven Arbeitsmappe nicht mehr zur Verfügung. Öffnen Sie eine neue Arbeitsmappe, sind alle vordefinierten Zellenformatvorlagen wieder darin enthalten.

Selbst erstellte Zellenformatvorlagen aus einer Arbeitsmappe übernehmen

Die selbst erstellten Zellenformatvorlagen stehen zunächst grundsätzlich nur in der Arbeitsmappe zur Verfügung, in der sie angelegt wurden. Möchten Sie bereits vorhandene Formatvorlagen auch in Ihrer aktiven Arbeitsmappe wieder anwenden, geht dies auf recht einfachem Weg:

1. Öffnen Sie die Arbeitsmappe, deren benutzerdefinierte Zellenformatvorlagen in die aktive Arbeitsmappe übernommen werden sollen.
2. Öffnen Sie den Katalog der Zellenformatvorlagen und wählen Sie ganz unten *Formatvorlagen zusammenführen*.

   Das Dialogfeld *Formatvorlagen zusammenführen* öffnet sich (siehe Abbildung 8.9).
3. Markieren Sie in der Liste den Namen der Arbeitsmappe, aus der die Zellenformatvorlagen übernommen werden sollen, und schließen Sie dann das Dialogfeld mit *OK*.

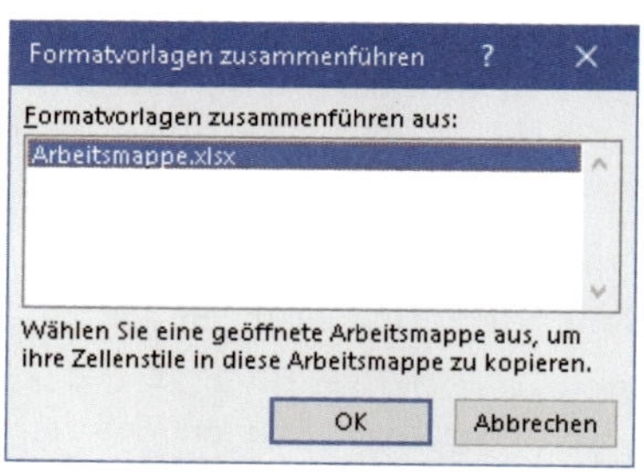

Abbildung 8.9: In diesem Dialogfeld werden die Namen aller geöffneten Arbeitsmappen für die Übernahme der benutzerdefinierten Formatvorlagen aufgelistet

Die Formatvorlagen finden Sie anschließend mit ihrem Namen im Abschnitt *Benutzerdefiniert* im Katalog der Zellenformatvorlagen alphabetisch angeordnet; sie können sofort eingesetzt werden.

Bekommen Sie eine Meldung, dass beim Übernehmen Formatvorlagen mit gleichem Namen angetroffen wurden, müssen Sie entscheiden, welche der beiden gleichnamigen Zellenformatvorlagen in der aktiven Arbeitsmappe enthalten bleiben soll (siehe Abbildung 8.10).

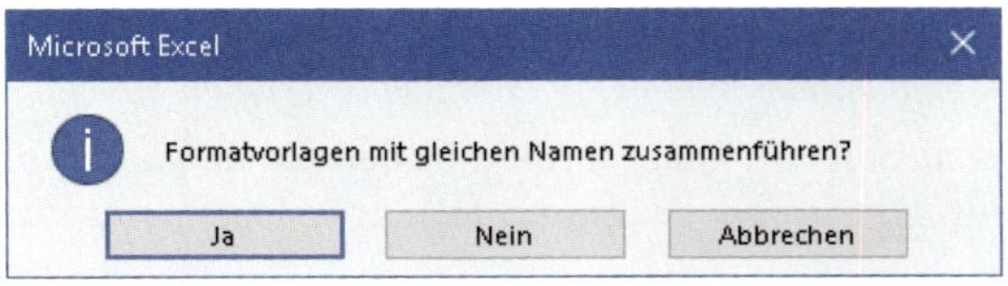

Abbildung 8.10: Entscheiden Sie, ob Formatvorlagen mit gleichem Namen zusammengeführt werden sollen

- Klicken Sie auf *Ja*, um die Formatvorlage aus der anderen Arbeitsmappe zu übernehmen. Die gleichnamige Formatvorlage der aktiven Arbeitsmappe wird dadurch ersetzt.
- Klicken Sie auf *Nein*, werden nur die Formatvorlagen mit einem eindeutigen Namen in die aktive Arbeitsmappe übernommen. Die gleichnamigen Formatvorlagen bleiben unberücksichtigt.
- Klicken Sie auf *Abbrechen*, um den gesamten Vorgang ohne Übernahme von Formatvorlagen zu beenden.

Eigene Zellenformatvorlagen in Arbeitsmappenvorlagen organisieren und nutzen

Eventuell haben Sie in verschiedenen Arbeitsmappen eigene Zellenformatvorlagen erstellt. In der aktiven Arbeitsmappe möchten Sie ganz bestimmte Vorlagen erneut anwenden. Aber in welcher Arbeitsmappe befinden sich welche Formatvorlagen, um sie, wie im vorangegangenen Abschnitt beschrieben, zu übernehmen?

Die Lösung: Organisieren Sie Ihre Zellenformatvorlagen in Mustervorlagen. Wie Sie dabei vorgehen, lesen Sie weiter hinten in diesem Kapitel im Abschnitt »Vorgefertigte Mappen auf Mausklick mit Mustervorlagen«.

Tabellen einheitlich gestalten mit Tabellenformatvorlagen

Die Formatierung eines ganzen Tabellenbereichs oder einer Liste nehmen Sie mit einer Tabellenformatvorlage vor. Excel weist mit dieser Formatvorlage dem aktuellen Bereich in einem Schritt viele Formatierungsmerkmale gleichzeitig zu: Füllung, Muster, Fülleffekte, Rahmenlinien, Schriftschnitt und Schriftfarbe. Zusätzlich konvertiert Excel den Bereich in eine *intelligente Tabelle* mit besonderen Eigenschaften.

Lesen Sie alles über Tabellenformatvorlagen und intelligente Tabellen in Kapitel 13.

Zeit sparen und einheitliche Optik sichern mit Diagrammformatvorlagen

Excel 2016 bietet Diagrammformatvorlagen an. Sie variieren nicht nur die Farben und Effekte für die Datenreihendarstellung, sondern kombinieren die Diagrammelemente zu sehenswerten und vorzeigbaren Diagrammen. Mit einem Farbwähler weisen Sie Ihrem

Diagramm zusätzlich ein abgestimmtes Designfarbenset zu. So erstellen Sie im Handumdrehen einheitlich gestaltete Diagramme.

Für eine einfache und professionelle Gestaltung von Diagrammen finden Sie in Kapitel 16 alle Informationen zur Diagrammerstellung, zu den Diagrammformatvorlagen und zur neuen Schnellanalyse für Diagramme.

Vorgefertigte Mappen auf Mausklick mit Mustervorlagen

Die Mustervorlage ist das ideale Werkzeug, um den Aufbau einer Liste, eines Berichts, einer Auswertung oder einer Präsentation einheitlich zu gestalten oder um in ihr oft benutzte Zellenformatvorlagen zu sammeln. Sie enthält alle notwendigen Arbeitsblätter, Formeln, Texte, Formatierungen und/oder Formatvorlagen, damit die auf ihr basierende neue Arbeitsmappe mit möglichst wenig Aufwand erstellt werden kann.

Die selbst erstellte Mustervorlage wird von Excel immer als Kopie geöffnet. Das Original bleibt unberührt und kann so nicht aus Versehen geändert werden.

Die Mustervorlagen werden in Excel 2016 standardmäßig im Pfad *C:\Users\[Benutzername]\Documents\Benutzerdefinierte Office-Vorlagen* abgespeichert.[3] In diesem Pfad organisieren Sie, auch mit hinzugefügten Ordnern, Ihre Mustervorlagen. Die Ordner und Mustervorlagen werden in der Backstage-Ansicht nach einem Klick auf *Neu* im Bereich *Persönlich* angezeigt (siehe Abbildung 8.11). Sie haben damit einen zentralen Ort, um auf die Vorlagen schnell und gezielt zugreifen zu können.

Heften Sie zusätzlich das Original der Mustervorlage an die Liste der zuletzt bearbeiteten Arbeitsmappen an, greifen Sie für eventuelle Anpassungen direkt auf sie zu (siehe hierzu Kapitel 2).

In Excel hat eine Mustervorlage ohne Makros die Dateinamenerweiterung *.xltx* und eine Mustervorlage mit Makros *.xltm*.

Vorhandene Mustervorlagen nutzen

Wenn Sie über die Registerkarte *Datei* in der Backstage-Ansicht den Befehl *Neu* aufrufen, bietet Ihnen Excel neben der leeren Standardarbeitsmappe eine Reihe von Onlinevorlagen an. Sie haben die Wahl zwischen Geschäftlich, Persönlich, Protokolle, Ausbildung, Listen, Rechner und Kalender.

Geben Sie oben im Suchfeld einen Suchbegriff ein, sucht Excel weitere Vorlagen zu diesem Begriff online heraus. Um eine angezeigte Vorlage zu nutzen, gehen Sie wie folgt vor:

1. Klicken Sie auf die gewünschte Vorlage.

   Besteht eine Internetverbindung, bietet Ihnen Excel, neben der Beschreibung und Bewertung der Vorlage, den Download in einem eigenen Fernster an.

2. Klicken Sie dort auf die Schaltfläche *Erstellen*.

[3] In den Optionen von Excel richten Sie den Pfad des Standardspeicherorts für Ihre persönlichen Vorlagen über die Rubrik *Speichern* im Abschnitt *Arbeitsmappen speichern* im Feld *Standardspeicherort für persönliche Vorlagen* ein.

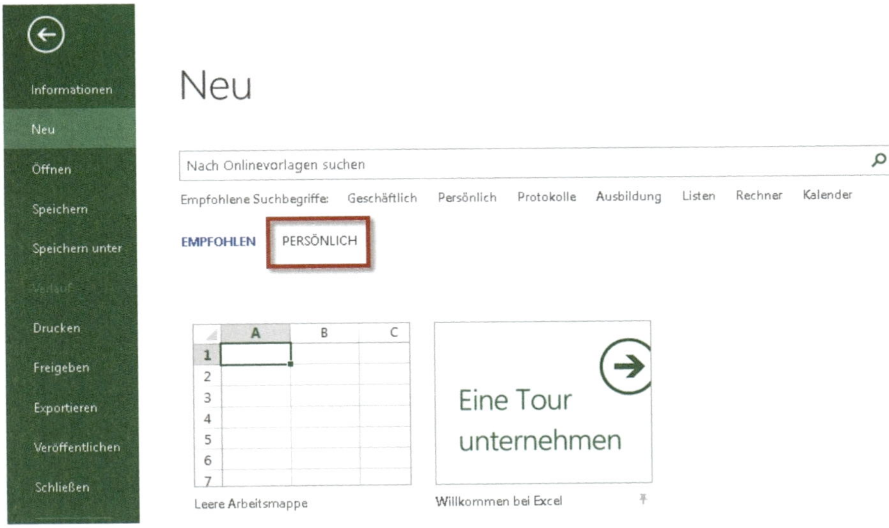

Abbildung 8.11: Ein Ausschnitt der Backstage-Ansicht mit der Auswahl Neu

Die Mustervorlage wird als Kopie aus dem Internet heruntergeladen und steht sofort zur Bearbeitung geöffnet bereit.

Eine eigene Mustervorlage erstellen

Jede neue Arbeitsmappe kann auf einer bereits erstellten Arbeitsmappe basieren. Hierfür stehen Ihnen grundsätzlich zwei Wege offen:

- Sie öffnen die bereits erstellte Arbeitsmappe als Kopie.
- Sie stellen eine Arbeitsmappe als Mustervorlage bereit.

Führen Sie die folgenden Schritte aus, um Ihre Arbeitsmappe als Mustervorlage zur Verfügung zu stellen:

1. Öffnen Sie eine neue, leere Standardarbeitsmappe.
2. Bereiten Sie die Mustervorlage unter folgenden Gesichtspunkten vor:
   - Geben Sie alle Daten und Formeln ein, die Sie immer wieder benötigen.
   - Stellen Sie die notwendige Anzahl von Arbeitsblättern zur Verfügung und tragen Sie die Blattnamen ein.
   - Richten Sie das Seitenlayout, die Kopf- und Fußzeilen, Seitenränder und so weiter ein.
   - Legen Sie die Zeilenhöhen und Spaltenbreiten fest.
   - Formatieren Sie Tabellenbereiche und hinterlegen Sie immer wieder benötigte Zellenformatvorlagen, Tabellenformatvorlagen oder bedingte Formate.
   - Weisen Sie der Arbeitsmappe ein Design, Designfarben und -schriften zu.
3. Haben Sie alle Vorbereitungen getroffen, rufen Sie über die Registerkarte *Datei* den Befehl *Speichern unter* auf und wählen den Speicherort aus.

4. Wählen Sie im Dialogfeld *Speichern unter* als Dateityp *Excel-Vorlage (*.xltx)*.

   Excel wechselt daraufhin zum Standardordner für persönliche Vorlagen.
5. Vergeben Sie einen aussagekräftigen Namen und speichern Sie die Vorlage ab.

Ab sofort listet Excel diese Mustervorlage in der Backstage-Ansicht unter *Neu* im Bereich *Persönlich* auf. Ein Klick auf diese Mustervorlage öffnet eine Kopie davon.

Eine Standard-Arbeitsmappenvorlage einrichten

Möchten Sie eine Mustervorlage als Grundlage für *jede* neue Arbeitsmappe verwenden, ohne sie erst über die Backstage-Ansicht als Mustervorlage öffnen zu müssen, gehen Sie wie folgt vor:

1. Erstellen Sie die Mustervorlage wie oben beschrieben und rufen Sie über die Registerkarte *Datei* den Befehl *Speichern unter* auf.
2. Wählen Sie im Dialogfeld *Speichern unter* als Dateityp *Excel-Vorlage (*.xltx)* für eine Mustervorlage ohne Makros, ansonsten den Dateityp *Excel-Vorlage mit Makros (*.xltm)*.

   Excel wechselt daraufhin zum Standardordner für persönliche Vorlagen.
3. Wechseln Sie stattdessen zum Startordner von Excel. Er hat den Namen *XLSTART* und befindet sich im Pfad *C:\Users\[Benutzername]\AppData\Roaming\Microsoft\Excel.*
4. Geben Sie als Dateinamen `Mappe` ein und speichern Sie die Mustervorlage.

Bei jedem Start von Excel oder mit der Tastenkombination `Strg`+`N` wird diese Mustervorlage als neue Arbeitsmappe geöffnet.[4]

Eine Standard-Arbeitsblattvorlage erstellen

Neben einer Standard-Arbeits*mappen*vorlage können Sie auch eine Standard-Arbeits*blatt*vorlage einrichten. Dieses Arbeitsblatt wird bei allen Befehlen für das Einfügen eines neuen Arbeitsblattes der aktiven Arbeitsmappe hinzugefügt.

Und so erstellen Sie eine Standard-Arbeitsblattvorlage:

1. Öffnen Sie eine neue Standardarbeitsmappe.
2. Entfernen Sie bis auf ein Arbeitsblatt alle sonstigen Arbeitsblätter.

   Wichtig: Diese Arbeitsmappe sollte nur ein Arbeitsblatt enthalten. Enthält die Vorlage mehrere Arbeitsblätter, werden immer alle Arbeitsblätter dieser Vorlage der aktiven Arbeitsmappe hinzugefügt.
3. Tragen Sie alle Daten, Formeln und Formatierungen ein, die Sie immer wieder benötigen.

   Wichtig: Nur die in den Zellen *benutzten* Zellen- und Tabellenformatvorlagen werden in die aktive Arbeitsmappe übernommen.
4. Rufen Sie über die Registerkarte *Datei* den Befehl *Speichern unter* auf.
5. Wählen Sie im Dialogfeld *Speichern unter* als Dateityp *Excel-Vorlage (*.xltx)*.

   Excel wechselt daraufhin zum Standardordner für persönliche Vorlagen.

---

[4] Dies ist nicht der Fall, wenn Sie in der Backstage-Ansicht auf den Befehl *Neu* und anschließend auf die Vorlage *Leere Arbeitsmappe* klicken.

6. Wechseln Sie stattdessen zum Startordner von Excel. Er hat den Namen *XLSTART* und befindet sich im Pfad *C:\Users\[Benutzername]\AppData\Roaming\Microsoft\Excel*.
7. Geben Sie als Dateinamen *Tabelle* ein und speichern Sie die Mustervorlage.

Die gesamte Arbeitsmappe mit einem Design einheitlich gestalten

Seit der Version Office 2007 ist es auf einfache Weise möglich, Dokumenten in Word, Excel, PowerPoint und Outlook ein einheitliches Erscheinungsbild zu geben. Hierzu benutzen Sie ein vordefiniertes oder selbst erstelltes Design. Es legt die im Dokument gemeinsam anzuwendenden Farben, Schriftarten, Effekte und in PowerPoint zusätzlich einen abgestimmten Hintergrund fest. Wechseln Sie in einem Dokument das Design, werden alle Elemente, die im bisher benutzten Design dargestellt wurden, auf das neue Design abgeändert. Dies kann sich eventuell dramatisch auf ein bereits eingerichtetes Seitenlayout auswirken. Daher ist es ratsam, ein Design vor der Dokumenterstellung festzulegen.

Ein Design anwenden

Excel bringt bereits einige vordefinierte Designs mit. Selbst bei einer leeren Arbeitsmappe können Sie bei der Auswahl eines Designs die Änderungen live erleben:

1. Wechseln Sie im Menüband zur Registerkarte *Seitenlayout*.
2. Klicken Sie in der Gruppe *Designs* auf die Schaltfläche *Designs*.

3. Zeigen Sie auf verschiedene Designs. Es ändert sich sofort die Darstellung der Zeilen- und Spaltenbeschriftungen sowie die Standardzeilenhöhe und Standardspaltenbreite. Dies bewirken die festgelegten Schriftarten in den Designs.
4. Klicken Sie auf ein Design, um es in der gesamten Arbeitsmappe anzuwenden.

   Dadurch ergeben sich die folgenden Auswirkungen in der gesamten Arbeitsmappe:

   - Auf der Registerkarte *Start* stehen jetzt in der Gruppe *Schriftart* die Designfarben des ausgewählten Designs in der Farbpalette für die Füllfarbe und für die Schriftfarbe zur Auswahl. Wählen Sie ein anderes Design, ändert sich die Farbpalette und alle Zellen, deren Hintergrundfarbe oder Schriftfarbe mit einer Akzentfarbe formatiert ist, werden in den Farben des neuen Designs dargestellt. Das Gleiche gilt, wenn Sie Bereiche als Tabelle formatiert haben, oder für Diagramme, in denen Akzentfarben zum Einsatz kommen. Die Standardfarben bleiben unverändert.
   - Aufgrund der Designschriftarten bekommen alle Zellen eine angepasste Zeilenhöhe und Spaltenbreite. Die Liste der Schriftarten enthält als erste Einträge die neuen Designschriften für die Überschriften und den Fließtext (Textkörper). Die bereits in Designschriftart eingetragenen Werte übernehmen die neuen Designschriftarten.
   - Alle eingebetteten Objekte, denen Effekte zugewiesen wurden, wie SmartArt-Grafiken und Formen, werden in die Effekte des gewählten Designs geändert.

Ein Design selbst erstellen

In den Farbpaletten, den Zellenformatvorlagen, den Tabellenformatvorlagen, den Diagrammen und SmartArt-Grafiken, also überall, wo Farben und Schriften in Excel zum Einsatz kommen, werden zunächst die eingerichteten Designfarben, -schriftarten und -effekte zur Auswahl angeboten oder bei den erstellten Objekten eingesetzt.

In Excel setzt sich ein Design aus den drei Komponenten Farben, Schriftarten und Effekte zusammen. Die Farben und Schriftarten können Sie individuell anpassen, die Effekte hingegen nicht.

Wichtig Alle gespeicherten Einstellungen eines Designs stehen unmittelbar auch in den Office-Anwendungen Word, PowerPoint und Outlook zur Verfügung. Wenn Sie Wert auf eine anwendungsübergreifende, einheitliche Gestaltung Ihrer Dokumente legen, sind Sie mit Designs bestens bedient.

Designfarben anpassen

Möchten Sie eigene Designfarben einsetzen, führen Sie die folgenden Schritte aus:

1. Aktivieren Sie die Registerkarte *Seitenlayout*.
2. Klicken Sie in der Gruppe *Designs* auf die Schaltfläche *Farben*.

   Der Katalog mit den benutzerdefinierten Farben und den vordefinierten Designfarben wird geöffnet.

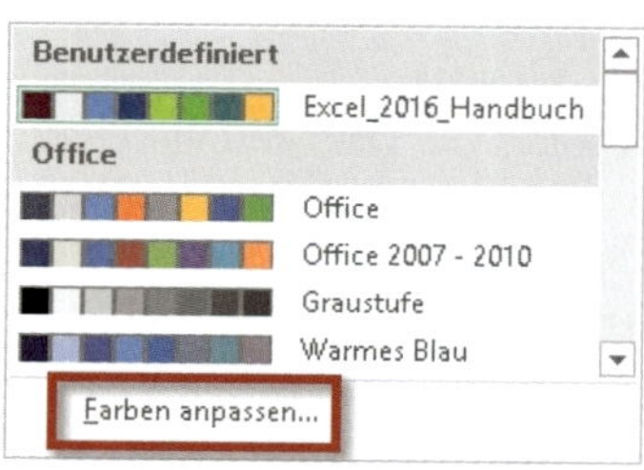

Abbildung 8.12: Passen Sie über den Katalog die Designfarben an

3. Klicken Sie am Ende des Katalogs auf *Farben anpassen*.

   Das Dialogfeld *Neue Designfarben erstellen* öffnet sich; es enthält zwölf anpassbare Designfarben:

   – je zwei Farben für Hintergrund und Text,
   – sechs Akzentfarben sowie
   – zwei Farben für Hyperlinks.

   Das Zusammenwirken der eingerichteten Farben sehen Sie in den beiden Beispielgrafiken (siehe Abbildung 8.13).

4. Öffnen Sie eine Farbpalette und ändern Sie die Farbe, zum Beispiel in eine der angebotenen Standardfarben oder über *Weitere Farben* im Dialogfeld *Farben* in die gewünschte Farbe.

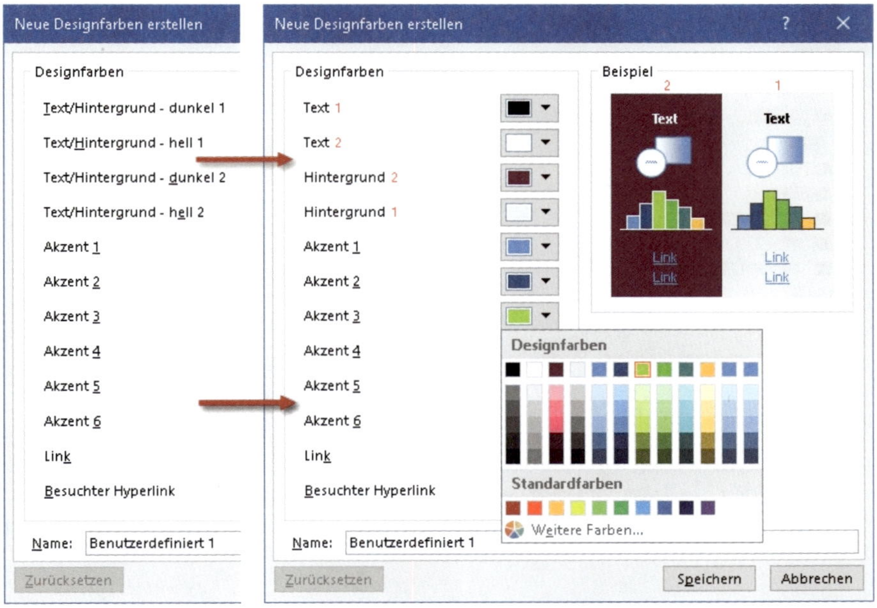

Abbildung 8.13: Die Beschriftung der Designfarben ist falsch. Beachten Sie die rote Nummerierung und die gemeinte Bezeichnung.

5. Schließen Sie das Dialogfeld *Farben* mit *OK*.

   Im Dialogfeld *Neue Designfarben erstellen* zeigen die beiden Beispielgrafiken das Zusammenspiel der eingerichteten Farben.

6. Passen Sie wie in den beiden vorangegangenen Schritten weitere Farben an.
7. Vergeben Sie abschließend im Feld *Name* einen aussagekräftigen Namen und klicken Sie dann auf *Speichern*.[5]

Ihre Designfarben stehen im Katalog im Abschnitt *Benutzerdefiniert* unter dem von Ihnen angegebenen Namen zur Verfügung und sind bereits aktiviert. Alle Elemente und Objekte der aktiven Arbeitsmappe, die mit Designfarben formatiert wurden, ändern automatisch ihre Farbe in die entsprechende neue Designfarbe ab. Darüber hinaus enthalten alle Farbpaletten oder sonstigen Formatvorlagen und einfügbaren Objekte die Designfarben in ihrer Auswahl.

Führen Sie einen Rechtsklick auf Ihre selbst erstellten Designfarben aus, können Sie die Farben weiter bearbeiten oder auch wieder komplett löschen.

---

[5] Die XML-Datei der benutzerdefinierten Designfarben finden Sie im Pfad *C:\Users\[Benutzername]\AppData\Roaming\Microsoft\Templates\Document Themes\Theme Colors*.

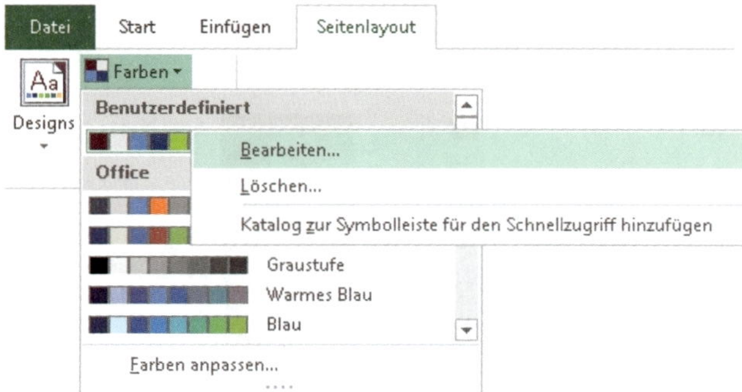

Abbildung 8.14: Benutzerdefinierte Designfarben können Sie auch nachträglich weiter bearbeiten

Designschriftarten auswählen

Als Designschriftart stehen Ihnen eine Schriftart für die Überschriften und eine weitere Schriftart für den Fließtext (Textkörper) zur Verfügung. Die beiden im Moment eingerichteten Schriftarten sind auf der Registerkarte *Start* in der Gruppe *Schriftart* ganz oben im Dropdown-Listenfeld *Schriftart* aufgelistet.

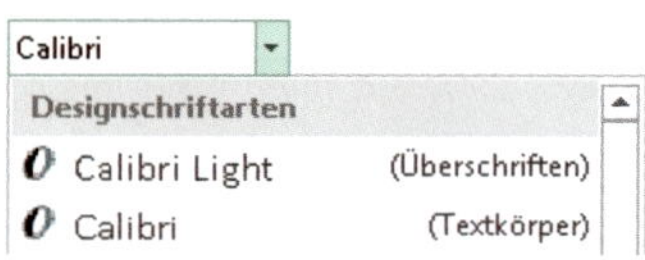

Abbildung 8.15: Listenanfang der Schriftartenauswahl im Dropdown-Listenfeld Schriftart

Möchten Sie andere Designschriftarten benutzen, gehen Sie wie folgt vor:

1. Aktivieren Sie die Registerkarte *Seitenlayout.*
2. Klicken Sie in der Gruppe *Designs* auf die Schaltfläche *Schriftarten* und dann ganz unten im Katalog auf *Schriftarten anpassen.*

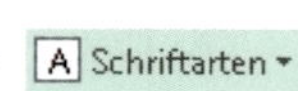

3. Wählen Sie in den beiden Dropdown-Listenfeldern des Dialogfeldes *Neue Designschriftarten erstellen* jeweils eine Schriftart für Überschriften und für Textkörper aus.

   Das Feld *Beispiel* zeigt Ihnen die Gesamtwirkung der beiden ausgewählten Schriftarten. Die Schriftgröße können Sie nicht festlegen!
4. Vergeben Sie im Feld *Name* einen aussagekräftigen Namen und klicken Sie dann auf *Speichern.*[6]

Ihre Designschriftarten stehen im Katalog im Abschnitt *Benutzerdefiniert* unter dem von Ihnen angegebenen Namen zur Verfügung und sind bereits aktiviert. Alle Werte der aktiven Arbeitsmappe, die mit den Designschriftarten formatiert wurden, werden automatisch in den neuen Schriftarten dargestellt. Zeilenhöhe und Spaltenbreite werden an die Designschriftart des Textkörpers angepasst. Auch die Zeilen- und Spaltenbeschriftung sowie die Texte in den Formatvorlagen werden in der Schriftart des Textkörpers dargestellt.

[6] Die XML-Datei der benutzerdefinierten Designschriftarten finden Sie im Pfad *C:\Users\[Benutzername]\AppData\Roaming\Microsoft\Templates\Document Themes\Theme Fonts.*

Führen Sie einen Rechtsklick auf Ihre selbst erstellten Designschriftarten aus, können Sie sie abändern oder aus der Liste löschen.

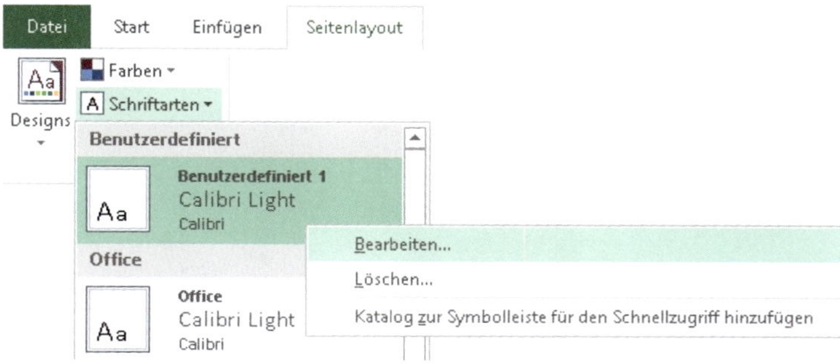

Abbildung 8.16: Benutzerdefinierte Designschriftarten können Sie auch nachträglich abändern

Ein Gesamtdesign festlegen

Um die selbst erstellten Designfarben, Designschriftarten und den von Ihnen gewählten Effekt nicht jedes Mal erneut einrichten zu müssen, speichern Sie alle Einstellungen in einem »Paket« als Design ab. Führen Sie dazu folgende Schritte aus:

1. Legen Sie, wie in den vorangegangenen Abschnitten beschrieben, die Designfarben und -schriftarten fest und wählen Sie einen Effekt aus.
2. Klicken Sie auf der Registerkarte *Seitenlayout* in der Gruppe *Designs* auf die Schaltfläche *Designs*.
3. Klicken Sie am Ende auf *Aktuelles Design speichern* (siehe Abbildung 8.17).
4. Vergeben Sie im Dialogfeld *Aktuelles Design speichern* einen aussagekräftigen Namen und klicken Sie dann auf *Speichern*.[7]

Der vergebene Name wird im Katalog der Designs im Abschnitt *Benutzerdefiniert* aufgelistet und kann dort mit einem Rechtsklick auf das Designsymbol auch wieder gelöscht werden.

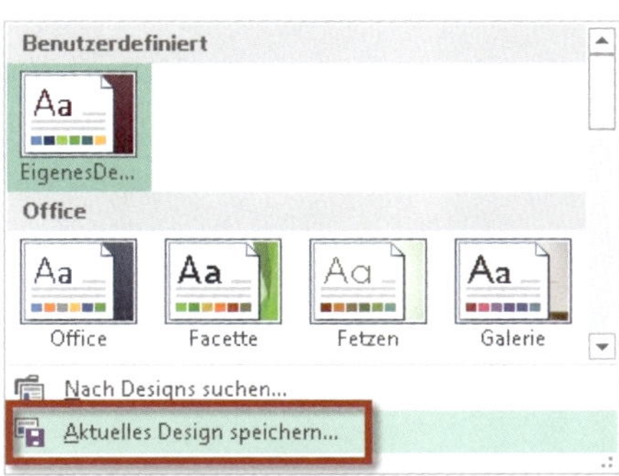

Abbildung 8.17: Im Katalog der Designs finden Sie die Option, um ein eigenes Design abzuspeichern

[7] Die THMX-Datei des benutzerdefinierten Designs finden Sie im Pfad *C:\Users\[Benutzername]\AppData\Roaming\Microsoft\Templates\Document Themes.*

Ein Design als Standard festlegen

Möchten Sie in Excel alle Arbeitsmappen in einem bestimmten Design gestalten, richten Sie zunächst das Design ein und speichern es ab. Anschließend erstellen Sie eine Mustervorlage, die das gewünschte Design benutzt.

Lesen Sie alles zum Erstellen einer Mustervorlage weiter vorn in diesem Kapitel.

Kapitel 9

Wichtiges automatisch hervorheben lassen: Die bedingte Formatierung einsetzen

In diesem Kapitel:

In den vorangegangenen Kapiteln haben Sie Werkzeuge und Techniken kennengelernt, mit denen Sie Ihre Listen, Tabellen oder Zellbereiche optisch ansprechend und einheitlich gestalten. Mit Farben, verschiedenen Schriftarten, Rahmenlinien und speziellen Zahlenformaten machen Sie Ihr Dokument für den Betrachter leichter lesbar und verständlich und lenken zusätzlich seine Aufmerksamkeit auf wichtige Informationen.

Das Gleiche hat der Geschäftsführer in der aktuellen Auswertung seines »Buchlädchens« in Abbildung 9.1 auch gemacht. Darüber hinaus hat er die drei Buchsparten mit dem höchsten Umsatz farblich hervorgehoben. Allerdings hat er hierbei vorausschauend das Werkzeug der bedingten Formatierung angewendet. Liegen die Zahlen für die folgenden Quartale nach und nach vor, trägt er nur die Zahlen in die Tabelle ein. Excel ermittelt automatisch die Top 3 und formatiert die entsprechenden Buchsparten ohne weiteres Zutun. Der Geschäftsführer sieht unmittelbar seine aktuell »bestgehenden« Buchsparten.

Der bedingten Formatierung liegt die Idee zugrunde, eine Formatierung nur dann anzuwenden, wenn eine festgelegte Bedingung erfüllt ist. Diese Bedingung wird in einer Regel beschrieben. Excel stellt hierfür zahlreiche vordefinierte Regeln und äußerst interessante

Formatierungsmöglichkeiten zum Beispiel mit Datenbalken und Symbolsätzen zur Verfügung. Finden Sie für Ihre Anwendungssituation keine passende Regel, definieren Sie einfach eine neue, eigene Regel.

In diesem Kapitel geht es ausschließlich um diese Art der dynamischen Formatierung.

1

Buchsparte	1. Quartal	2. Quartal	Summe
Arbeitswelt & Berufe	6.352		6.352
Belletristik	8.831		8.831
Computer	1.432		1.432
Hörbücher	7.321		7.321
Kinderbücher	2.646		2.646
Kunst	4.517		
Medizin & Gesundheit	6.798		
Philosophie	1.075		
Politik	5.892		
Psychologie	7.660		
Reisen	6.476		
Romane	2.435		
Sport	6.571		
Summe	68.006		

2

Buchsparte	1. Quartal	2. Quartal	Summe
Arbeitswelt & Berufe	6.352	5.501	11.853
Belletristik	8.831	2.878	11.709
Computer	1.432	7.795	9.227
Hörbücher	7.321	1.166	8.487
Kinderbücher	2.646	5.331	7.977
Kunst	4.517	2.318	6.835
Medizin & Gesundheit	6.798	4.757	11.555
Philosophie	1.075	5.198	6.273
Politik	5.892	4.802	10.694
Psychologie	7.660	5.206	12.866
Reisen	6.476	6.594	13.070
Romane	2.435	5.697	8.132
Sport	6.571	5.431	12.002
Summe	68.006	62.674	130.680

Abbildung 9.1: Umsatzzahlen des »Buchlädchens« mit der Formatierung der Top-3-Buchsparten

Die Grundlagen der bedingten Formatierung verstehen

Die bedingte Formatierung wird erst angewendet, wenn die mit ihr formatierten Zellen eine bestimmte Bedingung erfüllen, ansonsten ist die angegebene Formatierung nicht zu sehen. Mit der bedingten Formatierung heben Sie für den Betrachter wichtige Daten in Ihren Listen oder Tabellen optisch hervor und geben ihnen eine zusätzliche Informationsqualität.

Die bedingte Formatierung könnte wie folgt definiert werden:

Die bedingte Formatierung ist die Möglichkeit, Zellen in einem Arbeitsblatt in Abhängigkeit eines Wertes oder durch Berechnung einer Formel zu formatieren.[1]

Beachten Sie beim Einsatz der bedingten Formatierung folgende Besonderheiten:

- Die bedingte Formatierung besteht aus zwei Teilen: einer zu überprüfenden Bedingung[2], die wahr werden muss, und einer daraufhin auszuführenden Formatierung.

---

[1] Siehe Frank Arendt-Theilen, Microsoft Excel: Bedingte Formatierung, Microsoft Press, S. 20.

[2] In Excel wird die Bedingung in der bedingten Formatierung als *Regel* bezeichnet.

- Die anzuwendende Formatierung wirkt sich nur auf die Zelle aus, für die die bedingte Formatierung festgelegt wurde. Dadurch sind auf der einen Seite die grundlegenden Formatierungsmöglichkeiten von vornherein eingeschränkt,[3] aber auf der anderen Seite – seit Excel 2007 – mit neuen Datenbalken, Farbskalen und Symbolsätzen erheblich erweitert worden.
- Einer Zelle können Sie viele bedingte Formatierungen zuweisen. Dadurch entsteht eventuell die Situation, dass mehrere Bedingungen gleichzeitig wahr werden. In diesem Fall wird die Formatierung der an erster/oberster Stelle stehenden, wahren Bedingung ausgeführt.[4]
- Befindet sich in der Zelle mit der bedingten Formatierung eine manuelle Formatierung, überschreibt die bedingte Formatierung die manuelle Formatierung. Die manuelle Formatierung bleibt dabei erhalten und wird wieder dargestellt, wenn die Bedingung in der bedingten Formatierung nicht mehr wahr ist oder die bedingte Formatierung gelöscht wird.

Ein Klick auf die Schaltfläche *Bedingte Formatierung* in der Gruppe *Formatvorlagen* auf der Registerkarte *Start* öffnet ein dreiteiliges Menü (siehe Abbildung 9.2):

- [1] Die Optionen *Regeln zum Hervorheben von Zellen* und *Obere/untere Regeln* enthalten vordefinierte Regeln, mit denen ein Zellwert mit einem anderen Wert verglichen wird. Hierbei kommen die üblichen Vergleichsoperatoren wie »ist größer als«, »ist kleiner als«, »ist gleich« und so weiter zur Anwendung. Aber auch aufwendigere Vergleiche, zum Beispiel für die Ermittlung der Top- oder Flop-Werte, stehen zur Verfügung.
- [2] Bei den Optionen *Datenbalken*, *Farbskalen* und *Symbolsätze* werden grafische Formate beziehungsweise Symbole in der Zelle dargestellt. Scorecards, Dashboards, Managementreports, also vieles, was zum Themenbereich Business Intelligence zählt, ist mit Excel hoch dynamisch darstellbar.
- [3] Die unteren drei Optionen benutzen Sie, um eigene Regeln zu definieren, bereits erstellte Regeln abzuändern, Regeln zu löschen oder um die bedingten Formate im *Manager für Regeln zur bedingten Formatierung* zu verwalten.

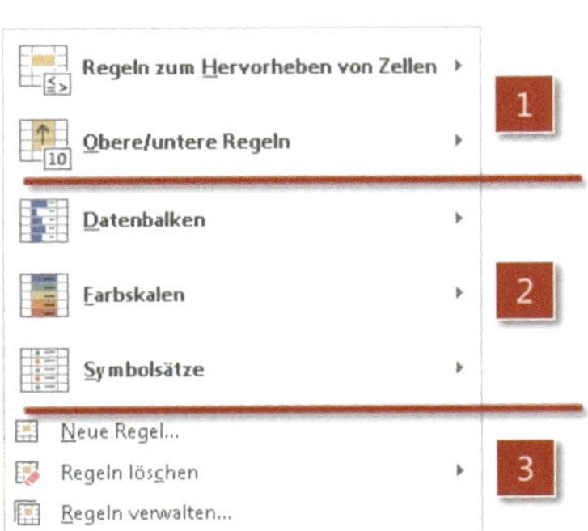

Abbildung 9.2: Das Menü mit den Optionen zur bedingten Formatierung

[3] Dies betrifft die Änderung der Schriftart, der Schriftgröße, einige Schrifteffekte und Rahmenlinienarten.

[4] Im *Manager für Regeln zur bedingten Formatierung* können Sie die Reihenfolge der Regeln ansehen und mit den Schaltflächen *Nach oben* und *Nach unten* festlegen (siehe hierzu weiter hinten in diesem Kapitel).

Die Schnellanalyse nutzen

Seit der Excel-Version 2013 gibt Microsoft den Anwendern die *Schnellanalyse* als interessantes Werkzeug an die Hand. Haben Sie mindestens zwei Zellen markiert, erscheint neben der Markierung die Schaltfläche *Schnellanalyse.*[5] Mit einem Klick auf die Schaltfläche öffnet sich ein Katalog, in dem Ihnen verschiedene Auswertungsoptionen für Ihre Daten angeboten werden, die in den folgenden Bereichen zusammengefasst sind: *Formatierung*, *Diagramme*, *Ergebnisse*, *Tabellen* und *Sparklines* (siehe Abbildung 9.3).

Je nachdem, ob Sie Texte oder Zahlen markiert haben, werden Ihnen unter der Option *Formatierung* nur die dazu passenden, vordefinierten bedingten Formate angeboten. Die Einrichtung der Farben oder der Balkendarstellung ist in der Schnellanalyse nicht vorgesehen.

Lesen Sie dazu in diesem Kapitel im Abschnitt »Das Format und die Balkendarstellung anpassen«, wie Sie ein eigenes Format für Ihre Datenbalken erstellen.

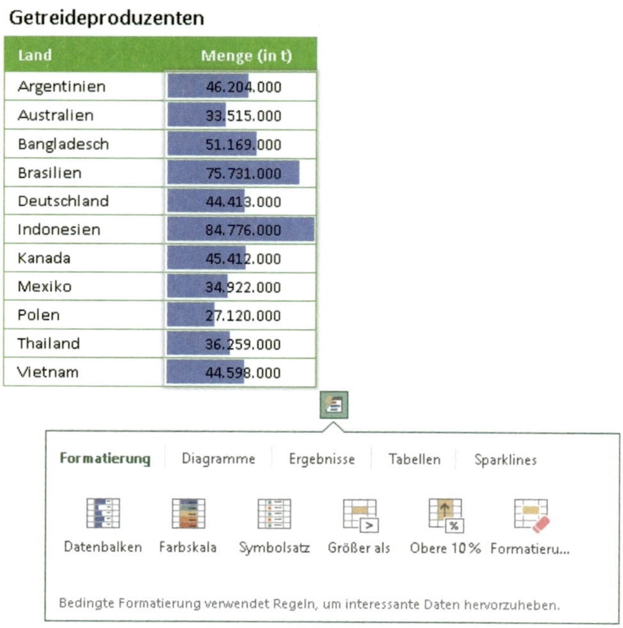

Abbildung 9.3: Die Anwendung der Formatierung Datenbalken *mit der Schnellanalyse*

Bestimmte Werte hervorheben

Eine der häufigsten Anwendungssituationen für die bedingte Formatierung ist das Hervorheben von bestimmten Werten. Für diese Formatierung ist die Vorgehensweise stets gleich:

1. Markieren Sie zunächst die Zellen, auf die die bedingte Formatierung angewendet werden soll.

---

[5] Im Dialogfeld *Excel-Optionen* muss hierfür das Kontrollkästchen *Optionen für die Schnellanalyse anzeigen* in der Rubrik *Allgemein* aktiviert sein.

2. Klicken Sie auf der Registerkarte *Start* in der Gruppe *Formatvorlagen* auf die Schaltfläche *Bedingte Formatierung* und wählen Sie im Menü zu *Regeln zum Hervorheben von Zellen* oder im Menü zu *Obere/untere Regeln* eine vordefinierte Regel aus (siehe Abbildung 9.4).
3. Im darauf folgenden Dialogfeld geben Sie den Vergleichswert ein oder verweisen auf eine Zelle im Arbeitsblatt, die den Vergleichswert enthält, und legen anschließend die Formatierung fest.

Nach dem Schließen der Dialogfelder wird das Format der bedingten Formatierung angewendet, falls die Regel für die jeweiligen Zellen zutrifft.

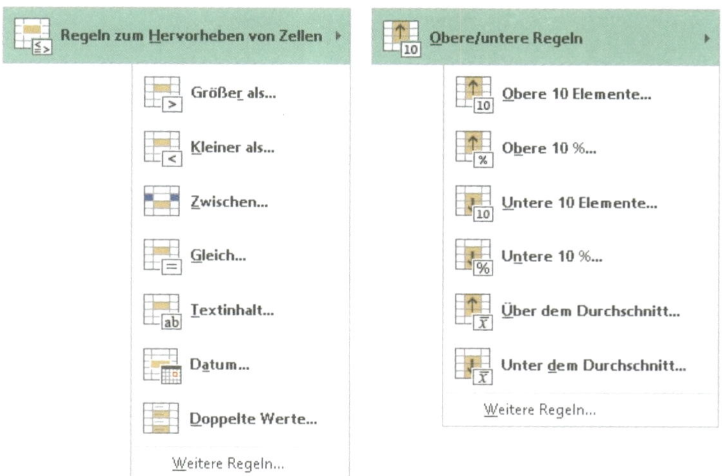

Abbildung 9.4: Wählen Sie eine der vordefinierten Regeln aus oder klicken Sie auf Weitere Regeln

---

Online Die einzelnen Arbeitsblätter der Beispielarbeitsmappe *Kap09_Werte_Hervorheben.xlsx* enthalten die Fortschreibung der Umsatzzahlen und die Formatierung der Top 3.

Um die Umsatzzahlen der drei »bestgehenden« Buchsparten aus Abbildung 9.1 optisch hervorzuheben, gehen Sie wie folgt vor:

1. Markieren Sie den Bereich der Summenzahlen – ohne die Gesamtsumme – und klicken Sie auf der Registerkarte *Start* in der Gruppe *Formatvorlagen* auf die Schaltfläche *Bedingte Formatierung* (siehe [1]).
2. Zeigen Sie auf *Obere/untere Regeln* und klicken Sie auf *Obere 10 Elemente* [2].

   Während das Dialogfeld *Obere 10 Elemente* geöffnet ist, zeigt Ihnen die Livevorschau die Formatierung der betroffenen Zellen. Verändern Sie mit dem Drehfeld die Topanzahl, reagiert sofort die Livevorschau bei der Formatierung.
3. Geben Sie im Dialogfeld *Obere 10 Elemente* die Zahl 3 ein und wählen Sie im Dropdown-Listenfeld die letzte Option *benutzerdefiniertem Format* [3].
4. Wählen Sie im Dialogfeld *Zellen formatieren* auf der Registerkarte *Ausfüllen* ein helles Grün aus und schließen Sie die Dialogfelder mit *OK* [4].

Die Top-3-Summenzahlen werden mit der gewählten Hintergrundfarbe formatiert [5]. Auf diesem Wege ist es nicht möglich, die gesamte dazugehörende Zeile mit zu formatieren.

Wie Sie die gesamte Zeile der Top-3-Buchsparten bedingt formatieren, lesen Sie weiter hinten in diesem Kapitel im Abschnitt »Richten Sie in der Regelbeschreibung einen kombinierten Symbolsatz mit weiteren Optionen ein

Bedingte Formate über Formeln steuern«.

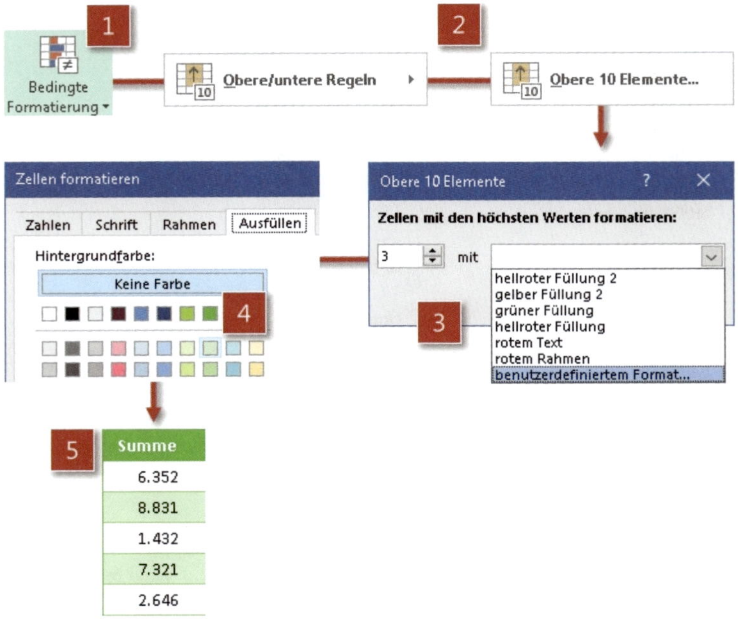

Abbildung 9.5: In wenigen Schritten ermitteln Sie die Top 3 aus den Umsatzzahlen

Mit Datenbalken Zahlenwerte leichter vergleichbar machen

Möchten Sie verschiedene Zellwerte in ihrer Größe miteinander vergleichen und den Vergleich optisch darstellen, hilft Ihnen aus der bedingten Formatierung die Anwendung der Datenbalken. Hierbei repräsentiert die Länge des Balkens die Größe des jeweiligen Zellwerts (siehe Abbildung 9.6). Große und kleine, aber auch positive und negative Zellwerte lassen sich auf diese Weise sehr schnell herauslesen.

Online Auf dem Arbeitsblatt *Übung* der Beispielarbeitsmappe *Kap09_Datenbalken.xlsx* können Sie das Beispiel aus Abbildung 9.6 nachvollziehen.

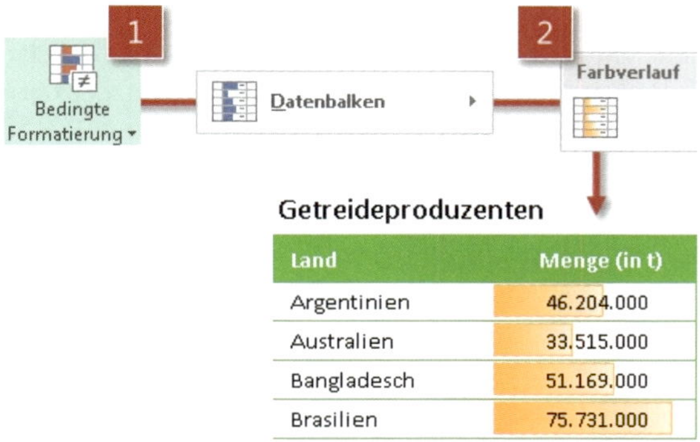

Abbildung 9.6: Datenbalken vereinfachen die Vergleichbarkeit der Zellwerte

Der Einsatz der Datenbalken ist denkbar einfach:

1. Markieren Sie die Zellen, deren Werte untereinander verglichen und als Balken dargestellt werden sollen.
2. Klicken Sie auf der Registerkarte *Start* in der Gruppe *Formatvorlagen* auf die Schaltfläche *Bedingte Formatierung* (siehe Abbildung 9.6 [1]).
3. Zeigen Sie auf *Datenbalken* und anschließend im sich öffnenden Katalog auf eine vordefinierte Balkendarstellung [2]. Bevor Sie abschließend auf eine Balkenoption klicken, zeigt Ihnen die Livevorschau, wie die Balken aussehen.

Ändert sich ein Zellwert, richtet Excel die Darstellung der Datenbalkenlängen automatisch neu ein.

Das Format und die Balkendarstellung anpassen

Finden Sie keine passende Balkendarstellung, klicken Sie im Katalog der Datenbalken auf *Weitere Regeln* und bearbeiten die Regelbeschreibung im Dialogfeld *Neue Formatierungsregel*. Führen Sie dann folgende Schritte aus:

1. Wählen Sie im oberen Bereich als Regeltyp *Alle Zellen basierend auf ihren Werten formatieren* aus (siehe Abbildung 9.7 [1]).
2. In der Regelbeschreibung wählen Sie im Dropdown-Listenfeld *Formatstil* den Eintrag *Datenbalken* [2].
3. Möchten Sie nur die Balken ohne den Zellwert, auf dem sie basieren, anzeigen, aktivieren Sie das Kontrollkästchen *Nur Balken zeigen* [3] (siehe Abbildung 9.8, [1] zeigt Ihnen ein Beispiel).
4. In den Dropdown-Listenfeldern *Minimum* und *Maximum* legen Sie den Wert für die Darstellung des kürzesten (Minimum) und des längsten (Maximum) Datenbalkens fest. Dieser kann durch Excel bestimmt werden, entweder durch
   - den niedrigsten Wert,
   - eine Zahl,
   - einen Prozentwert,
   - eine Formel,
   - ein Quantil oder
   - automatisch.

Wählen Sie zum Beispiel für den kürzesten Balken (Minimum) als Typ *Zahl* aus und geben im darunter liegenden Referenzfeld einen Wert ein oder verweisen auf eine Zelle im Arbeitsblatt, werden nur noch die Datenbalken angezeigt, die auf einem Zellwert basieren, der größer als der angegebene Minimumwert ist [4] (siehe Abbildung 9.8, [5] zeigt hierzu ein Beispiel).

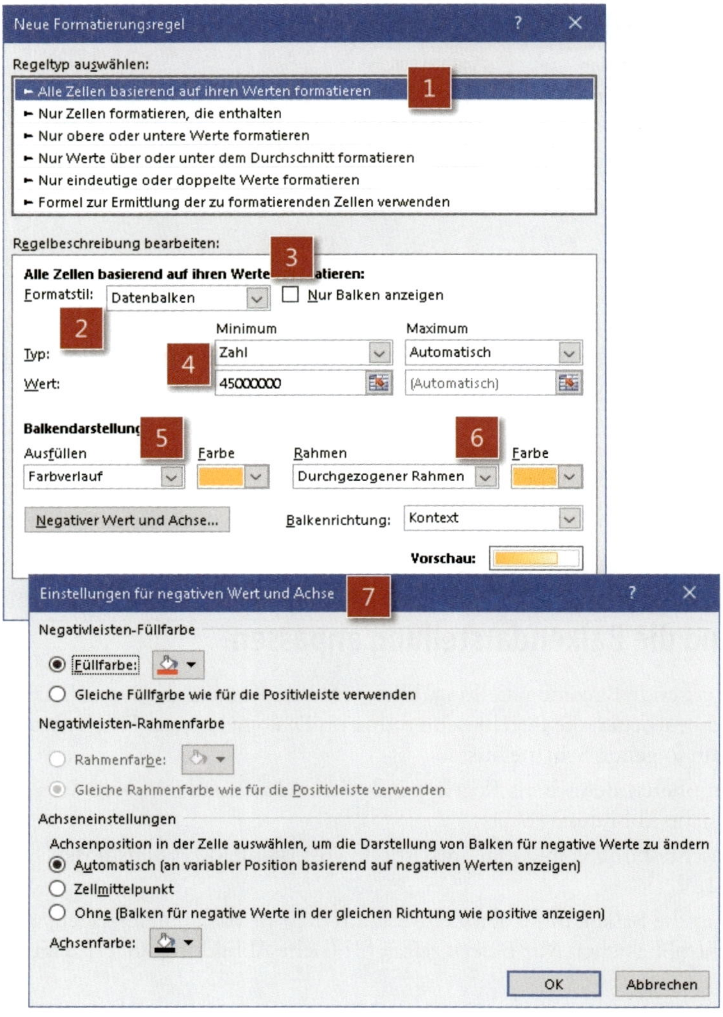

Abbildung 9.7: In diesen beiden Dialogfeldern legen Sie die Datenbalkendarstellung fest

5. Für die Balkendarstellung wählen Sie im Dropdown-Listenfeld *Ausfüllen* entweder eine einfarbige Füllung oder einen Farbverlauf und in der daneben liegenden Farbpalette die gewünschte Farbe aus [5].
6. Sollen die Datenbalken mit einem Rahmen umgeben werden, legen Sie im Dropdown-Listenfeld *Rahmen* die Option *Durchgezogener Rahmen* und in der daneben liegenden Farbpalette die gewünschte Farbe fest [6].

   Rechts unten sehen Sie in der Vorschau die eingerichtete Balkendarstellung.

7. Enthalten Ihre Daten negative Werte, klicken Sie auf die Schaltfläche *Negativer Wert und Achse* und legen im Dialogfeld *Einstellungen für negativen Wert und Achse* die Füllfarbe, Rahmenfarbe sowie die Farbe und Position der Achse fest [7].

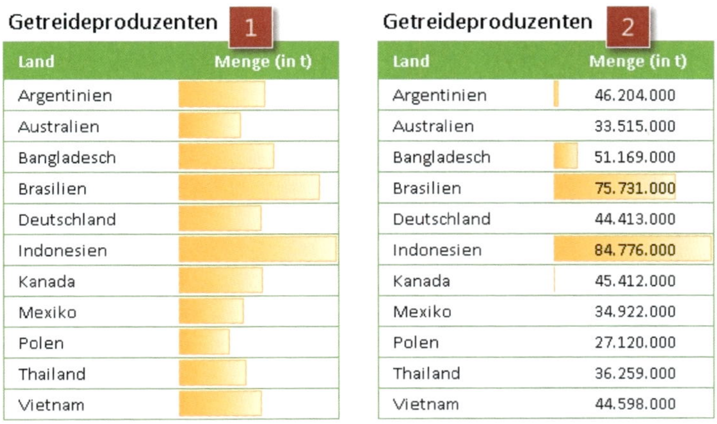
Getreideproduzenten 1

Land	Menge (in t)
Argentinien	
Australien	
Bangladesch	
Brasilien	
Deutschland	
Indonesien	
Kanada	
Mexiko	
Polen	
Thailand	
Vietnam	

Getreideproduzenten 2

Land	Menge (in t)
Argentinien	46.204.000
Australien	33.515.000
Bangladesch	51.169.000
Brasilien	75.731.000
Deutschland	44.413.000
Indonesien	84.776.000
Kanada	45.412.000
Mexiko	34.922.000
Polen	27.120.000
Thailand	36.259.000
Vietnam	44.598.000

Abbildung 9.8: Zwei Beispiele für die Datenbalkendarstellung

Mit Farbskalen Temperaturwerte zuordnen

Die Anwendung von Farbskalen ist in den Bereichen von Vorteil, in denen über das Zahlenmaterial hinaus eine differenziertere Information verdeutlicht werden soll und die verwendeten Farben für den Betrachter eine Signalwirkung haben, zum Beispiel bei Temperaturwerten:

- Ein dunkles bis helles Blau steht für sehr kalt bis kalt,
- die Farbe Weiß für Temperaturen über dem Gefrierpunkt und
- ein helles bis kräftiges Gelb für warm bis sehr warm.

In Abbildung 9.10 wurden die durchschnittlichen Lufttemperaturen verschiedener Städte zusammengetragen. Nur anhand des Zahlenmaterials ist es relativ schwer zu entscheiden, wo und wann warme Lufttemperaturen zu erwarten sind. Mit der Erstellung einer Farbskala wird die Entscheidung wesentlich einfacher. Und so geht's:

1. Markieren Sie die Zahlen, die in die Farbenskala mit einbezogen werden sollen.
2. Klicken Sie auf der Registerkarte *Start* in der Gruppe *Formatvorlagen* auf die Schaltfläche *Bedingte Formatierung* (siehe Abbildung 9.9 [1]).
3. Zeigen Sie auf *Farbskalen* [2] und, da die Farbabstufung Blau-Weiß-Gelb im Katalog nicht angeboten wird, anschließend auf *Weitere Regeln* [3].

   Das Dialogfeld *Neue Formatierungsregel* öffnet sich und der Regeltyp *Alle Zellen basierend auf ihren Werten formatieren* ist bereits ausgewählt.
4. Wählen Sie in der Regelbeschreibung als Formatstil *3-Farben-Skala* [4].

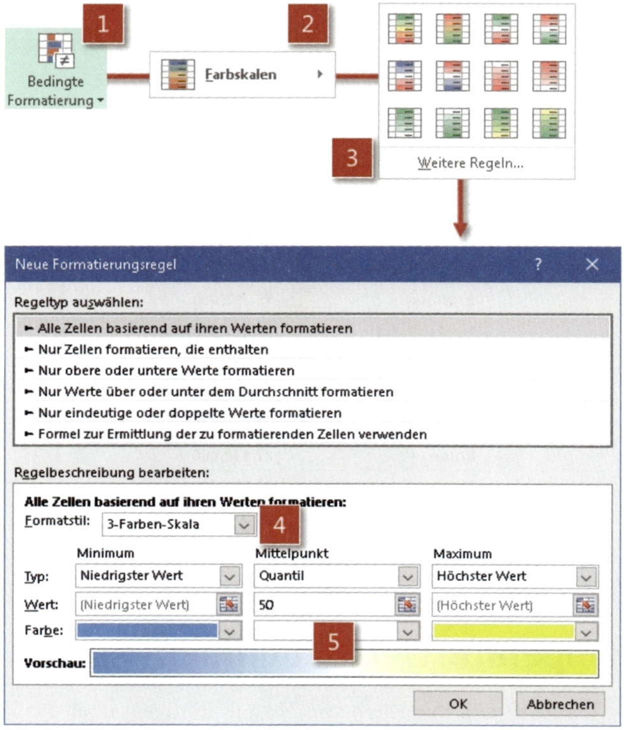

Abbildung 9.9: In wenigen Schritten erstellen Sie Ihre eigene Farbskala

5. Wählen Sie in der Farbpalette bei *Minimum* ein mittleres Blau, bei *Mittelpunkt* Weiß und bei *Maximum* ein kräftiges Gelb aus [5].
6. Schließen Sie das Dialogfeld mit *OK*.

Das Ergebnis entspricht der Darstellung in Abbildung 9.10.

Durchschnittliche Lufttemperatur in °C

Stadt	Jan	Feb	Mrz	Apr	Mai	Jun	Jul	Aug	Sep	Okt	Nov	Dez
Berlin	2	3	8	13	18	22	23	23	19	13	7	3
Rom	11	13	15	19	23	28	30	30	26	22	16	13
Sydney	26	26	25	22	19	17	17	18	20	22	24	25
Tokio	9	9										
Rio de Janeiro	29	29										
Seattle	7	8										
Port Gentil	30	31										
Djibouti	29	29										
Wladiwostok	-9	-5										

Stadt	Jan	Feb	Mrz	Apr	Mai	Jun	Jul	Aug	Sep	Okt	Nov	Dez
Berlin	2	3	8	13	18	22	23	23	19	13	7	3
Rom	11	13	15	19	23	28	30	30	26	22	16	13
Sydney	26	26	25	22	19	17	17	18	20	22	24	25
Tokio	9	9	12	18	22	25	29	30	27	20	16	11
Rio de Janeiro	29	29	29	27	25	24	24	24	24	25	26	28
Seattle	7	8	11	15	19	21	24	24	21	16	10	8
Port Gentil	30	31	31	31	30	28	27	27	28	29	29	29
Djibouti	29	29	30	32	35	39	42	41	37	33	31	29
Wladiwostok	-9	-5	2	8	14	18	21	23	19	12	2	-6

Abbildung 9.10: Anhand der Farbskala lässt sich leichter ermitteln, wann und wo warme Lufttemperaturen zu erwarten sind

Online Auf dem Arbeitsblatt *Übung* der Beispielarbeitsmappe *Kap09_Farbskalen.xlsx* können Sie das Beispiel aus Abbildung 9.10 nachvollziehen.

Mit einem Symbolsatz einen Trend verdeutlichen

Symbole haben gegenüber Farben eine andere Informationsqualität und werden gerne in Auswertungen und Berichten als Signal mit Ampelwirkung oder für Bewertungen benutzt. Excel 2016 enthält für diesen Zweck 52 untereinander kombinierbare Symbole, Trendpfeile, Ampelformen, Fähnchen als Indikatoren sowie Harvey Balls (siehe Abbildung 9.11).

Abbildung 9.11: Neben einem der 52 Symbole können Sie bestimmten Werten auch ausdrücklich kein Zellensymbol zuweisen

In Abbildung 9.12 sehen Sie den fiktiven Produktumsatzverlauf von zehn Produkten aus der 22. und 23. Kalenderwoche (KW). Das Produkt mit dem meisten Umsatz erhält den Rang 1, das Produkt mit dem nächstgrößeren Umsatz den Rang 2 und so weiter. Mit den Symbolen wird der Trend des Rangverlaufs verdeutlicht: Bei einem grünen Pfeil hat sich der Rang des Produkts verbessert, bei einem roten Pfeil verschlechtert; bei dem gelben Ampelsymbol ist er gleich geblieben.

Online Auf dem Arbeitsblatt *Übung* der Beispielarbeitsmappe *Kap09_Symbolsätze.xlsx* können Sie das Beispiel aus Abbildung 9.12 nachvollziehen.

In dem Beispiel aus Abbildung 9.12 zeigen die Pfeilsymbole einen echten Trend, also das Ergebnis eines rechnerischen Vergleichs zweier Werte – in diesem Fall die Veränderung im Rang. In einer Formel wird der Rang aus der 22. Kalenderwoche mit dem Rang aus der 23. Kalenderwoche verglichen und mit einem Wert in der Spalte *Trend* festgehalten:

- 0 für »ist gleich geblieben«
- 1 für »hat sich verbessert«
- -1 für »hat sich verschlechtert«.

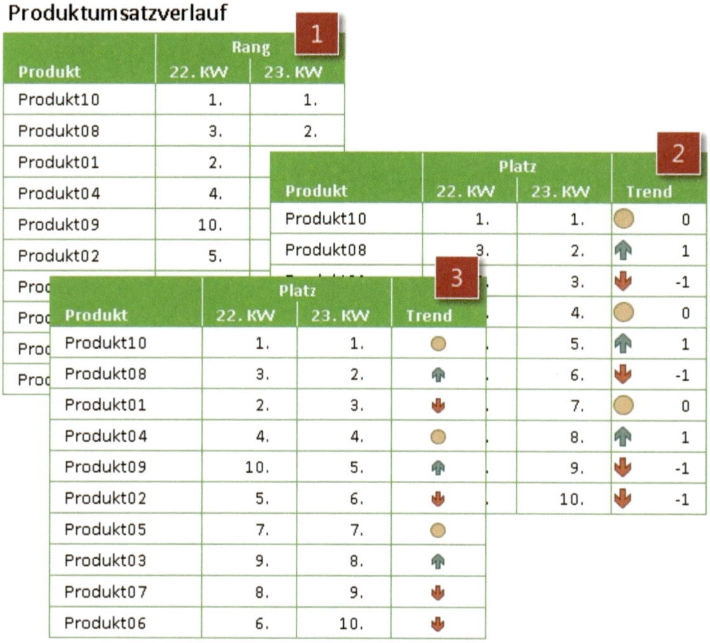

Abbildung 9.12: Symbole verdeutlichen den Trend des Produktumsatzverlaufs

Auf der Basis dieser Zahlen erstellen Sie in der Spalte *Trend* den Symbolsatz wie folgt:

1. Markieren Sie die Zellwerte der Spalte *Trend*.
2. Klicken Sie auf der Registerkarte *Start* in der Gruppe *Formatvorlagen* auf die Schaltfläche *Bedingte Formatierung* (siehe Abbildung 9.13 [1]).
3. Zeigen Sie auf *Symbolsätze* [2] und anschließend im sich öffnenden Katalog ganz unten auf *Weitere Regeln* [3].

   Das Dialogfeld *Neue Formatierungsregel* öffnet sich und der Regeltyp *Alle Zellen basierend auf ihren Werten formatieren* ist bereits ausgewählt. Auch der Formatstil in der Regelbeschreibung ist mit *Symbolsätze* voreingestellt.
4. Wählen Sie im Dropdown-Listenfeld *Symbolart* den ersten Symbolsatz mit drei Pfeilen aus. Es ist der Symbolsatz, der am wenigsten für die Trenddarstellung abgeändert werden muss.

   Da alle Symbole miteinander kombiniert werden können, ist es an dieser Stelle nur wichtig, die benötigte Symbolanzahl auszuwählen. Der Symbolsatz selber kann in der folgenden Regelbeschreibung komplett abgeändert werden.
5. Passen Sie die Regel für die Anzeige der Symbole wie in Abbildung 9.13 an [4].
6. Schließen Sie das Dialogfeld mit *OK*.

   Anmerkung: Der Produktumsatzverlauf in Abbildung 9.12 [2] ist mit deaktiviertem Kontrollkästchen *Nur Symbol anzeigen* erstellt worden. Dadurch werden neben den Symbolen auch die Zellwerte angezeigt. Die Ausrichtung der Zellwerte kann geändert werden, die Ausrichtung der Symbole hingegen nicht.

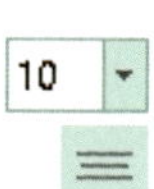

7. Richten Sie für die Symbolgröße abschließend den Schriftgrad *10* und die Ausrichtung auf *Zentriert* ein.

   Das Ergebnis entspricht Abbildung 9.12 [3].

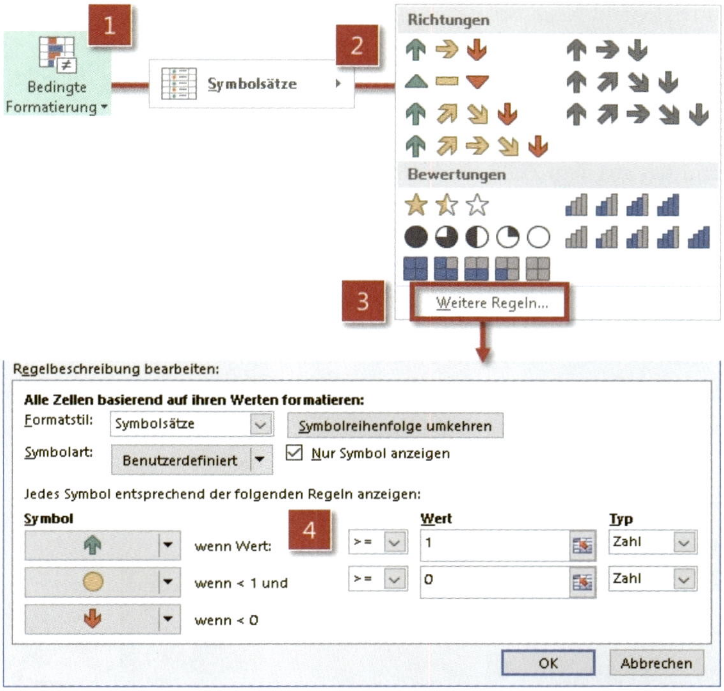

Abbildung 9.13: Richten Sie in der Regelbeschreibung einen kombinierten Symbolsatz mit weiteren Optionen ein

Bedingte Formate über Formeln steuern

Viele Informationen, die Sie mit der bedingten Formatierung anzeigen lassen möchten, können Sie nur mit einer Formel ermitteln, zum Beispiel wurden im Abschnitt »Bestimmte Werte hervorheben« weiter vorn in diesem Kapitel die Top-3-Umsatzzahlen mit einer vordefinierten Regel optisch gekennzeichnet. Leider lässt sich auf diesem Wege nur die einzelne Umsatzzahl, aber nicht die gesamte dazugehörende Zeile, wie in Abbildung 9.1 zu sehen, bedingt formatieren.

Hier hilft nur die Anwendung einer Formel. Die Formel muss als Ergebnis den Wahrheitswert WAHR zurückliefern, damit die bedingte Formatierung angezeigt wird (siehe hierzu den Abschnitt »Die Grundlagen der bedingten Formatierung verstehen« am Anfang dieses Kapitels). Mit den folgenden Schritten erstellen Sie eine bedingte Formatierung mit einer Formel:

Online Mit den Daten in der Beispielarbeitsmappe *Kap09_FormelnEinsetzen.xlsx* können Sie das Beispiel aus Abbildung 9.14 nachvollziehen.

---

1. Markieren Sie den Zellbereich B7:G19 (siehe Abbildung 9.14 [1]).
2. Klicken Sie auf der Registerkarte *Start* in der Gruppe *Formatvorlagen* auf die Schaltfläche *Bedingte Formatierung* und anschließend auf *Neue Regel* [2].

3. Wählen Sie im Dialogfeld *Neue Formatierungsregel* als Regeltyp *Formel zur Ermittlung der zu formatierenden Zellen verwenden* [3].
4. Klicken Sie in der Regelbeschreibung in das Referenzfeld und geben Sie die folgende Formel ein [4]: `=$G7>=KGRÖSSTE($G$7:$G$19;3)`

   Die Formel wird immer aus Sicht der aktiven Zelle B7 formuliert. Die Funktion KGRÖSSTE ermittelt aus dem Zellbereich `$G$7:$G$19` den drittgrößten Wert. Jeder einzelne Zellwert im Bereich `$G$7:$G$19` wird mit diesem Wert verglichen. Ist er größer oder gleich, ergibt die Formel den Wahrheitswert WAHR. Die bedingte Formatierung wird angewendet und das Format angezeigt.

   Wichtig: Die Adressierung einer jeden Vergleichszelle muss in der gemischten Adressierung erfolgen, sonst wird nicht die ganze Zeile formatiert. Alle Vergleichszellen liegen in der gleichen Spalte G, aber in einer anderen Zeile, daher: `$G7`.
5. Klicken Sie auf die Schaltfläche *Formatieren* und richten Sie das Format ein [5].
6. Schließen Sie die Dialogfelder jeweils mit *OK*.

Die gesamte Zeile der drei größten Umsatzzahlen wird im bedingten Format dargestellt [6].

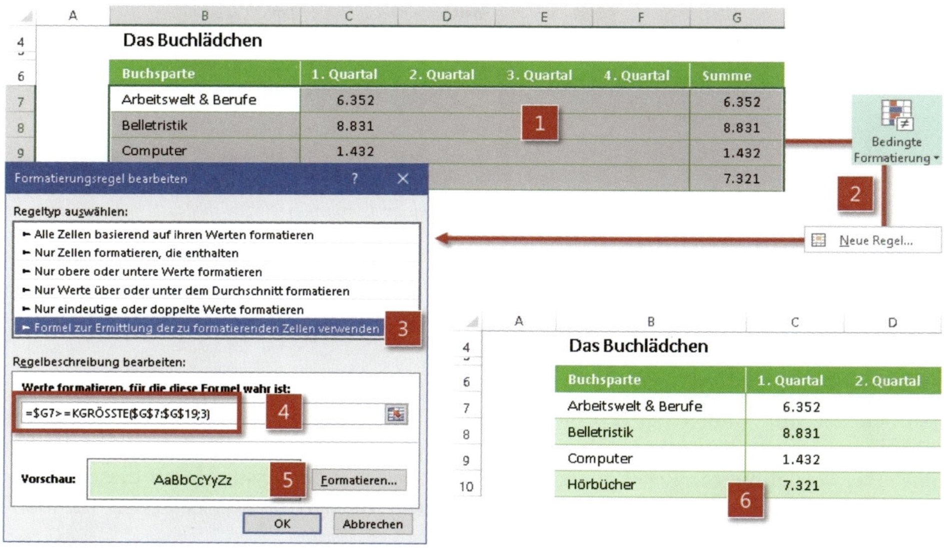

Abbildung 9.14: Durch den Einsatz von Formeln erschließen Sie sich viele neue bedingte Formatierungen

Den »Manager für Regeln zur bedingten Formatierung« nutzen

In den unterschiedlichen Arbeitsblättern und Zellbereichen einer Arbeitsmappe können sehr viele bedingte Formatierungen hinterlegt sein. Um diese Menge an bedingten Formaten besser handhaben zu können, steht Ihnen der *Manager für Regeln zur bedingten Formatierung* zur Verfügung.

Darüber hinaus ist er *das* zentrale Werkzeug für fortgeschrittene Anwender, um alle bedingten Formatierungen ohne Umwege zu erstellen, zu verwalten und zu löschen.

Möchten Sie zum Beispiel aus dem vorangegangenen Abschnitt »Bedingte Formate über Formeln steuern« statt der Top 3 die Top 5 anzeigen lassen, öffnen Sie den *Manager für Regeln zur bedingten Formatierung* und passen lediglich die bereits hinterlegte Formel an:

1. Klicken Sie auf der Registerkarte *Start* in der Gruppe *Formatvorlagen* auf die Schaltfläche *Bedingte Formatierung* (siehe Abbildung 9.15 [1]).
2. Wählen Sie *Regeln verwalten* [2].
3. Öffnen Sie ganz oben im Dialogfeld *Manager für Regeln zur bedingten Formatierung* das Dropdown-Listenfeld *Formatierungsregeln anzeigen für* und wählen Sie *Dieses Arbeitsblatt* [3].

   Der Manager listet alle vorhandenen bedingten Formate im aktuellen Arbeitsblatt auf.
4. Führen Sie entweder einen Doppelklick auf die zu bearbeitende Regel aus [4] oder klicken Sie nach dem Markieren der entsprechenden Regel auf die Schaltfläche *Regel bearbeiten*.

   Das Dialogfeld *Formatierungsregel bearbeiten* öffnet sich.
5. Ändern Sie die Formel wie folgt ab: `=$G7>=KGRÖSSTE($G$7:$G$19;`**`5`**`)`

   Es wird lediglich das zweite Argument der Funktion KGRÖSSTE von der Zahl 3 in die Zahl 5 abgeändert.
6. Schließen Sie das Dialogfeld mit *OK*.

   Sie gelangen zum *Manager für Regeln zur bedingten Formatierung* zurück. Mit der Schaltfläche *Übernehmen* [6] wenden Sie die Regeländerung an, ohne den Manager zu schließen, und können weitere Bearbeitungen ausführen. Erst mit einem Klick auf *OK* schließen Sie den *Manager für Regeln zur bedingten Formatierung*.

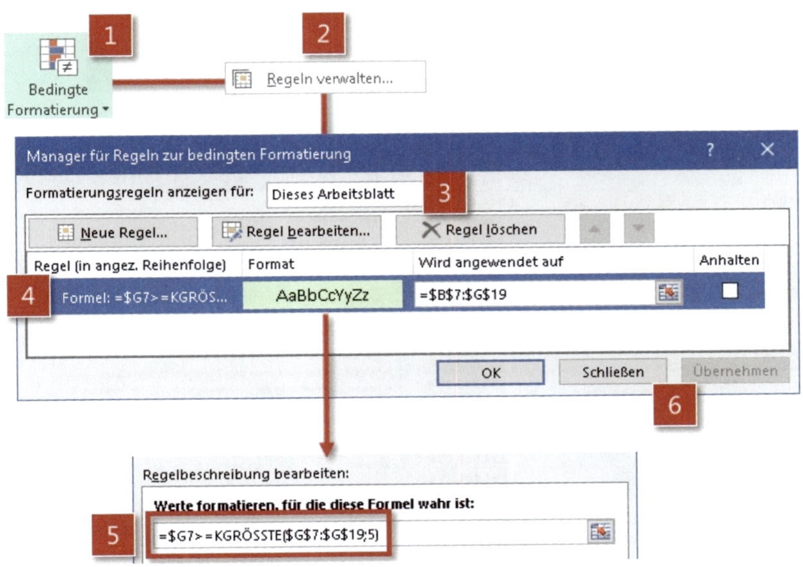

Abbildung 9.15: Der Manager für Regeln zur bedingten Formatierung *ist das zentrale Werkzeug für die bedingte Formatierung*

Bedingte Formate im PivotTable-Bericht anwenden

Arbeiten Sie viel mit PivotTable-Berichten, kann der Einsatz der bedingten Formatierung bei der Auswertung Ihrer Daten sehr hilfreich sein.

In dem Beispiel aus Abbildung 9.16 sind die Daten bereits mit einem PivotTable-Bericht verdichtet, gefiltert und mit einem Tabellenformat versehen worden. Mit einem bedingten Format sollen die Teilergebnisse hervorgehoben werden, die größer als eine Million sind. Und so gehen Sie dabei vor:

Online Das Beispiel aus Abbildung 9.16 können Sie auf dem Arbeitsblatt *Übung* der Beispielarbeitsmappe *Kap09_BedingteFormatierung_PivotTableBericht.xlsx* nachvollziehen.

---

1. Markieren Sie ein Teilergebnis (siehe Abbildung 9.16 [1]).
2. Klicken Sie auf der Registerkarte *Start* in der Gruppe *Formatvorlagen* auf die Schaltfläche *Bedingte Formatierung* [2].
3. Klicken Sie auf *Neue Regel* [3].

   Das Dialogfeld *Neue Formatierungsregel* öffnet sich mit einem zusätzlichen Optionsbereich, der nur im Zusammenhang mit einem PivotTable-Bericht angezeigt wird. Die angebotenen Optionen richten sich nach der Position des Zellzeigers.
4. Wählen Sie die Option *Alle Zellen mit "Summe von Gehalt" Werten für "Abteilung"* [4].
5. Wählen Sie als Regeltyp *Nur Zellen formatieren, die enthalten* [5].

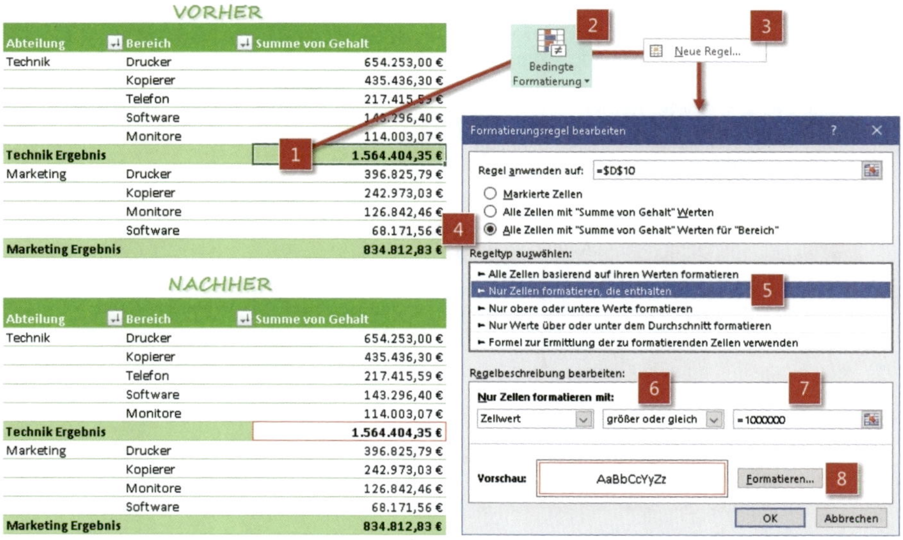

Abbildung 9.16: Die bedingte Formatierung unterstützt Sie bei der Auswertung eines PivotTable-Berichts

6. Wählen Sie im mittleren Dropdown-Listenfeld der Regelbeschreibung die Option *kleiner oder gleich* [6].

7. Tragen Sie im Referenzfeld den Wert 1000000 (eine Million) ein [7].
8. Klicken Sie auf die Schaltfläche *Formatieren* und vergeben Sie ein Format.
9. Schließen Sie alle Dialogfelder mit *OK*.

Bei allen Teilergebnissen, die größer oder gleich 1.000.000 sind, wird die Formatierung angezeigt (siehe Abbildung 9.16).

Wenden Sie einen Filter im PivotTable-Bericht an, reagiert entsprechend die bedingte Formatierung bei den Teilergebnissen.

Bedingte Formate löschen

Grundsätzlich stehen zwei Wege zur Auswahl, um bedingte Formate zu löschen:

- Im Dialogfeld *Manager für Regeln zur bedingten Formatierung* löschen Sie gezielt jeweils eine einzelne Regel aus der aktiven Arbeitsmappe.
- Mit der Option *Regeln löschen* im Menü der Schaltfläche *Bedingte Formatierung* löschen Sie alle Regeln entweder
  - aus dem aktuellen Arbeitsblatt oder
  - aus den markierten Zellen oder
  - aus dem Zellbereich, der als Tabelle formatiert wurde und in dem sich gerade der Zellzeiger befindet oder
  - aus dem aktiven PivotTable-Bericht.

Eine Regel im »Manager für Regeln zur bedingten Formatierung« löschen

Möchten Sie eine bestimmte bedingte Formatierung löschen, benutzen Sie den *Manager für Regeln zur bedingten Formatierung*. Führen Sie folgende Schritte aus:

1. Klicken Sie auf der Registerkarte *Start* in der Gruppe *Formatvorlagen* auf die Schaltfläche *Bedingte Formatierung* (siehe Abbildung 9.17 [1]).

   Die Zellen, deren bedingtes Format Sie löschen möchten, brauchen nicht vorher markiert zu sein.
2. Klicken Sie auf *Regeln verwalten* [2].

   Das Dialogfeld *Manager für Regeln zur bedingten Formatierung* öffnet sich.
3. Wird die zu löschende Regel nicht angezeigt, öffnen Sie das Dropdown-Listenfeld *Formatierungsregeln anzeigen für* und wählen den Bereich aus (*Aktuelle Auswahl*, *Dieses Arbeitsblatt* und so weiter), in dem sich die Regel befindet [3].
4. Markieren Sie die Regel, die Sie löschen möchten [4].
5. Klicken Sie auf die Schaltfläche *Regel löschen* [5].

   Möchten Sie weitere Regeln löschen, wiederholen Sie die Schritte 3 bis 5, *bevor* Sie den *Manager für Regeln zur bedingten Formatierung* mit *OK* schließen [6].

   Erst mit einem Klick auf *OK* wird die Regel endgültig gelöscht.

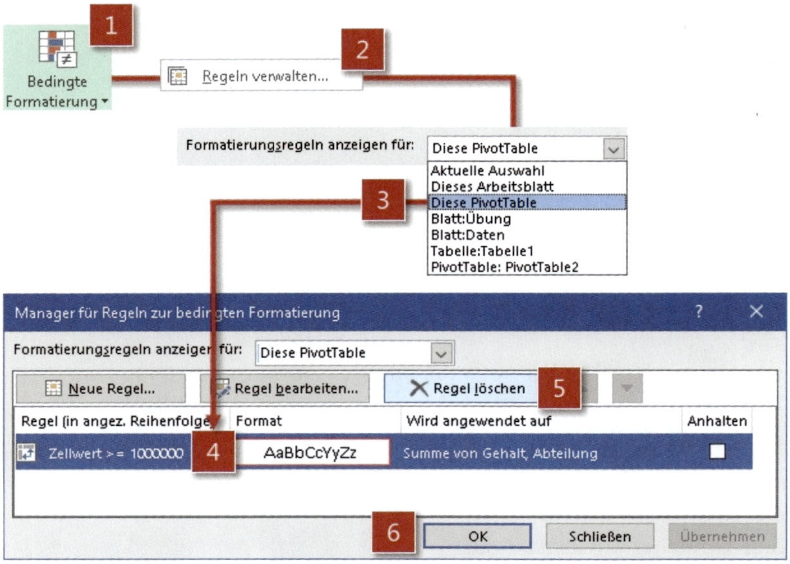

Abbildung 9.17: Mit dem Manager für Regeln zur bedingten Formatierung *löschen Sie gezielt die Regel eines bedingten Formats*

Mehrere bedingte Formate in einem Schritt löschen

Möchten Sie in einem Schritt alle Regeln in einem Bereich des aktiven Arbeitsblattes löschen, gibt Ihnen Excel vier Möglichkeiten an die Hand (siehe Abbildung 9.18 [3]):

- alle Regeln in den ausgewählten Zellen löschen
- alle Regeln im gesamten aktiven Arbeitsblatt löschen
- alle Regeln in der aktiven Tabelle löschen
- alle Regeln im aktiven PivotTable-Bericht löschen.

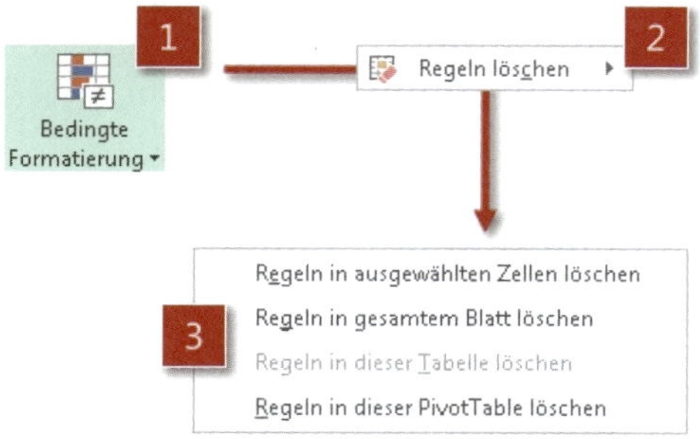

Abbildung 9.18: In drei Schritten löschen Sie alle Regeln aus einem Bereich des aktiven Arbeitsblattes

Tipps und Tricks

Einige bedingte Formatierungen lassen sich nur mit der Kenntnis eines kleinen Kniffs erstellen. Die drei folgenden Abschnitte zeigen beispielhaft jeweils eine Vorgehensweise.

Kennzahlen gleichzeitig mit mehreren bedingten Formaten auswerten

In dem Beispiel in Abbildung 9.19 sollen Kennzahlen mit zwei verschiedenen bedingten Formatierungen hervorgehoben werden. Hierfür müssen zwei Bedingungen (zwei Regeln) angewendet werden. Einige Kennzahlen erfüllen sowohl die erste als auch die zweite Bedingung: Sie sind größer als 90 und damit auch gleichzeitig größer als 70.

Kennzahlen

Bundesland	Jan	Feb	Mrz
Berlin	50	58	29
Bremen	45	75	94
Thüringen	12	76	36
Niedersachsen	80	64	53
Sachsen	14	26	55
Sachsen-Anhalt	21	54	87
Mecklenburg-Vorpommern	16	14	87
Baden-Württemberg	35	17	55
Bayern	16	68	94
Rheinland-Pfalz	80	91	17

Legende
>90
>70

Abbildung 9.19: Zellen mit zwei bedingten Formatierungen hervorheben

Damit beide bedingten Formatierungen angezeigt werden können, müssen Sie auf die Reihenfolge der beiden Regeln im *Manager für Regeln zur bedingten Formatierung* achten und sie gegebenenfalls ändern. Im Einzelnen gehen Sie wie folgt vor:

Online Auf dem Arbeitsblatt *Übung* der Beispielarbeitsmappe *Kap09_Kennzahlen_Auswerten.xlsx* können Sie das Beispiel aus Abbildung 9.19 nachvollziehen.

---

1. Markieren Sie den Zellbereich der Kennzahlen.
2. Klicken Sie auf der Registerkarte *Start* in der Gruppe *Formatvorlagen* auf die Schaltfläche *Bedingte Formatierung*.
3. Zeigen Sie auf *Regeln zum Hervorheben von Zellen* und klicken Sie auf die Option *Größer als*.

   Das Dialogfeld *Größer als* öffnet sich und die Livevorschau zeigt Ihnen ein Formatierungsbeispiel.
4. Klicken Sie in das Referenzfeld und geben Sie die Zahl 90 ein.
5. Öffnen Sie das Dropdown-Listenfeld und wählen Sie nach einem Klick auf *benutzerdefiniertem Format* das anzuzeigende Format, wie in der Legende dargestellt (siehe Abbildung 9.19).

6. Schließen Sie alle Dialogfelder mit *OK*.
7. Wiederholen Sie alle bisherigen Schritte noch einmal, geben Sie aber im Referenzfeld des Dialogfeldes *Größer als* den Wert 70 ein.

Anschließend ist nur die Formatierung für die Kennzahlen, die größer als 70 sind, zu sehen.

Mit den folgenden Schritten sorgen Sie dafür, dass beide Formatierungen angezeigt werden:

1. Markieren Sie eine Kennzahl, klicken Sie auf die Schaltfläche *Bedingte Formatierung* und anschließend auf *Regeln verwalten.*

   Der *Manager für Regeln zur bedingten Formatierung* öffnet sich und zeigt beide hinterlegten Regeln. Da die Regel *Zellwert > 70* an erster Stelle steht, wird sie vor der zweiten Regel ausgeführt und auch auf alle Zellen angewendet, deren Werte größer als 90 sind.
2. Ändern Sie die Reihenfolge der beiden Regeln, indem Sie die oberste Regel markieren und anschließend auf die Schaltfläche *Nach unten* klicken (siehe Abbildung 9.20).
3. Schließen Sie den *Manager für Regeln zur bedingten Formatierung* mit *OK*.

Beide Formatierungen werden wie gewünscht angezeigt.

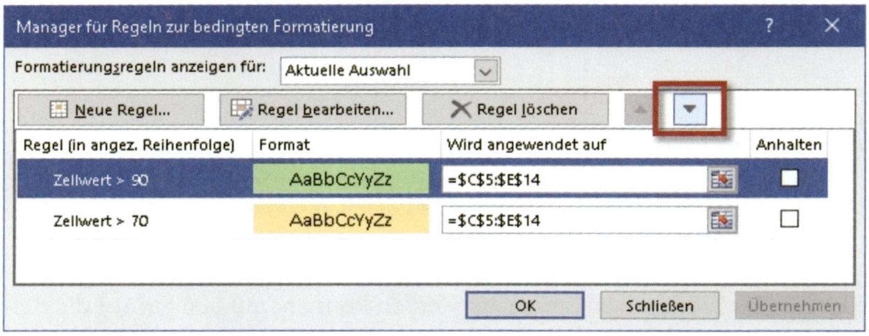

Abbildung 9.20: Im Manager für Regeln zur bedingten Formatierung *ändern Sie die Reihenfolge der Regeln*

Kalenderdaten mit einer bedingten Formatierung hervorheben

In Excel 2016 ist es möglich, in Kalenderdaten mit dem Vergleichsoperator *Diese Woche* alle zu der aktuellen Woche gehörenden Tage zu formatieren. Dabei wird die Formatierung allerdings nach der amerikanischen Woche vorgenommen (Sonntag bis Samstag). Eine Anpassung des Vergleichsoperators an die europäische ISO-Norm[6] (Montag bis Sonntag) ist nicht vorgesehen. Mit welcher Formel berechnet Excel 2016 eigentlich die aktuelle Woche und wie können Sie die ISO-Norm bei Kalenderdaten trotzdem einsetzen?

Mit einem Trick verrät Ihnen Excel, welche Formel für die Anzeige der Tage, die zu *Dieser Woche* gehören, zur Anwendung kommt. Hierzu benötigen Sie allerdings die Version Excel 2003 und Excel 2016.

[6] Die ISO 8601 ist ein internationaler Standard der ISO und definiert den Montag als ersten Tag der Woche.

Hinweis Möchten Sie nicht nur diese, sondern noch andere Formeln in der bedingten Formatierung von Excel 2016 herausfinden (zum Beispiel *Letzte Woche*), sei Ihnen das Buch von Frank Arendt-Theilen, Microsoft Excel: Bedingte Formatierung, Microsoft Press, S. 208 ff. empfohlen.

Nach der Ausführung des Tricks zeigt Ihnen Excel 2003 die benutzte Formel für *Diese Woche* im Dialogfeld *Bedingte Formatierung* an. Sie lautet:

```
=UND(HEUTE()-ABRUNDEN(relativerBezug;0)<=WOCHENTAG(HEUTE())-
1;ABRUNDEN(relativerBezug;0)-HEUTE()<=7-WOCHENTAG(HEUTE()))
```

In ihr wird die Funktion WOCHENTAG ohne das zweite Argument benutzt und damit die amerikanische Wochentagszählung angewendet: Sonntag = 1; Montag = 2; ...; Samstag = 7.

Die Formel muss nur geringfügig abgeändert werden. Setzen Sie für das zweite Argument in der Funktion WOCHENTAG die Zahl 2 ein. Die Wochentagszählung wird daraufhin nach ISO-Norm vorgenommen: Montag = 1; Dienstag = 2; ...; Sonntag = 7. Die Formel lautet jetzt:

```
=UND(HEUTE()-ABRUNDEN(relativerBezug;0)<=WOCHENTAG(HEUTE();2)-
1;ABRUNDEN(relativerBezug;0)-HEUTE()<=7-WOCHENTAG(HEUTE();2))
```

Die abgeänderte Formel benutzen Sie in der bedingten Formatierung von Excel 2016 (siehe Abbildung 9.21):

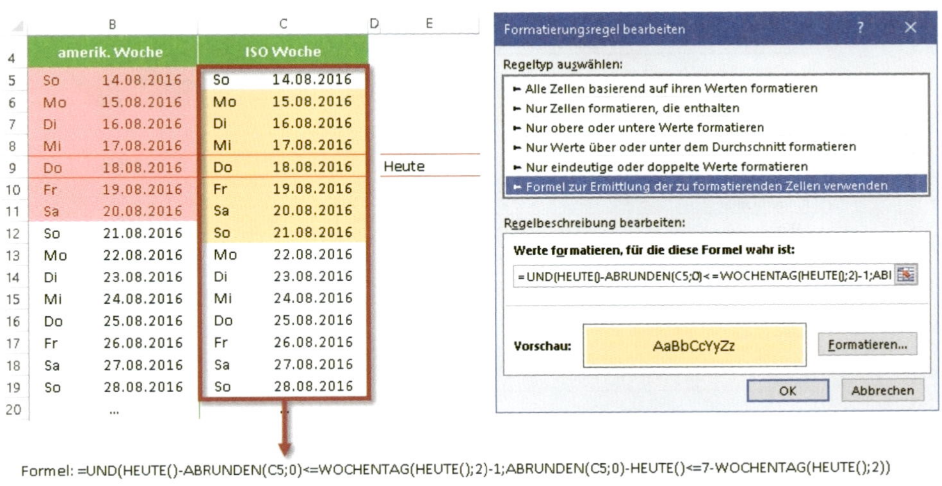

Abbildung 9.21: Nutzen Sie eine Formel, um Diese Woche *nach der ISO-Norm anzeigen zu lassen*

1. Markieren Sie die Kalenderdaten im Bereich C5:C19 und klicken Sie auf der Registerkarte *Start* in der Gruppe *Formatvorlagen* auf die Schaltfläche *Bedingte Formatierung*.
2. Klicken Sie auf *Neue Regel* und wählen Sie im Dialogfeld *Neue Formatierungsregel* als Regeltyp *Formel zur Erstellung der zu formatierenden Zellen verwenden*.

3. Geben Sie im Referenzfeld der Regelbeschreibung die Formel ein:
   `=UND(HEUTE()-ABRUNDEN(C5;0)<=WOCHENTAG(HEUTE();2)-1;ABRUNDEN(C5;0)-HEUTE()<=7-WOCHENTAG(HEUTE();2))`
   Achten Sie darauf, dass der Bezug mit einer relativen Adresse angegeben wird (hier: `C5`).
4. Klicken Sie auf die Schaltfläche *Formatieren* und vergeben Sie ein Format.
5. Schließen Sie die Dialogfelder mit *OK*.

Die Kalenderwoche wird nach ISO-Norm angezeigt.

Online Auf dem Arbeitsblatt *Übung* der Beispielarbeitsmappe *Kap09_DieseWoche.xlsx* können Sie das Beispiel aus Abbildung 9.21 nachvollziehen.

Eine Regel als Filter einsetzen

In dem Beispiel aus Abbildung 9.22 soll eine Farbskala nur bei den Umsatzzahlen dargestellt werden, die größer als der Wert in Zelle D26 und kleiner als der Wert in Zelle F26 sind. Beim Eintragen neuer Werte in Zelle D26 und F26 soll die Farbskala von Excel automatisch angepasst werden.

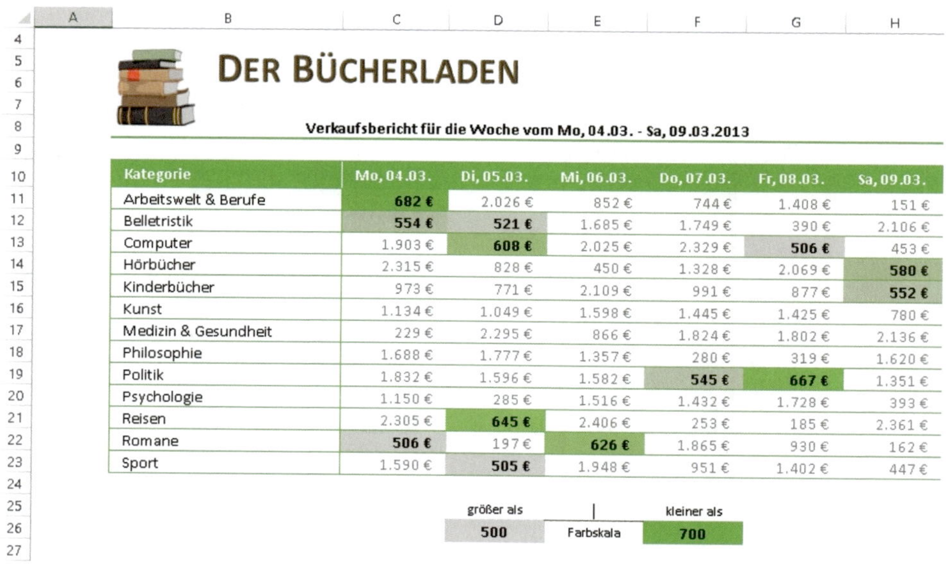

DER BÜCHERLADEN

Verkaufsbericht für die Woche vom Mo, 04.03. - Sa, 09.03.2013

Kategorie	Mo, 04.03.	Di, 05.03.	Mi, 06.03.	Do, 07.03.	Fr, 08.03.	Sa, 09.03.
Arbeitswelt & Berufe	682 €	2.026 €	852 €	744 €	1.408 €	151 €
Belletristik	554 €	521 €	1.685 €	1.749 €	390 €	2.106 €
Computer	1.903 €	608 €	2.025 €	2.329 €	506 €	453 €
Hörbücher	2.315 €	828 €	450 €	1.328 €	2.069 €	580 €
Kinderbücher	973 €	771 €	2.109 €	991 €	877 €	552 €
Kunst	1.134 €	1.049 €	1.598 €	1.445 €	1.425 €	780 €
Medizin & Gesundheit	229 €	2.295 €	866 €	1.824 €	1.802 €	2.136 €
Philosophie	1.688 €	1.777 €	1.357 €	280 €	319 €	1.620 €
Politik	1.832 €	1.596 €	1.582 €	545 €	667 €	1.351 €
Psychologie	1.150 €	285 €	1.516 €	1.432 €	1.728 €	393 €
Reisen	2.305 €	645 €	2.406 €	253 €	185 €	2.361 €
Romane	506 €	197 €	626 €	1.865 €	930 €	162 €
Sport	1.590 €	505 €	1.948 €	951 €	1.402 €	447 €

größer als	|	kleiner als
500	Farbskala	700

Abbildung 9.22: Richten Sie in wenigen Schritten eine dynamische Farbskala ein

---

Online Auf dem Arbeitsblatt *Übung* der Beispielarbeitsmappe *Kap09_Regel_Anhalten.xlsx* können Sie das Beispiel aus Abbildung 9.22 nachvollziehen.

So richten Sie die Regel für die Farbskala ein:

1. Markieren Sie alle Umsatzzahlen und klicken Sie auf der Registerkarte *Start* in der Gruppe *Formatvorlagen* auf die Schaltfläche *Bedingte Formatierung.*
2. Zeigen Sie auf *Farbskalen* und klicken Sie im sich öffnenden Katalog auf *Weitere Regeln.*

   Im Dialogfeld *Neue Formatierungsregel* ist der Regeltyp *Alle Zellen basierend auf ihren Werten formatieren* und in der Regelbeschreibung der Formatstil *2-Farben-Skala* bereits ausgewählt.
3. Wählen Sie für das *Minimum* folgende Einstellungen:
   - Typ: *Zahl*
   - Wert: *$D$26*
   - Farbe: mittleres Grau
4. Wählen Sie für das *Maximum* folgende Einstellungen:
   - Typ: *Zahl*
   - Wert: *$F$26*
   - Farbe: dunkles Grün
5. Schließen Sie das Dialogfeld mit *OK.*

Im Moment wirkt sich die Farbskala noch auf alle Umsatzzahlen aus. Mit der folgenden Filterregel wird die Farbskala auf die Werte zwischen dem kleinsten Wert (Zelle D26) und dem größten Wert (Zelle F26) eingeschränkt.

So richten Sie die Filterregel ein:

1. Markieren Sie alle Umsatzzahlen, klicken Sie auf der Registerkarte *Start* in der Gruppe *Formatvorlagen* auf die Schaltfläche *Bedingte Formatierung* und dann auf *Neue Regel.*
2. Wählen Sie als Regeltyp *Formel zur Ermittlung der zu formatierenden Zellen verwenden.*
3. Geben Sie in der Regelbeschreibung die folgende Formel ein:
   `=ODER(C11<$D$26;C11>$F$26)`
4. Klicken Sie auf die Schaltfläche *Formatieren,* vergeben Sie für die Schriftfarbe ein dunkles Grau und wählen Sie als Schriftschnitt *Standard.*

   Die herausgefilterten, »uninteressanten« Zahlen treten dadurch optisch etwas in den Hintergrund.
5. Schließen Sie die Dialogfelder mit *OK.*

Alle Umsatzzahlen, die kleiner als der Wert in Zelle D26 und größer als der Wert in Zelle F26 sind, erhalten das eingerichtete Schriftformat.

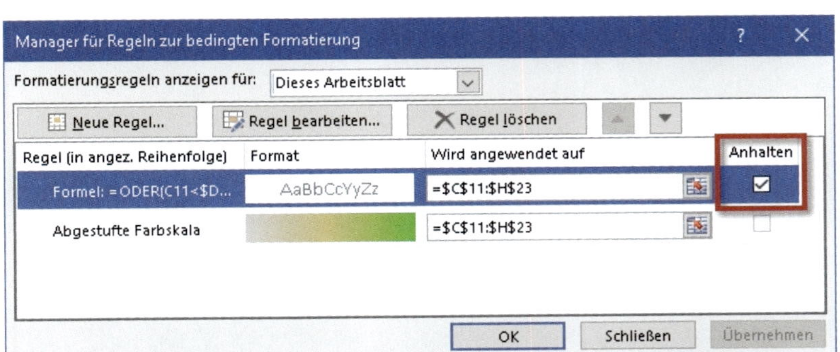

Abbildung 9.23: Im Manager für Regeln zur bedingten Formatierung *aktivieren Sie die Filterregel*

Nun aktivieren Sie die Filterregel und führen Abschlussarbeiten aus:

1. Klicken Sie auf der Registerkarte *Start* in der Gruppe *Formatvorlagen* auf die Schaltfläche *Bedingte Formatierung* und dann auf *Regeln verwalten*.
2. Die Filterregel steht im *Manager für Regeln zur bedingten Formatierung* in der Reihenfolge vor der Regel für die Farbskala. Aktivieren Sie in der Filterregel das Kontrollkästchen *Anhalten* (siehe Abbildung 9.23).

   Dies bewirkt, dass bei allen Zellen, deren Werte in der Filterregel enthalten sind (siehe Formel), die nachfolgende Regel mit der Farbskala nicht mehr angewendet wird. Daher ist die Reihenfolge der beiden Regeln wichtig!
3. Schließen Sie den *Manager für Regeln zur bedingten Formatierung* mit *OK*.
4. F Markieren Sie noch alle Umsatzzahlen und vergeben Sie den Schriftschnitt *Fett*. Damit treten die Werte in der Farbskala zusätzlich deutlicher hervor.

Fertig! Probieren Sie verschiedene Werte in den Zellen D26 und F26 aus!

Kapitel 10

Einfache Funktionen meistern: Von SUMME bis SUMMEWENNS

In diesem Kapitel:

In Kapitel 3 wird gezeigt, wie Sie mit den Funktionen SUMME, MITTELWERT, MIN, MAX sowie ANZAHL rechnen, ohne selbst eine Formel eingeben zu müssen. Excel stellt Hunderte weiterer Funktionen bereit, damit Sie auch komplexere Auswertungen erledigen können. Lernen Sie in diesem Kapitel Funktionen kennen, mit denen Sie nicht mehr alle Werte einer Tabelle berechnen, sondern nur die, die bestimmten Kriterien entsprechen. Beziehen Sie beispielsweise nur Daten in eine Auswertung ein, die aus einem bestimmten Monat stammen, zu einem bestimmten Kunden gehören oder eine bestimmte Produktgruppe betreffen. Mit den Funktionen ZÄHLENWENN(S) und SUMMEWENN(S) gelangen Sie ohne vorheriges Filtern sofort zu Ergebnissen, die exakt Ihren Kriterien entsprechen. Erfahren Sie außerdem, wie Sie die Funktionen gezielt einsetzen, um informative Statusanzeigen aufzubauen, mit deren Hilfe Sie jederzeit auskunftsfähig sind.

Abbildung 10.1: Der generelle Aufbau von Funktionen anhand der Funktion ZÄHLENWENN, die hier im Beispiel ermittelt, wie oft im Zellbereich C4:C16 das Wort nein vorkommt

Was zu einer Funktion gehört und wie Sie diese eingeben

Funktionen sind vordefinierte Formeln, die Berechnungen mithilfe bestimmter Werte – Argumente genannt – in einer bestimmten Art durchführen. Funktionen können Sie sowohl für einfache als auch für komplexe Auswertungen verwenden.

Der Aufbau einer Funktion

Abbildung 10.1 zeigt den typischen Aufbau einer Funktion – auch Syntax genannt. Sie beginnt wie jede Formel mit einem Gleichheitszeichen. Es folgen der Funktionsname, eine öffnende Klammer, die per Semikolon getrennten Argumente und eine schließende Klammer.

Wenn Sie einen *Funktionsnamen* nicht oder nicht genau kennen, holen Sie sich Hilfe beim Funktions-Assistenten, denn er enthält eine Liste der verfügbaren Funktionen. Klicken Sie auf eine Zelle und drücken Sie die Tastenkombination [⇧]+[F3], um den Assistenten aufzurufen.

Die *Argumente*, die zwischen den Klammern stehen, können völlig unterschiedlicher Art sein. Möglich sind

- Zahlen, Datumsangaben oder Texte als Konstanten,
- Zellbezüge (relative, absolute oder gemischte),
- andere Funktionen oder Bereichsnamen.

Mehrere Argumente innerhalb der Klammern trennen Sie durch Semikolon. Zur besseren Übersicht können Sie zwischen den Argumenten innerhalb der Klammern auch Leerzeichen eingeben.

Achtung Beim Eingeben von Argumenten sind folgende Beschränkungen zu beachten:

- Eine Funktion kann maximal 255 Argumente verarbeiten.
- Innerhalb der Klammern sind maximal 32.767 Zeichen möglich.

Das Spektrum der Funktionen

Bevor Sie in diesem und weiteren Kapiteln die einzelnen Funktionen kennenlernen und anwenden, hier zunächst ein Überblick, welche Arten von Funktionen es gibt. Durchstöbern Sie einfach die in Abbildung 10.2 unter [2] gezeigte Funktionsbibliothek auf der Registerkarte *Formeln*. Sie werden überrascht sein, wie viele Funktionen dort abrufbar sind. Tabelle 10.1 liefert Ihnen eine Auflistung der dort vorhandenen Funktionskategorien und wichtiger Funktionen.

Symbol	Beispiele für Funktionen
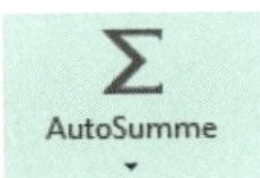	Zugriff auf fünf häufig gebrauchte Funktionen: SUMME, MITTELWERT, ANZAHL, MAX, MIN
	Liste der während der letzten Excel-Sitzungen verwendeten Funktionen
	AUSZAHLUNG, BW, RENDITE, RMZ, ZINS, ZINSSATZ, ZW, ZZR
	FALSCH, NICHT, ODER, UND, WAHR, WENN, WENNFEHLER, nur mit Office 365: WENNS, ERSTERWERT
	CODE, ERSETZEN, FINDEN, GLÄTTEN, LÄNGE, LINKS, RECHTS, SÄUBERN, SUCHEN, WECHSELN, ZEICHEN nur mit Office 365: TEXTKETTE, TEXTVERKETTEN
	ARBEITSTAG, DATUM, HEUTE, JAHR, JETZT, KALENDERWOCHE, MONAT, NETTOARBEITSTAGE, STUNDE, WOCHENTAG, ZEIT
	INDEX, INDIREKT, SPALTE, SVERWEIS, VERGLEICH, VERWEIS, ZEILE
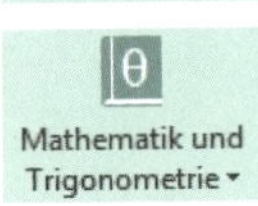	ABRUNDEN, AUFRUNDEN, REST, RUNDEN, SUMME, SUMMEWENN, SUMMEWENNS, VRUNDEN, ZÄHLENWENN, ZÄHLENWENNS
	Hier finden Sie Funktionen der Kategorien *Statistisch*, *Konstruktion*, *Cube*, *Informationen*, *Kompatibilität* und *Web*. Relevant sind beispielsweise MIN, MAX, MITTELWERT DELTA, UMWANDELN CUBEWERT, CUBEMENGE ISTFEHLER, ISTTEXT, ISTZAHL RANG, VARIANZ

Tabelle 10.1: Übersicht über Funktionskategorien und ausgewählte Funktionen

Drei Wege zum Eingeben einer Funktion

Funktionen können Sie – wie in Abbildung 10.2 gezeigt – auf drei Wegen eingeben:

- Geben Sie die Funktion in die Zelle oder oben in die Bearbeitungsleiste ein. Beginnen Sie stets mit einem Gleichheitszeichen. Tippen Sie dann die ersten Buchstaben für die Funktion ein. Es erscheint automatisch eine Auswahlliste [1], die Ihnen die Syntax und die Wirkung der Funktion anzeigt sowie Informationen zu den Funktionsargumenten einblendet.
- Verwenden Sie den Funktions-Assistenten [2]. Diesen rufen Sie entweder mit [⇧]+[F3] auf oder über den Befehl *Funktion einfügen* ganz links auf der Registerkarte *Formeln* oder per Klick auf das Symbol *fx* links neben der Bearbeitungsleiste.
- Verwenden Sie die *Funktionsbibliothek* [3]. Die gleichnamige Gruppe finden Sie auf der Registerkarte *Formeln*.

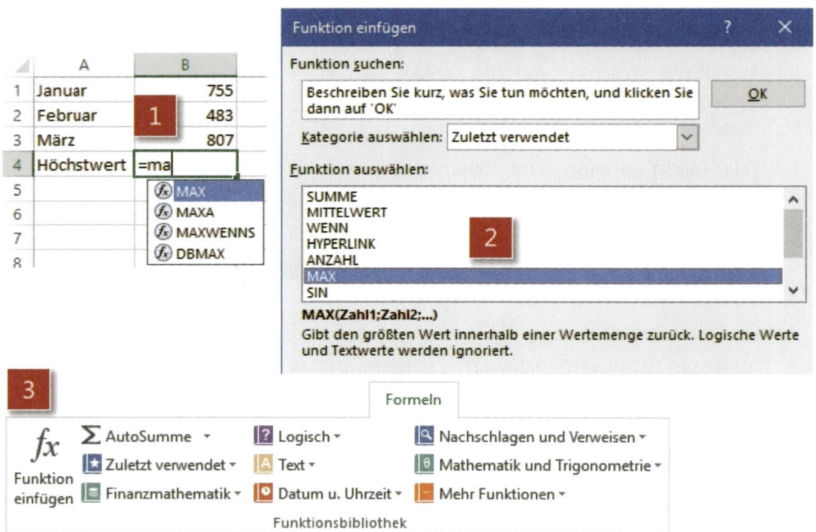

Abbildung 10.2: Drei Wege, auf denen Sie eine Funktion eingeben können

Funktions-Assistent versus Eingabe mit Auswahlliste

Die in Abbildung 10.2 gezeigten Eingabevarianten [1] und [2] führen am schnellsten zum Ziel. Aber wann ist welcher Weg besser geeignet?

Die Auswahlliste verwenden

Wenn Sie einfache Funktionen nutzen oder bereits Praxis im Erstellen von Formeln haben und die Syntax häufig verwendeter Funktionen kennen, kommen Sie mit Variante 1 schnell zum Ziel. Tippen Sie einfach – wie in Abbildung 10.2 unter [1] gezeigt – die Funktion in die Zelle oder in die Bearbeitungsleiste ein und lassen Sie sich dabei von Excel unterstützen.

Sie brauchen gar nicht den kompletten Funktionsnamen einzutippen. Denn nachdem Sie das Gleichheitszeichen und die Anfangsbuchstaben der Funktion eingegeben haben, blendet Excel eine dynamische Liste mit Funktionen ein, die die eingetippten Buchstaben enthalten.

Wählen Sie die gewünschte Funktion per Doppelklick aus oder bewegen Sie mit der Taste [↓] die Markierung auf die gewünschte Funktion und drücken Sie dann die Taste [⇥], um die Funktion zu übernehmen.

Hinweis Tippen Sie Funktionsnamen in Kleinbuchstaben ein, wandelt Excel diese nach Drücken von [↵] in Großbuchstaben um. Funktionen sind so besser erkennbar.

Den Funktions-Assistenten nutzen

Über das in Abbildung 10.2 unter [2] gezeigte Dialogfeld *Funktion einfügen* können Sie den Namen einer Funktion, die zugehörigen Argumente sowie eine Beschreibung der Funktion und der Argumente und schließlich auch das Ergebnis Ihrer Formel sehen. Für alle, die in die Welt der Formeln einsteigen, ist das sicher besonders hilfreich.

Beim Eingeben der Argumente verschiedene Arten von Zellbezügen nutzen

In den meisten Fällen beziehen sich die Argumente einer Funktion auf Zellen oder Zellbereiche. Tabelle 10.2 zeigt eine Übersicht möglicher Bezugsarten.

Bezugsart	Erläuterung
Eine Zelle	Ein Zellbezug wird durch den Spaltenbuchstaben und die Zeilennummer angegeben; zum Beispiel: B2
Zusammenhängender Zellbereich	Der Zellbezug wird durch die erste und die letzte Zelle, getrennt durch einen Doppelpunkt, dargestellt;
	Beispiel für mehrere Zellen einer Zeile: B2:E2
	Beispiel für mehrere Zellen einer Spalte: B2:B7
	Beispiel für Zellen mehrerer Zeilen und Spalten: B2:D7
Nicht zusammenhängender Zellbereich	Der Zellbezug setzt sich aus mehreren Elementen zusammen, die durch Semikolon getrennt werden;
	zum Beispiel: B2:B7;D2:D7;F2:F7
Bereichsnamen	Ein Zellbereich wurde mit einem Namen versehen. Mehr zum Erstellen von Bereichsnamen finden Sie in Kapitel 13.

Tabelle 10.2: Verschiedene Arten von Zellbezügen

Fehlerfrei: Zellbezüge durch Zeigen mit der Maus eingeben

Zellbezüge können Sie durch Eintippen auf der Tastatur oder durch Zeigen und Klicken mit der Maus festlegen. Da beim Eingeben über die Tastatur das Risiko von Tippfehlern besteht, ist die Methode durch Zeigen und Klicken mit der Maus sicherer und bewahrt Sie vor inkorrekten Formeln.

Hinweis Wie Sie Zellbezüge mit der Maus erstellen, lesen Sie in Kapitel 2.

Eine eingegebene Funktion nachträglich ändern

Eine bestehende Funktion können Sie – wie jede Formel auch – jederzeit anpassen, wenn beispielsweise neue Daten hinzugekommen sind und der bestehende Zellbezug erweitert werden muss. Gehen Sie zum Ändern wie folgt vor:

1. Klicken Sie auf die Zelle, die die Funktion enthält.
2. Drücken Sie die Taste [F2] – damit schalten Sie in den Bearbeitungsmodus um.
3. Nehmen Sie oben in der Bearbeitungsleiste die Änderungen vor und schließen Sie mit [↵] ab.

Bezüge ändern oder entfernen

Enthält die Funktion einen falschen oder nicht mehr aktuellen Zellbezug, können Sie dies wie folgt korrigieren:

- Entfernen Sie den fehlerhaften Bezug und wählen Sie dann einen neuen aus.
  Oder:
- Markieren Sie den zu ersetzenden Bezug in der Formel und anschließend im Blatt den korrekten Zellbereich – der alte Bereichsbezug wird so aktualisiert.

Summen sowie Höchst-, Tiefst- und Mittelwerte über mehrere Bereiche

In Kapitel 3 wird gezeigt, wie Sie – ohne eine Formel eingeben zu müssen – über die Schaltfläche *AutoSumme* auf der Registerkarte *Start* einfache Berechnungen im Handumdrehen durchführen, wenn sich die Werte in *einem* Bereich neben oder über der Ergebniszelle befinden. Was aber, wenn *mehrere* Bereiche beim Bilden einer Summe oder eines Mittelwerts zu berücksichtigen sind?

Abbildung 10.3 zeigt dafür ein Beispiel: Der Strom- und Wasserverbrauch aus den beiden Tabellen links soll rechts in einer Übersicht zusammengefasst werden.

Haus A

WE	Personen	Wasser (m^3)	Strom (kWh)
0101	2	101	2.800
0102	3	84	3.000
0201	2	76	2.450
0202	3	110	3.100
0301	4	131	4.200
0302	2	60	2.360
0401	3	89	3.800
0402	3	101	3.670
0501	3	112	4.000

Haus B

WE	Personen	Wasser (m^3)	Strom (kWh)
0101	2	90	2.777
0102	4	117	3.410
0201	2	105	2.560
0202	3	110	3.300
0301	unverm.	unverm.	unverm.
0302	2	69	2.450
0401	3	75	3.640
0402	unverm.	unverm.	unverm.
0501	3	90	4.090

Wasserverbrauch (m^3) für Haus A und B	
Gesamter Verbrauch	
Höchster Verbrauch	
Geringster Verbrauch	
Ø Verbrauch	

Stromverbrauch (kWh) für Haus A und B	
Gesamter Verbrauch	
Höchster Verbrauch	
Geringster Verbrauch	
Ø Verbrauch	

Abbildung 10.3: Die Daten zu Haus A und B sollen rechts in einer Verbrauchsstatistik zusammengefasst werden

Online Zum Nachvollziehen dieser Aufgabe öffnen Sie die Datei *Kap10_UEB.xlsx* und wechseln dort zum Arbeitsblatt *Statistik Haus A & B*.

Eine Summe über zwei Bereiche berechnen

Ermitteln Sie zuerst den Gesamtwasserverbrauch aus den beiden in Abbildung 10.3 links gezeigten Tabellen. Gehen Sie dazu wie folgt vor:

1. Markieren Sie Zelle M6, also die Zelle, in der die Summe berechnet werden soll.
2. Klicken Sie auf der Registerkarte *Start* auf die Schaltfläche *AutoSumme*.

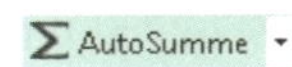

3. Excel schlägt nun links von M6 liegende Zellen zur Addition vor. Ignorieren Sie diesen Vorschlag. Markieren Sie stattdessen mit gedrückter linker Maustaste den Zellbereich D6:D14. Die Formel lautet nun `=SUMME(D6:D14)`.
4. Drücken Sie die Taste [Strg] und halten Sie sie gedrückt. Markieren Sie nun per Maus noch den Bereich I6:I14. Die Formel lautet jetzt `=SUMME(D6:D14;I6:I14)`. Das Ergebnis beträgt *1.520*. Schließen Sie mit [↵] ab.

In Abbildung 10.4 können Sie nicht nur die fertige Formel sehen, sondern auch, dass Excel die beiden Zellbereiche auf dem Blatt mit farbigen Rahmen umgibt – hier im Blau- und Rotton – und die Zellbezüge in der Formel die gleichen Farben haben.

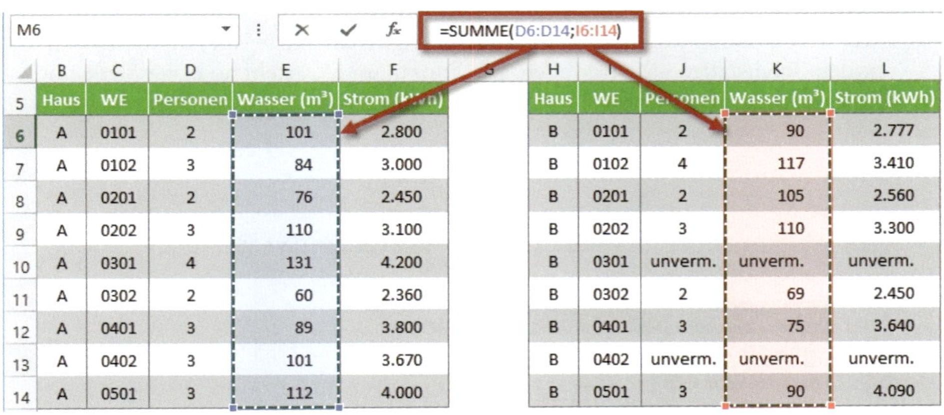

	B	C	D	E	F	G	H	I	J	K	L
5	Haus	WE	Personen	Wasser (m³)	Strom (kWh)		Haus	WE	Personen	Wasser (m³)	Strom (kWh)
6	A	0101	2	101	2.800		B	0101	2	90	2.777
7	A	0102	3	84	3.000		B	0102	4	117	3.410
8	A	0201	2	76	2.450		B	0201	2	105	2.560
9	A	0202	3	110	3.100		B	0202	3	110	3.300
10	A	0301	4	131	4.200		B	0301	unverm.	unverm.	unverm.
11	A	0302	2	60	2.360		B	0302	2	69	2.450
12	A	0401	3	89	3.800		B	0401	3	75	3.640
13	A	0402	3	101	3.670		B	0402	unverm.	unverm.	unverm.
14	A	0501	3	112	4.000		B	0501	3	90	4.090

Abbildung 10.4: Mehrere Zellbereiche in die Formel einbeziehen über die Taste [Strg]

Ermitteln Sie nun noch den Gesamtverbrauch für Strom in beiden Häusern wie folgt:

1. Markieren Sie Zelle M12, also die Zelle, in der alle Werte zum Stromverbrauch addiert werden sollen.
2. Klicken Sie wieder auf die Schaltfläche *AutoSumme*.
3. Ignorieren Sie den von Excel vorgeschlagenen Zellbezug und markieren Sie stattdessen den Zellbereich E6:E14 und anschließend mit gedrückter [Strg]-Taste noch den Bereich J6:J14. Die Formel lautet `=SUMME(E6:E14;J6:J14)`. Schließen Sie mit [↵] ab. Das Ergebnis ist *51.607*.

Hinweis Sie können mehrere Zellbezüge in einer Formel auch ohne die Strg-Taste einfügen, indem Sie nach dem Markieren eines Zellbereichs ein Semikolon eingeben und dann einfach den nächsten Bereich markieren.

Größte und kleinste Werte sowie die Mittelwerte aus mehr als einem Bereich ermitteln

In der statistischen Übersicht des Wasser- und Stromverbrauchs – die fertige Lösung sehen Sie in Abbildung 10.7 – sollen im nächsten Schritt die Maximal- und Minimalwerte aus beiden Häusern angezeigt werden. Nutzen Sie zum Berechnen diesmal eine andere Vorgehensweise und arbeiten Sie mit der Auswahlliste.

Online Nutzen Sie für diese Aufgabe ebenfalls das Arbeitsblatt *Statistik Haus A & B* in der Beispieldatei *Kap10_UEB.xlsx*.

Die Höchstwerte ermitteln

1. Markieren Sie M7, dort soll der maximale Wasserverbrauchswert erscheinen.
2. Geben Sie `=m` ein.
3. Excel schlägt nun – wie in Abbildung 10.5 gezeigt – eine Liste von Funktionen vor, die mit dem Buchstaben »M« beginnen. Die Funktion MAX steht an erster Stelle und ist bereits markiert. Daher brauchen Sie nur die Taste ⇆ zu drücken, um die Funktion in die Bearbeitungsleiste zu übernehmen.

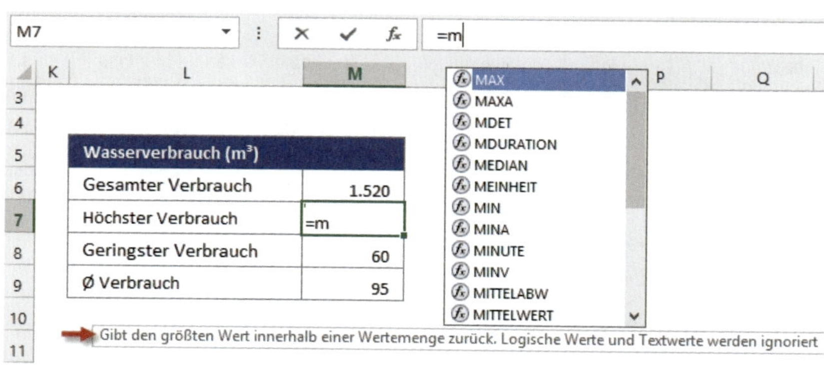

Abbildung 10.5: Die Funktion MAX ganz komfortabel mit der Auswahlliste einfügen

4. Markieren Sie nun den Zellbereich mit den Werten für den Wasserverbrauch in Haus A, also D6 bis D14 und dann mit gedrückter Strg-Taste noch I6 bis I14.
5. Schließen Sie mit ↵ ab. Excel setzt die schließende Klammer.

Die fertige Formel `=MAX(D6:D14;I6:I14)` sehen Sie in Abbildung 10.6.

Abbildung 10.6: Auch in der Formel zum Berechnen des Maximums haben die Zellbezüge verschiedene Farben

---

Hinweis Wie in Abbildung 10.5 unten zu sehen, zeigt Excel zu der ausgewählten Funktion stets an, was sie leistet. Für die Funktion MAX ist zu lesen: »Gibt den größten Wert einer Wertemenge zurück. Logische Werte und Textwerte werden ignoriert.« Dies stellt klar, dass die Zellen mit dem Text *unverm.* nicht berücksichtigt werden. Die »Sprechblase« mit dieser Erläuterung können Sie übrigens beliebig verschieben.

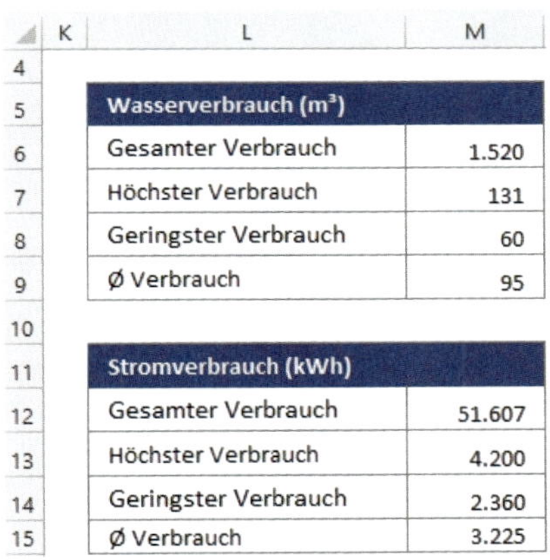

	K	L	M
4			
5		Wasserverbrauch (m³)	
6		Gesamter Verbrauch	1.520
7		Höchster Verbrauch	131
8		Geringster Verbrauch	60
9		Ø Verbrauch	95
10			
11		Stromverbrauch (kWh)	
12		Gesamter Verbrauch	51.607
13		Höchster Verbrauch	4.200
14		Geringster Verbrauch	2.360
15		Ø Verbrauch	3.225

Abbildung 10.7: Blick auf die fertige statistische Übersicht zu den Verbrauchswerten für die beiden Häuser

Ermitteln Sie in Zelle M13 den Höchstwert für den Stromverbrauch in beiden Häusern. Die Formel lautet diesmal `=MAX(E6:E14;J6:J14)` (siehe Abbildung 10.8).

Abbildung 10.8: Die Formel zum Ermitteln des höchsten Wertes für den Stromverbrauch

Die Tiefstwerte ermitteln

Zum Anzeigen der Minimalwerte für Wasser- und Stromverbrauch in den beiden Zellen M8 und M14 gehen Sie analog zum Berechnen der Maximalwerte vor, nur dass Sie diesmal die Funktion MIN verwenden. Abbildung 10.9 zeigt die fertigen Formeln. Für M8 ist es `=MIN(D6:D14;I6:I14)`, für M14 `=MIN(E6:E14;J6:J14)`.

Abbildung 10.9: Die beiden Formeln zum Ermitteln der geringsten Werte für Wasser- und Stromverbrauch

Die Durchschnittswerte berechnen

Den Durchschnitt ermitteln Sie mit der Funktion MITTELWERT. Auch hier gehen Sie beim Zusammenstellen der Zellbezüge so vor wie beim Berechnen der Maximal- und Minimalwerte. Abbildung 10.10 zeigt die fertigen Formeln: Für Zelle M9 ist es `=MITTELWERT(D6:D14;I6:I14)`, für M15 `=MITTELWERT(E6:E14;J6:J14)`.

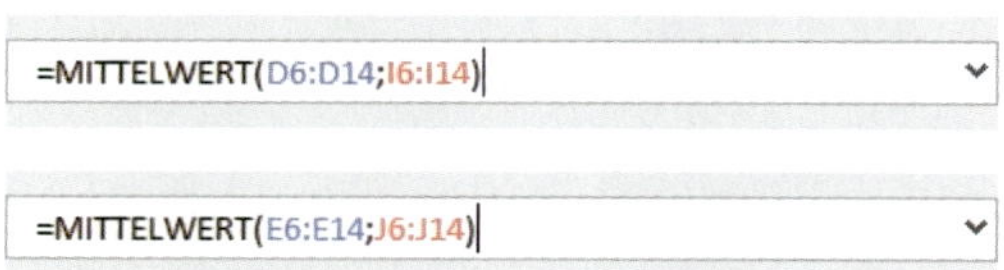

Abbildung 10.10: Die Formeln zum Berechnen der Durchschnittswerte für Wasser- und Stromverbrauch

---

Hinweis Das Ermitteln der Durchschnittswerte liefert eine gewisse statistische Übersicht über den Wasser- und Stromverbrauch. Besser, weil aussagekräftiger, wäre aber eine differenzierte Statistik, die beispielsweise den Mittelwert für alle Wohnungen mit gleicher Belegung (Anzahl der Personen) oder gleicher Fläche berechnet. Wie Sie diese Aufgabe lösen, lesen Sie weiter hinten in diesem Kapitel, wenn es um die Funktionen MITTELWERTWENN und MITTELWERTWENNS geht.

Wenn die Funktion ANZAHL an Grenzen stößt: ZÄHLENWENN verwenden

In Kapitel 3 können Sie lesen, wie Sie mit der Funktion ANZAHL die Anzahl der Zellen ermitteln, die eine Zahl enthalten. Im Unterschied dazu zählt die Funktion ANZAHL2 alle Zellen, die beliebige Informationen enthalten – also Zahlen oder Texte oder Formeln oder auch nur ein Leerzeichen.

Mit ANZAHL oder ANZAHL2 können Sie allerdings nicht die Inhalte zählen, die ein bestimmtes Kriterium erfüllen. Beispielsweise wäre es mit den beiden Funktionen nicht möglich, aus der in Abbildung 10.11 links gezeigten Tabelle die Anzahl der Wohnungen zu ermitteln, die derzeit nicht vermietet sind. Sie tragen in der Tabelle den Vermerk *unverm.* (für »unvermietet«).

Hier hilft die Funktion ZÄHLENWENN, die genau das macht, was ihr Name sagt: Sie zählt Zellen nur dann, wenn deren Inhalt einem Kriterium entspricht.

In Abbildung 10.11 sehen Sie im rot umrandeten Bereich gleich mehrere Ergebnisse, die über die Funktion ZÄHLENWENN zustande gekommen sind.

	B	C	D	E	F	G
5	WE	Kat.	Fläche (m²)	Personen	Wasser (m³)	Strom (kWh)
6	0101	K1	72	2	90	2.777
7	0102	K1	84	4	117	3.410
8	0201	K1	72	2	105	2.560
9	0202	K1	84	3	110	3.300
10	0301	K2	72	unverm.	unverm.	unverm.
11	0302	K2	84	2	69	2.450
12	0401	K3	72	3	75	3.640
13	0402	K3	84	unverm.	unverm.	unverm.
14	0501	K3	159	3	90	4.090

I	J
Analyse Haus B	
Wohneinheiten gesamt	9
- davon vermietet	7
- davon unvermietet	2
Wohneinheiten mit 2 Personen	3
Wohneinheiten mit 3 Personen	3
Wohneinheiten mit 4 Personen	1
Wohneinheiten Kategorie K1	4
Wohneinheiten Kategorie K2	2
Wohneinheiten Kategorie K3	3

Abbildung 10.11: Vorschau auf die fertige Auswertung (rechts), in der eine Zählung mit je einem Kriterium erfolgt

Das leistet ZÄHLENWENN

Die Syntax der Funktion lautet offiziell *=ZÄHLENWENN(Bereich;Suchkriterium)*. Wie in Abbildung 10.12 zu sehen, ist jedoch sowohl im Funktions-Assistenten als auch in der QuickInfo zu lesen, dass ZÄHLENWENN *Suchkriterien* berücksichtigen könne. Dies ist nicht korrekt, denn bei ZÄHLENWENN können Sie nicht nach mehreren, sondern nur nach *einem* Kriterium suchen.

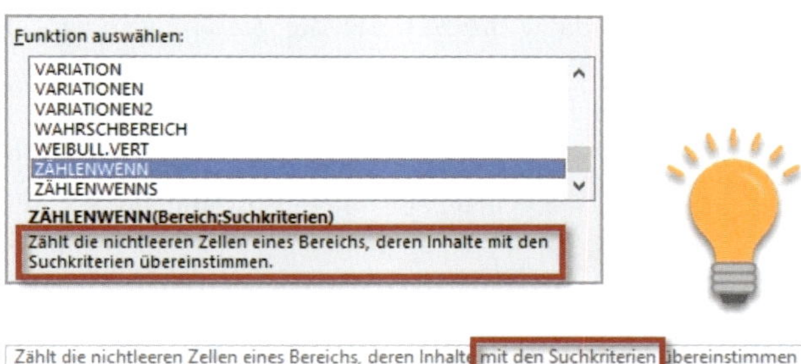

Abbildung 10.12: Gleich zweimal gibt Excel falsche Auskunft darüber, wie ZÄHLENWENN arbeitet

Abbildung 10.13 zeigt den Aufbau der Funktion ZÄHLENWENN mit ihren zwei Argumenten.

- *Bereich* – besser Suchbereich – ist der Teil einer Tabelle, der nach dem *Suchkriterium* durchsucht werden soll.
- Das *Suchkriterium* können Sie in Form einer Zahl, eines Zellbezugs oder einer Zeichenfolge eingeben.

Abbildung 10.13: Der Aufbau der Funktion ZÄHLENWENN

Hinweis Sie finden die Funktion ZÄHLENWENN im Funktions-Assistenten nicht – wie vielleicht erwartet – in der Kategorie *Mathematik und Trigonometrie*, sondern in der Kategorie *Statistik*.

Ein Praxisbeispiel: Zählen von Wohneinheiten nach Vermietung, Belegung und Kategorie

Genug der Theorie! Probieren Sie die Funktion ZÄHLENWENN einfach aus, um die in Abbildung 10.11 rechts gezeigte Auswertung anzulegen.

Online Verwenden Sie zum Nachvollziehen der Berechnungen mit ZÄHLENWENN in der Beispieldatei *Kap10_UEB.xlsx* das Arbeitsblatt *Analyse Haus B*.

Nutzen Sie diesmal den Funktions-Assistenten, um sich beim Zusammenstellen der Formel unterstützen zu lassen.

1. Markieren Sie Zelle J8 – hier soll die Anzahl der unvermieteten Wohneinheiten ermittelt werden.

2. Rufen Sie den Funktions-Assistenten auf, indem Sie oben links neben der Bearbeitungsleiste auf das *fx* klicken. Alternativ dazu drücken Sie die Tastenkombination ⇧+F3.
3. Wählen Sie im nun angezeigten Dialogfeld *Funktion einfügen* (siehe Abbildung 10.14) im Dropdown-Listenfeld neben *Kategorie auswählen* den Eintrag *Alle* oder *Statistik* [1].
4. Klicken Sie unter *Funktion auswählen* einen beliebigen Eintrag an und tippen Sie dann auf der Tastatur den Buchstaben `Z` ein. Die Funktion *ZÄHLENWENN* wird markiert [2].
5. Klicken Sie auf *OK* [3], um zu Schritt 2 des Assistenten zu gelangen. Nach Auswahl der gewünschten Funktion – hier ZÄHLENWENN – folgt nun die Eingabe der Argumente – zu untersuchender Zellbereich und Suchkriterium.
6. Stellen Sie sicher, dass sich der Cursor im Eingabefeld *Bereich* [4] befindet. Markieren Sie dann mit gedrückter linker Maustaste im Arbeitsblatt den Zellbereich E6 bis E14. Er soll nach *unverm.* durchsucht werden.
7. Setzen Sie den Cursor dann in das Eingabefeld *Suchkriterien* und tippen Sie den Suchbegriff ein – hier also `unverm.`, denn es wird nach unvermieteten Wohneinheiten gesucht [5].
8. Klicken Sie noch einmal kurz in das Feld *Bereich*. Excel setzt nun den soeben von Ihnen eingetippten Suchbegriff in Anführungszeichen, weil es sich um Text handelt.
9. In der linken unteren Ecke des Dialogfeldes sehen Sie bereits das Ergebnis der Formel [6]. Schließen Sie den Assistenten mit einem Klick auf *OK* [7]. Das Ergebnis der Formel `=ZÄHLENWENN(E6:E14;"unverm.")` lautet 2.

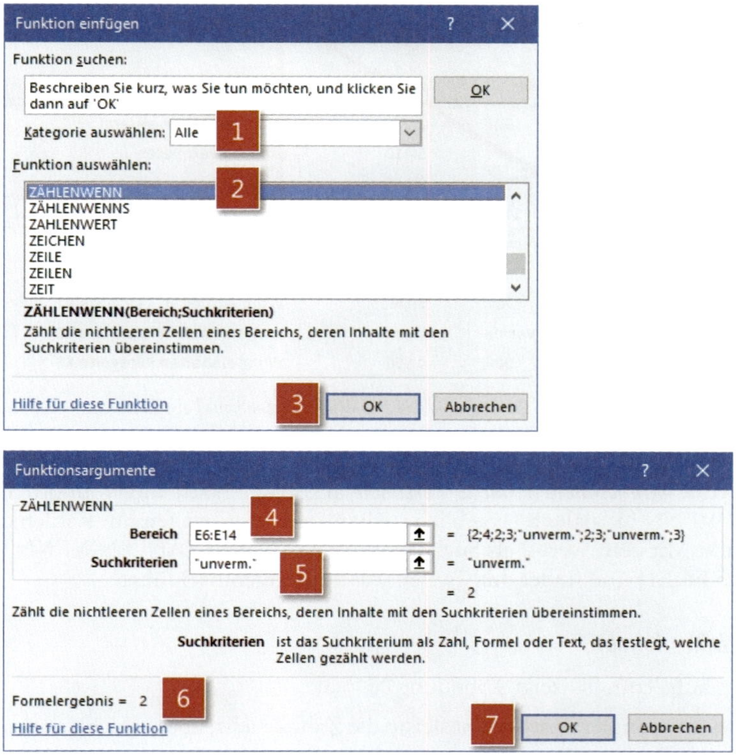

Abbildung 10.14: Die Funktion ZÄHLENWENN im Funktions-Assistenten schrittweise aufbauen

Fazit: Die Funktion ZÄHLENWENN ermittelt die Anzahl der Werte, die innerhalb eines Bereichs mit einem vorgegebenen Suchkriterium übereinstimmen. Ist das Suchkriterium ein Text, wird dieser von Excel nur akzeptiert, wenn er in Anführungszeichen steht.

Das Suchkriterium mittels Zellbezug flexibler machen

Sie konnten es beim Beispiel eben sehen: Das Suchkriterium muss exakt so eingegeben werden, wie es in dem zu durchsuchenden Bereich vorkommt. Ein Tippfehler beim Eingeben des Suchkriteriums verfälscht das Ergebnis.

Aber auch der Bereich, der durchsucht werden soll, kann für Fehler sorgen. Dann nämlich, wenn in einer der Zellen nicht »unverm.« steht, sondern »unv.« oder »unverm« (ohne Punkt) oder »unverm. « (mit versehentlich eingefügtem Leerzeichen am Schluss).

Oft ist es daher besser, beim Eingeben des Suchkriteriums auf eine Zelle zu verweisen, in der der Suchbegriff bereits steht. Neben der Vermeidung von Tippfehlern lässt sich so die Berechnung auch schneller an neue Erfordernisse anpassen. Sie geben einfach in eine Zelle einen neuen Suchbegriff ein und sofort wird neu ausgewertet. Die Formel selbst muss nicht mehr bearbeitet werden.

In Abbildung 10.15 sehen Sie oben die Formel der ZÄHLENWENN-Funktion. Das zweite Argument in der Klammer – das *Suchkriterium* – bezieht sich auf Spalte I.

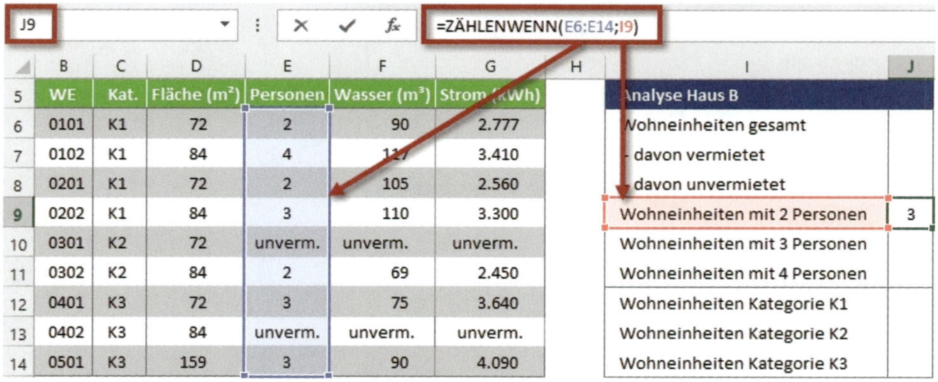

Abbildung 10.15: Das Suchkriterium in der Funktion ZÄHLENWENN ist diesmal ein Zellbezug – hier auf I9

Die Formel `=ZÄHLENWENN(E6:E14;I9)` aus Zelle J9 sucht in Spalte E nach dem Inhalt der Zelle I9. In I9 wird *Wohneinheiten mit 2 Personen* angezeigt. Nach dieser Information würde ZÄHLENWENN in Spalte E vergeblich suchen, denn dort stehen nur Zahlen oder der Text »unverm.«. Mit dem Wert 2 als Suchkriterium durchsucht ZÄHLENWENN hingegen den Bereich E6:E14 und findet drei Treffer, was zum Ergebnis *3* führt.

Der Trick mit dem Zahlenformat

Wie diese Lösung aufgebaut ist, zeigt Abbildung 10.16:

- Sie sehen, dass oben in der Bearbeitungsleiste die Zahl 2 steht, aber in der Zelle selbst ein Text mit einer Zahl angezeigt wird.
- ZÄHLENWENN kann mit der Zahl 2, also dem realen Zellinhalt, rechnen.
- Für alle, die die Auswertung betrachten, wird in I9 hingegen der informative Text *Wohneinheiten mit 2 Personen* angezeigt.

Wie ist das zu bewerkstelligen? Die Antwort: Ein benutzerdefiniertes Zahlenformat sorgt für die Anzeige der Kombination aus Text und Zahl in I9.

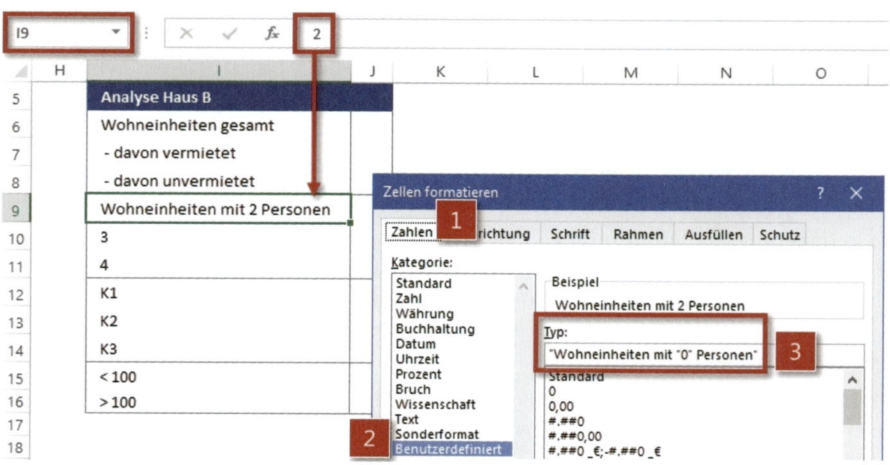

Abbildung 10.16: Über ein benutzerdefiniertes Zahlenformat die Anzeige in der Zelle verständlich halten

Die Zellen I9 bis I11, in denen die Suchkriterien 2, 3 und 4 stehen, müssen also mit einem speziellen Zahlenformat präpariert werden. Die Schrittfolge dazu sehen Sie in dem in Abbildung 10.16 rechts gezeigten Dialogfeld.

Online Nutzen Sie zum Nachvollziehen der Aufgabe weiterhin das Blatt *Analyse Haus B* in der Beispieldatei *Kap10_UEB.xlsx*.

Zum Definieren des Zahlenformats gehen Sie wie folgt vor:

1. Markieren Sie im Blatt *Analyse Haus B* den Zellbereich I9:I11.
2. Rufen Sie mit `Strg`+`1` das Dialogfeld *Zellen formatieren* auf.
3. Wechseln Sie dort zur Registerkarte *Zahlen* [1] und klicken Sie unter *Kategorie* auf *Benutzerdefiniert* [2].
4. Tragen Sie nun rechts in das Eingabefeld unter *Typ* den folgenden Formatcode ein: `"Wohneinheiten mit "0" Personen"` [3]. Schließen Sie mit *OK* ab.

Die beiden in Anführungszeichen stehenden Texte – `"Wohneinheiten mit "` sowie `" Personen"` – schließen den eigentlichen Inhalt der drei markierten Zellen – die Zahlen 2, 3 und 4 – ein.

Die 0 in dem Zahlenformat dient als Platzhalter zum Anzeigen einer ganzen Zahl.

Hinweis Detaillierte Informationen und Anleitungen zum Aufbau von benutzerdefinierten Zahlenformaten finden Sie in Kapitel 7.

Die Anzahl nach Belegung ermitteln

Nach den vorbereitenden Schritten für die drei Zellen mit dem Suchkriterium kann nun die eigentliche Aufgabe folgen: berechnen, wie viele Wohneinheiten mit zwei, drei oder vier Personen belegt sind. Gehen Sie dazu wie folgt vor:

Online Verwenden Sie zum Nachvollziehen der Aufgabe weiterhin das Arbeitsblatt *Analyse Haus B* in der Beispieldatei *Kap10_UEB.xlsx*.

---

1. Markieren Sie Zelle J9.
2. Geben Sie `=z` ein. Die Auswahlliste mit möglichen Funktionen wird angezeigt. Der erste Eintrag *ZÄHLENWENN* ist bereits markiert. Es reicht also, die `⭾`-Taste zu drücken, um diese Funktion auszuwählen.
3. Das erste Argument in der Klammer ist *Bereich* – in dem Fall befindet er sich in Spalte E. Markieren Sie den Bereich E6 bis E14. Die Formel lautet bis hierhin `=ZÄHLENWENN(E6:E14`.
4. Da die Formel auch für die zwei Zellen J10 und J11 gebraucht und daher kopiert werden soll, muss der Bezug auf E6:E14 absolut gesetzt werden. Drücken Sie dazu die Taste `F4`. Aus der Formel wird nun `=ZÄHLENWENN($E$6:$E$14`.
5. Setzen Sie ein Semikolon. Lassen Sie dann das Argument für das Suchkriterium folgen, indem Sie Zelle I9 anklicken.

6. Schließen Sie mit [↵] ab. Die komplette Formel lautet `=ZÄHLENWENN($E$6:$E$14;I9)`, das Ergebnis ist *3*.
7. Kopieren Sie die Formel von J9 durch Ziehen des Ausfüllkästchens nach unten bis J11. Als Ergebnis erhalten Sie für J10 ebenfalls *3* und für J11 *1*.
8. Beim Kopieren der Formel ist die untere Rahmenlinie verloren gegangen. Doch das können Sie leicht und sofort korrigieren. An der rechten unteren Ecke wird die Schaltfläche *Auto-Ausfülloptionen* angezeigt. Klicken Sie sie an und wählen Sie – wie in Abbildung 10.17 gezeigt – *Ohne Formatierung ausfüllen*.

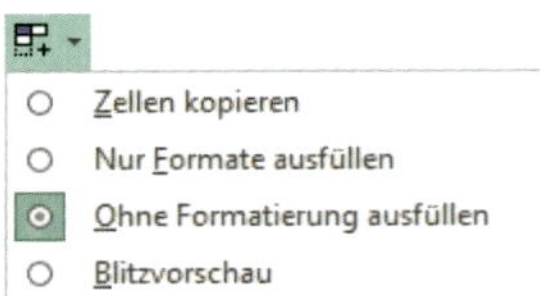

Abbildung 10.17: Die Formel nach unten kopieren, aber ohne Formate

Testen Sie zum Abschluss die Flexibilität Ihrer Formel dank Zellbezug. Geben Sie dazu in Zelle I11 statt der Zahl 4 eine 5 ein. Nach dem Drücken von [↵] zeigt Excel als Ergebnis *0* an, denn in Spalte E gibt es den Eintrag *5* bisher nicht. Überschreiben Sie nun Zelle E14 mit der Zahl 5, zeigt I11 das Ergebnis *1* an.

Die Anzahl der Wohneinheiten nach Kategorie anzeigen

Um – wie in Abbildung 10.18 gezeigt – im nächsten Schritt die Anzahl der Wohneinheiten in jeder der drei Kategorien zu ermitteln, müssen zuerst wieder die Zellen mit dem Suchkriterium in Spalte I vorbereitet werden.

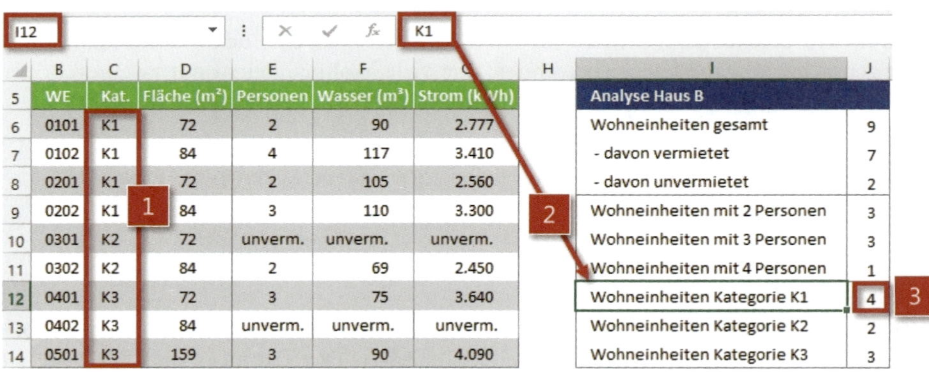

Abbildung 10.18: Anzahl der Wohneinheiten pro Kategorie ermitteln mit ZÄHLENWENN

Wie in Abbildung 10.18 links zu sehen, gibt es in Spalte C die drei Kategorien *K1*, *K2* und *K3* [1]. Als Suchkriterium in den Zellen I12 bis I14 werden demzufolge die Zeichenfolgen *K1*, *K2* oder *K3* gebraucht. Angezeigt werden soll aber in Zelle I12 die Information *Wohneinheiten Kategorie K1*.

Um diese Anzeige in der Zelle zu erhalten, verwenden Sie wieder ein benutzerdefiniertes Zahlenformat für die Zellen I12 bis I14. Im Unterschied zum vorherigen Beispiel muss es diesmal nicht eine Zahl, sondern eine Zeichenfolge aus Buchstabe und Zahl zusammen mit dem Text *Wohneinheiten Kategorie* darstellen. So gehen Sie diesmal vor:

1. Markieren Sie im Blatt *Analyse Haus B* die Zellen I12 bis I14.
2. Rufen Sie mit `Strg`+`1` das Dialogfeld *Zellen formatieren* auf.
3. Klicken Sie dort – wie in Abbildung 10.19 gezeigt – auf der Registerkarte *Zahlen* [1] auf *Benutzerdefiniert* [2].
4. Tragen Sie nun rechts in das Eingabefeld unter *Typ* den folgenden Formatcode ein: `"Wohneinheiten Kategorie "@` [3]. Schließen Sie mit *OK* ab.

Das Zeichen `@` ist in Excel der Platzhalter für Texte, so wie die `0` ein Platzhalter für Zahlen ist.

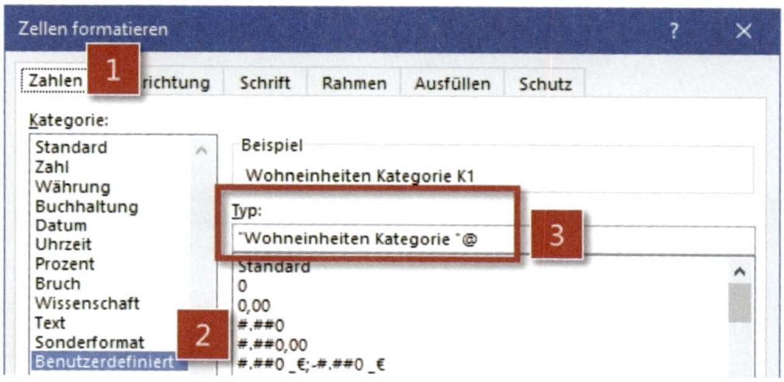

Abbildung 10.19: Wiederum den Zellen für das Suchkriterium in Spalte I ein spezielles Zahlenformat zuweisen

Beginnen Sie nach diesem vorbereitenden Schritt nun mit der Berechnung. Verwenden Sie diesmal nicht die Technik, mit der Sie die fertige Formel für eine Zelle durch Ziehen des Ausfüllkästchens nach unten kopieren, sondern geben Sie die Formel in alle drei Zellen gleichzeitig ein. So geht's:

1. Markieren Sie die Zellen J12 bis J14 – hier sollen die Ergebnisse stehen.
2. Geben Sie `=z` ein und wählen Sie mittels Auswahlliste wieder ZÄHLENWENN.
3. Das Argument *Bereich* ist diesmal der Zellbezug auf C6:C14. Nachdem Sie diesen Zellbereich markiert haben, lautet die Formel `=ZÄHLENWENN(C6:C14`.
4. Da die Formel auch für die Zellen J13 und J14 gelten soll, der Weg von diesen Zellen zum Bereich C6:C14 aber jeweils unterschiedlich ist, muss der Bezug auf den Bereich wieder absolut gesetzt werden. Drücken Sie daher die Taste `F4`. Aus der Formel wird nun `=ZÄHLENWENN($C$6:$C$14`.
5. Setzen Sie ein Semikolon. Markieren Sie dann das Suchkriterium, indem Sie Zelle I12 anklicken. Die Formel lautet nun `=ZÄHLENWENN($C$6:$C$14;I12`.
6. Da Sie mehrere Ergebniszellen markiert haben, schließen Sie die Formeleingabe diesmal nicht mit `↵`, sondern mit `Strg`+`↵` ab. Die Ergebnisse sind *4*, *2* und *3*.

Hinweis Im Unterschied zum Kopieren einer Formel per Ausfüllkästchen werden beim Eingeben einer Formel in mehrere Zellen mit `Strg`+`↵` die Formate nicht mit übertragen. Bereits vorhandene Rahmenlinien beispielsweise gehen auf diese Weise nicht verloren.

Das Suchkriterium flexibler machen

Neben Texten wie »unverm.« oder absoluten Werten wie 50 oder Zellbezügen wie »B16« im vorherigen Beispiel können Sie bei der Angabe des Kriteriums auch Vergleichsoperatoren verwenden.

Wohneinheiten mit dem Kriterium Flächengröße zählen

Wie viele Wohneinheiten haben eine Fläche von weniger als 100 m², wie viele sind größer? Wie Abbildung 10.20 zeigt, können Sie auch darauf mit ZÄHLENWENN eine Antwort geben. Der Grenzwert von 100 kommt zwar in Spalte D der Tabelle nicht vor, aber die Vergleichsoperatoren »kleiner als« und »größer als« sorgen für die korrekte Einteilung der Wohneinheiten in zwei Gruppen.

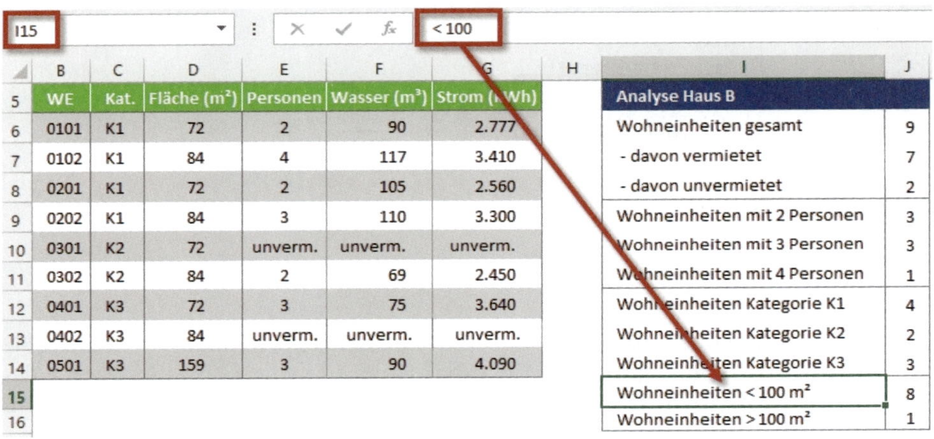

	B	C	D	E	F	G	H	I	J
5	WE	Kat.	Fläche (m²)	Personen	Wasser (m³)	Strom (kWh)		Analyse Haus B	
6	0101	K1	72	2	90	2.777		Wohneinheiten gesamt	9
7	0102	K1	84	4	117	3.410		- davon vermietet	7
8	0201	K1	72	2	105	2.560		- davon unvermietet	2
9	0202	K1	84	3	110	3.300		Wohneinheiten mit 2 Personen	3
10	0301	K2	72	unverm.	unverm.	unverm.		Wohneinheiten mit 3 Personen	3
11	0302	K2	84	2	69	2.450		Wohneinheiten mit 4 Personen	1
12	0401	K3	72	3	75	3.640		Wohneinheiten Kategorie K1	4
13	0402	K3	84	unverm.	unverm.	unverm.		Wohneinheiten Kategorie K2	2
14	0501	K3	159	3	90	4.090		Wohneinheiten Kategorie K3	3
15								Wohneinheiten < 100 m²	8
16								Wohneinheiten > 100 m²	1

Abbildung 10.20: Das Suchkriterium mit Vergleichsoperatoren flexibler machen

Das Suchkriterium in Spalte I ist diesmal – wie in Abbildung 10.20 oben in der Bearbeitungsleiste zu sehen – eine Zahl mit vorangestelltem Vergleichsoperator – hier < *100*.

Online Nutzen Sie zum Nachvollziehen des folgenden Beispiels wieder das Blatt *Analyse Haus B*.

Wie in den beiden vorherigen Beispielen sorgt ein benutzerdefiniertes Zahlenformat für die informative Anzeige in der Zelle – hier *Wohneinheiten < 100 m²*.

- Der Formatcode, den Sie über das Dialogfeld *Zellen formatieren* für die Zellen I15 und I16 festlegen, lautet diesmal `"Wohneinheiten "@" m²"`.
- Nachdem Sie dieses Zahlenformat für I15 und I16 zugewiesen haben, markieren Sie die beiden Ergebniszellen J15 und J16.
- Stellen Sie dann folgende Formel auf: `=ZÄHLENWENN($D$6:$D$14;I15)` und schließen Sie angesichts der Mehrfachmarkierung nicht mit ↵, sondern wieder mit Strg+↵ ab. Die Ergebnisse sind *8* und *1*.

Tabelle 10.3 listet die möglichen Vergleichsoperatoren auf, die Sie bei der Angabe des Suchkriteriums in ZÄHLENWENN und den weiteren Funktionen in diesem Kapitel verwenden können.

Vergleichsoperator	Bedeutung
=	gleich
>	größer
<	kleiner
>=	größer oder gleich
<=	kleiner oder gleich
<>	ungleich

Tabelle 10.3: Diese Vergleichsoperatoren können Sie beim Festlegen des Suchkriteriums verwenden

Vergleichsoperator und Suchkriterium kombinieren

Im eben gezeigten Beispiel konnten Sie das Suchkriterium zusammen mit dem Vergleichsoperator direkt in die Zelle eingeben – hier `> 100` beziehungsweise `< 100`. Doch oft ist das nicht möglich und in der Zelle soll nur eine Zahl oder nur Text stehen. In solchen Fällen erweitern Sie das Suchkriterium um einen der Vergleichsoperatoren aus Tabelle 10.3. Gehen Sie dabei wie folgt vor:

- Setzen Sie den Vergleichsoperator und das Suchkriterium gemeinsam in Anführungszeichen, wenn das Suchkriterium weder ein Zellbezug noch eine Funktion ist – beispielsweise `">200"` oder `"<100"` oder `"<>unverm."`.
- Ist das Suchkriterium hingegen der Bezug auf eine Zelle oder eine Funktion, verbinden Sie den Vergleichsoperator und das Suchkriterium mit `&`.

Hinweis Generell können Sie mit dem &-Zeichen in Formeln mehrere Anweisungen miteinander kombinieren. Weitere Beispiele dafür finden Sie in Kapitel 11.

Tabelle 10.4 zeigt einige Varianten für den Einsatz von Vergleichsoperatoren. Wie Sie sehen, lässt sich auf diese Weise die Analyse von Daten deutlich erweitern. Die Beispiele beziehen sich auf das Arbeitsblatt *Analyse Haus B*.

Formel	Anzahl der Wohneinheiten, die
`=ZÄHLENWENN(E6:E14;"<>unverm.")` oder `=ZÄHLENWENN(E6:E14;"<>"&"unverm.")`	vermietet sind
`=ZÄHLENWENN(E6:E14;"<2")` oder `=ZÄHLENWENN(E6:E14;"<="&2)`	mit bis zu zwei Personen belegt sind
`=ZÄHLENWENN(E6:E14;">="&"K2")`	zu Kategorie *K2* und *K3* gehören
`=ZÄHLENWENN(G6:G14;"<"&J1)`	einen Stromverbrauch haben, der unter dem Grenzwert in Zelle J1 liegt
`=ZÄHLENWENN(G6:G14;">"&MITTELWERT(G6:G14)`	einen überdurchschnittlichen Stromverbrauch haben

Tabelle 10.4: Beispiele für den Einsatz von Vergleichsoperatoren beim Festlegen eines Suchkriteriums

Addieren von Werten mit einer Bedingung: SUMMEWENN einsetzen

Neben der Frage nach der Anzahl geht es bei Auswertungen stets auch um Summen. Wie hoch ist der Umsatz mit einem bestimmten Kunden? Welche Kosten hat ein Projekt im Bereich Material verursacht? Wie hoch waren im Vergleich dazu die Personalkosten? Welchen Gesamtwert hatten alle Lieferungen eines bestimmten Herstellers? Wie war der Mitarbeiterbestand in einem ausgewählten Jahr?

Auf diese Fragen kann eine einfache SUMME-Formel keine Antwort liefern. Denn jetzt geht es nicht mehr um die Gesamtheit aller Werte, sondern jede der Additionen ist an eine Bedingung geknüpft: mal ein bestimmter Kunde, mal eine bestimmte Kostenart, mal ein bestimmter Hersteller oder ein bestimmtes Jahr. Summenbildungen dieser Art, bei denen ein Kriterium erfüllt sein muss, realisieren Sie mit der Funktion SUMMEWENN. Abbildung 10.21 zeigt ihren Aufbau.

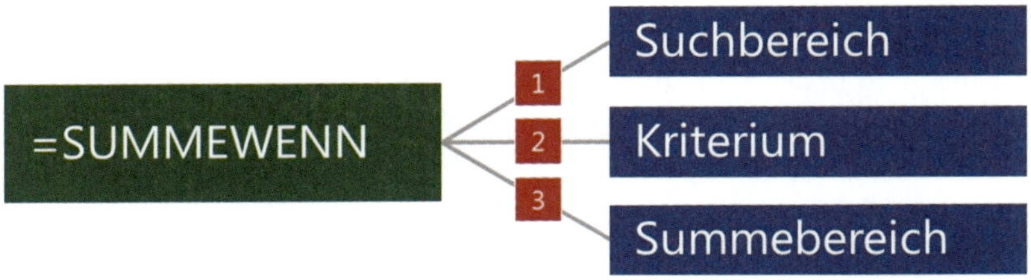

Abbildung 10.21: Der Aufbau der Funktion SUMMEWENN

Gesamtwerte nach einem Kriterium berechnen

Im Unterschied zur Funktion ZÄHLENWENN, die zwei Argumente innerhalb der Klammern verlangt, geben Sie bei SUMMEWENN drei Argumente an. Zunächst wird – wie bei ZÄHLENWENN – ein Bereich nach einem Suchkriterium abgesucht. Gibt es eine Übereinstimmung, liefert das dritte Argument *Summebereich* die Information, wo sich die Werte befinden, die zu addieren sind.

Abbildung 10.22 zeigt im rot umrahmten Bereich (Spalte K) neun Beispiele dafür, wie auf Basis des Suchkriteriums in Spalte J die jeweiligen Summen zu den Daten aus der grünen Tabelle links berechnet werden. Mal wird der Gesamtverbrauch differenziert nach Haus, mal nach Kategorie und mal nach Belegung ermittelt.

	B	C	D	E	F	G	H
5	Haus	WE	Kat.	Fläche (m²)	Personen	Wasser (m³)	Strom (kWh)
6	D	0101	K1	72	2	98	2.800
7	D	0102	K1	84	3	103	3.000
8	D	0201	K1	72	2	76	2.450
9	D	0202	K1	84	3	110	3.100
10	D	0301	K2	72	4	131	4.200
11	D	0302	K2	84	2	77	2.360
12	D	0401	K3	159	3	104	4.000
13	E	0101	K1	72	2	93	2.777
14	E	0102	K1	84	4	122	3.410
15	E	0201	K1	72	2	91	2.560
16	E	0202	K1	84	3	110	3.300
17	E	0301	K2	72	unverm.	unverm.	unverm.
18	E	0302	K2	84	2	72	2.450
19	E	0401	K3	159	3	85	3.640
20	F	0101	K1	72	2	79	2.348
21	F	0102	K1	84	2	87	2.777
22	F	0201	K1	72	3	74	3.210
23	F	0202	K1	84	2	69	2.560
24	F	0301	K2	72	3	110	3.300
25	F	0302	K2	84	unverm.	unverm.	unverm.
26	F	0401	K3	159	2	69	2.450

J	K
Wasserverbrauch (m³)	Summe
Haus D	699
Haus E	573
Haus F	488
Kategorie K1	1.112
Kategorie K2	390
Kategorie K3	258
Wohneinheiten mit 2 Personen	811
Wohneinheiten mit 3 Personen	696
Wohneinheiten mit 4 Personen	253

Abbildung 10.22: Links die grüne Tabelle mit den Daten, rechts deren Auswertung über SUMMEWENN

Den Gesamtverbrauch pro Haus berechnen

In Abbildung 10.22 sind links in Spalte B die Einträge für drei unterschiedliche Häuser zu sehen: *D*, *E* und *F*. Daher muss in der Formel zur Berechnung des Verbrauchs pro Haus auch einer dieser drei Buchstaben als Suchkriterium auftauchen. Demzufolge stehen in J6 bis J8 die Buchstaben *D*, *E* und *F*. In den Zellen jedoch wird vor dem Buchstaben noch das Wort *Haus* angezeigt.

Diese Anzeige realisieren Sie wiederum über ein benutzerdefiniertes Zahlenformat für die Zellen J6 bis J8. So gehen Sie diesmal vor:

1. Markieren Sie im Blatt *Analyse Haus D-F* die Zellen J6 bis J8.
2. Rufen Sie mit `Strg`+`1` das Dialogfeld *Zellen formatieren* auf.
3. Klicken Sie dort auf der Registerkarte *Zahlen* auf *Benutzerdefiniert*.
4. Tragen Sie rechts in das Eingabefeld unter *Typ* den folgenden Formatcode ein: `"Haus "@`. Schließen Sie mit *OK* ab.

Auch hier dient das Zeichen `@` wieder als Platzhalter für Text – in diesem Fall zur Wiedergabe der Buchstaben »D«, »E« oder »F«.

Online Verwenden Sie zum Nachvollziehen der Berechnungen mit SUMMEWENN in der Beispieldatei *Kap10_UEB.xlsx* das Arbeitsblatt *Analyse Haus D-F*.

Nach diesem vorbereitenden Schritt berechnen Sie nun den Gesamtverbrauch von Wasser für Haus D bis F in einem Schritt. Verwenden Sie auch diesmal nicht die Technik des Kopierens der Formel per Ausfüllkästchen, sondern geben Sie die Formel in drei Zellen gleichzeitig ein. Gehen Sie dazu wie folgt vor:

1. Markieren Sie die Zellen K6 bis K8 – hier sollen die summierten Werte stehen.
2. Geben Sie `=sum` ein und wählen Sie in der Auswahlliste SUMMEWENN.
3. Das Argument *Bereich* ist der Zellbezug auf B6:B26. Er muss absolut gesetzt werden, da die Formel für die drei markierten Zellen gelten soll, die Wege demzufolge unterschiedlich sind. Drücken Sie die Taste [F4]. Die Formel lautet bis hierher `=SUMMENWENN($B$6:$B$26`.
4. Setzen Sie ein Semikolon. Markieren Sie dann das Suchkriterium, indem Sie Zelle J6 anklicken.
5. Legen Sie nun den Bereich fest, dessen Werte summiert werden sollen. Der Wasserverbrauch steht – wie in Abbildung 10.22 zu sehen – in Spalte G. Markieren Sie demzufolge den Bereich G6:G26 und drücken Sie wieder die Taste [F4].
6. Da mehrere Ergebniszellen markiert sind, schließen Sie die Formeleingabe nicht mit [↵], sondern mit [Strg]+[↵] ab. Die Ergebnisse sind *699*, *573* und *488*. Die Formeln für die Zellen K6 bis K8 sehen Sie in Abbildung 10.23.

```
=SUMMEWENN($B$6:$B$26;J6;$G$6:$G$26)
=SUMMEWENN($B$6:$B$26;J7;$G$6:$G$26)
=SUMMEWENN($B$6:$B$26;J8;$G$6:$G$26)
```

Abbildung 10.23: Die drei Formeln zum Berechnen des Gesamtverbrauchs für Wasser pro Haus

Den Gesamtverbrauch für jede der Kategorien ermitteln

Legen Sie zunächst wieder ein benutzerdefiniertes Zahlenformat fest, bevor Sie dann die Gesamtwerte pro Kategorie berechnen. Gehen Sie wie folgt vor:

Online Verwenden Sie zum Nachvollziehen der Berechnungen mit SUMMEWENN in der Beispieldatei *Kap10_UEB.xlsx* das Arbeitsblatt *Analyse Haus D-F*.

---

1. Weisen Sie den Zellen J9 bis J11 das in der Mappe bereits vorhandene benutzerdefinierte Zahlenformat zu. Markieren Sie dazu diese drei Zellen, die als Suchkriterium dienen sollen. Rufen Sie mit [Strg]+[1] das Dialogfeld *Zellen formatieren* auf. Klicken Sie dort auf der Registerkarte *Zahlen* auf *Benutzerdefiniert*. Scrollen Sie rechts in der Liste nach unten und wählen Sie den Eintrag *"Kategorie "@*. Schließen Sie mit *OK* ab.
2. Markieren Sie nun die Zellen K9 bis K11 – hier sollen summierte Werte stehen.
3. Rufen Sie wie im vorherigen Beispiel mittels Auswahlliste SUMMEWENN auf.
4. Der nach Kategorien zu durchsuchende *Bereich* ist D6:D26. Diesen markieren Sie mit gedrückter linker Maustaste und setzen ihn mit [F4] absolut. Die Formel lautet dann `=SUMMEWENN($D$6:$D$26`.

5. Setzen Sie ein Semikolon. Markieren Sie dann das Suchkriterium, indem Sie Zelle J9 anklicken.
6. Legen Sie nun den Bereich fest, dessen Werte summiert werden sollen. Der Wasserverbrauch steht – wie in Abbildung 10.22 zu sehen – in Spalte G. Markieren Sie demzufolge den Bereich G6:G26 und drücken Sie erneut die Taste [F4].
7. Da mehrere Ergebniszellen markiert sind, schließen Sie die Formeleingabe nicht mit [↵], sondern mit [Strg]+[↵] ab. Die Ergebnisse lauten diesmal *1.112*, *390* und *258*. Die Formeln für die Zellen K9 bis K11 sehen Sie in Abbildung 10.23.

```
=SUMMEWENN($D$6:$D$26;J9;$G$6:$G$26)
=SUMMEWENN($D$6:$D$26;J10;$G$6:$G$26)
=SUMMEWENN($D$6:$D$26;J11;$G$6:$G$26)
```

Abbildung 10.24: Die drei Formeln zum Berechnen des Gesamtwasserverbrauchs nach Kategorien

Den Gesamtverbrauch nach Belegung berechnen

Beginnen Sie mit dem Zuweisen des schon vorhandenen benutzerdefinierten Zahlenformats. Berechnen Sie anschließend die Gesamtwerte je nach Belegung. Der zu durchsuchende Bereich ist diesmal $F6:$F$26, die Suchkriterien stehen in J12 bis J14, die Werte für den Wasserverbrauch nach wie vor in $G$6:$G$26.

Die Ergebnisse, die Sie mit SUMMEWENN ermitteln, sind *811*, *696* und *253*.

```
=SUMMEWENN($F$6:$F$26;J12;$G$6:$G$26)
=SUMMEWENN($F$6:$F$26;J13;$G$6:$G$26)
=SUMMEWENN($F$6:$F$26;J14;$G$6:$G$26)
```

Abbildung 10.25: Die drei Formeln zum Berechnen der Gesamtverbräuche je nach Belegung

Zählen, Summieren und Mittelwerte mit mehr als einer Bedingung

In den bisherigen Beispielen konnten Sie sich davon überzeugen, dass die beiden Funktionen ZÄHLENWENN und SUMMEWENN stets dann perfekt sind, wenn Ergebnisse unter Berücksichtigung *eines* Kriteriums zu ermitteln sind. Was aber, wenn *mehrere* Bedingungen an die Berechnung einer Anzahl und Summe geknüpft sind? Für diese Aufgaben nutzen Sie ZÄHLENWENNS und SUMMEWENNS. Geht es um das Ermitteln von Durchschnittswerten mit mehreren Kriterien, nutzen Sie MITTELWERTWENNS.

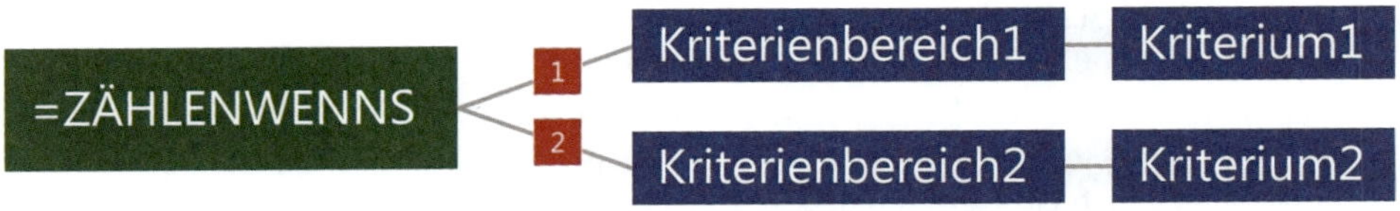

Abbildung 10.26: Der Aufbau der Funktion ZÄHLENWENNS

Die Anzahl bei zwei Kriterien berechnen

Im Unterschied zur Funktion ZÄHLENWENN, bei der Sie nur einen Bereich nach einem Kriterium durchsuchen lassen können, erlaubt ZÄHLENWENNS das Prüfen mehrerer Bereiche und damit auch mehrerer Kriterien. In Abbildung 10.26 sehen Sie den vereinfachten Aufbau der Funktion. Nach *Kriterienbereich2* und *Kriterium2* könnten weitere solche Paare folgen.

Hinweis Es sind bis zu 127 Paare aus Kriterienbereich und Kriterium möglich.

Zählen der Wohneinheiten nach Haus und Kategorie

Testen Sie die Funktionsweise von ZÄHLENWENNS an dem folgenden Beispiel. Aus der bereits in Abbildung 10.22 gezeigten Datenliste für mehrere Häuser soll die Anzahl der Wohneinheiten ermittelt werden, die zwei Kriterien entsprechen: *Haus* und *Kategorie*.

Online Verwenden Sie zum Nachvollziehen der folgenden Berechnungen das Arbeitsblatt *Analyse Haus D* in der Beispieldatei *Kap10_UEB.xlsx*.

Zum Lösen dieser Aufgabe gehen Sie wie folgt vor:

1. Markieren Sie im Arbeitsblatt *Analyse Haus D* die Zellen L6 bis L8.
2. Tippen Sie `=z` ein. Die Funktionenauswahlliste wird eingeblendet. Doppelklicken Sie auf den zweiten Eintrag: *ZÄHLENWENNS*.
3. Der erste zu durchsuchende Bereich mit den Häusern ist in der Spalte B. Markieren Sie daher B6:B26 und wandeln Sie den relativen Bezug mit F4 in einen absoluten um. Die Formel lautet `=ZÄHLENWENNS($B$6:$B$26`.
4. Setzen Sie ein Semikolon. Markieren Sie nun die Zelle mit dem ersten Suchkriterium. Es ist der Buchstabe für das auszuwertende Haus, also Zelle J6.
5. Wählen Sie nach Eingabe eines Semikolons nun den zweiten zu durchsuchenden Kriterienbereich aus – diesmal ist es die Spalte mit den Kategorien. Markieren Sie also D6:D26 und sorgen Sie mit F4 wieder für einen absoluten Bezug.
6. Das Kriterium für die gesuchte Kategorie steht in Spalte K. Klicken Sie nach Eingabe eines Semikolons also Zelle K6 an.
7. Da Sie zu Beginn mehrere Ergebniszellen markiert haben, schließen Sie wieder mit Strg+↵ ab. Die Ergebnisse lauten *4*, *2* und *1*. Die Formeln für die Zelle L6 bis L8 sehen Sie in Abbildung 10.27.

```
=ZÄHLENWENNS($B$6:$B$26;J6;$D$6:$D$26;K6)
=ZÄHLENWENNS($B$6:$B$26;J7;$D$6:$D$26;K7)
=ZÄHLENWENNS($B$6:$B$26;J8;$D$6:$D$26;K8)
```

Abbildung 10.27: Die Funktion ZÄHLENWENNS berücksichtigt hier zwei Kriterien

Zählen mit Vergleichsoperatoren und bis zu drei Kriterien

Wie viele der sieben Wohneinheiten in Haus D haben eine Wohnfläche von weniger als 80 m², wie viele liegen über dieser Größe, aber unter 150 m², und wie viele haben eine Fläche ab 150 m²? Die Antworten auf diese Fragen liefert ZÄHLENWENNS in Kombination mit Vergleichsoperatoren. Letztere stehen entweder bereits vor dem Suchkriterium in Spalte K oder sind in die Formel einzugeben. Abbildung 10.28 zeigt den Aufbau dieser kleinen Auswertung und – rot eingerahmt – die Ergebnisse.

	I	J	K	L
9				
10		Haus	Fläche	Anzahl
11		D	<80	3
12		D	>80	3
13		D	>=150	1

Abbildung 10.28: Drei Ergebnisse, die mit ZÄHLENWENNS und Vergleichsoperatoren ermittelt wurden

Zum Berechnen der Anzahl der Wohneinheiten nach den oben genannten und in Abbildung 10.28 in Spalte J und K gezeigten Kriterien erstellen Sie diese Formeln:

- Zelle L11: `=ZÄHLENWENNS(B6:B26;J11;E6:E26;K11)`
- Zelle L12: `=ZÄHLENWENNS(B6:B26;J12;E6:E26;K12;E6:E26;"<150")`
- Zelle L13: `=ZÄHLENWENNS(B6:B26;J13;E6:E26;K13)`

Beim Ermitteln der Anzahl der Wohneinheiten mit mehr als 80 m², aber weniger als 150 m² Wohnfläche (Zelle L12) sind drei Kriterien erforderlich. Da in K13 bereits der Vergleichsoperator für »größer oder gleich« enthalten ist, wird hier das letzte Kriterium als `"<150"` eingegeben (vergleichen Sie dazu auch Tabelle 10.4).

Addieren mit mehreren Kriterien: SUMMEWENNS

Wie hoch ist der Gesamtstromverbrauch für die einzelnen Kategorien in Haus D? Welche Verbrauchswerte ergeben sich in Haus D insgesamt, wenn zusätzlich noch drei unterschiedliche Wohnungsgrößen zu berücksichtigen sind? Additionen dieser Art erledigen Sie mit SUMMEWENNS – Abbildung 10.29 zeigt die fertige Lösung. Diese Funktion kann im Unterschied zu SUMMEWENN Zahlen in einem Bereich addieren, die nicht nur einem, sondern mehreren Kriterien entsprechen.

Haus	Kategorie	Anzahl	Stromverbrauch
D	K1	4	11.350 kWh
D	K2	2	6.560 kWh
D	K3	1	4.000 kWh

Haus	Fläche	Anzahl	Stromverbrauch
D	< 80	3	9.450 kWh
D	> 80	3	8.460 kWh
D	>= 150	1	4.000 kWh

Abbildung 10.29: Die rot eingerahmten Bereiche zeigen die fertige Auswertung mit SUMMEWENNS

Abbildung 10.30 zeigt den vereinfachten Aufbau von SUMMEWENNS. Vereinfacht deshalb, weil auch hier – wie schon oben bei ZÄHLENWENNS – nur zwei von 127 möglichen Paaren für Kriterienbereich und Kriterium gezeigt werden.

Die Zellen, die durch das Argument *Summebereich* definiert sind, werden bei SUMMEWENNS nur dann addiert, wenn *alle* angegebenen Kriterien für die jeweilige Zelle zutreffen.

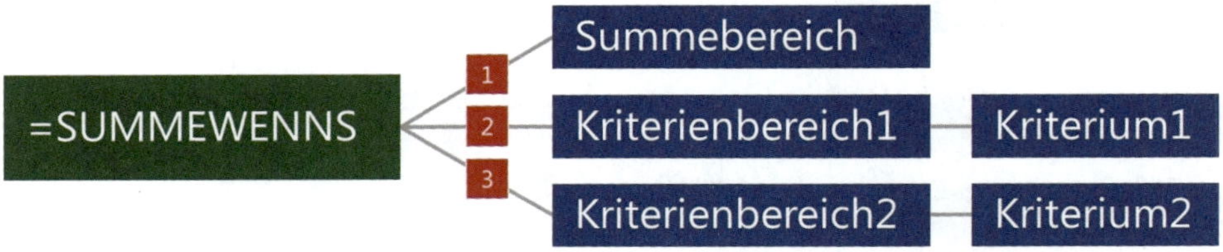

Abbildung 10.30: SUMMEWENNS hat zu Beginn zusätzlich noch das Argument für den Summebereich

---

Hinweis

Wenn Sie häufig mit SUMMEWENN und SUMMEWENNS arbeiten, ist eines zu beachten: Obwohl beide Funktionen ähnlich sind, ist die Reihenfolge der Argumente in beiden Funktionen unterschiedlich:

- Das Argument *Summebereich* steht in SUMMEWENNS an erster Stelle.
- In SUMMEWENN ist *Summebereich* hingegen erst das dritte Argument.

Den Gesamtverbrauch nach Haus und Kategorie berechnen

Im oberen Teil von Abbildung 10.31 sehen Sie eine Auswertung, die unter Berücksichtigung der beiden Suchkriterien in Spalte J und K den Gesamtverbrauch an Strom addiert. Um diese Additionen zu realisieren, gehen Sie wie folgt vor:

Online

Verwenden Sie zum Nachvollziehen der folgenden Berechnungen das Arbeitsblatt *Analyse Haus D* in der Beispieldatei *Kap10_UEB.xlsx*.

---

1. Markieren Sie Zelle M6 und tippen Sie `=sum` ein. Die Funktionenauswahlliste wird eingeblendet. Doppelklicken Sie auf den Eintrag *SUMMEWENNS*.
2. Als erstes Argument muss der Bereich der zu summierenden Werte angegeben werden. Dies sind die Stromverbrauchswerte in Spalte H. Markieren Sie daher H6:H26 [1]. Wandeln Sie den relativen Bezug mit F4 in einen absoluten um. Die Formel lautet bislang `=SUMMEWENNS($H$6:$H$26`.
3. Legen Sie nun nach Eingabe eines Semikolons den ersten zu durchsuchenden Kriterienbereich fest. Es ist die Spalte B mit den Häusern. Markieren Sie B6:B26 [2] und wandeln Sie den relativen Bezug mit F4 in den absoluten Bezug `$B$6:$B$26` um.
4. Setzen Sie ein Semikolon und klicken Sie auf die Zelle mit dem zugehörigen Suchkriterium. Es ist der Buchstabe für das auszuwertende Haus – hier also Zelle J6 [3].
5. Wählen Sie nach Eingabe eines Semikolons nun den zweiten zu durchsuchenden Kriterienbereich aus – diesmal ist es die Spalte mit den Kategorien. Markieren Sie also D6:D26 [4] und sorgen Sie mit F4 wieder für einen absoluten Bezug – hier also `$D$6:$D$26`.
6. Das Kriterium für die gesuchte Kategorie steht in Spalte K. Klicken Sie nach der Eingabe eines Semikolons Zelle K6 an [5].
7. Schließen Sie die Formel mit ↵ ab.
8. Kopieren Sie die Formel aus M6 durch Ziehen des Ausfüllkästchens nach unten bis M8. Klicken Sie auf die Schaltfläche *Auto-Ausfülloptionen* und wählen Sie *Ohne Formatierung ausfüllen*, damit die untere Rahmenlinie erhalten bleibt.

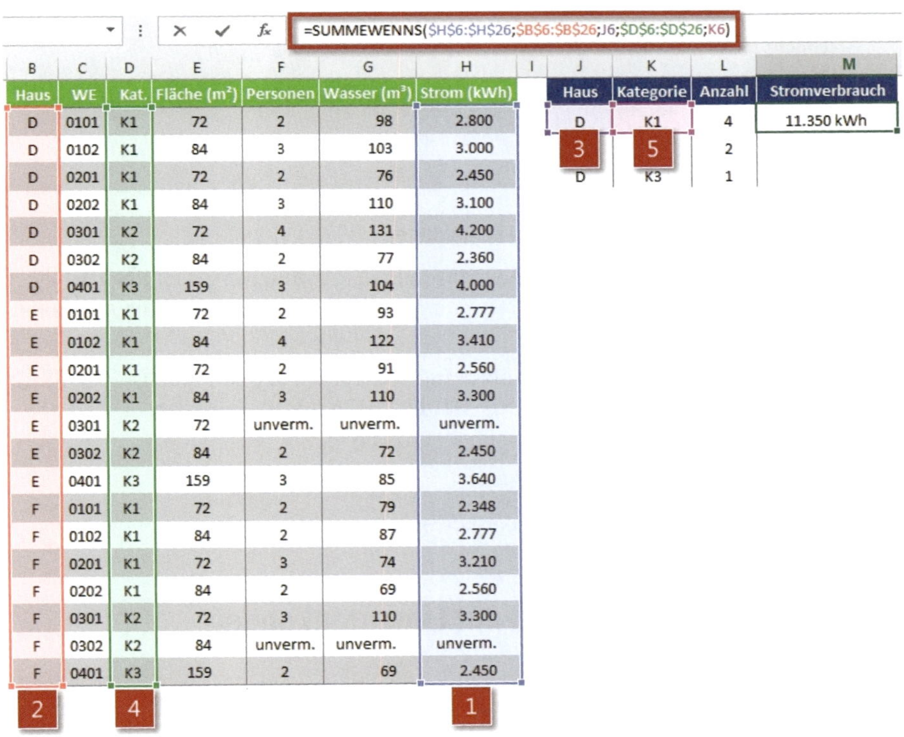
=SUMMEWENNS($H$6:$H$26;$B$6:$B$26;J6;$D$6:$D$26;K6)

Haus	WE	Kat.	Fläche (m²)	Personen	Wasser (m³)	Strom (kWh)
D	0101	K1	72	2	98	2.800
D	0102	K1	84	3	103	3.000
D	0201	K1	72	2	76	2.450
D	0202	K1	84	3	110	3.100
D	0301	K2	72	4	131	4.200
D	0302	K2	84	2	77	2.360
D	0401	K3	159	3	104	4.000
E	0101	K1	72	2	93	2.777
E	0102	K1	84	4	122	3.410
E	0201	K1	72	2	91	2.560
E	0202	K1	84	3	110	3.300
E	0301	K2	72	unverm.	unverm.	unverm.
E	0302	K2	84	2	72	2.450
E	0401	K3	159	3	85	3.640
F	0101	K1	72	2	79	2.348
F	0102	K1	84	2	87	2.777
F	0201	K1	72	3	74	3.210
F	0202	K1	84	2	69	2.560
F	0301	K2	72	3	110	3.300
F	0302	K2	84	unverm.	unverm.	unverm.
F	0401	K3	159	2	69	2.450

Haus	Kategorie	Anzahl	Stromverbrauch
D	K1	4	11.350 kWh
		2	
D	K3	1	

Abbildung 10.31: Die fünf Argumente beim Berechnen des Gesamtstromverbrauchs mit zwei Kriterien

Bessere Optik: Die Zahlen mit einer Maßeinheit versehen

Damit in allen Zellen, in denen Sie den Gesamtstromverbrauch ermitteln, hinter jeder Zahl die Maßeinheit steht (hier *kWh*), definieren Sie ein spezielles Zahlenformat. Gehen Sie dazu wie folgt vor:

1. Markieren Sie im Blatt *Analyse Haus D* die Zellen M6 bis M8 und mit gedrückter `Strg`-Taste zusätzlich M11 bis M13.
2. Rufen Sie mit `Strg`+`1` das Dialogfeld *Zellen formatieren* auf. Stellen Sie sicher, dass dort die Registerkarte *Zahlen* angezeigt wird (siehe Abbildung 10.32 [1]).
3. Klicken Sie unter *Kategorie* den Eintrag *Benutzerdefiniert* an [2].
4. Tippen Sie rechts unter *Typ* den folgenden Formatcode ein: `#.##0 "kWh"` [3] und schließen Sie den Vorgang mit einem Klick auf *OK* ab.

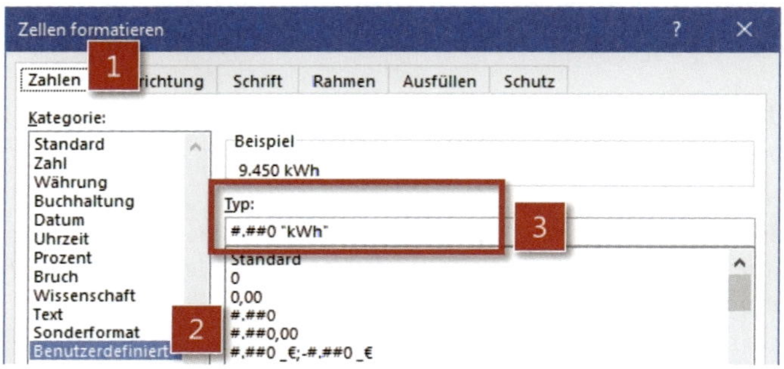

Abbildung 10.32: Das benutzerdefinierte Zahlenformat für kWh *festlegen*

Hinweis Mehr zum Anlegen eigener Zahlenformate lesen Sie in Kapitel 7.

SUMMEWENNS mit Vergleichsoperatoren kombinieren

Wie bereits vorn in diesem Kapitel beim Ermitteln der Anzahl mit ZÄHLENWENNS können Sie auch beim Addieren von Werten mit SUMMEWENNS Vergleichsoperatoren verwenden.

Um die in der unteren Tabelle von Abbildung 10.29 gezeigten Verbrauchswerte für Strom zu berechnen, erstellen Sie in den Zellen M11 bis M13 folgende Formeln:

- M11: `=SUMMEWENNS(H6:H26;B6:B26;J11;E6:E26;K11)`
- M12: `=SUMMEWENNS(H6:H26;B6:B26;J12;E6:E26;K12;E6:E26;"<150")`
- M13: `=SUMMEWENNS(H6:H26;B6:B26;J13;E6:E26;K13)`

Durchschnittsberechnungen mit Einschränkungen

Wenn Durchschnittswerte zu berechnen sind, sollen diese zuweilen nur auf einen bestimmten Wertebereich eingegrenzt werden. In den bisher verwendeten Tabellen mit Verbrauchsdaten zu Strom und Wasser kann das beispielsweise eine Einschränkung auf ein bestimmtes Haus, eine bestimmte Kategorie oder auf bestimmte Größen der Wohnfläche sein.

Ist nur ein Kriterium zu berücksichtigen, erledigen Sie Durchschnittsberechnungen mit der Funktion MITTELWERTWENN. Ihren Aufbau sehen Sie in Abbildung 10.33.

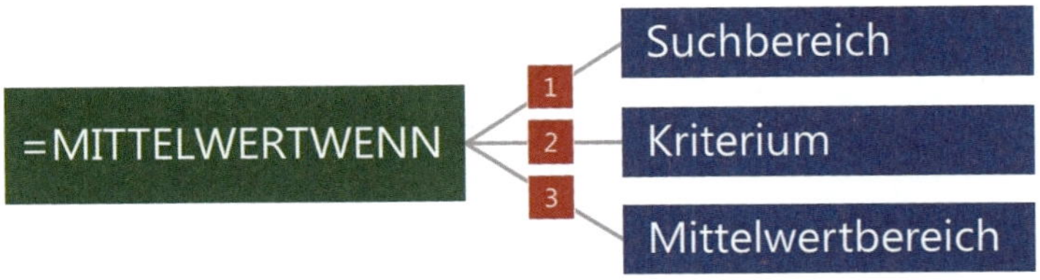

Abbildung 10.33: Der Aufbau der Funktion MITTELWERTWENN mit nur einem Kriterienbereich und Kriterium

Müssen mehrere Kriterien beim Berechnen von Durchschnittswerten berücksichtigt werden, nutzen Sie die Funktion MITTELWERTWENNS. Bei ihr steht – wie schon weiter vorn in diesem Kapitel bei SUMMEWENNS – der Bereich, der die zu berechnenden Werte liefert, gleich zu Beginn. Abbildung 10.34 zeigt den Aufbau von MITTELWERTWENNS.

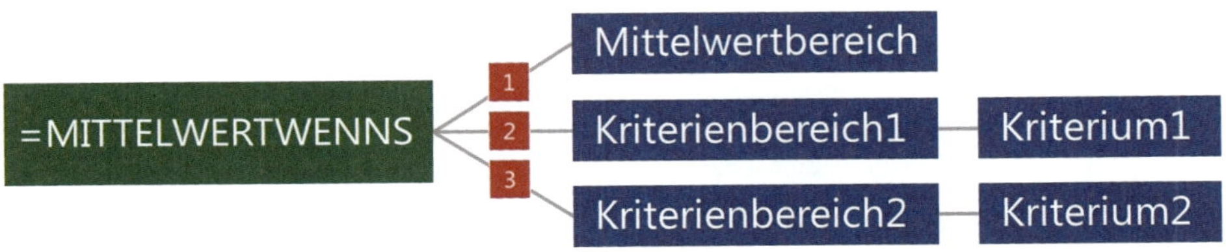

Abbildung 10.34: In der Funktion MITTELWERTWENNS steht das Argument Mittelwertbereich *an erster Stelle*

Durchschnittswerte bei einem Kriterium ermitteln

Wie in Abbildung 10.35 gezeigt, sollen in einem ersten Beispiel Durchschnittswerte unter Berücksichtigung *eines* Kriteriums berechnet werden. Der durchschnittliche Stromverbrauch soll zum einen pro Haus und zum anderen differenziert nach der Belegung der Wohneinheiten in den beiden Auswertungstabellen angezeigt werden.

	B	C	D	E	F	G	H
4							
5	Haus	WE	Kat.	Fläche (m²)	Personen	Wasser (m³)	Strom (kWh)
6	D	0101	K1	72	2	98	2.800
7	D	0102	K1	84	3	103	3.000
8	D	0201	K1	72	2	76	2.450
9	D	0202	K1	84	3	110	3.100
10	D	0301	K2	72	4	131	4.200
11	D	0302	K2	84	2	77	2.360
12	D	0401	K3	159	3	104	4.000
13	E	0101	K1	72	2	93	2.777
14	E	0102	K1	84	4	122	3.410

J: Haus	K: Ø Stromverbrauch
D	3.130 kWh
E	3.023 kWh
F	2.774 kWh

J: Personen	K: Ø Stromverbrauch
2	2.553 kWh
3	3.364 kWh
4	3.805 kWh

Abbildung 10.35: Vorschau auf die ermittelten Durchschnittswerte nach Haus und nach Belegung

Online Verwenden Sie zum Nachvollziehen der folgenden Berechnungen das Arbeitsblatt *Durchschnittswerte 1* in der Beispieldatei *Kap10_UEB.xlsx*.

Zum Berechnen der Durchschnittswerte pro Haus gehen Sie wie folgt vor:

1. Markieren Sie die Zellen, in denen das Ergebnis stehen soll – hier K6:K8.
2. Tippen Sie `=mi` ein und wählen Sie aus der nun angezeigten Funktionenauswahlliste den Eintrag MITTELWERTWENN per Doppelklick aus.
3. Markieren Sie den Bereich, in dem nach dem Haus gesucht werden soll – hier also B6:B26. Wandeln Sie den relativen Bezug mit F4 in einen absoluten um. Die Formel lautet `=MITTELWERTWENN($B$6:$B$26`.
4. Setzen Sie ein Semikolon und klicken Sie auf die Zelle mit dem Suchkriterium – hier Zelle J6.
5. Markieren Sie nach Eingabe eines weiteren Semikolons abschließend den Bereich mit den Werten, für die der Mittelwert zu berechnen ist – hier H6:H26. Wandeln Sie diesen Bezug mit F4 wieder in einen absoluten um.
6. Da mehrere Ergebniszellen markiert sind, schließen Sie die Formel mit Strg+↵ ab. Die Ergebnisse sehen Sie in Abbildung 10.35. Die Formel für K6 lautet `=MITTELWERTWENN($B$6:$B$26;J6;$H$6:$H$26)`. In den Formeln für K7 und K8 ist das Suchkriterium J7 beziehungsweise J8.

Tipp Sie sind nicht sicher, ob die errechneten Durchschnittswerte stimmen, und möchten ihre Richtigkeit prüfen? Nutzen Sie dazu die *AutoBerechnung* unten in der Statusleiste. Markieren Sie die Stromverbrauchswerte für Haus D – also H6:H12. Excel zeigt nun – wie in Abbildung 10.36 zu sehen – in der Statusleiste den Mittelwert der markierten Zellen an: *3.130*. Fazit: Der zuvor mit MITTELWERTWENN ermittelte Wert ist korrekt. Falls Sie den Mittelwert in der Statusleiste nicht sehen, ändern Sie dies per Rechtsklick auf die Statusleiste und Setzen eines Häkchens bei *Mittelwert*.

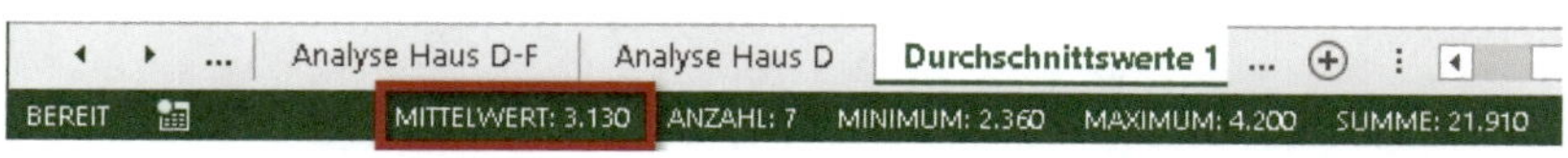

Abbildung 10.36: Schnell in der Statusleiste den errechneten Mittelwert auf Richtigkeit prüfen

Gehen Sie zum Berechnen der Durchschnittswerte nach Belegung in den Zellen K11 bis K13 analog vor. Der zu durchsuchende Bereich ist diesmal die Spalte F mit der Überschrift *Personen*. Der Bezug für das erste Argument ist daher `$F$6:$F$26`. Die Suchkriterien stehen in den Zellen J11 bis J13.

Durchschnittswerte bei mehr als einem Kriterium ermitteln

Muss mehr als ein Kriterium beim Berechnen von Durchschnittswerten berücksichtigt werden, nutzen Sie die Funktion MITTELWERTWENNS. Abbildung 10.37 zeigt dafür ein Beispiel, bei dem die Werte nach Haus und nach Wohnfläche zu berechnen sind. MITTELWERTWENNS ist ebenso aufgebaut wie die Funktion SUMMEWENNS:

- Als erstes Argument wird der Wertebereich angegeben, aus dem der Durchschnitt berechnet werden soll. Dies ist auch in diesem Fall wieder die Spalte H im Arbeitsblatt *Durchschnittswerte 2*.
- Danach folgt die Auflistung der verschiedenen Kriterienbereiche und Kriterien.

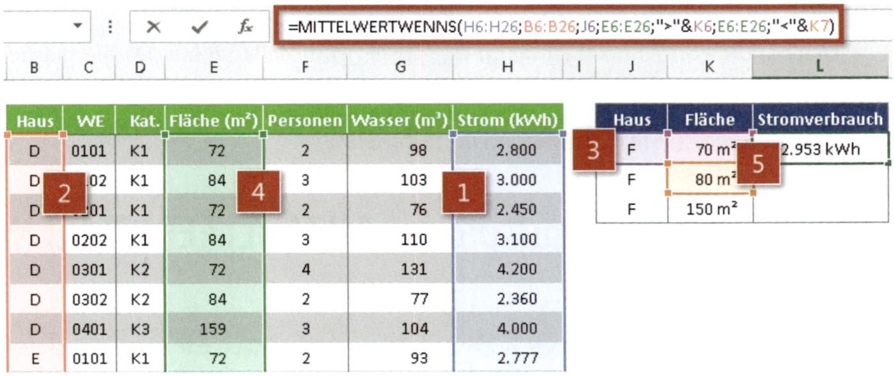

Haus	WE	Kat.	Fläche (m²)	Personen	Wasser (m³)	Strom (kWh)
D	0101	K1	72	2	98	2.800
D	0102	K1	84	3	103	3.000
D	0201	K1	72	2	76	2.450
D	0202	K1	84	3	110	3.100
D	0301	K2	72	4	131	4.200
D	0302	K2	84	2	77	2.360
D	0401	K3	159	3	104	4.000
E	0101	K1	72	2	93	2.777

Haus	Fläche	Stromverbrauch
F	70 m²	2.953 kWh
F	80 m²	
F	150 m²	

Abbildung 10.37: Durchschnittswerte unter Berücksichtigung von zwei Kriterien berechnen

---

Online Verwenden Sie zum Nachvollziehen der folgenden Berechnungen das Arbeitsblatt *Durchschnittswerte 2* in der Beispieldatei *Kap10_UEB.xlsx*.

Zum Berechnen der Durchschnittswerte mit mehreren Kriterien gehen Sie so vor (siehe Abbildung 10.37):

1. Markieren Sie Zelle L6 und tippen Sie `=mi` ein. Doppelklicken Sie in der Funktionenauswahlliste diesmal auf *MITTELWERTWENNS*.
2. Als erstes Argument muss der Bereich der Werte angegeben werden, von denen der Mittelwert berechnet werden soll. Dies sind die Stromverbrauchswerte in Spalte H. Markieren Sie daher H6:H26 [1].
3. Nun folgt nach einem Semikolon der erste zu durchsuchende Kriterienbereich. Dies ist Spalte B mit den Häusern. Markieren Sie B6:B26 [2].
4. Setzen Sie ein Semikolon und klicken Sie auf die Zelle mit dem zugehörigen Suchkriterium. Es ist der Buchstabe für das auszuwertende Haus – hier J6 [3].
5. Wählen Sie nach einem weiteren Semikolon nun den zweiten zu durchsuchenden Bereich aus – diesmal ist es Spalte E mit den Wohnflächen. Markieren Sie also E6:E26 [4].
6. Die Wohnfläche soll größer als 70 m² und kleiner als 80 m² sein. Der erste dieser beiden Grenzwerte steht in K6. Um K6 mit dem Vergleichsoperator für »größer als« zu verbinden, geben Sie `">"&K6` ein [5].
7. Setzen Sie ein Semikolon und legen Sie mit einem weiteren Paar aus Bereich und Kriterium nun noch den oberen Grenzwert fest. Dazu wird erneut der Bereichsbezug E6:E26 gebraucht und nach einem weiteren Semikolon das Kriterium – hier also `"<"&K7` [5].
8. Schließen Sie die Formel mit ↵ ab. Die Formel lautet nun `=MITTELWERTWENNS(H6:H26;B6:B26;J6;E6:E26;">"&K6;E6:E26;"<"&K7)`. Das Ergebnis ist 2.953.

Zum Ermitteln der Durchschnittswerte in den beiden verbleibenden Zellen L7 und L8 gehen Sie wie folgt vor:

1. Kopieren Sie die Formel aus L6, indem Sie sie oben in der Bearbeitungsleiste markieren und `Strg`+`C` drücken.
2. Fügen Sie die Formel in L7 mit `Strg`+`V` ein. Ändern Sie nur die Bezüge für die drei Suchkriterien: J7 statt J6, K7 statt K6 und K8 statt K7.
3. Fügen Sie die Formel noch einmal mit `Strg`+`V` in Zelle L8 ein. Da die Fläche nur größer als 150 m² sein soll und kein oberer Grenzwert mehr zu beachten ist, wird ein drittes Suchkriterium nicht gebraucht. Die Formel für L8 lautet demzufolge `=MITTELWERTWENNS(H6:H26;B6:B26;J8;E6:E26;">"&K8)`.

Zellen ohne Inhalt aufspüren: ANZAHLLEEREZELLEN nutzen

Lernen Sie am Ende dieses Kapitels noch eine Funktion kennen, mit der Sie auch zählen können – diesmal allerdings nicht Inhalte, die einem oder mehreren Kriterien entsprechen, sondern Zellen, die leer sind.

Möglicherweise fragen Sie sich jetzt, wozu eine solche Funktion gebraucht wird. Mit ihr können Sie beispielsweise überwachen, ob in einer Liste erforderliche Daten fehlen. Setzen Sie ANZAHLLEEREZELLEN am Ende einer Zeile oder Spalte ein, können Sie die Zellen innerhalb der Zeile oder Spalte zählen, die noch leer sind. Ist der Wert größer null, wissen Sie, dass noch Daten eingegeben werden müssen.

Abbildung 10.38 zeigt ein weiteres Einsatzgebiet: Hier wird die Funktion verwendet, um anzuzeigen, in wie vielen Wohneinheiten die Wartung der Heizung noch nicht erfolgt ist. Dies sind alle Zellen ohne Datum.

	B	C	D	E	F	G	H
5	WE	Kat.	Fläche (m²)	Personen	Wasser (m³)	Strom (kWh)	Wartung Heizung
6	0101	K1	72	2	90	2.777	Jun 2012
7	0102	K1	84	4	117	3.410	Jun 2012
8	0201	K1	72	2	105	2.560	Aug 2011
9	0202	K1	84	3	110	3.300	Aug 2011
10	0301	K2	72	unverm.	unverm.	unverm.	Apr 2013
11	0302	K2	84	2	69	2.450	
12	0401	K3	72	3	75	3.640	Jan 2013
13	0402	K3	84	unverm.	unverm.	unverm.	Apr 2013
14	0501	K3	159	3	90	4.090	
15					Noch zu warten		2

Abbildung 10.38: Statusanzeige zur Anzahl der Wohneinheiten, in denen die Wartung der Heizung noch aussteht

Die Verwendung der Funktion ANZAHLLEEREZELLEN ist denkbar einfach, wie Sie in Abbildung 10.39 sehen können, da nur ein Argument einzugeben ist: der Bezug auf den Bereich, der auf leere Zellen überprüft werden soll.

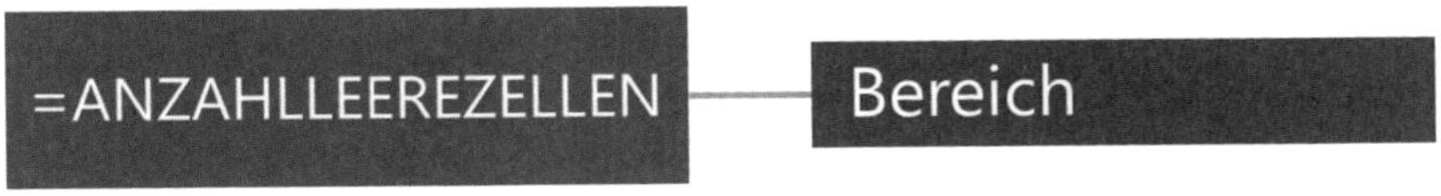

Abbildung 10.39: Die Funktion ANZAHLLEEREZELLEN verlangt nur ein Argument

---

Online Nutzen Sie zum Nachvollziehen der folgenden Aufgabe in der Beispieldatei *Kap10_UEB.xlsx* das Arbeitsblatt *Status Heizung*.

Am unteren Ende der in Abbildung 10.38 gezeigten blauen Statusspalte soll die Anzahl der leeren Zellen gezählt werden. Das sind die Wohneinheiten, in denen noch keine Wartung der Heizung erfolgte. Gehen Sie dazu wie folgt vor:

1. Markieren Sie die Zelle, in der das Ergebnis stehen soll – hier also H15.
2. Tippen Sie `=anz` ein und doppelklicken Sie in der daraufhin angezeigten Funktionenauswahlliste auf den Eintrag *ANZAHLLEEREZELLEN*.
3. Geben Sie nun den Bereich an, der auf leere Zellen untersucht werden soll – das sind die Zellen in Spalte H unterhalb der Überschrift *Wartung Heizung*. Markieren Sie demzufolge H6 bis H14.
4. Schließen Sie die Formel mit ↵ ab. Excel übernimmt das Einfügen der schließenden Klammer. Die Formel lautet `=ANZAHLLEEREZELLEN(H6:H14)`. Das Ergebnis ist in dem Fall 2.

Zusammenfassung

In diesem Kapitel konnten Sie eine statistische Auswertung mit einer Vielzahl von Funktionen Schritt für Schritt aufbauen. Das Spektrum umfasste dabei:

- SUMME, MITTELWERT, MAX und MIN,
- ZÄHLENWENN und ZÄHLENWENNS,
- SUMMEWENN und SUMMEWENNS,
- MITTELWERTWENN und MITTELWERTWENNS sowie
- ANZAHLLEEREZELLEN.

Bei Erstellen der Formeln haben Sie verschiedene Techniken probiert – direkte Eingabe in die Bearbeitungsleiste oder Nutzung des Funktions-Assistenten. So konnten Sie herausfinden, welche Vorgehensweise für Sie am besten passt.

Sie wissen nun, dass beim Eingeben von Funktionen Gleichheitszeichen, Klammern sowie Semikolon unerlässlich sind. Werden Texte in einer Formel verwendet, müssen diese in Anführungszeichen stehen.

Sie sind somit gerüstet für den noch intensiveren Einstieg in das, was Excel für die meisten Anwender ausmacht: die Welt der Formeln und Funktionen.

Im folgenden Kapitel können Sie Ihr Know-how im Umgang mit Funktionen weiter ausbauen.

Kapitel 11

Für viele Fälle gerüstet: Logik-, Ist-, Datums-, Runden- und Textfunktionen

In diesem Kapitel:

In diesem Kapitel lernen Sie den Nutzen und Einsatz weiterer Funktionen kennen. Bei mehreren Hundert Tabellenfunktionen ist eine Auswahl unvermeidbar. Im Zentrum stehen daher die Funktionen, mit denen Sie typische Aufgaben lösen, zum Beispiel:

- Auswertungen anlegen (Logikfunktionen),
- Informationen zu Zellinhalten ermitteln (IST-Funktionen),
- Projekt- und Terminplanung durchführen (Datums- und Zeitfunktionen),
- Zahlen auf- und abrunden (unterschiedlichste Funktionen),
- Informationen und importierte Daten passend aufbereiten (Textfunktionen).

Daten prüfen und Berechnungen steuern mit WENN, ODER sowie UND

In Kapitel 10 erfahren Sie, wie Sie eine Summe oder einen Mittelwert nur dann berechnen, wenn ein oder mehrere Kriterien erfüllt sind. Bei einer Vielzahl anderer Berechnungen müssen ebenfalls erst bestimmte Bedingungen zutreffen, bevor gerechnet wird. Manchmal sollen auch Fehler bei der Berechnung vermieden werden. Solche Aufgaben erledigen Sie mit Logikfunktionen wie WENN, UND, ODER, NICHT sowie WENNFEHLER. Excel 2016 enthält insgesamt neun Logikfunktionen. Im folgenden Abschnitt lernen Sie besonders oft verwendete Logik-Funktionen kennen.

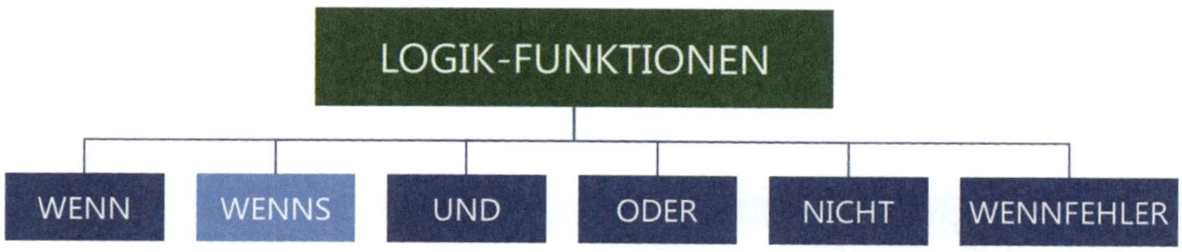

Abbildung 11.1: Fünf besonders häufig verwendete Logikfunktionen sowie die neue Funktion WENNS

Hinweis Arbeiten Sie mit Excel 2016 für Office 365, stehen Ihnen neue Logikfunktionen zur Verfügung. Eine davon ist WENNS. Sie erspart Ihnen das mühsame Verschachteln mehrerer WENN-Formeln. Mehr dazu erfahren Sie am Ende dieses Kapitels.

Mit WENN die Berechnungen in eine bestimmte Richtung leiten oder Statusanzeigen erzeugen

Wichtigster Helfer in Sachen Logik ist in Excel die Funktion WENN. Sie wird angewendet, um das Ausführen einer Aktion von einer Bedingung abhängig zu machen. Wie diese Funktion arbeitet, lernen Sie an dem in Abbildung 11.2 gezeigten Beispiel kennen.

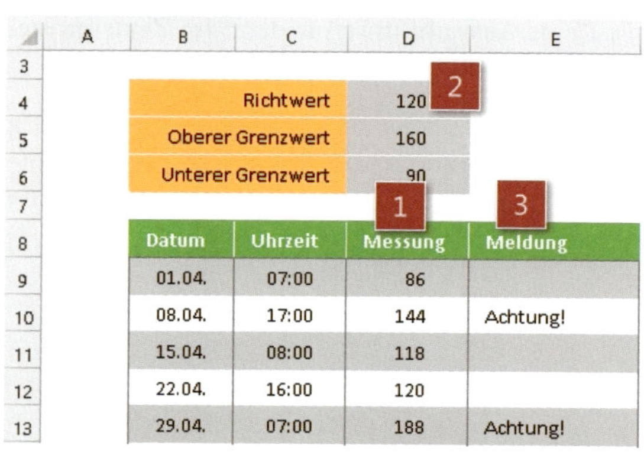

Abbildung 11.2: Wenn ein Wert in der Spalte Messung *größer als der Richtwert ist, soll eine Meldung erfolgen*

- Die Werte in der Spalte *Messung* [1] sollen daraufhin geprüft werden, ob sie über dem Richtwert [2] liegen.
- Ist dies der Fall, soll in der Spalte *Meldung* [3] ein warnendes *Achtung!* angezeigt werden.
- Anderenfalls soll die Spalte *Meldung* leer bleiben.

Sie sehen schon: Wie jede andere Funktion in Excel hat auch die WENN-Funktion eine bestimmte Syntax. Sie lautet: `=WENN(Prüfung;Dann_Wert;Sonst_Wert)`. Für das Beispiel mit den Messwerten ergibt sich der in Abbildung 11.3 gezeigte Aufbau der Formel.

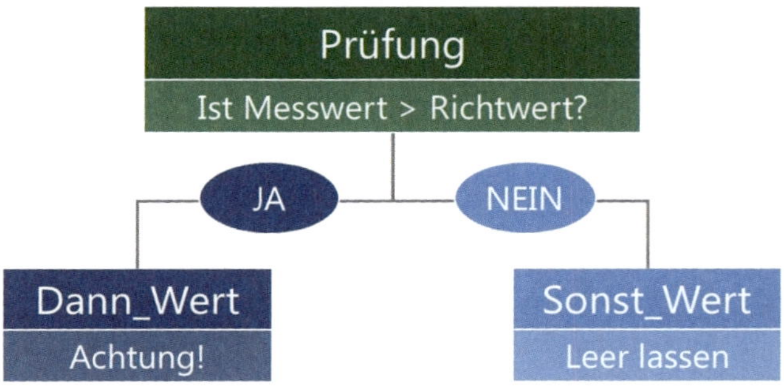

Abbildung 11.3: Funktionsweise der WENN-Funktion am Beispiel der Bewertung einer Messung

- Mit WENN prüfen Sie, ob eine oder mehrere Bedingungen erfüllt sind – im gezeigten Beispiel »Ist der Messwert größer als der Richtwert?«.
- Das Ergebnis der *Prüfung* ergibt WAHR oder FALSCH.
- Wird eine Bedingung erfüllt, ist das Ergebnis der Prüfung demzufolge WAHR, folgt der *Dann_Wert* – die Meldung *Achtung!* erscheint.
- Wird die Bedingung nicht erfüllt, das Ergebnis der Prüfung ist FALSCH, folgt der *Sonst_Wert* – im Beispiel soll die Zelle in der Spalte *Meldung* leer bleiben.

Hier weitere Anwendungsfälle, in denen die WENN-Funktion gute Dienste leistet:

- Geplante und tatsächliche Kosten stehen in zwei Spalten. In einer dritten Spalte soll eine Warnmeldung erscheinen, wenn die Istwerte über den Planwerten liegen.
- Bei Reisekosten oder beim Ausstellen von Rechnungen soll automatisch der richtige Mehrwertsteuersatz von 7 % oder 19 % gewählt und anschließend die Beträge für Mehrwertsteuer und Brutto korrekt berechnet werden.
- Im Verein zahlen die Mitglieder ihren Beitrag je nach Altersstufe. Der Kassenwart möchte automatisch einen Hinweis erhalten, wenn ein Mitglied in eine neue Altersstufe kommt und somit ein anderer Beitrag fällig wird.

WENN zum Abgleichen von Messwerten mit einem Richtwert

Zurück zu dem in Abbildung 11.2 gezeigten Beispiel. Sorgen Sie mit einer einfachen WENN-Funktion dafür, dass neben den Messungen, die den Richtwert überschreiten, ein Warnhinweis in der Spalte *Meldung* angezeigt wird.

Online Sie möchten diese Aufgabe selbst am Computer lösen? Öffnen Sie dazu die Datei *Kap11_Logik_UEB.xlsx* und wechseln Sie zum Arbeitsblatt *Meldung mit WENN.*

---

1. Markieren Sie Zelle E9 – hier wird die erste Messung bewertet.
2. Tippen Sie `=wen` ein. Die sich öffnende Auswahlliste zeigt drei Funktionen an, WENN ist bereits markiert. Übernehmen Sie WENN durch Drücken der [↹]-Taste.
3. Geben Sie nun – wie in Abbildung 11.3 gezeigt – zuerst an, was geprüft werden soll: Ist der Messwert größer als der Richtwert? Klicken Sie also D9 an, geben Sie das Zeichen »größer als« (>) ein und klicken Sie dann auf die Zelle mit dem Richtwert – hier also D4. Da sich beim Kopieren der Formel nach unten der Weg zu D4 von Zeile zu Zeile verändern wird, machen Sie den Zellbezug auf D4 absolut. Drücken Sie dazu die Funktionstaste [F4]. Bis hierher lautet die Formel `=WENN(D9>$D$4`. Was geprüft werden soll, ist somit formuliert.
4. Geben Sie ein Semikolon ein, um den *Dann_Wert* als zweites Argument folgen zu lassen. Wenn der Messwert größer als der Richtwert ist, soll ein Warnhinweis erfolgen. Geben Sie also in Anführungszeichen `Achtung!` ein.
5. Nach einem weiteren Semikolon legen Sie mit dem dritten Argument namens *Sonst_Wert* fest, dass andernfalls die Spalte *Meldung* leer bleiben soll. In Excel geben Sie für »nichts« zwei Anführungszeichen ein.
6. Schließen Sie die Formel mit [↵] ab. Sie lautet komplett:
   `=WENN(D9>$D$4;"Achtung!";"")`.
7. Kopieren Sie die Formel per Doppelklick auf das Ausfüllkästchen von Zelle E9 nach unten. Um dabei unerwünschte Formatierungen zu vermeiden, klicken Sie anschließend rechts unten auf die Schaltfläche *Auto-Ausfülloptionen* und wählen *Ohne Formatierung ausfüllen.*

Vergleichsoperatoren für das Argument »Prüfung«

Sie haben es im Beispiel eben gesehen: Beim Festlegen der Prüfung lassen Sie etwas vergleichen. Das können Zahlen, Texte, Datumsangaben oder Zellbezüge sein. Wie verglichen werden soll, legen Sie mit dem Vergleichsoperator fest. Welche Sie dabei verwenden können, zeigt Tabelle 11.1 am Beispiel eines Vergleichs von Ausgaben und Einnahmen.

Operator	Bedeutung	Beispiel mit Prüfung; Dann_Wert; Sonst_Wert
=	gleich	`Ausgaben = Einnahmen; Ausgeglichen; Prüfen`
<	kleiner	`Ausgaben < Einnahmen; Geld vorhanden; Prüfen`
>	größer	`Ausgaben > Einnahmen; Budget überschritten; OK`
<=	kleiner gleich	`Ausgaben <= Einnahmen; OK; Budget überschritten`
>=	größer gleich	`Ausgaben >= Einnahmen; Budget ausgeschöpft/überschritten; OK`
<>	ungleich	`Ausgaben <> Einnahmen; Prüfen; Ausgeglichen`

Tabelle 11.1: Operatoren zur Prüfung der Bedingung

Differenzierte Hinweise mit verschachteltem WENN

Bei der eben durchgeführten Prüfung, ob ein Messwert über dem Richtwert liegt, wird nicht berücksichtigt, wie groß die Überschreitung ist. Zweckmäßiger wäre es, bei besonders hohen Werten eine differenzierte Meldung oder sogar eine Handlungsanweisung in der Spalte *Meldung* zu erhalten. Liegt zum Beispiel eine Messung über dem oberen Grenzwert, soll – wie in Abbildung 11.4 gezeigt – statt der Meldung *Achtung!* die Aufforderung *Inspektion* erfolgen.

Dazu muss nicht nur eine, sondern es müssen zwei Prüfungen durchgeführt werden: Liegt eine Messung über dem oberen Grenzwert [1] oder liegt sie »nur« über dem Richtwert [2]? Diese zwei Prüfungen realisieren Sie mit zwei WENN-Abfragen, die ineinander verschachtelt werden.

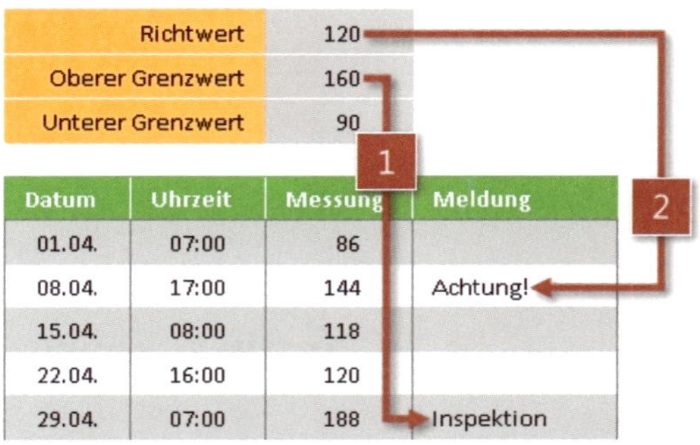

Richtwert	120
Oberer Grenzwert	160
Unterer Grenzwert	90

Datum	Uhrzeit	Messung	Meldung
01.04.	07:00	86	
08.04.	17:00	144	Achtung!
15.04.	08:00	118	
22.04.	16:00	120	
29.04.	07:00	188	Inspektion

Abbildung 11.4: Die Meldung wird je nach Messwert differenziert mithilfe einer verschachtelten WENN-Funktion

---

Online Zum Lösen dieser Aufgabe nutzen Sie in der Beispieldatei *Kap11_Logik_UEB.xlsx* das Arbeitsblatt *WENN verschachtelt*.

---

1. Markieren Sie wieder Zelle E9 und rufen Sie über die Eingabe von `=wen` in der Auswahlliste die WENN-Funktion auf.
2. Beginnen Sie mit der Prüfung, ob der Messwert größer als der obere Grenzwert ist. Klicken Sie also D9 an, geben Sie das Zeichen »größer als« (>) ein und klicken Sie dann Zelle D5 an. Machen Sie den Zellbezug auf D5 mit F4 absolut. Die Formel lautet `=WENN(D9>$D$5`. Dies ist die erste Prüfung.
3. Nach einem Semikolon geben Sie den *Dann_Wert* ein. Das ist die Anweisung, die bei Werten über dem oberen Grenzwert erscheinen soll. Tippen Sie in Anführungszeichen also `Inspektion` ein.
4. Für den *Sonst_Wert* sind nun noch zwei Zustände möglich: a) Der Messwert ist zwar kleiner oder gleich dem oberen Grenzwert, liegt aber über dem Richtwert oder b) der Messwert ist kleiner oder gleich dem Richtwert. Um die Werte für den Fall a) herauszufinden, brauchen Sie eine weitere Prüfung, also in der bereits bestehenden WENN-Funktion ein weiteres WENN. Geben Sie ein Semikolon ein und lassen Sie die bereits bekannte Formel folgen, die prüft, ob Messungen über dem Richtwert liegen: `WENN(D9>$D$4;"Achtung!"`.

5. Abschließend geben Sie nach einem weiteren Semikolon noch die beiden Anführungszeichen für den Fall b) ein – der Messwert ist kleiner oder gleich dem Richtwert. Hier soll die Spalte *Meldung* leer bleiben.
6. Fügen Sie für das Beenden der zweiten WENN-Funktion noch eine schließende Klammer am Ende der Formel hinzu. Sie lautet nun:
   `=WENN(D9>$D$5;"Inspektion";WENN(D9>$D$4;"Achtung!";""))`
7. Kopieren Sie die Formel per Doppelklick auf das Ausfüllkästchen von E9 nach unten. Vermeiden Sie wieder unerwünschte Formatierungen und wählen Sie im Menü der Schaltfläche *Auto-Ausfülloptionen* den Eintrag *Ohne Formatierung ausfüllen*.

Abbildung 11.5: Die verschachtelte WENN-Funktion sorgt für zwei differenzierte Meldungen

---

Hinweis Wenn Sie mehrere WENN-Funktionen verschachteln, ist die Reihenfolge der Prüfungen entscheidend, damit Sie zu einem korrekten Ergebnis gelangen. Wird bei der Prüfung »größer als« verwendet, fangen Sie beim höchsten Wert an.

Werte außerhalb der Grenzwerte kommentieren: WENN mit ODER kombinieren

Im nächsten Beispiel sollen alle Messungen automatisch den Hinweis *Prüfen* erhalten, wenn sie sich außerhalb der vorgegebenen Grenzwerte befinden – also entweder über dem oberen Grenzwert in D5 oder unter dem unteren Grenzwert in D6 liegen. Abbildung 11.6 zeigt eine Vorschau auf die fertige Lösung.

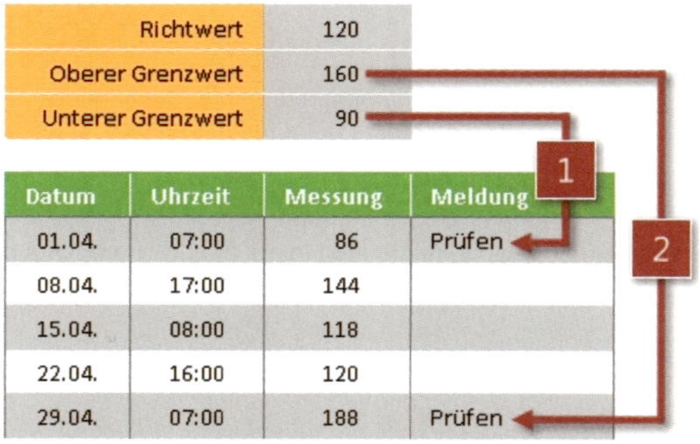

Abbildung 11.6: Bei Werten über und unter den beiden Grenzwerten erscheint die Meldung Prüfen

---

Online Um diese Aufgabe zu lösen, verwenden Sie das Arbeitsblatt *WENN mit ODER* in der Beispieldatei *Kap11_Logik_UEB.xlsx*.

Diesmal sind zwei Grenzwerte zu berücksichtigen: Bei Messungen außerhalb dieser Vorgaben sind die Grenzwerte entweder über- oder unterschritten. Daher wird für das Argument *Prüfung* in der WENN-Funktion in dem Fall ein ODER gebraucht. Stellen Sie die Formel wie folgt auf:

1. Markieren Sie im Arbeitsblatt *WENN mit ODER* die Zelle E9.
2. Geben Sie `=WENN(ODER(D9>` ein.
3. Klicken Sie den oberen Grenzwert in D5 an und wandeln Sie den relativen Bezug *D5* durch Drücken der Taste F4 in den absoluten Bezug `$D$5` um.
4. Setzen Sie ein Semikolon, um die zweite Möglichkeit innerhalb der ODER-Funktion anzugeben: `D9<$D$6`. Damit lassen Sie prüfen, ob die Messung kleiner als der untere Grenzwert ist.
5. Schließen Sie die Klammer der ODER-Funktion. Das Argument *Prüfung* der WENN-Funktion ist nach Setzen eines Semikolons damit abgeschlossen.
6. Lassen Sie die Anweisungen für die Argumente *Dann_Wert* sowie *Sonst_Wert* folgen – hier also `"Prüfen";""`. Wie in Abbildung 11.7 zu sehen, lautet die komplette Formel `=WENN(ODER(D9>$D$5;D9<$D$6);"Prüfen";"")`.
7. Kopieren Sie die Formel per Doppelklick auf das Ausfüllkästchen von Zelle E9 nach unten. Um unerwünschte Formatierungen zu vermeiden, klicken Sie anschließend im Menü der Schaltfläche *Auto-Ausfülloptionen* auf *Ohne Formatierung ausfüllen*.

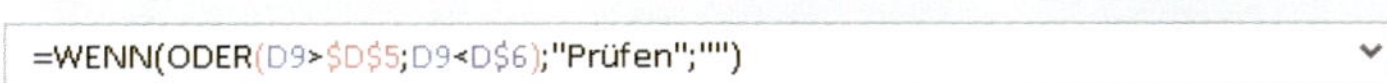

Abbildung 11.7: Diese Kombination aus WENN- und ODER-Funktion erzeugt die gewünschte Prüfen-*Meldung*

Zwei Kriterien gleichzeitig: Grenzwert und Zeitraum berücksichtigen mit WENN sowie UND

Im Beispiel mit ODER musste eine von zwei Bedingungen erfüllt sein, damit in Spalte E eine Meldung erscheint. Im folgenden Fall soll nur dann eine Meldung angezeigt werden, wenn zwei Kriterien gleichzeitig zutreffen – und zwar Messungen aus dem Monat Juni, die kleiner als der untere Grenzwert sind. Dazu wird die Funktion UND gebraucht. Mit ihr können Sie mehrere Kriterien bündeln, die alle zutreffen sollen. Die WENN-Funktion bauen Sie aus folgenden Elementen auf:

- Werte unterhalb des unteren Grenzwerts prüfen Sie wieder mit dem bereits bekannten Vergleich `D9<$DS6`.
- Ob eine Messung im Juni erfolgte, finden Sie über das Datum in Spalte B heraus. Dort ermitteln Sie mit der Funktion MONAT zu jeder Datumsangabe die jeweilige Monatsnummer. Für Juni muss diese 6 ergeben.
- Treffen diese beiden Bedingungen innerhalb der UND-Funktion zu, soll in der Spalte E der Text *Testphase* erscheinen.

Abbildung 11.8 zeigt eine Vorschau auf die fertige Lösung: Nur im Juni erhalten Messungen unterhalb von 90 in Spalte E den Zusatz *Testphase*.

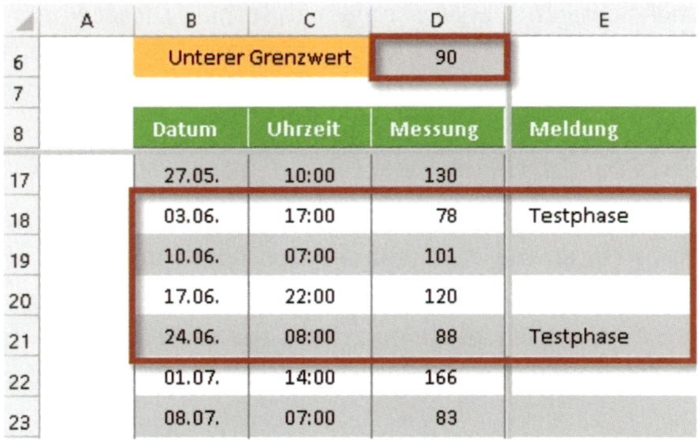

Abbildung 11.8: Der Grenzwert in Zelle D6 und nur Daten aus dem Monat Juni sind diesmal die Kriterien

---

Online Zum Lösen dieser Aufgabe nutzen Sie in der Beispieldatei *Kap11_Logik_UEB.xlsx* das Arbeitsblatt *WENN mit UND.*

---

1. Markieren Sie zum Anlegen der Formel zunächst wieder Zelle E9.
2. Geben Sie `=WENN(UND(D9<$D$6` ein. Damit haben Sie die erste Bedingung und somit den ersten Teil der UND-Funktion erledigt.
3. Setzen Sie ein Semikolon, um die zweite Bedingung innerhalb der UND-Funktion folgen zu lassen. Sie lautet `MONAT(B9)=6`. Damit prüfen Sie, ob der Monat des Datums in Spalte B im Juni liegt.
4. Schließen Sie die Klammer der UND-Funktion und fügen Sie ein Semikolon hinzu. Damit ist das Argument *Prüfung* der WENN-Funktion abgeschlossen.
5. Lassen Sie nun die Anweisungen für die Argumente *Dann_Wert* sowie *Sonst_Wert* folgen. Hier also das Wort `Testphase` beziehungsweise nichts (`""`). Die fertige Formel lautet: `=WENN(UND(D9<$D$6;MONAT(B9)=6);"Testphase";"")`.
6. Kopieren Sie die Formel per Doppelklick auf das Ausfüllkästchen von Zelle E9 nach unten. Um unerwünschte Formatierungen zu vermeiden, klicken Sie anschließend im Menü der Schaltfläche *Auto-Ausfülloptionen* auf *Ohne Formatierung ausfüllen.*

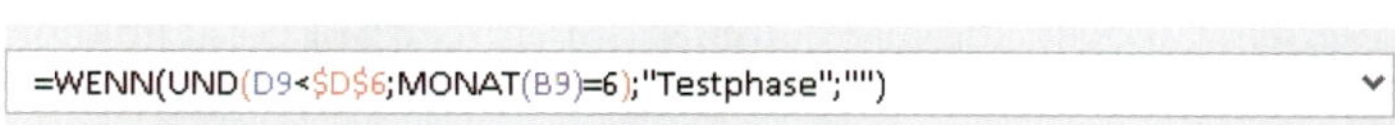

Abbildung 11.9: Mit WENN sowie UND die Messungen kommentieren, die zwei Bedingungen erfüllen

---

Hinweis Mehr zu den Datumsfunktionen lesen Sie weiter hinten in diesem Kapitel.

Daten ausschließen mit WENN und NICHT

Im letzten Beispiel zu ausgewählten Logikfunktionen erfahren Sie, wie Sie in einer Auswertung bestimmte Kriterien explizit ausschließen können. Dazu nutzen Sie die Funktion NICHT innerhalb der WENN-Funktion. Da mehrere Kriterien nicht erfüllt sein dürfen, setzen Sie innerhalb der NICHT-Funktion noch ODER ein. Folgendes muss erfüllt sein, damit die Meldung *OK* erscheint:

- Die Messwerte in Spalte D dürfen nicht außerhalb der Grenzwerte liegen.
- Die Messungen dürfen weder um 7:00 Uhr noch um 22:00 Uhr erfolgt sein.

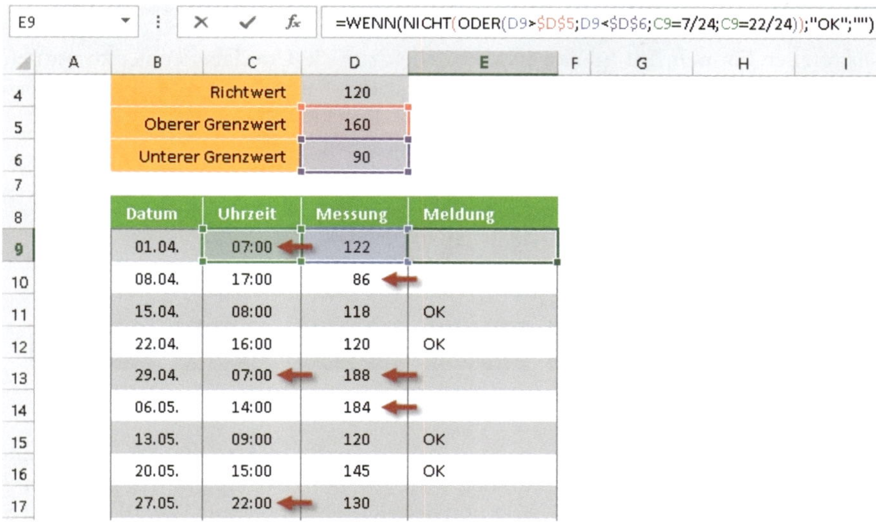

Abbildung 11.10: Vier Ausschlusskriterien sind in dieser Auswertung über NICHT und ODER festgelegt

Abbildung 11.10 zeigt, dass in Spalte E nur in den Fällen *OK* steht, bei denen die oben genannten Ausschlusskriterien nicht zutreffen. So bauen Sie die Formel auf:

Online Um diese Aufgabe zu lösen, verwenden Sie das Arbeitsblatt *WENN mit NICHT* in der Beispieldatei *Kap11_Logik_UEB.xlsx*.

---

1. Markieren Sie im Arbeitsblatt *WENN mit NICHT* wieder die Zelle E9.
2. Beginnen Sie die Formeleingabe mit `=WENN(NICHT(ODER(`.
3. Lassen Sie dann die beiden ersten Ausschlusskriterien folgen: Die Grenzwerte in D5 und D6 sollen weder über- noch unterschritten werden. Geben Sie folglich `D9>$D$5;D9<$D$6` ein.
4. Nach einem weiteren Semikolon folgen nun die beiden Uhrzeiten, die nicht berücksichtigt werden sollen: `C9=7/24;C9=22/24`.
5. Schließen Sie die NICHT- sowie die ODER-Funktion jeweils mit einer Klammer. Das Argument *Prüfung* der WENN-Funktion ist damit definiert.
6. Nun fehlen noch die beiden Argumente *Dann_Wert* und *Sonst_Wert*. Ergänzen Sie die Formel nach einem Semikolon mit `"OK";""` und einer schließenden Klammer. Drücken Sie die ↵-Taste. Die komplette Formel lautet: `=WENN(NICHT(ODER(D9>$D$5;D9<$D$6;C9=7/24;C9=22/24));"OK";"")`.

7. Kopieren Sie die Formel aus Zelle E9 per Doppelklick auf das Ausfüllkästchen in der Spalte nach unten. Vermeiden Sie ungewollte Formatierungen mit einem Klick auf *Ohne Formatierung ausfüllen* im Menü zur Schaltfläche *Auto-Ausfülloptionen*.

Abfragen mit IST-Funktionen flexibel formulieren

Meist greifen Formeln auf Inhalte anderer Zellen zurück. Um dabei Fehler zu vermeiden, nutzen Sie die IST-Funktionen. Mit ihnen überprüfen Sie, ob die in einer Formel verwendeten Zellen vollständig und korrekt gefüllt sind. Excel bietet dafür zwölf IST-Funktionen – sieben davon, die häufig zum Einsatz kommen, sehen Sie in Abbildung 11.11.

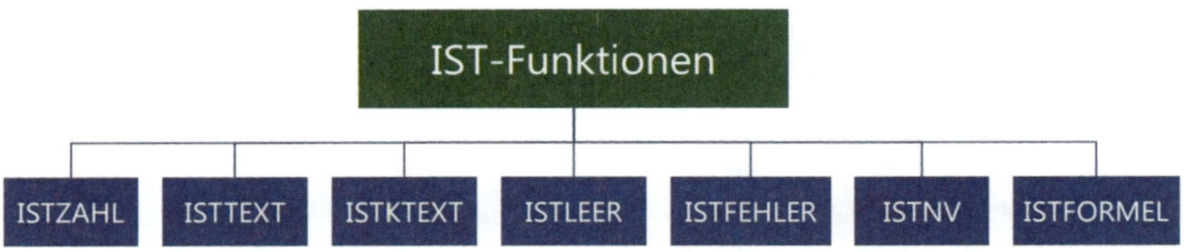

Abbildung 11.11: Ausgewählte IST-Funktionen im Überblick

Aus bisherigen Kapiteln wissen Sie bereits, dass für Funktionen nahezu immer Argumente erforderlich sind. Bei den IST-Funktionen wird jeweils nur ein Argument gebraucht. Die IST-Funktionen überprüfen einen Wert und liefern je nach Ergebnis WAHR oder FALSCH zurück. Abbildung 11.12 zeigt dies für die Funktionen ISTTEXT, ISTZAHL, ISTKTEXT und ISTLEER.

Eingabe	Wert	ISTTEXT	ISTZAHL	ISTKTEXT	ISTLEER
Gedankenstrich	–	WAHR	FALSCH	FALSCH	FALSCH
Minuszeichen	-	WAHR	FALSCH	FALSCH	FALSCH
Pluszeichen	+	WAHR	FALSCH	FALSCH	FALSCH
Multiplikationszeichen	*	WAHR	FALSCH	FALSCH	FALSCH
Nichts (Zelle ist leer)		FALSCH	FALSCH	WAHR	WAHR
Leertaste		WAHR	FALSCH	FALSCH	FALSCH
Leere Zeichenkette ("")		WAHR	FALSCH	FALSCH	FALSCH
Fehler	#NV	FALSCH	FALSCH	WAHR	FALSCH
Zahl 3	3	FALSCH	WAHR	WAHR	FALSCH
Zahl -13,5	-13,5	FALSCH	WAHR	WAHR	FALSCH
Zahl 0	0	FALSCH	WAHR	WAHR	FALSCH
Zahl 3 mit vorangestelltem Hochkomma	3	WAHR	FALSCH	FALSCH	FALSCH
Zahl 3 in Zelle, die als Text formatiert ist	3	WAHR	FALSCH	FALSCH	FALSCH
Zahl 90 und ß	90ß	WAHR	FALSCH	FALSCH	FALSCH

Abbildung 11.12: Vier der IST-Funktionen im direkten Vergleich

Mit ISTZAHL numerische Werte finden

Lernen Sie einige der IST-Funktionen auf den folgenden Seiten kennen. Am Beispiel der in Abbildung 11.13 dargestellten Produktliste erfahren Sie, wie Sie falsche oder fehlende Werte in Formeln mithilfe von IST-Funktionen vermeiden.

In der Liste soll für alle Produkte, die es bereits in den Vorjahren gab, in der Spalte *Preis alt* der bisherige Verkaufspreis stehen. Woran ist ein solches Bestandsprodukt zu erkennen? Ganz einfach: In der Spalte *Verkaufsstart* steht eine Jahreszahl, bei neuen Produkten hingegen der Text *Neu*. Mit anderen Worten: Bei Bestandsprodukten steht eine Zahl – ein sogenannter numerischer Wert –, bei Neuprodukten hingegen ein Text. Demzufolge soll da, wo in Spalte G eine Zahl steht, in Spalte H der alte Verkaufspreis erscheinen.

Nr.	Bezeichnung	Preis	Gewicht	Kat.	Verkaufsstart	Preis alt	Preisabw.	Einkäufer	Status
01	USB 2.0 XU8	8,90 €	0,8 kg	A	2015	9,00 €	-1,11%	Hartung	✔
02	USB 3.0 XS16	9,50 €	0,8 kg	B	Neu			Kelling	✔
03	USB 3.0 XU16	10,50 €	0,8 kg	B	2016	fehlt		Kelling	!
04	USB 3.0 XU32	10,80 €	0,8 kg	B	2013	10,00 €	8,00%		!
05	SSD T250	59,00 €	1,2 kg	C				Jenner	!
06	SSD T400	89,00 €		C	2014	95,00 €	-6,32%	Jenner	!
07	SSD T500	115,00 €	1,4 kg	C	Neu			Jenner	✔
08	SSD X750	139,00 €	1,4 kg		2015	115,00 €	20,87%	Arndt	!
09	SSD X980		1,4 kg	C	Neu			Hartung	!
10	Adapter DP	8,90 €	0,5 kg	D	Neu			Kelling	✔

Abbildung 11.13: Formelergebnisse werden nur angezeigt, wenn alle notwendigen Daten zur Berechnung vorliegen

---

Online Sie sitzen am Computer und möchten gleich mitmachen? Dann öffnen Sie die Datei *Kap11_Ist_UEB.xlsx* und wechseln dort zum Arbeitsblatt *Produktliste*.

So gehen Sie vor:

1. Markieren Sie Zelle H7 – hier soll der bisherige Preis des ersten Produkts stehen.
2. Geben Sie `=ist` ein. Die Auswahlliste zeigt nun alle Funktionen an, die mit »IST« beginnen.
3. Ergänzen Sie Ihre Eingabe um den Buchstaben z. Von den IST-Funktionen bleibt nur noch ISTZAHL übrig. Übernehmen Sie diese mit der [Tab]-Taste.
4. Markieren Sie nun die Zelle, die auf eine Zahl geprüft werden soll – also G7.
5. Schließen Sie die Formeleingabe mit [Enter] ab. Das Ergebnis der Formel lautet WAHR, denn der Inhalt von Zelle G7 ist eine Zahl.
6. Kopieren Sie die Formel von H7 mittels Ausfüllkästchen nach unten bis H16. Für Bestandsprodukte ist das Ergebnis WAHR, für neue Produkte FALSCH.
7. Nach dem Kopieren der Formel hat jede Zelle eine untere Rahmenlinie und einen grauen Hintergrund. Korrigieren Sie dies, indem Sie an der unteren rechten Ecke des noch markierten Zellbereichs auf die Schaltfläche *Auto-Ausfülloptionen* klicken und *Ohne Formatierung ausfüllen* wählen.

Hinweis Haben Sie mit dem Gedanken gespielt, ISTTEXT statt ISTZAHL zu verwenden? Wenn Sie sich die Ergebnisse dieser beiden Funktionen in Abbildung 11.12 genau anschauen, werden Sie feststellen, dass ISTTEXT immer das Gegenteil von ISTZAHL liefert – mit einer Ausnahme: Ist die zu prüfende Zelle leer, liefern beide Funktionen FALSCH. Dies hätte im vorliegenden Beispiel zur Folge, dass auch dann ein alter Preis gesucht werden würde, wenn die Spalte *Verkaufsstart* leer (das heißt noch nicht gefüllt) ist. Daher ist die Funktion ISTTEXT an dieser Stelle ungeeignet.

Das Formelergebnis nur bei erfüllter Bedingung anzeigen

Wenn die Funktion ISTZAHL das Ergebnis WAHR liefert, soll der alte Preis des Produkts in Spalte H angezeigt werden, ansonsten soll die Zelle leer bleiben. Das realisieren Sie über eine WENN-Funktion. Gehen Sie wie folgt vor:

1. Markieren Sie Zelle H7.
2. In der Bearbeitungsleiste sehen Sie `=ISTZAHL(G7)`. Klicken Sie direkt hinter das Gleichheitszeichen und fügen Sie dort die Buchstaben `wen` ein. In der Auswahlliste wird WENN vorgeschlagen, was Sie mit der [↹]-Taste übernehmen.
3. Klicken Sie in der Bearbeitungsleiste ans Ende der Formel. Geben Sie ein Semikolon ein, denn nach der Prüfung mit ISTZAHL folgt nun als zweites Argument, was angezeigt werden soll, wenn die Prüfung WAHR ergibt. Geben Sie hier vorerst in Anführungszeichen den Text `alter Preis` ein. Diesen Platzhalter ersetzen Sie später durch eine Funktion, die den alten Preis ermittelt.
4. Tippen Sie ein weiteres Semikolon ein, um das dritte Argument einzugeben. Falls die Prüfung mit ISTZAHL zum Ergebnis FALSCH führt, soll die Zelle in Spalte H leer bleiben. Tippen Sie daher zwei Anführungszeichen ein.
5. Schließen Sie die Formel mit einer Klammer und drücken Sie [↵].
   Die fertige Formel für Zelle H7 lautet nun `=WENN(ISTZAHL(G7);"alter Preis";"")`.

Abbildung 11.14: Die Formel zur Anzeige des alten Preises – hier noch mit Platzhalter

6. Kopieren Sie die Formel von H7 wiederum mithilfe des Ausfüllkästchens nach unten bis H16. Während für Bestandsprodukte der Text *alter Preis* angezeigt wird, bleibt bei neuen Produkten die Zelle leer.
7. Die unerwünschten Formatänderungen beim Kopieren korrigieren Sie wieder über die Schaltfläche *Auto-Ausfülloptionen* und *Ohne Formatierung ausfüllen*.

Hinweis Klicken Sie Zelle H8 an. Sie ist anscheinend leer. Tatsächlich steht dort jedoch die eben kopierte Formel. Sie sehen diese in der Bearbeitungsleiste.

Den Preis in einer anderen Tabelle nachschlagen

Ersetzen Sie im nächsten Schritt den Platzhalter *alter Preis* durch den tatsächlichen Preis. Verwenden Sie dazu das Arbeitsblatt *Preise* und die Funktion SVERWEIS. Sie liefert zu jedem Produkt den entsprechenden Preis. Gehen Sie wie folgt vor:

Hinweis In Kapitel 12 lernen Sie die Funktion SVERWEIS ausführlich kennen. Übernehmen Sie daher an dieser Stelle einfach nur die Formel zum Ermitteln des Preises.

1. Markieren Sie Zelle H7.
2. Ersetzen Sie in der Bearbeitungsleiste `"alter Preis"` durch den Formelteil: `SVERWEIS(C7;Preise!$B$3:$C$7;2;FALSCH)`. Schließen Sie mit [↵] ab.
3. Kopieren Sie die Formel in H7 per Ausfüllkästchen bis H16. Nun werden für Bestandsprodukte die alten Preise angezeigt. Bei neuen Produkten hingegen bleibt die Zelle leer. Unerwünschte Formatänderungen korrigieren Sie über die Schaltfläche *Auto-Ausfülloptionen* und *Ohne Formatierung ausfüllen.*

Da in der Preistabelle auf dem Arbeitsblatt *Preise* das Produkt »USB 3.0 XU16« nicht vorhanden ist, liefert SVERWEIS die Fehlermeldung `#NV`. Über die Funktion WENNNV ersetzen Sie die Fehlermeldung wie folgt durch eine aussagekräftige Mitteilung:

1. Markieren Sie Zelle H7. Klicken Sie in der Bearbeitungsleiste direkt vor *SVERWEIS* und geben Sie dort `WENNNV(` ein.
2. Setzen Sie den Cursor hinter die schließende Klammer der SVERWEIS-Funktion. Geben Sie dort in Anführungszeichen `fehlt` ein.
3. Ergänzen Sie eine schließende Klammer und beenden Sie die so erweiterte Formel mit der [↵]-Taste. Die fertige Formel für Zelle H7 lautet:
   `=WENN(ISTZAHL(G7);WENNNV(SVERWEIS(C7;Preise!$B$3:$C$7;2;FALSCH);"fehlt");"")`

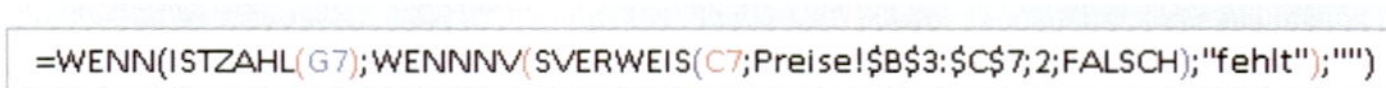

Abbildung 11.15: Die fertige Formel zur Anzeige der alten Preise für Bestandsprodukte

4. Kopieren Sie die Formel von H7 nach unten bis H16. Statt der unschönen Fehlermeldung *#NV* wird nun *fehlt* angezeigt.
5. Die unerwünschten Formatänderungen beim Kopieren korrigieren Sie wie üblich über die Schaltfläche *Auto-Ausfülloptionen* und *Ohne Formatierung ausfüllen.*

Hinweis Da die Funktion WENNNV erst in Excel 2013 neu hinzugekommen ist, funktioniert diese Lösung nicht in früheren Excel-Versionen. Verwenden Sie dort stattdessen die Funktionen WENN und ISTNV. Die fertige Formel für Zelle H7 würde dann wie folgt lauten:
`=WENN(ISTZAHL(G7);WENN(ISTNV(SVERWEIS(C7;Preise!$B$3:$C$7;2;FALSCH));"fehlt";SVERWEIS(C7;Preise!$B$3:$C$11;2;FALSCH));"")`

Formelfehler mit WENNFEHLER abfangen

Im vorigen Abschnitt haben Sie gelernt, dass Sie mit WENNNV die Fehlermeldung *#NV* in einen aussagekräftigen Hinweis verwandeln können. Auch andere Fehlermeldungen können Sie ganz leicht abfangen und verarbeiten. Dabei hilft Ihnen die Funktion WENNFEHLER. Sie zeigt einen von Ihnen festgelegten Wert an, wenn eine Formel einen Fehler ergibt.

Prozentuale Preisänderung berechnen

Nachdem Sie in Spalte H die bisherigen Preise ermittelt haben, berechnen Sie in Spalte I die prozentuale Preisabweichung wie folgt:

1. Markieren Sie die Zelle I7.
2. Berechnen Sie zuerst die Preisabweichung in Euro, indem Sie den alten Preis vom aktuellen Preis abziehen. Beginnen Sie die Formel mit `=(D7-H7)`.
3. Um die prozentuale Preisänderung zu erhalten, teilen Sie diese Differenz durch den alten Preis. Vervollständigen Sie dazu die Formel mit `/H7` und drücken Sie [↵]. Die fertige Formel für Zelle I7 lautet `=(D7-H7)/H7`.

Obwohl Sie die Formel korrekt eingegeben haben, wird in Zelle I7 als Ergebnis *#WERT!* angezeigt. Warum? Da in Zelle H7 keine Zahl steht, ist eine Ergebnisberechnung nicht möglich. Damit für solche Fälle die entsprechende Zelle in Spalte I leer bleibt, erweitern Sie Ihre Formel um die Funktion WENNFEHLER:

1. Markieren Sie noch einmal Zelle I7. Klicken Sie in der Bearbeitungsleiste direkt hinter das Gleichheitszeichen und fügen Sie dort `WENNFEHLER(` ein.
2. Setzen Sie den Cursor ans Ende der Formel. Geben Sie dort ein Semikolon ein. Die WENNFEHLER-Funktion erwartet nun als zweites Argument, was angezeigt werden soll, wenn die Formel einen Fehler ergibt. Damit die Zelle in Spalte I leer bleibt, tippen Sie nach dem Semikolon zwei Anführungszeichen ein.
3. Schließen Sie die Formel mit einer Klammer und drücken Sie [↵]. Die fertige Formel für Zelle I7 lautet `=WENNFEHLER((D7-H7)/H7;"")`.

Abbildung 11.16: Die fertige Formel zur Berechnung der prozentualen Preisänderung

4. Kopieren Sie die Formel von I7 mithilfe des Ausfüllkästchens nach unten bis I16. Existiert für das Produkt sowohl ein alter als auch ein neuer Preis, wird die Preisänderung in Prozent angezeigt – ansonsten bleibt die Zelle leer.
5. Die unerwünschten Formatänderungen beim Kopieren korrigieren Sie wieder über die Schaltfläche *Auto-Ausfülloptionen* und *Ohne Formatierung ausfüllen.*

Tipp Anstatt das Ausfüllkästchen von I7 bis I16 zu ziehen, doppelklicken Sie darauf.

Eingaben auf Vollständigkeit prüfen mit ANZAHLLEEREZELLEN

Sie möchten auf einen Blick sehen, ob für ein Produkt alle notwendigen Eingaben gemacht wurden? Passende Symbole wären dafür gut: Bei vollständigen Daten ein grünes Häkchen in Spalte K, bei fehlenden Angaben ein gelbes Ausrufezeichen. Erfahren Sie, wie Sie dies in wenigen Schritten realisieren.

Leere Zellen zählen

Fehlende Produktangaben ermitteln Sie, indem Sie in jeder Zeile die Anzahl der leeren Zellen bestimmen. Dazu benutzen Sie die Funktion ANZAHLLEEREZELLEN, die in Kapitel 10 vorgestellt wird. Los geht's:

1. Markieren Sie die Zelle K7 – hier soll später das entsprechende Symbol erscheinen.
2. Geben Sie =an. Die Auswahlliste zeigt drei Funktionen an, die mit »AN« beginnen. Wählen Sie *ANZAHLLEEREZELLEN* mit der [Tab]-Taste aus.
3. Markieren Sie nun den Zellbereich, den Sie auf leere Zellen überprüfen möchten – also B7 bis J7.
4. Schließen Sie die Formeleingabe mit [Enter] ab. Das Ergebnis der Formel ist *0*, denn für das erste Produkt sind alle Spalten gefüllt.
5. Kopieren Sie die Formel von K7 per Doppelklick auf das Ausfüllkästchen bis K16. Sind Angaben für ein Produkt unvollständig, erscheint eine Zahl ungleich Null.
6. Die unerwünschten Formatänderungen beim Kopieren korrigieren Sie wieder über die Schaltfläche *Auto-Ausfülloptionen* und *Ohne Formatierung ausfüllen*.

Hinweis ANZAHLLEEREZELLEN zählt nicht nur Zellen ohne Inhalt. Auch Zellen mit Formeln, die leere Zeichenfolgen ("") zurückgeben, werden mitgezählt. Daher ist das Ergebnis in Zelle K8 gleich *2*.

Zahlen in aussagekräftige Symbole verwandeln

Verwandeln Sie nun – wie in Abbildung 11.13 gezeigt – die Zahlen in der Spalte *Status* in aussagekräftige Symbole. Mit der bedingten Formatierung, die in Kapitel 9 beschrieben ist, geht das wie folgt:

1. Markieren Sie die Zellen K7 bis K16 – hier sollen die Symbole erscheinen.
2. Wählen Sie *Start/Formatvorlagen/Bedingte Formatierung/Neue Regel*.
3. Ändern Sie den *Formatstil* in *Symbolsätze* und übernehmen Sie die in Abbildung 11.17 gezeigten Einstellungen.

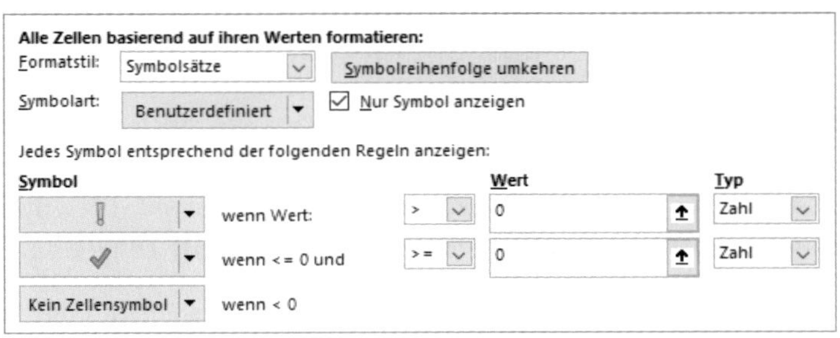

Abbildung 11.17: Die Regel zum Zuweisen des grünen Häkchens und des gelben Ausrufezeichens aufstellen

Bestandsprodukte von neuen Produkten unterscheiden

Noch ist das Ergebnis nicht ganz korrekt: Da bei neuen Produkten die Spalten *Preis alt* und *Preisabw.* immer leer sind, passen Sie die Formel zur Bestimmung des Status mit einer WENN-Funktion an:

1. Die Zellen K7 bis K16 sollten nach dem Hinzufügen der bedingten Formatierung noch markiert sein. Falls nicht, wählen Sie sie erneut aus.
2. Klicken Sie in der Bearbeitungsleiste direkt hinter das Gleichheitszeichen und fügen Sie dort die Buchstaben `wen` ein. Den Vorschlag der Auswahlliste – hier die Funktion WENN – übernehmen Sie durch Drücken der [⭾]-Taste.
3. Ist der Inhalt von Spalte G numerisch, handelt es sich um ein Bestandsprodukt. Geben Sie daher als Prüfung der WENN-Funktion `ISTZAHL(G7)` und anschließend ein Semikolon ein.
4. Da die Formel `ANZAHLLEEREZELLEN(B7:J7)` für Bestandsprodukte korrekt arbeitet, haben Sie das zweite Argument der WENN-Funktion bereits fertig.
5. Klicken Sie in der Bearbeitungsleiste ans Ende der Formel und ergänzen Sie dort nach einem Semikolon das dritte Argument. Falls die WENN-Prüfung FALSCH ergibt, sollen nur die leeren Zellen in den Spalten B bis G sowie Spalte J gezählt werden: Geben Sie daher noch den folgenden Formelteil ein:
   `ANZAHLLEEREZELLEN(B7:G7)+ANZAHLLEEREZELLEN(J7)`
6. Schließen Sie die WENN-Funktion durch eine Klammer. Da Sie mehrere Ergebniszellen markiert haben, drücken Sie diesmal nicht [↵], sondern [Strg]+[↵], um alle Formeln gleichzeitig anzupassen. Die fertige Formel für Zelle K7 sehen Sie in Abbildung 11.18.

```
=WENN(ISTZAHL(G7);ANZAHLLEEREZELLEN(B7:J7);ANZAHLLEEREZELLEN(B7:G7)+
ANZAHLLEEREZELLEN(J7))
```

Abbildung 11.18: Die Formel in Zelle K7 zur Ermittlung des Status

Per Fehlermeldung die Projekttage finden: ISTNV

Bis hierher haben IST-Funktionen den Zweck erfüllt, unvollständige Eingaben in Tabellen aufzuspüren und – im Zusammenspiel mit anderen Funktionen – Fehler zu vermeiden. Doch mit ihnen ist noch mehr möglich: Können Sie sich vorstellen, dass Sie Formelfehler nutzen, um die Tage in einer Datumsliste zu ermitteln, an denen ungestörte Projektarbeit möglich ist?

Im folgenden Beispiel lernen Sie, wie das geht. Verwenden Sie die Funktion ISTNV, die den Fehlerwert *#NV* ermittelt. Setzen Sie diese Erkenntnis ein, um – wie in Abbildung 11.19 gezeigt – die Tage aufzuspüren, die weder Feier- und Brückentage noch mit Terminen besetzte Tage sind. Bei den so ermittelten Tagen lassen Sie in der Spalte *Hinweis* das Wort *Projektarbeit* erscheinen.

Online Verwenden Sie zum Nachvollziehen der nächsten Schritte das Arbeitsblatt *Projekttage 1* in der Datei *Kap11_Ist_UEB.xlsx*.

Datum	Hinweis
So 01.05.2016	
Mo 02.05.2016	
Di 03.05.2016	
Mi 04.05.2016	Projektarbeit
Do 05.05.2016	
Fr 06.05.2016	Projektarbeit
Mo 09.05.2016	Projektarbeit
Di 10.05.2016	
Mi 11.05.2016	Projektarbeit
Do 12.05.2016	Projektarbeit
Fr 13.05.2016	Projektarbeit
Mo 16.05.2016	
Di 17.05.2016	
Mi 18.05.2016	Projektarbeit
Do 19.05.2016	Projektarbeit
Fr 20.05.2016	Projektarbeit
Mo 23.05.2016	
Di 24.05.2016	
Mi 25.05.2016	Projektarbeit
Do 26.05.2016	
Fr 27.05.2016	Projektarbeit
Mo 30.05.2016	Projektarbeit
Di 31.05.2016	

Datum	Bezeichnung
Fr 01.01.2016	Neujahrstag
Fr 25.03.2016	Karfreitag
Mo 28.03.2016	Ostermontag
So 01.05.2016	Tag der Arbeit
Mo 02.05.2016	Dienstreise
Di 03.05.2016	Dienstreise
Do 05.05.2016	Christi Himmelfahrt
Di 10.05.2016	Brückentag
So 15.05.2016	Dienstreise
Mo 16.05.2016	Dienstreise
Di 17.05.2016	Dienstreise
Mo 16.05.2016	Pfingsmontag
Mo 23.05.2016	Seminar
Di 24.05.2016	Seminar
Do 26.05.2016	Fronleichnam
Di 31.05.2016	Brückentag
Mo 03.10.2016	Tag der Deutschen Einheit
Di 04.10.2016	Weiterbildung zu Excel
Sa 24.12.2016	Heiligabend
So 25.12.2016	1. Weihnachtstag
Mo 26.12.2016	2. Weihnachtstag
Sa 31.12.2016	Silvester

Abbildung 11.19: Die Tage, an denen Projektarbeit möglich ist, in der Liste links kennzeichnen

Tage für Projektarbeit ermitteln mit VERGLEICH

Damit in der Tabelle aus Abbildung 11.19 neben dem Datum automatisch der Hinweis *Projektarbeit* erscheint, kombinieren Sie die Funktionen VERGLEICH, ISTNV und WENN.

Zunächst prüfen Sie mit der Funktion VERGLEICH, ob ein Datum in Spalte B in der Liste der Tage vorkommt, die nicht für Projektarbeit verfügbar sind (Spalte E).

1. Markieren Sie dazu den Zellbereich C7:C29.
2. Geben Sie oben in die Bearbeitungsleiste die folgende Formel ein: `=VERGLEICH(B7;$E$7:$E$28;0)`. Schließen Sie die Formeleingabe mit Strg+↵ ab.

In den Zellen C7:C29 steht nun entweder eine Zahl oder die Fehlermeldung *#NV*. Die Fehlermeldung bedeutet, dass das entsprechende Datum aus Spalte B nicht im Zellbereich E7:E28 zu finden und somit kein Feier- oder Brückentag und auch kein mit Terminen besetzter Tag ist. Solche Tage, hinter denen in Spalte C *#NV* steht, sind also für die Projektarbeit verfügbar.

Das Formelergebnis auf Fehler prüfen mit ISTNV

Mit einer WENN-Funktion sorgen Sie dafür, dass in Spalte C *Projektarbeit* steht oder die Spalte leer bleibt. Dazu stellen Sie mit der Funktion ISTNV im ersten Teil der WENN-Funktion fest, ob VERGLEICH den Fehler *#NV* liefert.

1. Markieren Sie dazu die Zellen C7 bis C29 und ergänzen Sie die Formel.
2. Klicken Sie in der Bearbeitungsleiste direkt hinter das Gleichheitszeichen und geben Sie `ISTN` ein. Den Auswahllistenvorschlag ISTNV übernehmen Sie mit der ⇆-Taste.
3. Geben Sie am Ende der Formel eine schließende Klammer ein. Da Sie mehrere Ergebniszellen markiert haben, drücken Sie Strg+↵, um alle Formeln gleichzeitig anzupassen.

Daraufhin steht in den Zellen statt *#NV* nun *WAHR*, in allen anderen Zellen wird *FALSCH* angezeigt.

Die gewünschte Meldung mit WENN erzeugen

Mit der WENN-Funktion verwandeln Sie nun alle *WAHR*-Ergebnisse in den Text *Projektarbeit*. Aus der anfänglichen Fehlermeldung *#NV* in Spalte C wird so die Information, welche Tage für die Projektarbeit zur Verfügung stehen:

1. Markieren Sie wiederum C7:C29.
2. Geben Sie direkt hinter dem Gleichheitszeichen die Buchstaben `wen` ein. In der Auswahlliste wird WENN vorgeschlagen, was Sie mit der [Tab]-Taste übernehmen.
3. Klicken Sie in der Bearbeitungsleiste ans Ende der Formel. Geben Sie ein Semikolon ein. Nach der Prüfung mit ISTNV folgt nun als zweites Argument was angezeigt werden soll, wenn die Prüfung WAHR ergibt. Geben Sie den Text `Projektarbeit` in Anführungszeichen ein.
4. Tippen Sie ein weiteres Semikolon ein, um das dritte Argument einzugeben. Führt die Prüfung mit ISTNV zum Ergebnis FALSCH, soll die Zelle in Spalte C leer bleiben. Das erledigen Sie mit zwei Anführungszeichen.
5. Beenden Sie die Formel mit einer schließenden Klammer und – wegen der Mehrfachmarkierung – wieder mit [Strg]+[↵].

Die fertige Formel für Zelle C7 lautet nun wie folgt:

`=WENN(ISTNV(VERGLEICH(B7;$E$7:$E$28;0));"Projektarbeit";"")`

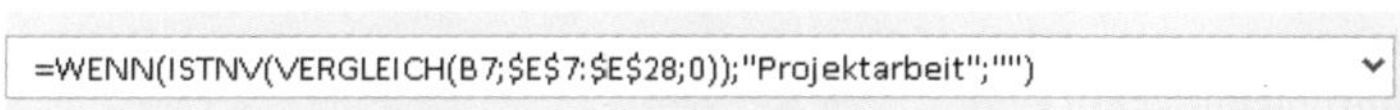

Abbildung 11.20: Die Formel zum Ermitteln der Projekttage

Hinweis Oft kommen Sie in Excel auf unterschiedlichen Wegen zum Ziel. Da VERGLEICH entweder eine Zahl oder den Fehler *#NV* liefert, könnten Sie das Ergebnis der Funktion auch mit ISTZAHL auswerten. Kommt ISTZAHL zum Ergebnis WAHR, bleibt Spalte C leer, andernfalls wird *Projektarbeit* angezeigt. Die Formel für Zelle C7 würde beim Einsatz von ISTZAHL wie folgt lauten:
`=WENN(ISTZAHL(VERGLEICH(B7;$E$7:$E$28;0));"";"Projektarbeit")`.
Das zweite und das dritte Argument der WENN-Funktion werden in dem Fall also vertauscht.

Ohne Hilfsspalte: Die Projekttage optisch hervorheben

Wenn Sie keine Hilfsspalte verwenden können, weil die Struktur einer bestehenden Tabelle nicht geändert werden soll, heben Sie einfach die Tage optisch hervor, an denen Projektarbeit möglich ist. Nutzen Sie dazu wieder die bedingte Formatierung.

Online Wenn Sie gleich mitarbeiten möchten, wechseln Sie in der Datei *Kap11_Ist_UEB.xlsx* zum Arbeitsblatt *Projekttage 2*.

---

1. Markieren Sie die Zellen B7 bis B29 – auf diesen Bereich wird die bedingte Formatierung angewendet.
2. Wählen Sie *Start/Formatvorlagen/Bedingte Formatierung/Neue Regel*.

3. Klicken Sie auf den Regeltyp *Formel zur Ermittlung der zu formatierenden Zellen verwenden*.
4. Im Feld *Werte formatieren, für die diese Formel wahr ist* geben Sie nun die Formel ein, die für alle potenziellen Projekttage WAHR ergibt. Aus dem vorherigen Beispiel wissen Sie, dass VERGLEICH für diese Tage *NV* zurückgibt. Wandeln Sie diese Fehlermeldung mit ISTNV in WAHR um. Geben Sie daher folgende Formel ein:
   `=ISTNV(VERGLEICH(B7;$E$7:$E$28;0))`

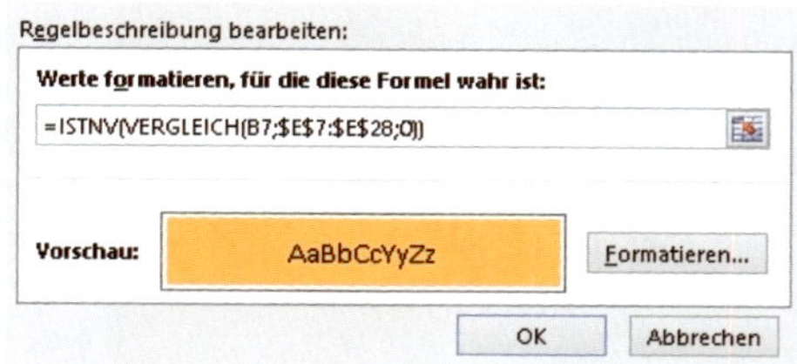

Abbildung 11.21: Die Regel zum Formatieren der Projekttage erstellen

5. Klicken Sie auf die Schaltfläche *Formatieren*. Wählen Sie im folgenden Dialogfeld das gewünschte Format zum Kennzeichnen der Projekttage.
6. Schließen Sie nacheinander alle Dialogfelder durch Klicken auf *OK*.

Formelzellen optisch hervorheben

Kennen Sie das auch? Sie haben eine Tabelle erstellt, die neben Eingabezellen auch Formeln enthält. Ein unbedarfter Kollege, der mit dem Aufbau Ihrer Tabelle nicht vertraut ist, überschreibt bei der Dateneingabe aus Versehen eine oder mehrere Formeln. Beugen Sie solchen Missgeschicken vor, indem Sie Formelzellen markant kennzeichnen.

Online Zum Mitmachen finden Sie in der Datei *Kap11_Ist_UEB.xlsx* auf dem Arbeitsblatt *Bestellformular 1* eine vorbereitete Tabelle.

---

1. Markieren Sie die gesamte Tabelle, das heißt die Zellen B6:I20. Am schnellsten gelingt das mit der Tastenkombination Strg+A.
2. Wählen Sie *Start/Bearbeiten/Suchen und Auswählen/Formeln*. Statt der gesamten Tabelle sind jetzt nur noch die Zellen markiert, die Formeln enthalten.

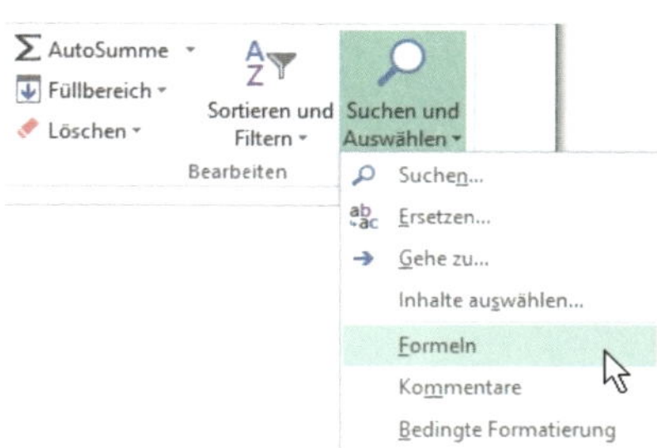

Abbildung 11.22: Nur Zellen auswählen, die Formeln enthalten

3. Legen Sie für die markierten Zellen ein auffälliges Format fest. Damit signalisieren Sie, dass es sich um besondere Zellen handelt.

BestellNr	Artikelname	Kategorie	Einzelpreis	Anzahl	Nettopreis	Rabatt	Verkäufer
10371	Inlagd Sill	Meeresfrüchte	7,60 €	6	45,60 €		Davolio
11001	Pâté chinois	Fleischprodukte	12,00 €	6	72,00 €		Fuller
10830	Sirop d'érable	Gewürze	14,25 €	6	85,50 €		Peacock
10842	Scottish Longbreads	Süßwaren	6,25 €	20	125,00 €		Davolio
10990	Pâté chinois	Fleischprodukte	12,00 €	65	780,00 €	3%	Fuller
11032	Côte de Blaye	Getränke	131,75 €	25	3.293,75 €	3%	Fuller
10813	Spegesild	Meeresfrüchte	6,00 €	35	210,00 €	3%	Davolio
10278	Vegie-spread	Gewürze	17,55 €	8	140,40 €		Callahan
11002	Steeleye Stout	Getränke	9,[illegible] €	15	135,00 €		Peacock
10880	Outback Lager	Getränke	7,50 €	50	375,00 €	3%	King
10730	Gorgonzola Telino	Milchprodukte	6,25 €	3	18,75 €		Buchanan
10769	Röd Kaviar	Meeresfrüchte	60,00 €	30	1.800,00 €	3%	Leverling
10671	Gula Malacca	Gewürze	7,75 €	12	93,00 €		Davolio
10904	Tarte au sucre	Süßwaren	24,65 €	35	862,75 €	3%	Leverling

Abbildung 11.23: Hier wurden alle Formelzellen manuell durch ein auffälliges Format gekennzeichnet

Formelzellen automatisch mit ISTFORMEL formatieren

Wenn Sie später Ihre Tabelle erweitern oder ändern, müssten Sie diese Schritte jedes Mal erneut durchführen. Ziemlich zeitraubend, oder? Wenn Sie stattdessen eine bedingte Formatierung verwenden, erledigt Excel das für Sie automatisch.

Online Eine Beispieltabelle zum Mitmachen finden Sie in der Datei *Kap11_Ist_UEB.xlsx* auf dem Arbeitsblatt *Bestellformular 2.*

---

1. Markieren Sie die Zelle B6 und drücken Sie die Tastenkombination `Strg`+`A`, um die gesamte Tabelle zu markieren.
2. Wählen Sie *Start/Formatvorlagen/Bedingte Formatierung/Neue Regel.*
3. Klicken Sie auf den Regeltyp *Formel zur Ermittlung der zu formatierenden Zellen verwenden.*
4. Im Feld *Werte formatieren, für die diese Formel wahr ist* geben Sie nun die Formel ein, die für alle Formelzellen WAHR ergibt: `=ISTFORMEL(B6)`

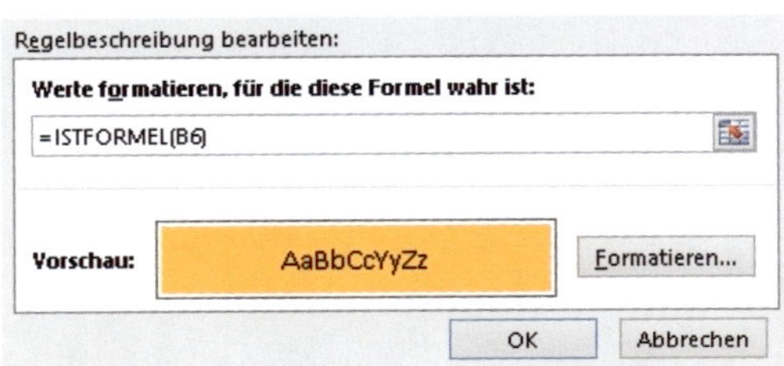

Abbildung 11.24: Die Regel zum Formatieren der Formelzellen

5. Klicken Sie auf die Schaltfläche *Formatieren* und wählen Sie dort das gewünschte Format zum Hervorheben der Formelzellen aus.
6. Schließen Sie alle Dialogfelder mit *OK*.

Anschließend sind die Zellen der Spalten *Nettopreis* und *Rabatt* deutlich als Formelzellen erkennbar.

Die bedingten Formate vor dem Drucken abschalten

So hilfreich eine hervorstechende Formatierung wichtiger Zellen bei der Eingabe ist, so unschön und unerwünscht ist sie beim Ausdrucken der Tabelle. Mit einem Kontrollkästchen, das Sie – wie in Abbildung 11.25 gezeigt – oberhalb der Tabelle platzieren, schalten Sie die bedingte Formatierung vor dem Drucken per Mausklick aus und anschließend wieder ein.

☑ Keine Hervorhebung von Formelzellen

BestellNr	Artikelname	Kategorie	Einzelpreis	Anzahl	Nettopreis	Rabatt	Verkäufer
10371	Inlagd Sill	Meeresfrüchte	7,60 €	6	45,60 €		Davolio
11001	Pâté chinois	Fleischprodukte	12,00 €	6	72,00 €		Fuller
10830	Sirop d'érable	Gewürze	14,25 €	6	85,50 €		Peacock
10842	Scottish Longbreads	Süßwaren	6,25 €	20	125,00 €		Davolio
10990	Pâté chinois	Fleischprodukte	12,00 €	65	780,00 €	3%	Fuller
11032	Côte de Blaye	Getränke	131,75 €	25	3.293,75 €	3%	Fuller
10813	Spegesild	Meeresfrüchte	6,00 €	35	210,00 €	3%	Davolio
10278	Vegie-spread	Gewürze	17,55 €	8	140,40 €		Callahan
11002	Steeleye Stout	Getränke	9,00 €	15	135,00 €		Peacock
10880	Outback Lager	Getränke	7,50 €	50	375,00 €	3%	King
10730	Gorgonzola Telino	Milchprodukte	6,25 €	3	18,75 €		Buchanan
10769	Röd Kaviar	Meeresfrüchte	60,00 €	30	1.800,00 €	3%	Leverling
10671	Gula Malacca	Gewürze	7,75 €	12	93,00 €		Davolio
10904	Tarte au sucre	Süßwaren	24,65 €	35	862,75 €	3%	Leverling

Abbildung 11.25: Die bedingte Formatierung über ein Kontrollkästchen an- und ausschalten

Das Kontrollkästchen einfügen und positionieren

Das Kontrollkästchen platzieren Sie wie folgt:

1. Über *Entwicklertools/Steuerelemente/Einfügen/Formularsteuerelemente* klicken Sie auf das Symbol *Kontrollkästchen*.

Abbildung 11.26: Das Kontrollkästchen in der Gruppe Formularsteuerelemente *auswählen*

Hinweis Sollte in Ihrem Excel die Registerkarte *Entwicklertools* nicht sichtbar sein, blenden Sie sie folgendermaßen ein: Wählen Sie die Befehlsfolge *Datei/Optionen* und links den Eintrag *Menüband anpassen*. Aktivieren Sie – wie in Abbildung 11.27 dargestellt – die Registerkarte *Entwicklertools*. Schließen Sie den Dialog mit *OK*.

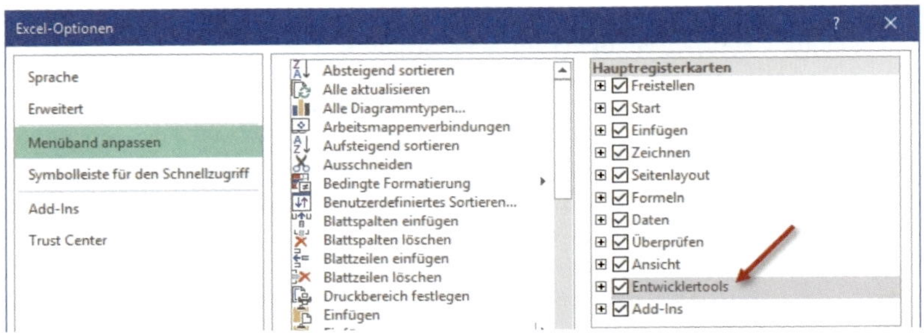

Abbildung 11.27: Die Registerkarte Entwicklertools *im Menüband anzeigen lassen*

2. Ziehen Sie das Kontrollkästchen oberhalb der Spalten *BestellNr* und *Artikelname* auf.
3. Klicken Sie das eingefügte Kontrollkästchen in der linken oberen Ecke des Markierungsrahmens an und ziehen Sie diesen mit gedrückter `Alt`-Taste in die linke obere Ecke der Zelle B4. Das Drücken von `Alt` sorgt dafür, dass sich das Kontrollkästchen an den Rändern der darunter liegenden Zellen ausrichtet.
4. Mit der unteren rechten Ecke verfahren Sie genauso. Ziehen Sie diese mit gedrückter `Alt`-Taste auf die untere rechte Ecke der Zelle C5. Das Kontrollkästchen liegt somit genau über dem Zellbereich B4:C5.

Die Beschriftung des Kontrollkästchens ändern

Ersetzen Sie die Standardbeschriftung des Steuerelements *Kontrollkästchen 1* durch *Keine Hervorhebung von Formelzellen*. Das geht wie folgt:

1. Klicken Sie das Kontrollkästchenelement mit der rechten Maustaste an. Wählen Sie im Kontextmenü den Eintrag *Text bearbeiten*.
2. Löschen Sie mit `Entf` den Text *Kontrollkästchen 1*.
3. Geben Sie als neue Beschriftung `Keine Hervorhebung von Formelzellen` ein. Beenden Sie den Eingabemodus durch Drücken von `Esc`.

Die Optik und die Zellverknüpfung des Kontrollkästchens anpassen

Gewünschte Anpassungen nehmen Sie wie folgt vor:

1. Klicken Sie das Kontrollkästchenelement erneut mit der rechten Maustaste an. Wählen Sie im Kontextmenü *Steuerelement formatieren*.
2. Setzen Sie auf der Registerkarte *Steuerung* das Häkchen vor *3D-Schattierung*.
3. Legen Sie anschließend fest, in welcher Zelle der Status des Kontrollkästchens (aktiviert oder deaktiviert) ausgegeben wird. Klicken Sie in das Feld *Zellverknüpfung* und klicken Sie die Zelle D4 an. Als Verknüpfung erscheint *$D$4*.

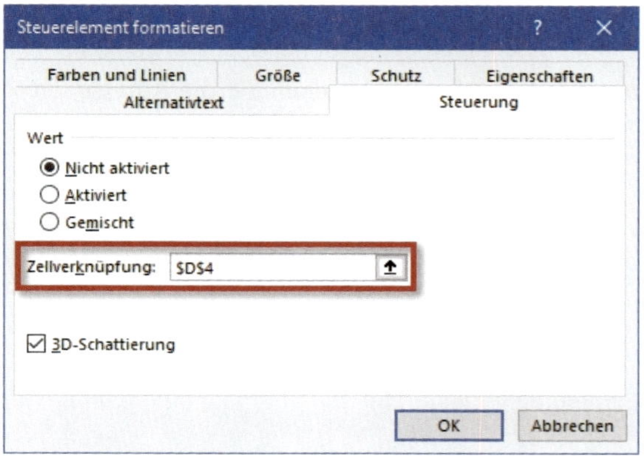

Abbildung 11.28: Optik und Zellverknüpfung des Kontrollkästchens anpassen

Das Kontrollkästchen und die Ausgabezelle für den Ausdruck optimieren

Für den Ausdruck können Sie noch wie folgt Optimierungen vornehmen:

1. Damit das Kontrollkästchen nicht mit ausgedruckt wird, entfernen Sie auf der Registerkarte *Eigenschaften* das Häkchen vor *Objekt drucken.*

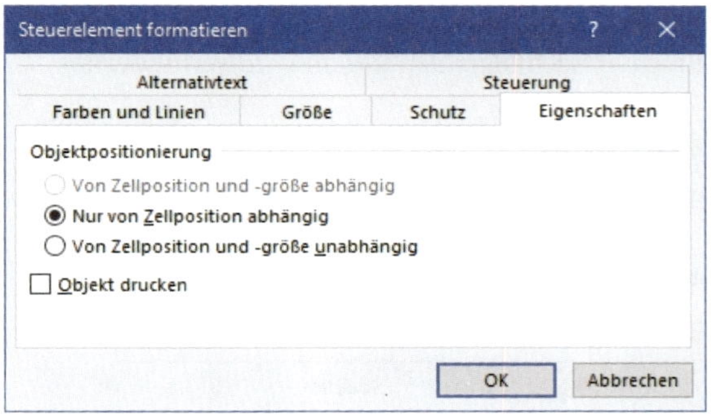

Abbildung 11.29: Das Ausdrucken des Kontrollkästchens verhindern

2. Alle Eigenschaften sind festgelegt. Schließen Sie das Dialogfeld mit [↵].

Wenn Sie jetzt das Kontrollkästchen aktivieren, erscheint in Zelle D4 *WAHR*. Entfernen Sie das Häkchen, wird *FALSCH* angezeigt. Um diese Information unsichtbar zu machen, ändern Sie die Schriftfarbe von Zelle D4 in Weiß.

Die bedingte Formatierung mit dem Kontrollkästchen steuern

Die Vorbereitungen sind abgeschlossen. Sorgen Sie nun dafür, dass die bedingte Formatierung mit dem Kontrollkästchen an- beziehungsweise ausgeschaltet wird. So geht's:

1. Setzen Sie den Zellcursor in Zelle B6 und markieren Sie mit [Strg]+[A] die gesamte Tabelle.
2. Wählen Sie *Start/Formatvorlagen/Bedingte Formatierung/Regeln verwalten.*
3. Klicken Sie im Dialogfeld *Manager für Regeln zur bedingten Formatierung* auf *Neue Regel.*

4. Wählen Sie wieder den Regeltyp *Formel zur Ermittlung der zu formatierenden Zellen verwenden*.
5. Unter *Werte formatieren, für die diese Formel wahr ist* geben Sie die Adresse der Zelle ein, in der der Status des Kontrollkästchens ausgegeben wird: `=$D$4`.

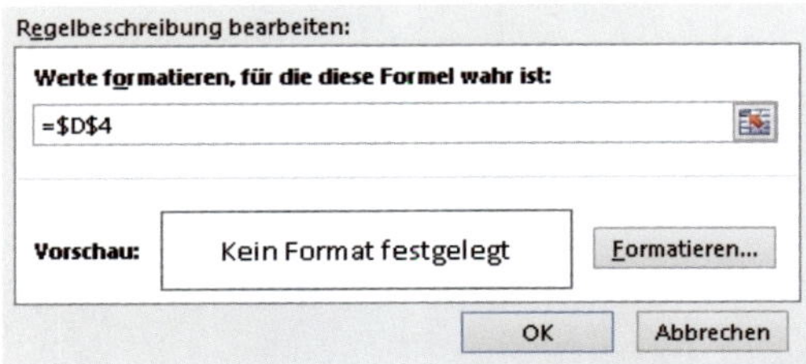

Abbildung 11.30: Die Regel zur Steuerung der bedingten Formatierung mit dem Kontrollkästchen

6. Wählen Sie keine weitere Formatierung, sondern schließen Sie das Dialogfeld.
7. Im Dialogfeld *Manager für Regeln zur bedingten Formatierung* sehen Sie, dass Ihre eben hinzugefügte Regel oben an erster Stelle steht. Setzen Sie hinter dieser Regel – wie in Abbildung 11.31 gezeigt – das Häkchen bei *Anhalten*. Dies bewirkt, dass alle nachfolgenden Regeln nicht ausgeführt werden, wenn die Bedingung von Regel 1 erfüllt ist. Mit anderen Worten: Ist das Kontrollkästchen *Keine Hervorhebung von Formelzellen* aktiviert, wird in der Zelle D4 *WAHR* ausgegeben. Somit ist die erste Regel zur bedingten Formatierung erfüllt und die Anwendung der nachfolgenden Regeln wird verhindert.

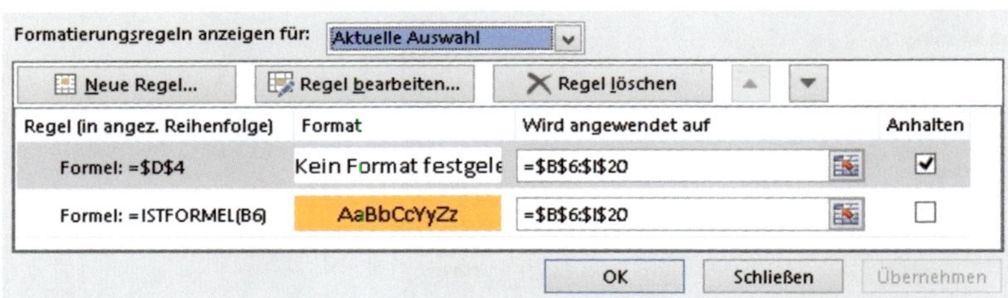

Abbildung 11.31: Die Regeln, um Formelzellen hervorzuheben und um die Hervorhebung auszuschalten

Termine berechnen und Projektarbeit planen mit Datumsfunktionen

Excel kann nicht nur Kosten, Umsätze oder Stückzahlen berechnen. Auch wenn es gilt, Termine festzulegen und deren Einhaltung zu überwachen, wenn Arbeitszeiten erfasst und ausgewertet werden sollen oder wenn Dienstpläne zu erstellen sind, bietet Excel die passenden Werkzeuge. So können Sie die Kalenderwoche einer Auslieferung berechnen, die Dauer zwischen zwei Terminen ermitteln oder wichtige Wartungsintervalle überwachen.

Wie Sie dabei Funktionen wie HEUTE, JAHR, MONAT, TAGE, WOCHENTAG, KALENDERWOCHE, ISOKALENDERWOCHE, NETTOARBEITSTAGE, NETTOARBEITSTAGE.INTL, DATEDIF oder BRTEILJAHRE einsetzen, erfahren Sie auf den folgenden Seiten.

Abbildung 11.32: Auswahl der in diesem Kapitel verwendeten Funktionen zum Berechnen von Datumsangaben

---

Hinweis Wie Excel mit Datums- und Uhrzeitangaben rechnet, wie Sie ein Datum und die Uhrzeit eingeben und wie Sie die versehentliche Eingabe eines Datums wieder rückgängig machen, können Sie in Kapitel 2 nachlesen.

Häufig gebrauchte Datums- und Zeitfunktionen

Verschaffen Sie sich zunächst einen schnellen Überblick über sechs oft verwendete Funktionen aus der Kategorie *Datum und Uhrzeit*. In Abbildung 11.33 lernen Sie deren Funktionsweise kennen. Die Eingabe von `1.1.2018 12:00` entspricht intern für Excel der seriellen Zahl 43.101,5. Wie die Funktionen JAHR, MONAT, ISOKALENDERWOCHE, TAG sowie STUNDE und MINUTE ihrerseits den Wert aus Zelle C5 auswerten, können Sie in den darunter liegenden grauen Zellen sehen.

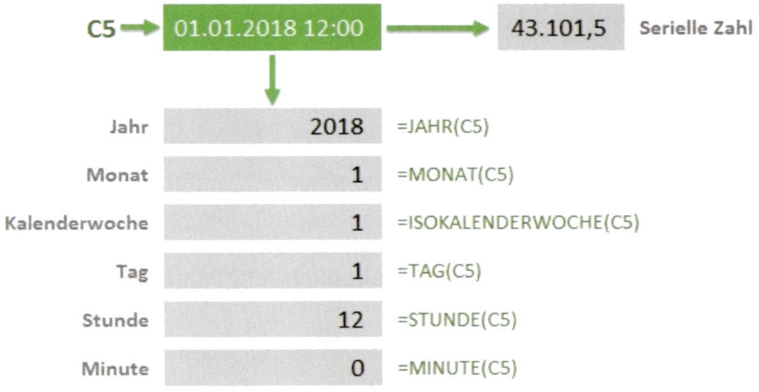

Abbildung 11.33: Sechs der Datums- und Zeitfunktionen im Einsatz – hier am Beispiel der Eingabe in Zelle C5

Wenn Sie Datum und Uhrzeit in Zelle C5 ändern, werden in allen grau unterlegten Zellen die Werte sofort angepasst.

Online Diese Übersicht zum Kennenlernen wichtiger Datums- und Zeitfunktionen finden Sie in der Datei *Kap11_Datum_UEB.xlsx* auf dem Blatt *Schnellüberblick*.

Auslieferungstermine ermitteln mit WOCHENTAG

Liefertermine spielen in unserem Alltag eine wichtige Rolle. Im ersten Beispiel soll ermittelt werden, wann die Auslieferung von online bestellten Waren erfolgt. Dabei sind zwei Gegebenheiten zu berücksichtigen:

- Je nach Artikel beträgt die Lieferzeit ab Bestelldatum zwei bis sechs Tage.
- Ausgeliefert wird an allen Tagen außer Sonntag.

Daraus folgt: Ergibt sich beim Addieren von Bestelldatum und Lieferzeit als errechneter Liefertermin ein Sonntag, soll erst am Montag ausgeliefert werden.

	B	C	D	E	F
5	Artikel-Nr.	Bestellt am	Lieferzeit	Auslieferung	
6	AN 21-699	Mo 31.10.2016	6 Tage	So 06.11.2016	
7	AN 06-083	Di 01.11.2016	4 Tage	Sa 05.11.2016	
8	AN 19-240	Mi 02.11.2016	2 Tage	Fr 04.11.2016	
9	AN 11-091	Mi 02.11.2016	5 Tage	Mo 07.11.2016	
10	AN 17-617	Do 03.11.2016	3 Tage	So 06.11.2016	

Abbildung 11.34: Beim Addieren von Bestelldatum und Lieferzeit kann das Lieferdatum auch ein Sonntag sein

Um beim Festlegen des Liefertermins auszuschließen, dass – wie in Abbildung 11.34 zu sehen – als Datum ein Sonntag herauskommt, prüfen Sie zunächst, auf welchen Wochentag der berechnete Liefertermin fallen würde. Ist das Resultat ein Sonntag, soll der Termin auf den darauf folgenden Montag verschoben werden.

- Mit der Funktion WOCHENTAG finden Sie heraus, auf welchen Tag der Woche das Lieferdatum normalerweise fallen würde.
- Mit der Funktion WENN prüfen Sie, ob der Wochentag ein Sonntag ist und zählen in dem Fall einen Tag hinzu.

Tipp

Um den Wochentag bereits in der Tabelle zu sehen, lassen Sie sich zu jedem Datum zusätzlich den zugehörigen Wochentag in abgekürzter Form anzeigen. Das erledigen Sie mit dem folgenden benutzerdefinierten Zahlenformat für die Angaben in den Spalten C und E: `TTT* TT.MM.JJJJ`.

Auch in der Spalte für die Lieferzeit arbeiten Sie der besseren Lesbarkeit wegen mit einem speziellen Zahlenformat: `0 "Tage"`.

Kombinieren Sie in der Spalte *Auslieferung* WENN und WOCHENTAG zum Berechnen von Lieferterminen, die nicht auf einen Sonntag fallen.

Online

Diese Berechnungen können Sie in der Beispieldatei *Kap11_Datum_UEB.xlsx* auf dem Arbeitsblatt *Liefertermin 2* nachvollziehen.

---

1. Markieren Sie Zelle E6 und bauen Sie die folgende Formel auf:
   `=WENN(WOCHENTAG(C6+D6;2)=7;C6+D6+1;C6+D6)`
2. Kopieren Sie diese Formel in der Spalte E nach unten.

```
=WENN(WOCHENTAG(C6+D6;2)=7;C6+D6+1;C6+D6)
```

Abbildung 11.35: Die Formel, die Sonntage als Liefertermin ausschließt

Hier eine kurze Erklärung, was die WENN-Funktion leistet:

- `WENN(WOCHENTAG(C6+D6;2)=7` findet heraus, ob der Liefertermin auf einen Sonntag fällt.
- Ist dies der Fall (*Dann_Wert*), wird `C6+D6+1` gerechnet.
- Fällt der berechnete Liefertermin nicht auf einen Sonntag (*Sonst_Wert*), wird die normale Addition `C6+D6` durchgeführt.

Hinweis Die Funktion WOCHENTAG liefert zu einem Datum eine Zahl zwischen 1 (für Montag) und 7 (für Sonntag). Dazu muss das zweite Argument in der Funktion WOCHENTAG eine *2* sein. Sie legt fest, dass die Woche am Montag beginnt. Fehlt das Argument *2*, beginnt für Excel die Woche am Sonntag.

	B	C	D	E	F
5	Artikel-Nr.	Bestellt am	Lieferzeit	Auslieferung	Lieferzeit 2
6	AN 21-699	Mo 31.10.2016	6 Tage	Mo 07.11.2016	7 Tage
7	AN 06-083	Di 01.11.2016	4 Tage	Sa 05.11.2016	4 Tage
8	AN 19-240	Mi 02.11.2016	2 Tage	Fr 04.11.2016	2 Tage
9	AN 11-091	Mi 02.11.2016	5 Tage	Mo 07.11.2016	5 Tage
10	AN 17-617	Do 03.11.2016	3 Tage	Mo 07.11.2016	4 Tage

Abbildung 11.36: Die Tabelle mit korrigierten Lieferdaten und realen Lieferzeiten

Tatsächliche Lieferzeiten berechnen mit TAGE

Nachdem die Liefertermine unter Ausschluss von Sonntagen ermittelt wurden, sollen im nächsten Schritt – wie in Abbildung 11.36 gezeigt – in Spalte F die tatsächlichen Lieferzeiten berechnet werden.

In früheren Excel-Versionen hätten Sie dies mit der Subtraktion »Auslieferdatum minus Bestelldatum« durchgeführt. Allerdings hätte dann jeweils noch ein Tag hinzuaddiert werden müssen.

Ab Excel 2013 ermitteln Sie die Anzahl der Kalendertage zwischen zwei Terminen dank der Funktion TAGE viel leichter. Probieren Sie diese Funktion gleich aus.

Online Verwenden Sie auch für diese Berechnung das Arbeitsblatt *Liefertermin 2*.

---

1. Markieren Sie Zelle F6.
2. Geben Sie die Formel =TAGE(E6;C6) ein und schließen Sie mit [↵] ab.
3. Kopieren Sie die Formel in der Spalte nach unten.

=TAGE(E6;C6)

Abbildung 11.37: Mit der neuen Funktion TAGE die Anzahl der Tage zwischen zwei Datumswerten berechnen

---

Hinweis Die Funktion TAGE erfordert nur zwei Argumente: *Zieldatum* und *Ausgangsdatum*. Statt eines Zellbezugs kann ein Datum auch direkt in die Formel eingegeben werden, muss dann allerdings in Anführungszeichen stehen.

Lieferwoche mit ISOKALENDERWOCHE ermitteln

In der Funktionskategorie *Datum und Uhrzeit* hält Excel seit der Version 2013 die Funktion ISOKALENDERWOCHE bereit. Sie erleichtert es Ihnen, die korrekte Kalenderwoche zu einem Termin zu berechnen. Vorbei die Zeiten, da zusätzliche Parameter oder gar WENN-Abfragen nötig waren.

Hinweis Die erste Woche des Jahres ist die Woche, in die mindestens vier Tage des neuen Jahres fallen. Dies entspricht der internationalen Norm ISO 8601. Kurz: Die Woche, in die der 4. Januar oder der erste Donnerstag des Jahres fällt, ist die Kalenderwoche 1 des Jahres.

Berechnen Sie in der in Abbildung 11.36 gezeigten Tabelle der Onlinebestellungen in Spalte G noch zu jedem Liefertermin die Kalenderwoche:

Online Wechseln Sie hierzu zum Arbeitsblatt *Kalenderwoche 1* in der Übungsdatei *Kap11_Datum_UEB.xlsx*.

G6 =ISOKALENDERWOCHE(E6)

	B	C	D	E	F	G
5	Artikel-Nr.	Bestellt am	Lieferzeit	Auslieferung	Lieferzeit 2	KW
6	AN 21-699	Mo 31.10.2016	6 Tage	Mo 07.11.2016	7 Tage	45
7	AN 06-083	Di 01.11.2016	4 Tage	Sa 05.11.2016	4 Tage	44
8	AN 19-240	Mi 02.11.2016	2 Tage	Fr 04.11.2016	2 Tage	44
9	AN 11-091	Mi 02.11.2016	5 Tage	Mo 07.11.2016	5 Tage	45
10	AN 17-617	Do 03.11.2016	3 Tage	Mo 07.11.2016	4 Tage	45

Abbildung 11.38: Die neue Funktion ISOKALENDERWOCHE im Einsatz

1. Erledigen Sie die Berechnung diesmal für die gesamte Spalte mit nur einer Aktion. Markieren Sie dazu den Zellbereich G6:G33.
2. Tippen Sie `=ISO` ein und übernehmen Sie den Vorschlag der Auswahlliste durch Drücken der Taste [⇆] in die Bearbeitungsleiste.
3. Klicken Sie die Zelle mit dem Lieferdatum an – hier E6.
4. Schließen Sie die Formeleingabe für den gesamten markierten Zellbereich von G6 bis G33 mit [Strg]+[↵] ab.

KALENDERWOCHE oder ISOKALENDERWOCHE

Wenn Sie nach europäischen Regeln die Kalenderwoche ermitteln wollen, ist die neue Funktion ISOKALENDERWOCHE auf jeden Fall vorzuziehen. Worin liegt der Vorteil von ISOKALENDERWOCHE gegenüber KALENDERWOCHE?

Ganz einfach: Bei ISOKALENDERWOCHE reicht ein Argument für das korrekte Ergebnis – das Datum, zu dem die Kalenderwoche berechnet werden soll.

Bei KALENDERWOCHE hingegen brauchen Sie neben dem Datum noch ein zweites Argument, damit die Funktion nach ISO-Norm rechnet. Für Anwender verwirrend ist, dass – wie in Abbildung 11.39 oben gezeigt – für dieses zweite Argument immerhin zehn Varianten zur Auswahl stehen. Doch welche davon ist die richtige? Zwar steht bei drei Varianten, dass die Woche montags beginnt, doch nur die »21« führt zur ISO-konformen Berechnung der Kalenderwoche. In Abbildung 11.39 können Sie sich anhand der beiden letzten Tage der Jahre 2016 und 2017 selbst davon überzeugen, wie unterschiedlich beide Funktionen rechnen.

Funktion	Datum	KW	
=ISOKALENDERWOCHE(C6)	Fr 30.12.2016	52	✓
=KALENDERWOCHE(C7;2)	Fr 30.12.2016	53	✗
=KALENDERWOCHE(C8;11)	Fr 30.12.2016	53	✗
=KALENDERWOCHE(C9;**21**)	Fr 30.12.2016	52	✓

Funktion	Datum	KW	
=ISOKALENDERWOCHE(C18)	Sa 30.12.2017	52	✓
=KALENDERWOCHE(C19;2)	Sa 30.12.2017	53	✗
=KALENDERWOCHE(C20;11)	Sa 30.12.2017	53	✗
=KALENDERWOCHE(C21;**21**)	Sa 30.12.2017	52	✓

Funktion	Datum	KW	
=ISOKALENDERWOCHE(C12)	Sa 31.12.2016	52	✓
=KALENDERWOCHE(C13;2)	Sa 31.12.2016	53	✗
=KALENDERWOCHE(C14;11)	Sa 31.12.2016	53	✗
=KALENDERWOCHE(C15;**21**)	Sa 31.12.2016	52	✓

Funktion	Datum	KW	
=ISOKALENDERWOCHE(C24)	So 31.12.2017	52	✓
=KALENDERWOCHE(C25;2)	So 31.12.2017	53	✗
=KALENDERWOCHE(C26;11)	So 31.12.2017	53	✗
=KALENDERWOCHE(C27;**21**)	So 31.12.2017	52	✓

Abbildung 11.39: Die Funktionen KALENDERWOCHE und ISOKALENDERWOCHE im direkten Vergleich

Flexibel: Auswertung zu einem bestimmten Monat

In der in Abbildung 11.40 rechts gezeigten Auswertung sollen pro Monat die Anzahl der Bestellungen und der Lieferungen ausgewiesen werden. Dazu wird in Zelle J6 die Nummer des gewünschten Monats eingegeben. In den beiden Zellen darunter erscheinen dann automatisch die Informationen, wie oft in dem Monat bestellt beziehungsweise ausgeliefert wurde.

	B	C	D	E	F	G
5	Artikel-Nr.	Bestellt am	B-Monat	Lieferzeit	Auslieferung	L-Monat
6	AN 21-699	Di 25.10.2016	10	6 Tage	Mo 31.10.2016	10
7	AN 06-083	Mo 31.10.2016	10	4 Tage	Fr 04.11.2016	11
8	AN 19-240	Fr 04.11.2016	11	2 Tage	Mo 07.11.2016	11
9	AN 23-763	Mo 14.11.2016	11	5 Tage	Sa 19.11.2016	11
10	AN 09-524	Do 17.11.2016	11	4 Tage	Mo 21.11.2016	11
11	AN 13-334	Mo 28.11.2016	11	6 Tage	Mo 05.12.2016	12
12	AN 24-244	Fr 02.12.2016	12	3 Tage	Mo 05.12.2016	12
13	AN 16-209	Do 08.12.2016	12	3 Tage	Mo 12.12.2016	12
14	AN 09-910	Fr 16.12.2016	12	2 Tage	Mo 19.12.2016	12
15	AN 27-431	Di 20.12.2016	12	3 Tage	Fr 23.12.2016	12
16	AN 12-045	Do 22.12.2016	12	4 Tage	Mo 26.12.2016	12

	I	J
5	Auswertung	
6	Monat	12
7	Bestellungen	5
8	Lieferungen	6

Hier die gewünschte Monatsnummer eingeben

Abbildung 11.40: Anzeige der Anzahl der Bestellungen und Lieferungen für einen zuvor ausgewählten Monat

Wenn Sie Kapitel 10 gelesen haben, wissen Sie, dass die Funktion ZÄHLENWENN das erledigt. Ihre Syntax lautet: *=ZÄHLENWENN(Bereich;Suchkriterium).*

- Der zu durchsuchende Bereich ist hier jeweils die Spalte mit den Monatsnummern: Für Bestellungen ist dies Spalte D, für Lieferungen Spalte G.
- Diese Monatsnummern müssen zunächst aus den Datumsangaben in den Spalten C und F ermittelt werden. Die Funktion, die das erledigt, heißt MONAT.
- Das Suchkriterium ist der Monat. Die Nummer des Monats – ein Wert zwischen 1 und 12 – wird in Zelle J6 eingegeben.

Mit diesen Gedanken vorab können Sie nun die Formel erstellen.

Online Zum Nachvollziehen der Aufgabe steht das Arbeitsblatt *Monatsstatistik* in der Übungsdatei *Kap11_Datum_UEB.xlsx* bereit.

---

1. Geben Sie in Zelle J7 folgende Formel ein: `=ZÄHLENWENN(D6:D16;J6)`
2. Für J8 verwenden Sie folgende Formel: `=ZÄHLENWENN(G6:G16;J6)`

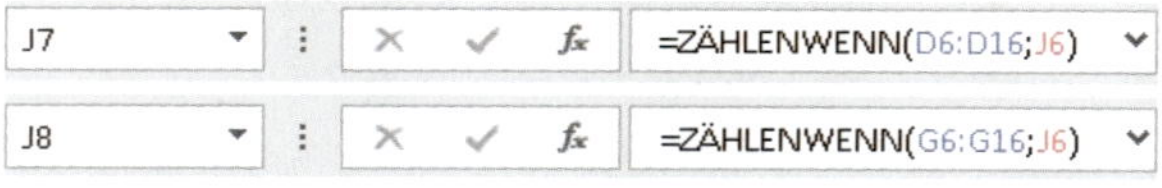

Abbildung 11.41: Die zwei Formeln zum Berechnen der Anzahl der Bestellungen und Lieferungen im Monat

Eine Dauer in Jahren berechnen

Egal ob eine Betriebs- oder Klubzugehörigkeit, das Alter von Mitarbeitern oder Vereinsmitgliedern oder die Laufzeit von Verträgen berechnet werden soll, Excel hält die passende Funktion bereit. In all diesen Fällen ist der Zeitraum zwischen einem Datum in der Vergangenheit und dem heutigen Datum zu ermitteln.

Einen Zeitraum berechnen mit BRTEILJAHRE

Wenig bekannt, aber echt praktisch ist diese Funktion, die nur zwei Argumente verlangt: Ausgangsdatum und Enddatum. Die Anzahl der Tage zwischen diesen beiden Datumsangaben wandelt BRTEILJAHRE – wie ihr Name schon sagt – in Bruchteile von Jahren um. Die Funktion wird beispielsweise verwendet, um Laufzeiten von Forderungen oder Verbindlichkeiten zu berechnen.

Abbildung 11.42 zeigt die Ausgangstabelle: Der Beginn der Betriebszugehörigkeit ist in Spalte C vermerkt. Dies ist das Ausgangsdatum. Das Enddatum können Sie entweder dynamisch halten, indem Sie mit der Funktion HEUTE() stets für das aktuelle Datum als Enddatum sorgen. Oder aber Sie geben das Enddatum – so in der Abbildung 11.42 gezeigt – in eine Zelle ein, hier G6.

	B	C	D	E	F	G
5	Name	Tätig seit	Jahre			Aktuelles Datum
6	Achenbach, Alex	09.11.1992				01.12.2016
7	Altenburg, André	15.12.2008				
8	Altmann, Andrea	27.03.2000	?			
9	Arz, Anja	13.01.2005				
10	Bacia, Anna	24.03.2008				
11	Bader, Anne-Katrin	01.06.2001				
12	Balder, Antje	14.02.2001				

Abbildung 11.42: In Spalte D soll die Betriebszugehörigkeit in Jahren berechnet werden

---

Online Das Berechnen der Dauer können Sie im Blatt *Zugehörigkeit* in der Mappe *Kap11_Datum_UEB.xlsx* nachvollziehen.

Um die dynamische Variante umzusetzen, gehen Sie wie folgt vor:

1. Markieren Sie den Zellbereich von D6 bis D39.
2. Legen Sie folgende Formel an: `=BRTEILJAHRE(C6;HEUTE())`

   ```
   =BRTEILJAHRE(C6;HEUTE())
   ```

   Abbildung 11.43: BRTEILJAHRE wandelt einen Zeitraum zwischen zwei Terminen in Bruchteile von Jahren um

3. Schließen Sie angesichts der Mehrfachmarkierung mit [Strg]+[↵] ab.
4. Lassen Sie den Zellbereich markiert. Klicken Sie auf der Registerkarte *Start* in der Gruppe *Zahl* so oft auf die Schaltfläche *Dezimalstelle löschen*, bis keine Nachkommastellen mehr angezeigt werden.

Zwischenfazit: Sie können bereits beim Prüfen nur weniger Datensätze sehen, dass die Funktion BRTEILJAHRE die Ergebnisse rundet, wenn keine Nachkommastellen angezeigt werden. Das würde im Falle der berechneten Betriebszugehörigkeit zu Irritationen führen – dann nämlich, wenn die Jahreswerte aufgerundet werden.

Einen Zeitraum mit DATEDIF berechnen

Eine Alternative zu BRTEILJAHRE bietet die Funktion DATEDIF. Sie erfordert ebenfalls die beiden Argumente Start- und Endtermin. Mit dem dritten Argument können Sie dann festlegen, in welcher »Zeiteinheit« die berechnete Dauer angezeigt werden soll (siehe Tabelle 11.2).

Probieren Sie zum Vergleich die Funktion DATEDIF direkt neben der Spalte aus, in der Sie BRTEILJAHRE verwendet haben.

1. Markieren Sie den Zellbereich von E6 bis E39.
2. Geben Sie die Formel `=DATEDIF(C6;HEUTE();"Y")` ein.
3. Schließen Sie die Eingabe wegen der Mehrfachmarkierung mit [Strg]+[↵] ab.

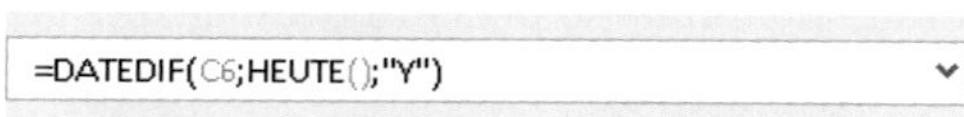

Abbildung 11.44: Die nicht dokumentierte Funktion DATEDIF berechnet mit dem Parameter Y *die Jahre*

Gut versteckt, aber trotzdem sehr nützlich: DATEDIF

Diese Funktion, mit der Sie Dauer oder Alter auf den Tag genau ermitteln können, werden Sie in der Excel-Hilfe vergebens suchen. Ihre Stärke liegt in der Berechnung der ganzen Jahre oder Monate, die zwischen zwei Terminen liegen. Für das dritte Argument stehen sechs verschiedene Parameter zur Verfügung (siehe Tabelle 11.2). Sie setzen sich aus den Anfangsbuchstaben der englischen Begriffe für Tag, Monat und Jahr zusammen. Das dritte Argument muss in Anführungszeichen eingegeben werden. Die Syntax lautet: `=DATEDIF(Starttermin;Endtermin;"Parameter")`.

Parameter	Wirkung
"Y"	Liefert die Differenz in ganzen Jahren
"M"	Liefert die Differenz in ganzen Monaten
"D"	Liefert die Differenz in ganzen Tagen
"MD"	Liefert die Differenz der Tage zwischen Anfangs- und Enddatum; Monate und Jahre werden nicht berücksichtigt
"YM"	Liefert die Differenz der Monate zwischen Anfangs- und Enddatum; Tage und Jahre werden nicht berücksichtigt
"YD"	Liefert die Differenz der Tage zwischen Anfangs- und Enddatum; Monate werden mit einberechnet, Jahre hingegen nicht

Tabelle 11.2: Liste der möglichen Parameter für das dritte Argument in der Funktion DATEDIF

BRTEILJAHRE und DATEDIF im Vergleich

Wie Sie in Abbildung 11.45 sehen können, weichen die Ergebnisse, die Sie mit den beiden Funktionen ermitteln, voneinander ab. Der Grund: Im Unterschied zu BRTEILJAHRE zeigt DATEDIF nur volle Jahre an.

	B	C	D	E	F	G
5	Name	Tätig seit	Jahre	Jahre		Aktuelles Datum
6	Achenbach, Alex	09.11.1992	24	24		01.12.2016
7	Altenburg, André	15.12.2008	8	7		
8	Altmann, Andrea	27.03.2000	17	16		
9	Arz, Anja	13.01.2005	12	11		
10	Bacia, Anna	24.03.2008	9	8		
11	Bader, Anne-Katrin	01.06.2001	16	15		
12	Balder, Antje	14.02.2001	16	15		

BRTEILJAHRE DATEDIF

Abbildung 11.45: Zwei unterschiedliche Funktionen führen zu abweichenden Ergebnissen

Markieren Sie deshalb beide Spalten und klicken Sie auf der Registerkarte *Start* in der Gruppe *Zahl* einmal auf die Schaltfläche *Dezimalstelle hinzufügen*. Anschließend erhalten Sie die in Abbildung 11.46 gezeigten Resultate.

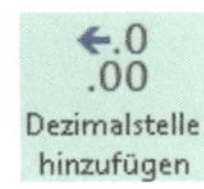

	B	C	D	E	F	G
5	Name	Tätig seit	Jahre	Jahre		Aktuelles Datum
6	Achenbach, Alex	09.11.1992	24,1	24,0		01.12.2016
7	Altenburg, André	15.12.2008	8,0	7,0		
8	Altmann, Andrea	27.03.2000	16,7	16,0		
9	Arz, Anja	13.01.2005	11,9	11,0		
10	Bacia, Anna	24.03.2008	8,7	8,0		
11	Bader, Anne-Katrin	01.06.2001	15,5	15,0		
12	Balder, Antje	14.02.2001	15,8	15,0		

BRTEILJAHRE DATEDIF

Abbildung 11.46: BRTEILJAHRE zählt die Dezimalstellen mit, DATEDIF hingegen wirkt wie Abrunden

---

Tipp Wollen Sie bei BRTEILJAHRE von vornherein sicherstellen, dass das Ergebnis nur volle Jahre berücksichtigt, kombinieren Sie die Funktion mit GANZZAHL. Die Formel in D6 würde zusammen mit dieser Erweiterung wie folgt lauten: `=GANZZAHL(BRTEILJAHRE(C6;HEUTE()))`. Mit dieser erweiterten Formel erzielen Sie die gleichen Ergebnisse wie mit DATEDIF.

Termine für Wartung oder Vertragserneuerung berechnen mit EDATUM

Wann ist der nächste Wartungstermin? Wann muss ein Vertrag erneuert oder verlängert werden? Bei der Antwort auf solche Fragen sind meist bestimmte Kriterien zu beachten. Bei Verträgen könnte beispielsweise gelten:

- Das Vertragsende liegt genau drei Jahre minus einen Tag nach Vertragsbeginn – bei einem Beginn am 1. November 2012 wäre das der 31. Oktober 2015.
- Fällt das Vertragsende auf ein Wochenende, muss der Termin auf den Freitag davor datiert werden.

Zur Lösung dieser Aufgabe nutzen Sie die Funktion EDATUM. Sie addiert zum Vertragsbeginn eine Laufzeit in Monaten, kann aber – wie in Abbildung 11.47 an drei Stellen zu sehen – nicht ausschließen, dass das Ergebnis ein Wochenende ist. Wie im Beispiel weiter vorn mit den Lieferterminen vermeiden Sie ein Ergebnisdatum am Wochenende, indem Sie die Funktionen WENN und WOCHENTAG noch zu EDATUM hinzuziehen. So bauen Sie die Formel auf:

- Mit EDATUM berechnen Sie Fälligkeitstermine. EDATUM liefert den Termin, der eine bestimmte Anzahl von Monaten vor oder nach einem angegebenen Datum liegt – hier also nach einem Vertragsbeginn.
- Mit WOCHENTAG überwachen Sie, ob der mit EDATUM ermittelte Termin auf ein Wochenende fällt, ob also als Wochentag 6 oder 7 ermittelt wurde.
- Beide Funktionen bauen Sie in eine WENN-Funktion ein, um Wochenenden als Ergebnis zu vermeiden.

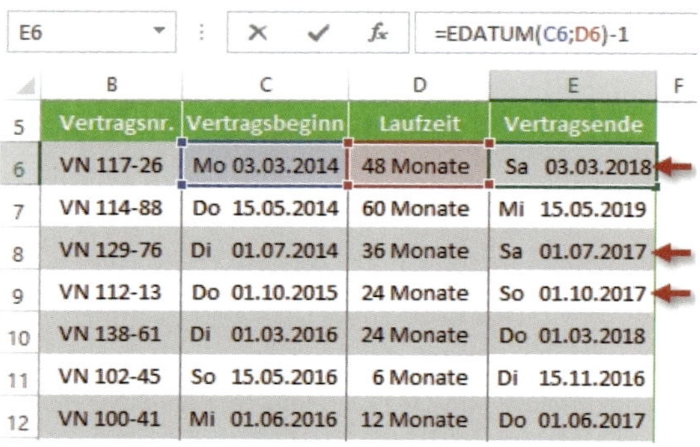
E6 =EDATUM(C6;D6)-1

	B	C	D	E	F
5	Vertragsnr.	Vertragsbeginn	Laufzeit	Vertragsende	
6	VN 117-26	Mo 03.03.2014	48 Monate	Sa 03.03.2018	
7	VN 114-88	Do 15.05.2014	60 Monate	Mi 15.05.2019	
8	VN 129-76	Di 01.07.2014	36 Monate	Sa 01.07.2017	
9	VN 112-13	Do 01.10.2015	24 Monate	So 01.10.2017	
10	VN 138-61	Di 01.03.2016	24 Monate	Do 01.03.2018	
11	VN 102-45	So 15.05.2016	6 Monate	Di 15.11.2016	
12	VN 100-41	Mi 01.06.2016	12 Monate	Do 01.06.2017	

Abbildung 11.47: EDATUM addiert zwar die Laufzeit zum Vertragsbeginn, schließt aber Wochenenden nicht aus

---

Online Zum Nachvollziehen des Beispiels mit den Vertragslaufzeiten nutzen Sie das Arbeitsblatt *Verträge* in der Arbeitsmappe *Kap11_Datum_UEB.xlsx*.

Zum Berechnen des Datums für das Vertragsende unter Vermeidung von Wochenenden gehen Sie wie folgt vor:

1. Markieren Sie den Zellbereich E6:E25.
2. Geben Sie die in Abbildung 11.48 gezeigte Formel ein.
3. Da mehrere Zellen markiert sind, schließen Sie die Eingabe mit Strg+↵ ab.

```
=WENN(WOCHENTAG(EDATUM(C6;D6)-1;2)=7;EDATUM(C6;D6)-3;
  WENN(WOCHENTAG(EDATUM(C6;D6)-1;2)=6;EDATUM(C6;D6)-2;
  EDATUM(C6;D6)-1))
```

Abbildung 11.48: EDATUM kombiniert mit WOCHENTAG in einer verschachtelten WENN-Funktion

Zur Erläuterung:

- Der Formelteil `EDATUM(C6;D6)-1` ermittelt ausgehend vom Vertragsbeginn in Zelle C6 das nach der Laufzeit (Zelle D6) liegende Datum. Da laut Vorgabe das Vertragsende einen Tag vor diesem Datum liegen soll, wird minus 1 ergänzt.
- `WOCHENTAG(EDATUM(C6;D6)-1;2)=7;EDATUM(C6;D6)-3` zieht für den Fall, dass das berechnete Datum auf einen Sonntag fällt, zwei zusätzliche Tage ab; deshalb minus 3.
- `WOCHENTAG(EDATUM(C6;D6)-1;2)=6;EDATUM(C6;D6)-2` zieht einen zusätzlichen Tag ab, wenn der berechnete Tag ein Samstag ist; deshalb minus 2.

Hinweis Die Anzeige von *Monate* hinter jeder Zahl in Spalte D erreichen Sie über das benutzerdefinierte Format `0 "Monate"`.

Das Quartal für ein beliebiges Datum ermitteln

Weiter vorn in Abbildung 11.33 ist zu sehen, wie Sie mit den Funktionen JAHR und MONAT aus einem Datum das Jahr beziehungsweise den Monat auslesen. Eine Funktion zum Ermitteln des Quartals hingegen kennt Excel nicht. Aber mit einer kurzen Formel beheben Sie dieses Manko schnell:

Angenommen, in B4 steht ein Termin. Mit folgender Formel finden Sie heraus, in welches Quartal dieses Datum fällt: `=AUFRUNDEN(MONAT(B4)/3;0)`.

Um diese Formel zu erschließen, lesen Sie sie am besten von innen nach außen.

- Zunächst wird der Monat zu dem Datum berechnet mit `MONAT(B4)`.
- Dieser Wert wird durch 3 geteilt (zu einem Quartal gehören drei Monate).

Was sich aus diesen beiden Berechnungen für jeden Monat des Jahres ergibt, zeigt Abbildung 11.49.

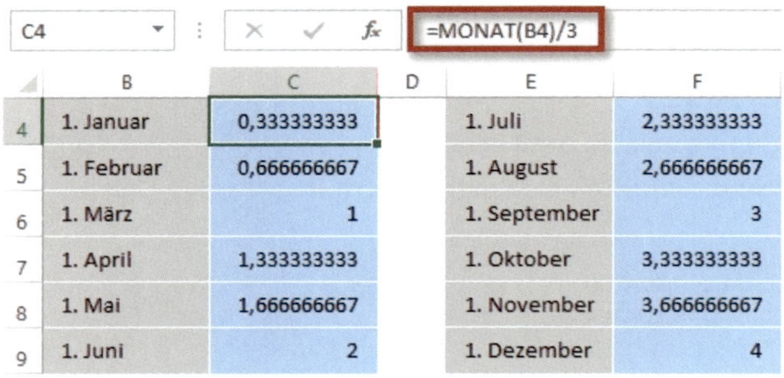

C4 =MONAT(B4)/3

	B	C	D	E	F
4	1. Januar	0,333333333		1. Juli	2,333333333
5	1. Februar	0,666666667		1. August	2,666666667
6	1. März	1		1. September	3
7	1. April	1,333333333		1. Oktober	3,333333333
8	1. Mai	1,666666667		1. November	3,666666667
9	1. Juni	2		1. Dezember	4

Abbildung 11.49: Die beiden Berechnungen sind die Vorstufe zum Ermitteln des Quartals zu einem Datum

- Das Ergebnis wird mit AUFRUNDEN auf die nächsthöhere ganze Zahl gerundet. Wie aufgerundet werden soll, bestimmen Sie ganz einfach mit dem zweiten Argument von AUFRUNDEN, indem Sie für *Anzahl_Stellen* `0` (null) eintragen.

Tipp Um herauszufinden, in welches Halbjahr ein Datum fällt, ersetzen Sie den Divisor 3 durch 6. Denn zu einem Halbjahr gehören bekanntlich sechs Monate.

Die Formel lautet dann: `=AUFRUNDEN(MONAT(B4)/6;0)`.

Termine und Dauer in Projekten berechnen

In den bisherigen Abschnitten konnten Sie erfahren, wie Sie Termine und Dauer berechnen, wenn es um Kalendertage geht. Doch wie sieht das bei Arbeitstagen aus? Da eine Arbeitswoche von Montag bis Freitag geht, müssen die Wochenenden herausgerechnet werden. Feiertage sind ebenfalls zu berücksichtigen. Mehr noch: Im Handel gibt es eine Sechstagewoche, auf Baustellen manchmal eine Viertagewoche.

Für all diese Fälle bietet Excel die passenden Berechnungsfunktionen. Projektmanager, -assistenten und -mitarbeiter können mit Funktionen wie NETTOARBEITSTAGE und ARBEITSTAG sowie den beiden noch flexibleren Varianten ARBEITSTAG.INTL und NETTOARBEITSTAGE.INTL Termine und Laufzeiten von Projekten auf den Tag genau berechnen und auch überwachen.

Wie viele Tage stehen für das Projekt zur Verfügung?

Wenn zu Beginn eines Projekts die Arbeitspakete definiert werden, gibt es meist auch schon Festlegungen zu ihrer Dauer oder für Termine, an denen sie beginnen oder fertiggestellt sein sollen. In Abbildung 11.50 sehen Sie links eine solche Tabelle.

- In Spalte D soll die Dauer in tatsächlichen Arbeitstagen berechnet werden. Hier müssen also von den Kalendertagen, die zwischen Start- und Enddatum liegen, die Wochenenden sowie die rechts aufgelisteten freien Tage abgezogen werden.
- In Spalte E sind einige Termine für die Fertigstellung zu ermitteln.
- In Spalte C sind dort die Starttermine zu berechnen, wo es bereits gesetzte Endtermine und eine geschätzte oder festgelegte Projektdauer gibt.

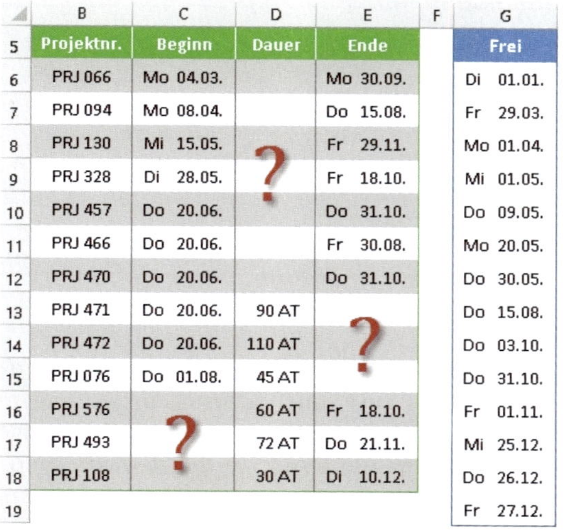

	B	C	D	E	F	G
5	Projektnr.	Beginn	Dauer	Ende		Frei
6	PRJ 066	Mo 04.03.		Mo 30.09.		Di 01.01.
7	PRJ 094	Mo 08.04.		Do 15.08.		Fr 29.03.
8	PRJ 130	Mi 15.05.		Fr 29.11.		Mo 01.04.
9	PRJ 328	Di 28.05.	?	Fr 18.10.		Mi 01.05.
10	PRJ 457	Do 20.06.		Do 31.10.		Do 09.05.
11	PRJ 466	Do 20.06.		Fr 30.08.		Mo 20.05.
12	PRJ 470	Do 20.06.		Do 31.10.		Do 30.05.
13	PRJ 471	Do 20.06.	90 AT			Do 15.08.
14	PRJ 472	Do 20.06.	110 AT	?		Do 03.10.
15	PRJ 076	Do 01.08.	45 AT			Do 31.10.
16	PRJ 576		60 AT	Fr 18.10.		Fr 01.11.
17	PRJ 493	?	72 AT	Do 21.11.		Mi 25.12.
18	PRJ 108		30 AT	Di 10.12.		Do 26.12.
19						Fr 27.12.

Abbildung 11.50: Links die Projektliste und rechts eine Aufstellung von Tagen, an denen nicht gearbeitet wird

Zum Erledigen dieser Aufgaben müssen Sie nicht den Kalender zücken und die Tage abzählen. Zum Berechnen der Projektdauer bietet Excel nämlich die Funktion NETTOARBEITSTAGE. Sie rechnet aus einer Zeitspanne zwischen zwei Terminen alle Wochenenden heraus und weitere Tage, die in einer Liste vermerkt sind – beispielsweise Feier-, Urlaubs-, Brücken- und andere projektfreie Tage.

Online Um die Berechnungen nachzuvollziehen, nutzen Sie in der Arbeitsmappe *Kap11_Datum_UEB.xlsx* das Arbeitsblatt *Projekte 1*.

---

1. Markieren Sie den Zellbereich von D6 bis D12.
2. Geben Sie ein Gleichheitszeichen und die drei Buchstaben `Net` ein.
3. Excel listet die beiden Funktionen auf, die mit der angegebenen Buchstabenfolge beginnen. NETTOARBEITSTAGE ist bereits markiert. Durch Drücken der [Tab]-Taste übernehmen Sie die Funktion in die Bearbeitungsleiste.
4. Nun erscheint `=NETTOARBEITSTAGE(`. Unter der Bearbeitungsleiste finden Sie die Information, welche Argumente für diese Funktion erforderlich sind. Klicken Sie für das Argument *Ausgangsdatum* auf Zelle C6.
5. Geben Sie ein Semikolon ein. Klicken Sie für das Argument *Enddatum* auf E6.
6. Markieren Sie nach einem weiteren Semikolon den Bereich mit den projektfreien Tagen – hier G6:G19. Sorgen Sie durch Drücken der Taste [F4] dafür, dass für diesen Bereich die absoluten Zelladressen `$G$6:$G$19` verwendet werden.
7. Schließen Sie die Formel mit [Strg]+[↵] ab. Die Formel für D6 lautet: `=NETTOARBEITSTAGE(C6;E6;$G$6:$G$19)`.

Abbildung 11.51: Zum Berechnen der Projektdauer sind drei Argumente erforderlich

Tipp

Das dritte Argument namens *Freie_Tage* in der Funktion NETTOARBEITSTAGE ist nicht allein auf Feiertage beschränkt. In der Liste können Sie auch andere Tage unterbringen, an denen es keine Projektarbeit gibt (Brückentage, Betriebsferien, Urlaub, Seminare et cetera.). Wichtig ist, dass in dieser Liste alle Datumsangaben für arbeitsfreie Tage enthalten sind, die in dem betrachteten Zeitraum (ein Jahr, mehrere Jahre) vorkommen. Die Datumsangaben in der Liste müssen nicht sortiert sein.

Den Termin der Fertigstellung eines Projekts ermitteln

Nicht alle Termine lassen sich festlegen. Manche müssen berechnet werden. So wird beispielsweise aus Starttermin und geschätzter Anzahl von Arbeitstagen der Endtermin ermittelt. Auch der umgekehrte Fall ist möglich: Ein Endtermin wird aufgestellt und basierend auf Erfahrungswerten wird eine bestimmte Dauer geschätzt. Ausgehend von diesen zwei Informationen wird der Starttermin ermittelt, indem vom Endtermin die Anzahl der benötigten Arbeitstage abgezogen wird.

Für beide Berechnungsarten, bei denen nicht die Dauer, sondern ein Termin gesucht wird, kommt die Funktion ARBEITSTAG zum Einsatz.

Hinweis

Mit ARBEITSTAG berechnen Sie den Termin vor oder nach einer bestimmten Anzahl von Arbeitstagen. Wichtig ist hierbei die Formulierung »vor oder nach«. Die Funktion erfordert die drei Argumente *Ausgangsdatum, Tage, Freie_Tage*.

Um die in Spalte E noch fehlenden Endtermine zu berechnen, gehen Sie so vor:

1. Markieren Sie den Zellbereich E13:E15.
2. Tippen Sie `=ARBEITSTAG(` ein. Klicken Sie für das Argument *Ausgangsdatum* auf C13.
3. Setzen Sie ein Semikolon, um das zweite Argument *Tage* folgen zu lassen. Klicken Sie D13 an – dies ist die Zelle, die für die aktuelle Zeile die Projektdauer enthält. Da ARBEITSTAG als Ergebnis den Tag nach einem Zeitintervall liefert, hier aber der letzte Projekttag selbst gesucht wird, subtrahieren Sie 1. Die Formel lautet bis hierher: `=ARBEITSTAG(C13;D13-1`.
4. Fügen Sie nach einem weiteren Semikolon das dritte Argument *Freie_Tage* hinzu. Es ist wiederum `$G$6:$G$19`.
5. Schließen Sie die Formel für die drei markierten Zellen mit Strg+↵ ab. Die Formel für D6 lautet: `=ARBEITSTAG(C13;D13-1;$G$6:$G$19)`.

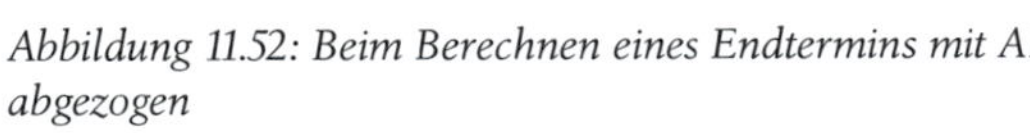

Abbildung 11.52: Beim Berechnen eines Endtermins mit ARBEITSTAG wird von der Dauer ein Tag abgezogen

Den Termin für den Start eines Projekts berechnen

Berechnen Sie nun noch in Spalte C die fehlenden Starttermine für die drei Projekte.

1. Markieren Sie den Zellbereich C16:C18.
2. Geben Sie folgende Formel ein: `=ARBEITSTAG(E16;-D16+1;$G$6:$G$19)`.
3. Schließen Sie die Formel für die drei markierten Zellen mit `Strg`+`↵` ab.

Abbildung 11.53: Beim Berechnen des Startdatums wird vor die Dauer ein Minuszeichen gesetzt und ein Tag addiert

---

Hinweis Da die Funktion ARBEITSTAG als Ergebnis den Tag vor oder nach einem Zeitintervall liefert, muss beim Berechnen eines Starttermins ein Tag addiert, beim Ermitteln eines Endtermins ein Tag subtrahiert werden. Die Addition von +1 beziehungsweise die Subtraktion von -1 nehmen Sie jeweils zusammen mit dem zweiten Argument namens Tage vor.

Wenn die Arbeitswoche sechs statt fünf Tage hat

Die Fünf-Tage-Arbeitswoche ist zwar am stärksten verbreitet, aber es gibt Branchen wie den Einzelhandel, in denen die Arbeitswoche sechs Tage umfasst. Im Bauwesen werden Montagearbeiten mitunter nur montags bis donnerstags durchgeführt. Mit der Funktion NETTOARBEITSTAGE.INTL legen Sie fest, wie viele Arbeitstage die Woche hat und welche Tage arbeitsfrei sind. Das steuern Sie über das Argument *Wochenende*. Tabelle 11.3 zeigt die Liste der voreingestellten Möglichkeiten.

Wert	Tag(e), die als Wochenende betrachtet werden
1 oder nicht angegeben	Samstag, Sonntag
2	Sonntag, Montag
3	Montag, Dienstag
4	Dienstag, Mittwoch
5	Mittwoch, Donnerstag
6	Donnerstag, Freitag
7	Freitag, Samstag
11	nur Sonntag
12	nur Montag
13	nur Dienstag
14	nur Mittwoch
15	nur Donnerstag
16	nur Freitag
17	nur Samstag

Tabelle 11.3: Excel bietet 14 Varianten, welcher Tag beziehungsweise welche Tage als Wochenende zählen sollen

Testen Sie die Funktion NETTOARBEITSTAGE.INTL im folgenden Beispiel, bei dem die Arbeitswoche – wie im Handel üblich – von Montag bis Samstag reicht.

	B	C	D	E	F
4					
5	Arbeitspaket	Beginn	5-Tagewoche	6-Tagewoche	Ende
6	AP 022	Mo 25.03.	7 AT		Do 04.04.
7	AP 032	Mo 29.04.	8 AT		Fr 10.05.
8	AP 041	Mi 15.05.	10 AT		Do 30.05.
9	AP 079	Mi 07.08.	7 AT		Fr 16.08.
10	AP 097	Di 01.10.	23 AT		Di 05.11.

Abbildung 11.54: Zum Vergleich mit Spalte D in E die verfügbaren Arbeitstage bei einer Sechs-Tage-Arbeitswoche ermitteln

---

Online Um die Berechnung mit NETTOARBEITSTAGE.INTL nachzuvollziehen, nutzen Sie in der Arbeitsmappe *Kap11_Datum_UEB.xlsx* das Arbeitsblatt *Projekte 2*.

---

1. Markieren Sie – wie in Abbildung 11.54 angedeutet – den Bereich E6:E10.
2. Geben Sie ein Gleichheitszeichen und die drei Buchstaben `Net` ein. Wählen Sie diesmal NETTOARBEITSTAGE.INTL per Doppelklick auf den Auswahllisteneintrag aus.
3. Klicken Sie für das Argument *Ausgangsdatum* auf Zelle C6. Geben Sie ein Semikolon ein. Klicken Sie für das Argument *Enddatum* auf F6.
4. Nach einem weiteren Semikolon schlägt Excel die in Tabelle 11.3 gezeigte Auswahl vor. Wählen Sie – wie in Abbildung 11.55 gezeigt – den Parameter *11*.

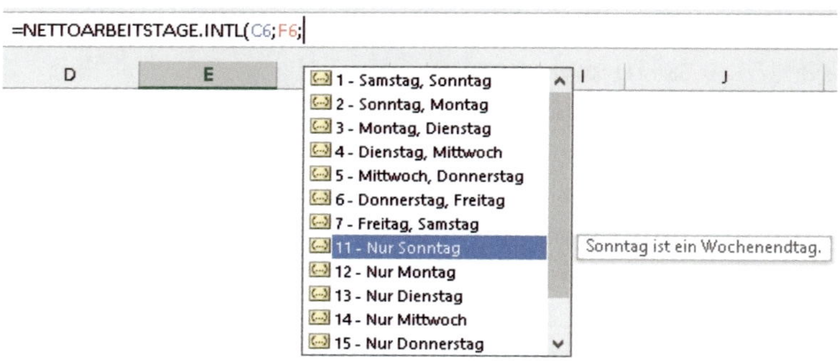

Abbildung 11.55: Für das dritte Argument von NETTOARBEITSTAGE.INTL bietet Excel 14 Varianten an

5. Nach einem erneuten Semikolon geben Sie abschließend den Bereich mit den projektfreien Tagen an – hier H6:H19. Mit der Taste F4 sorgen Sie dafür, dass die absoluten Zelladressen `$H$6:$H$19` entstehen.
6. Schließen Sie die Formel mit Strg+↵ ab. Die Formel für E6 lautet: `=NETTOARBEITSTAGE.INTL(C6;F6;11;$H$6:$H$19)`.

```
=NETTOARBEITSTAGE.INTL(C6;F6;11;$H$6:$H$19)
```

Abbildung 11.56: Die Formel, die die Arbeitstage zwischen zwei Terminen bei einer Sechs-Tage-Arbeitswoche ermittelt

In Abbildung 11.57 können Sie die verfügbaren Arbeitstage bei einer Fünf-Tage-Arbeitswoche und einer Sechs-Tage-Arbeitswoche direkt miteinander vergleichen.

	B	C	D	E	F	G	H
5	Arbeitspaket	Beginn	5-Tagewoche	6-Tagewoche	Ende		Frei
6	AP 022	Mo 25.03.	7 AT	8 AT	Do 04.04.		Di 01.01.
7	AP 032	Mo 29.04.	8 AT	9 AT	Fr 10.05.		Fr 29.03.
8	AP 041	Mi 15.05.	10 AT	12 AT	Do 30.05.		Mo 01.04.
9	AP 079	Mi 07.08.	7 AT	8 AT	Fr 16.08.		Mi 01.05.
10	AP 097	Di 01.10.	23 AT	28 AT	Di 05.11.		Do 09.05.

NETTOARBEITSTAGE NETTOARBEITSTAGE.INTL

Abbildung 11.57: Gegenüberstellung der unterschiedlichen Ergebnisse bei den verfügbaren Arbeitstagen

Wenn die Arbeitswoche nur vier Tage hat

Auch für den Fall, dass für die Arbeitswoche nur vier Tage zur Verfügung stehen und diese zudem über die Woche verteilt sind, ist NETTOARBEITSTAGE.INTL die passende Funktion. Denn neben den in Tabelle 11.3 gezeigten 14 Varianten können Sie das Argument *Wochenende* auch komplett individuell zusammenstellen.

- Dazu legen Sie entsprechend den sieben Wochentagen beginnend mit dem Montag eine Zeichenkette aus sieben Ziffern fest.
- Diese enthält die Werte 0 oder 1. Dabei steht die 0 für einen Arbeitstag, die 1 hingegen für ein Wochenende beziehungsweise für arbeitsfrei.

Die Zeichenfolge *0101011* würde bedeuten, dass nur Montag, Mittwoch und Freitag als Arbeitstage zu betrachten sind. Wichtig: Die Zifferngruppe muss in Anführungszeichen stehen.

Arbeitspaket	Beginn	5-Tagewoche	6-Tagewoche	4-Tagewoche	Ende
AP 022	Mo 25.03.	7 AT	8 AT	6 AT	Do 04.04.
AP 032	Mo 29.04.	8 AT	9 AT	6 AT	Fr 10.05.
AP 041	Mi 15.05.	10 AT	12 AT	7 AT	Do 30.05.
AP 079	Mi 07.08.	7 AT	8 AT	4 AT	Fr 16.08.
AP 097	Di 01.10.	23 AT	28 AT	19 AT	Di 05.11.

Mo, Di, Do, Sa

Abbildung 11.58: Gegenüberstellung der Ergebnisse bei drei verschiedenen Arbeitswochemodellen

Ermitteln Sie – wie in Abbildung 11.58 zu sehen – im Bereich N6:N10 die Anzahl der verfügbaren Arbeitstage, wenn Montag, Dienstag, Donnerstag und Samstag Arbeitstage einer

Viertagewoche sind. Berücksichtigen Sie außerdem wieder die Feiertage in Spalte H. So gehen Sie vor:

1. Markieren Sie den Zellbereich N6:N10.
2. Stellen Sie für die markierten Zellen die folgende Formel zusammen: `=NETTOARBEITSTAGE.INTL(K6;O6;"0010101";$H$6:$H$19)`.

Abbildung 11.59: Im dritten Argument wird flexibel bestimmt, wann Arbeitstage sind

3. Schließen Sie die Formel mit Strg+↵ ab.

Tipp Sie möchten die siebenstellige Zeichenfolge für die Angabe der Arbeitstage und Nichtarbeitstage nicht direkt in die Formel eintragen, sondern in eine Zelle? So können bei einer Änderung der Tagekonstellation gleich mehrere Zellen neu berechnet werden. Geben Sie in der Zelle vor der Ziffernfolge einen Apostroph ein, zum Beispiel `'0010101`. Auf diese Weise bleiben die wichtigen führenden Nullen erhalten.

Mit Uhrzeiten rechnen, aber ohne Fehler

Mit Excel lassen sich nicht nur Datumsangaben berechnen und überwachen, auch Uhrzeiten können Sie addieren und subtrahieren – beispielsweise wenn Sie einen Arbeitszeitnachweis führen. Allerdings sind hier einige Eigenheiten zu beachten.

- Excel betrachtet ein Datum als fortlaufende Ziffer auf einem Zeitstrahl von 1900 bis 9999 und ein Tag entspricht dem Wert 1 (siehe hierzu auch Kapitel 2).
- Eine Stunde ist demzufolge ein Vierundzwanzigstel von 1.
- Eine Minute ist dementsprechend 1/1440 von einem Tag.

Überzeugen Sie sich anhand von drei Beispielen, wie Sie Uhrzeiten in Formeln benutzen, und lernen Sie wichtige Formate beim Umgang mit Zeitangaben kennen.

Die tägliche und die Wochenarbeitszeit berechnen

Im ersten Beispiel geht es darum, für jeden Tag die real geleistete Arbeitszeit zu berechnen. Die dabei erhaltenen Tageswerte sollen im zweiten Schritt dann zu einer Wochenarbeitszeit zusammengefasst werden. Abbildung 11.60 zeigt die Tabelle, in der bereits alle erforderlichen Daten erfasst wurden.

	B	C	D	E	F
5	Tag	Kommt	Geht	Pause	Arbeitszeit
6	Montag	09:00	16:55	00:45	
7	Dienstag	08:40	16:45	00:45	
8	Mittwoch	08:35	17:45	00:45	
9	Donnerstag	07:40	16:35	00:45	
10	Freitag	07:10	15:30	00:45	
11				Gesamt	

Abbildung 11.60: In Spalte F sollen die täglichen Arbeitszeiten und die Wochenarbeitszeit ermittelt werden

Online Öffnen Sie die Arbeitsmappe *Kap11_Zeit_UEB.xlsx*, um die folgenden Übungen nachzuvollziehen. Wechseln Sie dort zuerst zum Arbeitsblatt *Zeiterfassung*.

1. Markieren Sie zum Berechnen der Arbeitszeiten den Bereich F6:F10.
2. Geben Sie die Formel `=D6-C6-E6` ein und schließen Sie sie wegen der Mehrfachmarkierung nicht mit [↵], sondern [Strg]+[↵] ab.

Die Tageswerte zu einem Wochenergebnis summieren

Noch bevor Sie jetzt eine Summenformel erstellen, können Sie die geleistete Wochenarbeitszeit sehen. So geht's:

- Lassen Sie den Zellbereich F6:F10 markiert.
- Wie in Abbildung 11.61 zu sehen, wird in der rechten unteren Ecke des Programmfensters in der Statusleiste die Summe der markierten Zellen – hier 38 Stunden und 40 Minuten – angezeigt.

Abbildung 11.61: Die AutoBerechnung in der Statusleiste liefert auch ohne Formeleingabe wichtige Ergebnisse

Tipp Welche Arten von Berechnung in der Statusleiste angezeigt werden, legen Sie fest. Klicken Sie einfach mit der rechten Maustaste auf die Statusleiste und setzen Sie im Kontextmenü im Bereich von *Summe* bis *Mittelwert* Häkchen vor den gewünschten Funktionen.

Sorgen Sie nun dafür, dass das Ergebnis nicht nur vorübergehend in der Statusleiste, sondern dauerhaft in der dafür vorgesehenen Zelle angezeigt wird.

1. Stellen Sie sicher, dass der Bereich F6:F10 immer noch markiert ist.
2. Klicken Sie auf der Registerkarte *Start* in der Gruppe *Bearbeiten* auf die Schaltfläche *AutoSumme*.

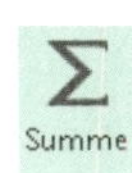

Anschließend zeigt Excel in der Zelle als Ergebnis *14:40* an.

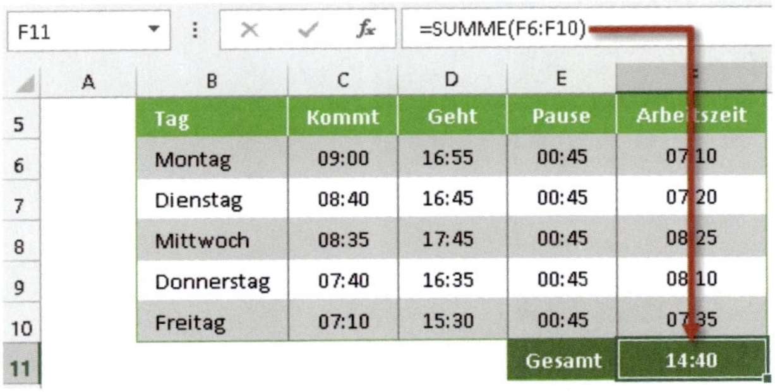

Abbildung 11.62: Richtige Formel, aber falsches Ergebnis – rechnet Excel falsch?

Angesichts der zuvor ermittelten Tageswerte in F6 bis F10 ist das nicht korrekt. Zudem hatte die AutoBerechnung in der Statusleiste bereits eine Summe von 38:40 signalisiert. Klicken Sie auf die Ergebniszelle F11, wird – wie in Abbildung 11.62 gut zu erkennen – oben in der Bearbeitungsleiste als Formel `=SUMME(F6:F10)` angezeigt. Sie ist korrekt. Wo liegt der Fehler – rechnet Excel bei Uhrzeiten falsch?

Die Lösung: Ein Zahlenformat für Zeiten über 24 Stunden

Die Antwort auf die Frage lautet: Die Summenformel hat zwar richtig gerechnet, aber mit der korrekten Anzeige des Ergebnisses hapert es noch.

Der Grund: Bis zur Grenze eines Tages, also bis zum Erreichen der Zahl 1, werden berechnete Stundenwerte in einer Zelle korrekt wiedergegeben. Danach beginnt Excel wieder bei null. Wenn Sie einmal den aktuell angezeigten Wert von 14:40 zu 24 Stunden hinzuzählen, kommen Sie wieder genau auf den Wert 38:40, der in der Statusleiste signalisiert wurde.

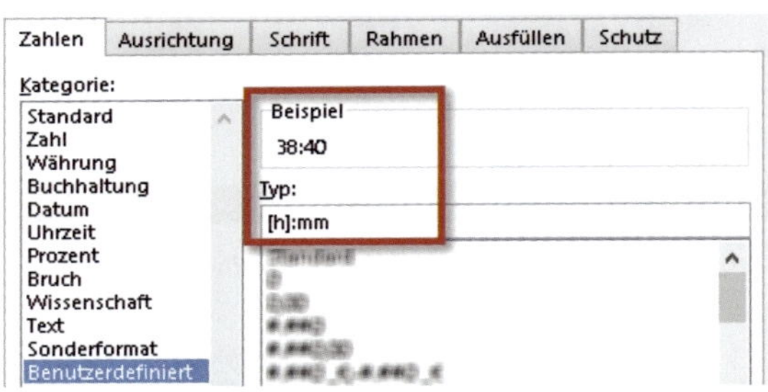

Abbildung 11.63: Mit diesem Zahlenformat sorgen Sie für die korrekte Anzeige eines Zeitwerts über 24 Stunden

Die Lösung des Problems ist also eine andere Darstellung des Ergebnisses. Dies erreichen Sie mit einem speziellen Zahlenformat, das auch die Zeitwerte über der 24-Stunden-Grenze richtig anzeigt. So weisen Sie dieses Format zu:

1. Markieren Sie Zelle E11. Rufen Sie mit Strg+1 das Dialogfeld zum Formatieren von Zellen auf.
2. Wählen Sie – wie in Abbildung 11.63 gezeigt – auf der Registerkarte *Zahlen* links unter *Kategorie* den Eintrag *Benutzerdefiniert*.

3. Geben Sie rechts in das Eingabefeld unterhalb von *Typ* das Format `[hh]:mm` ein. Darüber im Feld *Beispiel* sehen Sie sofort die Wirkung dieses speziellen Zahlenformats: *38:40* wird angezeigt. Schließen Sie das Dialogfeld mit einem Klick auf *OK*.

Nachtarbeit: Zeiten über die Tagesgrenze hinweg berechnen

Sollen Zeiten berechnet werden, die über Mitternacht, also einen 24-Stunden-Tag hinausgehen, hält Excel einen weiteren Stolperstein bereit. Typische Beispiele sind das Berechnen der Arbeitsstunden bei Nachtschichten oder die Reisezeit bei Nachtflügen oder -fahrten. In der in Abbildung 11.64 gezeigten Tabelle sollen ähnlich wie im ersten Beispiel zur Arbeitszeiterfassung die Arbeitsstunden pro Nachtschicht ermittelt und zu einem Wochenergebnis summiert werden. Auch hier scheint die Aufgabe leicht lösbar zu sein: *Geht* minus *Kommt* minus *Pause*.

Online Zum Nachvollziehen der Aufgabe verwenden Sie das Arbeitsblatt *Nachtschicht* in der Arbeitsmappe *Kap11_Zeit_UEB.xlsx*.

	A	B	C	D	E	F
5		Tag	Kommt	Geht	Pause	Arbeitszeit
6		Montag	22:00	06:35	00:30	08:05
7		Dienstag	21:50	06:25	00:30	08:05
8		Mittwoch	21:50	06:18	00:30	07:58
9		Donnerstag	21:50	06:25	00:30	08:05
10		Freitag	21:50	06:13	00:30	07:53
11					Gesamt	40:06

Abbildung 11.64: Die Arbeitszeit bei Nachtschichten berechnen und die Ergebnisse wieder addieren

Markieren Sie Zelle F6 und testen Sie zunächst die oben vorgeschlagene Formel zur Subtraktion `=D6-C6-E6`. Als Ergebnis erhalten Sie einen »Gartenzaun«, also eine mit dem #-Zeichen gefüllte Zelle (siehe Abbildung 11.65).

Der Grund: Excel kann standardmäßig nicht mit negativen Zeitwerten rechnen. Die Anweisung »22:00 minus 6:35 minus 0:30« ist für Excel intern die Subtraktion der in Abbildung 11.65 hellgrün hinterlegten Werte. Das Ergebnis ist ein negativer Wert.

Kommt	Geht	Pause	Arbeitszeit	
22:00	06:35	00:30	############	Darstellung als Uhrzeiten
0,9166667	0,274305556	0,0208333	-0,663194444	Für Excel sind das diese Zahlen

Abbildung 11.65: Excel rechnet mit den seriellen Zahlen, die hinter jeder Uhrzeit stehen

So lösen Sie dieses Problem und berechnen die Nachtarbeitsstunden korrekt:

1. Markieren Sie den Zellbereich F6:F10.
2. Tippen Sie `=REST` ein und übernehmen Sie die Funktion mit [Tab].
3. Geben Sie in der Klammer zunächst die Subtraktionsformel `D6-C6-E6` ein. Dies ist das erste Argument der Funktion REST.

4. Setzen Sie ein Semikolon, um das zweite Argument einzutragen, das in dem Fall die Zahl 1 ist. Die Formel lautet `=REST(D6-C6-E6;1)`.
5. Schließen Sie die Formeleingabe nicht mit [↵], sondern mit [Strg]+[↵] ab. Damit bewirken Sie, dass die Formel in alle fünf markierten Zellen übernommen wird.

```
=REST(D6-C6-E6;1)
```

Abbildung 11.66: Bei Zeitberechnungen über die Mitternachtsgrenze die Funktion REST hinzuziehen

Zur Erläuterung: Wie in der Abbildung 11.65 rechts unten zu sehen, ist das Ergebnis *-0,663194444*. Dieses wird durch *1* geteilt, denn das zweite Argument der Funktion REST ist eine *1*. Der so verbleibende Rest der Division ist *0,336805556*. Umgewandelt in eine Uhrzeit ergeben sich 8 Stunden und 5 Minuten (8:05).

Berechnen Sie abschließend noch die Wochenarbeitsstunden, indem Sie wieder die Summe bilden – `=SUMME(F6:F10)` – und dem Ergebnis wie im ersten Beispiel das benutzerdefinierte Zahlenformat `[h]:mm` zuweisen.

Uhrzeiten in anderen Berechnungen verwenden

Wenn Sie die in den vorherigen Beispielen ermittelten Wochenarbeitszeiten nutzen wollen, um den Wochenlohn zu berechnen, scheint das auf den ersten Blick eine leichte Aufgabe zu sein. Einfach die ermittelten Wochenstunden mit dem Stundenlohn multiplizieren. Allerdings hält Excel hier eine weitere unangenehme »Überraschung« bereit.

Da Excel eine Stunde als ein Vierundzwanzigstel eines Tages betrachtet, entspricht eine ermittelte Arbeitszeit von sechs Stunden demzufolge einem Viertel, also der Dezimalzahl 0,25.

In der Praxis bedeutet das: Wenn Sie die ermittelte Arbeitszeit von sechs Stunden mit einem Stundenlohn von 15 € multiplizieren, rechnet Excel nicht 6 mal 15, sondern 0,25 mal 15. Um korrekte Ergebnisse wie in Abbildung 11.67 zu erhalten, multiplizieren Sie daher das Ergebnis stets noch mit 24.

	B	C	D	E	F	G
3					Stundenlohn	15,00 €
4						
5	Tag	Kommt	Geht	Pause	Arbeitszeit	Lohnauszahlung
6	Montag	09:00	16:55	00:45	07:10	107,50 €
7	Dienstag	08:40	16:45	00:45	07:20	110,00 €
8	Mittwoch	08:35	17:45	00:45	08:25	126,25 €
9	Donnerstag	07:40	16:35	00:45	08:10	122,50 €
10	Freitag	07:10	15:30	00:45	07:35	113,75 €
11					Gesamt	580,00 €

Abbildung 11.67: Ausgehend vom Stundenlohn in G3 und den Arbeitszeiten die Lohnzahlungen berechnen

---

Online Nutzen Sie zum Nachvollziehen des folgenden Beispiels das Arbeitsblatt *Zeit & Lohn* in der Beispielmappe *Kap11_Zeit_UEB.xlsx*.

Gehen Sie zum Berechnen der täglichen Löhne wie folgt vor:

1. Markieren Sie im Arbeitsblatt *Zeit & Lohn* den Bereich G6:G10.
2. Geben Sie folgende Formel ein: `=F6*$G$3*24`.
3. Schließen Sie die Formel mit [Strg]+[↵] ab.

Abbildung 11.68: Beim Verwenden von Uhrzeiten in anderen Berechnungen den Faktor 24 nicht vergessen

Runden ja, aber korrekt und mit der passenden Funktion

Wenn Sie Nachkommastellen für Zahlen entfernen wollen, ließe sich das über die Schaltfläche *Dezimalstellen löschen* in der Gruppe *Zahl* auf der Registerkarte *Start* schnell erledigen.

Aber ungeachtet der geänderten Anzeige rechnet Excel intern weiterhin mit der vollständigen Zahl. Die nicht mehr sichtbaren Nachkommastellen werden also weiterhin verwendet. Das führt zu Irritationen, wenn rein optisch »falsche« Ergebnisse auftauchen und – wie in Abbildung 11.69 gezeigt – die Werte *41+33+14+11* dann *100* ergeben, obwohl es dem Anschein nach nur *99* sind.

Zeitraum	Anzahl Fälle	% Anteil
1. Quartal	663	41%
2. Quartal	532	33%
3. Quartal	226	14%
4. Quartal	184	11%
Gesamt	1.605	100%

Zeitraum	Anzahl Fälle	% Anteil
1. Quartal	663	41,3%
2. Quartal	532	33,1%
3. Quartal	226	14,1%
4. Quartal	184	11,5%
Gesamt	1.605	100,0%

Abbildung 11.69: Links ergibt die Summe der Einzelwerte nur 99 %, rechts bringen die Nachkommastellen Klarheit

Zielgenau auf- und abrunden statt irritierender optischer Täuschung

Um Zellwerte korrekt zu runden, sind Funktionen unerlässlich. Excel bietet neben so bekannten Funktionen wie RUNDEN, AUFRUNDEN und ABRUNDEN auch weniger bekannte wie OBERGRENZE und UNTERGRENZE. Erfahren Sie im Folgenden, welche unterschiedliche Wirkung diese Funktionen haben.

Abbildung 11.70: Die wichtigsten Funktionen zum Runden im Überblick

Im Vergleich: RUNDEN, AUFRUNDEN, ABRUNDEN

Diese drei am häufigsten genutzten Rundenfunktionen haben die gleiche Syntax. Sie bestehen aus jeweils zwei Argumenten:

- Mit dem Argument *Zahl* geben Sie an, welcher Wert gerundet werden soll.
- Mit dem Argument *Anzahl_Stellen* legen Sie fest, wie gerundet werden soll.

Arbeitet in zwei Richtungen: So funktioniert RUNDEN

Abbildung 11.71 zeigt, was dieses zweite *Anzahl_Stellen*-Argument bewirkt.

- Ist eine `1` festgelegt, werden die Originalwerte auf Zahlen mit einer Nachkommastelle gerundet.
- Steht eine `0` als zweites Argument, hat das Ergebnis keine Nachkommastellen mehr, ist also eine ganze Zahl.
- Wie weiter hinten in Abbildung 11.73 zu sehen ist, führt ein Wert kleiner 0 dazu, dass der links des Dezimalkommas stehende Teil der Originalzahl gerundet wird.

Anhand der Tabelle ist außerdem zu sehen, wann RUNDEN auf- oder abgerundet:

- Ist beim Originalwert die erste Stelle hinter dem Komma kleiner 5, wird abgerundet – hier wird 1.274,49 zu 1.274 oder 570,31 zu 570.
- Ansonsten wird aufgerundet – 1.274,5 wird zu 1.275 oder -434,67 zu -435.

Anzahl_Stellen	1	0
Messwerte	Gerundet	Gerundet
1.274,49	1274,5	1274
1.274,5	1274,5	1275
570,31	570,3	570
-434,67	-434,7	-435
DAS ORIGINAL	RUNDEN	

Abbildung 11.71: Werte mit der Funktion RUNDEN aufbereiten

Die Funktion RUNDEN arbeitet also je nach Originalwert in zwei Richtungen und kann sowohl auf- als auch abrunden.

Online Die hier gezeigten Beispiele können Sie in der Datei *Kap11_Runden_UEB.xlsx* auf dem Arbeitsblatt *Rundenfunktionen 1* nachvollziehen.

Nur in eine Richtung: ABRUNDEN und AUFRUNDEN

Im Unterschied dazu sind ABRUNDEN und AUFRUNDEN »Einbahnstraßen«-Funktionen. Sie arbeiten immer nur in eine Richtung. In Abbildung 11.72 können Sie sich anhand der unterschiedlichen Ergebnisse in jeder Zeile davon überzeugen.

Anzahl_Stellen	0	0
Messwerte	Abgerundet	Aufgerundet
1.274,49	1274	1275
1.274,5	1274	1275
570,31	570	571
-434,67	-434	-435
DAS ORIGINAL	ABRUNDEN	AUFRUNDEN

Abbildung 11.72: Die Wirkung von ABRUNDEN und AUFRUNDEN im Vergleich

Wenn das zweite Argument eine negative Zahl ist

Besonders interessant werden alle drei bisher vorgestellten Funktionen zum Runden, wenn Sie für das Argument *Anzahl_Stellen* eine negative Zahl festlegen.

- Mit *-1* wird der Originalwert auf den nächsten Zehner auf- oder abgerundet.
- Mit -2 wird der Originalwert auf den nächsten Hunderter auf- oder abgerundet.

Abbildung 11.73 demonstriert das anhand der Funktion AUFRUNDEN.

Anzahl_Stellen	0	-1	-2
Messwerte	Aufgerundet	Aufgerundet 10er	Aufgerundet 100er
1.274,49	1275	1280	1300
1.274,5	1275	1280	1300
570,31	571	580	600
-434,67	-435	-440	-500
DAS ORIGINAL	AUFRUNDEN		

Abbildung 11.73: Wird das Argument Anzahl_Stellen *verändert, ergeben sich völlig verschiedene Resultate*

Für Messen: Besucherzahlen auf Zehntausender runden

Für einen Vergleich der Besucherzahlen von bekannten Messen in Deutschland reichen Zahlen, die auf volle zehntausend aufgerundet sind. Das erledigen Sie mit der Funktion RUNDEN, aber diesmal setzen Sie für das Argument *Anzahl_Stellen* den Wert -4 ein.

Online Nutzen Sie auch für dieses Beispiel das Arbeitsblatt *Rundenfunktionen 1* in der Datei *Kap11_Runden_UEB.xlsx.*

---

1. Markieren Sie im Blatt *Rundenfunktionen 1* den Bereich O7:O18.
2. Geben Sie folgende Formel ein: `=RUNDEN(N7;-4)`.
3. Schließen Sie die Formel mit [Strg]+[↵] ab.

Messe	Besucher	Besucher (10.000er)
Handwerksmesse	132.992	130.000
HANNOVER MESSE	143.558	140.000
Int. Grüne Woche	418.326	420.000
INTERNORGA	91.582	90.000
Light + Building	108.767	110.000
CeBIT	260.480	260.000
drupa	125.699	130.000
boot	204.761	200.000
CARAVAN SALON	142.430	140.000
CMT	222.084	220.000
f.re.e	121.684	120.000
ITB	98.123	100.000

Quelle: www.fkm.de

Abbildung 11.74: Große Zahlen auf volle Zehntausender auf- oder abrunden

Flexibel mit OBERGRENZE und UNTERGRENZE

Mit den bisher vorgestellten Funktionen RUNDEN, AUFRUNDEN, ABRUNDEN können Sie auf ein Vielfaches von zehn oder einem Zehntel runden. Was aber, wenn eine Lieferzeit per Seefracht von 34 Tagen auf volle Wochen aufzurunden ist? Für solche Fälle sind die Funktionen OBERGRENZE und UNTERGRENZE die richtige Wahl. Hier können Sie als zweites Argument die Schrittweite bestimmen, in der gerundet werden soll – beim Aufrunden auf volle Wochen also die Zahl 7.

Online Nutzen Sie für die folgenden Beispiele das Arbeitsblatt *Rundenfunktionen 2* in der Übungsdatei *Kap11_Runden_UEB.xlsx.*

Lernen Sie die Funktionsweise von OBERGRENZE kennen, indem Sie Seetage in volle Wochen umrechnen. Gehen Sie dazu wie folgt vor:

1. Markieren Sie im Blatt *Rundenfunktionen 2* den Zellbereich D6:D13.
2. Geben Sie die Formel `=OBERGRENZE(C6;7)` ein und schließen Sie sie mit [Strg]+[↵] ab. Sie sehen nun, dass OBERGRENZE die Originalwerte mit einer Schrittweite von 7 nach oben aufgerundet hat.

3. Lassen Sie die Markierung D6:D13 bestehen und wechseln Sie durch Drücken der Taste [F2] noch einmal in den Bearbeitungsmodus. Der Cursor steht am Ende der Formel. Wandeln Sie die zuvor aufgerundeten Tage nun in Wochen um. Teilen Sie dazu das Ergebnis durch 7, indem Sie die Formel mit `/7` ergänzen. Die komplette Formel lautet dann `=OBERGRENZE(C6;7)/7`.
4. Schließen Sie die Formel mit [Strg]+[↵] ab.

Tipp Die Funktion OBERGRENZE eignet sich auch perfekt, wenn es gilt, Bestellmengen zu optimieren. Wenn beispielsweise der Wochenverbrauch von Druckerpapier im Durchschnitt bei 1.380 Seiten liegt – dieser Wert steht in B5 – und eine Verpackung 500 Blatt enthält, können Sie die Bestellmenge mit der Formel `=OBERGRENZE(B5;500)/500` berechnen.

Beträge auf volle 50 und 500 abrunden mit UNTERGRENZE

In einem Bankinstitut sollen alle halbe Stunde die neuen Geldeingänge angezeigt werden – und zwar abgerundet auf volle 50 beziehungsweise 500 Euro (siehe Abbildung 11.75).

Online Dieses Beispiel können Sie ebenfalls auf dem Arbeitsblatt *Rundenfunktionen 2* in der Übungsdatei *Kap11_Runden_UEB.xlsx* nachvollziehen.

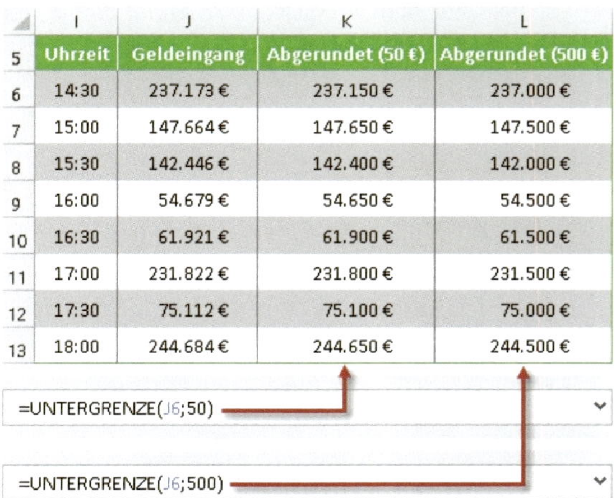

	I	J	K	L
5	Uhrzeit	Geldeingang	Abgerundet (50 €)	Abgerundet (500 €)
6	14:30	237.173 €	237.150 €	237.000 €
7	15:00	147.664 €	147.650 €	147.500 €
8	15:30	142.446 €	142.400 €	142.000 €
9	16:00	54.679 €	54.650 €	54.500 €
10	16:30	61.921 €	61.900 €	61.500 €
11	17:00	231.822 €	231.800 €	231.500 €
12	17:30	75.112 €	75.100 €	75.000 €
13	18:00	244.684 €	244.650 €	244.500 €

Abbildung 11.75: Beträge in 50er- beziehungsweise 500er-Schritten abrunden

1. Markieren Sie zum Abrunden der Beträge auf volle 50 Euro den Zellbereich K6:K13.
2. Geben Sie folgende Formel ein: `=UNTERGRENZE(J6;50)`.
3. Schließen Sie die Formel mit [Strg]+[↵] ab.
4. Markieren Sie anschließend den Zellbereich L6:L13.
5. Zum Abrunden auf volle 500 Euro lautet die Formel `=UNTERGRENZE(J6;500)`. Schließen Sie die Formeleingabe wieder mit [Strg]+[↵] ab.

Ein Weg mit Stolpersteinen: Zeiten in Excel runden

Vielleicht kennen Sie das von Mobilfunkanbietern: Tarife, die bei einem Gespräch automatisch eine Minute berechnen, auch wenn nur 30 Sekunden telefoniert wurde. Auch in anderen Branchen ist es üblich, Leistungen in Zeitintervallen abzurechnen: ein IT-Servicetechniker beispielsweise im Halbstundentakt, ein Prüfingenieur im 20-Minuten-Takt, ein Kfz-Mechaniker im Viertelstundentakt et cetera.

Da Sie in diesem Kapitel schon gelernt haben, wie Wochenarbeitsstunden addiert werden und anschließend das Ergebnis einer speziellen Formatierung bedarf, wissen Sie bereits: Excel ist beim Thema Uhrzeit eigen:

- Ein Tag – also 24 Stunden – entspricht dem Wert 1.
- Eine Stunde ist 1/24 von 1,
- eine halbe Stunde 1/48,
- eine Viertelstunde 1/96 und
- 20 Minuten ein 1/72 von 1.

Arbeitszeiten in unterschiedlichen Intervallen aufrunden

Ausgerüstet mit diesem Vorwissen können Sie nun in der in Abbildung 11.76 gezeigten Übersicht die abzurechnenden Arbeitszeiten ermitteln.

Online Dieses Beispiel können Sie ebenfalls auf dem Arbeitsblatt *Zeiten runden* in der Übungsdatei *Kap11_Runden_UEB.xlsx* nachvollziehen.

	B	C	D	E	F	G
4				30-Min.-Takt	20-Min.-Takt	15-Min.-Takt
5						
6	Start	Ende	Arbeitszeit	Abzurechnen	Abzurechnen	Abzurechnen
7	9:00	11:55	2:55	3:00	3:00	3:00
8	13:05	14:42	1:37	2:00	1:40	1:45
9	15:03	15:45	0:42	1:00	1:00	0:45
10	15:51	16:19	0:28	0:30	0:40	0:30
11	16:27	18:14	1:47	2:00	2:00	2:00

Abbildung 11.76: Gerüstet für verschiedene Abrechnungsmodi dank der Funktion OBERGRENZE

1. Markieren Sie für die Abrechnung der Arbeitszeit im 30-Minuten-Takt den Bereich E7 bis E11.
2. Geben Sie folgende Formel ein: `=OBERGRENZE(C7-B7;1/48)`.
3. Schließen Sie die Formeleingabe mit Strg+↵ ab.
4. Markieren Sie anschließend den Zellbereich F7 bis F11.
5. Die Formel für den 20-Minuten-Takt lautet: `=OBERGRENZE(C7-B7;1/72)`. Schließen Sie die Formeleingabe wieder mit Strg+↵ ab.
6. Zum Abrechnen der Arbeitszeiten im 15-Minuten-Takt markieren Sie G7:G11, geben `=OBERGRENZE(C7-B7;1/96)` ein und schließen mit Strg+↵ ab.

Daten perfekt aufbereiten mit Textfunktionen

Excel wird vorrangig als Tabellenkalkulation genutzt. Doch es eignet sich auch gut zum Verwalten von Daten, die neben Zahlen auch Texte und alphanumerische Zeichenfolgen enthalten – zum Beispiel AN122-3786 für eine Artikelnummer. Auch Daten, die nicht nur aus Zahlen bestehen, müssen bearbeitet, gefiltert oder ausgewertet werden. Excel hält dafür spezielle Textfunktionen bereit. Einige davon zeigt Abbildung 11.77.

Besonders hilfreich sind Textfunktionen, wenn Daten aus anderen Programmen importiert wurden und eine Reihe von Fehlern oder Inkonsistenzen enthalten. Erfahren Sie im Folgenden, mit welchen Funktionen Sie

- importierte Daten von störenden Steuer- und Leerzeichen befreien,
- einzelne Buchstaben, Zahlen oder Zeichenketten aus einem Text herausziehen,
- bestimmte Buchstaben oder Zeichenfolgen suchen, finden und ersetzen,
- oder die Inhalte einzelner Zellen miteinander verknüpfen.

Hinweis Arbeiten Sie mit Excel 2016 für Office 365, sind zwei neue Textfunktionen verfügbar: TEXTKETTE und TEXTVERKETTEN. Sie erleichtern das Zusammenfassen von Texten in einer Zelle. Mehr dazu erfahren Sie am Ende dieses Kapitels.

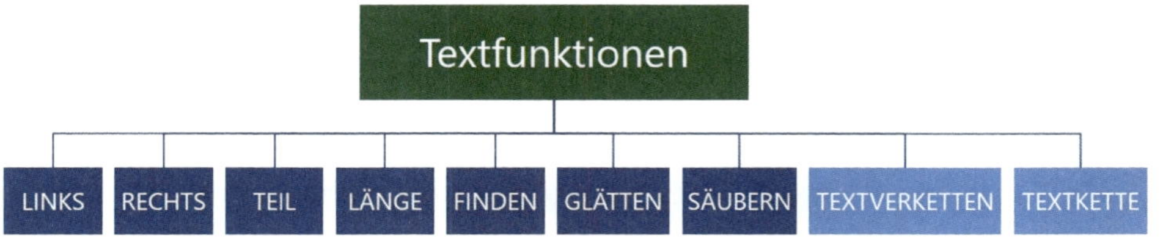

Abbildung 11.77: Häufig verwendete Textfunktionen, die auch in den kommenden Abschnitten zum Einsatz kommen

Macht die »Blitzvorschau« die Textfunktionen überflüssig?

Mit der in Kapitel 4 beschriebenen *Blitzvorschau* ersparen Sie sich das Erstellen von Formeln mit Textfunktionen, wenn Sie beispielsweise Vor- und Nachname in einer Zelle auf zwei Zellen verteilen wollen. Wird es jedoch komplexer, sind Textfunktionen unerlässlich für zuverlässige Ergebnisse. Denn die Blitzvorschau generiert im Unterschied zu Formeln Ergebnisse, die dann mit den Ursprungstexten keine Verbindung mehr haben. Mit den Textfunktionen erstellte Formeln hingegen werden immer sofort aktualisiert, wenn sich die Ursprungsdaten ändern.

Überflüssige Steuer- und Leerzeichen entfernen

Werden Datensätze aus einer Textverarbeitung oder aus einer Datenbank importiert, sind teilweise überflüssige Leerzeichen enthalten. Für die Lösung dieses Problems steht Ihnen die Funktion GLÄTTEN zur Verfügung. Als überflüssig gelten dabei:

- Leerzeichen am Anfang und/oder Ende eines Textes,
- alle Vorkommen von mehr als einem Leerzeichen zwischen den Wörtern.

Als Argument benötigt GLÄTTEN lediglich den Text, aus dem die Leerzeichen zu entfernen sind. Meist ist dies ein Zellbezug. Die Syntax lautet: *=GLÄTTEN(Text)*.

Verwenden Sie die Funktion SÄUBERN ebenfalls für Texte, die aus anderen Anwendungsprogrammen stammen. Diese enthalten häufig Zeichen, die von Ihrem Betriebssystem nicht gedruckt werden können – die ersten 32 nicht druckbaren Zeichen des 7-Bit-ASCII-Codes. Darunter fallen beispielsweise Zeilenumbrüche. Auch SÄUBERN benötigt lediglich den Text, aus dem die Steuerzeichen entfernt werden sollen – direkt oder als Zellbezug. Die Syntax ist hier *=SÄUBERN(Text)*.

Wollen Sie eine bestimmte Zeichenfolge gegen eine andere austauschen – beispielsweise um aus Telefonnummern alle öffnenden und schließenden Klammern zu entfernen, verwenden Sie die Funktion WECHSELN. Mit `=WECHSELN(WECHSELN(A1;"(";"");")";"")` wird aus *(030)567546* die bereinigte Telefonnummer *030567546*. Die innere WECHSELN-Funktion tauscht alle öffnenden Klammern (() gegen nichts aus (""), löscht sie also. Die äußere Funktion löscht dann noch die schließenden Klammern ()).

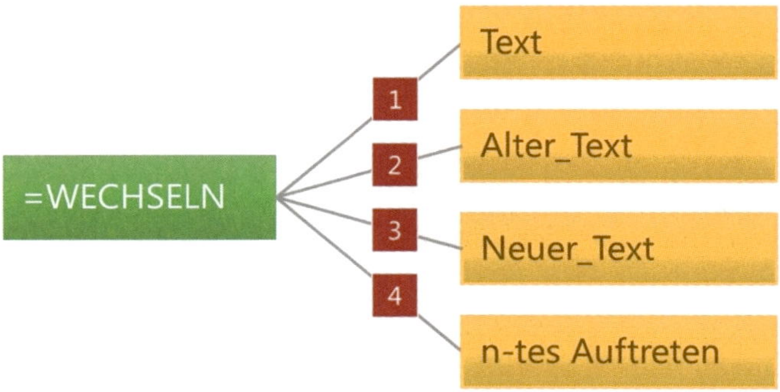

Abbildung 11.78: Der Aufbau der Funktion WECHSELN

Dabei können Sie sogar bestimmen, das wievielte Auftreten ersetzt werden soll. Fehlt das Argument des n-ten Auftretens, wird jedes Auftreten der genannten Zeichenfolge ersetzt. Die Syntax dieser Funktion ist in Abbildung 11.78 zu sehen.

Soll ein bestimmtes nicht druckbares Zeichen – beispielsweise ein Zeilenumbruch – ausgetauscht werden, brauchen Sie dazu zusätzlich die Funktion ZEICHEN. Diese Funktion gibt nach Eingabe einer Zahl zwischen 1 und 255 das entsprechende Zeichen zurück. `ZEICHEN(10)` ist beispielsweise der Zeilenumbruch. Dabei ist die Darstellung abhängig von der Schriftart.

Hinweis Wenn Sie erfahren wollen, welchen Zahlencode ein bestimmtes Zeichen hat, nach dem Sie suchen, das Sie ersetzen oder löschen wollen, rufen Sie die Zeichentabelle von Windows auf. Drücken Sie dazu die [Windows]-Taste, tippen Sie `charmap` ein und bestätigen Sie mit [↵]. Wählen Sie in der Zeichentabelle oben links die entsprechende Schriftart und markieren Sie dann das betreffende Zeichen. In der rechten unteren Ecke können Sie nun die Zahl sehen.

Tipp In der Datei *Kap11_Text_LOE.xlsx* finden Sie im Arbeitsblatt *Symbolschriftarten* eine Übersicht aller Sonderzeichen aus den Schriften Webdings und Wingdings 1 bis 3.

Abbildung 11.79: Die Anwendungsgebiete der Funktionen GLÄTTEN, SÄUBERN und WECHSELN im Vergleich

Die Verwendungszwecke der drei in Abbildung 11.79 gezeigten Funktionen können Sie in den folgenden Übungsaufgaben studieren und testen. Abbildung 11.80 zeigt den Ausgangszustand und Tabelle 11.4 listet die zu lösenden Probleme auf.

	B	C	D	E
5	Name	SÄUBERN	SÄUBERN und GLÄTTEN	WECHSELN und GLÄTTEN
6	Krüger, Katharina Elisabeth Anna			
7	Hoyer, Benjamin Karl Franz			
8	Mahla, Patrick Hugo			
9	Weber, Jannick			

Abbildung 11.80: Der Ausgangszustand der Tabelle mit den in Spalte B zu lösenden Problemfällen

Fall	Problem
Krüger, Katharina Elisabeth Anna	Zeilenumbruch und überflüssiges Leerzeichen vor dem Vornamen
Hoyer, Benjamin Karl Franz	Zeilenumbruch und überflüssige Leerzeichen zwischen den Vornamen
Mahla, Patrick Hugo	Zeilenumbruch, aber kein Leerzeichen zwischen den Vornamen
Weber, Janni	Überflüssiges Leerzeichen am Zellenanfang vor dem Nachnamen

Tabelle 11.4: Die Texte mit überflüssigen Steuer- und Leerzeichen unter der Lupe

---

Online Zum Nachvollziehen dieser Aufgabe nutzen Sie in der Arbeitsmappe *Kap11_Text_UEB.xlsx* das Arbeitsblatt *Steuer- und Leerzeichen*.

Testen Sie die Funktionsweise der genannten Funktionen, um die beste Variante für Ihre eigenen Aufgabenstellungen zu finden. Entfernen Sie in einem ersten Schritt alle Zeilenumbrüche aus den Namen. Das erledigen Sie mit der Funktion SÄUBERN wie folgt:

1. Markieren Sie den Bereich von C6 bis C9.
2. Wählen Sie nach der Eingabe von `=SÄ` die Funktion SÄUBERN aus.
3. Klicken Sie nun die Zelle B6 an.
4. Bestätigen Sie die Eingabe mit Strg+↵.

In C6 steht nun `=SÄUBERN(B6)`. Das Ergebnis ist in Abbildung 11.81 zu sehen.

Name	SÄUBERN
Krüger, Katharina Elisabeth Anna	Krüger, Katharina Elisabeth Anna
Hoyer, Benjamin Karl Franz	Hoyer, Benjamin Karl Franz
Mahla, Patrick Hugo	Mahla, PatrickHugo
Weber, Jannick	Weber, Jannick

Abbildung 11.81: SÄUBERN entfernt zwar die Zeilenumbrüche, nicht aber die Leerzeichen

SÄUBERN allein löst das Problem jedoch nicht vollständig. Sorgen Sie in einem zweiten Schritt dafür, dass in den Fällen 1, 2 und 4 mit GLÄTTEN die überflüssigen Leerzeichen beseitigt werden.

Schließen Sie die SÄUBERN-Funktion in eine GLÄTTEN-Funktion ein. Geben Sie dazu in D6 die Formel `= GLÄTTEN(SÄUBERN(B6))` ein. Übertragen Sie die Formel auch auf die restlichen Zellen in der Spalte. Das Ergebnis ist in Abbildung 11.82 zu sehen und hat – abgesehen von Fall 3 – die Texte perfekt aufbereitet.

Name	SÄUBERN und GLÄTTEN
Krüger, Katharina Elisabeth Anna	Krüger, Katharina Elisabeth Anna
Hoyer, Benjamin Karl Franz	Hoyer, Benjamin Karl Franz
Mahla, Patrick Hugo	Mahla, PatrickHugo
Weber, Jannick	Weber, Jannick

Abbildung 11.82: SÄUBERN in Kombination mit GLÄTTEN

Was aber, wenn ein Zeilenumbruch nicht von einem Leerzeichen begleitet ist wie im Fall 3 von »Mahla, Patrick Hugo«. Das fehlende Leerzeichen hat hier zur Folge, dass nach dem Löschen des Zeilenumbruchs beide Vornamen direkt hintereinander stehen. Sie können durch keinen Automatismus mehr getrennt werden.

Deshalb muss hier eine andere Lösung her: die Funktion WECHSELN. Mit ihr ersetzen Sie ganz einfach den Zeilenumbruch durch ein Leerzeichen. den Zeilenumbruch suchen Sie mit `ZEICHEN(10)`. GLÄTTEN löst abschließend das Problem möglicher überflüssiger Leerzeichen. Testen Sie diese Formel in Spalte E:

1. Markieren Sie den Bereich E6 bis E9.
2. Geben Sie die Formel `=GLÄTTEN(WECHSELN(B6;ZEICHEN(10);" "))` ein.
3. Schließen Sie die Formel mit Strg+↵ ab.

Damit haben Sie – wie in Abbildung 11.83 zu sehen – in allen vier Fällen eine korrekte Aufbereitung der Daten erreicht.

Name	WECHSELN und GLÄTTEN
Krüger, Katharina Elisabeth Anna	Krüger, Katharina Elisabeth Anna
Hoyer, Benjamin Karl Franz	Hoyer, Benjamin Karl Franz
Mahla, Patrick Hugo	Mahla, Patrick Hugo
Weber, Jannick	Weber, Jannick

Abbildung 11.83: Gezieltes Austauschen des Zeilenumbruchs durch ein Leerzeichen und anschließendes GLÄTTEN

Teilstücke auslesen – von vorn, von hinten und mittendrin

Nachdem Sie die Texte von unerwünschten Steuer- und Leerzeichen befreit haben, folgt der nächste Schritt. Bereiten Sie die Texte individuell auf, indem Sie weitere Funktionen aus der Kategorie TEXT nutzen. Erfahren Sie dazu, wie Sie

- Informationen ohne mühsames Nacharbeiten auf mehrere Spalten aufteilen,
- umgekehrt Texte und Zahlen aus mehreren Zellen zu informativen Aussagen in einer Zelle zusammenfügen,
- unerwünschte Zeichen oder Zeichenketten finden und automatisch löschen oder ersetzen.

Beginnen Sie mit dem in Abbildung 11.84 gezeigten Beispiel von Artikelnummern in Spalte B. Es sollen Produktgruppe, Produktnummer und Prüfsumme aus den Artikelnummern ausgelesen werden.

	B	C	D	E	F
5	Artikelnummer	Umsatz	Produktgruppe	Produktnummer	Prüfsumme
6	92-37-096	58.900,00 €	9	37	96
7	12-68-020	55.200,00 €	1	68	20
8	71-72-073	1.700,00 €	7	72	73
9	91-67-087	50.900,00 €	9	67	87

Abbildung 11.84: Aus den Artikelnummern werden die Produktgruppe, die Produktnummer und die Prüfsumme mithilfe von Textfunktionen ausgelesen

- Die erste Ziffer von links in der Artikelnummer stellt die Produktgruppe dar.
- Die vierte und fünfte Ziffer stellen die Produktnummer dar.
- Die letzten drei Ziffern sind die Prüfsumme.

Mit den Funktionen LINKS, RECHTS und TEIL können Sie diese Aufgabe lösen. Hier kurz die Syntax dieser drei Funktionen im Überblick:

=LINKS(Text;[Anzahl_Zeichen])

=RECHTS(Text;[Anzahl_Zeichen])

=TEIL(Text;Erstes_Zeichen;Anzahl_Zeichen)

- Mit LINKS und RECHTS lesen Sie vom linken beziehungsweise rechten Zellenrand beginnend eine bestimmte Anzahl von Zeichen aus.
- Fehlt bei diesen Funktionen das Argument *Anzahl_Zeichen*, wird nur ein Zeichen ausgelesen.
- Ist *Anzahl_Zeichen* größer als die Gesamtlänge des Textes, geben beide Funktionen den gesamten Text zurück.
- Die Funktion TEIL gibt im Unterschied zu den Funktionen LINKS und RECHTS eine bestimmte Anzahl von Zeichen ab einer bestimmten Stelle zurück. Diese wird durch das Argument *Erstes_Zeichen* bestimmt.
- Ist bei der TEIL-Funktion die Anzahl der Zeichen kleiner als 1 oder negativ, liefert sie den Fehlerwert *#WERT*.

Online Verwenden Sie zum Nachvollziehen dieser Aufgabe weiterhin die Arbeitsmappe *Kap11_Text_UEB.xlsx*, diesmal das Arbeitsblatt *Teilstücke auslesen*.

Lesen Sie in einem ersten Schritt aus der Artikelnummer die Produktgruppe als erste Ziffer von links aus. Da nur ein Zeichen auszulesen ist, können Sie in der Funktion LINKS das zweite Argument weglassen. Gehen Sie wie folgt vor:

1. Markieren Sie die Zellen D6 bis D104.
2. Geben Sie die Formel `=LINKS(B6)` ein.
3. Schließen Sie die Eingabe mit [Strg]+[↵] ab.

In Zelle D6 steht damit als Produktgruppe *9* und das Ergebnis wird linksbündig ausgerichtet. Daran ist schon zu erkennen, dass diese Ziffer nicht als Zahl, sondern als Text ausgelesen wurde. Damit die Ziffern nicht am linken Rand kleben, können Sie die ganze Spalte zentriert ausrichten.

Ermitteln Sie in einem zweiten Schritt mit der Funktion TEIL in Spalte E die Produktnummer aus der vierten und fünften Ziffer der Artikelnummer. Das erste zu lesende Zeichen steht also an der vierten Stelle und von dort aus sind zwei Ziffern zu ermitteln. So gehen Sie vor:

1. Markieren Sie die Zellen E6 bis E104.
2. Geben Sie die Formel `=TEIL(B6;4;2)` ein.
3. Schließen Sie die Eingabe mit [Strg]+[↵] ab.

In Zelle E6 ergibt sich damit *37*, wiederum als Text. Nachdem mit der Produktnummer nicht gerechnet werden muss, ist kein Umformatieren nötig. Für die bessere Lesbarkeit kann die Zellausrichtung auf zentriert gesetzt werden.

Die Prüfsumme ergibt sich aus den letzten drei Ziffern. Mit ihr soll später gerechnet werden und sie ist somit als Zahl und nicht als Text auszulesen. Zur Umwandlung in eine Zahl multiplizieren Sie den ausgelesenen Text mit *1*.

1. Markieren Sie die Zellen F6 bis F104.
2. Geben Sie die Formel `=RECHTS(B6;3)*1` ein.
3. Schließen Sie die Eingabe mit [Strg]+[↵] ab.

Das Ergebnis wird nun als Zahl automatisch rechts ausgerichtet. In Zelle F6 ergibt sich die Prüfsumme *96*.

Hinweis Eine weitere Möglichkeit, als Text gespeicherte Zahlen in Zahlen umzuwandeln, ist:

- Der Formel werden zwei Minuszeichen vorangestellt. Dies bewirkt eine zweifache Multiplikation mit -1, also: `=--RECHTS(B6;3)`.
- Die Funktion wird abschließend mit der Funktion WERT ummantelt, also `=WERT(RECHTS(B6;3))`. Die Funktion WERT wandelt ein als Text angegebenes Argument in eine Zahl um.

Texte aufbereiten und zusammenfügen

Nicht immer lässt sich wie im Beispiel der Artikelnummern die Position des Textes, der ausgelesen werden soll, fest vorgeben. Oftmals muss die Position erst ermittelt werden – durch Suchen nach typischen Trennzeichen wie beispielsweise Komma, Punkt, Klammern oder Semikolon. Lernen Sie im folgenden Beispiel zwei Möglichkeiten kennen, gezielt Teilstücke aus einem Text auszulesen und daraus Informationen nach einem neuen Muster zu erstellen.

Für den Seriendruck in Word die Daten optimieren

Wer schon Serienbriefe in Word erstellt hat, weiß den Wert gut vorbereiteter Daten zu schätzen. Mit der in Abbildung 11.85 gezeigten Liste dürfte es jedoch schwerfallen, eine korrekte Anrede im Serienbrief zu bilden. Zwar liegen die Informationen für Vorname und Nachname vor und die Anrede ließe sich aus der Spalte *Geschlecht* ableiten, aber für den Seriendruck sind diese Daten unbrauchbar.

	B	C	D	E	F
5	Name	Geschlecht	Anrede	TelNr	Telefon CTI
6	Hütz, Dirk Ulf Aldo	m		089-822923	
7	Hein, Lisa Mareike	w		030-85604	
8	Becker , Jonas	m		0451-839688	
9	Beuter, Tina	w		0791-23413	
10	Zitterick, Elsa Anne	w		06426-6846	
11	Dziehel, Mira	w		06421-66270	
12	Hammann, Tabea	w		06103-2484	
13	Thomas, Alexandra	w			
14	Krüger, Katharina	w		06074-2841	

Abbildung 11.85: Noch sind die Informationen in den Spalten Name *und* TelNr *für weitere Aufgaben unbrauchbar*

Mit einer Kombination aus LINKS, RECHTS, LÄNGE, SUCHEN, GLÄTTEN und VERKETTEN (&) erstellen Sie aus dem vorhandenen Datenmaterial eine Anrede, die problemlos in Word genutzt werden kann. Neu sind die folgenden Funktionen:

- Mit LÄNGE können Sie die Anzahl der Zeichen in einer Zeichenfolge ermitteln.
- Mit VERKETTEN fassen Sie Informationen von zwei oder mehr Zellen in einer einzigen Zelle zusammen. Anstelle dieser Funktion können Sie aber ebenso den Operator & verwenden.

- Mit SUCHEN ermitteln Sie die Position eines Zeichens – beispielsweise ein Komma – oder einer Zeichenfolge – beispielsweise die Länderkennung DE – innerhalb einer anderen.

  Sie hat die Syntax *=SUCHEN(Suchtext;Text;[Erstes_Zeichen]).*

  – *Suchtext* ist dabei der Text, der in dem Argument *Text* gesucht werden soll.

  – Verwenden Sie *Erstes_Zeichen*, damit ein Suchvorgang nicht mit dem ersten Zeichen der zu durchsuchenden Zeichenfolge beginnt, sondern eine bestimmte Anzahl von Zeichen überspringt. Fehlt das Argument *Erstes_Zeichen*, wird es als 1 angenommen. Ist *Erstes_Zeichen* mit einem Wert belegt, der kleiner als 1 oder größer als die Länge des Arguments Text ist, gibt die Funktion den Fehlerwert *#WERT!* zurück.

Online Zum Nachvollziehen dieser Aufgabe nutzen Sie in der Arbeitsmappe *Kap11_Text_UEB.xlsx* das Arbeitsblatt *Zusammenfügen & Aufbereiten.*

Das Problem und die Schritte zur Lösung

Aus den Informationen in der Spalte *Name* sollen für die Anrede zunächst der Vorname und der Nachname durch Leerzeichen getrennt gewonnen werden. Beispielsweise soll aus *Hein, Lisa Mareike* für die Spalte *Anrede* die Information *Lisa Mareike Hein* generiert werden. Dazu sind folgende Lösungsschritte erforderlich:

- Zunächst muss die Position des Kommas ermittelt werden. Das erledigen Sie mit SUCHEN.
- Alles, was rechts vom Komma steht, gehört zum Vornamen. Da dieser unterschiedlich lang und auch mehrteilig sein kann, berechnen Sie die Anzahl der Zeichen nach dem Komma. Dazu subtrahieren Sie von der Gesamtlänge des Namens – ermittelt mit LÄNGE – die Position des Kommas, also `LÄNGE - SUCHEN`.
- Die so gewonnene Längeninformation zum Text rechts vom Komma nutzen Sie, um mit RECHTS den Vornamen auszulesen.
- Mit SUCHEN und LINKS ermitteln Sie den Nachnamen.
- Vorname und Nachname fügen Sie mit dem Operator & zusammen und sorgen dabei noch für das erforderliche Leerzeichen dazwischen.
- Eventuell überflüssige Leerzeichen entfernen Sie zum Schluss mit der bereits bekannten Funktion GLÄTTEN.

Erstellen Sie auf der Basis dieser Elemente nun die Formel:

1. Markieren Sie den Bereich D6 bis D30.
2. Geben Sie die folgende Formel ein: `=GLÄTTEN(RECHTS(B6;LÄNGE(B6)-SUCHEN(",";B6)) &" "& LINKS(B6;SUCHEN(",";B6)-1))`.
3. Schließen Sie die Eingabe mit `Strg`+`↵` ab.

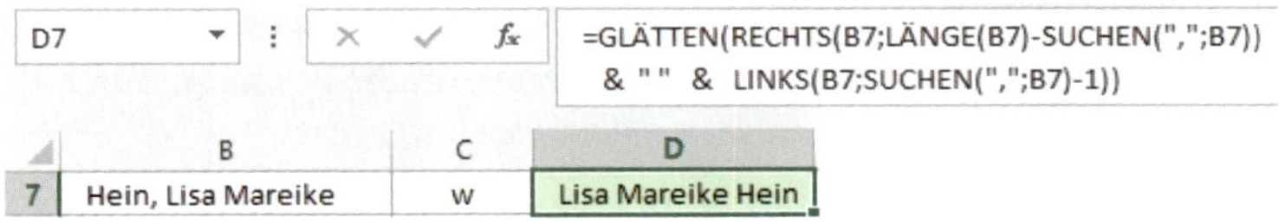

Abbildung 11.86: Die Anrede für den Seriendruck ist nun vorbereitet

Vorname und Nachname sind nun – durch ein Leerzeichen getrennt – zusammengefügt. Was noch fehlt, ist, der jetzigen Anrede abhängig vom Geschlecht ein »Herr« oder »Frau« voranzusetzen. Dies erledigen Sie mit der Funktion WENN. Wenn in der Spalte *Geschlecht* ein *w* steht, soll *Frau*, sonst *Herr* erscheinen. Erweitern Sie also die bisher erstellte Formel, indem Sie sie mit einer WENN-Funktion verketten wie folgt:

4. Setzen Sie den Cursor in der Bearbeitungsleiste hinter das Gleichheitszeichen.
5. Geben Sie noch diesen zusätzlichen Teil der Formel ein:
`WENN(C6="w";"Frau ";"Herr ") &`

Damit ist die Anrede nun komplett und kann für jeden Seriendruck genutzt werden.

Damit Excel Telefonate erleichtert

Sicher ist Ihnen schon aufgefallen, dass Telefonnummern auf recht unterschiedliche Weise erfasst werden. Mal werden Punkte, mal Striche, mal Leerzeichen zum Trennen einer Telefonnummer in verschiedenen Gruppen verwendet. Oft fehlt zudem die Länderkennung. In Abbildung 11.85 sehen Sie eine solche Liste. Sie ist allerdings unbrauchbar, wenn per CTI (Computer Telephony Integration) beispielsweise eine bestimmte Kundengruppe angerufen werden soll.

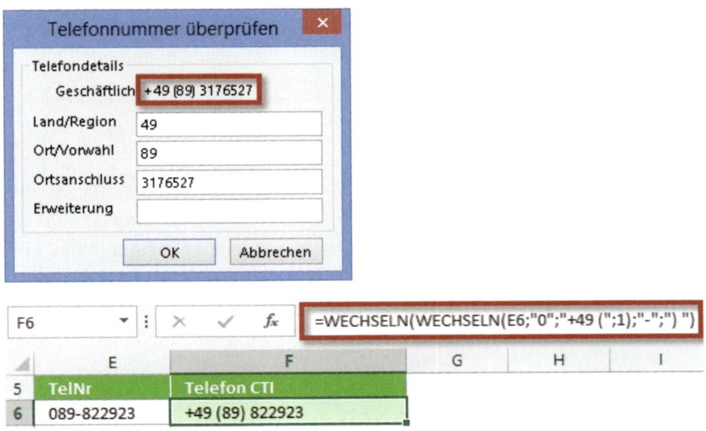

Abbildung 11.87: Oben das Dialogfeld aus Outlook zeigt eine CTI-gerechte Telefonnummer, die unten in Excel per Formel zusammengesetzt wird

Abbildung 11.87 zeigt oben das Dialogfeld von Outlook mit einer CTI-gerechten Nummer. Darunter ist zu sehen, wie die Nummern aus Spalte E der Excel-Liste in dieses Format zu übertragen wird, indem zweimal die Funktion WECHSELN zum Einsatz kommt. Der Aufbau der Funktion ist weiter vorn in diesem Kapitel in Abbildung 11.78 dargestellt. Mit den folgenden beiden Schritten setzen Sie die Daten aus Spalte E zu einer CTI-gerechten Telefonnummer zusammen:

- Zuerst tauschen Sie mit WECHSELN die führende *0* gegen `+49 (` aus.

  Achtung: Setzen Sie dabei das Argument *ntes_Auftreten* in der Funktion auf `1`, damit keine weiteren Nullen in der Telefonnummer ersetzt werden.
- Im zweiten Schritt ersetzen Sie mit WECHSELN den Bindestrich (-) durch eine runde Klammer zu ()).

Online Zum Nachvollziehen dieser Aufgabe nutzen Sie in der Mappe *Kap11_Text_UEB.xlsx* das Arbeitsblatt *Zusammenfügen & Aufbereiten*.

Gehen Sie wie folgt vor:

1. Markieren Sie den Bereich F6 bis F30.
2. Geben Sie die folgende Formel ein:
   `=WECHSELN(WECHSELN(E6;"0";"+49 (";1);"-";") ")`
3. Schließen Sie die Eingabe mit [Strg]+[↵] ab.

Wie in Abbildung 11.87 unten zu sehen, steht in Zelle F6 nun die CTI-gerechte Telefonnummer: +49 (89) 822923.

Hinweis Verwenden Sie dagegen die Funktion *ERSETZEN(Alter_Text;Erstes_Zeichen;Anzahl_Zeichen;Neuer_Text)*, wenn statt einer bestimmten Zeichenfolge eine bestimmte Anzahl von Zeichen ab einer bestimmten Position zu ersetzen ist. Beispielsweise löscht `ERSETZEN(A1;1;1; "")` das erste Zeichen in der (Text-)Zelle A1. Dagegen löscht `ERSETZEN(A1;LÄNGE(A1); 1; "")` in Zusammenarbeit mit der Funktion LÄNGE das letzte Zeichen der Zelle A1. Mit der Funktion LÄNGE wird die Länge der Zeichenkette bestimmt: Wird *Anzahl_Zeichen* dann mit `1` belegt, wird genau das letzte Zeichen eliminiert.

Importierte Daten aus Word für ein Diagramm aufbereiten

Das in Abbildung 11.88 gezeigte Fazit einer Fehleranalyse ist an sich schon recht aufschlussreich. Es wurde in Word als Tabelle gefertigt. Nun sollen die Daten dieses »Qualitätsberichts« in Form eines Balkendiagramms gezeigt werden, um die Häufigkeit der einzelnen Fehlergruppen besser zu verdeutlichen. Dazu müssen die Daten aus Spalte B zunächst auf die zwei Spalten *Fehlerart* und *Häufigkeit* aufgeteilt werden.

	B	C	D
5	Fehleranalyse	Fehlerart	Häufigkeit
6	Flüchtigkeitsfehler(3)		
7	Wortwahl (5)		
8	Zeichensetzung (6)		
9	Ausdruck (7)		
10	Rechtschreibung (17)		
11	Grammatikfehler (20)		
12	**Summe**		0

Abbildung 11.88: Diese Daten der Fehleranalyse sollen zum Erstellen eines Balkendiagramms aufbereitet werden

Folgende Schritte sind nötig, um Fehlerart und Häufigkeit in einem Diagramm verarbeiten zu können:

- Zum Ermitteln der Fehlerart wird zunächst mit SUCHEN die öffnende Klammer gesucht. Die Position der Klammer minus 1 ergibt die Anzahl der von LINKS auszulesenden Zeichen. Mit GLÄTTEN werden dann noch überflüssige Leerzeichen entfernt.
- Um die Häufigkeit zu berechnen, kann durch ein ERSETZEN des Teils bis zur öffnenden Klammer durch nichts und anschließendes WECHSELN der schließenden Klammer durch nichts die Zahl herausgezogen werden. Da diese Zahl als Text ausgegeben wird, werden dem Ergebnis abschließend noch zwei Minuszeichen vorangestellt.

Online Haben Sie Lust, dieses Beispiel auszuprobieren, wechseln Sie in der Arbeitsmappe *Kap11_Text_UEB.xlsx* zum Arbeitsblatt *Informationen zerlegen.*

Führen Sie anschließend folgende Schritte aus:

1. Markieren Sie den Bereich von C6 bis C11.
2. Geben Sie folgende Formel ein:
   `=GLÄTTEN(LINKS(B6;SUCHEN("(";B6)-1))`
3. Schließen Sie die Eingabe mit Strg + ↵ ab.
   In Zelle C6 erscheint anschließend der Text *Flüchtigkeitsfehler.*
4. Markieren Sie den Bereich von D6 bis D11.
5. Geben Sie folgende Formel ein:
   `=--WECHSELN(ERSETZEN(B6;1;SUCHEN("(";B6);"");")";"")`

Hinweis Ohne die beiden führenden Minuszeichen oder einer alternativen Multiplikation mit 1 stehen die herausgearbeiteten Zahlen als Text linksbündig in der Zelle und lassen sich nicht aufsummieren. Die beiden Minuszeichen führen eine doppelte Multiplikation mit -1 durch und verwandeln die Textzahl in eine korrekte Zahl. Die Funktion SUMME kann jetzt auf jeden Fall auf den Bereich der ermittelten Zahlen angewendet werden.

---

6. Schließen Sie auch diese Eingabe mit Strg+↵ ab.

In Zelle D6 steht nun die Häufigkeit 3. Nun sind die Daten perfekt aufbereitet – wie in Abbildung 11.89 zu sehen. Markieren Sie die Daten [1], klicken Sie auf die Schaltfläche *Schnellanalyse* [2], dort auf *DIAGRAMME* [3] und dann auf *Gruppierte Balken* [4]. Anschließend sehen Sie ein Balkendiagramm [5], das die Rangfolge der Fehlerarten wunderbar veranschaulicht. Mehr zur Schnellanalyse lesen Sie in Kapitel 4.

Hinweis Die Funktion FINDEN arbeitet wie die Funktion SUCHEN, berücksichtigt jedoch die Groß- und Kleinschreibung, lässt dagegen aber keine Platzhalter zu. Muss bei der Suche die Groß- und Kleinschreibung nicht beachtet werden oder sind Platzhalter erforderlich, verwenden Sie SUCHEN.

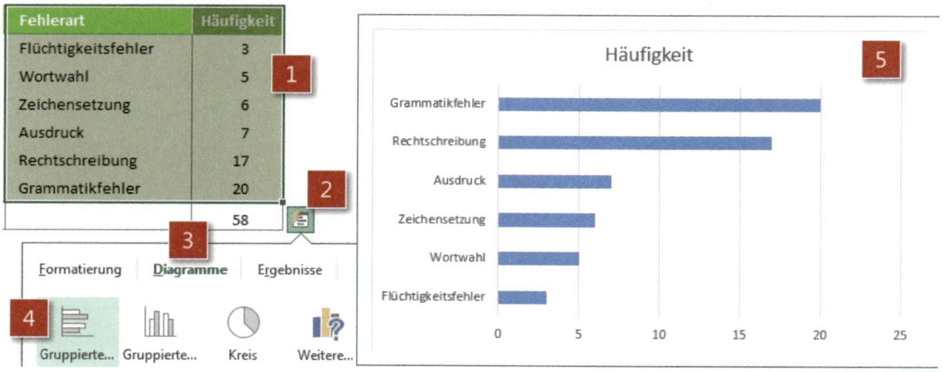

Abbildung 11.89: Mit drei Mausklicks aus den aufbereiteten Daten ein Balkendiagramm erstellen

Als Text importierte Datumsangaben ins richtige Format bringen

Wenn importierte Daten für Excel nicht lesbar sind und daher aufbereitet werden müssen, sieht das nach viel Arbeit aus. Angenommen, Geburtsdaten wurden so eingelesen, dass keinerlei trennende Zeichen zwischen Tag, Monat und Jahr stehen. Die Funktionen LINKS, RECHTS und TEIL helfen dabei, die Zifferngruppen zu separieren.

Die Funktion DATUM liefert die fortlaufende Zahl zurück, die hinter einem Datum steht. Als Argumente benötigt sie demnach das Jahr, den Monat und den Tag.

Online Zum Nachvollziehen dieser Aufgabe nutzen Sie in der Arbeitsmappe *Kap11_Text_UEB.xlsx* das Arbeitsblatt *Importierte Datumsangaben*.

Verwenden Sie die schon bekannten Funktionen LINKS, RECHTS und TEIL, um damit der Funktion DATUM die Argumente für das Jahr, den Monat und den Tag zu liefern. So geht's zur Lösung, die in Abbildung 11.90 dargestellt ist:

1. Markieren Sie den Bereich von C6 bis C29.
2. Geben Sie die folgende Formel ein:
   `=DATUM(LINKS(B6;4);TEIL(B6;5;2);RECHTS(B6;2))`
3. Beenden Sie die Eingabe mit Strg+↵.

Abbildung 11.90: Die Funktion DATUM liefert ein für Excel verwertbares Datumsformat

Mit dem so generierten Datum kann nun gerechnet werden, wenn es darum geht, das Alter oder die Jahre bis zur Rente zu bestimmen.

Daten mit Texten verketten und in Form bringen

Wenn Sie eine Rechnung erhalten, möchten Sie wissen, welcher Betrag bis zu welchem Termin zu bezahlen ist. Doch um diese Informationen zu finden, müssen Sie oft an zwei Stellen auf der Rechnung nachsehen. Besser wäre da ein Satz, der beide Informationen am Ende der Rechnung zusammenfasst.

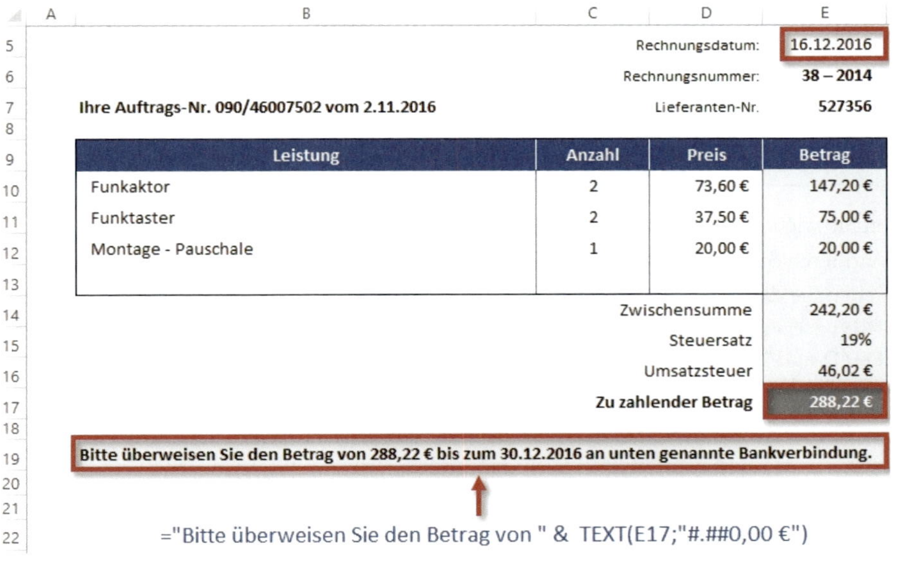

Abbildung 11.91: Eine Zahlungsanweisung aus festem Text, berechnetem Zahldatum und Zahlbetrag erstellen

Erfahren Sie im folgenden Beispiel, wie Sie mit Excel Daten nicht nur trennen, sondern auch beliebig kombinieren können und welche Rolle dabei den Zeichen & und "" zukommt. Das Zahldatum soll 14 Tage nach dem Rechnungsdatum liegen. Setzen Sie die Zahlungsanweisung also aus festen Texten, einem berechneten Zahldatum und einem Zahlbetrag in Form eines Zellbezuges zusammen.

Hinweis Feste Texte – dazu gehören auch Leerzeichen als Trennzeichen – müssen in Anführungszeichen gesetzt werden, bevor Sie sie mit anderen Elementen mittels des &-Operators zusammenführen.

Wenn Sie die einzelnen Daten in einer langen Anweisung verketten, werden Sie zunächst enttäuscht auf das Ergebnis blicken: Anstelle des Datums – hier 30.12.2016 – erscheint eine fünfstellige Zahl, in dem Fall 42734. Der Grund dafür ist, dass Excel beim Verketten die gesetzten Formate vergisst und demzufolge statt des Datums die serielle Zahl zeigt, die hinter dem Datum steht. Abhilfe schafft hier die Funktion TEXT. Sie wandelt einen Wert in einen Text um, der in einem bestimmten Zahlenformat angezeigt wird. Allerdings hat dies auch einen Nachteil: Da es sich nun um einen Text handelt, kann mit dem Ergebnis anschließend nicht mehr gerechnet werden. Die Funktion ist also in den Situationen nützlich, in denen Zahlen am Ende aller Berechnungen in einer besser lesbaren Form angezeigt oder Zahlen mit Texten oder Symbolen kombiniert werden sollen.

Damit Beträge und Datumsangaben in einem Zeichenverbund korrekt dargestellt werden, geben Sie ihnen mit der Funktion TEXT die Anweisung für das jeweils passende Format mit. Beispielsweise kann eine Zahl mit einem Währungsformat ergänzt oder ein Datum in abgekürzter Form ohne Jahreszahl angezeigt werden. Die Syntax dieser Funktion lautet: *TEXT(Wert;Textformat)*. Fertige Beispiele mit unterschiedlichsten Formatierungsvarianten für Zahlen und Datumsangaben mit der Funktion TEXT finden Sie in Tabelle 11.5.

Online Zum Nachvollziehen dieser Aufgabe nutzen Sie in der Arbeitsmappe *Kap11_Text_UEB.xlsx* das Arbeitsblatt *Daten verketten*.

Gehen Sie wie folgt vor:

1. Markieren Sie die Zelle B19.
2. Geben Sie die folgende Formel ein:

```
="Bitte überweisen Sie den Betrag von " & TEXT(E17;"#.##0,00 €") & " bis zum " &
TEXT(E5+14;"TT.MM.JJJJ") & " an unten genannte Bankverbindung."
```

3. Schließen Sie die Formel mit [↵] ab.

Hinweis Eine Übersicht über 15 wichtige Funktionen und deren Einsatz beim Aufbereiten von Texten und Daten finden Sie in der Datei *Textfunktionen_Uebersicht.pdf*.

Formate beim Einsatz der Funktion TEXT

Tabelle 11.5 liefert Ihnen einen Überblick über gebräuchliche Formate für das zweite Argument in der Funktion TEXT.

Inhalt von A1	Formel in B1	Anzeige in B1	
1256,82	=TEXT(A1;"#.##0,0")	1.256,8	
1256,82	=TEXT(A1;"#.##0,00 €")	1.256,82 ?	
12430	=TEXT(A1;"#,0.")	12,4	
12200000	=TEXT(A1;"#..")	12	
12900000		13	
17,398	=TEXT(A1;"???,???")	17,398	ausgerichtet am Dezimalkomma
105,65		105,65	
2,8		2,8	
0,19	=TEXT(A1;"0%")	19%	
05.07.2014	=TEXT(A1;"T.M.JJ")	5.7.14	
41825	=TEXT(A1;"T. MMM JJJJ")	5. Jul 2014	
41825	=TEXT(A1;"TTT TT.MM.JJJJ")	Sa 05.07.2014	

Tabelle 11.5: Nützliche und oft gebrauchte Formatanweisungen in der Funktion TEXT

Inhalt von A1	Formel in B1	Anzeige in B1
41825	=TEXT(A1;"TTTT, T. MMMM JJJJ")	Samstag, 5. Juli 2014
7.5.	=TEXT(A1&2014;"TT.MM.JJJJ")*1	07.05.2014
7.5.	=TEXT(A1&2014;"T. MMMM JJJJ")*1	7. Mai 2014
4:36:27	=TEXT(A1;"h:mm")	4:36
00:25:03	=TEXT(A1;"mm:ss")	25:03
0,75	=TEXT(A1;"h:mm")	18:00

Tabelle 11.5: Nützliche und oft gebrauchte Formatanweisungen in der Funktion TEXT (Forts.)

Perfekt für Dokumentationszwecke: FORMELTEXT

Wenn Sie die Formeln in Ihren Arbeitsblättern für sich selbst oder für andere Anwender dokumentieren wollen, gibt es eine gute Nachricht: Excel 2016 stellt dafür die Funktion FORMELTEXT zur Verfügung. Für alle, die Schulungsunterlagen erstellen oder Supportanfragen beantworten, ist das eine Arbeitserleichterung.

Wer bisher seine Formeln mit Kommentaren oder mit Hinweistexten in Nachbarzellen dokumentiert hat, kann das dank FORMELTEXT leichter erledigen:

1. Rufen Sie einfach die neue Funktion mit `=FORMELTEXT(` auf.
2. Klicken Sie dann auf die Zelle, die die zu dokumentierende Formel enthält.
3. Nach Drücken der ↵-Taste steht die Formel in der aktuellen Zelle.

Der Clou: Ändern Sie den Aufbau des Arbeitsblattes – fügen Sie beispielsweise Zeilen oder Spalten ein oder löschen Sie welche –, passt FORMELTEXT die Bezüge zu der dokumentierten Formel automatisch an.

Neue Funktionen, die nur in Excel 2016 für Office 365 verfügbar sind

Wenn Sie mit der Abo-Variante »Office 2016 für Office 365« arbeiten, stehen Ihnen in Excel eine Reihe von Befehlen und Funktionen zur Verfügung, die es in der Kaufversion von Office 2016 nicht gibt. Eine der spektakulärsten Neuerungen, die nur Office 365-Nutzer haben, sind die Landkarten-Diagramme. Diese finden Sie auf der Registerkarte *Einfügen* in der Gruppe *Diagramme* per Klick auf *Karten*. Die Abo-Version von Excel 2016 bietet zudem einige neue Tabellenfunktionen wie WENNS, TEXTKETTE, TEXTVERKETTEN, MAXWENNS sowie MINWENNS, die im folgenden Abschnitt kurz vorgestellt werden.

Welche Version von Office verwende ich eigentlich?

Sie sind sich nicht sicher, ob Sie Office 2016 als Kaufversion oder als Abo-Variante nutzen? So finden Sie es ganz schnell heraus:

1. Klicken Sie in Excel oben links auf *Datei* und anschließend in der Liste links auf *Konto*.
2. Auf der rechten Seite unten sehen Sie nun, welches Office-Produkt Sie nutzen. Bei der Kaufversion wird auch die Versionsnummer 2016 angezeigt, also zum Beispiel Office Professional Plus 2016 oder Office Home and Student 2016. Ist hingegen die Abo-Variante installiert, dann erkennen Sie das an der Kennung »Office 365«.

Wenn Sie mit Excel für Office 365 arbeiten, sollten Sie regelmäßig prüfen, ob Ihre Excel-Version auch auf dem aktuellen Stand ist. Klicken Sie dazu rechts unter *Produktinformationen* auf die große Schaltfläche *Office-Updates*, gegebenenfalls auf *Updates aktivieren* und dann auf *Jetzt aktualisieren*.

Weitere Informationen zu den Updates in Office 365 finden Sie auf dieser Webseite: *https://support.office.com/de-de/article/da36192c-58b9-4bc9-8d51-bb6eed468516*.

Mehr als zwei Bedingungen auswerten mit WENNS

Müssen mehrere Bedingungen bei einer Berechnung berücksichtigt werden, so können Sie das – wie zu Beginn des Kapitels beschrieben – mit einer verschachtelten WENN-Funktion lösen. Doch bei immer mehr Verschachtelungen wächst das Risiko, dass Klammern oder ein Semikolon vergessen werden. Die Funktion WENNS hilft, das zu verhindern.

- In dieser neuen Funktion geben Sie die einzelnen Bedingungen und die dazugehörigen Werte jeweils durch Semikolon getrennt nacheinander ein.
- Eine Klammer steht am Anfang und nur eine am Ende von WENNS.
- Die Bedingungen innerhalb der WENNS-Funktion werden von links nach rechts abgearbeitet. Die Bedingung, die zuerst WAHR ergibt, bestimmt den zurückzugebenden Wert.

Beispiel 1: Provisionssatz ermitteln mit WENNS

Schauen Sie sich das an dem in Abbildung 11.92 gezeigten Beispiel an, in dem zu jedem Umsatz der passende Provisionssatz in Spalte D ermittelt werden soll.

Online Das Beispiel finden Sie in der Mappe *Kap11_Neue_Funktionen.xlsx* im Blatt *WENNS*.

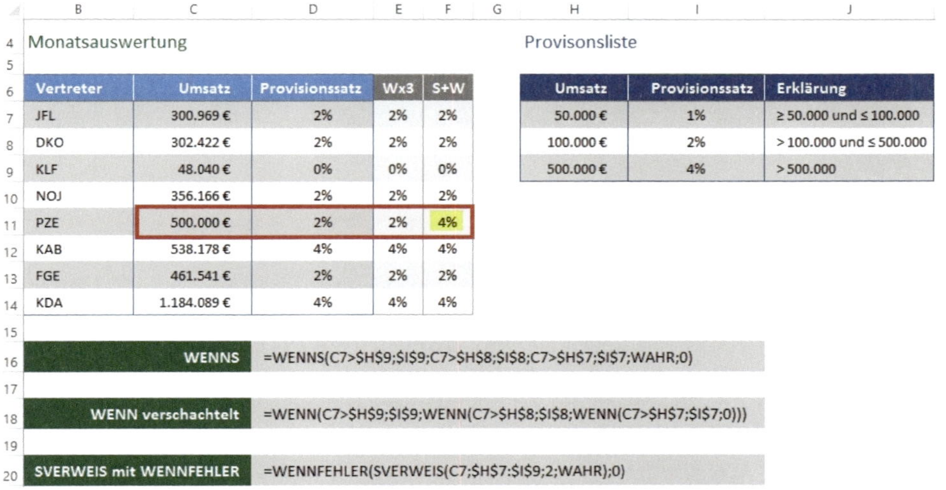

Monatsauswertung

Vertreter	Umsatz	Provisionssatz	Wx3	S+W
JFL	300.969 €	2%	2%	2%
DKO	302.422 €	2%	2%	2%
KLF	48.040 €	0%	0%	0%
NOJ	356.166 €	2%	2%	2%
PZE	500.000 €	2%	2%	4%
KAB	538.178 €	4%	4%	4%
FGE	461.541 €	2%	2%	2%
KDA	1.184.089 €	4%	4%	4%

Provisonsliste

Umsatz	Provisionssatz	Erklärung
50.000 €	1%	≥ 50.000 und ≤ 100.000
100.000 €	2%	> 100.000 und ≤ 500.000
500.000 €	4%	> 500.000

WENNS	=WENNS(C7>$H$9;$I$9;C7>$H$8;$I$8;C7>$H$7;$I$7;WAHR;0)
WENN verschachtelt	=WENN(C7>$H$9;$I$9;WENN(C7>$H$8;$I$8;WENN(C7>$H$7;$I$7;0)))
SVERWEIS mit WENNFEHLER	=WENNFEHLER(SVERWEIS(C7;$H$7:$I$9;2;WAHR);0)

Abbildung 11.92: Die neue Funktion WENNS hier im Vergleich mit verschachteltem WENN sowie SVERWEIS

Würden Sie zum Lösen der Aufgabe die Funktion WENN nutzen, müsste diese verschachtelt werden und würde dann wie folgt lauten:
`=WENN(C7>$H$9;$I$9;WENN(C7>$H$8;$I$8;WENN(C7>$H$7;$I$7;0)))`.

Achtung Vielleicht werden Sie jetzt denken, dass sich die Aufgabe doch viel schneller mit SVERWEIS lösen lässt. Aber Achtung, da gibt es gleich zwei Fallstricke. Da in der Provisionsliste in den Spalten H und I Umsätze unter 50.000 € nicht vorgesehen sind, würde der SVERWEIS in Zeile 9 zum Fehlerwert #NV (für nicht vorhanden) führen. Dies könnten Sie – wie in Abbildung 11.92 in Zeile 20 gezeigt – dadurch abfangen, dass Sie den SVERWEIS in die Funktion WENNFEHLER einbauen. Das zweite Problem wird damit aber nicht gelöst: Beim SVERWEIS mit ungefährer Entsprechung werden die Werte in der ersten Spalte der Matrix (hier Spalte H) als untere Grenzwerte betrachtet. Es wird also ab 500.000 € der Provisionssatz von 4 % zugewiesen. Das wäre hier im Beispiel jedoch nicht korrekt, denn die 4 % soll es erst geben, wenn der Umsatz höher als 500.000 € ist. Der SVERWEIS geht von *größer gleich* aus, verlangt wird hier aber *größer als*. Demzufolge müssten die Grenzwerte in Spalte H geändert oder das Bedingungsgefüge in Spalte J angepasst werden.

Mit der neuen WENNS-Funktion ermitteln Sie den jeweiligen Provisionssatz mit der Formel `=WENNS(C7>$H$9;$I$9;C7>$H$8;$I$8;C7>$H$7;$I$7;WAHR;0)`.

So arbeitet die WENNS-Funktion in diesem Fall:

- Sie prüft im ersten Argument, ob der Umsatz höher als der höchste Umsatz-Grenzwert ist.
- Das zweite Argument liefert die Provisionsrate für diesen Fall.
- Im dritten Argument folgt der Vergleich des Umsatzes mit dem zweithöchsten Grenzwert und der passende Wert dazu wird im vierten Argument angegeben.
- Diese Reihenfolge wird fortgesetzt, bis alle Grenzwerte abgearbeitet sind.

Tipp Wird in den Bedingungen mit *größer* gearbeitet, dann setzen Sie die Grenzwerte in absteigender Reihenfolge in die Liste der Argumente ein. Verwenden Sie hingegen *kleiner als*, dann arbeiten Sie die Grenzwerte in aufsteigender Reihenfolge ab. Achten Sie darauf, die Grenzwerte lückenlos anzugeben. Ein nicht berücksichtigter Wert führt zur Ausgabe des Fehlerwerts #NV.

In WENNS einen alternativen Sonst-Fall einrichten

Im weiter vorn gezeigten Beispiel zum Ermitteln des Provisionssatzes wurde Umsätzen unter dem kleinsten Grenzwert von 50.000 € kein Provisionssatz zugewiesen. Damit in solchen Fällen kein Fehlerwert angezeigt wird, definieren Sie am Ende der WENNS-Funktion einen alternativen Sonst-Fall. Damit erreichen Sie, dass ein Standardergebnis erscheint, wenn beim Abarbeiten der WENNS-Funktion keine der formulierten Bedingungen zutrifft. Im Fall der Provisionssätze wurde mit der Anweisung *WAHR;0* die Zahl Null als Standardwert zugeordnet.

Beispiel 2: Samstag, Sonntag oder Werktag mit WENNS

Im Einzelhandel, auf Online-Portalen oder in Freizeitparks gibt es im Verlauf einer Woche typische Schwankungen bei den Besucherzahlen. Daher soll im folgenden Beispiel eine Umsatzhochrechnung für Samstag, Sonntag sowie Werktage erfolgen.

- Aus den Datumsangaben in Spalte B (Abbildung 11.93) wird mit der Funktion WOCHENTAG eine Zahl von 1 bis 7 ermittelt, wobei 1 für Montag und 7 für Sonntag steht.
- Mit WENNS werden zwei konkrete Werte abgefragt, nämlich 6 für Samstag und 7 für Sonntag. Alle anderen Fälle – hier 1 bis 5 für Montag bis Freitag – werden durch das letzte Bedingungspaar in die Rubrik »Werktag« eingeordnet.
- Die vollständige Formel für die erste Zelle der Spalte *Tag* – hier D26 – lautet demzufolge: `=WENNS(WOCHENTAG(B26;2)=6;"Samstag";WOCHENTAG(B26;2)=7;"Sonntag";WAHR;"Werktag")`.

	B		C	D
25	Datum		Umsatz	Tag
26	Mi	01.06.2016	4.660 €	Werktag
27	Do	02.06.2016	7.450 €	Werktag
28	Fr	03.06.2016	10.650 €	Werktag
29	Sa	04.06.2016	9.880 €	Samstag
30	So	05.06.2016	6.480 €	Sonntag
31	Mo	06.06.2016	8.070 €	Werktag
32	Di	07.06.2016	5.080 €	Werktag

Abbildung 11.93: Die Datumsangaben aus Spalte B werden mittels WENNS den Rubriken Samstag, Sonntag und Werktag zugeordnet

Kurzes Fazit zum Einsatz von WENNS

WENNS können Sie als Alternative zu verschachtelten WENN-Formeln nutzen, wenn Sie sich das Zählen und Setzen der zahlreichen Klammern sparen wollen. WENNS ist auch dann nützlich, wenn Sie nur für einen Teil der Werte Prüfkriterien aufstellen wollen und für die verbleibenden Werte eine Standardantwort anzeigen lassen wollen.

Texte zeitsparend in einer Zelle zusammenfassen

Manchmal sollen Informationen aus mehreren Zellen in einer Zelle verbunden werden, beispielsweise Vor- und Nachname. Oder aber eine Artikelnummer soll – wie in Abbildung 11.94 gezeigt – aus mehreren Ziffernfolgen zusammengesetzt werden. Bisher konnten Sie das mit der Funktion VERKETTEN oder unter Verwendung des &-Zeichens erledigen. Mit den neuen Funktionen TEXTKETTE und TEXTVERKETTEN lösen Sie solche Aufgaben mit weniger Aufwand.

Online Die nachfolgend beschriebenen Beispiele finden Sie in der Mappe *Kap11_Neue_Funktionen.xlsx* im Blatt *TEXTKETTE und TEXTVERKETTEN*.

Eine Artikelnummer zusammensetzen mit TEXTKETTE

In dem in Abbildung 11.94 gezeigten Beispiel muss eine Artikelnummer aus den vier Teilinformationen für Warengruppe, Vertriebsweg, Produktnummer und Prüfsumme zusammengesetzt werden. Bisher hätten Sie das mit der folgenden Formel erledigt: `=VERKETTEN(B7;C7;D7;E7)`.

Mit der neuen Funktion TEXTKETTE müssen Sie nicht mehr jeden Bestandteil Schritt für Schritt als Argument eintragen, sondern Sie markieren einfach alle Zellen, aus denen Sie die Artikelnummer bilden wollen – hier B7 bis E7. Die Formel mit der neuen Funktion TEXTKETTE lautet demzufolge: `=TEXTKETTE(B7:E7)`.

	B	C	D	E	F	G	H
4					VERKETTEN		TEXTKETTE
5							
6	Warengruppe	Vertriebsweg	Produkt-Nr.	Prüfsumme	Artikel-Nr.		Artikel-Nr.
7	1	2	68	20	126820		126820
8	7	1	72	73	717273		717273
9	9	1	67	87	916787		916787
10	6	2	83	43	628343		628343
11	8	3	52	79	835279		835279
12	3	2	26	23	322623		322623
13	6	3	19	49	631949		631949
14	8	2	19	44	821944		821944
15	8	3	48	65	834865		834865
16	2	3	37	32	233732		233732

Abbildung 11.94: VERKETTEN liefert das gleiche Ergebnis, aber bei TEXTKETTE ist der Aufwand geringer

Sie sehen, dass die TEXTKETTE-Funktion die Informationen aus einem ganzen Zellbereich kombinieren kann. Allerdings ist es mit TEXTKETTE nicht möglich, Trennzeichen zu definieren oder festzulegen, wie Zellen ohne Inhalt zu behandeln sind. Dafür nutzen Sie dann die Funktion TEXTVERKETTEN.

Hinweis Die alte Funktion VERKETTEN erhält in Excel 2016 für Office 365 mit der Funktion TEXTKETTE einen Nachfolger. Aus Gründen der Abwärtskompatibilität ist die Funktion VERKETTEN jedoch weiterhin verfügbar. Interessant ist an dieser Stelle der Hinweis in der Excel-Hilfe, ab jetzt die Verwendung von TEXTKETTE in Betracht zu ziehen. Als Grund wird angegeben, dass die alte Funktion VERKETTEN möglicherweise in künftigen Excel-Versionen nicht mehr zur Verfügung steht.

Eine Reklamationsauswertung mit TEXTVERKETTEN

Abbildung 11.95 zeigt eine Liste von Artikeln, bei denen es Reklamationen gab. Momentan sind die Informationen noch auf mehrere Zellen in der Liste verteilt. In einer kurzen Übersicht sollen in den Zeilen 14 und 16 die betroffenen Artikel und die genannten Reklamationsgründe zu je einer Wortfolge, getrennt durch Komma und Leerzeichen, zusammengefasst werden.

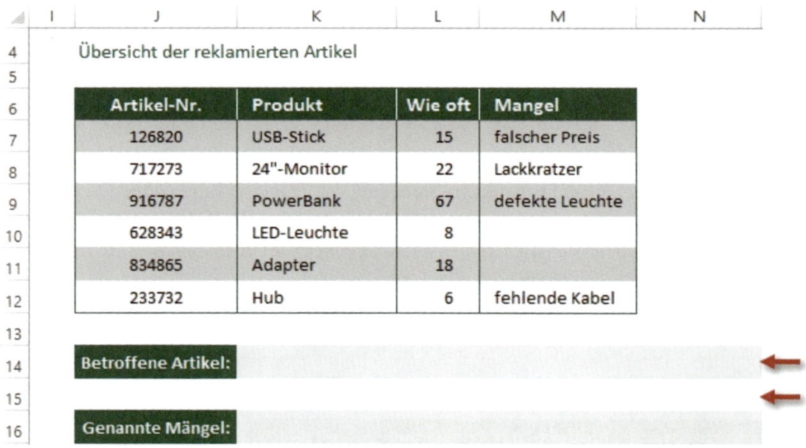

Übersicht der reklamierten Artikel

Artikel-Nr.	Produkt	Wie oft	Mangel
126820	USB-Stick	15	falscher Preis
717273	24"-Monitor	22	Lackkratzer
916787	PowerBank	67	defekte Leuchte
628343	LED-Leuchte	8	
834865	Adapter	18	
233732	Hub	6	fehlende Kabel

Betroffene Artikel:

Genannte Mängel:

Abbildung 11.95: In Zeile 14 und 16 die betroffenen Produkte und die genannten Mängel zusammenfassen

Mit der alten Funktion VERKETTEN käme jetzt eine Menge Tipparbeit auf Sie zu. Mit der neuen Funktion TEXTVERKETTEN hingegen erledigen Sie das mühelos:

- Mit ihr fügen Sie Trennzeichen wie Komma oder Leertaste oder kaufmännisches Und (&) zwischen den zu kombinierenden Informationen ein.
- Hinzu kommt, dass Sie mit dem zweiten Argument von TEXTVERKETTEN festlegen können, wie leere Zellen zu behandeln sind, beispielsweise dass sie ignoriert werden sollen.

Um alle reklamierten Artikel aus Spalte K in einer Wortfolge zusammenzufassen, wird zunächst – wie in Abbildung 11.96 zu sehen – die Zelle K14 markiert. Die Formel in dieser Zelle lautet dann: `=TEXTVERKETTEN(", ";WAHR;K7:K12)`.

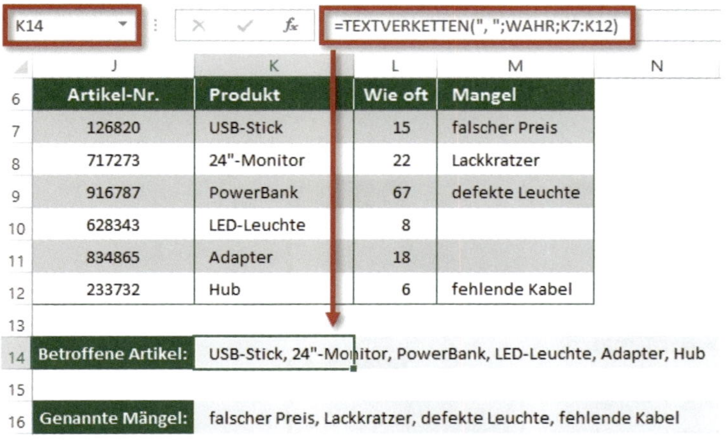

Abbildung 11.96: Mit der Funktion TEXTVERKETTEN alle Artikel in einer Wortfolge zusammenfassen

- Mit dem ersten Argument in TEXTVERKETTEN legen Sie das Trennzeichen fest. In dem Fall soll es ein Komma gefolgt von einer Leerstelle sein, also ", ".
- Beim zweiten Argument namens *Leer_ignorieren*, sorgen Sie mit der Eingabe von WAHR dafür, dass eventuell vorkommende leere Zellen ignoriert werden.
- Im dritten Argument schließlich bestimmen Sie den Bereich der Zellen, aus denen die Informationen zusammengefasst werden sollen, hier von K7 bis K12.

Damit anschließend in Zeile 16 alle Reklamationsgründe aus Spalte M in einer Wortfolge angezeigt werden, ist in Zelle K16 folgende Formel erforderlich:
`=TEXTVERKETTEN(", ";WAHR;M7:M12)`.

Größte und kleinste Werte ermitteln, aber mit Bedingungen: MAXWENNS und MINWENNS

Für statistische Auswertungen stellt Excel Funktionen wie etwa ZÄHLENWENNS, SUMMEWENNS oder MITTELWERTWENNS zur Verfügung (mehr dazu lesen Sie in Kapitel 10). Sie haben gemeinsam, dass Sie bei Berechnungen mehrere Kriterien in mehreren Bereichen abfragen können. In Excel 2016 für Office 365 legt Microsoft die beiden Funktionen MAXWENNS und MINWENNS nach.

Mit ihnen können Sie den größten beziehungsweise kleinsten Wert aus einem Bereich ermitteln, wenn eine oder mehrere Bedingungen erfüllt sind. Wo früher verschachtelte Matrixformeln eingegeben und mit Strg+⇧+↵ abgeschlossen werden mussten, verwenden Sie nun ganz einfach MAXWENNS und MINWENNS.

Statistik von Anfragen mit MAXWENNS und MINWENNS

In dem in Abbildung 11.97 gezeigten Beispiel wurden für vier Städte die Anfragen im 3. Quartal erfasst. Die Informationen in den Spalten B bis D befinden sich in einer »intelligenten« Tabelle, die den Namen *tbl_Quartal3* trägt. (Mehr zum Nutzen und zum Einsatz von »intelligenten« Tabellen lesen Sie in Kapitel 4 und 13.)

Nun soll in den Spalten G und H die jeweils höchste und geringste Anzahl von Anfragen pro Monat und pro Ort angezeigt werden.

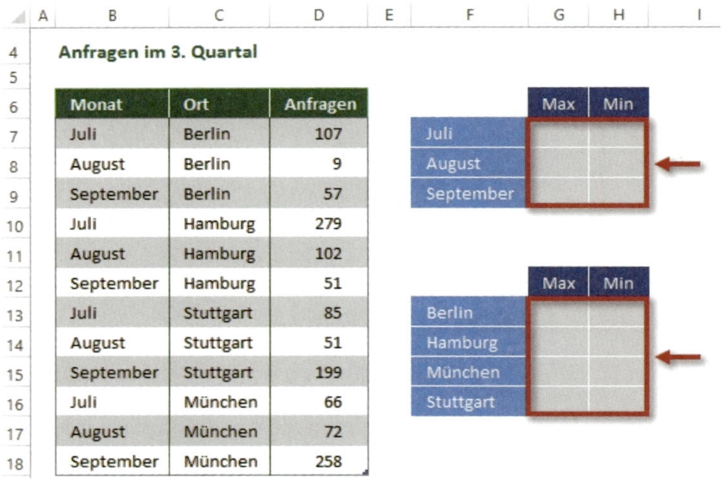

Monat	Ort	Anfragen
Juli	Berlin	107
August	Berlin	9
September	Berlin	57
Juli	Hamburg	279
August	Hamburg	102
September	Hamburg	51
Juli	Stuttgart	85
August	Stuttgart	51
September	Stuttgart	199
Juli	München	66
August	München	72
September	München	258

Abbildung 11.97: In Spalte G und H die höchste und geringste Anzahl von Anfragen pro Monat und Ort ermitteln

---

Online Die nachfolgend beschriebenen Beispiele finden Sie in der Mappe *Kap11_Neue_Funktionen.xlsx* im Blatt *MAXWENNS und MINWENNS*.

Um den höchsten Wert pro Monat zu ermitteln, wird zunächst Zelle G7 markiert. Wie in Abbildung 11.98 zu sehen ist, wird dann die folgende Formel aufgestellt: `=MAXWENNS(tbl_Quartal3[Anfragen];tbl_Quartal3[Monat];F7)`. Diese Formel wird dann durch Ziehen am Ausfüllkästchen von G7 nach unten bis G9 kopiert.

Zum Ermitteln des kleinsten Wertes pro Monat kommt in H7 folgende Formel zum Einsatz: `=MINWENNS(tbl_Quartal3[Anfragen];tbl_Quartal3[Monat];F7)`. Diese wird wieder nach unten kopiert bis Zelle H9.

Die höchste und geringste Anzahl der Anfragen pro Ort wird dann in G13 und H13 mit den folgenden Formeln ermittelt:
`=MAXWENNS(tbl_Quartal3[Anfragen];tbl_Quartal3[Ort];F13)` in G13 sowie
`=MINWENNS(tbl_Quartal3[Anfragen];tbl_Quartal3[Ort];F13)` in H13.

Beide Formeln werden noch nach unten bis Zeile 16 kopiert.

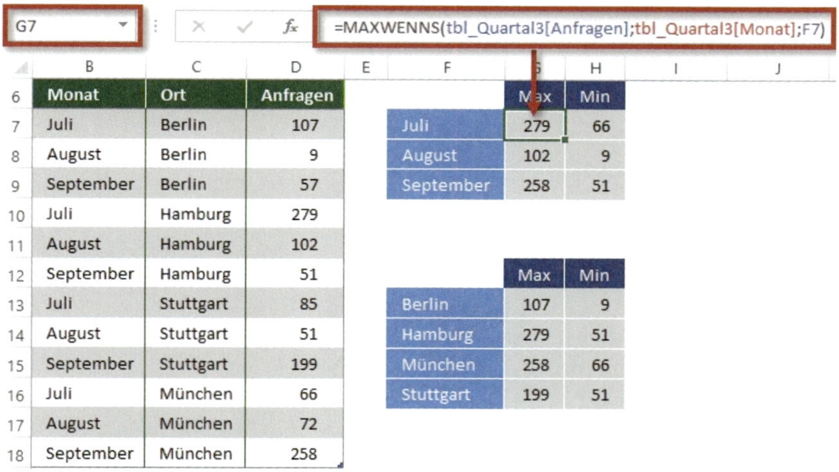
G7 =MAXWENNS(tbl_Quartal3[Anfragen];tbl_Quartal3[Monat];F7)

	Monat	Ort	Anfragen
7	Juli	Berlin	107
8	August	Berlin	9
9	September	Berlin	57
10	Juli	Hamburg	279
11	August	Hamburg	102
12	September	Hamburg	51
13	Juli	Stuttgart	85
14	August	Stuttgart	51
15	September	Stuttgart	199
16	Juli	München	66
17	August	München	72
18	September	München	258

	Max	Min
Juli	279	66
August	102	9
September	258	51

	Max	Min
Berlin	107	9
Hamburg	279	51
München	258	66
Stuttgart	199	51

Abbildung 11.98: Mit MAXWENNS den größten Wert für einen bestimmten Monat – hier Juli – berechnen

Fazit zur Funktionsweise von MAXWENNS und MINWENNS

Wenn Sie bereits mit der Funktion SUMMEWENNS gearbeitet haben, werden Sie konstatieren, dass die beiden neuen Funktionen MAXWENNS und MINWENNS nach dem gleichen Prinzip arbeiten:

- Im ersten Argument der Funktion wird der Bereich angegeben, in dem nach dem größten beziehungsweise kleinsten Wert gesucht werden soll.
- Als zweites Argument wird der Bereich markiert, in dem nach dem ersten Kriterium gesucht werden soll.
- Das dritte Argument gibt an, welches das erste Kriterium ist beziehungsweise in welcher Zelle es sich befindet.
- Anschließend können Sie in weiteren Argumentpaaren weitere Kriterienbereiche und Kriterien definieren.

Kapitel 12

Komplexe Aufgaben lösen mit Verweisfunktionen und Matrixformeln

In diesem Kapitel:

Zum Firmenalltag gehört es, Daten zu sammeln, sie in Dateien zu organisieren und für die verschiedensten Geschäftsabläufe auszuwerten. So gibt es fast überall eine Kundendatei. In ihr erhält jeder Kunde eine eindeutige Kundennummer. Bei einer Bestellung reicht die Angabe der Kundennummer, um alle wichtigen Informationen zu dem Kunden abzurufen, in die Auftrags- und Lieferabwicklung sowie in ein Rechnungsformular zu übernehmen. Neben der Kundendatei existieren meist weitere Dateien: zu angebotenen Produkten, zum aktuellen Lagerbestand, zu Rabatt- oder Provisionsmargen und so weiter. Um die Informationen aus den verschiedenen Quellen verknüpfen zu können, verwenden Sie in Excel die Verweisfunktionen.

Lernen Sie zu Beginn dieses Kapitels die wichtigsten Verweisfunktionen anhand eines Beispiels kennen. Der zweite Teil behandelt eine besondere Art von Formeln, die Matrixformeln. Mit ihnen gewinnen Sie Informationen aus Datenbeständen, die mit »Standardformeln« nicht möglich erscheinen. Matrixformeln sind gerade im Controlling beim Erstellen von Key-Performance-Indikatoren (KPI) sehr hilfreich.

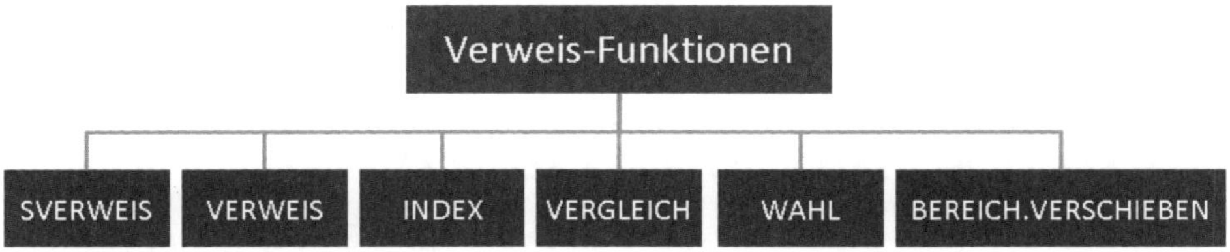

Abbildung 12.1: Übersicht über wichtige Verweisfunktionen

Daten mit SVERWEIS und VERWEIS auslesen

Excel stellt zahlreiche Verweisfunktionen zur Verfügung. Welche Sie nutzen, hängt vom Aufbau des Datenbereichs ab, aber auch von Ihrer Vorliebe für die eine oder andere Funktion. Oft gibt es zum Lösen einer Aufgabe nicht nur eine bestimmte Verweisfunktion, sondern es stehen weitere als »intelligente Alternative« zur Verfügung. Insofern lohnt es sich, die einzelnen Funktionen anhand eines Beispiels unter die Lupe zu nehmen.

Tipp Weitere Informationen zu den Verweisfunktionen finden Sie in dem Buch:

Microsoft Excel: Formeln & Funktionen – Das Maxibuch

Einführung in die Nutzung von Formeln und Funktionen

3., aktualisierte und erweiterte Auflage für Excel 2007 bis 2013

Microsoft Press

ISBN-13: 978-3-86645-235-0

Den Rabattsatz zu einer Bestellmenge ermitteln

Kunden erhalten bei bestimmten Bestellmengen Rabatte. Die Mengenstaffelung und die dazugehörigen Rabattsätze sind wie folgt festgelegt:

- 1 Stück: kein Rabatt
- von 2 bis 5 Stück: 3 % Rabatt
- von 6 bis 10 Stück: 5 % Rabatt
- von 11 bis 15 Stück: 8 % Rabatt
- von 16 bis 20 Stück: 15 % Rabatt
- ab 21 Stück: 20 % Rabatt

Diese Rabattstaffel wird als Tabelle in ein Arbeitsblatt eingetragen (siehe Abbildung 12.2). Die Zellen B6:B11 enthalten nur die Untergrenze der oben genannten Mengenstaffelung, die Zellen C6:C11 den dazugehörigen Rabattsatz.

Online Das Beispiel aus Abbildung 12.2 können Sie auf dem Arbeitsblatt *Übung* der Arbeitsmappe *Kap12_RabattsatzErmitteln.xlsx* nachvollziehen.

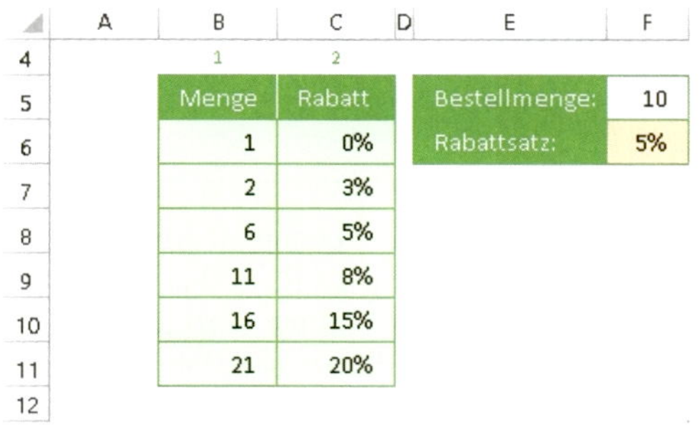

Abbildung 12.2: Aus der Tabelle mit der Mengenstaffelung und den dazugehörigen Rabattsätzen lässt sich leicht der Mengenrabatt mit der Funktion SVERWEIS herauslesen

Obwohl in der ersten Spalte jeweils nur die Untergrenze der Bestellmenge angegeben wurde, ist die Funktion SVERWEIS trotzdem in der Lage, den richtigen Rabattsatz zu ermitteln. Dazu müssen der Funktion nur die richtigen Informationen mitgegeben werden. Die allgemeine Syntax der Funktion lautet:

SVERWEIS (Suchkriterium;Matrix;Spaltenindex;Bereich_Verweis)

Im Einzelnen bedeuten die vier Argumente in der SVERWEIS-Funktion:

- *Suchkriterium:* Wonach soll gesucht werden?

  Für das obige Beispiel ist es die Bestellmenge in der Zelle F5.

- *Matrix:* In welchem Bereich soll nach diesem Suchkriterium gesucht werden?

  Dies wäre zunächst nur der Bereich B6:B11, aber die Funktion SVERWEIS soll auch den dazugehörigen Rabattsatz ausgeben, deshalb muss der ganze hellgrün markierte Bereich von B6:C11 als Matrix angegeben werden.

Wichtig Bei Angabe der Matrix ist zu bedenken, dass SVERWEIS *immer* nur in der *ersten* Spalte der Matrix nach dem Suchkriterium sucht, das heißt, der Aufbau Ihrer Daten muss genau dieser Anforderung der Funktion entsprechen. Ist dies nicht der Fall, benutzen Sie eine der Alternativen zur Funktion SVERWEIS, die weiter hinten in diesem Kapitel beschrieben sind.

- *Spaltenindex:* Aus welcher Spalte soll die Funktion den Wert zurückgeben?

  Die obige Matrix enthält in der zweiten Spalte den Rabattsatz. Deshalb geben Sie als Spaltenindex die Zahl 2 an.

- *Bereich_Verweis:* Wie soll die Funktion SVERWEIS arbeiten, mit ungefährer oder mit genauer Übereinstimmung?

  Die Angabe des vierten Arguments entscheidet sich anhand der vorliegenden Daten in der ersten Spalte, dem Suchbereich. Für das Beispiel befinden sich im Suchbereich Zahl*räume*; nicht jede mögliche Bestellmenge ist als Zahl im Suchbereich eingetragen. Deshalb arbeitet hier die Funktion mit der *ungefähren Übereinstimmung*. Das heißt, wird die gesuchte Zahl der Bestellmenge nicht im Suchbereich gefunden, wird die nächstkleinere Zahl aus dem Suchbereich genommen und von dort der Rabattsatz herausgelesen.

Wichtig Damit die nächstkleinere Zahl gefunden werden kann, muss die erste Spalte, der Suchbereich, aufsteigend sortiert vorliegen.

In Zelle F5 steht als Bestellmenge *10*. Die Zahl *10* ist aber in der ersten Spalte nicht enthalten. Es findet sich dort die Zahl *11*. Die ist aber schon zu groß, deshalb wird die nächstkleinere Zahl im Suchbereich genommen: die Zahl *6*. Von ihr wird der Rabattsatz *5 %* herausgelesen. Dies entspricht der Festlegung der Mengenstaffelung »von 6 bis 10 Stück: 5 % Rabatt«.

Für die Arbeitsweise in der *ungefähren Übereinstimmung* muss als Information der Wahrheitswert WAHR oder die Zahl 1 im vierten Argument der Funktion eingetragen werden.

Jetzt sind alle Informationen für die Funktion komplett. Die Formel in Zelle F6 lautet damit: `=SVERWEIS(F5;B6:C11;2;WAHR)`.

Kundendaten mit SVERWEIS ermitteln

Eine gut geführte Kundendatei macht es möglich, alle Informationen zu einem Kunden anhand der eindeutigen Kundennummer herauszulesen. So lassen sich über die Kundennummer die Adressdaten für Werbekampagnen, Rechnungsstellung oder Auftragsabwicklung aus der Kundendatei ermitteln und nutzen.

In Abbildung 12.3 sehen Sie den Ausschnitt einer fiktiven Kundendatei. In der ersten Spalte befindet sich die Kundennummer als Schlüsselfeld. In ihr darf es jede Kundennummer nur einmal geben. Diese Spalte muss daher nicht sortiert vorliegen.

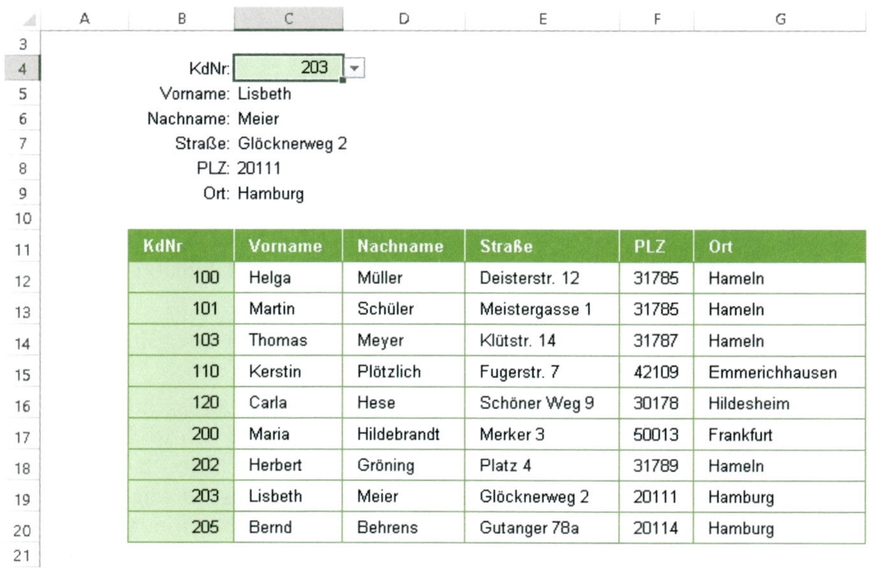

KdNr:	203
Vorname:	Lisbeth
Nachname:	Meier
Straße:	Glöcknerweg 2
PLZ:	20111
Ort:	Hamburg

KdNr	Vorname	Nachname	Straße	PLZ	Ort
100	Helga	Müller	Deisterstr. 12	31785	Hameln
101	Martin	Schüler	Meistergasse 1	31785	Hameln
103	Thomas	Meyer	Klütstr. 14	31787	Hameln
110	Kerstin	Plötzlich	Fugerstr. 7	42109	Emmerichhausen
120	Carla	Hese	Schöner Weg 9	30178	Hildesheim
200	Maria	Hildebrandt	Merker 3	50013	Frankfurt
202	Herbert	Gröning	Platz 4	31789	Hameln
203	Lisbeth	Meier	Glöcknerweg 2	20111	Hamburg
205	Bernd	Behrens	Gutanger 78a	20114	Hamburg

Abbildung 12.3: Anhand der Kundennummer findet die Funktion SVERWEIS die dazugehörigen Kundendaten

Jede Zeile unterhalb der Spaltenüberschriften bildet einen Kundendatensatz, der sechs Datenfelder enthält: *KdNr*, *Vorname*, *Nachname*, *Straße*, *PLZ* und *Ort*.

Anhand der Kundennummer in Zelle C4 sollen die zu dieser Kundennummer gehörenden Kundendaten mit SVERWEIS aus dem Bereich B12:G20 ermittelt und in den entsprechenden Zellen C5:C9 ausgegeben werden.

Online Das Beispiel aus Abbildung 12.3 können Sie auf dem Arbeitsblatt *SVERWEIS() Übung* der Arbeitsmappe *Kap12_KundendatenHerauslesen.xlsx* nachvollziehen.

Die Syntax der Funktion SVERWEIS lautet:

SVERWEIS(Suchkriterium;Matrix;Spaltenindex;Bereich_Verweis)

Im Einzelnen bedeuten die vier Argumente:

- *Suchkriterium:* Wonach soll gesucht werden?

  Für das obige Beispiel ist es die Kundennummer in der Zelle C4.

- *Matrix:* In welchem Bereich soll nach diesem Suchkriterium gesucht werden?

  Dies wäre zunächst nur der Bereich B12:B20, die Kundennummern. Da aber alle Informationen zu der Kundennummer herausgesucht werden sollen und die Formel der Zelle C5 nach unten kopierbar sein soll, geben Sie als Matrix gleich den gesamten Datenbereich B12:G20 an.

- *Spaltenindex:* In der Zelle C5 soll der Vorname des Kunden eingetragen werden. Der Vorname steht in der zweiten Spalte der Matrix. In der Zelle C6 soll der Nachname des Kunden eingetragen werden. Der Nachname steht in der dritten Spalte der Matrix und so weiter.

  Also geben Sie als Argument für den Spaltenindex die jeweilige Spaltenzahl an. Für den Vornamen (Zelle C5): `2`, den Nachnamen (Zelle C6): `3`, die Straße (Zelle C7): `4`, die PLZ (Zelle C8): `5` und den Ort (Zelle C9): `6`.

- *Bereich_Verweis:* Wie soll die Funktion SVERWEIS arbeiten, mit ungefährer oder mit genauer Übereinstimmung?

  Die in Zelle C4 eingetragene Kundennummer muss eindeutig im Bereich der Kundennummern gefunden werden. Ist sie dort nicht vorhanden, wird die Fehlermeldung *#NV* ausgegeben.

  Für diese Anforderungen muss im vierten Argument die Arbeitsweise der Funktion mit der *genauen Übereinstimmung* angegeben werden. Tragen Sie entweder den Wahrheitswert `FALSCH` oder eine Null ein.

Jetzt sind alle Informationen für die Funktion komplett. Die Formel lautet in Zelle

- C5: `=SVERWEIS($C$4;$B$12:$G$20;`**`2`**`;FALSCH)`
- C6: `=SVERWEIS($C$4;$B$12:$G$20;`**`3`**`;FALSCH)`
- C7: `=SVERWEIS($C$4;$B$12:$G$20;`**`4`**`;FALSCH)`
- C8: `=SVERWEIS($C$4;$B$12:$G$20;`**`5`**`;FALSCH)`
- C9: `=SVERWEIS($C$4;$B$12:$G$20;`**`6`**`;FALSCH)`

Diese fünf Formeln unterscheiden sich nur im Spaltenindex, also in der Angabe, aus welcher Spalte der Matrix der gewünschte Wert zurückgegeben werden soll.

Hinweis

Geben Sie in Zelle C4 eine ungültige Kundennummer an, wird in den Formelzellen der Fehlerwert *#NV* angezeigt.

Damit eine falsche Eintragung einer Kundennummer gar nicht erst möglich ist, erstellen Sie in der Zelle C4 über die Registerkarte *Daten* in der Gruppe *Datentools* mit einem Klick auf die Schaltfläche *Datenüberprüfung* eine Gültigkeitsliste, in der als Quelle nur die vorhandenen Kundennummern als Liste hinterlegt sind.

Sortieren Sie anschließend die Datensätze nach den Kundennummern aufsteigend. So finden Sie die gesuchte Kundennummer im Listenfeld der Datenüberprüfung leichter wieder (siehe Abbildung 12.3).

Die Funktion VERWEIS als Alternative zu SVERWEIS

Nicht immer liegen die Daten so vor, wie sie von der Funktion SVERWEIS benötigt werden. In Abbildung 12.4 befindet sich die Kundennummer nicht in der ersten Spalte des Datenbereichs. Daher kann die Funktion SVERWEIS nicht für alle Datenfelder genutzt werden.

Entweder gestalten Sie den Datenbereich um, sodass die Spalte *KdNr* als Suchbereich an erster Stelle steht, oder Sie benutzen als Alternative zur Funktion SVERWEIS die Funktion VERWEIS.

	A	B	C	D	E	F	G
3							
4		KdNr:	203				
5		Vorname:					
6		Nachname:					
7		Straße:					
8		PLZ:					
9		Ort:					
10							
11		Vorname	Nachname	KdNr	Straße	PLZ	Ort
12		Helga	Müller	100	Deisterstr. 12	31785	Hameln
13		Martin	Schüler	101	Meistergasse 1	31785	Hameln
14		Thomas	Meyer	103	Klütstr. 14	31787	Hameln
15		Kerstin	Plötzlich	110	Fugerstr. 7	42109	Emmerichhausen
16		Carla	Hese	120	Schöner Weg 9	30178	Hildesheim
17		Maria	Hildebrandt	200	Merker 3	50013	Frankfurt
18		Herbert	Gröning	202	Platz 4	31789	Hameln
19		Lisbeth	Meier	203	Glöcknerweg 2	20111	Hamburg
20		Bernd	Behrens	205	Gutanger 78a	20114	Hamburg
21							

Abbildung 12.4: Die Funktion VERWEIS findet die Kundendaten auch, wenn sich der Suchbereich mitten im Datenbereich befindet

Anhand der Kundennummer in Zelle C4 sollen die zu dieser Kundennummer gehörenden Kundendaten mit der Funktion VERWEIS aus dem Bereich B12:G20 ermittelt und in die entsprechenden Zellen C5:C9 ausgegeben werden.

Online Das Beispiel aus Abbildung 12.4 können Sie auf dem Arbeitsblatt *VERWEIS() Übung* der Arbeitsmappe *Kap12_KundendatenHerauslesen.xlsx* nachvollziehen.

Für die Lösung der gestellten Aufgabe benutzen Sie die Funktion VERWEIS mit der Syntax: *VERWEIS(Suchkriterium;Suchvektor;Ergebnisvektor)*.

Im Einzelnen bedeuten die drei Argumente:

- *Suchkriterium:* Wonach soll gesucht werden?

  Das Suchkriterium kann eine Zahl oder ein Text sein. Für das obige Beispiel ist es die Kundennummer in der Zelle C4.
- *Suchvektor:* In welchem Bereich soll nach diesem Suchkriterium gesucht werden?

  Das ist hier der Spaltenbereich D12:D20 mit den Kundennummern. Der Suchvektor (Suchbereich) muss aufsteigend sortiert vorliegen.
- *Ergebnisvektor:* Aus welchem Bereich soll das Ergebnis zurückgegeben werden?

  Dies ist ein einfacher Zeilen- oder Spaltenbereich. In dem obigen Beispiel ist es für die Formelzelle C5 der Spaltenbereich B12:B20 mit den Vornamen.

Wichtig Der Zeilen- oder Spaltenbereich des Suchvektors und des jeweiligen Ergebnisvektors muss die gleiche Anzahl Zellen aufweisen.

Die Formel lautet in Zelle

- C5: `=VERWEIS($C$4;$D$12:$D$20;`**`$B$12:$B$20`**`)`
- C6: `=VERWEIS($C$4;$D$12:$D$20;`**`$C$12:$C$20`**`)`
- C7: `=VERWEIS($C$4;$D$12:$D$20;`**`$E$12:$E$20`**`)`
- C8: `=VERWEIS($C$4;$D$12:$D$20;`**`$F$12:$F$20`**`)`
- C9: `=VERWEIS($C$4;$D$12:$D$20;`**`$G$12:$G$20`**`)`

Die Formeln unterscheiden sich nur im Ergebnisvektor, also in der Angabe, aus welchem Bereich der gewünschte Wert zurückgegeben werden soll.

Tipp Geben Sie in der Zelle C4 eine ungültige Kundennummer ein, gibt die Funktion VERWEIS keinen Fehlerwert, sondern die Daten zur nächstkleineren Kundennummer aus.

Damit die Kundennummer gar nicht erst falsch eingegeben werden kann, erstellen Sie in Zelle C4 über die Registerkarte *Daten* in der Gruppe *Datentools* mit einem Klick auf die Schaltfläche *Datenüberprüfung* eine Gültigkeitsliste, in der als Quelle nur die vorhandenen Kundennummern als Liste hinterlegt sind.

Besonders flexibel: Die Funktionen INDEX und VERGLEICH kombinieren

Die Funktion SVERWEIS wird zwar gern und häufig benutzt, doch sie hat einen Nachteil: Die Suche funktioniert nur nach rechts ausgehend von der Spalte mit dem Suchkriterium. Ergebnisse, die links von dieser Spalte liegen, können nicht ermittelt werden. Ein weiterer Nachteil von SVERWEIS ist: Die Formel ist nicht dynamisch, da der Spaltenindex als feste Zahl eingegeben wird. Kommt in der Matrix eine neue Spalte hinzu, führt das zu falschen Ergebnissen. Eine Einschränkung beim Einsatz der Funktionen SVERWEIS und VERWEIS besteht dann, wenn der Suchbereich sortiert vorliegen muss. Deutlich flexibler ist in vielen Fällen dann das Auslesen der Daten durch eine Kombination der Funktionen INDEX und VERGLEICH.

Mit VERGLEICH die Position eines Wertes finden

Für die Auswertung eines Datenbereichs benötigen Sie oft die Information, in welcher Zeile oder Spalte ein gesuchter Wert steht. Die Funktion VERGLEICH gibt Ihnen diese Information für die weitere Auswertung an die Hand (siehe Abbildung 12.5).

Die Funktion VERGLEICH hat folgende Syntax:

=VERGLEICH (Suchkriterium;Suchmatrix;Vergleichstyp)

Die einzelnen Argumente bedeuten:

- *Suchkriterium:* Wonach soll gesucht werden?

  Das Suchkriterium kann eine Zahl oder ein Text sein.
- *Suchmatrix:* In welchem Bereich soll gesucht werden?

  Der Bereich, in dem das Suchkriterium gesucht werden soll, die Suchmatrix, muss ein einfacher Zeilen- oder Spaltenbereich sein. Innerhalb der Suchmatrix ist jeder Wert einmal vorhanden. Ist ein Wert mehrfach enthalten, wird nur die Position des ersten gesuchten Wertes zurückgegeben.
- *Vergleichstyp:* Welcher Wert soll beim Vergleich zurückgegeben werden?

  Tragen Sie in diesem Argument
  - `-1` ein, wird die Position des kleinsten Wertes zurückgegeben, der größer oder gleich dem Suchkriterium ist; die Suchmatrix muss dann *absteigend* sortiert sein. Die Groß- und Kleinschreibung wird dabei nicht beachtet.
  - `0` ein, wird die Position zurückgegeben, die genau dem Suchkriterium entspricht; wird das Suchkriterium nicht gefunden, liefert die Funktion den Fehlerwert *#NV*; Groß- und Kleinschreibung wird dabei nicht beachtet.
  - `1` ein, wird die Position des größten Wertes zurückgegeben, der kleiner oder gleich dem Suchkriterium ist; die Suchmatrix muss dann *aufsteigend* sortiert sein; Groß- und Kleinschreibung wird dabei nicht beachtet.

Online Das Beispiel aus Abbildung 12.5 können Sie auf dem Arbeitsblatt *Übung* der Arbeitsmappe *Kap12_PositionEinesWertes.xlsx* nachvollziehen.

	A	B	C	D	E	F	G	H	I	J	K
2		Die Funktion VERGLEICH()									
3										gesucht wird:	
4			Jan	Feb	Mrz	Apr	Mai	Jun		Mrz	3. Position
5		Berlin									
6		Bremen									
7		Hamburg									
8		Hessen									
9		Niedersachsen									
10		Sachsen									
11		Sachsen-Anhalt									
12		Thüringen									
13		gesucht wird:									
14		Niedersachsen	5. Position								
15											

Abbildung 12.5: Die Funktion VERGLEICH findet die Position eines Wertes innerhalb einer Zeile oder Spalte

Für das obige Beispiel lautet die Formel bei dem Vergleich mit *genauer Übereinstimmung*

- in Zelle C14 `=VERGLEICH(B14;B5:B12;0)`und
- in Zelle K4 `=VERGLEICH(J4;C4:H4;0)`.

Zelle C14 und Zelle K4 erhalten das Zahlenformat `0". Position"`.

Hinweis Lesen Sie weiter hinten in diesem Kapitel im Abschnitt »Mit dem »Dreamteam« INDEX und VERGLEICH auf Datensuche«, wie Sie die Funktion VERGLEICH für die Suche nach Werten in einem Datenbereich mit der Funktion INDEX geschickt kombinieren.

Eine Umsatzzahl aus einem Datenbereich mit INDEX herauslesen

Im Controlling einer Firma werden die Umsatzzahlen der verschiedenen Produkte übersichtlich in einem Datenbereich zusammengefasst und dargestellt (siehe Abbildung 12.6).

	A	B	C	D	E	F	G	H	I	J	K	L
3												
4		Umsatzzahlen 1. Halbjahr 2013										
5		0	1	2	3	4	5	6				
6	0	2013	Jan	Feb	Mrz	Apr	Mai	Jun		Wert:	527	=INDEX(C7:H14;6;5)
7	1	Produkt1	26	11	582	837	498	670				
8	2	Produkt2	238	825	188	311	743	123				
9	3	Produkt3	308	211	727	652	180	969				
10	4	Produkt4	783	281	326	846	331	612				
11	5	Produkt5	32	941	132	991	518	168				
12	6	Produkt6	391	954	379	327	527	705				
13	7	Produkt7	892	671	899	978	41	178				
14	8	Produkt8	742	771	141	474	898	601				
15												

Abbildung 12.6: Die Funktion INDEX hilft Ihnen bei der Datensuche im Datenbereich

Online Das Beispiel aus Abbildung 12.6 können Sie auf dem Arbeitsblatt *Übung* der Arbeitsmappe *Kap12_UmsatzzahlErmitteln.xlsx* nachvollziehen.

Die Umsatzzahl für das *Produkt6* aus dem Monat *Mai* liegt im Schnittpunkt der Zeile 6 und der Spalte 5 des Datenbereichs. In diesem Schnittpunkt befindet sich die gesuchte Umsatzzahl 527.

Die Funktion INDEX arbeitet ganz analog zur vorangegangenen Überlegung. Die allgemeine Syntax lautet: *INDEX(Matrix;Zeile;Spalte)*.

Im Einzelnen bedeuten die drei Argumente:

- *Matrix:* Aus welchem Bereich soll der Wert genommen werden?
  Hier geben Sie den Datenbereich C7:H14 an.
- *Zeile:* In welcher Zeile der angegebenen Matrix steht der gesuchte Wert?
  Der gesuchte Wert steht in Zeile 6.
- *Spalte:* In welcher Spalte der angegebenen Matrix steht der gesuchte Wert?
  Der gesuchte Wert steht in Spalte 5.

Damit lautet die Formel in Zelle K6: `=INDEX(C7:H14;6;5)`.

Mit dem »Dreamteam« INDEX und VERGLEICH auf Datensuche

Die Funktion INDEX benötigt die Angabe, aus welcher Zeile und Spalte des Datenbereichs ein Wert herausgelesen werden soll. Genau diese Angabe kann die Funktion VERGLEICH liefern. Damit ergänzen sich die beiden Funktionen perfekt, wie in den folgenden drei Beispielen zu sehen ist.

Beispiel 1: Mit INDEX eine Umsatzzahl auslesen

Für das Beispiel aus Abbildung 12.6 wurde die Zeilen- und Spaltennummer manuell ermittelt und in der Funktion INDEX als zweites und drittes Argument angegeben: `=INDEX(C7:H14;`**`6;5`**`)`. Die Formel lässt sich wesentlich verbessern. Und so geht es:

Online Das Beispiel aus Abbildung 12.7 können Sie auf dem Arbeitsblatt *Übung (2)* der Arbeitsmappe *Kap12_UmsatzzahlErmitteln.xlsx* nachvollziehen.

Vorbereitungen

1. Erstellen Sie in Zelle J6 über die Registerkarte *Daten*, Gruppe *Datentools* mit einem Klick auf die Schaltfläche *Datenüberprüfung* eine Gültigkeitsliste für die Produktnamen.
2. Wählen Sie im Dialogfeld *Datenüberprüfung* auf der Registerkarte *Einstellungen* im Dropdown-Listenfeld *Zulassen* die Option *Liste* aus.
3. Geben Sie als Quelle den Bereich `B7:B14` an.
4. Gehen Sie entsprechend für die Zelle J7 bei der Erstellung einer Gültigkeitsliste für die Monatsnamen vor.

Umsatzzahlen 1. Halbjahr 2013

	0	1	2	3	4	5	6
0	2013	Jan	Feb	Mrz	Apr	Mai	Jun
1	Produkt1	26	11	582	837	498	670
2	Produkt2	238	825	188	311	743	123
3	Produkt3	308	211	727	652	180	969
4	Produkt4	783	281	326	846	331	612
5	Produkt5	32	941	132	**991**	518	168
6	Produkt6	391	954	379	327	527	705
7	Produkt7	892	671	899	978	41	178
8	Produkt8	742	771	141	474	898	601

J	K
Produkt5	**991**
Apr	

Abbildung 12.7: Mit der Kombination INDEX, VERGLEICH und den Gültigkeitslisten ermitteln Sie sehr flexibel den gesuchten Umsatz

Formeleingabe in Zelle K6

Zur Erinnerung: Die allgemeine Syntax der Funktion INDEX lautet: *=INDEX(Matrix; Zeile;Spalte)*

Für die einzelnen Argumente geben Sie an:

- *Matrix:* Der Bereich C7:H14, aus dem die Umsatzzahl gesucht wird.
- *Zeile:* Mit der Funktion VERGLEICH wird der ausgewählte Produktname aus der Zelle J6 im Bereich B7:B14 gesucht und seine Position als Zeilennummer zurückgegeben. Dieser Formelteil lautet: `VERGLEICH(J6;B7:B14;0)`.
- *Spalte:* Mit der Funktion VERGLEICH wird der ausgewählte Monatsname aus der Zelle J7 im Bereich C6:H6 gesucht und seine Position als Spaltennummer zurückgegeben. Dieser Formelteil lautet: `VERGLEICH(J7;C6:H6;0)`.

Wichtig Der Produktname und der Monatsname sollten eindeutig sein. Bei mehreren gleichen Werten gibt die Funktion VERGLEICH nur die Position des *ersten* gefundenen Wertes zurück.

Die komplette Formel lautet dann:

```
=INDEX(C7:H14;VERGLEICH(J6;B7:B14;0);VERGLEICH(J7;C6:H6;0))
```

Mit dieser Formel kann der gesuchte Umsatz umgangssprachlich über die Gültigkeitslisten ausgewählt und dynamisch ermittelt werden, ohne die Formel neu anpassen zu müssen.

Beispiel 2: Das Bundesland mit der größten Kennzahl ermitteln

In dem folgenden Beispiel soll das Bundesland, das den größten Wert eines Monats aufweist, mit seinem Namen angezeigt werden (siehe Abbildung 12.8).

Online Das Beispiel aus Abbildung 12.8 können Sie auf dem Arbeitsblatt *Übung* der Arbeitsmappe *Kap12_GroessterWert.xlsx* nachvollziehen.

Kennzahlen der Bundesländer

2013	Berlin	Bremen	Hessen	Thüringen	Hamburg	Sachsen	größter Wert in
Jan	774	788	206	215	984	660	Hamburg
Feb	517	55	30	223	766	128	Hamburg
Mrz	125	236	206	465	186	577	Sachsen
Apr	188	941	352	542	569	337	Bremen
Mai	847	682	135	297	896	273	Hamburg
Jun	252	985	509	155	766	380	Bremen

Abbildung 12.8: Mit der Kombination aus den Funktionen INDEX, VERGLEICH und MAX ermitteln Sie das Bundesland, in dem der größte Monatswert enthalten ist

Für die Lösung dieser Aufgabe benötigen Sie die Funktion MAX, um den größten Wert eines Monats zu ermitteln, die Funktion VERGLEICH, um die Position des größten Wertes eines Monats zu bestimmen, und die Funktion INDEX, um sich den Namen des jeweiligen Bundeslandes aus den Spaltenüberschriften herauslesen zu lassen. Und so gehen Sie dabei vor:

1. Markieren Sie den Bereich I7:I12.
2. Tragen Sie den Formelteil `=INDEX(` in der Bearbeitungsleiste ein.
3. Markieren Sie die Spaltenüberschriften im Bereich C6:H6 und drücken Sie die Taste [F4] ein Mal. Damit ändert sich die Adressierung in die absolute Adresse `$C$6:$H$6`. Dies ist für alle Formelzellen die Matrix, aus der der Name des Bundeslandes mit dem größten Monatswert genommen wird:
   `=INDEX($C$6:$H$6`
4. Geben Sie ein Semikolon gefolgt vom Funktionsnamen VERGLEICH und einer geöffneten runden Klammer ein:
   `=INDEX($C$6:$H$6;VERGLEICH(`
5. Aus Sicht der aktiven Zelle I7 ermittelt der Formelteil `MAX(C7:H7)` den größten Wert im Januar. Diese Zahl ist das Suchkriterium für die Funktion VERGLEICH:
   `=INDEX($C$6:$H$6;VERGLEICH(MAX(C7:H7)`
6. Geben Sie ein Semikolon ein und markieren Sie anschließend den Bereich C7:H7 als Suchmatrix für die Funktion VERGLEICH. In ihr wird die Position des größten Monatswerts ermittelt.
   `=INDEX($C$6:$H$6;VERGLEICH(MAX(C7:H7);C7:H7`
7. Geben Sie ein Semikolon gefolgt von der Zahl `0` (Null) ein. Die Null legt den Vergleichstyp in der Funktion VERGLEICH mit *genauer Übereinstimmung* fest:
   `=INDEX($C$6:$H$6;VERGLEICH(MAX(C7:H7);C7:H7;0`
8. Tragen Sie zwei schließende runde Klammern ein und beenden Sie die Formeleingabe mit der Tastenkombination [Strg]+[↵]. Die Formel wird in alle vorher markierten Zellen übernommen:
   `=INDEX($C$6:$H$6;VERGLEICH(MAX(C7:H7);C7:H7;0))`

Beispiel 3: Den Mittelwert aus den letzten vier Zahlen eines Spaltenbereichs ermitteln

Eine Firma bekommt viertelstündlich aktuelle Entwicklungszahlen übermittelt. Eine der wichtigen Kennzahlen wird in einem Spaltenbereich fortlaufend nach unten eingetragen.

Mit einer Formel soll der Mittelwert immer nur aus den letzten vier Zahlen des Spaltenbereichs B5:B15 gebildet werden (siehe Abbildung 12.9).

	A	B	C	D	E	F
3						
4		Wert		Mittelwert:	230,25	
5	1	245				
6	2	227				
7	3	227				
8	4	219				
9	5	218				
10	6	250				
11	7	234				
12	8					
13	9					
14	10					

Abbildung 12.9: Die Aufgabenstellung für die dynamische Mittelwertberechnung der letzten vier Zahlen

---

Online Das Beispiel aus Abbildung 12.9 können Sie auf dem Arbeitsblatt *Übung* der Arbeitsmappe *Kap12_DynamischeMittelwertberechnung.xlsx* nachvollziehen.

Die Gesamtlösung der Aufgabe zerfällt in folgende Teilschritte:

- die Position der Zelle ermitteln, die den *letzten* Wert in dem Spaltenbereich B5:B15 enthält,
- die Position der viertletzten Zelle berechnen,
- aus dem Bereich, den diese beiden Zellen aufspannen, den Mittelwert bilden.

Die Gesamtformel setzt sich den folgenden Teilformeln zusammen:

1. Mit der Funktion VERGLEICH wird als Trick für das Suchkriterium eine Zahl eingetragen, die so groß ist, dass sie im Spaltenbereich B5:B15 nicht vorkommt (zum Beispiel `9,99E+100`). Zusätzlich ist als Vergleichstyp die Zahl `1` eingetragen. Dies bedeutet, dass die nächstkleinere Zahl zurückgeliefert wird, falls das Suchkriterium, die sehr große Zahl, nicht vorhanden ist. Als Resultat wird die Position der letzten Zahl in dem angegebenen Spaltenbereich zurückgegeben.

   Für diesen speziellen Fall braucht der Spaltenbereich auch nicht sortiert vorzuliegen, was normalerweise bei dem Vergleichstyp `1` eine Voraussetzung wäre.

   In der Kombination mit der Funktion INDEX ergibt sich quasi die »Adresse« der letzten Zahl im Spaltenbereich B5:B15.

   Diese Teilformel lautet:

   `INDEX(B5:B15;VERGLEICH(9,99E+100;B5:B15;1))`.

2. Die »Adresse« der Zelle mit der letzten Zahl ist bekannt. Die vorangegangene Teilformel wird noch einmal benutzt, aber die in der Funktion VERGLEICH gefundene Position mit `-3` um drei Zellen nach oben verschoben. Das ist die Position der viertletzten Zahl.

   Diese Teilformel lautet: `INDEX(B5:B15;VERGLEICH(9,99E+100;B5:B15;1)`**`-3`**`)`

3. Jede Teilformel für sich gibt zunächst nur den gefundenen Wert der jeweiligen Zelle zurück. Verbinden Sie aber die beiden Teilfunktionen mit einem Doppelpunkt, bildet Excel daraus intern eine Adresse (siehe Abbildung 12.11).
   `INDEX(B5:B15;VERGLEICH(9,99E+100;B5:B15;1)-3):`
   `INDEX(B5:B15;VERGLEICH(9,99E+100;B5:B15;1))`

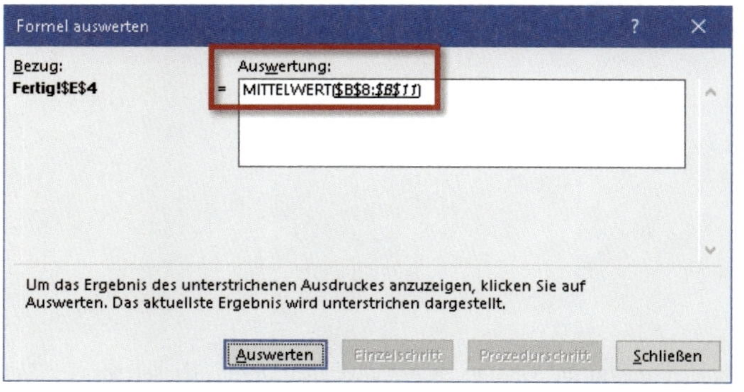

Abbildung 12.10: Klicken Sie auf der Registerkarte Formeln *in der Gruppe* Formelüberwachung *auf die Schaltfläche* Formelauswertung, *um schrittweise die Formel ausgewertet angezeigt zu bekommen*

Markieren Sie diese beiden Teilformeln in der Bearbeitungsleiste und lassen mit der Taste F9 die Markierung auswerten, bekommen Sie die vier letzten Zahlen als Matrix angezeigt (siehe Abbildung 12.11).

`=MITTELWERT({219;218;250;234})`

Abbildung 12.11: Drücken Sie nach dem Markieren der beiden Teilformeln F9, *zeigt Excel die vier letzten Werte aus dem Spaltenbereich als Matrix an*

4. Aus dem gefundenen Bereich beziehungsweise der Matrix wird der Mittelwert berechnet und ausgegeben.
   `=MITTELWERT(INDEX(B5:B15;VERGLEICH(9,99E+100;B5:B15;1)-3):`
   `INDEX(B5:B15;VERGLEICH(9,99E+100;B5:B15;1)))`
   Werden neue Zahlen im Spaltenbereich B5:B15 unten eingetragen, bekommen Sie mit der Formel dynamisch den Mittelwert aus den letzten vier Zahlen zurückgeliefert.

Mit der Funktion WAHL die Quartalszugehörigkeit eines Datums bestimmen

In einer Übersichtsliste soll neben dem Datum seine Quartalszugehörigkeit eingetragen werden (siehe Abbildung 12.12). Wie lautet hierzu die Formel?

Online Das Beispiel aus Abbildung 12.12 können Sie auf dem Arbeitsblatt *Übung* der Arbeitsmappe *Kap12_Quartalszugehoerigkeit.xlsx* nachvollziehen.

	A	B	C	D
3				
4		Datum	Quartal	
5		12.09.2012	3.	
6		07.12.2012	4.	
7		10.10.2012	4.	
8		11.01.2013	1.	
9		25.04.2013	2.	
10		09.05.2013	2.	
11		10.09.2013	3.	
12		29.10.2013	4.	
13				

Abbildung 12.12: Die Funktion WAHL hilft bei der Ermittlung der Quartalszugehörigkeit eines Datums

Die Funktion MONAT gibt aus einem Datum die Monatszahl zurück. Diese Monatszahl wird in der Funktion WAHL benutzt, um als Indexzahl den entsprechenden Wert aus der angegebenen Liste herauszulesen.

Die Funktion WAHL hat die folgende allgemeine Syntax:

=*WAHL(Index;Wert1;Wert2;...)*

Die einzelnen Argumente bedeuten:

- *Index: Index* ist eine Zahl, die angibt, welcher Wert aus der Liste von *Wert1* bis maximal *Wert254* zurückgegeben werden soll.

  Für das Beispiel wird die Monatszahl aus dem Datum mit der Funktion MONAT ermittelt und als Index verwendet.

- *Wert1;Wert2;...: Wert1* bis maximal *Wert254* kann ein Text, eine Zahl, ein Zellbezug, eine Formel, eine Funktion oder ein Name sein.

  Die Liste setzt sich im Beispiel aus den Quartalszahlen für die zwölf Monate zusammen:

  `1;1;1;2;2;2;3;3;3;4;4;4`

Die Formel lautet komplett:

```
=WAHL(MONAT(B5);1;1;1;2;2;2;3;3;3;4;4;4)
```

Hinweis Der Bereich der ermittelten Quartalszahlen hat das benutzerdefinierte Zahlenformat `0"."` erhalten.

Datensuche und flexible Berechnungen mit BEREICH.VERSCHIEBEN

In Abbildung 12.13 sehen Sie einen Ausschnitt von Ist-Daten verschiedener Konten. Für die weitere Auswertung soll zum einen der Wert aus dem Konto *Wareneinkauf* im Mai herausgesucht und zum anderen die berechnete Summe der Kosten im Juni zurückgegeben werden.

	A	B	C	D	E	F	G	H
3								
4		**Ist-Daten 2013**						
5		0	1	2	3	4	5	6
6	0	2013	Jan	Feb	Mrz	Apr	Mai	Jun
7	1	Erlöse Bar	23.300	23.300	18.600	14.000	11.700	9.300
8	2	Erlöse Kredit	114.000	114.000	136.800	182.300	227.900	227.900
9	3	Erlöse Sonstige	5.900	5.900	5.900	5.900	5.900	5.900
10	4	Wareneinkauf	111.400	111.400	89.100	66.800	55.700	44.600
11	5	Personalkosten	157.900	157.900	157.900	157.900	157.900	157.900
12	6	Sachkosten	18.900	18.900	15.100	11.300	9.400	7.600
13								

Abbildung 12.13: Mit der Funktion BEREICH.VERSCHIEBEN *führen Sie eine flexible Datensuche und die verschiedensten Auswertungen durch*

Neben der Kombination aus den Funktionen INDEX und VERGLEICH lässt sich für die Aufgabe 1 auch die Funktion BEREICH.VERSCHIEBEN einsetzen. Die Funktion hat die folgende Syntax:

=BEREICH.VERSCHIEBEN (Bezug;Zeilen;Spalten;Höhe;Breite)

Online Das Beispiel aus Abbildung 12.14 können Sie auf dem Arbeitsblatt *Übung* der Arbeitsmappe *Kap12_BereichVerschieben.xlsx* nachvollziehen.

Benutzen Sie in dem Beispiel für die Suche nach dem Wert aus dem Konto *Wareneinkauf* im Mai nur die ersten drei Argumente der Funktion. Im Einzelnen bedeuten die Argumente:

- *Bezug:* Tragen Sie für das erste Argument die Adresse einer »Startzelle« ein. Bei vielen Datenaufbauten eignet sich hierfür die linke obere Ecke des Datenbereichs, hier Zelle B6.
- *Zeilen:* Um wie viele Zeilen muss nach unten gegangen werden, um zum Konto *Wareneinkauf* zu gelangen? In diesem Fall ist es zur Zelle B10 ein Zeilenversatz von vier Zeilen.
- *Spalten:* Um wie viele Spalten muss nach rechts gegangen werden, um zum Monat Mai zu gelangen? Zur Zelle G10, der Zelle mit dem gesuchten Wert, beträgt der Spaltenversatz fünf Spalten.

Die Formel lautet komplett: `=BEREICH.VERSCHIEBEN(B6;4;5)`.

Tipp Tragen Sie die Zahlen für den Zeilen- und Spaltenversatz in das Arbeitsblatt ein und verweisen Sie in der Funktion BEREICH.VERSCHIEBEN auf diese Zellen.

Im Beispiel lautet die Formel dann: `=BEREICH.VERSCHIEBEN(B6;D15;D16)`.

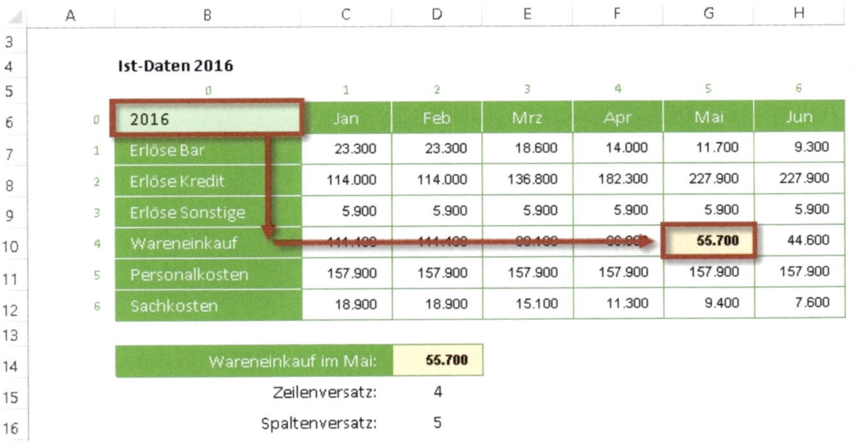

Abbildung 12.14: Die Markierungen zeigen Ihnen den Weg des Zeilen- und Spaltenversatzes, um den Wert für den Wareneinkauf im Mai zu ermitteln

Um die Summe der Kosten (*Wareneinkauf*, *Personalkosten*, *Sachkosten*) für den Monat Juni zu bekommen, wird zunächst mit der Funktion BEREICH.VERSCHIEBEN der Bereich ermittelt, in dem die Kosten enthalten sind, und anschließend aus diesem Bereich mit der Funktion SUMME die Summe gebildet.

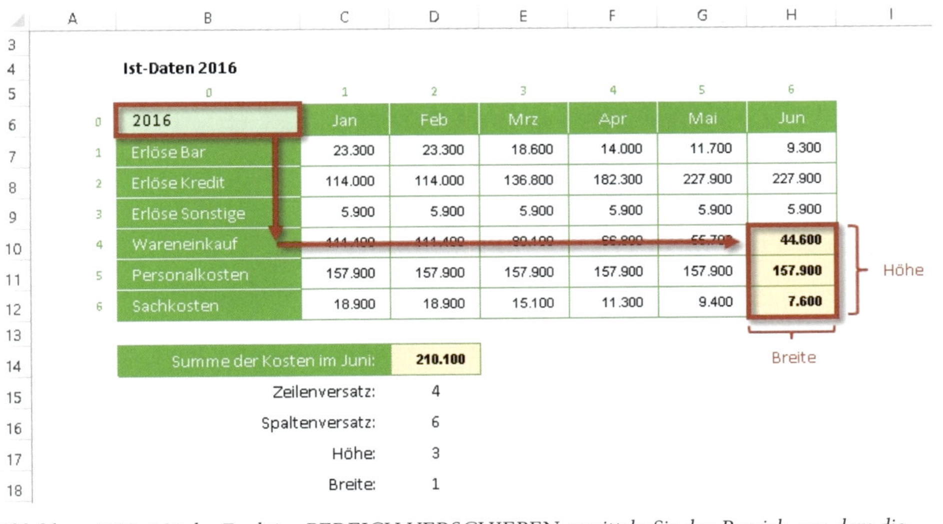

Abbildung 12.15: Mit der Funktion BEREICH.VERSCHIEBEN *ermitteln Sie den Bereich, aus dem die Summe gebildet werden soll*

Online Das Beispiel aus Abbildung 12.15 können Sie auf dem Arbeitsblatt *Übung (2)* der Arbeitsmappe *Kap12_BereichVerschieben.xlsx* nachvollziehen.

In der Funktion BEREICH.VERSCHIEBEN werden alle fünf Argumente benötigt. Zur Erinnerung: Die Syntax der Funktion lautet:

=BEREICH.VERSCHIEBEN (Bezug;Zeilen;Spalten;Höhe;Breite)

Im Einzelnen bedeuten die Argumente:

- *Bezug:* Geben Sie die Adresse der »Startzelle« an, von der aus der Versatz gebildet werden soll; hier Zelle B6.
- *Zeilen, Spalten:* Im Bereich H10:H12 sind die gesuchten Werte der Kosten enthalten. Um zur obersten Zelle H10 dieses Bereichs zu gelangen, muss von der »Startzelle« aus ein Zeilenversatz von vier Zeilen und ein Spaltenversatz von sechs Spalten gebildet werden.
- *Höhe:* Wie viele Zeilen umfasst der gesuchte Bereich? Er umfasst drei Zeilen, jeweils einen Wert für den Wareneinkauf, für die Personalkosten und für die Sachkosten.
- *Breite:* Wie viele Spalten umfasst der gesuchte Bereich? Die Werte der Kosten im Juni befinden sich in einer Spalte.

Der Formelteil für den gesuchten Bereich lautet damit:

```
BEREICH.VERSCHIEBEN(B6;4;6;3;1)
```

Aus dem gefundenen Bereich wird abschließend die Summe gebildet und in Zelle D14 ausgegeben:

```
=SUMME(BEREICH.VERSCHIEBEN(B6;4;6;3;1))
```

Tipp Tragen Sie die Zahlen für den Zeilen- und Spaltenversatz, der Höhe und der Breite in das Arbeitsblatt ein und verweisen Sie in der Funktion BEREICH.VERSCHIEBEN auf diese Zellen.

Im Beispiel lautet die Formel dann:

`=SUMME(BEREICH.VERSCHIEBEN(B6;D15;D16;D17;D18))`.

Direkt zum Ziel mit der Funktion INDIREKT

In Abbildung 12.16 sehen Sie einen Datenbereich mit fiktiven Kennzahlen verschiedener Bundesländer. Um die gesuchte Kennzahl möglichst umgangssprachlich auswählen zu können, ist in der Zelle C16 eine Gültigkeitsliste mit den Namen der Bundesländer und in Zelle C17 eine Gültigkeitsliste mit den Monatsnamen hinterlegt worden.

Anhand des ausgewählten Bundeslandes und des Monats soll der entsprechende Wert aus dem Datenbereich herausgelesen und in Zelle H16 eingetragen werden.

Online Das Beispiel aus Abbildung 12.16 können Sie auf dem Arbeitsblatt *Übung* der Arbeitsmappe *Kap12_Indirekt.xlsx* nachvollziehen.

Bundesland	Jan	Feb	Mrz	Apr	Mai	Jun	Jul	Aug	Sep	Okt	Nov	Dez
Berlin	258	443	873	252	375	289	690	930	576	93	734	559
Brandenburg	345	929	574	480	55	380	840	810	665	872	897	619
Bremen	216	348	176	571	809	568	344	679	158	601	280	444
Hamburg	336	253	754	369	603	914	828	747	764	876	49	51
Hessen	859	832	183	239	860	47	830	555	285	542	520	660
Niedersachsen	507	548	965	240	450	425	427	813	105	882	26	337
Saarland	731	876	982	162	707	286	467	734	665	902	437	998
Sachsen	568	872	801	558	766	580	18	478	725	88	124	557
Thüringen	801	123	736	745	926	18	554	870	939	471	598	445

Bundesland: Niedersachsen   Wert:

Monat: Mai

Abbildung 12.16: Mit den Gültigkeitslisten den gesuchten Wert leicht finden

Bei diesem Beispiel soll die Funktion INDIREKT im Zusammenhang mit dem selten genutzten Schnittmengenoperator, dem Leerzeichen, zur Anwendung kommen.

Vergeben Sie im Vorfeld Namen, um die Berechnungen zu erleichtern:

1. Markieren Sie den gesamten Datenbereich B5:N14.
2. Klicken Sie auf der Registerkarte *Formeln* in der Gruppe *Definierte Namen* auf die Schaltfläche *Aus Auswahl erstellen*.
3. Überprüfen Sie die aktivierten Kontrollkästchen im Dialogfeld *Namen aus Auswahl erstellen* und schließen Sie dann das Dialogfeld mit *OK* (siehe Abbildung 12.17).

   Im Namenfeld der Bearbeitungsleiste sind jetzt alle Namen der Bundesländer und Monate enthalten. Wählen Sie einen Namen in dieser Liste aus, wird der Bereich markiert, auf den sich dieser Name bezieht.

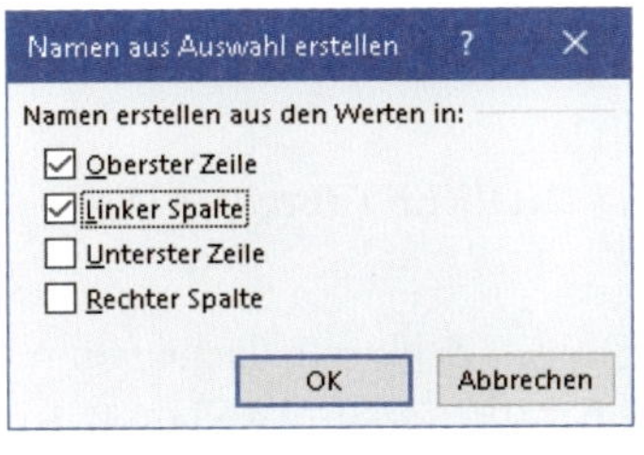

Abbildung 12.17: Die beiden ersten Kontrollkästchen sollten für die Übernahme der Zeilen- und Spaltenbeschriftungen als definierte Namen aktiviert sein

Wichtig Achten Sie darauf, dass in den Zeilen- und Spaltenbeschriftungen des Datenbereichs keine Leerzeichen oder bestimmte Sonderzeichen enthalten sind. Sie werden von Excel als ungültig erkannt und bei der Auswahl als Namen durch einen Unterstrich ersetzt, zum Beispiel wird aus *Sachsen-Anhalt* der Eintrag *Sachsen_Anhalt*. Dies würde zu Unterschieden zwischen den noch zu erstellenden Gültigkeitslisten und den vergebenen Namen führen.

Vorbereitung, Gültigkeitslisten erstellen

1. Markieren Sie die Zelle C16 und klicken Sie auf der Registerkarte *Daten* in der Gruppe *Datentools* auf die Schaltfläche *Datenüberprüfung*.
2. Wählen Sie auf der Registerkarte *Einstellungen* bei dem Gültigkeitskriterium *Zulassen* die Option *Liste* aus und geben Sie als *Quelle* den Bereich *B6:B14* mit den Namen der Bundesländer an (siehe Abbildung 12.18).
3. Erstellen Sie in Zelle C17 entsprechend den vorangegangenen Schritten die Gültigkeitsliste für die Monatsnamen.

Die Vorbereitungen sind jetzt abgeschlossen. Sie haben aus den Zeilen- und Spaltenbeschriftungen Namen erstellt, die mit den Texten in den Gültigkeitslisten *identisch* sind. Das ist eine zwingende Voraussetzung für die Anwendung der Funktion INDIREKT in diesem Beispiel.

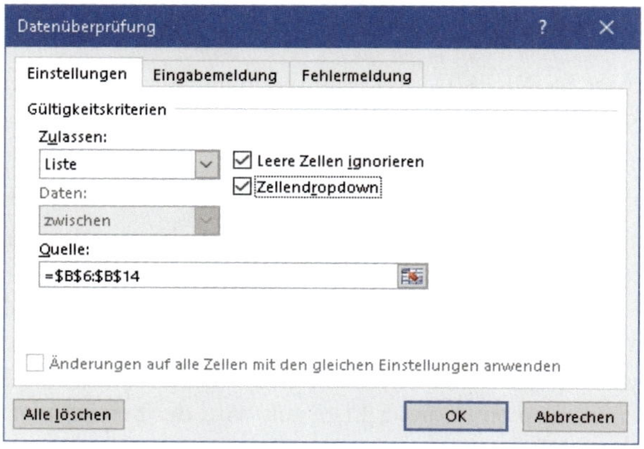

Abbildung 12.18: Richten Sie im Dialogfeld Datenüberprüfung *auf der Registerkarte* Einstellungen *die Gültigkeitsliste für die auswählbaren Namen der Bundesländer ein*

Der Aufbau der Formel in Zelle H16

Die allgemeine Syntax der Funktion INDIREKT lautet: *=INDIREKT (Bezug;A1).*

Im Einzelnen bedeuten die Argumente:

- *Bezug:* Die Funktion erstellt aus einem Text einen gültigen Zellbezug (siehe Hinweis).

  Für das Beispiel erstellt Excel intern aus dem Text in Zelle C16 und Zelle C17 jeweils die gültige Adresse des angezeigten Bereichsnamens: Niedersachsen (C11:H11) und Mai (G6:G14).

- *A1:* Dieses Argument ist optional und bestimmt, in welcher Schreibweise die Adresse aus *Bezug* gebildet werden soll:
  - Lassen Sie dieses Argument weg oder geben Sie den Wahrheitswert *WAHR* an, wird die Adresse in der A1-Schreibweise gebildet.
  - Geben Sie im zweiten Argument den Wahrheitswert *FALSCH* an, wird die Adresse in der Z1S1-Schreibweise gebildet.

Mit dem Schnittmengenoperator, dem Leerzeichen (in der Formel durch ? gekennzeichnet), wird aus dem Schnittpunkt zwischen dem Bereich des ausgewählten Bundeslandes und dem Bereich des ausgewählten Monats der gesuchte Wert zurückgegeben (siehe Abbildung 12.19).

Die Formel lautet komplett: `=INDIREKT(C16) ? INDIREKT(C17)`

Die Funktion INDIREKT() in Kombination mit dem Leerzeichen als Schnittmengenoperator

Bundesland	Jan	Feb	Mrz	Apr	Mai	Jun	Jul	Aug	Sep	Okt	Nov	Dez
Berlin	258	443	873	252	375	289	690	930	576	93	734	559
Brandenburg	345	929	574	480	55	380	840	810	665	872	897	619
Bremen	216	348	176	571	809	568	344	679	158	601	280	444
Hamburg	336	253	754	369	603	914	828	747	764	876	49	51
Hessen	859	832	183	239	860	47	830	555	285	542	520	660
Niedersachsen	507	548	965	240	**450**	425	427	813	105	882	26	337
Saarland	731	876	982	162	707	286	467	734	665	902	437	998
Sachsen	568	872	801	558	766	580	18	478	725	88	124	557
Thüringen	801	123	736	745	926	18	554	870	939	471	598	445

Bundesland: Niedersachsen — Wert: **450** =INDIREKT(C16) INDIREKT(C17)

Monat: Mai

Abbildung 12.19: Mit dem Schnittmengenoperator wird der Wert aus dem Schnittpunkt zwischen dem ausgewählten Bundesland und dem ausgewählten Monat zurückgegeben

Wie mit der Funktion INDIREKT aus einem Text wieder ein gültiger Zellbezug wird

Im ersten Argument (*Bezug*) der Funktion INDIREKT wird der Text entweder als Konstante angegeben, befindet sich in einer Zelle, auf die im ersten Argument verwiesen wird, oder wird durch Verkettungen aus konstanten Werten, Zellbezügen, Funktionen oder definierten Namen als Text im ersten Argument gebildet.

1. Beispiel:

Zelle C6 enthält die Zahl: *100*

Formel: `=INDIREKT("C6")`

Ergebnis: *100*

2. Beispiel:

Zelle A1 enthält den Text: *C6*

Zelle C6 enthält den Text: *Frank*

Formel: `=INDIREKT(A1)`

Ergebnis: *Frank*

3. Beispiel:

Zelle A1 enthält den Buchstaben: *C*

Zelle A2 enthält die Zahl: *6*

Zelle C6: *100*

Formel: `=INDIREKT(A1&A2)`

Ergebnis: *100*

4. Beispiel:

Zelle A1 enthält die Zahl: *6*

Zelle C6 enthält die Zahl: *100*

Formel: `=INDIREKT("C"&A1)`

Ergebnis: *100*

5. Beispiel (siehe Abbildung 12.19):

vergebener Name: *Niedersachsen*, bezieht sich auf $C$11:$N$11

Zelle C16 enthält den Text: *Niedersachsen*

Formel: `=INDEX(INDIREKT(C16);1;5)`

Ergebnis: *450*

Matrixformeln anwenden – der Einstieg

Angenommen, Sie haben die Aufgabe, die Flächenberechnung aus Abbildung 12.20 mit einer Formel vorzunehmen, die das Gesamtergebnis *ohne* Zwischenwerte in Zelle C13 ausweist. Eventuell benutzen Sie als Lösung die folgende Formel:

```
=C7*D7+C8*D8+C9*D9+C10*D10+C11*D11
```

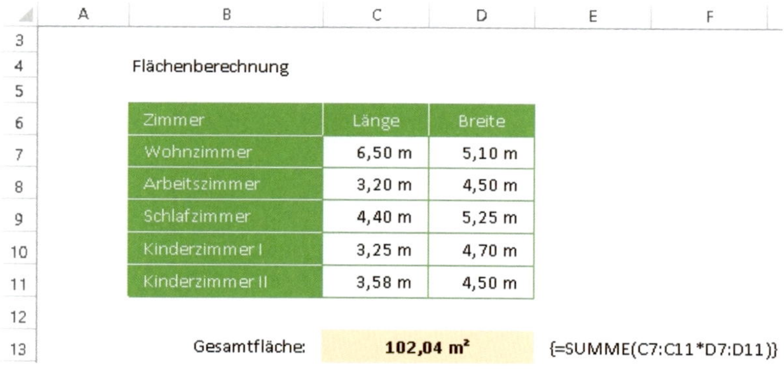

Abbildung 12.20: Die Berechnung der Gesamtfläche in einer Matrixformel, ohne Zwischenergebnisse

Was aber, wenn die Flächenberechnung nicht für fünf Zimmer eines Einfamilienhauses, sondern für hundert Gästezimmer eines Hotels durchgeführt werden soll?

Mit dem obigen Formelaufbau wäre die Berechnung zwar möglich, der Arbeitsaufwand zur Formeleingabe dennoch unverhältnismäßig groß und auch fehlerträchtig. Zudem ist die maximale Formellänge auf 8192 Zeichen begrenzt!

Die Lösung liegt bei einem anderen Formeltyp, der Matrixformel. Sie verrechnet nicht Einzelzahlen, sondern ganze Zellbereiche miteinander. Die Zwischenergebnisse werden dabei nicht im Arbeitsblatt eingetragen, sondern intern im Arbeitsspeicher von Excel berechnet und festgehalten.

Die folgende Matrixformel führt die Berechnung wesentlich »kompakter« aus, da es egal ist, wie viele Zellen in den angegebenen Bereichen enthalten sind:

`{=SUMME(C7:C11*D7:D11)}` [1]

Wichtig Die Eingabe dieser Formel müssen Sie mit der Tastenkombination [Strg]+[⇧]+[↵] abschließen. Excel umgibt die Formel automatisch mit geschweiften Klammern und signalisiert damit: *Dies ist eine Matrixformel.*

Die geschweiften Klammern dürfen Sie nicht selber eingeben!

Diese Art der Formeleingabe ist zwar gewöhnungsbedürftig, stellt aber ungeahnte Berechnungsmöglichkeiten zur Verfügung. Hiermit ist nicht nur die Darstellung eines Gesamtergebnisses in einer Zelle ohne Zwischenwerte gemeint, sondern auch Berechnungen, die mit den Standardformeln sonst kaum zu lösen wären.

Matrixformeln – Grundlagen

Anhand der obigen Matrixformel sollen ein paar grundlegende Begriffe geklärt und wichtige Arbeitstechniken im Umgang mit Matrixformeln gezeigt werden.

Online Das Beispiel aus Abbildung 12.20 können Sie auf dem Arbeitsblatt *Übung* der Arbeitsmappe *Kap12_MatrixformelEinstieg.xlsx* nachvollziehen.

Der Matrix auf der Spur (Teil 1)

In vielen Formeln geben Sie ganz selbstverständlich einen oder sogar mehrere Bereiche an, aus denen die Werte genommen und berechnet werden sollen, zum Beispiel `=SUMME(A1:B10)`. Die Angabe `A1:B10` ist der Bereich, die Matrix, in dem die zu summierenden Werte enthalten sind.

Dies gilt auch für die Matrixformel `{=SUMME(C7:C11*D7:D11)}`. In ihr werden allerdings zwei Bereiche `C7:C11` und `D7:D11` genannt und mit einem Multiplikationszeichen verknüpft. Sehen Sie sich die Matrixformel und die Berechnungsweise von Excel im Detail an:

1. Markieren Sie die Zelle C13 und markieren Sie in der Bearbeitungsleiste die Bereichsangabe *C7:C11*.
2. Drücken Sie die Taste [F9]. Excel zeigt die Werte aus dem Bereich C7:C11 als Matrixkonstante an:
   `=SUMME(`**`{6,5;3,2;4,4;3,25;3,58}`**`*D7:D11)`
   Innerhalb der geschweiften Klammern sind die Werte jeweils durch ein Semikolon getrennt aufgelistet.
3. Markieren Sie in der Bearbeitungsleiste die Bereichsangabe *D7:D11* und drücken Sie die Taste [F9]:
   `=SUMME({6,5;3,2;4,4;3,25;3,58}`**`*{5,1;4,5;5,25;4,7;4,5}`**`)`

[1] Die Berechnung kann auch mit der Standardformel `=SUMMENPRODUKT(C7:C11;D7:D11)` vorgenommen werden.

Wiederum wird die Bereichsangabe in eine Matrixkonstante umgewandelt und die Werte aus dem Bereich D7:D11 werden jeweils mit einem Semikolon getrennt aufgelistet.

4. Markieren Sie in der Bearbeitungsleiste die erste und zweite Matrixkonstante und drücken Sie die Taste [F9]:

   =SUMME(**{33,15;14,4;23,1;15,275;16,11}**)

   Zwischen der ersten und zweiten Matrix steht das Multiplikationszeichen und bedeutet, dass die Werte aus der ersten Matrix mit den Werten aus der zweiten Matrix multipliziert werden sollen. Excel geht dabei wie folgt vor:

   – Der *erste* Wert aus der ersten Matrix wird mit dem *ersten* Wert aus der zweiten Matrix multipliziert: 6,5 * 5,1 ergibt 33,15.
   – Der *zweite* Wert aus der ersten Matrix wird mit dem *zweiten* Wert aus der zweiten Matrix multipliziert: 3,2 * 4,5 ergibt 14,4.
   – Der *dritte* Wert aus der ersten Matrix wird mit dem *dritten* Wert aus der zweiten Matrix multipliziert: 4,4 * 5,25 ergibt 23,1.
   – ...

   Aus der Multiplikation ergeben sich die fünf Werte, die Excel in der berechneten Matrixkonstanten anzeigt:

   {33,15;14,4;23,1;15,275;16,11}

5. Markieren Sie die gesamte Formel in der Bearbeitungsleiste, berechnet Excel die Summe der Werte aus der Matrixkonstanten und gibt das Endergebnis *102,035* oder den Wert *102,04* aufgerundet in Zelle C13 aus.

6. Wichtig: Drücken Sie zum Schluss die [Esc]-Taste, damit die Ausgangsformel, die Matrixformel, wieder vollständig angezeigt wird.

Der Matrix auf der Spur (Teil 2)

Die Zimmer des Hauses der Familie Mattriks werden weiter ausgewertet. Welches Zimmer ist das kleinste? Als Antwort soll in Zelle C13 der Name des kleinsten Zimmers ausgegeben werden (siehe Abbildung 12.21).

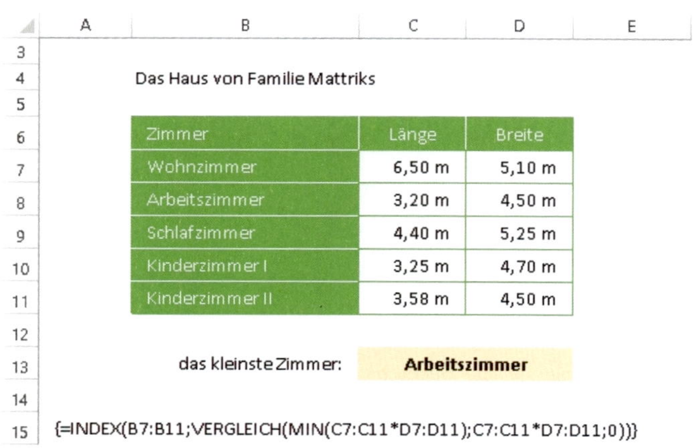

Abbildung 12.21: Die gesuchte Matrixformel ermittelt das gesuchte Zimmer mit wesentlich weniger Aufwand als Standardformeln im Arbeitsblatt

Die Matrixformel zu dieser Aufgabe erstellen Sie schrittweise mit der Lösungsstrategie »von innen nach außen«.

Die Formel wird während ihrer Entwicklung nie abgeschlossen, sondern nach und nach erweitert, teilweise ausgewertet, um das Zwischenergebnis zu kontrollieren, und gleich wieder in die Formeldarstellung zurückgesetzt:

1. Sie benötigen zunächst die Bodenfläche eines jeden Zimmers. Diesen Formelteil kennen Sie bereits aus dem vorangegangenen Abschnitt: `=C7:C11*D7:D11`

   Markieren Sie in der Bearbeitungsleiste zum Beispiel die Bereichsangabe *C7:C11* und drücken die Taste [F9], erhalten Sie die Matrixkonstante mit dem Wert der Länge des einzelnen Zimmers: `{6,5;3,2;4,4;3,25;3,58}`

   Markieren Sie in der Bearbeitungsleiste die Bereichsangabe *D7:D11* und drücken die Taste [F9], erhalten Sie die Matrixkonstante mit dem Wert der Breite des einzelnen Zimmers: `{5,1;4,5;5,25;4,7;4,5}`

   Markieren Sie hingegen die gesamte Formel, erhalten Sie die Matrixkonstante mit den fünf gesuchten Werten der Bodenfläche der einzelnen Zimmer:
   `{33,15;14,4;23,1;15,275;16,11}`

Wichtig Möchten Sie in der Bearbeitungsleiste einen berechneten Formelteil wieder als Formel zurücksetzen, benutzen Sie die Tastenkombination [Strg]+[Z]. Mit dieser Tastenkombination lässt sich allerdings nur *ein* Schritt rückgängig machen.

---

2. Die kleinste Bodenfläche lassen Sie sich mit der Funktion MIN heraussuchen.

   Umgeben Sie also die bisherige Bodenflächenberechnung mit der Funktion MIN:
   `=MIN(C7:C11*D7:D11)`

   Markieren Sie die gesamte Formel, erhalten Sie den Wert der kleinsten Bodenfläche: *14,4*.

   Mit der Tastenkombination [Strg]+[Z] gelangen Sie wieder zur Formeldarstellung zurück.

3. Um den Namen des Zimmers als Ergebnis zu erhalten, benötigen Sie als Zwischeninformation die Position der kleinsten Bodenfläche innerhalb aller Bodenflächen.

   Mit der Funktion VERGLEICH ermitteln Sie diese Position. Die allgemeine Syntax lautet:

   =VERGLEICH (Suchkriterium;Suchmatrix;Vergleichstyp)

   Das Suchkriterium ist die kleinste Bodenfläche `MIN(C7:C11*D7:D11)`, die Suchmatrix sind die Werte aller Bodenflächen `C7:C11*D7:D11` und als Vergleichstyp steht die Ziffer Null für die *genaue Übereinstimmung* beim Vergleich.

Hinweis Sollten mehrere Zimmer gleich klein sein, bekommen Sie mit der Funktion VERGLEICH nur die Position des ersten gefundenen kleinsten Zimmers zurück.

   Die Formel lautet damit zunächst:
   `=VERGLEICH(MIN(C7:C11*D7:D11);C7:C11*D7:D11;0)`

   – Markieren Sie die gesamte bisherige Formel, erhalten Sie die Position des kleinsten Zimmers: *2*

- Die gefundene Position wenden Sie jetzt in der Funktion INDEX als Zeilennummer im zweiten Argument an. Die allgemeine Syntax der Funktion in der Matrixversion lautet: *=INDEX (Matrix;Zeile;Spalte)*.
- Die Matrix ist der Bereich der Zimmernamen, *B7:B11*. Als zweites Argument (Zeile) benutzen Sie den bisher oben entwickelten Formelteil. Das dritte Argument (Spalte) ist optional und wird hier nicht benötigt.

Erweitern Sie die Formel zu

`{=INDEX(B7:B11;VERGLEICH(MIN(C7:C11*D7:D11);C7:C11*D7:D11;0))}`

und schließen Sie die Eingabe der Matrixformel jetzt mit der Tastenkombination `Strg`+`⇧`+`↵` ab. Als Lösung erhalten Sie den Namen des kleinsten Zimmers in Zelle C13: *Arbeitszimmer*.

Matrixformeln mit Bedingungen

In Abbildung 12.22 sehen Sie einen Ausschnitt einer fiktiven Artikelliste. Gesucht wird die Anzahl aller blauen Artikel in der Größe S. In dieser Anforderung sind zwei Bedingungen enthalten:

- Der Artikel muss die Farbe Blau haben und
- der Artikel muss in der Größe S vorliegen.

Die Anzahl der Artikel, bei denen beide Kriterien zutreffen, werden aufsummiert und die Summe wird in Zelle H8 ausgegeben.

Eine Artikelliste nach verschiedenen Kriterien auswerten

Zeile	Kleidung	Anzahl	Größe	Farbe	Preis
5	Artikelliste				
7	T-Shirt	9	L	schwarz	8,00 €
8	Pullover	6	XXL	rot	35,00 €
9	Hemd	6	XXL	schwarz	23,00 €
10	T-Shirt	8	S	weiß	8,00 €
11	T-Shirt	5	S	blau	9,00 €
38	T-Shirt	3	L	blau	9,00 €
39	Hemd	10	S	rot	15,00 €
40	T-Shirt	11	XXL	blau	9,00 €
41	Pullover	7	XL	bunt	35,00 €
42	Hemd	12	S	weiß	30,00 €
43	T-Shirt	17	S	rot	10,00 €
44	Pullover	18	XL	bunt	35,00 €

Anzahl aller blauen Artikel in der Größe S:

35

`{=SUMME((E7:E44="blau")*(D7:D44="S")*C7:C44)}`

Abbildung 12.22: Die Multiplikation der beiden Bedingungen `(E7:E44="blau")*(D7:D44="S")` *wirkt wie das logische UND*

Online Das Beispiel aus Abbildung 12.22 können Sie auf dem Arbeitsblatt *Übung* der Arbeitsmappe *Kap12_MatrixformelMitBedingung.xlsx* nachvollziehen.

Mit der Lösungsstrategie »von innen nach außen« gehen Sie dabei wie folgt vor:

1. Zunächst überprüfen Sie, ob der Eintrag *blau* in der jeweiligen Zelle der Spalte *Farbe* vorliegt. Die Bedingung lautet: `=(E7:E44="blau")`.

   Wichtig: Schließen Sie die Bedingung stets in runde Klammern ein, um innerhalb der Matrixformel die Rechenhierarchien zu wahren.

2. Markieren Sie diesen Formelteil und drücken die Taste [F9], zeigt Ihnen Excel die ausgewertete Matrixkonstante an. Der Wahrheitswert *WAHR* steht für eine Zelle, bei der die obige Bedingung zutrifft, und der Wahrheitswert *FALSCH* steht für eine Zelle, bei der die obige Bedingung nicht zutrifft:

   `={FALSCH;FALSCH;FALSCH;FALSCH;WAHR;FALSCH;FALSCH;WAHR;WAHR;WAHR;FALSCH;FALSCH;FALSCH;FALSCH;FALSCH;FALSCH;WAHR;FALSCH;WAHR;FALSCH;FALSCH;FALSCH;WAHR;FALSCH;FALSCH;FALSCH;FALSCH;FALSCH;WAHR;FALSCH;FALSCH;WAHR;FALSCH;WAHR;FALSCH;FALSCH;FALSCH;FALSCH}`

3. Mit der Tastenkombination [Strg]+[Z] gelangen Sie wieder zur Formeldarstellung zurück.

4. Die zweite Bedingung, ob der Artikel die Größe S aufweist, wird für sich allein gesehen entsprechend der ersten Bedingung formuliert: `(D7:D44="S")`. Beim Auswerten dieses Formelteils ergäbe sich ebenfalls eine Matrixkonstante mit den Wahrheitswerten *WAHR* und *FALSCH*.

   Da beide Bedingungen zutreffen sollen, werden sie mit dem Multiplikationszeichen verknüpft. Das Multiplikationszeichen wirkt beim Ausmultiplizieren der beiden Bedingungen wie das logische UND, denn *WAHR* entspricht intern bei Excel dem Wert *1* und *FALSCH* dem Wert *0* (Null).

   Also:

   `WAHR*WAHR=1` (beide Bedingungen treffen zu)

   `WAHR*FALSCH=0`

   `FALSCH*WAHR=0`

   `FALSCH*FALSCH=0`

   Die Formel lautet bis hierher: `=(E7:E44="blau")*(D7:D44="S")`

5. Markieren Sie die gesamte Formel, zeigt Ihnen Excel eine Matrixkonstante mit den ausmultiplizierten WAHR- und FALSCH-Werten:

   `={0;0;0;0;1;0;0;1;0;0;0;0;0;0;0;0;0;1;0;0;0;0;0;0;0;0;1;0;0;0;0;0;0;0;0;0}`

   Nur an den Stellen, an denen eine 1 steht, treffen beide Bedingungen zu!

6. Mit der Tastenkombination [Strg]+[Z] gelangen Sie wieder zur Formeldarstellung zurück.

7. Die einzelne Zahl der blauen Artikel der Größe S erhalten Sie aus der Spalte *Anzahl*. Die folgende Formelerweiterung nimmt diese Zahl und multipliziert sie mit den beiden Bedingungen:

   `=(E7:E44="blau")*(D7:D44="S")*C7:C44`

8. Markieren Sie die gesamte Formel, zeigt Ihnen Excel die Matrixkonstante:

   `={0;0;0;0;5;0;0;10;0;0;0;0;0;0;0;0;0;8;0;0;0;0;0;0;0;0;12;0;0;0;0;0;0;0;0;0}`

   Nur an den Stellen, bei denen sich durch das Ausmultiplizieren der beiden Bedingungen eine 1 ergab (siehe Schritt 5), ergibt die Multiplikation mit den Werten aus der Spalte *Anzahl* die gesuchten Werte, die abschließend nur noch aufsummiert werden müssen.

9. Mit der Tastenkombination [Strg]+[Z] gelangen Sie wieder zur Formeldarstellung zurück.

10. Mit der Funktion SUMME addieren Sie alle Einzelwerte der Matrixkonstanten aus Schritt 8. In Zelle H8 lautet also die Formel komplett:
    `{=SUMME((E7:E44="blau")*(D7:D44="S")*C7:C44)}`[2]
11. Beenden Sie jetzt die Formeleingabe mit der Tastenkombination Strg+⇧+↵. Excel umgibt die Formel automatisch mit geschweiften Klammern und signalisiert: Dies ist eine Matrixformel.

Mit SUMMENPRODUKT die Matrixformel-Tastenkombination vermeiden

Eine Matrixformel muss stets mit der Tastenkombination Strg+⇧+↵ abgeschlossen werden, ansonsten wird ein falsches Ergebnis oder ein Fehlerwert in der Formelzelle angezeigt. Die Tastenkombination kann in einigen Berechnungssituationen mithilfe der Funktion SUMMENPRODUKT entfallen.

Die aus dem vorhergehenden Abschnitt erstellte Matrixfunktion könnte auch lauten:

`=SUMMENPRODUKT((E7:E44="blau")*(D7:D44="S")*C7:C44)`

Die Funktion SUMMENPRODUKT kann von sich aus mit Matrizen umgehen. Schließen Sie daher die Eingabe dieser Formel nur mit der ↵-Taste ab.

Wahrheitswerte in Zahlen umwandeln

In Abbildung 12.23 sehen Sie einen Bereich, in dem 100 Buchstaben per Zufallsauswahl eingetragen sind. In Zelle B3 wird der gesuchte Buchstabe eingetragen. Diese Zelle hat das folgende benutzerdefinierte Zahlenformat:

`"Wie oft kommt der Buchstabe" "@\" "in der Tabelle vor?"`

Es soll ermittelt werden, wie oft der Großbuchstabe »U« im Bereich B5:K14 enthalten ist.

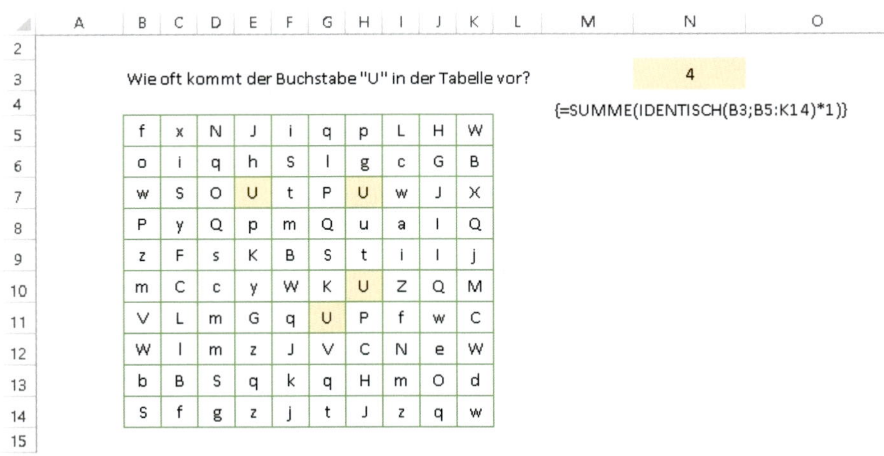

Abbildung 12.23: Tragen Sie in Zelle B3 einen Buchstaben ein, ermittelt die Matrixformel mit einem Trick, wie oft dieser Buchstabe im Bereich B5:K14 enthalten ist

[2] Excel 2016 stellt die Funktion SUMMEWENNS zur Verfügung. Die Formel lautet dann: `=SUMMEWENNS(C7:C44;E7:E44;"blau";D7:D44;"S")`

Online Das Beispiel aus Abbildung 12.23 können Sie auf dem Arbeitsblatt *Übung* der Arbeitsmappe *Kap12_WahrheitswerteUmwandeln.xlsx* nachvollziehen.

Und so gehen Sie dabei vor:

1. Mit der Funktion IDENTISCH ist die gewünschte Abfrage recht einfach durchzuführen, da sie die Groß- und Kleinschreibung beachtet. Tragen Sie daher zunächst die Formel ein: `=IDENTISCH(B3;B5:K14)`.
2. Markieren Sie die gesamte Formel und drücken Sie die Taste [F9]. In der Bearbeitungsleiste zeigt Ihnen Excel mit den Wahrheitswerten, ob der Großbuchstabe »U« jeweils in einer Zelle enthalten ist:
   `={FALSCH.FALSCH.FALSCH.FALSCH.FALSCH.FALSCH.FALSCH.FALSCH.FALSCH.FALSCH;...}`

Hinweis Damit Sie das gesamte Zwischenergebnis sehen können, müssen Sie die Bearbeitungsleiste erweitern. Ziehen Sie hierfür entweder am Rand die Bearbeitungsleiste auf oder klicken Sie auf die Schaltfläche *Bearbeitungsleiste erweitern* (siehe Abbildung 12.24).

Auf dem gleichen Weg verschmälern Sie die Bearbeitungsleiste wieder.

Abbildung 12.24: Erweitern Sie die Bearbeitungsleiste, um die ganze Matrixkonstante sehen zu können

---

3. Mit der Tastenkombination [Strg]+[Z] gelangen Sie wieder zur Formeldarstellung zurück.
4. Mit der Funktion SUMME müssten Sie jetzt eigentlich nur noch die Wahrheitswerte aufsummieren. Leider kann die Funktion SUMME mit den Wahrheitswerten in dieser Form nicht umgehen. Deshalb benutzen Sie einen Trick.
5. Trick: Wandeln Sie die Wahrheitswerte in eine Zahl um, indem Sie die bisherige Formel mit der Zahl 1 multiplizieren, also:
   `=IDENTISCH(B3;B5:K14)*1`
6. Markieren Sie die gesamte Formel und drücken Sie die Taste [F9]. In der Bearbeitungsleiste zeigt Ihnen Excel die ausmultiplizierten Wahrheitswerte als Zahl:
   ={0.0.0.0.0.0.0.0.0.0;0.0.0.0.0.0.0.0.0.0;0.0.0.**1**.0.0.**1**.0.0.0;0.0.0.0.0.0.0.0.0.0;0.0.0.0.0.0.0.0.0.0;0.0.0.0.0.0.**1**.0.0.0;0.0.0.0.0.**1**.0.0.0.0;0.0.0.0.0.0.0.0.0.0;0.0.0.0.0.0.0.0.0.0;0.0.0.0.0.0.0.0.0.0}
   Mit dieser Matrixkonstanten kann die Funktion SUMME umgehen und die Anzahl der Einsen aufaddieren.
7. Die Formel lautet also:
   `{=SUMME(IDENTISCH(B3;B5:K14)*1)}`
   Beenden Sie jetzt die Formeleingabe mit der Tastenkombination [Strg]+[⇧]+[↵]. Excel umgibt die Formel automatisch mit geschweiften Klammern und signalisiert: Dies ist eine Matrixformel.
   Das Ergebnis dieses Beispiels lautet: *4*.

Hinweis Mit der Funktion SUMMENPRODUKT lautet die Formel:

`=SUMMENPRODUKT(IDENTISCH(B3;B5:K14)*1)`

Die Formeleingabe können Sie einfach nur mit der [↵]-Taste abschließen.

Arbeitstechniken beim Erstellen einer Matrixformel – eine Übersicht

Bei der Erstellung, dem Nachvollziehen oder der Bearbeitung einer Matrixformel sind die folgenden Arbeitstechniken von Bedeutung:

- Die Tastenkombination [Strg]+[⇧]+[↵]: Die Eingabe einer Matrixformel müssen Sie immer mit der Tastenkombination [Strg]+[⇧]+[↵] abschließen. Excel umgibt die Formel mit geschweiften Klammern und signalisiert: Dies ist eine Matrixformel.

  Während der Bearbeitung einer erstellten Matrixformel werden die geschweiften Klammern in der Bearbeitungsleiste nicht angezeigt.
- Die Taste [F9]: Markieren Sie einen Teil einer Formel, zeigt Ihnen Excel nach dem Drücken der Taste [F9] das Ergebnis oder die Werte eines Bereichs als Matrixkonstante.
- Die Tastenkombination [Strg]+[Z]: Haben Sie einen Formelteil mit der Taste [F9] auswerten lassen, gelangen Sie mit der Tastenkombination [Strg]+[Z] wieder zur Formeldarstellung.

  In der Bearbeitungsleiste können Sie allerdings mit dieser Tastenkombination nur den letzten Schritt rückgängig machen!
- Die [Esc]-Taste: Drücken Sie die [Esc]-Taste, falls Sie mehrere Formelteile hintereinander ausgewertet haben. Dadurch verlassen Sie die Bearbeitungsleiste und bekommen die gesamte Formel wieder angezeigt.
- Markieren eines Formelteils: Möchten Sie einen Teil einer Formel auswerten, achten Sie darauf, dass der markierte Formelteil auch auswertbar ist, ansonsten erhalten Sie eine Fehlermeldung. Ein häufiger Fehler liegt darin, eine Klammer zu viel oder zu wenig mit zu markieren.

  Sind in dem auszuwertenden Formelteil zu große Bereiche enthalten, zum Beispiel ganze Spalten oder Zeilen, die als Matrixkonstante dargestellt werden müssten, wird eventuell die maximale Formellänge von Excel überschritten. Sie erhalten in diesem Fall die in Abbildung 12.25 gezeigte Fehlermeldung.

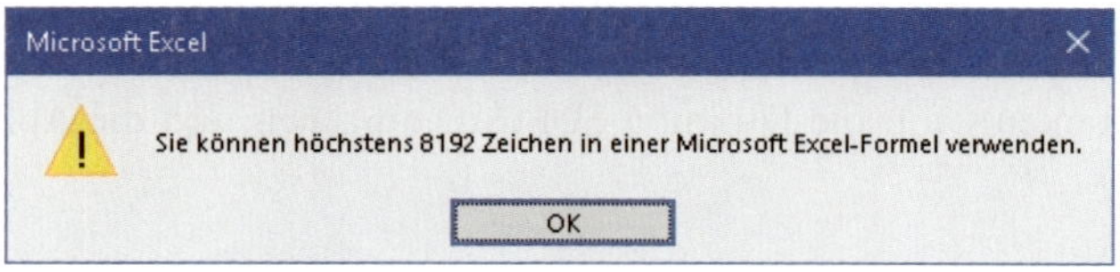

Abbildung 12.25: Bei der Auswertung eines Formelteils kann die Formel zu lang werden

Tipp Verringern Sie vorübergehend die Größe des auszuwertenden Bereichs (statt der ganzen Spalte A zum Beispiel nur den Spaltenbereich A1:A100), um die Formel in der Bearbeitungsleiste angezeigt zu bekommen. Ist die Formel in Ordnung, setzen Sie den Bereich wieder auf die gewünschte Bereichsgröße zurück.

- Bearbeitungsleiste erweitern: Lassen Sie einen oder mehrere Teile einer Formel auswerten, wird die Darstellung der Formel, gerade bei Matrixformeln, sehr lang. Um die gesamte Formel sehen zu können, erweitern Sie die Bearbeitungsleiste (siehe Abbildung 12.24).
- Die Funktion SUMMENPRODUKT: Matrixformeln, die als Endergebnis einen einzelnen numerischen Wert zurückliefern, können in vielen Fällen mit der Funktion SUMMENPRODUKT umgeben werden. Dadurch entfällt die abschließende Tastenkombination `Strg`+`⇧`+`↵`.

Mit Wahrheitswerten rechnen: In Matrixformeln sind häufig Bedingungen enthalten, zum Beispiel `A1:A10>10`, die als Ergebnis die Wahrheitswerte WAHR oder FALSCH zurückgeben. Die Wahrheitswerte müssen in berechenbare Zahlen umgewandelt werden. Tabelle 12.1 gibt Auskunft zu verschiedenen Berechnungen mit Wahrheitswerten.

Berechnung	Ergebnis
WAHR	entspricht 1
FALSCH	entspricht 0
WAHR * WAHR	1
WAHR * FALSCH	0
FALSCH * WAHR	0
FALSCH * FALSCH	0
WAHR * 100	100
FALSCH * 100	0
WAHR + 1	2
FALSCH + 1	1
1 / WAHR	1
1 / FALSCH	#DIV/0!
WAHR / 1	1
FALSCH / 1	0
WAHR - 1	0
FALSCH - 1	-1
1 - WAHR	0
1 - FALSCH	1
{WAHR;FALSCH}*1	{1;0}
-{WAHR;FALSCH}	{-1;0}
--{WAHR;FALSCH}	{1;0}

Tabelle 12.1: Mit Wahrheitswerten rechnen

Beispiele für Matrixformeln

Im Controlling wird teilweise nach Lösungen gefragt, die nur mit einer Matrixformel berechenbar sind.

Die folgenden Beispiele erläutern den Einsatz von Matrixformeln und zeigen die gesuchten Lösungen.

Online Die einzelnen Beispiele finden Sie in der Arbeitsmappe *Kap12_Beispiele.xlsx*.

Kleinster Wert größer null

Gesucht wird im Bereich B5:F11 die kleinste Zahl, die größer ist als null (siehe Abbildung 12.26).

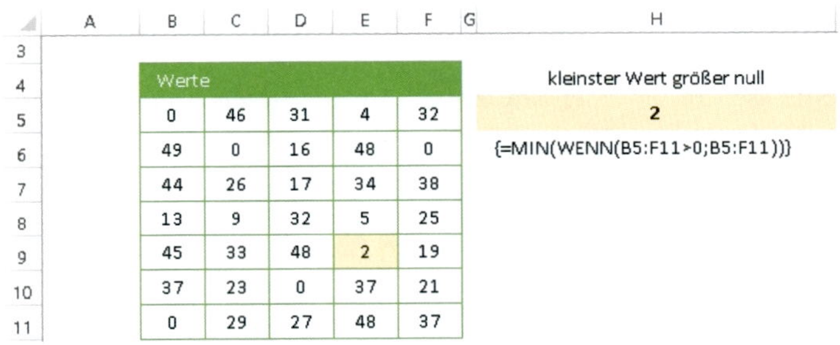

	A	B	C	D	E	F	G	H
3								
4		Werte						kleinster Wert größer null
5		0	46	31	4	32		2
6		49	0	16	48	0		{=MIN(WENN(B5:F11>0;B5:F11))}
7		44	26	17	34	38		
8		13	9	32	5	25		
9		45	33	48	2	19		
10		37	23	0	37	21		
11		0	29	27	48	37		

Abbildung 12.26: Mit einer Matrixformel finden Sie schnell den kleinsten Wert, der größer ist als null

---

Online Auf dem Arbeitsblatt *Kleinster Wert* der Arbeitsmappe *Kap12_Beispiele.xlsx* können Sie das Beispiel aus Abbildung 12.26 nachvollziehen.

Lösung

`{=MIN(WENN(B5:F11>0;B5:F11))}`

Beenden Sie die Formeleingabe mit der Tastenkombination [Strg]+[⇧]+[↵]. Excel umgibt die Formel automatisch mit geschweiften Klammern und signalisiert: Dies ist eine Matrixformel.

Erläuterung

Im ersten Argument der Funktion WENN wird zunächst abgefragt, ob der einzelne Wert im Bereich B5:F11 größer ist als null. Trifft dies zu, wird die entsprechende Zahl aus diesem Bereich genommen (*Dann_Wert*), ansonsten der Wahrheitswert FALSCH (*Sonst_Wert*).

Markieren Sie die gesamte WENN-Funktion und lassen Sie diesen Formelteil mit der Taste [F9] auswerten. In der Bearbeitungsleiste steht dann:

```
=MIN({FALSCH.46.31.4.32;49.FALSCH.16.48.FALSCH;44.26.17.34.38;13.9.32.5.25;45.33.48.2
.19;37.23.FALSCH.37.21;FALSCH.29.27.48.37})
```

Die Funktion MIN kann mit dem Wahrheitswert FALSCH umgehen und ermittelt aus der Matrix den kleinsten Wert.

Quersumme einer Ganzzahl

In einer Zelle steht eine Ganzzahl variabler Länge, zum Beispiel die Zahl *32478*. Aus dieser Ganzzahl soll die Quersumme, die Summe der einzelnen Ziffern dieser Zahl, gebildet werden (siehe Abbildung 12.27).

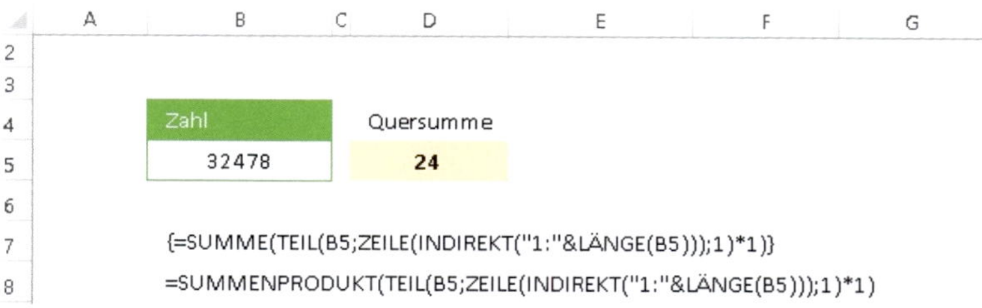

Abbildung 12.27: Den Kern der Matrixfunktion bildet die Funktion TEIL. Die variable Länge der Ganzzahl ermittelt die Kombination der Funktionen ZEILE und INDIREKT.

Online Auf dem Arbeitsblatt *Quersumme* der Arbeitsmappe *Kap12_Beispiele.xlsx* können Sie das Beispiel aus Abbildung 12.27 nachvollziehen.

Lösung

- Als Matrixformel:
  `{=SUMME(TEIL(B5;ZEILE(INDIREKT("1:"&LÄNGE(B5)));1)*1)}`
  Beenden Sie die Formeleingabe mit der Tastenkombination [Strg]+[⇧]+[↵]. Excel umgibt die Formel automatisch mit geschweiften Klammern und signalisiert: Dies ist eine Matrixformel.
- als Standardformel:
  `=SUMMENPRODUKT(TEIL(B5;ZEILE(INDIREKT("1:"&LÄNGE(B5)));1)*1)`
  Beenden Sie die Formeleingabe mit der [↵]-Taste.

Erläuterung

Den Kern beider Formeln bildet die Funktion TEIL. Damit wird die Ganzzahl in ihre einzelnen Ziffern zerlegt.

Angenommen, die Ganzzahl in Zelle B5 lautet *32478*, dann ermittelt

`TEIL(B5;`**`1`**`;1)` die Ziffer "3" als Text,

`TEIL(B5;`**`2`**`;1)` die Ziffer "2" als Text,

`TEIL(B5;`**`3`**`;1)` die Ziffer "4" als Text,

`TEIL(B5;`**`4`**`;1)` die Ziffer "7" als Text,

`TEIL(B5;`**`5`**`;1)` die Ziffer "8" als Text.

In der Funktion TEIL ändert sich in diesem Beispiel nur das zweite Argument. Mit einer Matrixformel lauten diese fünf Formeln zusammengefasst:

`TEIL(B5;ZEILE(1:5);1)`

und mit der Taste [F9] in der Bearbeitungsleiste ausgewertet erhalten Sie:

`{"3";"2";"4";"7";"8"}`

Da die Zahl eine variable Länge hat, muss zunächst mit der Funktion LÄNGE die Anzahl der Ziffern ermittelt werden. Mit dem Textbaustein `"1:"` wird die ermittelte Länge zu einem neuen Text verkettet: `"1:"&LÄNGE(B5)`, zum Beispiel `"1:5"`.

Für die Funktion ZEILE ist der Text `"1:5"` keine gültige Adresse. Daher kommt zunächst die Funktion INDIREKT zum Zuge, die aus dem Text `"1:5"` wieder eine gültige Adresse für die Funktion ZEILE bildet: `ZEILE(1:5)`.

Jetzt erhalten Sie aus dem Formelteil

`TEIL(B5;ZEILE(INDIREKT("1:"&LÄNGE(B5)));1)`

die einzelnen Ziffern der Zahl, allerdings als Text. Eine Textzahl verwandelt Excel wieder in einen numerischen Wert, indem Sie die Textzahl mit 1 multiplizieren. Aus der mit 1 multiplizierten Matrixkonstanten `{"3";"2";"4";"7";"8"}*1` ergibt sich die Matrixkonstante `{3;2;4;7;8}`. Diese Matrix lassen Sie mit der Funktion SUMME oder der Funktion SUMMENPRODUKT aufsummieren.

Letzter eingetragener Wert in einer Spalte

In dem Bereich B5:B14 soll der letzte eingetragene Wert mit einer Formel ermittelt werden (siehe Abbildung 12.28). Arbeitet die Formel wie gewünscht, soll sie auf die ganze Spalte B erweitert werden.

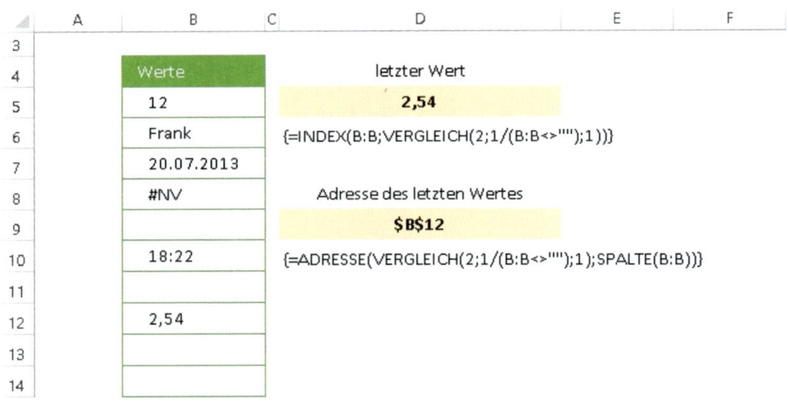

Abbildung 12.28: Haben Sie per Formel die Position des letzten Wertes in einem Spaltenbereich ermittelt, können Sie sich leicht den Wert oder die Adresse der Zelle, die diesen Wert enthält, zurückliefern lassen

---

Online Auf dem Arbeitsblatt *Letzter Wert* der Arbeitsmappe *Kap12_Beispiele.xlsx* können Sie das Beispiel aus Abbildung 12.28 nachvollziehen.

Lösung

`{=INDEX(B5:B14;VERGLEICH(2;1/(B5:B14<>"");1))}`

Beenden Sie die Formeleingabe mit der Tastenkombination Strg+⇧+↵. Excel umgibt die Formel automatisch mit geschweiften Klammern und signalisiert: Dies ist eine Matrixformel.

Erläuterung

Der Formelteil `(B5:B14<>"")` ermittelt, ob die jeweilige Zelle gefüllt ist. Lassen Sie diesen Teil mit der Taste [F9] in der Bearbeitungsleiste auswerten, bekommen Sie für das Beispiel die folgende Matrixkonstante angezeigt:

`{WAHR;WAHR;WAHR;#NV;FALSCH;WAHR;FALSCH;WAHR;FALSCH;FALSCH}`

Mit einem Trick wird aus dieser Matrix für die Funktion VERGLEICH eine auswertbare Suchmatrix gebildet, da die Funktion VERGLEICH mit Fehlerwerten in der Suchmatrix umgehen kann. Die Division

`1/{WAHR;WAHR;WAHR;#NV;FALSCH;WAHR;FALSCH;WAHR;FALSCH;FALSCH}`

ergibt: `{1;1;1;#NV;#DIV/0!;1;#DIV/0!;1;#DIV/0!;#DIV/0!}`

denn:

- `1/WAHR = 1` (WAHR entspricht 1)
- `1/#NV = #NV`
- `1/FALSCH = #DIV/0!` (FALSCH entspricht 0, *1/0* ist mathematisch nicht definiert)

Der nächste Trick besteht in der richtigen Kombination zwischen einem geeigneten Suchkriterium und dem richtigen Vergleichstyp in der Funktion VERGLEICH.

Im dritten Argument wird als Vergleichstyp »kleiner als« angegeben. Ist also die Zahl im Suchkriterium größer als 1, zum Beispiel 2, wird die nächstkleinere Zahl herausgesucht, und das ist die letzte Eins in der Matrix `{1;1;1;#NV;#DIV/0!;1;#DIV/0!;`**`1`**`;#DIV/0!;#DIV/0!}`.

Die Funktion VERGLEICH liefert damit die Position dieser letzten Zahl 1, also die Position der letzten gefüllten Zelle.

Diese Position verwendet die Funktion INDEX als Zeilenangabe, um den Wert aus der letzten gefüllten Zelle zurückzugeben.

Die Matrixformel arbeitet wie gewünscht und war in ihren Teilen mit der Taste [F9] überprüfbar. Erweitern Sie erst jetzt den Bereich auf die ganze Spalte B, da sonst die Auswertung mit der Fehlermeldung quittiert wird: »Die Formel ist zu lang ...«.

Die Matrixformel für die ganze Spalte B lautet:

`{=INDEX(B:B;VERGLEICH(2;1/(B:B<>"");1))}`.

Beenden Sie die Formeleingabe mit der Tastenkombination [Strg]+[⇧]+[↵]. Excel umgibt die Formel automatisch mit geschweiften Klammern und signalisiert: Dies ist eine Matrixformel.

Anzahl unterschiedlicher Werte

In dem Spaltenbereich B5:B11 befinden sich verschiedene Werte, die sich auch wiederholen können. Mit einer Formel soll ermittelt werden, wie viele unterschiedliche Werte in diesem Bereich vorhanden sind (siehe Abbildung 12.29).

Online Auf dem Arbeitsblatt *Unterschiedliche Werte* der Arbeitsmappe *Kap12_Beispiele.xlsx* können Sie das Beispiel aus Abbildung 12.29 nachvollziehen.

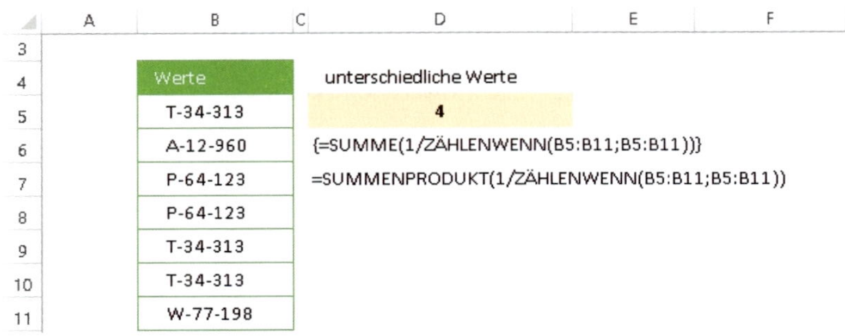

Abbildung 12.29: Die Bildung des Kehrwerts ist der Trick zu dieser Matrixformel

- Als Matrixformel:
  `{=SUMME(1/ZÄHLENWENN(B5:B11;B5:B11))}`
  Beenden Sie die Formeleingabe mit der Tastenkombination [Strg]+[⇧]+[↵]. Excel umgibt die Formel automatisch mit geschweiften Klammern und signalisiert: Dies ist eine Matrixformel.
- Als Standardformel:
  `=SUMMENPRODUKT(1/ZÄHLENWENN(B5:B11;B5:B11))`
  Beenden Sie die Formeleingabe mit der [↵]-Taste.

Erläuterung

Die Funktion ZÄHLENWENN bildet den Kern der beiden Formeln. Die Angabe für den Bereich (wo soll gezählt werden?) und für das Suchkriterium (was soll gezählt werden?) sind identisch (B5:B11). Umgangssprachlich bedeutet diese Angabe: Zähle in dem Bereich B5:B11, wie oft jeder Wert aus dem Bereich B5:B11 im Bereich B5:B11 vorkommt.

Markieren Sie den gesamten Formelteil der Funktion ZÄHLENWENN und werten Sie ihn über die Taste [F9] aus. In der Bearbeitungsleiste steht:

`=SUMME(1/`**`{3;1;2;2;3;3;1}`**`)`.

Zur Matrixkonstanten `{3;1;2;2;3;3;1}` gehört folgende Interpretation:

- Die Zahl 1 steht jeweils für einen Wert, der nur einmal vorhanden ist: = zwei Werte.
- Die Zahl 2 gehört zu demselben Wert, der zweimal vorhanden ist: = ein Wert.
- Die Zahl 3 gehört zu demselben Wert, der dreimal vorhanden ist: = ein Wert.

Insgesamt enthält also der Bereich vier unterschiedliche Werte.

Rechnerisch wird dies durch die Kehrwertberechnung `1/{3;1;2;2;3;3;1}` vorgenommen. Jede Zahl wird zum Bruchteil eines Ganzen umgerechnet:

`{0,333333333333333;1;0,5;0,5;0,333333333333333;0,333333333333333;1}`

Die Funktionen SUMME beziehungsweise SUMMENPRODUKT summieren die Werte in der Matrix auf und geben die Anzahl unterschiedlicher Werte zurück – hier *4*.

Nächstkleinere Zahl zu einer Vergleichszahl

Aus dem Spaltenbereich B5:B13 soll mit einer Formel die nächstkleinere Zahl zu der in Zelle D5 eingetragenen Vergleichszahl ermittelt werden (siehe Abbildung 12.30).

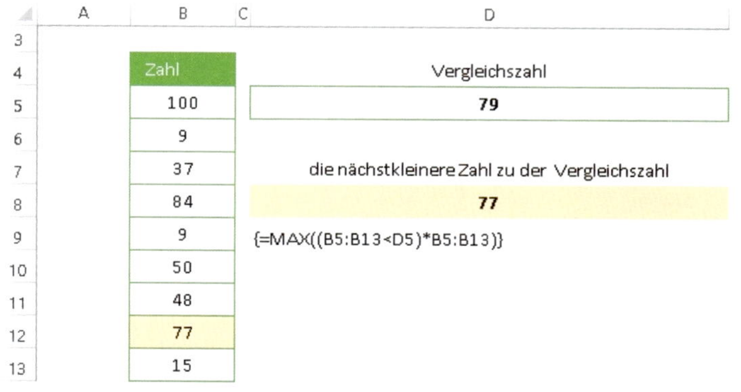

Abbildung 12.30: Mit der richtigen Matrixformel finden Sie leicht die nächstkleinere Zahl zu einer Vergleichszahl

---

Online Auf dem Arbeitsblatt *Nächster Wert* der Arbeitsmappe *Kap12_Beispiele.xlsx* können Sie das Beispiel aus Abbildung 12.30 nachvollziehen.

Lösung

`{=MAX((B5:B13<D5)*B5:B13)}`

Beenden Sie die Formeleingabe mit der Tastenkombination [Strg]+[⇧]+[↵]. Excel umgibt die Formel automatisch mit geschweiften Klammern und signalisiert: Dies ist eine Matrixformel.

Erläuterung

Zunächst werden alle Zahlen im Bereich B5:B13 in der Bedingung (`B5:B13<D5`) überprüft, ob sie kleiner als die Vergleichszahl in Zelle D5 sind. Der mit der Taste [F9] ausgewertete Formelteil ergibt die Matrixkonstante:

`{FALSCH;WAHR;WAHR;FALSCH;WAHR;WAHR;WAHR;WAHR;WAHR}`

Anschließend wird diese Matrix mit jedem Wert aus dem Bereich B5:B13 ausmultipliziert. Es ergibt sich die Matrixkonstante:

`{0;9;37;0;9;50;48;77;15}`

Die Funktion MAX ermittelt aus dieser Matrix die größte Zahl: 77. Dies ist die nächstkleinere Zahl zum Vergleichswert.

SVERWEIS mit mehreren Suchergebnissen

Viele Anwender suchen nach einer Möglichkeit, die Funktion SVERWEIS so einzusetzen, dass sie nicht nur eine, sondern mehrere Fundstellen aus dem Datenbereich zurückliefert.

Leider ist die Funktion SVERWEIS dazu nicht in der Lage. Aber es gibt, wie gezeigt werden soll, alternative Lösungswege.

In dem folgenden Beispiel steht in Zelle E5 ein Vorname. Aus dem Bereich B5:C11, in dem die Vor- und Nachnamen einiger Kunden eingetragen sind, sollen alle Nachnamen herausgelesen werden, deren Vorname mit dem Vornamen in Zelle E5 übereinstimmt.

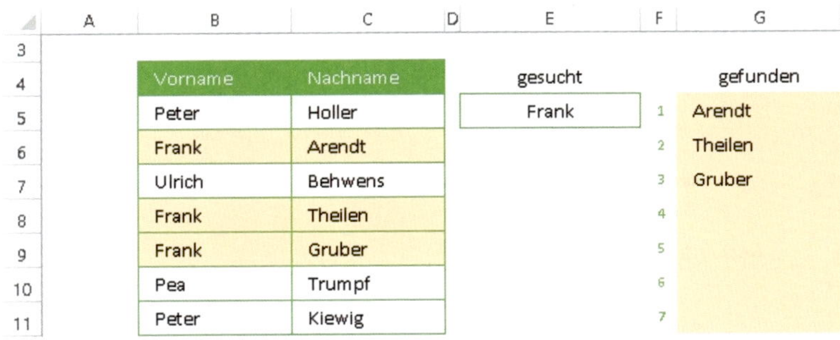

	A	B	C	D	E	F	G
3							
4		Vorname	Nachname		gesucht		gefunden
5		Peter	Holler		Frank	1	Arendt
6		Frank	Arendt			2	Theilen
7		Ulrich	Behwens			3	Gruber
8		Frank	Theilen			4	
9		Frank	Gruber			5	
10		Pea	Trumpf			6	
11		Peter	Kiewig			7	

Abbildung 12.31: Nachnamen herauslesen, deren Vorname mit dem Vornamen in Zelle E5 übereinstimmt

---

Online Auf dem Arbeitsblatt *SVERWEIS* der Arbeitsmappe *Kap12_Beispiele.xlsx* können Sie das Beispiel aus Abbildung 12.31 nachvollziehen.

Lösung

`{=WENNFEHLER(INDEX($C$5:$C$11;KKLEINSTE(WENN($B$5:$B$11=$E$5;($B$5:$B$11=$E$5)*ZEILE(INDIREKT("1:"&ANZAHL2($B$5:$B$11))));ZEILE(1:1)));"")}`

Tragen Sie die Formel in Zelle G5 ein. Beenden Sie die Formeleingabe mit der Tastenkombination [Strg]+[⇧]+[↵]. Excel umgibt die Formel automatisch mit geschweiften Klammern und signalisiert: Dies ist eine Matrixformel. Kopieren Sie die Formel nach unten.

Erläuterung

Innerhalb der Matrixformel nimmt die Funktion WENN den größten Platz ein. Die allgemeine Syntax für sie lautet: *WENN(Prüfung;Dann_Wert;Sonst_Wert)*

In dem Beispiel ist

- das erste Argument, die *Prüfung*:
  `($B$5:$B$11=$E$5)`

  Die Prüfung `($B$5:$B$11=$E$5)` ergibt nach dem Markieren und Auswerten über die Taste [F9] in der Bearbeitungsleiste die Matrixkonstante:
  `{FALSCH;WAHR;FALSCH;WAHR;WAHR;FALSCH;FALSCH}`

  Der Wahrheitswert WAHR steht für eine Zelle, deren Vorname mit dem Vornamen aus Zelle E5 übereinstimmt, ansonsten wird der Wahrheitswert FALSCH ermittelt.

  Dies bedeutet für die Funktion WENN, dass bei WAHR der entsprechende Wert aus dem *Dann_Wert* und bei FALSCH aus dem *Sonst_Wert* genommen wird.

- das zweite Argument, der *Dann_Wert*:
  `($B$5:$B$11=$E$5)*(ZEILE(INDIREKT("1:"&ANZAHL2($B$5:$B$11))))`

  Der *Dann_Wert* ermittelt die Position der übereinstimmenden Vornamen im Bereich B5:B11.

  Mit der Funktion ANZAHL2 wird zunächst die Anzahl der Vornamen im Bereich B5:B11 berechnet und mit dem Textbaustein `"1:"` zu einem neuen Text verkettet. Im vorliegenden Beispiel ergibt dieser Text `"1:7"`.

  Die Funktion INDIREKT bildet aus dem Text für die Funktion ZEILE wieder eine gültige Adresse, also `ZEILE(1:7)`.

Die Multiplikation der Bedingung (`$B$5:$B$11=$E$5`) mit `ZEILE(1:7)` ergibt die Matrixkonstante: `{0;2;0;4;5;0;0}`.

An der zweiten, vierten und fünften Position steht der gesuchte Vorname.

- das dritte Argument, der *Sonst_Wert*:

  Der *Sonst_Wert* wurde nicht ausdrücklich angegeben und enthält dadurch automatisch den Wahrheitswert FALSCH.

Markieren Sie in der Bearbeitungsleiste den Formelteil mit der gesamten Funktion WENN, erhalten Sie nach dem Drücken der Taste F9 die Matrixkonstante:

`{FALSCH;2;FALSCH;4;5;FALSCH;FALSCH}`

Die Funktion KKLEINSTE sucht mit der Funktion `ZEILE(1:1)` den kleinsten Wert aus dieser Matrix heraus und übergibt diese Zahl als Zeilenposition an die Funktion INDEX. Die Funktion INDEX ermittelt den Nachnamen aus dem Bereich C5:C11 und gibt ihn in der Zelle G5 aus.

Beim Kopieren der Matrixformel nach unten wird die relative Adresse im Formelteil `ZEILE(1:1)` erhöht und dadurch der nächste übereinstimmende Vorname herausgelesen.

Wird kein übereinstimmender Vorname mehr gefunden, gibt der Formelteil mit der INDEX-Funktion den Fehlerwert *#ZAHL!* zurück. Dieser Fehlerwert wird mit der Funktion WENNFEHLER abgefangen. Statt des Fehlerwerts wird in die entsprechende Zelle eine leere Zeichenkette ("") eingetragen.

Kapitel 13

Daten einfacher berechnen und verwalten: Namen und intelligente Tabellen verwenden

In diesem Kapitel:

In den Kapiteln 10 bis 12 erfahren Sie Spannendes zu Formeln und Funktionen. Vieles davon können Sie noch vereinfachen. Erfahren Sie in diesem Kapitel, wie Sie mit *Namen* unübersichtliche Zellangaben ersetzen und Ihre Formeln dadurch auch für andere leichter nachvollziehbar werden. Lesen Sie außerdem, warum »intelligente« Tabellen weit mehr sind als reine Kosmetik und wie Sie mit ihnen Ihre Listen auf Effizienz trimmen.

Abbildung 13.1: Ausgewählte Vorteile von Bereichsnamen und intelligenten Tabellen

Schluss mit kryptischen Zelladressen: Mit Namen den Durchblick behalten

Die Angabe von Zelladressen in der Form A1, $B$2 oder C$3 ist in Formeln kein Problem, solange Ihr Arbeitsblatt übersichtlich bleibt und Sie alle Zellen im Blick haben. Schwierig wird es, wenn Ihre Tabellen umfangreicher werden und Sie nicht mehr sehen, auf welche Zelle sich eine Formel beziehen soll.

Besser als $K$254: Den Zellen einen Namen geben und wissen, worum es geht

Mit Namen können nicht nur Formeln vereinfacht, sondern auch einzelne Zellen oder ganze Zellbereiche schneller gefunden werden. Bevor Sie die Vorteile von *Bereichsnamen* nutzen können, sind diese erst zu erstellen – entweder per Hand oder mithilfe von Excel ganz automatisch.

Online Verwenden Sie für die folgenden Ausführungen das Arbeitsblatt *Namen eingeben*, das Sie in der Beispielarbeitsmappe *Kap13_Namen_UEB.xlsx* finden.

Einfach und schnell: Einen Bereichsnamen direkt eingeben

Den Namen der momentan aktiven Zelle sehen Sie im *Namenfeld* in der Bearbeitungsleiste. Diese Zelladresse definiert üblicherweise den Schnittpunkt von Zeile und Spalte in der jeweiligen Zelle. Im vorliegenden Arbeitsblatt wird für weitere Berechnungen der Mehrwertsteuersatz aus Zelle C5 benötigt. Dabei soll auf die Zelle über den Namen *Mehrwertsteuer* zugegriffen werden.

1. Markieren Sie die Zelle C5 mit der Maus.
2. Überschreiben Sie die Zelladresse im Namenfeld der Bearbeitungsleiste mit dem Namen `Mehrwertsteuer` (siehe Abbildung 13.2 [1]).

   Wird die Bearbeitungsleiste bei Ihnen gar nicht angezeigt, prüfen Sie, ob auf der Registerkarte *Ansicht* in der Gruppe *Anzeigen* die Option *Bearbeitungsleiste* aktiviert ist.

Wichtig Sie können eine Zelle oder einen Zellbereich nicht benennen, während der *Bearbeitungsmodus* aktiv ist (der Zellinhalt geändert wird). Erkennbar ist dieser Modus am Eintrag *Bearbeiten* in der Statusleiste.

Sollte das Namenfeld zu klein sein, klicken Sie einfach auf die drei Punkte [2] rechts daneben und ziehen es mit gedrückter linker Maustaste auf die gewünschte Breite.

Hinweis Wenn Sie ein Objekt wie beispielsweise ein Diagramm oder eine SmartArt-Grafik markiert haben, zeigt das Namenfeld übrigens auch den Namen des Diagramms oder der SmartArt-Grafik an.

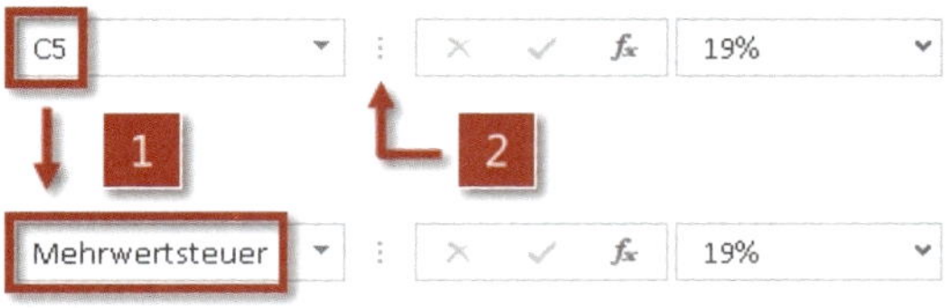

Abbildung 13.2: Zelladressen können im Namenfeld einfach durch eigene Namen überschrieben werden

---

Tipp Einen Namen können Sie nicht nur einer einzelnen Zelle, sondern auch einem Zellbereich oder einer nicht angrenzenden Markierung zuweisen. Eine nicht angrenzende Markierung erhalten Sie durch das Markieren verschiedener Zellbereiche, während Sie die Taste `Strg` gedrückt halten. Sie könnten damit beispielsweise einen nicht zusammenhängenden Zellbereich als *Diagrammdatenbereich* für ein Diagramm festlegen. Weitere Informationen zu Diagrammen finden Sie übrigens in Kapitel 16.

Wie Sie den soeben angelegten Namen optimal einsetzen, lesen Sie weiter hinten in diesem Kapitel im Abschnitt »Einer für alle: Feste Werte mit der korrekten Bezeichnung abrufen«.

Komplett mit Info: Bereichsnamen per Dialogfeld definieren

Bei der Verwendung von Namen kann ein Kommentar sehr hilfreich sein, der Anmerkungen zum Zellbereich des jeweiligen Namens enthält. Damit wird beim Einsatz des Namens sofort ersichtlich, was sich dahinter verbirgt.

Online Wechseln Sie für diese Aufgabe zum Arbeitsblatt *Namen mit Kommentar* in der Beispielarbeitsmappe *Kap13_Namen_UEB.xlsx*.

Im Beispiel werden für unterschiedliche Leistungen unterschiedliche Steuersätze verwendet. Diese Steuersätze befinden sich in den Zellen H5 und H6. Legen Sie die zugehörigen Namen mit Kommentaren, wie in Abbildung 13.3 gezeigt, an:

1. Markieren Sie die Zelle H5.
2. Wählen Sie auf der Registerkarte *Formeln* in der Gruppe *Definierte Namen* den Befehl *Namen definieren* oder drücken Sie die Tastenkombination `Strg`+`Alt`+`F3`.

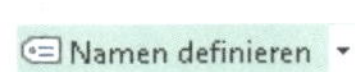

3. Im folgenden Dialogfeld *Neuer Name* hat Excel bereits den Eintrag *Steuersatz_1* aus Zelle G5 übernommen. Dieser Eintrag [1] kann bei Bedarf überschrieben werden.
4. Im Listenfeld *Bereich* [2] wählen Sie den Bereich, in dem der Name ohne weitere Angaben zum Arbeitsblatt erkannt wird.

Wichtig Namen können in unterschiedlichen Bereichen gültig sein:

- in der *Arbeitsmappe*, falls der Name für die gesamte Mappe gültig sein soll. Bei dieser Auswahl kann von jedem beliebigen Blatt über den Namen auf den benannten Bereich zugegriffen werden.
- auf einem *einzelnen Blatt*, falls der Name nur für das ausgewählte Blatt gültig sein soll. Auf diese Weise können Sie den gleichen Namen für verschiedene Zellbereiche in unterschiedlichen Blättern verwenden.

Hinweis Sicherlich haben Sie Ihre Berechnungen nicht immer auf einem einzigen Arbeitsblatt zusammengefasst. Ihre Formeln beziehen sich deshalb möglicherweise auch auf Zellen in anderen Blättern. Wollen Sie innerhalb einer Formel auf einen Namen zugreifen, dessen Gültigkeitsbereich sich nur auf ein einzelnes Blatt und nicht auf die gesamte Arbeitsmappe bezieht, hilft ein kleiner Trick: Stellen Sie einfach bei der Formeleingabe den jeweiligen Blattnamen, beispielsweise `Tabelle1!` (inklusive Ausrufezeichen), vor den gewünschten Namen und schon können Sie ihn in allen Blättern für Berechnungen verwenden.

5. Das Feld *Kommentar [3]* steht für Ihre Anmerkungen bereit. Tragen Sie hier den folgenden Kommentar ein: `Der verminderte Steuersatz gilt nur für Publikationen.`
6. Im Feld *Bezieht sich auf* [4] sehen Sie den aktuellen Bezug. Sollten Sie aus Versehen vor dem Aufrufen des Dialogfeldes die falsche Zelle markiert haben, können Sie hier die Voreinstellung überschreiben.

Tipp Beim Eingeben des Bezugs kann es schnell zu Tippfehlern kommen. Zur einfacheren Korrektur wechseln Sie im Feld *Bezieht sich auf* mit [F2] in den Bearbeitungsmodus. Dadurch können Sie die Einfügemarke mit [←] und [→] frei in der Formel bewegen. Ohne [F2] werden beim Drücken der Pfeiltasten weitere Zellbezüge zur Formel hinzugefügt.

Ist Ihnen das Dialogfeld zu klein, weil eventuell der Bezug nicht komplett angezeigt wird? Dann klicken Sie mit der linken Maustaste auf die rechte untere Ecke [5] des Dialogfeldes und ziehen Sie es auf die gewünschte Größe.

7. Mit einem Klick auf *OK* übernehmen Sie die Einstellungen.
8. Markieren Sie die Zelle H6 und wiederholen Sie die Schritte 2 bis 4. Tragen Sie bei Schritt 5 den folgenden Kommentar ein: `Der reguläre Steuersatz gilt für alle Leistungsarten, aber nicht für Publikationen.`

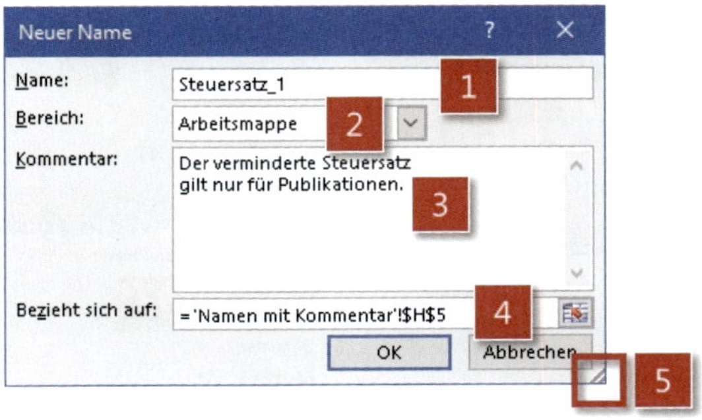

Abbildung 13.3: Per Dialogfeld erhält der Name einen hilfreichen Kommentar

Fast wie von selbst: Überschriften als Namen verwenden

Die Namenserstellung geht aber noch deutlich schneller. Wenn Sie Ihre Tabelle so aufgebaut haben, dass direkt neben, über oder unter den Werten die passenden Überschriften stehen, kann Excel diese Überschriften den jeweiligen Zellbereichen als Namen zuweisen. Beachten Sie bei den einzelnen Schritten auch die Darstellung in Abbildung 13.4.

Online Für diese Aufgabe verwenden Sie bitte das Arbeitsblatt *Namen aus Auswahl* in der Beispielarbeitsmappe *Kap13_Namen_UEB.xlsx*.

---

1. Markieren Sie den zu benennenden Bereich [1] einschließlich der Zeilen- und Spaltenbeschriftungen (*B5:E10*).
2. Klicken Sie auf der Registerkarte *Formeln* in der Gruppe *Definierte Namen* auf *Aus Auswahl erstellen* [2] oder drücken Sie die Tastenkombination Strg+⇧+F3.

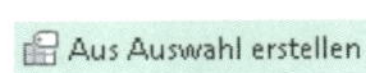

3. Aktivieren Sie im Feld *Namen aus Auswahl erstellen* eines oder mehrere der Kontrollkästchen [3], um anzugeben, welche Beschriftung für die Namen verwendet werden soll, und klicken Sie dann auf *OK*.

Hinweis Ein so definierter Name umfasst nur die Zellen mit den Werten und bezieht die vorhandenen Zeilen- und Spaltenbeschriftungen nicht in den Bereich mit ein.

Als Ergebnis weist Excel im vorliegenden Beispiel gleich neun Namen automatisch zu: Der Bereich C7:E7 erhält beispielsweise den Namen *München*, die Zellen D6:D10 sind ab sofort über den Namen *Kosten* im Namenfeld auswählbar.

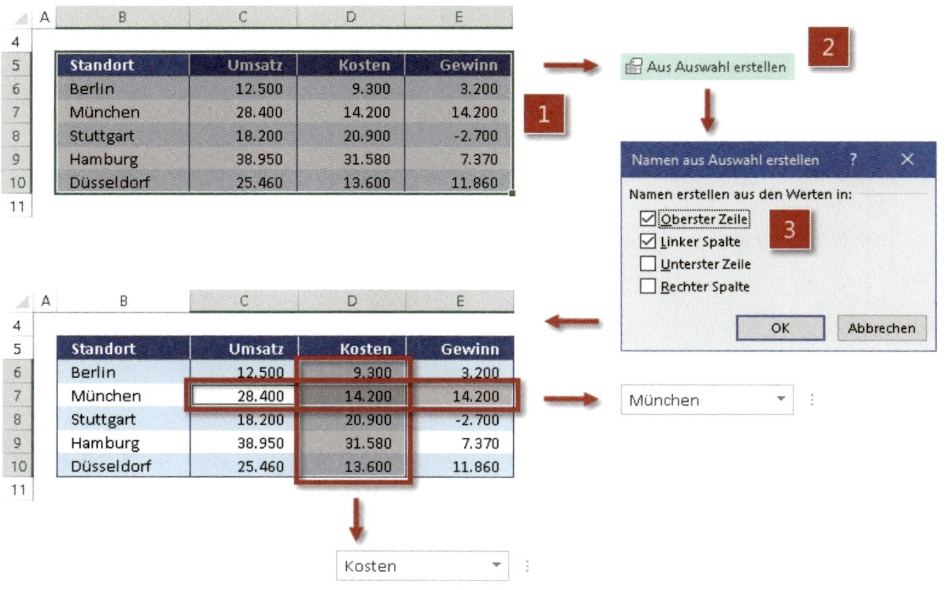

Abbildung 13.4: Namen lassen sich automatisch zuweisen, wenn Beschriftungen direkt bei den Daten stehen

---

Achtung Das Umwandeln von Überschriften in Namen funktioniert nur, wenn die Überschriften den Konventionen zur Namensvergabe entsprechen. Bestehen Ihre Spaltenbeschriftungen beispielsweise bei einer Umsatzübersicht über mehrere Jahre aus den Jahreszahlen *2013*, *2014* und *2015*, können diese nicht in Namen umgewandelt werden, da es sich auch um Zahlenwerte handeln könnte.

Wichtig: Konventionen bei der Namensvergabe

Bei der Namensvergabe sind ein paar Regeln zu beachten:

- Namen dürfen nicht nur aus Zahlen bestehen.
- Das erste Zeichen muss immer ein Buchstabe, ein Unterstrich (_) oder ein umgekehrter Schrägstrich (\) sein.
- Innerhalb eines Namens sind zusätzlich auch noch Ziffern, Punkte (.) und Fragezeichen (?) erlaubt. Leerzeichen sind generell nicht zugelassen.
- Namen, die mit einem Zellbezug identisch sind (beispielsweise ABC100), sind nicht erlaubt.
- Bei fehlerhafter Eingabe wird eine Fehlermeldung angezeigt und der Vorgang abgebrochen.

Achtung Wenn Sie in einer früheren Excel-Version Namen wie *EUR1* oder *SFR100* verwendet haben, kann dies zu einem Konflikt mit einem gültigen Zellbezug führen, da in den neueren Excel-Versionen Zellen mit diesen Zelladressen verfügbar sind. Beim Speichern im XLSX-Format werden diese »unzulässigen« Namen mit dem Präfix Unterstrich (_) versehen und eine Warnmeldung wird angezeigt.

Tipp Bei vielen Namen in einer Arbeitsmappe erleichtern Sie sich den späteren Zugriff, wenn Ihre Namen alle mit dem gleichen Präfix beginnen. Schreiben Sie beispielsweise das Kürzel aus Ihrem Vor- und Zunamen vor den jeweiligen Namen. Beim späteren Verwenden in Formeln stehen die von Ihnen definierten Namen in der Auswahlliste dann alle perfekt in einer Reihe untereinander.

Alles unter Kontrolle mit dem Namens-Manager oder Strg+F3

Mit dem *Namens-Manager* haben Sie eine Komplettübersicht über alle Namen der aktuellen Arbeitsmappe. Dabei zeigt der *Namens-Manager* alle relevanten Informationen zum jeweiligen Namen wie den Wert beziehungsweise die Werte, den Bezug, den Gültigkeitsbereich und einen eventuell vorhandenen Kommentar.

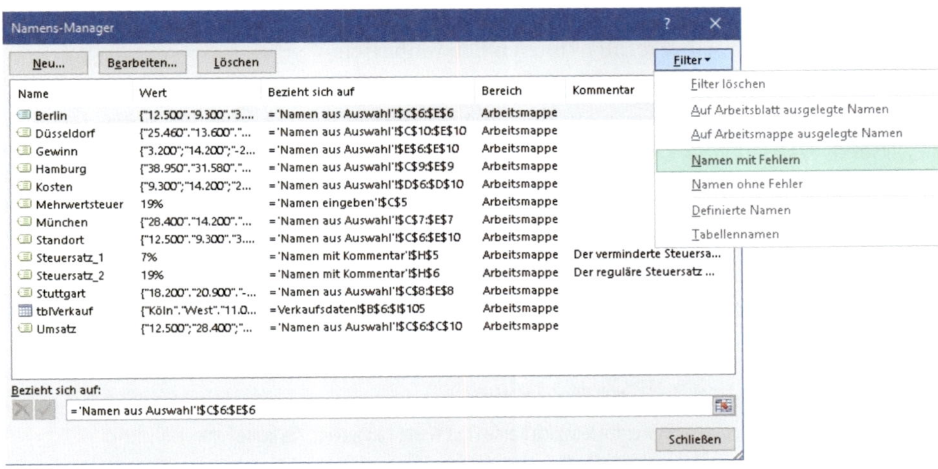

Abbildung 13.5: Durch Filter wird die Anzeige von Namen im Namens-Manager *eingegrenzt*

Hinweis Vor dem Namen steht ein kleines Symbol, das den jeweiligen Namenstyp kennzeichnet. Ein festgelegter Name wird durch  dargestellt, der Name einer »intelligenten« Tabelle wird durch  gekennzeichnet. Weitere Informationen zu »intelligenten« Tabellen finden Sie weiter hinten in diesem Kapitel.

Über die Schaltfläche *Neu* können Sie neue Namen hinzufügen.

Die Schaltfläche *Bearbeiten* führt Sie zum Dialogfeld *Name bearbeiten*, das genauso aussieht wie das Dialogfeld *Neuer Name* (siehe Abbildung 13.3), allerdings kann hier der Gültigkeitsbereich des Namens nicht mehr geändert werden. Dies ist nur bei der Neuanlage eines Namens möglich.

Zum Löschen eines Namens klicken Sie nach Auswahl des betreffenden Namens auf die Schaltfläche *Löschen*.

Tipp Sie wollen gleich mehrere Namen auf einmal löschen? Markieren Sie dazu die gewünschten Namen, indem Sie sie anklicken, während Sie die Taste `Strg` oder die Taste `⇧` gedrückt halten. Klicken Sie auf die Schaltfläche *Löschen* oder drücken Sie die Taste `Entf`, werden alle markierten Namen nach einer Sicherheitsabfrage gelöscht.

Wollen Sie lediglich den Bezug eines Namens ändern, klicken Sie im *Namens-Manager* nach Auswahl des Namens in das Feld *Bezieht sich auf*. Sie können dann entweder einen neuen Bezug eintippen oder mit der Maus markieren. Zur Übernahme Ihrer Änderung klicken Sie auf das kleine Häkchen links daneben, zum Verwerfen der Änderung auf die Schaltfläche mit dem X.

Zum Sortieren aller Namen im *Namens-Manager* klicken Sie auf eine beliebige Spaltenüberschrift. Ein nochmaliger Klick auf die gleiche Spaltenüberschrift wechselt zwischen aufsteigender und absteigender Sortierung.

Sind Ihnen die Spalten zu klein, ziehen Sie die Begrenzungslinien zwischen den Spalten mit gedrückter linker Maustaste bis zur gewünschten Breite. Das ganze Dialogfeld können Sie durch Ziehen an seiner rechten unteren Ecke anpassen.

Besonders interessant ist die Schaltfläche zum Filtern von Namen (siehe Abbildung 13.5). Damit lassen sich beispielsweise nur noch die *Namen mit Fehlern* anzeigen, sodass sie korrigiert werden können. Zum erneuten Anzeigen aller Namen wählen Sie den Eintrag *Filter löschen*. Eine Übersicht der Filtermöglichkeiten sehen Sie in Tabelle 13.1.

Filterauswahl	Ergebnis
Filter löschen	Es werden alle Filtereinstellungen gelöscht und alle verfügbaren Namen angezeigt.
Auf Arbeitsblatt ausgelegte Namen	Es werden lediglich die Namen angezeigt, die lokal für ein Arbeitsblatt gelten.
Namen mit Fehlern	Es werden lediglich Namen mit Werten angezeigt, die Fehler enthalten (zum Beispiel *#REF*, *#VALUE* oder *#NAME*)
Namen ohne Fehler	Es werden lediglich Namen mit Werten angezeigt, die keine Fehler enthalten.
Definierte Namen	Zeigt lediglich Namen an, die von Ihnen oder Excel festgelegt wurden, zum Beispiel Druckbereiche
Tabellennamen	Zeigt lediglich Tabellennamen an

Tabelle 13.1: Filter im Namens-Manager reduzieren die Anzeige auf relevante Einträge

Nicht lange suchen: Mit Namen sofort zur gewünschten Information gelangen

Manche Werte werden innerhalb einer Arbeitsmappe immer wieder zu Berechnungen herangezogen. Auf welchem Arbeitsblatt und in welcher Zelle diese Werte stehen, ist allerdings nicht immer so einfach herauszufinden. Vor allem in umfangreichen Arbeitsmappen können viele Arbeitsblätter schnell die Übersicht behindern.

Stammdaten hinterlegen und sofort wiederfinden

Namen funktionieren hier wie Pfadfinder, die sofort den Weg zu den benötigten Zellen finden. Vor allem wenn Werte auf separaten Arbeitsblättern stehen, sind sie eine große Hilfe.

Online Wenn Sie die folgenden Schritte nachvollziehen möchten, verwenden Sie die Datei *Kap13_Projekte*. Wechseln Sie dort zu einem der Projektblätter.

In Spalte F der jeweiligen Projektpläne wird das voraussichtliche Enddatum der einzelnen Projektschritte berechnet. Dies geschieht über die Funktion ARBEITSTAG. (Weitere Informationen zu Datums- und Zeitfunktionen finden Sie übrigens in Kapitel 11.) Als letztes Argument wird in dieser Funktion ein Zellbereich mit »freien Tagen« angegeben. Dieser Zellbereich ist je nach Bundesland verschieden und auf dem Blatt *Feiertage* verfügbar. Zur Überprüfung der hinterlegten Daten können Sie über die bereits eingegebenen Namen direkt den gewünschten Bereich anspringen.

- Am schnellsten erledigen Sie dies, wenn Sie (wie in Abbildung 13.6 links) auf den Pfeil des Namenfeldes klicken [1] und in der sich öffnenden Liste den gewünschten Bereich auswählen.
- Alternativ dazu können Sie den Befehl *Start/Bearbeiten/Suchen und Auswählen/Gehe zu* [2] wählen und über das Dialogfeld *Gehe zu* den benötigten Zellbereich auswählen.

- Das Dialogfeld *Gehe zu* erreichen Sie auch über die Taste F5 [3].

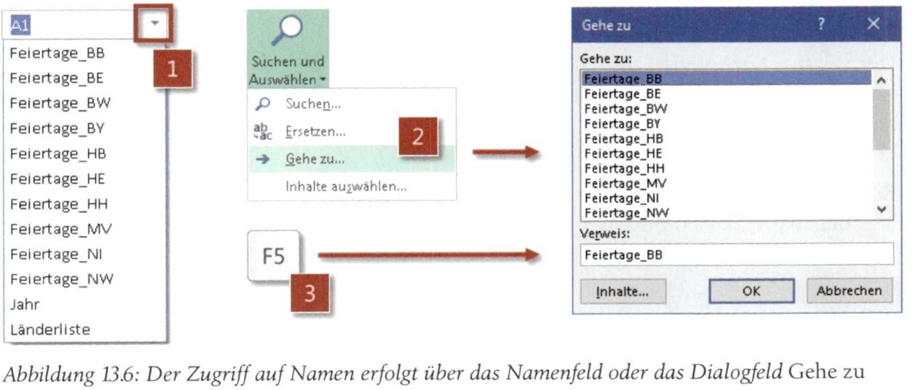

Abbildung 13.6: Der Zugriff auf Namen erfolgt über das Namenfeld oder das Dialogfeld Gehe zu

Einer für alle: Feste Werte mit der korrekten Bezeichnung abrufen

Bezieht sich ein Bereichsname lediglich auf eine Zelle, kann dieser Name in Formeln direkt wie ein absoluter Zellbezug verwendet werden. Verwirrende Zelladressen wie beispielsweise $K$254 gehören damit endgültig der Vergangenheit an.

Online Öffnen Sie in der Beispielarbeitsmappe *Kap13_Namen_UEB.xlsx* das Arbeitsblatt *Namen eingeben* zum Nachvollziehen der einzelnen Schritte.

Auf dem Arbeitsblatt *Namen eingeben* soll der Mehrwertsteuerbetrag bei den einzelnen Produkten ermittelt werden. Mit den folgenden Schritten erzielen Sie das gewünschte Ergebnis:

1. Geben Sie in Zelle C13 zunächst `=C12` ein und klicken Sie anschließend auf die Zelle C5 (siehe Abbildung 13.7 [1]). Da zu dieser Zelle weiter vorn in diesem Kapitel der Name *Mehrwertsteuer* [2] eingegeben wurde, wird dieser in die Formel in der Bearbeitungsleiste [3] übertragen.
2. Drücken Sie die [↵]-Taste.
3. Kopieren Sie die Zelle C13 mit der Tastenkombination [Strg]+[C] und fügen Sie sie an den passenden Stellen bei den anderen Produkten mit der Tastenkombination [Strg]+[V] wieder ein. Fertig!

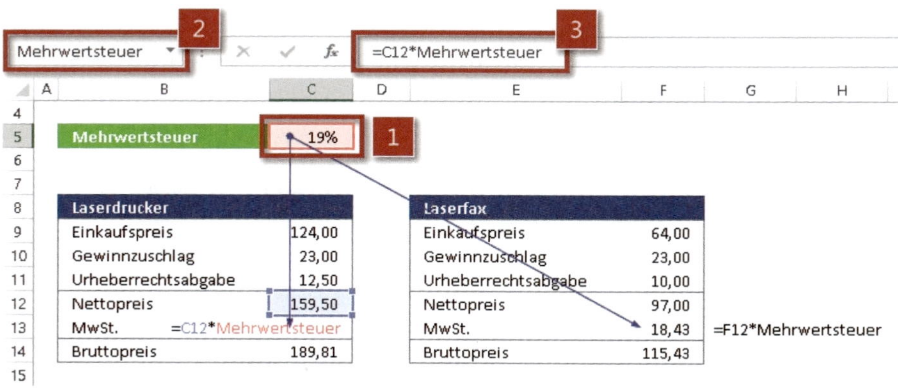

Abbildung 13.7: Bei der Auswahl von Zellen werden ihre Namen direkt in die Formeln übertragen

Der relative Bezug auf C12 hat sich beim Kopieren in die anderen Zellen angepasst. Der Name *Mehrwertsteuer* verweist hingegen immer auf die gleiche Zelle: C5. Der Bereichsname wirkt hier wie ein absoluter Bezug, Dollarzeichen zum Fixieren von Spalte und Zeile ($C$5) sind deshalb nicht mehr notwendig.

Ein weiterer Vorteil besteht darin, dass in den berechneten Zellen sofort erkennbar ist, auf welchen Wert sie sich beziehen: auf die *Mehrwertsteuer*.

Hinweis Sie können einen Namen direkt in eine Formel eintippen, unabhängig davon, ob er sich auf eine einzelne Zelle oder einen Zellbereich bezieht. Alternativ dazu können Sie bei der Formelerstellung auch eine Liste mit allen verfügbaren Namen anzeigen lassen. Klicken Sie hierfür auf *Formeln/Definierte Namen/In Formel verwenden* und wählen Sie den Befehl *Namen einfügen* oder drücken Sie die Taste F3. Zum Übernehmen eines Namens aus der Liste reicht ein Doppelklick auf den betreffenden Namen.

Doch was ist zu tun, wenn mehrere Zellen eigene Namen haben und Sie nicht mehr genau wissen, welcher Wert sich hinter welchem Namen verbirgt? In diesem Fall helfen Ihnen die Kommentare zu den einzelnen Namen weiter.

Mit Kommentaren den richtigen Namen finden

In einem weiteren Beispiel ist die Mehrwertsteuer zu einem Nettobetrag zu ermitteln. Bei Publikationen gilt aber ein anderer Steuersatz als bei den anderen Leistungsarten. Welcher Steuersatz gilt nun für welche Leistungsart? Gut, dass Sie das in einem Kommentar zum Namen vermerkt haben.

Online Wechseln Sie für diese Aufgabe zum Arbeitsblatt *Namen mit Kommentar*, für das Sie im Abschnitt »Komplett mit Info: Bereichsnamen per Dialogfeld definieren« bereits zwei Namen mit Kommentaren angelegt haben.

1. Markieren Sie die Zelle G9 und tippen Sie die Formel `=WENN(C9="Publikation";F9*ste` ein.
2. Automatisch erscheinen nun die passenden Einträge in der *IntelliSense-Liste*, die unter der ebenfalls mit »ste« beginnenden Funktion STEIGUNG auch die beiden zur Verfügung stehenden Namen für die Steuersätze anzeigt.
3. Wählen Sie mit den Pfeiltasten den Namen *Steuersatz_1* aus oder klicken Sie ihn an. Daraufhin gibt die QuickInfo den zum Namen festgelegten Kommentar wieder (siehe Abbildung 13.8).

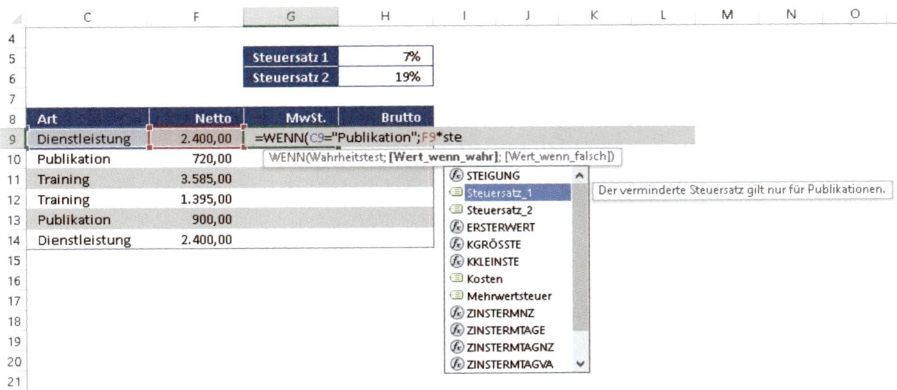

Abbildung 13.8: Dank eines Kommentars ist der richtige Name schnell ermittelt

4. Übernehmen Sie den Namen *Steuersatz_1* durch einen Doppelklick oder mithilfe der [Tab]-Taste.
5. Setzen Sie die Formeleingabe mit `;F9*ste` fort und übernehmen Sie diesmal den Eintrag *Steuersatz_2*.
6. Mit der schließenden Klammer) und der [Enter]-Taste schließen Sie die Formeleingabe ab. Die komplette Formel lautet
`=WENN(C9="Publikation";F9*Steuersatz_1;F9*Steuersatz_2)`.
7. Kopieren Sie die Formel aus Zelle G9 nach unten bis in Zelle G14.

Selbst wenn die beiden Zellen mit den Mehrwertsteuersätzen bei der Formeleingabe nicht im sichtbaren Bereich des Arbeitsblatts liegen, ist ihre Auswahl dank Kommentar problemlos möglich.

Tipp Wie Sie die Formel nach unten kopieren können, ohne die grau-weiße Zellformatierung zu verändern, erfahren Sie in Kapitel 3 im Abschnitt »Formeln in der Spalte nach unten kopieren«.

Wenn alle gleich sind: Zahlen aus Zellbereichen in Berechnungen verwenden

Den Umgang mit Namen, die sich lediglich auf eine Zelle beziehen, haben Sie bereits gelernt. Spannend wird es beim Einsatz von Namen, die sich auf ganze Zellbereiche beziehen. Damit können Sie für Bezüge auf unterschiedliche Zellen den gleichen Namen benutzen.

Für eine Firma soll zu den einzelnen Standorten der jeweilige Gewinn ermittelt werden. Dazu werden vom jeweiligen Umsatz die zugehörigen Kosten abgezogen.

Online Im Abschnitt »Fast wie von selbst: Überschriften als Namen verwenden« weiter vorn in diesem Kapitel haben Sie im Arbeitsblatt *Namen aus Auswahl* Bereichsnamen aus den jeweiligen Überschriften erstellt. Verwenden Sie dieses Arbeitsblatt für die folgenden Schritte.

In Zelle E6 könnten Sie dafür die Formel `=C6-D6` einsetzen und die Formel nach unten kopieren, die Zellbezüge würden sich dabei automatisch anpassen. Allerdings würde in jeder Zelle ein anderer Zellbezug stehen, sodass bei einem Fehler unter Umständen jeder einzelne Bezug kontrolliert werden müsste.

Der Einsatz der Namen *Umsatz* und *Kosten* vereinfacht das Ganze erheblich, wie Abbildung 13.9 zeigt:

1. Beginnen Sie die Formel in Zelle E6 mit `=um` und übernehmen Sie den Namen *Umsatz* [1] mit der [Tab]-Taste.
2. Ermitteln Sie aus dem Umsatz den Gewinn: Geben Sie `-kos` ein und die IntelliSense-Liste blendet den Namen *Kosten* [2] ein. Übernehmen Sie ihn mit der [Tab]-Taste.

Tipp Je mehr Buchstaben Sie bei der Eingabe eines Namens eingeben, desto genauer wird die Auswahl, die Ihnen die IntelliSense-Liste zur Verfügung stellt.

---

3. Ihre Formel heißt jetzt komplett `=Umsatz-Kosten` [3]. Bestätigen Sie die Eingabe mit [↵].
4. Kopieren Sie die Formel nach unten zur Auswertung des Gewinns für die anderen Standorte.

In der *Gewinn*-Spalte steht jetzt in allen Zellen die exakt gleiche Formel. Damit ist auch für einen unerfahrenen Excel-Anwender sofort klar, wie der Gewinn ermittelt wurde: als Differenz von *Umsatz* und *Kosten*.

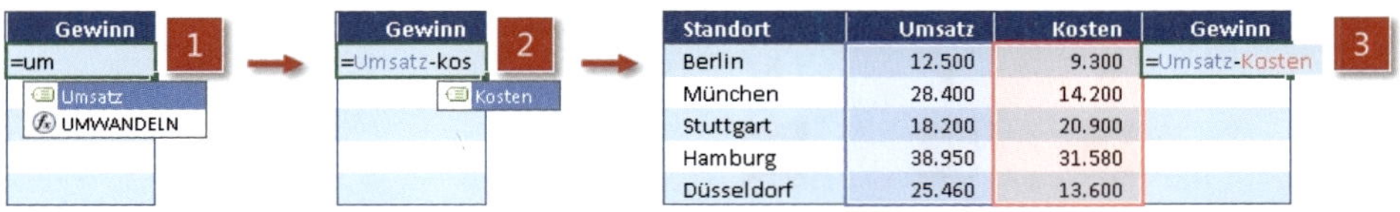

Abbildung 13.9: Mit Namen können Bezüge auf Zellen innerhalb eines Zellbereichs festgelegt werden

Die Verwendung der Namen hat hier gleich mehrere Vorteile:

- Die Formel lässt sofort Rückschlüsse auf die Zahlenherkunft zu.
- Schwer verständliche Zellbezüge wie `C6-D6` sind nicht mehr erforderlich.
- Da alle Zellen in der *Gewinn*-Spalte die identische Formel beinhalten, ist eine einfache Fehleranalyse möglich.

Wichtig Der Verweis auf eine Zelle innerhalb eines benannten Zellbereichs erfolgt immer zeilen- oder spaltenweise, ausgehend von der Zelle, die die Formel enthält.

Der Name eines Zellbereichs kann deshalb nur dann in einer Formel für einen einzelnen Zellbezug eingesetzt werden, wenn sich eine Zelle des Zellbereichs in der gleichen Zeile oder Spalte wie die Formelzelle befindet.

In Abbildung 13.10 verweist die letzte Zelle [1] der *Gewinn*-Spalte auf die Zellbereiche *Umsatz* und *Kosten*. Der Zellbereich mit dem Namen *Kosten* wurde jedoch falsch definiert und enthält keine Zelle [2] in der gleichen Zeile wie die Formelzelle. Als Ergebnis liefert die Formel deshalb den Fehler *#WERT!* [3].

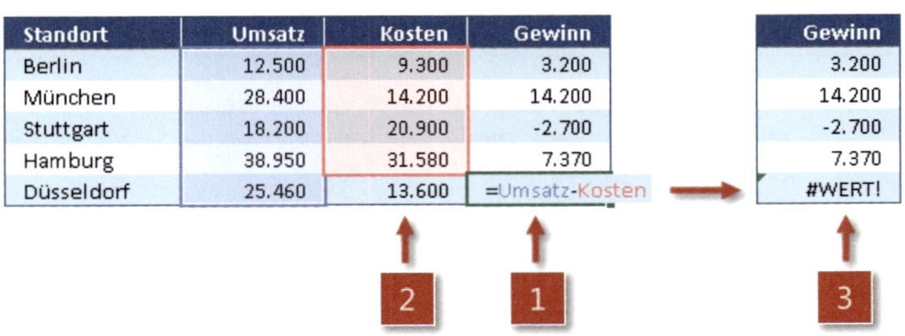

Abbildung 13.10: Wenn keine Zelle im Bereich gefunden wird, wird ein Fehler angezeigt

---

Alles auf einmal: Mit kompletten Zellbereichen rechnen

Ein Name kann auch dazu verwendet werden, alle Zahlen eines benannten Bereichs in einer Berechnung zu berücksichtigen. Dabei ist es unerheblich, wo sich der Bereich befindet. Die Übereinstimmung einzelner Zeilen oder Spalten ist nicht notwendig.

In Abbildung 13.11 sehen Sie die Berechnung der Summen für Umsatz, Kosten und Gewinn. Es reicht aus, innerhalb der SUMME-Funktion den jeweiligen Namen der Bereiche [1] bis [3] anzugeben.

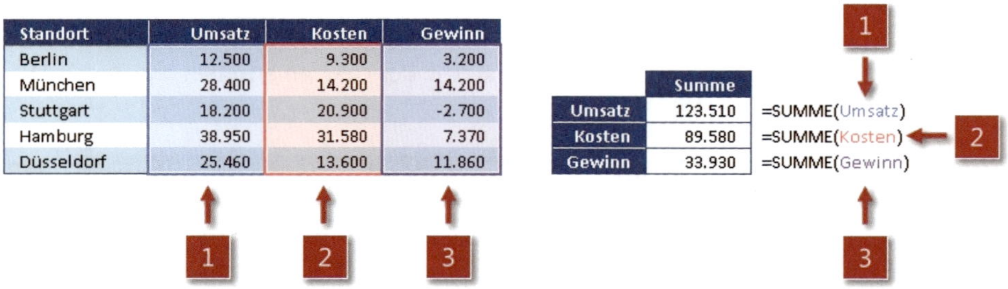

Standort	Umsatz	Kosten	Gewinn
Berlin	12.500	9.300	3.200
München	28.400	14.200	14.200
Stuttgart	18.200	20.900	-2.700
Hamburg	38.950	31.580	7.370
Düsseldorf	25.460	13.600	11.860

	Summe	
Umsatz	123.510	=SUMME(Umsatz)
Kosten	89.580	=SUMME(Kosten)
Gewinn	33.930	=SUMME(Gewinn)

Abbildung 13.11: Ganz ohne Zelladressen: Summenberechnung mit Namen

Sehr praktisch: Ganze Formeln in einem einzigen Namen verstecken

Namen können auch Berechnungen ausführen, wenn sie eine Formel beinhalten. Bei einem Onlinehandel können Sie damit beispielsweise den letzten Tag eines 14-tägigen Widerrufsrechts ermitteln. Fällt dieser Tag auf ein Wochenende, soll das Widerrufsrecht am darauf folgenden Montag enden. So gehen Sie vor:

1. Rufen Sie mit `Strg`+`Alt`+`F3` das Dialogfeld *Neuer Name* auf.
2. Geben Sie den Namen `Ende_Widerrufsrecht` ein.
3. Schreiben Sie `Berechnung des letzten Widerruftages ab heute` in das *Kommentar*-Feld.
4. Nun kommt der Hauptteil: Geben Sie in das Feld *Bezieht sich auf* folgende Formel ein: `=WENN(WOCHENTAG(HEUTE()+14;11)<6;TEXT(HEUTE()+14;"TT.MM.JJJJ");TEXT(HEUTE()+14+(8-WOCHENTAG(HEUTE()+14;11));"TT.MM.JJJJ"))`

Sie können nun im Rechnungsformular mit der Formel `="Ihr Widerrufsrecht endet am "&Ende_Widerrufsrecht&"."` das Ende des Widerrufsrechts ausgehend vom aktuellen Datum anzeigen.

Hinweis Namen, die Formeln oder konstante Werte (beispielsweise »19%« als Mehrwertsteuersatz) beinhalten, werden weder im Namenfeld noch im Dialogfeld *Gehe zu* aufgeführt.

Formeln dynamisch machen: Profitechnik für Namen

Neben den Verweisen auf einzelne Zellen, Zellbereiche, Formeln oder Konstanten sind Namen auch in der Lage, mit relativen Bezügen umzugehen. Dies ist insbesondere dann von Vorteil, wenn Sie bei der Berechnung von Werten mit Namen arbeiten wollen, die sich – ausgehend von der Zelle, in der sie verwendet werden – auf andere Zellen beziehen.

Online Zum Nachvollziehen der folgenden Schritte verwenden Sie in der Beispielarbeitsmappe *Kap13_Namen_UEB.xlsx* das Arbeitsblatt *Quartal*.

Zu Statistikzwecken soll in einer Übersicht aller Filialen das Quartal mit dem jeweils umsatzstärksten Tag ermittelt werden. Das Quartal soll dabei immer direkt neben dem Datumswert angezeigt werden. Die Formel, die im Namen verwendet wird, muss deshalb durch einen relativen Bezug auf die Zelle verweisen, die links neben der aktiven Zelle steht. Mit folgenden Schritten erzeugen Sie einen dynamischen Namen:

1. Markieren Sie die Zelle E6.
2. Klicken Sie auf *Formeln/Definierte Namen/Namen definieren.*
3. Geben Sie als Name `Quartalsberechnung` ein.
4. Als *Kommentar* tragen Sie den in Abbildung 13.12 gezeigten Kommentar ein.
5. Im Feld *Bezieht sich auf* tragen Sie die Formel `="Q "&AUFRUNDEN(MONAT(Quartal!D6)/3;0)&"/"&TEXT(Quartal!D6;"jjjj")` ein.

   Da die Zelle E6 bei der Namensdefinition aktiv ist, muss in der Formel die Zelle D6 (links daneben) angegeben werden. Wenn Sie bei der Formeleingabe diese Zelle anklicken, wird automatisch der aktuelle Blattname *Quartal!* vorangestellt.

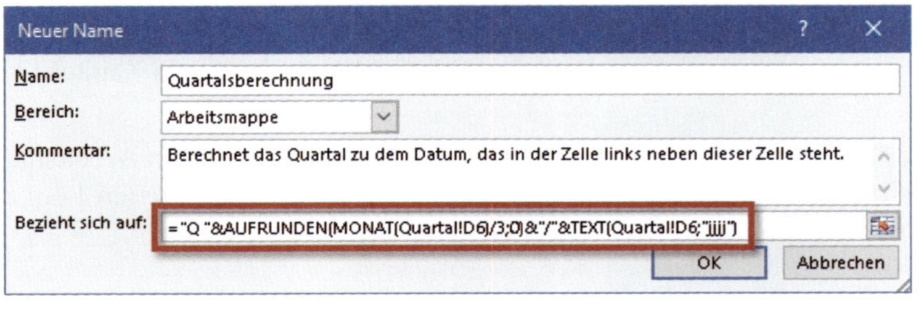

Abbildung 13.12: Der Name bezieht sich in der Formel mit einem relativen Bezug auf die Zelle Quartal!D6

Sie können nun in jeder Zelle das Quartal des links daneben stehenden Datums berechnen, indem Sie die Formel `=Quartalsberechnung` eingeben. Sie können die Zelle E6 auch nach unten kopieren. Der Name wird durch den relativen Bezug in der Formel in jeder Zelle angepasst und das Quartal wird korrekt berechnet.

Problematisch an dieser Lösung ist, dass sie nur auf dem Arbeitsblatt *Quartal* funktioniert, obwohl als Gültigkeitsbereich des Namens *Arbeitsmappe* eingestellt ist. Selbst wenn Sie in der eingegebenen Formel die Blattangabe *Quartal!* löschen, wird der Zusatz automatisch wieder ergänzt.

Wird die Formel =Quartalsberechnung beispielsweise auf einem anderen Arbeitsblatt in Zelle H16 eingetragen, liefert sie als Ergebnis das Quartal der Zelle G16 – allerdings aus dem Blatt *Quartal*.

Besser als Zellbezug: Einen universellen Bezug einsetzen

Für einen in der gesamten Arbeitsmappe verwendbaren Namen, der auf allen Blättern einsetzbar ist, ändern Sie die Formel wie folgt:

```
="Q "&AUFRUNDEN(MONAT(INDIREKT("ZS(-1)";FALSCH))/3;0)&"/"&TEXT
(INDIREKT("ZS(-1)";FALSCH);"jjjj")
```

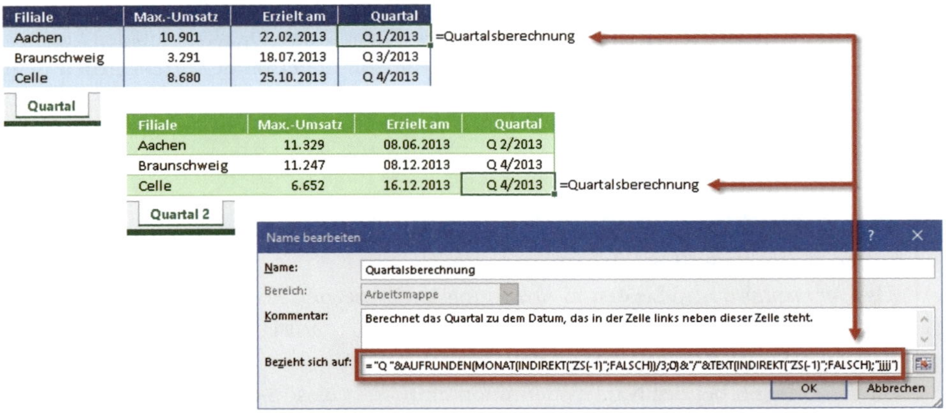

Abbildung 13.13: Mit der Funktion INDIREKT wird ein blattunabhängiger relativer Bezug erzeugt

Durch die Angabe von INDIREKT("ZS(-1)";FALSCH) verweist die Formel ebenfalls auf die Zelle, die links neben der Zelle mit der Formel steht, allerdings völlig unabhängig vom Blattnamen. Weitere Informationen zur Funktion INDIREKT finden Sie in Kapitel 12 dieses Handbuchs.

Der Vorteil dieser Lösung besteht darin, dass Sie ab sofort in der gesamten Arbeitsmappe neben jedem beliebigen Datumswert das passende Quartal berechnen lassen können – ganz einfach durch Eingabe der Formel =Quartalsberechnung.

Keiner wird vergessen: Alle Namen anzeigen lassen und ausdrucken

In umfangreichen Excel-Dateien können schnell über ein Dutzend Namen und mehr zusammenkommen. Es ist dann gar nicht so leicht, die Übersicht zu bewahren und sich an alle Namen zu erinnern. Die IntelliSense-Funktion erleichtert zwar die Verwendung bei der Formeleingabe, es ist aber von Vorteil, wenn man die Namen und vor allem ihren Anfang kennt. Schließlich hilft IntelliSense nur begrenzt weiter, wenn Sie Mehrwertsteuer eintippen, der Name aber *Umsatzsteuer* heißt.

- Einen ersten Überblick verschafft Ihnen die Namensliste, die Sie mit dem kleinen Pfeil des Namenfeldes aufklappen können.

- Sie können sich aber auch eine komplette Liste aller verwendeten Bereichsnamen auf ein Arbeitsblatt drucken lassen. Drücken Sie hierfür die Taste F3 und klicken Sie im Dialogfeld *Namen einfügen* auf die Schaltfläche *Liste einfügen*. Abbildung 13.14 zeigt, wie eine so erzeugte Liste aussehen kann.

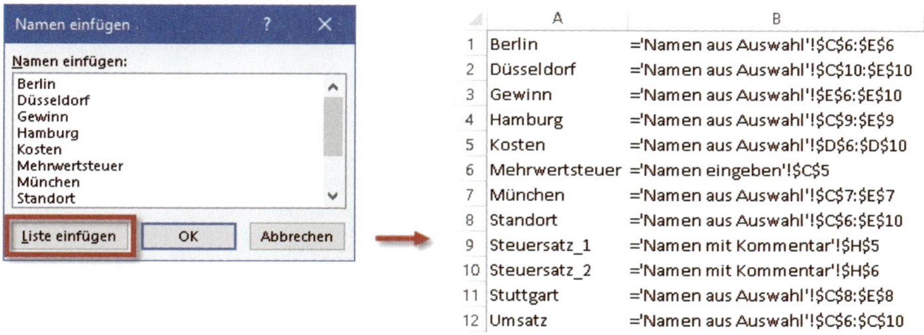

Abbildung 13.14: Über das Dialogfeld Namen einfügen *kann eine komplette Liste aller Namen erstellt werden*

Achtung Achten Sie darauf, welche Zelle gerade aktiv ist, bevor Sie den Befehl ausführen. Beim Erstellen der zweispaltigen Liste überschreibt Excel bereits vorhandene Zelleinträge ohne Vorwarnung.

Online Bereichsnamen werden Ihnen auch angezeigt, wenn Sie die Zoomstufe des Arbeitsblattes auf kleiner als *40%* einstellen. Ein Beispiel dafür finden Sie in der Beispielarbeitsmappe *Kap13_Namen_LOE.xlsx* auf dem Arbeitsblatt *Bereichsnamen*.

Geht auch nachträglich: Unverständliche Zelladressen in Namen verwandeln

Sie haben eine Excel-Datei von einem Kollegen erhalten, der in Excel nicht ganz so fit ist wie Sie? Und Sie wollen sich nicht länger über seine umständlichen Formeln mit A1-Bezügen aufregen? In diesem Abschnitt erfahren Sie, wie Sie bereits bestehende Formeln (fast) vollautomatisch mit Namen versehen und dadurch den Überblick behalten.

Online Für diese Aufgabe verwenden Sie in der Beispielarbeitsmappe *Kap13_Namen_uebernehmen_UEB.xlsx* das Arbeitsblatt *Namen übernehmen*, in dem zwar bereits einige Namen definiert sind, aber noch nicht verwendet werden.

In den Zellen H5:H7 sind drei Formeln hinterlegt, die sich auf Zellen im Bereich C6:E10 beziehen. In diesem Bereich sind bereits die Namen *Umsatz*, *Kosten* und *Gewinn* definiert. Diese Namen können Sie wie folgt in die Formeln einbauen:

1. Markieren Sie die Zellen H5:H7.
2. Klicken Sie im Menüband auf *Formeln/Definierte Namen/Namen definieren/Namen übernehmen.*
3. Wählen Sie im Dialogfeld *Namen übernehmen* die gewünschten Namen per Klick auf den jeweiligen Eintrag aus.
4. Klicken Sie auf *OK.*

Das Ergebnis sehen Sie in Abbildung 13.15: Die einzelnen Zellbereiche wurden durch die passenden Namen ersetzt.

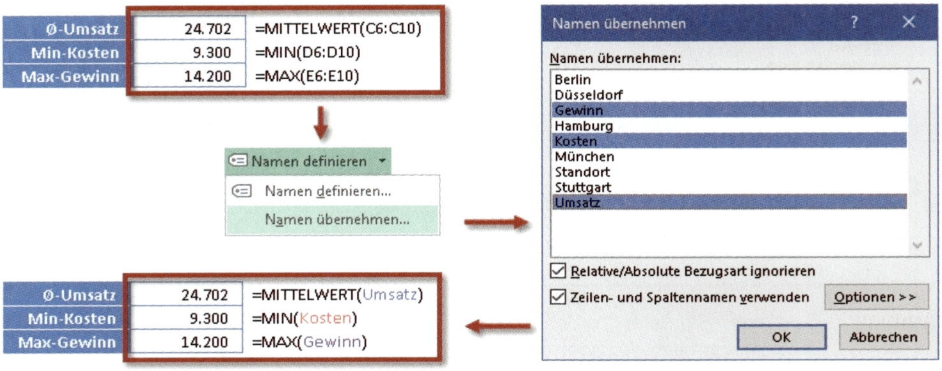

Abbildung 13.15: Zellbezüge werden durch passende Namen ersetzt

Auf die gezeigte Weise lassen sich auch komplexere Bezüge durch Namen ersetzen. In den Zellen H9 und H10 wird nicht auf komplette Zellbereiche Bezug genommen, sondern auf einzelne Zellen daraus. Die Übernahme des kompletten Namens wäre damit nicht korrekt. Doch auch hierfür bietet Excel eine Lösung. Beachten Sie bei den folgenden Schritten auch die Reihenfolge in Abbildung 13.16.

1. Markieren Sie zuerst die umzuwandelnden Zellen H9 und H10 [1].
2. Nach Auswahl des Befehls *Namen übernehmen* [2] wählen Sie im Dialogfeld *Namen übernehmen* alle Namen [3] per Klick aus.

Hinweis Eine Mehrfachauswahl von Namen mithilfe der Tasten [⇧] oder [Strg] ist in diesem Dialogfeld nicht möglich.

---

3. Klicken Sie auf die Schaltfläche *Optionen* [4], um das Dialogfeld zu erweitern.
4. Deaktivieren Sie die beiden Kontrollkästchen unter *Zeilen- und Spaltennamen verwenden* [5].
5. Klicken Sie auf *OK.*

Durch das Deaktivieren der Kontrollkästchen werden die Bezüge vollständig mit den Namen der betroffenen Bereiche angegeben, etwa *Hamburg Gewinn* (das ist die Schnittmenge der benannten Bereiche *Hamburg* und *Gewinn*) als Ersatz für den Zellbezug E9.

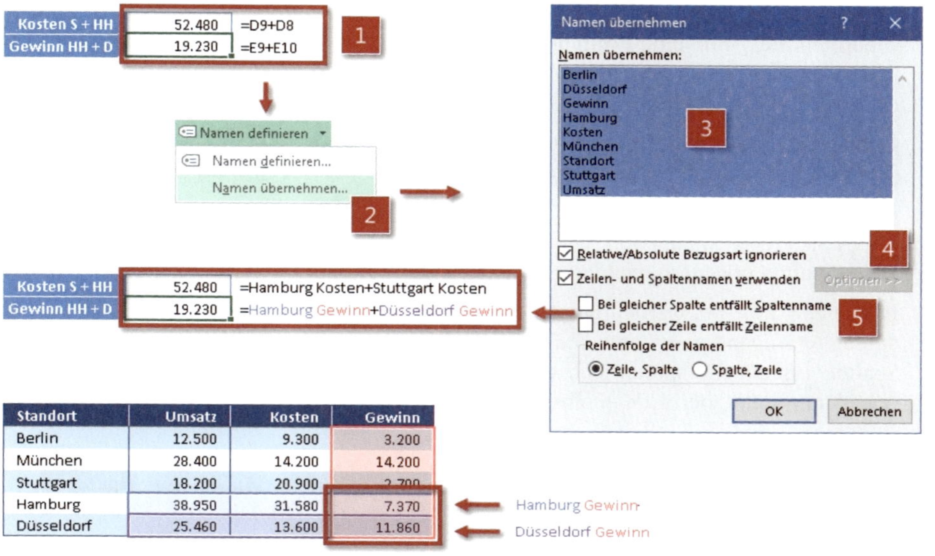

Abbildung 13.16: Bezüge auf einzelne Zellen werden durch Schnittmengen zweier Namen ersetzt

---

Online Das Ergebnis der Namensübernahme finden Sie in der Datei *Kap13_Namen_uebernehmen_LOE.xlsx* auf dem Arbeitsblatt *Namen übernehmen*.

Wenn Sie hingegen die mit [5] gekennzeichneten Kontrollkästchen aktivieren, werden nur noch dann zwei Namen angegeben, wenn die Schnittmenge der beiden Namen nicht in der gleichen Zeile oder Spalte wie die Zelle mit der Formel liegt, ansonsten entfällt deren Angabe.

Umfangreiche Datenlisten mit »intelligenten« Tabellen optimieren

Seit Version 2007 bietet Excel die Möglichkeit, die Berechnung und die Gestaltung von Tabellen deutlich rationeller zu erledigen. Dazu wandeln Sie Ihre Tabelle einfach in eine »intelligente« Tabelle um. Wie das geht, inwiefern das häufig vorkommende Berechnungen spürbar erleichtert und welche weiteren Vorteile das für Sie bringt, lesen Sie in den folgenden Abschnitten.

Die Vorteile »intelligenter« Tabellen

»Intelligente« Tabellen bieten folgende Vorteile:

- Sie verleihen Ihren Tabellen damit eine einheitliche Optik, benötigen dazu keine speziellen Formatierungskenntnisse und haben das mit genau drei Mausklicks erledigt. Wollen Sie die Optik ändern, geht das ebenso schnell.
- Die in der Tabelle enthaltenen Daten können Sie über Listenfelder in den Spaltenüberschriften komfortabel filtern und sortieren.

- Über eine Ergebniszeile – und das ist für das Thema Funktionen besonders interessant – können Sie, ohne eine Formel eingeben zu müssen, auf Funktionen wie SUMME, MIN, MAX zugreifen und so häufig gebrauchte Berechnungen mühelos, fehlerfrei und ohne tiefere Formelkenntnis durchführen.
- Genial bei diesen Berechnungen über die Ergebniszeile: Sind in der Tabelle Zeilen gefiltert oder ausgeblendet, werden nur die Ergebnisse der gerade sichtbaren Daten angezeigt.
- Wenn Sie eine »intelligente« Tabelle unten oder rechts um weitere Zeilen beziehungsweise Spalten erweitern, werden Formatierungen und Formeln automatisch angepasst.
- Bei langen Tabellen werden beim Bewegen der Zellmarkierung nach unten die wenig aussagekräftigen Spaltenbezeichnungen A, B, C durch die jeweiligen Überschriften der Spalten ersetzt. Sie sparen sich damit das Fixieren des Fensters beim Scrollen und haben stets den Überblick – selbst in längeren Tabellen.

	B	C	D	E	F	G	H
5	Projekt	MA	Dauer	Soll-Kosten	Ist-Kosten	Diff. abs.	Diff. %
6	Office-Umstellung	12	140	258.000,00 €	238.852,00 €	- 19.148,00 €	-7%
7	Virtualisierung	6	80	65.000,00 €	61.381,00 €	- 3.619,00 €	-6%
8	TK-Anlage	4	120	112.000,00 €	120.469,00 €	8.469,00 €	8%
9	Project-Umstellung	3	55	34.600,00 €	32.167,00 €	- 2.433,00 €	-7%
10	Windows-Umstellung	6	90	92.600,00 €	108.268,00 €	15.668,00 €	17%
11	Intranet-Update	4	160	68.400,00 €	53.346,00 €	- 15.054,00 €	-22%
12	SAP-Umstellung	10	250	338.600,00 €	362.453,00 €	23.853,00 €	7%
13	Datensicherheit	8	270	149.500,00 €	160.002,00 €	10.502,00 €	7%
14	Datenbank-Update	3	80	41.500,00 €	41.013,00 €	- 487,00 €	-1%
15	**Ergebnis**						-5%

Abbildung 13.17: Vorschau auf die »intelligente« Tabelle mit Ergebniszeile

Mit drei Mausklicks zur »intelligenten« Tabelle

Nachdem Sie nun so viel über die Vorteile der »intelligenten« Tabellen gelesen haben, verschaffen Sie sich am besten selbst anhand eines Beispiels einen ersten Eindruck. Abbildung 13.17 zeigt eine Vorschau auf die fertige Tabelle mit Ergebniszeile. Erfahren Sie nun, mit welchen Schritten Sie zu diesem Resultat gelangen:

Online Verwenden Sie zum Nachvollziehen der folgenden Schritte in der Beispieldatei *Kap13_Tabellen_UEB.xlsx* das Arbeitsblatt *Projektliste*.

Das Verwandeln des Zellbereichs in eine »intelligente« Tabelle ist schnell erledigt:

1. Setzen Sie den Cursor im Arbeitsblatt *Projektliste* an eine beliebige Stelle der Projektliste.
2. Klicken Sie auf der Registerkarte *Start* in der Gruppe *Formatvorlagen* auf die Schaltfläche *Als Tabelle formatieren* und wählen Sie in dem folgenden Katalog eine der Formatvorlagen aus.

3. Bestätigen Sie im anschließend angezeigten Dialogfeld den Datenbereich und das Vorhandensein von Überschriften in diesem Bereich mit *OK*. Damit haben Sie bereits eine »intelligente« Tabelle erstellt. Weiter geht's mit dem Formatieren.

4. Bewegen Sie den Mauszeiger auf das obere Ende der Spalte *Soll-Kosten*. Wenn der kleine schwarze Pfeil erscheint, klicken Sie und ziehen die Markierung bis zur Spalte *Diff. abs*.
5. Über *Start/Zahl/Buchhaltungszahlenformat* formatieren Sie nun die markierten Spalten im voreingestellten Währungsformat.

6. Markieren Sie abschließend die Spalte *Diff. %* ebenfalls mithilfe des kleinen schwarzen Pfeils und weisen Sie ihr das *Prozentformat* zu.

Das Ergebnis sollte jetzt schon fast so aussehen wie in Abbildung 13.17.

Wichtig Wenn Sie im Dialogfeld *Tabelle erstellen* kein Häkchen bei *Tabelle hat Überschriften* setzen, wird automatisch eine Überschrift mit den Einträgen *Spalte1*, *Spalte2* und so weiter erzeugt und der Datenbereich um eine Spalte nach unten verschoben.

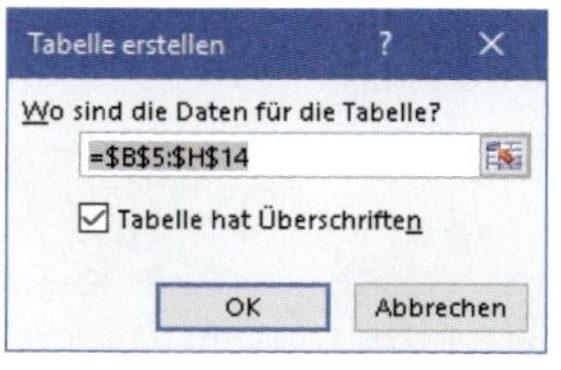

Abbildung 13.18: Das Dialogfeld Tabelle erstellen *zur Definition von Datenbereich und Überschriftenzeile*

Tipp Am schnellsten geht das Umwandeln in eine »intelligente« Tabelle übrigens mit der Tastenkombination Strg+T.

Ohne zu rechnen: Die Ergebniszeile einblenden

Einer der wichtigsten Vorteile der »intelligenten« Tabellen besteht darin, dass Sie für Standardauswertungen mühelos auf häufig gebrauchte Funktionen zugreifen können, ohne selbst eine Formel eingeben zu müssen. Möglich wird das durch die Ergebniszeile. Um diese am unteren Ende der »intelligenten« Tabelle anzeigen zu lassen, gibt es zwei Wege: den über das Kontextmenü und den über das Menüband.

- Klicken Sie mit der rechten Maustaste in die »intelligente« Tabelle und wählen Sie im Kontextmenü die Befehlsfolge *Tabelle/Ergebniszeile*.

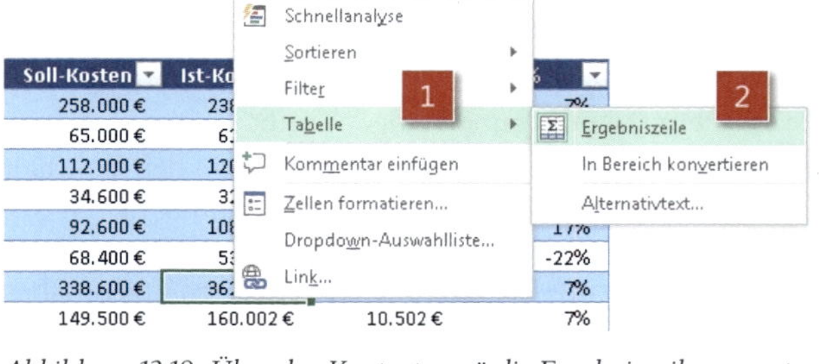

Abbildung 13.19: Über das Kontextmenü die Ergebniszeile am unteren Ende der Tabelle einblenden

- Oder klicken Sie in die Tabelle und aktivieren Sie dann – wie in Abbildung 13.20 gezeigt – auf der Registerkarte *Tabellentools/Entwurf* in der Gruppe *Tabellenformatoptionen* das Kontrollkästchen *Ergebniszeile*.

Abbildung 13.20: Die Alternative zum Kontextmenü führt über die kontextbezogene Registerkarte Tabellentools/Entwurf

Nun sollte die Tabelle so wie in Abbildung 13.17 aussehen.

Hinweis Befindet sich der Cursor an einer beliebigen Stelle in der »intelligenten« Tabelle, wird im Menüband die zusätzliche Registerkarte *Tabellentools/Entwurf* angezeigt (siehe den Ausschnitt in Abbildung 13.20). Hierüber können Sie unter anderem die Optik der Tabelle anpassen oder Duplikate entfernen lassen.

Die Möglichkeiten der Ergebniszeile nutzen

An der rechten unteren Ecke der »intelligenten« Tabelle wird standardmäßig in der Ergebniszeile die Summe der letzten Spalte angezeigt. Im Beispiel der Projektliste ist das jedoch wenig sinnvoll.

Hinweis Befinden sich in der letzten Spalte nicht nur Zahlen, sondern auch oder nur Text, zeigt die Ergebniszeile die Anzahl der Zellen, die nicht leer sind.

Besser wäre hier beispielsweise die Auskunft über die durchschnittliche prozentuale Abweichung der Ist- von den Soll-Kosten. So wäre auf einen Blick zu erkennen, wie über alle neun Projekte hinweg die Budgetdisziplin im Durchschnitt war.

Den Spaltendurchschnitt in der Ergebniszeile anzeigen

Dank Ergebniszeile erhalten Sie mit nur drei Mausklicks den Durchschnitt der Spalte *Diff. %* – und zwar ohne eine Formel eintippen zu müssen. So geht's:

1. Klicken Sie im Arbeitsblatt *Projektliste* in die Zelle H15.
2. Am rechten Rand der Zelle wird ein Dropdownpfeil eingeblendet. Klicken Sie darauf.
3. Wählen Sie im nun aufklappenden Listenfeld (siehe Abbildung 13.21) den Eintrag *Mittelwert*. Nun wird in H15 die durchschnittliche prozentuale Abweichung der Ist-Kosten von den Soll-Kosten angezeigt: *-1%*. Daraus ließe sich folgendes Fazit ziehen: Die Budgetdisziplin war sehr gut – im Durchschnitt. Einige Projekte haben das Budget aber leider auch kräftig überzogen.

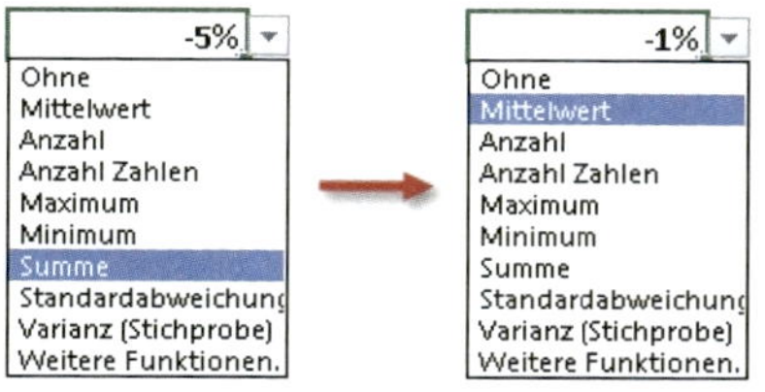

Abbildung 13.21: Einfach eine Funktion aussuchen und Excel rechnen lassen

Die Spaltensummen in der Ergebniszeile anzeigen

Sorgen Sie nun dafür, dass in den Spalten C bis G in der Ergebniszeile jeweils die Summe berechnet wird.

Online Nutzen Sie dafür weiterhin in der Arbeitsmappe *Kap13_Tabellen_UEB.xlsx* das Arbeitsblatt *Projektliste*.

Das Berechnen der Summe erledigen Sie diesmal jedoch nicht – wie vielleicht schon gewohnt – per Klick auf die *AutoSumme*-Schaltfläche im Menüband, sondern unter Nutzung der Dropdownpfeile in der Ergebniszeile. Gehen Sie wie folgt vor:

1. Markieren Sie die Zelle C15.
2. Klicken Sie auf den Dropdownpfeil am rechten Zellenrand und wählen Sie diesmal den Eintrag *Summe*.
3. Sie könnten nun diese beiden Schritte auch für die Zellen D15 bis G15 wiederholen. Schneller erledigen Sie das Ermitteln der Spaltensummen jedoch, indem Sie C15 markiert lassen und die Formel per Ausfüllkästchen mit gedrückter linker Maustaste nach rechts bis Spalte G kopieren.

   Excel übernimmt bei diesem Ausfüllen die Formatierungen aus den jeweiligen Spalten, sodass die Ergebniszeile bereits fix und fertig formatiert ist.

Anschließend sollte die Ergebniszeile unterhalb der Projektliste wie in Abbildung 13.22 aussehen.

	B	C	D	E	F	G	H
5	**Projekt**	**MA**	**Dauer**	**Soll-Kosten**	**Ist-Kosten**	**Diff. abs.**	**Diff. %**
6	Office-Umstellung	12	140	258.000,00 €	238.852,00 €	- 19.148,00 €	-7%
7	Virtualisierung	6	80	65.000,00 €	61.381,00 €	- 3.619,00 €	-6%
8	TK-Anlage	4	120	112.000,00 €	120.469,00 €	8.469,00 €	8%
9	Project-Umstellung	3	55	34.600,00 €	32.167,00 €	- 2.433,00 €	-7%
10	Windows-Umstellung	6	90	92.600,00 €	108.268,00 €	15.668,00 €	17%
11	Intranet-Update	4	160	68.400,00 €	53.346,00 €	- 15.054,00 €	-22%
12	SAP-Umstellung	10	250	338.600,00 €	362.453,00 €	23.853,00 €	7%
13	Datensicherheit	8	270	149.500,00 €	160.002,00 €	10.502,00 €	7%
14	Datenbank-Update	3	80	41.500,00 €	41.013,00 €	- 487,00 €	-1%
15	**Ergebnis**	**56**	**1245**	**1.160.200,00 €**	**1.177.951,00 €**	**17.751,00 €**	-1%

Abbildung 13.22: Die fertige Liste enthält in der Ergebniszeile sechs Berechnungen: fünfmal Summe, einmal Mittelwert

Die Funktionen der Ergebniszeile unter der Lupe

Die Ergebnisse auf diese Weise schnell zu erhalten, ist sicher eine feine Sache, aber vielleicht werden Sie sich fragen, wie das funktioniert. Werfen Sie dazu einen Blick auf die einzelnen Funktionen, die Sie in Zeile 15 zuvor ausgewählt haben.

- Die Formel in Zelle H15 lautet `=TEILERGEBNIS(101;[Diff. %])`.

  In den Zellen C15 bis G15, in denen es um die Spaltensummen für *MA*, *Dauer*, *Soll-Kosten*, *Ist-Kosten* sowie *Diff. abs.* geht, lauten die Formeln:

  `=TEILERGEBNIS(109;[MA])`,

  `=TEILERGEBNIS(109;[Dauer])`,

  `=TEILERGEBNIS(109;[Soll-Kosten])`,

  `=TEILERGEBNIS(109;[Ist-Kosten])` sowie

  `=TEILERGEBNIS(109;[Diff. abs.])`.

Bei der Analyse dieser sechs Formeln können Sie folgende Fakten feststellen:

- Es handelt sich stets um die Funktion TEILERGEBNIS.
- Sie besteht aus zwei Argumenten.
- Das erste Argument ist eine Zahl. Sie bestimmt, wie es scheint, was die Funktion TEILERGEBNIS rechnet. Beim Summieren ist die Zahl des ersten Arguments `109`, bei der Mittelwertberechnung ist es `101` (mehr dazu lesen Sie im folgenden Abschnitt).
- Die Formeln enthalten keine Zellbezüge, aber das zweite Argument der Funktion zeigt in eckigen Klammern die Spaltenüberschrift – also `[MA]`, `[Dauer]` et cetera.

Die Bedeutung der Zahlen in der Funktion TEILERGEBNIS

Zum besseren Verständnis, was die unterschiedlichen Zahlen für das erste Argument der TEILERGEBNIS-Funktion bedeuten, finden Sie in Tabelle 13.2 eine kurze Übersicht.

Zahl	Funktion	Wirkung
101	MITTELWERT	Berechnet den Durchschnitt
102	ANZAHL	Ermittelt die Anzahl der Zahlen
103	ANZAHL2	Ermittelt die Anzahl nicht leerer Zellen
104	MAX	Zeigt den größten Wert an
105	MIN	Zeigt den kleinsten Wert an
106	PRODUKT	Multipliziert die Werte in der Spalte
107	STABW	Schätzt die Standardabweichung ausgehend von einer Stichprobe
108	STABWN	Berechnet die Standardabweichung von einer Grundgesamtheit
109	SUMME	Addiert die Werte in der Spalte
110	VARIANZ	Schätzt die Varianz auf der Basis einer Stichprobe
111	VARIANZEN	Berechnet die Varianz ausgehend von der Grundgesamtheit

Tabelle 13.2: Die Funktionen, mit denen Teilergebnisse gebildet werden

Hinweis Möglicherweise werden Sie sich nach dem Betrachten von Tabelle 13.2 verwundert fragen, wieso dort elf Funktionen genannt werden. Denn beim Klicken auf einen der Dropdownpfeile in der Ergebniszeile werden nur acht Auswahlmöglichkeiten angeboten. Die Funktionen PRODUKT, STABWN und VARIANZEN sind nicht im Listenfeld verfügbar.

Doch über das Eingeben der entsprechenden Zahl 106, 108 beziehungsweise 111 als erstes Argument der TEILERGEBNIS-Funktion können Sie auch diese drei Funktionen verwenden.

Warum in der Ergebniszeile TEILERGEBNIS genutzt wird

Möglicherweise fragen Sie sich jetzt, warum nicht einfach die Funktionen wie SUMME, MITTELWERT, MIN, MAX et cetera allein in der Ergebniszeile verwendet werden und warum sie nur als Element der Funktion TEILERGEBNIS zum Einsatz kommen.

Die Erklärung ist schnell gegeben, wenn Sie probehalber in der Projektliste über die Spalte *MA* nur die Projekte anzeigen lassen, in denen lediglich drei Mitarbeiter zum Einsatz kommen. Die Funktion TEILERGEBNIS sorgt dann nämlich dafür, dass in der Ergebniszeile nur noch für die verbleibenden Datensätze die Ergebnisse berechnet werden. Testen Sie es mit den folgenden Schritten:

1. Klicken Sie im Spaltenkopf der Tabelle auf den Dropdownpfeil rechts neben *MA*.
2. Entfernen Sie per Mausklick das Häkchen bei *(Alles auswählen)*.
3. Setzen Sie ein Häkchen beim Eintrag *3* und schließen Sie mit *OK* ab.

Abbildung 13.23: Per AutoFilter nur die Datensätze auswählen, die in der Spalte MA *den Wert* 3 *enthalten*

Nach dem Filtern der Tabelle werden Sie die in Abbildung 13.24 gezeigten Änderungen feststellen:

- Am linken Bildschirmrand sind die Zeilennummern der verbliebenen Datensätze nicht mehr schwarz, sondern blau [1]. Dies ist das erste Zeichen dafür, dass die Tabelle nicht vollständig angezeigt wird, also gefiltert ist.

- Das zweite Zeichen für den gefilterten Status ist das kleine Trichtersymbol [2] am rechten Rand der Spalte, auf die ein Filter angewendet wurde.
- In der Ergebniszeile sind die Werte [3] der Filterauswahl angepasst.

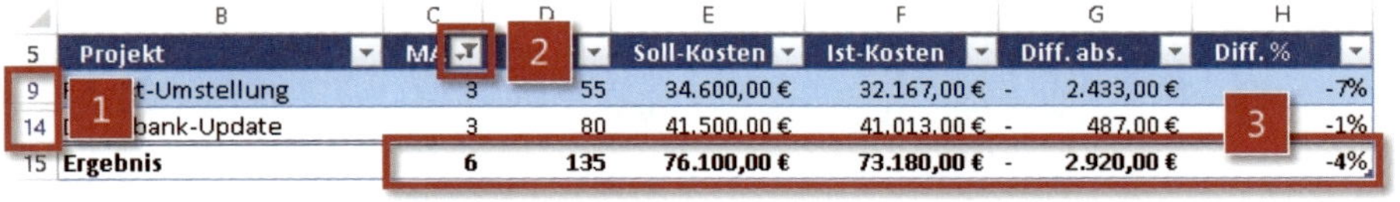

Abbildung 13.24: Nach dem Filtern werden in der Ergebniszeile nur die verbliebenen Daten berechnet

Fazit: Die Verwendung der Funktion TEILERGEBNIS mit den Argumenten 101 bis 111 sorgt dafür, dass in der Ergebniszeile stets nur für die aktuell angezeigten Datensätze die gewünschten Berechnungen ausgeführt werden.

Schalten Sie nun den Filter wieder aus:

1. Klicken Sie auf den Dropdownpfeil der Spalte *MA*.
2. Wählen Sie im nun aufgeklappten Auswahlmenü den Eintrag *Filter löschen aus "MA"*.

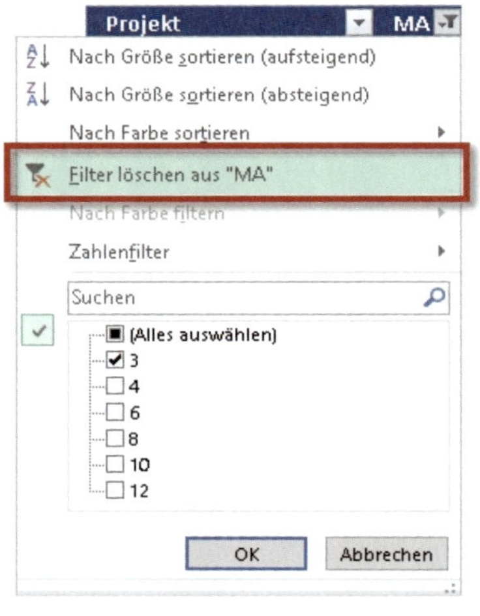

Abbildung 13.25: Den Filter für die Spalte MA *wieder ausschalten*

Selbstverständlich können Sie auch für mehrere Spalten gleichzeitig jeweils einen Filter setzen. Die Auswahl der angezeigten Daten wird dadurch immer mehr eingegrenzt. Sollten Sie diese Filter wieder alle löschen wollen, müssen Sie nicht jeden Filter einzeln wieder aufheben. Stattdessen reicht ein Klick auf *Start/Bearbeiten/Sortieren und Filtern/Löschen* [1] oder *Daten/Sortieren und Filtern/Löschen* [2], wie Abbildung 13.26 zeigt.

Hinweis Weitere Informationen zum Thema *Filtern* finden Sie in Kapitel 14. Und wer Hilfe zum Thema *Sortieren* sucht, für den lohnt ein Blick in Kapitel 15.

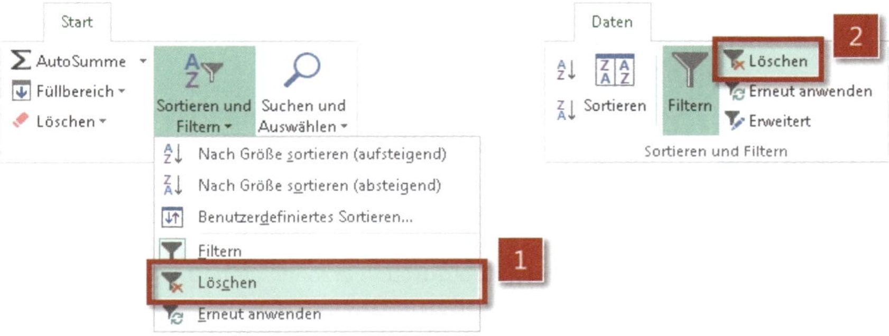

Abbildung 13.26: Alle Filter löschen, ohne den AutoFilter ganz zu deaktivieren

Mühelos und automatisch: Eine »intelligente« Tabelle erweitern

Was, wenn der Liste weitere Projekte hinzugefügt werden sollen? Wie wirkt sich dies auf die Ergebnisse in der untersten Zeile aus? Was wird mit der Formatierung? Probieren Sie es einfach anhand eines Beispiels aus.

Flexibel erweiterbar: Neue Projekte werden in der Ergebniszeile sofort berücksichtigt

Fügen Sie der Projektliste ein neues Projekt hinzu, indem Sie wie folgt verfahren:

1. Markieren Sie die letzte Zelle des letzten Datensatzes, also H14.
2. Drücken Sie die Taste ⭾. Excel verschiebt die Ergebniszeile nach unten und fügt oberhalb der Ergebniszeile eine neue Zeile ein.
3. Tragen Sie dort ein neues Projekt namens `Test` ein. Geben Sie in die Zellen C15 bis H15 die Werte 1, 45, 5000 und 4500 ein.

Im Anschluss daran sollte die Ergebniszeile wie in Abbildung 13.27 aussehen.

	B	C	D	E	F	G	H
14	Datenbank-Update	3	80	41.500,00 €	41.013,00 €	- 487,00 €	-1%
15	Test	1	45	5.000,00 €	4.500,00 €	- 500,00 €	-10%
16	**Ergebnis**	**57**	**1290**	**1.165.200,00 €**	**1.182.451,00 €**	**17.251,00 €**	**-1%**

Abbildung 13.27: Die geänderten Zahlen in der Ergebniszeile nach Eingabe des Projekts Test

Haben Sie beim Eingeben bemerkt, was mit Ihren Zahlen passiert ist? Die hinzugekommenen Daten haben automatisch die Formatierung der vorangegangenen Einträge übernommen. Und auch die Formeln in den Spalten G und H haben sich automatisch in die neue Zeile übertragen. Sowohl Optik als auch Struktur der »intelligenten« Tabelle haben sich durch die neue Datenzeile nicht verändert. Und auch eine eventuell vorhandene bedingte Formatierung oder Regeln für die Datenüberprüfung werden übernommen.

Eine Erweiterung der »intelligenten« Tabelle erreichen Sie auch wie folgt:

- Deaktivieren Sie das Kontrollkästchen *Ergebniszeile* auf der Registerkarte *Tabellentools/Entwurf* und geben Sie neue Daten direkt unterhalb der letzten Datenzeile ein.

- Klicken Sie in der rechten unteren Ecke der »intelligenten« Tabelle auf den kleinen blauen Winkel und ziehen Sie ihn mit gedrückter linker Maustaste nach unten. Wenn Sie ihn nach rechts ziehen, erhalten Sie neue Spalten.
- Sie können aber auch innerhalb der »intelligenten« Tabelle neue Zeilen hinzufügen. Markieren Sie hierfür eine Zelle innerhalb der »intelligenten« Tabelle und verwenden Sie den in Abbildung 13.28 gezeigten Befehl *Start/Zellen/Einfügen/Tabellenzeilen oberhalb einfügen* [1]. Zellbereiche, die außerhalb der »intelligenten« Tabelle liegen, werden durch diesen Befehl nicht verändert. Die »intelligente« Tabelle kann somit wachsen, ohne dass neben ihr stehende Informationen durch Leerzeilen getrennt werden.

  Benötigen Sie hingegen eine neue Zeile auf dem gesamten Arbeitsblatt, klicken Sie auf den Befehl *Blattzeilen einfügen* [2].

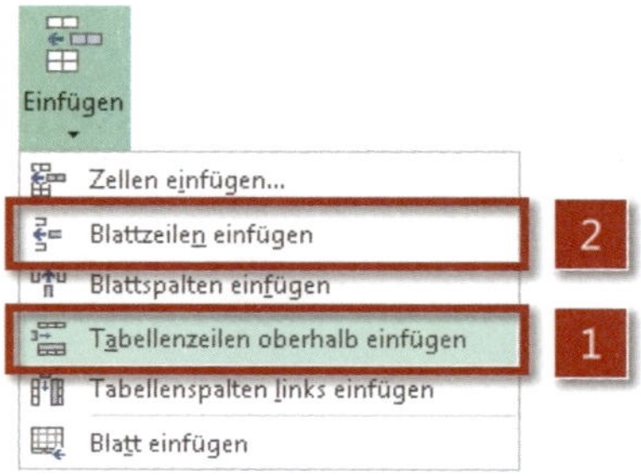

Abbildung 13.28: Zeilen innerhalb der »intelligenten« Tabelle oder für das gesamte Blatt einfügen

---

Tipp Sollen gleich mehrere Zeilen eingefügt werden, markieren Sie genau so viele Zellen untereinander und wählen den gewünschten Befehl.

Neue Spalten nahtlos hinzufügen

Erweitern Sie die Projektliste, um eine zusätzliche Berechnung durchzuführen:

1. Klicken Sie in die Zelle I6, direkt neben dem ersten Projekt.
2. Tragen Sie die Formel `=F6*1,19` ein, um den zu zahlenden Bruttobetrag zu berechnen. Excel nimmt daraufhin automatisch verschiedene Anpassungen vor:
   - Die einmal eingegebene Formel wird für alle Projekte übernommen.
   - Die Formatierung der Zeilen wird der bisherigen Tabelle angepasst.
   - Die Zahlenformatierung wird aus Spalte F übernommen.
   - Die Überschrift *Spalte1* wird ergänzt.

   Sie brauchen also nur die Formel einzugeben und Excel kümmert sich um den Rest.
3. Korrigieren Sie die Überschrift und tragen Sie `Brutto` ein.

Wichtig Die automatischen Anpassungen erfolgen nur dann, wenn Sie Ihre Eingabe direkt neben der letzten Spalte der »intelligenten« Tabelle vornehmen. Wenn Sie eine leere »Zwischenspalte« Platz lassen, geht Excel davon aus, dass Ihre Eingaben nichts mehr mit der »intelligenten« Tabelle zu tun haben.

Voraussetzung für den gezeigten Automatismus ist, dass unter *Datei/Optionen/Dokumentprüfung/AutoKorrektur-Optionen/AutoFormat während der Eingabe* die Optionen

- *Neue Zeilen und Spalten in die Tabelle einschließen* und
- *Formeln in Tabellen füllen, um berechnete Spalten zu erstellen*

aktiviert sind.

Geht viel einfacher: Tabellenbereiche markieren

Beim Markieren von Tabellen können Sie sehr komfortabel sowohl auf einzelne Bereiche als auch auf die ganze Tabelle zugreifen. Zeigen Sie mit der Maus auf einen der Tabellenränder, ändert sich der Mauszeiger in einen kleinen schwarzen Pfeil (siehe Abbildung 13.29). Folgende Möglichkeiten stehen zur Verfügung:

- Ein Klick am Anfang einer Zeile [1] markiert die jeweilige Zeile.
- Klicken Sie auf den Spaltenbeginn [2], um eine Spalte zu markieren.
- Bewegen Sie den Mauszeiger an die linke obere Ecke der Tabelle, damit Sie mit einem Mausklick alle Daten innerhalb der Tabelle markieren.

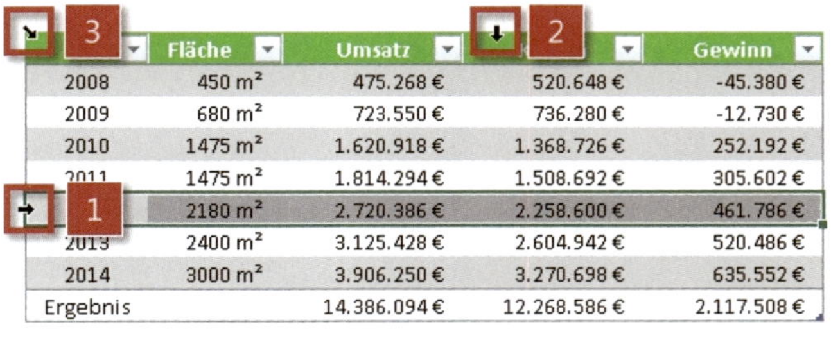

	Fläche	Umsatz		Gewinn
2008	450 m²	475.268 €	520.648 €	-45.380 €
2009	680 m²	723.550 €	736.280 €	-12.730 €
2010	1475 m²	1.620.918 €	1.368.726 €	252.192 €
2011	1475 m²	1.814.294 €	1.508.692 €	305.602 €
	2180 m²	2.720.386 €	2.258.600 €	461.786 €
2013	2400 m²	3.125.428 €	2.604.942 €	520.486 €
2014	3000 m²	3.906.250 €	3.270.698 €	635.552 €
Ergebnis		14.386.094 €	12.268.586 €	2.117.508 €

Abbildung 13.29: Mit einem Klick an der richtigen Stelle werden spezielle Tabellenbereiche markiert

Hinweis Ein einmaliger Klick markiert immer nur die Daten innerhalb der angeklickten Zeile oder Spalte. Klicken Sie ein zweites Mal (kein Doppelklick), damit auch Zeilen- oder Spaltenüberschriften und die Ergebniszeile mit markiert werden.

Beim Markieren der gesamten Tabelle werden beim ersten Klick ebenfalls nur die Daten, beim zweiten Klick zusätzlich alle Überschriften und die Ergebniszeile markiert.

Online Sie wollen es selbst einmal ausprobieren? In der Beispielarbeitsmappe *Kap13_Tabellen_UEB.xlsx* steht das Arbeitsblatt *Markieren* für Sie bereit.

Stets im Blick: Spaltenüberschriften ohne Fixierung ablesen

Wenn Sie in großen Tabellen nach unten scrollen, können Sie früher oder später die Spaltenüberschriften nicht mehr sehen, da sie nach oben aus dem sichtbaren Bereich verschwinden. Sie können in so einem Fall das Fenster *fixieren*, sodass die Überschriften sichtbar bleiben (siehe Kapitel 2). Bei der Arbeit mit »intelligenten« Tabellen ist dies allerdings nicht mehr erforderlich.

Bei »intelligenten« Tabellen wandern die Überschriften automatisch in die Spaltenköpfe, sobald sie aus dem sichtbaren Bereich verschwinden. Voraussetzung dafür ist allerdings, dass sich die aktive Zelle innerhalb der Tabelle befindet.

	Stadt	Region	Datum	Verkäufer	Produktgruppe	Umsatz
80	Bremen	Nord	18.05.2012	Büchler	Faxgerät	216 €
81	Dresden	Ost	19.07.2011	Stiehler	Laptop	16.528 €
82	Bremen	Nord	08.05.2010	Büchler	Monitor	924 €
83	München	Süd	20.08.2011	Hübner	Maus	84 €
84	Hamburg	Nord	09.09.2012	Ferreira	Laptop	1.316 €
85	Düsseldorf	West	15.02.2013	Probst	Software	675 €

Abbildung 13.30: Die Überschriften und Filtersymbole der Tabellenspalten wandern in die Spaltenköpfe

---

Online Sollten Sie gerade keine lange Tabelle zur Hand haben, verwenden Sie in der Arbeitsmappe *Kap13_Tabellen_UEB.xlsx* die »intelligente« Tabelle auf dem Arbeitsblatt *Überschriften*.

Besser als A1+B2: Berechnungen mit »intelligenten« Tabellen durchführen

Aus früheren Excel-Versionen sind Zellbezüge in der Form A1, B5 oder auch D10:D25 bestens bekannt. Bei relativ kleinen Datenbereichen ist die Zuordnung dieser Adressen zu den betroffenen Zellen auch noch kein Problem, ein Blick genügt. Doch wie behalten Sie den Überblick, wenn Sie beispielsweise Hunderte von Zeilen auf Ihrem Arbeitsblatt vorfinden? Sind Sie sich ganz sicher, dass Sie mit der Formel `=Summe(D2:D458)` auch wirklich alle Umsätze aus Spalte D erfasst haben? Oder gibt es vielleicht neue Umsätze in den Zeilen 459 bis 465?

Durch den Einsatz von »intelligenten« Tabellen und den sogenannten *strukturierten Verweisen* können Sie ganz sicher sein, wirklich alle relevanten Zahlen zu berücksichtigen. Unter strukturierten Verweisen versteht man spezielle Namen und Bezeichner innerhalb von »intelligenten« Tabellen, die in Formeln, Diagrammen und PivotTable-Objekten Verwendung finden. In Abbildung 13.31 sind die einzelnen Elemente aufgeführt. Zu unterscheiden sind:

- *Der Tabellenname* [1]: Bereits beim Erstellen einer »intelligenten« Tabelle erhält diese einen Namen, standardmäßig in der Form *Tabelle1, Tabelle2* und so weiter. Erleichtern Sie sich den Überblick über verschiedene Tabellen und geben Sie Ihren Tabellen eindeutige Namen wie beispielsweise *tblVerkauf*. Überschreiben Sie dazu einfach den vorgegebenen Namen unter *Tabellentools/Entwurf/Eigenschaften/Tabellenname*.

Über das Namenfeld in der Bearbeitungsleiste oder auch über die Taste F5 und das Dialogfeld *Gehe zu* können Sie die Tabelle auswählen. Der Name schließt dabei lediglich die Daten der Tabelle ein. Überschrift und Ergebniszeile werden nicht mit einbezogen. Diese lassen sich über spezielle Bezeichner (siehe unten) ansteuern.

- *Die Spaltenüberschriften* [2]: Bezüge auf Spalten werden über die Spaltenüberschriften gebildet. Diese werden nach der Angabe des Tabellennamens in eckige Klammern ([]) gesetzt und sprechen nur die Daten innerhalb der angegebenen Spalte, nicht jedoch deren Überschrift oder Ergebniszeile an.
- *Spezielle Bezeichner* für besondere Tabellenelemente [3]

Bezeichner	Verweis auf ...
`Tabellenname[#Alle]`	alle Elemente einer Tabelle einschließlich Überschriften und Ergebniszeile
`Tabellenname[#Daten]`	die Daten der Tabelle
`Tabellenname[#Kopfzeilen]`	die Überschriften
`Tabellenname[#Ergebnisse]`	die Ergebniszeile
`Tabellenname[@ - Diese Zeile]`	die Daten in der gleichen Zeile, in der sich diejenige Zelle befindet, in der dieser Bezug verwendet wird

Tabelle 13.3: Bezeichner für Tabellenelemente

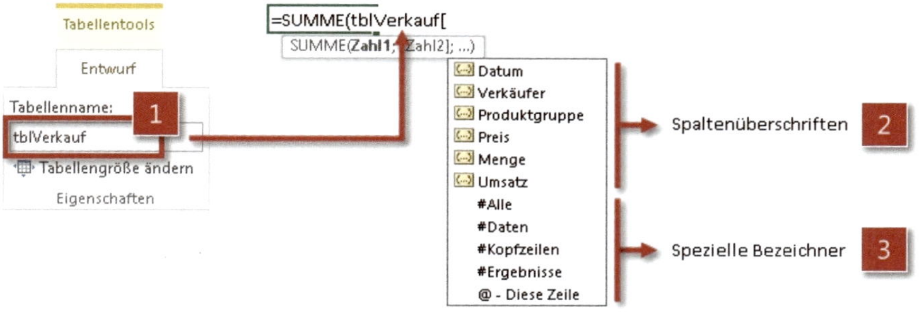

Abbildung 13.31: Die Elemente für einen strukturierten Verweis im Überblick

---

Online Um die folgenden Aufgaben nachzuvollziehen, wechseln Sie in der Datei *Kap13_Tabellen_UEB.xlsx* zum Arbeitsblatt *Verkaufszahlen.*

Für drinnen: Nicht qualifizierte Verweise

Wenn Sie eine Berechnung innerhalb einer Tabelle durchführen und sich dabei auf Elemente derselben Tabelle beziehen, ist die Angabe des Tabellennamens nicht zwingend erforderlich. In diesem Fall reicht ein sogenannter *nicht qualifizierter* Verweis ohne Angabe des Tabellennamens.

In der Tabelle *tblVerkauf* ist der *Umsatz* aus den Spalten *Menge*Preis* zu berechnen. Lösen Sie diese Aufgabe wie folgt:

1. Aktivieren Sie die Zelle G6.
2. Geben Sie ein Gleichheitszeichen (=) ein und klicken Sie auf die Zelle F6. Excel zeigt daraufhin den strukturierten Verweis `[@Menge]` an.

3. Geben Sie anschließend ein Malzeichen (*) ein und wählen Sie die Zelle E6 aus. Excel verwendet diesmal den strukturierten Verweis `[@Preis]`.
4. Übernehmen Sie die Formel mit [↵].

Damit haben Sie Ihren ersten strukturierten Verweis erstellt.

Excel hat die Bezüge unter Verwendung der Maus automatisch in der korrekten Schreibweise erstellt. Die Spaltenangabe gibt an, aus welcher Spalte (*Menge* oder *Preis*) der jeweilige Wert übernommen werden soll. Das `@`-Zeichen sagt aus, dass der Wert in der gefundenen Spalte aus der gleichen Zeile geliefert wird, in der auch die Formelzelle steht.

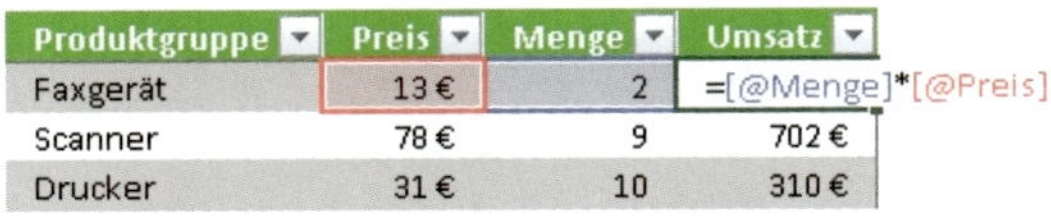

Produktgruppe	Preis	Menge	Umsatz
Faxgerät	13 €	2	=[@Menge]*[@Preis]
Scanner	78 €	9	702 €
Drucker	31 €	10	310 €

Abbildung 13.32: Innerhalb einer Tabelle genügt ein nicht qualifizierter Verweis ohne Angabe des Tabellennamens

Für draußen: Vollständig qualifizierte Verweise

Neben der Tabelle mit den Verkaufszahlen sind weitere Berechnungen durchzuführen, die sich auf einzelne Zellen oder Spalten der Tabelle beziehen. Doch wie soll eine Formel wissen, wo sie beispielsweise nach Umsatzzahlen suchen soll oder in welcher Spalte die Verkäufer aufgeführt sind?

In J9 soll der Gesamtumsatz aller Verkäufer ermittelt werden. Üblicherweise würde die Formel wie folgt lauten: `=SUMME(G6:G105)`. Dazu muss allerdings erst herausgefunden werden, dass die Umsatzzahlen auch wirklich im Bereich G6:G105 zu finden sind. Einfacher und sicherer erledigen Sie das über einen sogenannten *vollständig qualifizierten Verweis*:

1. Beginnen Sie die Formeleingabe in J9 mit `=SUMME(`.
2. Bewegen Sie den Mauszeiger auf das obere Ende der *Umsatz*-Spalte. Wenn der kleine schwarze Pfeil erscheint (siehe Abbildung 13.29 [2]), klicken Sie auf den Spaltenkopf.
3. Excel ergänzt die Formel um den Verweis `tblVerkauf[Umsatz]`. Die Angabe des Tabellennamens qualifiziert den Verweis vollständig, da eindeutig nachvollziehbar ist, aus welcher Tabelle die Spalte *Umsatz* herangezogen wird.
4. Schließen Sie die SUMME-Funktion mit der schließenden Klammer und beenden Sie die Formeleingabe mit [↵].

Wenn die Tabelle erweitert wird, schließen die strukturierten Verweise auch die neu hinzugekommenen Daten mit ein. Sie haben damit immer das richtige Ergebnis parat.

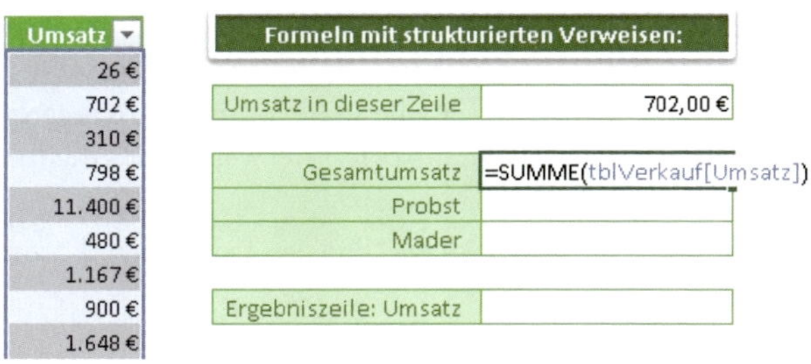

Abbildung 13.33: Vollständig qualifizierter Verweis mit Angabe von Tabellen- und Spaltenname

Wichtig

Beim Verschieben einer Zelle mit einem strukturierten Verweis bleiben die Verweise erhalten. Kopieren Sie hingegen einen strukturierten Verweis mit einem Spaltenbezeichner beispielsweise um eine Spalte nach rechts (unter Verwendung des Ausfüllkästchens in der rechten unteren Ecke der Zelle), wandert der Spaltenbezeichner mit: aus `tblVerkauf[Preis]` wird `tblVerkauf[Menge]` und so weiter.

Ganz ohne Zelladressen arbeiten: Einen strukturierten Verweis von Hand eingeben

Kennen Sie das: Sie geben eine Formel ein und wollen nicht immer zwischen Tastatur und Maus hin- und herwechseln? Wenn Sie die Eingabe von Formeln über die Tastatur bevorzugen, wird die Eingabe von Tabellenbereichen durch die Verwendung von strukturierten Verweisen erheblich vereinfacht. Erfahren Sie in den folgenden Schritten, wie Sie einen strukturierten Verweis auch ohne die Maus fehlerfrei erstellen können.

Zur Leistungsbeurteilung sollen die Umsätze einzelner Verkäufer ermittelt werden, in Zelle J10 beispielsweise für den Verkäufer *Probst*. Ermitteln Sie den personenbezogenen Umsatz unter Verwendung der Funktion SUMMEWENN und gehen Sie dabei wie folgt vor (achten Sie auch auf die Reihenfolge in Abbildung 13.34):

1. Markieren Sie die Zelle J10.
2. Geben Sie `=SU` ein, wählen Sie in der angezeigten Auswahlliste *SUMMEWENN* [1] aus und übernehmen Sie die Funktion per ⭾-Taste.
3. Zur Angabe des ersten Arguments tippen Sie die ersten Buchstaben des Tabellennamens: `tbl`. Wählen Sie mit den Pfeiltasten (Mausliebhaber dürfen auch einen Doppelklick ausführen) den Eintrag *tblVerkauf* [2] und übernehmen Sie ihn dann mit der ⭾-Taste.

Tipp

Geben Sie Ihren »intelligenten« Tabellen Namen, die immer mit dem gleichen Präfix wie beispielsweise *tbl* beginnen. Bei der manuellen Eingabe des Tabellennamens stehen dann in der IntelliSense-Liste Ihre eigenen Namen alle direkt untereinander (siehe Abbildung 13.34 [2]) und heben sich damit von den sonstigen Bereichsnamen ab.

4. Excel weiß nun, mit welcher Tabelle Sie arbeiten möchten. Nach Eingabe einer öffnenden eckigen Klammer, die Sie auf einer deutschen Tastatur über die Tastenkombination AltGr+8 erzeugen, stellt Excel alle in der Tabelle *tblVerkauf* vorhandenen Spalten in einer Auswahlliste zur Verfügung.
5. Wählen Sie den Eintrag *Verkäufer* [3] und übernehmen Sie ihn mit der ⭾-Taste.
6. Fügen Sie mit der Tastenkombination AltGr+9 eine schließende eckige Klammer ein. Damit haben Sie die Angabe der Spalte *Verkäufer* aus der Tabelle *tblVerkauf* durch einen vollständig qualifizierten Verweis abgeschlossen. Nach Eingabe eines Semikolons geht es weiter zum nächsten Argument.
7. Als Suchkriterium geben Sie den Zellbezug I10 [4] an, bevor Sie mit einem Semikolon zum letzten Argument wechseln.

8. Verfahren Sie bei der Angabe des Arguments *Summe_Bereich* so wie bei der Auswahl des zu durchsuchenden Bereichs, wählen Sie diesmal in *tblVerkauf* [5] allerdings die Spalte *Umsatz* [6].
9. Nach Eingabe der schließenden eckigen Klammer (für die Spaltenangabe) und der runden schließenden Klammer (für die Funktion SUMMEWENN) [7] können Sie die Formeleingabe mit [↵] abschließen.

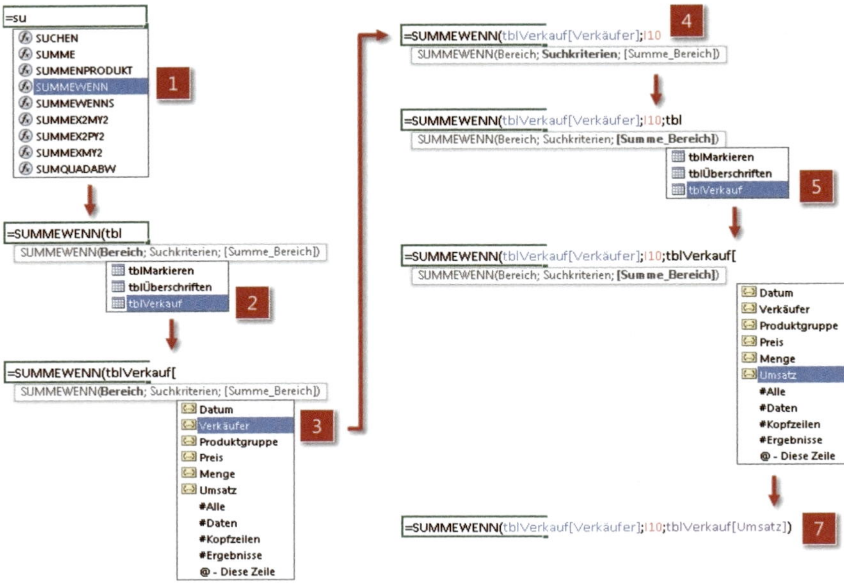

Abbildung 13.34: Ganz ohne Maus zum strukturierten Verweis

Tipp Diese Vorgehensweise eignet sich insbesondere dann, wenn sich Berechnungen auf »intelligente« Tabellen beziehen, die nicht auf dem gleichen Arbeitsblatt untergebracht sind. Das Suchen nach der richtigen Tabelle in allen verfügbaren Arbeitsblättern entfällt, da die Eingabe des richtigen Tabellennamens genügt, um nach Eingabe der eckigen Klammer die zugehörigen Spalten auswählen zu können.

Auf den ersten Blick erscheint die Formel sehr lang und dadurch vielleicht etwas unübersichtlich. Auf den zweiten Blick offenbart sich jedoch sehr schnell, auf welche Elemente die Formel zurückgreift. In Tabelle 13.4 sehen Sie einen Vergleich der alten A1-Schreibweise mit der neuen Schreibweise mittels strukturierter Verweise.

Argument	Alt: A1-Schreibweise	Neu: Strukturierter Verweis
Bereich	`C6:C105`	`tblVerkauf[Verkäufer]`
Summe_Bereich	`G6:G105`	`tblVerkauf[Umsatz]`

Tabelle 13.4: Ausgewählte Argumente der Funktion SUMMEWENN

Ein strukturierter Verweis gibt unmittelbar die komplette Datenherkunft preis. Es ist sofort erkennbar, aus welcher Tabelle und aus welcher Tabellenspalte die Daten stammen.

Die alte A1-Schreibweise zeigt hingegen auf den ersten Blick lediglich, in welchem Zellbereich die Daten stehen. Ob dieser Zellbereich alle relevanten Zellen umschließt, ist nicht ersichtlich.

Hinweis Excel verwendet standardmäßig strukturierte Verweise, wenn Sie bei der Formeleingabe komplette Bereiche wie Spalten oder Zeilen von »intelligenten« Tabellen mit der Maus auswählen. Falls Sie lieber mit der alten A1-Schreibweise weiterarbeiten möchten, deaktivieren Sie unter *Datei/Optionen/Formeln* im Abschnitt *Arbeiten mit Formeln* das Kontrollkästchen *Tabellennamen in Formeln verwenden.*

Besonders komfortabel: Tabellen mit Datenschnitten filtern

Dashboards und Managementcockpits sind heutzutage fester Bestandteil in vielen Besprechungen. Per Klick werden Zahlen neu zusammengestellt und Auswertungen direkt angepasst. In Excel 2010 wurde für solche Anwendungszwecke der *Datenschnitt* für Pivot-Tabellen eingeführt (siehe Kapitel 25). In Excel 2013 ist der Datenschnitt nun auch für »intelligente« Tabellen verfügbar. Mit ihm können nicht nur Filtereinstellungen sehr komfortabel geändert, sondern auch optisch ansprechend dargestellt werden.

Abbildung 13.35: Die Tabelle wird durch die Auswahl in den Datenschnitten gefiltert

---

Online Öffnen Sie in der Beispielarbeitsmappe *Kap13_Tabellen_UEB.xlsx* das Arbeitsblatt *Datenschnitt* zum Nachvollziehen der einzelnen Schritte.

Alles im Blick behalten: Datenschnitte neben der Tabelle platzieren

Fügen Sie Ihrem Arbeitsblatt wie folgt drei Datenschnitte hinzu (beachten Sie auch die Reihenfolge in Abbildung 13.36):

1. Aktivieren Sie eine Zelle der »intelligenten« Tabelle [1].
2. Auf der nun verfügbaren Registerkarte *Tabellentools/Entwurf* wählen Sie in der Gruppe *Tools* den Befehl *Datenschnitt einfügen* [2].

3. Setzen Sie im folgenden Dialogfeld ein Häkchen bei den Feldern, nach denen gefiltert werden soll: *Region*, *Firma* und *Produkt*. Die Bezeichnungen stammen aus den Spaltenüberschriften.
4. Klicken Sie auf *OK* und ziehen Sie die Datenschnitte [4] an die gewünschte Position.

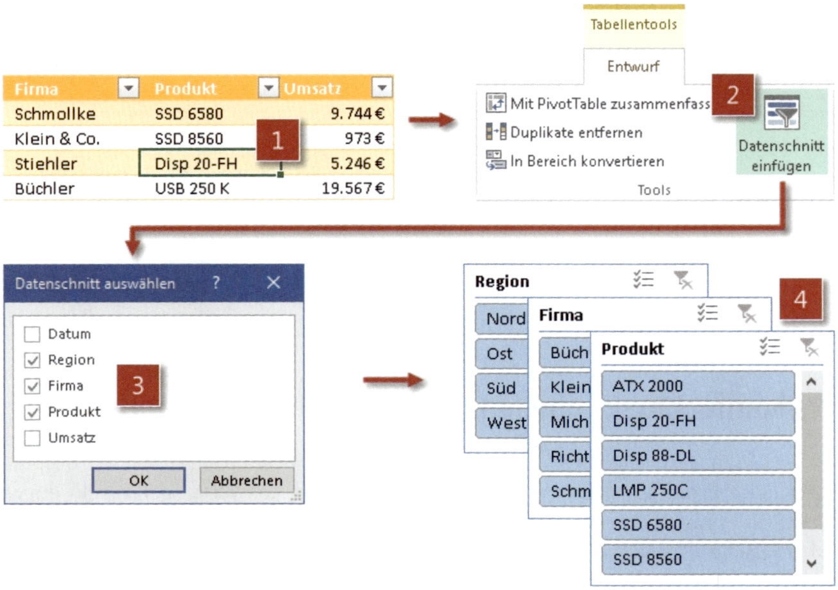

Abbildung 13.36: In »intelligenten« Tabellen steht der Datenschnitt zur Verfügung

Mit den Schaltflächen der Registerkarte *Tabellentools/Entwurf* können Sie die Optik der Datenschnitte anpassen: So wie bei den »intelligenten« Tabellen können Sie für die Datenschnitte fertige Formatvorlagen auswählen. Außerdem können Sie sowohl die Höhe und die Breite als auch die Anzahl der nebeneinander stehenden Elemente ändern. Ausführliche Informationen zum Formatieren von Datenschnitten finden Sie in Kapitel 25.

Schneller als der AutoFilter: Selektieren per Datenschnitt

Üblicherweise werden Tabellen über die Symbole des AutoFilters gefiltert. Mithilfe der Datenschnitte müssen Sie allerdings keine Häkchen mehr in den Filtermenüs setzen.

- Zur Auswahl eines Eintrags klicken Sie das gewünschte Element im Datenschnitt an.

- Die Auswahl mehrerer einzelner Elemente erreichen Sie, wenn Sie beim Klicken die [Strg]-Taste gedrückt halten. Alternativ klicken Sie auf die Schaltfläche *Mehrfachauswahl*, bevor Sie die gewünschten Einträge auswählen.
- Zusammenstehende Elemente markieren Sie mithilfe der [⇧]-Taste.

- Um einen Filter wieder auszuschalten, klicken Sie in der rechten oberen Ecke des Datenschnitts auf die Schaltfläche *Filter löschen*.

Hinweis Die Schaltfläche *Filter löschen* zeigt in der dazugehörigen QuickInfo die Tastenkombination [Alt]+[C] an. Diese Tastenkombination funktioniert nur dann, wenn der betreffende Datenschnitt auch tatsächlich markiert ist.

Visuelle Filter: Was Datenschnitte alles preisgeben

Je nach Auswahl innerhalb eines Datenschnitts ändert sich die Darstellung in den anderen Datenschnitten. So verändert beispielsweise die Auswahl einer Region den Datenschnitt mit den Firmen. Wie Abbildung 13.37 und Tabelle 13.5 zeigen, ist dadurch sofort visuell nachvollziehbar, welche weiteren Elemente auswählbar sind oder aber auch, welche Elemente unter den gegebenen Filtereinstellungen nicht mehr verfügbar sind.

Hinweis Für die Formatierung des Datenschnitts im Beispiel wurde die Formatvorlage *Datenschnittformat – Dunkel 2* verwendet.

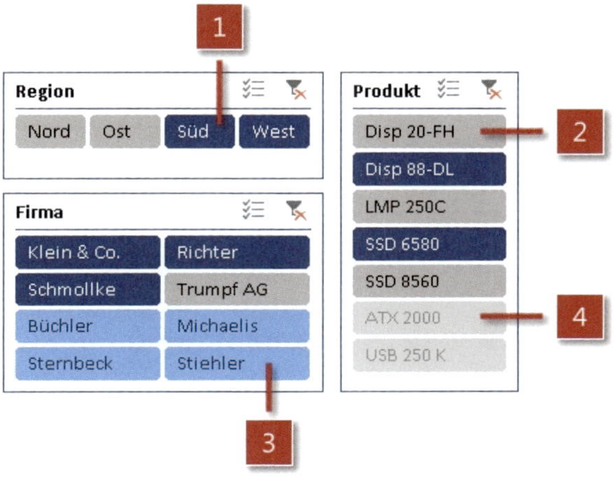

Abbildung 13.37: Der Datenschnitt zeigt auf einen Blick den Auswahlstatus und den Datengehalt der Elemente

Nr.	Farbe (Beispiel)	Bedeutung
1	Dunkelblau	Ausgewähltes Element mit Daten
2	Dunkelgrau	Nicht ausgewähltes Element mit Daten
3	Hellblau	Ausgewähltes Element ohne Daten
4	Hellgrau	Nicht ausgewähltes Element ohne Daten

Tabelle 13.5: Zuordnung von Farbe und Bedeutung der Elemente eines Datenschnitts

Hinweis Je nach verwendeter Datenschnittformatvorlage können einzelne Elemente auch anders formatiert werden. Das grundsätzliche Verhalten bleibt jedoch gleich.

Mit Formeln dauerhaft auf die Filterergebnisse zugreifen

Bei sehr umfangreichen Tabellen ist die Ergebniszeile möglicherweise nicht sichtbar, obwohl mehrere Filter per Datenschnitt gesetzt sind. Das Ablesen der Ergebniszeile ist dann nur möglich, wenn ein Bildlauf durchgeführt wird.

Mithilfe der Datenschnitte und einiger weniger Berechnungen können Sie Ihre Tabellen nach Belieben filtern, Anpassungen in der Auswahl vornehmen und das Ergebnis Ihrer Einstellungen immer im Blick behalten.

Bauen Sie deshalb oberhalb der Tabelle ein paar Berechnungen ein:

- In Zelle F5 ermitteln Sie die Umsatzsumme der gefilterten Daten mit der Formel `=TEILERGEBNIS(109;tblUmsatz[Umsatz])`.

Wichtig Theoretisch wäre der gefilterte Umsatz in Zelle F5 auch mit einem Verweis auf die Ergebniszeile in der *Umsatz*-Spalte zu berechnen. Die Formel würde in diesem Fall `=tblUmsatz[[#Ergebnisse];[Umsatz]]` heißen. Wird die Ergebniszeile jedoch deaktiviert, zeigt die Formel nur noch den Fehler *#Bezug!*, da die angegebene Zelle nicht mehr vorhanden ist. Für fehlerfreie Berechnungen mit und ohne Ergebniszeile verwenden Sie deshalb am besten strukturierte Verweise auf die jeweilige Spalte.

- Den Gesamtumsatz erhalten Sie in F7 mit `=SUMME(tblUmsatz[Umsatz])`.

Hinweis Die Verwendung der Funktion TEILERGEBNIS würde in diesem Fall nicht zum gewünschten Ergebnis führen, da der Gesamtumsatz immer über alle Elemente der *Umsatz*-Spalte berechnet wird. Die Funktion TEILERGEBNIS bezieht aber (bei Verwendung der Funktion *109*) stets nur die gefilterten Daten mit ein.

- In Zelle F6 berechnen Sie abschließend den prozentualen Umsatzanteil der gefilterten an den gesamten Daten mit `=F5/F7`.

Sauber: Duplikate aus »intelligenten« Tabellen entfernen

Duplikate gibt es in der täglichen Arbeit mit Listen immer wieder. Sei es, weil mehrere Personen mit der gleichen Liste arbeiten und unabhängig voneinander gleiche Daten eingeben, oder weil Informationen aus verschiedenen Listen zusammengefasst wurden. Duplikate sind nicht nur ärgerlich, sie können auch Berechnungsergebnisse verfälschen, wenn Daten mehrfach vorkommen.

Bislang mussten Duplikate mit einigem Aufwand – per ZÄHLENWENN-Formel und Filter – gesucht werden. Jetzt erledigt das Excel für Sie.

Online Für das nachfolgende Beispiel öffnen Sie in der Beispielarbeitsmappe *Kap13_Tabellen_UEB.xlsx* das Arbeitsblatt *Lieferanten*.

Lassen Sie zunächst einmal über die *bedingte Formatierung* alle Duplikate farbig kennzeichnen. So erkennen Sie auf einen Blick, ob und wo Einträge mehrfach vorhanden sind.

Abbildung 13.38 zeigt, dass es in der Spalte *Lief.-Nr.* mehrfach die gleichen Einträge gibt. Dieses farbige Markieren erreichen Sie nach Auswahl der Spalte *Lief.-Nr.* über die Befehlsfolge *Start/Formatvorlagen/Bedingte Formatierung/Regeln zum Hervorheben von Zellen/Doppelte Werte.*

Lief.-Nr.	Firma	Straße	Nr	PLZ	Ort	Umsatz
L-170462	Walter KG	Josef Lentsch-Straße	37	73667	Kaisersbach	82.486
L-888056	Aluguss AG	Überlinger Weg	10	54421	Reinsfeld	389.955
L-844780	Müller & Co.	Hauptstraße	32	97337	Dettelbach	97.352
L-888056	Aluguss AG	Überlinger Weg	10	54421	Reinsfeld	389.955
L-457984	Förster Bau	Im Ziegelfeld	16	99958	Tonna	368.594
L-508771	Baugut GmbH	Gebrüder-Pfau-Str.	3	14929	Treuenbrietzen	82.465
L-520070	HelpDesk	Dresdener Straße	18	02827	Görlitz	125.684
L-457984	Förster Bau	Im Ziegelfeld	16	99958	Tonna	368.594
L-457984	Förster Bau	Im Ziegelfeld	16	99958	Tonna	368.594
L-359694	Karl König KG	Hauptstraße	54	97342	Marktsteft	65.915

Abbildung 13.38: Die bedingte Formatierung zeigt alle mehrfach vorkommenden Einträge an

---

Tipp

Theoretisch hätte auch die Spalte mit den Firmennamen untersucht werden können. Allerdings werden dann möglicherweise nicht alle oder gar keine doppelten Einträge gefunden, weil sich beim Eingeben der Firmennamen versehentlich Leerzeichen oder Schreibfehler eingeschlichen haben. Leerzeichen am Ende eines Textes sind eines der größten Probleme für Excel-Anwender, da sie nicht sichtbar sind, aber den Inhalt der Zelle trotzdem verändern. Daher ist es sicherer, für Vergleiche eine Spalte mit Zahlen zu verwenden.

Wenn Sie ganz sichergehen wollen, dass Sie in einer langen Liste keine Einträge übersehen haben, lassen Sie sich die farbigen Duplikate am Anfang der Liste anzeigen. Wie das geht? So:

1. Klicken Sie mit der rechten Maustaste auf eine der farbigen Zellen (= Duplikate).
2. Wählen Sie im Kontextmenü den Befehl *Sortieren/Ausgewählte Zellenfarbe nach oben sortieren.*

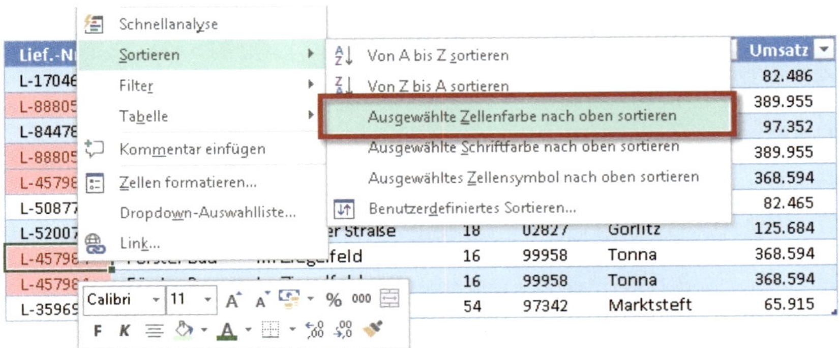

Abbildung 13.39: Zusammenfassen aller Duplikate dank Farbsortierung

Wie Sie sehen, sind insgesamt zwei Lieferantennummern mehrfach vorhanden.

Durch das Sortieren stehen jetzt alle Mehrfacheinträge direkt untereinander. So können Sie in aller Ruhe diese Problemeinträge kontrollieren. Vielleicht gab es ja auch eine Adressänderung bei einem der Lieferanten, sodass Sie die Zeile mit der alten Adresse von Hand löschen möchten. Den Rest überlassen Sie Excel:

1. Klicken Sie, wie in Abbildung 13.40 zu sehen, auf *Daten/Datentools/Duplikate entfernen* [1] oder wählen Sie in einer »intelligenten« Tabelle den Befehl *Tabellentools/Entwurf/Tools/Duplikate entfernen* [2].

Abbildung 13.40: Duplikate können auch in »normalen« Zellbereichen entfernt werden

2. Im folgenden Dialogfeld *Duplikate entfernen* (siehe Abbildung 13.41) ist es jetzt möglich, beispielsweise nur die Spalte *Straße* auszuwählen und diese auf Duplikate zu prüfen. Da es aber Straßennamen wie die *Hauptstraße* sicherlich öfter geben kann, würden Sie bei einer solchen Duplikatsprüfung sehr wahrscheinlich zu viele »Treffer« eliminieren. Belassen Sie alle Häkchen, denn nur so werden alle Einträge in den Lieferantenzeilen auf Duplikate geprüft.

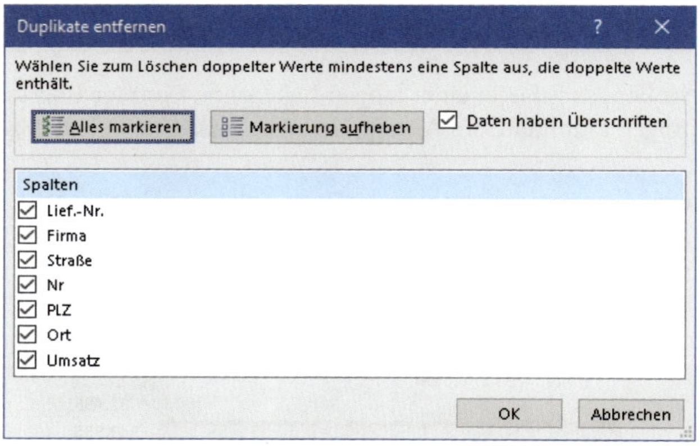

Abbildung 13.41: Nur bei Auswahl aller Spalten werden alle »echten« Duplikate entfernt

---

Wichtig Bei der Duplikatsuche werden doppelte Werte durch den Wert bestimmt, der in der Zelle *angezeigt* wird, und nicht unbedingt durch einen in der Zelle gespeicherten Wert. Unterschiedlich formatierte Werte, beispielsweise *01.08.2014* und *1.8.14*, werden deshalb *nicht* als Duplikate erkannt. Die Datensätze müssen deshalb vor dem Entfernen von Duplikaten einheitlich formatiert werden.

Als Ergebnis erhalten Sie die Nachricht, dass drei doppelte Werte gefunden und entfernt wurden und sieben eindeutige Werte erhalten bleiben.

Übrigens: Auch die immer noch eingeschaltete bedingte Formatierung bestätigt Ihnen, dass keine Duplikate mehr vorliegen. Alle farbigen Markierungen sind verschwunden. Und falls es später versehentlich wieder doppelte Einträge gibt, warnt die bedingte Formatierung Sie sofort.

»Intelligente« Tabellen als Basis für Pivot-Tabellen

Besonders sinnvoll ist der Einsatz von »intelligenten« Tabellen als Ausgangsbasis für Pivot-Tabellen. Sollten in der Ausgangstabelle neue Zeilen hinzukommen, reicht innerhalb der Pivot-Tabelle ein Klick auf *PivotTable-Tools/Analysieren/Daten/Aktualisieren,* um die hinzugekommenen Daten der Pivot-Auswertung hinzuzufügen und die Pivot-Tabelle neu zu berechnen. Wird die »intelligente« Tabelle um eine Spalte erweitert, wird nach der Aktualisierung die hinzugekommene Spalte sofort in der Pivot-Tabellen-Feldliste angezeigt. Mehr zum Thema Pivot-Tabellen erfahren Sie in den Kapiteln 23 bis 25.

Hinweis Bisher haben Sie nur erfahren, welche Vorteile eine »intelligente« Tabelle bringt. Doch in manchen Fällen kann sie sich auch als hinderlich erweisen.

Wenn Sie große Tabellen mithilfe von *Teilergebnis* auf der Registerkarte *Daten* aufbereiten wollen, werden Sie bei einer »intelligenten« Tabelle verwundert feststellen, dass der Befehl *Teilergebnis* zwar sichtbar, aber nicht auswählbar ist.

In diesem Fall kommen Sie nicht umhin, die »intelligente« Tabelle wieder in einen normalen Tabellenbereich zurückzuverwandeln.

Eine Tabelle in einen Bereich zurückverwandeln

Beim Umwandeln eines Bereichs in eine »intelligente« Tabelle werden Formeln mit Bezügen auf diesen Bereich nicht automatisch in strukturierte Verweise übersetzt. Anders verhält es sich, wenn Sie eine »intelligente« Tabelle wieder in einen Bereich zurückverwandeln:

1. Klicken Sie mit der rechten Maustaste in die Tabelle.
2. Wählen Sie im Kontextmenü die Befehlsfolge *Tabelle/In Bereich konvertieren.*

Hinweis Alternativ dazu können Sie auch auf der Registerkarte *Tabellentools/Entwurf* in der Gruppe *Tools* die Schaltfläche *In Bereich konvertieren* anklicken.

Die Tabelle wird dadurch wieder in einen normalen Zellbereich umgewandelt. Die Zellformatierung bleibt zwar erhalten, die Filterschaltflächen sind jedoch verschwunden und auch andere Automatismen wie beispielsweise das automatische Hinzufügen von Zeilen am Tabellenende sind nicht mehr verfügbar. Haben Sie Formeln mit strukturierten Verweisen erstellt, werden diese in die üblichen Zellbezüge konvertiert.

Tipp Wird auch die Zellformatierung nicht mehr benötigt, muss diese vor der Konvertierung über *Tabellentools/Entwurf/Tabellenformatvorlagen/Keine* zurückgesetzt werden.

Kapitel 14

Daten gezielt auswählen: Die vielfältigen Möglichkeiten zum Filtern nutzen

In diesem Kapitel:

AutoFilter und Spezialfilter bieten Ihnen zahlreiche Möglichkeiten, um aus den Datenbeständen eine Vielfalt von Untermengen auszublenden, anzuzeigen oder auch nach berechneten Kriterien die Anzeige der Daten zu beeinflussen. Eine schnelle und einfache Handhabung der Filtermöglichkeiten bietet der AutoFilter. Bei komplexeren Bedingungen greifen Sie besser zum Spezialfilter. Zielgerichtet angewendet unterstützen die Spezialfilter bei umfangreichen Bedingungen bis hin zu berechneten Kriterien. Neben der Reduktion auf wesentliche Daten besteht auch die Möglichkeit, Daten zu filtern und gleichzeitig in eine neue Liste beziehungsweise Tabelle zu schreiben. Darüber hinaus haben Sie auch die Möglichkeit, doppelte Datensätze zu suchen und gleichzeitig zu löschen.

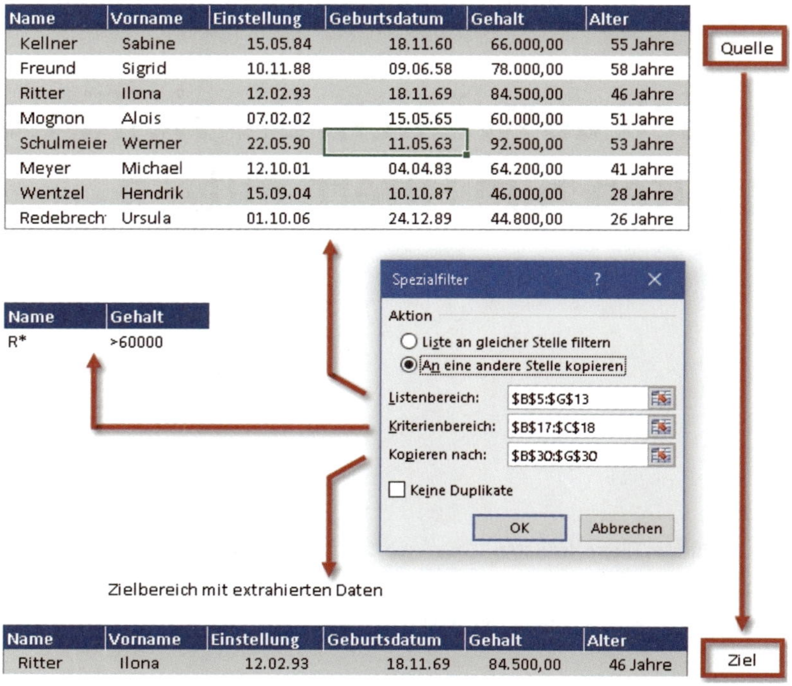

Abbildung 14.1: Der Weg von der Liste zum gefilterten Ergebnis

Mehr Überblick durch geschicktes Filtern der Daten

Zur Auswertung beziehungsweise Analyse von Datenbeständen werden selten alle Informationen einer Liste benötigt. Häufig ist es völlig ausreichend, nur einen bestimmten Teil der Daten zur Verfügung zu haben. Mit Microsoft Excel können Sie auf einfache Weise und im Handumdrehen spezifische Informationen aus einer Liste herausfiltern. Unter Zuhilfenahme der Funktion *AutoFilter* werden Positionen und Umfang der Liste automatisch ermittelt und die Spaltenüberschriften (Feldbezeichner) mit Dropdownpfeilen versehen. Sobald Sie auf den Dropdownpfeil klicken, werden im unteren Bereich des Dropdownmenüs die Elemente aufgelistet. Aus dieser Liste wählen Sie dann gezielt das Element, dessen Einträge Sie herausfiltern beziehungsweise anzeigen wollen.

Mit Excel können Sie

- im Handumdrehen Informationen aus einer Liste herausfiltern und anzeigen,
- die Sicht auf wesentliche Daten begrenzen, um besser urteilen zu können,
- Daten mithilfe von Filtern auswählen und dann kopieren oder löschen,
- Daten mit Vorgaben vergleichen und in eine separate Liste übertragen sowie
- komplexe Suchkriterien verwenden, um Daten aus einer Liste auszulesen.

Beim Filtern von Daten werden aus der gesamten Liste die Zeilen ausgeblendet, die nicht angezeigt werden sollen. Excel bietet die folgenden Möglichkeiten:

- automatisches Filtern

- eingrenzendes Filtern
- Filtern und Löschen
- Sortieren und Filtern
- Spezialfilter

Online Als Datenbasis für die Beispiele können Sie die Datei *Kap_14_UEB.xlsx* heranziehen.

Rationell arbeiten mit automatischen Filtern

Sie möchten alle Mitarbeiter auflisten, die am Projekt *MTR390* mitarbeiten, und das Ergebnis als Liste anzeigen. Sie kommen rasch zur Lösung, wenn Sie folgendermaßen vorgehen:

1. Öffnen Sie die Datei *Kap_14_UEB.xlsx* und aktivieren Sie das Arbeitsblatt *Daten1*.
2. Positionieren Sie den Mauszeiger an einer Stelle innerhalb der Daten.
3. Klicken Sie im Menüband auf der Registerkarte *Start* in der Befehlsgruppe *Bearbeiten* auf den Befehl *Sortieren und Filtern*.

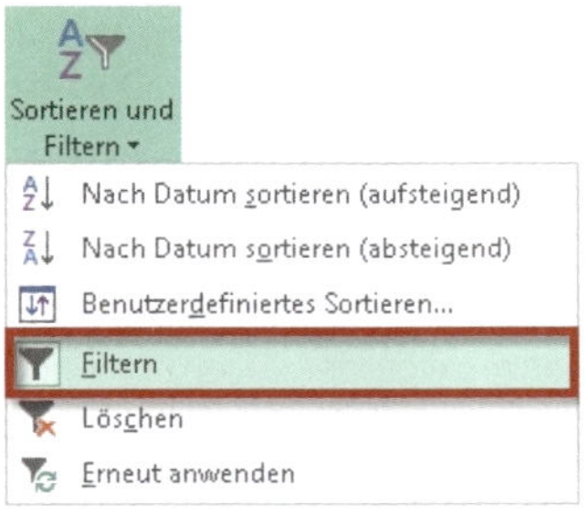

Abbildung 14.2: Der Befehl Sortieren und Filtern *auf der Registerkarte* Start *in der Befehlsgruppe* Bearbeiten

4. Wählen Sie den Befehl *Filtern*. An alle Feldnamen (Spaltenüberschriften) werden jetzt Dropdownpfeile angefügt.
5. Klicken Sie auf den Dropdownpfeil im Feld *Projekt*, daraufhin werden alle Elemente dieser Spalte angezeigt.
6. Wählen Sie als einzige aktive Option das Projekt *MTR390*. Die Auswahl geht am schnellsten, wenn Sie zuerst *(Alles auswählen)* deaktivieren und danach das Häkchen in das Kontrollkästchen vor dem Eintrag *MTR390* setzen (siehe Abbildung 14.3)
7. Zum Abschluss klicken Sie auf die Schaltfläche *OK*.

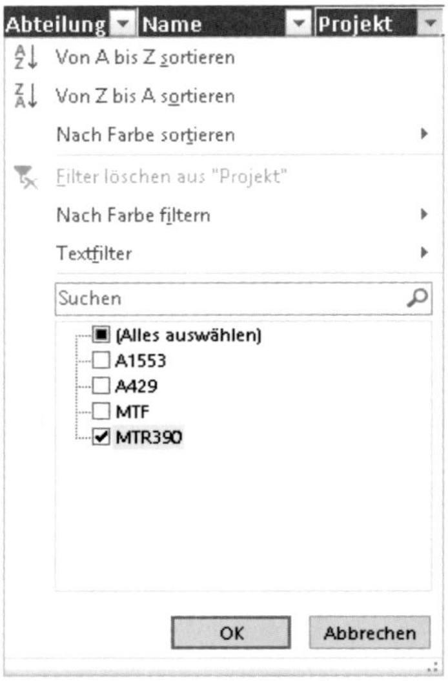

Abbildung 14.3: Auswahlliste des AutoFilters im Feld Projekt

Tipp

Falls die Liste im Dropdownmenü des AutoFilters sehr viele Einträge beinhaltet, gelangen Sie schnell zu dem gesuchten Eintrag, indem Sie den ersten Buchstaben des Eintrags eingeben.

Hinweis

Eine gefilterte Liste erkennen Sie immer an der Anzeige der Zeilenziffern in blauer Farbe. Ein gefiltertes Feld wird durch ein kleines Filtersymbol auf der Schaltfläche mit dem Dropdownpfeil gekennzeichnet.

Für jede Zielsetzung wirkungsvolle Filter anlegen

In jedem Feld können Sie durch Aktivieren der Kontrollkästchen einen Filter setzen und die Auswahl der Daten einschränken (siehe Abbildung 14.3). Darüber hinaus können Sie im Eingabefeld *Suchen* einen weiteren Suchbegriff eingeben, beispielsweise `A*`. Daraufhin wird im Dropdownmenü der Eintrag *Dem Filter die aktuelle Auswahl hinzufügen* angezeigt (siehe Abbildung 14.4). Wenn Sie dieses Kontrollkästchen aktivieren und die Schaltfläche *OK* anklicken, erhalten Sie zusätzlich alle Projekte angezeigt, die mit »A« beginnen.

Tipp

Um das Dropdownmenü des AutoFilters zu vergrößern, klicken Sie in der unteren rechten Ecke auf den sogenannten *Grip-Punkt* und ziehen ihn in die gewünschte Richtung. Damit vergrößern Sie die Datenmenge, die gezeigt werden kann (siehe Abbildung 14.4).

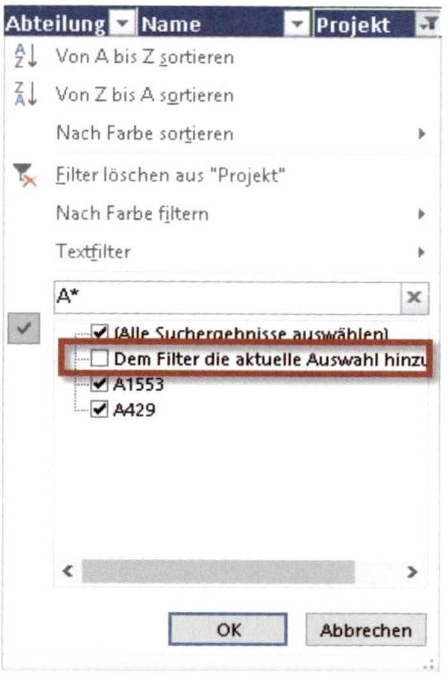

Abbildung 14.4: Der neue, reduzierte Textfilter wird erst durch das Aktivieren des Kontrollkästchens hinzugefügt

Bei einem Datumsfeld (Datumsfilter) können Sie beispielsweise einen Monatsnamen in das Suchfeld eingeben und erhalten dann als Ergebnis eine gefilterte Tabelle mit allen Datensätzen, bei denen zum Beispiel im Einstellungsdatum der Monat Mai vorkommt (siehe Abbildung 14.5).

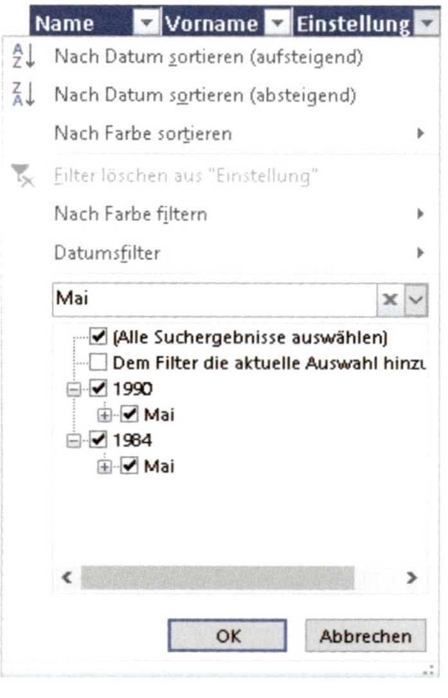

Abbildung 14.5: Als Suchkriterium den Monatsnamen in das Eingabefeld Suchen *eingeben*

Tipp Bei Bedarf können Sie die Schaltfläche *AutoFilter*, die den markierten Wert oder Ausdruck in der Zelle automatisch als Filterkriterium verwendet und die Liste unmittelbar filtert, der Symbolleiste für den Schnellzugriff hinzufügen. Wie das geht, ist in Kapitel 1 beschrieben.

Einen aktiven Filter aufheben

Das Filtern selbst wird durch Ausblenden von nicht gültigen, das heißt nicht dem Filterkriterium entsprechenden Datenzeilen erreicht. Um einen aktiven Filter aufzuheben und wieder alle Daten anzuzeigen, klicken Sie im Dropdownmenü des AutoFilters das Kontrollkästchen (*Alles auswählen*) an (siehe Abbildung 14.3).

Wenn Sie den Filter in einer einzelnen Spalte aufheben möchten, klicken Sie auf die Filterschaltfläche in der Spaltenbeschriftung und wählen dann in der Befehlsliste *Filter löschen* (siehe auch Abbildung 14.3).

Im Arbeitsblatt alle Filter löschen

Wenn Sie alle Filter in einem Datenbereich löschen möchten, wählen Sie im Menüband auf der Registerkarte *Start* in der Befehlsgruppe *Bearbeiten* den Befehl *Sortieren und Filtern/ Löschen.*

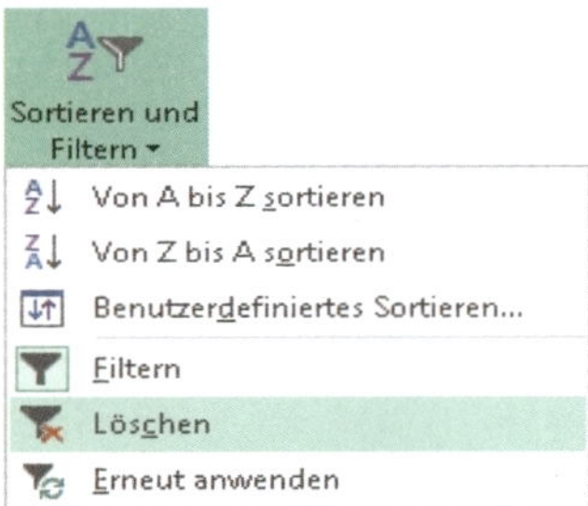

Abbildung 14.6: Löschen aller Filter im Datenbereich

Danach bleiben die Filterschaltflächen an den Feldbezeichnern (Spaltenüberschriften) sichtbar, zuvor festgelegte Filter werden jedoch komplett entfernt.

Der Befehl *Erneut anwenden* (siehe Abbildung 14.6) hilft dabei, eine um neue Daten erweiterte Liste mit den bestehenden Filtern erneut zu filtern.

Alle Daten zeigen: Filter aufheben und entfernen

Um die an den Feldbezeichnern angezeigten Filterschaltflächen zu entfernen, klicken Sie auf der Registerkarte *Start* in der Gruppe *Bearbeiten* auf die Schaltfläche *Sortieren und Filtern* und wählen *Filtern.* Damit wird ein bestehender Filter entfernt und die Liste der Daten wieder vollständig angezeigt.

Nur bestimmte Spalten mit Filtern belegen

Wollen Sie Ihren Filter beispielsweise nur auf zwei bestimmte, jedoch nebeneinanderliegende Spalten anwenden, genügt es, wenn Sie genau diese beiden Felder mit dem Dropdownpfeil versehen. Um dies zu erreichen, gehen Sie folgendermaßen vor:

1. Wählen Sie die Spalten aus, indem Sie die jeweiligen Feldnamen markieren.
2. Klicken Sie im Menüband auf die Registerkarte *Start* und dann in der Gruppe *Bearbeiten* auf die Schaltfläche *Sortieren und Filtern.*
3. Wählen Sie den Befehl *Filtern.*
4. Die Dropdownpfeile werden an die markierten Spaltenüberschriften angehängt und Sie können die Filterbedingungen definieren.

Hinweis In Abhängigkeit davon, wo sich der Mauszeiger beim Aufruf des AutoFilters befindet, werden die Datensätze nach dem Aufruf des Befehls sofort gefiltert dargestellt:

- Steht der Mauszeiger auf einem gültigen Feld, wird der Inhalt dieses Feldes als Filterkriterium verwendet (die Daten werden entsprechend dem Kriterium sofort gefiltert).
- Steht der Mauszeiger auf einem Feld der Spaltenbeschriftung (Feldbezeichner), werden nur die Dropdownpfeile eingeblendet, die Daten werden nicht automatisch gefiltert.
- Sind eine oder mehrere Spalten markiert, werden die Dropdownpfeile nur für diese Felder eingeblendet. Die restlichen Felder können nicht gefiltert werden.

Mit geringem Aufwand zum Detail: AutoFilter nutzen

Die Auswahl eines Filters erfolgt über

- den Dropdownpfeil am Feldbezeichner,
- geht weiter über den Befehl *Zahlenfilter* (oder bei einem Textfeld/Datumsfeld über den alternativen Befehl *Textfilter/Datumsfilter*) und
- dann weiter über die Auswahl des Filterkriteriums aus einem Untermenü.

Die beiden Befehle *Über dem Durchschnitt* und *Unter dem Durchschnitt* werden nach dem Anklicken sofort ausgeführt und zeigen die dem Filterkriterium entsprechenden Datensätze an.

Die restlichen Befehle führen immer zum Dialogfeld *Benutzerdefinierter AutoFilter.*

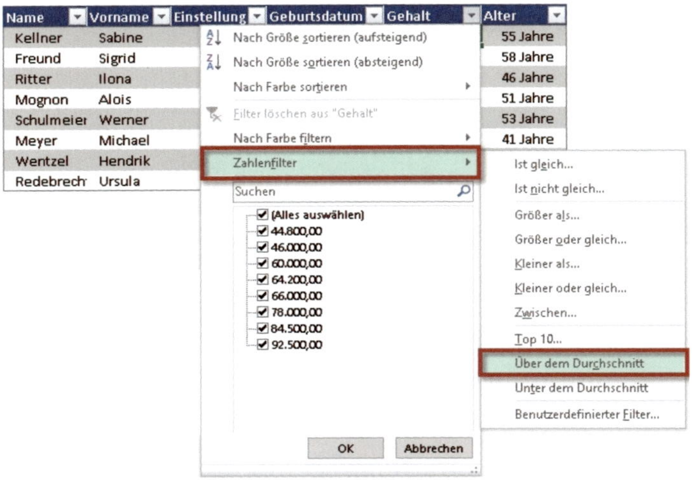

Abbildung 14.7: Das Untermenü zum Befehl Zahlenfilter *mit seinen Möglichkeiten*

Tipp Auf der Basis des Feldtyps ändert sich der Filterbefehl in *Textfilter*, *Zahlenfilter* beziehungsweise *Datumsfilter* mit den jeweiligen vorbelegten Befehlen in den Untermenüs. Abbildung 14.8 zeigt beispielhaft den Datumsfilter mit seinen Filteroptionen.

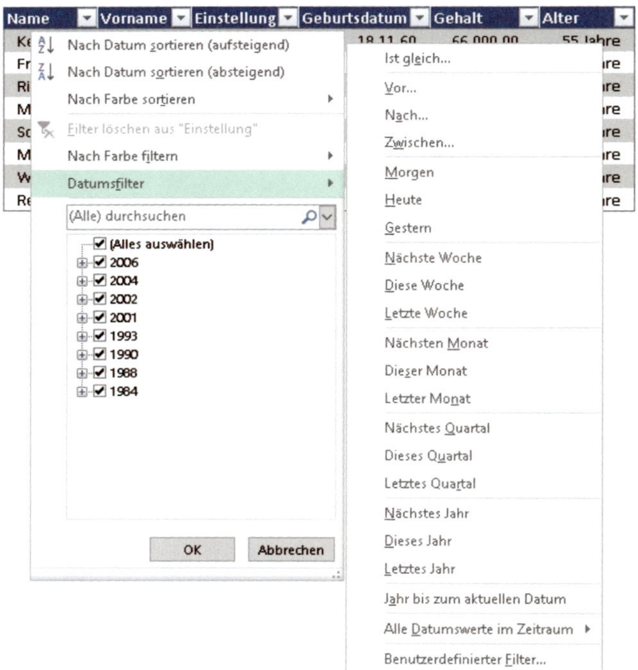

Abbildung 14.8: Eine umfangreiche Liste an vordefinierten Einstellungen für das Filtern von Datumswerten

---

Tipp

Positionieren Sie den Mauszeiger auf dem Filter-Dropdownpfeil, dann zeigt eine QuickInfo die Kriterien des auf diese Spalte angewendeten Filters an (siehe Abbildung 14.9).

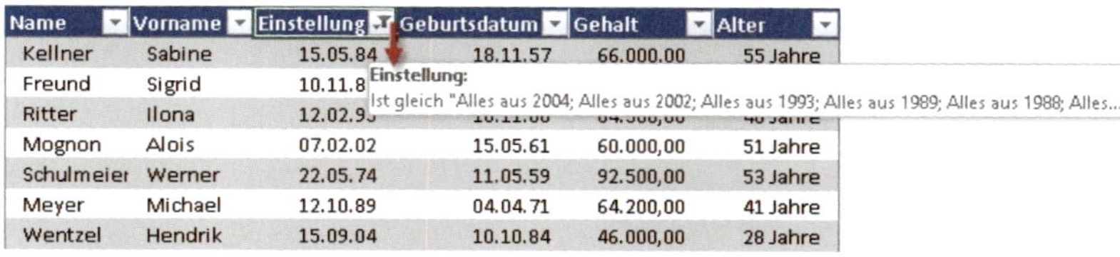

Abbildung 14.9: Die QuickInfo zeigt die eingestellten Filterkriterien des Feldes Einstellung

---

Der benutzerdefinierte AutoFilter

Excel ermöglicht Ihnen, im Dialogfeld *Benutzerdefinierter AutoFilter* zwei Abfragekriterien zu kombinieren und somit den einfachen Filter etwas differenzierter zu gestalten.

Der Befehl *Benutzerdefinierter Filter* wird im Untermenü zum Filterbefehl (*Zahlenfilter/Textfilter/Datumsfilter*) ausgewählt und führt zunächst zu dem in Abbildung 14.10 dargestellten Dialogfeld.

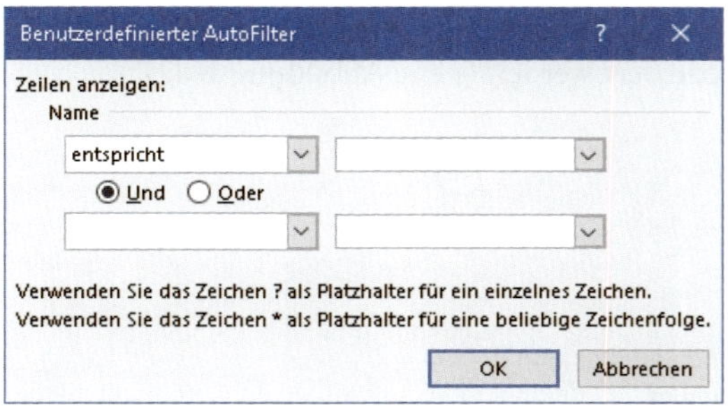

Abbildung 14.10: Der benutzerdefinierte AutoFilter mit der Vorbelegung entspricht noch keinem eingetragenen Filterkriterium

Im Dialogfeld *Benutzerdefinierter AutoFilter* können Sie im linken Dropdown-Listenfeld einen Vergleichsoperator auswählen. Geben Sie zwei Bedingungen an, erfolgt eine Verknüpfung der beiden Felder über die Option *Und* beziehungsweise *Oder*.

Im rechten Dropdown-Listenfeld wählen Sie einen Eintrag aus oder geben das Filterkriterium direkt ein.

Hinweis

Bei einer Verknüpfung mit *Und* müssen beide Kriterien erfüllt sein, bei einer Verknüpfung mit *Oder* genügt es, wenn eines der beiden Kriterien erfüllt wird.

Eine etwas andere Auswahl bietet Ihnen die *Zahlenfilter*-Option *Top 10*. Mit diesem Filter können Sie auf der Basis eines Zahlenfeldes beispielsweise die obersten/untersten zehn Elemente der Liste oder aber die höchsten oder schwächsten zehn Prozent der Liste anzeigen lassen.

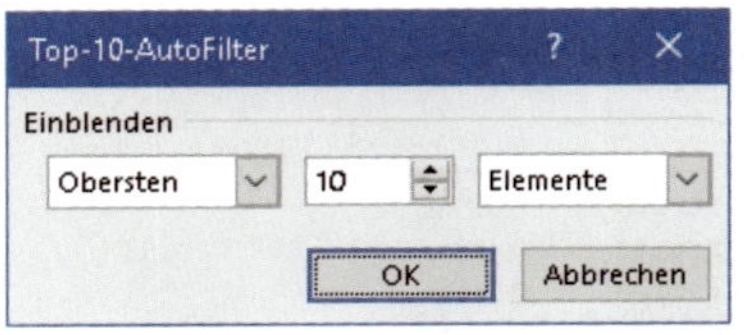

Abbildung 14.11: Der Top-10-AutoFilter zur Anzeige der obersten Elemente, beispielsweise der zehn höchsten Umsätze

---

Hinweis Obere und untere Werte basieren immer, auch in einer gefilterten Liste, auf dem ursprünglichen Zellbereich oder der Tabellenspalte.

Datumsangaben gekonnt filtern

Die Datumsliste wird immer dann im Filter-Dropdownmenü angezeigt, wenn sich der Mauszeiger in einem Datumsfeld befindet und Sie über das Suchfeld beispielsweise eine Jahreszahl oder eine Tageszahl eingeben und so den AutoFilter aufrufen. Die Anzeige erfolgt üblicherweise in einer gruppierten Liste und kann über das +-Symbol entsprechend erweitert und über das --Symbol reduziert werden (siehe Abbildung 14.12).

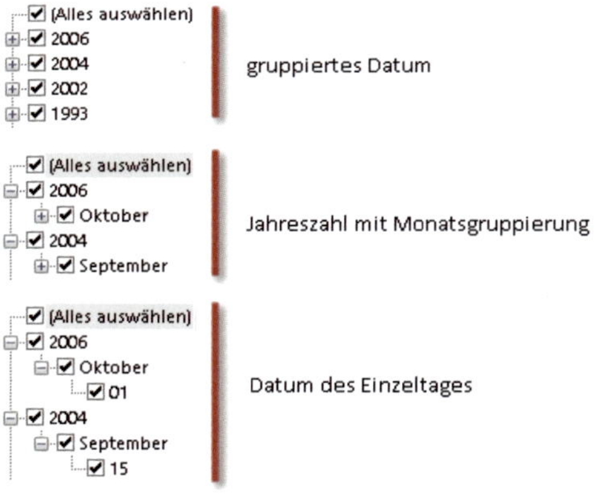

Abbildung 14.12: Darstellung der Möglichkeiten im AutoFilter, um das Datum einer Liste anzeigen zu lassen

Sie haben jedoch auch die Möglichkeit, die gruppierte Datumsliste in eine nicht hierarchische Datumsliste zu ändern.

Sie können die Gruppierung der Datumsanzeige ausschalten und würden dann im AutoFilter-Dropdownmenü die Anzeige aus Abbildung 14.13 erhalten.

Abbildung 14.13: AutoFilter ohne Gruppierung des Datums

Um die Gliederung der Datumsanzeige ein- beziehungsweise auszuschalten, gehen Sie folgendermaßen vor:

1. Klicken Sie auf der Registerkarte *Datei* auf *Optionen*.
2. Im Dialogfeld *Excel-Optionen* wählen Sie die Kategorie *Erweitert* und scrollen zum Abschnitt *Optionen für diese Arbeitsmappe anzeigen*.
3. In diesem Abschnitt aktivieren beziehungsweise deaktivieren Sie das Kontrollkästchen *Datumswerte im Menü 'AutoFilter' gruppieren* (siehe Abbildung 14.14).
4. Schließen Sie das Dialogfeld mit einem Klick auf die Schaltfläche *OK*.

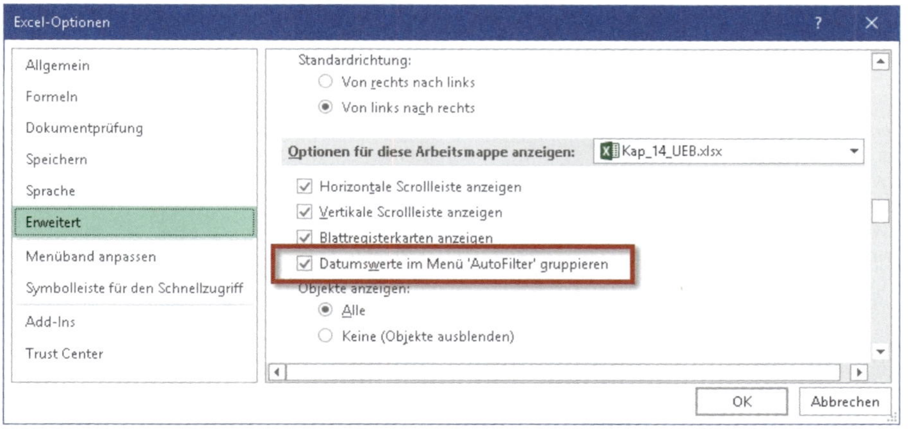

Abbildung 14.14: Über das Dialogfeld Excel-Optionen *können Sie die Gruppierung von Datumswerten im AutoFilter beeinflussen*

Mit Stellvertreterzeichen nach Textteilen filtern

Bei der Suche nach Texteinträgen in einem Feld werden innerhalb der benutzerdefinierten AutoFilter auch die zwei üblichen Stellvertreterzeichen akzeptiert:

- * (Sternchen) als Platzhalter für eine beliebige Zeichenfolge und
- ? (Fragezeichen) für ein einzelnes Zeichen an einer bestimmten Position (siehe Abbildung 14.15).

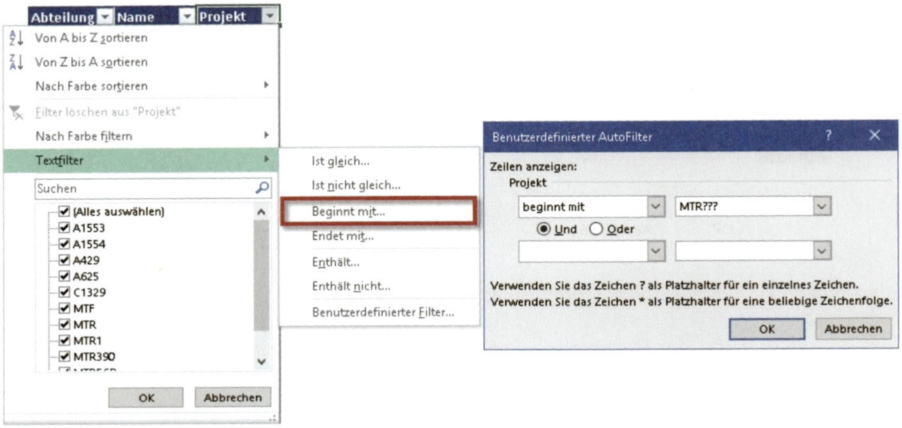

Abbildung 14.15: Benutzerdefinierter AutoFilter mit Stellvertreterzeichen

---

Hinweis Stellvertreterzeichen können auch kombiniert eingesetzt werden.

Das verwendete Beispiel *MTR???* selektiert in der Spalte *Projekt* die Einträge, die mit *MTR* beginnen und noch drei weitere Zeichen beinhalten (siehe Abbildung 14.16).

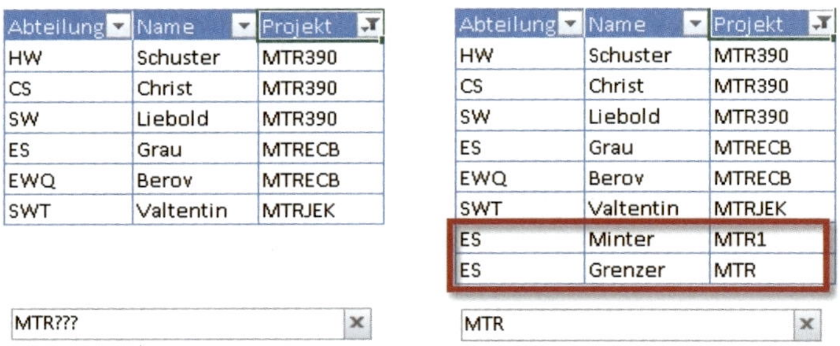

Abteilung	Name	Projekt
HW	Schuster	MTR390
CS	Christ	MTR390
SW	Liebold	MTR390
ES	Grau	MTRECB
EWQ	Berov	MTRECB
SWT	Valtentin	MTRJEK

MTR???

Abteilung	Name	Projekt
HW	Schuster	MTR390
CS	Christ	MTR390
SW	Liebold	MTR390
ES	Grau	MTRECB
EWQ	Berov	MTRECB
SWT	Valtentin	MTRJEK
ES	Minter	MTR1
ES	Grenzer	MTR

MTR

Abbildung 14.16: Links Anzeige der Zeilen, die dem Filterkriterium MTR??? *entsprechen, und rechts die Anzeige der Zeilen, die dem Filterkriterium* MTR *(ohne Stellvertreterzeichen) entsprechen*

Profitipp Vielfach werden die Daten aus anderen Systemen oder Datenbanken übernommen oder importiert. Achten Sie bei Fremddaten darauf, in welchem Format diese Daten in Excel vorliegen. Beispielsweise werden Zahlen häufig als Text importiert. Ferner ist auch zu bedenken, dass am Ende von Textfeldern (zum Beispiel *Name*) eventuell Leerzeichen vorhanden sind, die dann ein Filterergebnis mit Stellvertreterzeichen verändern können. Entfernen Sie daher die Leerzeichen am Ende (gelegentlich auch am Anfang) eines Feldinhalts vorab und die Filterergebnisse sind korrekt. Wie Sie Leerzeichen mit der Funktion GLÄTTEN entfernen, finden Sie in Kapitel 11.

Um optimale Ergebnisse zu erhalten, sollten Sie Speicherformate wie Text und Zahl oder Zahl und Datum nicht in einer Spalte mischen. Für jedes Format ist nur ein Filterbefehlstyp vorhanden. Haben Sie gemischte Speicherformate, wird immer das Speicherformat, das am häufigsten vorkommt, als Grundlage für den Filter angenommen. Wenn beispielsweise in einer Spalte zehn Texteinträge und fünf Zahlenwerte vorhanden sind, wird der Filterbefehl als *Textfilter* angezeigt.

Zur verfeinerten Datenselektion können Sie im Dialogfeld *Benutzerdefinierte AutoFilter* (siehe Abbildung 14.10) zwei Bedingungen über *Und* beziehungsweise *Oder* miteinander verknüpfen.

In einem Textfeld wird üblicherweise das Suchkriterium mit dem gesamten Feldinhalt verglichen. Wird nur ein bestimmter Teil benötigt, können Sie neben den vordefinierten Bedingungen auch noch Stellvertreterzeichen einsetzen (siehe Tabelle 14.1).

Stellvertreterzeichen	Beschreibung
* (Sternchen)	Ignoriert alle nachfolgenden Zeichen einer Zeichenkette beziehungsweise die Anzahl der Zeichen bis zum nächsten Buchstaben. So werden mit `H*` alle Zeichenketten gefunden, die mit *H* beginnen. `H*n` findet alle Zeichenketten, die mit *H* beginnen, mit *n* enden und dazwischen eine beliebige Anzahl von Zeichen aufweisen. *H*n* findet zum Beispiel *Hellmann*.
? (Fragezeichen)	Ignoriert das Zeichen an der jeweiligen Position innerhalb der Zeichenkette. Mit dem Kriterium `M??er` werden zum Beispiel die Namen *Mayer*, *Meier*, *Maier* und so weiter gefunden.
~ (Tilde) gefolgt von ?, * oder ~	Das Tildezeichen (~) ermöglicht die Suche nach ?, * und ~, zum Beispiel wird die Zeichenkette *Flyer?* nur mit `Flyer~?` gefunden.

Tabelle 14.1: Die Stellvertreterzeichen für den Zeichenfolgenvergleich beim Filtern

Wollen Sie in Ihrer Liste einen Filter auf ein Datumsfeld anwenden, müssen die Formate im Suchkriterium und im Datenfeld nicht mehr übereinstimmen. Mit dem Suchkriterium `03.12.2010` werden Sie beispielsweise auch Treffer landen, wenn im Datenfeld das Format *03. Dez. 10* oder *03. Dez* verwendet wurde.

Achtung Bei diesen Filtermöglichkeiten in Excel müssen Sie als Anwender sehr genau auf die Ergebnisse achten, damit Sie nicht versehentlich, weil im Anzeigeformat nicht sichtbar, Jahrgänge in den Filter aufnehmen, die nicht im Ergebnis berücksichtigt werden dürfen.

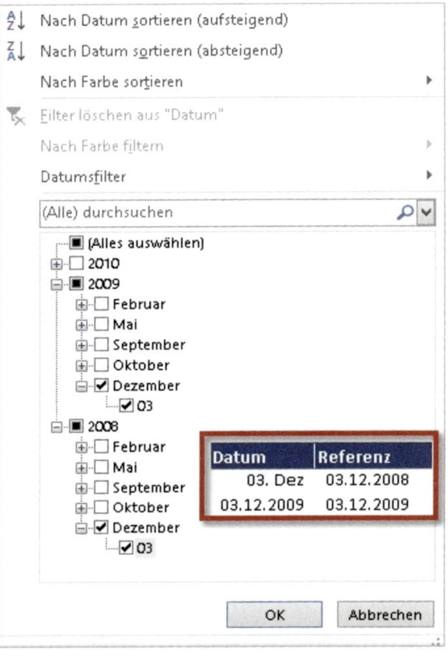

Abbildung 14.17: Filtern ohne Beeinflussung durch das Datenformat des Zellinhalts

Online In der Beispielarbeitsmappe *Kap_14_UEB.xlsx* können Sie im Arbeitsblatt *Datum* mit Datumswerten experimentieren, die verschiedene Formatcodes verwenden.

Zellen nach ihrer Farbe filtern

Sie können jederzeit und sehr schnell Daten anhand von Kriterien filtern, die dem Inhalt der aktiven Zelle entsprechen.

Online Beispielsweise können Sie im Arbeitsblatt *Gruppe* in der Arbeitsmappe *Kap_14_UEB.xlsx* nach Zellenfarben filtern.

Gehen Sie dazu wie folgt vor:

1. Markieren Sie eine Zelle mit farbigem Hintergrund.
2. Wählen Sie dann nach einem Klick mit der rechten Maustaste im Kontextmenü den Befehl *Filter* und klicken Sie im zugehörigen Untermenü auf den Befehl *Nach der Farbe der ausgewählten Zelle filtern*.

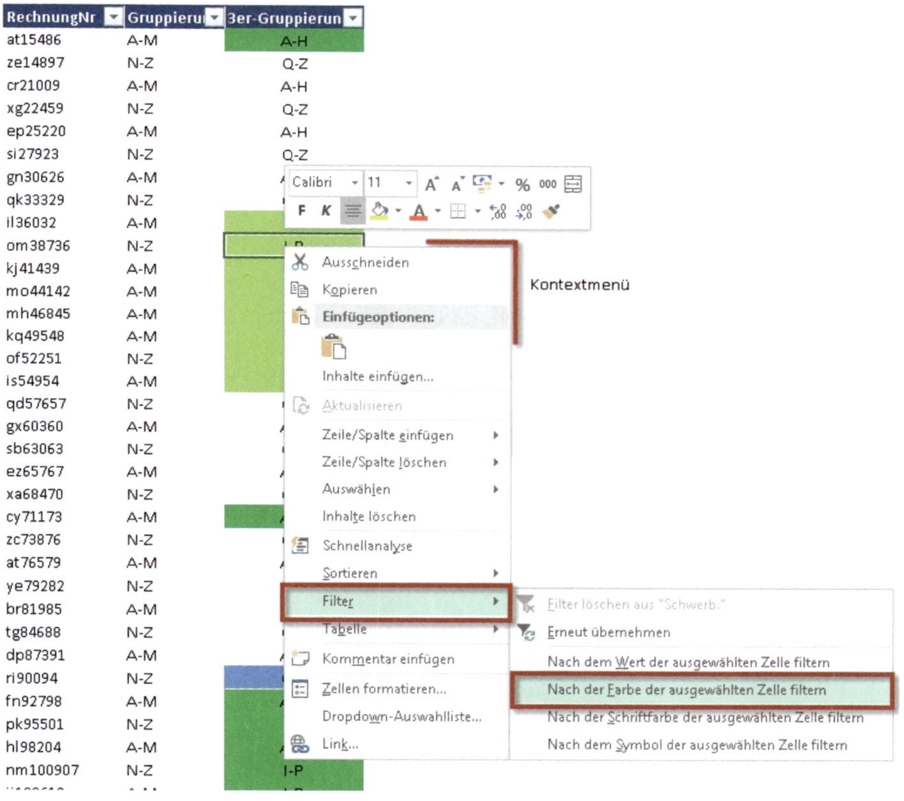

Abbildung 14.18: Kontextmenü zur Auswahl eines zellbasierten Filters

---

Hinweis Die Vorgehensweise bei der Filterung nach Schriftfarbe und nach Symbolsatz ist vergleichbar mit der Vorgehensweise bei der Filterung nach Zellenfarbe. Sie können auch nach *leeren* oder nach *nicht leeren* Zellen filtern.

Das Kontrollkästchen (*Leere*) ist aber nur im AutoFilter-Dropdownmenü verfügbar, wenn der Zellbereich oder die Tabellenspalte mindestens eine leere Zelle aufweist.

Daten berechnen und als Filterkriterium verwenden

Sie können mit diesem Filter im automatischen Filtervorgang gleichzeitig ein berechnetes Kriterium berücksichtigen.

Online Für das folgende Beispiel sehen Sie sich das .Arbeitsblatt *Personal* an.

Beispielsweise können Sie die Gehälter ermitteln, die oberhalb oder unterhalb des Durchschnittsgehalts liegen:

1. Markieren Sie zuerst die numerische Spalte (*Gehalt*), die als Auswertungsgrundlage dienen soll.
2. Klicken Sie dann auf der Registerkarte *Daten* in der Gruppe *Sortieren und Filtern* auf *Filtern.*
3. Sie positionieren damit den Dropdownpfeil am Feldbezeichner *Gehalt.*
4. Klicken Sie auf den Dropdownpfeil, danach auf den Befehl *Zahlenfilter* und anschließend auf *Über dem Durchschnitt.*
5. Die Liste wird gefiltert und zeigt nur noch Werte oberhalb des Durchschnitts an.

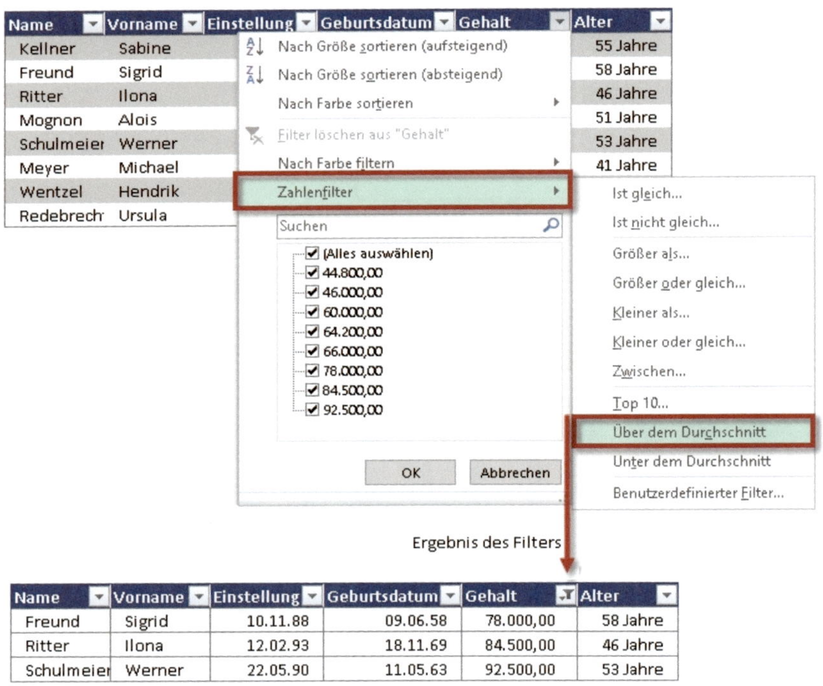

Abbildung 14.19: Berechnung der Gehälter oberhalb des Durchschnitts mit Ergebniseinblendung

---

Hinweis Der Durchschnitt wird aus dem gesamten Datenbestand der betreffenden Spalten und nicht aus einer eventuell schon vorher gefilterten Teilmenge gebildet.

Wenn die Ansprüche höher sind: Mit Spezialfiltern arbeiten

Excel bietet mit den Spezialfiltern weitere Möglichkeiten, die Daten nach komplexen Kriterien zu filtern. Im Vergleich zum AutoFilter erlaubt der Befehl *Spezialfilter* die Ausführung der folgenden Aufgaben:

- umfangreiche Oder- beziehungsweise Und-Verknüpfungen sowie komplexe Kombinationen aus beiden Verknüpfungsmöglichkeiten,
- Festlegen berechneter Kriterien,
- automatisches Kopieren der selektierten Datensätze in einen anderen Bereich des aktiven Arbeitsblattes oder in eine neue Tabelle.

Die Arbeitsweise mit den Spezialfiltern unterscheidet sich in einigen Punkten von jener, die Sie bisher bei den AutoFiltern kennengelernt haben.

Die Arbeitsumgebung für die Spezialfilter gestalten

Wenn Sie für komplexe Anforderungen Spezialfilter einsetzen möchten, benötigen Sie eine vorbereitete Arbeitsumgebung. Neben den eigentlichen Daten müssen Sie für die Definition der Filterkriterien einen Bereich einrichten. Ebenso benötigen Sie für den Fall, dass die den Filterbedingungen entsprechenden Daten in einen anderen Bereich geschrieben werden sollen, einen Zielbereich. Das kann im einfachsten Fall im aktiven Arbeitsblatt geschehen. Es ist aber auch möglich, die extrahierten Daten in ein anderes Arbeitsblatt zu kopieren. In diesem Fall müssen der Kriterien- und der Zielbereich im neuen Arbeitsblatt aufgebaut werden.

Optimale Datenauswahl durch geschicktes Definieren der Kriterien

Der *Kriterienbereich* beginnt in der obersten Zeile mit einem oder mehreren Feldnamen. In der zweiten und in den folgenden Zeilen stehen die Filterbedingungen. Die Überschriften/Feldbezeichner in der ersten Zeile des Kriterienbereichs müssen exakt mit den Spaltenüberschriften/Feldbezeichnern des Datenbereichs übereinstimmen. Ausgenommen sind die Überschriften für berechnete Kriterien.

Tipp Kopieren Sie die benötigten Feldnamen aus den Datenspalten in den Kriterienbereich, um Tippfehler zu vermeiden.

Für den Aufbau eines gültigen Kriterienbereichs ist es nicht erforderlich, alle Feldnamen wieder aufzuführen. Es ist völlig ausreichend, nur die Feldnamen zu verwenden, die für den Filtervorgang tatsächlich benötigt werden.

Wichtig Bedenken Sie beim Einrichten der Abfragebedingungen, dass beim Filtern umfangreiche Zeilen ausgeblendet werden und infolgedessen die von Ihnen definierten Kriterien sich ebenfalls im ausgeblendeten Bereich befinden könnten. Richten Sie den Kriterienbereich nicht neben, sondern immer ober- oder unterhalb der Liste oder sogar in einer eigenen Tabelle ein. Bevorzugt sollte ein Zeilenbereich oberhalb der Daten für die Kriterien eingerichtet werden.

Ein Beispiel: Sie wollen alle Datensätze anzeigen lassen, bei denen der Name mit »R« beginnt und das Gehalt oberhalb von 60.000 € liegt.

Online Das Beispiel können Sie mit den Daten auf dem Arbeitsblatt *Personal* nachvollziehen.

---

1. Richten Sie im Arbeitsblatt *Personal* unterhalb des Datenbereichs beispielsweise in den Zeilen 18 und 19 einen Kriterienbereich ein. Markieren Sie zunächst die Spaltenüberschrift *Name* und kopieren Sie diese beispielsweise in die Zelle B18. Danach kopieren Sie die Spaltenüberschrift *Gehalt* in die Zelle C18.
2. Geben Sie in die Zelle B19 das Kriterium R* und in die Zelle C19 das Kriterium >60000 ein (siehe Abbildung 14.20).
3. Aktivieren Sie jetzt eine beliebige Zelle im Listenbereich und klicken Sie auf der Registerkarte *Daten* in der Gruppe *Sortieren und Filtern* auf *Erweitert*. Anstelle des Menüs *AutoFilter* erscheint jetzt das Dialogfeld *Spezialfilter* (siehe Abbildung 14.20).

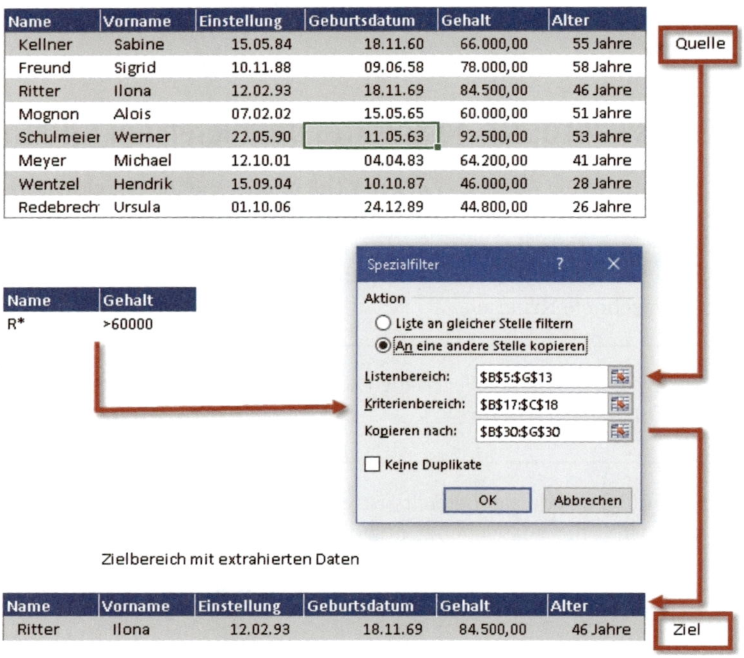

Abbildung 14.20: Die Definition des Kriterienbereichs und des Zielbereichs im Dialogfeld Spezialfilter

4. Excel hat den Listenbereich automatisch erkannt. Klicken Sie in das Eingabefeld *Kriterienbereich* und markieren Sie dann den Bereich B18 bis C19 in der Tabelle.
5. Wählen Sie die Option *An eine andere Stelle kopieren*.
6. Für die Angabe im Feld *Kopieren nach* markieren Sie die Zeile mit den Feldnamen des Zielbereichs, beispielsweise B35 bis G35.
7. Bestätigen Sie abschließend mit *OK*.

Im Gegensatz zum AutoFilter kopiert der Spezialfilter alle Zeilen, die den Kriterien entsprechen, in den markierten Zielbereich. Der Quelldatenbereich wird nicht verändert.

Daten mittels Spezialfilter gekonnt extrahieren

Sie können in einen Kriterienbereich beliebig viele Kriterien eingeben. Excel interpretiert diesen Bereich nach folgenden Regeln:

- Kriterien in derselben Zeile werden als *Und*-Verknüpfung interpretiert.
- Kriterien in unterschiedlichen Zeilen werden als *Oder*-Verknüpfung interpretiert.

Profitipp Enthält der Kriterienbereich eine leere Zelle, erhalten Sie eine ungefilterte Liste, weil Excel dann in dieser Spalte jeden Wert akzeptiert.

Wie Sie die Suchkriterien in einer Tabelle aufbauen, entscheidet über die Art der Abfrage (siehe Abbildung 14.21).

Name	Gehalt
R*	
	>60000

Oder- Verknüpfung
über zwei Felder

Name
Keller
R*

Oder- Verknüpfung
über ein Feld

Name	Gehalt
R*	>60000

Und-Verknüpfung

Name	Gehalt
R*	>60000
M*	<62000

Und/Oder- Verknüpfung
über mehrere Felder

Abbildung 14.21: Übersicht über die Schreibweise von Filterkriterien

Textkriterien verwenden

Neben vordefinierten Abfragen für Texte gibt es noch andere Möglichkeiten. Geben Sie einen Text als Suchkriterium ein, sucht Excel nach allen Elementen, die mit dieser Zeichenfolge beginnen. Suchen Sie zum Beispiel (in den Daten im Arbeitsblatt *Daten2* der Beispielmappe) mit den Buchstaben `MTR` als Suchkriterium, werden *MTR*, *MTR390*, *MTRECB* und so weiter gefunden. Soll nur eine Entsprechung zum angegebenen Text gefunden werden, geben Sie beispielsweise folgende Formel ein:

```
="=MTR"
```

Gefunden wird damit nur der Eintrag, der ausschließlich *MTR* heißt, und nicht Elemente wie beispielsweise *MTRECB1* oder *MTR390.*

Die Symbole »größer als« (>) und »kleiner als« (<) können ebenfalls eingesetzt werden. Die Eingabe `>M` listet beispielsweise alle Projekte auf, deren Name mit einem Buchstaben zwischen »M« und »Z« beginnt. Die Eingabe `<M` listet alle Projekte auf, die mit Buchstaben vor dem »M« beginnen.

Wichtig Die Eingabe `<=M` listet ebenfalls nur alle Projekte, die mit einem der Buchstaben »A« bis »L« beginnen auf. Die Projekte, die mit »M« beginnen, werden also nicht aufgelistet.

Monatsabhängige Daten herausfiltern

Nehmen wir an, Sie möchten alle Mitarbeiter auflisten, die nach dem 1. Januar 2000 eingestellt wurden:

Online Verwenden Sie für dieses Beispiel das Arbeitsblatt *Personal* in der Übungsmappe *Kap_14_UEB.xlsx.*

---

1. Kopieren Sie die Spaltenüberschrift *Einstellung* beispielsweise in die Zelle B18.
2. Geben Sie die Bedingung `>01.01.2000` in die Zelle B19 ein.
3. Markieren Sie im Datenbereich eine beliebige Zelle und klicken Sie auf der Registerkarte *Daten* in der Gruppe *Sortieren und Filtern* auf *Erweitert.*
4. Im Dialogfeld *Spezialfilter* übernehmen Sie die automatischen Einträge im Listenbereich (sollte *$B$5:$G$13* sein). Die Option *Liste an gleicher Stelle filtern* bleibt aktiviert.
5. In den Kriterienbereich schreiben oder übernehmen Sie per Zellenselektion die Adresse *$B$18:$B$19.*

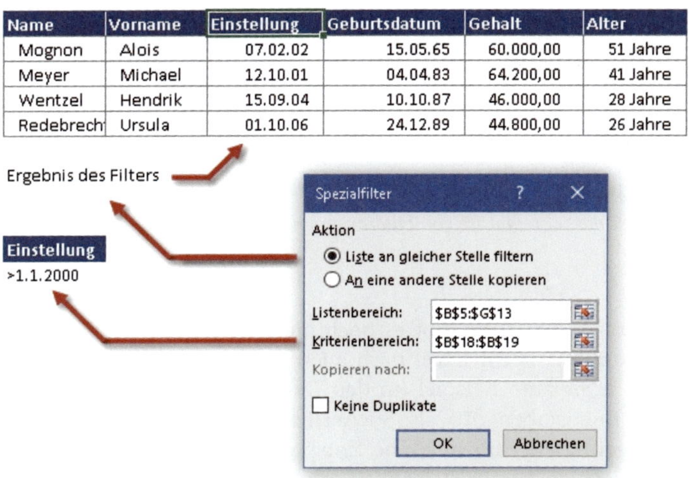

Name	Vorname	Einstellung	Geburtsdatum	Gehalt	Alter
Mognon	Alois	07.02.02	15.05.65	60.000,00	51 Jahre
Meyer	Michael	12.10.01	04.04.83	64.200,00	41 Jahre
Wentzel	Hendrik	15.09.04	10.10.87	46.000,00	28 Jahre
Redebrech	Ursula	01.10.06	24.12.89	44.800,00	26 Jahre

Abbildung 14.22: Die Filterbedingungen im Dialogfeld Spezialfilter *sowie das Ergebnis des Beispiels*

6. Das Kontrollkästchen *Keine Duplikate* bleibt deaktiviert.
7. Bestätigen Sie abschließend mit *OK*.

Als Ergebnis erhalten Sie die in Abbildung 14.22 gezeigte Liste.

Die weitere Arbeit im Umgang mit erfolgreich eingesetzten Filtern bezieht sich im Wesentlichen auf den Aufbau des Kriterienbereichs und die Schreibweise der Filterbedingungen. Tiefer gehende Informationen zu den Themen Kriterien beziehungsweise Suchkriterien finden Sie in Kapitel 21 bei der Beschreibung der Datenbankfunktionen.

Daten mit berechneten Kriterien filtern

Berechnete Kriterien bieten Ihnen die Möglichkeit, Suchkriterien, die aus externen Werten (also nicht aus Werten innerhalb der Excel-Liste) berechnet wurden, zu verwenden. Dies sind Bedingungen, die über den einfachen Vergleich eines Spaltenwerts mit einer Konstanten hinausgehen. Es ist zudem möglich, neben den berechneten Kriterien noch vergleichende Kriterien im selben Kriterienbereich zu kombinieren.

Wichtig Bei der Arbeit mit berechneten Kriterien sind grundsätzlich folgende Regeln zu beachten:

- Die Überschrift (Spaltenkopf) eines berechneten Kriteriums darf nicht identisch mit einem Feldnamen (Spaltenkopf) sein. Die Zelle für den Spaltenkopf kann zwar leer sein, aber es ist besser, eine neue Überschrift zu verwenden.
- Bezüge auf Zellen außerhalb der Liste sollten grundsätzlich absolut, Bezüge auf Zellen innerhalb der Liste hingegen relativ sein.
- Ausnahmen bestätigen bekanntlich die Regel: Auch relative Adressen für Zellen außerhalb der Liste sind möglich.
- Auch wenn ein Spaltenkopf leer ist, also keine Überschrift enthält, muss er beim Festlegen des Kriterienbereichs im Dialogfeld *Spezialfilter* in den Kriterienbereich eingeschlossen werden.

Hinweis Bei manchen Auswertungen wird das Vergleichsfeld nicht außerhalb der Liste stehen, sondern Bestandteil der Liste sein. Auch auf ein solches Feld können Sie mit berechneten Kriterien zugreifen.

Beispiel: Sie wollen aus einer Personalliste die Mitarbeiter herausfiltern, die vor dem 30. Geburtstag in die Firma eingetreten sind. Wie können Sie diese Daten schnell ermitteln?

Online Das Beispiel können Sie mit den Daten auf dem Arbeitsblatt *Personal* nachvollziehen.

---

1. Richten Sie in den ersten Zeilen neben dem Datenbestand einen Kriterienbereich ein.
2. Geben Sie in die Zelle I3 den Text `Eintritt vor dem 30. Lebensjahr` als Überschrift ein.
3. In der Zelle I4 geben Sie das berechnete Kriterium ein:
   `=D6-E6<30*365`

4. Positionieren Sie den Zellcursor wieder im Datenbereich und klicken Sie auf der Registerkarte *Daten* in der Gruppe *Sortieren und Filtern* auf *Erweitert*.
5. Im Dialogfeld *Spezialfilter* wählen Sie die Option *An eine andere Stelle kopieren* und übernehmen den Eintrag im Listenbereich. In das Feld *Kriterienbereich* geben Sie die Zelladresse `$I$3:$I$4` ein und im Feld *Kopieren nach* den Zielbereich.
6. Das Kontrollkästchen *Keine Duplikate* bleibt deaktiviert.
7. Klicken Sie auf die Schaltfläche *OK*.

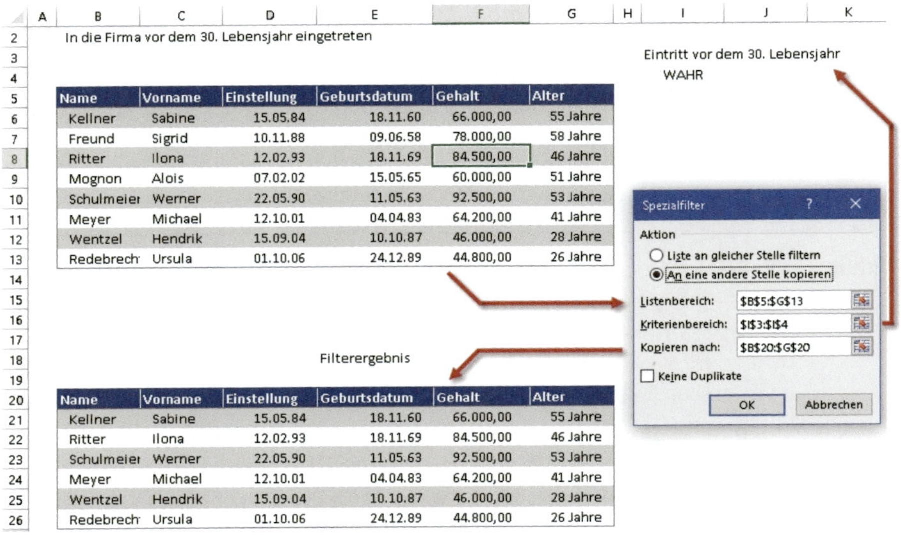

Abbildung 14.23: Die Ausgangsdaten und die Ergebnisliste aller Personen, die vor dem 30. Lebensjahr in die Organisation eingetreten sind

Im vorhergehenden Beispiel haben Sie außerhalb der Liste einen Wert ermittelt. Das berechnete Kriterium bezieht sich dann auf diese Zelle außerhalb der Liste. Es gibt auch die Möglichkeit, den Bezug auf Zellen innerhalb einer Liste zu setzen. Dann müssen Sie jedoch die Adressierung anders erstellen.

Dazu ein Beispiel: Sie wollen aus der Personalliste die Personen, deren Gehalt über dem Durchschnitt aller Gehälter liegt, anzeigen lassen. Gehen Sie dazu wie folgt vor:

1. Geben Sie in die Zelle I3 den Text `Gehalt oberhalb Mittelwert` als Überschrift ein.
2. In der Zelle I4 geben Sie das berechnete Kriterium ein:
   `=F6>MITTELWERT($F$6:$F$13)`
3. Positionieren Sie den Mauszeiger wieder im Listenbereich und klicken Sie auf der Registerkarte *Daten* in der Gruppe *Sortieren und Filtern* auf *Erweitert*.
4. Im Dialogfeld *Spezialfilter* wählen Sie die Option *An eine andere Stelle kopieren* und übernehmen den Eintrag im Listenbereich. In das Feld *Kriterienbereich* geben Sie die Zelladresse `$I$3:$I$4` ein und im Feld *Kopieren nach* den Zielbereich.
5. Das Kontrollkästchen *Keine Duplikate* bleibt deaktiviert.
6. Klicken Sie auf die Schaltfläche *OK*.

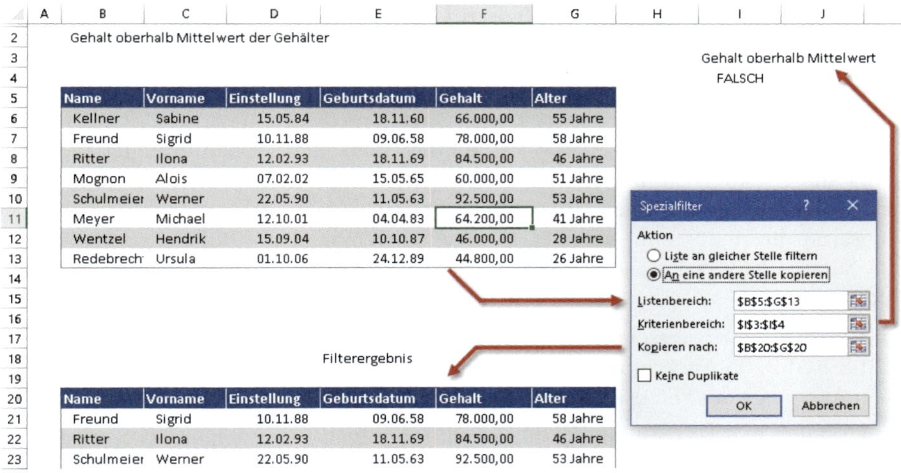
Gehalt oberhalb Mittelwert der Gehälter

Name	Vorname	Einstellung	Geburtsdatum	Gehalt	Alter
Kellner	Sabine	15.05.84	18.11.60	66.000,00	55 Jahre
Freund	Sigrid	10.11.88	09.06.58	78.000,00	58 Jahre
Ritter	Ilona	12.02.93	18.11.69	84.500,00	46 Jahre
Mognon	Alois	07.02.02	15.05.65	60.000,00	51 Jahre
Schulmeier	Werner	22.05.90	11.05.63	92.500,00	53 Jahre
Meyer	Michael	12.10.01	04.04.83	64.200,00	41 Jahre
Wentzel	Hendrik	15.09.04	10.10.87	46.000,00	28 Jahre
Redebrech	Ursula	01.10.06	24.12.89	44.800,00	26 Jahre

Filterergebnis

Name	Vorname	Einstellung	Geburtsdatum	Gehalt	Alter
Freund	Sigrid	10.11.88	09.06.58	78.000,00	58 Jahre
Ritter	Ilona	12.02.93	18.11.69	84.500,00	46 Jahre
Schulmeier	Werner	22.05.90	11.05.63	92.500,00	53 Jahre

Abbildung 14.24: Die Liste mit den Daten und das Filterergebnis

Sie haben in diesem Beispiel in der Funktion MITTELWERT die Adressierung mit absoluten Adressen vorgenommen. Das ist deshalb erforderlich, weil Sie sich direkt auf die Spalte *Gehalt* beziehen und nicht wie zuvor auf einen berechneten Wert außerhalb der Liste.

Hinweis

Normalerweise sollten Bezüge auf Zellen innerhalb einer Liste relative Adressen sein. Die absoluten Bezüge werden im vorherigen Beispiel deshalb notwendig, weil Excel bei jedem Schritt im Filterprozess den gleichen Bereich auswerten muss.

Excel vergleicht nämlich den Inhalt von Zelle F6 mit dem Ergebnis der Funktion MITTELWERT von F6 bis F13, im nächsten Schritt F7 mit MITTELWERT von F6 bis E13 und so weiter. Bei relativer Adressierung würde der gültige Bereich nur beim ersten Durchlauf ausgewertet.

Mit dem Befehl *Löschen* auf der Registerkarte *Daten* in der Gruppe *Sortieren und Filtern* können Sie den Spezialfilter wieder entfernen.

Daten von Duplikaten befreien

Das Filtern und Entfernen doppelter Werte wird Ihnen mit dem Befehl *Duplikate entfernen* in der Gruppe *Datentools* auf der Registerkarte *Daten* zur Verfügung gestellt.

Ein doppelter Wert ist ein Wert, bei dem es für alle Inhalte einer Zelle oder auch in einer Zeile eine genaue Übereinstimmung aller Werte in einer anderen Zeile gibt. Besonders zu beachten ist dabei, dass doppelte Werte durch den echten *Inhalt* der Zelle bestimmt werden und nicht durch den formatierten und dann angezeigten, eventuell mit einem anderen Zahlenformat versehenen Wert. Wenn beispielsweise in der ersten der zu vergleichenden Zellen der Datumswert *8.3.2010* und in der zweiten aufgrund eines anderen Formats der Datumswert *8. März 2010* angezeigt wird, sind beide Inhalte eindeutig gleich.

Es ist empfehlenswert, vor dem Entfernen von doppelten Werten sicherzustellen, dass keine unerwarteten Ergebnisse auftreten.

Zwei wichtige Funktionen beim Filtern: TEILERGEBNIS und AGGREGAT

Sehr eng verbunden mit Filtervorgängen sind zwei Funktionen, TEILERGEBNIS und AGGREGAT. Wenn Sie beispielsweise Summen berechnen wollen und gleichzeitig Filter aktiv sind, werden Sie mit der Funktion SUMME nur teilweise oder überhaupt nicht erfolgreich arbeiten können. Im einfachsten Fall haben Sie beispielsweise unter einer Umsatzspalte eine Summe gebildet. Dann aktivieren Sie den AutoFilter und die Zelle mit der Summe ist verschwunden. Die Zelle mit dem Ergebnis wird durch den Filter ausgeblendet.

Um derartigen Überraschungen vorzubeugen, verwenden Sie in Zukunft die Funktion TEILERGEBNIS. Sie ermöglicht, nur sichtbare Zellen zu berechnen, und wird nicht mit dem Aktivieren des Filters ausgeblendet.

Ist ein Filter bereits aktiv und Sie klicken auf die *AutoSumme*-Schaltfläche, wird automatisch die Funktion TEILERGEBNIS eingefügt. Andernfalls müssen Sie den Funktionsnamen selbst eintragen. Die Funktion enthält mindestens zwei Argumente und hat die folgende Syntax: *TEILERGEBNIS(Funktion;Bezug1;...)*

- *Bezug1;...* ist der Bereich, in dem das Teilergebnis – beispielsweise eine Summe – ermittelt werden soll.
- In *Funktion* wird die Berechnungsart festgelegt. Die gegebenen Möglichkeiten zeigt Tabelle 14.2.

Funktion (bezieht ausgeblendete Werte ein)	Funktion (ignoriert ausgeblendete Werte)	Funktion
1	101	MITTELWERT
2	102	ANZAHL
3	103	ANZAHL2
4	104	MAX
5	105	MIN
6	106	PRODUKT
7	107	STABW
8	108	STABWN
9	109	SUMME
10	110	VARIANZ
11	111	VARIANZEN

Tabelle 14.2: Die Funktionen für TEILERGEBNIS

Im folgenden Beispiel wird zunächst die Summenbildung mit *AutoSumme* beschrieben und anschließend die Summenbildung mit der Funktion TEILERGEBNIS.

5	Produkt	Datum	Monat	Verkäufer	Menge	Einzelpreis	KostenStck	Umsatz
6	Bohrmaschine	01.10.2012	Oktober	Amann	850	250,00 €	200,00 €	42.500,00 €
7	Bohrmaschine	01.11.2012	November	Amann	785	250,00 €	200,00 €	39.250,00 €
8	Bohrmaschine	04.10.2012	Oktober	Amann	2.089	250,00 €	200,00 €	104.450,00 €
9	Bohrmaschine	04.11.2012	November	Amann	760	250,00 €	200,00 €	38.000,00 €
10	Bohrmaschine	07.10.2012	Oktober	Amann	1.589	320,00 €	240,00 €	127.120,00 €
11	Bohrmaschine	07.11.2012	November	Amann	780	320,00 €	240,00 €	62.400,00 €
12	Bohrmaschine	10.10.2012	Oktober	Amann	870	320,00 €	240,00 €	69.600,00 €
34	Stichsäge	17.10.2012	Oktober	Bornhorst	1.780	220,00 €	150,00 €	124.600,00 €
35	Stichsäge	20.10.2012	Oktober	Bornhorst	850	220,00 €	150,00 €	59.500,00 €
36	Stichsäge	14.11.2012	November	Bornhorst	1.300	220,00 €	150,00 €	91.000,00 €
37	Stichsäge	17.11.2012	November	Bornhorst	690	220,00 €	150,00 €	48.300,00 €
38						SUMME(L6:L37)		2.290.520,00 €

Summe, angewendet auf gefilterte Daten, liefert ein fehlerhaftes Ergebnis

	A/B	E	F	G	I	J	K	L
3								
4								
5	Produkt	Datum	Monat	Verkäuf	Meng	Einzelpre	KostenSt	Umsatz
6	Bohrmaschine	01.10.2012	Oktober	Amann	850	250,00 €	200,00 €	42.500,00 €
8	Bohrmaschine	04.10.2012	Oktober	Amann	2.089	250,00 €	200,00 €	104.450,00 €
10	Bohrmaschine	07.10.2012	Oktober	Amann	1.589	320,00 €	240,00 €	127.120,00 €
12	Bohrmaschine	10.10.2012	Oktober	Amann	870	320,00 €	240,00 €	69.600,00 €
14	Stichsäge	13.10.2012	Oktober	Amann	1.200	120,00 €	80,00 €	48.000,00 €
16	Stichsäge	16.10.2012	Oktober	Amann	860	120,00 €	80,00 €	34.400,00 €
18	Stichsäge	19.10.2012	Oktober	Amann	1.870	220,00 €	150,00 €	130.900,00 €
19	Stichsäge	22.10.2012	Oktober	Amann	890	220,00 €	150,00 €	62.300,00 €
39						Summe		0

Abbildung 14.25: Die Auswirkung bei Verwendung der Funktion SUMME anstelle von TEILERGEBNIS

Die Ergebniszeile mit der Funktion wird beim Filtern ausgeblendet und deshalb ist die Summe nicht mehr erkennbar. Eine derartige Vorgehensweise verhindert auch eine Berechnung in einer Zelle unterhalb des bisherigen Ergebnisses.

	A/B	E	F	G	I	J	K	L
3								
4								
5	Produkt	Datum	Monat	Verkäuf	Meng	Einzelpre	KostenSt	Umsatz
6	Bohrmaschine	01.10.2012	Oktober	Amann	850	250,00 €	200,00 €	42.500,00 €
8	Bohrmaschine	04.10.2012	Oktober	Amann	2.089	250,00 €	200,00 €	104.450,00 €
10	Bohrmaschine	07.10.2012	Oktober	Amann	1.589	320,00 €	240,00 €	127.120,00 €
12	Bohrmaschine	10.10.2012	Oktober	Amann	870	320,00 €	240,00 €	69.600,00 €
14	Stichsäge	13.10.2012	Oktober	Amann	1.200	120,00 €	80,00 €	48.000,00 €
16	Stichsäge	16.10.2012	Oktober	Amann	860	120,00 €	80,00 €	34.400,00 €
18	Stichsäge	19.10.2012	Oktober	Amann	1.870	220,00 €	150,00 €	130.900,00 €
19	Stichsäge	22.10.2012	Oktober	Amann	890	220,00 €	150,00 €	62.300,00 €
39						TEILERGEBNIS(9;L6:L37)		619.270,00 €

Abbildung 14.26: Die erfolgreiche Berechnung und Anzeige des Ergebnisses, wenn Sie die Funktion TEILERGEBNIS verwenden

Eine weitere Funktion ist die Funktion AGGREGAT, die ebenfalls im Umfeld gefilterter Daten eingesetzt wird. Sie erlaubt es, Daten in Tabellenbereichen oder Arrays vielschichtig auszuwerten. Sie bietet mehr Funktionen bei ausgeblendeten Zeilen und wird darüber hinaus nicht durch Fehlerwerte im Datenbereich oder leere Zellen gestört.

Die allgemeine Form der Funktion:

=AGGREGAT(Funktion;Optionen;Bezug1;...) [A]

=AGGREGAT(Funktion;Optionen;Array;k) [B]

Im Argument *Funktion* wird die Funktion für die Berechnung bestimmt, die Ziffer 4 steht beispielsweise für MAX. Das zweite Argument *Optionen* bestimmt, wie die Auswertung mit Fehlerwerten, ausgeblendeten Zellbereichen oder Leerwerten beziehungsweise mit verschachtelten TEILERGEBNIS- oder AGGREGAT-Funktionen verfahren soll, die im auszuwertenden Datenbereich vorkommen. Mit dem Wert 6 ignoriert die Funktion alle Fehlerwerte. Sie müssen sich die Ziffern für die Funktion oder Option nicht merken, sie wird Ihnen bei der Eingabe als Unterstützung in einer Liste angeboten. Die Syntax [A] erlaubt als weitere Argumente bis zu 254 Bezüge auf Zellbereiche.

Bei den Funktionen, die mit einer Matrix arbeiten (etwa *KGRÖSSTE(Matrix;k)*, *QUANTIL.INKL(Array;k)* und so weiter), ist das Argument *Bezug1* eine Matrix beziehungsweise ein Array.

In Syntax [B] werden die auszuwertenden Daten über das Argument *Array* bestimmt. Benötigt die mit *Funktion* gewählte Auswertung selbst noch ein weiteres Argument, wird dieses mit dem Wert für *k* angegeben. Bei der Funktion KGRÖSSTE gibt `k = 2` zum Beispiel an, dass der zweitgrößte Wert gesucht wird (siehe Abbildung 14.30).

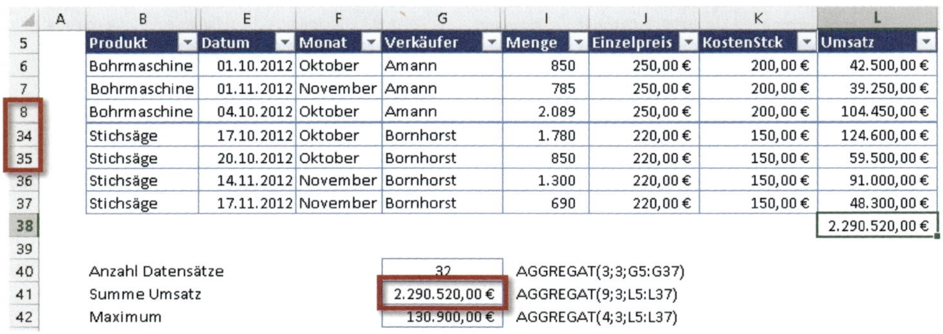

	A	B	E	F	G	I	J	K	L
5		Produkt	Datum	Monat	Verkäufer	Menge	Einzelpreis	KostenStck	Umsatz
6		Bohrmaschine	01.10.2012	Oktober	Amann	850	250,00 €	200,00 €	42.500,00 €
7		Bohrmaschine	01.11.2012	November	Amann	785	250,00 €	200,00 €	39.250,00 €
8		Bohrmaschine	04.10.2012	Oktober	Amann	2.089	250,00 €	200,00 €	104.450,00 €
34		Stichsäge	17.10.2012	Oktober	Bornhorst	1.780	220,00 €	150,00 €	124.600,00 €
35		Stichsäge	20.10.2012	Oktober	Bornhorst	850	220,00 €	150,00 €	59.500,00 €
36		Stichsäge	14.11.2012	November	Bornhorst	1.300	220,00 €	150,00 €	91.000,00 €
37		Stichsäge	17.11.2012	November	Bornhorst	690	220,00 €	150,00 €	48.300,00 €
38									2.290.520,00 €
39									
40		Anzahl Datensätze			32	AGGREGAT(3;3;G5:G37)			
41		Summe Umsatz			2.290.520,00 €	AGGREGAT(9;3;L5:L37)			
42		Maximum			130.900,00 €	AGGREGAT(4;3;L5:L37)			

Abbildung 14.27: Ungefilterte Datenbasis (Ausschnitt) ausgewertet mit der Funktion AGGREGAT

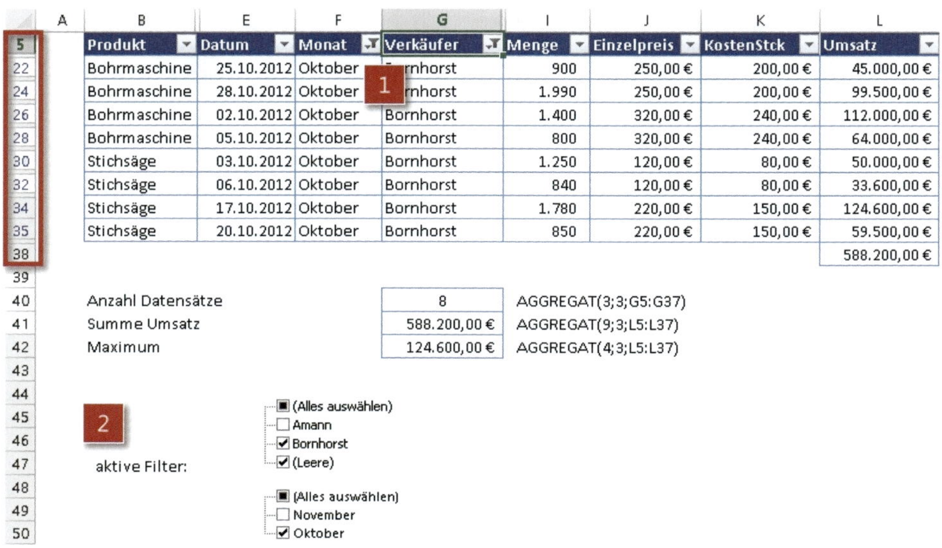

	A	B	E	F	G	I	J	K	L
5		Produkt	Datum	Monat	Verkäufer	Menge	Einzelpreis	KostenStck	Umsatz
22		Bohrmaschine	25.10.2012	Oktober	rnhorst	900	250,00 €	200,00 €	45.000,00 €
24		Bohrmaschine	28.10.2012	Oktober	rnhorst	1.990	250,00 €	200,00 €	99.500,00 €
26		Bohrmaschine	02.10.2012	Oktober	Bornhorst	1.400	320,00 €	240,00 €	112.000,00 €
28		Bohrmaschine	05.10.2012	Oktober	Bornhorst	800	320,00 €	240,00 €	64.000,00 €
30		Stichsäge	03.10.2012	Oktober	Bornhorst	1.250	120,00 €	80,00 €	50.000,00 €
32		Stichsäge	06.10.2012	Oktober	Bornhorst	840	120,00 €	80,00 €	33.600,00 €
34		Stichsäge	17.10.2012	Oktober	Bornhorst	1.780	220,00 €	150,00 €	124.600,00 €
35		Stichsäge	20.10.2012	Oktober	Bornhorst	850	220,00 €	150,00 €	59.500,00 €
38									588.200,00 €
39									
40		Anzahl Datensätze			8	AGGREGAT(3;3;G5:G37)			
41		Summe Umsatz			588.200,00 €	AGGREGAT(9;3;L5:L37)			
42		Maximum			124.600,00 €	AGGREGAT(4;3;L5:L37)			

Abbildung 14.28: Gefilterte Datenbasis, ausgewertet mit der Funktion AGGREGAT

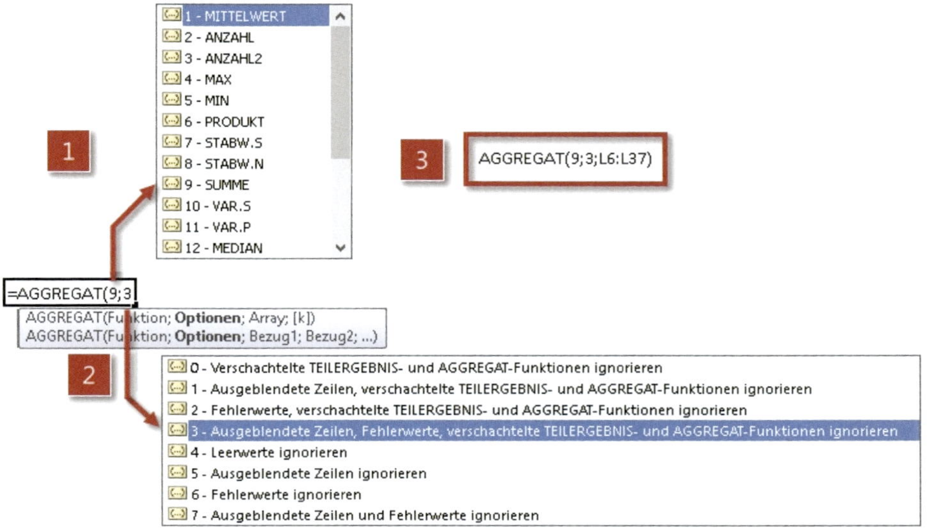

Abbildung 14.29: Argumente der Funktion AGGREGAT

Geben Sie nach dem Gleichheitszeichen den Funktionsnamen AGGREGAT mit öffnender Klammer ein, öffnet sich automatisch die Auswahlliste mit den Funktionen (siehe Abbildung 14.29 [1]). Geben Sie danach das Semikolon ein und es erscheint die Auswahlliste mit den Optionen [2]. Die vollständige Funktion beinhaltet dann noch den auszuwertenden Bereich [3].

	A	B	E	F	G	H	I	J	K	L
5		Produkt	Datum	Monat	Verkäufer	IDMitarbeit	Menge	Einzelpreis	KostenStck	Umsatz
22		Bohrmaschine	25.10.2012	Oktober	Bornhorst	3401	900	250,00 €	200,00 €	45.000,00 €
24		Bohrmaschine	28.10.2012	Oktober	Bornhorst	3401	1.990	250,00 €	200,00 €	99.500,00 €
26		Bohrmaschine	02.10.2012	Oktober	Bornhorst	3401	1.400	320,00 €	240,00 €	112.000,00 €
28		Bohrmaschine	05.10.2012	Oktober	Bornhorst	3401	800	320,00 €	240,00 €	64.000,00 €
30		Stichsäge	03.10.2012	Oktober	Bornhorst	3401	1.250	120,00 €	80,00 €	50.000,00 €
32		Stichsäge	06.10.2012	Oktober	Bornhorst	3401	840	120,00 €	80,00 €	33.600,00 €
34		Stichsäge	17.10.2012	Oktober	Bornhorst	3401	1.780	220,00 €	150,00 €	124.600,00 €
35		Stichsäge	20.10.2012	Oktober	Bornhorst	3401	850	220,00 €	150,00 €	59.500,00 €
38										588.200,00 €
39										
40		Anzahl Datensätze			8	AGGREGAT(3;3;G5:G37)				
41		Summe Umsatz			588.200,00 €	AGGREGAT(9;3;L5:L37)				
42		Maximum			124.600,00 €	AGGREGAT(4;3;L5:L37)				
43										
44										
45		Syntax: Arrayvariante			112.000,00 €	AGGREGAT(14;3;L5:L37;2)				
46		zweitgrößten Wert anzeigen								

Abbildung 14.30: Gefilterte Datenbasis, ausgewertet mit der Funktion AGGREGAT, als Arrayvariante und mit dem zweitgrößten Wert aus der gefilterten Datenbasis

Die Funktion ist sehr mächtig und kann in vielfältigen Aufgabenstellungen eingesetzt werden.

Online In dem Ordner mit den Beispieldateien zu diesem Kapitel befinden sich auch Lösungsdateien zu den obigen Aufgaben mit der Funktion AGGREGAT.

Kapitel 15

Das Wichtigste zuerst: Daten sortieren

In diesem Kapitel:

Das Sortieren von Daten ist eine wichtige und häufig vorkommende Aufgabe. Excel bietet dazu zahlreiche Möglichkeiten an. Nicht nur, dass Sie nach 64 Spalten sortieren können, auch das Sortieren nach Farbe, Symbolen und die Anwendung bedingter Formatierung erweitern die Sortiermöglichkeiten. Jedoch sollten Sie vor jedem Sortiervorgang genau auf die Markierung und die Auswahl des geeigneten Sortierbefehls achten, um brauchbare und gute Ergebnisse zu erhalten.

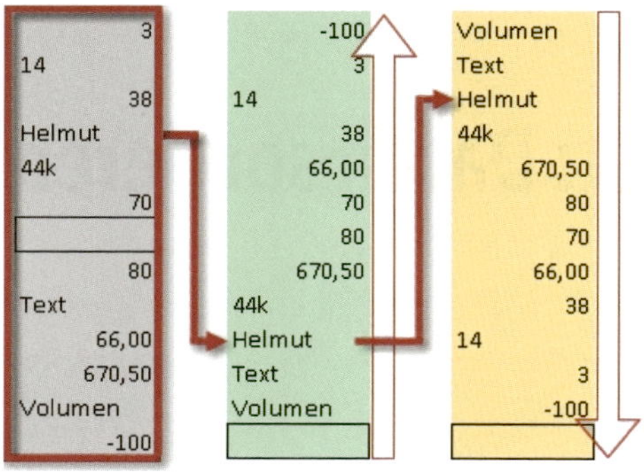

Abbildung 15.1: Sortierbeispiel: zuerst Daten der Quelle, danach aufsteigend und zuletzt absteigend sortiert

Mit wenigen Klicks die Daten sortieren

In einem Arbeitsblatt erfassen Sie Daten oder importieren Daten in einer beliebigen Reihenfolge. In vielen Fällen ist es erforderlich, die Inhalte nach der Eingabe oder dem Import in eine neue Ordnung zu bringen. Dabei können beispielsweise folgende Aspekte eine Rolle spielen:

- Sie wollen die Daten für eine bestimmte Aufgabe in eine sinnvolle Reihenfolge oder Ansicht bringen.
- Sie wollen die Daten rasch auffinden und besser beurteilen können.
- Sie wollen individuell Einfluss auf die Sortierfolge nehmen, um an der Aufgabe effizient weiterarbeiten zu können.

Arbeitserleichterung durch richtige Reihenfolge der Daten

Wenn Sie Daten in eine andere Reihenfolge bringen wollen – ob alphabetisch, numerisch oder chronologisch –, verwenden Sie zweckmäßigerweise die Sortierfunktion. Excel bietet Ihnen einige Möglichkeiten, den Sortiervorgang zu gestalten und zu beeinflussen. So können Sie Ihre Daten in Zeilen oder Spalten sortieren – und das mit zahlreichen Kriterien gleichzeitig. Sollte dies noch nicht zum gewünschten Ergebnis führen, gibt es darüber hinaus noch die Möglichkeit einer benutzerdefinierten Sortierreihenfolge.

Falls auch dies nicht reichen sollte, bietet Excel noch weitere Varianten an, nämlich das Sortieren nach Zellenfarbe, Schriftfarbe und Zellensymbol.

Die meisten Sortiervorgänge gehen spaltenweise vor, das heißt, die Zellinhalte der gesamten Zeile werden in der Reihenfolge der Daten in der ersten ausgewählten Sortierspalte angeordnet. Genauso kann auch nach Zeilen sortiert werden.

Online Für die folgenden Beispiele können Sie als Datenbasis die Beispielarbeitsmappe *Kap_15.xlsx* heranziehen.

Sie wollen eine einspaltige Excel-Liste nach dem Feld *Name* auswerten, also die Daten schnell und übersichtlich sortieren.

Online Wählen Sie in der Übungsdatei *Kap_15.xlsx* das Arbeitsblatt *Sortieren1*.

Um die Liste nach Namen zu sortieren, gehen Sie wie folgt vor:

1. Positionieren Sie den Cursor in einer beliebigen Zelle der Spalte *Name*.
2. Klicken Sie zunächst auf die Registerkarte *Daten* und dann in der Gruppe *Sortieren und Filtern* auf *Von A bis Z sortieren*.
3. Als Ergebnis erhalten Sie eine Liste, die alphabetisch in aufsteigender Reihenfolge sortiert ist (siehe Abbildung 15.2).

Abteilung	Name	Projekt
HW	Zitzelsberge	MTF
HW	Hinz	MTF
CS	Karsten	A429
HW	Gorken	A1553
SW	Kreska	A429
HW	Schuster	MTR390
HW	Mueller	A429
HW	Ude	A1553

unsortiert

Abteilung	Name	Projekt
SW	Abraham	A429
CS	Benilov	MTF
SW	Berger	MTF
CS	Christ	MTR390
SW	Ebenstein	MTF
SW	Gerhold	A1553
HW	Gorken	A1553
CS	Hausmann	A429

sortiert A nach Z

Abbildung 15.2: Das Ergebnis, eine alphabetisch sortierte Namensliste (Ausschnitt)

Hinweis Die Sortierkriterien für Tabellen werden in der Arbeitsmappe gespeichert. Dies ermöglicht es Ihnen beispielsweise, definierte Filter nach erneutem Öffnen der Datei sofort wieder anzuwenden. Diese Möglichkeit ist besonders dann interessant, wenn Sie aufwendige und in der Eingabe zeitraubende Kriterien benötigen.

Überschriftenzeile von Sortierung ausschließen

Üblicherweise ist es von Vorteil, bei großen Datenbeständen Überschriften zu verwenden. Für die Sortierung ist es bedeutend, diese Überschriften bei dem Sortiervorgang in ihrer Position unverändert zu lassen.

Wenn Sie die erste Datenzeile, die als Überschrift dient, von der Sortierung ausschließen möchten, gehen Sie wie folgt vor:

1. Markieren Sie eine Zelle in der Liste, beispielsweise die erste Zelle unterhalb der Überschrift. Klicken Sie dann auf der Registerkarte *Daten* in der Gruppe *Sortieren und Filtern* auf *Sortieren*. Es öffnet sich das Dialogfeld *Sortieren* (siehe Abbildung 15.3).
2. In dem Dropdown-Listenfeld *Sortieren nach* wählen Sie den Feldnamen, der die Grundlage für die Sortierung bildet. Achten Sie darauf, dass das Kontrollkästchen *Daten haben Überschriften* aktiviert ist.

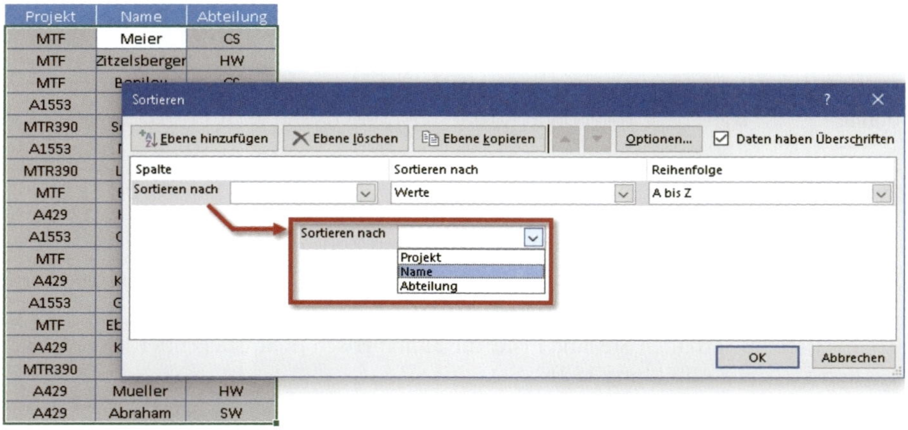

Abbildung 15.3: Im Dialogfeld Sortieren *aktivieren Sie das Kontrollkästchen* Daten haben Überschriften

3. Geben Sie in den verschiedenen Dropdown-Listenfeldern die Sortierbedingungen an und klicken Sie dann auf *OK*.

Daten nach Spalten sortieren

Üblicherweise werden Daten innerhalb einer oder mehrerer Spalten aufsteigend oder absteigend sortiert. Darüber hinaus können Daten auch zeilenweise (innerhalb einer Zeile) sortiert werden, was mit einer Spaltenumstellung vergleichbar ist.

1. Markieren Sie eine Zelle im betreffenden Datenbereich.
2. Klicken Sie zunächst auf die Registerkarte *Start* und dann in der Gruppe *Bearbeiten* auf *Sortieren und Filtern*.
3. Im sich öffnenden Menü klicken Sie auf den Befehl *Benutzerdefiniertes Sortieren*. Es öffnet sich das Dialogfeld *Sortieren*.
4. Klicken Sie auf die Schaltfläche *Optionen*. Das Dialogfeld *Sortieroptionen* öffnet sich.
5. Wählen Sie die Option *Spalten sortieren* und bestätigen Sie mit *OK* (siehe Abbildung 15.4).

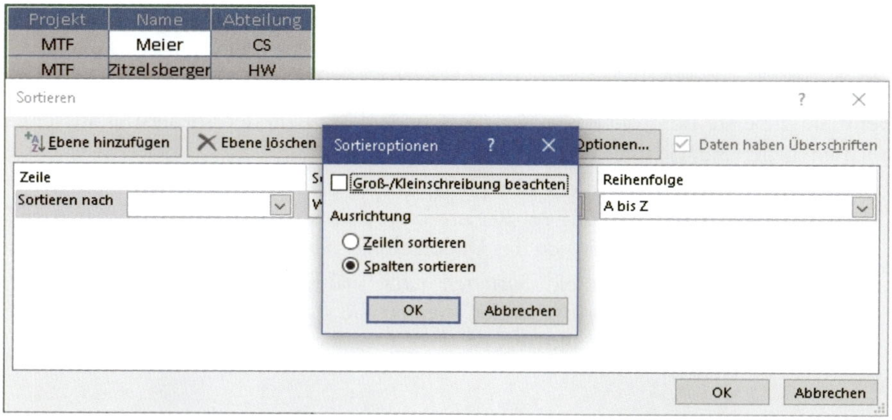

Abbildung 15.4: In diesem Dialogfeld wählen Sie die Sortieroption nach Spalten sortieren

6. Zurück im Dialogfeld *Sortieren* geben Sie im ersten Listenfeld *Sortieren nach* an, in welcher Zeile die Daten für die Spaltensortierung stehen [2] (siehe Abbildung 15.5).

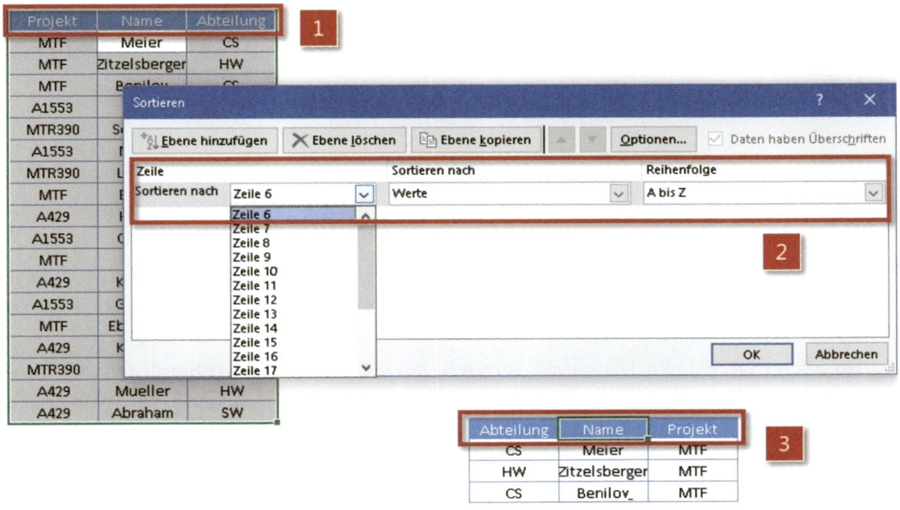

Abbildung 15.5: Auswahl der Zeile [1] und Werte [2], nach denen sortiert werden soll (Ausschnitt)

7. Im nächsten Schritt bestimmen Sie im Listenfeld *Sortieren nach*, dass nach *Werten* sortiert werden soll [2].
8. Zuletzt wählen Sie im Listenfeld *Reihenfolge* die erforderliche Sortierreihenfolge.
9. Schließen Sie den Arbeitsschritt mit einem Klick auf die Schaltfläche *OK* ab.

Als Ergebnis erhalten Sie die Spaltenanordnung [3] in Abbildung 15.5.

Wichtig Wenn Sie eine Liste sortieren, beachten Sie, dass Spalten oder Zeilen ihre Position verändern und die hinterlegten Formeln und Funktionen daraufhin beispielsweise mit der Fehlermeldung *#WERT!* reagieren. Die Ursache für diese Meldung liegt in einer fehlerhaften Zelladresse innerhalb der Formeln beziehungsweise Funktionen.

Profitipp Wenn Sie in Ihrer Tabelle Zeilen oder Spalten ausgeblendet haben, müssen Sie beachten, dass bei einem Sortiervorgang diese ausgeblendeten Zeilen/Spalten in der Sortierung unberücksichtigt bleiben. Daher ist es empfehlenswert, vor einem Sortierschritt alle Zeilen und Spalten einblenden.

Mit mehreren Kriterien eine neue Sortierung herstellen

Vorausgesetzt, Sie verfügen über Daten, die das zulassen, können Sie Sortierungen in einem Arbeitsschritt nach mehreren Zeilen oder Spalten gleichzeitig durchführen. In der Übungsdatei *Kap_15.xlsx* finden Sie im Arbeitsblatt *Sortieren2* Daten, die unter anderem die Spalten *Abteilung* und *Name* enthalten. Sie können beispielsweise zuerst nach der Abteilung (Gruppierung aller Mitarbeiter dieser Abteilung) und danach alphabetisch nach den Namen der Mitarbeiter sortieren. Auf diese Weise ist es möglich, bis zu 64 Spalten in die Sortierung einzubeziehen.

Hinweis Die besten Sortierergebnisse erzielen Sie, wenn Ihre Daten mit Spaltenüberschriften versehen sind.

---

1. Für eine Mehrfachsortierung positionieren Sie den Cursor im Datenbereich des Arbeitsblattes *Sortieren2.*
2. Klicken Sie im Menüband auf der Registerkarte *Daten* in der Befehlsgruppe *Sortieren und Filtern* auf *Sortieren.* Es öffnet sich nun das gleichnamige Dialogfeld (siehe Abbildung 15.6)
3. Im ersten Dropdown-Listenfeld *Sortieren nach* (Spalte) wählen Sie *Abteilung,* im zweiten Dropdown-Listenfeld wählen Sie *Werte* und im dritten die Reihenfolge *A bis Z.*
4. Um die nächste Sortierebene definieren zu können, klicken Sie auf die Schaltfläche *Ebene hinzufügen.*
5. Im ersten Dropdown-Listenfeld der neuen Zeile *Dann nach* wählen Sie das Feld *Name.* Im zweiten Dropdown-Listenfeld wählen Sie wieder *Werte* und im dritten *A bis Z* (siehe Abbildung 15.6).

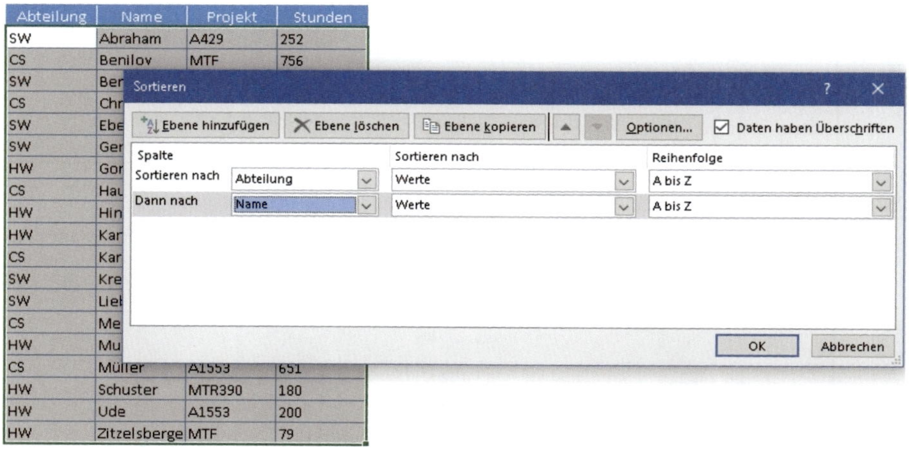

Abbildung 15.6: Dialogfeld Sortieren *mit der Einstellung zur Mehrfachsortierung in zwei Ebenen*

6. Schließen Sie das Dialogfeld durch einen Klick auf die Schaltfläche *OK,* um die Sortierung der Daten auszulösen.

Sie erhalten eine Liste, die zunächst aufsteigend nach Abteilungen und innerhalb der jeweiligen Abteilung wieder alphabetisch aufsteigend nach Namen sortiert ist.

Achtung Wenn Sie den Befehl *Sortieren* aufrufen und im Datenbereich nur eine Zelle markiert haben, markiert Excel automatisch die gesamte Liste. Eine Leerzeile beziehungsweise eine Leerspalte unterbricht die Markierung.

Hinweis Das Dialogfeld *Sortieren* zur Mehrfachsortierung können Sie auch über den Befehl *Sortieren und Filtern/Benutzerdefiniertes Sortieren* in der Befehlsgruppe *Bearbeiten* auf der Registerkarte *Start* aufrufen.

Tipp Ab Excel 2010 können Sie zum Sortieren von Daten bis zu 64 Sortierbedingungen anwenden; in der Version Excel 2003 sind lediglich drei Bedingungen möglich.

Alle Sortiermodusinformationen bleiben jedoch erhalten und werden angewendet, wenn die Tabelle wieder in Excel 2007 oder Excel 2010 geöffnet wird, sofern in Versionen vor Excel 2007 die Sortiermodusinformationen unberührt/unbearbeitet geblieben sind.

Zahlen oder Text in einer Spalte sortieren

Sie wollen Ihre Liste (Arbeitsmappe *Kap_15.xls*, Arbeitsblatt *Sortieren3*) nach den Stunden sortieren. Zunächst prüfen Sie, ob alle Zellinhalte numerisch sind oder einheitlich als Text formatiert wurden. Wenn Sie in einer Spalte gemischte Zellinhalte haben und eine gemeinsame Sortierung durchführen, werden zuerst die reinen Zahlen und dann die mit Text verbundenen Zahlen sortiert. Das Beispiel in Abbildung 15.7 verdeutlicht dies.

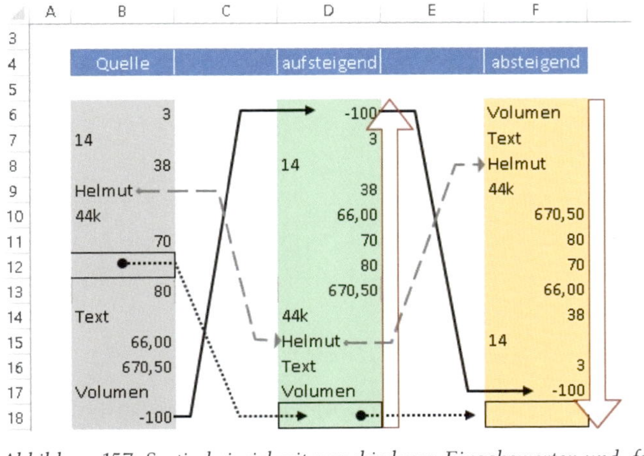

Abbildung 15.7: Sortierbeispiel mit verschiedenen Eingabewerten und -formaten

Der Inhalt der Zelle B7 in Abbildung 15.7 ist eine Zahl, die nur linksbündig formatiert wurde und daher wie eine Texteingabe erscheint. Die Eingaben in den Zellen B9, B10, B14 und B17 sind Texte beziehungsweise Zahlen, die mit Text verbunden sind. Sie können die

Liste aufsteigend oder absteigend sortieren. Es hängt aber vom Inhalt und Datentyp ab, wie sortiert wird. Am Beispiel der Zahl *14* in Zelle B7, die als Text formatiert wurde, wird die Auswirkung besonders deutlich.

Daten- und Eingabetyp	Sortierfolge, wenn aufsteigend sortiert wird
Zahlen	Von der kleinsten negativen zur größten positiven Zahl
Datum	Vom jüngsten zum ältesten Datum
Text	Leerzeichen stehen ganz am Anfang der Sortierfolge. Darauf folgen die Sonderzeichen, dann die als Text eingegebenen Zahlen und zuletzt normaler Text.
	Alphanumerischer Text wird Zeichen für Zeichen von links nach rechts sortiert.
	Wurde die Sortieroption *Groß- und Kleinschreibung unterscheiden* gewählt, werden Buchstaben nach folgender Logik sortiert: a A b B c C und so weiter.
Wahrheitswerte	Zuerst FALSCH, dann WAHR
Fehlerwerte	*#WERT!* oder *#NV!* in der Reihenfolge, wie sie gefunden werden
Leere Zellen	Immer zuletzt, sowohl bei aufsteigender als auch bei absteigender Sortierreihenfolge
	Bei leeren Zellen wird noch nach Zellen mit einem und Zellen mit mehreren Leerzeichen unterschieden.

Tabelle 15.1: Standardsortierfolgen

Hinweis Das generelle Verhalten beim Sortieren unter Windows wird über die *Regions- und Sprachoptionen* in der Systemsteuerung gesteuert.

Verbundene Zahlen und Texte sortieren

Sollten Sie in Excel-Tabellen Adressdaten verwalten, sind beispielsweise in der Zelle mit den Straßennamen auch die Hausnummern enthalten (Gartenstraße 1, Gartenstraße 2, Gartenstraße 13a und so weiter). Worauf müssen Sie achten, damit die Spalte mit den Straßennamen/Hausnummern entsprechend aufsteigend sortiert wird?

Abbildung 15.8 (links) zeigt eine für die Praxis untaugliche Sortierung.

vor Sortierung	nach Sortierung
Gartenstraße 1	Gartenstraße 1
Gartenstraße 2	Gartenstraße 12
Gartenstraße 14	Gartenstraße 13 a
Gartenstraße 12	Gartenstraße 14
Gartenstraße 13 a	Gartenstraße 14 a
Gartenstraße 14 a	Gartenstraße 2

Abbildung 15.8: Sortieren von Hausnummern in Verbindung mit Straßennamen

Dieses Sortierergebnis ist nicht praxistauglich. Es gibt die Möglichkeit, die Hausnummern zweistellig einzutragen (Gartenstraße 01, Gartenstraße 02), dann wird wunschgemäß sortiert.

Abbildung 15.9: Einstellige Hausnummern mit führender Null eintragen und das Ergebnis genügt dem Alltagseinsatz

Die unterschiedliche Behandlung der Sortierreihenfolge ist darin begründet, dass im ersten Beispiel der Eintrag »Gartenstraße 1« als reiner Text behandelt wird, weshalb die Sortierung Zeichen für Zeichen, von links nach rechts, erfolgt. Daher werden erst alle Hausnummern mit einer »1« sortiert, gefolgt von den Einträgen mit der »2« und so weiter.

Individuelle Reihenfolge durch benutzerdefinierte Sortierung

In bestimmten Fällen reicht die einfache auf- oder absteigende Sortierreihenfolge nicht aus, insbesondere dann nicht, wenn vielfältige, individuelle Kriterien berücksichtigt werden müssen.

Bei Vertreterumsätzen kann eine individuelle Sortierfolge zum Beispiel für Kunden, Gebiete oder Warengruppen erfolgen. Die Reihenfolge bestimmt dabei immer die Wichtigkeit. So kann es erforderlich sein, dass bei der Sortierung nach Warengruppen keinesfalls die alphabetische Reihenfolge von Bedeutung ist, sondern die firmeninterne, vom Alphabet abweichende Reihung dargestellt werden muss.

Für diese von der Norm abweichende Ordnung können Sie eine benutzerdefinierte Reihenfolge definieren und im betroffenen Dokument anwenden.

Hinweis Excel verwendet für diese Sortierung die gleichen Listen wie für das automatische Ausfüllen von Zeilen.

Eine benutzerdefinierte Liste erstellen

Bei kleinen beziehungsweise kurzen Listen können Sie die Daten direkt in das entsprechende Dialogfeld eingeben. Wir gehen an dieser Stelle den Weg, die Daten aus einer Tabelle in das Dialogfeld zu importieren. Um die Ausgangsliste zu erstellen, tragen Sie die Daten in einen Zellbereich ein oder führen sie dort beispielsweise durch Kopieren zusammen. Geben Sie die Daten für den Import schon in der Reihenfolge ein, in der später auch die Sortierung erfolgen soll.

Online Zum Nachvollziehen dieses Beispiels können Sie auf das Arbeitsblatt *Sortieren4* in der Mappe *Kap_15.xlsx* zurückgreifen.

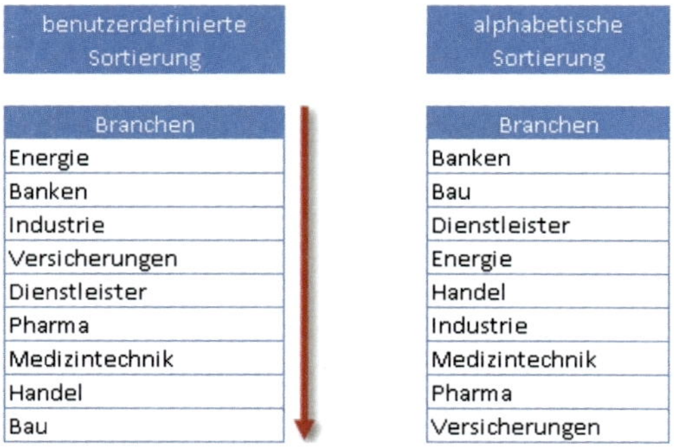

Abbildung 15.10: Datenbeispiel mit benutzerdefinierter und alphabetischer Sortierfolge

1. Markieren Sie den Zellbereich, nach dem die Sortierung erfolgen soll – im Beispiel *Energie* bis *Bau*.
2. Klicken Sie auf der Registerkarte *Datei* auf *Optionen* und dann auf die Kategorie *Erweitert*. Im Abschnitt *Allgemein* finden Sie die Schaltfläche *Benutzerdefinierte Listen bearbeiten*.

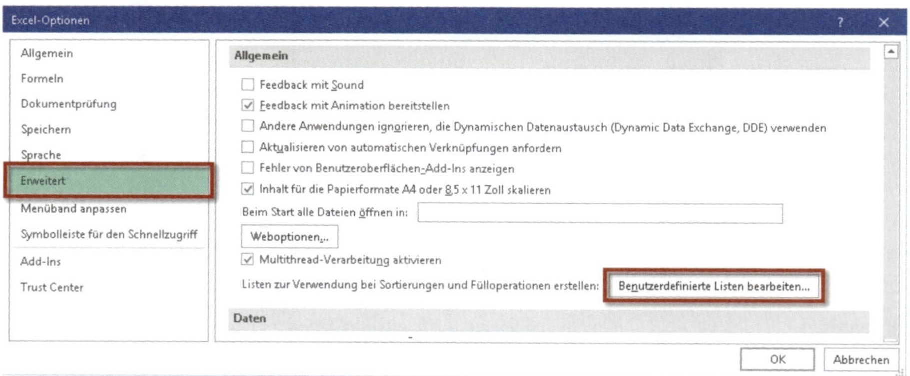

Abbildung 15.11: Die Schaltfläche Benutzerdefinierte Liste bearbeiten *in den Excel-Optionen*

3. Im Dialogfeld *Benutzerdefinierte Listen* (siehe Abbildung 15.12) klicken Sie auf die Schaltfläche *Importieren* und dann zweimal auf *OK*.

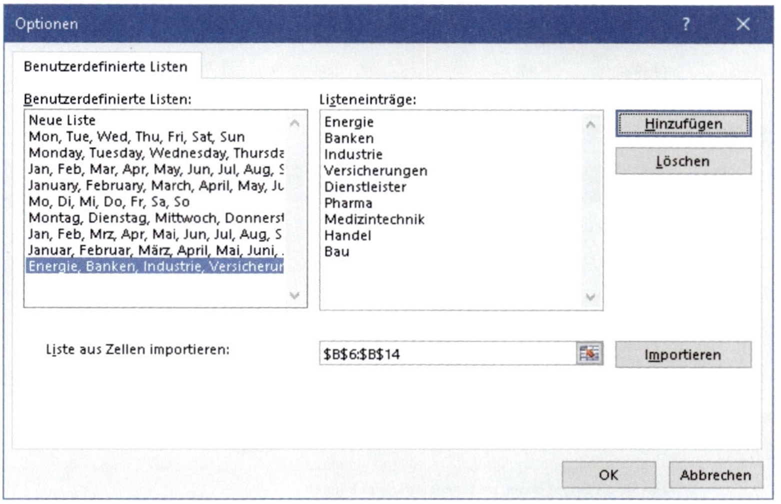

Abbildung 15.12: Das Dialogfeld Benutzerdefinierte Listen *mit den importierten Beispieldaten*

Hinweis Benutzerdefinierte Listen können nur auf der Basis eines Wertes, das sind Zahlen, Datum, Uhrzeit oder Text, erstellt werden; das erste Zeichen darf keine Zahl sein. Zellenfarben, Schriftfarbe oder Symbole werden nicht bearbeitet.

Eigene Kriterien in der Sortierung verwenden

Im nächsten Arbeitsschritt verwenden wir die zuvor erstellte benutzerdefinierte Liste, um die Sortierung in der dort festgelegten Reihenfolge anzuwenden:

1. Wählen Sie die Daten der Spalte *D* aus oder markieren Sie eine Zelle innerhalb der Daten, die anhand Ihrer benutzerdefinierten Liste sortiert werden soll.
2. Klicken Sie dann auf der Registerkarte *Start* in der Gruppe *Bearbeiten* auf *Sortieren und Filtern* und wählen Sie den Befehl *Benutzerdefiniertes Sortieren.* Es öffnet sich das Dialogfeld *Sortieren.*
3. Wählen Sie im Dropdown-Listenfeld *Reihenfolge* den Eintrag *Benutzerdefinierte Liste* [1] aus (siehe Abbildung 15.13).
4. Im folgenden Dialogfeld *Benutzerdefinierte Listen* markieren Sie die von Ihnen erstellte Liste [2], die damit in das Feld *Listeneinträge* [3] übernommen wird.
5. Bestätigen Sie dann zweimal mit *OK.*

Die Daten sind jetzt nach der individuellen Definition geordnet.

Hinweis Die benutzerdefinierte Liste kann im Dialogfeld *Benutzerdefinierte Listen* über die Schaltfläche *Löschen* auch wieder entfernt werden.

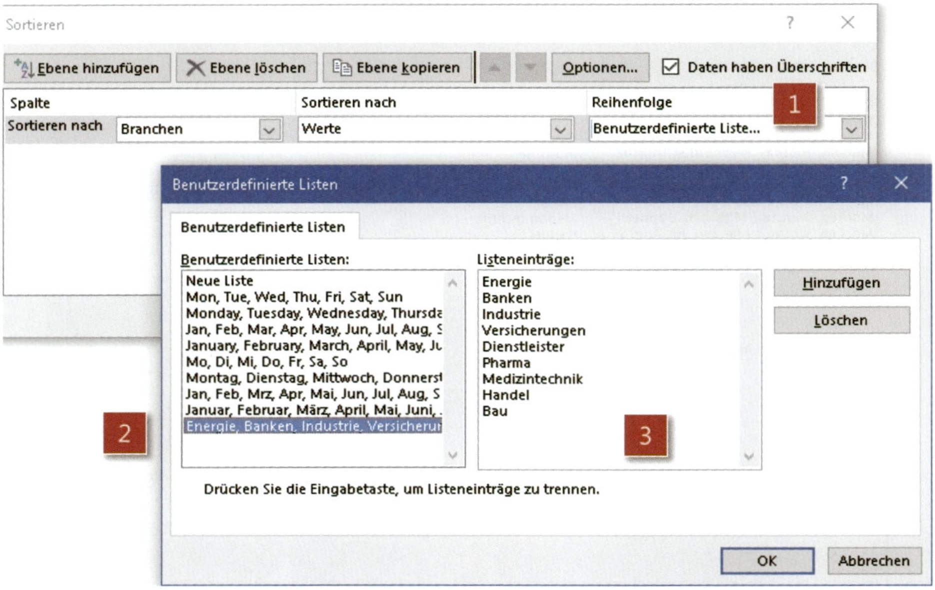

Abbildung 15.13: Auswahl der benutzerdefinierten Liste für die Sortierung

Daten in einer Tabelle mit Gliederung sortieren

In der Arbeitsmappe *Kap_15.xlsx* befindet sich das Arbeitsblatt *Konsol* mit einer konsolidierten, aber noch unsortierten Umsatztabelle mit automatischer Gliederung.

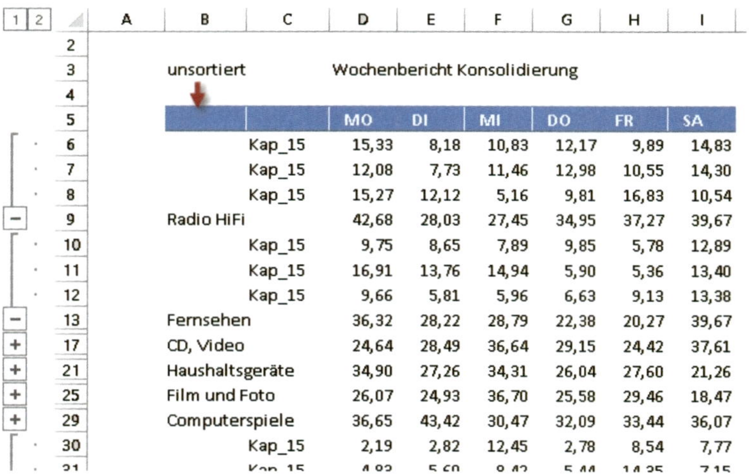

Abbildung 15.14: Die konsolidierte und gegliederte, aber unsortierte Ausgangstabelle

Mit wenigen Handgriffen können Sie die konsolidierten und gruppierten Daten in eine alphabetisch aufsteigend sortierte Reihenfolge bringen. Basis für die Sortierung sind die Warengruppenbezeichnungen der Spalte B.

1. Markieren Sie die Zelle B9 und klicken Sie zunächst auf der Registerkarte *Start* in der Gruppe *Bearbeiten* auf den Befehl *Sortieren und Filtern*.
2. Wählen Sie den Befehl *Benutzerdefiniertes Sortieren* und ergänzen Sie die Angaben im Dialogfeld *Sortieren* wie in Abbildung 15.15 gezeigt.

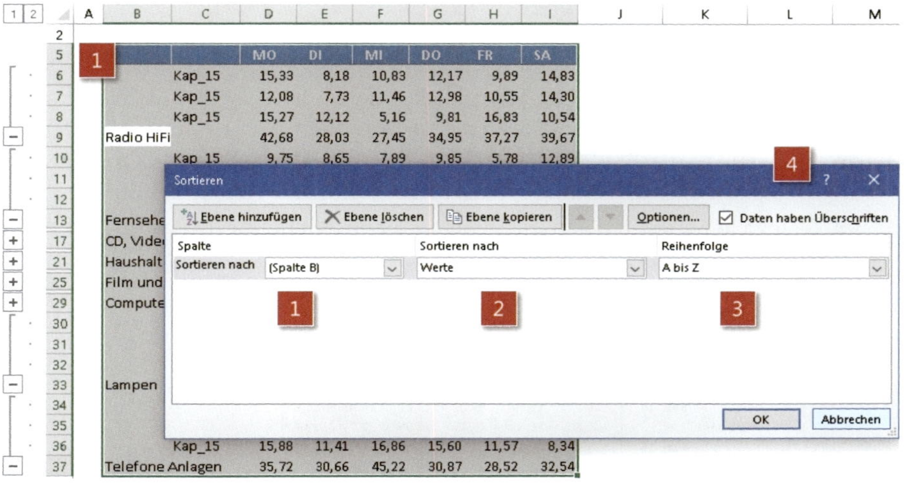

Abbildung 15.15: Die Einstellungen im Dialogfeld Sortieren

3. Durch einen Klick auf die Schaltfläche *OK* erfolgt die Sortierung in der Reihenfolge von A nach Z, bezogen auf Spalte B [1].

Profitipp Geben Sie grundsätzlich nur einzeilige Feldbeschriftungen ein. Wenn Sie zwingend mehrzeilige Feldbeschriftungen (Überschriften) benötigen, fügen Sie in der Zeile einen Zeilenumbruch ein.

Soll Groß- und Kleinschreibung bei der Sortierung beachtet werden, müssen Sie noch die entsprechende Einstellung im Dialogfeld *Excel-Optionen* vornehmen.

Tipp Übrigens: Beim Sortieren von Zeilen, die Teil einer Gliederung sind, werden die Gruppen der höchsten Ebene so sortiert, dass gruppierte Zeilen oder Spalten zusammengehalten werden.

Profitipp Beim Sortieren innerhalb einer Gliederung schließen Sie die Überschrift gezielt von der Sortierung aus, standardmäßig wird sie in die Liste eingeschlossen und mitsortiert.

Die Spaltenanordnung durch Sortieren in eine neue Reihenfolge bringen

Sie wollen nun die Reihenfolge der Wochentage in der Umsatzliste von Montag bis Samstag umkehren, sodass der Samstag die erste Umsatzspalte darstellt. Gehen Sie folgendermaßen vor:

1. Markieren Sie die Umsatzliste im Arbeitsblatt *Konsol* von D5 bis I37 [1].
2. Aktivieren Sie die Registerkarte *Start*, klicken Sie in der Gruppe *Bearbeiten* auf *Sortieren und Filtern* und dann auf *Benutzerdefiniertes Sortieren*.
3. Im Dialogfeld *Sortieren* klicken Sie auf die Schaltfläche *Optionen*, legen im Dialogfeld *Sortieroptionen* die Ausrichtung *Spalten sortieren* fest und bestätigen mit *OK*.
4. Im Dialogfeld *Sortieren* ergänzen Sie dann die in Abbildung 15.16 gezeigten Angaben [2] bis [5].

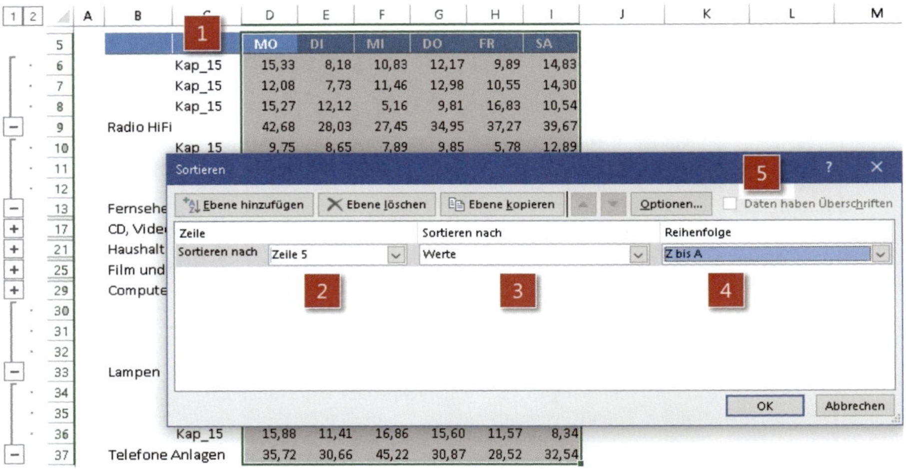

Abbildung 15.16: Die Einstellungen im Dialogfeld Sortieren *für das Ändern der Reihenfolge der Wochentage*

5. Klicken Sie auf die Schaltfläche *OK*, um die Sortierung durchzuführen.

Hinweis Generell können Sie auch mit der Schaltfläche *Sortieren* in der Symbolleiste für den Schnellzugriff die Sortierung direkt auslösen. Mehr zum Hinzufügen von Befehlen zur Schnellzugriffsleiste finden Sie in Kapitel 1.

Mit Farbunterstützung die Reihenfolge ändern

Farbige Zellen, farbige Texte in Zellen, direkt formatiert oder über eine bedingte Formatierung definiert, eröffnen Ihnen weitere, interessante Sortiermöglichkeiten. Sie können eine Sortierung anhand der Farben vornehmen. Dazu gehen Sie folgendermaßen vor:

Online Im Arbeitsblatt *Farbe* der Arbeitsmappe *Kap_15.xlsx* finden Sie verschiedene Farbbeispiele.

1. Wählen Sie für dieses Beispiel den Zellbereich H7:H14 aus.
2. Klicken Sie im Menüband auf der Registerkarte *Start* in der Gruppe *Bearbeiten* auf *Sortieren und Filtern* und wählen Sie dann *Benutzerdefiniertes Sortieren*.
3. Ergänzen Sie die in Abbildung 15.17 gezeigten Angaben im Dialogfeld *Sortieren* zu [1] Auswahl der Spalte, [2] Auswahl der Sortiergrundlage und [3] Festlegung der Reihenfolge.

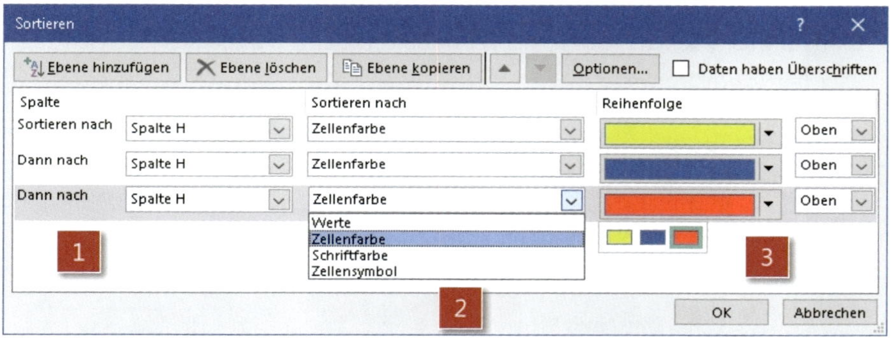

Abbildung 15.17: Die Einstellungen im Dialogfeld Sortieren *nach Zellenfarbe und Reihenfolge der Farben*

4. Nach dem Öffnen des Dialogfeldes wird die Zeile *Sortieren nach* angezeigt [1]. Zuerst wählen Sie die Spalte, dann den Sortiertyp [2] und anschließend die Reihenfolge der Farben aus [3].

   Über die Schaltfläche *Ebenen hinzufügen* fügen Sie so viele Zeilen im Dialogfeld ein, wie Sie Farben in den Daten sortieren wollen. Achten Sie darauf, in jeder neuen Ebene die gleiche Auswahl für die Spalte und die Reihenfolge (*Oben/Unten*) vorzunehmen.

   Die Wiederholung der gleichen Einstellungen können Sie ganz einfach erreichen, indem Sie die Schaltfläche *Ebene kopieren* anklicken und für die neue Sortierebene, die hinzugefügt wird, lediglich die neue Farbe unter *Reihenfolge* anpassen.
5. Schließen Sie das Dialogfeld über die Schaltfläche *OK*.

Tipp Wenn Sie die Zellenfarbe (oder auch die Schriftfarbe beziehungsweise ein Zellensymbol) an den Anfang oder nach links verschieben (sortieren) möchten, wählen Sie unter *Reihenfolge* bei einer Spaltensortierung den Eintrag *Oben* und bei einer Zeilensortierung den Eintrag *Links* aus.

Wenn Sie die Zellenfarbe (oder auch die Schriftfarbe beziehungsweise ein Zellensymbol) an das Ende oder nach rechts verschieben (sortieren) möchten, wählen Sie unter *Reihenfolge* bei einer Spaltensortierung den Eintrag *Unten* und bei einer Zeilensortierung den Eintrag *Rechts* aus.

Hinweis Es gibt keine Standardreihenfolge für die Sortierung bei Zellenfarbe, Schriftfarbe beziehungsweise Symbolen. Bei jedem Sortiervorgang müssen Sie die Reihenfolge definieren.

Eine Sortierfolge nach Symbolen vornehmen

Neben der Zuweisung von Zellenfarben oder Schriftfarben können Sie entweder direkt oder mittels bedingter Formatierung auch Zellensymbolen einen Wert in der Zelle zuweisen (siehe Abbildung 15.18). Über den Weg der benutzerdefinierten Sortierung können Sie einen Zellbereich anhand der Symboldefinition gezielt individuell ordnen.

In Abbildung 15.19 sehen Sie in Spalte R Symbole, die einem Zellenwertebereich zugewiesen wurden. Anhand dieser selbst zu bestimmenden Reihenfolge der Symbole können Sie eine von den Zellwerten abweichende Sortierung vornehmen.

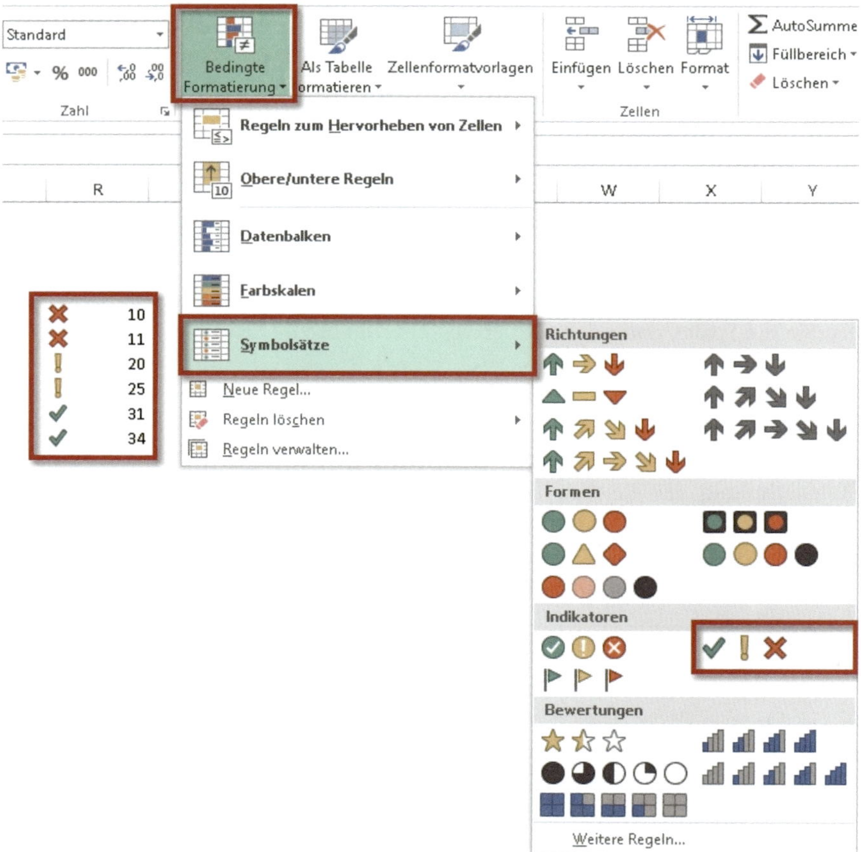

Abbildung 15.18: Der Katalog Bedingte Formatierung/Symbolsätze *zur Auswahl und Formatierung von Zellen, die sich dann nach den Symbolen und nicht nach den Werten sortieren lassen*

1. Wählen Sie einen Zellbereich aus (siehe Arbeitsblatt *Farbe*, Spalte B).
2. Klicken Sie im Menüband auf der Registerkarte *Start* in der Gruppe *Bearbeiten* auf *Sortieren und Filtern* und dann auf *Benutzerdefiniertes Sortieren*.
3. Ergänzen Sie die in Abbildung 15.19 gezeigten Angaben im Dialogfeld *Sortieren*.

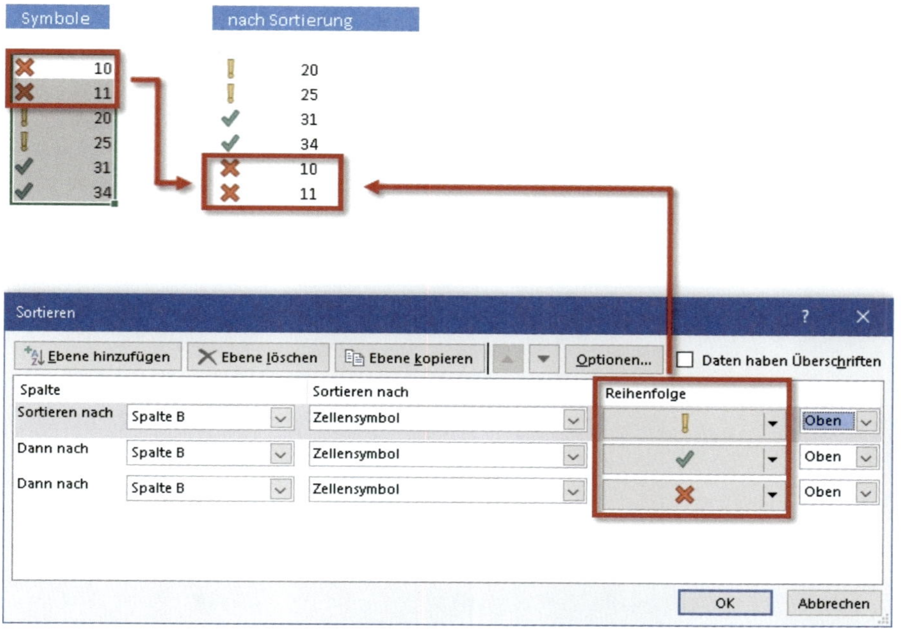

Abbildung 15.19: Die Reihenfolge im Dialogfeld Sortieren *können Sie über die Optionen* Oben *beziehungsweise* Unten *umstellen*

4. Schließen Sie das Dialogfeld über die Schaltfläche *OK*.

Sollte das Ergebnis nicht Ihren Vorstellungen entsprechen, können Sie den Sortiervorgang über die Schaltfläche *Rückgängig* wieder zurücknehmen.

Tipp Sortieren Sie Daten, die mit einer Formel berechnet werden, könnten sich durch einen Sortiervorgang die zurückgegebenen Werte der Formel bei einer Neuberechnung ändern. Wenden Sie die Sortierung erneut an, um immer wieder aktuelle Ergebnisse zu erhalten.

Hinweis Mehr über bedingte Formatierung erfahren Sie in Kapitel 9 und mehr zum Sortieren in PivotTables in Kapitel 23 ff.

Kapitel 16

Von der Zahl zum Diagramm

In diesem Kapitel:

Informationen, die mit Zahlen relativ abstrakt ausgedrückt werden, lassen sich wesentlich einfacher in Form eines Diagramms verstehen. Gut gemachte Diagramme wirken grundsätzlich wie ein Bild und teilen ihre »Zahlengeschichte« leicht erfassbar und übersichtlich mit. Seit den frühesten Versionen sind die Werkzeuge zur Erstellung eines Diagramms fester Bestandteil von Excel. In Excel 2016 sind diese Werkzeuge erweitert worden. Neue Diagrammtypen wurden hinzugefügt.

In diesem Kapitel lesen Sie, wie Sie die Werkzeuge von Excel 2016 einsetzen und

- in wenigen Schritten ein Standarddiagramm erstellen,
- die Werkzeuge für die Diagrammerstellung gezielt einsetzen,
- einzelne Diagrammelemente auswählen und bearbeiten,
- den Datenbereich für das Diagramm variabel gestalten,
- die Eigenschaften des Diagramms anpassen,
- Diagrammvorlagen erstellen, verwalten und anwenden,
- das fertige Diagramm drucken.

In wenigen Schritten zum fertigen Diagramm

Excel 2016 stellt Ihnen sechs verschiedene Verfahren zur Verfügung, in wenigen Schritten ein Diagramm zu erstellen:

- ausgewählte Diagrammtypen mit der Schnellanalyse, Tastenkombination Strg+Q
- ein im Arbeitsblatt eingebettetes Standarddiagramm, Tastenkombination Alt+F1
- ein Standarddiagramm auf einem eigenen Diagrammblatt, Taste F11
- die Auswahl verschiedener Diagrammtypen über die Schaltfläche *Empfohlene Diagramme*
- ein Diagramm auf der Basis einer selbst erstellten Diagrammvorlage
- zuletzt verwendeten Diagrammtyp erneut benutzen.

Entdecken Sie in den folgenden Abschnitten dieses Kapitels die verschiedenen Methoden zum Erstellen eines Diagramms.

Die Schnellanalyse zur Diagrammerstellung nutzen

Die Schnellanalyse schlägt Ihnen auf der Basis der ausgewählten Daten verschiedene Diagrammtypen vor. In einer Livevorschau werden Ihnen diese Diagramme präsentiert und – falls Ihnen die Vorschläge nicht gefallen – weitere Diagramme zur Auswahl angeboten. Im Einzelnen gehen Sie dabei wie folgt vor:

1. Markieren Sie alle Zellen des Bereichs, aus dem das Diagramm erstellt werden soll, also auch die Zeilen- und die Spaltenbeschriftungen. Nur auf der Grundlage dieser Auswahl arbeitet die Schnellanalyse (siehe Abbildung 16.1 [1]).

2. Drücken Sie entweder die Tastenkombination Strg+Q oder klicken Sie auf die Schaltfläche *Schnellanalyse*, die rechts neben der Markierung eingeblendet wird [2].
3. Klicken Sie auf *Diagramme* [3].
4. Zeigen Sie mit dem Mauszeiger auf einen Diagrammtyp. Die Schnellanalyse zeigt Ihnen in der Livevorschau das auf Ihren Daten basierende Diagramm an.
5. Klicken Sie entweder auf den vorgeschlagenen Diagrammtyp [4] oder wählen Sie, falls Ihnen kein Vorschlag gefällt, *Weitere Diagramme* [5].

   Im Dialogfeld *Diagramm einfügen* wählen Sie entweder auf der Registerkarte *Empfohlene Diagramme* oder über die Registerkarte *Alle Diagramme* Ihr Diagramm aus. Das Diagramm wird als Objekt im Arbeitsblatt erstellt.
6. Ist das Diagramm erstellt, markieren Sie es und formatieren es mittels der Optionen der Registerkarte *Diagrammtools* nach Ihren Wünschen.

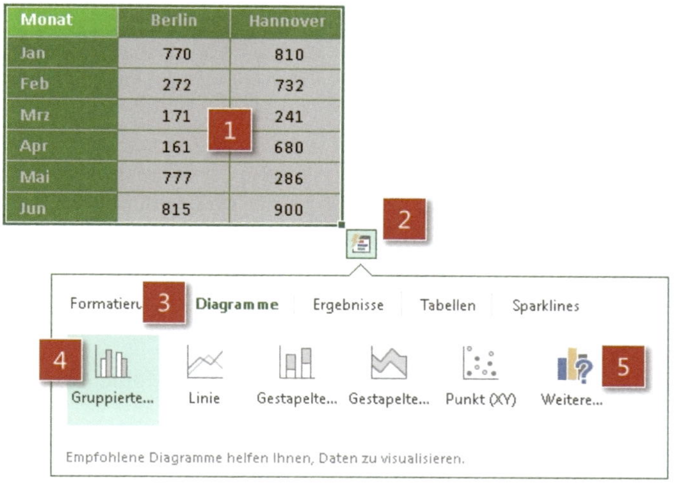

Abbildung 16.1: Mit der Schnellanalyse gelangen Sie in wenigen Schritten zum fertigen Diagramm

Per Tastendruck ein Standarddiagramm im Arbeitsblatt erstellen

Aus dem in Abbildung 16.2 dargestellten Bereich soll ein Diagramm im Standarddiagrammtyp erstellt werden. Hierzu gehen Sie wie folgt vor:

1. Positionieren Sie den Mauszeiger innerhalb des Datenbereichs. Markieren Sie dabei nur eine einzelne Zelle.
2. Drücken Sie die Tastenkombination Alt+F1. Excel erstellt auf der Grundlage des aktuellen Bereichs ein Diagramm im Standarddiagrammtyp. Es wird als Objekt im Arbeitsblatt eingebettet (siehe Abbildung 16.2).

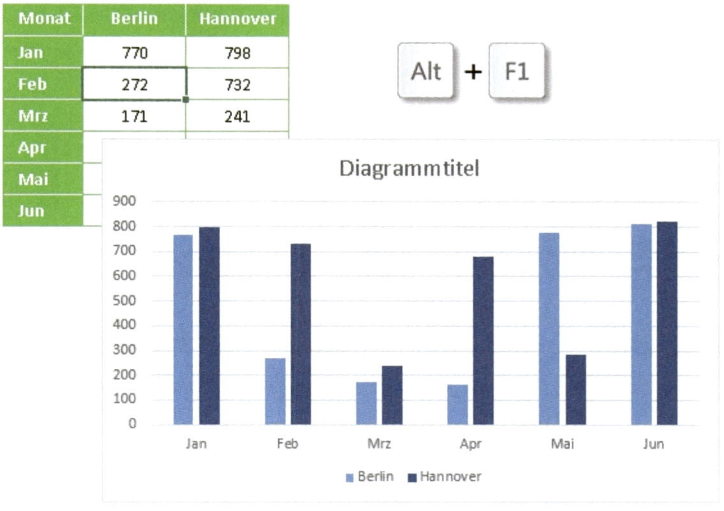

Abbildung 16.2: Mit der Tastenkombination Alt+F1 erstellen Sie ein Diagramm im Arbeitsblatt

Hinweis

- In Excel 2016 ist als Standarddiagrammtyp *Gruppierte Säule* eingerichtet. Den Standarddiagrammtyp können Sie nach Ihren Anforderungen jederzeit abändern. Wie dies geht, lesen Sie weiter hinten in diesem Kapitel.
- Die in diesem Diagramm verwendeten Farben hängen vom gewählten Design ab. Entweder wählen Sie über die Registerkarte *Seitenlayout* in der Gruppe *Designs* ein komplett anderes Design oder Sie ändern nur die Farben des Designs.

Per Tastendruck ein Diagrammblatt erstellen

Möchten Sie ein Diagramm erstellt bekommen, das die Größe des im Moment gewählten Papierformats, zum Beispiel A4, nutzt, gehen Sie wie folgt vor:

1. Positionieren Sie den Mauszeiger innerhalb des Datenbereichs. Markieren Sie dabei nur eine einzelne Zelle.
2. Drücken Sie die Taste F11.

Excel erstellt aus dem aktuellen Bereich ein Diagramm auf einem eigenen Diagrammblatt. Das Diagramm wird auf die festgelegte Papiergröße skaliert, benutzt die Farben des aktuellen Designs und den Standarddiagrammtyp (siehe Abbildung 16.3).

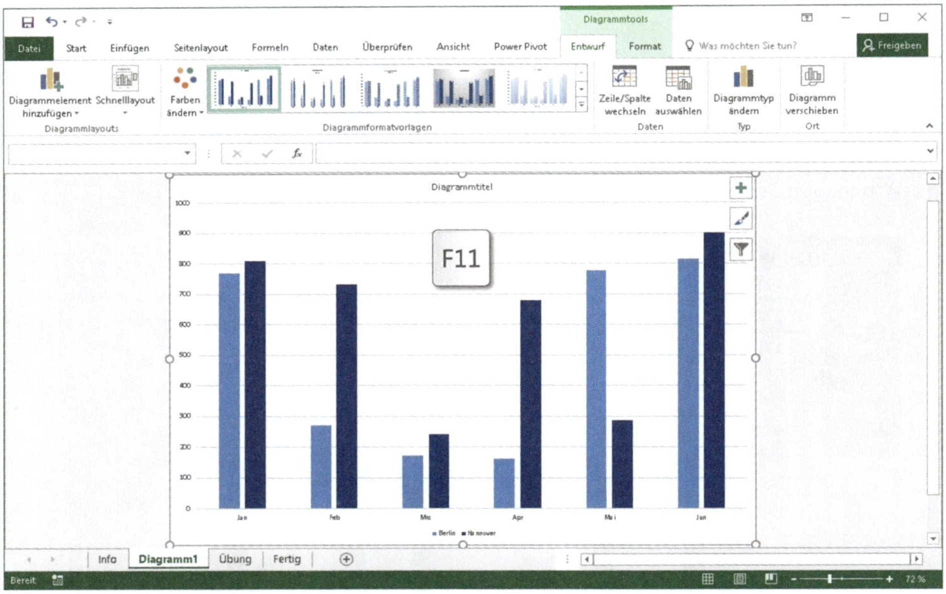

Abbildung 16.3: Mit der Taste F11 erstellen Sie ein Diagramm auf einem separaten Diagrammblatt

Hinweis

Sie können jederzeit zwischen der Darstellung auf einem Arbeitsblatt und der auf einem Diagrammblatt wechseln. Wie Sie den Ort des Diagramms festlegen, lesen Sie weiter hinten in diesem Kapitel.

Ein empfohlenes Diagramm nutzen

Möchten Sie sehen, welche Diagrammtypen für Ihre Daten geeignet sind, lassen Sie sich von Excel ein passendes Diagramm empfehlen. Hierbei gehen Sie wie folgt vor:

1. Positionieren Sie den Mauszeiger innerhalb des Datenbereichs. Markieren Sie dabei nur eine einzelne Zelle (siehe Abbildung 16.4 [1]).
2. Aktivieren Sie im Menüband die Registerkarte *Einfügen*.
3. Klicken Sie in der Gruppe *Diagramme* auf die Schaltfläche *Empfohlene Diagramme* [2].
4. Im Dialogfeld *Diagramm einfügen* klicken Sie im linken Bereich der Registerkarte *Empfohlene Diagramme* auf eine Diagrammdarstellung. Die Auswahl wird im rechten Bereich vergrößert angezeigt [3].
5. Haben Sie sich für ein Diagramm entschieden, klicken Sie auf die Schaltfläche *OK*. Excel erstellt das ausgewählte Diagramm als Objekt im Arbeitsblatt und in den Farben des aktuell gewählten Designs.

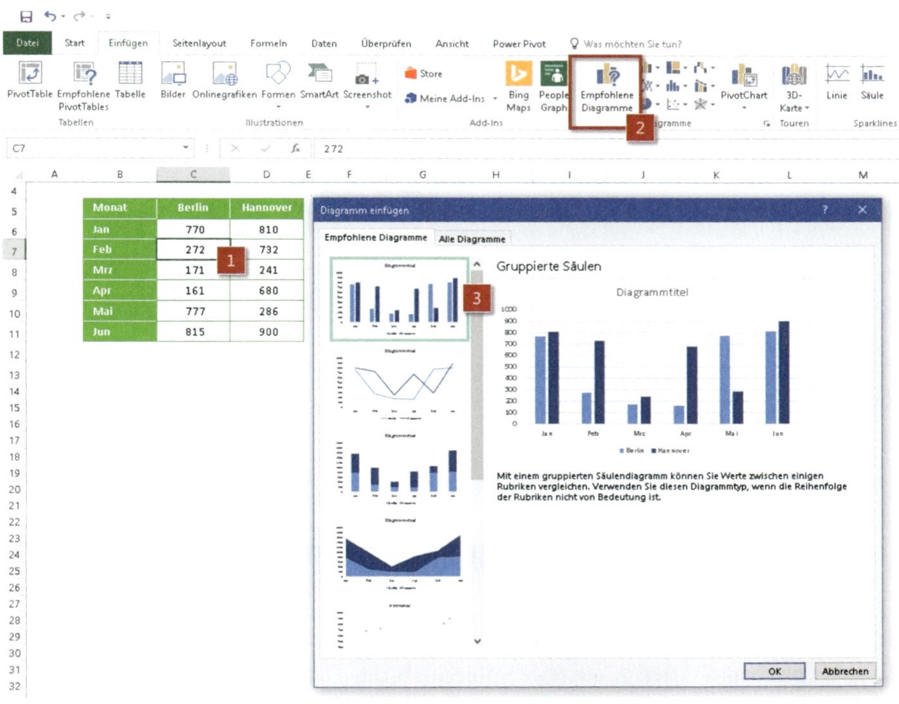

Abbildung 16.4: Möchten Sie wissen, welches Diagramm für Ihre Daten geeignet ist, lassen Sie sich Diagramme empfehlen

Ein Diagramm aus einer Diagrammvorlage erstellen

Liegen bereits Diagrammvorlagen zum Erstellen von Diagrammen vor, wenden Sie diese Vorlagen wie folgt an:

1. Positionieren Sie den Mauszeiger innerhalb des Datenbereichs. Markieren Sie dabei nur eine einzelne Zelle (siehe Abbildung 16.5 [1]).

2. Aktivieren Sie die Registerkarte *Einfügen*.
3. Klicken Sie in der Gruppe *Diagramme* auf das Startprogramm für Dialogfelder [2].
4. Aktivieren Sie im Dialogfeld *Diagramm einfügen* die Registerkarte *Alle Diagramme* [3].
5. Markieren Sie im linken Bereich die Option *Vorlagen*. Im rechten Bereich werden die vorhandenen Diagrammvorlagen in Miniaturansichten angezeigt. Zeigen Sie mit dem Mauszeiger auf eine der Vorlagen, vergrößert sich die Darstellung.

6. Haben Sie die gewünschte Vorlage markiert [4], klicken Sie abschließend auf die Schaltfläche *OK*.

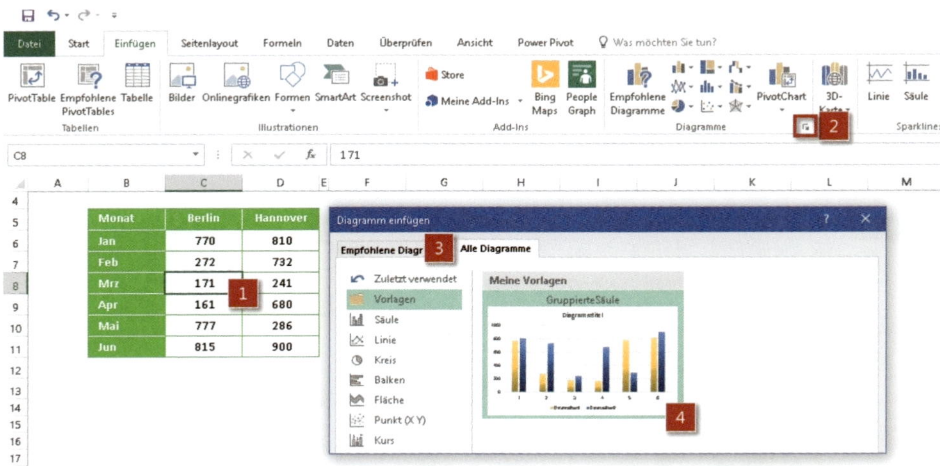

Abbildung 16.5: Vorbereitete Diagrammvorlagen lassen sich in wenigen Schritten auf Ihre Daten anwenden

---

Hinweis Lesen Sie weiter hinten in diesem Kapitel, wie Sie eine Diagrammvorlage erstellen und Ihre Vorlagen verwalten.

Den zuletzt verwendeten Diagrammtyp erneut anwenden

Excel merkt sich die Reihenfolge der zuletzt verwendeten Diagrammtypen. Möchten Sie den letzten Diagrammtyp erneut für Ihre Daten benutzen, gehen Sie wie folgt vor:

1. Positionieren Sie den Mauszeiger innerhalb des Datenbereichs. Markieren Sie dabei nur eine einzelne Zelle.
2. Aktivieren Sie im Menüband die Registerkarte *Einfügen*.
3. Klicken Sie in der Gruppe *Diagramme* auf das Startprogramm für Dialogfelder (siehe Abbildung 16.5 [2]).
4. Aktivieren Sie im Dialogfeld *Diagramm einfügen* die Registerkarte *Alle Diagramme*.
5. Klicken Sie im linken Bereich auf die Option *Zuletzt verwendet* (siehe Abbildung 16.6).
6. Wählen Sie den gewünschten Diagrammtyp aus.
7. Schließen Sie das Dialogfeld *Diagramm einfügen* mit *OK*. Excel wendet den zuletzt benutzten Diagrammtyp auf Ihre Daten an.

Hinweis

Aktivieren Sie im Dialogfeld *Diagramm einfügen* die Registerkarte *Alle Diagramme* und markieren Sie die Auswahl *Zuletzt verwendet*, werden (siehe Abbildung 16.6)

- im oberen rechten Bereich, von links nach rechts, die zuletzt angewendeten Diagrammtypen aufgelistet und
- im unteren rechten Bereich, nach der Auswahl eines Diagrammtyps, Ihre Daten in einer Miniaturdarstellung angezeigt.

Erlaubt der ausgewählte Diagrammtyp, dass die Ausrichtung der Datenreihe getauscht werden darf (Zeile/Spalte wechseln), bekommen Sie beide Versionen des Diagramms angezeigt.

Im Beispiel ist der Diagrammtyp *Gruppierte Säulen* ausgewählt. Die linke Miniaturansicht zeigt zwei Datenreihen mit je sechs Datenreihenpunkten und die rechte Miniaturdarstellung sechs Datenreihen mit je zwei Datenreihenpunkten.

Zeigen Sie mit dem Mauszeiger auf eine Miniaturdarstellung, wird das Diagramm vergrößert angezeigt. Mit einem Doppelklick auf die Vergrößerung wird die Auswahl auf Ihre Daten angewendet.

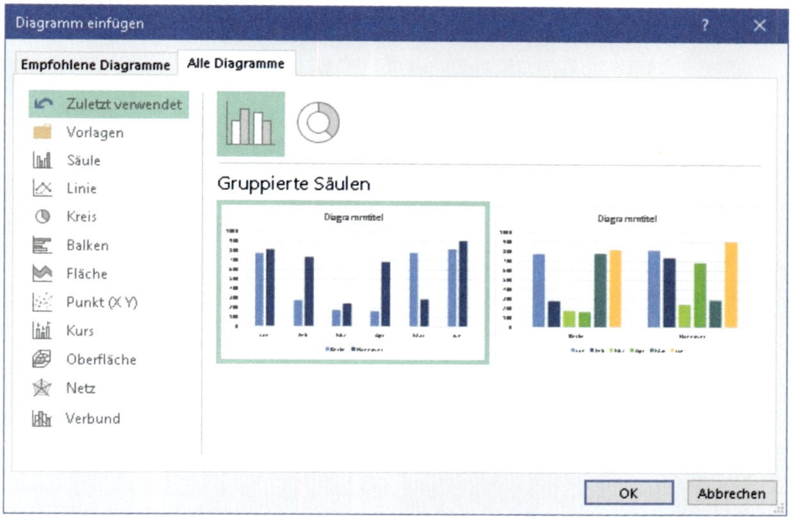

Abbildung 16.6: Im Dialogfeld Diagramm einfügen *werden oben im rechten Bereich die zuletzt verwendeten Diagrammtypen aufgelistet*

Den Standarddiagrammtyp festlegen

In Excel 2016 ist als Standarddiagrammtyp *Gruppierte Säule* eingerichtet. Möchten Sie den Standarddiagrammtyp ändern oder prüfen, welcher Typ gerade eingerichtet ist, gehen Sie wie folgt vor:

1. Markieren Sie eine beliebige, aber gefüllte Zelle (ansonsten erhalten Sie eine Fehlermeldung).

2. Aktivieren Sie im Menüband die Registerkarte *Einfügen*.
3. Klicken Sie in der Gruppe *Diagramme* auf das Startprogramm für Dialogfelder (siehe Abbildung 16.5 [2]).
4. Aktivieren Sie im Dialogfeld *Diagramm einfügen* die Registerkarte *Alle Diagramme*.

   In der linken Spalte des Dialogfeldes ist zunächst der momentan eingerichtete Diagrammgrundtyp und im rechten Bereich der momentan eingerichtete Diagrammuntertyp markiert.
5. Sie ändern den Standarddiagrammtyp durch die Auswahl eines Diagrammgrundtyps im linken Bereich des Dialogfeldes (siehe Abbildung Abbildung 16.7) und einem anschließenden Rechtsklick auf einen Diagrammuntertyp im rechten Bereich. In Abbildung 16.7 [2] wurde ein Rechtsklick auf den Diagrammuntertyp *Gestapelte Balken (100%)* ausgeführt.
6. Klicken Sie auf *Als Standarddiagrammtyp festlegen*. Damit haben Sie den neuen Standarddiagrammtyp festgelegt. Dieser Typ wird bei der Erstellung eines Diagramms mit der Taste `F11` oder der Tastenkombination `Alt`+`F1` verwendet.
7. Schließen Sie das Dialogfeld mit einem Klick auf die Schaltfläche *Abbrechen*. Auf diese Weise haben Sie nur den Standarddiagrammtyp geändert, ohne dabei ein Diagramm aus der momentanen Auswahl zu erstellen.

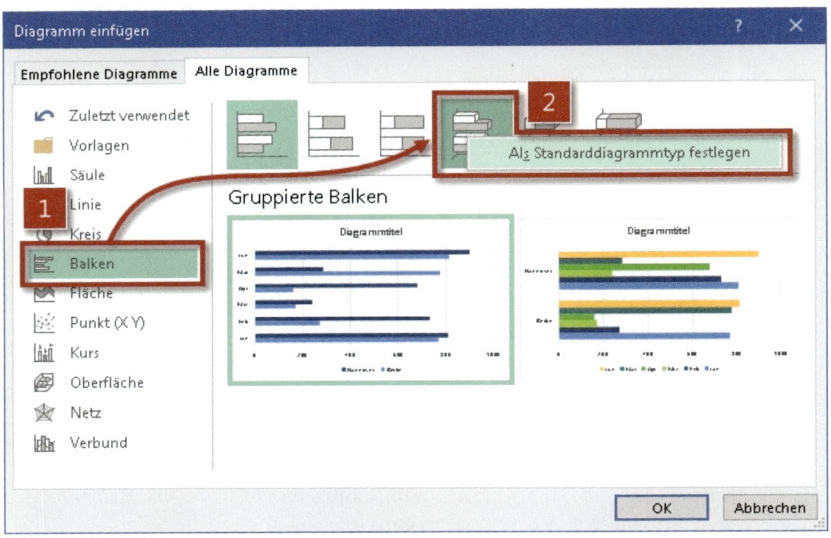

Abbildung 16.7: Legen Sie im Dialogfeld einen neuen Standarddiagrammtyp fest oder ermitteln Sie den gerade eingerichteten Standarddiagrammtyp

Die Werkzeuge für die Diagrammbearbeitung richtig einsetzen

Excel 2016 bietet Ihnen auf den unterschiedlichsten Wegen die Werkzeuge für die Bearbeitung eines Diagramms an. Oft finden Sie ein und denselben Arbeitsschritt entweder über die kontextbezogene Registerkarte *Diagrammtools*, über den Arbeitsbereich *Diagrammele-*

ment formatieren, über das Kontextmenü oder über die Optionen-Schaltflächen. So können Sie sich Ihren Arbeitsablauf zur Bearbeitung eines Diagramms individuell aneignen.

Lesen Sie in diesem Abschnitt, wo Sie die einzelnen Werkzeuge finden und wie Sie mit ihnen Ihr Diagramm bearbeiten.

Die kontextbezogene Registerkarte»Diagrammtools« nutzen

Erst wenn Sie ein Diagramm oder Diagrammelement markieren, wird Ihnen die kontextbezogene Registerkarte *Diagrammtools* angezeigt. Sie enthält die Registerkarte *Entwurf* und die Registerkarte *Format*.

Die Befehle der Registerkarte »Diagrammtools/Entwurf« einsetzen

Auf der Registerkarte *Entwurf* sind alle Befehle enthalten, mit denen Sie das Diagramm grundsätzlich entwerfen und damit die folgenden Fragen beantworten:

Frage	Schaltfläche
Welche Daten sollen im Diagramm dargestellt werden?	
Wird die Datenreihe aus den Zeilen oder den Spalten des Datenbereichs gebildet?	
Mit welchem Diagrammtyp wird die Aussage des zugrunde liegenden Datenmaterials am besten wiedergegeben?	
Welche Diagrammelemente unterstützen die Diagrammdarstellung und -aussage?	
Welche Farbabstimmung soll benutzt werden?	
An welchem Ort soll das Diagramm angezeigt werden, im Arbeitsblatt oder auf einem Diagrammblatt?	

Tabelle 16.1: Die Optionen der Registerkarte Diagrammtools/Entwurf

Diagrammelemente hinzufügen

Jedes Diagramm besteht aus einzelnen Elementen, wie zum Beispiel dem Diagrammbereich, der Zeichnungsfläche, den Datenreihen, der Legende, der Größen- und Rubrikenachse und so weiter. Welche Elemente bei der Erstellung eines Diagramms zunächst enthalten sind, hängt vom gewählten Diagrammtyp ab.

Möchten Sie Ihrem Diagramm ein Element hinzufügen, gehen Sie wie folgt vor:

Über die Registerkarte »Diagrammtools«

1. Markieren Sie das Diagramm oder ein Diagrammelement.
2. Klicken Sie in der Registerkarte *Diagrammtools/Entwurf* auf die Schaltfläche *Diagrammelement hinzufügen*.

   Die sich öffnende Liste enthält alle zur Verfügung stehenden Diagrammelemente. Ausgegraute Elemente sind für den aktuellen Diagrammtyp nicht verfügbar.
3. Zeigen Sie mit dem Mauszeiger auf ein Element. Es öffnet sich ein Katalog mit den verschiedenen Optionen für das ausgewählte Element. Die hellgrün hinterlegte Option wird im Moment angewendet.
4. Zeigen Sie auf eine der Optionen, wird die Auswahl mit der Livevorschau im Diagramm angezeigt. Ein Klick auf die Auswahl übernimmt die Option im Diagramm.
5. Möchten Sie keine vorgeschlagene Option benutzen, klicken Sie auf die unterste Auswahl, zum Beispiel *Weitere Titeloptionen* (siehe Abbildung 16.8). Daraufhin öffnet sich der Aufgabenbereich zum Formatieren der Diagrammelemente. Hier finden Sie *alle* Formatierungsoptionen für das jeweils ausgewählte Diagrammelement.

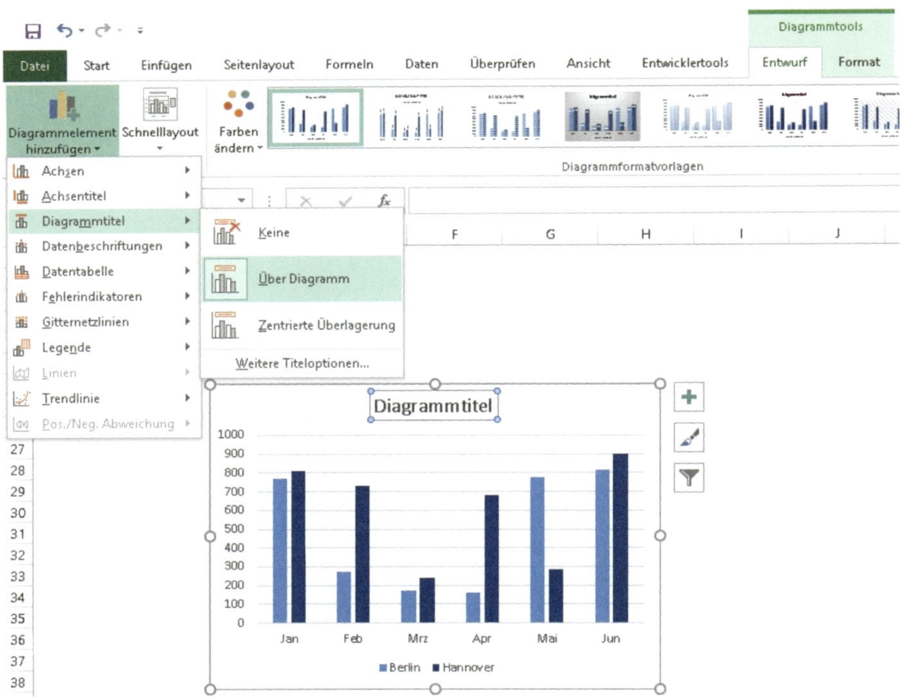

Abbildung 16.8: Fügen Sie über die Schaltfläche Diagrammelement hinzufügen *Ihrem Diagramm weitere Elemente hinzu oder blenden Sie Elemente gezielt aus*

Hinweis Wie Sie den Aufgabenbereich *<Diagrammelement> formatieren* benutzen, lesen Sie weiter hinten in diesem Kapitel.

Über die Schaltfläche »Diagrammelemente«

Nach dem Markieren eines Diagramms oder Diagrammelements werden drei Schaltflächen am rechten Rand des Diagramms angeboten. Möchten Sie Ihrem Diagramm weitere Elemente hinzufügen, gehen Sie wie folgt vor:

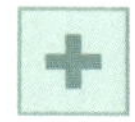

1. Klicken Sie auf die Schaltfläche mit dem Pluszeichen – die Schaltfläche *Diagrammelemente*. Es öffnet sich eine Liste mit den zur Verfügung stehenden Diagrammelementen. Wird ein Element bereits im markierten Diagramm benutzt, ist das Kontrollkästchen vor dem Elementnamen aktiviert.
2. Aktivieren Sie das Kontrollkästchen des Diagrammelements, das Sie im Diagramm angezeigt haben möchten, zum Beispiel *Diagrammtitel* (siehe Abbildung 16.9). Es wird bereits mit der Livevorschau im Diagramm dargestellt.
3. Klicken Sie auf das kleine schwarze Dreieck am rechten Rand des Elementnamens. Sie erhalten weitere Optionen für das ausgewählte Element. Die grün hinterlegte Option wird im Moment angewendet.
4. Zeigen Sie auf eine andere Option, wird sie mit der Livevorschau im Diagramm angezeigt. Ein Klick auf die Auswahl übernimmt die Option im Diagramm.
5. Möchten Sie keine vorgeschlagene Option benutzen, klicken Sie auf den untersten Eintrag *Weitere Optionen* (siehe Abbildung 16.9). Daraufhin öffnet sich der Aufgabenbereich zum Formatieren des betreffenden Diagrammelements. Hier finden Sie *alle* Formatierungsoptionen für das jeweils ausgewählte Diagrammelement.

Auf diesem Wege können Sie noch weitere Diagrammelemente hinzufügen. Erst mit einem Klick in das Arbeitsblatt oder auf die Schaltfläche *Diagrammelemente* wird die Auswahl geschlossen.

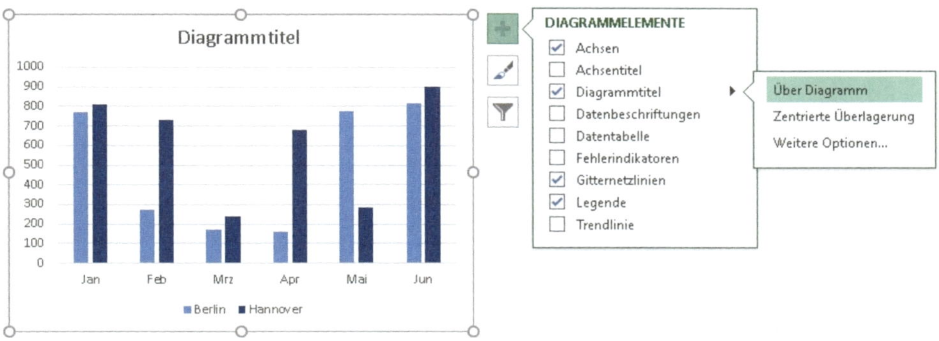

Abbildung 16.9: Die Schaltfläche Diagrammelemente *rechts neben dem Diagramm erlaubt ein intuitives Hinzufügen oder Entfernen von Diagrammelementen*

Ein Diagrammelement gezielt löschen

Möchten Sie ein Diagrammelement aus dem Diagramm entfernen, können Sie dies

- nach dem Markieren des Elements mit der Taste `Entf`
- mit einem Rechtsklick auf das Element und der Wahl des Kontextmenübefehls *Löschen*
- über die Schaltfläche *Diagrammelement hinzufügen* (Auswählen des Elementnamens und Klicken auf die Option *Keine*) oder

- über die Schaltfläche *Diagrammelemente* und Deaktivieren des jeweiligen Kontrollkästchens erledigen.

Ein Diagrammelement löschen meint eigentlich das Ausblenden des Elements. Jedes ausgeblendete Element kann jederzeit wieder, wie oben beschrieben, hinzugefügt beziehungsweise eingeblendet werden.

Diagrammelemente markieren

Excel stellt Ihnen verschiedene Methoden zur Verfügung, um ein Diagrammelement für die weitere Bearbeitung zu markieren:

- Der direkteste Weg, ein Element im Diagramm zu markieren, besteht in einem Links- oder Rechtsklick auf das entsprechende Element, zum Beispiel auf den Diagrammtitel. Die Eckpunkte des ausgewählten Elements erhalten runde oder eckige Markierungspunkte. Runde Markierungspunkte signalisieren, dass dieses Element ausgewählt ist; eckige Markierungspunkte sind gleichzeitig Anfasser, um die Größe des Elements zu ändern, zum Beispiel bei der Legende (siehe Abbildung 16.10). Anschließend können Sie das markierte Element bearbeiten.

  Bei einem Rechtsklick öffnet sich das Kontextmenü. Als letzter Eintrag findet sich stets die Option, das entsprechende Element zu formatieren, zum Beispiel *Diagrammtitel formatieren*.

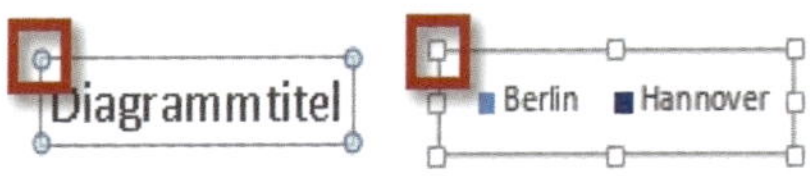

Abbildung 16.10: Unterschiedliche Markierungen signalisieren, dass ein Element ausgewählt ist

- Können Sie ein Diagrammelement nicht direkt anklicken, weil einige Elemente zu dicht beieinanderliegen oder sehr klein sind, führen Sie einen Rechtsklick an beliebiger Stelle auf das Diagramm aus, sodass sich das Kontextmenü mit der Minisymbolleiste öffnet. In der Minisymbolleiste finden Sie im Dropdown-Listenfeld alle im Diagramm enthaltenen Elemente. Bei einem Klick auf das Element in der Liste wird das entsprechende Diagrammelement markiert und kann so bearbeitet werden (siehe Abbildung 16.11).

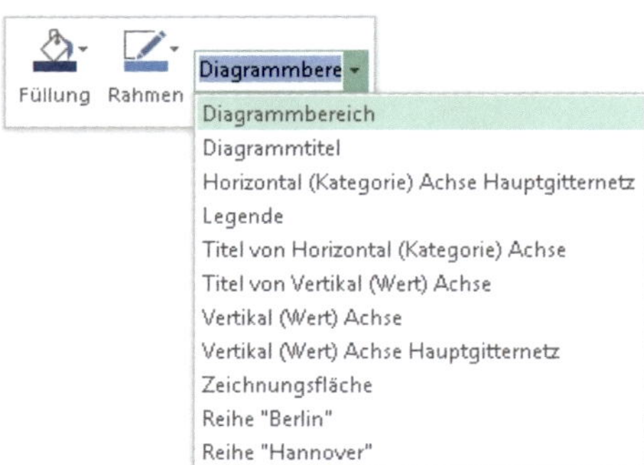

Abbildung 16.11: In der Minisymbolleiste sind im Listenfeld alle im Diagramm enthaltenen Elemente aufgelistet, die auf diesem Wege leicht markiert werden können

- Auf der Registerkarte *Diagrammtools/Format* finden Sie in der Gruppe *Aktuelle Auswahl* das ebenfalls in Abbildung 16.11 zu sehende Dropdown-Listenfeld. Es ist mit dem Dropdown-Listenfeld auf der Minisymbolleiste identisch. Die Auswahl eines Elements in der Liste markiert das entsprechende Diagrammelement.
- Ist bei Ihnen der Aufgabenbereich *<Diagrammelement> formatieren* geöffnet, finden Sie auch hier das in Abbildung 16.11 zu sehende Listenfeld. Sie öffnen es mit einem Klick auf das kleine Dreieck (siehe Abbildung 16.12).

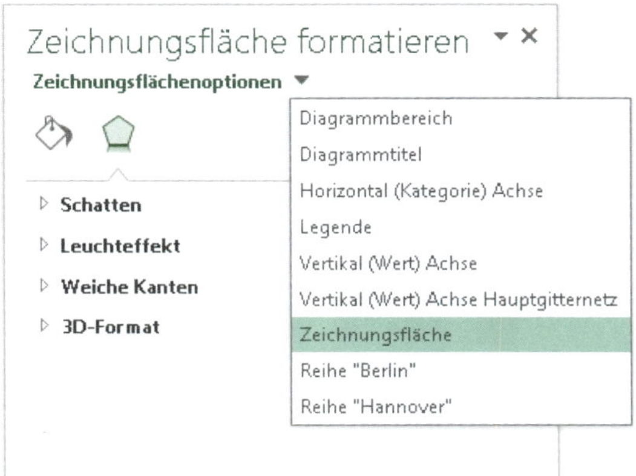

Abbildung 16.12: Das Listenfeld mit allen im Diagramm enthaltenen Elementen finden Sie auch im Aufgabenbereich <Diagrammelement> formatieren

Das Schnelllayout und die Diagrammformatvorlagen nutzen

Haben Sie sich nach dem Markieren Ihrer Daten für einen Diagrammtyp entschieden und das Diagramm erstellt, können Sie sich die weitere Ausarbeitung des Diagramms durch die Auswahl eines vorgefertigten Diagrammlayouts und/oder einer Diagrammformatvorlage vereinfachen.

Das Schnelllayout beinhaltet die anzuzeigenden Diagrammelemente und ihre Position im Diagramm, die Diagrammformatvorlage wendet auf das bestehende Diagramm verschiedene Formatierungen, zum Beispiel Schriftgrößen, Farben, Schraffuren und so weiter, an.

Möchten Sie ein Schnelllayout benutzen, gehen Sie wie folgt vor:

1. Erstellen Sie ein Diagramm in dem gewünschten Diagrammtyp, zum Beispiel Kreisdiagramm.
2. Markieren Sie das Diagramm und aktivieren Sie die Registerkarte *Diagrammtools/Entwurf.*
3. Öffnen Sie mit einem Klick auf die Schaltfläche *Schnelllayout* in der Gruppe *Diagrammlayouts* den Katalog der für den aktuellen Diagrammtyp verfügbaren Schnelllayouts.
4. Zeigen Sie mit dem Mauszeiger auf ein Layout. Mit der Livevorschau wird das markierte Layout im Diagramm dargestellt.
5. Wählen Sie ein Layout und klicken Sie es an. Das Layout wird im Diagramm übernommen.

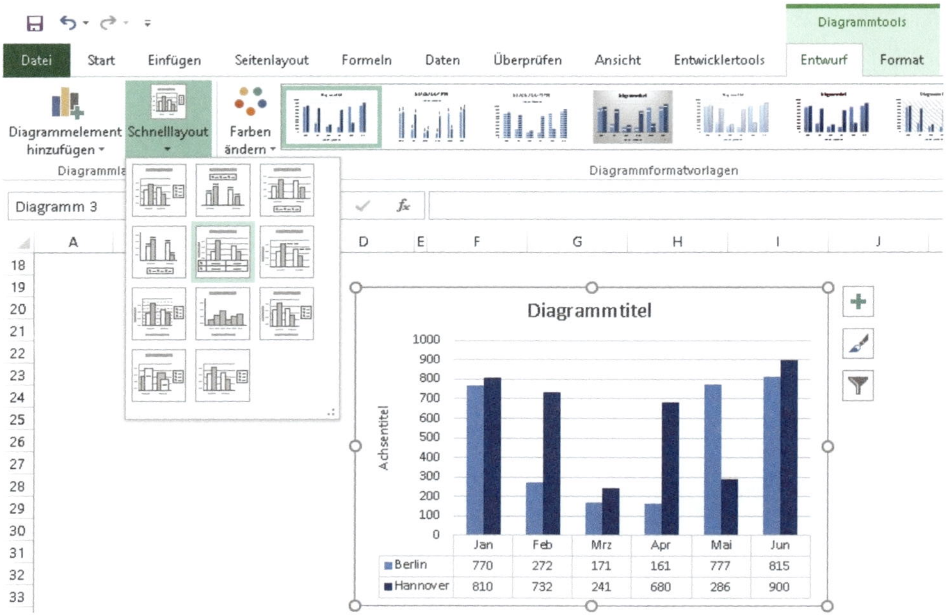

Abbildung 16.13: Mit dem Schnelllayout wählen Sie das grundsätzliche Layout für Ihr Diagramm aus

Möchten Sie zusätzlich oder nur eine Diagrammformatvorlage auf das Diagramm anwenden, gehen Sie wie folgt vor:

1. Markieren Sie das Diagramm und aktivieren Sie die Registerkarte *Diagrammtools/Entwurf*.
2. In der Gruppe *Diagrammformatvorlagen* finden Sie den Katalog der vordefinierten Formatvorlagen.

   Am rechten Rand des Katalogs befinden sich drei Schaltflächen:
   - Mit den beiden oberen scrollen Sie zeilenweise durch den Katalog,
   - mit der unteren (*Weitere*) öffnen Sie den gesamten Katalog.
3. Zeigen Sie auf eine Formatvorlage, wird die Auswahl mittels Livevorschau im Diagramm angezeigt.
4. Mit einem Klick auf eine Formatvorlage wird sie in das Diagramm übernommen.

Hinweis

- Die Anzahl und die Variationen der angebotenen Schnelllayouts und Diagrammformatvorlagen hängen von dem im Diagramm benutzten Diagrammtyp ab.
- Die Farben werden aus dem aktuell gewählten Design genommen (Registerkarte *Seitenlayout*, Gruppe *Designs*).
- Sie können dem vorhandenen Katalog keine eigenen Schnelllayouts oder Diagrammformatvorlagen hinzufügen.
- Eine Diagrammformatvorlage können Sie auch über die Schaltfläche *Diagrammformatvorlagen* auswählen. 

Eine abgestimmte Farbpalette auf das Diagramm anwenden

Mit einem Design legen Sie für viele Objekte und Elemente in Excel die Farben fest. Auch beim Anlegen eines Diagramms werden zunächst diese Farben benutzt. Ausgehend vom eingestellten Design hält Excel verschiedene Farbsätze für Ihr Diagramm bereit. So wenden Sie einen Farbsatz auf Ihr Diagramm an:

1. Markieren Sie das Diagramm und aktivieren Sie die Registerkarte *Diagrammtools/Entwurf*.
2. Klicken Sie in der Gruppe *Diagrammformatvorlagen* auf die Schaltfläche *Farben ändern*. Es öffnet sich ein Katalog mit farbigen und monochromen Farbsätzen (siehe Abbildung 16.14).
3. Zeigen Sie auf einen Farbsatz, wird in der Livevorschau das Diagramm mit diesen Farben dargestellt.
4. Klicken Sie abschließend auf den gewünschten Farbsatz, wird er auf das Diagramm angewendet.

Abbildung 16.14: Die Farbsätze für die Anwendung in einem Diagramm werden von Excel automatisch aus dem gewählten Design gebildet

---

Hinweis Die Auswahl eines abgestimmten Farbsatzes können Sie auch über die Schaltfläche *Diagrammformatvorlagen* vornehmen.

Die Datenreihenorientierung festlegen

In Abbildung 16.15 zeigen die farbigen Rahmen über dem jeweiligen Datenbereich, woher die markierte, hellblaue Datenreihe im Diagramm ihre Daten bezieht:

- im oberen Beispiel aus den Zahlen der Spalte *Berlin*,
- im unteren Beispiel aus den Zahlen der Zeile *Jan*.

Die Wahl der Datenreihenorientierung, ob aus Spalte oder Zeile, hat direkte Auswirkungen auf die Darstellung der Daten im Diagramm.

Und so ändern Sie die Orientierung der Datenreihen in Ihrem Diagramm:

1. Markieren Sie das Diagramm und aktivieren Sie die Registerkarte *Diagrammtools/Entwurf*.
2. Klicken Sie in der Gruppe *Daten* auf die Schaltfläche *Zeile/Spalte wechseln*. Diese Schaltfläche wirkt wie ein Umschalter. Jeder Klick auf sie ändert die Datenreihenorientierung und zeigt sie im Diagramm an.

Monat	Berlin	Hannover
Jan	770	810
Feb	272	732
Mrz	171	241
Apr	161	680
Mai	777	286
Jun	815	900

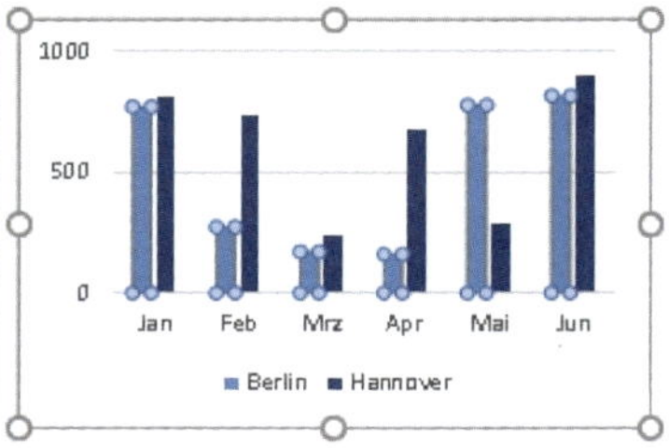

2 Datenreihen mit je 6 Datenreihenpunkten

Monat	Berlin	Hannover
Jan	770	810
Feb	272	732
Mrz	171	241
Apr	161	680
Mai	777	286
Jun	815	900

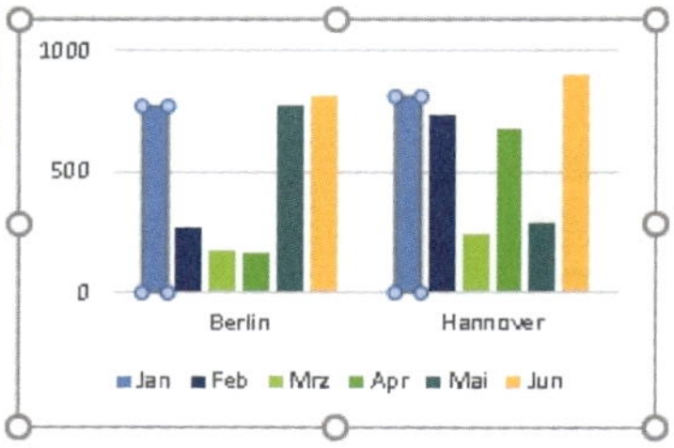

6 Datenreihen mit je 2 Datenreihenpunkten

Abbildung 16.15: Mit der Schaltfläche Zeile/Spalte wechseln *ändern Sie die Datenreihenorientierung*

Die Diagrammdaten auswählen

In Abbildung 16.16 wurde zunächst ein Diagramm aus den Daten von Berlin und Hannover erstellt. Später sind neue Daten von Köln hinzugekommen. Anstatt das bereits existierende Diagramm neu zu erstellen, ändern Sie seine Datenquelle. Sie können die neue Datenreihe

- per Tastenkombination,
- durch das Ändern des gesamten Diagrammdatenbereichs oder
- über die betreffende Schaltfläche im Dialogfeld *Datenquelle auswählen* hinzufügen.

Neue Daten per Tastenkombination einem vorhandenen Diagramm hinzufügen

1. Markieren Sie die neue Datenreihe.
2. Kopieren Sie die Datenreihe mit der Tastenkombination Strg+C.
3. Markieren Sie das Diagramm und fügen Sie die kopierten Daten mit der Tastenkombination Strg+V ein.

Ändern des Diagrammdatenbereichs

1. Markieren Sie das Diagramm und aktivieren Sie die Registerkarte *Diagrammtools/Entwurf*.
2. Öffnen Sie mit einem Klick auf die Schaltfläche *Daten auswählen* in der Gruppe *Daten* das Dialogfeld *Datenquelle auswählen*. Der Cursor blinkt im Feld *Diagrammdatenbereich* und die bisherige Adresse ist markiert.

3. Markieren Sie mit der Maus den neuen Diagrammdatenbereich. Die Livevorschau zeigt im Diagramm die neuen Datenreihen an.

   In Abbildung 16.16 wurden gleich alle verfügbaren Daten markiert, da im linken Listenfeld die Möglichkeit besteht, die Kontrollkästchen für die Datenreihen in beliebiger Kombination zu aktivieren. Ein aktiviertes Kontrollkästchen bedeutet: Diese Datenreihe wird angezeigt. Ein deaktiviertes Kontrollkästchen bedeutet: Diese Datenreihe wird nicht angezeigt. Diese Kontrollkästchen wirken wie ein Filter.

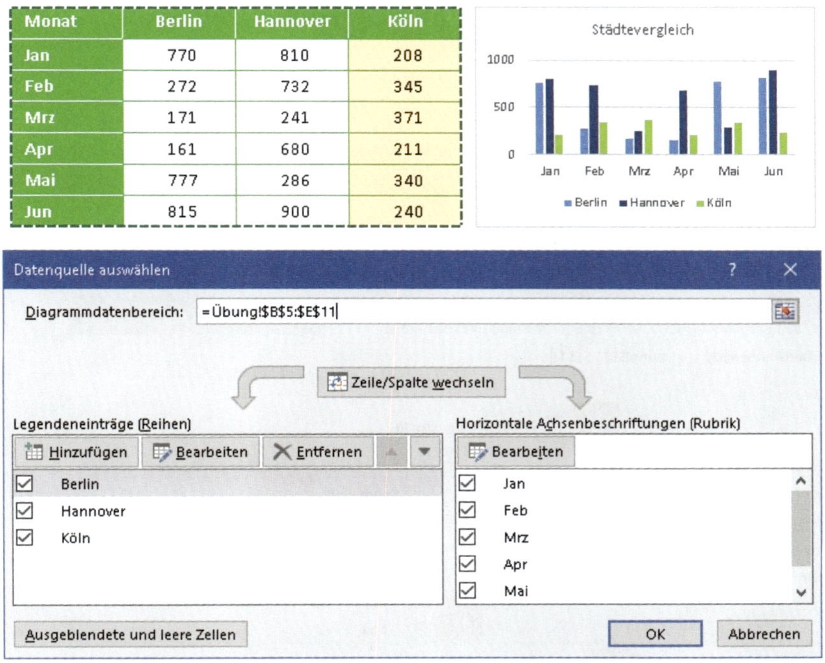

Monat	Berlin	Hannover	Köln
Jan	770	810	208
Feb	272	732	345
Mrz	171	241	371
Apr	161	680	211
Mai	777	286	340
Jun	815	900	240

Abbildung 16.16: Im Dialogfeld Datenquelle auswählen *wählen Sie gezielt die im Diagramm darzustellenden Datenreihen aus*

Mit der Schaltfläche »Hinzufügen« im Dialogfeld »Datenquelle auswählen«

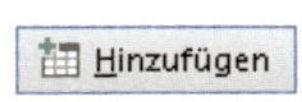

1. Markieren Sie das Diagramm und aktivieren Sie die Registerkarte *Diagrammtools/Entwurf*.
2. Öffnen Sie mit einem Klick auf die Schaltfläche *Daten auswählen* das Dialogfeld *Datenquelle auswählen*.
3. Klicken Sie auf die Schaltfläche *Hinzufügen*. Es öffnet sich das Dialogfeld *Datenreihe bearbeiten* (siehe Abbildung 16.17).

4. Geben Sie den Reihennamen im Referenzfeld *Reihenname* entweder manuell ein oder klicken Sie für eine dynamische Verknüpfung auf die Zelle, in der sich der Reihenname befindet.

   Wichtig: Löschen Sie im Referenzfeld unbedingt den Eintrag *={1}*. Er wird nicht automatisch ersetzt und führt zu Fehlermeldungen.
5. Markieren Sie die Werte der neuen Datenreihe.
6. Schließen Sie das Dialogfeld mit *OK*. Die neue Datenreihe ist im linken Bereich hinzugefügt worden und wird bereits mit der Livevorschau im Diagramm dargestellt.

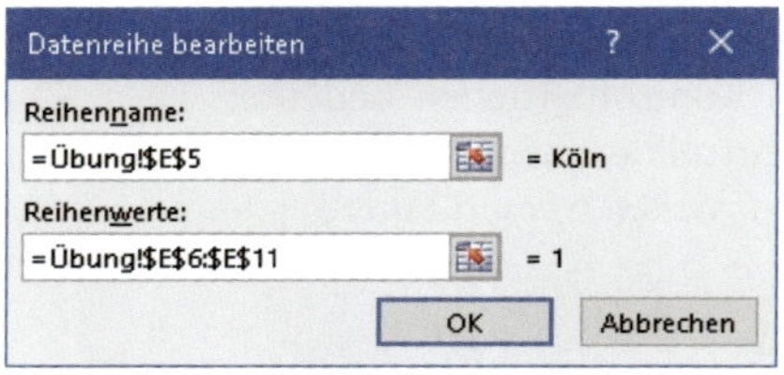

Abbildung 16.17: Im Dialogfeld Datenreihe bearbeiten *geben Sie den Datenreihennamen und den Bereich an, aus dem die Daten für das Diagramm genommen werden sollen*

Weitere Optionen im Dialogfeld »Datenquelle auswählen« nutzen

Im Dialogfeld *Datenquelle auswählen* stehen Ihnen neben der eigentlichen Auswahl der Datenquelle weitere Optionen für die Einrichtung des Diagramms zur Verfügung:

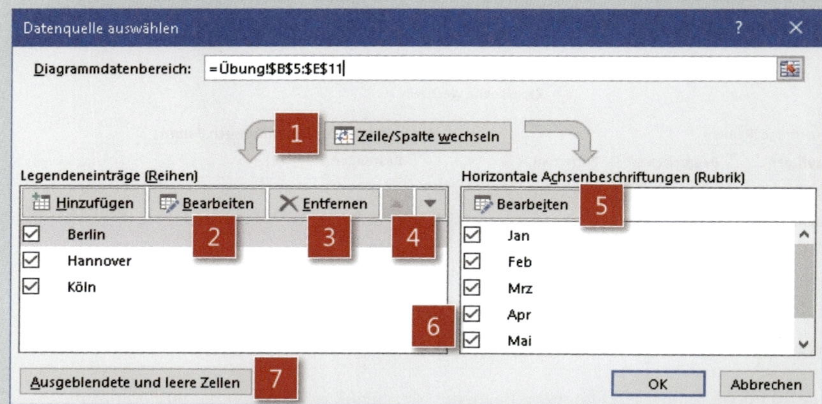

Abbildung 16.18: Nutzen Sie die weiteren Optionen im Dialogfeld Datenquelle auswählen

1. Mit der Schaltfläche *Zeile/Spalte wechseln* ändern Sie die Orientierung der Datenreihe (siehe Abbildung 16.18 [1]; siehe auch weiter vorn in diesem Kapitel den Abschnitt »Die Datenreihenorientierung festlegen«).
2. Möchten Sie den Datenreihennamen oder den Datenbereich für die markierte Datenreihe anpassen, klicken Sie auf die Schaltfläche *Bearbeiten* [2] und führen die Änderungen aus.
3. Mit der Schaltfläche *Entfernen* [3] nehmen Sie die markierte Datenreihe komplett aus dem Diagramm heraus.

Eine Alternative dazu besteht darin, die Datenreihe durch das Deaktivieren des entsprechenden Kontrollkästchens nur herauszufiltern und momentan im Diagramm nicht anzuzeigen. Möchten Sie die Datenreihe später doch angezeigt bekommen, brauchen Sie nur das Kontrollkästchen wieder zu aktivieren.

4. Benötigen Sie eine bestimmte Reihenfolge der Anzeige der Datenreihen, legen Sie diese Reihenfolge mit den beiden Schaltflächen *Nach oben* und *Nach unten* fest [4]. Markieren Sie eine Datenreihe und klicken Sie auf eine der beiden Schaltflächen.
5. Die horizontale Achsenbeschriftung (Rubrikenachsenbeschriftung) legen Sie im rechten Listenfeld des Dialogfeldes fest. Klicken Sie hierzu auf die Schaltfläche *Bearbeiten* und markieren Sie im Arbeitsblatt den Bereich, aus dem die Beschriftung genommen werden soll [5].
   Zusätzlich haben Sie die Möglichkeit, über die Kontrollkästchen festzulegen, welche Datenreihenpunkte im Diagramm angezeigt werden [6].
6. Sind in Ihrem Datenbereich leere oder ausgeblendete Zellen enthalten, legen Sie über die Schaltfläche *Ausgeblendete und leere Zellen* fest, wie Ihre Daten im Diagramm angezeigt werden [7].

In Abbildung 16.19 enthält der Datenbereich eine leere Zelle. Die Diagramme zeigen die drei verfügbaren Optionen.

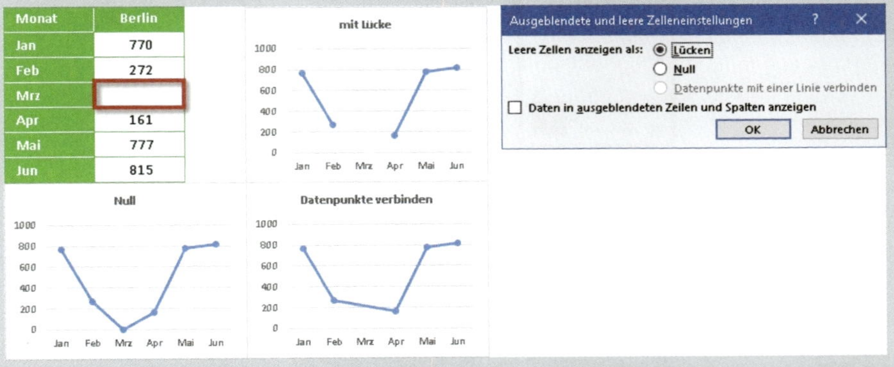

Abbildung 16.19: Mit der Schaltfläche Ausgeblendete und leere Zellen *legen Sie unter anderem die Darstellung leerer Zellen im Diagramm fest*

Einen anderen Diagrammtyp für das Diagramm auswählen

Möchten Sie für Ihr Diagramm den Diagrammtyp ändern, gehen Sie wie folgt vor:

1. Markieren Sie das Diagramm und aktivieren Sie die Registerkarte *Diagrammtools/Entwurf*.
2. Klicken Sie in der Gruppe *Typ* auf die Schaltfläche *Diagrammtyp ändern*.

3. Im Dialogfeld *Diagrammtyp ändern* wählen Sie entweder auf der Registerkarte *Empfohlene Diagramme* (siehe Abbildung 16.20 [1]) oder auf der Registerkarte *Alle Diagramme* einen eigenen Diagrammtyp aus:
   - [2] den Diagrammtyp
   - [3] den Diagrammuntertyp
   - [4] die Datenreihenorientierung in Spalten
   - [5] die Datenreihenorientierung in Zeilen.

   Bei einigen Diagrammtypen steht die Auswahl der Datenreihenorientierung nicht zur Verfügung, zum Beispiel beim Kreisdiagramm.

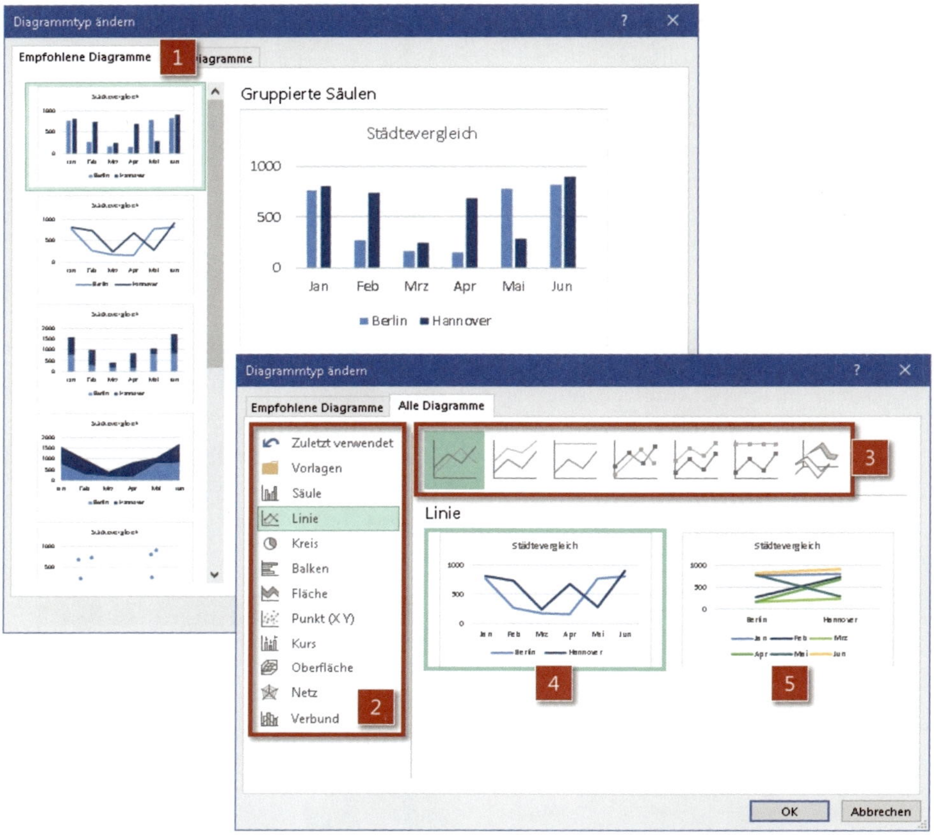

Abbildung 16.20: Wählen Sie aus den empfohlenen Diagrammen oder aus allen Diagrammen den gewünschten Diagrammtyp aus

Hinweis

Enthält beim Klick auf die Schaltfläche *Diagrammtyp ändern* Ihr Diagramm einen Verbundtyp oder haben Sie nur eine von mehreren Datenreihen markiert, zeigt Ihnen das Dialogfeld *Diagrammtyp ändern* automatisch den Diagrammtyp *Verbund* an.

Diesen Diagrammtyp könnten Sie aber auch wie jeden anderen manuell auswählen.

Mit dem Verbundtyp wählen Sie auf einfache Weise den Diagrammtyp für jede einzelne Datenreihe oder für das gesamte Diagramm aus.

- Im rechten Bereich finden Sie oben die verschiedenen Verbunddiagramme. Klicken Sie auf eine Option, wird sie im unteren Bereich als verkleinertes Diagramm angezeigt.
- Im unteren Bereich richten Sie eine benutzerdefinierte Kombination ein. Jede Datenreihe wird mit ihrem Reihennamen und in ihrer Farbe angezeigt. Mit dem Dropdown-Listenfeld wählen Sie aus einem Katalog für die jeweilige Datenreihe einen zulässigen Diagrammtyp aus.
- Zusätzlich kennzeichnen Sie mit dem Kontrollkästchen, ob die Datenreihe auf der Primärachse oder auf der Sekundärachse dargestellt werden soll.

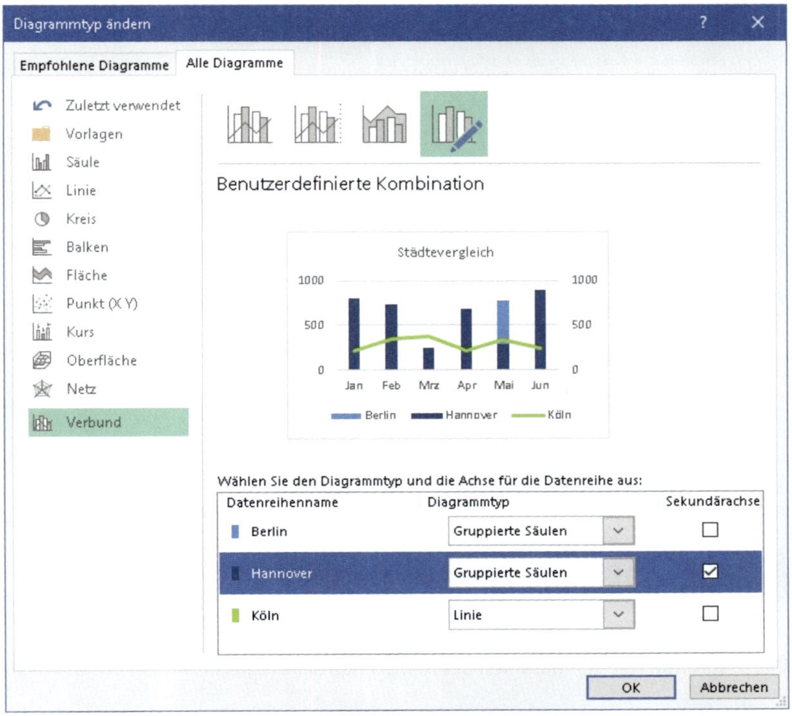

Abbildung 16.21: Mit der Auswahl Verbund *lassen sich leicht verschiedenen Diagrammtypen in einem Diagramm kombinieren und Datenreihen auf die Primär- oder Sekundärachse verschieben*

Das Diagramm an einen anderen Ort verschieben

Excel erlaubt es Ihnen, jederzeit ein bereits erstelltes Diagramm auf ein Diagrammblatt oder in ein anderes Arbeitsblatt zu verschieben. Dabei gehen Sie wie folgt vor:

1. Markieren Sie das Diagramm und aktivieren Sie die Registerkarte *Diagrammtools/Entwurf*.
2. Klicken Sie in der Gruppe *Ort* auf die Schaltfläche *Diagramm verschieben.*

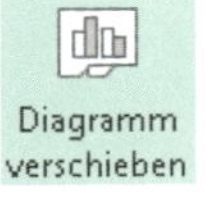

3. Aktivieren Sie die zutreffende Option. *Neues Blatt* verschiebt das Diagramm auf ein neues Diagrammblatt und *Objekt in* auf ein Arbeitsblatt.
4. Vergeben Sie im oberen Eingabefeld einen Namen für das Diagrammblatt oder wählen Sie im unteren Dropdown-Listenfeld den Namen des Arbeitsblattes aus, auf das das Diagramm verschoben werden soll.
5. Schließen Sie das Dialogfeld mit *OK* (siehe Abbildung 16.22).

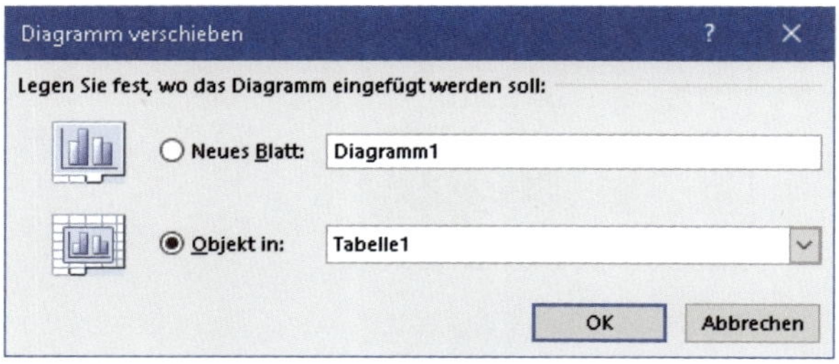

Abbildung 16.22: Wählen Sie im Dialogfeld den neuen Ort Ihres Diagramms aus

---

Hinweis

Beim Verschieben eines Diagramms von einem Diagrammblatt auf ein Arbeitsblatt und umgekehrt kann es zu erheblichen Darstellungsunterschieden kommen. Weder die Schriftgröße des Diagrammtitels, der Achsenbeschriftungen oder der Legenden noch die Größe der eventuell eingebetteten Objekte wird proportional in die andere Diagrammgröße hineinskaliert.

Deshalb sollten Sie die Formatierung Ihres Diagramms erst dann vornehmen, wenn Sie den Ort des Diagramms und sein Layout – die Größe und die anzuzeigenden Diagrammelemente – festgelegt haben.

Das Diagramm mit den Befehlen der Registerkarte »Diagrammtools/Format« gestalten

Nach der Erstellung des Diagramms, der Festlegung des Layouts und der Elemente, die im Diagramm angezeigt werden sollen, schließt sich die Formatierung des Diagramms an. Jedes Diagrammelement kann bis ins Detail »durchgestylt« werden.

Hierzu finden Sie alle Befehle auf der Registerkarte *Diagrammtools/Format*. Diese Befehle sind in sechs Gruppen unterteilt, wobei jede Gruppe Befehle enthält, die eine besondere Aufgabe übernehmen (siehe Tabelle 16.2).

Gruppe	Beschreibung
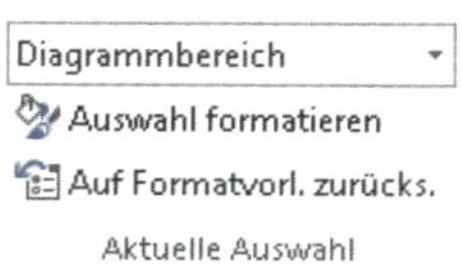	*Aktuelle Auswahl:* ein Element auswählen
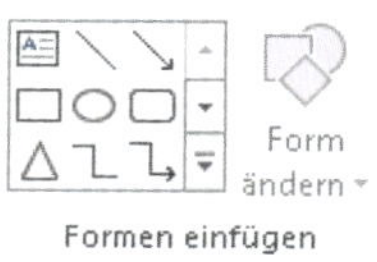	*Formen einfügen:* ein Objekt (Form) dem Diagramm hinzufügen
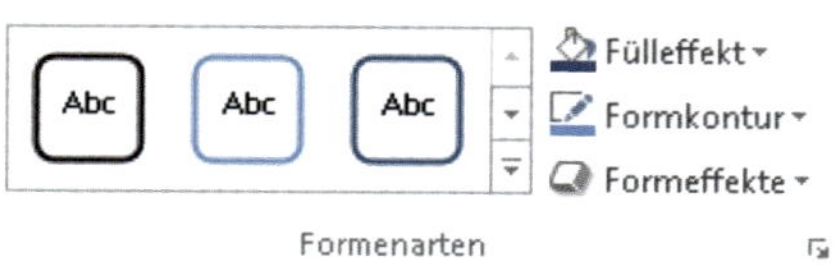	*Formenarten:* die Füllung, die Rahmenlinie oder einen Effekt, zum Beispiel Schatten, für das ausgewählte Element festlegen

Tabelle 16.2: Die Befehlsgruppen der Registerkarte Diagrammtools/Format

Gruppe	Beschreibung
	*WordArt-Formate:* den Text eines Elements mit einer Füllung, einer Textkontur oder einem Effekt, zum Beispiel einer Spiegelung, versehen
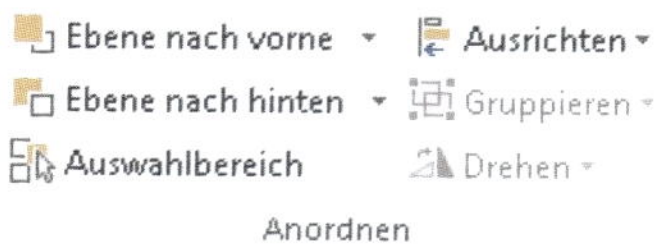	*Anordnen:* Objekte im Diagramm ausrichten, gruppieren, drehen oder die Stapelreihenfolge ändern
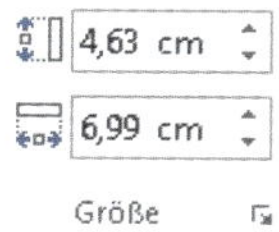	*Größe:* die Größe des Diagrammbereichs und seine Eigenschaften festlegen

Tabelle 16.2: Die Befehlsgruppen der Registerkarte Diagrammtools/Format

Ein Diagrammelement auswählen

Um ein Diagrammelement formatieren zu können, muss es markiert sein. Gehen Sie dazu wie folgt vor:

1. Markieren Sie das Diagramm und aktivieren Sie die Registerkarte *Diagrammtools/Format.*
2. In der Gruppe *Aktuelle Auswahl* finden Sie ein Dropdown-Listenfeld, das alle momentan im Diagramm enthaltenen Elemente auflistet.
3. Wählen Sie mit einem Klick das gewünschte Element aus. Es wird mit Markierungspunkten gekennzeichnet (siehe Abbildung 16.10).

Haben Sie ein Diagrammelement markiert, formatieren Sie es mit den Befehlen der Registerkarte *Diagrammtools/Format.*

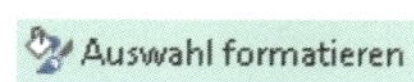

Weitere Formatierungsdetails nehmen Sie im Aufgabenbereich *<Diagrammelement> formatieren* vor. Diesen Bereich öffnen Sie mit einem Klick auf die Schaltfläche *Auswahl formatieren* in der Gruppe *Aktuelle Auswahl.*

Hinweis

- Lesen Sie im Abschnitt »Diagrammelemente markieren« weiter vorn in diesem Kapitel, welche verschiedenen Möglichkeiten zum Markieren von Diagrammelementen in Excel zur Verfügung stehen.
- Im Abschnitt »Den Aufgabenbereich zum Formatieren von Diagrammelementen nutzen« weiter hinten in diesem Kapitel wird der Aufgabenbereich *<Diagrammelement> formatieren* näher beschrieben.

Das Diagramm mit zusätzlichen Elementen versehen

In Abbildung 16.24 ist dem Diagramm ein Logo hinzugefügt worden. Dieses Logo besteht aus einer Form (Kurve) und einem Textfeld. Auf folgende Weise fügen Sie Ihrem Diagramm ein oder mehrere Elemente hinzu:

1. Markieren Sie das Diagramm und aktivieren Sie die Registerkarte *Diagrammtools/Format.*
2. Öffnen Sie in der Gruppe *Formen einfügen* den Katalog der Formen. Klicken Sie hierzu auf die untere der drei Schaltflächen (*Weitere*) am rechten Rand des Katalogs (siehe Abbildung 16.23).

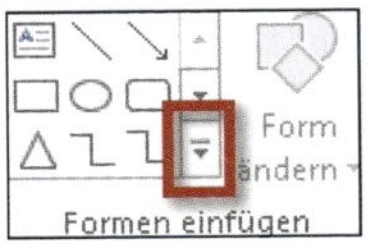

Abbildung 16.23: Öffnen Sie über die Schaltfläche Weitere *den Katalog der Formen*

3. Klicken Sie im Katalog auf das gewünschte Element. Der Mauszeiger verwandelt sich in ein kleines schwarzes Kreuz.
4. Ziehen Sie die Form mit gedrückter linker Maustaste über dem Diagramm auf.

Die Form ist anschließend Bestandteil des Diagramms und kann formatiert werden. Hierzu muss sie markiert sein.

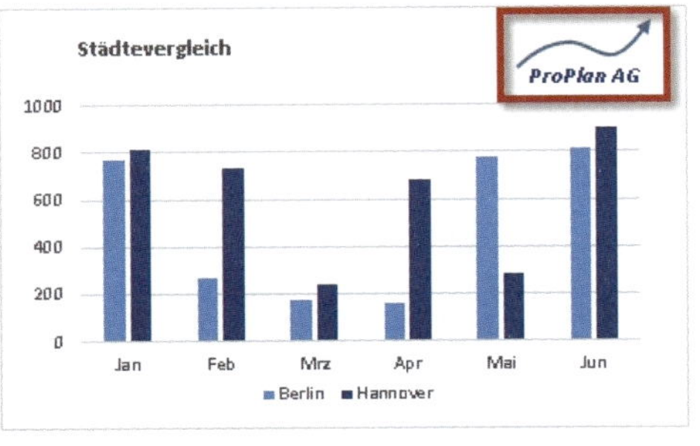

Abbildung 16.24: Zusätzliche Elemente unterstützen oder verstärken die Aussage des Diagramms

---

Hinweis Erstellen Sie aus dem Diagramm eine Vorlage, bleiben die eingebetteten Formen in der Vorlage erhalten.

Wie Sie eine Diagrammvorlage erstellen, lesen Sie weiter hinten in diesem Kapitel.

Verschiedene Formenarten auf ein Diagrammelement anwenden

Jedes Diagrammelement wird aus kleineren Elementen, wie Formen und Schriften, zusammengesetzt. Jede Form und Schrift besteht wiederum aus drei Teilen: Füllung, Formkontur (Umrisslinie) und Formeffekt.

Abbildung 16.25: Verschiedene Kombinationen für eine Formenart: (1) nur Umrisslinie, (2) Umrisslinie mit Füllung, (3) Umrisslinie mit Füllung und Schatten, (4) Umrisslinie mit abgeschrägter Füllung und Schatten

In der Microsoft-Terminologie ist eine beliebige Kombination aus diesen drei Bestandteilen eine *Formenart*. Eine Form oder Schrift muss nicht jeden Bestandteil aufweisen.

Möchten Sie ein Diagrammelement in einer besonderen Formenart formatieren, gehen Sie wie folgt vor:

1. Markieren Sie das betreffende Diagrammelement und aktivieren Sie die Registerkarte *Diagrammtools/Format*.
2. Wählen Sie entweder im Katalog der Formenarten eine vordefinierte Kombination aus Füllung, Formkontur und Formeffekt aus, oder gestalten Sie jedes Detail des ausgewählten Diagrammelements selbst.

- Über die Schaltfläche *Fülleffekt* wählen Sie entweder eine Designfarbe, eine Standardfarbe oder eine selbst definierte Füllfarbe aus. Hier stehen aber auch Bild- oder Texturfüllungen, vordefinierte oder selbst erstellte Farbverläufe oder Musterfüllungen zur Verfügung (siehe Abbildung 16.26 [1]).

- Über die Schaltfläche *Formkontur* bestimmen Sie die Linienart, -farbe, -stärke für die Umrisslinie beziehungsweise bei einfachen Linien das Aussehen des Linienendes mit verschiedenen Anfangs- und Endpfeiltypen (siehe Abbildung 16.26 [2]).

- Über die Schaltfläche *Formeffekte* wenden Sie auf das ausgewählte Diagrammelement spezielle Effekte an (siehe Abbildung 16.26 [3]). Viele Effekte haben ihren besonderen Reiz, wie die Spiegelung oder Abschrägung. Letztlich handelt es sich aber um einen »Effekt«, wobei für die Anwendung von Effekten in einem Diagramm eher der Leitsatz gelten sollte: »Weniger ist mehr!«

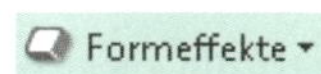

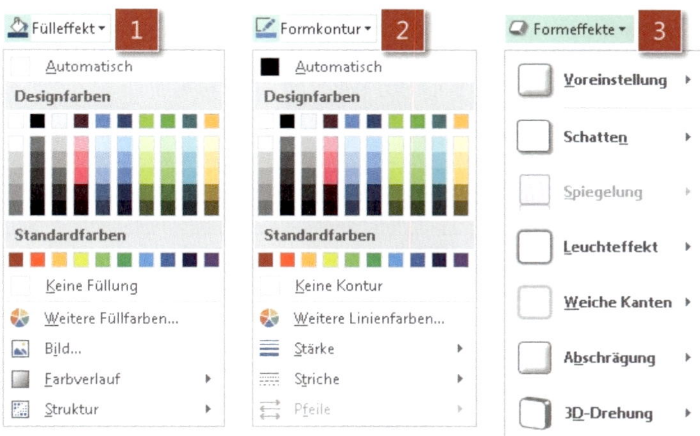

Abbildung 16.26: Die Auswahlmöglichkeiten für die Formenart in der Übersicht

WordArt-Formate im Diagramm einsetzen

Die WordArt-Formate sind den Formenarten sehr ähnlich (siehe Abbildung 16.25). Sie beziehen sich aber ausschließlich auf Textzeichen, die ja nichts anderes als spezielle Formen sind. Der Einsatz eines WordArt-Formats wird erst bei größeren Textzeichen deutlich und sollte ebenfalls dem Grundsatz »Weniger ist mehr!« folgen.

Abbildung 16.27: Verschiedene Kombinationen für ein WordArt-Format: (1) nur Umrisslinie, (2) Umrisslinie mit Textfüllung, (3) Umrisslinie mit Textfüllung und Schatten, (4) Umrisslinie mit abgeschrägter Textfüllung und Schatten

---

Hinweis Haben Sie auf ein Textzeichen ein WordArt-Format angewendet und ändern im Nachhinein das Textzeichen, bleibt das WordArt-Format erhalten.

Diagramme ausrichten und anordnen

Jedes eingebettete Diagramm – und auch einige Diagrammelemente – können Sie ganz genau an den Gitternetzlinien (Raster) des Arbeitsblattes ausrichten. Entweder benutzen Sie hierfür die Option *Am Raster ausrichten* im Menü zur Schaltfläche *Ausrichten* oder die [Alt]-Taste. Und so geht es:

Mit dem Befehl »Am Raster ausrichten«

1. Markieren Sie das Diagramm und aktivieren Sie die Registerkarte *Diagrammtools/Format*.
2. Klicken Sie in der Gruppe *Anordnen* auf die Schaltfläche *Ausrichten* und wählen Sie *Am Raster ausrichten.*

Die Ausrichtung am Raster beziehungsweise den Gitternetzlinien ist damit dauerhaft eingeschaltet und kann nur auf dem gleichen Wege wieder deaktiviert werden. Möchten Sie das Diagramm dennoch auf eine Zwischenposition verschieben, halten Sie während des Verschiebens die [Alt]-Taste gedrückt.

3. **Mit der [Alt]-Taste**

Ist die Option *Am Raster ausrichten* deaktiviert, halten Sie beim Verschieben des Diagramms die [Alt]-Taste gedrückt, um vorübergehend am Raster ausrichten zu können.

Hinweis Die [Alt]-Taste hat jeweils die Umkehrwirkung zur Auswahl *Am Raster ausrichten*, das heißt,

- ist die Option *Am Raster ausrichten* aktiviert, hebt das Drücken der [Alt]-Taste das Ausrichten am Raster auf.
- ist die Auswahl *Am Raster ausrichten* deaktiviert (Standard), richtet die gedrückt gehaltene [Alt]-Taste das markierte Diagramm am Raster aus.

Möchten Sie zwei Diagramme (siehe Abbildung 16.28) genau nebeneinander positionieren, ohne sie am Raster auszurichten, gehen Sie wie folgt vor:

1. Markieren Sie ein Diagramm [1], um die kontextbezogene Registerkarte *Diagrammtools/Format* angezeigt zu bekommen und aktivieren Sie diese Registerkarte.
2. Klicken Sie in der Gruppe *Anordnen* auf die Schaltfläche *Ausrichten* und aktivieren Sie die Option *An Form ausrichten*.
3. Positionieren Sie jetzt ein Diagramm [2] neben dem anderen [1].

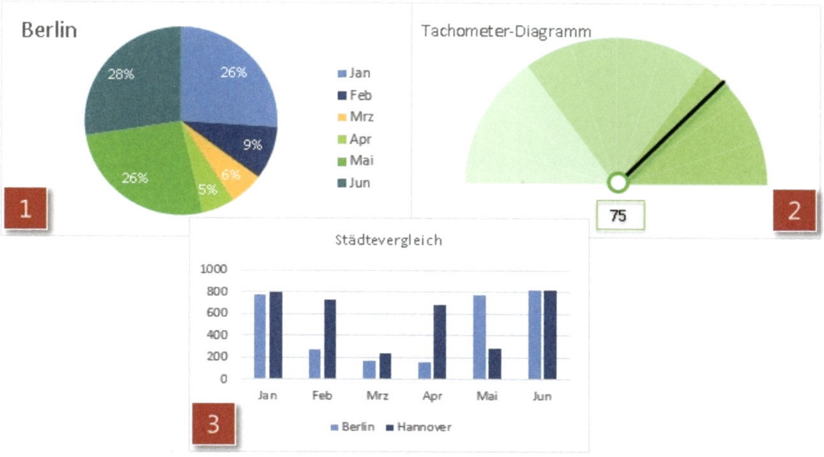

Abbildung 16.28: Verschiedene Anordnungen und Ausrichtungen für Diagramme

Bei manchen Diagrammdarstellungen ist es notwendig, zwei Diagramme genau am rechten, linken, oberen oder unteren Rand auszurichten. Hierzu benutzen Sie die Befehle im Menü der Schaltfläche *Ausrichten*:

1. Markieren Sie das erste Diagramm und anschließend mit gedrückter `Strg`-Taste das zweite Diagramm.

   Durch die eben genannte Markierungsreihenfolge legen Sie fest, dass das zweite Diagramm am ersten ausgerichtet wird.

   Excel zeigt daraufhin nicht mehr die Registerkarte *Diagrammtools/Format* an, sondern die Registerkarte *Zeichentools/Format*.
2. Klicken Sie in der Gruppe *Anordnen* auf die Schaltfläche *Ausrichten* und wählen Sie die gewünschte Ausrichtungsart.
3. Möchten Sie ein Diagramm wieder einzeln bearbeiten, klicken Sie entweder irgendwo auf das Arbeitsblatt (beide Diagramme sind daraufhin deaktiviert), oder klicken Sie mit gedrückter `Strg`-Taste auf das Diagramm, das nicht mehr markiert sein soll.

Hinweis Die Registerkarte *Diagrammtools/Format* und die Registerkarte *Zeichentools/Format* sind, bis auf die Gruppe *Aktuelle Auswahl*, identisch.

Liegen zwei Diagramme direkt übereinander, ist es schwierig, das überlagerte Diagramm zu bearbeiten. Excel bietet Ihnen – nicht nur im Zusammenhang mit den Diagrammen – den Aufgabenbereich *Auswahl* an. Der Aufgabenbereich *Auswahl* listet alle im aktiven Arbeitsblatt eingebetteten Objekte auf. Sie haben damit unter anderem die Möglichkeit, einzelne Objekte, also auch Diagramme, auszublenden, um die Bearbeitung eines anderen Objekts zu ermöglichen (siehe Abbildung 16.29).

Den Auswahlbereich bekommen Sie wie folgt angezeigt:

1. Markieren Sie ein Diagramm oder Diagrammelement und aktivieren Sie die Registerkarte *Diagrammtools/Format*.

2. Klicken Sie in der Gruppe *Anordnen* auf die Schaltfläche *Auswahlbereich*. Diese Schaltfläche ist ein Umschalter und blendet durch nochmaliges Anklicken den Auswahlbereich wieder aus.

Abbildung 16.29: Das 200%-Diagramm wurde mit einem Klick auf das Augensymbol im Aufgabenbereich Auswahl *ausgeblendet*

Hinweis Den Aufgabenbereich *Auswahl* bekommen Sie auch über die Registerkarte *Start*, Gruppe *Bearbeiten* mit einem Klick auf *Suchen und Auswählen/Auswahlbereich* geöffnet. Er ist standardmäßig am rechten Rand des Excel-Fensters verankert. Sie können ihn von dort lösen, frei auf dem Arbeitsblatt und sogar außerhalb des Excel-Fensters positionieren oder wieder am linken beziehungsweise rechten Fensterrand verankern.

Die Größe des Diagramms ändern

Erstellen Sie mit der Tastenkombination `Alt`+`F1` ein Diagramm im Arbeitsblatt, wird es in der Standardgröße von 12,7 cm Breite und 7,62 cm Höhe erstellt. Das entspricht einem Seitenverhältnis von 5 zu 3. Die Größe des Diagramms ändern Sie nach dem Markieren

- durch Ziehen an einem der acht Anfasser am Rande der Diagrammmarkierung oder
- über die Einstellungen für Höhe und Breite in der Gruppe *Größe* auf der Registerkarte *Diagrammtools/Format*.

Anfasser verwenden

Möchten Sie die Größe des Diagramms mithilfe eines Anfassers ändern, gehen Sie wie folgt vor:

1. Markieren Sie das Diagramm (*Diagrammbereich*).
2. Klicken Sie mit der linken Maustaste auf einen Anfasser. Der Mauszeiger verwandelt sich in ein schwarzes Kreuz.
3. Ziehen Sie den Anfasser in die gewünschte Richtung.

Hinweis

- Ändern Sie die Größe des Diagramms mit einem der Anfasser in der Mitte, wird durch Gedrückthalten der `Strg`-Taste gleichzeitig die gegenüberliegende Seite mit verändert.

- Ändern Sie die Größe des Diagramms mit einem Anfasser einer Ecke, wird durch Gedrückthalten der [⇧]-Taste das Seitenverhältnis gesperrt. Benutzen Sie stattdessen die [Strg]-Taste, wird das Diagramm in alle vier Richtungen gleichzeitig skaliert. Die Änderung der Höhe und der Breite ist aber dabei nicht gesperrt.

Höhe- und Breitenangabe in der Gruppe »Größe«

Excel 2016 kann bei der Größenänderung eines Diagramms mit verschiedenen Maßeinheiten umgehen. Sie können die Breite und Höhe in

- Millimeter (mm),
- Zentimeter (cm),
- Zoll/Inch (") oder
- Pixel (px)

angeben. Gehen Sie dabei wie folgt vor:

1. Markieren Sie das Diagramm und aktivieren Sie die Registerkarte *Diagrammtools/Format*.
2. Klicken Sie in der Gruppe *Größe* in das Eingabefeld *Höhe* oder *Breite*. Geben Sie das gewünschte Maß an, zum Beispiel
   - `100 mm` für 100 Millimeter
   - `4"` für 4 Zoll, dies entspricht 4 x 2,54 cm
   - `300 px` für 300 Pixel
   - `6` ohne Maßeinheit für 6 cm (falls in den *Excel-Optionen/Erweitert* im Abschnitt *Anzeige* die Linealeinheit auf Zentimeter eingestellt ist oder als Standardmaßeinheit gilt).
3. Drücken Sie dann die [↵]-Taste, wird das Diagramm auf die neue Größe eingerichtet.

Hinweis Haben Sie vorher im Aufgabenbereich *<Diagrammelement> formatieren* das Kontrollkästchen *Seitenverhältnis sperren* aktiviert, wird das Diagramm durch die Eingabe einer neuen Höhe oder Breite proportional geändert.

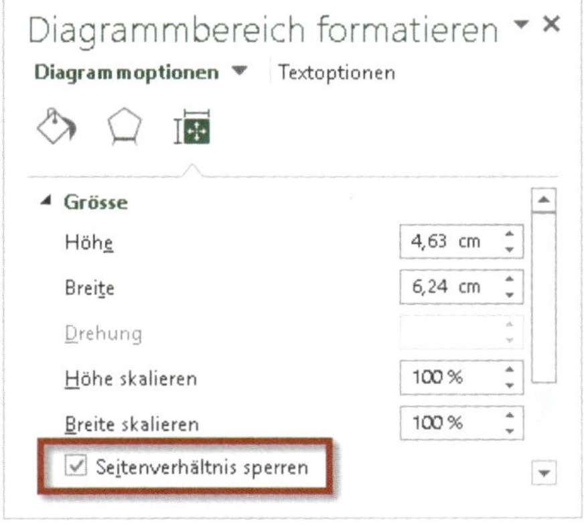

Abbildung 16.30: Sperren Sie im Aufgabenbereich <Diagrammelement> formatieren *das Seitenverhältnis, um die Größe des Diagramms proportional zu ändern*

Den Aufgabenbereich zum Formatieren von Diagrammelementen nutzen

Auf den beiden kontextbezogenen Registerkarten *Diagrammtools/Entwurf* und *Diagrammtools/Format* stehen Ihnen die wichtigsten Befehle für die Anpassung und Formatierung von Diagrammen zur Verfügung.

Excel 2016 bietet Ihnen darüber hinaus noch den Aufgabenbereich *<Diagrammelement> formatieren* an. Dieser Aufgabenbereich lässt noch weitere Änderungen an Diagrammen zu. Lesen Sie in den folgenden Abschnitten, wie Sie mit diesem Aufgabenbereich arbeiten.

Den Aufgabenbereich öffnen und platzieren

Nachdem Sie ein Diagramm oder Diagrammelement markiert haben, können Sie den Aufgabenbereich *<Diagrammelement> formatieren* auf unterschiedliche Weise öffnen:

- mit einem Klick auf das Startprogramm für Dialogfelder (die Schaltfläche ist in verschiedenen Gruppen auf den Registerkarten *Diagrammtools/Entwurf und Diagrammtools/Format* enthalten)
- mit einem Klick auf die Schaltfläche *Auswahl formatieren* (sie ist auf der Registerkarte *Diagrammtools/Format* in der Gruppe *Aktuelle Auswahl* enthalten)

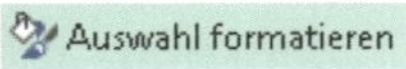

- mit der Tastenkombination `Strg`+`1`
- mit einem Rechtsklick auf das markierte Element und dem untersten Eintrag im Kontextmenü, zum Beispiel *Zeichnungsfläche formatieren*
- mit einem Doppelklick auf das Diagrammelement.

Bei allen diesen Aktionen wird der Aufgabenbereich standardmäßig am rechten Rand des Excel-Fensters verankert geöffnet. Er kann von diesem Platz als frei positionierbares Fenster über dem Arbeitsblatt oder sogar außerhalb des Excel-Fensters platziert oder am linken beziehungsweise am rechten Rand des Excel-Fensters wieder verankert werden.

Möchten Sie mehr vom Arbeitsblatt nutzen, schließen Sie den Aufgabenbereich mit einem Klick auf die *Schließen*-Schaltfläche (das X).

Hinweis Der Aufgabenbereich *<Diagrammelement> formatieren* kann während der gesamten Excel-Sitzung geöffnet bleiben. So haben Sie direkten Zugriff auf die Befehle zum Formatieren und Anpassen Ihres Diagramms.

Die einzelnen Elemente des Aufgabenbereichs verstehen

Je nachdem, welches Diagrammelement markiert ist, werden die für dieses Diagrammelement verfügbaren Befehle im Aufgabenbereich angezeigt. Der Titel des Aufgabenbereichs setzt sich aus dem Namen des Diagrammelements und dem Wort *formatieren* zusammen, zum Beispiel *Diagrammbereich formatieren* (siehe Abbildung 16.31 [1]).

Darunter befinden sich bei einem Element, das sich aus Formen *und* Texten zusammensetzt, zwei Einträge: die *<Element>optionen* und die *Textoptionen*, zum Beispiel *Diagrammoptionen* und die *Textoptionen*. Welche der beiden Optionen aktiv ist, erkennen Sie an der dunkelgrünen Färbung des Wortes [2]. Bei einem Diagrammelement, das keinen Text enthält, wie zum Beispiel die Hauptgitternetzlinien, steht nur das Wort *Hauptgitternetz-Optionen*.

Mit einem Klick auf den Dropdownpfeil [3] öffnen Sie ein Listenfeld, das alle im Moment im Diagramm enthaltenen Elemente anzeigt. Ein Klick auf einen Elementnamen markiert dieses Element. Dieser Dropdownpfeil hat keinen Bezug zu den Elementoptionen und wird immer angezeigt!

Als Nächstes folgen, in Abhängigkeit vom markierten Diagrammelement, verschiedene Symbole, mit denen Sie, wie bei Registerkarten, einen anderen Befehlsbereich anzeigen lassen, zum Beispiel *Füllung und Linie*, *Effekte*, *Größe und Eigenschaften*. Zeigen Sie mit dem Mauszeiger auf ein Symbol, bekommen Sie in der QuickInfo den Namen des Befehlsbereichs angezeigt. Ein Klick auf das Symbol öffnet ihn. Welcher Bereich aktiv ist, erkennen Sie an der dunkelgrünen Färbung des Symbols und an der kleinen Dreiecksspitze der unter den Symbolen befindlichen Linie [4].

Unterhalb der Linie stehen gegebenenfalls weitere Befehlsgruppen zur Auswahl. Mit einem Klick auf ein nach rechts zeigendes Dreieck öffnen Sie die Gruppe und haben damit Zugriff auf alle Optionen und Einstellmöglichkeiten [5]. Mit einem Klick auf ein nach rechts unten geneigtes schwarzes Dreieck schließen Sie die Gruppe. Können nicht alle Befehle angezeigt werde, wird eine Bildlaufleiste eingeblendet. Scrollen Sie mit der Bildlaufleiste zu dem gewünschten Befehl [6].

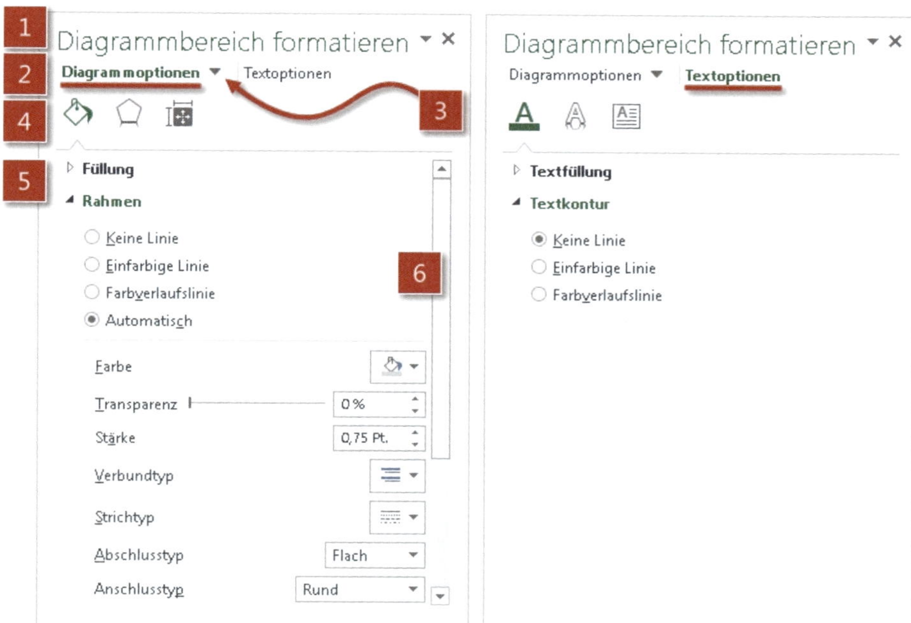

Abbildung 16.31: Der Aufgabenbereich Diagrammbereich formatieren *mit den Bereichen für die Diagramm- und Textoptionen*

Das Kontextmenü für die Diagrammelemente nutzen

Über das Kontextmenü haben Sie gezielten Zugriff auf die Befehle, mit denen das markierte Diagrammelement bearbeitet werden kann.

Führen Sie einen Rechtsklick auf ein Diagrammelement aus, öffnen sich das dazugehörende Kontextmenü und die Minisymbolleiste. In *allen* Kontextmenüs der Diagrammelemente finden Sie unter anderem die folgenden Befehle: *Löschen*, *Diagrammtyp ändern*, *Daten auswählen* und *<markiertes Element> formatieren*, zum Beispiel *Diagrammtitel formatieren*.

Im Kontextmenü aller Diagrammelemente, die auch Text enthalten, wie die Legende, finden Sie auch die Option *Schriftart* mit interessanten Optionen. *Kapitälchen*, *Großbuchstaben*, *Zeichenhöhe anpassen* und so weiter lassen sich hier einrichten.

Abbildung 16.32: Das Kontextmenü für die Zeichnungsfläche enthält die wichtigsten Befehle, um die Zeichnungsfläche zu bearbeiten, sowie einige »Standardbefehle«

Ausgesuchte Diagrammelemente bearbeiten

Jedes einzelne Diagrammelement kann für den Gesamteindruck des Diagramms speziell bearbeitet und formatiert werden. Hierbei lohnt es sich, die Bearbeitung in einer bestimmten Reihenfolge vorzunehmen:

- Legen Sie zunächst den Ort des Diagramms fest, entweder in einem Arbeitsblatt oder in einem Diagrammblatt.
- Bei einem eingebetteten Diagramm im Arbeitsblatt sollten Sie als Nächstes die Größe des Diagrammbereichs festlegen.
- Lassen Sie nur die gewünschten Diagrammelemente anzeigen, alle anderen löschen Sie.
- Richten Sie anschließend die Schriftgröße der verschiedenen Diagrammtexte wie Diagrammtitel, Achsentitel, Legendentitel und so weiter ein.
- Formatieren Sie abschließend jedes Diagrammelement.

Lesen Sie in den folgenden Abschnitten, wie Sie einzelne Diagrammelemente bei dem Beispieldiagramm aus Abbildung 16.33 formatieren.

Hinweis Auf dem Arbeitsblatt *Übung* der Beispielarbeitsmappe *Kap16_Diagrammelemente-Formatieren.xlsx* können Sie die im Folgenden beschriebenen Aufgaben nachvollziehen.

Die Achsenoptionen der Größenachse festlegen

Bei der Erstellung eines Diagramms legt Excel die Achsenoptionen der Größenachse automatisch fest. Das heißt: Ändern Sie die darzustellenden Werte, wird eventuell die Größenachse durch die neuen Werte automatisch angepasst und geändert. Möchten Sie die Achsenoptionen der Größenachse selbst festlegen, gehen Sie wie folgt vor:

1. Markieren Sie die Größenachse und drücken Sie die Tastenkombination Strg+1. Es öffnet sich der Aufgabenbereich *Achse formatieren* (siehe Abbildung 16.33 [1]).
2. Klicken Sie auf *Achsenoptionen*, um diesen Bereich zu öffnen, anschließend auf das Symbol *Achsenoptionen* [2] und dann auf *Achsenoptionen* [3].
3. Geben Sie als *Minimum* einen Wert ein, der durch Ihre Daten nie unterschritten wird, ansonsten wird dieser Werte nicht mehr im Diagramm angezeigt. Neben dem Eingabefeld erscheint die Schaltfläche *Zurücksetzen* [4]. Klicken Sie darauf, wird der eingerichtete Wert wieder auf *Auto* (automatisch) zurückgesetzt.
4. Geben Sie als *Maximum* einen Wert ein, der durch Ihre Daten nie überschritten wird (ansonsten siehe 3.).
5. Richten Sie den Abstand der Hauptgitternetzlinien mit dem *Hauptintervall* und dem *Hilfsintervall* ein [5].
6. Mit der Option *Achsenwert* bestimmen Sie, bei welchem Wert die horizontale Achse die vertikale Achse schneidet. Hiermit lässt sich leicht verdeutlichen, welche Werte über beziehungsweise unter dem festgelegten Achsenwert liegen [6].

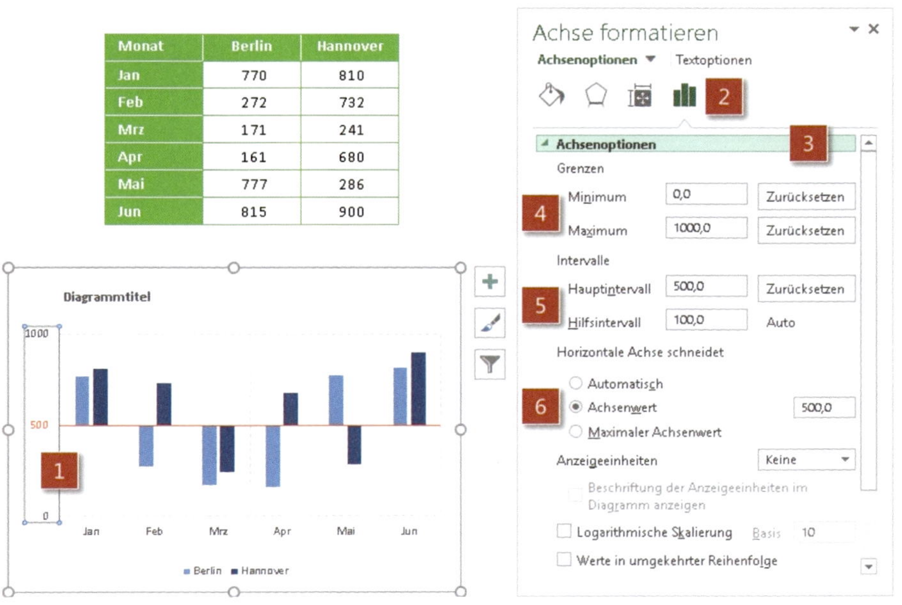

Abbildung 16.33: Richten Sie im Aufgabenbereich Achse formatieren *die Achsenoptionen ein*

Das Zahlenformat für die Größenachse einrichten

In Abbildung 16.33 wird mit dem Zahlenformat der besondere Achsenwert *500* rot hervorgehoben. Dieses benutzerdefinierte Zahlenformat richten Sie wie folgt ein:

1. Markieren Sie die Größenachse und öffnen Sie mit der Tastenkombination `Strg`+`1` den Aufgabenbereich *Achse formatieren.*
2. Klicken Sie auf *Achsenoptionen* (siehe Abbildung 16.34 [1]), anschließend auf das Symbol *Achsenoptionen* [2] und dann auf *ZAHL* [3].
3. Klicken Sie in das Eingabefeld *Formatcode* und geben Sie das benutzerdefinierte Zahlenformat `[Rot][=500]0` ein [4]:
   - Der Formatcode `[Rot]` legt die Schriftfarbe auf Rot fest.
   - Der Formatcode `[=500]` ist die Bedingung, unter der das Zahlenformat angewendet wird, also nur auf die Zahl *500.*
   - Die Null legt fest, dass die Zahlen in der Größenachse ohne Nachkommastellen angezeigt werden.
   - Der gesamte Formatcode wirkt sich nur auf positive Zahlen aus. Excel fügt von sich aus noch ein Semikolon und den Formatcode *Standard* für alle anderen Zahlen in der Größenachse hinzu.
4. Wichtig: Klicken Sie auf die Schaltfläche *Hinzufügen*, damit das Zahlenformat auf die Größenachse angewendet wird [5].

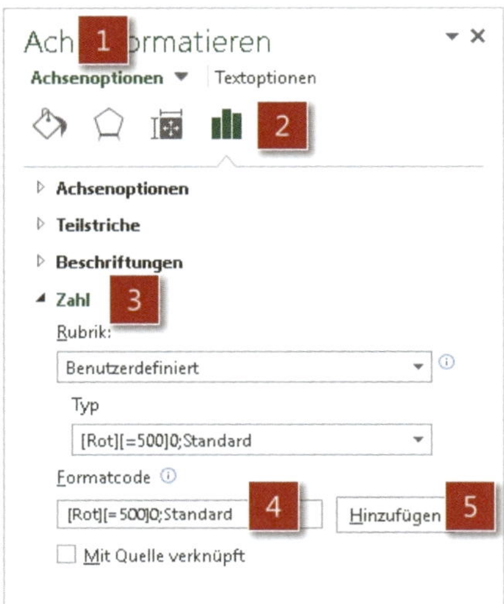

Abbildung 16.34: Für jedes Diagrammelement, das Zahlen ausgibt, können Sie ein eigenes, benutzerdefiniertes Zahlenformat festlegen

---

Hinweis Sie können jedes benutzerdefinierte Zahlenformat auf die Größenachse anwenden, wie es allgemein für Zahlen im Arbeitsblatt möglich ist.

Möchten Sie das Zahlenformat der Quelldaten benutzen, aktivieren Sie das Kontrollkästchen *Mit Quelle verknüpfen.*

Den Diagrammtitel dynamisch aus einer Zelle im Arbeitsblatt übernehmen

Excel 2016 erstellt standardmäßig im Diagramm auch einen Diagrammtitel. Dieser Diagrammtitel wird entweder aus dem darzustellenden Datenbereich ermittelt oder mit dem Platzhaltertext *Diagrammtitel* gebildet. Möchten Sie den Diagrammtitel mit dem Text einer Zelle dynamisch verknüpfen, gehen Sie wie folgt vor:

1. Markieren Sie im Diagramm den Diagrammtitel.
2. Klicken Sie in die Bearbeitungsleiste und geben Sie ein Gleichheitszeichen ein.
3. Klicken Sie im Arbeitsblatt auf die Zelle, deren Text als Diagrammtext übernommen werden soll.
4. Übernehmen Sie die Eingabe mit der [↵]-Taste.
   Verändern Sie den Text in der Zelle, wird der Diagrammtitel entsprechend geändert.

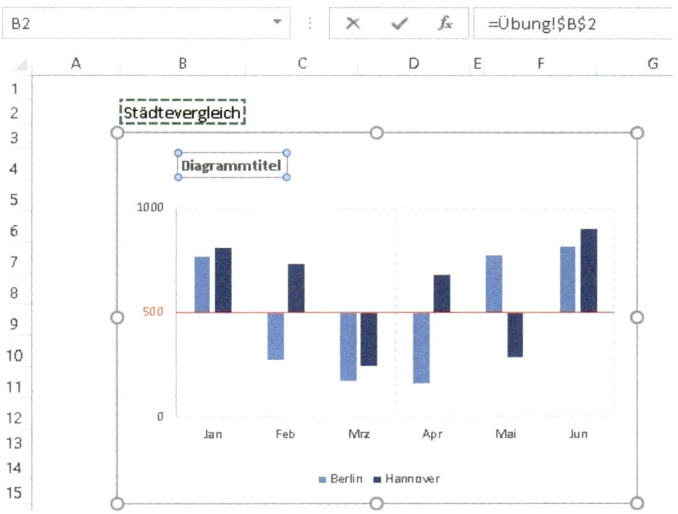

Abbildung 16.35: Verknüpfen Sie den Diagrammtitel dynamisch mit dem Text einer Zelle im Arbeitsblatt

Den Abstand der Säulen und die Säulenbreite festlegen

Excel 2016 legt bei der Erstellung eines Säulendiagramms automatisch den Abstand und die Breite der Säulen fest. Für den Gesamteindruck des Diagramms sollten Sie die Breite und den Abstand überprüfen und gegebenenfalls korrigieren. Und so gehen Sie dabei vor:

1. Klicken Sie auf die Säule einer Datenreihe, sodass die Markierungspunkte an den einzelnen Säulen zu sehen sind.
2. Öffnen Sie mit der Tastenkombination [Strg]+[1] den Aufgabenbereich *Datenreihen formatieren*.
3. Klicken Sie auf das Symbol *Datenreihenoptionen* und anschließend auf *Reihenoptionen*, um die betreffenden Optionen anzuzeigen.

4. Ändern Sie entweder mit dem Regler, durch die Eingabe eines Zahlenwerts oder mit dem Drehfeld den Prozentwert für die *Reihenachsenüberlappung* und *Abstandsbreite*.

   Die *Abstandsbreite* ist der Zwischenraum zwischen den einzelnen Säulen*gruppen*. Mit *500%* wird die maximale Abstandsbreite eingerichtet (siehe Abbildung 16.36 [1]) und bei *0%* ist kein Zwischenraum mehr vorhanden [2]. Mit diesem Wert können Sie indirekt die Breite der einzelnen Säule bestimmen.

   Die *Reihenachsenüberlappung* gibt in Prozent an, wie weit die einzelne Säule von den anderen Säulen der *gleichen* Gruppe entfernt ist. Ein positiver Prozentwert lässt die Säulen überlappen [3], bei *0%* stehen die Säulen der Säulengruppe direkt nebeneinander und bei einem negativen Prozentwert stehen die Säulen vereinzelt [4]. Sie können Werte zwischen *-100%* und *100%* angeben.

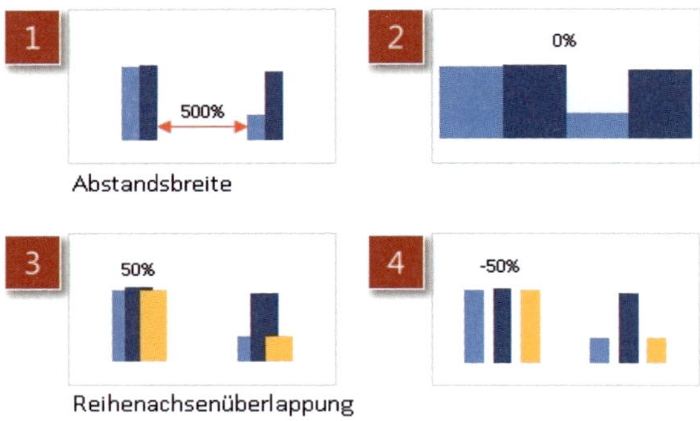

Abbildung 16.36: Die vier Diagramme zeigen die Wirkung unterschiedlicher Abstandsbreiten und Reihenachsenüberlappungen

Die Rubrikenachse einrichten

In Abbildung 16.33 [6] ist der Schnittpunkt zwischen der Größenachse und der Rubrikenachse (horizontale Achse) bei dem Wert *500* (Achsenwert) zugewiesen worden. Dadurch dass Excel die Rubrikenachsenbeschriftung standardmäßig achsennah einrichtet, überlappen im Moment einige Monatsnamen die Säulen und sind schlecht lesbar – das muss geändert werden!

Zusätzlich soll eine quartalsmäßige Einteilung der Monate durch eine vertikale Linie zu sehen sein und die Rubrikenachsenlinie, wie der Achsenwert 500, in Rot formatiert werden. Und so gehen Sie dabei vor:

Rubrikenachsenbeschriftung

1. Markieren Sie die Rubrikenachse und öffnen Sie mit der Tastenkombination Strg+1 den Aufgabenbereich *Achse formatieren*.
2. Klicken Sie auf *Achsenoptionen* und anschließend auf das Symbol *Achsenoptionen*.
3. Öffnen Sie die Gruppe *Beschriftungen* und klicken Sie im Dropdown-Listenfeld *Beschriftungsposition* auf die Option *Niedrig*. Die Monatsnamen werden unterhalb der Zeichnungsfläche positioniert und sind wieder gut lesbar.

Einteilung der Rubrikenachsenbeschriftung nach Quartalen

Lassen Sie zunächst die vertikalen Hauptgitternetzlinien anzeigen.

1. Markieren Sie dazu die Rubrikenachse und klicken Sie auf die Schaltfläche *Diagrammelemente* rechts neben dem Diagramm.
2. Zeigen Sie auf den Eintrag *Gitternetzlinien* und klicken Sie auf das kleine Dreieck am rechten Rand.
3. Aktivieren Sie das Kontrollkästchen *Primäres Hauptgitter vertikal* (siehe Abbildung 16.37).

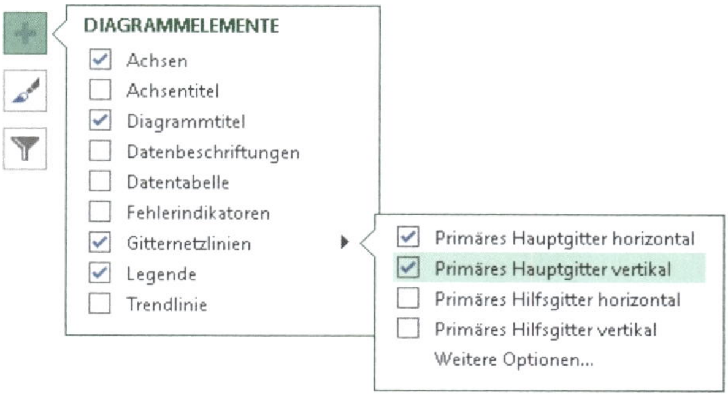

Abbildung 16.37: Auf diesem Wege werden die vertikalen Hauptgitternetzlinien dem Diagramm hinzugefügt

Es folgt die eigentliche Quartalseinteilung:

1. Die Rubrikenachse bleibt weiterhin markiert. Öffnen Sie mit der Tastenkombination [Strg]+[1] den Aufgabenbereich *Achse formatieren.*
2. Klicken Sie auf *Achsenoptionen*, anschließend auf das Symbol *Achsenoptionen* und öffnen Sie die Gruppe *Teilstriche.*
3. Tragen Sie unter *Intervall zwischen Markierungen* im Feld *Intervalleinheit angeben* die Zahl 3 ein.

Es wird zwischen März und April eine vertikale Hauptgitternetzlinie dargestellt.

Rubrikenachsenlinie rot formatieren

Die Rubrikenachse ist weiterhin markiert und der Aufgabenbereich *Achse formatieren* geöffnet.

1. Klicken Sie auf das Symbol *Füllung und Linie* und öffnen Sie die Gruppe *Linie.*
2. Aktivieren Sie die Option *Einfarbige Linie* und wählen Sie in der Palette die Farbe aus. Rot ist bei den Standardfarben enthalten.

Die Datenbeschriftung anzeigen lassen

Mit der Datenbeschriftung lassen Sie den Wert für die Größe einer jeden Säule wie folgt anzeigen:

1. Markieren Sie das Diagramm oder ein Diagrammelement und klicken Sie auf die Schaltfläche *Diagrammelemente* rechts neben dem Diagramm.

2. Zeigen Sie auf den Eintrag *Datenbeschriftungen* und klicken Sie auf das kleine Dreieck am rechten Rand. Excel 2016 bietet Ihnen fünf Positionen für die Datenbeschriftung an:
   - *Zentriert*
   - *Am Ende innerhalb*
   - *Am Anfang innerhalb*
   - *Am Ende außerhalb*
   - *Datenlegende*

   Zeigen Sie auf einen Eintrag, wird mit der Livevorschau die Position der Datenbeschriftung im Diagramm angezeigt.
3. Klicken Sie abschließend auf eine Position für die Datenbeschriftung, zum Beispiel *Am Ende außerhalb*.

Hinweis Die Datenbeschriftung *Datenlegende* ist mit Excel 2013 eingeführt worden. Sie weist, wie bei einer Sprechblase im Comic, auf die zugehörige Säule. Verändern Sie eine einzelne Datenbeschriftung in ihrer Position oder Formatierung, haben Sie im Aufgabenbereich *<Diagrammelement> formatieren* die Möglichkeit, die aktuelle Beschriftung auf alle anderen Datenbeschriftungen der gleichen Datenreihe in einem Schritt zu übertragen. In den *Beschriftungsoptionen* finden Sie dazu die Schaltfläche *Aktuelle Beschriftung klonen*.

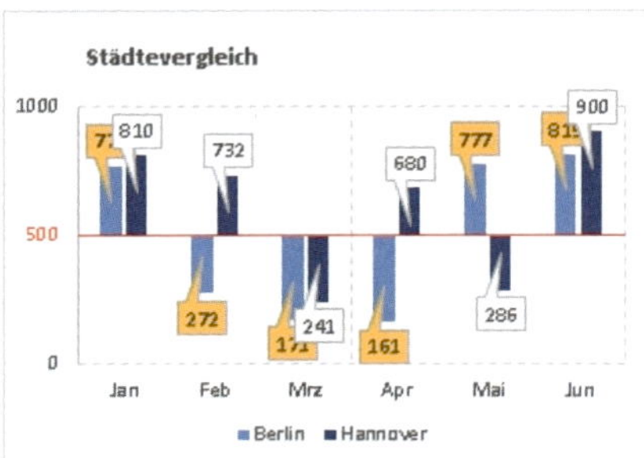

Abbildung 16.38: Die Datenlegende steht seit Excel 2013 zur Verfügung

---

Ein Liniendiagramm mit Markierungen versehen

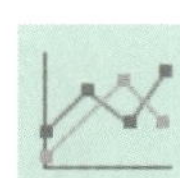

In Abbildung 16.39 sind dem Liniendiagramm für die einzelnen Datenreihenpunkte Markierungen hinzugefügt worden. Excel bietet bereits für den Diagrammtyp *Linie* den Untertyp *Linie mit Datenpunkten* an. Diese Markierungen müssen Sie aber oft für den Gesamteindruck des Diagramms anpassen. Für das Beispieldiagramm geht es wie folgt:

1. Markieren Sie die Datenreihenlinie und öffnen Sie mit der Tastenkombination [Strg]+[1] den Aufgabenbereich *Datenreihen formatieren*.
2. Klicken Sie auf *Markierung*.

3. Öffnen Sie die Gruppe *Markierungsoptionen*.

4. Aktivieren Sie die Option *Integriert* und wählen Sie in der Liste *Typ* den Kreis aus. Hier könnten Sie über das unterste Symbol in der Liste auch eine selbst erstellte Grafik als Markierung auswählen.
5. Geben Sie eine optisch angemessene Größe für den Markierungspunkt ein.
6. Öffnen Sie die Gruppe *Füllung*, aktivieren Sie die Option *Einfarbige Füllung* und weisen Sie der Markierung eine Farbe über die Palette zu.
7. Soll die Markierung eine andere Konturfarbe erhalten, öffnen Sie die Gruppe *Rahmen* und wählen dort eine Farbe in der Palette aus.

Monat	Berlin
Jan	770
Feb	272
Mrz	171
Apr	161
Mai	777
Jun	815

Abbildung 16.39: Die Markierungen heben die Datenreihenpunkte der einzelnen Monate hervor

Die Sekundärachse in einem Füllstanddiagramm anzeigen

In dem Füllstanddiagramm aus Abbildung 16.40 soll rechts *und* links von der Säule eine Messskala von *0* bis *100* angezeigt werden. Als Grundlage dienen ein Säulendiagramm des Diagrammtyps *Gruppierte Säule*, ein Wert für die Füllstandsanzeige und ein Dummywert, um die Sekundärachse nutzen zu können. Der Dummywert wird auf null gesetzt. Und so erstellen Sie das Füllstanddiagramm mit einer zusätzlichen Sekundärachse:

1. Markieren Sie die beiden Werte und erstellen Sie über die Registerkarte *Einfügen* ein Säulendiagramm (*Gruppierte Säulen*).
2. Markieren Sie das Diagramm und klicken Sie auf der Registerkarte *Diagrammtools/Entwurf* in der Gruppe *Daten* auf die Schaltfläche *Zeile/Spalte wechseln*. Excel erstellt zwei Datenreihen mit je einem Datenreihenpunkt. Die eine Datenreihe bleibt auf der Primärachse und die zweite Datenreihe wird im nächsten Schritt auf die Sekundärachse verschoben.

3. Markieren Sie die Säule und öffnen Sie mit der Tastenkombination Strg+1 den Aufgabenbereich *Datenreihen formatieren*.
4. Klicken Sie auf das Symbol *Datenreihenoptionen* und aktivieren Sie die Option *Sekundärachse*. Setzen Sie an gleicher Stelle die *Abstandsbreite* auf null.

   Die Primär- und die Sekundärachse werden mit einer eigenen Skalierung angezeigt und die Säule nimmt den vollen Raum zwischen den Größenachsen ein.

Für die Skalierung der Primär- und Sekundärachse führen Sie jeweils die folgenden Schritte durch:

1. Markieren Sie eine Größenachse und öffnen Sie mit der Tastenkombination Strg+1 den Aufgabenbereich *Achse formatieren*.
2. Klicken Sie auf *Achsenoptionen* und anschließend auf das Symbol *Achsenoptionen*.

3. Öffnen Sie die Gruppe *Achsenoptionen* und geben Sie für das Minimum 0, für das Maximum die Zahl 100 und als Hauptintervall die Zahl 10 ein.
4. Öffnen Sie die Gruppe *Teilstriche* und wählen Sie als *Haupttyp* die Option *Innen*.

Entfernen Sie den Diagrammtitel, die Rubrikenachsenbeschriftung sowie die horizontalen Hauptgitternetzlinien, indem Sie das jeweilige Diagrammelement markieren und die `Entf`-Taste drücken.

Abschließend verschmälern Sie das Diagramm, geben der Säule einen Farbverlauf und lassen den aktuellen Füllstand in einer hinzugefügten Kreisform anzeigen.

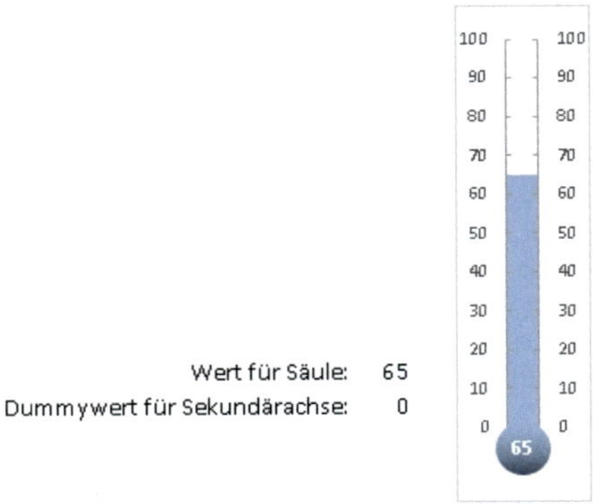

Abbildung 16.40: Im Füllstanddiagramm werden die Primär- und die Sekundärachse genutzt

---

Tipp Sie können den anzuzeigenden Wert dynamisch in der Kreisform anzeigen, indem Sie die Form markieren, in der Bearbeitungsleiste ein Gleichheitszeichen eingeben und auf die Zelle im Arbeitsblatt klicken, aus der der Wert übernommen werden soll.

Mit einer Trendlinie Zukunftswerte ermitteln

Das Statistische Bundesamt gibt regelmäßig Auskunft über das Einkommen der privaten Haushalte. Die Tabelle in Abbildung 16.41 zeigt die Werte für die Jahre 2005 bis 2011. Im Jahr 2008 wurde keine eigenständige laufende Wirtschaftsrechnung durchgeführt und daher der Fehlerwert *#NV* eingetragen.

Gesucht werden die fehlenden Einkommenswerte für die Jahre 2012 bis 2014.

Online Das Beispiel aus Abbildung 16.41 können Sie auf dem Arbeitsblatt *Übung* der Beispielarbeitsmappe *Kap16_Trendlinie.xlsx* nachvollziehen.

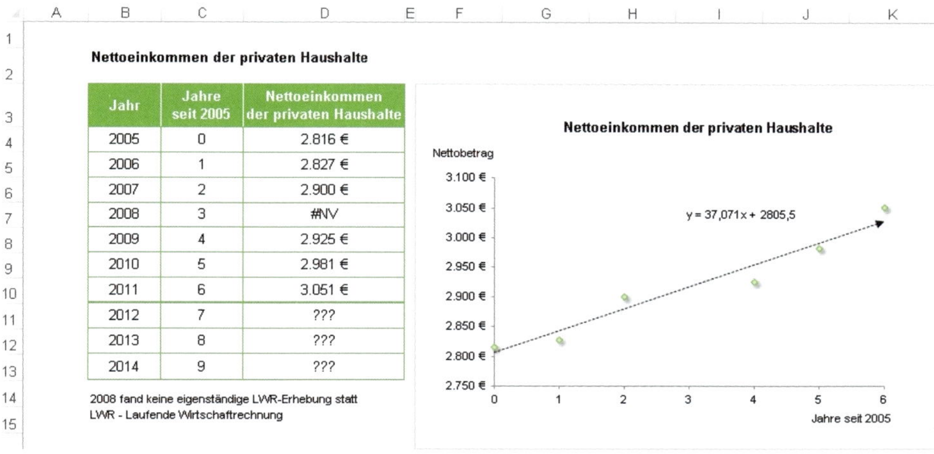

Nettoeinkommen der privaten Haushalte

Jahr	Jahre seit 2005	Nettoeinkommen der privaten Haushalte
2005	0	2.816 €
2006	1	2.827 €
2007	2	2.900 €
2008	3	#NV
2009	4	2.925 €
2010	5	2.981 €
2011	6	3.051 €
2012	7	???
2013	8	???
2014	9	???

2008 fand keine eigenständige LWR-Erhebung statt
LWR - Laufende Wirtschaftrechnung

Abbildung 16.41: Mit einer Trendlinie und der zugrunde liegenden linearen Gleichung finden Sie die fehlenden Werte für 2012 bis 2014

Excel 2016 stellt zwar die Funktion TREND zur Berechnung von linearen Trends zur Verfügung, aber leider akzeptiert diese Funktion weder Leerzellen noch Fehlerwerte.

Abhilfe schafft die Erstellung eines Punkt(XY)-Diagramms mit einer Trendlinie und die Darstellung der zugrunde liegenden linearen Funktion. Diese Funktion wird für die Jahre 2012 bis 2014 benutzt, um die fehlenden Einkommenswerte berechnen zu können. Und so geht's:

1. Markieren Sie den Bereich C6:D12.
2. Aktivieren Sie die Registerkarte *Einfügen* und erstellen Sie ein Punkt(XY)-Diagramm.
3. Klicken Sie auf die Schaltfläche *Diagrammelemente* rechts neben dem Diagramm, zeigen Sie auf *Trendlinie*, klicken Sie auf das kleine schwarze Dreieck und wählen Sie *Weitere Optionen*.

   Excel erstellt standardmäßig die lineare Trendlinie und es öffnet sich der Aufgabenbereich *Trendlinie formatieren*.
4. Klicken Sie auf das Symbol *Trendlinienoptionen* und aktivieren Sie das Kontrollkästchen *Formel im Diagramm anzeigen*.

   Die Formel wird im Diagramm angezeigt. Diese Formel können Sie für die Berechnung der fehlenden Einkommenswerte heranziehen.
5. Markieren Sie die Zelle D13 und geben Sie die Formel `=37,071*C13+2805,5` ein.
6. Kopieren Sie diese Formel nach unten.
7. Formatieren Sie, falls gewünscht, das Diagramm zum Beispiel wie in Abbildung 16.41.

Den Datenbereich für das Diagramm variabel auswählen

In einigen Situationen ist es notwendig, den Datenbereich, aus dem das Diagramm erstellt wird, variabel zu halten. Ohne das Diagramm neu erstellen zu müssen, werden dem

Datenbereich hinzugefügte Daten oder daraus entfernte Daten sofort in der Diagrammdarstellung berücksichtigt.

Excel 2016 bietet Ihnen hierzu verschiedene Techniken an:

- den Datenfilter,
- die Auswahl der Datenreihen und Datenreihenpunkte,
- das Formatieren des Datenbereichs als Tabelle,
- den Einsatz des Datenschnitts,
- die Veränderung des Datenbereichs über die farbigen Markierungsrahmen und
- den Einsatz von Formeln.

Lesen Sie in den folgenden Abschnitten, wie Sie den Datenbereich für das Diagramm variabel gestalten.

Online Auf den einzelnen Arbeitsblättern der Beispielarbeitsmappe *Kap16_VariableDatenbereiche.xlsx* finden Sie je ein Beispiel für die beschriebenen Techniken.

Der Einsatz des Datenfilters

In Abbildung 16.42 wurde aus dem Datenbereich B4:D10 über die Tastenkombination `Alt`+`F1` ein Diagramm im Arbeitsblatt erstellt und anschließend über die Registerkarte *Daten* der Filter aktiviert. Im Filter für den Monat werden die Monatsnamen in alphabetischer Reihenfolge zum Filtern angeboten. Nachdem Sie die Auswahl für den Filter durchgeführt haben, reagiert das Diagramm auf den eingeschränkten Datenbereich. Es zeigt nur noch die sichtbaren Daten an.

Wichtig: Damit das Diagramm durch das Filtern nicht verkleinert wird, müssen Sie seine Eigenschaft *Von Zellposition und -größe unabhängig* aktivieren.

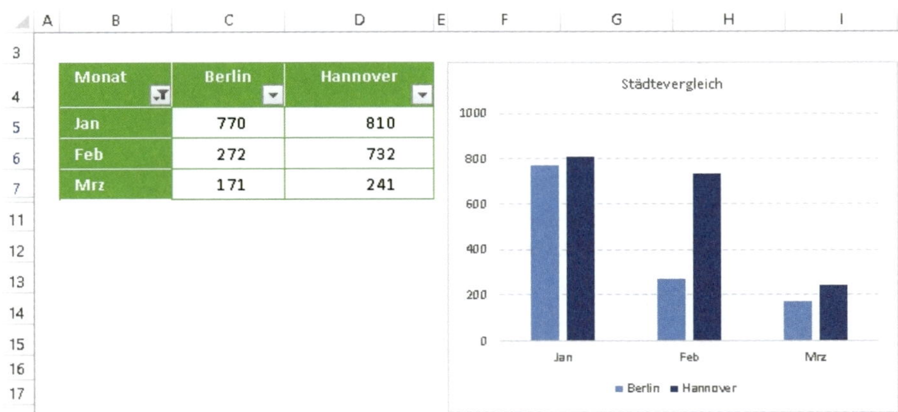

Abbildung 16.42: Der Einsatz des Datenfilters

Diagrammdaten mit der Filteroption auswählen

Nach dem Markieren des Diagramms bietet Excel Optionsschaltflächen zum interaktiven Bearbeiten des Diagramms an (siehe Abbildung 16.43). Nach einem Klick auf die Schaltfläche *Diagrammfilter* rechts neben dem Diagramm legen Sie fest, welche Daten im Diagramm angezeigt werden sollen. Während Sie den Mauszeiger über eine Auswahl bewegen, werden im Datenbereich und auch im Diagramm die entsprechenden Daten hervorgehoben. Deaktivieren Sie die Kontrollkästchen der Datenreihen oder Datenreihenpunkte (Kategorien), die Sie nicht mehr angezeigt haben möchten, und klicken Sie dann auf die Schaltfläche *Übernehmen*. Auch später können Sie jederzeit andere Auswahlen vornehmen.

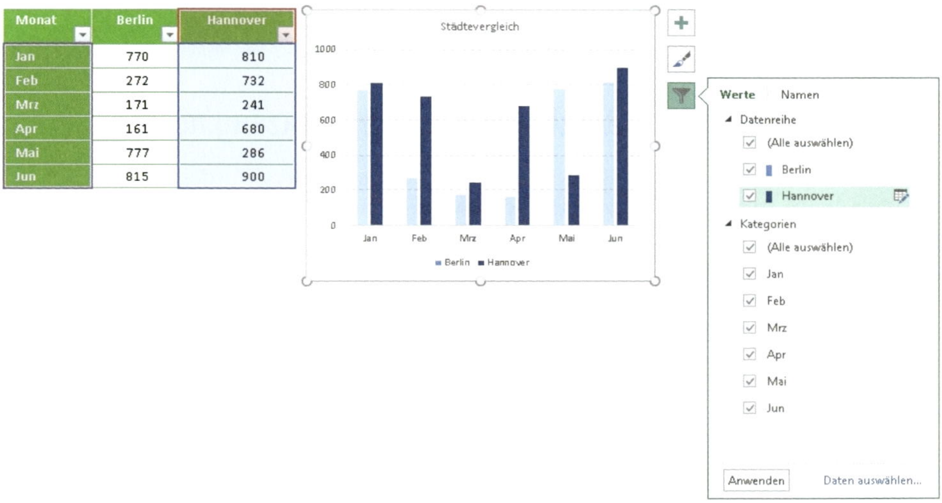

Abbildung 16.43: Mit der Filteroption wählen Sie sehr einfach die gewünschten Daten für das Diagramm aus

Den Datenbereich als Tabelle formatieren

In Abbildung 16.44 ist der Datenbereich über die Registerkarte *Start* als Tabelle formatiert worden. Dieser Bereich wird von Excel als eine Dateneinheit behandelt. Tragen Sie unter dem letzten Monatsnamen einen neuen Monatsnamen oder neue Werte für *Berlin* beziehungsweise *Hannover* ein, erweitert Excel automatisch den Datenbereich um eine neue Zeile. Diese Zeile wird im ausgewählten Format farbig dargestellt und – was viel wichtiger ist – im Diagramm mit hinzugenommen und dargestellt.

Über die eingeblendeten Dropdownpfeile könnten Sie den Datenbereich auch mit dem Datenfilter filtern; hierfür sollten Sie wieder die Eigenschaft *Von Zellposition und -größe unabhängig* aktivieren.

Mit dem Anfasser in der linken unteren Ecke des Tabellenbereichs haben Sie die Möglichkeit, den Datenbereich durch Ziehen zu verkleinern oder wieder zu vergrößern. Das Diagramm reagiert auch hier auf die Änderung des Datenbereichs. Probieren Sie es aus!

Abbildung 16.44: Formatieren Sie den Datenbereich als Tabelle, um ihn variabel im Diagramm anzeigen zu lassen

Den Datenschnitt als interaktives Auswahlwerkzeug nutzen

Seit Excel 2013 kann für jeden Bereich, der als Tabelle formatiert wurde, der Datenschnitt als interaktives Auswahlwerkzeug eingesetzt werden (siehe Abbildung 16.45). Den Datenschnitt richten Sie wie folgt ein:

1. Formatieren Sie den Datenbereich als Tabelle und positionieren Sie den Zellcursor in diesem Bereich.
2. Klicken Sie auf der Registerkarte *Einfügen* in der Gruppe *Filter* auf die Schaltfläche *Datenschnitt*.

3. Aktivieren Sie das Kontrollkästchen der Daten, die Sie interaktiv auswählen möchten (hier: *Monat*), und schließen Sie das Dialogfeld mit *OK*.

   Der Datenschnitt wird im Standarddesign angezeigt und hat die eigene kontextbezogene Registerkarte *Datenschnitttools/Optionen*. Damit legen Sie das äußere Erscheinungsbild des Datenschnitts fest.
4. Wählen Sie die im Diagramm anzuzeigenden Monate im Datenschnitt aus. Mit gedrückter `Strg`-Taste markieren Sie mehrere Monate.

Wichtig: Mit dem Datenschnitt werden Zeilen im Datenbereich ein- und ausgeblendet. Daher sollten Sie für das Diagramm die Eigenschaft *Von Zellposition und -größe unabhängig* aktivieren.

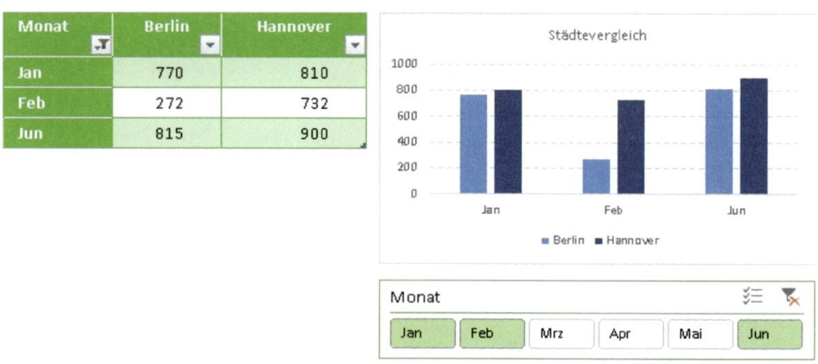

Abbildung 16.45: Mit dem Datenschnitt wählen Sie die Daten für das Diagramm interaktiv aus

Farbige Markierungsrahmen für die Auswahl des Datenbereichs anwenden

Wenn Sie den Diagrammbereich durch einen Klick auf den Rand des Diagramms markieren, zeigt Ihnen Excel mit farbigen Rahmen die dazugehörigen Daten an. Der blaue Rahmen in Abbildung 16.46 kennzeichnet die ausgewählte Datenreihe von Hannover, der magentafarbene Rahmen die dazugehörende Rubrikenachsenbeschriftung und der rote Rahmen den Namen der Datenreihe.

Jeden dieser Rahmen können Sie entweder durch die Eckanfasser in der Größe verändern oder durch Ziehen am Rand verschieben. Der magentafarbene Rahmen und der blaue Rahmen bleiben dabei synchron.

Entscheidend: Aufgrund der Position der farbigen Rahmen werden die entsprechenden Daten im Diagramm angezeigt.

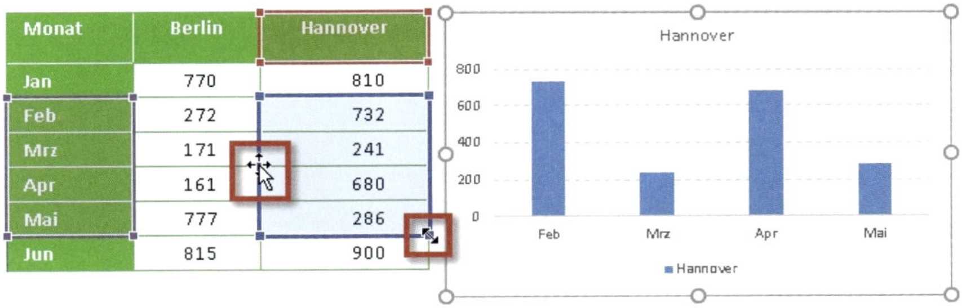

Abbildung 16.46: Mit den farbigen Markierungsrahmen legen Sie den Datenbereich für das Diagramm fest

Mit Formeln dynamisch den Datenbereich für das Diagramm ermitteln

Für das Diagramm in Abbildung 16.47 sind drei benannte Formeln im Namens-Manager erstellt worden. Entscheidend ist die Formel mit dem Namen *Beschriftung*. Diese Formel ermittelt, ausgehend von Zelle B5, die letzte mit Text gefüllte Zelle im Bereich B5:B100. Die beiden anderen Formeln versetzen den daraus ermittelten Bereich jeweils um eine Spalte (für die Datenreihe *Berlin*) beziehungsweise um zwei Spalten (für die Datenreihe *Hannover*) nach rechts.

Die drei Formeln setzen Sie für die Diagrammdarstellung wie folgt ein:

1. Klicken Sie im Arbeitsblatt auf eine leere Zelle und erstellen Sie mit der Tastenkombination `Alt`+`F1` einen leeren Diagrammbereich.
2. Führen Sie einen Rechtsklick auf den Diagrammbereich aus und wählen Sie *Daten auswählen*.
3. Klicken Sie im Dialogfeld *Datenquelle auswählen* auf die Schaltfläche *Hinzufügen*. Im Dialogfeld *Datenreihe bearbeiten* blinkt der Cursor bereits im Referenzfeld *Reihenname*.

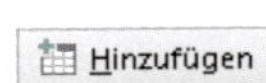

4. Klicken Sie auf die Zelle C4. Die Adresse dieser Zelle wird eingetragen: `=Formel!$C$4`. Damit wird der Datenreihenname dynamisch aus der Zelle C4 übernommen, hier also *Berlin*.

5. Klicken Sie in das Referenzfeld *Reihenwerte* und löschen Sie dort zunächst den Eintrag *={1}*.
6. Geben Sie in dieses Referenzfeld den Namen der Arbeitsmappe gefolgt von einem Ausrufezeichen (!) und dem Namen der benannten Formel *Berlin* ein. Für das Beispiel steht dann dort:
   `=Kap16_VariableDatenbereiche.xlsm!Berlin`
7. Wiederholen Sie die Schritte 3 bis 6 für die Datenreihe *Hannover.*
   Reihenname: `=Formel!$D$4`
   Reihenwerte: `=Kap16_VariableDatenbereiche.xlsm!Hannover`
8. Klicken Sie im rechten Bereich auf die Schaltfläche *Bearbeiten* und geben Sie im Dialogfeld *Achsenbeschriftungen* im Referenzfeld Folgendes ein:
   `=Kap16_VariableDatenbereiche.xlsm!Beschriftung`

Schließen Sie die Dialogfelder jeweils mit *OK*. Die Daten werden anhand der Formeln berechnet und im Diagramm dargestellt.

Tragen Sie in der Spalte *Monat* einen neuen Monatsnamen ein, erweitert sich automatisch das Diagramm. Geben Sie zusätzlich noch die neuen Werte für die Datenreihen ein. Genauso könnten Sie aber auch einen Monat mit seinen Werten löschen.

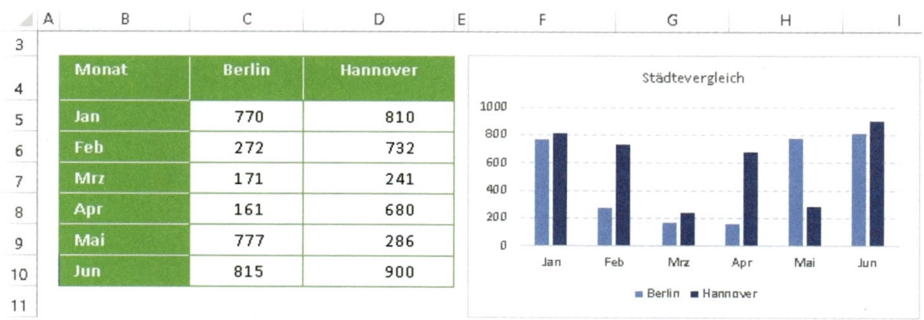

Monat	Berlin	Hannover
Jan	770	810
Feb	272	732
Mrz	171	241
Apr	161	680
Mai	777	286
Jun	815	900

benutzte Formeln:

Beschriftung	=Formel!$B$5:INDEX(Formel!$B$5:$B$100;VERGLEICH("zzzz";Formel!$B$5:$B$100;1))
Berlin	=BEREICH.VERSCHIEBEN(Beschriftung;0;1)
Hannover	=BEREICH.VERSCHIEBEN(Beschriftung;0;2)

Abbildung 16.47: Formeln ermitteln für das Diagramm die darzustellenden Daten

Diagrammvorlagen erstellen, verwalten und nutzen

In den folgenden Abschnitten lesen Sie, wie Sie eine Diagrammvorlage erstellen, diese Vorlage auf einen Datenbereich anwenden und die erstellten Vorlagen verwalten.

Eine Diagrammvorlage erstellen

Jedes von Ihnen erstellte Diagramm können Sie als Diagrammvorlage abspeichern. Gehen Sie dabei wie folgt vor:

1. Erstellen Sie ein komplettes Diagramm.

   In der Vorlage werden der Diagrammtyp, die verwendeten Farben, die Diagrammelemente und eventuell hinzugefügte Formen hinterlegt.
2. Führen Sie einen Rechtsklick auf den Diagrammbereich aus und wählen Sie im Kontextmenü *Als Vorlage speichern.*

   Excel öffnet das Dialogfeld *Diagrammvorlage speichern.* Der Standardpfad für die Diagrammvorlagen ist bereits ausgewählt. Er lautet:

   C:\Users\[Benutzername]\AppData\Roaming\Microsoft\Templates\Charts.
3. Geben Sie im Feld *Dateiname* einen aussagekräftigen Dateinamen ein. Der Dateityp für Vorlagen lautet *.crtx.*
4. Schließen Sie das Dialogfeld mit *Speichern.*

Ihre Vorlage ist gespeichert und kann sofort benutzt werden.

Eine Diagrammvorlage anwenden

Haben Sie bereits eine Diagrammvorlage erstellt, wenden Sie diese wie folgt an:

1. Markieren Sie den Datenbereich, aus dem das Diagramm erstellt werden soll.
2. Aktivieren Sie die Registerkarte *Einfügen* und klicken Sie in der Gruppe *Diagramme* auf das Startprogramm für Dialogfelder. Es öffnet sich das Dialogfeld *Diagramm einfügen.*
3. Wechseln Sie zur Registerkarte *Alle Diagramme* und markieren Sie im linken Bereich die Option *Vorlagen.* Im rechten Bereich werden nun alle verfügbaren Vorlagen in einer verkleinerten Vorschau angezeigt. Beim Zeigen auf eine Miniaturansicht wird die Vorschau vergrößert dargestellt.
4. Führen Sie einen Doppelklick auf die Vorschau aus, um die gewählte Vorlage auf Ihre Daten anzuwenden.

   Allerdings erhalten der Diagrammtitel und die Achsentitel ihre Standardtexte und die Position der eingefügten Formen ist eventuell verändert.

Hinweis Jede Diagrammvorlage können Sie auch als Standarddiagramm festlegen. Wie dies geht, lesen Sie am Anfang dieses Kapitel im Abschnitt »Den Standarddiagrammtyp festlegen«.

Diagrammvorlagen verwalten

Nur die Diagrammvorlagendateien, die sich im Pfad *C:\Users\[Benutzername]\AppData\Roaming\Microsoft\Templates\Charts* befinden, werden als Vorlage erkannt und im Dialogfeld *Diagramm einfügen* zur Auswahl angeboten. Dennoch können Sie mit den Werkzeugen des Windows-Explorers Diagrammvorlagendateien aus anderen Verzeichnissen in diesen Ordner hineinkopieren, um sie anzuwenden, oder Diagrammvorlagendateien aus diesem Ordner an andere Speicherorte verschieben, um sie zum Beispiel anderen Anwendern zur Verfügung zu stellen. Gehen Sie dabei wie folgt vor:

1. Aktivieren Sie die Registerkarte *Einfügen* und klicken Sie in der Gruppe *Diagramme* auf das Startprogramm für Dialogfelder. Es öffnet sich das Dialogfeld *Diagramm einfügen.*
2. Wechseln Sie zur Registerkarte *Alle Diagramme* und markieren Sie im linken Bereich die Option *Vorlagen.*

3. Klicken Sie im unteren Bereich des Dialogfeldes auf die Schaltfläche *Vorlagen verwalten*.

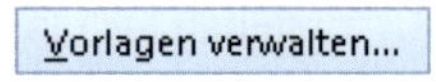

Excel öffnet den Ordner der Diagrammvorlagen. Hier stehen Ihnen alle Werkzeuge, die Sie vom Windows-Explorer kennen, zur Verfügung (siehe Abbildung 16.48).

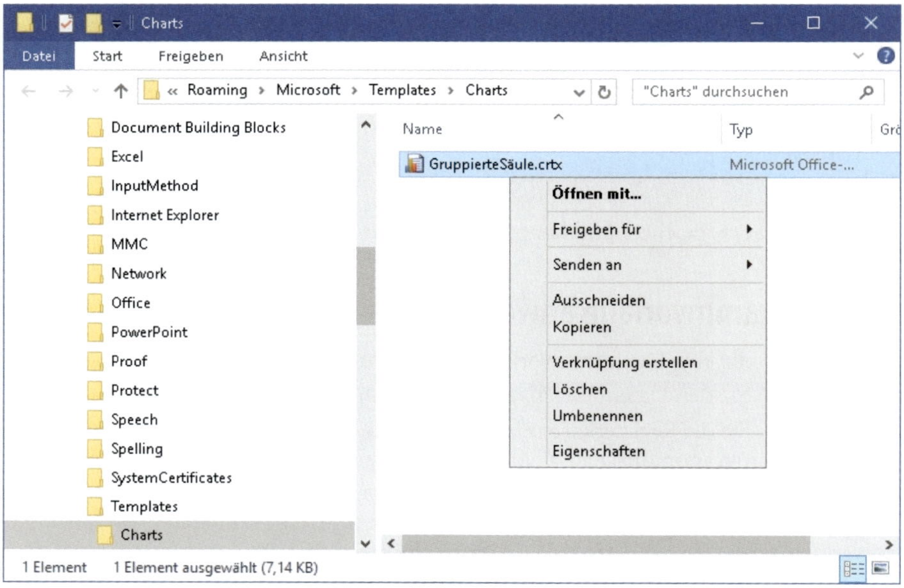

Abbildung 16.48: Kopieren Sie zum Beispiel von einem Netzlaufwerk die gewünschte Diagrammvorlage in den Excel-spezifischen Diagrammvorlagenordner oder verwalten Sie Ihre Vorlagen

Das fertige Diagramm drucken

Grundsätzlich können Sie ein Diagramm auf drei Arten drucken:

- Haben Sie das Diagramm auf einem eigenen Diagrammblatt platziert, ist es bereits für die eingestellte Papiergröße eingerichtet. Sie aktivieren für den Ausdruck die Registerkarte *Datei*, klicken auf *Drucken* und können in der Backstage-Ansicht das Ergebnis noch einmal überprüfen, organisieren und dann ausführen.
- Möchten Sie ein im Arbeitsblatt eingebettetes Diagramm mit den dazugehörigen Arbeitsblattinformationen drucken, empfiehlt es sich, den Druckbereich über die Schaltfläche *Druckbereich* auf der Registerkarte *Seitenlayout* festzulegen. Dabei sollte das Diagramm komplett im ausgewählten Druckbereich enthalten sein, sonst wird es eventuell abgeschnitten ausgedruckt.

  Wichtig: Das Diagramm darf nicht markiert sein, sonst wird es ohne die Arbeitsblattinformationen gedruckt. Überprüfen Sie in jedem Fall in der Backstage-Ansicht den Ausdruck (Registerkarte *Datei/Drucken)* und führen Sie anschließend den Ausdruck aus.

- Möchten Sie nur das im Arbeitsblatt eingebettete Diagramm ausdrucken, können Sie es
  - zunächst auf ein eigenes Diagrammblatt verschieben (Diagramm markieren, Registerkarte *Diagrammtools/Entwurf/Diagramm verschieben*), müssten dann aber sehr wahrscheinlich die Diagrammelemente neu formatieren. Den Ausdruck führen Sie wie im ersten Punkt beschrieben durch.
  - einfach nur markieren, gleich die Registerkarte *Datei* aktivieren und auf *Drucken* klicken. Das Diagramm wird hierbei auf die eingerichtete Papiergröße skaliert. Nacharbeiten ist nicht notwendig. Richten Sie noch die Einstellungen für den Ausdruck ein, zum Beispiel Querformat, und starten Sie dann den Ausdruck.

Sechs neue Diagrammtypen: Eine Übersicht

Microsoft hat in Excel 2016 sechs neue Diagrammtypen für die Datenvisualisierung eingeführt:

- das Treemap-Diagramm
- das Sunburst-Diagramm
- das Paretodiagramm und Histogramm
- das Kastendiagramm (Whisker-Boxplot)
- das Wasserfalldiagramm und
- das Trichterdiagramm.

Die neuen Diagrammtypen finden Sie auf der Registerkarte *Einfügen* in der Gruppe *Diagramme* (siehe Abbildung 16.49).

Abbildung 16.49: Über die markierten Schaltflächen gelangen Sie zu den neuen Diagrammtypen

In diesem Abschnitt bekommen Sie einen kurzen Überblick über den Einsatz und die Darstellung dieser Diagrammtypen.

Das Treemap-Diagramm

Im Treemap-Diagramm werden die Werte der einzelnen Datenreihenpunkte ihrer Größe nach sortiert und in einem Rechteck relativ zur Größe der anderen Werte dargestellt. Der größte Wert wird zuerst und anschließend werden die übrigen Werte in kleineren Rechtecken von links nach rechts, von oben nach unten veranschaulicht. Excel 2016 zeigt maximal zwei Hierarchieebenen mit ihren Beschriftungen an. Die Elemente der obersten Hierarchieebene sollten gruppiert vorliegen (hier: Berlin, Frankfurt, Köln). Die Zahlenwerte selber werden in die Beschriftung nicht mit aufgenommen.

Ort	Kurs	Wert
Berlin	Excel	59
Berlin	Office	79
Frankfurt	Office	45
Frankfurt	SAP	22
Köln	SAP	45
Köln	Office	59

Abbildung 16.50: Die Farben zeigen die Zugehörigkeit eines Rechtecks zu einer Gruppe. Innerhalb einer Gruppe werden die Werte ihrer Größe nach sortiert angezeigt.

Das Sunburst-Diagramm

Mit dem Sunburst-Diagramm werden Werte aus Hierarchieebenen mit vielen Kategorien leicht vergleichbar in Kreisform dargestellt. Die Hierarchieebenen müssen gruppiert vorliegen. Das Sunburst-Diagramm wird von innen nach außen und im Uhrzeigersinn gelesen. Kreisabschnitte gleicher Farbe gehören zur selben Haupthierarchie. Fehlt innerhalb einer Hierarchie die erste Kategorienbezeichnung, entsteht eine Lücke in der Kreisdarstellung (siehe Abbildung 16.51).

In Abbildung 16.51 wird die erste Hierarchieebene (Quartal) im Innenkreis, die dritte im Außenkreis (KW) dargestellt. Innerhalb einer Hierarchieebene wird im Uhrzeigersinn zunächst die Kategorie mit dem größten Gesamtwert und anschließend die Kategorie mit dem nächstkleineren Gesamtwert gezeigt. Da im Beispiel die Kategorienbezeichnung für den Januar fehlt, entsteht eine Lücke.

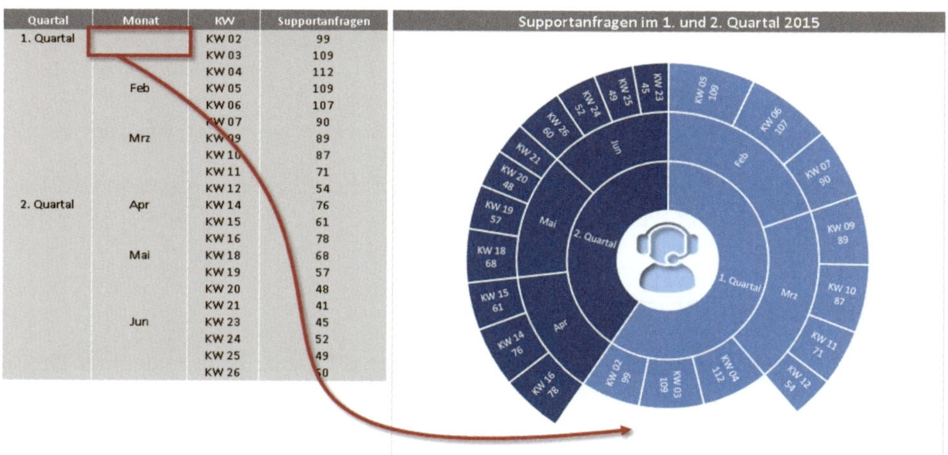

Quartal	Monat	KW	Supportanfragen
1. Quartal		KW 02	99
		KW 03	109
		KW 04	112
	Feb	KW 05	109
		KW 06	107
		KW 07	90
	Mrz	KW 09	89
		KW 10	87
		KW 11	71
		KW 12	54
2. Quartal	Apr	KW 14	76
		KW 15	61
		KW 16	78
	Mai	KW 18	68
		KW 19	57
		KW 20	48
		KW 21	41
	Jun	KW 23	45
		KW 24	52
		KW 25	49
		KW 26	50

Abbildung 16.51: Um die Datenbeschriftung aller Kreisabschnitte vollständig angezeigt zu bekommen, benötigt das Sunburst-Diagramm viel Platz im Arbeitsblatt

Das Paretodiagramm

Das Paretodiagramm ist eine besondere Form des Histogramms. Es ist ein Verbunddiagramm aus Linien- und Säulendiagramm (siehe Abbildung 16.52). Im Säulendiagramm werden die einzelnen Werte der Größe nach geordnet dargestellt. Der größte Wert befindet sich ganz links, der kleinste Wert ganz rechts. Im Liniendiagramm werden die Werte auf der Sekundärachse in Prozent kumuliert dargestellt. Die ABC-Analyse ist eine typische Anwendungssituation für das Paretodiagramm.

Art.-Nr.	Artikelgruppe	Wert
20115	Magnesiumgehäuse	21.120
61780	Mäuse	16.821
41800	Festplatten	614.250
41878	Festplatten	31.740
61780	Mäuse	3.026
11879	Papier	7.840
12100	Mainboards High	445.500
11900	Mainboards Low	196.000
71300	Muttern	10.000
13548	Barebones	250.600
71300	Muttern	588
81650	Platinen	306
41776	Festplatten	55.440
61780	Mäuse	25.721
11657	Papier	10.740
12100	Mainboards High	720.000
12300	Mainboards High	1.568.000
21890	LED	1.200

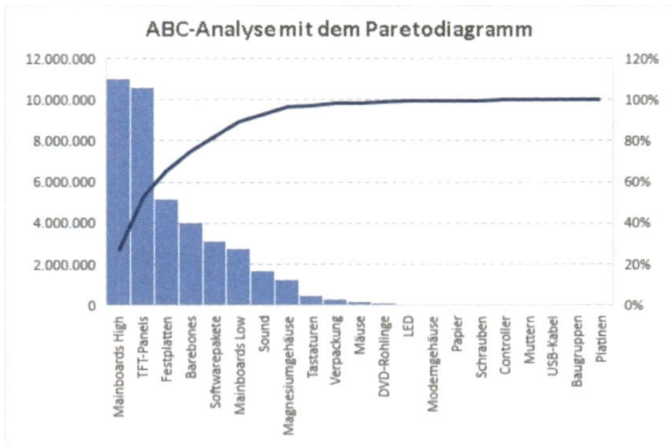

Abbildung 16.52: Mit wenigen Mausklicks erstellen Sie das Paretodiagramm für eine ABC-Analyse

Das Kastendiagramm (Whisker-Boxplot)

In der Statistik – und im Besonderen bei der Darstellung von Kurswerten – wird gerne ein Kastendiagramm angewendet. In den Vorgängerversionen von Excel 2016 war es zunächst aufwendig, aus den Rohdaten die hierfür notwendige Diagrammbasis zu erstellen. Für das fertige Kastendiagramm benötigen Sie jetzt nur noch wenige Mausklicks.

Produkt1	Produkt2
63	11
1	81
76	5
36	21
57	54
70	57
14	45
45	32
68	96
56	44
17	86
11	95
27	4
38	9

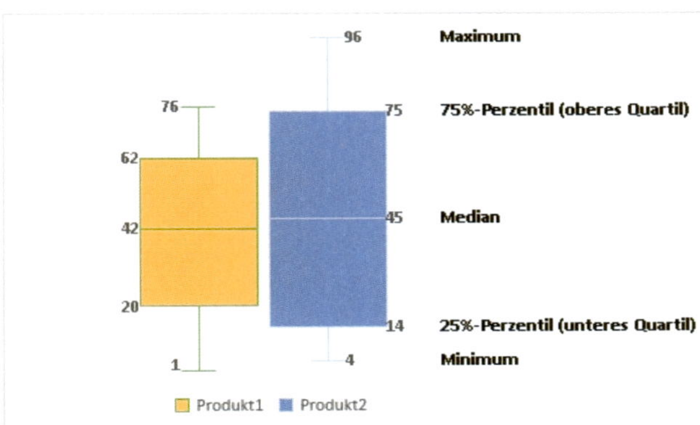

Abbildung 16.53: Ein Kastendiagramm mit einigen wichtigen statistischen Werten zur Datenreihe

Im Kastendiagramm werden wichtige statistische Werte einer Datenreihe ausgewiesen. Der farbige Kasten enthält 50 % aller Werte. Der Maximal- und der Minimalwert befinden sich jeweils am Ende der Linien. Innerhalb des Kastens wird der Median markiert. In den Optionen zum Diagramm lassen sich weitere statistische Werte zur Darstellung auswählen.

Das Wasserfalldiagramm

Im Internet finden Sie viele unterschiedliche Anleitungen, um mit Excel ein Wasserfalldiagramm zu erstellen. Erst der richtige Aufbau der Diagrammbasis und zusätzliche Tricks in der Diagrammdarstellung führten zum Erfolg. Mit dem neuen Diagrammtyp benötigen Sie nur wenige Mausklicks.

Das Wasserfalldiagramm ist ein spezielles Säulendiagramm. Standardmäßig enthält es eine Anfangssäule für den Ausgangswert und eine Endsäule für den Schlusswert. Alle dazwischenliegenden Werte werden als eine Folge von Teilsäulen abgebildet, in denen die Veränderung eines Wertes zu seinem Vorgängerwert abgebildet wird.

Mit dem neuen Diagrammtyp ist es sogar recht einfach, Zwischenwerte als Summensäule darstellen zu lassen. In Abbildung 16.54 soll der Wert für den Nettoumsatz als Summensäule angezeigt werden. So gehen Sie dabei vor:

1. Markieren Sie die Datenreihe im Diagramm.
2. Klicken Sie auf die Säule, die als Summe dargestellt werden soll, und führen Sie einen Rechtsklick auf diese Säule aus.
3. Im Kontextmenü wählen Sie *Als Summe festlegen.*

Auf denselben Weg können Sie eine Summensäule wieder auf eine Zwischensäule zurückführen. Im Kontextmenü lautet hierfür die Option: *Summe löschen.*

Der ProPlan Shop	
Rohumsatz	245.631
Umsatzkorrekturen	-5.000
Nettoumsatz	240.631
Bestände	-114.899
Merchandising	18.731
Weitere Kosten	-6.244
Roheinnahmen	138.219
Personalkosten	-26.745
Marketing	11.279
Betriebsanlagen	-36.000
Einnahmen vor Steuer	86.753
Steuern	-16.483
Nettoeinnahmen	70.270

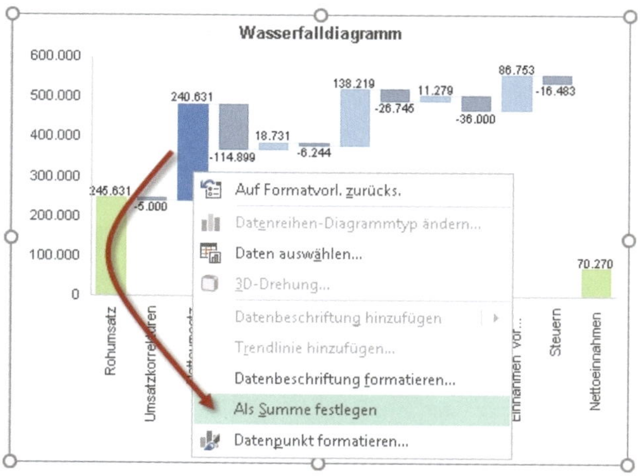

Abbildung 16.54: Zwischenwerte lassen sich einfach als Summensäulen einrichten

Das Trichterdiagramm

Mit einem Trichterdiagramm lässt sich der Prozessablauf in seinen einzelnen Prozessschritten und ihren Werten verdeutlichen. Der Prozessbeginn enthält den Ausgangswert, der sich von Prozessschritt zu Prozessschritt verringert und zu einem Endwert führt. Der Wert eines jeden Prozessschrittes wird als Balken dargestellt. Da die Werte abnehmen, ergibt sich als Gesamtbild für das Diagramm eine Trichterform. Negative Werte werden im Trichterdiagramm nicht angezeigt.

Im Beispiel von Abbildung 16.55 annoncierte eine Firma für ihre offenen Lehrstellen. 450 Bewerber haben sich gemeldet. Durch ihre Bewerbungsunterlagen haben 209 Bewerber zunächst überzeugt, von denen nur 50 zu einer Eignungsprüfung gebeten wurden. Aus dieser Gruppe sind lediglich zehn Bewerber zu einem Vorstellungsgespräch eingeladen worden. Nach dem Vorstellungsgespräch konnten fünf Bewerber eine Probezeit in der Firma ablegen. Letztendlich haben nur drei Bewerber überzeugt und wurden eingestellt.

Anmerkung: Bei sehr schmalen Balken zeigt Excel keine Datenbeschriftung an. Um dennoch die Werte nachvollziehen zu können, wurden sie in der Diagrammbasis des Beispiels mit dem eigentlichen Namen des Prozessschrittes verknüpft.

Kapitel 17

Sparklines: Kleine Diagramme ganz groß

In diesem Kapitel:

Der Begriff »Sparkline« wurde zum ersten Mal von dem Amerikaner Edward Tufte geprägt. Er ist Professor an der Yale University und hat sie in seinem Buch »Beautiful Evidence« wie folgt beschrieben: »Die Sparkline ist eine kleine, auf Zeilenhöhe minimierte, hochverdichtete, einfache Grafik.«

Die Darstellungsweise der Sparkline gab es schon vor der Begriffsbestimmung von Edward Tufte: Ein »normales« Diagramm wird so weit miniaturisiert und vereinfacht dargestellt, dass dabei der Kern der Information nicht verloren geht und die inhaltliche Aussage *auf einen Blick leicht erfassbar* ist.

Den Begriff und die Darstellungsweise hat Microsoft mit der Version Excel 2010 als neues Feature allen Anwendern zur Verfügung gestellt. Die Sparkline wird innerhalb einer Zelle eines Arbeitsblattes erstellt und ist dann Bestandteil dieser Zelle. Sie ist dazu geeignet, in Dashboards, Scorecards oder Managementberichten wichtige Informationen hochverdichtet zu repräsentieren. Dieses Kapitel zeigt Ihnen, wie Sie auf der Grundlage Ihrer Daten eine Sparkline erstellen und formatieren.

Sparklines – der Einstieg

Um ein Minidiagramm zu erstellen, sind zwei Wege möglich:

- Sie nutzen das neue Feature der Schnellanalyse.
- Sie erstellen es über die Registerkarte *Einfügen* in der Gruppe *Sparklines.*

In den folgenden Beispielen werden Ihnen beide Wege vorgestellt.

Die Schnellanalyse für die Erstellung von Sparklines verwenden

Excel 2016 bietet für markierte Daten die Schnellanalyse an. Um dieses Feature für das Erstellen von Sparklines zu nutzen, gehen Sie wie folgt vor:

1. Markieren Sie den Datenbereich, dessen Werte als Sparkline dargestellt werden sollen (siehe Abbildung 17.1 [1]). Rechts unterhalb des markierten Bereichs erscheint die Schaltfläche *Schnellanalyse.*
2. Klicken Sie auf diese Schaltfläche oder benutzen Sie die Tastenkombination [Strg]+[Q]. Es öffnet sich die Schnellanalyse [2].
3. Klicken Sie auf *Sparklines* [3].

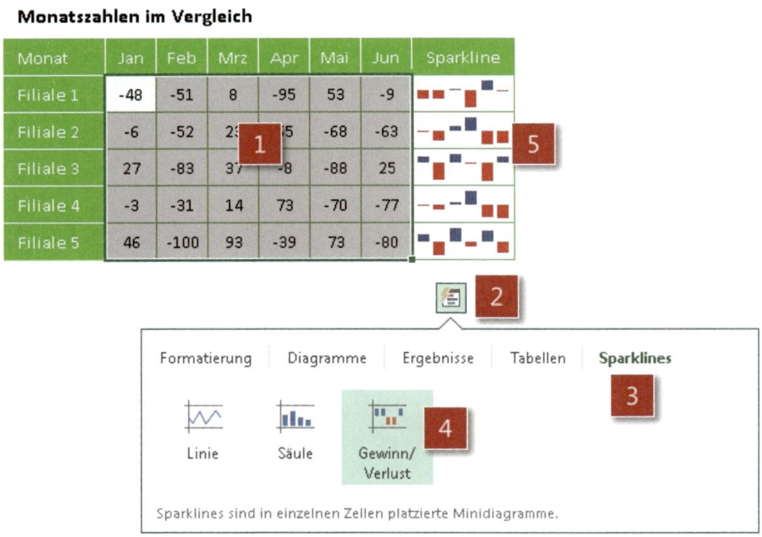

Abbildung 17.1: In wenigen Schritten erstellen Sie mit der Funktion Schnellanalyse *eine Sparkline*

4. Bewegen Sie den Mauszeiger über die verschiedenen Sparklinetypen, um die Sparklines in der Livevorschau anzuzeigen [4].
5. Klicken Sie auf einen Typ, um die Minidiagramme erstellen zu lassen [5].

Die Sparklines werden in den Standardfarben und ohne horizontale Achse rechts neben den markierten Zellen eingefügt. In den meisten Fällen sollten Sie die Sparklines noch nachbearbeiten: mit wichtigen Datenpunkten versehen, in einer anderen Farbe formatieren oder die horizontale Achse anzeigen lassen.

Hinweis Wie Sie eine Sparkline in einem eigenen Design erstellen, lesen Sie in den folgenden Abschnitten dieses Kapitels.

Eine Sparkline manuell erstellen

In Abbildung 17.2 sehen Sie die Monatszahlen von fünf Filialen einer Firma. Diese Werte sollen zum schnellen Vergleichen als Sparklines vom Typ *Linie* dargestellt, für noch mehr Aussagekraft mit wichtigen Punkten versehen und in einer abweichenden Farbe formatiert werden.

	A	B	C	D	E	F	G	H	I
3									
4		**Monatszahlen im Vergleich**							Sparkline
5		Monat	Jan	Feb	Mrz	Apr	Mai	Jun	Linie
6		Filiale 1	-48	-51	8	**-95**	**53**	-9	
7		Filiale 2	-6	-52	23	**65**	**-68**	-63	
8		Filiale 3	27	-83	**37**	-8	**-88**	25	
9		Filiale 4	-3	-31	14	**73**	-70	**-77**	
10		Filiale 5	46	**-100**	**93**	-39	73	-80	

Abbildung 17.2: Die Sparklines zeigen den Verlauf der Monatszahlen eines Unternehmens

Online Das Beispiel aus Abbildung 17.2 können Sie auf dem Arbeitsblatt *Übung* der Beispielarbeitsmappe *Kap17_SparklinesErstellen.xlsx* nachvollziehen.

1. Markieren Sie die Zellen, in denen die Sparklines erscheinen sollen (hier I6:I10).
2. Aktivieren Sie die Registerkarte *Einfügen*. Wählen Sie in der Gruppe *Sparklines* als Sparklinetyp *Linie* aus.

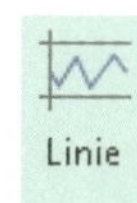

3. Klicken Sie im Dialogfeld *Sparklines erstellen* in das Feld *Datenbereich* (siehe Abbildung 17.3). Durch die vorherige Markierung ist der Bereich, in dem die Sparklines erscheinen sollen, im Feld *Positionsbereich* bereits eingetragen.
4. Markieren Sie die Daten im Bereich C6:H10.
5. Schließen Sie das Dialogfeld mit einem Klick auf *OK*.

Der gewählte Sparklinetyp wird in der Standardfarbe und ohne Datenpunkte gezeigt.

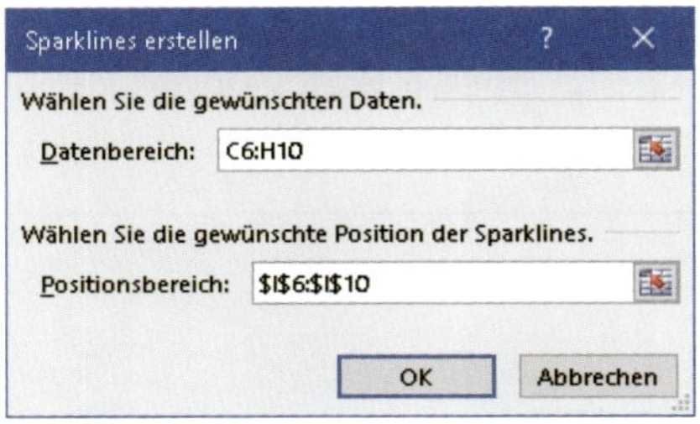

Abbildung 17.3: Im Dialogfeld Sparklines erstellen *geben Sie den Datenbereich an, aus dem die Sparklines erstellt werden sollen*

Die gerade erstellten Sparklines gehören automatisch zu einer gemeinsamen Sparklinegruppe. Alle Formatierungen, die Sie auf eine der Sparklines in dieser Gruppe ausführen, werden auch auf die anderen in der Gruppe angewendet.

Markieren Sie in dem Beispiel nur Zelle I6, wird die Sparklinegruppe durch eine blaue Rahmenlinie gekennzeichnet.

Die Sparkline hat eine eigene kontextbezogene Registerkarte *Sparklinetools*. Diese Registerkarte wird nur angezeigt, wenn Sie eine Zelle mit einer Sparkline markieren.

Sparklinefarbe auswählen

Um eine Sparklinegruppe zu formatieren, gehen Sie wie folgt vor:

1. Markieren Sie ein Element aus der Sparklinegruppe.
2. Aktivieren Sie die Registerkarte *Sparklinetools/Entwurf*.
3. Wählen Sie entweder in der Gruppe *Formatvorlage* in dem Katalog oder über die Schaltfläche *Sparklinefarbe* eine Farbe für die Sparklines aus.

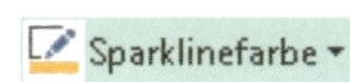

Daraufhin werden alle Sparklines der Sparklinegruppe mit derselben Farbe formatiert.

Wichtige Punkte in der Sparkline anzeigen

Über das Menü der Schaltfläche *Datenpunktfarbe* legen Sie die Farbe für wichtige Datenpunkte fest. Gleichzeitig werden diese Datenpunkte auch in der Sparkline angezeigt.

Und so geht es:

1. Markieren Sie eine Sparkline aus der Sparklinegruppe.
2. Klicken Sie auf der Registerkarte *Sparklinetools/Entwurf* auf *Datenpunktfarbe*. Wählen Sie bei *Höchstpunkt* eine Farbe aus.

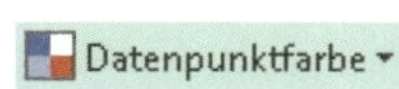

   In der gesamten Sparklinegruppe werden diese Datenpunkte in der gewählten Farbe angezeigt.
3. Wiederholen Sie den zweiten Schritt für den *Tiefpunkt*.

Die Sparklinegruppe könnte anschließend wie in Abbildung 17.2 aussehen.

In der Gruppe *Anzeigen* sind die Kontrollkästchen der angezeigten Datenpunkte aktiviert (siehe Abbildung 17.4). Möchten Sie einen weiteren Datenpunkt angezeigt bekommen, setzen Sie entweder ein Häkchen beim entsprechenden Kontrollkästchen oder richten – wie eben beschrieben – seine Datenpunktfarbe ein.

Soll ein bestimmter Datenpunkt nicht mehr angezeigt werden, deaktivieren Sie das entsprechende Kontrollkästchen in der Gruppe *Anzeigen*.

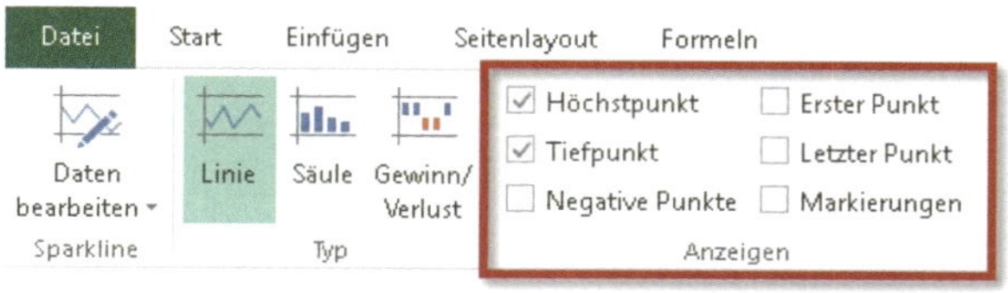

Abbildung 17.4: Aktivieren Sie die Kontrollkästchen in der Gruppe Anzeigen, *um wichtige Datenpunkte angezeigt zu bekommen*

Eine Sparkline löschen

Sparklines sind Bestandteil einer Zelle und können nur über die Registerkarte *Sparklinetools/Entwurf* entfernt werden. Gehen Sie dabei wie folgt vor:

1. Markieren Sie die Sparkline.
2. Klicken Sie auf der Registerkarte *Sparklinetools/Entwurf* in der Gruppe *Gruppieren* auf die Schaltfläche *Löschen*.

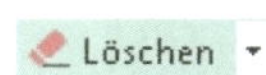

   Möchten Sie alle Sparklines einer Sparklinegruppe löschen, ohne vorher alle Sparklines markiert zu haben, klicken Sie auf den Pfeil der Schaltfläche *Löschen* und wählen *Ausgewählte Sparklinegruppen löschen*.

Unterschiedliche Sparklinetypen verwenden

Excel stellt Ihnen für das Darstellen Ihrer Daten mit Sparklines drei Typen zur Verfügung:

- Linie,
- Säule und
- Gewinn/Verlust.

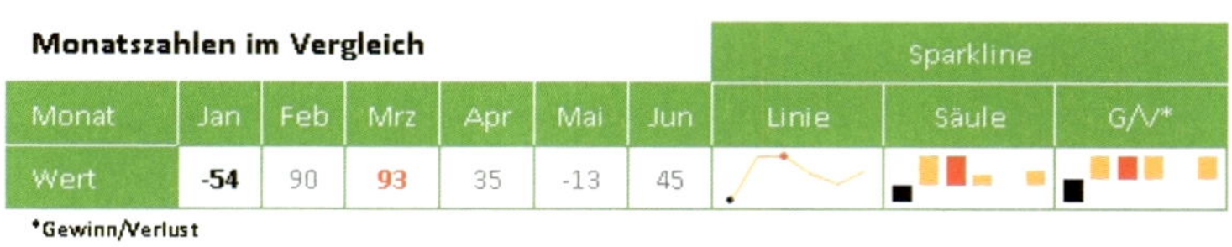

Monatszahlen im Vergleich

							Sparkline		
Monat	Jan	Feb	Mrz	Apr	Mai	Jun	Linie	Säule	G/V*
Wert	-54	90	93	35	-13	45			

*Gewinn/Verlust

Abbildung 17.5: Die drei Sparklinetypen verdeutlichen die gleichen Monatszahlen auf unterschiedliche Weise

Der Sparklinetyp »Linie«

Die Sparkline vom Typ *Linie* zeigt den Verlauf der Werte an. Sie wird zunächst ohne horizontale Achse dargestellt und schwebt damit frei in der Zelle. Erst durch Hinzufügen farbiger Datenpunkte oder einer horizontalen Achse erhält der Betrachter eine Orientierungshilfe. Die Linienführung ist stark von der Zeilenhöhe und Spaltenbreite der Zelle abhängig (siehe Abbildung 17.6). Ohne Achse zeigt die Linie den relativen und mit Achse den absoluten Verlauf der Werte an.

Hinweis Lesen Sie weiter hinten in diesem Kapitel, wie Sie für die Sparkline die horizontale Achse einrichten und anzeigen lassen.

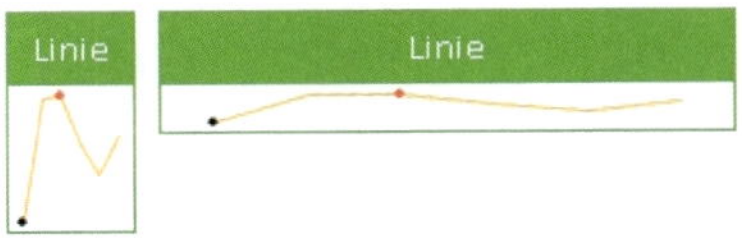

Abbildung 17.6: Die Wirkung der Linie hängt stark von der Zeilenhöhe und Spaltenbreite der Zelle ab

Enthält der Datenbereich für die Sparkline ausgeblendete oder leere Zellen, bestimmen Sie auf der Registerkarte *Sparklinetools/Entwurf* in der Gruppe *Sparkline* durch einen Klick auf den unteren Teil der Schaltfläche *Daten bearbeiten* und der Auswahl von *Ausgeblendete und leere Zellen*, wie der Linienverlauf ausgeführt werden soll (siehe Abbildung 17.7):

- *Lücken:* An dieser Stelle wird die Linie unterbrochen dargestellt.
- *Null:* Die leere Zelle entspricht dem Wert Null.
- *Datenpunkt mit einer Linie verbinden:* Die Linienführung wird ohne Lücke fortgesetzt.

Hinweis Tragen Sie in einer Zelle im Datenbereich der Sparkline für einen Wert den Fehlerwert *#NV* ein, wird die Linie an dieser Stelle ohne Lücke fortgesetzt.

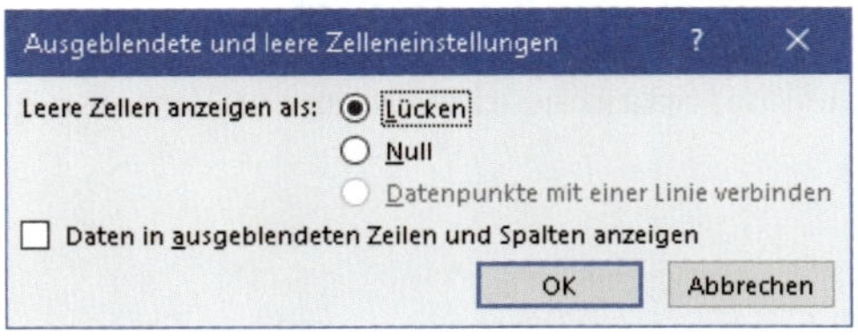

Abbildung 17.7: Legen Sie in diesem Dialogfeld fest, wie bei einer leeren Zelle oder bei ausgeblendeten Zellen im Datenbereich der Sparkline die Linie fortgesetzt werden soll

Der Sparklinetyp »Säule«

Die Höhe der Säule repräsentiert die relative Größe des jeweiligen Wertes. Bei der Erstellung dieses Sparklinetyps wird die horizontale Achse zunächst nicht mit angezeigt. Die Unterkante der positiven beziehungsweise die Oberkante der negativen Säulen bilden den Nullpunkt.

Sind sowohl sehr kleine Werte als auch sehr große Werte im Datenbereich vorhanden, hängt es stark von der Zeilenhöhe der Zelle mit der Sparkline ab, ob die kleinen Werte noch angezeigt werden.

Befinden sich im Datenbereich der Sparkline Leerzellen oder der Fehlerwert *#NV*, erhalten diese Werte keine Säule (siehe Abbildung 17.8).

Wert	Wert1	Wert2	Wert3	Wert4	Wert5	Wert6	Säule
positiv und negativ	-3	7	-1	-7	7	5	
nur positiv und Null	10	2	0	7	3	3	
nur negativ und Null	-10	-7	-12	-1	0	-4	
mit Leerzellen	-3	5				-9	
mit Fehlerwert #NV	-3	5	#NV	#NV	#NV	-9	

Abbildung 17.8: Die Werte im Datenbereich der Sparkline entscheiden über die Darstellung der Säulen

Der Sparklinetyp »Gewinn/Verlust«

Im Unterschied zum Sparklinetyp *Säule* sind beim Sparklinetyp *Gewinn/Verlust* alle Säulen gleich lang. Eine nach oben gerichtete Säule repräsentiert einen beliebigen positiven Wert und eine nach unten gerichtete Säule einen beliebigen negativen Wert. Der Sparklinetyp *Gewinn/Verlust* verhält sich ansonsten wie der Sparklinetyp *Säule* (siehe Abbildung 17.9).

Wert	Wert1	Wert2	Wert3	Wert4	Wert5	Wert6	Säule
positiv und negativ	-3	7	-1	-7	7	5	
nur positiv und Null	10	2	0	7	3	3	
nur negativ und Null	-10	-7	-12	-1	0	-4	
mit Leerzellen	-3	5				-9	
mit Fehlerwert #NV	-3	5	#NV	#NV	#NV	-9	

Abbildung 17.9: Beim Sparklinetyp Gewinn/Verlust *sind alle Säulen gleich lang*

Den Sparklinetyp ändern

Nach der Erstellung einer Sparkline haben Sie jederzeit die Möglichkeit, den Typ der Sparkline zu ändern:

1. Markieren Sie die entsprechende Sparkline oder Sparklinegruppe.
2. Wählen Sie auf der Registerkarte *Sparklinetools/Entwurf* in der Gruppe *Typ* den gewünschten Sparklinetyp aus (siehe Abbildung 17.10).

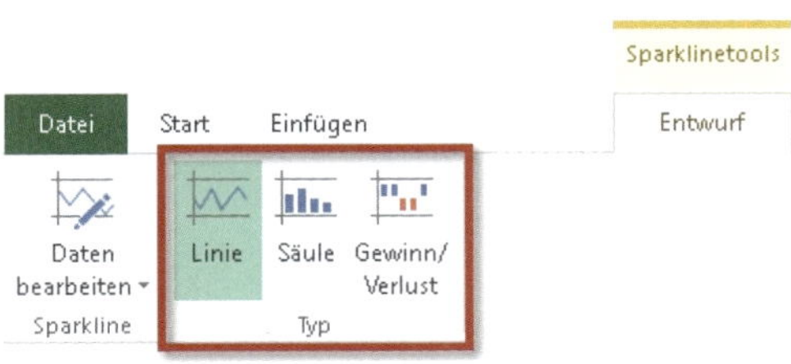

Abbildung 17.10: Eine bereits erstellte Sparkline lässt sich jederzeit über die Registerkarte Sparklinetools/Entwurf in einem anderen Sparklinetyp darstellen

Die Achsen der Sparkline einrichten

Für die Orientierung und leichte Erfassbarkeit einer Sparkline spielt die Einrichtung der horizontalen und vertikalen Achse eine entscheidende Rolle. Excel übernimmt zwar mit automatischen Optionen die Darstellung der Sparkline, dennoch sollten Sie diese Darstellung auf die gewünschte Aussage überprüfen und gegebenenfalls die Achseneinrichtung anpassen.

Die horizontale Achse der Sparkline anzeigen lassen

Bei der Erstellung einer Sparkline wird standardmäßig die horizontale Achse nicht angezeigt. Damit sich der Betrachter besser orientieren kann, sollten Sie die horizontale Achse wie folgt anzeigen lassen:

1. Markieren Sie eine Sparkline.

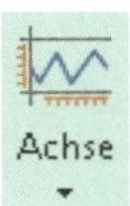

2. Klicken Sie auf der Registerkarte *Sparklinetools/Entwurf* in der Gruppe *Gruppieren* auf die Schaltfläche *Achse* und wählen Sie *Achse anzeigen.*

Excel zeigt für die gewählte Sparklinegruppe die horizontale Achse als durchgehende schwarze Linie an. Die Farbe, Linienstärke und Linienart der Achse kann nicht verändert werden. Die Lage der horizontalen Achse ist zunächst von den in der jeweiligen Sparkline darzustellenden Werten abhängig und unterscheidet sich dadurch von Sparkline zu Sparkline.

Hinweis Die horizontale Achse schneidet die nicht sichtbare vertikale Achse stets bei null.

Die Achse des Sparklinetyps *Linie* wird erst dann angezeigt, wenn die Sparkline Daten enthält, die die horizontale Achse berühren beziehungsweise schneiden oder wenn die vertikale Achse entsprechend benutzerdefiniert eingerichtet wurde (siehe Abbildung 17.12, Achseneinrichtung: *Benutzerdefiniert*, *Sparkline7* und *Sparkline8*).

Möchten Sie die Sparklines einer Sparklinegruppe untereinander besser vergleichen, richten Sie die Optionen für die stets nicht sichtbare vertikale Achse ein (siehe Abbildung 17.11).

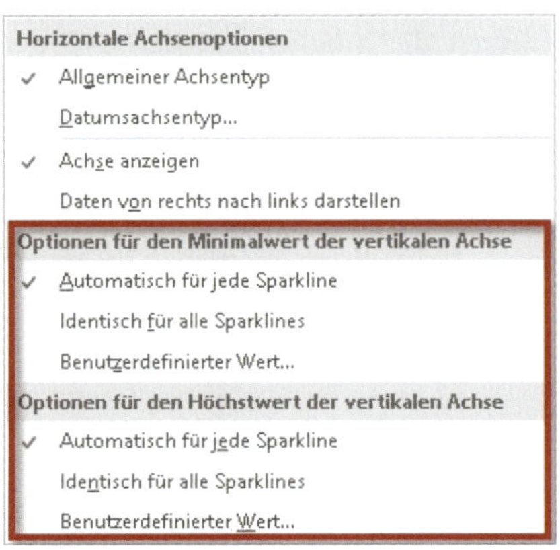

Abbildung 17.11: In den Optionen für die vertikale Achse richten Sie die gewünschte Lage der horizontalen Achse ein

Die Optionen für die vertikale Größenachse einrichten

Die Größenachse einer Sparkline wird nie angezeigt, wirkt sich aber direkt auf die Darstellung der horizontalen Achse aus. Wie in einem »normalen« Diagramm stehen Ihnen verschiedene Optionen für die Einrichtung der Größenachse zur Verfügung (siehe Abbildung 17.11):

- Bei der Erstellung einer Sparkline ist zunächst die Option für den kleinsten Wert (Minimalwert) und für den größten Wert (Höchstwert) der Größenachse auf *Automatisch für jede Sparkline* eingerichtet. Die Lage der horizontalen Achse orientiert sich bei dieser Option an dem kleinsten und dem größten Wert einer jeden Sparkline und kann sich von Sparkline zu Sparkline erheblich unterscheiden. Darüber hinaus werden beim Sparklinetyp *Säule* auch die Säulen in unterschiedlicher Länge dargestellt. Der Vergleich mehrerer Sparklines kann so erheblich erschwert werden (siehe Abbildung 17.12, Achseneinrichtung: *Automatisch*, *Sparklinegruppe1* und *Sparklinegruppe2*).

Abbildung 17.12: Die Einrichtung der Optionen für die vertikale Achse beeinflusst die Darstellung der horizontalen Achse einer Sparkline

- Die Option *Identisch für alle Sparklines* ermittelt aus *allen* markierten Sparklines den Höchstwert und den Minimalwert und richtet anhand dieser Werte für alle Sparklines die horizontale Achse in derselben Höhe ein. Die Säulen bei den Sparklines vom Typ *Säule* erhalten die gleiche Länge (siehe Abbildung 17.12, Achseneinrichtung: *Identisch*, *Sparklinegruppe1* und *Sparklinegruppe2*). Mit dieser Option lassen sich die Sparklines untereinander leichter vergleichen.

- Wie bei einem »normalen« Diagramm haben Sie es in der Hand, die Größenachse einer Sparkline benutzerdefiniert einzurichten. Mit der Option *Benutzerdefinierter Wert* setzen Sie die Skalierung der vertikalen Achse fest.

  Daraufhin werden nur noch die Werte vollständig in der Sparkline angezeigt, die zwischen dem benutzerdefinierten Wert für den Minimalwert und dem benutzerdefinierten Wert für den Höchstwert liegen. In Abbildung 17.12 werden zum Beispiel *Sparkline4* und *Sparkline6* bei den positiven Werten größer als 10 abgeschnitten dargestellt, obwohl sie die gleichen Werte wie *Sparkline3* beziehungsweise *Sparkline5* darstellen sollten.

Möchten Sie die horizontale Achse einer Sparkline zentriert einrichten, gehen Sie wie folgt vor:

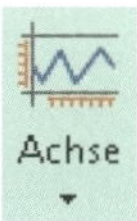

- Markieren Sie die entsprechende Sparkline.
- Klicken Sie auf der Registerkarte *Sparklinetools/Entwurf* in der Gruppe *Gruppieren* auf die Schaltfläche *Achse* und geben Sie im Abschnitt *Optionen für den Minimalwert der vertikalen Achse* als benutzerdefinierten Wert einen negativen Wert ein.
- Den gleichen Wert, aber positiv, geben Sie im Abschnitt *Optionen für den Höchstwert der vertikalen Achse* als benutzerdefinierten Wert ein (siehe Abbildung 17.12, *Sparkline3* und *Sparkline5*).

• Die Optionen für den Minimalwert und den Höchstwert der Größenachse lassen sich auch untereinander kombinieren. Sie erhalten damit weitere Darstellungsvarianten für die Sparkline.

Die einheitliche Optik mehrerer Sparklines sicherstellen

Einzelne Sparklines lassen sich zu einer Sparklinegruppe zusammenfassen. Alle Sparklines einer Sparklinegruppe haben stets den gleichen Sparklinetyp, die gleiche Sparklinefarbe und dieselben Datenpunkte.

Die Sparklinegruppe wird durch einen blauen Rahmen kenntlich gemacht. Dieser Rahmen wird angezeigt, wenn Sie mindestens eine Sparkline der Sparklinegruppe markieren (siehe Abbildung 17.13).

Mehrere Sparklines gruppieren

Haben Sie im Arbeitsblatt mehrere Sparklines, die die gleiche Formatierung und den gleichen Sparklinetyp aufweisen sollen, gehen Sie wie folgt vor, um diese Sparklines zu einer Gruppe zusammenzufassen:

1. Markieren Sie die entsprechenden Sparklines. Diese Sparklines können sich auch verstreut im Arbeitsblatt befinden.
2. Klicken Sie auf der Registerkarte *Sparklinetools/Entwurf* in der Gruppe *Gruppieren* auf die Schaltfläche *Gruppieren*.

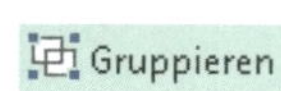

Alle Sparklines übernehmen das Aussehen der Sparkline der aktiven Zellen. Verändern Sie den Sparklinetyp, die Sparklinefarbe oder die Datenpunkte einer Sparkline der Sparklinegruppe, werden alle anderen Sparklines dieser Gruppe entsprechend geändert.

Das Bücherlädchen

#	Kategorie	Jan	Feb	Mrz	Summen
1	Kinderbücher	9253	4547	7338	21138
2	Romane	6655	5271	887	12813
3	Belletristik	6419	7771	8214	22404
4	Kochbücher	4855	758	1075	6688
5	EDV	4689	6259	3534	14482
6	Science-Fiction	7297	499	5619	13415
7	Sachbücher	2913	2740	2438	8091
8	Reiseführer	5037	207	161	5405
	Summen	47118	28052	29266	104436

Abbildung 17.13: Markieren Sie eine Sparkline einer Sparklinegruppe, zeigt Ihnen der blaue Rahmen, welche Sparklines zu dieser Gruppe gehören

Die Gruppierung einer Sparklinegruppe aufheben

Möchten Sie für einzelne Sparklines einer Sparklinegruppe eine andere Formatierung oder einen anderen Sparklinetyp verwenden, müssen Sie für diese Sparklines die Gruppierung aufheben:

1. Markieren Sie die entsprechenden Sparklines der Sparklinegruppe.
2. Klicken Sie auf der Registerkarte *Sparklinetools/Entwurf* in der Gruppe *Gruppieren* auf die Schaltfläche *Gruppierung aufheben*. Gruppierung aufheben

Die markierten Sparklines sind aus der Gruppe herausgenommen worden und können nun einzeln bearbeitet oder zu einer neuen Sparklinegruppe gruppiert werden.

Online Das Beispiel aus Abbildung 17.13 können Sie auf dem Arbeitsblatt *Übung* der Beispielarbeitsmappe *Kap17_GruppierteSparklines.xlsx* nachvollziehen.

Kapitel 18

Daten komfortabel und fehlerfrei erfassen: Formulare mit Steuerelementen

In diesem Kapitel:

Jeder Anwender, der schon einmal etwas im Internet gekauft hat, kennt sie: Kontrollkästchen zum Bestätigen der AGBs, Optionsfelder zur Auswahl der gewünschten Zahlweise oder auch Schaltflächen, mit denen der Kauf getätigt wird. All diese Steuerelemente vermeiden nicht nur Fehleingaben, sie sind meist auch intuitiv bedienbar. Bestimmt haben Sie selbst schon unzählige Male Steuerelemente verwendet, ohne sich großartig Gedanken darüber gemacht zu haben – eben weil sie so einfach zu bedienen sind.

Excel stellt Ihnen ein umfangreiches Sortiment an Steuerelementen zur Verfügung. Erfahren Sie in diesem Kapitel, wie Sie Formularsteuerelemente ganz ohne Programmierkenntnisse in Ihre Excel-Arbeitsmappen einbauen können und wie Sie damit beispielsweise bedingte Formatierungen ebenso wie Berechnungen mühelos steuern können.

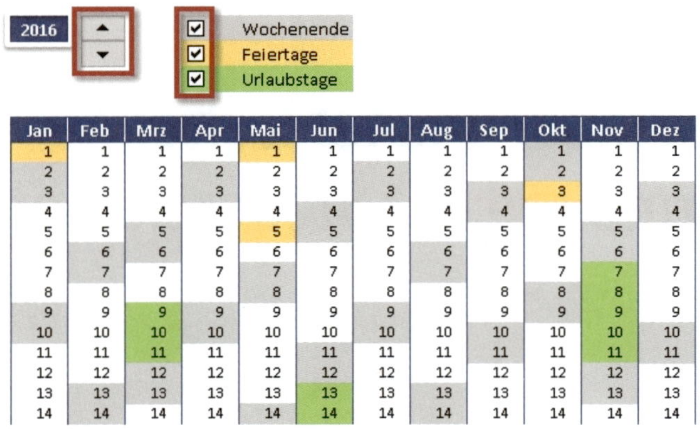

Abbildung 18.1: Ein Drehfeld zur Jahresauswahl und drei Kontrollkästchen beeinflussen die Optik des Kalenders

Kalkulationsmodelle und andere Tabellen interaktiv steuern

Für komfortable und sichere Excel-Berechnungen sollten nachträgliche Eingaben per Hand nach Möglichkeit vermieden werden, da sie die Gefahr von zu vielen Fehlern beinhalten. Abhilfe schaffen anklickbare Steuerelemente:

- Optionsfelder und Kontrollkästchen erlauben die Auswahl einer oder mehrerer Optionen, bei Bedarf sogar ausschließlich innerhalb einer definierten Gruppe.
- Listenfelder und Kombinationsfelder ermöglichen die Auswahl eines oder mehrerer Einträge aus einer Liste.
- Bildlaufleisten und Drehfelder liefern Zahlenwerte innerhalb bestimmter Grenzen.
- Schaltflächen lösen die Ausführung von VBA-Code aus.

Hinweis Die Steuerelemente erreichen Sie in Excel über die Registerkarte *Entwicklertools*. Sollte diese Registerkarte noch nicht angezeigt werden, klicken Sie auf *Datei/Optionen*, wechseln in die Rubrik *Menüband anpassen* und setzen auf der rechten Seite ein Häkchen beim Eintrag *Entwicklertools*.

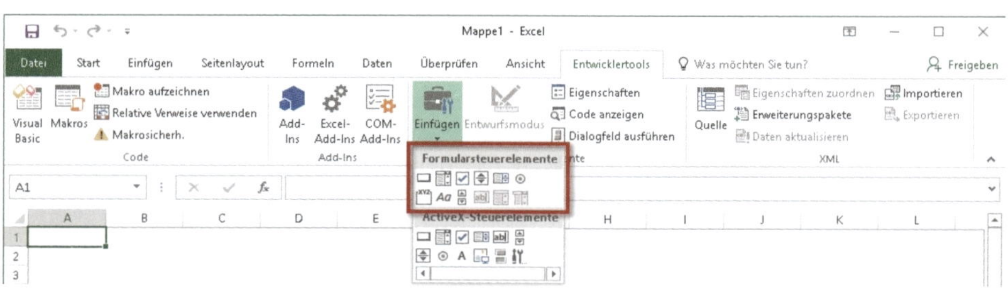

Abbildung 18.2: Die Registerkarte Entwicklertools *stellt alle Formularsteuerelemente zur Verfügung*

Die Grundausstattung: Formularsteuerelemente

Formularsteuerelemente liefern je nach Auswahl verschiedene Rückgabewerte, die direkt in einzelne Zellen des Arbeitsblattes geschrieben werden.

Wie Abbildung 18.2 zeigt, sind in der oberen Hälfte des Auswahlmenüs die *Formularsteuerelemente* aufgeführt. Diese werden in Tabelle 18.1 näher vorgestellt.

Symbol	Bezeichnung	Beschreibung
	Schaltfläche	Startet ein Makro, das beim Erstellen der Schaltfläche zugewiesen werden muss. Durch die Angabe einer Internetadresse als Beschriftung wird beim Klick die entsprechende Internetadresse geöffnet.
	Kombinationsfeld	Ermöglicht nach dem Aufklappen die Auswahl eines Elements aus einer Liste und gibt seine Position innerhalb der Liste als Zahlenwert aus. Wird nach der Auswahl wieder auf die ursprüngliche Größe reduziert.
	Kontrollkästchen	Zeigt die Zustände *aktiviert* (schwarzes Häkchen, Rückgabewert *WAHR*), *nicht aktiviert* (Rückgabewert *FALSCH*) und *gemischt* (Rückgabewert *#NV*)
	Drehfeld	Erhöht oder verringert einen Zahlenwert zwischen minimal 0 und maximal 30.000 und gibt diesen aus
	Listenfeld	Ermöglicht die Auswahl eines Elements aus einer Liste und gibt seine Position innerhalb der Liste als Zahlenwert aus. Mehrfachauswahl kann mittels VBA ausgelesen werden.
	Optionsfeld	Ermöglicht die Auswahl einer Option unter mehreren sich gegenseitig ausschließenden Optionen. Zeigt die Zustände *aktiviert* (schwarzer Punkt) und *nicht aktiviert* (weißer Kreis). Liefert bei Aktivierung eine Nummer entsprechend der Einfügereihenfolge der Optionsfelder.
XY	Gruppenfeld	Gruppiert verwandte Steuerelemente in einem Rechteck mit optionaler Bezeichnung
Aa	Bezeichnung	Enthält beschreibenden Text
	Bildlaufleiste	Erhöht oder verringert einen Zahlenwert zwischen minimal 0 und maximal 30.000 und gibt diesen aus. Verändert bei Klick in die Bildlaufleiste den Zahlenwert um ein voreingestelltes Intervall (Seitenwechsel).
abl	Textfeld	Sind nur auf Dialogblättern verfügbar. Ein Dialogblatt erhalten Sie durch einen Rechtsklick auf das Blattregister und Auswahl des Befehls *Einfügen* mit anschließender Übernahme der Vorlage *Microsoft Excel 5.0-Dialog*. Mit Dialogblättern wurden Eingabedialoge in Excel 5.0 erstellt. Heute werden üblicherweise *UserForms* verwendet.
	Kombinationsleiste	
	Dropdown-Kombinationsfeld	

Tabelle 18.1: Die Formularsteuerelemente im Überblick

Für Individualisten: ActiveX-Steuerelemente

ActiveX-Steuerelemente bieten im Gegensatz zu Formularsteuerelementen umfassende Möglichkeiten zur optischen Bearbeitung. Schriftart, -größe und -farbe sind genauso wie die Darstellung von 3D-Effekten et cetera wählbar. Darüber hinaus kann auch das Verhalten über die *Eigenschaften* verändert werden.

Praxisbeispiele für den Einsatz der Formularsteuerelemente

Nachdem Sie bislang einen Überblick über die vorhandenen Formularsteuerelemente erhalten haben, erfahren Sie in diesem Abschnitt, wie Sie die passenden Steuerelemente fehlerfrei einsetzen. In Zukunft können Sie dadurch manuelle Eingaben auf ein Minimum reduzieren und auch wenig versierte Benutzer werden mit Ihren Lösungen problemlos arbeiten können.

Fehlerfrei: Zulässige Jahreswerte per Drehfeld auswählen

Werte, die sich jeweils um das gleiche Intervall erhöhen oder verringern, lassen sich perfekt durch ein Drehfeld verändern. Es ist somit das ideale Werkzeug zur Auswahl aufeinanderfolgender Jahre. Im Beispiel soll ein Kalender interaktiv bedienbar sein und bei jedem Klick ein anderes Jahr anzeigen.

Online Für die folgende Aufgabe öffnen Sie bitte in der Beispielarbeitsmappe *Kap18_Formulare_UEB.xlsm* das Arbeitsblatt *Drehfeld und Kontrollkästchen.*

- In Zelle B5 ist bereits ein Jahr vorgegeben.
- Alle Zellen innerhalb der Spalten *Jan* bis *Dez* werden per Formel als Datum des angegebenen Jahres berechnet (auch der Februar enthält die richtige Anzahl an Tagen) und dank benutzerdefiniertem Format lediglich als Tageswert angezeigt.
- Eine bedingte Formatierung zeigt Wochenenden, Feiertage und Urlaubstage in unterschiedlichen Farben an, wenn in den Zellen O5:O7 der Wert *WAHR* eingegeben wird.

Fügen Sie dem Arbeitsblatt ein Drehfeld zur Jahresauswahl hinzu. Gehen Sie hierzu wie folgt vor (beachten Sie auch die Reihenfolge in Abbildung 18.3):

1. Wählen Sie die Befehlsfolge *Entwicklertools/Steuerelemente/Einfügen/Formularsteuerelemente/Drehfeld.*
2. Wie bei allen Steuerelementen wird der Mauszeiger nach Auswahl des entsprechenden Symbols zu einem Fadenkreuz. Klicken Sie an die Stelle, an der das Steuerelement eingefügt werden soll, und ziehen Sie mit gedrückter linker Maustaste einen Rahmen für das Steuerelement auf.

   Erstellen Sie das Drehfeld rechts neben der Jahreszahl im Bereich C5:C6.
3. Klicken Sie mit der rechten Maustaste auf das Drehfeld [1] und wählen Sie den Befehl *Steuerelement formatieren* [2].
4. Legen Sie als *Minimalwert* den Wert 2013, als *Maximalwert* den Wert 2020 und als *Zellverknüpfung* die Zelle mit dem Namen *auswahlJahr* fest [3].

   Die Zellverknüpfung verweist durch den Bereichsnamen *auswahlJahr* auf das Blatt *Freie Tage*, da dort die Jahreszahl zur korrekten Ermittlung der Feiertage benötigt wird und in den nächsten Abschnitten weitere Arbeitsblätter auf diese Zelle verweisen werden.

5. Tragen Sie in Zelle B5 die Formel `=auswahlJahr` ein, damit das ausgewählte Jahr auch hier angezeigt wird.

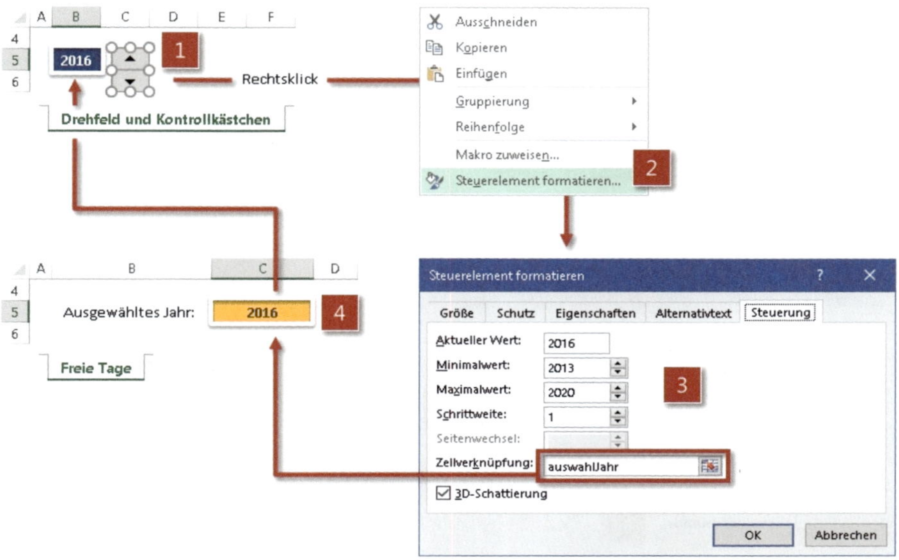

Abbildung 18.3: Die Eigenschaften des Drehfeldes zur Jahresauswahl

Das eingefügte Drehfeld erlaubt Ihnen nun, die Jahreszahl per Klick auf das Drehfeld im Bereich von *2013* bis *2020* einzustellen. Sinnvoll sind Drehfelder beispielsweise auch bei der Angabe von Bestellmengen, bei denen es Mindestbestellmengen oder auch maximale Abgabemengen geben kann, oder auch zum Wechsel des Arguments *Spaltenindex* beim Einsatz der Funktion SVERWEIS.

Einfach per Klick: Bedingte Formatierung mit Kontrollkästchen steuern

Beim Auswählen der anzuzeigenden freien Tage soll ebenfalls auf die manuelle Eingabe von Werten *(Ja/Nein, 1/0, Wahr/Falsch)* verzichtet werden. Für die Darstellung dieser klassischen *Ein/Aus-Bedingungen* bieten sich Kontrollkästchen an.

Kontrollkästchen anlegen und positionieren

Erstellen Sie für die Anzeige von Wochenenden, Feier- und Urlaubstagen jeweils ein Kontrollkästchen und platzieren Sie es direkt auf den vorbereiteten farbigen Flächen (Abbildung 18.4 zeigt die exakte Reihenfolge zum Positionieren):

1. Erstellen Sie über die Befehlsfolge *Entwicklertools/Steuerelemente/Einfügen/Formularsteuerelemente* ein Kontrollkästchen.
2. Klicken Sie das eingefügte Kontrollkästchen in der linken oberen Ecke seines Markierungsrahmens [1] an und ziehen Sie den Rahmen mit gedrückter `Alt`-Taste in die linke obere Ecke der grauen Zelle E5 [2]. Die `Alt`-Taste sorgt dafür, dass sich das Kontrollkästchen an den darunter liegenden Zellrändern ausrichtet.

3. Verfahren Sie genauso mit der unteren rechten Ecke des Markierungsrahmens [3]. Ziehen Sie sie mit gedrückter `Alt`-Taste auf die untere rechte Ecke der grauen Zelle G5 [4].

Damit haben Sie das erste Kontrollkästchen direkt vor und über dem grauen Eintrag für die Wochenenden positioniert [5].

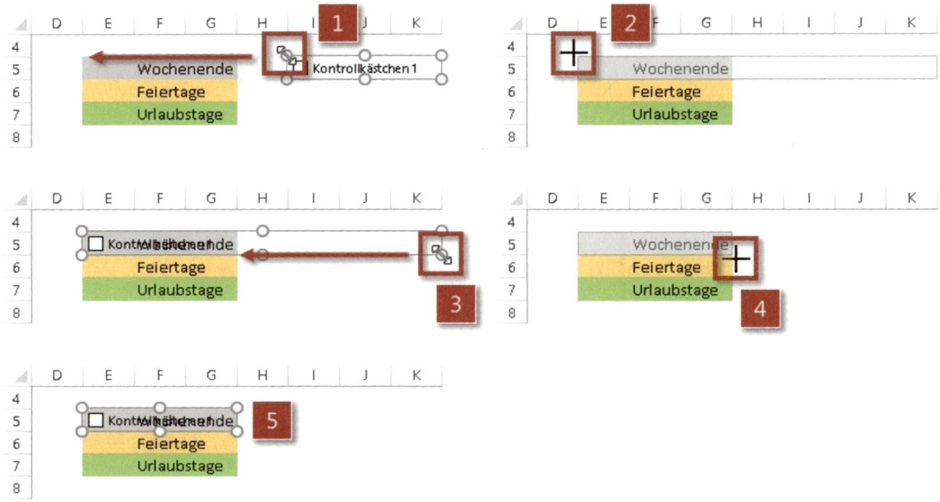

Abbildung 18.4: Positionierung des Kontrollkästchens auf der Zelle E5 mit gedrückter `Alt`*-Taste*

Kontrollkästchen mit Zellentext »beschriften«

Problematisch ist jetzt allerdings, dass die Bezeichnung *Kontrollkästchen 1* über dem Wort *Wochenende* steht. Die Bezeichnung soll deshalb entfernt werden. Gehen Sie hierzu wie folgt vor:

1. Klicken Sie mit der rechten Maustaste auf das eingefügte Kontrollkästchen.
2. Wählen Sie im Kontextmenü den Eintrag *Text bearbeiten*.
3. Löschen Sie den Text *Kontrollkästchen 1* mit `Entf`.
4. Klicken Sie auf eine beliebige Zelle, um das Kontrollkästchen zu aktivieren.

Da Sie das Kontrollkästchen über dem gesamten Bereich der Zellen E5 und F5 positioniert haben, reicht nun ein Klick auf die graue Fläche, um das Kontrollkästchen ein- oder auszuschalten.

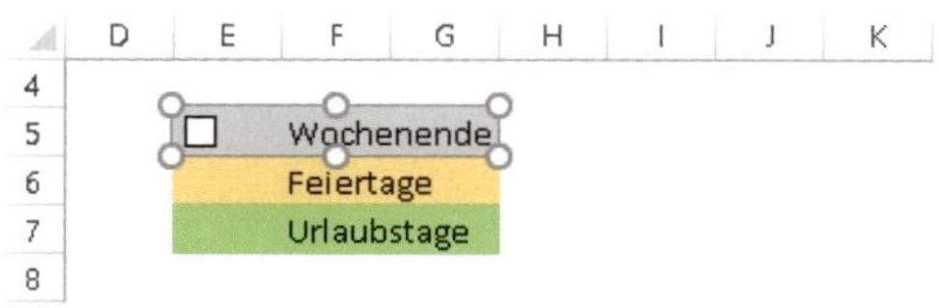

Abbildung 18.5: Das fertige Kontrollkästchen ohne eigenen Text lässt den darunter liegenden Text durchscheinen

Tipp Üblicherweise werden Kontrollkästchen mit dem Text beschriftet, der innerhalb des Markierungsrahmens steht. Allerdings lässt sich dieser Text nicht formatieren (bei einem ActiveX-Steuerelement wäre dies möglich). Die Formatierung des unter dem Steuerelement liegenden Zellentextes kann jedoch Ihren Anforderungen entsprechend angepasst werden. Das Löschen des Steuerelementtextes gibt dann den Blick auf den darunter stehenden und formatierten Zellentext frei.

Durch das exakte Positionieren über der gesamten »Beschriftungszelle« ergibt sich zudem ein großer komfortabler Klickbereich zur Bedienung des Steuerelements.

Einmal für alle: Die Eigenschaften des Kontrollkästchens festlegen

Bevor Sie das Kontrollkästchen für die Feier- und Urlaubstage kopieren, empfiehlt es sich, gleich noch weitere Eigenschaften festzulegen. Sie ersparen sich dadurch das separate Festlegen der Eigenschaften bei jedem weiteren Kontrollkästchen.

1. Klicken Sie erneut mit der rechten Maustaste auf das eingefügte Kontrollkästchensteuerelement und wählen Sie den Befehl *Steuerelement formatieren*.
2. Wählen Sie im Dialogfeld *Steuerelement formatieren* auf der Registerkarte *Steuerung* bei Bedarf die Option *3D-Schattierung*.
3. Anschließend legen Sie die Zelle fest, die den Status des Kontrollkästchens (aktiviert oder deaktiviert) zeigt. Klicken Sie hierfür in das Feld *Zellverknüpfung* und anschließend auf die Zelle O5, die daraufhin als absolute Zellposition *$O$5* im Dialogfeld eingetragen wird.
4. Schließen Sie das Dialogfeld mit [↵].

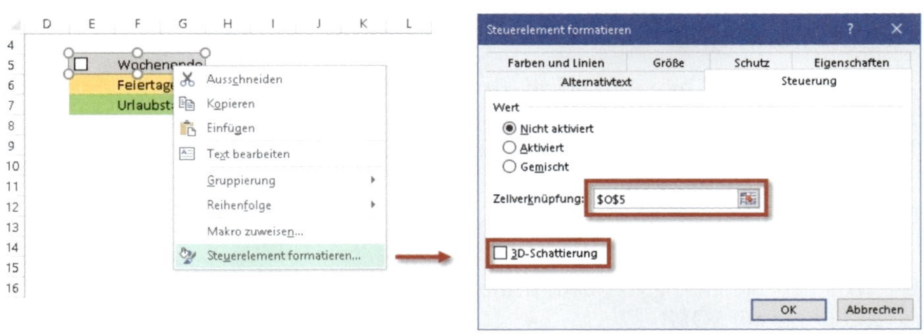

Abbildung 18.6: Die Eigenschaften des ersten Kontrollkästchens festlegen

Nachdem Sie das Kontrollkästchen durch Klick auf eine beliebige Zelle funktionsfähig gemacht haben, wird der Status *WAHR* für *aktiviert* und *FALSCH* für *deaktiviert* in der Zelle O5 angezeigt. Das erste Kontrollkästchen ist damit fertig und kann als Kopiervorlage verwendet werden.

Mit dem Aktivieren und Deaktivieren des ersten Kontrollkästchens können Sie nun die bedingte Formatierung der Wochenenden ein- und ausschalten.

Zeit sparen: Das Kontrollkästchen für weitere Entscheidungen kopieren und einfügen

Das fertige Kontrollkästchen kopieren Sie wie folgt:

1. Klicken Sie mit der rechten Maustaste auf das Kontrollkästchen und wählen Sie den Befehl *Kopieren*.
2. Fügen Sie mit [Strg]+[V] eine Kopie des Kontrollkästchens ein. Es hat die gleichen Eigenschaften wie das Original.
3. Positionieren Sie das neue Kontrollkästchen durch Ziehen mit gedrückter [Alt]-Taste über den nächsten Zellen.
4. Wiederholen Sie die Schritte 2 und 3 auch für das dritte Kontrollkästchen.

Tipp Falls Sie geübt im Umgang mit Maus und Tastatur sind, können Sie das Kontrollkästchen auch kopieren, indem Sie es durch Ziehen mit gedrückter Tastenkombination [Strg]+[Alt] an die jeweils neue Position kopieren. [Strg] sorgt beim Ziehen mit der Maus dafür, dass das Kontrollkästchen kopiert wird, während [Alt] für die Ausrichtung an den Zellrändern sorgt.

Ein Klick auf eines der Kontrollkästchen führt jetzt allerdings dazu, dass alle Kontrollkästchen ihren Status ändern. Die Kontrollkästchen reagieren wie Drillinge. Das liegt daran, dass alle Kontrollkästchen die gleiche Verknüpfung auf Zelle O5 haben. Jedes Kontrollkästchen steht jedoch für eine andere Art von freien Tagen und soll eigenständig agieren können. Damit das funktioniert, passen Sie die Zellverknüpfungen an.

Die freien Tage einzeln anklickbar machen: Die Zellverknüpfung anpassen

Die Kontrollkästchen reagieren alle gleich, weil sie die Eigenschaften des ersten Kontrollkästchens geerbt haben.

Zum separaten »An- und Ausklicken« der unterschiedlichen freien Tage legen Sie für jedes Kontrollkästchen eine eigene Zellverknüpfung fest. Dazu müssen Sie jedoch nicht jedes Mal aufwendig die Eigenschaften abändern. Es geht auch einfacher:

1. Klicken Sie mit der rechten Maustaste auf das zweite Kontrollkästchen.
2. Ändern Sie die in der Bearbeitungsleiste angezeigte Zellverknüpfung von *$O$5* in *$O$6*.
3. Verfahren Sie analog mit dem dritten Kontrollkästchen und ändern Sie die Zellverknüpfung auf *$O$7*.

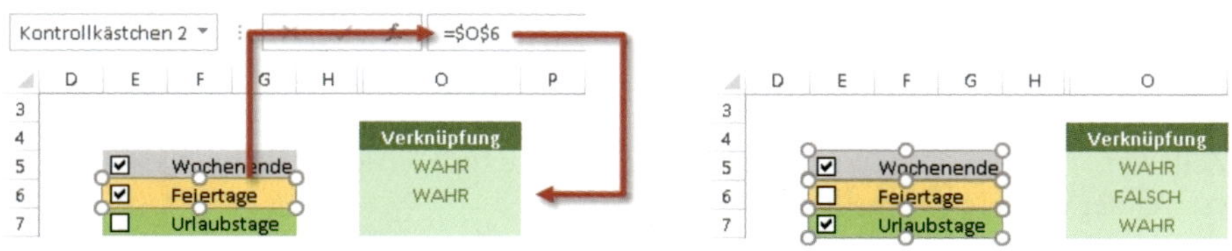

Abbildung 18.7: Anpassung der Zellverknüpfung und Ausblick auf die geänderten Verknüpfungen

Durch die beschriebene Vorgehensweise ersparen Sie sich bei jedem Kontrollkästchen das Öffnen des Eigenschaftendialogfeldes. Die notwendigen Anpassungen haben Sie damit im Handumdrehen erledigt.

Tipp Die hier gezeigte Vorgehensweise eignet sich auch für andere Steuerelemente.

- Legen Sie ein Steuerelement fest,
- definieren Sie alle Eigenschaften und
- verwenden Sie das Steuerelement als Kopiervorlage für weitere Exemplare.

Einzelwerte mit einem Listenfeld auswählen

Genauso wie mit verschiedenen Kontrollkästchen können auch mit einem Listenfeld unterschiedliche Elemente zur Auswahl bereitgestellt werden. Der Vorteil besteht bei einem Listenfeld darin, dass alle Einträge in einem einzigen Steuerelement zusammengefasst werden. Allerdings ist standardmäßig nur ein Element auswählbar.

Online Wenn Sie das Anlegen eines Listenfeldes selbst ausprobieren möchten, verwenden Sie in der Datei *Kap18_Formulare_UEB.xlsm* das Arbeitsblatt *Listenfeld einfach*.

Für die Anzeige der arbeitsfreien Tage im Kalender soll mittels Listenfeld angegeben werden, ob die Wochenenden *oder* die Feiertage *oder* die Urlaubstage optisch hervorzuheben sind. Definieren Sie hierfür das Listenfeld wie folgt:

1. Klicken Sie auf *Entwicklertools/Steuerelemente/Einfügen/Formularsteuerelemente/Listenfeld* und ziehen Sie das Listenfeld mit der Maus neben dem bereits vorhandenen Drehfeld auf.

2. Nach einem Rechtsklick auf das Listenfeld rufen Sie über den Befehl *Steuerelement formatieren* (siehe Abbildung 18.18 *[1]*) das Dialogfeld zur Steuerung des Listenfeldes auf.
3. Belassen Sie die *Markierungsart* auf *Einfach* [2].
4. Die anzuzeigenden Elemente legen Sie im Feld *Eingabebereich* fest. Verweisen Sie hier auf den Zellbereich *$P$5:$P$7* [3] mit den Einträgen *Wochenende, Feiertage* und *Urlaubstage*.
5. Geben Sie zum Schluss als *Zellverknüpfung* die Zelle *$O$5* [4] an.

Hinweis Excel legt Zellbezüge innerhalb von Dialogfeldern immer als absolute Zellbezüge mit Dollarzeichen an, wenn Sie die Zellen oder Zellbereiche mit der Maus auswählen.

Nach diesen Einstellungen und einem Klick in eine beliebige Zelle können Sie das Listenfeld testen: Die Auswahl eines Elements führt dazu, dass seine Position innerhalb des Listenfeldes in der Zelle O5 ausgegeben wird. Die im Arbeitsblatt bereits vorhandene *bedingte Formatierung* wertet diese Zelle aus und zeigt entsprechend der angegebenen Zahl die passende Formatierung im Kalender an.

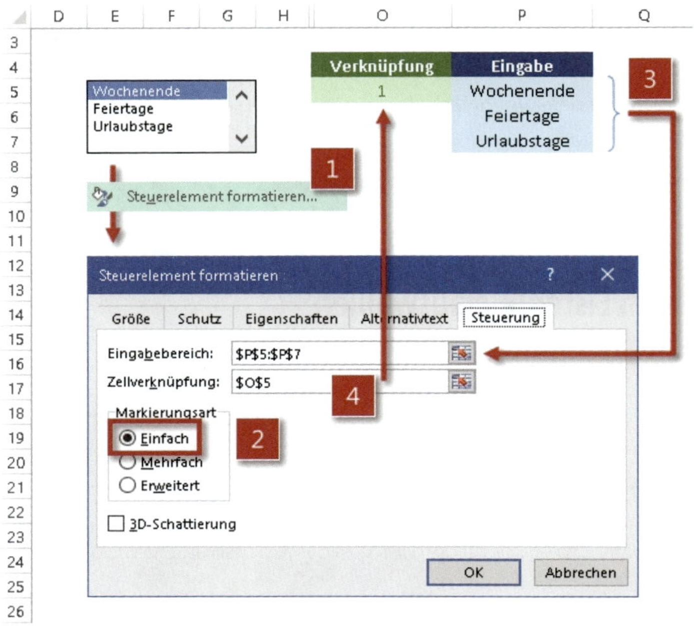

Abbildung 18.8: Die Einstellungen für das Listenfeld zur Auswahl eines einzelnen Elements

Listenfelder eignen sich bestens zur Auswahl einer einzigen aus mehreren angebotenen Möglichkeiten. Setzen Sie Listenfelder beispielsweise zur Auswahl der Zahlweise innerhalb eines Bestellformulars ein oder erleichtern Sie sich die Auswahl unterschiedlicher Spesensätze auf Ihrer Reisekostenabrechnung.

Die gleichzeitige Auswahl mehrerer Elemente, wie Sie sie bei den Kontrollkästchen im vorangegangenen Abschnitt kennengelernt haben, ist bei einem Listenfeld standardmäßig nicht möglich, da die Zellverknüpfung immer nur einen einzigen Wert in eine einzelne Zelle übergibt. Wie Sie eine Mehrfachauswahl mittels Listenfeld trotzdem realisieren können, erfahren Sie im folgenden Abschnitt.

Mehrere Elemente gleichzeitig auswählen

Bei einer Rechnung kann es durchaus vorkommen, dass ein Kunde zusätzlich zu einem Mengenrabatt auch noch einen Skonto bei fristgemäßer Zahlung und einen Versandkostenerlass aufgrund des Rechnungsbetrags erhält. In diesem Fall sind drei unterschiedliche Nachlässe parallel zu berücksichtigen.

Im Kalenderbeispiel verhält es sich ähnlich: Im Kalender sollen – je nach Auswahl – die Wochenenden *und/oder* die Feiertage *und/oder* die Urlaubstage hervorgehoben werden.

Online Für diese Aufgabe ist in der Datei *Kap18_Formulare_UEB.xlsm* das Arbeitsblatt *Listenfeld mehrfach* vorgesehen.

Bevor Sie ein neues Listenfeld erzeugen und seine Eigenschaften festlegen, sollten Sie sich noch etwas Zeit für die Erstellung eines Namens nehmen. Sehr leicht kann nämlich ein falscher Zellbezug im Eingabebereich eines Listenfeldes dafür sorgen, dass Elemente nicht in der Liste auftauchen. Vergeben Sie deshalb, wie in Abbildung 18.9 zu sehen, für den Zellbereich P5:P7 den Namen `listeFreieTage` [1].

Tipp Besonders hilfreich sind Namen, wenn die benannten Zellen auf einem anderen Arbeitsblatt als das Formularsteuerelement stehen. Durch das Verwenden des Namens im Feld *Eingabebereich* wissen Sie immer ganz genau, welcher Zellbereich als Basis verwendet wird. Außerdem können Sie den gewünschten Bereich durch Auswahl des Namens im Namenfeld direkt anspringen und bei Bedarf kontrollieren. Für weitere Informationen zu Namen lohnt sich ein Blick in Kapitel 13.

Nachdem Sie den Namen erstellt haben, geht es jetzt mit dem Listenfeld weiter:

1. Ziehen Sie nach Klicken auf *Entwicklertools/Steuerelemente/Einfügen/Formularsteuerelemente/Listenfeld* ein Listenfeld auf.
2. Nach einem Rechtsklick auf das Listenfeld wählen Sie den Befehl *Steuerelement formatieren* [2] und aktivieren im Dialogfeld die Registerkarte *Steuerung*.
3. Stellen Sie die *Markierungsart* auf *Mehrfach* [3].
4. Im Feld *Eingabebereich* reicht die Angabe des Namens *listeFreieTage* [4].

Hinweis Das Übernehmen von Namen mit der Taste F3 ist an dieser Stelle leider nicht möglich. Ebenso können Sie bei geöffnetem Dialogfeld nicht auf die Befehle der Registerkarte *Formeln* im Menüband zugreifen.

---

5. Das Feld *Zellverknüpfung* 5 bleibt dieses Mal leer.

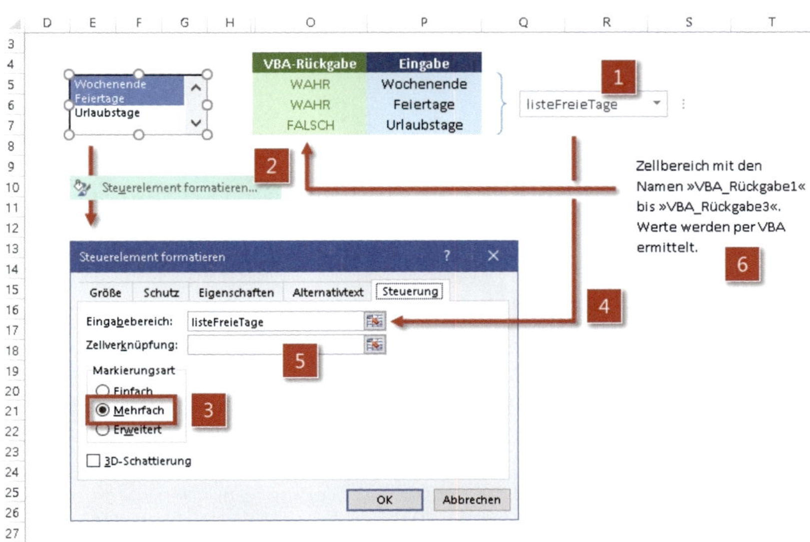

Abbildung 18.9: Die Einstellungen für das Listenfeld zur Auswahl mehrerer Elemente

Das Listenfeld verhält sich jetzt schon wie gewünscht: Per Klick auf ein Listenelement wird dieses aktiviert oder deaktiviert und auch die Auswahl mehrerer Elemente ist möglich. Allerdings gibt es noch keine Zelle(n), die die Auswahl des Listenfeldes dokumentieren. Hierzu ist ein klein wenig VBA-Code notwendig.

Hinweis Der benötigte VBA-Code ist in der Arbeitsmappe *Kap18_Formulare_UEB.xlsm* bereits enthalten. Aus diesem Grund handelt es sich bei der Übungsdatei nicht um eine XLSX-Datei, sondern um eine XLSM-Datei mit Makrocode. Wenn Sie tiefer in die Welt der Makroprogrammierung einsteigen möchten, empfiehlt sich ein Blick in Kapitel 31 dieses Handbuchs.

Das Makro prüft, ob ein Listenelement ausgewählt wurde. Ist dies der Fall, schreibt das Makro den Wert WAHR, andernfalls den Wert FALSCH in die Zellen mit den Namen *VBA_Rückgabe1* bis *VBA_Rückgabe3*. Diese Bereichsnamen sind in der Übungsdatei ebenfalls schon definiert (siehe Abbildung 18.9 [6]).

```
(Allgemein)                    Listenfeld_auswerten

Sub Listenfeld_auswerten()

'Variablen deklarieren
Dim intCounter As Integer
Dim myWB As Workbook
Dim myWS As Worksheet
Dim myLB As ListBox

'Objektvariablen setzen
Set myWB = ThisWorkbook
Set myWS = myWB.Worksheets("Listenfeld mehrfach")
Set myLB = myWS.ListBoxes("List Box 1")

    'Durchlaufe alle Einträge der Liste
    For intCounter = 1 To myLB.ListCount
        'Wenn der Eintrag ausgewählt ist
        If myLB.Selected(intCounter) = True Then
            'dann schreibe WAHR in den Bereich "VBA_Rückgabe" & intCounter
            myWS.Range("VBA_Rückgabe" & intCounter).Value = True
        Else
            'ansonsten schreibe FALSCH in den Bereich "VBA_Rückgabe" & intCounter
            myWS.Range("VBA_Rückgabe" & intCounter).Value = False
        End If
    Next intCounter

'Objektvariablen freigeben
Set myWB = Nothing
Set myWS = Nothing
Set myLB = Nothing

End Sub
```

Abbildung 18.10: Beispielhafte Prozedur zur Auswertung der Mehrfachauswahl eines Listenfeldes

---

Tipp Im VBA-Code der Beispielarbeitsmappe ist der Name des Listenfeldes (siehe Abbildung 18.11 [1]) mit *List Box 1* angegeben. Möglicherweise hat das von Ihnen eingefügte Listenfeld aber einen anderen Namen erhalten. Wie das von Ihnen eingefügte Listenfeld heißt, sehen Sie im Aufgabenbereich *Auswahl* [2], den Sie über *Start/Bearbeiten/Suchen und Auswählen/Auswahlbereich* aktivieren.

Sobald Sie Ihr Listenfeld mit der rechten Maustaste anklicken, wird der Name des Listenfeldes grün unterlegt [3]. Nach einem zweiten Klick (kein Doppelklick) auf den Namen können Sie ihn überschreiben.

Alternativ dazu können Sie auch den Namen im VBA-Code anpassen, damit VBA-Code und Listenfeldbezeichnung zusammenpassen.

Vorübergehend nicht benötigte Steuerelemente können Sie mit einem Klick auf das Augensymbol [4] ausblenden.

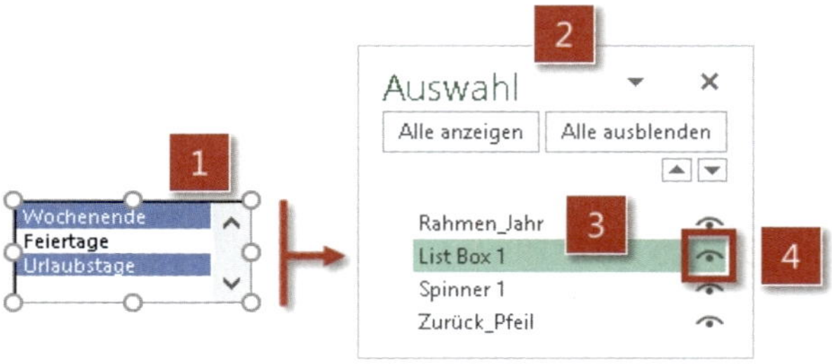

Abbildung 18.11: Jedem Steuerelement kann ein eigener Name zugewiesen werden

---

Bei jedem Klick auf das Listenfeld soll mithilfe des VBA-Codes überprüft werden, welche Listenelemente ausgewählt sind. Dazu muss das Listenfeld mit dem Makro »verbunden« werden. Gehen Sie hierfür wie in Abbildung 18.12 gezeigt vor:

1. Zeigen Sie durch einen Rechtsklick auf das Listenfeld das Kontextmenü an.
2. Wählen Sie den Befehl *Makro zuweisen* [1].
3. Im Dialogfeld *Makro zuweisen* klicken Sie auf das Makro *Listenfeld_auswerten* [2] und schließen dann das Dialogfeld mit *OK* [3].

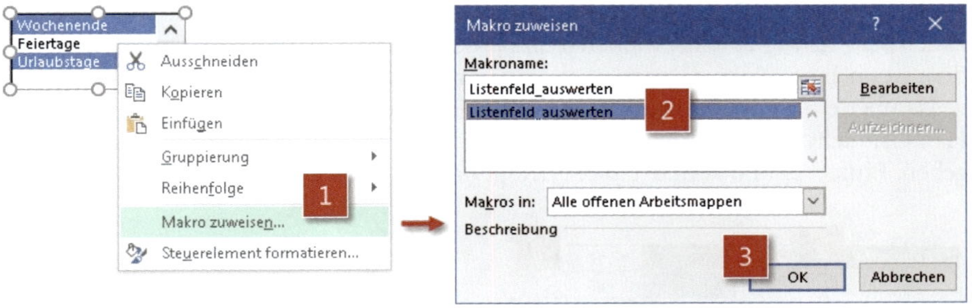

Abbildung 18.12: Das Listenfeld wird per Dialogfeld mit dem Makro verbunden

Durch die Zuweisung des Makros zum Listenfeld wird das Makro ab sofort bei jedem Klick auf das aktivierte Listenfeld ausgeführt. Abbildung 18.13 zeigt den genauen Ablauf: Die Auswahl des Listenfeldes [1] wird per VBA-Code analysiert und die passenden Rückgabewerte werden in die vorbereiteten Zellen [2] übertragen. Die Rückgabewerte werden von der bedingten Formatierung ausgewertet und die Zellen entsprechend der Auswahl eingefärbt [3].

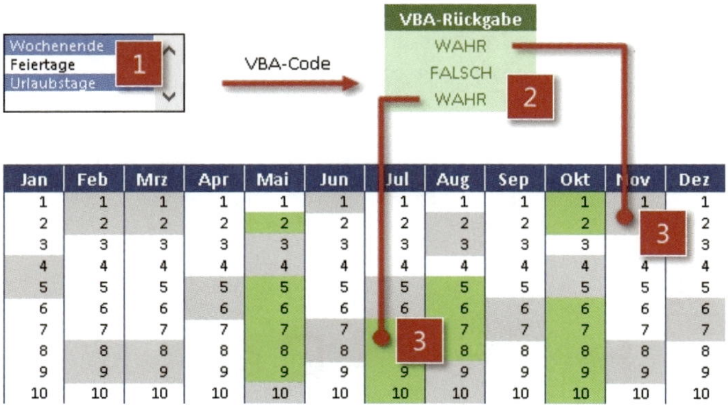

Abbildung 18.13: Die Mehrfachauswahl im Listenfeld bestimmt die Darstellung des Kalenders

In Zukunft reicht Ihnen bei der Auswahl unterschiedlicher Elemente ein Listenfeld mit Mehrfachauswahl. Das mehrfache Anlegen unterschiedlicher Kontrollkästchen ist damit – abhängig von der Aufgabenstellung – nicht mehr notwendig.

Mit einer Bildlaufleiste einen Schwellenwert innerhalb vorgegebener Grenzen steuern

Welche Filiale hat mehr als 30 % Personalkosten? Bei welcher Maschine lag die durchschnittliche Ausschussquote unter 8 %? Welche Verkäufer hatten über 140.000 Euro Provisionsvolumen? Solche Grenzwerte haben bei der betriebswirtschaftlichen Betrachtung von Daten sehr häufig eine im wahrsten Sinne des Wortes bestimmende Funktion. Insbesondere wenn beispielsweise auch noch erkennbar wird, wie viele Werte unter beziehungsweise über einem Schwellenwert liegen. Das Eingeben von unterschiedlichen Werten per Hand ist nicht nur sehr mühsam, unter Umständen wird auch mal ein falscher Wert eingegeben. Einfacher und komfortabler erledigt das eine *Bildlaufleiste*.

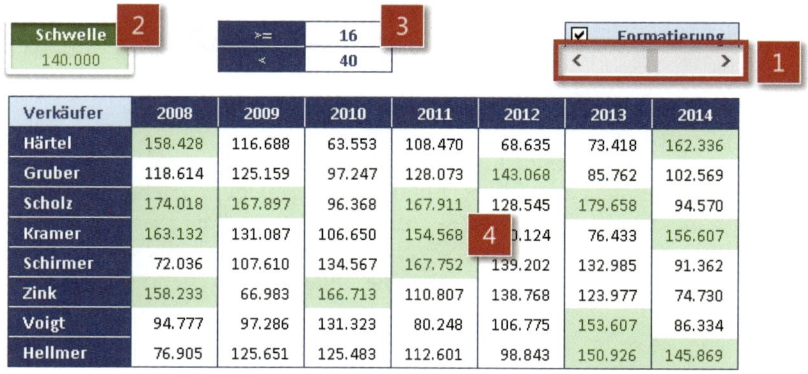

Verkäufer	2008	2009	2010	2011	2012	2013	2014
Härtel	158.428	116.688	63.553	108.470	68.635	73.418	162.336
Gruber	118.614	125.159	97.247	128.073	143.068	85.762	102.569
Scholz	174.018	167.897	96.368	167.911	128.545	179.658	94.570
Kramer	163.132	131.087	106.650	154.568	[illegible].124	76.433	156.607
Schirmer	72.036	107.610	134.567	167.752	139.202	132.985	91.362
Zink	158.233	66.983	166.713	110.807	138.768	123.977	74.730
Voigt	94.777	97.286	131.323	80.248	106.775	153.607	86.334
Hellmer	76.905	125.651	125.483	112.601	98.843	150.926	145.869

Abbildung 18.14: Vorschau auf das Ergebnis: Die Bildlaufleiste [1] steuert den Schwellenwert [2] für die Berechnungen [3] und die bedingte Formatierung [4]

Online Nutzen Sie für diese Aufgabe das Arbeitsblatt *Bildlaufleiste*.

- In den Zellen E5 und E6 wird über die Funktion ZÄHLENWENN die Anzahl der Werte ermittelt, die größer oder gleich beziehungsweise kleiner als der Schwellenwert sind.
- Die bedingte Formatierung (siehe Abbildung 18.15) wird nur angezeigt, wenn das Kontrollkästchen *Formatierung* aktiviert ist, und hebt all diejenigen Werte grün hervor, die über dem in Zelle B6 vorgegebenen Schwellenwert liegen.

Abbildung 18.15: Die bedingte Formatierung zur optischen Hervorhebung der Werte

Verwenden Sie zur Auswahl des Schwellenwerts eine Bildlaufleiste. Fügen Sie sie wie folgt in Ihr Arbeitsblatt ein (beachten Sie auch die Reihenfolge in Abbildung 18.16):

1. Ziehen Sie nach Klicken auf *Entwicklertools/Steuerelemente/Einfügen/Formularsteuerelemente/Bildlaufleiste* das Steuerelement mit gedrückter Alt-Taste über den Zellen H6:I6 auf (die genaue Positionierung von Steuerelementen ist weiter vorn in diesem Kapitel im Abschnitt »Kontrollkästchen anlegen und positionieren« beschrieben).

Tipp Wenn Sie beim Erstellen der Bildlaufleiste das Steuerelement in die Breite ziehen, erhalten Sie eine horizontale Bildlaufleiste. Ziehen Sie die Bildlaufleiste in die Höhe, um eine vertikal verlaufende Bildlaufleiste zu bekommen.

2. Rufen Sie mit einem Rechtsklick auf die Bildlaufleiste das Kontextmenü auf und wählen Sie den Befehl *Steuerelement formatieren* [1].
3. Nehmen Sie auf der Registerkarte *Steuerung* folgende Einstellungen vor [2]:
   - Stellen Sie den *Minimalwert* auf *60*,
   - den *Maximalwert* auf *180*,
   - die *Schrittweite* auf *1* und
   - den *Seitenwechsel* auf *10* ein.
   - Legen Sie als *Zellverknüpfung* die Zelle K6 fest.
4. Schließen Sie das Dialogfeld mit *OK*.

Feld	Beschreibung
Minimalwert	Kleinster per Bildlaufleiste einstellbarer Wert
Maximalwert	Größter per Bildlaufleiste einstellbarer Wert
Schrittweite	Veränderung des Ausgabewerts, wenn auf die Pfeilschaltflächen geklickt wird
Seitenwechsel	Veränderung des Ausgabewerts, wenn innerhalb der Bildlaufleiste geklickt wird

Tabelle 18.2: Felder zur Steuerung der Bildlaufleiste und ihre Bedeutung

Wichtig Für den Minimal- und den Maximalwert sind Zahlen im Bereich von *0* bis *30.000* zugelassen. Die Eingabe anderer Werte führt zur Anzeige einer Fehlermeldung.

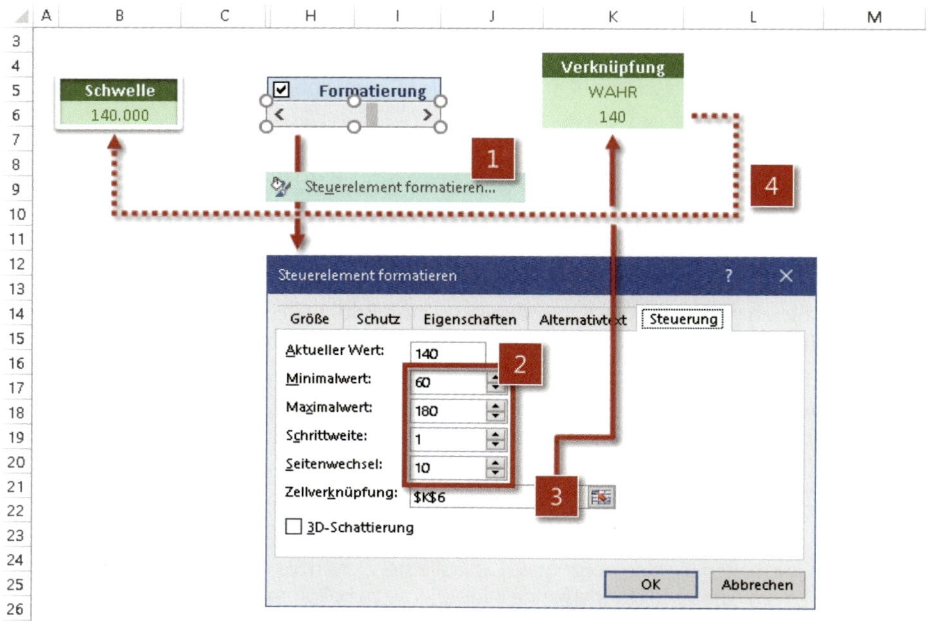

Abbildung 18.16: Die Steuerung der Bildlaufleiste

5. Berechnen Sie in Zelle B6 die »korrekte« Schwelle mit der Formel =K6*1000.

Tipp Warum wurde als Minimalwert *60* und als Maximalwert *180* gewählt?

Die Zahlen innerhalb der Tabelle bewegen sich alle im Bereich zwischen 60.000 und 180.000. Da die Bildlaufleiste nur Werte bis maximal 30000 angeben kann, muss hier ein kleiner Trick angewendet werden:

Es werden nur die vollen Tausenderwerte von 60 bis 180 angegeben und in der eigentlichen Zielzelle B6 wieder mit 1000 multipliziert. Die Bildlaufleiste bleibt damit im zulässigen Bereich, die weiteren Berechnungen können aber trotzdem auf die höheren Werte zugreifen. Die Zellverknüpfung stellt in diesem Fall nur einen Zwischenschritt dar.

Wenn Sie den Schwellenwert in 500er-Schritten verändern wollen, setzen Sie den *Minimalwert* auf *120*, den *Maximalwert* auf *360* und ändern die Formel in B6 auf =K6*500.

Wenn nur ein Eintrag passt: Das Kombinationsfeld nutzen

Ein Kombinationsfeld ist das richtige Steuerelement, wenn Sie ein einzelnes Element aus einer ganzen Liste von Elementen auswählen und anzeigen wollen. Das Kombinationsfeld klappt nach jeder Auswahl wieder zu und zeigt auf Klick wieder die gesamte Liste an.

Online Verwenden Sie zum Nachvollziehen der folgenden Schritte das Arbeitsblatt *Mietwagen* in der Arbeitsmappe *Kap18_Formulare_UEB.xlsm*.

Erzeugen Sie im Formular *Mietwagenabrechnung* ein Kombinationsfeld zur gezielten Auswahl eines einzelnen Kunden. Gehen Sie dabei wie folgt vor und beachten Sie auch die Reihenfolge in Abbildung 18.18:

1. Ziehen Sie ein Kombinationsfeld im Zellbereich H5:J5 auf [1].
2. Klicken Sie mit der rechten Maustaste auf das Kombinationsfeld und wählen Sie im Kontextmenü den Befehl *Steuerelement formatieren*.
3. Formatieren Sie das Kombinationsfeld wie folgt:
   - Als *Eingabebereich* geben Sie den Bereichsnamen *listeKunden* an.
   - Die *Zellverknüpfung* legen Sie auf die Zelle M5 [2].
   - Die Anzahl der Dropdownzeilen erhöhen Sie auf 25.

Tipp Ein Kombinationsfeld kann pro Element nicht nur den Inhalt einer einzelnen Zelle, sondern bei Bedarf auch den Inhalt von mehreren Zellen gleichzeitig anzeigen. Erstellen Sie hierfür eine Hilfsspalte, in der Sie die benötigten Zellen per Formel verbinden und verwenden Sie diese Hilfsspalte als Eingabebereich (in der Beispielarbeitsmappe ist dies der Zellbereich mit dem Namen *listeKunden* auf dem Arbeitsblatt *Kundenliste*). Die »Zellenverbindung« erreichen Sie durch den Einsatz der Funktion VERKETTEN oder durch Verwendung des &-Zeichens.

---

4. Wechseln Sie im Dialogfeld *Steuerelement formatieren* zur Registerkarte *Eigenschaften*.
5. Entfernen Sie das Häkchen bei *Objekt drucken* (siehe Abbildung 18.17).

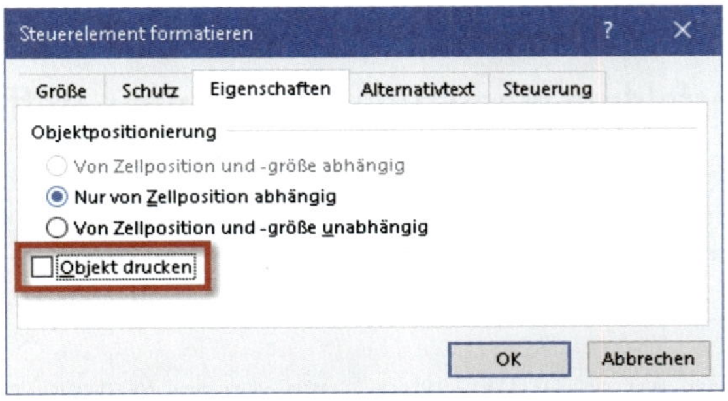

Abbildung 18.17: Das Kombinationsfeld wird nicht gedruckt, weil sein Inhalt im Ausdruck nicht benötigt wird

Im Beispiel wird das Kombinationsfeld zur Auswahl der Kunden benötigt. Die genauen Angaben zum Kunden werden in den Zellen H6:H10 [3] über die Funktionen INDEX und SVERWEIS aus der Kundenliste [4] ermittelt. Der Ausdruck des Kombinationsfeldes mit Angabe von Name und Ort ist nicht erforderlich und wird deshalb unterbunden. Aus diesem Grund kann es auch etwas »außer der Reihe« positioniert werden.

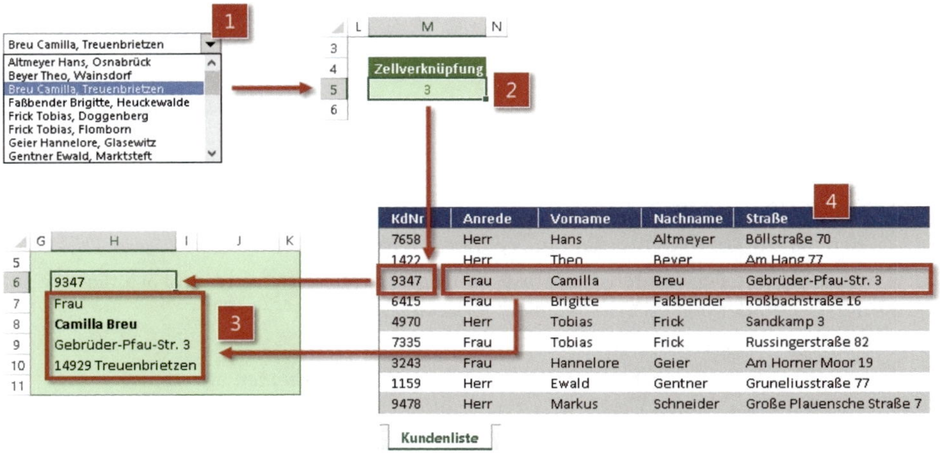

Abbildung 18.18: Von der Kundenauswahl im Kombinationsfeld zur kompletten Adresse

---

Tipp

Die *Eigenschaften* eines Steuerelements bestimmen neben dem Druckverhalten, ob ein Steuerelement frei beweglich ist oder zusammen mit einer Zelle verschoben und in der Größe angepasst wird.

Sie können beispielsweise in einer Tabellenspalte Kontrollkästchen verwenden, die zusammen mit ihren zugrunde liegenden Zellen verschoben werden, wenn die Tabelle sortiert wird. Wählen Sie hierfür die Eigenschaft *Nur von Zellposition abhängig*.

Verwenden Sie hingegen die Eigenschaft *Von Zellposition und -größe unabhängig*, wenn Sie erreichen möchten, dass beispielsweise ein Kombinationsfeld immer an der gleichen Stelle bleibt.

Nur eine geht: Mit Optionsfeldern eindeutige Festlegungen treffen

Weiter vorn in diesem Kapitel haben Sie bereits die Kontrollkästchen kennengelernt. Kontrollkästchen können aktiviert oder deaktiviert sein, schließen sich gegenseitig aber nicht aus. Anders verhalten sich Optionsfelder. Von ihnen kann pro Gruppe jeweils nur eines ausgewählt sein. Optionsfelder der gleichen Gruppe verwenden deshalb alle die gleiche Zelle für die Zellverknüpfung.

Der Wert, der in diese Zellverknüpfung geschrieben wird, hängt von der *Reihenfolge des Einfügens* der Optionsfelder ab:

- Das erste Optionsfeld schreibt den Wert *1* in die Zellverknüpfung.
- Das zweite Optionsfeld schreibt den Wert 2 in die Zellverknüpfung et cetera.

Wenn Sie zwei unabhängig voneinander funktionierende Optionsfeldgruppen auf Ihrem Arbeitsblatt benötigen, muss mindestens eine der beiden Gruppen in einem *Gruppenfeld* zusammengefasst werden.

Online Verwenden Sie für die nachfolgende Aufgabe in der Beispielarbeitsmappe *Kap18_Formulare_UEB.xlsm* das Arbeitsblatt *Mietwagen*. Für die gefahrene Route sind schon zwei Optionsfelder eingefügt worden, die ihren jeweiligen Wert an die Zelle M18 übergeben.

Fügen Sie für die gebuchte Versicherung drei zusammenhängende Optionsfelder ein. Folgende Schritte sind hierzu notwendig:

1. Ziehen Sie ein Gruppenfeld in dem für die Versicherungen vorgesehenen Zellbereich auf. Den links oben stehenden Text *Gruppenfeld1* können Sie durch eine Bezeichnung Ihrer Wahl ersetzen oder auch ganz löschen.

2. Platzieren Sie das erste Optionsfeld innerhalb des Gruppenfeldes und legen Sie für die *Zellverknüpfung* die Zelle M21 fest. Beschriften Sie das Optionsfeld mit `Basis`.
3. Erstellen Sie ein zweites Optionsfeld und fügen Sie es innerhalb des Gruppenfeldes ein. Verwenden Sie als Beschriftung `Komfort`. Die *Zellverknüpfung* des ersten Optionsfeldes wird dabei automatisch übernommen.
4. Wiederholen Sie Schritt 3 für das Optionsfeld `Premium`.

Tipp Wie Sie Formularfelder ohne Beschriftung erstellen und dadurch den darunter liegenden Zellentext als Beschriftung verwenden, lesen Sie im Abschnitt »Kontrollkästchen mit Zellentext »beschriften«« weiter vorn in diesem Kapitel.

Ein Klick auf eines der drei Optionsfelder schreibt nun den zugehörigen Wert in Zelle M21. Die bereits vorhandenen Optionsfelder außerhalb des Gruppenfeldes bleiben unverändert.

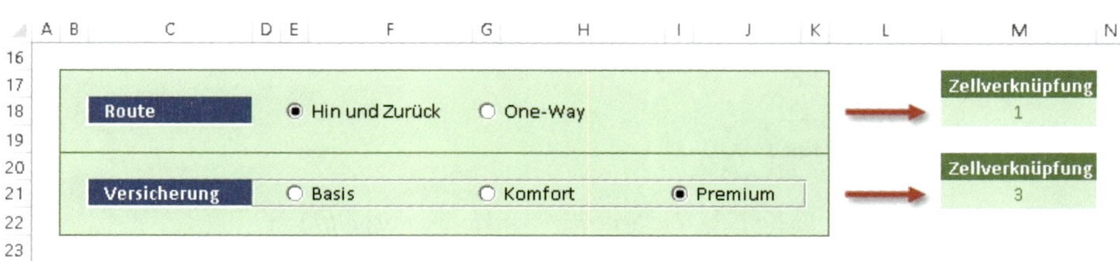

Abbildung 18.19: Die Optionsfelder sind durch das Gruppenfeld in zwei separate Bereiche unterteilt und erzeugen eigenständige Ergebnisse

---

Achtung Es kommt sehr genau darauf an, an welcher Stelle Sie ein Optionsfeld einfügen. Wenn Sie ein Optionsfeld zu einer Gruppe hinzufügen möchten, erstellen Sie es innerhalb des Gruppenfeldes. Ein außerhalb des Gruppenfeldes erstelltes Optionsfeld kann der Gruppe nicht mehr nachträglich hinzugefügt werden, auch nicht durch Hineinziehen.

Tipp Behalten Sie auch bei einer Vielzahl von Steuerelementen auf einem Arbeitsblatt den Überblick. Aktivieren Sie über die Befehlsfolge *Start/Bearbeiten/Suchen und Auswählen/Auswahlbereich* den Aufgabenbereich *Auswahl*. In ihm sind alle verwendeten Steuerelemente genauso wie Grafiken oder Zeichenformen aufgelistet.

Besonders benutzerfreundlich: Makros per Mausklick ausführen lassen

Makros sind VBA-Routinen, mit denen Sie mehrstufige Aufgaben zusammenfassen und durchführen können. Erleichtern Sie sich den Aufruf Ihrer Makros durch den Einsatz von Makroschaltflächen.

Im vorliegenden Beispiel sollen zwei Schaltflächen zur Anzeige der Druckvorschau und zum Drucken des Formulars eingebaut werden. Diese Aufgaben erledigen Sie in wenigen Schritten:

1. Erstellen Sie mit des Befehls *Schaltfläche* in der Gruppe *Formularsteuerelemente* eine Schaltfläche unterhalb des Formulars in Zeile 35.
2. Im Dialogfeld *Makro zuweisen* wählen Sie das in der Übungsdatei bereits vorhandene Makro *Druckvorschau* aus und bestätigen mit *OK*.
3. Nach einem Rechtsklick auf die neue Schaltfläche wählen Sie den Befehl *Text bearbeiten* und überschreiben die Textvorgabe mit `Druckvorschau`.
4. Wiederholen Sie die Schritte 1 bis 3 und fügen Sie eine Schaltfläche für den Direktdruck ein.

Sie haben aus Versehen die Schaltfläche mit dem falschen Makro verbunden? Mit einem Rechtsklick auf die Schaltfläche und der Auswahl des Befehls *Makro zuweisen* können Sie auch noch nachträglich das korrekte Makro auswählen.

Tipp Größe und Position einer Schaltfläche lassen sich nachträglich anpassen. Nach einem Rechtsklick wird die Schaltfläche von vier Eck- und vier Seitenziehpunkten umgeben.

Abbildung 18.20: Eck- und Seitenziehpunkte einer Schaltfläche

- Klicken Sie auf eine der Rahmenlinien, um die Schaltfläche zu positionieren. Zum exakten Ausrichten der Schaltfläche halten Sie die [Alt]-Taste gedrückt, damit sich die Schaltfläche an den darunter liegenden Zellrändern orientiert.
- Bei gedrückter [Strg]-Taste können Sie mit den Ziehpunkten die Schaltfläche um ihr Zentrum herum vergrößern und verkleinern.
- Die [⇧]-Taste sorgt dafür, dass Sie beim Ziehen an einem der vier Eckpunkte das bestehende Höhe-Breite-Verhältnis der Schaltfläche nicht verändern.

Diese Tastenkombinationen funktionieren bei allen Steuerelementen

ActiveX-Steuerelemente verwenden

ActiveX-Steuerelemente bieten eine Vielzahl von Eigenschaften, mit denen ihre Optik und ihr Verhalten gesteuert werden. Neben den Angaben von Farbe, Schriftart und -größe sind beispielsweise auch Zugriffstasten (*Accelerator)* für Kontrollkästchen oder Optionsfelder definierbar. Hier finden Sie auch die Eigenschaften für den Eingabebereich (*ListFillRange)* und die Zellverknüpfung (*LinkedCell)*.

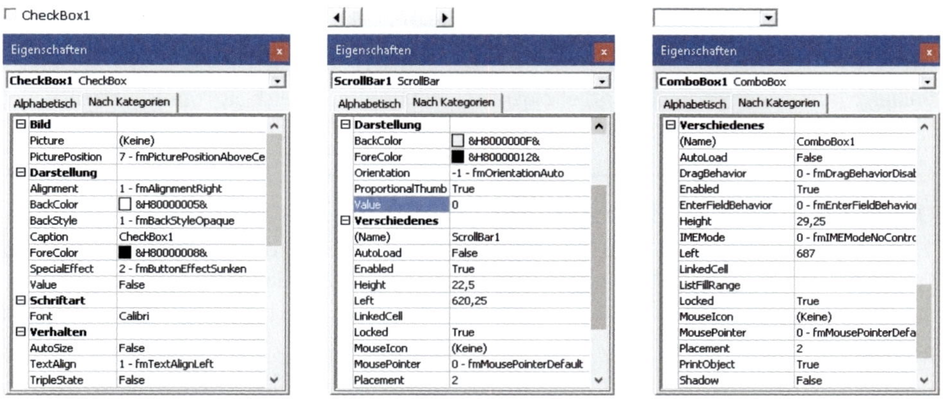

Abbildung 18.21: Beispielhafte Eigenschaften verschiedener ActiveX-Steuerelemente

Nach dem Einfügen eines ActiveX-Steuerelements wird automatisch der *Entwurfsmodus* aktiviert, in dem die Steuerelemente bearbeitet werden.

Zum Aufruf der Eigenschaften (siehe Abbildung 18.21) genügt ein Klick auf die Schaltfläche *Eigenschaften* im Menüband oder aber auch der Aufruf des entsprechenden Befehls über das Kontextmenü des ActiveX-Steuerelements.

Ein Klick auf die Schaltfläche *Entwurfsmodus* deaktiviert selbigen und gibt die ActiveX-Steuerelemente zur Verwendung frei.

Hinweis Der Maximalwert für Drehfeld und Bildlaufleiste der Formularsteuerelemente liegt jeweils bei 30.000. Der Maximalwert *Max* der entsprechenden ActiveX-Steuerelemente kann Werte bis 2.147.483.647 (Eingabe ohne Tausenderpunkt) aufnehmen. Eine Umrechnung von Werten, wie im Abschnitt »Mit einer Bildlaufleiste einen Schwellenwert innerhalb vorgegebener Grenzen steuern« beschrieben, erübrigt sich dadurch möglicherweise.

Unbeabsichtigte Änderungen vermeiden: Formulare schützen

Im Idealfall können in einem Formular nur noch die Zellen ausgewählt werden, in denen eine Eingabe vorgesehen ist. Auf einem ungeschützten Arbeitsblatt können jedoch auch Zellen mit Formeln ausgewählt, gelöscht oder auch Steuerelemente verschoben werden. Um dies zu verhindern, ist ein Zell- und Blattschutz einzurichten, der nur noch den Zugriff auf die Eingabezellen und die Steuerelemente erlaubt.

Online Verwenden Sie für die folgenden Schritte das Arbeitsblatt *Formularschutz* in der Beispielarbeitsmappe *Kap18_Formulare_UEB.xlsm*.

Den Formularschutz erreichen Sie mit folgenden Schritten:

1. Markieren Sie mit gedrückter Taste [Strg] die beiden Eingabezellen H14:H15 und alle Zellen, auf die eine Zellverknüpfung verweist: M5, M12, M18, M21 und M29.

Achtung Die Zellen mit den Zellverknüpfungen müssen ebenfalls zum »Entsperren« markiert werden, damit sie auch in einem geschützten Arbeitsblatt »offen« für die Aufnahme von Werten aus den Steuerelementen sind.

2. Klicken Sie auf *Start/Zellen/Format/Zellen sperren*, um den Zellschutz für die markierten Zellen aufzuheben.

   Wenn Sie das Menü der Schaltfläche *Format* nun nochmals aufklappen, ist das Schlosssymbol nicht mehr aktiviert. Die markierten Zellen sind somit nicht mehr gesperrt.

3. Nach Auswahl des Befehls *Start/Zellen/Format/Blatt schützen* belassen Sie im Dialogfeld *Blatt schützen* nur das Häkchen bei *Nicht gesperrte Zellen auswählen* und schließen dann das Dialogfeld mit *OK*.

   Durch das Deaktivieren des Kontrollkästchens *Gesperrte Zellen auswählen* verhindern Sie, dass Zellen angeklickt werden können, die nicht für die Eingabe von Werten oder als Zellverknüpfung vorgesehen sind.

Tipp An dieser Stelle kann ein Kennwort vergeben werden, das zum Aufheben des Blattschutzes erneut eingegeben werden muss. Ohne Kennwort sind dann keine Änderungen an der Formularstruktur mehr möglich.

Mit der [⇆]-Taste kann jetzt von einer nicht gesperrten Zelle zur nächsten nicht gesperrten Zelle gesprungen und in den Eingabezellen die *Anzahl der Miettage* und die *gefahrenen km* eingetragen werden. Die Berechnung im unteren Teil des Formulars ist gesperrt und damit vor unbeabsichtigten Veränderungen geschützt.

Tipp

Bei aktiviertem Blattschutz werden mit der [Tab]-Taste nicht nur die Eingabezellen, sondern auch die Zellen mit den Zellverknüpfungen angesprungen.

Idealerweise legen Sie die Zellverknüpfungen deshalb auf einem anderen Arbeitsblatt als auf dem Formularblatt an. Das »Verknüpfungsblatt« kann bei Bedarf sogar ausgeblendet werden, weil Zellverknüpfungen auch in ausgeblendeten Arbeitsblättern funktionieren (das Ausblenden von Arbeitsblättern ist in Kapitel 2 beschrieben). Auf dem Formular sind dann nur noch die Eingabezellen auswählund die Steuerelemente anklickbar.

Formulare verständlicher machen mit Kommentaren

Umfangreiche Excel-Dateien enthalten oft eine große Anzahl von Formeln und Zellbezügen. Da ist es gar nicht so einfach, den Überblick zu behalten und sich auch noch nach einiger Zeit daran zu erinnern, warum bestimmte Funktionen verwendet oder bestimmte Werte aus anderen Arbeitsblättern übernommen wurden.

Als »Gedächtnisstütze« für solche Fälle können Sie in Excel eigene Anmerkungen in Form von sogenannten *Kommentaren* hinzufügen. Neben der Erklärung von Formeln können Sie beispielsweise auch Benutzungshinweise für ein Formular oder auch Angaben zu Dateiaktualisierungen in Kommentaren hinterlegen. Erfahren Sie in diesem Abschnitt, wie Sie dazu vorgehen. Informationen zum Drucken von Kommentaren erhalten Sie in Kapitel 5.

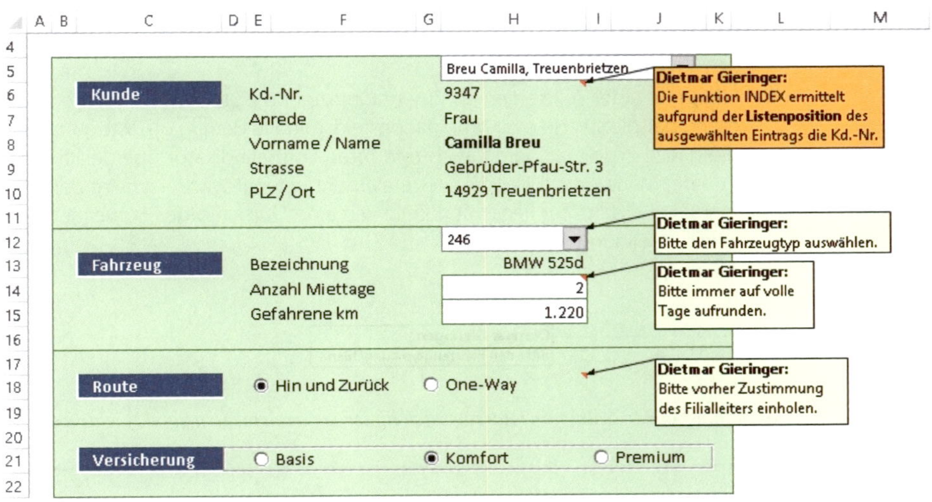

Abbildung 18.22: Vielfältiger Kommentareinsatz als Funktionserklärung, Auswahlhilfe, Eingabeanweisung oder Anmerkung

Wissen, worum es geht: Einen Kommentar einfügen

Kommentare werden in Excel jeweils einer einzelnen Zelle zugeordnet. Wird die Zelle kopiert oder verschoben, wandert der Kommentar mit. Zum Einfügen eines Kommentars wählen Sie eine der folgenden Möglichkeiten:

- Klicken Sie auf der Registerkarte *Überprüfen* in der Gruppe *Kommentare* auf die Schaltfläche *Neuer Kommentar.*
- Verwenden Sie die Tastenkombination [⇧]+[F2].
- Wählen Sie im Kontextmenü der jeweiligen Zelle den Befehl *Kommentar einfügen.*

Wichtig Am Anfang eines Kommentars steht in der Regel immer der Name des aktuellen Excel-Benutzers. Sie können diesen Namen über *Datei/Optionen/Allgemein* im Abschnitt *Microsoft Office-Kopie personalisieren* im Feld *Benutzername* ändern. Beachten Sie hierbei, dass sich diese Änderung nicht nur auf Excel, sondern auch auf die anderen Office-Anwendungen wie beispielsweise Word oder PowerPoint auswirkt.

Nach dem Einfügen können Sie sofort mit der Texteingabe beginnen. Einen Zeilenumbruch innerhalb eines Kommentars erhalten Sie durch Drücken der [↵]-Taste.

Beenden Sie die Texteingabe durch zweimaliges Drücken der [Esc]-Taste oder klicken Sie in eine beliebige Zelle.

Tipp Perfekte »QuickInfos« für Steuerelemente erstellen:

- Fügen Sie einer Zelle einen Kommentar hinzu und platzieren Sie ein Steuerelement, beispielsweise ein Kombinationsfeld, mithilfe der [Alt]-Taste so, dass es die ganze Zelle und damit auch den roten Formelindikator überdeckt. Wenn nun der Mauszeiger über das Steuerelement bewegt wird, erscheint der Kommentar der darunter liegenden Zelle wie eine QuickInfo des Steuerelements, wie in Abbildung 18.23 gezeigt.

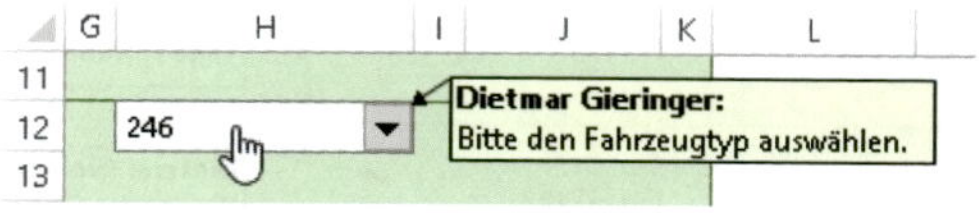

Abbildung 18.23: Zellkommentare werden hinter Steuerelementen zu »QuickInfos«

Hinweis

In einer freigegebenen Arbeitsmappe kann jeder Benutzer Kommentare einfügen. Ergänzt ein Benutzer einen bereits bestehenden Kommentar eines anderen Benutzers, wird sein Benutzername (aus den Excel-Optionen) dem Kommentar hinzugefügt (siehe Abbildung 18.24). Der Kommentar des vorherigen Benutzers kann dabei nicht geändert werden. Kommentare und Ergänzungen können damit dem jeweiligen Urheber eindeutig zugeordnet werden.

Abbildung 18.24: Ein Kommentar in einer freigegebenen Arbeitsmappe führt alle Kommentarbearbeiter auf

An die Gegebenheiten anpassen: Kommentare nachträglich ändern

Die Registerkarte *Überprüfen* enthält eine eigene Befehlsgruppe zur Steuerung von Kommentaren. Tabelle 18.3 zeigt eine Übersicht der einzelnen Schaltflächen.

Schaltfläche	Beschreibung
Neuer Kommentar	Fügt einer Zelle einen Kommentar hinzu. Wird nur angezeigt, wenn die aktive Zelle noch keinen Kommentar enthält.
Kommentar bearbeiten	Wechselt in den Kommentarbearbeitungsmodus. Wird nur angezeigt, wenn die aktive Zelle bereits einen Kommentar enthält.
Löschen	Löscht den auswählten Kommentar oder den Kommentar der ausgewählten Zelle
Vorheriger	Springt zum vorherigen Kommentar
Nächster	Springt zum nächsten Kommentar
Kommentar ein-/ausblenden	Zeigt den Kommentar der aktiven Zelle an oder blendet ihn aus
Alle Kommentare anzeigen	Zeigt alle Kommentare des aktuellen Arbeitsblattes an und aktiviert die Anzeige der Kommentare für alle Arbeitsblätter der aktuellen Arbeitsmappe oder umgekehrt
Freihandanmerkungen anzeigen	Zeigt Freihandmarkierungen an, die Sie auf einem Tablet-PC mit Touchfunktionalität eingefügt haben, oder blendet sie aus

Tabelle 18.3: Schaltflächen zum Anzeigen, Bearbeiten, Löschen und Wechseln von Kommentaren

Die eingangs erwähnte Tastenkombination ⇧+F2 hilft Ihnen auch beim Bearbeiten eines Kommentars weiter. Drücken Sie sie in einer bereits kommentierten Zelle, um sofort in den Modus zum Eingeben und Bearbeiten des Textes zu gelangen (Eingabemodus). Der Cursor blinkt dann am Ende des Textes.

Zum Löschen aller Kommentare in einem Arbeitsblatt klicken Sie auf die Schaltfläche *Alle auswählen*, um das komplette Arbeitsblatt zu markieren, und wählen anschließend den Befehl *Löschen* in den Kommentarwerkzeugen.

Einzelne Kommentare lassen sich mit den Schaltflächen zum Vor- oder Zurückspringen erreichen. Mit ihnen erreichen Sie auch Kommentare, die weit voneinander entfernt auf dem Arbeitsblatt verteilt sind und nicht auf den ersten Blick erkannt werden.

Unterschiede hervorheben: Kommentare formatieren

In Formelzellen helfen Kommentare auch noch nach Monaten, zu verstehen, wie die entsprechende Formel arbeitet. Und in einem Formular können Kommentare genaue Anweisungen geben, welche Werte in einer Zelle eingegeben werden sollen. Optisch können Sie solch unterschiedliche Arten von Kommentaren voneinander unterscheiden, wenn Sie ihnen etwa unterschiedliche Farben geben. Gehen Sie hierfür wie in Abbildung 18.25 gezeigt vor:

1. Wählen Sie den gewünschten Kommentar aus und klicken Sie mit der rechten Maustaste auf den Rahmen des Kommentars.
2. Mit dem Kontextmenübefehl *Kommentar formatieren* gelangen Sie zum gleichnamigen Dialogfeld.

   Alternativ können Sie das Dialogfeld auch über den Befehl *Start/Zellen/Format/Kommentar formatieren* aufrufen.
3. Auf der Registerkarte *Farben und Linien* stehen Ihnen nun unterschiedliche Farben [1] zur Verfügung.
4. Bei Auswahl der Option *Automatische Größe* [2] auf der Registerkarte *Ausrichtung* orientiert sich die Größe des Kommentarfeldes am vorhandenen Text. Bei Bedarf können Sie den Kommentartext durch Zeilenumbrüche mit der ↵-Taste strukturieren.
5. Das Schriftbild kann über die Registerkarte *Schrift* [3] verändert werden. Zum Formatieren einzelner Wörter sind diese allerdings vor dem Aufruf des Dialogfeldes zu markieren, ansonsten wird der gesamte Text formatiert.

Achtung Wenn Sie sich im Eingabemodus befinden, wird nur die Registerkarte *Schrift* [3] zum Formatieren von Text angezeigt.

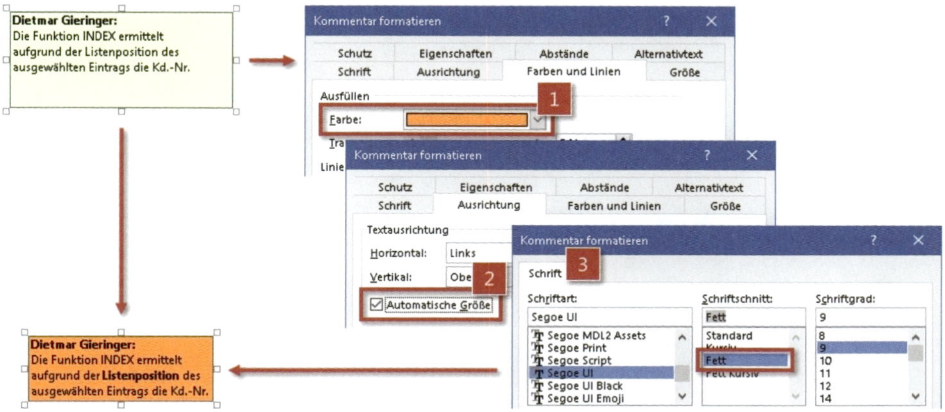

Abbildung 18.25: Kommentare lassen sich auch optisch umfangreich bearbeiten

Anzeigeoptionen für Kommentare

Das Erscheinungsbild von Kommentaren wird in den *Excel-Optionen* in der Kategorie *Erweitert* im Abschnitt *Anzeige* festgelegt. Die hier vorgenommene Einstellung gilt für alle Arbeitsmappen. Folgende Optionen stehen zur Verfügung:

- *Keine Kommentare und Indikatoren:* Es werden keine Kommentare und Indikatoren in den Arbeitsblättern angezeigt.
- *Nur Indikatoren, und Kommentare nur beim Draufzeigen:* Jede Kommentarzelle erhält ein rotes Dreieck als Hinweis auf einen vorhandenen Kommentar. Wenn Sie den Mauszeiger auf die Zelle bewegen, wird der Kommentar angezeigt (Standardeinstellung).
- *Kommentare und Indikatoren:* Es werden alle Indikatoren und alle Kommentare angezeigt.

Kapitel 19

Nie mehr falsche Werte: Daten bereits bei der Eingabe überprüfen

In diesem Kapitel:

Beim Auswerten von Listen ist es wichtig, dass die gewünschten Informationen auch gefunden werden. Das wird jedoch nicht selten erschwert durch fehlerhafte oder inkonsistente Dateneingabe. Hier ein Beispiel aus der Praxis, das dies deutlich macht: In der Inventarliste einer Ausstellung sollte die Anzahl der Fotografien ermittelt werden. Hätte hinter jedem Exponat die eindeutige Kennzeichnung »Fotografie« gestanden, wäre dies ein Leichtes gewesen. Doch die Liste war von mehreren Personen gepflegt worden und es gab die Einträge »Foto«, »Photografie«, »Photographie« oder nur »Fotogr.«. Damit war klar, mit ZÄHLENWENN können nicht alle Datensätze der Gruppe »Fotografie« gefunden werden.

Vermeiden Sie solche Probleme! Lassen Sie von Excel bereits bei der Dateneingabe eine *Datenüberprüfung* durchführen und so nur noch bestimmte Datentypen oder Werte zu. Stellen Sie sicher, dass in Zellen, mit denen gerechnet werden soll, auch tatsächlich nur Zahlen eingegeben werden. Helfen Sie anderen Personen bei der Bearbeitung der Listen durch Hinweise vor der Eingabe und Korrekturmeldungen bei Fehlern. Wie Sie dies bewirken, erfahren Sie in diesem Kapitel.

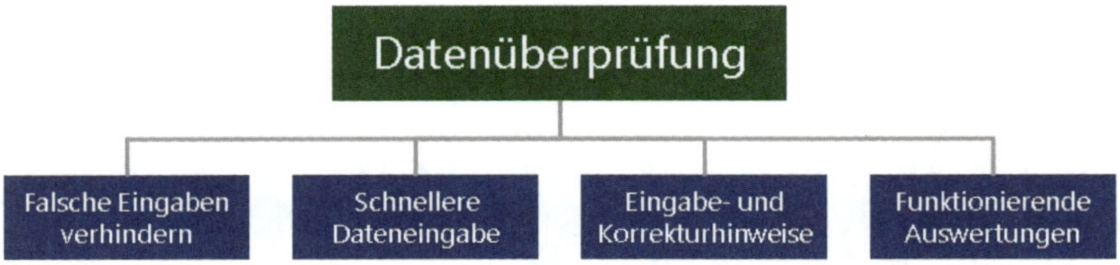

Abbildung 19.1: Vorteile der Datenüberprüfung

Wirklich immer korrekt: Excel die Dateneingabe überprüfen lassen

Tippfehler kennt wohl jeder, der schon einmal große Datenmengen eingeben musste. Sie sind nicht nur ärgerlich, sondern können beispielsweise auch dazu führen, dass Seminare nicht erfolgreich verlaufen, weil Teilnehmer nicht zur richtigen Zeit am richtigen Ort im richtigen Seminar sitzen.

Im ersten Beispiel für die Datenüberprüfung plant ein Unternehmen eine zweiwöchige Seminarreihe für die Mitarbeiter. Eine Seminarübersicht soll alle relevanten Daten aufführen, sodass alle wissen, wann und wo ihr Seminar ist.

Online Wenn Sie diese Aufgabe nachvollziehen möchten, verwenden Sie das Arbeitsblatt *Datum begrenzen* in der Übungsdatei *Kap19_Datenüberprüfung_UEB.xlsx*.

Zur richtigen Zeit: Datumseingaben beschränken

Als Erstes ist das jeweilige Seminardatum für jeden Mitarbeiter einzutragen. Alle Seminare finden zwischen dem 9. und dem 20. März 2015 statt. Diese beiden Datumswerte stehen in den Zellen I5 und I6. Termine außerhalb dieses Zeitraums sind nicht zulässig und sollen per Datenprüfung unterbunden werden. Gehen Sie wie folgt vor:

1. Markieren Sie den für die Datumswerte vorgesehenen Bereich – hier B6:B30.
2. Klicken Sie auf der Registerkarte *Daten* in der Gruppe *Datentools* auf den oberen Teil der Schaltfläche *Datenüberprüfung*.

3. In dem in Abbildung 19.2 gezeigten Dialogfeld wählen Sie auf der Registerkarte *Einstellungen* unter *Zulassen* den Eintrag *Datum* [1].
4. Bei *Daten* wählen Sie den Listeneintrag *zwischen* [2].
5. Klicken Sie anschließend darunter in das Feld *Anfangsdatum*.
6. Wählen Sie mit der Maus die Zelle I5 aus und erzeugen Sie durch Drücken der Taste F4 den absoluten Zellbezug *$I$5* [3].
7. Verfahren Sie im Feld *Enddatum* ebenso für Zelle I6 [4].
8. Schließen Sie das Dialogfeld mit *OK*.

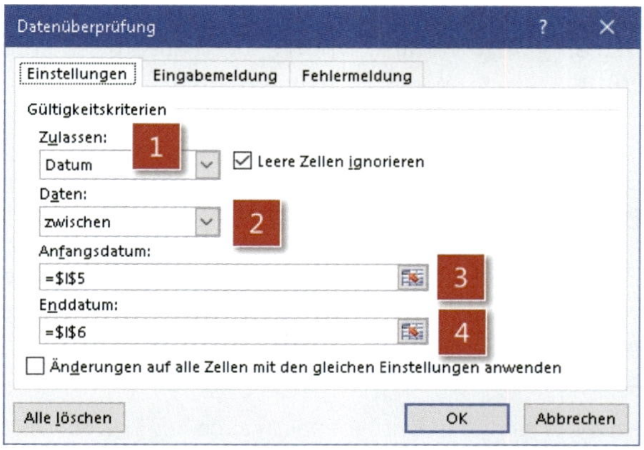

Abbildung 19.2: Die zulässigen Datumswerte werden durch fixierte Zellbezüge angegeben

---

Wichtig

Das Fixieren der Zellbezüge mit der Taste F4 ist hier zwingend notwendig, weil sonst die Datenüberprüfung in der Datumsspalte in jeder Zelle einen anderen Bezug verwenden würde. Alternativ dazu würde auch das Eintippen der Termine statt der fixierten Zellbezüge zum gewünschten Ergebnis führen. Allerdings sind sie dann weniger flexibel, wenn der Zeitraum geändert werden muss.

Die Auswahl des Eintrags *zwischen* im *Daten*-Feld schließt die angegebenen Werte als gültige Werte mit ein – zwischen bedeutet also von ... bis.

In der Datumsspalte können jetzt nur noch Werte im angegebenen Zeitraum eingetragen werden. Durch Ändern des ersten und letzten Seminartags in den Zellen I5 und I6 ist das Arbeitsblatt problemlos auch für andere Seminarplanungen verwendbar.

Hinweis

Ist das Kontrollkästchen *Leere Zellen ignorieren* aktiviert, sind auch leere Zellen im überprüften Zellbereich erlaubt – die Datenüberprüfung ignoriert die leeren Zellen. Wenn Sie beispielsweise ein bereits vorhandenes Datum in der Bearbeitungsleiste oder in der direkten Zellbearbeitung löschen und die Zelle ohne weitere Eingabe verlassen, wird dies als gültiger Eintrag akzeptiert.

Ist das Kontrollkästchen *Leere Zellen ignorieren* hingegen deaktiviert, sind leere Zellen nicht erlaubt. In diesem Fall führt das Verlassen einer leeren Zelle zu einer Fehlermeldung.

Wichtig

Bei deaktiviertem Kontrollkästchen *Leere Zellen ignorieren* werden leere Zellen trotz aktiver Datenüberprüfung *nicht* als Fehler erkannt, wenn der Benutzer den Zelleintrag mit der Entf-Taste löscht.

Die Datumsgrenzen haben Sie damit festgelegt. Allerdings werden auch die Wochenendtage innerhalb der Datumsgrenzen als gültige Werte akzeptiert. Doch auch diese Aufgabe lässt sich mit der Datenüberprüfung lösen. Wie das geht, erfahren Sie im nächsten Abschnitt.

Wochenenden vermeiden: Datenüberprüfung mit Formeln

Neben der Einschränkung des Zeitraums soll auch vermieden werden, dass Datumswerte eingetragen werden, die auf einen Samstag oder Sonntag fallen. Für solche Fälle gibt es die Möglichkeit einer *benutzerdefinierten Datenüberprüfung*.

Online Für diese Aufgabe steht Ihnen in der Beispielarbeitsmappe *Kap19_Datenüberprüfung_UEB.xlsx* das Blatt *Datum mit Formel* zur Verfügung. Es beinhaltet bereits die Datenüberprüfung mit den eingrenzenden Datumsangaben aus dem vorangegangenen Abschnitt.

---

1. Markieren Sie Zelle B6.
2. Klicken Sie erneut auf den oberen Teil der Schaltfläche *Datenüberprüfung*.

3. Ändern Sie auf der Registerkarte *Einstellungen* unter *Zulassen* den Eintrag auf *Benutzerdefiniert* – wie in Abbildung 19.3 [1] gezeigt.
4. Geben Sie im Feld *Formel* folgende Formel ein [2]:
   `=UND(B6>=$I$5;B6<=$I$6;WOCHENTAG(B6;11)<6)`
5. Setzen Sie ein Häkchen im Kontrollkästchen *Änderungen auf alle Zellen mit den gleichen Einstellungen anwenden* [3]. Excel markiert daraufhin ausgehend von der aktiven Zelle [4] alle Zellen [5], die die gleiche Datenüberprüfung beinhalten.
6. Schließen Sie das Dialogfeld mit *OK*.

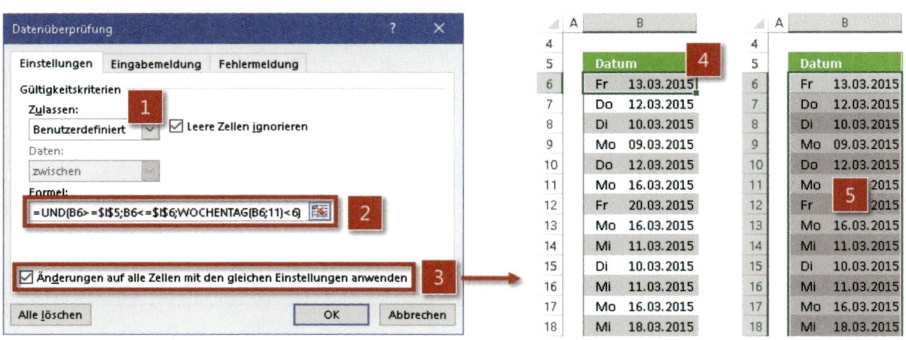

Abbildung 19.3: Excel sorgt dafür, dass die Datenüberprüfung in allen relevanten Zellen angepasst wird

Die Eingabe eines Datums außerhalb der Datumsgrenzen führt nun genauso zu einer Fehlermeldung wie ein Wochenenddatum innerhalb der Datumsgrenzen. Einer termingetreuen Seminarplanung steht damit nichts mehr im Wege.

Mit der benutzerdefinierten Datenüberprüfung sind nahezu beliebige Bedingungen mittels Formeleingabe möglich. Egal ob Sie doppelte Einträge mit einer ZÄHLENWENN-Funktion vermeiden oder über eine SUMME die Überschreitung einer Budgetgrenze verhindern wollen, dank benutzerdefinierter Formel überwacht die Datenüberprüfung alle Eingaben.

Hinweis Bei der benutzerdefinierten Datenüberprüfung sind alle Zelleingaben zulässig, für die das Ergebnis der Formel WAHR ist. Liefert die Formel das Ergebnis FALSCH, wird die Eingabe zurückgewiesen.

Standortauswahl per Dropdownliste

Damit Sie nicht jedes Mal einen der möglichen Seminarstandorte eintippen müssen, verwenden Sie die Datenüberprüfung zum Anlegen einer Dropdownliste. Sie macht die Auswahl eines Standorts nicht nur komfortabel, sondern verhindert auch Tippfehler, die dann beim Filtern der Daten zu Fehlern führen würden.

Online Sie wollen die Aufgabe selbst erledigen? Verwenden Sie hierfür das Arbeitsblatt *Standortwahl per Liste* in der Mappe *Kap19_Datenüberprüfung_UEB.xlsx*.

Das Anlegen einer Dropdownliste ist in wenigen Schritten erledigt. Beachten Sie auch die Reihenfolge in Abbildung 19.4.

1. Markieren Sie den Zellbereich C6:C30.
2. Öffnen Sie das Dialogfeld *Datenüberprüfung*.

3. Wählen Sie auf der Registerkarte *Einstellungen* unter *Zulassen* diesmal den Eintrag *Liste* [1].
4. Tippen Sie im Feld *Quelle* die vier Standorte `Berlin;Hamburg;München;Stuttgart` ein, jeweils getrennt durch Semikolon [2].
5. Aktivieren Sie das Kontrollkästchen *Zellendropdown* [3].
6. Schließen Sie das Dialogfeld mit *OK*.

Abbildung 19.4: Datenüberprüfung mit Auswahlliste durch Zellendropdown mit manuell eingegebener Liste

Hinweis Wenn Sie das Kontrollkästchen *Zellendropdown* nicht aktivieren, können in den überprüften Zellen nur die im Feld *Quelle* eingetragenen Standorte eingegeben werden. Eine Dropdownliste wird dann beim Markieren einer Zelle nicht angezeigt.

Sortierte Mitarbeiterliste ebenfalls per Dropdown

Zur Auswahl der Mitarbeiter bietet sich ebenfalls eine Dropdownliste an. Die manuelle Eingabe von mehreren Dutzend Mitarbeitern im Dialogfeld *Datenüberprüfung* wäre aber zu umständlich und bei Änderungen nicht sehr übersichtlich. Besser geeignet als Basis für die Liste der zulässigen Einträge ist ein Zellbereich mit einem Namen.

Online Für diese Aufgabe ist der Einsatz des Arbeitsblattes *Mitarbeiterwahl mit Namensbezug* vorgesehen. Sie finden es in der Übungsdatei *Kap19_Datenüberprüfung_UEB.xlsx.*

Gehen Sie zum Anlegen einer Mitarbeiter-Dropdownliste so vor (siehe Abbildung 19.5):

1. Markieren Sie den Bereich für die Mitarbeiterauswahl von D6:D30 und rufen Sie das Dialogfeld *Datenüberprüfung* auf.
2. Wählen Sie auf der Registerkarte *Einstellungen* unter *Zulassen* den Eintrag *Liste* [1].
3. Klicken Sie in das Feld *Quelle* [2] und drücken Sie die Taste F3 [3] zur Anzeige des Dialogfeldes *Namen einfügen.*
4. Nach Auswahl des Namens *listeMitarbeiter* [4] und einem Klick auf *OK* wird der Bereichsname in das Feld *Quelle* übernommen.

   Weitere Informationen zum Thema Namen finden Sie in Kapitel 13.
5. Schließen Sie das Dialogfeld *Datenüberprüfung* ebenfalls mit *OK.*

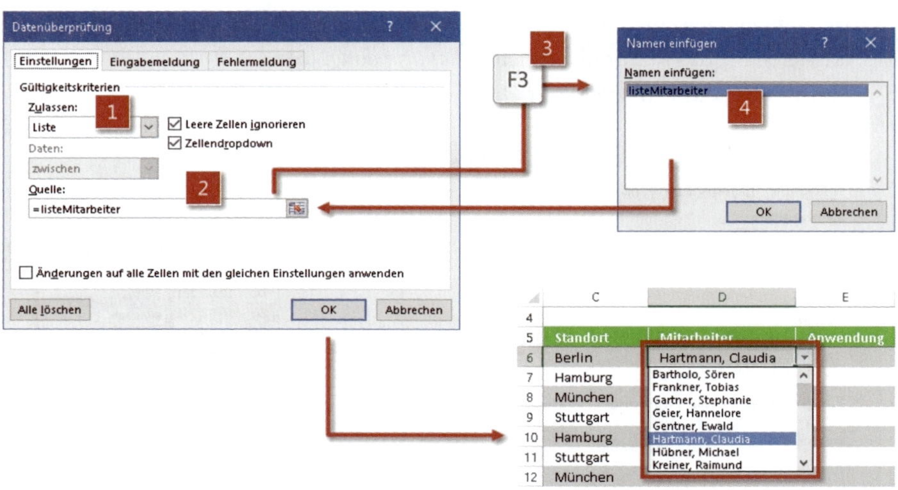

Abbildung 19.5: Eine fertige Liste wird aus einem benannten Bereich übernommen

Die Mitarbeiter sind damit komfortabel aus der Dropdownliste auswählbar, sobald Sie eine Zelle in der Mitarbeiterspalte markieren. Tippfehler sind damit (bei einer korrekten Quelle) ausgeschlossen.

Hinweis Die Quelle für eine Datenüberprüfungsliste darf auch durch einen Zellbezug auf ein anderes Blatt definiert werden, beispielsweise durch *=Mitarbeiter!$B$6:$B$30*. Für weitere Informationen zum Erstellen von Zellbezügen auf andere Arbeitsblätter empfiehlt sich ein Blick in Kapitel 3 dieses Handbuchs.

Tipp Die Auswahl aus einer Liste wird sehr viel einfacher, wenn die Liste alphabetisch sortiert ist. Die Daten werden in der Dropdownliste allerdings so angegeben, wie sie in der Quelle nacheinander aufgeführt sind. Eine Sortierung innerhalb der Dropdownliste erfolgt nicht. Sortieren Sie deshalb für eine »ordentliche« Dropdownliste bereits im Vorfeld den zugrunde liegenden Zellbereich.

Mehr Flexibilität: Wie die Datenüberprüfung dynamisch wird

Für die Seminarplanung fehlt jetzt nur noch die Angabe der jeweiligen Office-Anwendung und der dazu passenden Kurse. Diese wurden auf dem Arbeitsblatt *Basisdaten* bereits erfasst und sollen ebenfalls über eine Dropdownliste auswählbar sein. Doch was passiert, wenn weitere Anwendungen oder Kurse in das Seminarprogramm aufgenommen werden, sich also die Anzahl der Einträge im Blatt *Basisdaten* ändert?

Bei der im vorangegangenen Abschnitt definierten Mitarbeiterliste müssten Sie jedes Mal den festgelegten Bereichsnamen anpassen, andernfalls ignoriert Excel die neuen Einträge.

Online Zum Nachvollziehen der folgenden Arbeitsschritte verwenden Sie in der Datei *Kap19_Datenüberprüfung_UEB.xlsx* die Arbeitsblätter *Anwendung mit Kurs* und *Basisdaten*.

Vermeiden Sie solche umständlichen Anpassungen, indem Sie die Listen im Blatt *Basisdaten* zu Bereichen machen, die sich je nach Datenmenge vergrößern oder verkleinern. Das erreichen Sie, indem Sie Listenbereiche innerhalb von »intelligenten« Tabellen anlegen. Gehen Sie dazu wie folgt vor:

1. Markieren Sie den Bereich der Anwendungen von B5:B9 und drücken Sie die Tastenkombination `Strg`+`T` zum Erstellen einer »intelligenten« Tabelle, wie Abbildung 19.6 zeigt. Denken Sie an das Häkchen bei *Tabelle hat Überschriften*.
2. Verfahren Sie nacheinander ebenso mit den Zellbereichen für die Kurse.
3. Markieren Sie nun bei gedrückter Taste `Strg` alle fünf Tabellen inklusive ihrer Spaltenüberschriften.
4. Drücken Sie die Tastenkombination `⇧`+`Strg`+`F3` und erstellen Sie, wie in Abbildung 19.7 gezeigt, neue Namen aus den Beschriftungen der jeweils obersten Zeile.

Abbildung 19.6: In drei Schritten zur »intelligenten« Tabelle

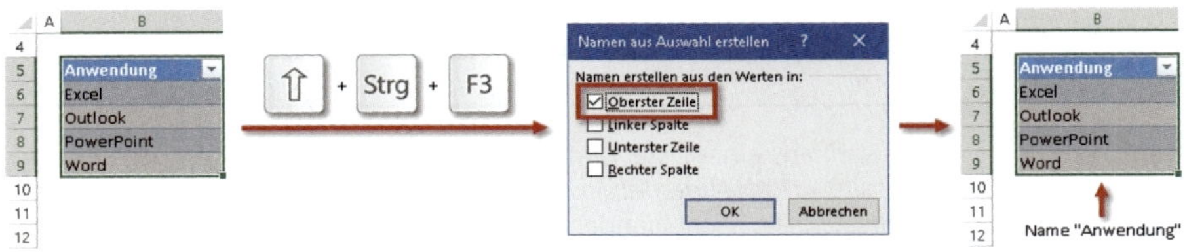

Abbildung 19.7: Aus den Spaltenüberschriften werden Bereichsnamen erstellt

Damit haben Sie den Datenbereichen der »intelligenten« Tabellen jeweils einen eindeutigen Namen zugewiesen. Wenn eine der »intelligenten« Tabellen durch weitere Einträge ergänzt wird, wächst damit automatisch auch der durch den eindeutigen Namen festgelegte Bereich. Darauf verweisende Dropdownlisten sind damit immer auf dem aktuellen Stand. Ausführliche Informationen zu Namen und »intelligenten« Tabellen erhalten Sie in Kapitel 13.

5. Zur Definition der Datenüberprüfung für die Anwendungsauswahl markieren Sie nun auf dem Arbeitsblatt *Anwendung mit Kurs* die Zellen E6:E30.
6. Öffnen Sie das Dialogfeld *Datenüberprüfung*, wählen Sie den Eintrag *Liste* und drücken Sie im Feld *Quelle* die Taste F3 zur Auswahl des Namens *Anwendung*.

7. Nach Bestätigen mit *OK* ist in jeder Zelle der Spalte *Anwendung* eines der vier momentan verfügbaren Programme abrufbar.

Wenn Sie in den Basisdaten eine weitere Anwendung hinzufügen, erweitert sich die »intelligente« Tabelle und damit auch der benannte Bereich. Die Dropdownliste zeigt daraufhin auch die neue Anwendung an.

Hinweis Wenn Ihre Basisdaten auf dem gleichen Arbeitsblatt wie Ihre Dropdownlisten stehen, ist das Anlegen eines Namens für die Daten einer »intelligenten« Tabelle nicht unbedingt erforderlich. Stattdessen reicht im Feld *Quelle* die Angabe der Zellen durch einen absoluten Bezug in der Form *=$B$6:$B$9*. Die Angabe des absoluten Zellbezugs wird beim Hinzufügen neuer Werte in die intelligente Tabelle automatisch erweitert.

»Mitdenkend«: Eine verknüpfte Liste zur Auswahl der Kurse erstellen

Spannend und zeitsparend wird es beim Anlegen der Dropdownliste für die einzelnen Kurse. Schließlich sollen nur noch die Kurse angezeigt werden, die zur ausgewählten Anwendung passen. Diese Aufgabe lösen Sie mit einer verknüpften Auswahlliste. Mit der bereits vorgenommenen Namensdefinition haben Sie die Voraussetzungen dafür bereits geschaffen. Gehen Sie wie folgt vor:

1. Markieren Sie im Blatt *Anwendung mit Kurs* den Bereich F6:F30 für die Kurse.
2. Öffnen Sie das Dialogfeld *Datenüberprüfung* und wählen Sie unter *Zulassen* den Eintrag *Liste*.
3. Tragen Sie im Feld *Quelle* die Formel `=INDIREKT(E6)` ein und schließen Sie das Dialogfeld mit *OK*.

Die Funktion INDIREKT liest aus der Anwendungsspalte den Bereichsnamen (beispielsweise *Excel*) und übergibt ihn als Quellbereich an die Dropdownliste. Die Dropdownliste wird dadurch mit den passenden Daten aus dem Bereich *Excel* gefüllt, wie Abbildung 19.8 (links) zeigt. Bei Auswahl der Anwendung *Outlook* werden nur noch die passenden Outlook-Kurse in der Kursliste angeboten (rechts).

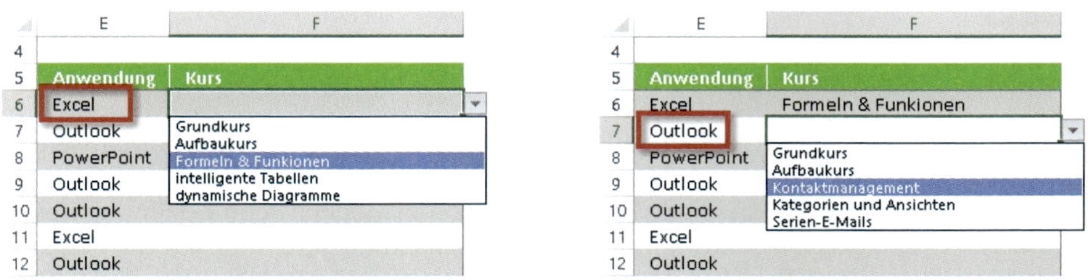

Abbildung 19.8: Je nach Anwendungsauswahl wird die Kursliste dynamisch angepasst

Auch diese Listenaktualisierung funktioniert jetzt vollautomatisch. Probieren Sie es einfach einmal aus: Ergänzen Sie auf dem Blatt *Basisdaten* die Excel-Kurse um den Eintrag *Pivot-Tabellen*. In der Kursspalte ist der neue Kurs sofort verfügbar.

In der Tabelle sind damit alle relevanten Einträge bequem, ohne Tipp-Arbeit und vor allem fehlerfrei aus den vorbereiteten Dropdownlisten auswählbar. Durch das Verknüpfen der beiden letzten Datenüberprüfungen sind auch Fehler bei der Kurswahl ausgeschlossen.

Benutzerkomfort inklusive: Eingabe- und Fehlermeldungen konfigurieren

Wenn Sie selbst eine Arbeitsmappe mit verschiedenen *Datenüberprüfungen* angelegt haben, wissen Sie natürlich ganz genau, an welcher Stelle welche Eingaben erlaubt und welche Wertebereiche zugelassen sind. Vereinfachen Sie anderen Benutzern die Bedienung Ihrer Arbeitsmappen, indem Sie mit Eingabe- und Fehlermeldungen dafür sorgen, dass alle Ihre Vorgaben erkennen und sich damit sofort zurechtfinden.

Wissen, was erlaubt ist: Eine Eingabemeldung festlegen

Eine Eingabemeldung zeigt Informationen an, sobald eine zugehörige Zelle ausgewählt wird (siehe Abbildung 19.9 rechts). Anders als bei einem Kommentar erscheint eine Eingabemeldung erst beim Markieren der Zelle. Zudem wird die Zelle nicht mit einem roten Dreieck gekennzeichnet. Zum Festlegen einer Eingabemeldung wählen Sie im Dialogfeld *Datenüberprüfung* die entsprechende Registerkarte.

Abbildung 19.9: Eine Eingabemeldung hilft bei der korrekten Dateneingabe

Eingabemeldungen sind besonders hilfreich bei Zellen, in die etwas eingetragen werden soll und für die keine Listenauswahl mit vordefinierten Einträgen zur Verfügung steht. Sie eignen sich aber auch für die bloße Anzeige von Informationen, wenn bestimmte Zellen markiert werden. Legen Sie hierfür nur eine Eingabemeldung fest, ohne auf der Registerkarte *Einstellungen* eine Einschränkung festzulegen.

Tipp

Vielleicht wollen Sie eine Eingabemeldung gleich für mehrere Zellen festlegen, obwohl gerade nur eine Zelle ausgewählt ist. Denken Sie in diesem Fall daran, auf der Registerkarte *Einstellungen* das Häkchen bei *Änderungen auf alle Zellen mit den gleichen Einstellungen anwenden* zu setzen.

Wissen, was unerwünscht ist: Mit Fehlermeldungen zur Korrektur auffordern

Wird in eine Zelle ein ungültiger Wert eingegeben, kann eine Fehlermeldung angezeigt werden. Typ, Titel und den Text der Fehlermeldung legen Sie im Dialogfeld *Datenüberprüfung* auf der Registerkarte *Fehlermeldung* fest, wie Abbildung 19.10 links zeigt.

Über das Listenfeld *Typ* kann eine der drei Arten *Stopp*, *Warnung* oder *Information* ausgewählt werden, wodurch die Fehlermeldung durch ein eindeutiges Symbol gekennzeichnet wird (siehe Tabelle 19.1). Für den *Titel* ist eine Zeichenfolge von maximal 32 Zeichen und für die Fehlermeldung selbst eine Zeichenfolge von bis zu 225 Zeichen zulässig. Zeilenumbrüche können mit der ↵-Taste eingefügt werden.

Wenn Sie keine individuelle Fehlermeldung eingeben, gibt Excel eine Standardmeldung aus und weist den Benutzer auf ungültige Daten hin.

Abbildung 19.10: Eine Fehlermeldung wird bei einer ungültigen Eingabe angezeigt

---

Tipp Zum vorübergehenden Ausschalten der Datenüberprüfung deaktivieren Sie das Kontrollkästchen *Fehlermeldung anzeigen, wenn ungültige Daten eingegeben wurden*. Die Datenüberprüfung wird dadurch nicht gelöscht und kann jederzeit wieder aktiviert werden.

Die verschiedenen Arten der Fehlermeldung

Excel unterscheidet die in Tabelle 19.1 aufgeführten drei Arten von Meldungen.

Typ	Symbol	Beschreibung
Stopp		Das Verlassen der Zeile ist nicht möglich, solange der fehlerhafte Wert nicht geändert beziehungsweise die Schaltfläche *Abbrechen* angeklickt wird. Die fehlerhafte Eingabe *muss* vom Benutzer *geändert* werden.
Warnung		Der Benutzer wird vor ungültigen Daten gewarnt, die Eingabe wird jedoch nicht verhindert. Mit der Schaltfläche *Ja* wird die ungültige Eingabe akzeptiert, mit *Nein* zur ungültigen Eingabe zurückgekehrt und mit *Abbrechen* die ungültige Eingabe entfernt. Die fehlerhafte Eingabe *kann* vom Benutzer *geändert* werden.
Information		Der Benutzer wird über ungültige Daten informiert, die Eingabe wird jedoch nicht verhindert. Mit der Schaltfläche *OK* wird der ungültige Wert akzeptiert, mit *Abbrechen* wird die Eingabe abgebrochen. Die fehlerhafte Eingabe *kann* vom Benutzer *geändert* werden.

Tabelle 19.1: Die verschiedenen Fehlermeldungsarten erfordern unterschiedliche Benutzerreaktionen

Nur bei der *Stopp*-Meldung *muss* der Benutzer eine ungültige Eingabe korrigieren. Die anderen beiden Fehlermeldungen erlauben es dem Benutzer, die Zelle trotz fehlerhafter Eingabe zu verlassen.

Kriterien und Voraussetzungen der Datenüberprüfung

Erfahren Sie nun, nach welchen Kriterien die Datenüberprüfung durchgeführt wird und unter welchen Voraussetzungen sie möglicherweise nicht greift.

Die Kriterien der Datenüberprüfung

Im Dialogfeld *Datenüberprüfung* kann im Listenfeld *Zulassen* zwischen mehreren Kriterien gewählt werden. Einige von ihnen können durch die Auswahl logischer Operatoren im Feld *Daten* sehr genau eingestellt werden. Tabelle 19.2 zeigt einen Überblick über die verschiedenen Möglichkeiten.

Feld »Zulassen«	Auswahl im Feld »Daten«	Beschreibung
Jeden Wert	Keine	Standardeinstellung, keine Einschränkungen
Ganze Zahl	*zwischen, nicht zwischen, gleich, ungleich, größer als, kleiner als, größer oder gleich, kleiner oder gleich*	Die Eingabe wird auf ganze Zahlen eingeschränkt, die durch die Angabe eines beziehungsweise zweier Grenzwerte (abhängig vom Vergleichsoperator) eingestellt werden kann.
Dezimal	wie oben	Die Eingabe wird auf Dezimalzahlen eingeschränkt, sonst wie oben.
Liste	Keine	Der eingetragene Wert wird mit einer Liste abgeglichen, die im Feld *Quelle* anzugeben ist. Die Liste kann aus einzelnen Werten bestehen, die durch Semikolon getrennt sind, zum Beispiel *Berlin;Hamburg;München;Stuttgart*, oder auf einen Bereich zeigen, etwa *=$D$1:$D$10*. Bereichsnamen sind ebenfalls möglich.
Datum	*zwischen, nicht zwischen, gleich, ungleich, größer als, kleiner als, größer oder gleich, kleiner oder gleich*	Die Eingabe wird auf Datumswerte eingeschränkt, die durch die Angabe eines beziehungsweise zweier Grenzwerte (abhängig vom Vergleichsoperator) eingestellt werden kann.
Zeit	wie oben	Die Eingabe wird auf Zeitwerte eingeschränkt, sonst wie oben.
Textlänge	wie oben	Bei der Eingabe wird die Länge der eingegebenen Zeichenfolge geprüft. Wird eine Formel eingetragen, wird die Länge des Ergebnisses und nicht die Länge der Formel geprüft.
Benutzerdefiniert	wie oben	Hier kann eine Formel eingegeben werden, die auch Bezüge auf andere Zellen enthalten kann. Ist das Ergebnis der Formel der Wahrheitswert WAHR, sind die Daten gültig, bei FALSCH ungültig.

Tabelle 19.2: Die möglichen Einstellungen im Listenfeld Zulassen *und ihre Wirkung*

Falsche Eingabe trotz Prüfung? Die Voraussetzungen für die Datenüberprüfung

Excel führt eine Datenüberprüfung durch, wenn nach einer Eingabe die Zelle

- mit der [↵]-Taste,
- der [↹]-Taste,
- den [Pfeil]-Tasten oder
- per Klick auf eine andere Zelle verlassen wird.

Die Datenüberprüfung wird *nicht* ausgeführt, wenn die Zelle

- mit der Tastenkombination [Strg]+[V] oder über die Schaltfläche *Einfügen* gefüllt,
- über den Befehl *Ausfüllen* geändert,
- durch ein Makro geändert oder
- über eine Formel berechnet wird.

Wichtig Ist das Kontrollkästchen *Leere Zellen ignorieren* aktiviert, sind auch leere Zellen im überprüften Zellbereich *erlaubt* – die Datenüberprüfung ignoriert die leeren Zellen.

Ist das Kontrollkästchen *Leere Zellen ignorieren* hingegen deaktiviert, sind leere Zellen *nicht erlaubt*. In diesem Fall führt das Verlassen einer leeren Zelle zu einer Fehlermeldung. Dieser Mechanismus funktioniert allerdings nur, wenn der Benutzer die Eingabe in der Bearbeitungsleiste oder in der direkten Zellbearbeitung mit der [Entf]-Taste oder mit der [Rück]-Taste löscht. Markiert er hingegen die Zelle und drückt direkt die [Entf]-Taste, wird die Datenüberprüfung *nicht* durchgeführt.

Unter folgenden Umständen ist der Befehl zur Datenüberprüfung nicht verfügbar:

- Wenn die Excel-Tabelle mit einer SharePoint-Website verknüpft ist,
- wenn momentan Daten eingegeben werden,
- wenn das Arbeitsblatt geschützt oder freigegeben ist.

Das Dialogfeld *Datenüberprüfung* kann in diesen Fällen nicht angezeigt und bereits vorhandene Regeln können nicht bearbeitet werden.

Gültigkeitsregeln finden, ändern und löschen

Es gibt viele Gründe, weshalb in einem Arbeitsblatt Zellen mit einer Datenüberprüfung gesucht werden. Vielleicht haben Sie von einem Kollegen ein Arbeitsblatt zur Aktualisierung übernommen oder Ihre Berechnungen sind so umfangreich, dass Sie nicht mehr genau wissen, in welchen Zellen Sie eine Datenüberprüfung hinterlegt haben. Erfreulicherweise kann Excel die Zellen mit einer Datenüberprüfung für Sie markieren.

Hier geht's lang: Zellen mit Gültigkeitsregeln finden

Sicherlich kennen Sie das kleine rote Dreieck, mit dem kommentierte Zellen gekennzeichnet werden. Eine Zelle mit einer Datenüberprüfung besitzt hingegen kein optisches Erkennungsmerkmal. Vielmehr zeigt sie ihre QuickInfo in Form einer eventuell vorhandenen Eingabemeldung erst dann, wenn die Zelle markiert ist.

Zum Anzeigen der Zellen mit Gültigkeitsregeln gehen Sie wie in Abbildung 19.11 gezeigt vor:

1. Wählen Sie den Befehl *Start/Bearbeiten/Suchen und Auswählen/Gehe zu* [1] oder drücken Sie die Taste F5.
2. Im Dialogfeld *Gehe zu* klicken Sie auf *Inhalte* [2].
3. Markieren Sie die Option *Datenüberprüfung* [3] und
   - wählen Sie *Alles*, um alle Zellen zu finden, auf die eine Datenüberprüfung angewendet wurde, oder
   - wählen Sie *Gleiche*, um die Zellen zu finden, auf die die gleiche Datenüberprüfung wie auf die momentan ausgewählte Zelle angewendet wurde.

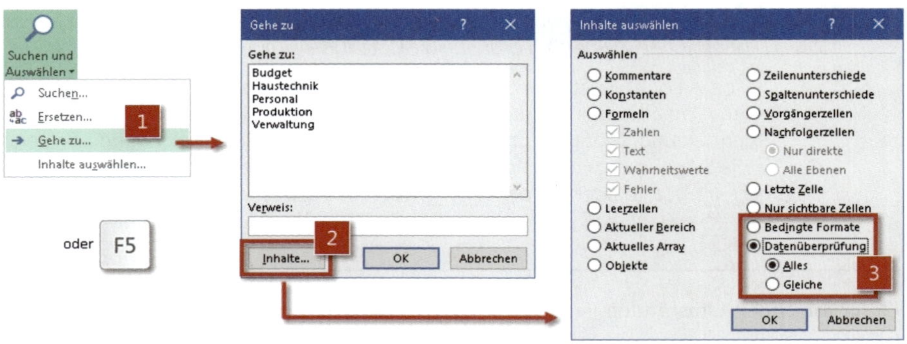

Abbildung 19.11: Excel markiert Zellen mit beliebiger oder gleicher Datenüberprüfung

---

Tipp Mit den Optionen *Alles* und *Gleiche* lässt sich auch die Suche nach *bedingten Formaten* innerhalb eines Arbeitsblattes steuern. Weitere Informationen zum Dialogfeld *Gehe zu* finden Sie in Kapitel 2.

Kontrolle ist besser: Fehlerhafte Eingaben nachträglich entdecken

Eine Datenüberprüfung wird nur durchgeführt, wenn Sie Daten direkt in eine Zelle eingeben. Doch wie erkennt man fehlerhafte Daten, die bereits erfasst sind? In diesem Fall hilft Excel beim Lokalisieren der Zellen, die einer Datenüberprüfung nicht standhalten.

Wählen Sie den Befehl *Daten/Datentools/Datenüberprüfung/Ungültige Daten einkreisen* (klicken Sie dazu auf den Pfeil im unteren Teil der Schaltfläche *Datenüberprüfung*, um das zugehörige Menü zu öffnen). Excel überprüft daraufhin alle Zellen des Arbeitsblattes und markiert ungültige Werte mit sogenannten *Gültigkeitskreisen*, wie Abbildung 19.12 zeigt.

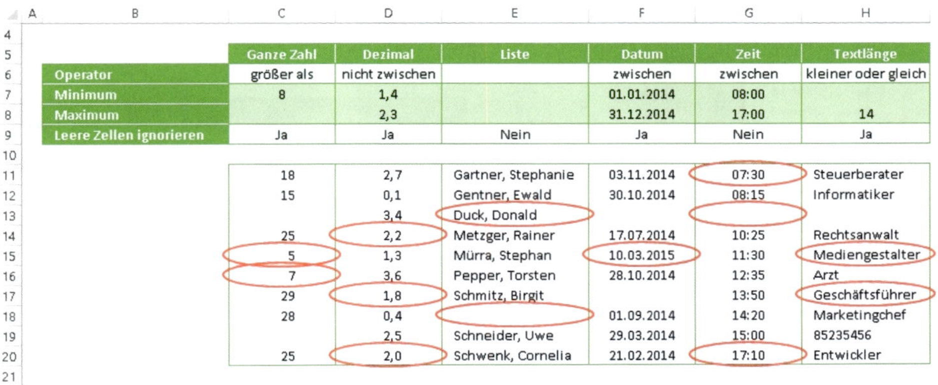

	A	B	C	D	E	F	G	H
4								
5			Ganze Zahl	Dezimal	Liste	Datum	Zeit	Textlänge
6		Operator	größer als	nicht zwischen		zwischen	zwischen	kleiner oder gleich
7		Minimum	8	1,4		01.01.2014	08:00	
8		Maximum		2,3		31.12.2014	17:00	14
9		Leere Zellen ignorieren	Ja	Ja	Nein	Ja	Nein	Ja
10								
11			18	2,7	Gartner, Stephanie	03.11.2014	07:30	Steuerberater
12			15	0,1	Gentner, Ewald	30.10.2014	08:15	Informatiker
13				3,4	Duck, Donald			
14			25	2,2	Metzger, Rainer	17.07.2014	10:25	Rechtsanwalt
15			5	1,3	Mürra, Stephan	10.03.2015	11:30	Mediengestalter
16			7	3,6	Pepper, Torsten	28.10.2014	12:35	Arzt
17			29	1,8	Schmitz, Birgit		13:50	Geschäftsführer
18			28	0,4		01.09.2014	14:20	Marketingchef
19				2,5	Schneider, Uwe	29.03.2014	15:00	85235456
20			25	2,0	Schwenk, Cornelia	21.02.2014	17:10	Entwickler
21								

Abbildung 19.12: Ungültige Daten werden durch Gültigkeitskreise hervorgehoben

Excel erstellt bis zu 255 Gültigkeitskreise in einem Schritt. Bei umfangreichen Daten muss dieser Schritt deshalb möglicherweise mehrfach ausgeführt werden, bis alle fehlerhaften Daten markiert sind.

Online Wenn Sie die Gültigkeitskreise selbst aktivieren möchten, verwenden Sie in der Datei *Kap19_Datenüberprüfung_UEB.xlsx* das Arbeitsblatt *Gültigkeitskreise.*

Bestehende Gültigkeitskreise werden wieder ausgeblendet, wenn Sie die Eingabe in einer fehlerhaften Zelle korrigieren oder die Datenüberprüfung so anpassen, dass ungültige Daten gültig werden.

Zum Entfernen aller angezeigten Gültigkeitskreise wählen Sie den Befehl *Gültigkeitskreise löschen*, der ebenfalls über das Menü der Schaltfläche *Datenüberprüfung* zu erreichen ist.

Hinweis Beim Speichern und Schließen der Arbeitsmappe werden alle Gültigkeitskreise entfernt.

Alles ist im Wandel: Gültigkeitsregeln ändern

Sie können ausgehend von der aktiven Zelle in einem Schritt die Datenüberprüfung aller Zellen ändern, die die gleiche Datenüberprüfung wie die aktive Zelle haben.

Aktivieren Sie hierfür im Dialogfeld *Datenüberprüfung* auf der Registerkarte *Einstellungen* das Kontrollkästchen *Änderungen auf alle Zellen mit den gleichen Einstellungen anwenden* (siehe Abbildung 19.3 [3]).

Damit stellen Sie sicher, dass keine Zelle mit der passenden Datenüberprüfung vergessen wird. Außerdem entfällt das Markieren aller relevanten Zellen.

Haben Sie vor dem Aufruf des Befehls *Datenüberprüfung* einen Bereich markiert, in dem verschiedene Datenüberprüfungen vorhanden sind, wird eine Warnmeldung angezeigt (siehe Abbildung 19.13). Mit einem Klick auf *OK* werden alle bestehenden Datenüberprüfungen im markierten Bereich gelöscht, bevor eine neue einheitliche Datenüberprüfung definiert werden kann.

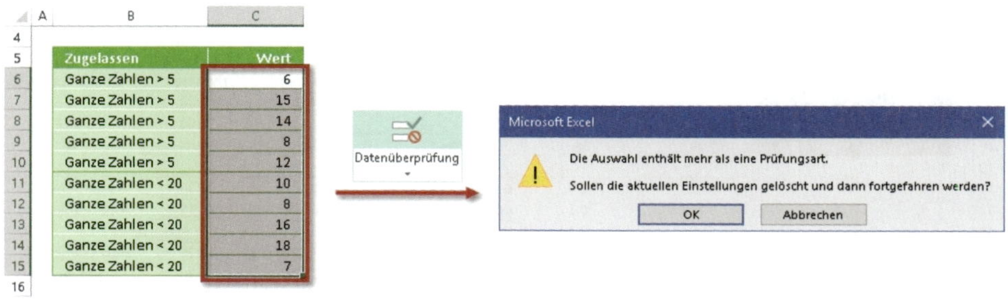

Abbildung 19.13: Bei Bereichen mit unterschiedlichen Datenüberprüfungen zeigt Excel eine Warnmeldung

Online Das passende Beispiel finden Sie in der Beispielarbeitsmappe *Kap19_Datenüberprüfung_UEB.xlsx* auf dem Arbeitsblatt *Regeln ändern*.

Ausgedient: Gültigkeitsregeln löschen

Zum Löschen einer Gültigkeitsregel öffnen Sie das Dialogfeld *Datenüberprüfung* und klicken links unten auf die Schaltfläche *Alle löschen*. Ein Klick auf *OK* löscht anschließend die Datenüberprüfung aus den markierten Zellen.

Hinweis Unter *Start/Bearbeiten/Löschen* finden Sie den Befehl *Alle löschen*, mit dem Sie neben Inhalt, Formatierung et cetera auch vorhandene Datenüberprüfungen löschen können. Eingeblendete Gültigkeitskreise sind von diesem Vorgang allerdings ausgenommen.

Kapitel 20

Hände weg: Wie Sie Ihre Daten schützen

In diesem Kapitel:

Schutz von Informationen vor unberechtigten Augen und Händen – eine im Zeitalter vollkommener Vernetzungen, grenzenlosen Datenverkehrs und zunehmender Bedeutung von Kenntnissen und Wissen oft unterschätzte und vernachlässigte Aufgabe.

Wie es für jeden Anwender Standard sein sollte, seinen Computer durch geeignete Antiviren- und Defender-Software vor fremden Zugriffen zu schützen, so sollte es auch Standard sein, zumindest relevante Informationen vor fremder und vor allem unberechtigter Nutzung oder gar Zerstörung zu bewahren.

Dieses Kapitel kann hier nur die technischen Möglichkeiten, die Excel bereits mitbringt, vorstellen, nicht aber die Konzepte, die es im konkreten Umfeld umzusetzen gilt. Oftmals genügt im privaten Bereich der gesunde Menschenverstand, um groben Unfug zu verhindern. Im Unternehmensbereich sollten sich die Verantwortlichen schon etwas Zeit nehmen, vor allem auch, um Mitarbeiter mit der Problematik und ihrer Beherrschung vertraut zu machen.

Unzureichend – Schutz im Dateisystem

Schreib- und Leseschutz im Dateisystem – das klingt auf den ersten Blick verlockend. Doch auf den zweiten sieht man auch die Lücken:

- Lesenden Zugriff auf Verzeichnisse eines Laufwerks (und deren Dateien) zu gewähren, bedeutet den totalen Ausschluss einer Gruppe von Anwendern, nämlich derjenigen, für die der Zugriff gesperrt wird. Die andere Gruppe hat in der Regel den Blick frei auf alle Inhalte einer Datei und kann diese Inhalte zwar nicht verändern, aber meist kopieren und weiterverwenden oder drucken.
- Werden zusätzlich Schreibrechte vergeben, betreffen diese auch die gesamte Datei. Sie schützen also nicht gegen unbeabsichtigte Veränderungen wichtiger Zusammenhänge (Datenzugriff, Berechnungen, Auswertungen und so weiter) und schon gar nicht gegen bewusste Einflussnahme.
- Auch das Speichern an Webspeicherorten (wie etwa OneDrive oder SharePoint-Sites) verbessert die geschilderte Situation nicht unbedingt. Eine Ausnahme kann hier das Veröffentlichen auf einem Server mit Excel Services sein (Details hierzu finden Sie in Kapitel 30).

Was Excel mitbringt – die Grundlagen

Im Abschnitt *Informationen* der Backstage-Ansicht der Registerkarte *Datei* finden Sie unter *Arbeitsmappe schützen* (siehe Abbildung 20.1) einen Einstieg in die möglichen Arbeitsschritte.

Abbildung 20.1: Der Einstieg in den Schutz von Daten und Berechnungen

Ein Klick auf die Schaltfläche führt zu der oft anzutreffenden Situation, vor der Wahl die Qual zu haben (siehe Abbildung 20.2).

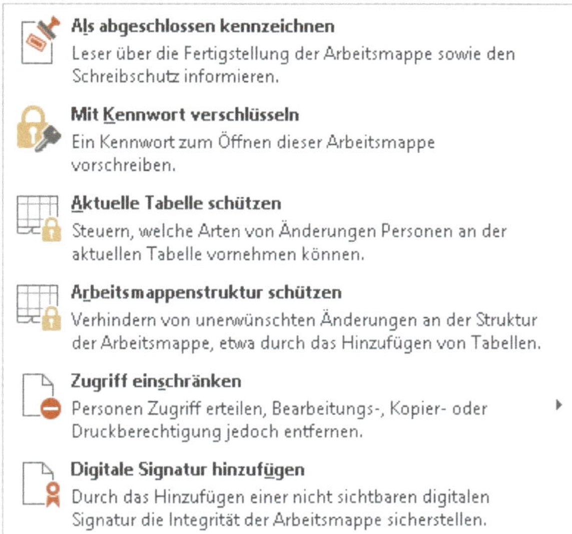

Abbildung 20.2: Die Auswahl wird sich oft auf drei der sechs Möglichkeiten beschränken

Oftmals wird es eine der folgenden drei Möglichkeiten sein, die der Anwender wählt:

- *Mit Kennwort verschlüsseln*
- *Aktuelle Tabelle schützen*
- *Arbeitsmappenstruktur schützen*

Tipp Die beiden letzten Punkte finden Sie auch auf der Registerkarte *Überprüfen*, wobei die Schaltflächenbeschriftungen dort *Blatt schützen* und *Arbeitsmappe schützen* heißen.

Der erste Punkt wird weiter hinten in diesem Kapitel im Abschnitt »Arbeitsmappen schützen – der gesteuerte Zugriff« beschrieben, da er in gewissem Sinne schon den Abschluss eines Schutzes betrifft. Der zweite Punkt, der eigentlich »Aktuelles Arbeitsblatt schützen« heißen sollte, braucht allerdings noch ein paar Vorbereitungen, die sich auf die Formatierung von Zellen beziehen.

Klicken Sie auf *Start/Zellen/Format*, finden Sie im unteren Bereich des Menüs die in Abbildung 20.3 gezeigten Optionen.

Abbildung 20.3: Zellformatierung – ein Teil des Schutzes

Haben Sie sich hier für *Zellen formatieren…* entschieden, zeigt die letzte Registerkarte in Abbildung 20.4, was das Zellenformat mit dem Zellschutz gemeinsam hat.

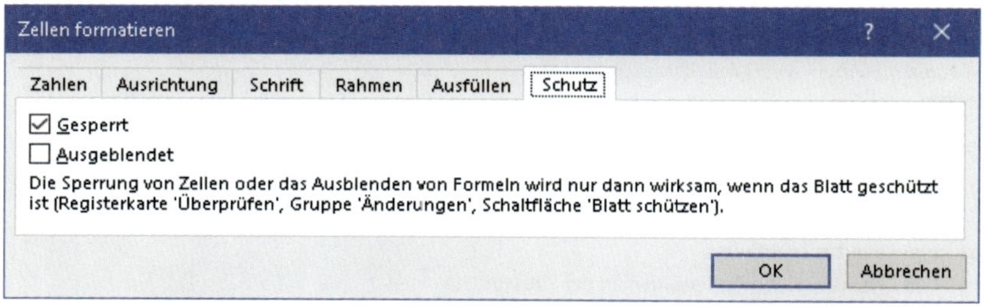

Abbildung 20.4: Formatierung und Schutz

Es gibt also zwei Varianten, Zellen zu schützen:

- das Sperren der Bearbeitung und
- das Verhindern der Anzeige von Formeln.

Beide werden erst dann wirksam, wenn das Blatt, auf dem sich die infrage stehenden Zellen befinden, selbst geschützt ist.

Hinweis Die Sperrung einer Zelle ist die Formatstandardeinstellung. Insofern ist der zweite Menüpunkt *Zelle sperren* in Abbildung 20.3 nicht immer hilfreich. Er sperrt nämlich nicht beim ersten Klick darauf, sondern hebt die Sperre auf! Der Effekt im Menü selbst hat eine optische Wirkung, allerdings bleibt die Beschriftung unverändert. So wird man nicht selten gerade die falsche Einstellung durch das Klicken auf diesen Menüpunkt erreichen. Vorzuziehen ist dann der »sichere Weg« über das Dialogfeld aus Abbildung 20.4.

Der Blattschutz wird über das Menü zur Schaltfläche *Arbeitsmappe schützen* in der Backstage-Ansicht (siehe Abbildung 20.2) beziehungsweise durch Klicken auf den ersten Eintrag im Menü zu *Start/Zellen/Format* (siehe Abbildung 20.3) ein- beziehungsweise ausgeschaltet.

Tipp Der Eintrag im Menü aus Abbildung 20.3 ändert sich nach dem Einstellen des Blattschutzes so wie auch die Beschriftung der entsprechenden Schaltfläche im Register *Überprüfen* in *Blattschutz aufheben*, der Eintrag in der Backstage-Ansicht (*Aktuelle Tabelle schützen*) wird optisch markiert und im danebenstehenden Text erläutert.

Das Dialogfeld aus Abbildung 20.5 bietet dann eine Reihe von Optionen an, deren Bedeutung aus ihrer Benennung klar wird. Beachten Sie aber, dass sie die angezeigten Dinge im Falle des Schutzes *gestatten* und *nicht verbieten*. Nur die ersten beiden Einträge beziehen sich dabei auf die Sperrung von Zellen.

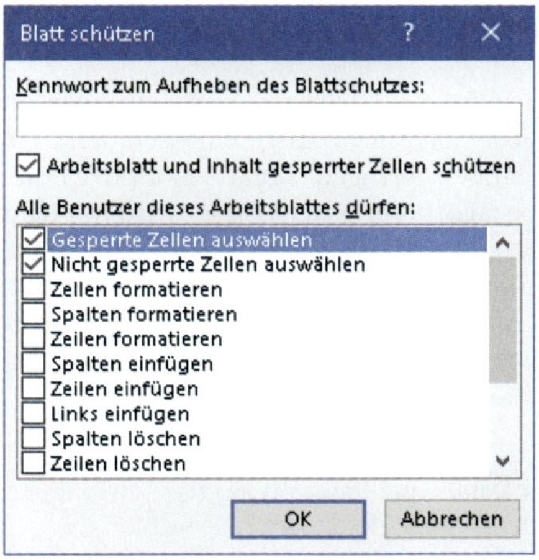

Abbildung 20.5: Optionen des Blattschutzes

Bei der Vergabe eines Kennworts, das zum Aufheben des Blattschutzes durch Excel angefordert wird, ist wie immer Vorsicht geboten. Wollen Sie den Schutz nur, um unbeabsichtigte Veränderungen »grob« zu verhindern, ist der Verlust des Kennworts kaum zu verschmerzen. Geht es aber darum, böswillige Veränderungen zu vereiteln (etwa die »Korrektur« von Szenarien, siehe Kapitel 29), sollten Sie mit diesen Kennwörtern so arbeiten, wie Sie es verantworten können.

Bleibt noch zu klären, was es bedeutet, die Struktur einer Arbeitsmappe zu schützen. Klicken Sie im Menü zur Schaltfläche *Arbeitsmappe schützen* in der Backstage-Ansicht (siehe Abbildung 20.2) auf den entsprechenden Befehl, erscheint das in Abbildung 20.6 gezeigte Dialogfeld.

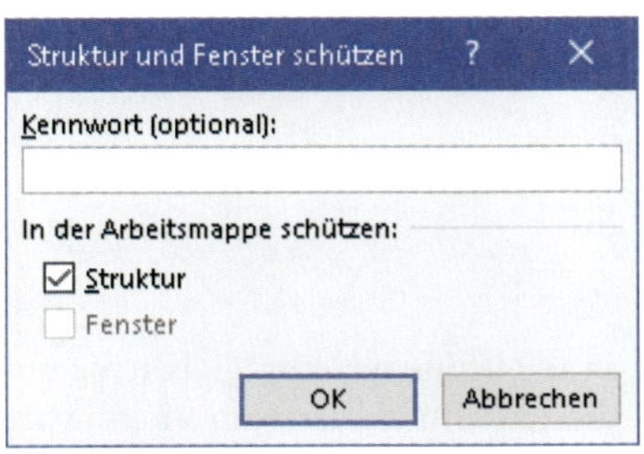

Abbildung 20.6: Struktur der Arbeitsmappe schützen

Die Struktur ist hierbei der Aufbau der Mappe hinsichtlich der Anzahl und Position der Arbeitsblätter. Der Fensterschutz aus Versionen von Excel bis 2010 ist seit Version 2013 verfügbar, was mit der Mehrfenstertechnik von Excel, die es bis dato so nicht gab, zu tun haben könnte.

Auch hier ist die Möglichkeit gegeben, diesen Schutz mit einem Kennwort zu versehen, das bei der beabsichtigten Aufhebung des Schutzes abgefragt wird.

Arbeitsmappen schützen – der gesteuerte Zugriff

Sie haben gesehen, dass es mit relativ einfachen Mitteln möglich ist, Veränderungen an bestehenden Mappen zu verhindern. Damit ist aber noch nicht ausgeschlossen, dass die Inhalte oder Teile der Mappe selbst in »falsche Hände« gelangen. Abhilfe kann der Leseschutz (es gelingt ohne Kennwort nicht, die Mappe zu öffnen) bieten. Dieser wird mit dem Punkt *Mit Kennwort verschlüsseln* im Menü zur Schaltfläche *Arbeitsmappe schützen* (siehe Abbildung 20.2) angestrebt. Die Vergabe eines Kennworts wird mittels Dialogfeld angefordert, zur eigenen Sicherheit muss in einem zweiten Dialogfeld (das dem ersten ähnelt) das Kennwort wiederholt werden. Wird die Arbeitsmappe gespeichert und geschlossen, gelingt ein erneutes Öffnen nur nach Eingabe des Kennworts.

Hinweis Für Dateiprofis: Das Umbenennen der Datei unter Verwendung der Dateiendung *.zip* erlaubt den sonst erwarteten »Blick ins Innere« in diesem Falle nicht.

Als berechtigter Anwender entfernen Sie den Kennwortschutz, indem Sie bei erneuter Anforderung des Schutzes das Kennwort im Dialogfeld »herauslöschen« (also leer setzen).

Diese Art des Schutzes ist Teil eines etwas größeren Konzepts, das Sie entdecken, wenn Sie im Backstage-Bereich unter *Speichern unter* den Link *Mehr Optionen…* aufrufen und im erscheinenden Dialogfeld die Schaltfläche *Tools* anklicken. Dann sehen Sie nach Auswahl von *Allgemeine Optionen* etwas wie in Abbildung 20.7.

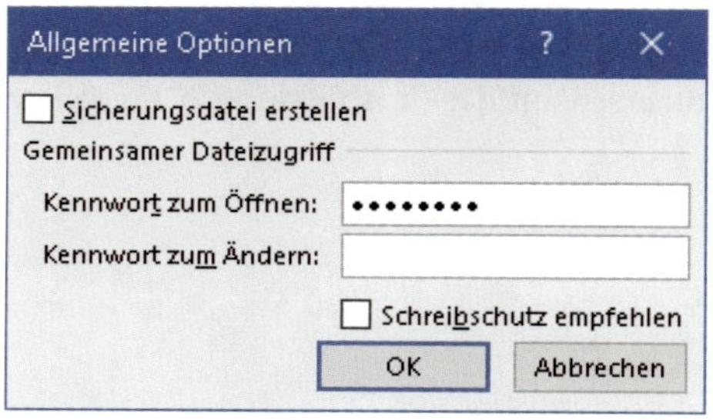

Abbildung 20.7: Umfangreiche Schutzmöglichkeiten

Die Bedeutung des *Kennworts zum Öffnen* haben Sie gerade kennengelernt. Geben Sie ein *Kennwort zum Ändern* (in anderen Dialogfeldern in diesem Umfeld ist vom »Kennwort zum Bearbeiten« die Rede) an, kann ein Anwender, der dieses Kennwort nicht kennt, aber die Mappe öffnen konnte, eventuell vorgenommene Änderungen nicht speichern. Er wird nach dem Öffnen zur Angabe des letzten Kennworts aufgefordert und kann, falls er dies nicht kennt, die Mappe nur schreibgeschützt anzeigen lassen.

In entsprechenden Situationen kann es sinnvoll sein, die Mappe nur mit einem *Kennwort zum Ändern*, aber ohne *Kennwort zum Öffnen* abzulegen. Dadurch wird das Dokument[1] allerdings nicht verschlüsselt.

---

[1] Vielleicht wundern Sie sich an dieser Stelle über die Verwendung des Begriffs »Dokument« statt »Arbeitsmappe«. Aber: Eine Mappe ist ein Dokument für Excel und die Ausführungen hinsichtlich des Schutzes in diesem Abschnitt (*Allgemeine Optionen*) gelten sinngemäß auch für Word oder PowerPoint und ihre »Dokumente«.

Eine noch schwächere Einschränkung der Bearbeitbarkeit ist der »empfohlene Schreibschutz«. Bei Aktivierung dieser Option wird der Anwender beim Öffnen des Dokuments nur aufgefordert, das Dokument schreibgeschützt zu öffnen, also eine Maßnahme des »Schutzes vor sich selbst«.[2]

Der im vorigen Abschnitt beschriebene Schutz von Blättern und Strukturen ist vom eben beschriebenen Schutz unabhängig.

Hinweis Das Erstellen einer *Sicherungsdatei* (eine Option im Dialogfeld aus Abbildung 20.7) kann auch als eine Schutzmaßnahme gesehen werden. Unbeabsichtigte und gespeicherte Änderungen lassen sich somit wenigstens eine Version zurückverfolgen. Sinnvoll kann es darüber hinaus sein, die mit Office 365 beziehungsweise SharePoint verbundenen Möglichkeiten der Versionierung von Dokumenten zu nutzen.

Tipp In der Backstage-Ansicht gibt es im Bereich *Informationen* einen Punkt, der *Auf Probleme überprüfen* heißt. Dort können unter *Dokument prüfen* verschiedene Dokumentinspektoren ihre Arbeit beginnen. Das Entfernen persönlicher Informationen oder auch das Aufspüren unsichtbarer Tabellen aus einem Dokument kann sicher auch als eine mögliche Art des Informationsschutzes interpretiert werden.

Im Unternehmen – die Windows-Rechteverwaltung und Bereichsberechtigungen

Besonderen Schutz ihrer Dokumente genießen die Mitarbeiter von Unternehmen, in denen ein Active Directory vorhanden ist, auf dem die Windows-Rechteverwaltung aufsetzt.[3] Öffnet ein Mitarbeiter ein Dokument, das auf Basis der Rechteverwaltung geschützt ist, erkennt er an der Meldungsleiste unterhalb des Menübands den Zustand des Dokuments und kann sich anzeigen lassen, welche Berechtigungen er selbst besitzt (siehe Abbildung 20.8).

Will der Anwender selbst einem Dokument Berechtigungen in Bezug auf die Anzeige, das Anpassen, die Inhaltsverwendung durch Kopieren sowie das Drucken zuordnen, tut er das, indem er im Menü zur Schaltfläche *Arbeitsmappe schützen* in der Backstage-Ansicht (siehe Abbildung 20.2) auf *Zugriff einschränken* klickt. Dann wird er in einem ersten Dialogfeld nach den Mitarbeitern gefragt, denen er Lese- beziehungsweise Schreibrechte zuordnen will (die Auswahl geschieht im üblichen Dialogfeld, das zur Suche nach Domänenbenutzern und ihrer E-Mail-Adressen dient). In einem optionalen Dialogfeld lassen sich weitere Feinheiten formulieren: Ablauf des Dokuments, Kopier- und Druckberechtigungen.

---

2 Das erscheinende Dialogfeld suggeriert, dass es dem Autor der Mappe lieber wäre, wenn sie nur schreibgeschützt angeschaut wird, was aktiven Untersuchungen natürlich nicht im Wege steht. Diese könnten allerdings durch einen Blattschutz unterbunden werden.

3 Nutzer von Office 365 mit einem Unternehmens- oder Schulkonto, das auf Windows Azur aufsetzt, haben diese Rechteverwaltung quasi frei Haus.

Abbildung 20.8: Information zu Berechtigungen

Ein weiterer Vorteil einer Domäne mit Active Directory sind Einschränkungen, die den Blattschutz erweitern. Sie finden diese im Menüband auf der Registerkarte *Überprüfen* unter *Änderungen/Benutzer dürfen Bereiche bearbeiten* (siehe Abbildung 20.9).

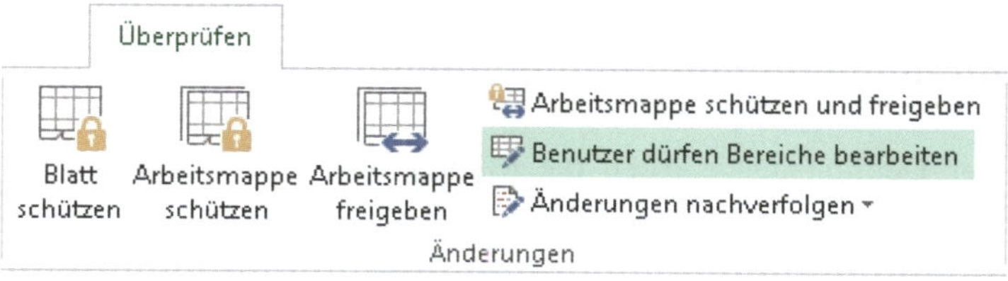

Abbildung 20.9: Der Zugang zu den Feinheiten des Blattschutzes – Bereichsbearbeitung erlauben oder verbieten

Ein Klick auf die betreffende Schaltfläche öffnet zunächst ein Dialogfeld, das hilft, den infrage kommenden Bereich festzulegen (siehe Abbildung 20.10).

Bei der Neuanlage kann für den jeweiligen Bereich ein Kennwort vergeben werden, nach Klick auf *Berechtigungen* im Dialogfeld *Benutzerberechtigungen zum Bearbeiten von Bereichen* werden wie üblich die Anwender aus dem Active Directory bestimmt, denen der Zugriff auch ohne die Anwendung des Kennworts erlaubt sein soll oder eben auch nicht. Die Mischung von Erlaubnis und Verbot hat vor allem auch bei der Verwendung von Benutzergruppen ihre Tücken, denen durch genaue Planung im Voraus begegnet werden sollte.

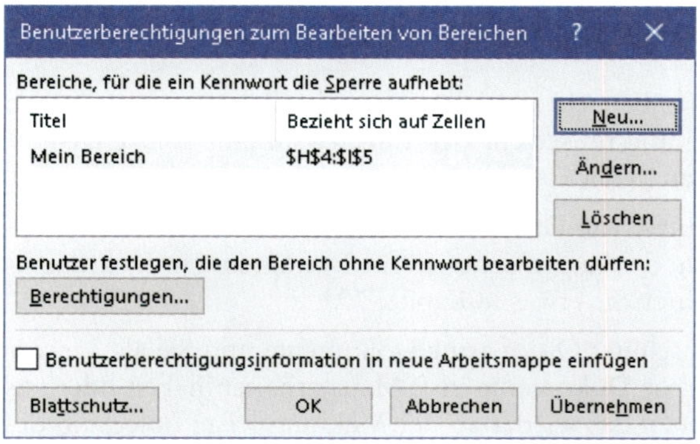

Abbildung 20.10: Neuanlage, Ändern und Löschen von Bereichen, die bestimmten Nutzern zur Bearbeitung zur Verfügung stehen (oder nicht)

Achten Sie darauf, dass diese Art der Vergabe von Bereichsberechtigungen den Blattschutz erfordert, der natürlich mit einem Kennwort gesichert sein muss (damit nicht »jeder« die Berechtigungen wieder aufheben kann). Bereichsberechtigungen verdrängen dabei den Schutz, der durch Zellsperrungen erzeugt wurde.

Da man einem Arbeitsblatt nicht so ohne Weiteres ansieht, auf welchen Zellbereichen welche Berechtigungen liegen,[4] können diese durch Aktivieren des Kontrollkästchens *Benutzerberechtigungsinformation in neue Arbeitsmappe einfügen* im Dialogfeld *Benutzerberechtigungen zum Bearbeiten von Bereichen* (siehe Abbildung 20.10) entsprechend dokumentiert werden.

Was sonst noch möglich ist

Bleiben noch zwei Punkte im Menü zur Schaltfläche *Arbeitsmappe schützen* in der Backstage-Ansicht (siehe Abbildung 20.2), die vorgestellt werden sollten:

- ein Dokument als abgeschlossen kennzeichnen und
- ein Dokument mit einem Zertifikat versehen (digitale Signatur hinzufügen).

Der erste Punkt ist eine »technische« Eigenschaft eines Dokuments – es wird aus Überlegungen des Nutzers heraus als abgeschlossen betrachtet und so gekennzeichnet. Diese Kennzeichnung erkennt man unter anderem nach dem Öffnen des Dokuments am diesbezüglichen Text in der Meldungsleiste unterhalb des Menübands, an den Informationen in der Backstage-Ansicht und an der Tatsache, dass mit dem Abschluss das Dokument automatisch gespeichert wurde und ein erneutes Speichern nicht möglich ist. Das vorgenommene Abschließen kann durch Klick auf *Dennoch bearbeiten* in der Meldungsleiste oder durch erneutes Anklicken des Befehls in der Backstage-Ansicht rückgängig gemacht werden. Durch einen mit Kennwort versehenen Schreibschutz ließe sich das verhindern.

Mit einem Zertifikat versehene Dokumente erhalten den Schutz, selbst nachweisen zu können, dass sie von einem bestimmten Anwender kommen, nämlich demjenigen, der ein solches Zertifikat besitzt. Gewöhnlich werden solche Zertifikate bei einem Aussteller beantragt und im Zertifikatsspeicher des Computers oder der Domäne hinterlegt.

---

[4] Sinnvoll ist sicher eine durchdachte farbliche Gestaltung der Arbeitsblätter, die es Anwendern ermöglicht, zielgerichtet zu navigieren und nicht stets durch Verbotsmeldungen nervös gemacht zu werden.

Schlussbemerkungen

Dokumentschutz ist, wie Sie gesehen haben, ein spezielles Thema und lässt sich am besten in einem Team diskutieren, erproben und umsetzen. Den Einstieg für eine solche Diskussion sollten Sie mit den obigen Skizzen in der Hand halten.

Bleiben zwei Dinge zu erwähnen: Nutzer von Office 365 beziehungsweise SharePoint Server haben noch weitere Möglichkeiten des Zugriffschutzes für Dokumente in Dokumentbibliotheken. Zu diesem Thema erfahren Sie etwas in Kapitel 30.

Und: Unter bestimmten Umständen schützt Office seine Dokumente und Sie als Anwender von allein. Nämlich dann, wenn Sie Dokumente in E-Mails erhalten haben oder aus dem Internet downloaden. Sie erkennen das wieder an der Meldungsleiste unterhalb des Menübands – der Umgang mit solchen Dokumenten ist ein anderes Thema.

Kapitel 21

Datenbankfunktionen – übersichtlich und nachvollziehbar im Ergebnis

In diesem Kapitel:

Datenbankfunktionen erlauben differenzierte und komplexe Auswertungen von Datenbeständen. Auf Basis bestimmter Datenstrukturen können Sie mit Suchkriterien, die außerhalb der Funktion definiert werden, leistungsstarke Auswertungen aufbauen. Diese Auslagerung von Kriterien ermöglicht eine gut lesbare und verständliche Formelstruktur. Sie ersparen sich auf diese Weise schwer lesbare ineinander verschachtelte Formelkonstrukte.

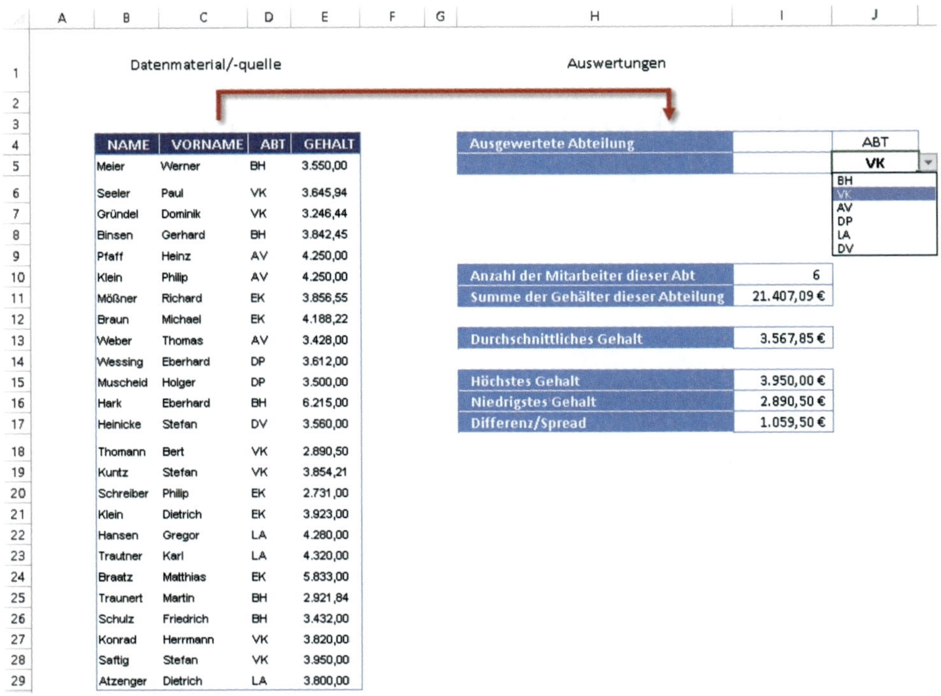

Datenmaterial/-quelle

NAME	VORNAME	ABT	GEHALT
Meier	Werner	BH	3.550,00
Seeler	Paul	VK	3.645,94
Gründel	Dominik	VK	3.246,44
Binsen	Gerhard	BH	3.842,45
Pfaff	Heinz	AV	4.250,00
Klein	Philip	AV	4.250,00
Mößner	Richard	EK	3.856,55
Braun	Michael	EK	4.188,22
Weber	Thomas	AV	3.428,00
Wessing	Eberhard	DP	3.612,00
Muscheid	Holger	DP	3.500,00
Hark	Eberhard	BH	6.215,00
Heinicke	Stefan	DV	3.560,00
Thomann	Bert	VK	2.890,50
Kuntz	Stefan	VK	3.854,21
Schreiber	Philip	EK	2.731,00
Klein	Dietrich	EK	3.923,00
Hansen	Gregor	LA	4.280,00
Trautner	Karl	LA	4.320,00
Braatz	Matthias	EK	5.833,00
Traunert	Martin	BH	2.921,84
Schulz	Friedrich	BH	3.432,00
Konrad	Herrmann	VK	3.820,00
Saftig	Stefan	VK	3.950,00
Atzenger	Dietrich	LA	3.800,00

Auswertungen

Ausgewertete Abteilung		ABT
		VK
Anzahl der Mitarbeiter dieser Abt	6	
Summe der Gehälter dieser Abteilung	21.407,09 €	
Durchschnittliches Gehalt	3.567,85 €	
Höchstes Gehalt	3.950,00 €	
Niedrigstes Gehalt	2.890,50 €	
Differenz/Spread	1.059,50 €	

BH
VK
AV
DP
LA
DV

Abbildung 21.1: Beispiel verschiedener Auswertungsmöglichkeiten mit Datenbankfunktionen

Den Datenimport mit Assistenten meistern

In Datenbanken werden Informationen aufgezeichnet. Zahlreiche Arbeitsblätter sind eine Sammlung historischer Umsatz-, Marketing-, Entwicklungs- oder Wissenschaftsdaten. Für den Umgang damit stehen die Datenbankfunktionen zur Verfügung. Sie ermöglichen zudem, eine Verknüpfung zu Datenbanken unterschiedlicher Formate herzustellen.

Excel bietet zahlreiche Möglichkeiten, um unterschiedlich große Datenbestände zu betrachten und auszuwerten. Sie können Daten mit Filtern auswerten, Pivot-Tabellen erstellen und mit verschiedensten Summen- und Zählfunktionen arbeiten. Oft wenig beachtet sind die Datenbankfunktionen, die mit umfangreichen und komplexen Kriterienbereichen differenzierte Auswertungen möglich machen. Einige Datenbankfunktionen werden hier beispielhaft vorgestellt.

Textdaten importieren und aktuell halten

Häufig werden Daten bearbeitet und analysiert, die zunächst nicht in einer Excel-Arbeitsmappe vorliegen, sondern importiert werden. Gebräuchliche Dateiformate für den Austausch von Daten sind CSV- und Textformate. Beide Dateitypen separieren die Daten in den Tabellenzellen durch bestimmte Trennzeichen. Anstelle von Formeln werden die Ergebnisse in die CSV- beziehungsweise Textdatei übernommen.

Wenn Sie Textdateien bearbeiten möchten, stehen Ihnen mehrere Wege zur Aufnahme der Daten in ein Arbeitsblatt zur Verfügung:

- Wählen Sie über *Datei/Öffnen* die betreffende Datei aus, wird automatisch eine neue Arbeitsmappe geöffnet.
- Um eine Textdatei zu importieren, verwenden Sie den Befehl *Daten/Externe Daten abrufen/Aus Text*.

In beiden Fällen öffnen Sie den Textkonvertierungs-Assistenten, um Daten zur Bearbeitung bereitzustellen.

Im folgenden Beispiel wird der Import einer TXT-Datei beschrieben.

Online Als Datenbasis für die Beispiele können Sie die Datei *UmsatzProdukte.txt* heranziehen.

Der Assistent importiert Ihre Daten

Importieren Sie die Daten aus der Datei *UmsatzProdukte.txt.* wie folgt:

1. Positionieren Sie den Cursor in Ihrem Arbeitsblatt in der Zelle, in die Sie den ersten Datensatz importieren wollen.
2. Wählen Sie im Menüband auf der Registerkarte *Daten* in der Gruppe *Externe Daten abrufen* den Befehl *Aus Text*.
3. Über das Dialogfeld *Textdatei importieren* navigieren Sie zum Speicherort der Datei, wählen sie aus und beginnen den Import mit einem Klick auf die Schaltfläche *Importieren*.
4. Es öffnet sich der Textkonvertierungs-Assistent mit Schritt 1 (siehe Abbildung 21.2).

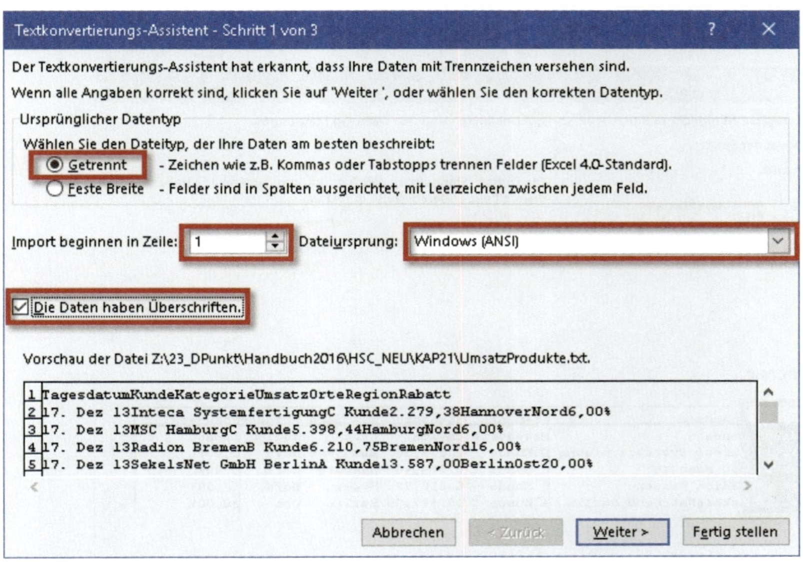

Abbildung 21.2: Erste Einstellungen im Textkonvertierungs-Assistenten

5. Achten Sie auf die Aktivierung des Optionsfeldes *Getrennt*, auf den Beginn des Imports in Zeile *1*, auf den Dateiursprung *Windows (ANSI)* und auf das Kontrollkästchen, mit dem angegeben wird, ob die Datei eine Überschriftenzeile enthält. Klicken Sie auf die Schaltfläche *Weiter*.
6. Als Nächstes wählen Sie das Trennzeichen für Ihre Daten aus (siehe Abbildung 21.2) und wechseln dann über die Schaltfläche *Weiter* zum nächsten Schritt des Assistenten.

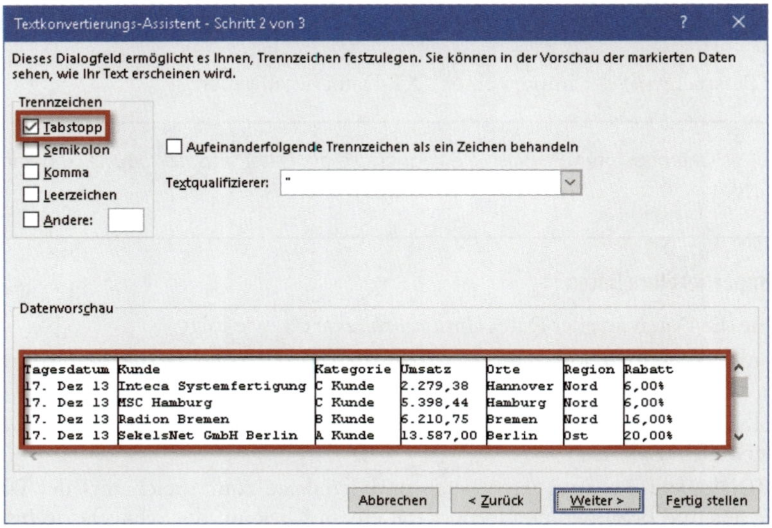

Abbildung 21.3: Festlegen des Trennzeichens in Schritt 2 des Textkonvertierungs-Assistenten

7. In Schritt 3 des Assistenten bestimmen Sie das Importformat für jede Spalte (Feld) der Quelldatei.

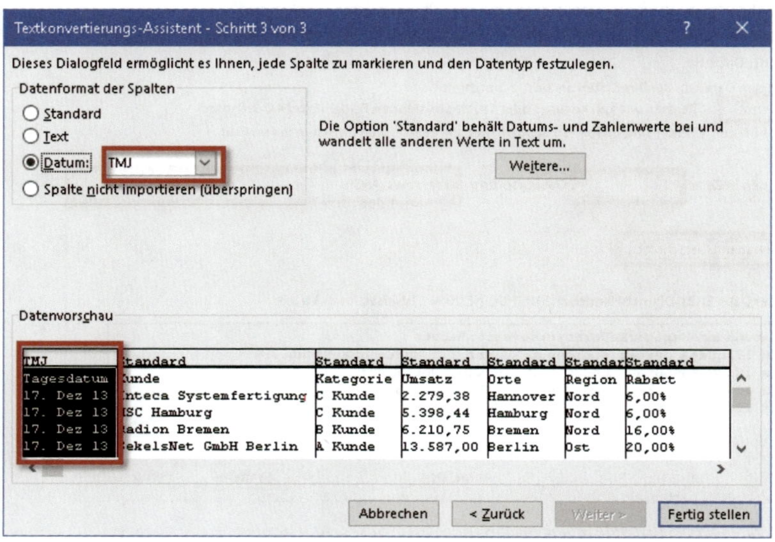

Abbildung 21.4: Anpassen des Feldformats bei den zu importierenden Daten

8. Verwenden Sie für die erste Spalte – *Tagesdatum* – das Format *Datum* (siehe Abbildung 21.4).
9. Mit einem Klick auf die Schaltfläche *Fertig stellen* gelangen Sie zum Dialogfeld *Daten importieren* (siehe Abbildung 21.5). Sobald Sie die Schaltfläche *OK* anklicken, werden die Daten importiert.

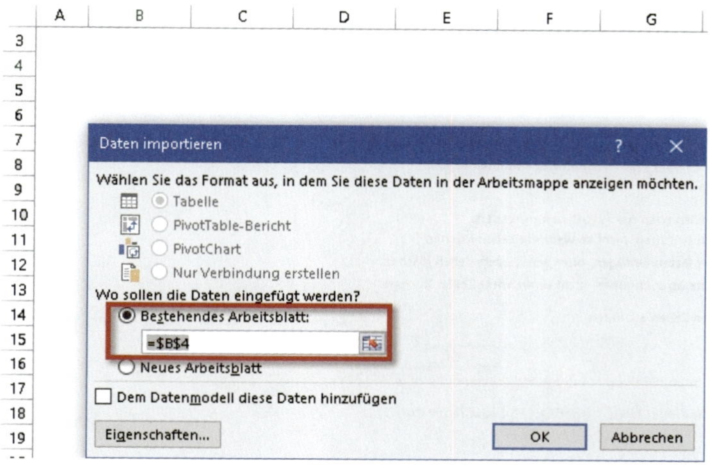

Abbildung 21.5: Den Import starten

10. Als Ergebnis erhalten Sie ein Excel-Arbeitsblatt mit Daten (siehe Abbildung 21.6)

Tagesdatum	Kunde	Kategorie	Umsatz	Orte	Region	Rabatt
17. Dez 13	Inteca Systemfertigung	C Kunde	2.279,38	Hannover	Nord	6,00%
17. Dez 13	MSC Hamburg	C Kunde	5.398,44	Hamburg	Nord	6,00%
17. Dez 13	Radion Bremen	B Kunde	6.210,75	Bremen	Nord	16,00%
17. Dez 13	SekelsNet GmbH Berlin	A Kunde	13.587,00	Berlin	Ost	20,00%
16. Dez 13	Flughafen Mnchen	A Kunde	8.944,12	Mnchen	Sd	20,00%

Abbildung 21.6: Ausschnitt aus den importierten Daten

Betrachten Sie jetzt die importierten Daten, wird relativ schnell klar, ob der Import mit den richtigen Einstellungen vorgenommen wurde. Ist der Import fehlerhaft, sind zum Beispiel Sonderzeichen beziehungsweise unbekannte Zeichen anstelle von Umlauten enthalten, weist das auf einen Einstellungsfehler beim Dateiursprung im ersten Schritt des Assistenten hin. Sie können den Import mit geänderten Einstellungen jederzeit wiederholen.

Die Daten aktualisieren oder ändern

Über den Befehl *Eigenschaften* auf der Registerkarte *Daten* in der Gruppe *Verbindungen* können Sie jederzeit das Eigenschaftendialogfeld öffnen und dort umfangreiche Einstellungen zum Aktualisieren, Formatieren, Speichern oder zu anderen Merkmalen des Datenimports beziehungsweise des Datenbereichs vornehmen (siehe Abbildung 21.7).

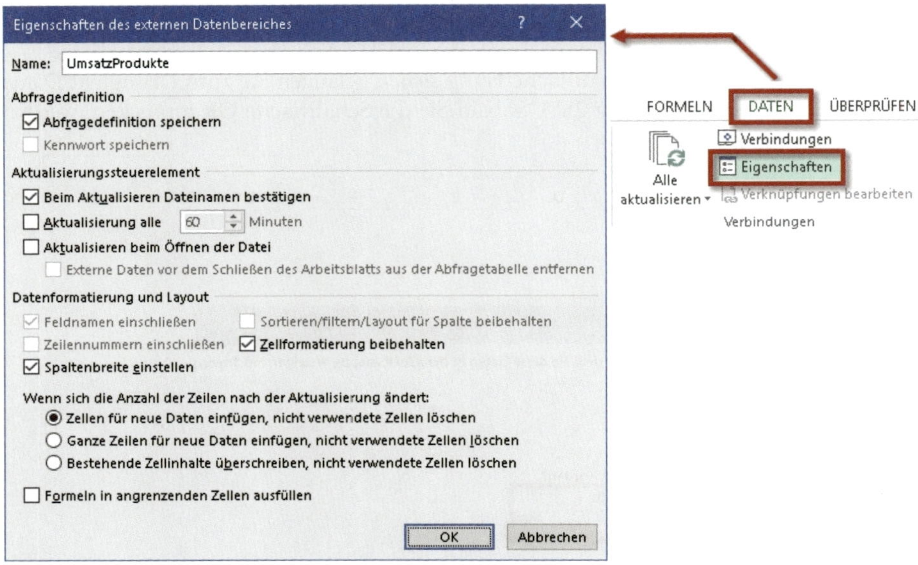

Abbildung 21.7: Eigenschaften des externen Datenbereichs

Datenquellen können sich jederzeit ändern; sollte das der Fall sein, können Sie über *Daten/Verbindungen/Verbindungen* die Arbeitsmappenverbindungen anzeigen lassen. Über die Optionen in dem Dialogfeld können Sie die Verbindungen gegebenenfalls entfernen, aktualisieren, weitere Verbindungen hinzufügen, die Eigenschaften bearbeiten und Speicherorte der jeweiligen Verbindung einsehen (siehe Abbildung 21.8).

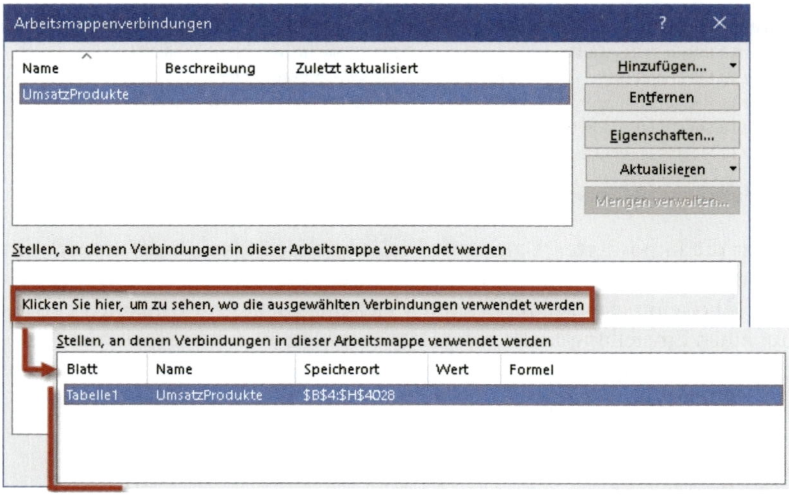

Abbildung 21.8: Nachträgliche Bearbeitungsmöglichkeiten für bestehende Arbeitsmappenverbindungen

Hinweis Arbeitsmappenverbindungen sind Datenverbindungen, Verknüpfungen zu Daten außerhalb der Arbeitsmappe, die aktualisiert werden können, falls sich die Quelldaten ändern.

Um Datenverbindungen zu aktualisieren, klicken Sie im Menüband auf der Registerkarte *Daten* in der Gruppe *Verbindungen* auf den Pfeil der Schaltfläche *Alle aktualisieren* und wählen dann im Menü den betreffenden Befehl (siehe Abbildung 21.9). Alternativ können Sie auch zur Aktualisierung die Tastenkombination Alt+F5 verwenden.

Abbildung 21.9: Optionen zum Festlegen der Aktualisierung aller oder einer bestimmten

Text auf mehrere Spalten aufteilen

Es kann immer wieder mal vorkommen, dass bei einem Datenimport aus einer Datei oder über die Zwischenablage Daten nicht in einzelnen Spalten (Zellen) angeordnet werden, sondern der gesamte Inhalt eines Datensatzes in eine Zelle geschrieben wird. Sollte das einmal der Fall sein, können Sie mit dem Textkonvertierungs-Assistenten die Daten nach unterschiedlichsten Gesichtspunkten aufteilen.

Aktivieren Sie dazu die Registerkarte *Daten* und wählen Sie in der Gruppe *Datentools* den Befehl *Text in Spalten*. Der Assistent wird gestartet und bietet verschiedene Möglichkeiten, die einzelnen Datensatzteile zu trennen.

Leistungsstark und einfach zu handhaben: Die Datenbankfunktionen

Öffnen Sie den Funktions-Assistenten und wählen Sie die Kategorie *Datenbank*, finden Sie dort zwölf Datenbankfunktionen, die speziell für die Analyse von Excel-Listen beziehungsweise Excel-Datenbanken vorgesehen sind.

Alle Funktionen sind syntaktisch gleich aufgebaut und umfassen drei Argumente:

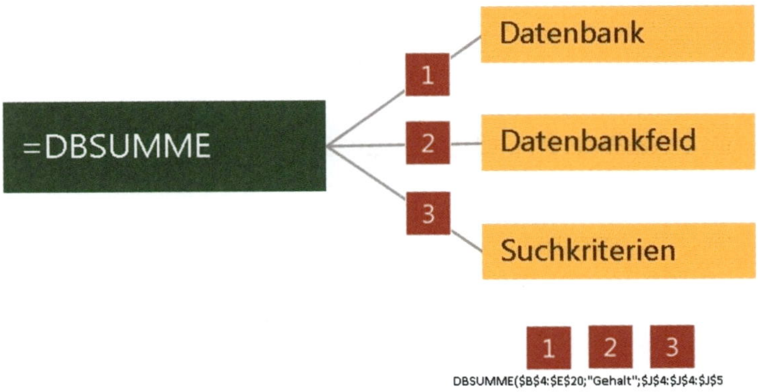

Abbildung 21.10: Die Struktur der DB-Funktionen (vgl. auch Abbildung 21.11)

Bearbeitet werden dabei nur die Daten aus der Datenbank, deren Feldname als Argument im Datenbankfeld eingeben wurde und die den Suchkriterien entsprechen.

Hier ein Überblick über die in Excel verfügbaren Datenbankfunktionen:

Funktionsname	Beschreibung
DBANZAHL	Ermittelt die Anzahl der Zellen, in denen Zahlen enthalten sind und die den definierten Suchkriterien (Bedingungen) entsprechen
DBANZAHL2	Ermittelt die Anzahl der nicht leeren Zellen einer Spalte, die die angegebenen Bedingungen erfüllen; Text wird ebenfalls berücksichtigt
DBAUSZUG	Gibt einen einzelnen Wert aus einer Spalte einer Liste oder Datenbank zurück, der den Suchkriterien entspricht. Entspricht kein Datensatz den angegebenen Bedingungen, gibt die Funktion den Fehlerwert *#WERT!* zurück. Entsprechen mehrere Datensätze den angegebenen Bedingungen, gibt die Funktion den Fehlerwert *#ZAHL!* zurück. (Lässt sich ungefähr mit der Funktion SVERWEIS vergleichen.)
DBMAX	Zeigt den größten Zahlenwert an
DBMIN	Zeigt den kleinsten Zahlenwert an
DBMITTELWERT	Errechnet den Mittelwert aus den Werten des festgelegten Feldes
DBPRODUKT	Multipliziert die Werte des angegebenen Feldes miteinander
DBSTDABW	Schätzt die Standardabweichung auf der Grundlage einer Stichprobe aus ausgewählten Datenbankeinträgen
DBSTDABWN	Berechnet die Standardabweichung auf der Grundlage der Grundgesamtheit ausgewählter Datenbankeinträge
DBSUMME	Addiert die Zahlen in der Feldspalte von Datensätzen in der Datenbank, die den Suchkriterien entsprechen
DBVARIANZ	Schätzt die Varianz auf der Grundlage einer Stichprobe ausgewählter Datenbankeinträge
DBVARIANZEN	Berechnet die Varianz auf der Grundlage der Grundgesamtheit ausgewählter Datenbankeinträge

Tabelle 21.1: Die Datenbankfunktionen in Excel und ihr Zweck

Die Datenbankfunktionen erlauben es, komplexe Bedingungen zu definieren. Die Bedingungen werden außerhalb der Funktion definiert und ermöglichen deshalb einen leicht überschaubaren Aufbau. Um vergleichbare Berechnungen mit Standardfunktionen zu erhalten, müssten Sie tief verschachtelte Funktionen mit vergleichsweise großem Aufwand erstellen.

Die Funktion DBSUMME und ihre Argumente

Die Datenbank beziehungsweise Excel-Liste wird am Beispiel der Funktion DBSUMME ausgewertet (vgl. Abbildung 21.11). Die Position [1] zeigt die korrekte Struktur der Datenbank. Die Position [2] zeigt sowohl die allgemeine Schreibweise als auch die realen, beispielhaften Funktionsargumente. Die Position [3] zeigt das Ergebnis der Funktion.

Online Das Funktionsbeispiel basiert auf dem Arbeitsblatt *Liste* in der Mappe *Kap_21_UEB.xlsx*. Die Lösung zu diesem Beispiel finden Sie in der Mappe *Kap_21_LOE_DBAuswertung.xlsx* im Arbeitsblatt *Liste*.

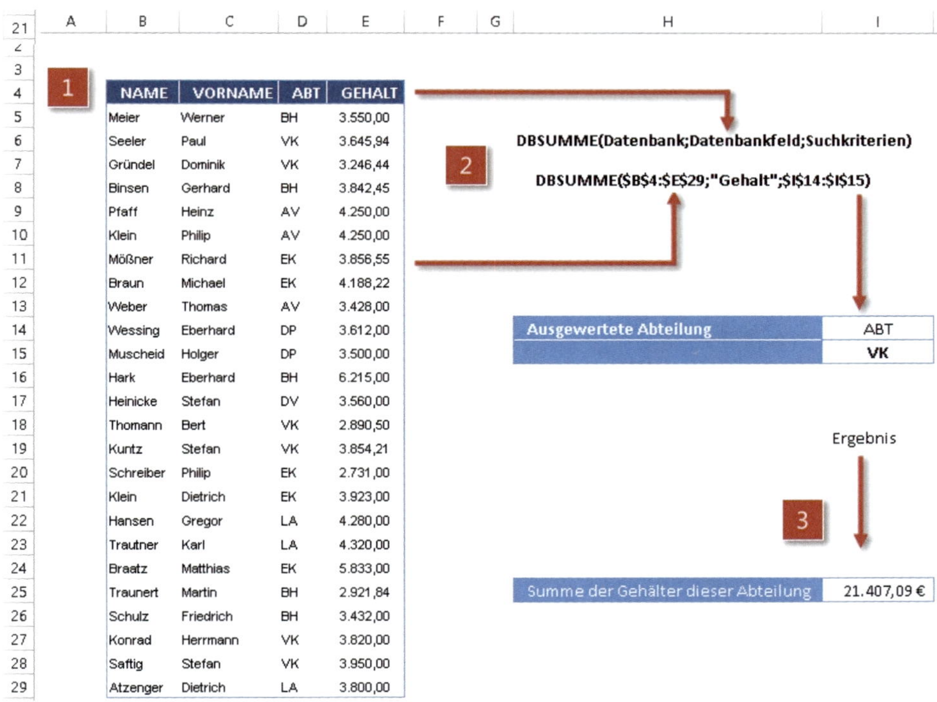

NAME	VORNAME	ABT	GEHALT
Meier	Werner	BH	3.550,00
Seeler	Paul	VK	3.645,94
Gründel	Dominik	VK	3.246,44
Binsen	Gerhard	BH	3.842,45
Pfaff	Heinz	AV	4.250,00
Klein	Philip	AV	4.250,00
Mößner	Richard	EK	3.856,55
Braun	Michael	EK	4.188,22
Weber	Thomas	AV	3.428,00
Wessing	Eberhard	DP	3.612,00
Muscheid	Holger	DP	3.500,00
Hark	Eberhard	BH	6.215,00
Heinicke	Stefan	DV	3.560,00
Thomann	Bert	VK	2.890,50
Kuntz	Stefan	VK	3.854,21
Schreiber	Philip	EK	2.731,00
Klein	Dietrich	EK	3.923,00
Hansen	Gregor	LA	4.280,00
Trautner	Karl	LA	4.320,00
Braatz	Matthias	EK	5.833,00
Traunert	Martin	BH	2.921,84
Schulz	Friedrich	BH	3.432,00
Konrad	Herrmann	VK	3.820,00
Saftig	Stefan	VK	3.950,00
Atzenger	Dietrich	LA	3.800,00

Abbildung 21.11: Funktionsargumente und ihr Zusammenwirken am Beispiel

Online Weitere Beispiele für Kriterienbereiche, inklusive dynamischer Kriterienbereiche in Datenbankfunktionen, finden Sie in der Mappe *Kap_21_LOE_Kriterien.xlsx* im Arbeitsblatt *Liste*.

Wichtig Der Bereich mit der Suchkriterien muss einem vorgegebenen Aufbau entsprechen. In der kleinsten Ausbaustufe umfasst der Suchkriterienbereich eine Spalte und zwei Zeilen. Die erste Zeile enthält immer den oder die Feldnamen und in der zweiten beziehungsweise den folgenden Zeilen befinden sich die Bedingungen (siehe Abbildung 21.11).

Tipp Sie können anstelle der Zelladressen auch Namen in den Funktionsargumenten einsetzen. Außerdem sind externe Bezüge wie beispielsweise `?Z:\Daten\[Kap_21_UEB.xlsx]Liste?!$B$4:$E$29` möglich.

Die Funktion im Praxisbeispiel

Das verwendete Datenmaterial basiert auf einer geringen Datensatzanzahl. Mit wenigen Datensätzen ist es leicht möglich, die Funktionen in ihrer Wirkung und ihrem Ergebnis nachzuvollziehen (siehe Abbildung 21.1).

Die Besonderheit: Die Excel-Tabelle

Im Beispiel (siehe Abbildung 21.11) wird die Lage der Datenbank als Zelladresse in die Funktion eingetragen. Sie können mit den Datenbankfunktionen auch in »intelligenten« Tabellen Auswertungen ausführen. In diesem Fall müssen Sie lediglich mit etwas veränderten Zelladressen arbeiten.

Achtung Excel-Tabellen dürfen nicht mit Datentabellen verwechselt werden, die Bestandteil einiger Befehle für Was-wäre-wenn-Analysen sind.

Online Öffnen Sie die Arbeitsmappe *Kap_21_UEB.xlsx* und verwenden Sie die Daten im Arbeitsblatt *Liste* zum Nachvollziehen des folgenden Beispiels.

Um eine Excel-Tabelle festzulegen, gehen Sie wie folgt vor:

1. Markieren Sie den Bereich B4:E29 oder positionieren Sie den Mauszeiger in einer beliebigen Zelle.
2. Wählen Sie im Menüband auf der Registerkarte *Einfügen* in der Gruppe *Tabellen* den Befehl *Tabelle.*
3. Überprüfen Sie nun die Angaben im Dialogfeld *Als Tabelle formatieren* (siehe Abbildung 21.12).
4. Schließen Sie das Dialogfeld mit einem Klick auf die Schaltfläche *OK.*

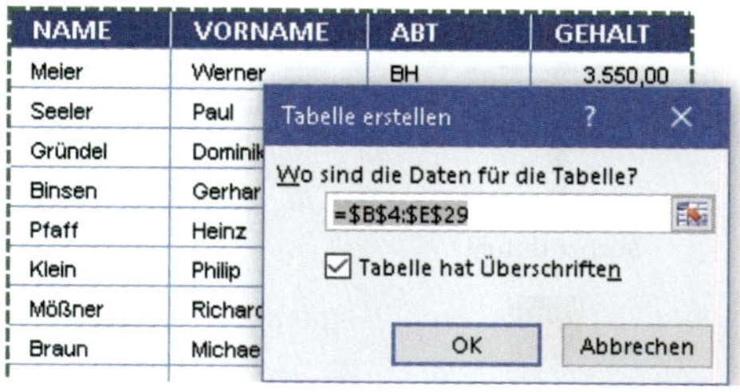

Abbildung 21.12: Die Datenquelle als Excel-Tabelle formatieren beziehungsweise definieren

Bei der Auswertung dieser Excel-Tabelle mit Datenbankfunktionen werden Sie im Vergleich zu den oben gezeigten Beispielen auf eine andere Syntax treffen. Es werden jetzt sogenannte strukturierte Verweise verwendet.

Hinweis Mehr zu Excel-Tabellen und strukturierten Verweisen finden Sie in Kapitel 13.

Praxisbeispiel: Sie möchten die Anzahl der Mitarbeiter ermitteln, deren Gehalt über 4000 Euro liegt.

Verwenden Sie die oben erstellte Excel-Tabelle, die im Beispiel den internen Namen *Tabelle3* trägt.

1. Erstellen Sie den Kriterienbereich (siehe Abbildung 21.13).

Abbildung 21.13: Der Suchkriterienbereich für die Anzahl der Mitarbeiter mit einem Gehalt von mehr als 4000 Euro

2. Beschriften Sie die Ergebniszeile und erstellen Sie die Datenbankfunktion.
3. Positionieren Sie den Cursor in Zelle J19 und erstellen Sie die Datenbankfunktion (siehe Abbildung 21.14).

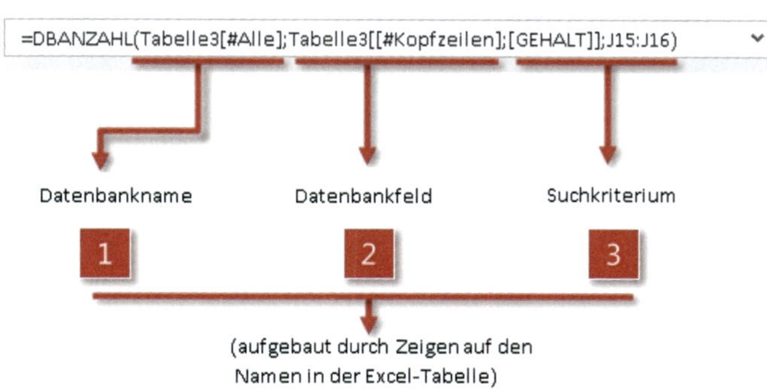

Abbildung 21.14: Datenbankfunktion zur Ermittlung der Anzahl in einer Excel-Tabelle

4. Nach Abschluss der Funktion erhalten Sie den Wert 7 als Ergebnis.

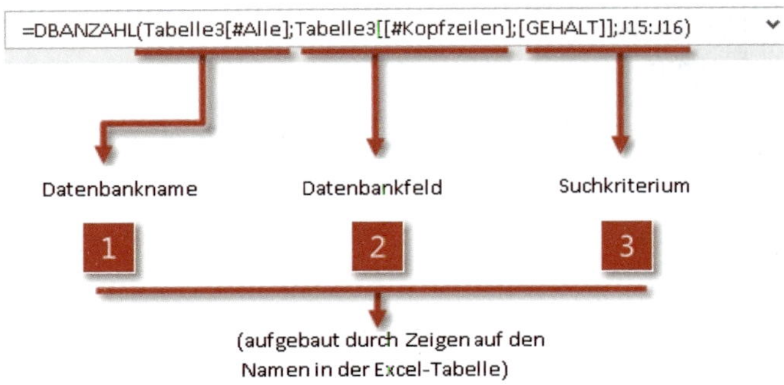

Abbildung 21.15: Das Ergebnis der Auswertung mit der Datenbankfunktion DBANZAHL

Online Das Lösungsbeispiel finden Sie in der Mappe *Kap_21_LOE_DBAuswertung.xlsx* im Arbeitsblatt *Liste1*.

Ein wesentlicher Vorteil einer Excel-Tabelle liegt in der automatischen Erweiterung des Datenbereichs, wenn neue Datensätze hinzugefügt werden.

Hinweis Die gezeigten Datenbankfunktionen dienen als exemplarische Beispiele. Alle weiteren Funktionen sind syntaktisch gleich aufgebaut.

Achtung Bei der Auswahl des Kriterienbereichs ist darauf zu achten, dass eine leere Zelle in den Bereich aufgenommen wird. Eine leere Zelle löst alle Filterbedingungen wieder auf und bezieht somit alle Daten in die Berechnung mit ein.

Eine wichtige Grundlage: Suchkriterien verstehen

Suchkriterien oder auch Kriterien werden in Excel häufig benötigt. Insbesondere bei den Datenbankfunktionen, ebenso bei den AutoFiltern und den Spezialfiltern. Der geschickte, gut geplante Aufbau und ein tief gehendes Verständnis der Verknüpfungsmöglichkeiten eröffnen Ihnen in der Praxis ungeahnte Auswertungsvarianten. Im Folgenden sehen Sie einige Beispiele für Suchkriterien.

Stellvertreterzeichen	Beschreibung
* (Sternchen)	Ignoriert alle nachfolgenden Zeichen einer Zeichenkette beziehungsweise die Anzahl der Zeichen bis zum nächsten Buchstaben. So werden mit H* alle Zeichenketten gefunden, die mit »H« beginnen. Die Auswahl H*n findet alle Zeichenketten, die mit »H« beginnen und mit »n« enden und dazwischen eine beliebige Anzahl von Zeichen aufweisen. H*n findet zum Beispiel *Hellmann.*
? (Fragezeichen)	Ignoriert das Zeichen an der jeweiligen Position innerhalb der Zeichenkette. Mit dem Kriterium M??er werden zum Beispiel die Namen *Mayer, Meier, Maier, Müller* und so weiter gefunden.
~ (Tilde), gefolgt von ?, * oder ~	Fragezeichen, Sternchen oder Tilde: Um ein Fragezeichen zu suchen, wird es mit dem ~-Zeichen als zu suchendes Zeichen definiert; HSC55~? findet *HSC55?*

Tabelle 21.2: Die Stellvertreterzeichen für den Zeichenfolgenvergleich in Suchkriterien oder beim Filtern

---

Hinweis Stellvertreterzeichen können auch kombiniert eingesetzt werden.

Wert	Beschreibung
H*	Namen, die mit »H« beginnen
Ma*r	Alle Namen, die mit »Ma« beginnen und »r« enden. Dazwischen liegen beliebige und beliebig viele Zeichen.
Schmi?d	Namen, die mit »Schmi« beginnen, auf »d« enden und dazwischen ein beliebiges Zeichen enthalten
Schmi??	Namen, die mit »Schmi« beginnen und zwei weitere, beliebige Zeichen enthalten, wie beispielsweise *Schmitz*, *Schmitt*, *Schmied* und dergleichen mehr
Mai	Findet *Mai*, aber auch *Maier*
="=Mai"	Findet exakt den Begriff *Mai*
K	Alle Zeichenfolgen, die mit »K« beginnen
<=K	Listet ebenfalls alle Zeichenfolgen, die mit »K« beginnen
>M	Listet alle Einträge zwischen »M« und »Z« (der erste Begriff beginnt mit »N«)
<>	Listet alle Zellen mit Inhalt – nicht leere Zellen
=	Listet alle leeren Zellen
>100	Listet alle Einträge größer 100
>=100	Listet alle Einträge, die genau auf 100 lauten oder größer sind
<>200	Listet alle Einträge, die ungleich 200 sind
>1.1.2013	Listet alle Einträge nach dem 1.1.2013
<12:00:00	Listet alle Zeitwerte in der ersten Tageshälfte
>41305	Als serielle Zahl auf ein Datumsfeld angewendet, werden alle Datumsangaben nach dem 31.1.2013 aufgelistet.
=Monat(a2)=3	Wenn der Monatswert in Zelle A2 *3* ist, wird dieser Datensatz gelistet.
=Identisch(a3)="HSC"	Wenn der Inhalt der Zelle exakt *HSC* ist, wird der Datensatz gelistet (Groß-/Kleinschreibung wird berücksichtigt).
=Istfehler(a4)	Wenn in Zelle A4 ein Fehlerwert steht, wird der zugehörige Datensatz gelistet.

Tabelle 21.3: Operatorenbeispiele und daraus folgende Suchbegriffe

Suchen und auswerten mit verknüpften Kriterien

Im folgenden Abschnitt geht es um den Aufbau eines Kriterienbereichs und die Anwendung der booleschen Logik.

Online Als Beispiel dient das Arbeitsblatt *Liste* in der Mappe *Kap_21_UEB.xlsx*. Die Lösung zu diesem Beispiel finden Sie in der Mappe *Kap_21_LOE_DBAuswertung.xlsx* im Arbeitsblatt *Liste2*.

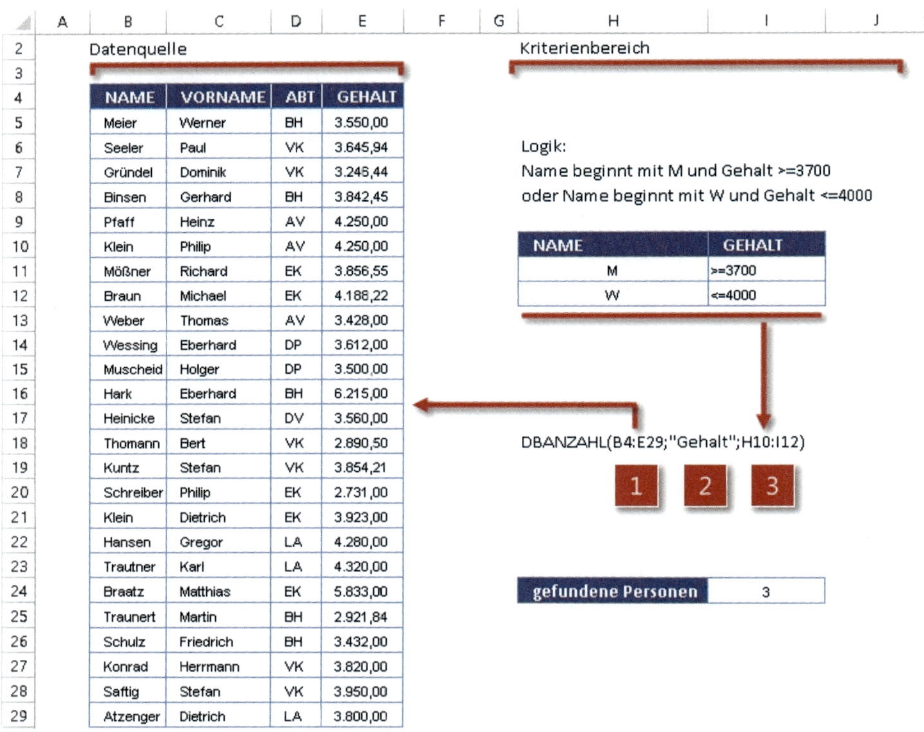

Abbildung 21.16: Beispielhafter Aufbau von Kriterienbereichen und boolesche Logik

Kriterienbereiche können sehr komplex aufgebaut werden. Es sind beliebige Kombinationen von UND, ODER beziehungsweise zwischen einem oberen und einem unteren Wert möglich. Abbildung 21.16 zeigt ein einfaches Beispiel für die Kombination von UND- und ODER-Bedingungen.

Hinweis Ein Beispiel für ein berechnetes Kriterium finden Sie in Kapitel 14.

Den Kriterienbereich dynamisch machen

Eine fortgeschrittene und sicherlich komfortable Behandlung des Kriterienbereichs eröffnet sich durch das Dynamisieren dieses Bereichs. Beispielsweise benötigen Sie zur Auswertung eine wechselnde Anzahl von ODER-Verknüpfungen. Damit Sie nicht jedes Mal den Kriterienbereich manuell vergrößern oder verkleinern müssen, können Sie mit der Funktion BEREICH.VERSCHIEBEN den ausgefüllten Kriterienbereich dynamisch berechnen. Eine Alternative zum Dynamisieren sind die intelligenten Tabellen (vgl. Abbildung 21.17).

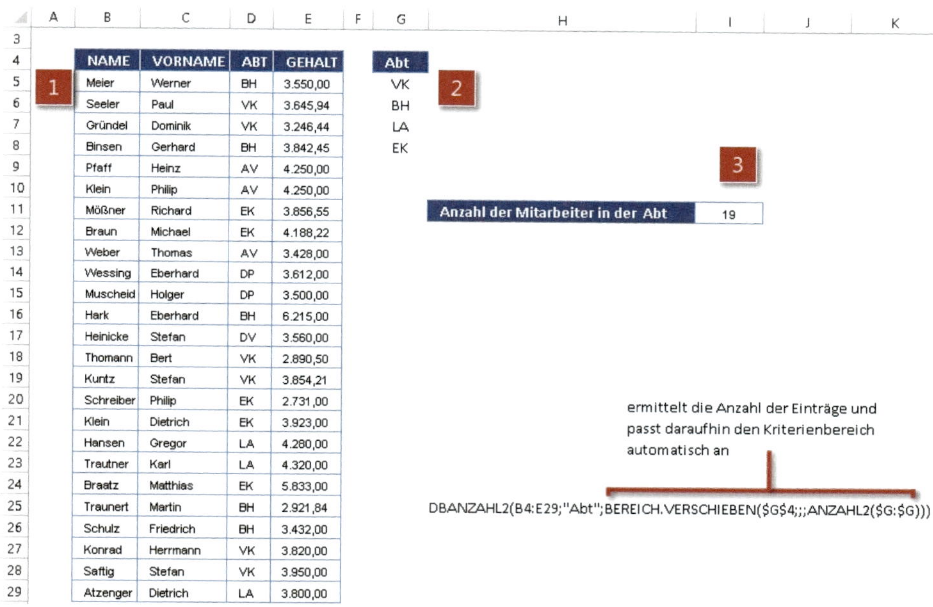

	NAME	VORNAME	ABT	GEHALT
5	Meier	Werner	BH	3.550,00
6	Seeler	Paul	VK	3.645,94
7	Gründel	Dominik	VK	3.246,44
8	Binsen	Gerhard	BH	3.842,45
9	Pfaff	Heinz	AV	4.250,00
10	Klein	Philip	AV	4.250,00
11	Mößner	Richard	EK	3.856,55
12	Braun	Michael	EK	4.188,22
13	Weber	Thomas	AV	3.428,00
14	Wessing	Eberhard	DP	3.612,00
15	Muscheid	Holger	DP	3.500,00
16	Hark	Eberhard	BH	6.215,00
17	Heinicke	Stefan	DV	3.560,00
18	Thomann	Bert	VK	2.890,50
19	Kuntz	Stefan	VK	3.854,21
20	Schreiber	Philip	EK	2.731,00
21	Klein	Dietrich	EK	3.923,00
22	Hansen	Gregor	LA	4.280,00
23	Trautner	Karl	LA	4.320,00
24	Braatz	Matthias	EK	5.833,00
25	Traunert	Martin	BH	2.921,84
26	Schulz	Friedrich	BH	3.432,00
27	Konrad	Herrmann	VK	3.820,00
28	Saftig	Stefan	VK	3.950,00
29	Atzenger	Dietrich	LA	3.800,00

Abbildung 21.17: Dynamisierung des Kriterienbereichs in Datenbankfunktionen

Die Funktion DBANZAHL2 ermittelt aus dem Datenbereich [1] die Anzahl der Mitarbeiter in den Abteilungen, die im Kriterienbereich [2] als ODER-Verknüpfung aufgelistet werden. Das Ergebnis [3] wird in Zelle I11 angezeigt.

Das Besondere an diesem Beispiel ist die Dynamisierung des Kriterienbereichs mit der Funktion BEREICH.VERSCHIEBEN, wie in Abbildung 21.17 zu sehen ist.

Fügen Sie ein Kriterium in Spalte G ein, wird es automatisch in der Summenbildung berücksichtigt. Das Gleiche geschieht, wenn Sie ein Kriterium am Ende der Liste entfernen. Es dürfen zwischen den verschiedenen ODER-Kriterien keine Leerzeilen vorkommen. Die Leerzeilen würden die Ausdehnung des Kriterienbereichs auf die nach der Leerzeile folgenden Einträge verhindern.

Die Mitarbeiteranzahl in angegebenen Abteilungen beläuft sich auf 19. Die Abteilung VK hat 6, BH hat 5, LA hat 3 und EK hat 5 Mitarbeiter.

Online Die Lösung zu diesem Beispiel finden Sie in der Mappe *Kap_21_LOE_DBAuswertung.xlsx* im Arbeitsblatt *Liste3*.

Kapitel 22

Eine schnelle und übersichtliche Datenkonsolidierung mit Teilergebnissen

In diesem Kapitel:

Mit dem Assistenten für Teilergebnisse können Sie in jede Excel-Liste unterschiedliche Zwischenergebnisse einfügen und Gesamtergebnisse anzeigen – und zwar ohne selbst Formeln und Funktionen eingeben zu müssen. Sie erzeugen automatisch eine Gliederung, um Daten übersichtlicher anzuzeigen oder nur bestimmte Ebenen einzublenden. Nutzen Sie vielfältige Möglichkeiten zum Formatieren und grafischen Darstellen sowie zum Ausdrucken der Daten.

Das Konsolidieren von Daten ist eine Alternative, um mehrere gleichartig aufgebaute Bereiche zusammenzufassen beziehungsweise auszuwerten.

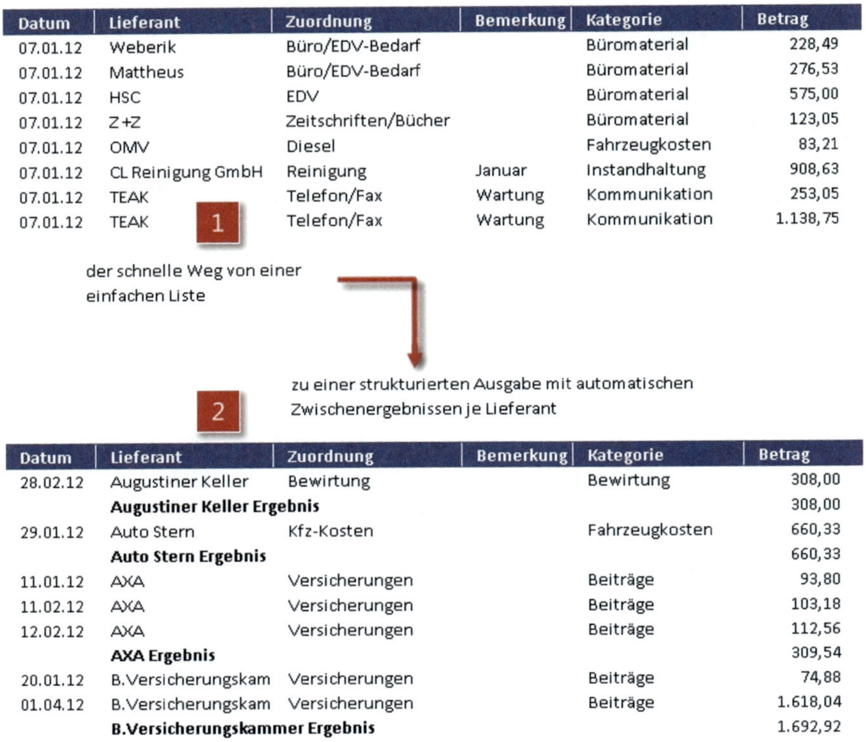

Datum	Lieferant	Zuordnung	Bemerkung	Kategorie	Betrag
07.01.12	Weberik	Büro/EDV-Bedarf		Büromaterial	228,49
07.01.12	Mattheus	Büro/EDV-Bedarf		Büromaterial	276,53
07.01.12	HSC	EDV		Büromaterial	575,00
07.01.12	Z+Z	Zeitschriften/Bücher		Büromaterial	123,05
07.01.12	OMV	Diesel		Fahrzeugkosten	83,21
07.01.12	CL Reinigung GmbH	Reinigung	Januar	Instandhaltung	908,63
07.01.12	TEAK	Telefon/Fax	Wartung	Kommunikation	253,05
07.01.12	TEAK	Telefon/Fax	Wartung	Kommunikation	1.138,75

Datum	Lieferant	Zuordnung	Bemerkung	Kategorie	Betrag
28.02.12	Augustiner Keller	Bewirtung		Bewirtung	308,00
	Augustiner Keller Ergebnis				308,00
29.01.12	Auto Stern	Kfz-Kosten		Fahrzeugkosten	660,33
	Auto Stern Ergebnis				660,33
11.01.12	AXA	Versicherungen		Beiträge	93,80
11.02.12	AXA	Versicherungen		Beiträge	103,18
12.02.12	AXA	Versicherungen		Beiträge	112,56
	AXA Ergebnis				309,54
20.01.12	B.Versicherungskam	Versicherungen		Beiträge	74,88
01.04.12	B.Versicherungskam	Versicherungen		Beiträge	1.618,04
	B.Versicherungskammer Ergebnis				1.692,92

Abbildung 22.1: Anwendung des Assistenten für Teilergebnisse

Die Assistenten für Teilergebnisse und Datenkonsolidierung nutzen

Neben der Sortierung von Listen und dem Filtern ermöglicht Ihnen Excel, Teilergebnisse und Gesamtergebnisse automatisch zu erstellen. Teilergebnisse bilden Zwischensummen, wenn Sie Daten in unterschiedlichen Gruppen beispielsweise nach Konten, Kostenstellen oder anderen Kriterien zusammenfassen.

Zwischensummen mit dem Assistenten für Teilergebnisse ermitteln

Teilergebnisse sind eine einfache und schnelle Möglichkeit, Daten einer Liste strukturiert zusammenzufassen. In diesem Fall müssen Sie keine Formeln erstellen. Excel übernimmt diese Aufgabe und fügt die Teilergebnis- sowie die Gesamtergebniszeilen ein und gliedert die Daten danach automatisch.

Online An verschiedenen Beispielen zeigen wir Ihnen diese Möglichkeiten. Als Datenbasis dient die Datei *Kap_22_UEB.xlsx*. Zusätzlich gibt es drei Dateien, die zum Teil die Lösungen der Beispiele und Muster enthalten.

Die Daten organisieren

Vorteilhaft ist es, wenn Ihre Daten als einfache Liste vorliegen (das heißt, alle Daten sind zeilenweise erfasst, sodass jede Zeile einem Datensatz entspricht) und vor der Verarbeitung nach dem Kriterium sortiert werden, für das die Teilergebnisse beziehungsweise die Zwischensummen gebildet werden sollen.

Ferner müssen die Daten in beschrifteten Spalten angeordnet sein, damit sie die Konventionen einer Datenbank beziehungsweise einer Excel-Liste erfüllen. Excel verwendet die Spaltenüberschriften, um festzulegen, wie die Daten gruppiert und wie die Ergebnisse errechnet werden.

Für eine korrekte Berechnung der Teilergebnisse ist die Strukturierung und Sortierung der Daten von entscheidender Bedeutung. Wollen Sie beispielsweise die Daten nach Kategorien als Teilergebnis anzeigen, sortieren Sie die Daten auch nach der Kategorie.

Hinweis Sie können auch Teile einer Liste auswählen. Verwenden Sie einen Filter, um die erforderlichen Daten anzuzeigen. Mehr über das Filtern von Daten und die verschiedenen Möglichkeiten erfahren Sie in Kapitel 14.

Für eine Liste automatisch Teilergebnisse erstellen lassen

Im vorliegenden Beispiel betrachten Sie eine Ausgabenliste, in der alle Belege, Quittungen und Rechnungen aus einem Buchhaltungssystem importiert oder manuell in Excel erfasst wurden (siehe Abbildung 22.2). Das Ziel ist, Teilergebnisse

- mit Zwischen- und Gesamtsummen über die einzelnen Felder,
- nach unterschiedlichen Berechnungsmethoden und
- in variabler Anzeige- und Ausgabeform

zu erstellen und zu gliedern.

B	C	D	E	F	G
Datum	Lieferant	Zuordnung	Bemerkung	Kategorie	Betrag
07.01.12	Weberik	Büro/EDV-Bedarf		Büromaterial	228,49
07.01.12	Mattheus	Büro/EDV-Bedarf		Büromaterial	276,53
07.01.12	HSC	EDV		Büromaterial	575,00
07.01.12	Z+Z	Zeitschriften/Bücher		Büromaterial	123,05
07.01.12	OMV	Diesel		Fahrzeugkosten	83,21
07.01.12	CL Reinigung Gmb	Reinigung	Januar	Instandhaltung	908,63
07.01.12	TEAK	Telefon/Fax	Wartung	Kommunikation	253,05

Abbildung 22.2: Auszug aus der Liste mit Belegarten zur Auswertung mit dem Assistenten für Teilergebnisse

Für eine sinnvolle Auswertung ist es notwendig, die Liste nach dem Auswertungskriterium zu sortieren. Das ist in unserem Beispiel das Feld *Kategorie* (mehr zum Thema Sortieren erfahren Sie in Kapitel 15). Nach dem Sortieren beginnen Sie mit dem Aufbauen der Teilergebnisse:

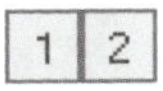

1. Positionieren Sie den Mauszeiger in einer beliebigen Zelle und öffnen Sie den Assistenten über *Daten/Gliederung/Teilergebnis*.

   Es erscheint das Dialogfeld *Teilergebnisse* (siehe Abbildung 22.3).

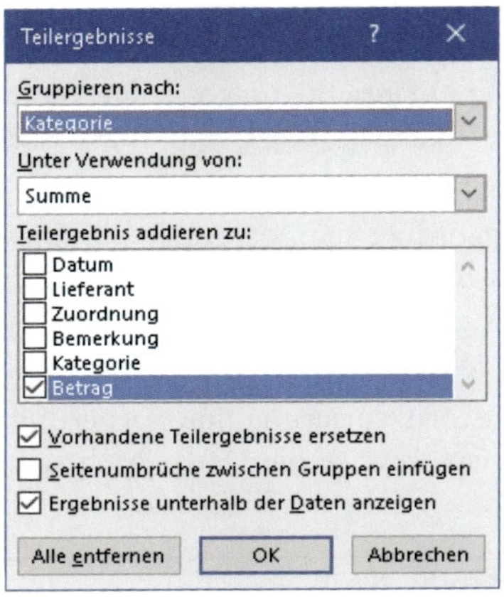

Abbildung 22.3: Das Dialogfeld Teilergebnisse *mit der bereits ausgewählten Option, nach der die Teilergebnisse gebildet werden sollen*

2. Legen Sie in der Dropdownliste *Gruppieren nach* fest, wie die Daten für die Zwischensummen gruppiert werden sollen, im Beispiel *Kategorie.*
3. In der Dropdownliste *Unter Verwendung von* wählen Sie die gewünschte Berechnungsart *Summe.*
4. Aktivieren Sie das Kontrollkästchen *Betrag* in der Liste *Teilergebnis addieren zu.*
5. Die Kontrollkästchen *Vorhandene Teilergebnisse ersetzen*, *Seitenumbrüche zwischen Gruppen einfügen* und *Ergebnisse unterhalb der Daten anzeigen* lassen Sie unverändert.
6. Bestätigen Sie nun mit einem Klick auf die Schaltfläche *OK* Ihre Festlegungen.

Excel fügt jeder Gruppe ein Teilergebnis hinzu und führt die gewählte Berechnung unter Verwendung der Tabellenfunktion *TEILERGEBNIS(Funktion;Bezug1;...)* aus. Mehr zu dieser Funktion finden Sie in Kapitel 13.

Am linken Rand werden Gliederungssymbole angezeigt, über die Sie einzelne Ebenen ein- beziehungsweise ausblenden können (mehr zu den Gliederungssymbolen weiter hinten in diesem Kapitel).

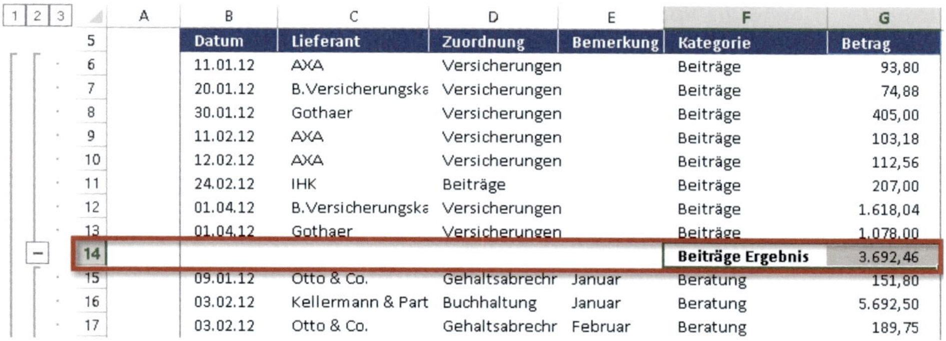

	A	B	C	D	E	F	G
5		Datum	Lieferant	Zuordnung	Bemerkung	Kategorie	Betrag
6		11.01.12	AXA	Versicherungen		Beiträge	93,80
7		20.01.12	B.Versicherungska	Versicherungen		Beiträge	74,88
8		30.01.12	Gothaer	Versicherungen		Beiträge	405,00
9		11.02.12	AXA	Versicherungen		Beiträge	103,18
10		12.02.12	AXA	Versicherungen		Beiträge	112,56
11		24.02.12	IHK	Beiträge		Beiträge	207,00
12		01.04.12	B.Versicherungska	Versicherungen		Beiträge	1.618,04
13		01.04.12	Gothaer	Versicherungen		Beiträge	1.078,00
14						Beiträge Ergebnis	3.692,46
15		09.01.12	Otto & Co.	Gehaltsabrechr	Januar	Beratung	151,80
16		03.02.12	Kellermann & Part	Buchhaltung	Januar	Beratung	5.692,50
17		03.02.12	Otto & Co.	Gehaltsabrechr	Februar	Beratung	189,75

Abbildung 22.4: Die Einträge werden nach Kategorien gegliedert und die Ausgaben für die jeweilige Kategorie zusammengefasst (Ausschnitt)

Excel beschriftet jede eingefügte Zeile mit einem entsprechenden Titel (zu sehen in Abbildung 22.4). Im vorliegenden Beispiel wird die Kategoriebezeichnung verwendet.

Insgesamt bietet der Assistent für Teilergebnisse die in Tabelle 22.1 dargestellten Optionen an.

Option	Beschreibung
Gruppieren nach	Zeigt die Spalten beziehungsweise Spaltenbeschriftungen in der Liste an
Unter Verwendung von	Bietet die möglichen Berechnungsarten an: Anzahl, Mittelwert, Maximum, Minimum, Produkt, Anzahl Zahlen, Standardabweichung (Stichprobe), Standardabweichung (Grundgesamtheit), Varianz (Stichprobe), Varianz (Grundgesamtheit)
Teilergebnis addieren zu	Auf welche Spalte(n) soll die Berechnungsart angewendet werden?
Vorhandene Teilergebnisse ersetzen	Ersetzt bei einem erneuten Ausführen des Befehls die bereits eingetragenen Zwischenergebnisse
Seitenumbrüche zwischen Gruppen einfügen	Bezieht sich hauptsächlich auf den Ausdruck: Fügt nach jedem Gruppenwechsel einen Seitenumbruch in die Tabelle ein. Die Daten einer Gruppe werden dann beim Ausdruck jeweils auf einem neuen Blatt ausgegeben.
Ergebnisse unterhalb der Daten anzeigen	Die Ergebnisse werden jeweils unterhalb der Gruppe, das Gesamtergebnis am Ende der Liste ausgegeben.
Alle entfernen	Entfernt alle Teilergebnisse aus der aktuellen Liste

Tabelle 22.1: Die Optionen im Dialogfeld Teilergebnisse

Verwenden Sie den Befehl *Teilergebnis* zum ersten Mal in einer Liste, wählt Excel automatisch die am weitesten links liegende Spalte als Gruppierungsmerkmal. Haben Sie den Befehl bereits einmal in einer Liste verwendet, wird die Spalte, die Sie beim letzten Mal markiert haben, ausgewählt.

Tipp Wenn Sie Zwischenergebnisse für mehr als eine Spalte ermitteln wollen, wählen Sie jede der gewünschten Spalten einzeln aus.

Excel bietet abhängig vom Datentyp, der gruppiert werden soll, verschiedene Auswertungsfunktionen an. Befinden sich Zahlen in der Spalte, die zusammengefasst werden sollen, gibt Excel die Funktion *Summe* vor. Befindet sich hingegen Text in der Spalte, gibt Excel die Funktion *Anzahl* vor.

Hinweis Die Teil- und Gesamtergebnisse werden von Excel automatisch neu berechnet, wenn Sie Änderungen an den Datenbeständen vornehmen.

Zurück zu den Basisdaten: Teilergebnisse entfernen

Erkennen Sie unmittelbar nach der Ausführung des Befehls *Teilergebnis*, dass Sie die Darstellung nicht benötigen, klicken Sie auf *Rückgängig* in der Symbolleiste für den Schnellzugriff oder drücken Sie die Tastenkombination `Strg`+`Z`. Dadurch nehmen Sie den Befehl zurück und entfernen die Teilergebnisse wieder.

Haben Sie inzwischen bereits andere Befehle ausgeführt, öffnen Sie erneut das Dialogfeld *Teilergebnisse* und klicken dann auf die Schaltfläche *Alle entfernen* (siehe Abbildung 22.3), um zu den Basisdaten zurückzukehren.

Ansprechende Datenübersicht durch eine optimale Gliederung

Nachdem Sie die Teilergebnisse erstellt haben, sind zusätzlich Gliederungssymbole vorhanden. Diese ermöglichen es, die Detaildaten schnell ein- und auszublenden.

Tipp Sie können jederzeit zusätzliche eigene Gliederungsebenen in den Zeilen und/oder Spalten hinzufügen.

Durch Ein- und Ausblenden von Gliederungsebenen können Sie die Übersichtlichkeit und auch die Aussagekraft der Teilergebnisse beachtlich steigern.

Informative Berichte durch Kombinieren von Teilergebnissen

Sie wollen zu den vorhandenen Teilergebnissen der *Kategorie* noch ein Zwischenergebnis für die *Zuordnung* und den *Lieferanten* in den Bericht aufnehmen. Damit Sie das Ziel erreichen, gehen Sie zum Arbeitsblatt mit den Basisdaten und sortieren diese zunächst nach *Kategorie*, dann nach *Zuordnung* und zuletzt nach *Lieferant* (siehe Abbildung 22.5). Weitere Erläuterungen zum Sortieren finden Sie in Kapitel 15.

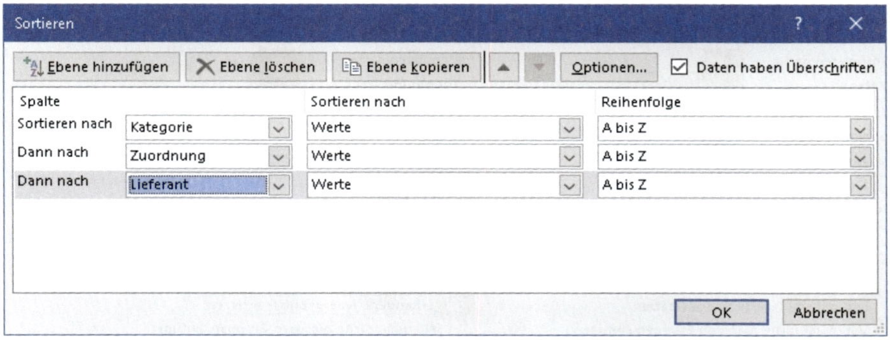

Abbildung 22.5: Das Dialogfeld mit den notwendigen Sortiereinstellungen

Wenn Sie das Arbeitsblatt aus dem vorigen Beispiel verwenden, in dem die Daten lediglich nach der Kategorie sortiert vorliegen, erhalten Sie den folgenden Warnhinweis (siehe Abbildung 22.6).

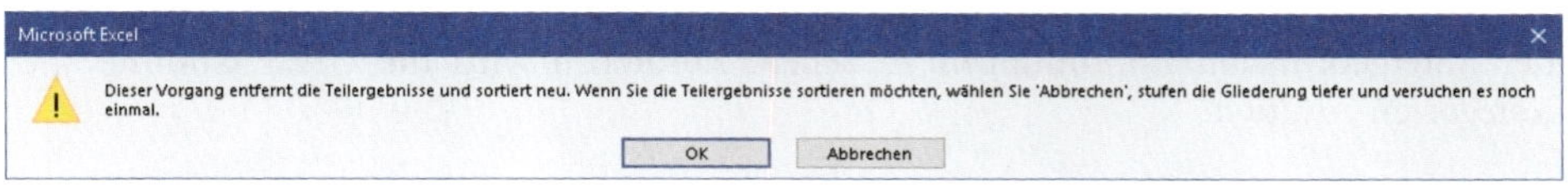

Abbildung 22.6: Der Warnhinweis zum Entfernen der vorhandenen Teilergebnisse

Das Sortieren eines Bereichs mit vorhandenen Teilergebnissen führt beim Bestätigen mit *OK* zum Entfernen der vorhandenen Teilergebnisse. Danach erst werden die Daten sortiert.

Sie haben die Daten sortiert und fahren mit folgenden Arbeitsschritten fort:

1. Markieren Sie eine beliebige Zelle in der Liste und wählen Sie den Befehl *Daten/Gliederung/Teilergebnis*. Das Dialogfeld *Teilergebnisse* wird angezeigt (siehe Abbildung 22.7).
2. In der Dropdownliste *Gruppieren nach* wählen Sie den Listeneintrag *Kategorie* [1]. In der Dropdownliste *Unter Verwendung von* wählen Sie *Summe* als Berechnungsart. Des Weiteren aktivieren Sie das Kontrollkästchen *Betrag* in der Liste *Teilergebnis addieren zu*.
3. Die Kontrollkästchen *Vorhandene Teilergebnisse ersetzen*, *Seitenumbrüche zwischen Gruppen einfügen* und *Ergebnisse unterhalb der Daten anzeigen* lassen Sie unverändert [3].
4. Mit einem Klick auf die Schaltfläche *OK* führen Sie den ersten Teil der Aufgabe aus.
5. Rufen Sie jetzt erneut den Befehl *Daten/Gliederung/Teilergebnis* auf und wählen Sie die Option für die nächste Gruppe, also *Zuordnung* [2], und deaktivieren Sie das Kontrollkästchen *Vorhandene Teilergebnisse ersetzen* [4].
6. Bestätigen Sie Ihre Festlegung per Klick auf die Schaltfläche *OK*.

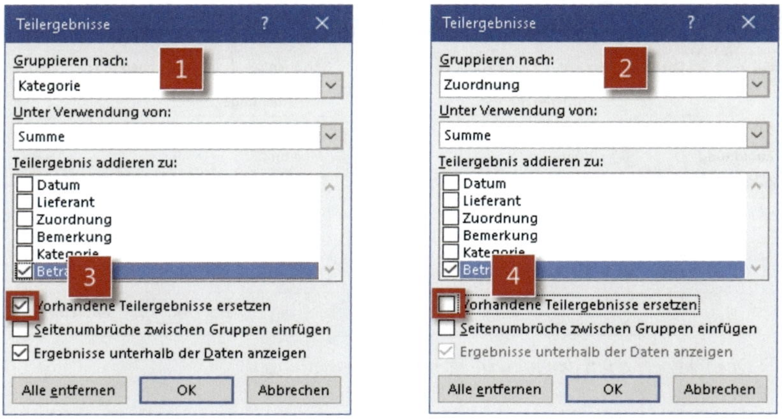

Abbildung 22.7: Die Einstellungen für die beiden ersten Arbeitsschritte zum Aufbauen der Teilergebnisse

In Abbildung 22.8 sind die Ausgabensumme einer Kategorie und die Zwischensummen der untergeordneten Zuordnungen zu sehen. Zusätzlich wird die Gesamtsumme aller Kategorien ermittelt.

	B	C	D	E	F	G
5	Datum	Lieferant	Zuordnung	Bemerkung	Kategorie	Betrag
6	04.03.12	Oppermann	Werbemittel		Verkaufsförderung	2.732,98
7	04.03.12	Oppermann	Werbemittel		Verkaufsförderung	3.516,24
8	04.03.12	Schmid-Verlag	Werbemittel		Verkaufsförderung	3.550,93
9	18.03.12	Oppermann	Werbemittel		Verkaufsförderung	172,50
10	17.04.12	Oppermann	Werbemittel		Verkaufsförderung	506,00
11	17.04.12	Oppermann	Werbemittel		Verkaufsförderung	975,20
12			**Werbemittel Ergebnis**			11.453,85
13	10.01.12	Weninger design	Werbung		Verkaufsförderung	2.574,00
14	20.02.12	Weninger design	Werbung		Verkaufsförderung	9.600,00
15	20.03.12	Weninger design	Werbung		Verkaufsförderung	9.307,10
16	17.04.12	Weninger design	Werbung		Verkaufsförderung	8.800,00
17			**Werbung Ergebnis**			30.281,10
18					**Verkaufsförderung Ergebnis**	41.734,95

Abbildung 22.8: Ausschnitt aus der Tabelle mit dem Zwischenergebnis für Kategorie *und* Zuordnung

---

Hinweis Sie können den Befehl *Teilergebnis* auch in die Symbolleiste für den Schnellzugriff aufnehmen. Die grundlegenden Arbeitsschritte zum Anpassen der Symbolleiste für den Schnellzugriff finden Sie in Kapitel 1.

Funktion	Beschreibung
Summe	Die Summe der Werte in einer Liste; die Standardfunktion für numerische Daten
Mittelwert	Der Mittelwert der Werte in einer Liste
Anzahl	Die Anzahl der Elemente in einer Liste, die Standardfunktion für nicht numerische Daten
Maximum	Der höchste Wert in einer Liste
Minimum	Der niedrigste Wert in einer Liste

Tabelle 22.2: Funktionen, die Ihnen bei der Nutzung von Teilergebnis *zur Verfügung stehen*

Funktion	Beschreibung
Produkt	Das Ergebnis der Multiplikation aller Werte in einer Liste
Anzahl Zahlen	Die Anzahl der Datensätze oder Zeilen in einer Liste, die numerische Daten enthalten
Standardabweichung (Stichprobe)	Eine Schätzung der Standardabweichung einer Population, wobei die Liste die Stichprobe darstellt
Standardabweichung (Grundgesamtheit)	Die Standardabweichung einer Population, wobei die Liste die Grundgesamtheit darstellt
Varianz (Stichprobe)	Eine Schätzung der Varianz einer Population, wobei die Liste die Stichprobe darstellt
Varianz (Grundgesamtheit)	Die Varianz einer Population, wobei die Liste die Grundgesamtheit darstellt

Tabelle 22.2: Funktionen, die Ihnen bei der Nutzung von Teilergebnis *zur Verfügung stehen (Forts.)*

Ein Beispiel: Sie wollen wissen, wie viele Positionen jede Kategorie umfasst und wie viele Positionen es derzeit insgesamt in der Ausgabenliste gibt:

1. Markieren Sie eine beliebige Zelle in der Liste und wählen Sie den Befehl *Daten/Gliederung/Teilergebnis*. Das Dialogfeld *Teilergebnisse* wird angezeigt.
2. Wählen Sie in der Dropdownliste *Gruppieren nach* den Eintrag *Kategorie*. In der Dropdownliste *Unter Verwendung von* wählen Sie die Funktion *Anzahl* und in der Liste *Teilergebnis addieren zu* aktivieren Sie das Kontrollkästchen *Betrag*.

   Die Kontrollkästchen *Vorhandene Teilergebnisse ersetzen* und *Ergebnisse unterhalb der Daten* sind aktiviert. Das Kontrollkästchen *Seitenumbrüche zwischen den Gruppen einfügen* ist nicht aktiviert.
3. Bestätigen Sie per Klick auf die Schaltfläche *OK*.

Die Berechnung liefert unter jeder Kategorie die Anzahl der Positionen und am Ende der Liste die Gesamtanzahl. Ganz nach Bedarf können Sie sich jetzt über die eingefügte Gliederung die diversen Datenkombinationen ansehen und bewerten.

Die Anschaulichkeit verbessern mit vorbereiteten Formaten

Beim Erstellen von Teilergebnissen wendet Excel eine automatische Formatierung auf die Daten an. Diese Gestaltung können Sie anpassen:

1. Aktivieren Sie eine Zelle in den Teilergebnissen und klicken Sie auf der Registerkarte *Start* in der Gruppe *Formatvorlagen* auf *Zellenformatvorlagen*.
2. Zeigen Sie anschließend mit der Maus auf verschiedene Formatvorlagen, um in der Livevorschau die Auswirkungen der Formatzuweisung zu begutachten.
3. Klicken Sie auf die gewünschte Formatvorlage, um sie zuzuweisen.

Die automatische Formatierung können Sie auch über das Dialogfeld *Einstellungen* zuweisen. Sie erreichen dieses Dialogfeld über das Startprogramm für Dialogfelder in der Gruppe *Gliederung* auf der Registerkarte *Daten*.

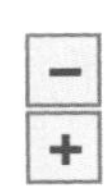

Die Aussagekraft der Teilergebnisse mit einem Diagramm verstärken

Zur besseren Verdeutlichung der ermittelten Zahlen ist eine grafische Darstellung hilfreich. Auf der Basis von Teilergebnissen können Sie auch ein Diagramm erstellen.

Hierzu ein Beispiel: Sie wollen die Teilergebnisse für die Kategorien *Beratung*, *Büromaterial* und *Kommunikation* in einem Kreisdiagramm darstellen. Gehen Sie dazu wie folgt vor:

1. Sortieren Sie die Liste aufsteigend nach dem Feld *Kategorie*.
2. Erstellen Sie auf der Basistabelle *Ausgaben* eine Darstellung der Teilergebnisse nach *Kategorien* mit der Summe der Werte im Feld *Betrag*.
3. Blenden Sie in der Teilergebnisdarstellung zuerst alle Detailzeilen der Gliederung mit den Schaltflächen der Zeilenebene im linken Rand der Liste aus (siehe Abbildung 22.9).
4. Wählen Sie die Bereiche aus, die für die Erstellung des Diagramms benötigt werden.

	F	G	
4			
5	Kategorie	Betrag	
14	Beiträge Ergebnis	3.692,46	
25	Beratung Ergebnis	25.377,20	1
41	Bewirtung Ergebnis	3.593,86	
114	Büromaterial Ergebnis	29.308,54	2
134	Fahrzeugkosten Ergebnis	2.217,64	
140	Instandhaltung Ergebnis	4.402,98	
145	Invest Ergebnis	37.259,67	
160	Kommunikation Ergebnis	15.274,94	3
165	Miete Ergebnis	44.917,84	
170	Personal Ergebnis	183.916,46	
176	Porto Ergebnis	5.653,32	
179	Qualifizierung Ergebnis	2.509,88	
195	Reisekosten Ergebnis	28.748,53	
208	Transportkosten Ergebnis	2.531,21	
219	Verkaufsförderung Ergebnis	41.734,95	
220	Gesamtergebnis	431.139,48	

Abbildung 22.9: Selektion der Daten für das Diagramm – mit der `Strg` *-Taste*

5. Nach dem Markieren der darzustellenden Daten (F25:G25, F114:G114, F160:G160) klicken Sie im Menüband zunächst auf die Registerkarte *Einfügen* und anschließend in der Gruppe *Diagramme* auf die Schaltfläche *Kreis*.
6. Jetzt wird Ihnen eine Reihe von Diagrammtypen angeboten; wählen Sie den Typ *3D-Kreis*.
7. Das eingefügte Diagramm ist jedoch in seinen Beschriftungen nicht vollständig. Sie wollen noch einen Diagrammtitel und die Prozentanteile je Kreissegment anzeigen lassen.
8. Um einen Diagrammtitel einzufügen, markieren Sie das Objekt mit der Beschriftung, markieren den Text *Diagrammtitel* und überschreiben ihn mit dem neuen Titel, beispielsweise `Kostengegenüberstellung`.
9. Um die Beschriftung für die Prozentwerte hinzuzufügen, markieren Sie das Diagrammobjekt und wählen auf der Registerkarte *Diagrammtools/Entwurf* in der Gruppe *Diagrammformatvorlagen* die Option *Formatvorlage 9*.

Das Diagramm wird unmittelbar in der neuen Darstellung angezeigt (siehe Abbildung 22.10).

Abbildung 22.10: Das Diagramm auf der Basis der selektierten Daten aus den Teilergebnissen

Die ausführlichen Bearbeitungsmöglichkeiten von Diagrammen finden Sie in Kapitel 16 beschrieben.

Daten aus mehreren Arbeitsblättern durch Konsolidieren zusammenfassen

Wie Sie Teilergebnisse Ihrer Daten komfortabel erstellen, haben Sie zuvor gesehen. In einem weiteren Beispiel soll eine Lösung gezeigt werden, wie verschiedene Tabellen in einer Arbeitsmappe oder auch verschiedene Dateien zusammengefasst – konsolidiert – werden können. Wie Sie dies unter Verwendung von 3D-Bezügen erreichen, steht in Kapitel 3.

Gebündelte Informationen aus unterschiedlichen Tabellen zusammenstellen

Ausgehend von mehreren Tabellen, die grundsätzlich den gleichen Aufbau haben, können Sie konsolidierte Daten mit Teilergebnissen erstellen.

	A	B	C	D	E	F	G	H
4		Sport Group		Monatsbericht in Tausend			Land	Österreich
5								
6		Warengruppe	Januar	Februar	März	April	Mai	Juni
7		Fahrräder	168,90 T€	101,20 T€	32,85 T€	15,47 T€	5,95 T€	14,86 T€
8		Fahrrad-Kleidung	102,30 T€	27,37 T€	21,42 T€	10,23 T€	5,95 T€	17,85 T€
9		Kletterausrüstung	18,55 T€	22,61 T€	9,52 T€	4,76 T€	8,33 T€	7,14 T€
10		Ski	13,09 T€	3,57 T€	20,25 T€	4,76 T€	5,21 T€	2,38 T€
11		Skikleidung	6,44 T€	2,38 T€	8,33 T€	5,95 T€	9,12 T€	3,12 T€
12		Fischereizubehör	18,62 T€	4,76 T€	9,45 T€	5,47 T€	5,95 T€	2,38 T€
13		Golfausstattung	12,55 T€	17,85 T€	5,95 T€	9,52 T€	2,38 T€	7,45 T€
14		Summe	168,90 T€	179,74 T€	107,77 T€	56,16 T€	42,89 T€	55,18 T€

Abbildung 22.11: Die Ländertabellen haben alle den gleichen Aufbau, Abweichungen in der Anzahl der Spalten beziehungsweise Zeilen sind möglich

Um die Daten der drei Landesgesellschaften zusammenzufassen beziehungsweise zu konsolidieren, gehen Sie wie folgt vor:

1. Legen Sie in der Arbeitsmappe *Kap_22_UEB.xlsx* ein leeres Arbeitsblatt an und wählen Sie auf der Registerkarte *Daten* in der Gruppe *Datentools* den Befehl *Konsolidieren*.
2. Es öffnet sich das Dialogfeld *Konsolidieren*. Aktivieren Sie dort das Eingabefeld *Verweis*.
3. Wechseln Sie zum ersten Arbeitsblatt (*AT*) mit den Daten, die zusammengefasst werden sollen, markieren Sie den Bereich B6:H13 und klicken Sie dann auf die Schaltfläche *Hinzufügen*. Die Bereichsadresse wird in das Textfeld *Vorhandene Verweise* eingefügt.
4. Markieren Sie dann nacheinander die Daten aus den beiden anderen Tabellen (*CH* und *DE*) und fügen Sie sie nach dem gleichen Verfahren in dem Dialogfeld hinzu (siehe Abbildung 22.12).
5. Aktivieren Sie die Kontrollkästchen für die Beschriftung, wenn diese im Ergebnis angezeigt werden soll.
6. Aktivieren Sie das Kontrollkästchen *Verknüpfungen mit Quelldaten*, wenn der neue Bereich mit dem Quellbereich verbunden sein soll, um alle Änderungen automatisch weiterzugeben.

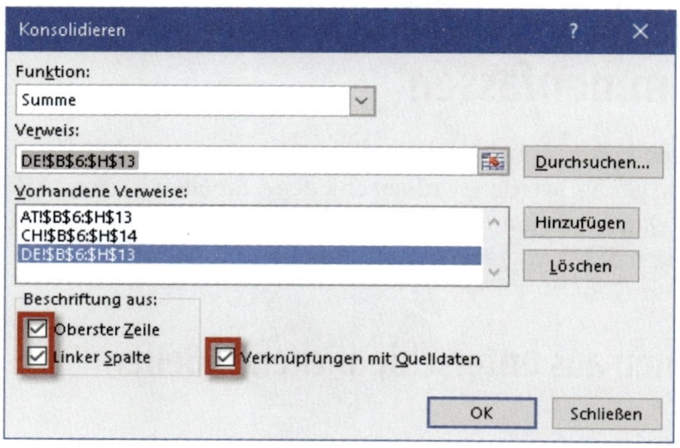

Abbildung 22.12: Das Dialogfeld Konsolidieren *zum Hinzufügen der jeweiligen Datenbereiche in den Bereich* Vorhandene Verweise

7. Klicken Sie auf die Schaltfläche *OK*, um die Konsolidierung auszuführen.
8. Als Ergebnis erhalten Sie die in Abbildung 22.13 gezeigte Tabelle.

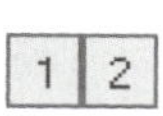

Über die Gliederungssymbole am linken Rand können Sie die Daten auswählen, die Sie genauer betrachten wollen. Wählen Sie die numerischen Schaltflächen direkt unterhalb des Namenfeldes, um nur die Summen (1) oder sowohl die Summen als auch die Einzeldaten der jeweiligen Warengruppe anzeigen zu lassen (2).

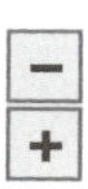

Werden die Summen angezeigt, können Sie die Werte jeweils über die Plus- und Minusschaltflächen ein- beziehungsweise ausblenden.

Umsätze aller Landesgesellschaften

Zeile		Januar	Februar	März	April	Mai	Juni
6	Kap_22	168,90 T€	101,20 T€	32,85 T€	15,47 T€	5,95 T€	14,86 T€
7	Kap_22	187,22 T€	98,45 T€	32,85 T€	5,95 T€	4,76 T€	13,12 T€
8	Kap_22	187,30 T€	88,52 T€	32,85 T€	20,23 T€	3,57 T€	8,99 T€
9	Fahrräder	543,42 T€	288,17 T€	98,55 T€	41,65 T€	14,28 T€	36,97 T€
10	Kap_22	102,30 T€	27,37 T€	21,42 T€	10,23 T€	5,95 T€	17,85 T€
11	Kap_22	102,30 T€	61,88 T€	5,95 T€	10,23 T€	2,38 T€	1,19 T€
12	Kap_22	102,30 T€	53,55 T€	17,85 T€	10,23 T€	3,57 T€	2,38 T€
13	Fahrrad-Kleidung	306,90 T€	142,80 T€	45,22 T€	30,69 T€	11,90 T€	21,42 T€
17	Kletterausrüstung	62,95 T€	58,31 T€	21,42 T€	17,85 T€	20,23 T€	21,42 T€
19	Hochgebirgsausrüstung	2,45 T€	2,48 T€	3,14 T€	5,46 T€	5,78 T€	8,27 T€
23	Ski	44,01 T€	41,65 T€	26,68 T€	13,09 T€	13,34 T€	21,42 T€
27	Skikleidung	19,73 T€	33,32 T€	26,18 T€	19,04 T€	24,79 T€	10,56 T€
31	Fischereizubehör	49,09 T€	22,86 T€	28,69 T€	16,47 T€	35,70 T€	26,18 T€
32	Kap_22	12,55 T€	17,85 T€	5,95 T€	9,52 T€	2,38 T€	7,45 T€
33	Kap_22	10,85 T€	8,33 T€	3,57 T€	8,33 T€	7,14 T€	5,65 T€
34	Kap_22	12,99 T€	22,61 T€	8,33 T€	2,38 T€	17,85 T€	4,20 T€
35	Golfausstattung	36,39 T€	48,79 T€	17,85 T€	20,23 T€	27,37 T€	17,30 T€

Abbildung 22.13: Die konsolidierten Daten mit dynamischer Verknüpfung

Das Einblenden oder Ausblenden der Gliederungsebenen können Sie auch über die Befehlsgruppe *Gliederung* erledigen.

Mit Gliederungssymbolen die Übersichtlichkeit verbessern

Sollten bei einer Konsolidierung die Gliederungssymbole nicht angezeigt werden, finden Sie die entsprechenden Einstellungen dafür im Dialogfeld *Excel-Optionen*:

1. Wählen Sie auf der Registerkarte *Datei* den Eintrag *Optionen*.
2. Im Dialogfeld *Excel-Optionen* wechseln Sie zur Kategorie *Erweitert*.
3. Scrollen Sie zum Abschnitt *Optionen für dieses Arbeitsblatt anzeigen* und aktivieren Sie das Kontrollkästchen *Gliederungssymbole anzeigen, wenn eine Gliederung angewendet wurde* (siehe Abbildung 22.14).
4. Schließen Sie das Dialogfeld *Excel-Optionen* mit einem Klick auf die Schaltfläche *OK*.

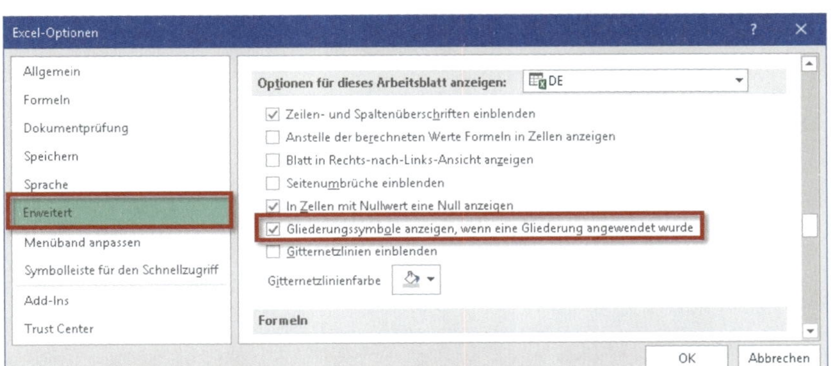

Abbildung 22.14: In den Excel-Optionen die Anzeige der Gliederungssymbole aktivieren

Kapitel 23

Von der Datenliste zur PivotTable – der Einstieg

In diesem Kapitel:

PivotTables sind ein Instrument, mit dem Sie Ihre Daten schnell, flexibel, kompakt und mit hoher Aussagekraft auswerten können. Sie gelangen in vier Arbeitsschritten zur anschaulichen Darstellung in Tabellenform und können ohne nennenswerten Zusatzaufwand auch ein PivotChart als Businessgrafik generieren. Die Steuerung erfolgt über Datenschnitte und macht die Auswertung dynamisch und komfortabel.

Sollten Änderungen, Ergänzungen oder das Hinzufügen neuer Elemente notwendig werden, lässt sich dies zügig und ohne Gefährdung der Basisdaten sowie der bereits geleisteten Aufbauarbeit erledigen. Sie werden durch Assistenten unterstützt, die die gesamte Arbeit deutlich erleichtern.

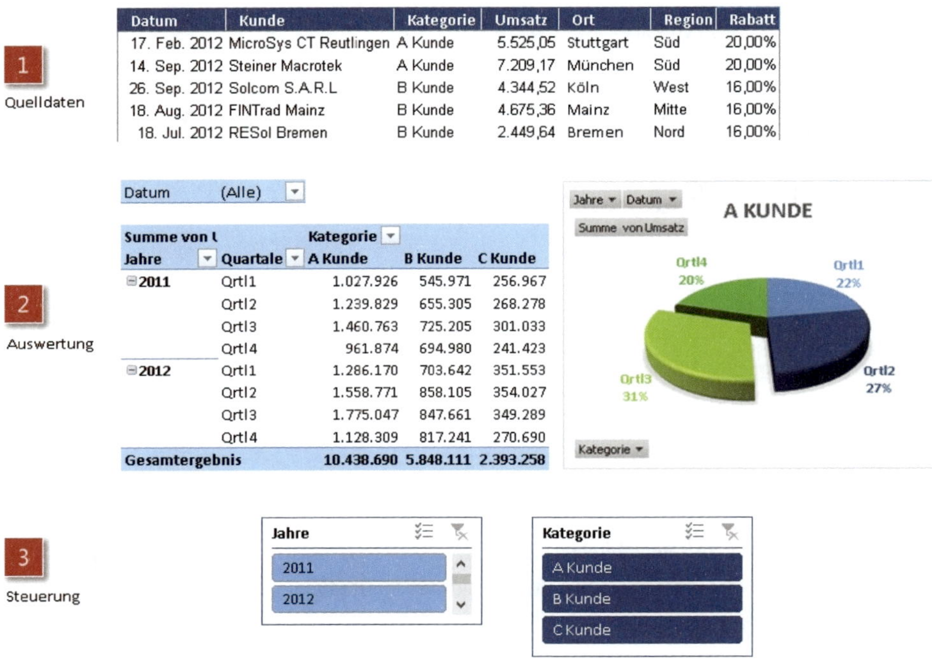

Datum	Kunde	Kategorie	Umsatz	Ort	Region	Rabatt
17. Feb. 2012	MicroSys CT Reutlingen	A Kunde	5.525,05	Stuttgart	Süd	20,00%
14. Sep. 2012	Steiner Macrotek	A Kunde	7.209,17	München	Süd	20,00%
26. Sep. 2012	Solcom S.A.R.L	B Kunde	4.344,52	Köln	West	16,00%
18. Aug. 2012	FINTrad Mainz	B Kunde	4.675,36	Mainz	Mitte	16,00%
18. Jul. 2012	RESol Bremen	B Kunde	2.449,64	Bremen	Nord	16,00%

Datum (Alle)

Summe von U		Kategorie		
Jahre	Quartale	A Kunde	B Kunde	C Kunde
2011	Qrtl1	1.027.926	545.971	256.967
	Qrtl2	1.239.829	655.305	268.278
	Qrtl3	1.460.763	725.205	301.033
	Qrtl4	961.874	694.980	241.423
2012	Qrtl1	1.286.170	703.642	351.553
	Qrtl2	1.558.771	858.105	354.027
	Qrtl3	1.775.047	847.661	349.289
	Qrtl4	1.128.309	817.241	270.690
Gesamtergebnis		10.438.690	5.848.111	2.393.258

Abbildung 23.1: Die Skizze eines Ablaufs von den Quelldaten zur PivotTable mit PivotChart und Steuerung der Auswahl über Datenschnitte

Wahrscheinlich haben Sie bisher Kriterien mit viel Mühe über Formeln und Funktionen zusammengefasst und aufbereitet oder Ihre Berechnungen mit aufwendigen Modellen und Methoden ausgeführt. Dann folgt eine kleine Korrektur hier, später eine Änderung dort. Am Monatsende müssen zusätzlich neue Daten ergänzt werden. Schließlich beginnt die Entwicklungsarbeit wieder von vorn. Ein aufwendiges Unterfangen, oder? Nun, es gibt eine Abhilfe: die PivotTable!

Der Bericht für den Chef: im Handumdrehen erstellt

Steuern auch Sie angesichts immer vielfältigerer technischer Medien auf einen Informationsdschungel zu? Die Suche und Aufbereitung von Informationen verschlingt einen großen Anteil an der gesamten Arbeitszeit. Kenntnisreich mit Ihren Werkzeugen umgehen, effizient die Arbeitsweise gestalten und die Daten geschickt aus den unterschiedlichen Quellen holen und kombinieren: So verschaffen Sie sich einen Vorteil, beherrschen die Datenflut und rücken entscheidungsrelevante und geschäftskritische Informationen in den Fokus des Geschäftsprozesses.

Die Form der vorliegenden Daten bedarf meistens einer zielgerichteten und situationsbezogenen Aufbereitung. Excel bietet Ihnen zahlreiche Verfahren für diese Aufgabe an. Eine sehr effiziente Unterstützung finden Sie für die genannten, aber auch zahlreiche andere Aufgaben in den PivotTables, die wir in diesem Kapitel näher untersuchen und deren Arbeitsweise wir vorstellen möchten. Was macht die PivotTable so »schlagkräftig«?

- Die PivotTable ist eine Möglichkeit, große Datenmengen interaktiv und schnell zusammenzufassen.
- In PivotTables finden Sie ein Instrument zur schnellen Analyse und Aufbereitung Ihrer numerischen Daten.
- Mit der PivotTable können Sie umfangreiche Daten schnell, flexibel, sinnvoll und vor allem mit hoher Aussagekraft auswerten und fundiert Fragen beantworten.
- In wenigen Schritten erreichen Sie eine anschauliche Darstellung der Daten.
- Änderungen, Ergänzungen und das Hinzufügen neuer Elemente lassen sich in nachvollziehbaren Schritten erledigen.
- Sie erhalten wertvolle Unterstützung durch Assistenten und Funktionen, die eine Erleichterung für die weitere Arbeit bedeuten.
- Erweitern und reduzieren Sie Datenebenen, um bestimmte Ereignisse hervorzuheben. Sie können Drilldowns zu den Details der zusammengefassten Daten ausführen.
- Darüber hinaus können Sie die PivotTable auch als Zwischeninstrument für die Zusammenführung von Daten einsetzen.
- Sie können die Zeilen und Spalten beliebig verschieben, um unterschiedliche Zusammenfassungen der Quelldaten einsehen zu können.
- Um sich auf die nützlichsten und interessantesten Teilmengen der Daten konzentrieren zu können, gibt es die Möglichkeit der Gruppierung, Filterung und der bedingten Formatierung.
- PivotTables ermöglichen die Darstellung prägnanter und attraktiver online gestellter oder gedruckter Berichte.

Wenn Sie die PivotTable erst einmal eingerichtet haben, können Sie die dargestellten Informationen mühelos in der Anzeige verändern oder neu ordnen, ohne dass Ihre Quelldaten verändert werden. So können Sie beispielsweise neue Kategorien und Details hinzufügen beziehungsweise entfernen, bestimmte Elemente ein- beziehungsweise ausblenden und nicht zuletzt vielfältige mathematische Auswertungen der Rohdaten vornehmen.

Hinweis Sie erstellen im Laufe des Kapitels verschiedene PivotTables. Diese PivotTables werden immer weiter verändert, um die Aufgaben zu lösen. Bei einigen Beispielen ist es notwendig, eine neue, das heißt einen »Ausgangs-PivotTable-Bericht«, zu erstellen. In diesen Fällen wird die Feldanordnung der Ausgangstabelle gezeigt, aus Platzgründen wird jedoch der detaillierte Erstellungsweg nicht noch einmal beschrieben, sondern nur noch die Weiterentwicklung. Wenn Sie die Handhabung noch nicht beherrschen, kann es notwendig sein, in den vorausgegangenen Abschnitten die Schritte noch einmal nachzulesen.

Beste Ergebnisse: Die Daten organisieren

Die Assistenten geben Ihnen zwar eine Hilfestellung; um erfolgreich mit ihnen arbeiten zu können, sollten Sie allerdings einige Dinge beachten:

Die Daten, die Sie mit PivotTables auswerten beziehungsweise bearbeiten wollen, sollten in Rohform vorliegen und nicht bereits durch Formeln oder Funktionen verdichtet sein.

Gut geeignet sind lückenlose, sequenziell vorliegende Datensätze. Die Daten können entweder in einer Excel-Tabelle oder in einer externen Datenquelle abgelegt sein. Ist eine PivotTable erst einmal eingerichtet, können Sie die Darstellung Ihrer Daten dort mühelos verändern, ohne die Quelldaten zu beeinflussen.

Sie haben dann beispielsweise die Möglichkeit, neue Details anzuzeigen, Elemente einbeziehungsweise auszublenden und natürlich zahlreiche Berechnungen in der PivotTabelle vorzunehmen.

Die Tabelle in Abbildung 23.2 zeigt Daten, die die bevorzugte Ausgangslage für PivotTables bilden.

	B	C	D	E	F	G	H
5	Datum	Kunde	Kategorie	Umsatz	Ort	Region	Rabatt
6	17. Feb. 2012	MicroSys CT Reutlingen	A Kunde	5.525,05	Stuttgart	Süd	20,00%
7	14. Sep. 2012	Steiner Macrotek	A Kunde	7.209,17	München	Süd	20,00%
8	26. Sep. 2012	Solcom S.A.R.L	B Kunde	4.344,52	Köln	West	16,00%
9	18. Aug. 2012	FINTrad Mainz	B Kunde	4.675,36	Mainz	Mitte	16,00%
10	18. Jul. 2012	RESol Bremen	B Kunde	2.449,64	Bremen	Nord	16,00%
11	08. Feb. 2012	Return Business Inf.	B Kunde	5.597,96	Leipzig	Ost	16,00%
12	03. Aug. 2012	FMG München	A Kunde	4.531,45	München	Süd	20,00%
13	22. Feb. 2012	Solcom S.A.R.L	B Kunde	6.646,59	Köln	West	16,00%
14	11. Apr. 2012	Return Business Inf.	B Kunde	3.166,64	Leipzig	Ost	16,00%
15	10. Jan. 2012	TEC Hamburg	C Kunde	1.387,82	Hamburg	Nord	6,00%
16	03. Apr. 2012	Bailey GmbH	B Kunde	4.736,33	Frankfurt	Mitte	16,00%
17	28. Feb. 2012	TEC Hamburg	C Kunde	1.499,99	Hamburg	Nord	6,00%
18	10. Jan. 2012	MicroTube	C Kunde	3.784,56	Hamburg	Nord	6,00%
19	23. Apr. 2012	Return Business Inf.	B Kunde	4.986,07	Leipzig	Ost	16,00%
20	26. Jun. 2012	Solcom S.A.R.L	B Kunde	5.675,18	Köln	West	16,00%
21	22. Feb. 2012	TEC Hamburg	C Kunde	2.758,81	Hamburg	Nord	6,00%
22	09. Apr. 2012	WD Digital Elec	C Kunde	2.752,47	Frankfurt	Mitte	6,00%
23	04. Dez. 2012	WD Digital Elec	C Kunde	1.244,01	Frankfurt	Mitte	6,00%

Abbildung 23.2: Tabelle mit Daten für einen PivotTable-Bericht (Ausschnitt)

Vertriebsdaten analysieren: Der schnelle Weg zur PivotTable

In diesem Beispiel betrachten wir eine Datenquelle mit täglich erfassten Umsatzdaten aus zwei aufeinanderfolgenden Jahren. In den Analyseschritten ermitteln Sie die monatlichen Umsätze, zunächst nach Kategorien in einer Gesamtsicht, in weiteren Analysen dann nach Regionen und in der Verfeinerung auch noch kundenspezifisch.

Ferner möchten Sie die Kategorien mit den jeweiligen Jahresumsätzen in einem Diagramm darstellen. Darüber hinaus soll Ihnen die PivotTable eine Umsatzdifferenzanalyse der beiden Geschäftsjahre ausweisen.

Mit wenigen Aktionen erstellen Sie eine PivotTable. Abbildung 23.3 zeigt schematisch die Abfolge der Arbeitsschritte.

Online In der Arbeitsmappe *Kap_23_UEB.xlsx* finden Sie die Daten zum Nachvollziehen der in diesem Kapitel gezeigten Beispiele.

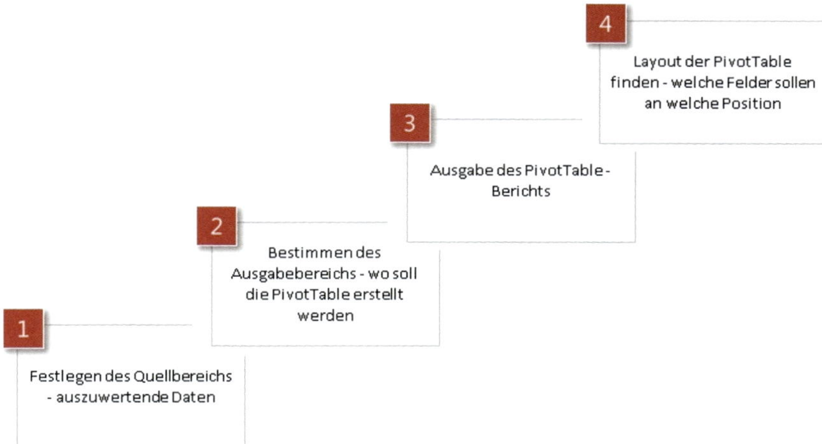

Abbildung 23.3: Mit diesen Schritten erstellen Sie eine PivotTable

Aus dieser Datenquelle erstellen wir Schritt für Schritt eine PivotTable.

Öffnen Sie die Mappe *Kap_23_UEB.xlsx* und wechseln Sie zum Arbeitsblatt *Daten2011_2012*. Positionieren Sie den Mauszeiger innerhalb der Daten und führen Sie folgende Schritte aus:

1. Klicken Sie im Menüband auf der Registerkarte *Einfügen* in der Gruppe *Tabellen* auf die Schaltfläche *PivotTable*.

   Daraufhin markiert Excel den erkannten Datenbereich mit einem grünen gestrichelten Rahmen und öffnet das Dialogfeld *PivotTable erstellen* (siehe Abbildung 23.4).

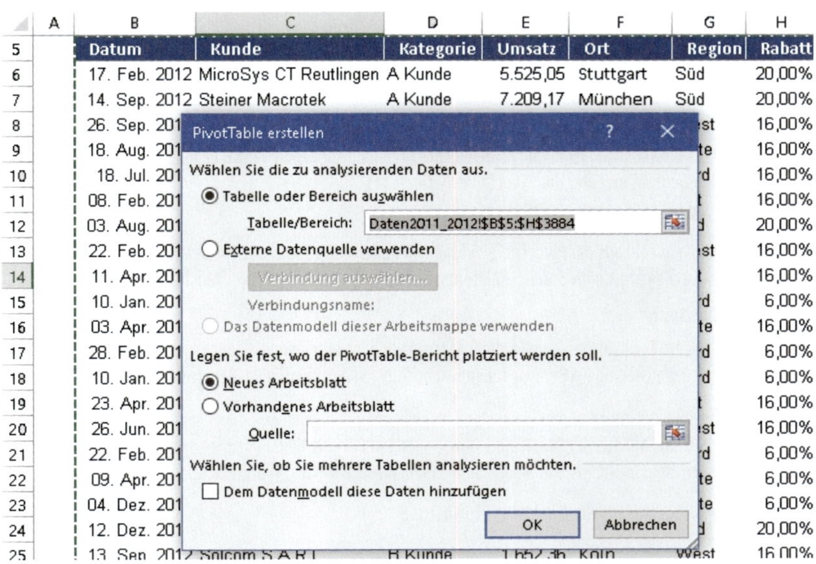

Abbildung 23.4: Die zu analysierenden Daten und das Dialogfeld PivotTable erstellen *(Ausschnitt der Daten)*

2. Bestimmen Sie in diesem Dialogfeld, welche Daten ausgewählt und an welchem Ort die PivotTable ausgegeben werden soll. Aktivieren Sie die Option *Neues Arbeitsblatt* (siehe Abbildung 23.4) und bestätigen Sie zum Abschluss mit *OK*.

Im folgenden Arbeitsschritt werden die Felder aus dem Datenbereich so in der Anordnung kombiniert, dass daraus die Lösung der Fragestellung erreicht wird. Das Prinzip der Feldanordnung zeigt Abbildung 23.5.

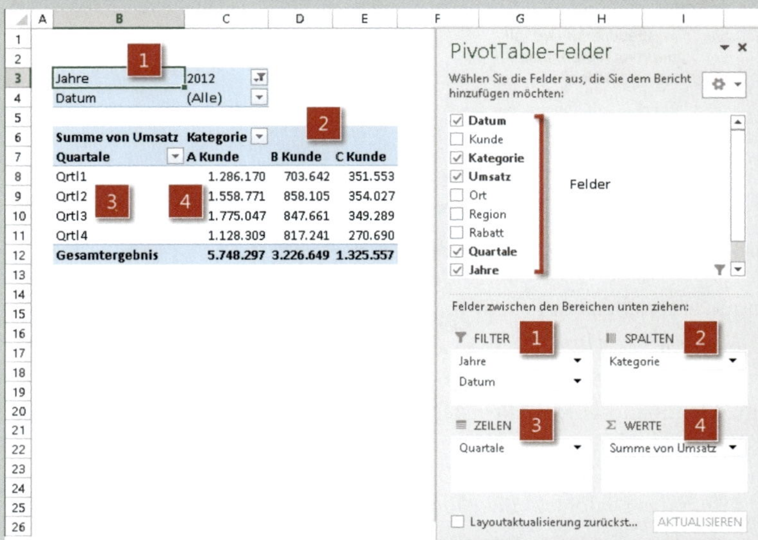

Abbildung 23.5: Anordnungsmöglichkeiten: PivotTable-Feldliste und PivotTable-Bericht

Ziffer	Erläuterung
1	Filter: Ziehen Sie ein Feld aus der PivotTable-Feldliste in den Bereich *Filter* [1] im Layoutabschnitt, erscheint das Feld ebenfalls im *Filter* des PivotTable-Berichts [1].
2	Spaltenbeschriftungen: Ziehen Sie ein Feld aus der PivotTable-Feldliste in den Bereich *Spalten* [2] des Layoutabschnitts, werden die Inhalte gleichzeitig im Bereich Spaltenbeschriftungen des PivotTable-Berichts [2] angezeigt.
3	Zeilenbeschriftungen: Ziehen Sie ein Feld aus der PivotTable-Feldliste in den Bereich *Zeilen* [3] des Layoutabschnitts, werden die Inhalte gleichzeitig im Bereich Zeilenbeschriftungen des PivotTable-Berichts [3] angezeigt.
4	Werte: Ziehen Sie ein Feld aus der PivotTable-Feldliste in den Bereich *Werte* [4] des Layoutabschnitts, werden die Inhalte gleichzeitig im Wertebereich des PivotTable-Berichts [4] angezeigt.

Tabelle 23.1: Erklärung zum Schaubild in Abbildung 23.5

3. In dem neuen Arbeitsblatt wird ein leerer PivotTable-Bericht eingefügt. Am rechten Rand sehen Sie den eingeblendeten Aufgabenbereich *PivotTable-Felder*, sodass Sie jetzt die Felder im Layoutabschnitt anordnen und wieder verschieben können (siehe Abbildung 23.6).

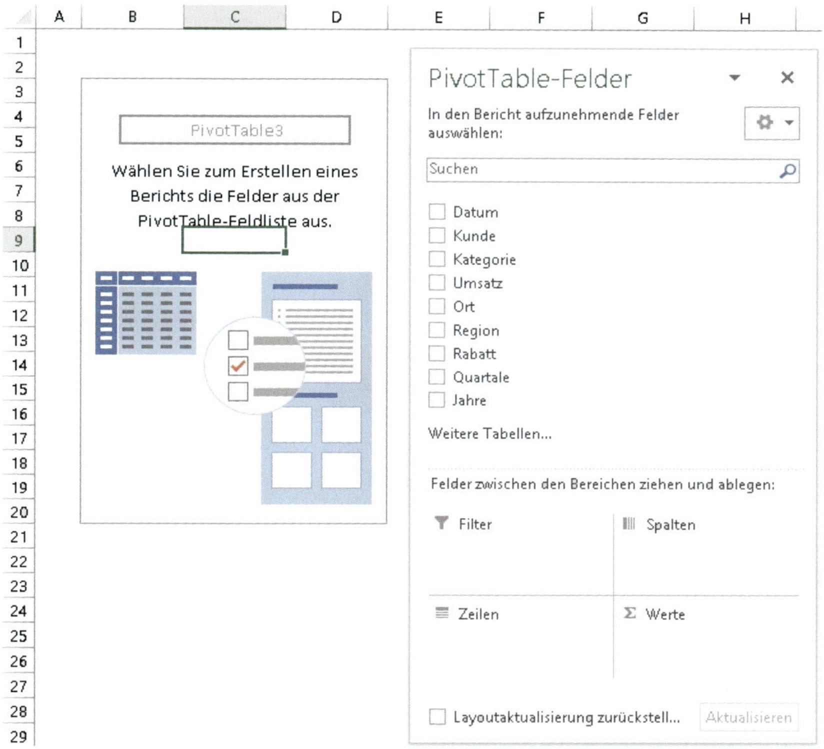

Abbildung 23.6: Die Bildschirmaufteilung im Arbeitsblatt nach Aufruf des Befehls PivotTable

4. Zur Darstellung der Felder in der PivotTable positionieren Sie den Mauszeiger in der PivotTable-Feldliste auf dem Feld *Datum* und ziehen es mit gedrückter Maustaste in den Bereich *Zeilen*.
5. Ziehen Sie das Feld *Kategorie* in den Bereich *Spalten*.
6. Das Feld *Umsatz* ziehen Sie in den Bereich *Werte*.

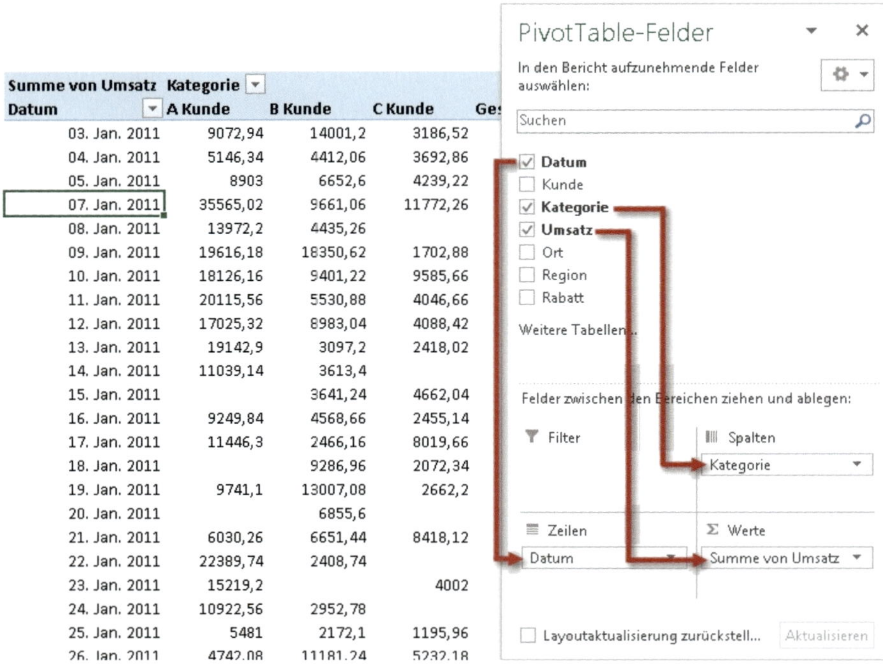

Summe von Umsatz	Kategorie			
Datum	A Kunde	B Kunde	C Kunde	Ges
03. Jan. 2011	9072,94	14001,2	3186,52	
04. Jan. 2011	5146,34	4412,06	3692,86	
05. Jan. 2011	8903	6652,6	4239,22	
07. Jan. 2011	35565,02	9661,06	11772,26	
08. Jan. 2011	13972,2	4435,26		
09. Jan. 2011	19616,18	18350,62	1702,88	
10. Jan. 2011	18126,16	9401,22	9585,66	
11. Jan. 2011	20115,56	5530,88	4046,66	
12. Jan. 2011	17025,32	8983,04	4088,42	
13. Jan. 2011	19142,9	3097,2	2418,02	
14. Jan. 2011	11039,14	3613,4		
15. Jan. 2011		3641,24	4662,04	
16. Jan. 2011	9249,84	4568,66	2455,14	
17. Jan. 2011	11446,3	2466,16	8019,66	
18. Jan. 2011		9286,96	2072,34	
19. Jan. 2011	9741,1	13007,08	2662,2	
20. Jan. 2011		6855,6		
21. Jan. 2011	6030,26	6651,44	8418,12	
22. Jan. 2011	22389,74	2408,74		
23. Jan. 2011	15219,2		4002	
24. Jan. 2011	10922,56	2952,78		
25. Jan. 2011	5481	2172,1	1195,96	
26. Jan. 2011	4742,08	11181,24	5232,18	

Abbildung 23.7: Ein Ausschnitt aus der PivotTable mit den Tagesumsatzwerten, aufgeteilt in Kategorien

---

Tipp Immer wenn Sie den Mauszeiger innerhalb einer PivotTable positionieren und mit der rechten Maustaste klicken, können Sie mit dem Befehl *Feldliste einblenden* oder *Feldliste ausblenden* im Kontextmenü den Aufgabenbereich *PivotTable-Felder* einbeziehungsweise ausblenden. Mittels dieser Feldliste werden neu aufgenommene Felder sichtbar und lassen sich jederzeit in die PivotTable einfügen oder auch entfernen.

Die Tabelle ist so, wie sie derzeit vorliegt, noch von geringer Aussagekraft, weil sie keine Auskunft über den dargestellten Zeitraum beinhaltet. Handelt es sich um einige Monate, das gesamte Jahr oder um Abschnitte aus mehreren Jahren? Um diese Information darzustellen, benötigen wir weitere Felder, beispielsweise für den Monat und das Jahr, die erst noch aus den Einzelwerten des Datums generiert werden müssen.

So bauen Sie die Zeiteinheiten für Jahr und Monat aus dem Datumsfeld auf:

1. Aktivieren Sie die PivotTable, indem Sie den Cursor in der PivotTable in der Spalte *Datum* positionieren.
2. Öffnen Sie mit der rechten Maustaste das Kontextmenü und wählen Sie dort den Befehl *Gruppieren*.
3. Im Dialogfeld *Gruppierung* wählen Sie die Listeneinträge *Monate* und *Jahre*, um diese beiden Felder in der PivotTable zu erzeugen und anzuzeigen (siehe Abbildung 23.8).

Abbildung 23.8: Dialogfeld zum Gruppieren des Datums nach Monaten und Jahren

4. Klicken Sie auf die Schaltfläche *OK* und Sie erhalten eine PivotTable mit den neuen Feldern *Monate* und *Jahre* (siehe Abbildung 23.9).

Summe von Umsatz	**Spaltenbeschriftungen**			
Zeilenbeschriftungen	**A Kunde**	**B Kunde**	**C Kunde**	**Gesamtergebnis**
⊟2011				
Jan	337964,84	181925,12	96413,4	616303,36
Feb	342182,6	201871,32	82918,54	626972,46
Mrz	347779,02	162174,96	77634,74	587588,72
Apr	387186,54	248553,78	73996,4	709736,72
Mai	385262,1	223382,94	100257,64	708902,68
Jun	467380,82	183368,74	94023,8	744773,36
Jul	497330,28	232441,38	98716,58	828488,24
Aug	449809,14	250245,64	97546,14	797600,92
Sep	513623,64	242518,3	104770,04	860911,98
Okt	325119	277139,66	90745,64	693004,3
Nov	333285,4	287232,24	89389,02	709906,66
Dez	303469,92	130607,88	61288,6	495366,4
⊟2012				
Jan	380647,1444	210917,1508	121427,8894	712992,1846
Feb	456818,063	259767,3028	104614,8204	821200,1862
Mrz	448704,3618	232957,667	125509,9642	807171,993
Apr	518465,799	344702,2534	98536,5828	961704,6352
Mai	491113,1672	299034,7122	136687,9736	926835,853
Jun	549192,0298	214367,739	118801,951	882361,7198
Jul	638973,3444	281017,6386	119442,8278	1039433,811
Aug	526479,398	284331,1496	108615,2602	919425,8078
Sep	609594,4478	282312,39	121230,4864	1013137,324
Okt	374011,695	335062,3634	102714,4098	811788,4682
Nov	396104,9912	334232,105	102182,5788	832519,675
Dez	358192,4676	147946,3942	65792,6364	571931,4982
Gesamtergebnis	**10438690,21**	**5848110,826**	**2393257,921**	**18680058,96**

Abbildung 23.9: Der gruppierte PivotTable-Bericht

Hinweis Die kontextbezogene Registerkarte *PivotTable-Tools* und der Aufgabenbereich *PivotTable-Felder* werden nur angezeigt, wenn der Cursor in einer Pivot-Tabelle oder in einem für eine Pivot-Tabelle vorgesehenen Bereich positioniert ist.

Um zu einer besseren Beurteilung zu gelangen, sind noch zwei Dinge zu erledigen. Zuerst sollte die Anordnung der Felder geändert werden und danach ist zur besseren Lesbarkeit der Werte die Formatierung zu ergänzen.

1. Im Aufgabenbereich *PivotTable-Felder* ziehen Sie das neue Feld *Jahre* vom Bereich *Zeilen* in den Bereich *Filter.*
2. Positionieren Sie den Mauszeiger im Wertebereich, öffnen Sie mit der rechten Maustaste das Kontextmenü, wählen Sie den Befehl *Wertfeldeinstellungen* und klicken Sie im folgenden Dialogfeld auf *Zahlenformat* (siehe Abbildung 23.10).

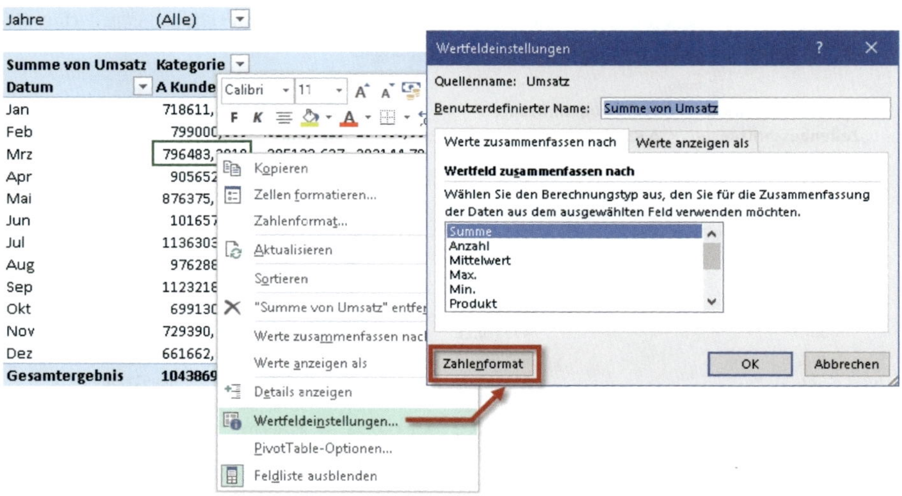

Abbildung 23.10: Wertfeldeinstellungen anpassen

3. Im Dialogfeld *Zellen formatieren* wählen Sie in der Liste *Kategorie* den Eintrag *Zahl*, legen dort *2 Dezimalstellen* fest und aktivieren das Kontrollkästchen *1000er-Trennzeichen verwenden* (siehe Abbildung 23.11).
4. Schließen Sie das Dialogfeld *Zellen formatieren* mit einem Klick auf die Schaltfläche *OK* und das Dialogfeld *Wertfeldeinstellungen* ebenfalls mit einem Klick auf die Schaltfläche *OK*.

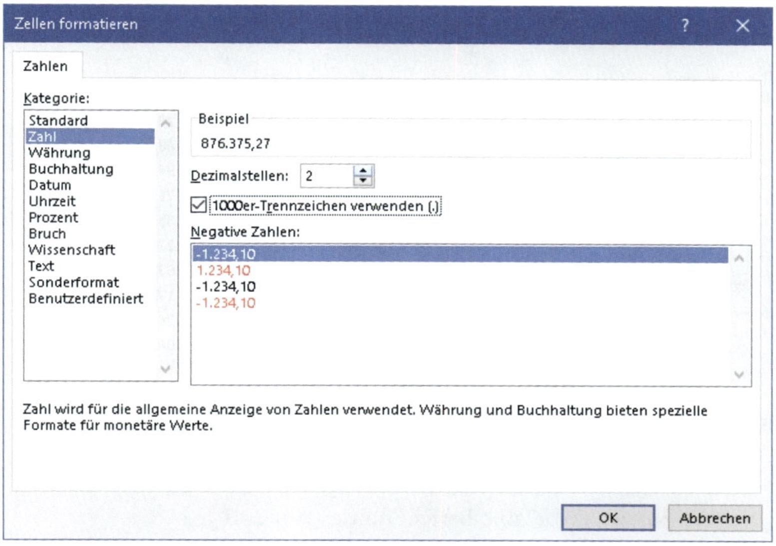

Abbildung 23.11: Über dieses Dialogfeld formatieren Sie die Zahlen im Wertebereich der PivotTable

Als Ergebnis erhalten Sie eine einfach formatierte PivotTable mit dem Ausweis von Monaten in den Zeilen und Kategorien in den Spalten (siehe Abbildung 23.12).

Jahre	(Alle)			
Summe von Umsatz	**Spaltenbeschriftungen**			
Zeilenbeschriftungen	**A Kunde**	**B Kunde**	**C Kunde**	**Gesamtergebnis**
Jan	718.611,98	392.842,27	217.841,29	1.329.295,54
Feb	799.000,66	461.638,62	187.533,36	1.448.172,65
Mrz	796.483,38	395.132,63	203.144,70	1.394.760,71
Apr	905.652,34	593.256,03	172.532,98	1.671.441,36
Mai	876.375,27	522.417,65	236.945,61	1.635.738,53
Jun	1.016.572,85	397.736,48	212.825,75	1.627.135,08
Jul	1.136.303,62	513.459,02	218.159,41	1.867.922,05
Aug	976.288,54	534.576,79	206.161,40	1.717.026,73
Sep	1.123.218,09	524.830,69	226.000,53	1.874.049,30
Okt	699.130,70	612.202,02	193.460,05	1.504.792,77
Nov	729.390,39	621.464,35	191.571,60	1.542.426,34
Dez	661.662,39	278.554,27	127.081,24	1.067.297,90
Gesamtergebnis	**10.438.690,21**	**5.848.110,83**	**2.393.257,92**	**18.680.058,96**

Abbildung 23.12: Die fertige PivotTable mit Monaten und Kategorien und im Filter mit allen Jahren

Bei diesem Stand der Auswertung können Sie die Monatsumsätze in den jeweiligen Kategorien, allerdings nur die Summe über alle Jahre betrachten. Über den Filter *Jahre* wählen Sie jetzt noch das gewünschte Jahr aus und bekommen dann den für Sie relevanten Bericht.

1. Klicken Sie auf den Dropdownpfeil des Feldes *Jahre*.
2. Aktivieren Sie im Menü das Kontrollkästchen *Mehrere Elemente auswählen* (siehe Abbildung 23.13 [1]).
3. Wählen Sie dann das Jahr 2011 [2] zur Beurteilung aus und bestätigen Sie mit *OK*.

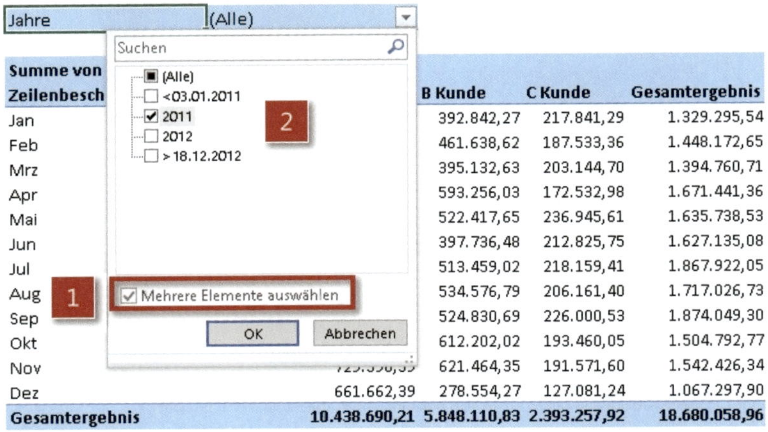

Abbildung 23.13: Auswahl des gewünschten Berichtsjahres im Berichtsfilter der PivotTable

Als Ergebnis erhalten Sie den PivotTable-Bericht für das Jahr 2011.

Online Die Lösung zu diesem Beispiel finden Sie in der Datei *Kap_23_LOE_Auswertung Kategorien.xlsx*.

Die Entwicklung in verschiedenen Regionen auswerten

Die zuvor erstellte PivotTable kann für neue Auswertungen weiterentwickelt werden. Anstelle der Umsätze in den Bewertungskategorien der Kunden möchten Sie eine Darstellung der Regionen für das Jahr 2012 vornehmen. Dazu öffnen Sie die Datei *Kap_23_UEB.xlsx* und erstellen eine PivotTable nach dem vorangegangenen Beispiel oder Sie öffnen die Datei *Kap_23_LOE_AuswertungKategorien.xlsx* und aktivieren das Arbeitsblatt *PivotErgebnis.*

Abbildung 23.14 zeigt den PivotTable-Bericht als Ausgangsbasis für die geplante Auswertung.

Jahre	2011			
Summe von Umsatz	**Spaltenbeschriftungen**			
Zeilenbeschriftungen	**A Kunde**	**B Kunde**	**C Kunde**	**Gesamtergebnis**
Jan	337.964,84	181.925,12	96.413,40	616.303,36
Feb	342.182,60	201.871,32	82.918,54	626.972,46
Mrz	347.779,02	162.174,96	77.634,74	587.588,72
Apr	387.186,54	248.553,78	73.996,40	709.736,72
Mai	385.262,10	223.382,94	100.257,64	708.902,68
Jun	467.380,82	183.368,74	94.023,80	744.773,36
Jul	497.330,28	232.441,38	98.716,58	828.488,24
Aug	449.809,14	250.245,64	97.546,14	797.600,92
Sep	513.623,64	242.518,30	104.770,04	860.911,98
Okt	325.119,00	277.139,66	90.745,64	693.004,30
Nov	333.285,40	287.232,24	89.389,02	709.906,66
Dez	303.469,92	130.607,88	61.288,60	495.366,40
Gesamtergebnis	**4.690.393,30**	**2.621.461,96**	**1.067.700,54**	**8.379.555,80**

Abbildung 23.14: PivotTable-Bericht als Ausgangsbasis für die Auswertung nach Regionen

1. Entfernen Sie das Feld *Kategorie* aus dem Spaltenbereich des Aufgabenbereichs *PivotTable-Felder*. Klicken Sie dazu in der Feldliste auf das Kontrollkästchen vor dem Feldnamen *Kategorie*.
2. Ziehen Sie das Feld *Region* in den Bereich *Spalten* (siehe Abbildung 23.15 [1]).
3. Die PivotTable wird unmittelbar mit dem neuen Inhalt aufgebaut. Als Ergebnis erhalten Sie den in Abbildung 23.15 gezeigten PivotTable-Bericht.
4. Stellen Sie jetzt noch den Berichtszeitraum vom Jahr 2011 auf das Jahr 2012 um, indem Sie im Berichtsfilter das Jahr 2012 aktivieren [2].

Hinweis Wenn Sie den Bericht komplett neu aufgebaut haben, sind noch die Formatierungen und die Jahresauswahl vorzunehmen. Bei der Weiterbearbeitung des Lösungsberichts sind Jahresauswahl und Formatierung bereits vorhanden.

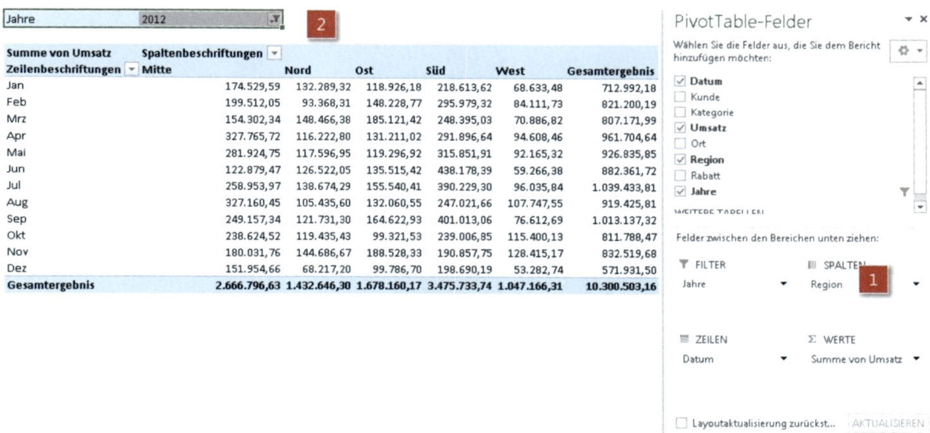

Jahre: 2012

Summe von Umsatz	Spaltenbeschriftungen					
Zeilenbeschriftungen	Mitte	Nord	Ost	Süd	West	Gesamtergebnis
Jan	174.529,59	132.289,32	118.926,18	218.613,62	68.633,48	712.992,18
Feb	199.512,05	93.368,31	148.228,77	295.979,32	84.111,73	821.200,19
Mrz	154.302,34	148.466,38	185.121,42	248.395,03	70.886,82	807.171,99
Apr	327.765,72	116.222,80	131.211,02	291.896,64	94.608,46	961.704,64
Mai	281.924,75	117.596,95	119.296,92	315.851,91	92.165,32	926.835,85
Jun	122.879,47	126.522,05	135.515,42	438.178,39	59.266,38	882.361,72
Jul	258.953,97	138.674,29	155.540,41	390.229,30	96.035,84	1.039.433,81
Aug	327.160,45	105.435,60	132.060,55	247.021,66	107.747,55	919.425,81
Sep	249.157,34	121.731,30	164.622,93	401.013,06	76.612,69	1.013.137,32
Okt	238.624,52	119.435,43	99.321,53	239.006,85	115.400,13	811.788,47
Nov	180.031,76	144.686,67	188.528,33	190.857,75	128.415,17	832.519,68
Dez	151.954,66	68.217,20	99.786,70	198.690,19	53.282,74	571.931,50
Gesamtergebnis	**2.666.796,63**	**1.432.646,30**	**1.678.160,17**	**3.475.733,74**	**1.047.166,31**	**10.300.503,16**

Abbildung 23.15: Der PivotTable-Bericht zeigt die Ergebnisse der einzelnen Regionen für das ausgewählte Jahr

Eine andere Analysemöglichkeit ergibt sich, wenn Sie den Bericht um das Feld *Kunden* erweitern.

1. Ziehen Sie das Feld *Kunde* in den Zeilenbereich unterhalb des Feldes *Datum*.
2. Die PivotTable wird neu aufgebaut und zeigt die Daten in Abbildung 23.16.

Fügen Sie ein neues Feld in einen Bereich ein, wird automatisch ein Teilergebnis dargestellt. Im Zeilenbereich ist neben dem Feld *Datum* auch das Feld *Kunde* angeordnet. Daraufhin wird nach jedem Monat eine Zwischensumme, ein Teilergebnis, gebildet (siehe Abbildung 23.16).

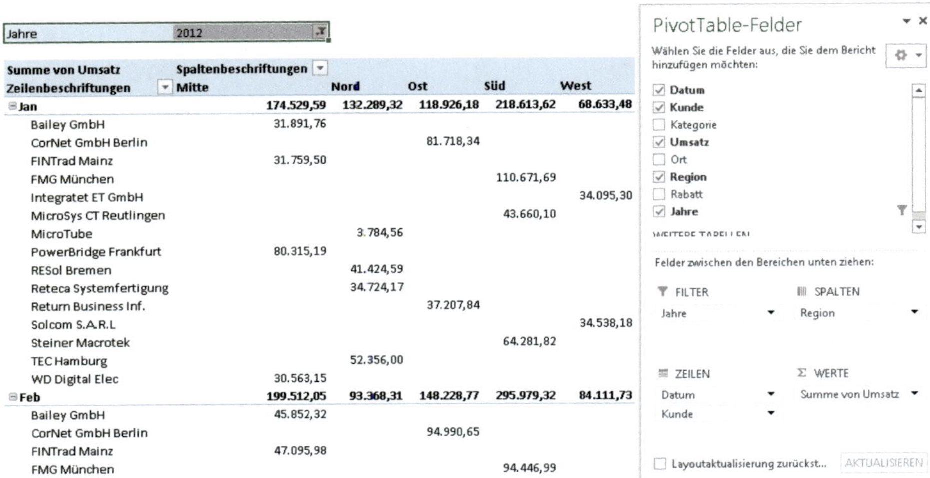

Jahre	2012				
Summe von Umsatz	Spaltenbeschriftungen				
Zeilenbeschriftungen	Mitte	Nord	Ost	Süd	West
Jan	**174.529,59**	**132.289,32**	**118.926,18**	**218.613,62**	**68.633,48**
Bailey GmbH	31.891,76				
CorNet GmbH Berlin			81.718,34		
FINTrad Mainz	31.759,50				
FMG München				110.671,69	
Integratet ET GmbH					34.095,30
MicroSys CT Reutlingen				43.660,10	
MicroTube		3.784,56			
PowerBridge Frankfurt	80.315,19				
RESol Bremen		41.424,59			
Reteca Systemfertigung		34.724,17			
Return Business Inf.			37.207,84		
Solcom S.A.R.L					34.538,18
Steiner Macrotek				64.281,82	
TEC Hamburg		52.356,00			
WD Digital Elec	30.563,15				
Feb	**199.512,05**	**93.368,31**	**148.228,77**	**295.979,32**	**84.111,73**
Bailey GmbH	45.852,32				
CorNet GmbH Berlin			94.990,65		
FINTrad Mainz	47.095,98				
FMG München				94.446,99	

Abbildung 23.16: Hinzufügen des Feldes Kunde *und die Verteilung des Umsatzes im Januar in den Regionen (Ausschnitt)*

Teilergebnisse werden automatisch gebildet und können von Ihnen anders platziert, entfernt oder wieder hinzugefügt werden.

Um Teilergebnisse zu bearbeiten, gehen Sie folgendermaßen vor:

1. Positionieren Sie den Cursor in der PivotTable.
2. Aktivieren Sie im Menüband die *PivotTable-Tools*.
3. Klicken Sie dann in der Gruppe *Layout* auf *Teilergebnisse* und wählen Sie im Menü den Befehl *Teilergebnisse nicht anzeigen* oder – wenn Sie die Teilergebnisse für eine Spalte anzeigen wollen – den Befehl *Alle Teilergebnisse in der Gruppe unten anzeigen* (siehe Abbildung 23.17).

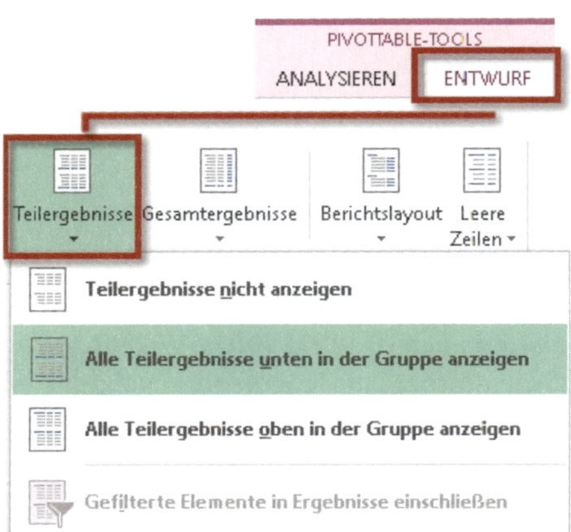

Abbildung 23.17: Einen PivotTable-Bericht mit Teilergebnissen ergänzen

Mit Teilergebnissen und Gesamtergebnissen arbeiten

In einer PivotTable können Sie neben den Teilergebnissen von Elementen auch die Gesamtergebnisse von Zeilen und Spalten anzeigen lassen oder ausblenden. Innerhalb der Teilergebnisse können Sie bestimmen, ob die Zwischenergebnisse oben in den Gruppen, unten in den Gruppen oder überhaupt nicht angezeigt werden sollen.

Die entsprechenden Befehle finden Sie im Menüband auf der Registerkarte *PivotTable-Tools/Entwurf* in der Befehlsgruppe *Layout* (siehe Abbildung 23.18).

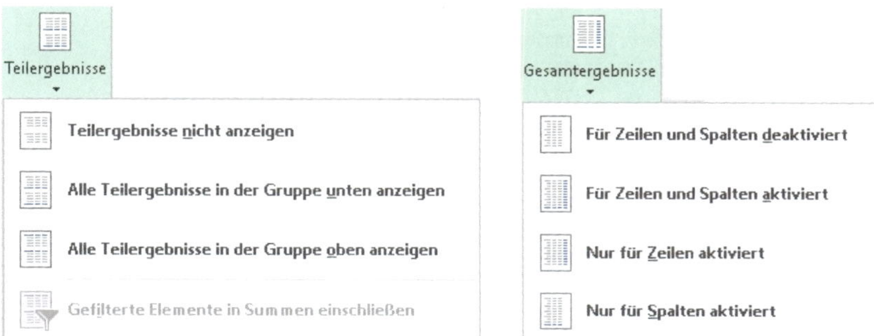

Abbildung 23.18: Die Optionen der Befehle Teilergebnisse *und* Gesamtergebnisse

---

Hinweis Gesamtergebnisse für Zeilen werden nur dann angezeigt, wenn Sie mehr als ein Feld im Wertebereich angeordnet haben.

Praxisbeispiel: Mit Teilergebnissen arbeiten

Sie benötigen für eine Auswertung die Bruttolohnsumme aller Mitarbeiter, unabhängig von deren Abteilungszugehörigkeit. Auf die Zwischenergebnisse für die einzelnen Abteilungen wollen Sie zunächst verzichten.

Sie lösen diese Aufgabe mit wenigen Schritten, und zwar wie folgt:

1. Erstellen Sie auf der Basis des Arbeitsblattes *Lohn* der Beispielmappe *Kap_23_UEB.xlsx* eine PivotTable.
2. Klicken Sie im Menüband auf der Registerkarte *Einfügen* in der Gruppe *Tabellen* auf den Befehl *PivotTable.*

   Daraufhin markiert Excel den erkannten Datenbereich mit einem grünen gestrichelten Rahmen und öffnet das Dialogfeld *PivotTable erstellen.*
3. Bestimmen Sie in diesem Dialogfeld, welche Daten ausgewählt und an welchem Ort die PivotTable ausgegeben werden soll. Aktivieren Sie hier die Option *Neues Arbeitsblatt* und bestätigen Sie mit *OK*.
4. Im neuen Arbeitsblatt wird ein leerer PivotTable-Bericht eingefügt. Am rechten Rand sehen Sie den eingeblendeten Aufgabenbereich *PivotTable-Felder*, sodass Sie jetzt die Felder im Layoutbereich anordnen und wieder verschieben können.
5. Entwickeln Sie eine PivotTable, und zwar im Layoutbereich des Aufgabenbereichs *PivotTable-Felder* mit der in Abbildung 23.19 gezeigten Struktur.

Zeilenbeschriftungen	Summe von BetragNetto
GF	**187876**
Albrecht	**118742**
30.01.2011	7022
28.02.2011	7022
30.03.2011	7022
30.04.2011	7022
31.01.2012	7022
28.02.2012	7022
31.03.2012	7022
30.04.2012	7022
31.05.2012	7022
30.06.2012	10217
30.07.2012	7022
30.08.2012	7022
30.09.2012	7022
31.10.2012	7022
30.11.2012	10217
31.12.2012	7022
Horning	**28293**
30.01.2011	1484
28.02.2011	1484
30.03.2011	4061
30.04.2011	2000
31.01.2012	1484
28.02.2012	1484
31.03.2012	1484
30.04.2012	1484
31.05.2012	1484
30.06.2012	2212
30.07.2012	1484
30.08.2012	1484

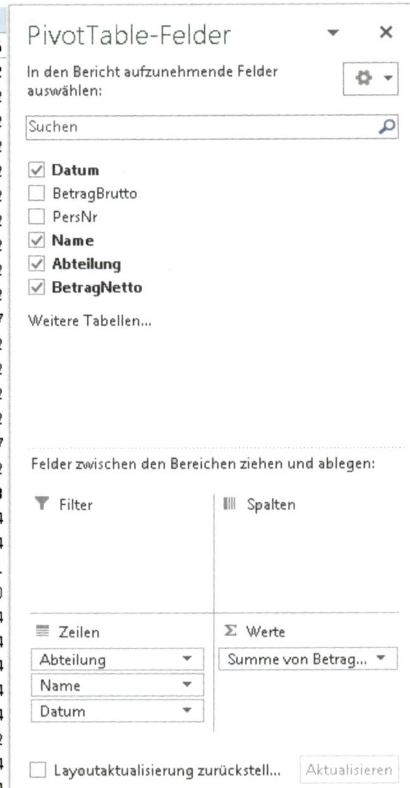

Abbildung 23.19: PivotTable zur Darstellung der Lohnsumme je Abteilung und Mitarbeiter

Um eine Zuordnung auf Monate und Jahre zu erhalten, muss das Feld *Jahre* beziehungsweise *Monate* zunächst aus dem *Datum* erzeugt werden!

6. Um diese für die Auswertung wichtigen Felder zu erhalten, markieren Sie das Zeilenbeschriftungsfeld *Datum* im PivotTable-Bericht (oder ein beliebiges Datum beziehungsweise einen Monat in dieser Spalte) und wählen im Kontextmenü den Befehl *Gruppieren*.
7. Im Dialogfeld *Gruppierung* markieren Sie die Listeneinträge *Monate* und *Jahre* (siehe Abbildung 23.20). Danach schließen Sie das Dialogfeld durch einen Klick auf die Schaltfläche *OK*.

   Die Felder *Monat* und *Jahre* werden im Aufgabenbereich *PivotTable-Felder* in den Bereich *Zeilen* eingefügt. Das einzelne Tagesdatum verschwindet. Damit haben Sie die Voraussetzung geschaffen, Jahre und Monate gezielt auswählen zu können.
8. Im nächsten Schritt ziehen Sie das Feld *Jahre* im Aufgabenbereich *PivotTable-Felder* in den Bereich *Filter.*
9. Klicken Sie dann im PivotTable-Bericht auf den Dropdownpfeil des Feldes *Jahre*, markieren Sie den Eintrag *2012* und bestätigen Sie mit einem Klick auf die Schaltfläche *OK*.
10. Ändern Sie jetzt noch die Position des Teilergebnisses, indem Sie im Menüband auf der Registerkarte *PivotTable-Tools/Entwurf* in der Gruppe *Layout* auf *Teilergebnisse* klicken und dann *Alle Teilergebnisse unten in der Gruppe anzeigen* wählen.

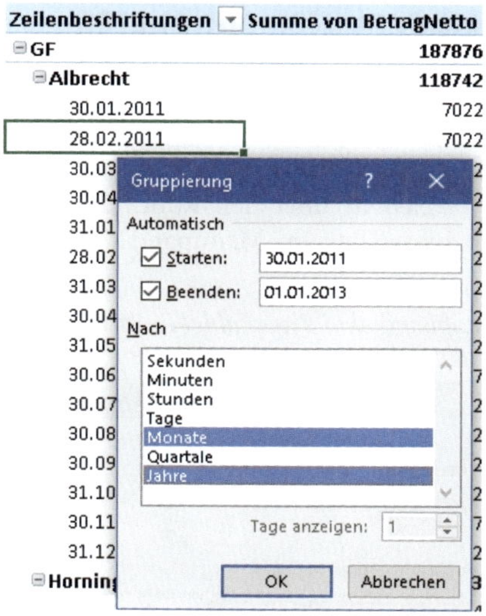

Abbildung 23.20: Dialogfeld zum Gruppieren der Datumswerte in Monate und Jahre

Das Ergebnis dieser Aktion sehen Sie in Abbildung 23.21.

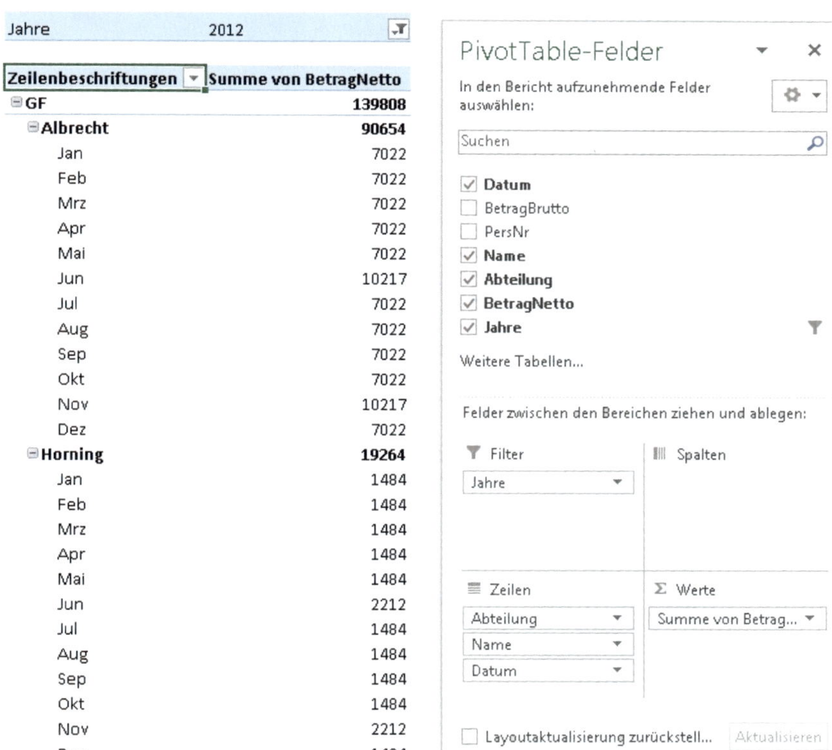

Abbildung 23.21: Der PivotTable-Bericht mit den automatischen Teilergebnissen für die Zeilenfelder Abteilung *und* Name

Über das Berichtslayout die Lesbarkeit der Daten optimieren

Eine wichtige Bedeutung bei der Beurteilung von PivotTables kommt dem Erscheinungsbild, der Lesbarkeit, letztendlich dem Layout des Berichts zu. Dabei spielen die Beschriftungen eine bedeutende Rolle. Sie können das Berichtslayout auf zwei Wegen beeinflussen:

- über die Feldeinstellungen der PivotTable, erreichbar über den Kontextmenübefehl oder über die Registerkarte *PivotTable-Tools/Analysieren* im Menüband (siehe Abbildung 23.22 [1])
- über die Schaltfläche *Berichtslayout* auf der Registerkarte *PivotTable-Tools/Entwurf* [2]

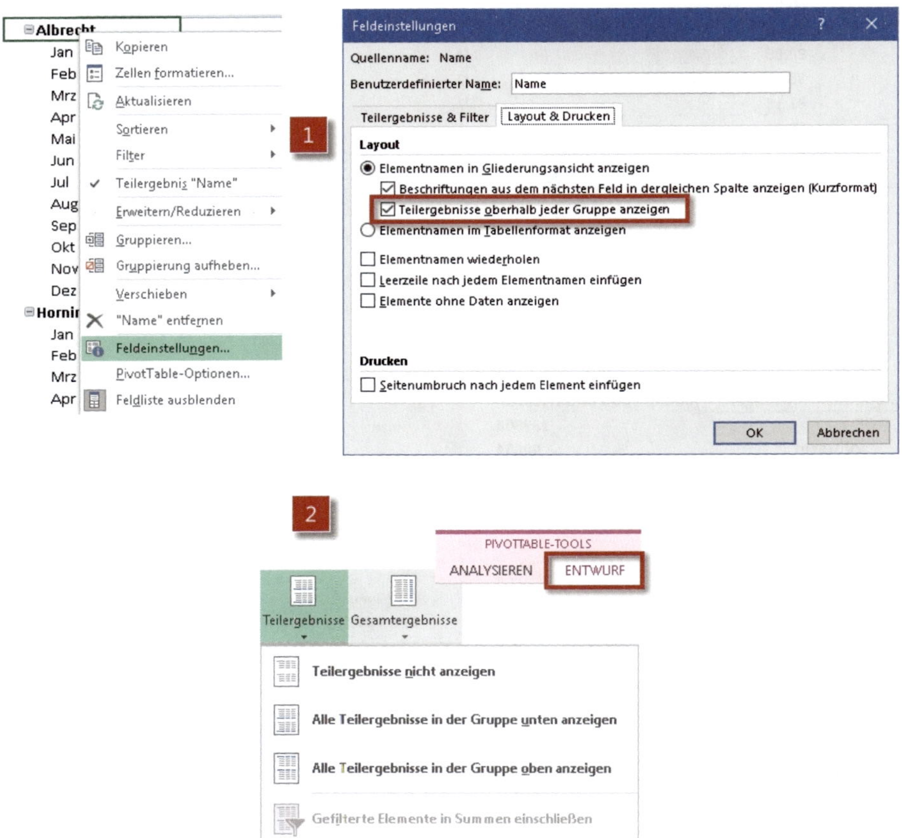

Abbildung 23.22: Verschiedene Wege, das Berichtslayout anzupassen

---

Hinweis

Das Dialogfeld enthält noch einige Optionen, die im Menü zur Schaltfläche *Berichtslayout* nicht angeboten werden. Dazu gehören beispielsweise die Optionen *Elemente ohne Daten anzeigen* und *Seitenumbruch nach jedem Element einfügen*.

Ein Element ist ein Feld, das im Zeilen- oder Spaltenbereich angeordnet ist. Im obigen Beispiel sind *Name* und *Abteilung* Elemente in der Zeilenanordnung.

In Abbildung 23.23 sehen Sie die verschiedenen Darstellungsmöglichkeiten, die sich aus den verschiedenen Layoutoptionen ergeben.

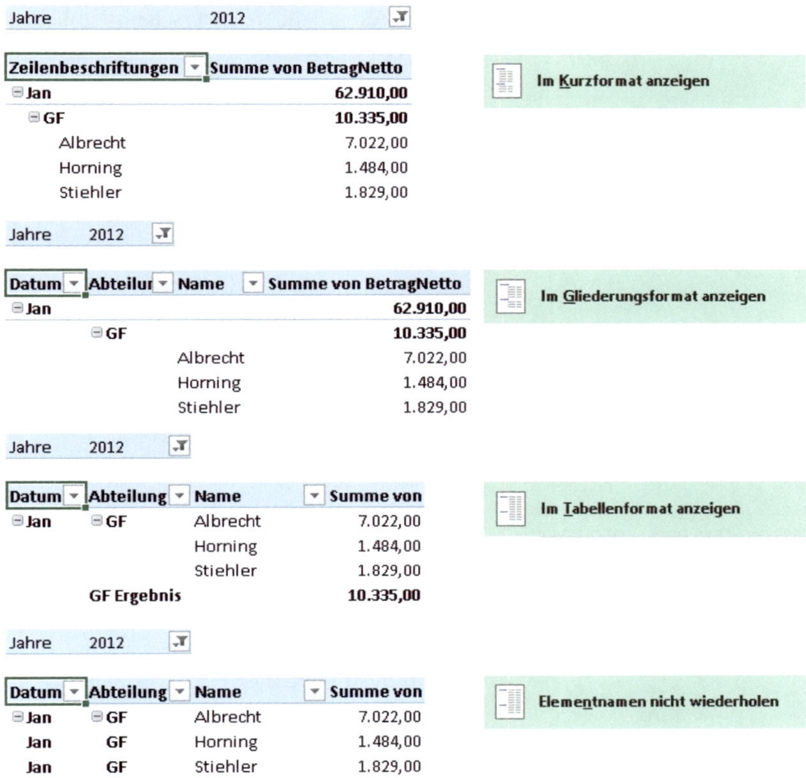

Abbildung 23.23: Layoutoptionen an einem Beispiel

Mit dem Befehl *Alle Elementnamen* wird der Name des Monats in jeder Zeile wiederholt. Dies ist dann von Bedeutung, wenn mit der Funktion PIVOTDATENZUORDNEN auf einen ganz bestimmten Wert zugegriffen und dieser ausgelesen werden soll.

So viele Daten, so viele Informationen: Tipps für übersichtliche Gestaltung

Für die Beurteilung der Pivot-Daten kommt es neben den errechneten Werten auch auf die Anordnung der Daten an. Denn sehr schnell wirkt sich das Layout auf die Betrachtung und die Interpretation der gezeigten Inhalte aus. Zu viele Details an unpassenden Stellen erschweren die Lesbarkeit erheblich und setzen die Aussagekraft herab. Durch Pivotieren (Verschieben eines Feldes in einen anderen Abschnitt oder an eine andere Position innerhalb eines Bereichs im Layoutbereich) lässt sich die Anordnung der Felder in einer PivotTable mit wenig Aufwand ändern. Dadurch wird schnell eine neue, bessere Darstellung und Analyse der Daten ermöglicht.

Wirkungsvolle und informative Datendarstellung

Über den Aufgabenbereich *PivotTable-Felder* ordnen oder strukturieren Sie die Daten in Ihrer PivotTable neu (siehe Abbildung 23.24). Der Aufgabenbereich erscheint üblicherweise beim Schließen des Dialogfeldes *PivotTable erstellen* mit *OK*.

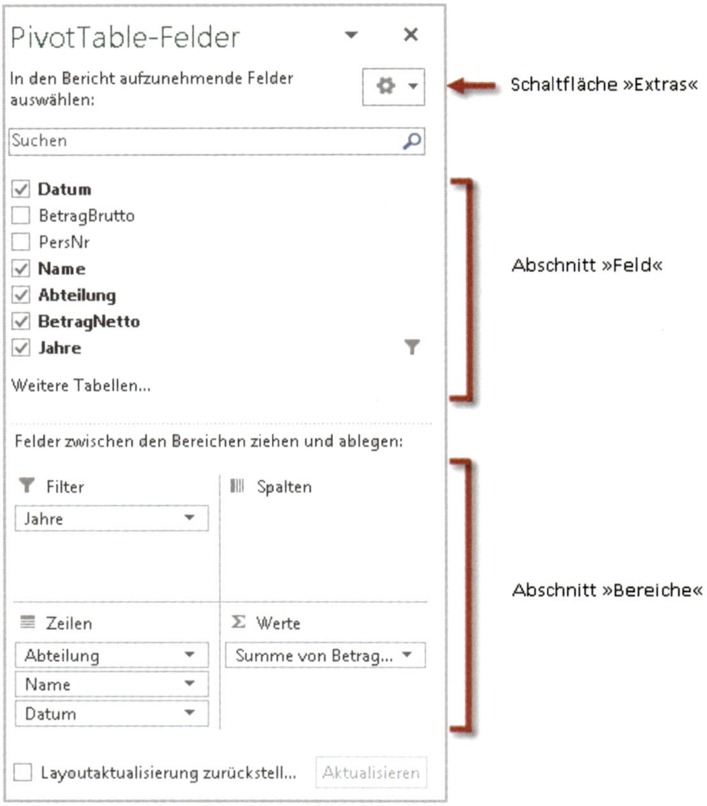

Abbildung 23.24: Die Struktur des Aufgabenbereichs PivotTable-Felder

Tipp

Wenn Sie die Darstellung des Aufgabenbereichs *PivotTable-Felder* ändern möchten, klicken Sie auf die Schaltfläche *Extras* und wählen das gewünschte Layout aus (siehe Abbildung 23.25). Den Aufgabenbereich gibt es in fünf Darstellungsvarianten, die für die verschiedenen Aufgaben beim Einsatz einer PivotTable konzipiert und optimiert sind.

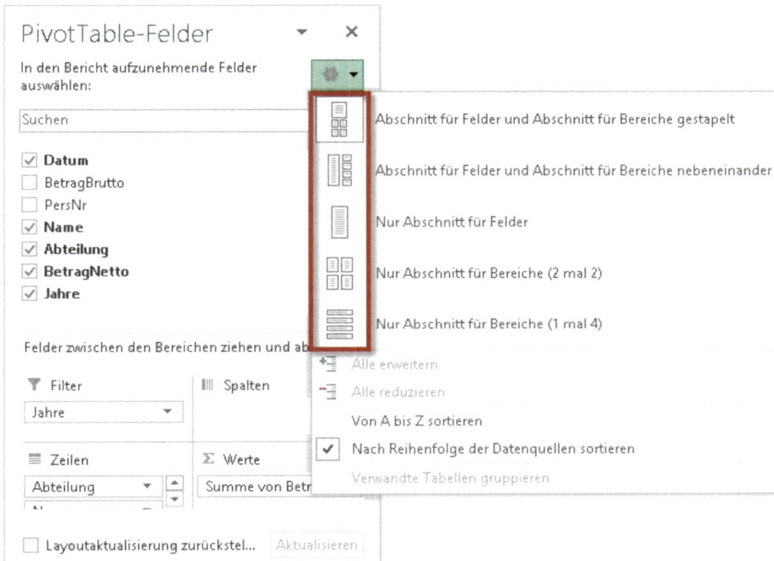

Abbildung 23.25: Die verschiedenen Anordnungsvarianten im Aufgabenbereich PivotTable-Felder

Das Berichtslayout automatisch oder manuell aktualisieren

Bei jeder Änderung, die Sie im Aufgabenbereich *PivotTable-Felder* vornehmen, wird die PivotTable, das Berichtslayout, automatisch aktualisiert. Bei der Verarbeitung von großen Datenmengen bedeutet die permanente Aktualisierung Performanceverlust. Der Wechsel zur manuellen Aktualisierung kann daher sinnvoll sein. Der Bericht kann dann erst wieder verwendet werden und aktuelle Daten anzeigen, wenn Sie nach allen Änderungen zur automatischen Aktualisierung zurückgekehrt sind und der Bericht die neuesten Darstellungen aufweist.

Um die automatische Aktualisierung zu deaktivieren, aktivieren Sie im Aufgabenbereich *PivotTable-Felder* am unteren Rand das Kontrollkästchen *Layoutaktualisierung zurückstellen* (siehe Abbildung 23.25).

Wenn Sie zwischenzeitlich eine aktualisierte Ansicht des PivotTable-Berichts benötigen, klicken Sie auf die Schaltfläche *Aktualisieren*.

Tipp Üblicherweise ordnen Sie Felder in einer PivotTable durch Ziehen im Aufgabenbereich *PivotTable-Felder* an. Wollen Sie Felder hinzufügen, ziehen Sie diese aus der Feldliste in den Spalten-, Zeilen-, Filter- oder Wertebereich. Möchten Sie Felder entfernen, ziehen Sie sie einfach aus dem Abschnitt der Bereiche heraus. Die Felder bleiben jedoch in der Feldliste erhalten.

Gut zu wissen: Was beim Verschieben von Feldern in den vier Berichtsbereichen passiert

Beim Verschieben von Feldern in den vier Berichtsbereichen geht Excel nach folgenden Regeln vor:

- *Werte*: Wird das erste numerische Feld aktiviert, wird es standardmäßig in den Bereich *Werte* verschoben. Folgt ein weiteres numerisches Feld, wird es ebenfalls in den Wertebereich verschoben und erscheint gleichzeitig als *Wert* im Spaltenbeschriftungsbereich.

Achtung Im Bereich *Werte* kann jedes Feld, egal ob numerisch oder Text, mehrfach platziert werden.

- *Zeilen- und Spaltenbeschriftungen*: Wird lediglich das Kontrollkästchen für ein Textfeld aktiviert, wird das Feld automatisch in den Bereich *Zeilen* verschoben. Ein zweites Mal kann dasselbe Feld nicht in den gleichen Bereich von Zeilen- oder Spaltenbeschriftungen verschoben werden.
- *Filter*: Auch im Bereich *Filter* kann ein Feld nur einmal abgelegt werden.

Weitere Besonderheiten beim Anordnen sind im Zusammenhang mit OLAP-Datenquellen zu beachten. In OLAP-Datenquellen sind sehr häufig zahlreiche Felder (Measures) enthalten, die in verschiedenen Dimensionen, Hierarchien und Ebenen organisiert sind. Sie können Hierarchien, Attribute und benannte Mengen nur in die Bereiche *Zeilen*, *Spalten* oder *Filter* verschieben. Measures und berechnete Measures können Sie nur in den *Werte*-Bereich verschieben.

Praxisbeispiel: Mitarbeiteranzahl je Abteilung ermitteln

Sie wollen wissen, wie viele Mitarbeiter in der jeweiligen Abteilung aufgeschlüsselt über den Datenzeitraum tätig waren.

Verwenden Sie für dieses Beispiel die Daten im Arbeitsblatt *Lohn* in der Datei *Kap_23_UEB.xls* und erstellen Sie eine PivotTable. Gehen Sie folgendermaßen vor:

1. Positionieren Sie den Cursor innerhalb der Daten im Arbeitsblatt *Lohn.* Klicken Sie im Menüband auf der Registerkarte *Einfügen* in der Gruppe *Tabellen* auf die Schaltfläche *PivotTable.*

   Daraufhin markiert Excel den erkannten Datenbereich mit einem grünen gestrichelten Rahmen und öffnet das Dialogfeld *PivotTable erstellen.*

2. Bestimmen Sie im Dialogfeld, welche Daten ausgewählt und an welchem Ort die PivotTable aufgebaut werden soll. Aktivieren Sie die Option *Neues Arbeitsblatt* und bestätigen Sie zum Abschluss mit *OK*.
3. Erstellen Sie eine PivotTable wie in Abbildung 23.26.

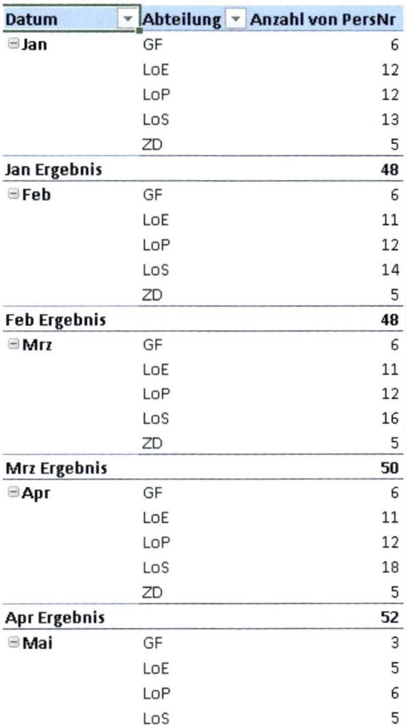

Datum	Abteilung	Anzahl von PersNr
⊟Jan	GF	6
	LoE	12
	LoP	12
	LoS	13
	ZD	5
Jan Ergebnis		**48**
⊟Feb	GF	6
	LoE	11
	LoP	12
	LoS	14
	ZD	5
Feb Ergebnis		**48**
⊟Mrz	GF	6
	LoE	11
	LoP	12
	LoS	16
	ZD	5
Mrz Ergebnis		**50**
⊟Apr	GF	6
	LoE	11
	LoP	12
	LoS	18
	ZD	5
Apr Ergebnis		**52**
⊟Mai	GF	3
	LoE	5
	LoP	6
	LoS	5

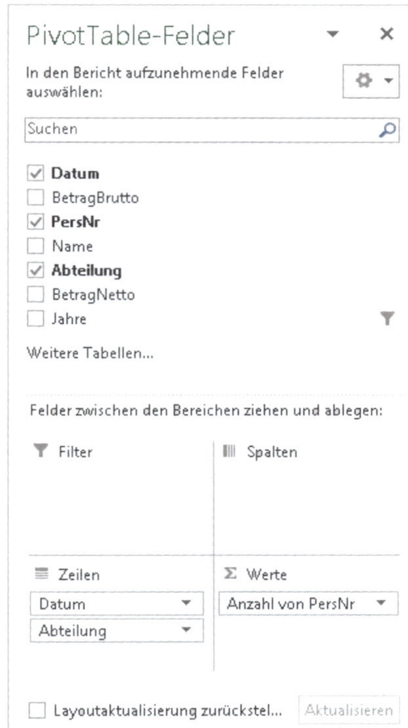

Abbildung 23.26: Die fertige PivotTable mit der Darstellung der Felder im Layoutbereich des Aufgabenbereichs PivotTable-Felder

Wenn die leere PivotTable im Arbeitsblatt erscheint, führen Sie folgende Arbeitsschritte aus:

1. Das Feld *Datum* zeigt nur die Aggregation auf Monate, allerdings noch im Datumsformat. Positionieren Sie den Mauszeiger auf einem Datum und öffnen Sie mit der rechten Maustaste das Kontextmenü.
2. Wählen Sie im Kontextmenü den Befehl *Gruppieren* und im Dialogfeld *Gruppieren* aktivieren Sie neben dem Listeneintrag *Monate* auch den Listeneintrag *Jahre*.
3. Schließen Sie das Dialogfeld mit *OK*.
4. Klicken Sie auf der Registerkarte *PivotTable-Tools/Entwurf* in der Gruppe *Layout* auf die Schaltfläche *Berichtslayout*.
5. Wählen Sie im Menü der Schaltfläche *In Tabellenformat anzeigen*.
6. In der gleichen Gruppe klicken Sie jetzt auf *Gesamtergebnisse* und wählen *Für Zeilen und Spalten deaktiviert*.
7. Ihre PivotTable hat nun die in Abbildung 23.27 gezeigte Darstellung.

Hinweis Die Lösung zu diesem Praxisbeispiel finden Sie in der Mappe *Kap_23_LOE_Praxisbeispiel*.

Anzahl von PersNr		Jahre	
Datum	Abteilung	2011	2012
⊟Jan	GF	3	3
	LoE	7	5
	LoP	6	6
	LoS	10	3
	ZD	3	2
Jan Ergebnis		**29**	**19**

Abbildung 23.27: Die Auswertung für den Monat Januar – Gegenüberstellung der Jahre 2011 und 2012

Je mehr Felder Sie zur Verfügung haben und verwenden, desto differenzierter kann die Darstellung und letztendlich auch die Aussage der Tabelle sein.

Eine anschauliche Formatierung erhalten Sie über die Optionen in der Gruppe *PivotTable-Formate* auf der Registerkarte *PivotTable-Tools/Entwurf* im Menüband.

Die in Abbildung 23.27 dargestellte Liste zeigt gegenwärtig alle Abteilungen an. Der Dropdownpfeil des Feldes *Abteilung* eröffnet Ihnen ähnliche Möglichkeiten wie der *AutoFilter* – Sie können damit bestimmte Listeneinträge ausblenden. Mehr zum Thema AutoFilter können Sie Kapitel 14 entnehmen.

Wenn Sie auf den Pfeil klicken, wird ein Menü geöffnet, in dem Sie die Einzelpositionen auswählen können, die letztendlich in der PivotTable angezeigt werden sollen (siehe Abbildung 23.28).

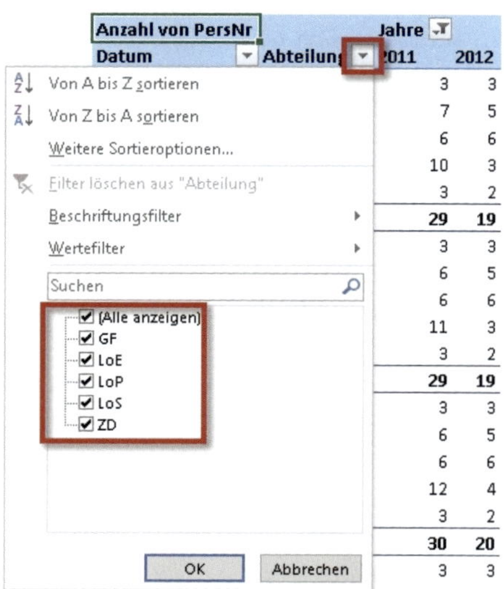

Abbildung 23.28: Optionen für die Anzeige von Einzelpositionen in einem Pivot-Feld

Alle Listeneinträge, deren Kontrollkästchen mit einem Häkchen versehen sind (Standardeinstellung: Alle Einträge sind aktiviert), werden in die PivotTable übernommen.

Durch einfaches Klicken auf das Kontrollkästchen können Sie die Auswahl deaktivieren und auch wieder aktivieren. Ein Klick auf das Kontrollkästchen (*Alle anzeigen*) entfernt das Häkchen aus allen Kontrollkästchen beziehungsweise fügt das Häkchen in alle Kontrollkästchen ein. Die endgültige Übernahme der getroffenen Auswahl bestätigen Sie durch einen Klick auf die Schaltfläche *OK*.

Felder hinzufügen, entfernen oder neu anordnen

Nehmen wir an, Sie stellen im Verlauf der Arbeit fest, dass sich in Ihrer PivotTable Felder befinden, die nicht mehr benötigt werden. Sie möchten diese Felder nun aus der Tabelle löschen.

Im vorliegenden Beispiel soll ein Feld aus dem Spaltenbereich der PivotTable entfernt werden:

- Aktivieren Sie die PivotTable und klicken Sie in der Feldliste des Aufgabenbereichs *PivotTable-Felder* auf das Kontrollkästchen des Feldes, das entfernt werden soll.

Oder:

1. Klicken Sie in einem der Bereiche im Aufgabenbereich *PivotTable-Felder* mit der rechten Maustaste auf den Dropdownpfeil am Feldnamen.
2. Im jetzt geöffneten Menü wählen Sie den Befehl *Feld entfernen* (siehe Abbildung 23.29).

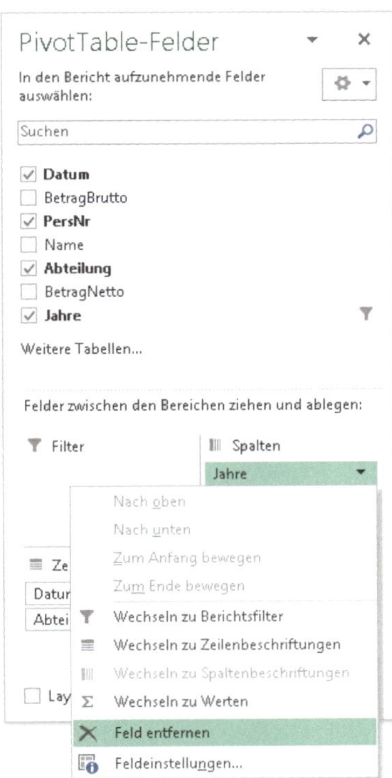

Abbildung 23.29: Entfernen eines Feldes aus der PivotTable über das Dropdownmenü des selektierten Feldes

Das Dropdownmenü eines Feldes (siehe Abbildung 23.29) enthält neben *Feld entfernen* und *Feldeinstellungen* auch eine Reihe von Befehlen zum Neuordnen der Felder in einem Bereich (*Nach oben*, *Nach unten*, *Zum Anfang bewegen*, *Zum Ende bewegen*). Diese Anordnung betrifft die Reihenfolge der Elemente im Zeilen- beziehungsweise Spaltenbereich des PivotTable-Berichts. Ferner finden Sie Befehle zum Verschieben von Feldern innerhalb der Bereiche.

Tipp Sie können in den Bereichen auch auf einen Feldnamen zeigen und ihn mit gedrückter Maustaste aus dem Bereich herausziehen. Wenn der Feldname dann mit einem Kreuz am Mauszeiger erscheint, lassen Sie die Maustaste wieder los, und das Feld wird aus dem Bereich entfernt.

Hinweis Durch Deaktivieren eines Kontrollkästchens in der Feldliste werden alle Instanzen des Feldes aus dem PivotTable-Bericht entfernt.

Details in einer PivotTable ein- beziehungsweise ausblenden

Sie wollen die dargestellten Daten der PivotTable (siehe Abbildung 23.27) in der Zeilenanzahl verdichten, sodass in Ihrer PivotTable nur die Ergebniszeilen der Monate angezeigt werden.

Online Zur Überprüfung Ihres Arbeitsergebnisses können Sie auf die PivotTable des Arbeitsblattes *MitarbeiterAbt* in der Arbeitsmappe *Kap_23_LOE_MitarbeiterAbteilung.xlsx* zurückgreifen.

---

1. Markieren Sie zunächst alle Elemente des Zeilenfeldes *Datum*.

   Wenn Sie den Mauszeiger auf dem Namen des Zeilenfeldes etwas über den unteren Rand hinausbewegen, erscheint ein kleiner schwarzer Pfeil. Wenn Sie jetzt mit der linken Maustaste klicken, wird die gesamte Spalte markiert.

2. Wählen Sie den Befehl *Feld reduzieren*, den Sie auf der Registerkarte *PivotTable-Tools/Analysieren* in der Gruppe *Aktives Feld* finden (siehe Abbildung 23.30).

Abbildung 23.30: Der Befehl Feld reduzieren *in der Gruppe* Aktives Feld

---

Hinweis Um die Reduzierung wieder aufzuheben, gibt es den Befehl *Feld erweitern* (siehe Abbildung 23.30).

Bei kleineren PivotTables können Sie zum Ausblenden einzelner Abschnitte auch auf das Plus- beziehungsweise das Minussymbol direkt vor dem Monatsnamen klicken.

Sind in Ihrer PivotTable erst einmal alle Details eingerichtet, können diese auch alternativ durch einen Doppelklick auf das Feldelement immer wieder ein- beziehungsweise ausgeblendet werden.

Beispielsweise wird die Anzeige der Abteilungen ausgeblendet, wenn Sie auf dem Eintrag *Jan* für Januar einen Doppelklick ausführen. Ein weiterer Doppelklick auf dieses Feld macht die Abteilungen wieder sichtbar.

Tipp Eine weitere Variante zum Erweitern oder Reduzieren finden Sie im Kontextmenü mit dem Befehl *Erweitern/Reduzieren*.

Haben Sie später in Ihrer Tabelle mehrere Felder in Spalten und Zeilen angeordnet und markieren Sie das innerste Feld, werden die neuen Details für alle übergeordneten Feldinhalte eingeblendet. Handelt es sich hingegen um ein Feldelement oder ist das markierte Feld nur ein einzelnes Spalten- oder Zeilenfeld, werden die Details nur für ein übergeordnetes Feldelement angezeigt. Analog zum Einblenden von Details verfahren Sie beim Ausblenden.

Feldelemente neu anordnen

Die Anordnung, also die Reihenfolge der Zeileneinträge, können Sie in einer PivotTable einerseits mit den Sortierbefehlen beeinflussen, einschließlich einer automatisch anzuwendenden benutzerdefinierten Sortierreihenfolge (Einzelheiten zum Sortieren finden Sie in Kapitel 15). Andererseits können Sie die Anordnung situativ nach eigenen Wünschen und losgelöst von einer Sortierreihenfolge gestalten.

Nehmen wir an, Sie wollen den Monat Juli an der ersten Position anzeigen, wobei die anderen Positionen (Monate) jedoch in der ursprünglichen Reihenfolge belassen werden sollen (siehe Abbildung 23.26).

Gehen Sie folgendermaßen vor:

1. Aktivieren Sie die Zelle mit dem Feldnamen *Datum* (unterhalb der Zeilenbeschriftungen).
2. Öffnen Sie mit der rechten Maustaste das Kontextmenü. Wählen Sie dort den Befehl *Erweitern/Reduzieren* und anschließend *Gesamtes Feld reduzieren*.
3. Aktivieren Sie die Zelle mit dem Monat *Juli*.
4. Bewegen Sie den Mauszeiger auf den Rand der Zelle, bis der Vierfachpfeil erscheint.
5. Ziehen Sie das markierte Feld mit gedrückter Maustaste an die erste Position in der Monatsreihe.
6. Wenn das Feld die Zielposition, gekennzeichnet durch eine kräftige grüne Linie, erreicht hat, lassen Sie die Maustaste los.

Das Feld mit den zugehörigen Daten wird jetzt am neuen Ort angezeigt. Alle anderen Feldelemente des Beispiels verbleiben in der bisherigen Reihenfolge.

Kapitel 24

Mit großen Datenmengen gekonnt umgehen – PivotTables

In diesem Kapitel:

Auswertungen von Personaldaten gehören in einer Personalabteilung zum Alltag. Analysieren Sie an einem Praxisbeispiel Altersstruktur, Dauer der Betriebszugehörigkeit, Einkommensstruktur innerhalb bestimmter Altersgruppen, Arbeitszeitverteilung und verschiedene andere Fragen aus dem Betriebsalltag.

Online In der Arbeitsmappe *Kap_24_UEB.xlsx* finden Sie die Daten zum Nachvollziehen der in diesem Kapitel gezeigten Beispiele.

1

PersNr	Taetigkeit	Alter	Betriebszugehoerigkeit
00101	CRA	36 Jahre	11 Jahre
00104	Produktberater/-in	44 Jahre	11 Jahre
00105	Produktberater/-in	31 Jahre	11 Jahre
00106	Produktberater/-in	32 Jahre	12 Jahre
00109	Produktberater/-in	31 Jahre	13 Jahre
00110	Produktberater/-in	47 Jahre	10 Jahre
00113	Produktberater/-in	45 Jahre	11 Jahre
00114	Fachreferent	37 Jahre	4 Jahre
00116	Produktberater/-in	33 Jahre	4 Jahre
00121	Produktberater/-in	34 Jahre	4 Jahre
00122	Sekretär/-in	52 Jahre	25 Jahre

2

Taetigkeit	PersNr
Assistent/-in F&A	00513
	00651
Assistent/-in F&A Ergebnis	
Auftragssachbearbeiter/-in	00646
	02594
	02617
Auftragssachbearbeiter/-in Ergebnis	
Aushilfe/Sekretär/-in	00301
	00383
Aushilfe/Sekretär/-in Ergebnis	
Buchhalter/-in	01855
	01868
	01951

4

3

Alter	Anzahl.
20-29	39
30-39	284
40-49	154
50-59	117
60-70	20
Gesamtergebnis	**614**

Abbildung 24.1: Mit einer PivotTable und einem PivotTable-Chart die Altersstruktur eines Betriebs aufzeigen

In wenigen Schritten erstellen Sie aus den Basisdaten einen PivotTable-Bericht [1], erstellen eine Tätigkeitsübersicht [2], definieren relevante Altersgruppen [3] und ein anschauliches Kreisdiagramm [4], wie Sie in Abbildung 24.1 sehen.

Datenanalyse: Werte zusammenfassen und differenziert anzeigen

Für diese Aufgabenstellung verwenden Sie Berechnungsmethoden, die Ihnen in PivotTables automatisch angeboten werden. Den Zugang zu den *benutzerdefinierten Berechnungen* finden Sie in den *Wertfeldeinstellungen* der PivotTables. Ausgangspunkt ist ein Feld mit Zahlen, beispielsweise die Gehaltswerte.

Hinweis Befindet sich der Zellcursor auf einem Textfeld, wird Ihnen das Dialogfeld *Feldeinstellungen* angeboten, das andere Bearbeitungsmöglichkeiten aufweist. Im Dialogfeld *Feldeinstellungen* bestimmen Sie, ob Teilergebnisse in den Gruppierungen angezeigt beziehungsweise nicht angezeigt werden sollen.

Im Dialogfeld *Wertfeldeinstellungen* stehen verschiedene Berechnungen zur Auswahl, die Sie im Wertebereich der PivotTable auf die Daten anwenden können. Das Dialogfeld öffnen Sie, indem Sie den Cursor in der PivotTable platzieren, mit der rechten Maustaste das Kontextmenü aufrufen und dort den Befehl *Wertfeldeinstellungen* anklicken. Das Dialogfeld bietet zwei Registerkarten zur Auswahl: *Werte zusammenfassen nach* und *Werte anzeigen als*.

Auf der Registerkarte *Werte zusammenfassen nach* bestimmen Sie die Berechnung für das Feld. Im günstigsten Fall trifft die PivotTable eine passende Auswahl:

- *Summe*
- *Anzahl*
- *Mittelwert*
- *Maximum*
- *Minimum*
- *Produkt*
- *Anzahl Zahlen*
- *Standardabweichung (Stichprobe)*
- *Standardabweichung (Grundgesamtheit)*
- *Varianz (Stichprobe)*
- *Varianz (Grundgesamtheit)*

Auf der Registerkarte *Werte anzeigen als* wählen Sie die globale Rechenmethodik für die Auswertung der gesamten PivotTable:

- *Keine Berechnung*
- *% des Gesamtergebnisses*
- *% des Spaltengesamtergebnisses*
- *% des Zeilengesamtergebnisses*
- *% von*
- *% des Vorgängerzeilen-Gesamtergebnisses*
- *% des Vorgängerspalten-Gesamtergebnisses*
- *% des Vorgängergesamtergebnisses*
- *Differenz von*
- *% Differenz von*
- *Ergebnis in*
- *% von Ergebnis in*
- *Rangfolge nach Größe (aufsteigend)*
- *Rangfolge nach Größe (absteigend)*
- *Index*

Die Mitarbeiterentwicklung in den Tätigkeitsfeldern aufzeigen

Im ersten Auswertungsschritt ermitteln Sie die Anzahl der Mitarbeiter des Unternehmens und in welchen Tätigkeitsfeldern sie jeweils tätig sind.

Öffnen Sie die Mappe *Kap_24_UEB.xlsx* und wechseln Sie zum Arbeitsblatt *Stammdaten*. Positionieren Sie den Cursor innerhalb der Daten und führen Sie dann folgende Schritte aus:

1. Klicken Sie im Menüband auf der Registerkarte *Einfügen* in der Befehlsgruppe *Tabellen* auf die Schaltfläche *PivotTable*.

   Daraufhin markiert Excel den erkannten Datenbereich mit einem grünen gestrichelten Rahmen und öffnet das Dialogfeld *PivotTable erstellen*.
2. Bestimmen Sie in diesem Dialogfeld, welche Daten ausgewählt und an welchem Ort die PivotTable ausgegeben werden soll. Aktivieren Sie die Option *Neues Arbeitsblatt* und bestätigen Sie zum Abschluss mit *OK*.
3. In dem neuen Arbeitsblatt wird ein leerer PivotTable-Bericht eingefügt. Am rechten Rand erscheint der Aufgabenbereich *PivotTable-Felder*, sodass Sie jetzt die Felder im Layoutbereich anordnen und bei Bedarf verschieben können (siehe auch Kapitel 23).
4. Im Aufgabenbereich *PivotTable-Felder* ziehen Sie das Feld *Taetigkeit* in den Bereich *Zeilen* und das Feld *PersNr* in den Bereich *Werte*.
5. In diesem Beispiel benötigen Sie die Zusammenfassungsfunktion *Anzahl*. Klicken Sie daher auf den Pfeil des Feldes *PersNr* im Bereich *Werte* und wählen Sie den Befehl *Wertfeldeinstellungen*.
6. Im Dialogfeld *Wertfeldeinstellungen* ändern Sie auf der Registerkarte *Werte zusammenfassen nach* den Berechnungstyp in *Anzahl* (siehe Abbildung 24.2).

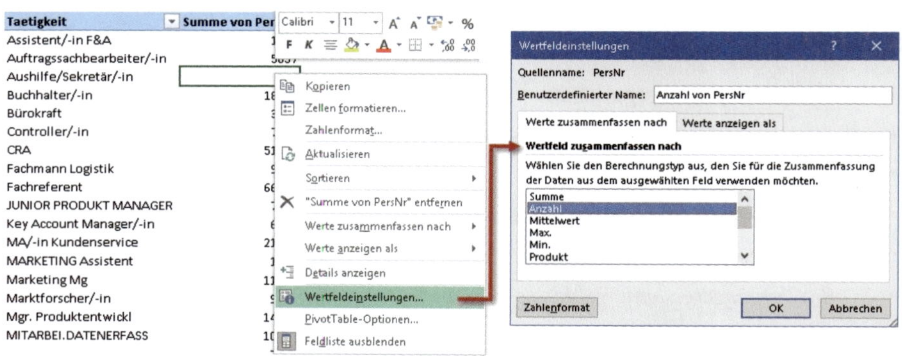

Abbildung 24.2: Auswahl des Berechnungstyps Anzahl

7. Schließen Sie das Dialogfeld mit einem Klick auf die Schaltfläche *OK*.

Als Ergebnis erhalten Sie den in Abbildung 24.3 gezeigten PivotTable-Bericht.

	Taetigkeit	Anzahl von PersNr
4	Assistent/-in F&A	2
5	Auftragssachbearbeiter/-in	3
6	Aushilfe/Sekretär/-in	2
7	Buchhalter/-in	8
8	Bürokraft	3
9	Controller/-in	4
10	CRA	44
11	Fachmann Logistik	6
12	Fachreferent	27
30	SENIOR PROD. MGR.	4
31	SUPERVISOR	5
32	SYSTEMANALYTIKER	7
33	Trainer/-in/Coach	7
34	Verkaufsleiter/-in	6
35	Vertriebsassistent/-in	4
36	Vertriebsleiter/-in	34
37	Wissenschaftl. Mitar	6
38	**Gesamtergebnis**	**614**

Abbildung 24.3: Aufschlüsselung der Mitarbeiter nach Tätigkeitsfeldern (Ausschnitt)

Das Unternehmen beschäftigt 614 Personen in den unterschiedlichen Tätigkeitsfeldern.

Filter und Optionen: Der Blick aufs Detail

Oft erschweren allzu umfangreiche Datenmengen den Blick auf die relevanten Inhalte. Die Möglichkeit, die Tabellenfelder zu filtern, bietet eine wertvolle Hilfe, den Blick auf die wesentlichen Inhalte und Merkmale zu konzentrieren.

Die in PivotTables eingestellten Filter werden bei jeder Aktualisierung automatisch angewendet.

Filter sind in PivotTable-Berichten oder PivotCharts immer additiv. Das bedeutet, dass jeder weitere Filter auf den aktuellen Filtern aufsetzt und die Untermenge der Daten weiter reduziert.

Sie können im Pivot-Umfeld bis zu drei Filtertypen gleichzeitig erstellen:

- manueller Filter
- Beschriftungs- und Datumsfilter
- Wertfilter

Gesteuert wird die gleichzeitige Anwendung verschiedener Filter über die Option *Mehrere Filter pro Feld zulassen*. Diese Option finden Sie auf der Registerkarte *Summen & Filter* im Dialogfeld *PivotTable-Optionen* (siehe Abbildung 24.4).

Tabellenoptionen erleichtern die Darstellung

Im Dialogfeld *PivotTable-Optionen* können Sie die unterschiedlichsten Einstellungen für den PivotTable-Bericht auf sechs Registerkarten vornehmen.

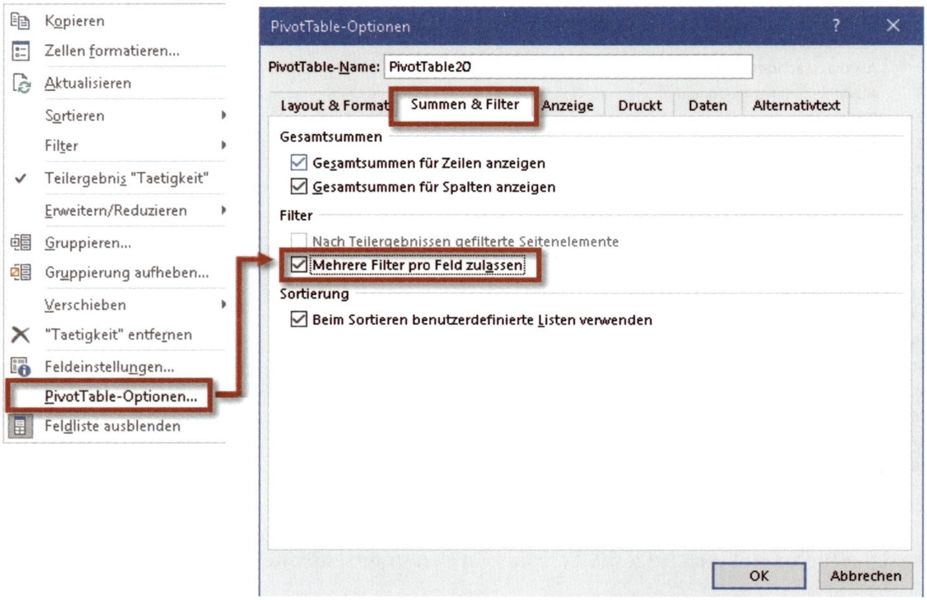

Abbildung 24.4: Per Rechtsklick und Kontextmenübefehl zu den PivotTable-Optionen

Tabelle 24.1 zeigt eine Auflistung, welche Optionen Sie dort einstellen können.

Option	Beschreibung
Registerkarte *Layout & Format*	
Zellen mit Beschriftungen zusammenführen und zentrieren	Diese Option verbindet Zellen für Elemente in äußeren Zeilen und Spalten, um dann die Elemente horizontal oder vertikal zentrieren zu können (Layout: Tabellenformat). 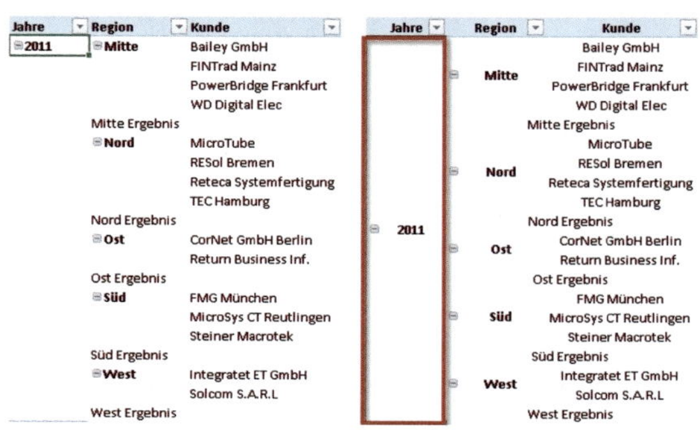
Felder im Berichtsfilterbereich anzeigen: Zuerst nach unten;	Felder, die im Berichtsfilter hinzugefügt werden, werden untereinander angezeigt.
Rechts, dann nach unten	Felder werden nebeneinander angeordnet, maximal so viele, wie pro Zeile angegeben sind.
Für Fehlerwerte anzeigen	Ermöglicht Ihnen, anstelle von Fehlerwerten, zum Beispiel *#BEZUG!* oder *#DIV/0!*, ein von Ihnen festlegbares Zeichen auszugeben

Tabelle 24.1: Optionen der PivotTable

Option	Beschreibung
Spaltenbreiten bei Aktualisierung automatisch anpassen	Passt bei jeder Aktualisierung die Spaltenbreite automatisch an die Größe des breitesten Textes an. Es ist zu deaktivieren, um die aktuelle Breite der PivotTable-Spalten beizubehalten.
Zellformatierung bei Aktualisierung beibehalten	Erspart Ihnen das wiederholte Formatieren Ihrer PivotTable nach Änderungen oder Aktualisierungen
Registerkarte *Summen & Filter*	
Gesamtsummen für Zeilen anzeigen	Fasst mit der gleichen Funktion, die im Datenbereich verwendet wird, die Werte aller Zellen in derselben Zeile der PivotTable zusammen. Gesamtsummenzeile ein- beziehungsweise ausblenden
Gesamtsummen für Spalten anzeigen	Fasst mit der gleichen Funktion, die im Datenbereich verwendet wird, die Werte für alle Zellen in derselben Spalte der PivotTable zusammen. Gesamtsummenspalte ein- beziehungsweise ausblenden
Nach Teilergebnissen gefilterte Seitenelemente	Ermöglicht, gefilterte Elemente in Teilergebnisse ein- oder davon auszuschließen
Mehrere Filter pro Feld zulassen	Das aktivierte Kontrollkästchen ermöglicht Ihnen das Einstellen mehrerer Filter für ein Feld. Bei deaktiviertem Kontrollkästchen kann pro Feld nur jeweils eine Filtereinstellung berücksichtigt werden.
Beim Sortieren benutzerdefinierte Listen verwenden	Wenn Sie zum Sortieren eigene Sortierfolgen (benutzerdefinierte Listen) verwenden wollen, müssen Sie diese Option aktivieren. Wenn Sie große Datenmengen nach Standard sortieren, verbessert eventuell die Deaktivierung dieser Option die Leistung des Systems.
Registerkarte *Anzeige*	
Schaltflächen zum Erweitern/Reduzieren anzeigen	Aktivieren Sie diese Option, um die Plus- und Minuszeichen zum Erweitern beziehungsweise Reduzieren von Zeilen- oder Spaltenbeschriftungen anzuzeigen.
Kontextbezogene QuickInfos anzeigen	Zeigt bei aktivierter Option in der QuickInfo den Wert, das Zeilenfeld und dessen Inhalt sowie das Spaltenfeld und dessen Inhalt an
Eigenschaften in QuickInfos anzeigen	Hier können Sie Eigenschaftsinformationen von Elementen in der QuickInfo anzeigen lassen – gilt nur für OLAP-Datenquellen.
Feldbeschriftungen und Filterdropdowns anzeigen	Bei aktivierter Option werden Feldbeschriftungen für Zeilen und Spalten einschließlich Dropdownpfeilen angezeigt.
Klassisches PivotTable-Layout (ermöglicht das Ziehen von Feldern im Raster)	Zeigt die Pivot-Erstellungsansicht der Vorversionen (2003 und früher) und ermöglicht Ihnen das Ziehen beziehungsweise Verschieben von Feldern im PivotTable-Berichten (und nicht nur im Aufgabenbereich *PivotTable-Felder*)
Die Wertezeile anzeigen	OLAP-Datenbearbeitung
Elemente ohne Daten in den Zeilen/Spalten anzeigen	Zeigt Zeilen-/Spaltenelemente an, die keine Werte besitzen (ist nur für OLAP-Datenquellen verfügbar)
Elementnamen anzeigen, wenn im Wertbereich keine Felder vorhanden sind	Sie können mit dieser Option Elementbeschriftungen anzeigen beziehungsweise ausblenden, wenn im Wertebereich keine Felder vorhanden sind. Gilt nur für PivotTable-Berichte, die mit Excel 2007/2010 erstellt wurden.
Von A bis Z sortieren	Sortiert die Inhalte der Feldliste aufsteigend alphabetisch.
oder	
Nach der Reihenfolge der Datenquellen sortieren	Übernimmt die Sortierung der externen Datenquelle. (gilt nicht für OLAP-Datenquellen)

Tabelle 24.1: Optionen der PivotTable (Forts.)

Option	Beschreibung
Registerkarte *Druckt*	
Schaltflächen zum Erweitern/Reduzieren anzeigen	Aktivieren oder deaktivieren Sie diese Option, um die Schaltflächen zum Erweitern/Reduzieren beim Drucken eines PivotTable-Berichts auszugeben beziehungsweise nicht auszugeben. Dieses Kontrollkästchen ist nicht verfügbar, wenn das Kontrollkästchen *Schaltflächen zum Erweitern/Reduzieren anzeigen* auf der Registerkarte *Anzeige* dieses Dialogfeldes deaktiviert ist.
Zeilenbeschriftungen für jede gedruckte Seite wiederholen	Wiederholt die aktuellen Elementbeschriftungen der Zeilenbeschriftungen auf allen Seiten eines gedruckten PivotTable-Berichts, wenn die Option aktiv ist
Drucktitel festlegen	Bei aktivierter Option werden alle Feldkopfzeilen der Zeilen und Spalten und der Spaltenelementbeschriftungen auf allen gedruckten Seiten eines PivotTable-Berichts wiederholt. Sie müssen im Dialogfeld *Seite einrichten* auf der Registerkarte *Tabelle* im Abschnitt *Drucktitel* in den Feldern *Wiederholungszeilen oben* beziehungsweise *Wiederholungsspalten links* dennoch Werte angeben, um die Beschriftungen tatsächlich drucken zu können. (Klicken Sie auf der Registerkarte *Seitenlayout* in der Gruppe *Seite einrichten* auf *Drucktitel*).
Registerkarte *Daten*	
Quelldaten mit Datei speichern	Ermöglicht, Daten aus externen Datenquellen in der Arbeitsmappe mit zu speichern (gilt nicht für OLAP-Datenquellen)
'Details anzeigen' aktivieren	Bei aktivierter Option lassen Sie einen Drilldown zu Detaildaten aus der Datenquelle zu und zeigen die Daten in einem neuen Arbeitsblatt an (gilt nicht für OLAP-Datenquellen).
Aktualisieren beim Öffnen der Datei	Beim Öffnen der Datei wird bei aktiver Option die Excel-Mappe aktualisiert (gilt nicht für OLAP-Datenquellen).
Elemente beibehalten, die aus der Datenquelle gelöscht wurden	Anzahl der Elemente pro Feld angeben, die mit der Arbeitsmappe zwischengespeichert werden sollen.
Anzahl der pro Feld beizubehaltenden Elemente	*Automatisch* = die Standardanzahl der eindeutigen Elemente für die einzelnen Felder; *Keine* = keine eindeutigen Elemente für die einzelnen Felder; *Maximum* = die maximale Anzahl eindeutiger Elemente für die einzelnen Felder.
Was-wäre-wenn-Analyse Zellbearbeitung im Wertebereich zulassen	Gilt nur für OLAP-Datenbearbeitung
Registerkarte *Alternativtext*	
Titel und *Beschreibung*	Sie können alternativen Text für Formen, Bilder, Diagramme, Tabellen, SmartArt-Grafiken oder andere Objekte in Office-Dokumenten erstellen. Alternativer Text ermöglicht Benutzern mit einer Bildschirmsprachausgabe, den Inhalt von Bildern zu verstehen. Wenn ein Dokument per Bildschirmsprachausgabe gelesen oder in einem Dateiformat wie DAISY (**D**igital **A**ccessible **I**nformation **Sy**stem) gespeichert wird, wird in den meisten Browsern alternativer Text angezeigt, wenn der Zeiger über ein Bild bewegt wird.

Tabelle 24.1: Optionen der PivotTable (Forts.)

Der richtige Filter: Der Weg zum Informationsdetail

Mit einem *Beschriftungsfilter* können Sie bequem eine Teilmenge von Daten in einem PivotTable- oder PivotChart-Bericht anzeigen. Mit einem Beschriftungsfilter im Zeilenfeldbereich können Sie die Anzeige von großen Datenmengen leichter verwalten und einen Teil der Daten in einem Bericht in den Vordergrund stellen, beispielsweise nur Tätigkeiten, die mit »S« beginnen, anzeigen lassen.

Verwenden Sie die PivotTable aus Abbildung 24.3. Wenn Sie die Option *Mehrere Filter pro Feld zulassen* aktiviert haben, finden Sie neben dem Feld *Zeilenbeschriftungen* in der PivotTable einen Dropdownpfeil.

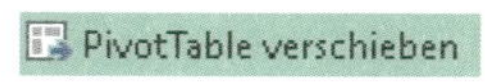

Wenn Sie auf diesen Pfeil klicken, eröffnen sich umfangreiche Sortier- und Filtermöglichkeiten (siehe Abbildung 24.5):

- Auswahl über das Kontrollkästchen
- Anwenden von Beschriftungsfilter
- Anwenden von Wertefilter
- Texteingabe über das Eingabefeld *Suchen*

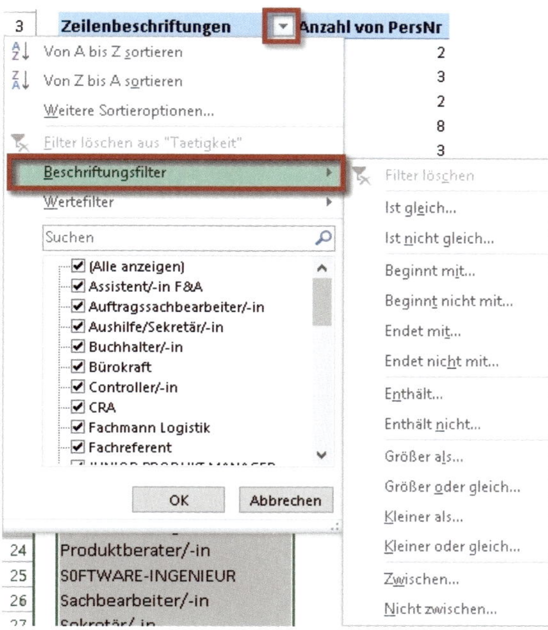

Abbildung 24.5: Excel bietet umfangreiche Möglichkeiten, Daten in der PivotTable zu filtern

1. Klicken Sie zuerst auf den Dropdownpfeil des Feldes *Zeilenbeschriftungen*. Im daraufhin angezeigten Menü klicken Sie auf den Befehl *Beschriftungsfilter* und danach auf *Beginnt mit*.
2. Im Dialogfeld *Beschriftungsfilter (Taetigkeit)* tragen Sie in das Eingabefeld die Zeichenfolge S* ein und bestätigen mit *OK*.

Sie haben damit eine PivotTable erstellt, die nur jene Tätigkeiten anzeigt, die mit dem Buchstaben »S« beginnen.

Hinweis Geben Sie hingegen im Suchfeld den Buchstaben S ein, werden alle Tätigkeitsfelder angezeigt, die irgendwo in der Bezeichnung den Buchstaben enthalten.

Komplexe Filter mit dem Suchfeld aufbauen

Einige sehr wirkungsvolle Möglichkeiten zum Steuern von Suchvorgängen bietet das Eingabefeld *Suchen*. Sie wollen alle Tätigkeitsfelder, die mit »S« beginnen, und zusätzlich noch die Tätigkeiten, in deren Namen die Buchstaben »er« vorkommen, anzeigen lassen. Dazu gehen Sie so vor:

Online Verwenden Sie für diese Aufgabe die PivotTable *Kap_24_LOE_AnzahlMA.xlsx* mit den Tätigkeitsfeldern (siehe Abbildung 24.3).

1. Um einen eventuell vorhandenen Filter zu löschen, klicken Sie auf den Dropdownpfeil des Feldes *Zeilenbeschriftungen (Taetigkeit)* und wählen im Menü den Befehl *Filter/Filter löschen aus "Taetigkeit"*.
2. Klicken Sie wieder auf den Dropdownpfeil des Feldes *Zeilenbeschriftungen (Taetigkeit)*.
3. Im sich öffnenden Menü geben Sie in das Textfeld *Suchen* die Zeichenfolge S* ein und wenden den Filter mit *OK* an.

   Daraufhin wird eine Auswahl der zutreffenden Tätigkeiten angezeigt.
4. Klicken Sie erneut auf den Dropdownpfeil des Feldes *Zeilenbeschriftungen*.
5. Im sich öffnenden Menü geben Sie in das Textfeld *Suchen* die Buchstaben er ein.
6. Aktivieren Sie jetzt im Menü zum Dropdownpfeil das Kontrollkästchen *Dem Filter die aktuelle Auswahl hinzufügen* und bestätigen Sie mit *OK*.

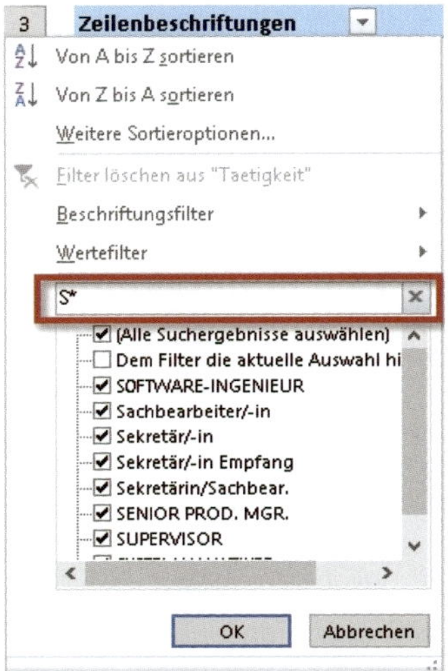

Abbildung 24.6: Anwendung des Filters über das Eingabefeld Suchen

Als Ergebnis erhalten Sie eine Liste mit den Tätigkeiten, die mit dem Buchstaben »S« beginnen und die Zeichenfolge »er« enthalten.

Sie können auch die gewünschten Einträge über die Kontrollkästchen selektieren. Darüber hinaus besteht die Möglichkeit, mit Stellvertreterzeichen zu arbeiten oder die große Auswahl an vordefinierten Filtern zu nutzen.

Weitere Filtermöglichkeiten

Abhängig vom Feldtyp Ihrer Markierung können Sie sehr differenzierte Filter anwenden. Sehr elegant und schnell können Sie im obigen Beispiel einen Filter setzen, wenn Sie nur die Einträge *Bürokraft* und *Controller/-in* markieren und diese beiden Datensätze über den Kontextmenübefehl *Ausgewählte Elemente ausblenden* ausblenden. Ebenso ist der umgekehrte Fall, *Nur ausgewählte Elemente beibehalten*, sehr schnell anwendbar (siehe Abbildung 24.7).

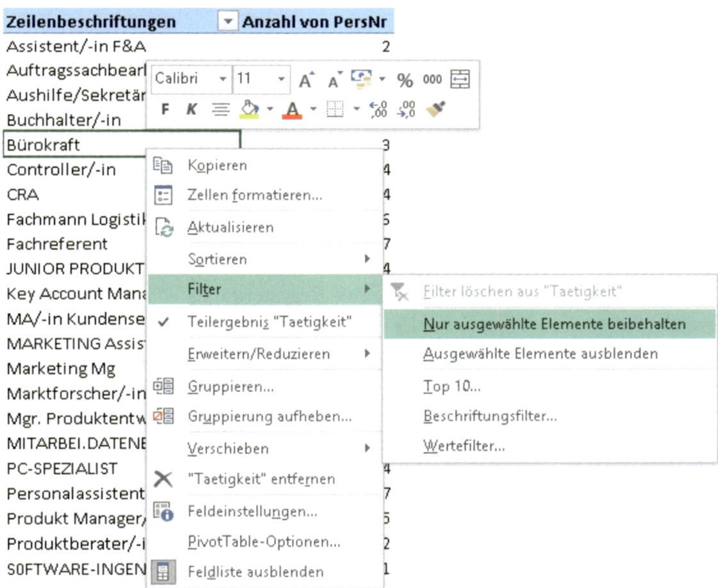

Abbildung 24.7: Das Kontextmenü stellt zahlreiche Befehle, insbesondere zum Filtern von Werten, zur Verfügung

Mit Farben die Lesbarkeit verbessern

Durch die effektive Anwendung von Farbe in einem Bericht lässt sich sein Erscheinungsbild und Lesbarkeit enorm verbessern. Ein sinnvoller Einsatz von Farben und Symbolen in PivotTable-Berichten verhilft zu einer besseren Entscheidungsfindung, weil die Aufmerksamkeit der Leser auf wichtige und besonders relevante Informationen gelenkt wird und sie die Ergebnisse visuell aufnehmen.

In einer PivotTable ist keine Filterung nach Farbe, Schriftfarbe oder Symbolsatz möglich. Dafür können Sie aber eine *bedingte Formatierung* auf eine PivotTable nach Zellen oder nach Schnittmengen anwenden. Details zur Anwendung der bedingten Formatierung finden Sie in Kapitel 9; weitere Informationen zu Filtern finden Sie in Kapitel 14.

Praxisbeispiel: Die fünf Tätigkeitsfelder mit den meisten Mitarbeitern

Diese Information erhalten Sie, wenn Sie zunächst mit den Daten der Mappe *Kap_24_UEB.xlsx* im Arbeitsblatt *Stammdaten* eine PivotTable wie in Abbildung 24.3 erstellen:

1. Positionieren Sie den Cursor in den Stammdaten.
2. Klicken Sie im Menüband auf der Registerkarte *Einfügen* in der Gruppe *Tabellen* auf die Schaltfläche *PivotTable.*

   Daraufhin markiert Excel den erkannten Datenbereich mit einem grünen gestrichelten Rahmen und öffnet das Dialogfeld *PivotTable erstellen.*
3. Aktivieren Sie die Option *Neues Arbeitsblatt* und bestätigen Sie zum Abschluss mit *OK.*
4. Im neuen Arbeitsblatt wird ein leerer PivotTable-Bericht eingefügt. Im Aufgabenbereich *PivotTable-Felder* ziehen Sie das Feld *Taetigkeit* in den Bereich *Zeilen* und das Feld *PersNr* in den Bereich *Werte.*
5. In diesem Beispiel benötigen Sie die Zusammenfassungsfunktion *Anzahl.* Klicken Sie daher auf den Pfeil des Feldes *PersNr* im Bereich *Werte* und wählen Sie den Befehl *Wertfeldeinstellungen.*
6. Im Dialogfeld *Wertfeldeinstellungen* ändern Sie auf der Registerkarte *Werte zusammenfassen nach* den Berechnungstyp in *Anzahl* (siehe Abbildung 24.3).

   Wechseln Sie nun die Ansicht des PivotTable-Berichts und lassen Sie sich die PivotTable im Tabellenformat anzeigen:
7. Klicken Sie dazu auf der kontextbezogenen Registerkarte *PivotTable-Tools/Entwurf* in der Gruppe *Layout* auf die Schaltfläche *Berichtslayout* und wählen Sie dort *In Tabellenformat anzeigen* (siehe Abbildung 24.8).

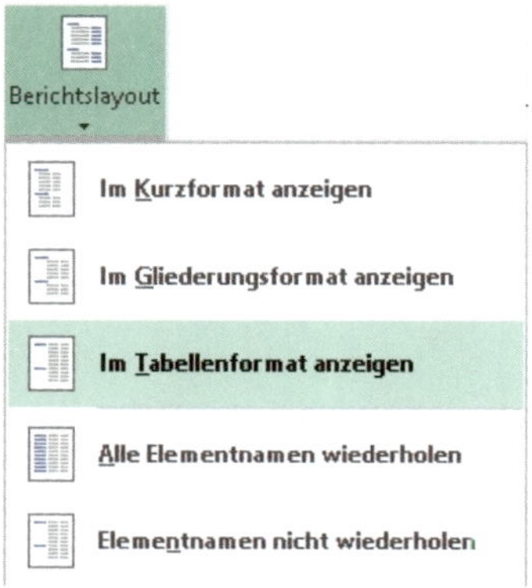

Abbildung 24.8: Berichtslayout in Tabellenformat umschalten

Im umgestalteten PivotTable-Bericht positionieren Sie den Zellcursor im Feld *Taetigkeit* (Zeilenbeschriftungen) und fahren dann wie folgt fort:

8. Öffnen Sie mit der rechten Maustaste das Kontextmenü und wählen Sie dort den Befehl *Filter*.
9. Im Untermenü klicken Sie auf den Eintrag *Top 10*, um das Dialogfeld *Top-10-Filter* (*Taetigkeit*) zu öffnen (siehe Abbildung 24.9).
10. Ändern Sie im Drehfeld des Dialogfeldes den Wert von *10* auf *5* Elemente.

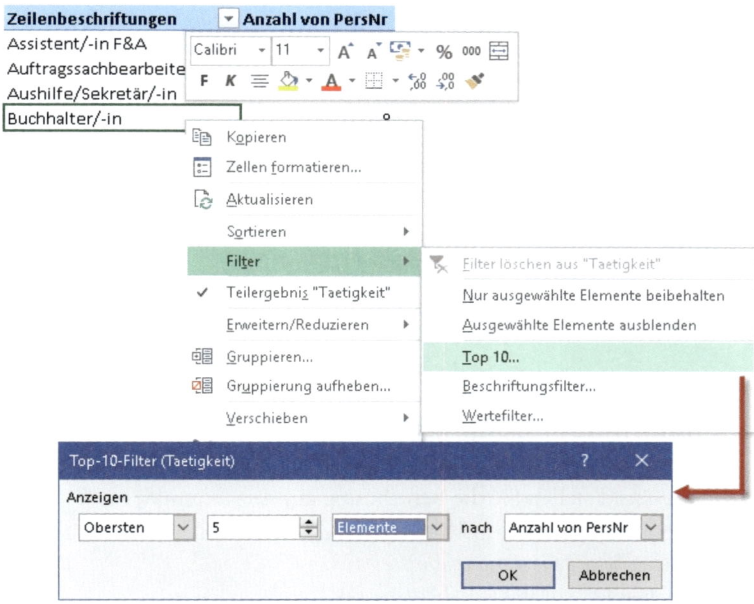

Abbildung 24.9: Auswahl des Top-10-Filters im PivotTable-Bericht

11. Mit einem Klick auf die Schaltfläche *OK* schließen Sie das Dialogfeld und erhalten das in Abbildung 24.10 gezeigte Ergebnis.

Taetigkeit	Anzahl von PersNr
CRA	44
Fachreferent	27
Produktberater/-in	322
Sachbearbeiter/-in	29
Vertriebsleiter/-in	34
Gesamtergebnis	**456**

Abbildung 24.10: Das Ergebnis des Top-5-Filters

Die Reihenfolge durch Sortieren ändern

Sortieren Sie den PivotTable-Bericht in absteigender Reihenfolge. Dazu gehen Sie folgendermaßen vor:

1. Positionieren Sie den Cursor in den Daten unter *Anzahl von PersNr* und öffnen Sie mit der rechten Maustaste das Kontextmenü.

2. Wählen Sie dort den Befehl *Sortieren* und anschließend den Befehl *Nach Größe sortieren (absteigend)*.

Als Ergebnis erhalten Sie einen PivotTable-Bericht, in dem die fünf Tätigkeitsfelder mit den meisten Mitarbeitern in absteigender Reihenfolge sortiert sind (siehe Abbildung 24.11).

Taetigkeit	Anzahl von PersNr
Produktberater/-in	322
CRA	44
Vertriebsleiter/-in	34
Sachbearbeiter/-in	29
Fachreferent	27
Gesamtergebnis	**456**

Abbildung 24.11: Ergebnis der Top-5-Filterung absteigend sortiert

Diesem PivotTable-Bericht können Sie gleichzeitig entnehmen, dass in fünf von 34 Tätigkeitsgruppen 456 von insgesamt 614 Mitarbeitern beschäftigt sind.

Absolute Werte im Handumdrehen in Prozent anzeigen

In einem PivotTable-Bericht können Sie ohne nennenswerten Aufwand neben den absoluten Werten auch die prozentuale Verteilung anzeigen.

So können Sie das Ergebnis der Top-5-Filterung auch einfach als Prozentwert in einem PivotTable-Bericht darstellen – so geht's:

1. Ziehen Sie das Feld *PersNr* ein weiteres Mal aus der Feldliste in den Wertebereich.
2. Klicken Sie auf das Feld *Summe von PersNr*, wählen Sie im Dropdownmenü den Befehl *Wertfeldeinstellungen* und stellen Sie die Berechnung auf *Anzahl* um.
3. Wechseln Sie dann zur Registerkarte *Werte zeigen als* und wählen Sie im Dropdown-Listenfeld den Eintrag *% des Gesamtergebnisses* aus.
4. Zum Abschluss klicken Sie auf die Schaltfläche *OK*.

Sie erhalten einen PivotTable-Bericht mit absoluter und prozentualer Darstellung der Filterwerte (siehe Abbildung 24.12).

Taetigkeit	Anzahl von PersNr
Produktberater/-in	70,61%
CRA	9,65%
Vertriebsleiter/-in	7,46%
Sachbearbeiter/-in	6,36%
Fachreferent	5,92%
Gesamtergebnis	**100,00%**

Abbildung 24.12: PivotTable-Bericht mit den Top 5 in absoluten Zahlen und prozentualen Anteilen

Ein Feld umbenennen

Die Feldnamen *Anzahl von PersNr* und *Anzahl von PersNr2* können jederzeit besser lesbar oder verkürzt dargestellt werden:

1. Markieren Sie den Feldnamen in der PivotTable.
2. Markieren Sie dann den Eintrag in der Bearbeitungsleiste und geben Sie die neue Bezeichnung ein.

Achtung Die neue Bezeichnung darf nicht gleichlautend mit dem Feldnamen in der Basistabelle sein. Beispielsweise können Sie *Anzahl von PersNr* nicht in *PersNr* umbenennen, weil es diesen Namen schon gibt. Eine Lösung könnte lauten: *_PersNr*. Mit dem vorausgehenden Unterstrich (_) erzeugen Sie einen neuen Feldnamen, der jedoch eindeutig mit dem Ursprungsbegriff in Zusammenhang gebracht werden kann.

Elemente ohne Daten im PivotTable-Bericht anzeigen

Felder werden in einem PivotTable-Bericht nur dann angezeigt, wenn sie Werte im Wertebereich enthalten. Sind beispielsweise bei monatlicher Darstellung von Umsatzdaten, Kosten, Lohndaten oder Projektkosten keine Werte gebucht worden, wird der betroffene Monat im Bericht nicht aufgelistet. Das kann bei oberflächlicher Betrachtung zu dem Eindruck führen, dass beispielsweise ein Monat, eine Kostenstelle oder ein Konto vergessen wurde. Um derartigen Irrtümern vorzubeugen, aktivieren Sie in einer PivotTable die Option, auch Felder anzuzeigen, die noch keine Werte aufweisen. Das folgende Beispiel verdeutlicht dies.

Online In der Arbeitsmappe *Kap_24_UEB.xlsx* finden Sie die Daten zum Nachvollziehen des Beispiels.

1. Öffnen Sie die Mappe *Kap_24_UEB.xlsx*, wechseln Sie zum Tabellenblatt *Lohndaten* und positionieren Sie den Cursor in den Lohndaten.
2. Klicken Sie im Menüband auf der Registerkarte *Einfügen* in der Befehlsgruppe *Tabellen* auf die Schaltfläche *PivotTable.*
3. Daraufhin markiert Excel den erkannten Datenbereich mit einem grünen gestrichelten Rahmen und öffnet das Dialogfeld *PivotTable erstellen.*
4. Aktivieren Sie die Option *Neues Arbeitsblatt* und bestätigen Sie zum Abschluss mit *OK.*
5. Im neuen Arbeitsblatt wird ein leerer PivotTable-Bericht eingefügt. Im Aufgabenbereich *PivotTable-Felder* ziehen Sie das Feld *Datum* in den Bereich *Zeilen*, das Feld *Abteilung* in den Bereich *Spalten* und das Feld *Brutto* in den Bereich *Werte.*
6. Markieren Sie eine Zelle im Feld *Datum*, öffnen Sie mit der rechten Maustaste das Kontextmenü und wählen Sie dort den Befehl *Gruppieren.*
7. Im Dialogfeld *Gruppieren* aktivieren Sie die Listeneinträge *Monate* und *Jahre* und schließen dann das Dialogfeld über die Schaltfläche *OK.*
8. Klicken Sie jetzt auf der Registerkarte *PivotTable-Tools/Entwurf* in der Gruppe *Layout* auf die Schaltfläche *Berichtslayout* und wählen Sie im Menü den Befehl *Im Tabellenformat anzeigen.*

   Als Ergebnis erhalten Sie einen PivotTable-Bericht wie in Abbildung 24.13.

Summe von Brutto		Abteilung					
Jahre	**Datum**	**GF**	**LoE**	**LoP**	**LoS**	**ZD**	**Gesamtergebnis**
⊟2012	Jan	10335	12792	22596	11690	5497	62910
	Feb	10335	13214	22596	11690	6129	63964
	Mrz	10335	13214	22596	12530	6568	65243
	Apr	10335	13391	22776	17215	6568	70285
	Mai	10335	13394	22922	16390	6638	69679
	Jun	15153	22868	33996	33361	10125	115503
	Jul	16027	15686	22922	25301	6568	86504
	Aug	10336	15686	22922	25301	6568	80813
	Sep	10336	18860	22922	28376	6568	87062
	Okt	10336	18898	22922	32627	6568	91351
	Nov	15399	27914	33993	46839	9440	133585
	Dez	10546	18890	22922	34867	6500	93725
⊟2013	Jan	10546	19028	23122	39103	6500	98299
	Feb	10546	14791	23122	43072	6500	98031
	Mrz	15914	16023	23415	45707	6500	107559
	Apr	11062	16006	23268	49100	6500	105936
Gesamtergebnis		**187876**	**270655**	**389012**	**473169**	**109737**	**1430449**

Abbildung 24.13: PivotTable mit Standardansicht, jährlicher/monatlicher Umsatz in den Abteilungen

9. Um alle Elemente, auch die ohne Daten anzuzeigen, aktivieren Sie gegebenenfalls die PivotTable, positionieren den Cursor im Spaltenbereich und öffnen mit der rechten Maustaste das Kontextmenü.
10. Dort wählen Sie den Befehl *Feldeinstellungen*, wechseln im Dialogfeld zur Registerkarte *Layout & Drucken* und aktivieren dort das Kontrollkästchen *Elemente ohne Daten anzeigen* (siehe Abbildung 24.14).

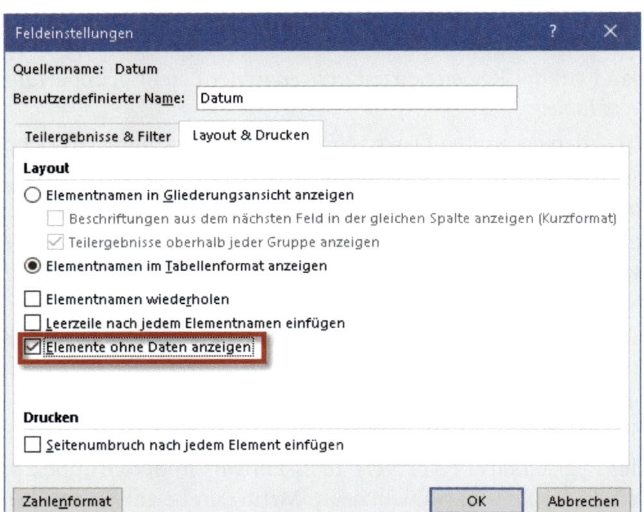

Abbildung 24.14: Über das Dialogfeld Feldeinstellungen *auch Elemente ohne Daten anzeigen lassen*

11. Klicken Sie zum Abschluss auf die Schaltfläche *OK* und Sie erhalten einen PivotTable-Bericht mit Elementen, die (noch) keine Daten enthalten (siehe Abbildung 24.15).

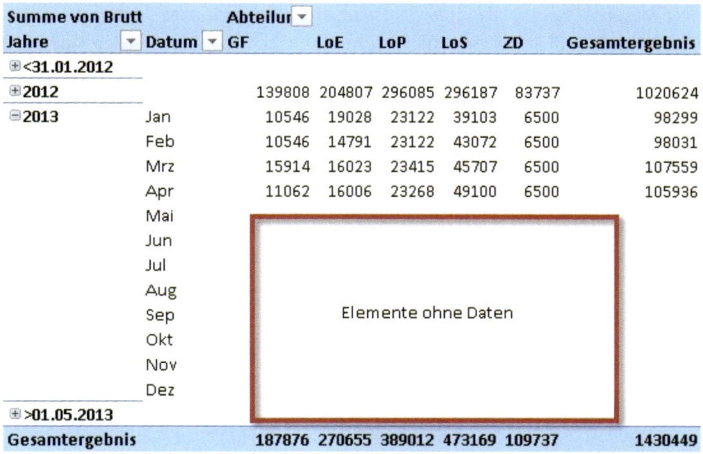

Summe von Brutt		Abteilung					
Jahre	Datum	GF	LoE	LoP	LoS	ZD	Gesamtergebnis
⊞<31.01.2012							
⊞2012		139808	204807	296085	296187	83737	1020624
⊟2013	Jan	10546	19028	23122	39103	6500	98299
	Feb	10546	14791	23122	43072	6500	98031
	Mrz	15914	16023	23415	45707	6500	107559
	Apr	11062	16006	23268	49100	6500	105936
	Mai						
	Jun						
	Jul						
	Aug						
	Sep						
	Okt						
	Nov						
	Dez						
⊞>01.05.2013							
Gesamtergebnis		187876	270655	389012	473169	109737	1430449

Abbildung 24.15: Der PivotTable-Bericht mit der Anzeige der leeren Elemente

PivotTable-Empfehlung mit Vorschau auf das mögliche Ergebnis

Um mögliche Ergebnisse noch schneller visualisieren und präsentieren zu können, genügt, wenn sich der Cursor in den Quelldaten befindet, ein Klick auf *Empfohlene PivotTables*. Diese Schaltfläche finden Sie im Menüband auf der Registerkarte *Einfügen* in der Gruppe *Tabellen*.

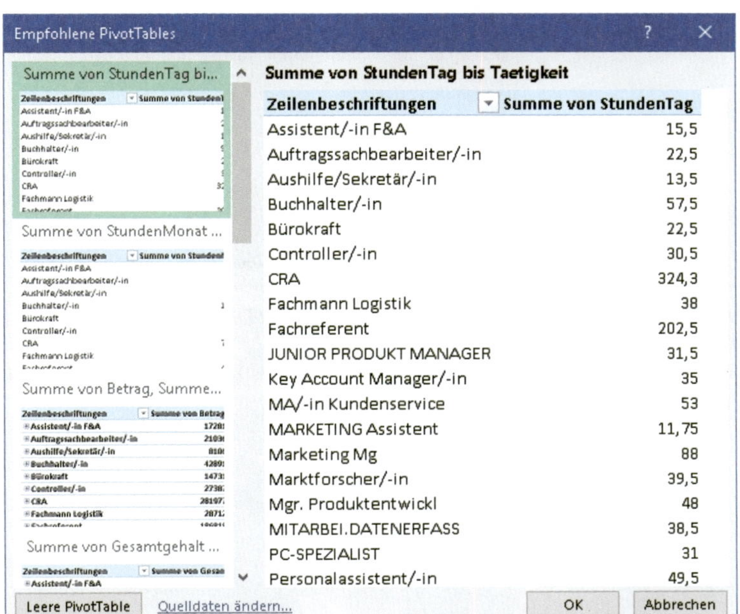

Abbildung 24.16: Im Dialogfeld Empfohlene PivotTables *werden Ihnen PivotTable-Varianten angeboten*

Sie haben den Cursor beispielsweise in den Stammdaten der Mappe *Kap_24_UEB.xlsx* positioniert und Sie sind sich nicht sicher, mit welcher Feldkombination beziehungsweise Feldanordnung Sie das benötigte Analyseergebnis erzielen. In dieser Situation genügt es, *Empfohlene PivotTables* anzuklicken und sich von Excel Analysebeispiele zeigen zu lassen (siehe Abbildung 24.16).

Im linken Teil des Dialogfeldes werden verschiedenste Analysebeispiele angeboten. Sie haben so die Möglichkeit, sich ein Bild von Auswertungsvarianten zu machen und im günstigsten Fall ein passendes Beispiel auswählen zu können. Sollte kein passendes Beispiel angeboten werden, übernehmen Sie ein »fast« passendes Modell und bearbeiten es als PivotTable weiter. Beispielsweise kann durch Umstellen der Berechnungsmethode von *Summe* auf *Anzahl* schon die perfekte Lösung erreicht werden.

Der Einfluss der Basisdaten auf die Vorschau

Diese Vorschau auf das zukünftige Ergebnis ist eine fantastische Möglichkeit, sich einen Überblick zu verschaffen. Von enormer Bedeutung sind jedoch der Aufbau und die Vollständigkeit der Basisdaten. Bei ungünstigen Basisdaten kann die Vorschau nicht korrekt arbeiten und gibt eine Fehlermeldung aus (siehe Abbildung 24.17).

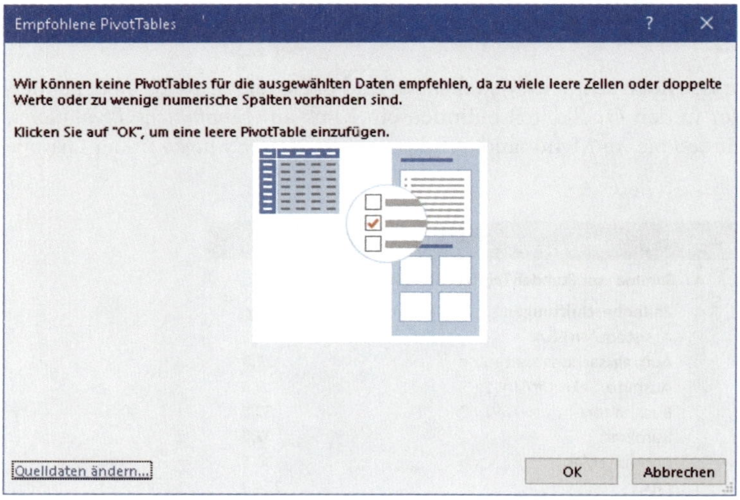

Abbildung 24.17: Ungünstige Basisdaten verhindern eine Vorschau von PivotTables

In einem derartigen Fall ändern Sie gegebenenfalls die Auswahl der Quelldaten oder bauen die PivotTable ohne Empfehlung auf.

Mehr Informationsgehalt mit berechneten Feldern und Elementen

Haben Sie bisher mit der PivotTable überwiegend analysiert, bietet sich nun auch die Möglichkeit an, erweiterte Berechnungen durchzuführen. Diese verwenden nicht die integrierten Berechnungstypen. Sie können Ihr eigenes Berechnungsfeld erstellen und alle Berechnungen auch speichern.

Online Als Datengrundlage verwenden Sie in den folgenden Beispielen die Arbeitsmappe *Kap_24_UEB.xlsx*.

In den folgenden Beispielen werden Sie

- berechnete Felder,
- berechnete Elemente sowie
- die Funktion *PIVOTDATENZUORDNEN*

kennenlernen.

Mit den berechneten Feldern und berechneten Elementen erhalten Sie die Möglichkeit, innerhalb der PivotTable mit allen Feldern oder Elementen besondere Berechnungen durchzuführen. Mit der Funktion *PIVOTDATENZUORDNEN* können Sie von außerhalb der PivotTable auf Daten in der PivotTable zugreifen, Daten in eine normale Tabellenumgebung übernehmen und weitergehende Berechnungen ausführen.

- Berechnete Elemente: Auf der Grundlage einer Formel berechnen Sie mit den Inhalten eines Feldes oder eines Elements in der PivotTable einen neuen Inhalt und erhalten als Ergebnis ein Element in einem PivotTable-Feld – ein sogenanntes berechnetes Element.
- Berechnete Felder: Auf der Grundlage einer Formel berechnen Sie unter Verwendung des Inhalts anderer Felder den neuen Inhalt eines Feldes.

Wichtig Dabei arbeiten Formeln für berechnete Felder immer mit allen verfügbaren PivotTable-Daten. Es ist nicht möglich, den Wirkungsbereich der Formeln einzuschränken, etwa durch den Versuch, in der Formel einen bestimmten Ausschnitt der Daten einzutragen.

Ein Berechnungsfeld in einer PivotTable erstellen

Mittels Berechnungsfeldern können Sie Ihre PivotTable erweitern, zum Beispiel ergänzende Berechnungen durchführen.

Online In der Arbeitsmappe *Kap_24_LOE_Umsatz.xlsx* im Arbeitsblatt *PtUmsatz* sind die Handelswege 2010 bis 2012 mit ihren Nettoumsätzen in einem PivotTable-Bericht dargestellt (siehe Abbildung 24.18). Verwenden Sie diese Daten für das vorliegende Beispiel.

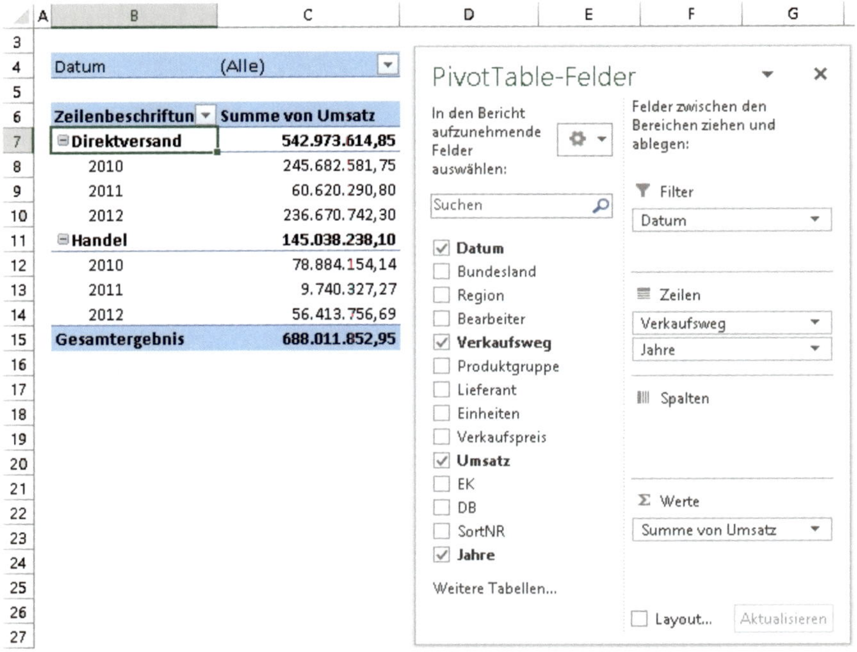

Abbildung 24.18: Ausgangstabelle für berechnete Felder und berechnete Elemente

Wenn Sie beispielsweise Provisionsanteile von 3 % berechnen wollen, gehen Sie folgendermaßen vor:

1. Markieren Sie ein Wertefeld (Datenbereich) innerhalb des PivotTable-Berichts und klicken Sie anschließend auf der Registerkarte *PivotTable-Tools/Analysieren* in der Gruppe *Berechnungen* auf die Schaltfläche *Felder, Elemente und Gruppen* und im Kontextmenü auf den Befehl *Berechnetes Feld.*
2. Daraufhin öffnet sich ein Menü, in dem Sie den Befehl *Berechnetes Feld* wählen. Das Dialogfeld *Berechnetes Feld einfügen* wird angezeigt.

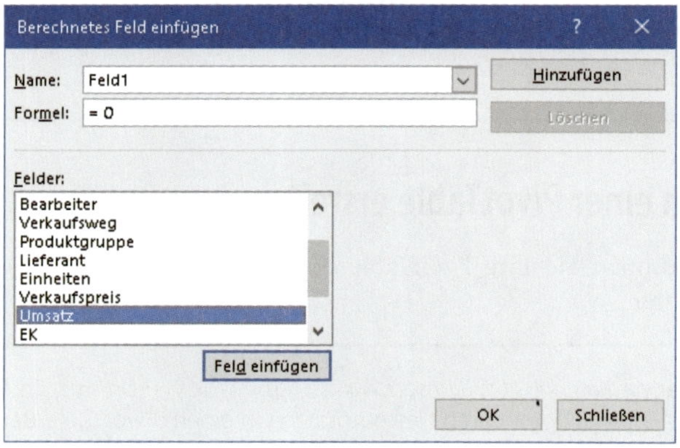

Abbildung 24.19: Im Dialogfeld Berechnetes Feld einfügen *können Sie benutzerdefinierte Felder mit Formeln erstellen*

3. Im Listenfeld *Name* (Vorgabetext *Feld1*) geben Sie `Provision3` als Name für das zu berechnende Feld ein.
4. Löschen Sie im Feld *Formel* die Null, wählen Sie im Listenfeld *Felder* das benötigte Feld für die Berechnung aus (hier *Umsatz*) und klicken Sie dann auf die Schaltfläche *Feld einfügen*.
5. Ergänzen Sie die Formel für die Provisionsberechnung folgendermaßen:
   `=Umsatz*0,03`.
6. Klicken Sie zunächst auf die Schaltfläche *Hinzufügen* und dann auf die Schaltfläche *OK*.

Das Ergebnis ist die berechnete PivotTable in Abbildung 24.20.

Datum	(Alle)

Zeilenbeschriftungen	Summe von Umsatz	Summe von Provision3
Direktversand	**542.973.614,85**	**16.289.208,45 €**
2010	245.682.581,75	7.370.477,45 €
2011	60.620.290,80	1.818.608,72 €
2012	236.670.742,30	7.100.122,27 €
Handel	**145.038.238,10**	**4.351.147,14 €**
2010	78.884.154,14	2.366.524,62 €
2011	9.740.327,27	292.209,82 €
2012	56.413.756,69	1.692.412,70 €
Gesamtergebnis	**688.011.852,95**	**20.640.355,59 €**

Abbildung 24.20: Die berechnete Spalte auf der Grundlage der Umsätze wird im PivotTable-Bericht angezeigt

Das berechnete Feld wird damit auch in die PivotTable-Feldliste aufgenommen und kann über das zugehörige Kontrollkästchen im PivotTable-Bericht ein- beziehungsweise ausgeblendet werden.

Hinweis

In berechneten Feldern und Elementen können Sie Formeln, Operatoren und Ausdrücke in gleicher Weise wie in Tabellenformeln verwenden. Ebenso können Sie Konstanten festlegen und auf Daten aus der PivotTable verweisen. Hingegen ist es nicht erlaubt, Zellbezüge oder festgelegte Namen zu benutzen. Demzufolge können Sie keine Tabellenfunktionen verwenden, die als Parameter Zellbezüge oder festgelegte Namen erfordern. Matrixfunktionen können ebenso wenig eingesetzt werden.

Berechnete Elemente

Sollten in Ihrer PivotTable Elemente aufgebaut worden sein, können Sie für diese Elemente gezielte Berechnungen vornehmen.

Achtung

Ein berechnetes Element kann nicht eingefügt werden, wenn sich in der PivotTable gruppierte Daten befinden.

Ausgehend von der PivotTable in Abbildung 24.18 führen Sie folgende Schritte durch:

1. Ziehen Sie das Feld *Datum* aus dem Filter- in den Zeilenbereich, um die Gruppierung aufzuheben.
2. Positionieren Sie den Cursor auf einem Monatsfeld, öffnen Sie mit der rechten Maustaste das Kontextmenü und wählen Sie dort den Befehl *Gruppierung aufheben*.
3. Entfernen Sie das Feld *Datum* aus dem Zeilenbereich.
4. Ziehen Sie das Feld *Produktgruppe* in den Zeilenbereich.

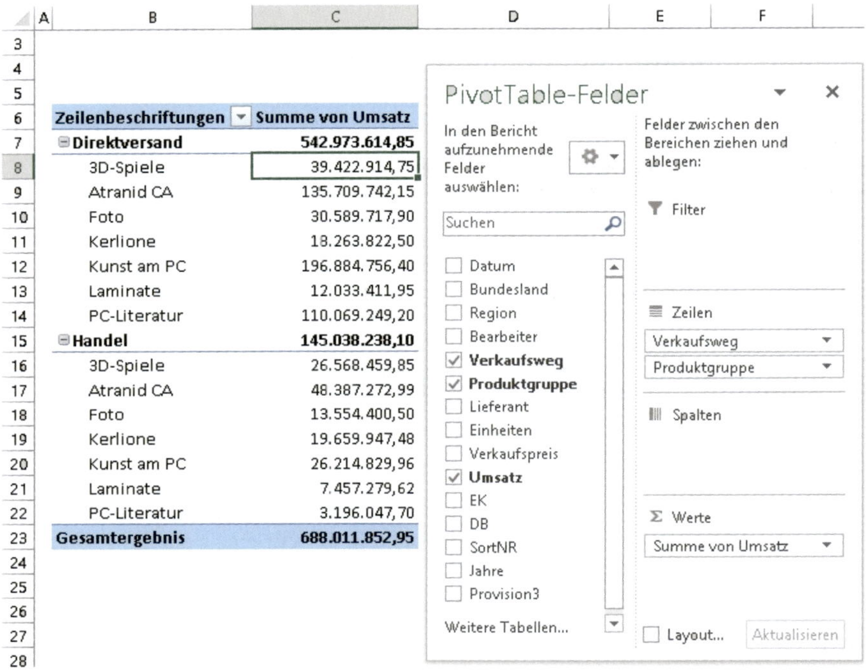

Abbildung 24.21: Die umgestaltete PivotTable zum Aufbau eines berechneten Elements

5. Markieren Sie im PivotTable-Bericht ein Zeilenfeld, zum Beispiel *Foto*.
6. Klicken Sie auf der Registerkarte *PivotTable-Tools/Analysieren* in der Gruppe *Berechnungen* auf die Schaltfläche *Felder, Elemente und Gruppen* und wählen Sie dann den Befehl *Berechnetes Element*, um das Dialogfeld *Berechnetes Element einfügen* zu öffnen.
7. Im Listenfeld *Name* (Vorgabetext *Formel1*) geben Sie `Neue Produktlinie` als Name für das berechnete Element ein.
8. Das Element soll die beiden Produktgruppen *Kunst am PC* und *Foto* als übergeordnete Produktgruppe zusammenfassen.
9. Klicken Sie in das Feld *Formel*, löschen Sie den Platzhalter und tragen Sie folgende Formel für die Berechnung ein:
   `='Kunst am PC'+Foto`
10. Klicken Sie zuerst auf die Schaltfläche *Hinzufügen* und danach auf *OK*.

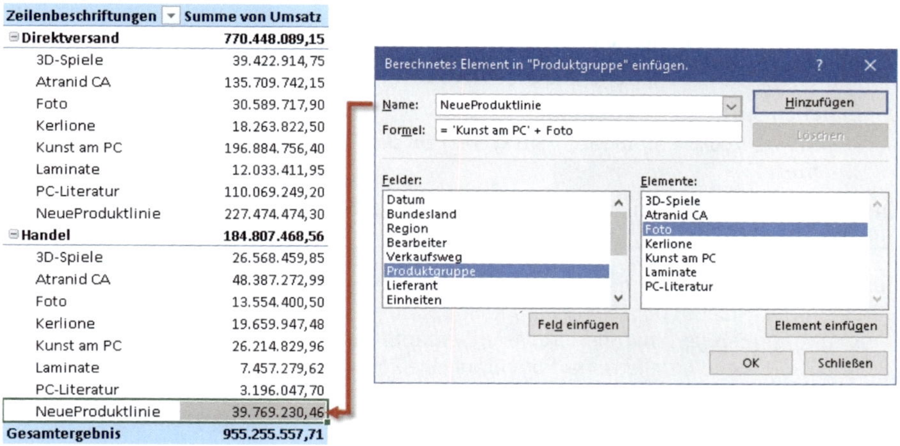

Abbildung 24.22: Der PivotTable-Bericht mit dem Dialogfeld zum Einfügen eines berechneten Elements

Der aktualisierte PivotTable-Bericht enthält im unteren Abschnitt das hinzugefügte berechnete Element *Neue Produktlinie* (siehe Abbildung 24.22).

Achtung Die Summe betrifft lediglich den Bereich *Handel*! Ein berechnetes Element verändert das *Gesamtergebnis* der PivotTable, wenn es in die PivotTable eingefügt wird.

Hinweis Wenn Sie eine Funktion im Dialogfeld *Berechnetes Element* oder *Berechnetes Feld* nachträglich verändern, wird die ursprüngliche Schaltfläche *Hinzufügen* durch die Schaltfläche *Ändern* ersetzt.

Ergebnisse einer PivotTable mit der Funktion PIVOTDATENZUORDNEN verwenden

Die Funktion PIVOTDATENZUORDNEN erscheint bei erster Betrachtung sehr unscheinbar und zeigt einem Anwender nicht unmittelbar das in ihr steckende Potenzial. In der Praxis gibt es oft Situationen, in denen eine Berechnung notwendig ist, die nicht innerhalb der PivotTable durchgeführt werden kann. Die Funktion PIVOTDATENZUORDNEN bietet Ihnen diese Möglichkeit, um weitere Berechnungen durchführen zu können oder aber Tabellenberichte aufzubauen, die auf einer oder mehreren PivotTables beruhen.

Der Zugriff auf die Daten einer PivotTable kann aus der gleichen Tabelle, aus einer anderen Tabelle oder sogar aus einer anderen Arbeitsmappe heraus erfolgen. Um auf Daten in einer anderen Arbeitsmappe zuzugreifen, ist es nicht erforderlich, dass die Zielmappe geöffnet ist. Die genaue Pfadbezeichnung innerhalb der Funktion ist ausreichend.

Die allgemeine Syntax lautet:

PIVOTDATENZUORDNEN(Datenfeld;PivotTable;Feld1;Element1;Feld2;Element2 ...)

Angenommen, Sie wollen den Wert für die *3D-Spiele* aus dem vorhergehenden Beispiel außerhalb der PivotTable weiterverarbeiten. Dies ist folgendermaßen möglich:

1. Aktivieren Sie die Zielzelle, die den Wert aufnehmen soll.
2. Erstellen Sie folgende Funktion:
   ```
   =PIVOTDATENZUORDNEN("Umsatz";$A$8;"Verkaufsweg";"Direktversand";"Produktgruppe";"
   3D-Spiele")
   ```

Diese Funktion liefert Ihnen als Ergebnis den Wert *39.422.914,75*.

Hinweis Wenn Sie im Dialogfeld *Excel-Optionen* in der Kategorie *Formeln* im Abschnitt *Arbeiten mit Formeln* das Kontrollkästchen *GetPivotData-Funktionen für PivotTable-Bezüge verwenden* aktivieren, ergänzt Excel automatisch die Bezüge, wenn Sie beim Erstellen einer Formel auf eine Zelle in einer PivotTable klicken.

Sollten Sie im Verlauf der Arbeit die PivotTable in der Art umgestalten, dass Sie Felder in einen anderen Bereich verschieben, liefert die obige Funktion weiterhin das korrekte Ergebnis, obwohl der Wert innerhalb der PivotTable seine Position geändert hat.

Eine PivotTable verschieben

Möglicherweise müssen Sie einen PivotTable-Bericht aus Platzgründen verschieben oder an einen anderen Ort verlagern. Das geht relativ einfach und schnell:

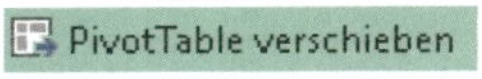

1. Klicken Sie auf den PivotTable-Bericht und dann auf der Registerkarte *PivotTable-Tools/Analysieren* in der Gruppe *Aktionen* auf *PivotTable verschieben*, um das gleichnamige Dialogfeld zu öffnen.
2. Sie können die Option *Neues Arbeitsblatt* wählen, um die PivotTable in ein neues Arbeitsblatt zu verschieben.

   Alternativ können Sie die Option *Vorhandenes Arbeitsblatt* wählen und dann in der Zeile *Quelldatei* die Zieladresse angeben.
3. Bestätigen Sie abschließend mit *OK*, wird die PivotTable am neuen Ort angezeigt.

Einen PivotTable-Bericht oder ein PivotChart löschen

Sie löschen alle Felder aus dem Layout eines PivotTable-Berichts, indem Sie folgendermaßen vorgehen:

1. Setzen Sie den Cursor in die PivotTable.
2. Klicken Sie auf der Registerkarte *PivotTable-Tools/Analysieren* in der Gruppe *Aktionen* auf *Löschen* und anschließend auf *Alle löschen* (siehe Abbildung 24.23).

Daraufhin werden die Inhalte der PivotTable gelöscht. Sie bleiben aber weiterhin im Modus des PivotTable-Aufbaus.

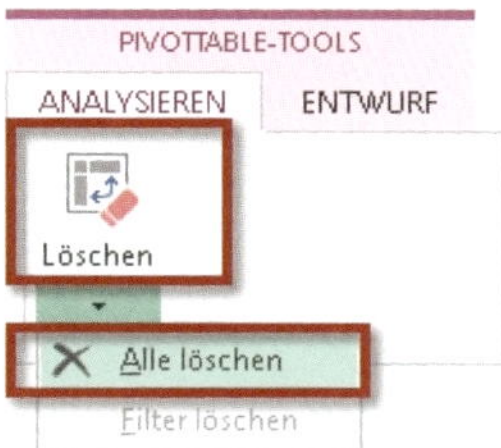

Abbildung 24.23: Befehl zum Löschen der Inhalte einer PivotTable

Wollen Sie die PivotTable komplett aus dem Arbeitsblatt entfernen, gehen Sie wie folgt vor:

1. Markieren Sie den gesamten Bereich der PivotTable entweder durch Markieren mit der Maus oder über den Befehl *PivotTable-Tools/Analysieren/Aktionen/Auswählen/Gesamte PivotTable* (siehe Abbildung 24.24).
2. Drücken Sie die Entf-Taste.

Die PivotTable wird komplett gelöscht.

Zum Löschen eines PivotChart-Berichts verfahren Sie analog.

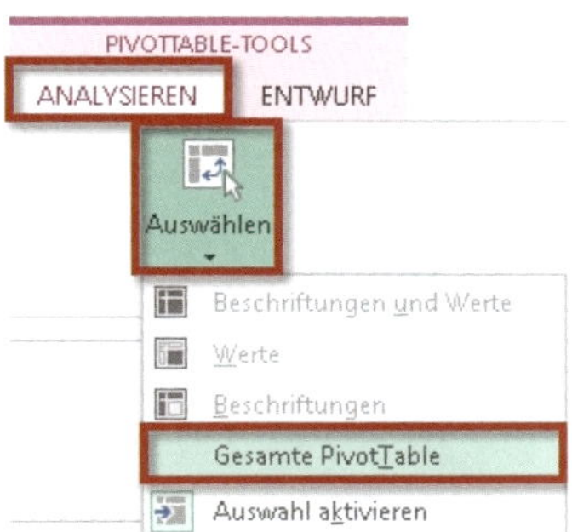

Abbildung 24.24: Mit dem entsprechenden Befehl auf der Registerkarte PivotTable-Tools/Analysieren *können Sie eine komplette PivotTable löschen*

Kapitel 25

Pivot-Auswertungen präsentieren: PivotChart, Datenschnitt und Zeitachse

In diesem Kapitel:

Pivot-Auswertungen mit interaktiven Diagrammen ergänzen

In den vorangegangenen Kapiteln haben Sie gelernt, wie Sie eine Flut von Datensätzen zu wenigen Informationen zusammenfassen – zu genau denjenigen, die für die Auswertung wichtig sind. Noch anschaulicher werden solche Auswertungen durch den Einsatz von PivotCharts, den Diagrammen für PivotTables. Das Beste daran: Sie sind einfacher zu erstellen, als Sie bislang vielleicht dachten.

Nutzen: Warum werden PivotCharts gebraucht?

PivotCharts liefern einen schnellen Überblick über relevante Zusammenhänge, wie Abbildung 25.1 zeigt. Das aufwendige Überfliegen vieler Zahlenwerte entfällt.

Zeilenbeschriftungen	Summe von Kosten
2013	
Nord	123.740,47
Bremen	68.205,01
Hamburg	55.535,46
Ost	94.795,02
Berlin	48.227,86
Dresden	46.567,16
Süd	99.274,11
München	53.557,13
Stuttgart	45.716,98
West	99.707,28
Düsseldorf	44.163,75
Köln	55.543,53
2014	
Nord	112.744,05
Bremen	52.788,92
Hamburg	59.955,13
Ost	69.278,64
Berlin	34.965,87
Dresden	34.312,77
Süd	77.141,18
München	30.498,40
Stuttgart	46.642,78
West	94.179,79
Düsseldorf	45.238,15
Köln	48.941,64
Gesamtergebnis	**770.860,54**

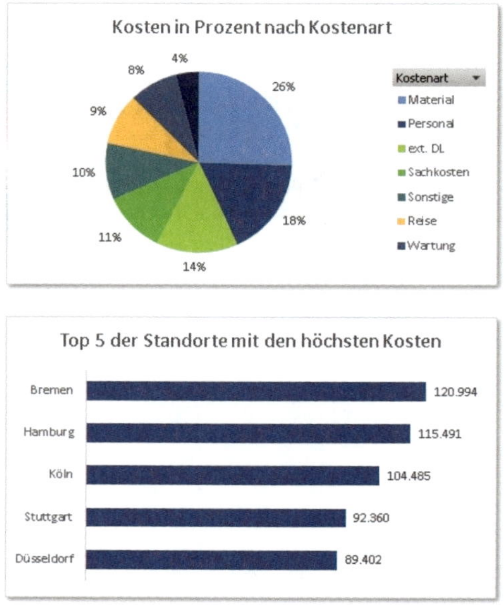

Abbildung 25.1: Eine PivotTable und zwei ergänzende PivotCharts liefern alle nötigen Informationen

PivotCharts bieten diese vier Vorteile:

- Sie erleichtern einen schnellen Überblick über ausgewählte Sachverhalte.
- Filter ermöglichen wechselnde Aussagen durch differenzierte Datenverdichtung.
- Mittels Datenschnitt und Zeitachse sind sie komfortabel und interaktiv bedienbar.
- Sie reagieren wie PivotTables automatisch auf Umstellungen im Aufgabenbereich *PivotTable-Felder*.

Nur wenige Mausklicks: Die Wege zum Anlegen von PivotCharts

PivotCharts können Sie auf verschiedene Arten erstellen. Abbildung 25.2 zeigt Ihnen drei mögliche Wege.

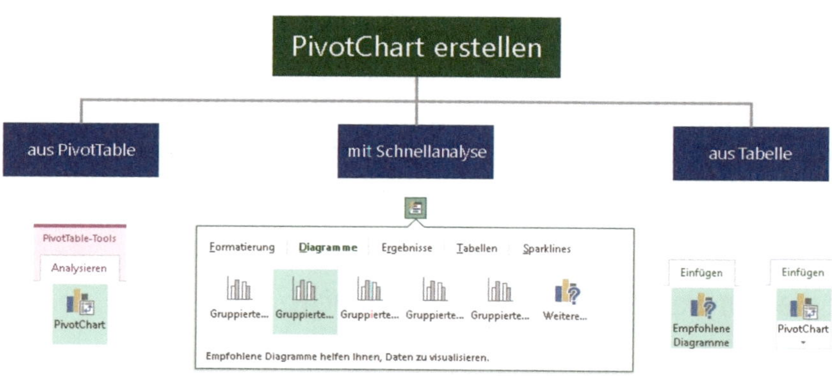

Abbildung 25.2: Unterschiedliche Alternativen zum Erstellen von PivotCharts

Welchen Weg Sie wählen, hängt davon ab, in welcher Form Ihre Daten vorliegen und inwieweit Sie sich von Excel helfen lassen möchten.

Szenario 1: PivotChart auf Basis einer PivotTable erstellen

Wenn Sie bereits eine PivotTable erstellt haben, erhalten Sie die Auswahl der verfügbaren Diagramme über die Befehlsfolge *Pivottable-Tools/Analysieren/Tools/PivotChart.* Alternativ dazu stehen Ihnen auf der Registerkarte *Einfügen* auch die Befehle *Empfohlene Diagramme* und *PivotChart* zur Verfügung.

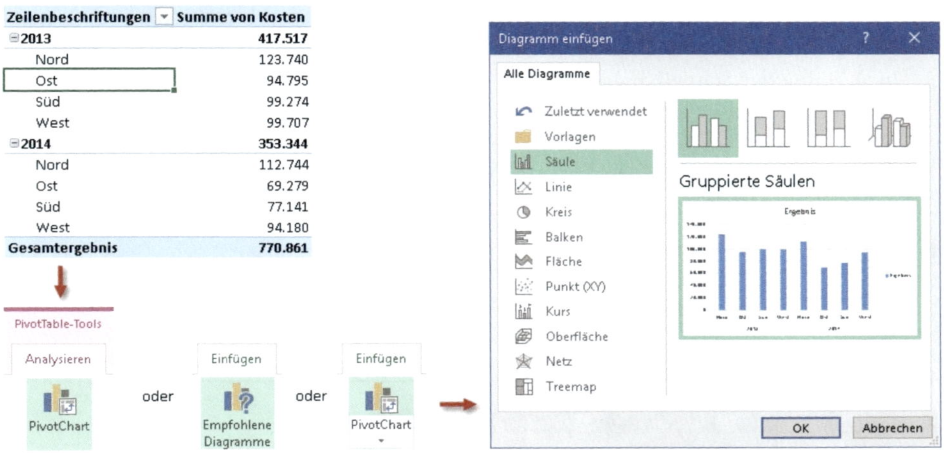

Abbildung 25.3: Ein PivotChart kann über mehrere Wege aus einer PivotTable heraus erstellt werden

Excel geht bei dieser Form der PivotChart-Erstellung davon aus, dass Sie Ihre PivotTable bereits mit Filtern, Gruppierungen et cetera an Ihre Anforderungen angepasst haben. Als Ergebnis erhalten Sie ein PivotChart, das die Verhältnisse Ihrer PivotTable abbildet.

Online Sie wollen es selbst einmal ausprobieren? Verwenden Sie in der Beispielarbeitsmappe *Kap25_PivotChart_UEB.xlsx* das Arbeitsblatt *aus PivotTable.*

Hinweis Nachträgliche Änderungen, beispielsweise in den Filtereinstellungen der PivotTable, wirken sich direkt auf das PivotChart aus. Es passt also immer zu den angezeigten Daten der PivotTable.

Werden in der PivotTable viele Werte angezeigt, führt dies möglicherweise zu einem unübersichtlichen Diagramm. Hier empfiehlt sich ein Reduzieren der PivotTable beispielsweise durch weitere Filter oder Umstellungen im Aufgabenbereich *PivotTable-Felder.*

Szenario 2: PivotChart mit der »Schnellanalyse« erstellen

Sie haben Daten auf einem Arbeitsblatt markiert und wissen nicht, wie es jetzt weitergeht? Für diesen Fall stellt Ihnen Excel an der rechten unteren Ecke der markierten Daten die

Schaltfläche *Schnellanalyse* bereit. Sie liefert ein fertiges PivotChart, ohne dass Sie zuvor eine PivotTable erstellen müssen. Mit welchen Schritten die Schnellanalyse diese Aufgabe übernimmt, zeigt Abbildung 25.4.

Online Verwenden Sie für dieses Szenario das Arbeitsblatt *mit Schnellanalyse* in der Beispielarbeitsmappe *Kap25_PivotChart_UEB.xlsx*.

---

1. Aktivieren Sie eine Zelle innerhalb des Datenbereichs und drücken Sie die Tastenkombination Strg+A, um alle Daten zu markieren [1]. Excel blendet daraufhin automatisch an der rechten unteren Ecke die Schaltfläche *Schnellanalyse* ein [2].
2. Im Katalog der Schnellanalyse wählen Sie im Bereich *Diagramme* [3] das gewünschte Diagramm aus [4]. Im Vorschaufenster wird eine Vorschau [5] auf das zu erstellende Diagramm angezeigt.
3. Mit einem Klick auf den gewünschten Eintrag [4] wird das Diagramm erstellt.

Hinweis Das kleine Symbol rechts oben im Vorschaufenster [6] weist darauf hin, dass aus den markierten Daten ein PivotChart erstellt wird. Die zugrunde liegende PivotTable, die gleich mit erstellt wird, können Sie über den Aufgabenbereich *PivotTable-Felder* noch nachträglich umstellen.

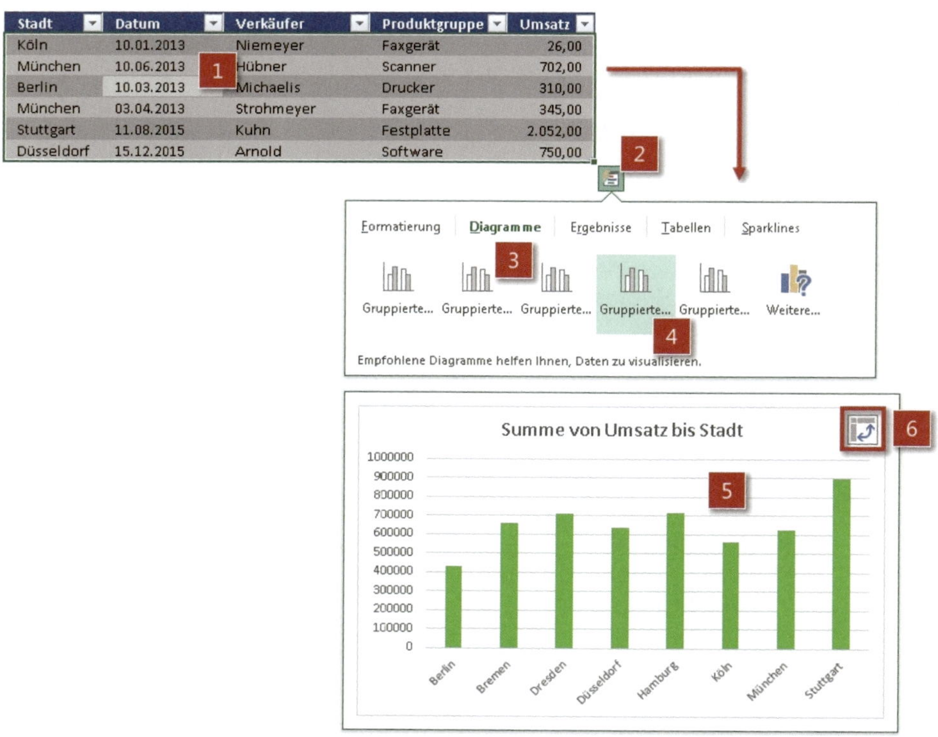

Abbildung 25.4: Daten markieren, Diagramm über Schnellanalyse auswählen, fertig

Tipp Die Vorschau zeigt schon, dass der Diagrammtitel »Summe von Umsatz *bis* Stadt« lautet. Excel fasst in diesem Beispiel die Umsätze *nach* Standorten zusammen. Ändern Sie deshalb im fertigen Diagramm den Diagrammtitel manuell beispielsweise in »Kumulierter Umsatz *nach* Städten«.

Szenario 3: PivotChart aus einer Tabelle heraus erstellen

Sie arbeiten nicht zum ersten Mal mit Diagrammen und benötigen keine Unterstützung von Excel? Dann erstellen Sie wie auch schon in früheren Excel-Versionen das PivotChart manuell.

Online In der Beispielarbeitsmappe *Kap25_PivotChart_UEB.xlsx* ist für dieses Szenario das Arbeitsblatt *manuell aus Tabelle* vorbereitet.

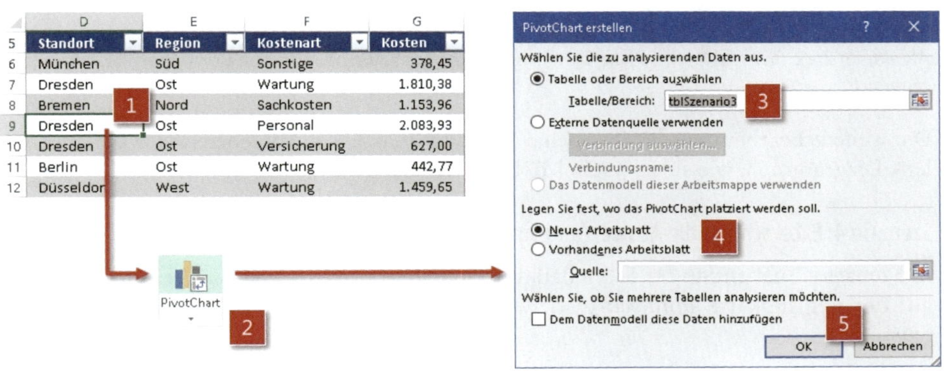

Abbildung 25.5: Ein PivotChart manuell aus einer Tabelle erstellen

1. Markieren Sie eine Zelle innerhalb des auszuwertenden Datenbereichs (siehe Abbildung 25.5 [1]).
2. Wählen Sie die Befehlsfolge *Einfügen/Diagramme/PivotChart* [2].

3. Das Dialogfeld *PivotChart erstellen* erkennt in diesem Fall den Quellbereich *tblSzenario3*, den Sie unverändert übernehmen können [3].
4. Soll das PivotChart auf einem separaten Arbeitsblatt platziert werden, wählen Sie die vorgeschlagene Option [4] und schließen das Dialogfeld mit *OK* [5].

   Excel erstellt nun auf einem neuen Arbeitsblatt eine leere PivotTable und ein leeres PivotChart und zeigt den Aufgabenbereich *PivotChart-Felder* an.
5. Setzen Sie je ein Häkchen bei den Feldern *Region* und *Kosten* (siehe Abbildung 25.6 [1]), um eine Auswertung der Kosten nach den einzelnen Regionen zu erhalten. Bei Bedarf sind natürlich auch beliebige andere Auswertungen möglich.

   Das PivotChart [3] reagiert sofort auf die veränderte PivotTable [2] und zeigt die Auswertung in Form eines Säulendiagramms an.

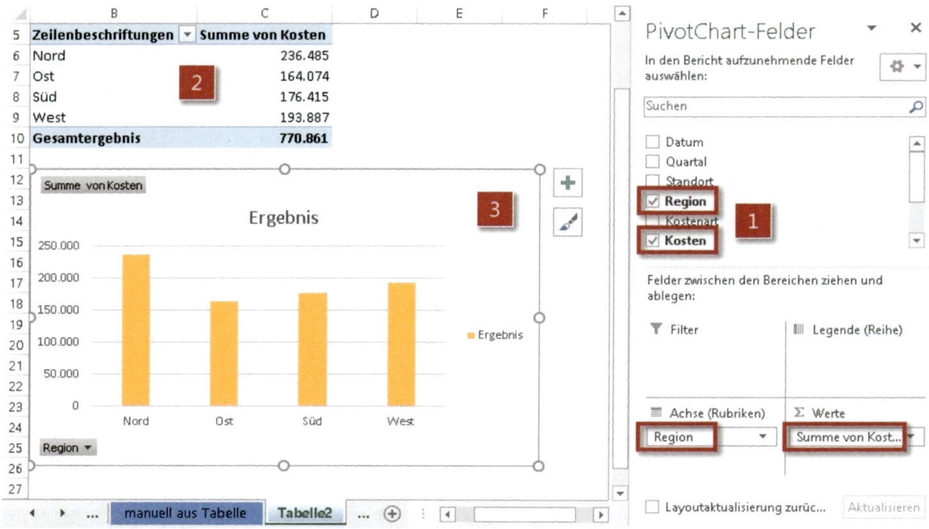

Abbildung 25.6: PivotTable und PivotChart werden über den Aufgabenbereich PivotChart-Felder *gesteuert*

Die weitere Bearbeitung des PivotCharts erfolgt analog der Vorgehensweise bei »normalen« Diagrammen, wie sie in Kapitel 16 beschrieben wird.

Szenario 4: Excel schlägt die Auswertung vor

In Szenario 2 haben Sie die Schnellanalyse kennengelernt. In gleicher Weise funktioniert auf der Registerkarte *Einfügen* in der Gruppe *Diagramme* der Befehl *Empfohlene Diagramme*.

Online Für dieses Szenario steht in der Beispielarbeitsmappe *Kap25_PivotChart_UEB.xlsx* das Arbeitsblatt *über empfohlene Diagramme* zur Verfügung.

Analog zur Schnellanalyse führt Excel hier eine erste Auswertung der Daten durch. Abbildung 25.7 zeigt die Reihenfolge, wie Sie bei dieser Methode vorgehen:

1. Markieren Sie eine Zelle innerhalb der Daten [1].
2. Klicken Sie auf der Registerkarte *Einfügen* in der Gruppe *Diagramme* auf die Schaltfläche *Empfohlene Diagramme* [2].
3. Wählen Sie im Dialogfeld *Diagramm einfügen* auf der linken Seite [3] eines der empfohlenen Diagramme aus.

Hinweis Wie bei der Schnellanalyse zeigt auch hier ein kleines Symbol rechts oben in den einzelnen Diagrammen [4], dass es sich um PivotCharts handelt.

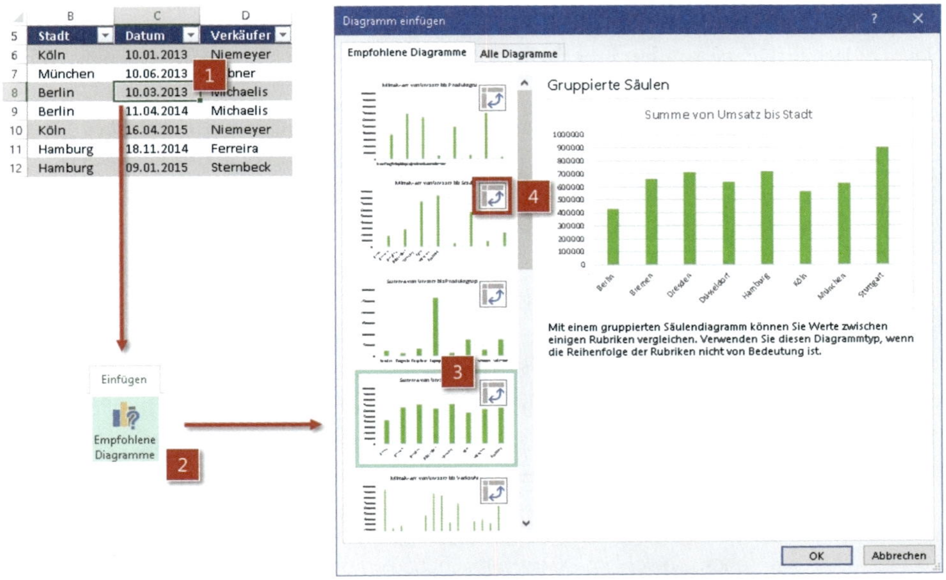

Abbildung 25.7: Excel analysiert die vorliegenden Daten und bietet verschiedene Auswertungen an

Ganz gleich, für welchen der gezeigten Wege Sie sich entscheiden, ein PivotChart liefert eine schnelle und komprimierte Darstellung der Informationen aus einer PivotTable. Änderungen an der PivotTable führen zur Änderung des PivotCharts.

Den Informationsumfang eines PivotCharts können Sie allerdings auch durch Schaltflächen innerhalb des Diagramms verändern.

Komplett interaktiv: Steuerelemente in einem PivotChart nutzen und anpassen

Wollen Sie die in einem PivotChart angezeigten Daten filtern oder sortieren, ist kein Wechsel in die zugrunde liegende PivotTable erforderlich. Denn Excel stellt im PivotChart *Feldschaltflächen* bereit, mit denen Sie direkt im PivotChart die Einstellungen anpassen. Diese Anpassungen wirken sich direkt auf die PivotTable aus.

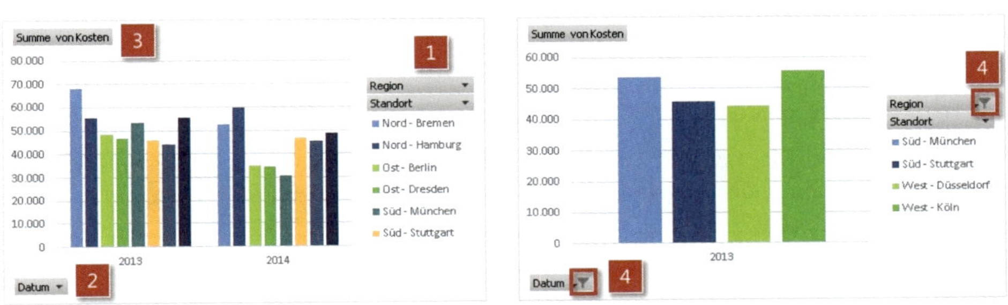

Abbildung 25.8: Unterschiedliche Filtereinstellungen führen zu einer geänderten PivotChart-Darstellung

Die Anordnung der Feldschaltflächen

Die Feldschaltflächen werden innerhalb des Diagrammbereichs positioniert (siehe Abbildung 25.8):

- Spaltenweise angeordnete Daten werden mit den *Legendenfelder-Schaltflächen* [1] auf der rechten Seite (abhängig von der Legendenposition) gefiltert und/oder sortiert.
- Für das Filtern und Sortieren von zeilenweise angeordneten Daten stehen *Achsenfelder-Schaltflächen* [2] unterhalb (je nach Diagrammtyp) des Diagramms zur Verfügung.
- Was in der PivotTable berechnet und im PivotChart dargestellt wird, wird links oben mit den *Wertfilter-Schaltflächen* angezeigt [3].
- *Berichtsfilter-Schaltflächen* werden oberhalb der *Wertfilter-Schaltflächen* integriert, sofern ein *Berichtsfilter* vorhanden ist.
- Bereits gesetzte Filter werden durch ein Filtersymbol dargestellt [4]. Eine Sortierung wird hingegen nicht signalisiert.

Wichtig Durch den Einsatz der Feldschaltflächen werden möglicherweise einzelne Legendeneinträge nicht angezeigt. In Abbildung 25.8 [1] sind sechs Legendeneinträge zu sehen, obwohl im Diagramm acht Säulen pro Jahr angezeigt werden. Die Feldschaltflächen haben in diesem Fall den Platz der zwei »unsichtbaren« Legendeneinträge für sich beansprucht.

Damit wieder alle Legendeneinträge sichtbar werden, vergrößern Sie das Legendenfeld durch Ziehen der unteren Rahmenlinie mit gedrückter Maustaste (siehe Abbildung 25.9).

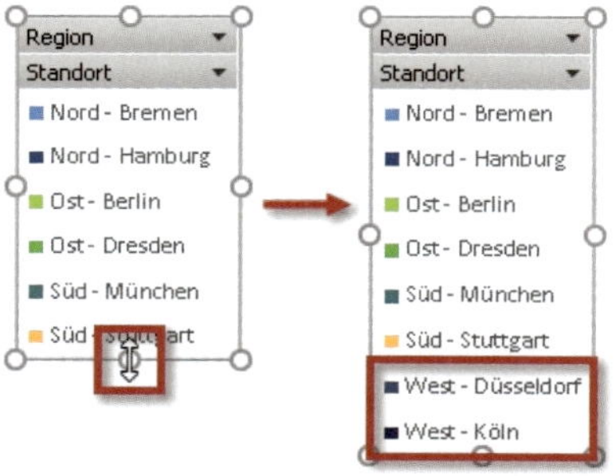

Abbildung 25.9: Ein größeres Legendenfeld bietet genügend Platz für alle Feldschaltflächen und Legendeneinträge

---

Mit Feldschaltflächen filtern

Feldschaltflächen erlauben den Zugriff auf unterschiedliche Filtermöglichkeiten – je nachdem, welche Daten in den zugrunde liegenden Feldern zur Verfügung stehen.

Online Öffnen Sie zum Nachvollziehen der folgenden Beschreibungen in der Datei *Kap25_PivotChart_UEB.xlsx* das Arbeitsblatt *Filter*.

Texteinträge ermöglichen den Einsatz von Stellvertreterzeichen, um bestimmte Einträge zu finden oder auch von der Betrachtung auszuschließen – siehe Abbildung 25.10. Im Beispiel wird der Standort *Berlin* ausgeschlossen.

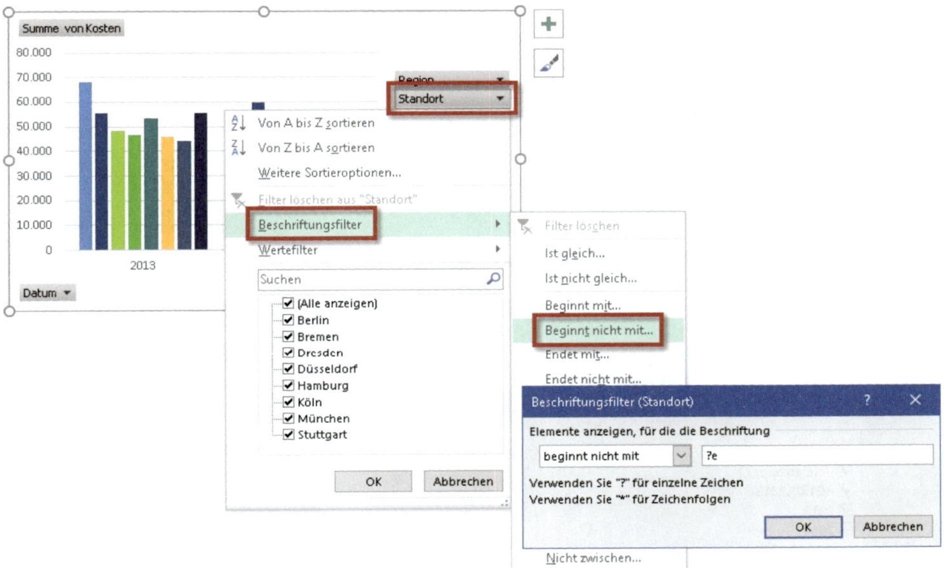

Abbildung 25.10: Texteinträge lassen umfangreiche Filtereinstellungen zu

Bei Bedarf kann das Ergebnis durch die Filterkombination mehrerer Feldschaltflächen weiter detailliert werden. Dabei gilt: Je mehr Filter auf das PivotChart angewendet werden, desto detaillierter wird das Ergebnis.

Hinweis Möglicherweise verändert sich die Diagrammbreite, wenn das PivotChart unterhalb oder neben der PivotTable positioniert ist und durch Filtern oder Feldumstellungen die Zusammenstellung der PivotTable verändert wird.

Zahlen- und Datumswerte verfügen ebenfalls über eine umfangreiche Auswahl unterschiedlicher Filter. Datumswerte lassen sich nach Jahren, Monaten oder auch nach Quartalen filtern, wie Abbildung 25.11 zeigt.

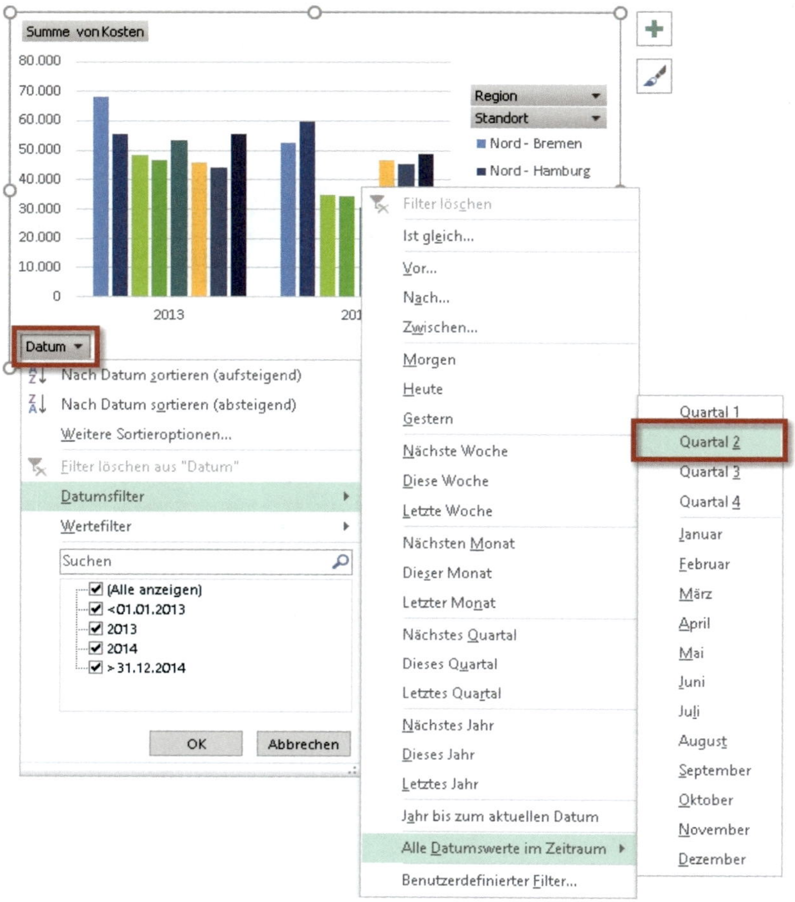

Abbildung 25.11: Die Möglichkeiten zum Filtern von Datumswerten

Die PivotChart-Filter halten die gleichen Einstellungen wie die *AutoFilter* in Tabellen bereit. Eine Übersicht über die verschiedenen Möglichkeiten mit *AutoFiltern* gibt Ihnen Kapitel 14 in diesem Handbuch.

Noch genauer: Mehrere Filter pro Feld zulassen

Üblicherweise kann pro Feld *ein* Filter gesetzt werden. Am Beispiel der Auswahl von Datumswerten lässt sich jedoch leicht nachvollziehen, dass dies bei bestimmten Voraussetzungen nicht ausreicht.

Nehmen wir einmal an, Sie wollen die Kosten aller Standorte im zweiten Quartal des Jahres 2013 darstellen. Dann bewirkt die Auswahl des Datumsfilters für *Quartal 2* wie in Abbildung 25.12 [1] die Addition der Werte aus allen zweiten Quartalen, unabhängig von der Jahreszahl. Als Ergebnis erhalten Sie die Summe aus den zweiten Quartalen der Jahre 2013 und 2014. Ändern Sie die Filtereinstellung so, dass nur noch das Jahr 2013 [2] ausgewählt ist, geht der Quartalsfilter verloren und alle Werte aus dem Jahr 2013 werden addiert.

Die Lösung für dieses Problem finden Sie in den *PivotTable-Optionen*.

1. Klicken Sie auf der Registerkarte *Pivotchart-Tools/Analysieren* in der Gruppe *PivotChart* auf die Schaltfläche *Optionen*.
2. Wechseln Sie zur Registerkarte *Summen & Filter* und aktivieren Sie das Kontrollkästchen *Mehrere Filter pro Feld zulassen* [3].
3. Stellen Sie nacheinander die beiden gewünschten Filter ein [4].

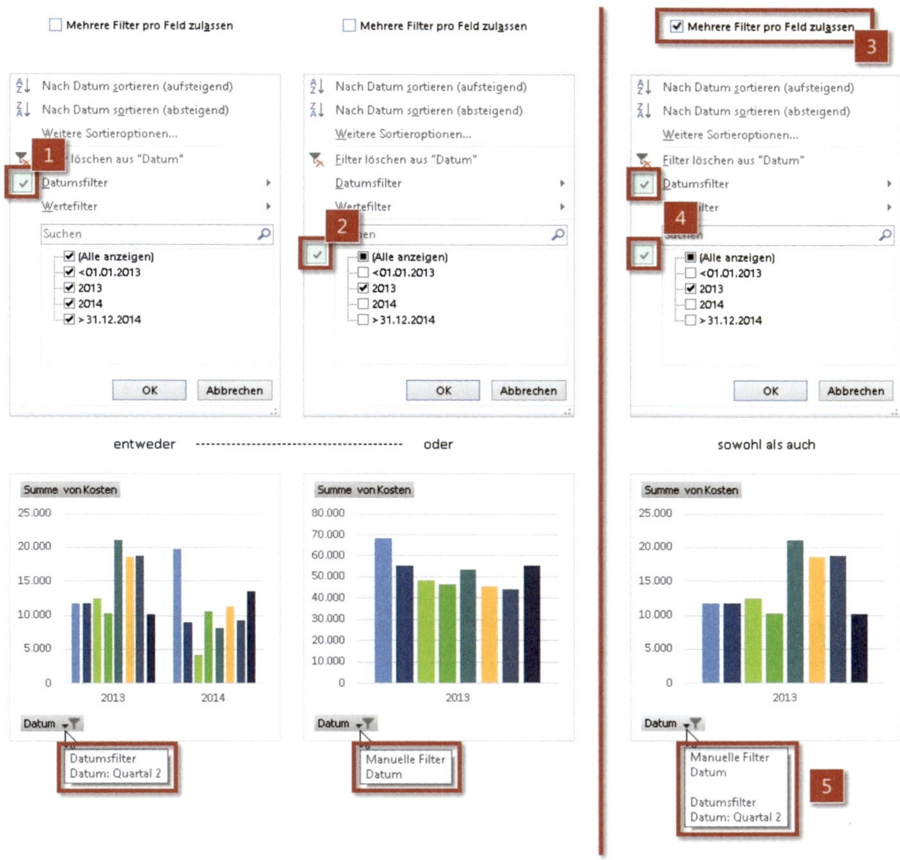

Abbildung 25.12: Die Optionen bestimmen, ob nur ein oder mehrere Filter pro Feld zulässig sind

Im PivotChart werden jetzt beide Filter berücksichtigt. Bewegen Sie den Mauszeiger über die Feldschaltfläche *Datum*, zeigt die QuickInfo [5], dass zwei Filter parallel angewendet werden.

Reduktion auf das Wesentliche: Überflüssige PivotChart-Elemente ausblenden

Die Anzeige der Feldschaltflächen ist nicht immer notwendig. Sollen Änderungen an den Filter- und Sortiereinstellungen vermieden werden, können die Feldschaltflächen ausgeblendet werden.

- Klicken Sie hierzu auf der Registerkarte *Pivotchart-Tools/Analysieren* in der Gruppe *Einblenden/Ausblenden* auf den unteren Bereich der Schaltfläche *Feldschaltflächen* und wählen Sie, wie in Abbildung 25.13 gezeigt, den Befehl *Alle ausblenden* [1].

- Zum Ausblenden einzelner *Feldschaltflächen* genügt ein Klick auf den jeweiligen Befehl mit der genauen Feldschaltflächenbezeichnung. [2]
- Ein Klick auf den oberen Bereich der Schaltfläche *Feldschaltflächen* [3] blendet die aktiven Feldschaltflächen ein- oder aus.

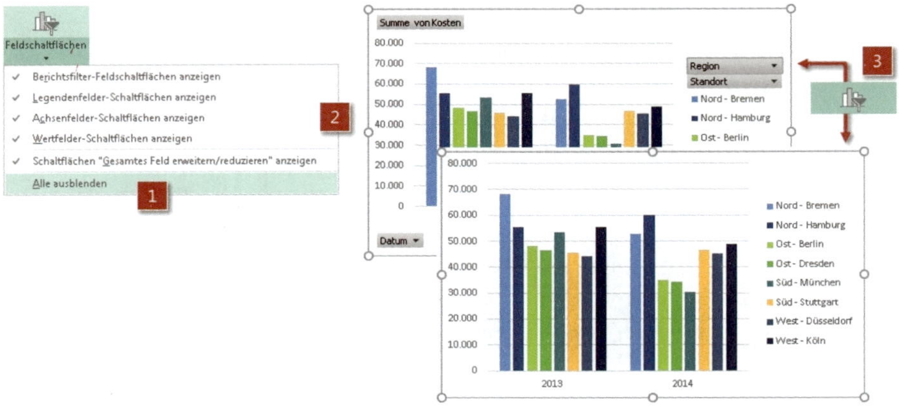

Abbildung 25.13: Die Feldschaltflächen werden zum Schutz vor ungewollten Änderungen ausgeblendet

---

Hinweis Die dargestellten Befehle funktionieren als Ein/Aus-Schalter. Ein Häkchen vor dem jeweiligen Eintrag wird angezeigt, wenn die entsprechende Feldschaltfläche sichtbar ist.

Wichtig Beim Ausblenden der Feldschaltflächen werden die Filtereinstellungen *nicht* gelöscht. Alle gesetzten Filter bleiben im PivotChart aktiv. Zum erneuten Anpassen der Filter können die Feldschaltflächen jederzeit wieder eingeblendet werden.

Achtung Nach einem Rechtsklick auf eine Feldschaltfläche wird im Kontextmenü der Befehl *Feld entfernen* aufgeführt. Dieser Befehl *löscht* das zugrunde liegende Feld aus der PivotTable und verändert somit das Ergebnis der vorliegenden Auswertung.

Weitere nicht mehr benötigte Elemente können über die Optionen im Menü der Schaltfläche *Diagrammelement hinzufügen* auf der Registerkarte *Pivotchart-Tools/Entwurf* ausgeblendet werden.

Direkt am Diagramm können Sie diese Aufgabe auch über die Schaltfläche *Diagrammelemente* am rechten Rand des Diagramms erledigen. Ausführliche Informationen zum Ein- und Ausblenden einzelner Diagrammelemente erhalten Sie in Kapitel 16.

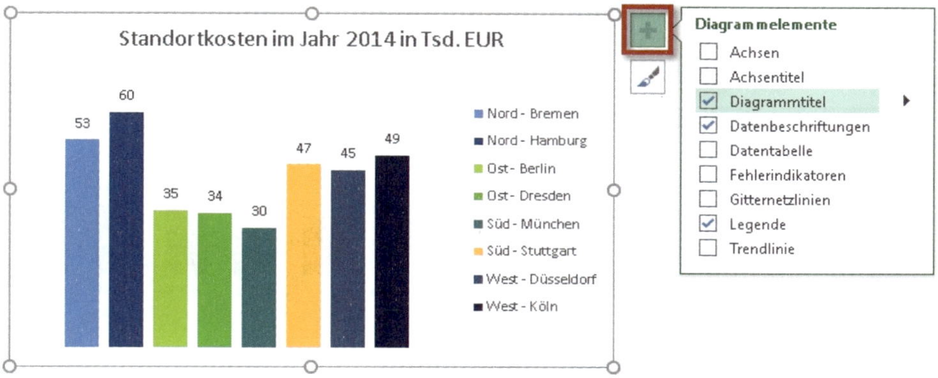

Abbildung 25.14: Angepasstes PivotChart ohne Feldschaltflächen, aber mit Datenbeschriftungen und Diagrammtitel

---

Tipp

Bei Diagrammen ist die Reduktion auf die absolut notwendigen Elemente generell zu bevorzugen. Alles, was nicht unbedingt benötigt wird, sollte gelöscht werden. Sie erreichen damit, dass der Betrachter nicht durch überflüssige Elemente abgelenkt wird. Positiver Nebeneffekt: Aufgeräumte Diagramme sehen in der Regel deutlich professioneller und ansprechender aus als Diagramme mit vielen unnötigen Elementen. Auch wenn das nachträgliche Anpassen von Diagrammen umständlich erscheint, es lohnt sich auf jeden Fall.

Beim Auswählen der auszuwertenden Daten über die Feldschaltflächen ist nicht sofort erkennbar, welche Filtereinstellungen gerade aktiv sind. Um dies herauszufinden, bewegen Sie den Mauszeiger über einen Filter und warten die Anzeige der QuickInfo ab. Weitaus übersichtlicher und vor allem komfortabler erfolgt das Filtern von PivotTables und PivotCharts mit Datenschnitten.

Blick aufs Wesentliche: Pivot-Auswertungen komfortabel filtern per Datenschnitt

Beim Arbeiten mit PivotTables können Sie umfangreiche Datenmengen mit Filtern weiter eingrenzen. Doch was ist zu tun, wenn Ihre Kollegen mit den von Ihnen erstellten Dateien weiterarbeiten sollen, aber nicht genau wissen, wie die Filter funktionieren?

Mit den in Abbildung 25.15 [1] gezeigten *Berichtsfiltern* ist eine Eingrenzung zwar machbar, allerdings ist nicht sofort erkennbar, welche Quartale ausgewählt wurden. Zum Umstellen des Filters muss zudem erst eine Dropdownliste geöffnet und ein Eintrag ausgewählt werden. Das ist nicht besonders komfortabel. Auch die Feldschaltflächen [2] im PivotChart geben nicht auf den ersten Blick preis, welche Einstellungen vorgenommen wurden.

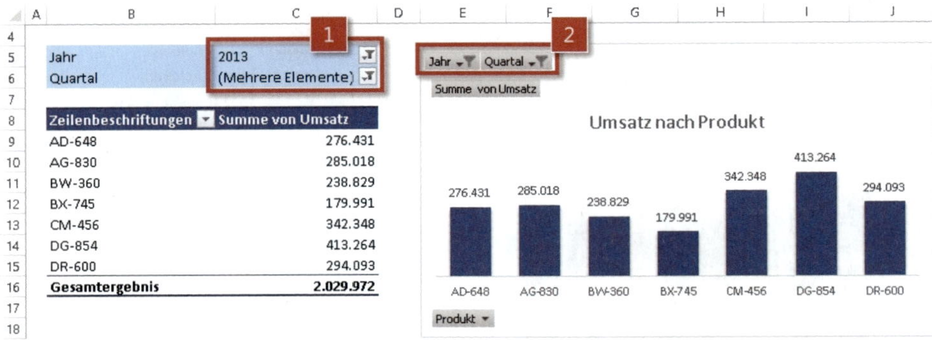

Abbildung 25.15: Der Berichtsfilter und die Feldschaltflächen zeigen nicht alle ausgewählten Elemente an

Viel einfacher gelingt das Filtern von Pivot-Tabellen mit der Funktion *Datenschnitt*. Die vorhandenen Einträge zu einem Pivot-Feld werden in einem Datenschnitt visuell angeboten und lassen sich mit einem einfachen Klick auswählen.

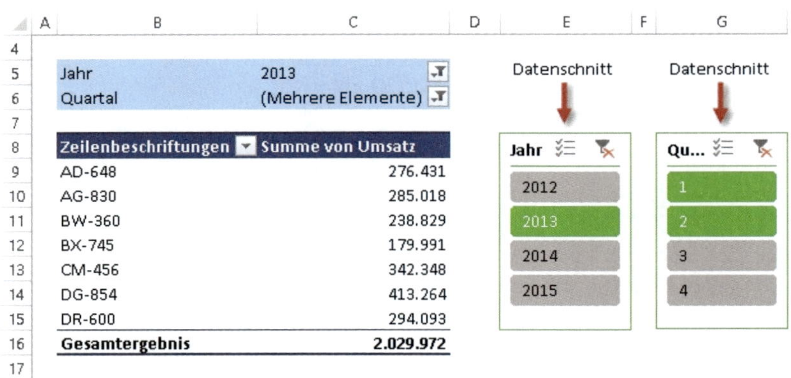

Abbildung 25.16: Die ausgewählten Einträge sind in den Datenschnitten deutlich erkennbar

---

Tipp

Seit Excel 2013 sind Datenschnitte nicht nur in Pivot-, sondern auch in »intelligenten« Tabellen verfügbar. Weitere Details dazu lesen Sie in Kapitel 13.

Datenschnitte zum Filtern einbauen

Das Einbauen von Datenschnitten ist mit wenigen Mausklicks erledigt – beachten Sie dazu auch die Einzelschritte in Abbildung 25.17.

Online

Verwenden Sie zum Nachvollziehen der folgenden Schritte das Arbeitsblatt *Datenschnitt einbauen*. Sie finden es in der Beispielarbeitsmappe *Kap25_Datenschnitt_UEB.xlsx*.

---

1. Markieren Sie eine Zelle innerhalb der PivotTable.
2. Klicken Sie auf der Registerkarte *Pivottable-Tools/Analysieren* in der Gruppe *Filtern* auf die Schaltfläche *Datenschnitt einfügen.*

   Sollten Sie gerade das PivotChart aktiviert haben, finden Sie den Befehl auf der Registerkarte *Pivotchart-Tools/Analysieren* ebenfalls in der Gruppe *Filtern.*
3. Wählen Sie im Dialogfeld *Datenschnitt auswählen* die beiden Pivot-Felder *Jahr* und *Quartal* [3] aus, um daraus Datenschnitte zu erstellen.
4. Schließen Sie das Dialogfeld mit der [↵]-Taste.

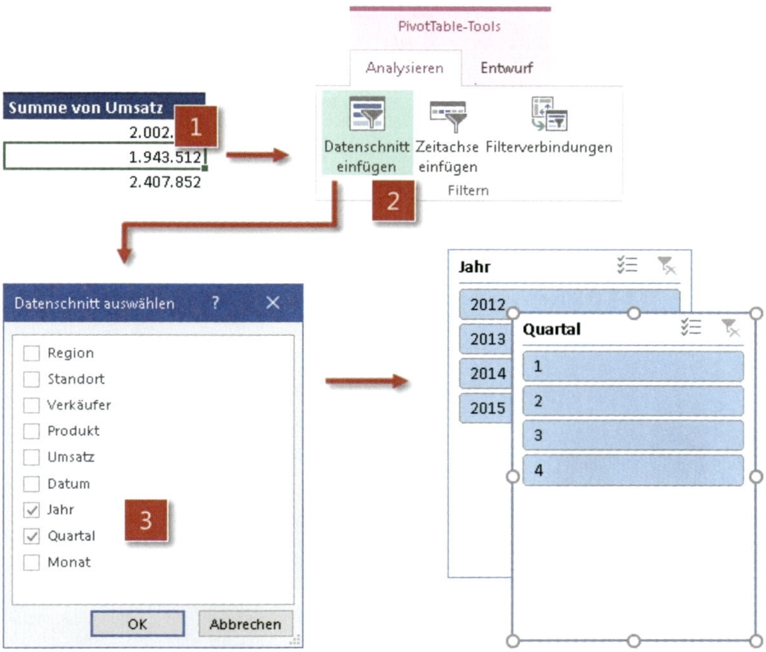

Abbildung 25.17: Das Einfügen von Datenschnitten ist mit wenigen Klicks erledigt

---

Hinweis Das Dialogfeld *Datenschnitt auswählen* stellt nicht nur die in der ausgewählten PivotTable verwendeten Felder zur Verfügung. Vielmehr sind alle Felder der PivotTable-Feldliste als Datenschnitte abrufbar. Somit lassen sich beliebige Filtermöglichkeiten zusammenstellen und auf die gewünschte PivotTable anwenden.

Zur Darstellung der Jahre und Quartale wurden deshalb in der ursprünglichen Datentabelle separate Spalten zur Berechnung der Werte eingefügt, damit diese als Datenschnitt zur Verfügung stehen. Der Datenschnitt zur Datumsspalte würde schlicht alle vorhandenen Datumswerte aufführen und wäre für eine schnelle und sichere Eingrenzung ungeeignet. Welche visuellen Möglichkeiten zum Filtern von Datumswerten zur Verfügung stehen, lesen Sie weiter hinten in diesem Kapitel im Abschnitt »Zeit ist Geld: Auszug aus einer Pivot-Auswertung per Zeitachse erstellen«.

Durch einen Klick auf die jeweiligen Schaltflächen in den Datenschnitten lässt sich nun die PivotTable filtern. Alles, was Sie im Datenschnitt verändern, wirkt sich dabei nicht nur auf die PivotTable aus, sondern auch auf das daraus entstandene PivotChart.

Dabei wirken die Einstellungen der Datenschnitte auf die Berichtsfilter und die Feldschaltflächen. Dies ist jedoch keine Einbahnstraße: Filter und Datenschnitte funktionieren in beide Richtungen.

Nach dem Einbauen der Datenschnitte können deshalb die Berichtsfilter der PivotTable gelöscht und die Feldschaltflächen des PivotCharts ausgeblendet werden.

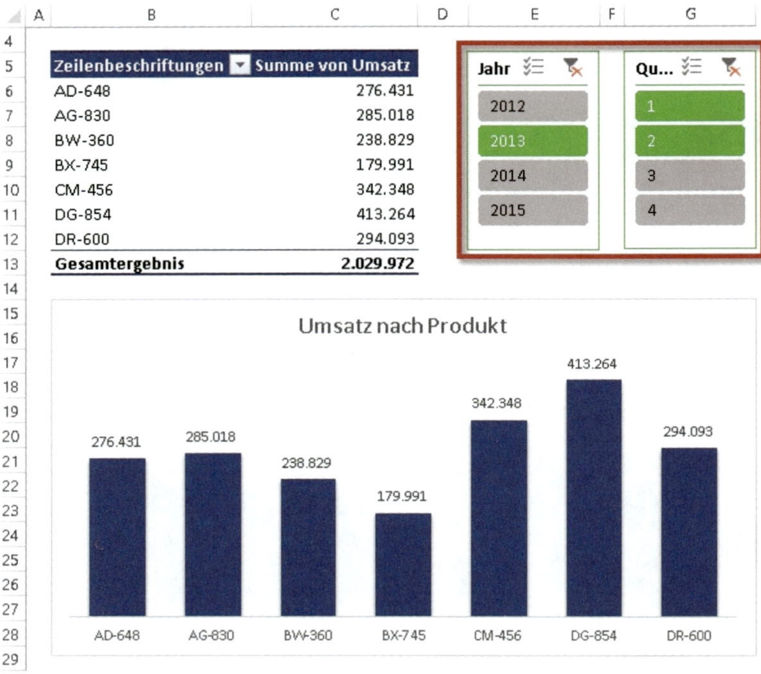

Abbildung 25.18: Dank Datenschnitt werden Berichtsfilter und Feldschaltflächen nicht mehr benötigt

Achtung Möchten Sie PivotTables in Dateien aus den Versionen Excel 2003 und früher mit Excel 2013 bearbeiten, werden diese zwar im Kompatibilitätsmodus geöffnet, jedoch ist die Schaltfläche *Datenschnitt einfügen* nicht aktiv. Umgekehrt werden Datenschnitte als Textobjekte mit einem Hinweistext angezeigt, wenn die Datei mit einer Version bis Excel 2007 geöffnet wird.

Tipp Bauen Sie verschiedene Datenschnitte in Ihre Pivot-Auswertungen ein, bevor Sie sie an andere weitergeben, die im Umgang mit PivotTables und PivotCharts noch nicht so sehr erfahren sind. So ermöglichen Sie auch anderen, die Datenauswahl interaktiv durchzuführen.

Das Aussehen der Datenschnitte anpassen

Datenschnitte können Sie frei auf dem Arbeitsblatt positionieren. Ziehen Sie den Datenschnitt mit gedrückter linker Maustaste an die gewünschte Stelle.

Tipp Wenn Sie den Datenschnitt am Gitternetz ausrichten wollen, halten Sie beim Verschieben zusätzlich die Alt-Taste gedrückt.

Verändern Sie die Größe eines Datenschnitts, indem Sie einen der eckigen Anfasser mit gedrückter Maustaste ziehen (siehe Abbildung 25.19 links).

Sobald Sie einen Datenschnitt aktivieren, erscheint im Menüband die Registerkarte *Datenschnitttools/Optionen*, die umfangreiche Möglichkeiten zur Formatierung von Datenschnitten bereitstellt. Eine grundlegende Farbgestaltung erhalten Sie am schnellsten über vordefinierte *Datenschnitt-Formatvorlagen* [1] und auch die Anzahl der *Spalten* [2] ist einstellbar. Definieren Sie auf der Registerkarte die *Höhe* und *Breite* [3], falls das manuelle Ziehen mit der Maus nicht zum gewünschten Ergebnis führt.

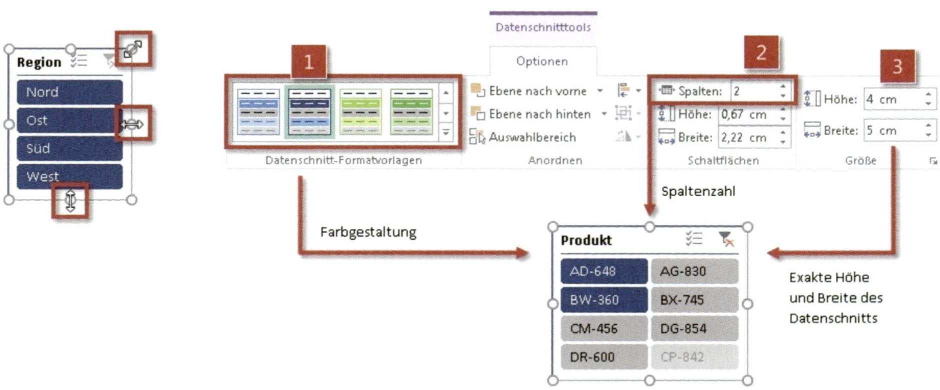

Abbildung 25.19: Datenschnittanpassungen sind per Maus und über das Menüband möglich

---

Online Probieren Sie das Gestalten und Anordnen unterschiedlicher Datenschnitte selbst einmal aus. Verwenden Sie hierfür in der Beispielarbeitsmappe *Kap25_Datenschnitt_UEB.xlsx* das Arbeitsblatt *Datenschnitt anpassen.* Ein mögliches Ergebnis sehen Sie in Abbildung 25.21.

Tipp Sie benötigen eine Datenschnitt-Formatvorlage, die auf Ihre speziellen Erfordernisse abgestimmt ist? Nach einem Rechtsklick auf eine der integrierten Datenschnitt-Formatvorlagen können Sie diese *duplizieren*. Nehmen Sie anschließend im Dialogfeld *Datenschnittformat ändern* die gewünschten Anpassungen vor (siehe Abbildung 25.20) und speichern Sie die neue Datenschnitt-Formatvorlage unter einem neuen Namen.

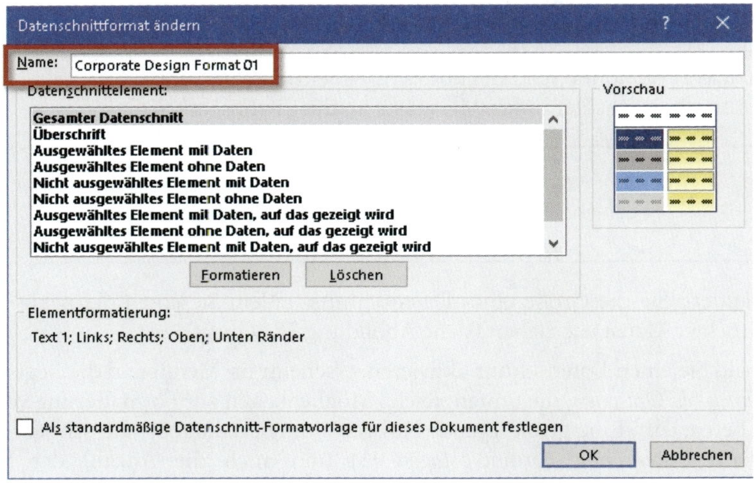

Abbildung 25.20: Eigene Datenschnitt-Formatvorlagen erstellen

Mit Datenschnitten die Datenauswahl bestimmen

In Abbildung 25.21 sehen Sie eine mögliche Zusammenstellung von Datenschnitten. Ein Klick auf eine *Region* [1] bewirkt, dass alle zur Region passenden *Standorte* [2] und *Verkäufer* [3] jeweils an den Anfang ihrer Datenschnitte sortiert werden. Einträge, die in der ausgewählten Region nicht verfügbar sind, werden abgeblendet dargestellt. Weitere Informationen zum Thema »Visuelle Filter: Was Datenschnitte alles preisgeben« finden Sie in Kapitel 13.

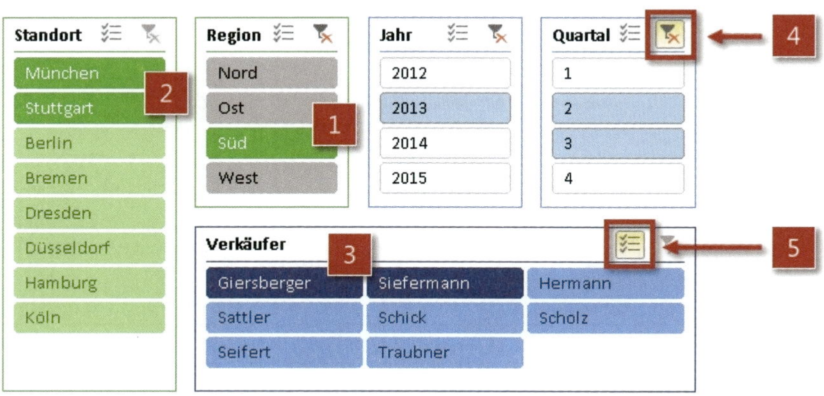

Abbildung 25.21: Datenschnitte können durch Farbe, Größe und Anordnung zu Gruppen zusammengefasst werden

Die Datenschnitte *Jahr* und *Quartal* verändern ihre Auswahl hingegen nicht, weil in ihnen selbst schon Elemente ausgewählt wurden. Erkennbar ist dies am aktiven Filtersymbol [4]. Ein Klick darauf löscht den Filter aus dem jeweiligen Datenschnitt.

Zur Auswahl mehrerer Elemente innerhalb ein und desselben Datenschnitts halten Sie die `Strg`-Taste gedrückt oder klicken Sie auf die Schaltfläche *Mehrfachauswahl*, bevor Sie die gewünschten Einträge auswählen.

Tipp

Sie können einzelne oder auch alle Datenschnitte eines Arbeitsblattes ausblenden, falls Sie diese vorübergehend nicht benötigen. Den dafür notwendigen Aufgabenbereich *Auswahl* erreichen Sie über *Start/Bearbeiten/Suchen und Auswählen/Auswahlbereich.*

Zum Umbenennen eines Datenschnittobjekts klicken Sie zweimal (kein Doppelklick) auf den jeweiligen Namen (siehe Abbildung 25.22 [1]) und überschreiben ihn dann. Über die Augensymbole [2] können Sie einzelne Objekte ein- oder ausblenden, für alle Objekte klicken Sie auf die jeweilige Schaltfläche im oberen Bereich des Auswahlbereichs.

Abbildung 25.22: Auswahlbereich zum Ein- und Ausblenden von Objekten

---

Vernetzt: Datenschnitt mit verschiedenen PivotTables verbinden

Wenn Sie einen Datenschnitt einbauen, beeinflusst dieser zunächst nur die PivotTable, auf deren Basis er erstellt wurde. Richtig dynamisch wäre ein Datenschnitt, wenn er nicht nur eine, sondern gleich mehrere PivotTables steuert, die auf der gleichen Datenbasis beruhen. Dann ändern Sie mit nur einer Aktion im Datenschnitt gleich mehrere PivotTables oder PivotCharts. Hier ein Beispiel:

Online

Zum Nachvollziehen der folgenden Arbeitsschritte verwenden Sie in der Datei *Kap25_Datenschnitt_verbinden_UEB.xlsx* das Arbeitsblatt *Verbindung.*

1. Wählen Sie einen Datenschnitt aus.
2. Klicken Sie auf der Registerkarte *Datenschnitttools/Optionen* in der Gruppe *Datenschnitt* auf die Schaltfläche *Berichtsverbindungen.*
3. Aktivieren Sie die Kontrollkästchen bei allen angezeigten PivotTables.
4. Schließen Sie das Dialogfeld mit `↵`.
5. Wiederholen Sie die Schritte 2 bis 4 mit dem anderen Datenschnitt.

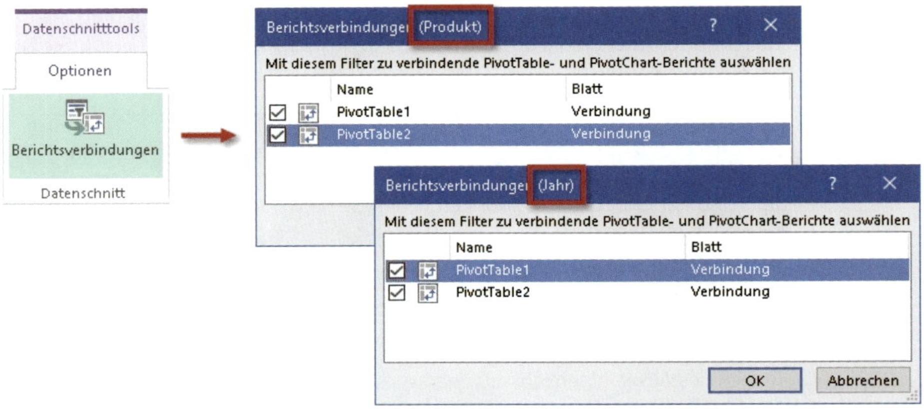

Abbildung 25.23: Berichtsverbindungen verbinden den ausgewählten Datenschnitt mit den PivotTables

Sobald ein Filter verändert wird, reagieren alle PivotTables und alle PivotCharts sofort und passen sich den neuen (gefilterten) Daten an. So können gegenseitige Abhängigkeiten schnell erkannt und Veränderungen gut analysiert werden.

Tipp Als Leser dieses Handbuchs steht Ihnen im Downloadbereich ein Auszug aus dem Buch »Microsoft Excel 2010 – Das Ideenbuch für die perfekte Optik Ihrer Daten« zur Verfügung. In Kapitel 9 wird ausführlich die Zusammenstellung eines dynamischen Dashboards mit PivotTables und PivotCharts erläutert und Schritt für Schritt erklärt.

Zeit ist Geld: Auszug aus einer Pivot-Auswertung per Zeitachse erstellen

Zum Filtern von Zeiträumen stellt Excel 2013 einen neuen Filter, die *Zeitachse*, bereit. Mit diesem Filter können Sie unterschiedliche Zeiträume eingrenzen und detailliert auswählen. Dazu muss in der PivotTable-Feldliste ein Datumsfeld vorhanden sein.

Zum komfortablen Wechsel zwischen unterschiedlichen Zeitspannen können Sie auch mehrere Zeitachsen gleichzeitig verwenden – beispielsweise eine für Jahre, eine für Quartale und eine für Monate.

Online Die folgenden Schritte können Sie in der Datei *Kap25_Zeitachse_UEB.xlsx* auf dem Arbeitsblatt *Zeitachse einbauen* durchführen. Eine PivotTable ist bereits erstellt und ein Datenschnitt mit den Produkten steht zum Eingrenzen der Werte bereit.

Schnell erledigt: Eine Zeitachse einbauen

Das Einbauen einer Zeitachse erfolgt genauso wie das Einbauen eines Datenschnitts (siehe Abbildung 25.24):

1. Markieren Sie eine Zelle innerhalb der PivotTable.
2. Klicken Sie auf der Registerkarte *Pivottable-Tools/Analysieren* in der Gruppe *Filtern* auf die Schaltfläche *Zeitachse einfügen.*

   Sollten Sie gerade das PivotChart aktiviert haben, finden Sie den Befehl auf der Registerkarte *Pivotchart-Tools/Analysieren* ebenfalls in der Gruppe *Filtern.*
3. Im Dialogfeld *Zeitachsen einfügen* wählen Sie das Pivot-Feld *Datum* aus [3].

Hinweis Im Dialogfeld *Zeitachsen einfügen* werden alle Pivot-Felder mit Datumswerten aufgeführt. Sind beispielsweise ein »Bestelldatum« und ein »Versanddatum« vorhanden, kann für jedes Datum eine separate Zeitachse angelegt werden.

---

4. Schließen Sie das Dialogfeld mit der [↵]-Taste.
5. Stellen Sie abschließend die Zeitebene auf *JAHRE* ein [4].
6. Fügen Sie nun zwei weitere Zeitachsen hinzu und stellen Sie deren Zeitebenen auf *QUARTALE* und *MONATE* ein.

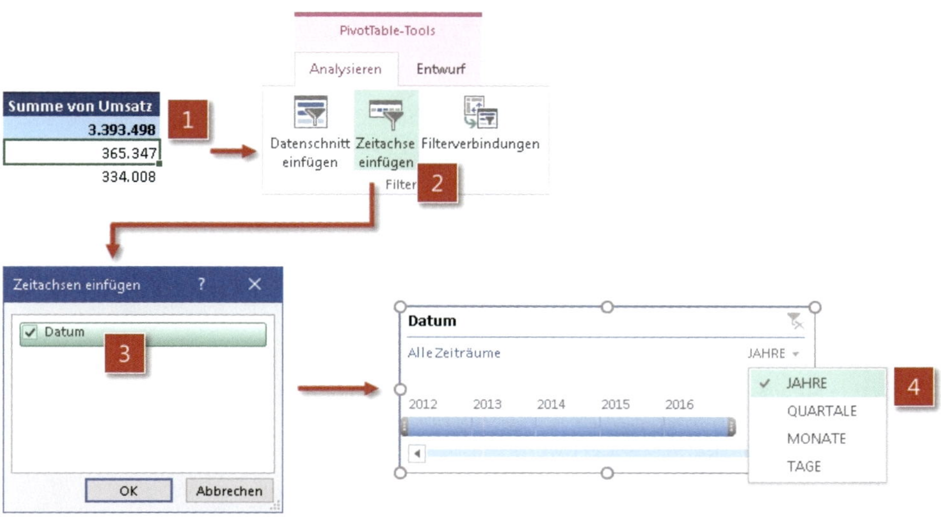

Abbildung 25.24: Beim Einfügen einer Zeitachse werden alle Felder mit Datumswerten zur Auswahl angeboten

Eine Zeitachse anpassen

Über die Registerkarte *Zeitachsentools/Optionen* sind vordefinierte *Zeitachsen-Formatvorlagen* (siehe Abbildung 25.25 [1]) auswählbar, mit denen sehr schnell vorgegebene Farbzusammenstellungen auf die Zeitachse angewendet werden können.

Die Größe der Zeitachse wird ebenso wie bei den Datenschnitten mittels Ziehen mit gedrückter Maustaste oder über die entsprechenden Befehle im Menüband geändert.

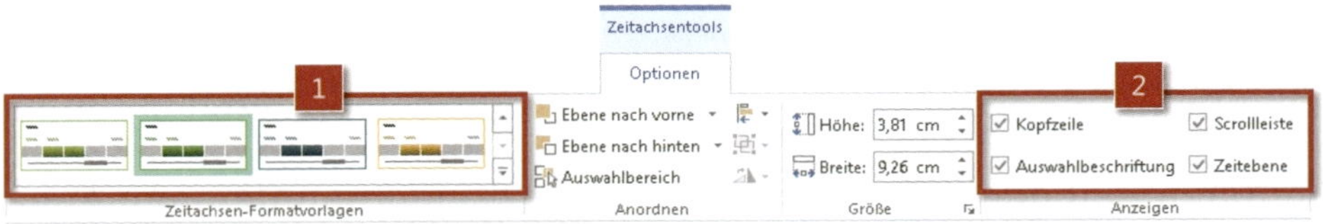

Abbildung 25.25: Optische Anpassungen der Zeitachse über die Registerkarte Zeitachsentools/Optionen

Einzelne Elemente der Zeitachse lassen sich über die entsprechenden Kontrollkästchen [2] auf der Registerkarte *Zeitachsentools/Optionen* in der Gruppe *Anzeigen* ein- oder ausblenden.

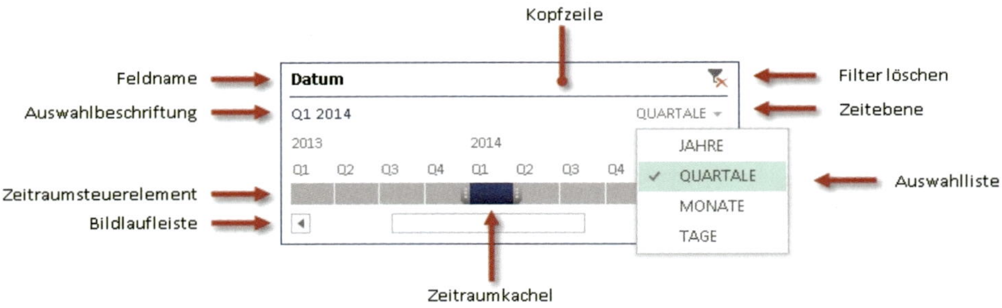

Abbildung 25.26: Die Elemente der Zeitachse

Abbildung 25.26 zeigt die einzelnen Elemente der Zeitachse:

- Die *Kopfzeile* beinhaltet den Feldnamen und das Filtersymbol.
- Der *Feldname* wird aus dem Aufgabenbereich *PivotTable-Felder* übernommen und kann bei Bedarf über *Zeitachsentools/Optionen* in der Gruppe *Zeitachse* im Feld *Zeitachsenbeschriftung* geändert werden.
- Bei aktiviertem Filter wird das Symbol *Filter löschen* angezeigt.
- Die *Auswahlbeschriftung* zeigt den gewählten Zeitraum als Text an.
- Durch Klick auf die *Zeitebene* kann aus einer *Auswahlliste* die Art des Zeitraums eingestellt werden.
- Im *Zeitraumsteuerelement* werden je nach Zeitebene Jahres-, Quartals-, Monats- oder Tagessegmente angezeigt.
- Durch Ziehen der *Bildlaufleiste* wird der anzuzeigende Zeitraum innerhalb der Datumsgrenzen verschoben.
- Ein Klick auf eine *Zeitraumkachel* wählt den entsprechenden Zeitraum aus. Durch Ziehen der Zeitraumkachel werden weitere Zeiträume einbezogen.

Mit Zeitachsen eine Pivot-Auswertung steuern

Zeitachsen, die auf der gleichen PivotTable aufbauen, reagieren synchron. Sobald eine beliebige Zeitraumkachel angeklickt wird, werden sowohl die sichtbaren Zeiträume als auch die Zeitraumsteuerelemente der anderen Zeitachsen aktualisiert.

Zeilenbeschriftungen	Summe von Umsatz
Nord	**132.988**
AD-648	73.044
AG-830	16.782
BX-745	14.240
DG-854	28.922
Ost	**154.782**
AD-648	16.237
AG-830	3.738
BX-745	69.555
DG-854	65.252
Süd	**226.244**
AD-648	70.845
AG-830	55.232
BX-745	32.028
DG-854	68.139
West	**179.395**
AD-648	40.654
AG-830	63.897
BX-745	47.725
DG-854	27.119
Gesamtergebnis	**693.409**

Abbildung 25.27: Die angezeigten Werte der PivotTable werden durch die Auswahl in Zeitachsen und Datenschnitt bestimmt

Bei einer Zeitachse ist im Gegensatz zu einem Datenschnitt ein Wechsel der Zeiträume (Jahre, Quartale, Monate, Tage) einfach per Klick möglich. Außerdem sind Änderungen der ausgewählten Zeitspanne durch einfaches Ziehen der Zeitraumkacheln möglich. Voneinander getrennte Zeiträume (beispielsweise Quartal 1 und Quartal 3 eines bestimmten Jahres) können in einer Zeitachse allerdings nicht ausgewählt werden.

Kapitel 26

Daten importieren und aufbereiten: Mit modernem Werkzeug schneller zum Ziel

In diesem Kapitel:

Einstieg in Power Query

Nicht immer liegen die Daten für Auswertungen in der passenden Form vor und eine zeitintensive Datenaufbereitung ist notwendig. In Excel 2016 erledigen Sie solche Arbeiten zeitsparend, wenn Sie das moderne Werkzeug nutzen, das unter dem Namen Power Query bekannt wurde.

Abbildung 26.1: Wichtige Einsatzmöglichkeiten der Befehle aus der Gruppe Abrufen und transformieren

Hinweis Im Unterschied zu früheren Excel-Versionen ist Power Query jetzt fester Bestandteil von Excel und nicht ein Add-In, das erst zusätzlich installiert und aktiviert werden muss. Allerdings heißt es nicht mehr Power Query, sondern wird auf der Registerkarte *Daten* unter *Abrufen und transformieren* geführt (Abbildung 26.2).

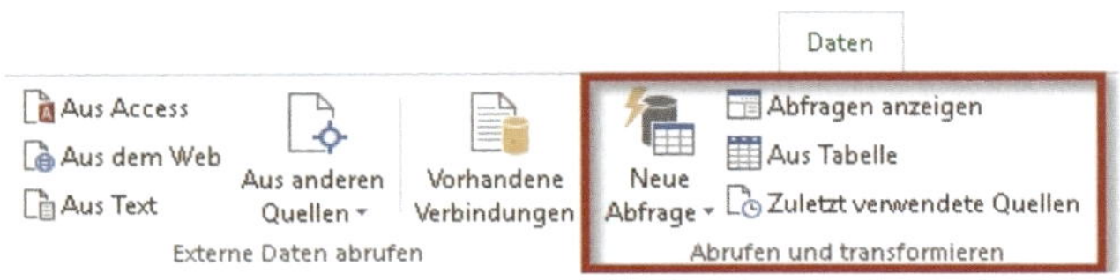

Abbildung 26.2: Hier finden Sie die Befehle zum Importieren und Aufbereiten von Daten

Über die Gruppe *Abrufen und transformieren* können Sie Daten

- aus unterschiedlichsten Quellen in ein Arbeitsblatt oder in das Datenmodell importieren,
- ohne Formeln miteinander verknüpfen,
- bereinigen und in eine für Auswertungen geeignete Form bringen,
- mit eigenen Berechnungen vervollständigen,
- per Mausklick oder automatisch aktualisieren – ganz ohne VBA.

Mit einem Satz: Zeitintensive und lästige Routinearbeiten beim Importieren und Aufbereiten Ihrer Daten gehören der Vergangenheit an.

CSV-Dateien fehlerfrei importieren und aufbereiten

Viele Programme von Drittanbietern exportieren die Daten im CSV-Format. Beim Import in Excel sorgen länderspezifische Datums- und Zahlenformate dann regelmäßig für Probleme. Aufwendige Nacharbeiten sind die Folge.

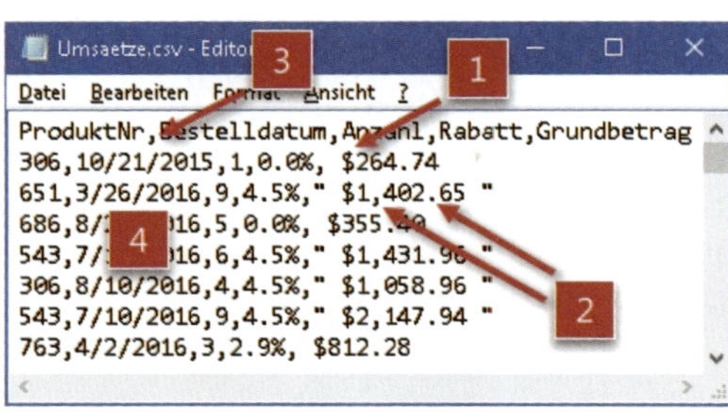

	A	B	C	D	E	F
1	ProduktNr	Bestelldatum	Anzahl	Rabatt	Grundbetrag	rabattierter Betrag
2	306	21.10.2015	1	0,0%	$ 264,74	$ 264,74
3	651	26.03.2016	9	4,5%	$ 1.402,65	$ 1.339,53
4	686	23.08.2016	5	0,0%	$ 355,40	$ 355,40
5	543	10.07.2016	6	4,5%	$ 1.431,96	$ 1.367,52
6	306	10.08.2016	4	4,5%	$ 1.058,96	$ 1.011,31
7	543	10.07.2016	9	4,5%	$ 2.147,94	$ 2.051,28
8	763	02.04.2016	3	2,9%	$ 812,28	$ 788,72

Abbildung 26.3: Die CSV-Datei und das Ergebnis des Imports mit zusätzlicher Spalte in Excel

Beim Import der in Abbildung 26.3 dargestellten CSV-Datei in Excel sind die folgenden vier Importprobleme zu meistern, die Tabelle 26.1 im Detail aufführt:

	Vorher	Nachher
1	Vor jeder Zahl befindet sich ein Dollarzeichen. Allerdings wird es beim Import nicht als Währungssymbol erkannt. Folglich würden alle Beträge als Text interpretiert werden.	In der Zelle steht nur der Betrag. Das Dollarzeichen wird über ein Zahlenformat angezeigt.
2	Dezimal- und Tausendertrennzeichen entsprechen dem US-Standard.	Komma und Punkt werden jetzt nach deutschem Standard angezeigt.
3	Als Listentrennzeichen wird das Komma verwendet. Da es auch zur Zifferngruppierung dient, stehen alle Beträge > 1000 Dollar in Anführungszeichen.	Trotz abweichendem Listentrennzeichen (Komma statt Semikolon) werden die Daten richtig auf die Spalten verteilt. Beträge > 1000 Dollar werden korrekt als Zahlen angezeigt.
4	Das Datum folgt dem Schema Monat/Tag/Jahr.	Das Datum wird nach deutschem Standard angezeigt (TT.MM.JJJJ).

Tabelle 26.1: Mit Power Query lösen Sie typische Importprobleme

Mit den Befehlen der neuen Gruppe *Abrufen und transformieren* ist das kein Problem mehr. Sie können die Daten

- bereits beim Import passend aufbereiten,
- um eigene Berechnungen ergänzen,
- das Gebietsschemaproblem lösen, damit zum Beispiel Währungsbeträge und Trennzeichen korrekt erkannt werden, und
- die Datenaufbereitung automatisieren – ganz ohne VBA.

Online Sie sitzen am Computer und möchten gleich mitmachen? Dann öffnen Sie eine leere Arbeitsmappe mit `Strg`+`N`.

Die CSV-Datei in den Abfrage-Editor laden

Laden Sie zuerst die Daten in den neuen Abfrage-Editor. Dort stehen Ihnen anschließend viele nützliche Werkzeuge zur Bereinigung und Aufbereitung zur Verfügung:

1. Wählen Sie über *Daten/Abrufen und transformieren/Neue Abfrage/Aus Datei* den Befehl *Aus CSV*.
2. Navigieren Sie im Dialogfeld *Daten importieren* zu der Datei *Kap_26_Umsaetze.csv* und klicken Sie auf *Importieren*.
3. Im nächsten Dialogfeld sehen Sie das Ergebnis der Analyse der CSV-Datei. Power Query hat das Komma als Spaltentrennzeichen korrekt erkannt. Ein Klick auf *Bearbeiten* lädt die Datei in den Editor.

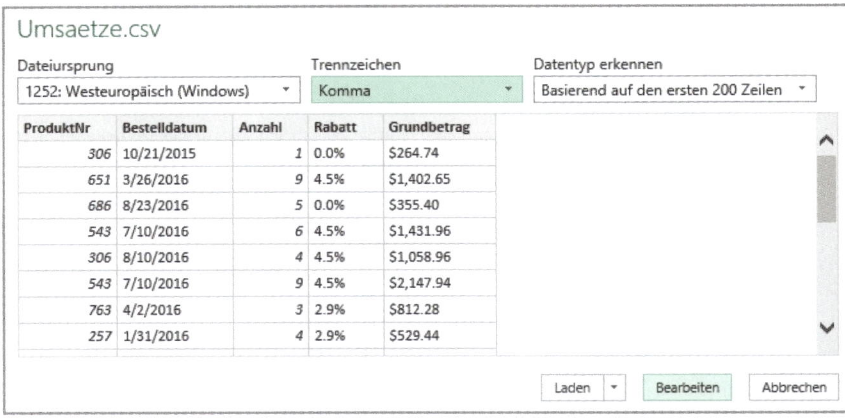

Abbildung 26.4: Power Query hat in der CSV-Datei das Komma als Spaltentrennzeichen automatisch erkannt

Die Vorzüge des Abfrage-Editors kennenlernen

Machen Sie sich zuerst mit dem Abfrage-Editor vertraut (siehe dazu Abbildung 26.5):

- Im Editor sehen Sie links eine Vorschau der CSV-Datei [1].
- Rechts oben im Aufgabenbereich *Abfrageeinstellungen* [2] werden die Eigenschaften aufgelistet.
- Darunter wird jeder Arbeitsschritt protokolliert [3], den Sie beim Import oder bei der Datenaufbereitung durchführen.
- Anhand dieses Schritt-für-Schritt-Protokolls können Sie bei Bedarf einzelne Schritte rückgängig machen. Bewegen Sie dazu die Maus auf den betreffenden Eintrag und klicken Sie auf das links eingeblendete Lösch-Kreuz [4].
- Die Reihenfolge der Schritte ändern Sie, indem Sie diese mit gedrückter linker Maustaste an die gewünschte Stelle verschieben.

Hinweis Wenn der Aufgabenbereich *Abfrageeinstellungen* am rechten Bildschirmrand nicht angezeigt wird, blenden Sie ihn über *Ansicht/Abfrageeinstellungen* wieder ein.

Hinweis Hinter jedem Abfrageschritt verbirgt sich eine Power Query-Formel, die Sie nur bei eingeblendeter Bearbeitungsleiste sehen können. Aktivieren Sie hierzu das gleichnamige Kontrollkästchen auf der Registerkarte *Ansicht*.

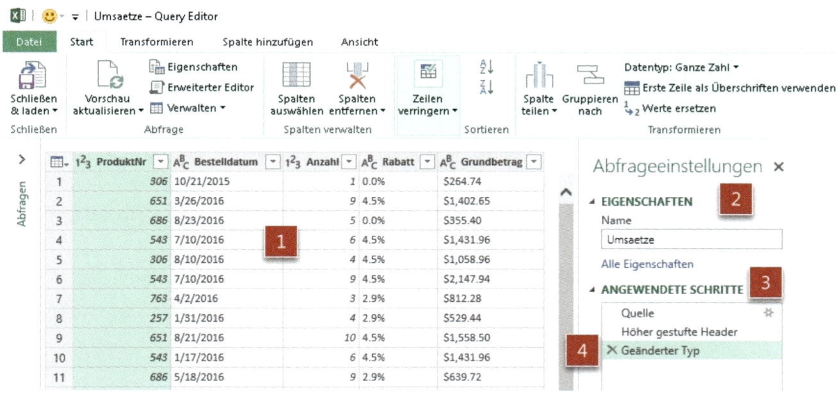

Abbildung 26.5: Datenanzeige und Protokoll im Abfrage-Editor von Power Query

Den Datentyp einzelner Spalten ändern

Beim Importieren von CSV-Dateien versucht Power Query, die Namen und Datentypen der Spalten automatisch zu erkennen. Daher enthält die Liste *Angewendete Schritte* bereits die Einträge *Höher gestufte Header* und *Geänderter Typ*.

An dem Symbol neben der Spaltenüberschrift erkennen Sie den Datentyp: Die Spalten *ProduktNr* und *Anzahl* hat Power Query richtig als *Ganze Zahl* erkannt, während die übrigen drei Spalten noch vom Typ *Text* sind. Dieses Manko korrigieren Sie mit wenigen Mausklicks.

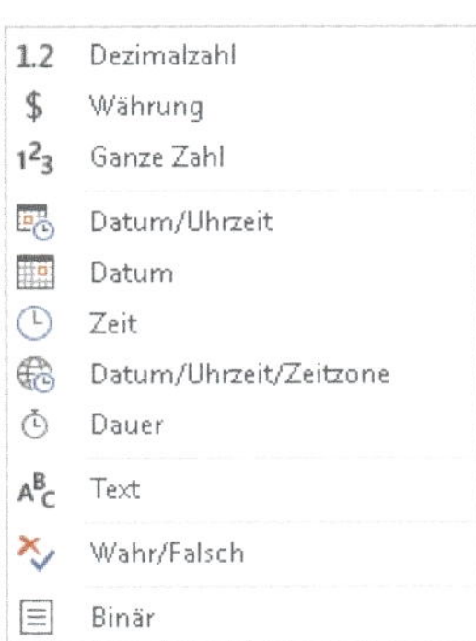

Abbildung 26.6: Übersicht der Datentypen von Power Query

Hinweis Ob Power Query Zahlen und Datumsangaben aus der CSV-Datei korrekt interpretiert, hängt mit den Einstellungen in der Windows-Systemsteuerung zusammen. Stimmen die Einstellungen für Datumsangaben, Dezimal- und Tausendertrennzeichen mit den in der CSV-Datei verwendeten Zeichen überein, erkennt Power Query die Datentypen korrekt. Entsprechen die Windows-Einstellungen dem deutschen Standard, werden im Beispiel weder das Bestelldatum noch die Dezimalzahlen korrekt erkannt, denn sie folgen dem US-amerikanischen Standard.

Beim Transformieren das Gebietsschema korrigieren

Das Bestelldatum folgt dem in den USA gängigen Schema Monat/Tag/Jahr und nicht dem in Deutschland verwendeten Schema TT.MM.JJJJ. Damit Excel später das Datum korrekt interpretiert, gehen Sie wie folgt vor:

1. Per Rechtsklick auf die Spaltenüberschrift *Bestelldatum* wählen Sie *Typ ändern/Mit Gebietsschema*.
2. Als Datentyp wählen Sie *Datum* und als Gebietsschema *Englisch (USA)*. Bestätigen Sie mit *OK*.
3. Ändern Sie analog dazu den Datentyp der Spalte *Grundbetrag* auf *Währung*.

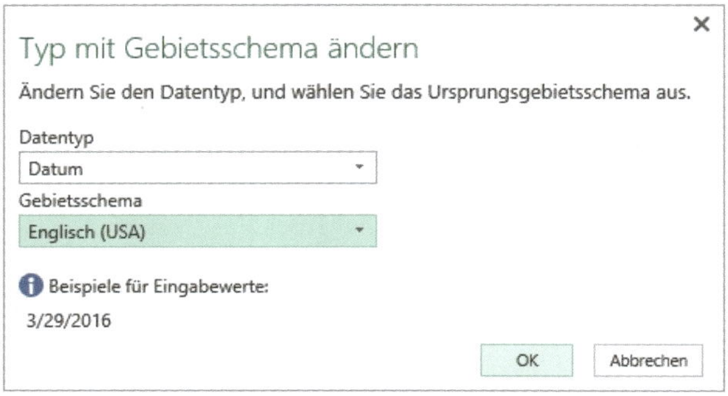

Abbildung 26.7: So wird der Import von länderspezifischen Datums- und Zahlenformaten zum Kinderspiel

Die Spalte »Rabatt« in einen Zahlenwert verwandeln

Der Rabatt lässt sich nicht direkt in eine Dezimalzahl verwandeln. Schuld ist das Prozentzeichen. Nachdem Sie das störende Prozentzeichen entfernt haben, wandeln Sie die Werte der Spalte in Dezimalzahlen um. Anschließend dividieren Sie alle Werte der Spalte durch 100, um den Rabatt wieder in einen Prozentwert zu ändern. Gehen Sie dazu wie folgt vor:

Das Prozent-Zeichen entfernen

1. Wählen Sie per Rechtsklick auf die Spaltenüberschrift *Rabatt* den Befehl *Werte ersetzen*.
2. Bei *Zu suchender Wert* geben Sie ein %-Zeichen ein. Lassen Sie *Ersetzen durch* leer und klicken Sie auf *OK*.

Den Rabatt in eine Dezimalzahl verwandeln

Noch interpretiert Power Query die Spalte *Rabatt* als Textspalte. So machen Sie daraus eine Dezimalzahl:

1. Per Rechtsklick auf die Spaltenüberschrift *Rabatt* wählen Sie *Typ ändern/Mit Gebietsschema*.
2. Als Datentyp wählen Sie *Dezimalzahl* und als Gebietsschema *Englisch (USA)*. Bestätigen Sie mit *OK*.

Den Rabatt wieder in einen Prozentwert ändern

Durch das Entfernen des Prozentzeichens ist die Information verloren gegangen, dass es sich bei den Zahlen um Prozentwerte handelt. Aus 4,5% (also 0,045) wurde 4,5. Somit sind alle Rabattwerte noch um das Hundertfache zu groß. Jeder Wert der Spalte *Rabatt* muss also noch durch 100 dividiert werden. Auch dies geht ganz bequem ohne Formel:

1. Markieren Sie per Mausklick die Spalte *Rabatt*.
2. Klicken Sie auf der Registerkarte *Transformieren* in der Gruppe *Zahlenspalte* auf *Standard/Dividieren* und geben Sie im Dialogfeld *100* ein. Schließen Sie das Dialogfeld über *OK*.

Tipp Die Datentypen der Spalten lassen sich mit einem Blick anhand der Symbole in den Spaltenüberschriften erkennen. Eine Übersicht aller Symbole finden Sie in Abbildung 26.6. Die Ausrichtung innerhalb der Zelle lässt ebenfalls Rückschlüsse auf den Datentyp zu: Zahlen und Datumsangaben sind wie in Excel rechtsbündig, Texte linksbündig.

Die fertige Abfrage ins Arbeitsblatt laden

Nachdem Sie mit der Aufbereitung der Daten fertig sind, benennen Sie die Abfrage um und laden das Ergebnis ins Arbeitsblatt:

1. Benennen Sie die Abfrage in den *Abfrageeinstellungen* am rechten Bildschirmrand in *Umsätze* um.

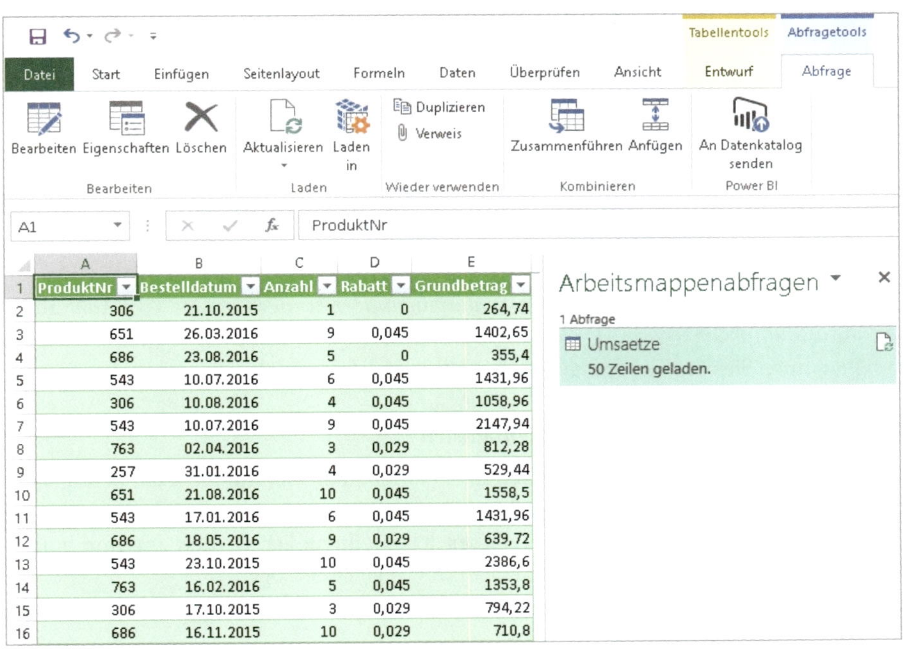

Abbildung 26.8: Die importierte CSV-Datei als »intelligente« Tabelle in Excel

2. Starten Sie den Import über *Start/Schließen & Laden*. Dadurch wird der Arbeitsmappe ein neues Tabellenblatt hinzugefügt. Darauf befinden sich die importierten Daten in einer »intelligenten« Tabelle, die den gleichen Namen wie die Abfrage trägt. Im Aufgabenbereich *Arbeitsmappenabfragen* sehen Sie, dass insgesamt 50 Zeilen geladen wurden.

Hinweis Wird der Aufgabenbereich *Arbeitsmappenabfragen* nicht angezeigt, blenden Sie ihn bei Bedarf über *Daten/Abrufen und transformieren/Abfragen anzeigen* wieder ein.

Die Tabelle um eigene Berechnungen ergänzen

Nach dem Import möchten Sie die Daten in Excel weiter analysieren und auswerten. Dazu benötigen Sie den rabattierten Betrag, also den Grundbetrag abzüglich des gewährten Rabatts. Dazu ergänzen Sie die Tabelle um zwei weitere Spalten: In der ersten ermitteln Sie den Rabattbetrag und ziehen diesen in der zweiten vom Grundbetrag ab.

Natürlich könnten Sie dies mit Excel-Formeln im Arbeitsblatt erledigen, doch bequemer und ganz ohne Formeleingabe geht's wiederum mit Power Query:

Die bestehende Abfrage bearbeiten

1. Markieren Sie eine Zelle in der »intelligenten« Tabelle. Dadurch wird die Registerkarte *Abfragetools/Abfrage* angezeigt.
2. Öffnen Sie den Abfrage-Editor per Klick auf *Abfragetools/Abfrage/Bearbeiten/Bearbeiten*.

Zwei Spalten miteinander multiplizieren

Ermitteln Sie den Rabattbetrag durch Multiplikation des Rabattsatzes mit dem Grundbetrag:

1. Markieren Sie nacheinander mit gedrückter `Strg`-Taste die Spalten *Rabatt* und *Grundbetrag*.
2. Klicken Sie auf der Registerkarte *Spalte hinzufügen* in der Gruppe *Aus Zahl* auf *Standard/Multiplizieren*.
3. Benennen Sie die neue Spalte per Doppelklick auf den Spaltenkopf in *Rabattbetrag* um.

Eine Spalte von einer anderen Spalte subtrahieren

Ziehen Sie den Rabatt- vom Grundbetrag ab, erhalten Sie den rabattierten Betrag:

1. Markieren Sie nacheinander mit gedrückter `Strg`-Taste die Spalten *Grundbetrag* und *Rabattbetrag*. Wichtig: Nur bei dieser Klickreihenfolge werden im nun folgenden Schritt die Rabattbeträge von den Grundbeträgen abgezogen.
2. Klicken Sie auf der Registerkarte *Spalte hinzufügen* in der Gruppe *Aus Zahl* auf *Standard/Subtrahieren*.
3. Benennen Sie die neue Spalte per Doppelklick auf den Spaltenkopf in *rabattierter Betrag* um.

Überflüssige Spalten löschen und die geänderte Abfrage ins Tabellenblatt laden

1. Die Spalte mit den Rabattbeträgen benötigen Sie nun nicht mehr. Wählen Sie per Rechtsklick auf die Spaltenüberschrift *Rabattbetrag* den Befehl *Entfernen*.
2. Klicken Sie auf *Start/Schließen & Laden*, um die geänderte Abfrage ins Tabellenblatt zu laden.

Mit Zahlenformaten für den Feinschliff sorgen

Der Grundbetrag in der CSV-Datei enthielt ein vorangestelltes Dollarzeichen. Daher hat Power Query die Beträge zuerst nicht als Zahl, sondern als Text interpretiert. Durch die Umwandlung in eine Dezimalzahl ist die Währungsinformation verloren gegangen. Außerdem wird der Rabattsatz noch nicht als Prozentzahl angezeigt. Beides korrigieren Sie über entsprechende Zahlenformate in Excel:

1. Markieren Sie eine Zahl in der Spalte *Rabatt* und drücken Sie anschließend die Tastenkombination Strg+Leertaste, um alle Zahlen zu markieren.
2. Klicken Sie dann auf der Registerkarte *Start* in der Gruppe *Zahl* auf die Schaltfläche *Prozentformat* oder benutzen Sie die Tastenkombination Strg+⇧+%. Die Rabattsätze werden ohne Nachkommastellen und mit einem angehängten Prozentzeichen formatiert angezeigt.
3. Klicken Sie in der Gruppe *Zahl* auf die Schaltfläche *Dezimalstelle hinzufügen*, damit die Prozentwerte eine Nachkommastelle erhalten.
4. Markieren Sie analog zu Schritt 1 die Spalten *Grundbetrag* und *rabattierter Betrag*.
5. Klicken Sie in der Gruppe *Zahl* rechts neben dem Symbol mit dem Münzstapel auf den kleinen Pfeil und wählen Sie *$ Englisch (Vereinigte Staaten)*. Die Beträge werden damit in US-Dollar angezeigt.

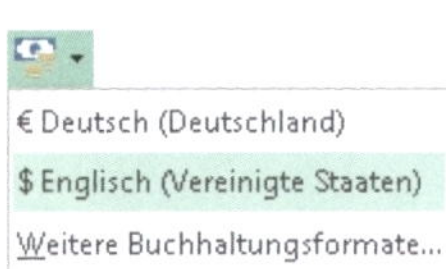

Abbildung 26.9: Mit diesem Buchhaltungszahlenformat ergänzen Sie die Zahlen um das Dollarzeichen

---

Hinweis Mehr zu Zahlenformaten in Excel finden Sie in den Kapiteln 6 und 7.

Fazit: Der Import mit Power Query spart Zeit und vermeidet Fehler

Anhand dieses Beispiels haben Sie gesehen, wie einfach der Import und das gleichzeitige Aufbereiten von Daten in Excel 2016 geworden ist. Importprobleme durch länderspezifische Datums- und Zahlenformate sowie aufwendige Nacharbeiten gehören der Vergangenheit an. Der neue Datenimport hat unter anderem folgende Vorteile:

- Die Daten erscheinen als Tabelle formatiert in einem neuen Tabellenblatt.
- Über die Registerkarte *Abfragetools/Abfrage* können Sie die Abfrage nachträglich bearbeiten und anpassen.
- Klicken Sie auf dieser Registerkarte auf *Aktualisieren*, um eine neuere Version der CSV-Datei zu importieren.
- Sämtliche Schritte, um von der CSV-Datei zur fertigen Tabelle zu kommen, werden automatisch durchgeführt.

	A	B	C	D	E		F	
1	ProduktNr	Bestelldatum	Anzahl	Rabatt	Grundbetrag		rabattierter Betrag	
2	306	21.10.2015	1	0,0%	$	264,74	$	264,74
3	651	26.03.2016	9	4,5%	$	1.402,65	$	1.339,53
4	686	23.08.2016	5	0,0%	$	355,40	$	355,40
5	543	10.07.2016	6	4,5%	$	1.431,96	$	1.367,52
6	306	10.08.2016	4	4,5%	$	1.058,96	$	1.011,31
7	543	10.07.2016	9	4,5%	$	2.147,94	$	2.051,28
8	763	02.04.2016	3	2,9%	$	812,28	$	788,72

Abbildung 26.10: Die CSV-Datei erfolgreich in Excel importiert und aufbereitet

Vollautomatische Aktualisierung der Abfrage ohne VBA

Soll die Aktualisierung automatisch beim Öffnen der Datei erfolgen, gehen Sie wie folgt vor:

1. Klicken Sie auf *Daten/Verbindungen/Verbindungen.*
2. Markieren Sie im Dialogfeld *Arbeitsmappenverbindungen* die Power Query-Abfrage und klicken Sie auf *Eigenschaften.*
3. Aktivieren Sie die Option *Aktualisieren beim Öffnen der Datei.*
4. Klicken Sie auf *OK* und auf *Schließen.*

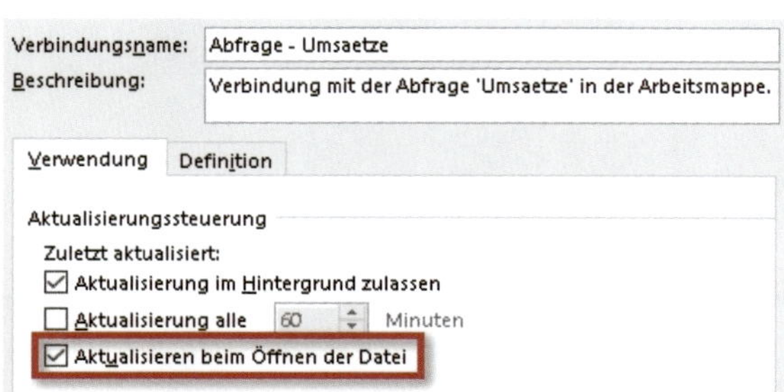

Abbildung 26.11: So schalten Sie die automatische Aktualisierung beim Öffnen ein

Listen abgleichen ganz ohne Formeln

Der Abgleich von Listen ist ein ständiges Thema. Welche Einträge sind in der einen Liste enthalten, aber nicht in der anderen? Welche sind in beiden enthalten? Und was ist mit Duplikaten in den Listen?

Die Beantwortung dieser Fragen mithilfe von Formeln ist meist kompliziert, zeitintensiv und fehleranfällig. So müssen beispielsweise die Formelbezüge angepasst werden, wenn den Listen neue Einträge hinzugefügt werden. Mit Power Query vergleichen Sie Listen in viel kürzerer Zeit und ganz ohne Formeleingabe!

Eine Offene-Posten-Liste aufbauen

Einer Liste mit gestellten Rechnungen müssen die eingegangenen Zahlungen gegenübergestellt werden. Meist kostet es einige Zeit, bis der Überblick über die offenen Posten verfügbar ist:

- Welche Rechnungen sind bereits vollständig bezahlt?
- Bei welchen Rechnungen wurden nur Teilzahlungen geleistet und in welcher Höhe?
- Zu welchen Rechnungen liegen noch gar keine Zahlungseingänge vor?

Mit Power Query können Sie eine Liste der offenen Posten mit wenigen Mausklicks erstellen und zukünftig einfach automatisch aktualisieren. Damit gehört das ständige Suchen nach offenen Rechnungen oder Teilrechnungen der Vergangenheit an.

Re-Nr	Re-Datum	Re-Betrag	Zahlbetrag	offen
975	24.08.2016	3.296,24 €	3.000,00 €	296,24 €
976	25.08.2016	1.648,12 €	0,00 €	1.648,12 €
944	27.08.2016	8.827,63 €	0,00 €	8.827,63 €
859	27.08.2016	8.644,36 €	8.358,25 €	286,11 €
Ergebnis				11.058,10 €

Abbildung 26.12: Die »intelligente« Tabelle gibt ab sofort Aufschluss über alle offenen Posten

Online Zum Nachvollziehen der nachfolgenden Schritte öffnen Sie die Datei *Kap_26_Listen_abgleichen_UEB.xlsx*.

Die Listen in »intelligente« Tabellen verwandeln

Führen Sie die Listen mit den Rechnungen und Zahlungen jeweils als »intelligente« Tabelle. Das hat den Vorteil, dass sich beim Hinzufügen neuer Daten die Listen automatisch erweitern und Sie stets über den kompletten Datenbestand verfügen:

1. Klicken Sie auf dem Blatt *Rechnungen* in die Liste und wandeln Sie sie mit `Strg`+`T` in eine »intelligente« Tabelle um.
2. Benennen Sie die Tabelle im Register *Tabellentools/Entwurf* ganz links unter *Tabellenname* um in *Rechnungen*.
3. Verwandeln Sie die Liste auf dem Blatt *Zahlungen* ebenfalls in eine »intelligente« Tabelle und nennen Sie sie *Zahlungen*.

Hinweis Mehr zu »intelligenten« Tabellen erfahren Sie in Kapitel 13.

Teilzahlungen nach Rechnungsnummern zusammenfassen

Für einige Rechnungen wurden Abschlagszahlungen geleistet. Um später herauszufinden, ob eine Rechnung ganz oder nur teilweise beglichen wurde, fassen Sie zuerst alle Zahlungen nach Rechnungsnummern zusammen:

Die Zahlungseingänge je Rechnungsnummer summieren

1. Klicken Sie in die Tabelle *Zahlungen* und wählen Sie auf der Registerkarte *Daten* in der Gruppe *Abrufen und transformieren* den Befehl *Aus Tabelle.*
2. Um mehrere Zahlungseingänge zur gleichen Rechnung zusammenzufassen, wählen Sie per Rechtsklick auf die Spaltenüberschrift *Re-Nr* den Befehl *Gruppieren nach.*
3. Übernehmen Sie die in Abbildung 26.13 dargestellten Einstellungen und klicken Sie auf *OK*, um die Beträge nach Rechnungsnummern zu summieren.

Abbildung 26.13: So fassen Sie alle Zahlungseingänge nach Rechnungsnummer bereits in Power Query zusammen

Die zusammengefassten Zahlungseingänge zwischenspeichern

Die Abfrage *Zahlungen* enthält nun alle Zahlungen je Rechnungsnummer. Bis Sie später die Zahlungs- von den Rechnungsbeträgen abziehen und so die offenen Rechnungsposten ermitteln, speichern Sie die Liste zwischen, anstatt sie auf einem Tabellenblatt auszugeben:

1. Klicken Sie auf der Registerkarte *Start* auf den Pfeil der Schaltfläche *Schließen & laden* und dann auf *Schließen & laden in.*
2. Im Dialog *Laden in* wählen Sie die Option *Nur Verbindung erstellen* und klicken anschließend auf *Laden.*

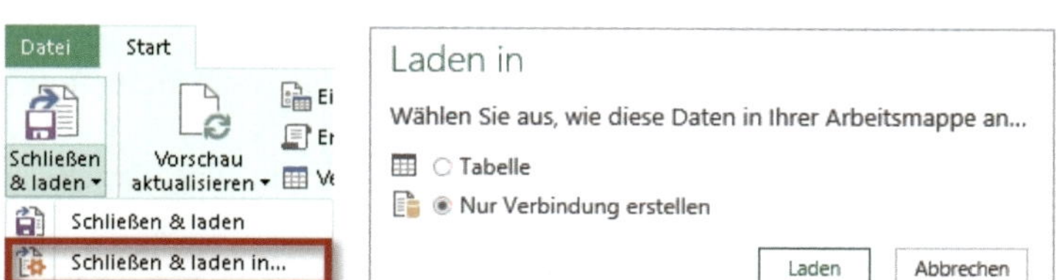

Abbildung 26.14: Wenn Sie die Daten nicht im Arbeitsblatt benötigen, sondern mit anderen Abfragen kombinieren möchten, erstellen Sie lediglich eine Verbindung

Die Offene-Posten-Liste erstellen

Von den Rechnungsbeträgen werden nun die Zahlungseingänge abgezogen. Übrig bleibt eine Liste mit nicht oder nicht vollständig bezahlten Rechnungen.

Die Rechnungstabelle vorbereiten

Um die Inhalte beider Tabellen miteinander verrechnen zu können, erstellen Sie zuerst auf die Rechnungstabelle ebenfalls eine Abfrage:

1. Klicken Sie in die Tabelle *Rechnungen* und wählen Sie auf der Registerkarte *Daten* in der Gruppe *Abrufen und transformieren* den Befehl *Aus Tabelle.*
2. Per Rechtsklick auf den Spaltentitel *Re-Datum* wählen Sie *Typ ändern* und stellen *Datum* ein. Dadurch entfernen Sie die nicht benötigte Zeitangabe.

Die beiden Tabellen miteinander verknüpfen

Jetzt folgen die entscheiden Schritte: Die Erstellung der Offene-Posten-Liste. Dazu ordnen Sie zuerst jeder Rechnung die eingegangenen Zahlungen zu. In Excel wäre das ein klassischer Anwendungsfall für SVERWEIS. Doch dank Power Query erledigen Sie dies mit wenigen Mausklicks:

1. Klicken Sie auf der Registerkarte *Start* des Power Query-Editors in der Gruppe *Kombinieren* auf *Abfragen zusammenführen.*

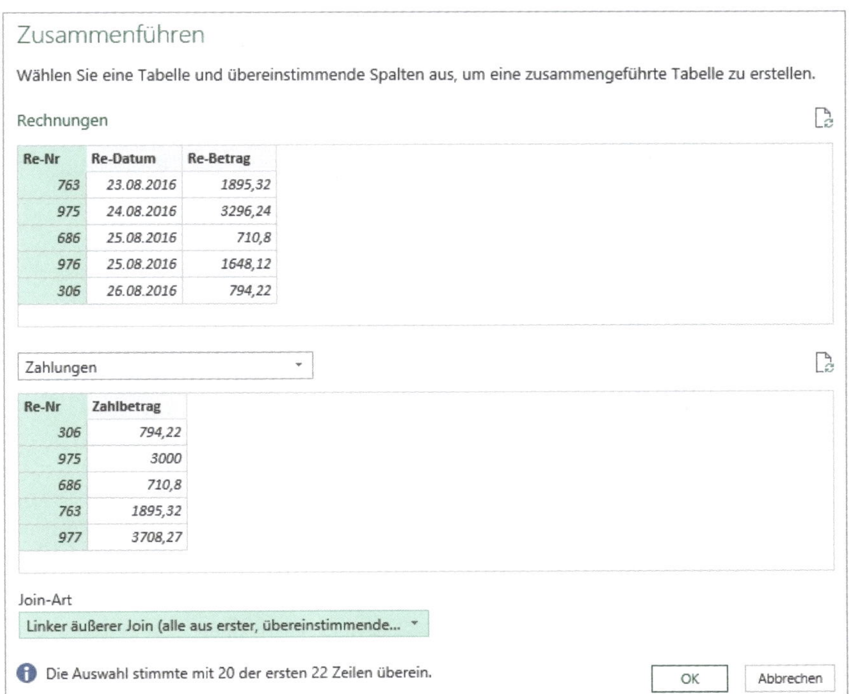

Abbildung 26.15: Anstatt zwei Tabellen per SVERWEIS zu verknüpfen, führen Sie sie mit Power Query zusammen

2. In der Mitte des Dialogfeldes *Zusammenführen* wählen Sie im Listenfeld die Abfrage *Zahlungen* und markieren per Mausklick die Spalte *Re-Nr* in beiden Tabellen.
3. Im Listenfeld *Join-Art* lassen Sie die Auswahl bei *Linker äußerer Join* und schließen mit *OK* ab.

   Im Ergebnis erhalten Sie eine neue Spalte *NewColumn*. Darin sind beide Spalten der Abfrage *Zahlungen* enthalten. Es wird jedoch nur die Spalte *Zahlbetrag* benötigt:
4. Klicken Sie im Spaltenkopf von *NewColumn* auf die Schaltfläche mit den beiden Pfeilen und entfernen Sie die Häkchen bei *Re-Nr* und *Ursprünglichen Spaltennamen als Präfix verwenden*. Klicken Sie auf *OK*.

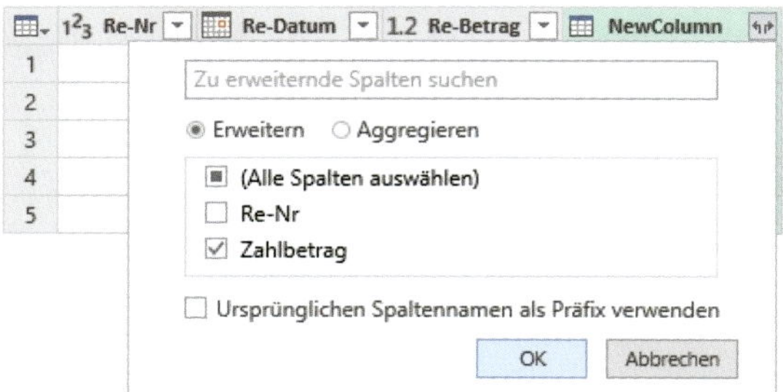

Abbildung 26.16: So übernehmen Sie den Zahlbetrag in die Rechnungstabelle – ganz ohne Formel

Rechnungen ohne Zahlungen für die Subtraktion vorbereiten

Für Rechnungen ohne Zahlungseingang wird der Zahlbetrag mit *null* angegeben. Damit Sie die Zahlungen von den Rechnungsbeträgen abziehen können, ersetzen Sie per Rechtsklick auf *null* den Wert durch die Zahl *0*.

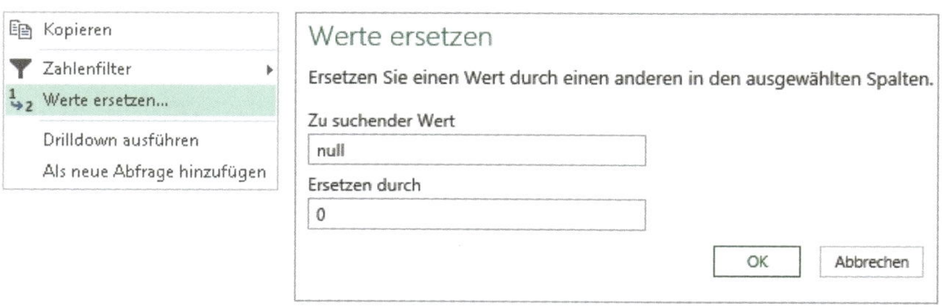

Abbildung 26.17: Da sich mit null nicht rechnen lässt, ersetzen Sie diese Werte durch die Zahl 0

Die offenen Rechnungsbeträge berechnen

Sämtliche Vorarbeiten sind erledigt. Nun ziehen Sie – ebenfalls wieder ganz ohne Formeleingabe – die Zahlungs- von den Rechnungsbeträgen ab und weisen das Ergebnis in einer neuen Spalte aus:

1. Markieren Sie nacheinander mit gedrückter `Strg`-Taste die Spalten *Re-Betrag* und *Zahlbetrag*. Wichtig: Nur bei dieser Klickreihenfolge werden im nun folgenden Schritt die Zahlbeträge von den Rechnungsbeträgen abgezogen.
2. Klicken Sie auf der Registerkarte *Spalte hinzufügen* in der Gruppe *Aus Zahl* auf *Standard/Subtrahieren*.

3. Benennen Sie die neue Spalte per Doppelklick auf den Spaltenkopf in *offen* um.
4. Um alle vollständig bezahlten Rechnungen aus der Liste zu entfernen, klicken Sie auf den Dropdownpfeil der Spalte *offen* und entfernen Sie das Häkchen bei *0*.

Die Offene-Posten-Liste ins Arbeitsblatt laden

Die Offene-Posten-Liste ist fertig. Noch heißt die Abfrage *Rechnungen*. Ändern Sie dies und laden Sie die Liste in ein Tabellenblatt:

1. Benennen Sie die Abfrage in den *Abfrageeinstellungen* am rechten Bildschirmrand in *Offene_Posten* um.
2. Klicken Sie auf *Start/Schließen & laden*. Sie erhalten ein neues Arbeitsblatt mit einer »intelligenten« Tabelle, die den Namen *Offene_Posten* trägt.

Tipp Fügen Sie der »intelligenten« Tabelle mit der Tastenkombination Strg+⇧+T eine Ergebniszeile hinzu. Die Werte der Spalte *offen* werden automatisch addiert.

Fazit

Neben dem Importieren können Sie mit Power Query Daten auch leicht aufbereiten und bequem um eigene Berechnungen ergänzen. In diesem Beispiel haben Sie

- zwei Tabellen zu einer einzigen Tabelle zusammengefasst,
- ohne Formeleingabe eine berechnete Spalte hinzugefügt,
- nur die wichtigen Zeilen herausgefiltert und
- die Ergebnistabelle in Form einer »intelligenten« Tabelle erhalten.

Da sich Power Query sämtliche Aufbereitungsschritte gemerkt hat und diese jederzeit wiederholen kann, ist Ihre OP-Liste ab sofort mit nur einem Mausklick up to date: Klicken Sie nach dem Erfassen neuer Rechnungen oder Zahlungen auf der Registerkarte *Abfragetools/Abfrage* in der Gruppe *Laden* auf *Aktualisieren*. Sie erhalten sofort eine aktuelle Offene-Posten-Liste.

Tabellen von Internetseiten importieren und in eigenen Analysen nutzen

Nicht immer liegen die benötigten Daten in Dateiform vor. Insbesondere tagesaktuelle Daten wie Aktien- oder Währungskurse werden stattdessen auf Internetseiten veröffentlicht. Doch wie lassen sich Daten von einer Webseite in eine Excel-Arbeitsmappe importieren? Anhand des folgenden Beispiels lernen Sie, wie Sie Daten aus dem Web importieren und in Ihren Auswertungen weiterverwenden.

Neuzulassungen von Kraftfahrzeugen und Kraftfahrzeuganhängern im Jahr 2014 nach Bundesländern und Fahrzeugklassen absolut

Land	Krafträder	Personenkraftwagen	Kraftomnibusse	Lastkraftwagen	Zugmaschinen insgesamt	Darunter Sattelzugmaschinen	Sonstige Kfz	Kraftfahrzeuge insgesamt	Anhänger
Baden-Württemberg	23.268	416.293	824	27.946	9.377	3.336	1.583	479.291	34.258
Bayern	37.935	601.690	1.342	43.567	17.186	4.817	2.806	704.526	51.601
Berlin	4.133	74.897	138	11.174	1.642	1.516	350	92.334	3.656
Brandenburg	3.554	56.810	124	8.359	2.735	1.130	604	72.186	10.706
Bremen	731	22.286	13	1.810	435	391	136	25.411	1.264
Hamburg	2.087	127.684	198	9.288	702	565	246	140.205	3.618
Hessen	12.558	315.433	412	23.222	4.558	1.816	952	357.135	15.635
Mecklenburg-Vorpommern	1.955	35.184	100	4.952	2.680	1.128	464	45.335	8.662
Niedersachsen	12.303	349.826	353	23.621	10.879	5.242	2.008	398.990	35.513
Nordrhein-Westfalen	25.924	582.713	1.118	60.473	12.162	6.779	2.431	684.821	45.762
Rheinland-Pfalz	7.398	120.597	269	10.533	3.941	1.515	692	143.430	15.249
Saarland	1.970	33.086	90	2.482	578	271	142	38.348	3.765
Sachsen	5.141	111.126	238	14.304	3.837	1.730	861	135.507	11.806
Sachsen-Anhalt	2.649	53.893	135	6.881	3.116	1.647	559	67.233	8.760
Schleswig-Holstein	4.158	74.406	139	8.597	3.515	1.422	760	91.575	12.755
Thüringen	3.072	60.223	155	7.379	2.884	1.020	547	74.260	8.231
Sonstige	13	626	3	27	11	5	208	888	99
Insgesamt	148.849	3.036.773	5.651	264.615	80.238	34.330	15.349	3.551.475	271.340

Abbildung 26.18: Auch der Import von Tabellen aus dem Internet ist mit Power Query kein Problem

Eine Tabelle von einer Internetseite importieren

Das Kraftfahrtbundesamt stellt auf seiner Seite *http://www.kba.de/DE/Statistik/Fahrzeuge/Neuzulassungen/FahrzeugklassenAufbauarten/2014/2014_n_fzkl_eckdaten_pkw_dusl.html* eine Übersicht der Neuzulassungen nach Bundesländern und Fahrzeugklassen zur Verfügung. Diese Tabelle importieren Sie bequem mit Power Query.

Online Um schnell auf die oben genannte Seite des Kraftfahrtbundesamts zu gelangen, enthält der Ordner mit den Beispieldaten zu diesem Kapitel eine entsprechende Verknüpfung.

Online Sie sitzen am Computer und möchten gleich mitmachen? Dann öffnen Sie mit der Tastenkombination `Strg`+`N` eine neue leere Arbeitsmappe.

Die Verbindung zur Internetseite herstellen

1. Öffnen Sie die oben genannte Internetseite und kopieren Sie die Adresse der Seite (zum Beispiel mit der Tastenkombination Strg+C) in die Zwischenablage.
2. Zurück in Ihrer Excel Mappe wählen Sie über *Daten/Abrufen und transformieren/Neue Abfrage/Aus anderen Quellen* den Befehl *Aus dem Web.*
3. Im gleichnamigen Dialogfeld fügen Sie unter *URL* die Webseitenadresse mit Strg+V ein. Klicken Sie auf *OK.*

Die zu importierenden Daten auswählen

Power Query analysiert die Webseite und listet im *Navigator* die Tabellen auf, die importiert werden können.

1. Klicken Sie auf *Neuzulassungen von Kraftfahrzeugen*, erscheinen rechts im Vorschaufenster die Zulassungszahlen je Bundesland. Dies ist die gewünschte Tabelle.
2. Um die Daten vor dem Import zu bereinigen und aufzubereiten, klicken Sie unten rechts auf *Bearbeiten.*

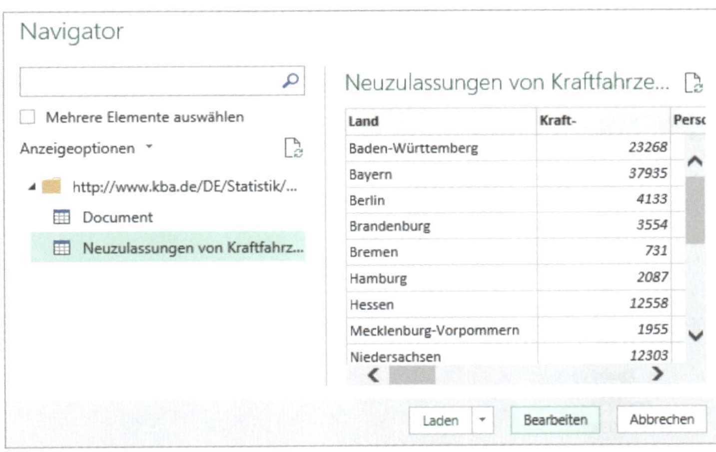

Abbildung 26.19: Mit Power Query importieren Sie ganz bequem Daten von Internetseiten

Nur die benötigten Zeilen und Spalten importieren

Neben der Spalte mit den Bundesländern benötigen Sie lediglich die vorletzte Spalte *Kraftfahrzeuge insgesamt*. Die letzten beiden Zeilen *Sonstige* und *Insgesamt* sind ebenfalls überflüssig. So importieren Sie nur die relevanten Daten:

1. Im Abfrage-Editor markieren Sie nacheinander mit gedrückter Strg-Taste die Spalten *Land* und *Kraftfahrzeuge insgesamt.*
2. Per Rechtsklick auf einen dieser Spaltentitel wählen Sie den Befehl *Andere Spalten entfernen.*
3. Benennen Sie per Doppelklick auf den Spaltenkopf die Spalten *Land* in *Bundesland* und *Kraftfahrzeuge insgesamt* in *Kfz* um.
4. Klicken Sie auf *Start/Zeilen verringern/Zeilen entfernen/Untere Zeilen entfernen.*
5. Geben Sie im gleichnamigen Dialogfeld unter *Anzahl von Zeilen* die Zahl 2 ein. Klicken Sie auf *OK.*

Hinweis Beim Importieren versucht Power Query automatisch, die Datentypen der Spalten zu erkennen. Daher enthält die Liste *Angewendete Schritte* am rechten Bildschirmrand an dritter Stelle den Schritt *Geänderter Typ*, in dem die Datentypen auf *Text* beziehungsweise *Ganze Zahl* gesetzt werden.

Die aufbereitete Tabelle in Excel laden

1. Ändern Sie in den *Abfrageeinstellungen* den Namen der Abfrage in *Zulassungen*.
2. Klicken Sie auf *Start/Schließen & laden*. Als Ergebnis erhalten Sie ein neues Arbeitsblatt mit einer »intelligenten« Tabelle, die den Namen *Zulassungen* trägt.

Zwischenfazit zum Import der Zulassungszahlen

Hätten Sie gedacht, dass das Importieren aus dem Internet so einfach ist? Und dass Sie dabei sogar Zeilen und Spalten vom Import ausschließen können? Doch damit sind Sie noch nicht am Ende: Schließlich ist es nicht weiter verwunderlich, dass in bevölkerungsreichen Bundesländern auch viele Kraftfahrzeuge zugelassen wurden. Wie sieht das Ergebnis aus, wenn die Zulassungszahlen ins Verhältnis zur Einwohnerzahl gesetzt werden? Finden Sie es heraus!

1	Bundesland	Kfz
2	Baden-Württemberg	479291
3	Bayern	704526
4	Berlin	92334
5	Brandenburg	72186
6	Bremen	25411
7	Hamburg	140205
8	Hessen	357135
9	Mecklenburg-Vorpommern	45335
10	Niedersachsen	398990
11	Nordrhein-Westfalen	684821
12	Rheinland-Pfalz	143430
13	Saarland	38348
14	Sachsen	135507
15	Sachsen-Anhalt	67233
16	Schleswig-Holstein	91575
17	Thüringen	74260

Abbildung 26.20: Die von der Internetseite des Kraftfahrtbundesamts importierten Kfz-Zulassungen

Eine Tabelle aus dem Internet zur Weiterverarbeitung zwischenspeichern

Eine Tabelle mit den Einwohnerzahlen je Bundesland finden Sie im Internet unter *http://www.statistik-portal.de/Statistik-Portal/de_jb01_jahrtab1.asp*. Importieren Sie die relevanten Spalten und Zeilen dieser Tabelle, um die Zulassungen pro Tausend Einwohner zu ermitteln.

Hinweis Die Schritte, um die Verbindung zur Website herzustellen und die zu importierenden Daten auszuwählen, wurden bereits weiter vorn ausführlich beschrieben. Daher werden die Schritte hier nicht in aller Ausführlichkeit wiederholt.

Die Verbindung zur Internetseite herstellen und die zu importierenden Daten auswählen

1. Wählen Sie über *Daten/Abrufen und transformieren/Neue Abfrage/Aus anderen Quellen* den Befehl *Aus dem Web* und fügen Sie im Dialogfeld die oben genannte Webseitenadresse ein. Klicken Sie auf *OK*.
2. Im *Navigator* wählen Sie links die Tabelle *Gebiet und Bevölkerung* aus und klicken anschließend rechts unten auf *Bearbeiten*.

Nur die benötigten Zeilen und Spalten importieren

Neben der Spalte mit den Bundesländern benötigen Sie noch die dritte Spalte mit den Bevölkerungszahlen. Die letzte Zeile mit den Gesamtsummen für Deutschland ist überflüssig. So importieren Sie nur die relevanten Daten:

1. Im Abfrage-Editor markieren Sie nacheinander mit gedrückter `Strg`-Taste die Spalten *Bundesland* und *Bevölkerung insgesamt*.
2. Per Rechtsklick auf einen dieser Spaltentitel wählen Sie den Befehl *Andere Spalten entfernen*.
3. Klicken Sie auf *Start/Zeilen verringern/Zeilen entfernen/Untere Zeilen entfernen*.
4. Geben Sie im gleichnamigen Dialogfeld unter *Anzahl von Zeilen* die Zahl *1* ein. Klicken Sie auf *OK*.

Die Abfrage zur Weiterverarbeitung speichern

Die so gewonnene Tabelle wird nicht sofort in Excel benötigt, sondern erst später mit den Zulassungszahlen zusammengeführt. Gehen Sie daher wie folgt vor:

1. Ändern Sie in den *Abfrageeinstellungen* den Namen der Abfrage in *Bevölkerung*.
2. Klicken Sie auf der Registerkarte *Start* auf den Pfeil der Schaltfläche *Schließen & laden* und dann auf *Schließen & laden in*.
3. Im Dialog *Laden in* wählen Sie die Option *Nur Verbindung erstellen* und klicken anschließend auf *Laden*.

Die Zulassungen je 1000 Einwohner berechnen

Statt die beiden Abfragen in ein Arbeitsblatt zu laden, dann in der Zulassungstabelle mühsam per SVERWEIS die entsprechende Einwohnerzahl zu ermitteln und beide Zahlen in einer zusätzlichen Spalte miteinander ins Verhältnis zu setzen, erledigen Sie diese Arbeit bequem bereits in Power Query.

Die beiden Tabellen ohne Formel verknüpfen

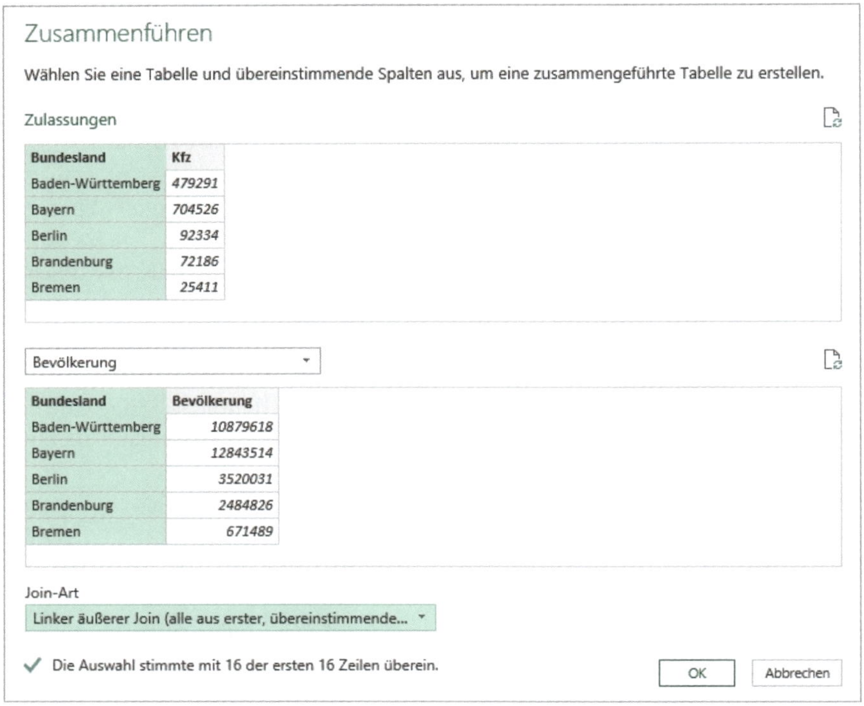

Abbildung 26.21: Anstatt zwei Tabellen per SVERWEIS zu verknüpfen, führen Sie sie mit Power Query zusammen

1. Markieren Sie eine Zelle in der »intelligenten« Tabelle *Zulassungen*. Dadurch wird die Registerkarte *Abfragetools/Abfrage* angezeigt.
2. Öffnen Sie den Abfrage-Editor per Klick auf *Abfragetools/Abfrage/Bearbeiten/Bearbeiten*.
3. Klicken Sie auf *Start/Kombinieren/Abfragen zusammenführen*. In der Mitte des Dialogfeldes *Zusammenführen* wählen Sie im Listenfeld die Abfrage *Bevölkerung*.
4. Markieren Sie die Spalte *Bundesland* in beiden Tabellen.
5. Unter Umständen erscheint nun das Dialogfeld *Sicherheitsstufen* (vergleiche Abbildung 26.22). Wählen Sie dort im Listenfeld hinter beiden Datenquellen *Öffentlich* und klicken Sie auf *Speichern*.
6. Im Listenfeld *Join-Art* lassen Sie die Auswahl bei *Linker äußerer Join* und schließen mit *OK* ab.

   Im Ergebnis erhalten Sie eine neue Spalte *NewColumn*. Darin sind beide Spalten der Abfrage *Bevölkerung* enthalten. Es wird jedoch nur die Spalte *Einwohner* benötigt:
7. Klicken Sie auf den Pfeil im Spaltenkopf von *NewColumn* und entfernen Sie die Häkchen bei *Bundesland* und *Ursprünglichen Spaltennamen als Präfix verwenden*. Klicken Sie auf *OK*.

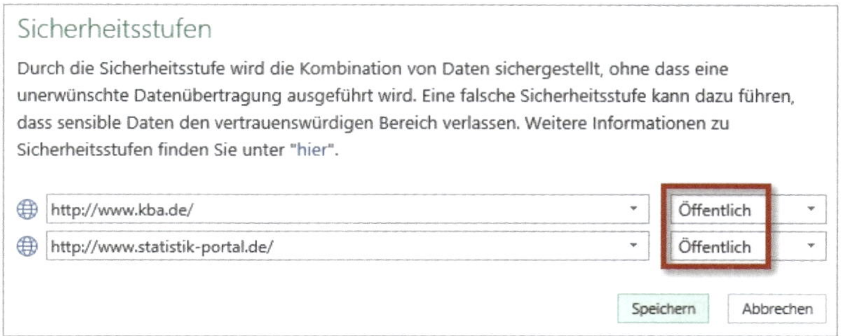

Abbildung 26.22: Damit beim Kombinieren von Abfragen keine sensiblen Daten preisgegeben werden, stellen Sie für jede Datenquelle die Datenschutzstufe ein

---

Hinweis Weitere Infos über die Datenschutzstufen von Datenquellen finden Sie unter *http://bit.ly/2c5ymia.*

Die Zulassungen in Relation zur Einwohnerzahl berechnen

Bis zum fertigen Ergebnis fehlen nur noch zwei Schritte: Zuerst dividieren Sie jeden Wert in der Spalte *Kfz* durch den entsprechenden Wert aus der Spalte *Bevölkerung* und weisen das Ergebnis in einer neuen Spalte aus. Anschließend dividieren Sie jeden Wert der neuen Spalte durch 1000. Beide Berechnungen führen Sie wiederum ohne Formeleingabe durch:

1. Markieren Sie nacheinander mit gedrückter `Strg`-Taste die Spalten *Kfz* und *Bevölkerung*. Wichtig: Nur bei dieser Klickreihenfolge werden im nun folgenden Schritt die Zulassungs- durch die Einwohnerzahlen dividiert.
2. Klicken Sie auf *Spalte hinzufügen/Aus Zahl/Standard/Dividieren.* Als Ergebnis erhalten Sie die Zulassungen je Einwohner.
3. Benennen Sie die neue Spalte per Doppelklick auf den Spaltenkopf in *Neue Kfz pro 1.000 Einw.* um.
4. Zur besseren Lesbarkeit multiplizieren Sie jedes Ergebnis mit 1000 und erhalten so die Zulassungen je 1000 Einwohner. Klicken Sie auf *Transformieren/Zahlenspalte/Standard/ Multiplizieren* und geben Sie im gleichnamigen Dialogfeld *1000* ein. Schließen Sie mit einem Klick auf *OK* ab.

Die Lesbarkeit der Ergebnistabelle optimieren

Die Berechnungen sind abgeschlossen. Jetzt optimieren Sie das Ergebnis, indem Sie

- die Ergebnisse in der berechneten Spalte runden,
- die Spalten *Kfz* und *Bevölkerung* löschen und
- eine Rangliste erstellen und dabei die Tabelle absteigend nach *Neue Kfz pro 1.000 Einw.* sortieren.

Die Ergebnisspalte runden ganz ohne Formel

1. Wählen Sie per Rechtsklick auf die Spaltenüberschrift *Neue Kfz pro 1.000 Einw.* den Befehl *Transformieren/Runden/Runden.*
2. Um auf die nächste ganze Zahl zu runden, geben Sie im gleichnamigen Dialogfeld bei *Dezimalstellen* die Zahl *0* ein und klicken auf *OK.*

Nicht mehr benötigte Spalten löschen

1. Die Spalte mit den Zulassungszahlen benötigen Sie nun nicht mehr. Wählen Sie per Rechtsklick auf die Spaltenüberschrift *Kfz* den Befehl *Entfernen.*
2. Entfernen Sie die Spalte *Bevölkerung* auf die gleiche Weise.

Die Tabelle sortieren und ins Arbeitsblatt laden

1. Klicken Sie auf den nach unten zeigenden Pfeil im Spaltenkopf von *Neue Kfz pro 1.000 Einw.* und dann auf *Absteigend sortieren.*
2. Um die geänderte Abfrage ins Tabellenblatt zu laden, klicken Sie auf *Start/Schließen & Laden.*

1	Bundesland	Neue Kfz pro 1.000 Einw.
2	Hamburg	78
3	Hessen	58
4	Bayern	55
5	Niedersachsen	50
6	Baden-Württemberg	44
7	Saarland	39
8	Nordrhein-Westfalen	38
9	Bremen	38
10	Rheinland-Pfalz	35
11	Thüringen	34
12	Sachsen	33
13	Schleswig-Holstein	32
14	Sachsen-Anhalt	30
15	Brandenburg	29
16	Mecklenburg-Vorpommern	28
17	Berlin	26

Abbildung 26.23: Die Zulassungsstatistik als Ergebnis der beiden zusammengeführten Webabfragen

Fremdwährungsbestände tagesaktuell in Euro bewerten

Ist Ihr Unternehmen auch außerhalb des Euroraums tätig, rechnen Sie Umsätze, Warenbestände und Konten regelmäßig aus unterschiedlichen Währungen in Euro um. Das erfordert Zeit und oft auch fehleranfälliges Nacharbeiten. Mit Power Query erledigen Sie diese Aufgaben automatisiert, schnell und zudem fehlerfrei. Nutzen Sie dazu die Umrechnungskurse, die die Europäische Zentralbank tagesaktuell auf ihrer Seite *http://www.ecb.europa.eu/stats/exchange/eurofxref/html/index.en.html* veröffentlicht.

In diesem Abschnitt lesen Sie, wie Sie

- die Konten zum Beispiel aus einer CSV-Datei importieren,
- dabei bereits nach Währungen zusammenfassen,

- tagesaktuelle Währungskurse aus dem Internet laden und
- die Währungspositionen umrechnen – ganz ohne Formeln!

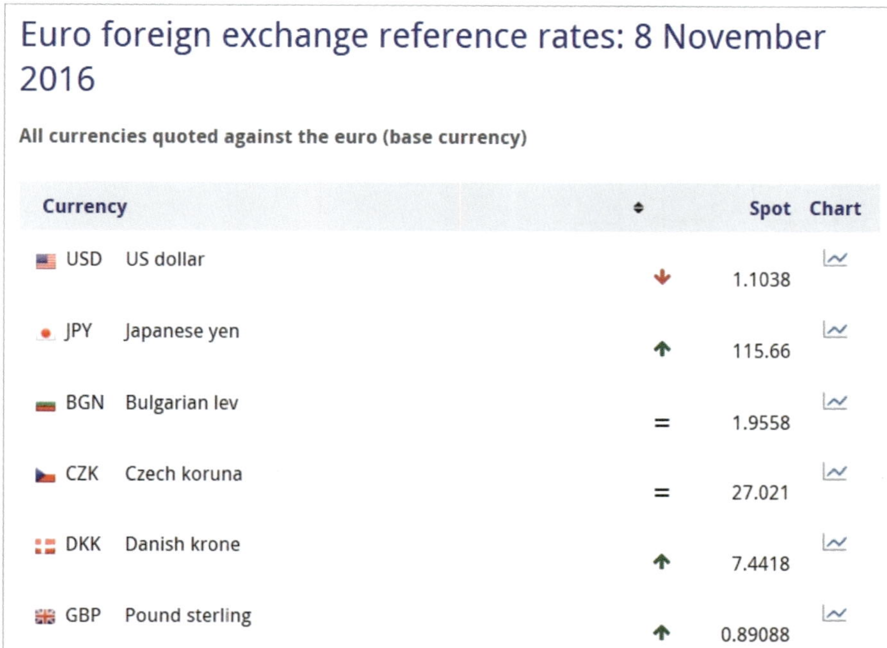
Euro foreign exchange reference rates: 8 November 2016

All currencies quoted against the euro (base currency)

Currency			Spot	Chart
USD	US dollar	↓	1.1038	
JPY	Japanese yen	↑	115.66	
BGN	Bulgarian lev	=	1.9558	
CZK	Czech koruna	=	27.021	
DKK	Danish krone	↑	7.4418	
GBP	Pound sterling	↑	0.89088	

Abbildung 26.24: Ein Ausschnitt der Internetseite mit den offiziellen Umrechnungskursen der EZB

Online Um schnell auf die oben angegebene Seite der Europäischen Zentralbank zu gelangen, enthält der Ordner mit den Beispieldaten zu diesem Kapitel eine entsprechende Verknüpfung.

So bauen Sie die Lösung mit Power Query auf:

- Zuerst erstellen Sie eine Abfrage zu der Internetseite der Europäischen Zentralbank, wo die offiziellen Umrechnungskurse veröffentlicht werden.
- Mit einer zweiten Abfrage lesen Sie die Kontostände aus einer CSV-Datei ein und fassen sie nach den einzelnen Währungen zusammen.
- Zum Schluss verknüpfen Sie beide Abfragen und rechnen die Kontostände in Euro um.

Online Erstellen Sie zum Mitmachen mit der Tastenkombination `Strg`+`N` eine neue leere Arbeitsmappe.

Die Währungskurse aus dem Internet laden

Die Verbindung zur Internetseite herstellen

1. Wählen Sie über *Daten/Abrufen und transformieren/Neue Abfrage/Aus anderen Quellen* den Befehl *Aus dem Web.*
2. Geben Sie im Dialogfeld die in Abbildung 26.25 gezeigte URL ein und bestätigen Sie mit *OK*.

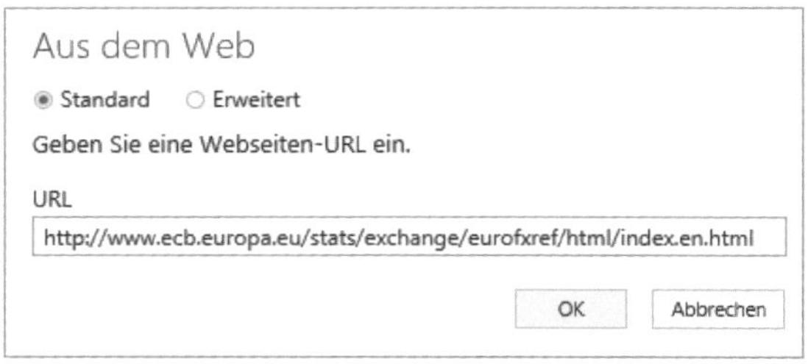

Abbildung 26.25: Mit Power Query importieren Sie ganz bequem Daten von Internetseiten

Die zu importierenden Daten auswählen

Power Query analysiert die Webseite und listet im *Navigator* die Tabellen auf, die importiert werden können.

1. Klicken Sie auf *All Currencies quoted against the euro*, erscheinen rechts im Vorschaufenster die Währungskürzel, die Währungsbezeichnungen und die entsprechenden Kurse. Dies ist die gewünschte Tabelle.
2. Um die Daten vor dem Import zu bereinigen und aufzubereiten, klicken Sie unten rechts auf *Bearbeiten.*

Nur die benötigten Spalten importieren

Neben dem Umrechnungskurs benötigen Sie für die spätere Verknüpfung mit den Kontoständen auch das Währungskürzel. Dazu gehen Sie wie folgt vor:

1. Markieren Sie nacheinander mit gedrückter `Strg`-Taste die Spalten *Currency* und *Spot*.
2. Per Rechtsklick auf einen der Spaltentitel wählen Sie den Befehl *Andere Spalten entfernen.*
3. Benennen Sie per Doppelklick auf den Spaltenkopf die Spalten *Currency* in *Währung* und *Spot* in *Kurs* um.

Das Problem mit dem Dezimalpunkt lösen

Wegen des Dezimalpunktes interpretiert Power Query den Kurs als Text. So sorgen Sie dafür, dass die Daten als Zahlen erkannt werden:

1. Wählen Sie per Rechtsklick auf den Spaltentitel *Kurs Typ ändern/Mit Gebietsschema.*
2. Stellen Sie im Dialogfeld den Datentyp auf *Dezimalzahl* sowie das Gebietsschema auf *Englisch (USA)* um. Schließen Sie den Vorgang mit *OK* ab.

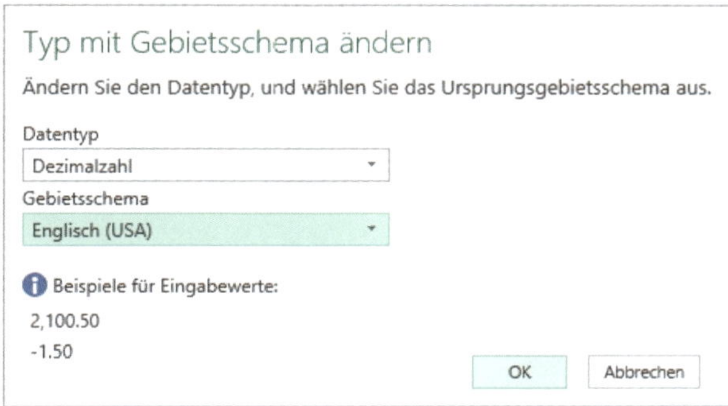

Abbildung 26.26: So wird der Import von länderspezifischen Zahlenformaten zum Kinderspiel

Die Abfrage zur Weiterverarbeitung speichern

Die so gewonnene Tabelle wird nicht sofort in Excel benötigt, sondern erst später mit den Kontoständen zusammengeführt.

1. Benennen Sie die Abfrage rechts in den *Abfrageeinstellungen* in *Währungen* um.
2. Klicken Sie auf der Registerkarte *Start* auf den Pfeil der Schaltfläche *Schließen & laden* und dann auf *Schließen & laden in.*
3. Im Dialog *Laden in* wählen Sie die Option *Nur Verbindung erstellen* und klicken anschließend auf *Laden* (siehe Abbildung 26.14).

Die Konten importieren und zusammenfassen

In vielen Firmen werden die Kontostände täglich von einem Fremdsystem als CSV-Datei zur Verfügung gestellt. Mit den folgenden Schritten importieren Sie eine solche Datei und fassen die Konten dabei nach Währungen zusammen.

Mittels Gruppierung die Werte nach Währungen zusammenfassen

1. Wählen Sie über *Daten/Abrufen und transformieren/Neue Abfrage/Aus Datei* den Befehl *Aus CSV.*
2. Navigieren Sie im Dialogfeld *Daten importieren* zu der Datei *Kap_26_Konten.csv* und klicken Sie auf *Importieren.*
3. Laden Sie im nächsten Dialogfeld per Klick auf *Bearbeiten* die Datei in den Abfrage-Editor.

   Es gibt jeweils zwei Konten in Euro, Schweizer Franken und US-Dollar. Fassen Sie jetzt die Konten nach Währung zusammen:
4. Per Rechtsklick auf die Spaltenüberschrift *Währung* wählen Sie *Gruppieren nach* und summieren mit den in Abbildung 26.27 gezeigten Einstellungen die Beträge nach Währungen.

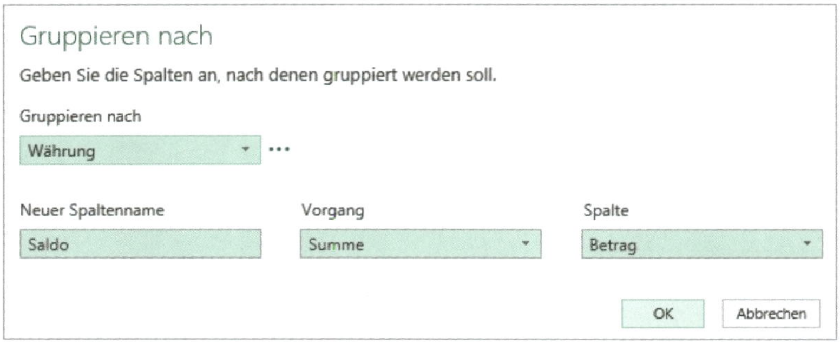

Abbildung 26.27: Statt erst später in Excel mit einer Pivot-Tabelle die Konten nach Währungen zusammenzufassen, erledigen Sie diesen Schritt bereits in Power Query

Die Kontostände in Euro umrechnen

Statt nun die beiden Abfragen in ein Arbeitsblatt zu laden und mühsam per SVERWEIS zu verknüpfen, erledigen Sie diese Arbeit bequem bereits in Power Query. So geht's:

Die Tabellen ohne Formel verknüpfen

1. Klicken Sie auf der Registerkarte *Start* in der Gruppe *Kombinieren* auf *Abfragen zusammenführen.*
2. In der Mitte des Dialogfeldes *Zusammenführen* wählen Sie im Listenfeld die Abfrage *Währungen* und markieren per Mausklick die Spalte *Währung* in beiden Tabellen.
3. Unter Umständen erscheint nun das Dialogfeld *Sicherheitsstufen* (vergleiche Abbildung 26.28). Wählen Sie dort im Listenfeld hinter der Internetseite *Öffentlich*, hinter dem Speicherort der CSV-Datei *Organisation* und klicken Sie auf *Speichern*.

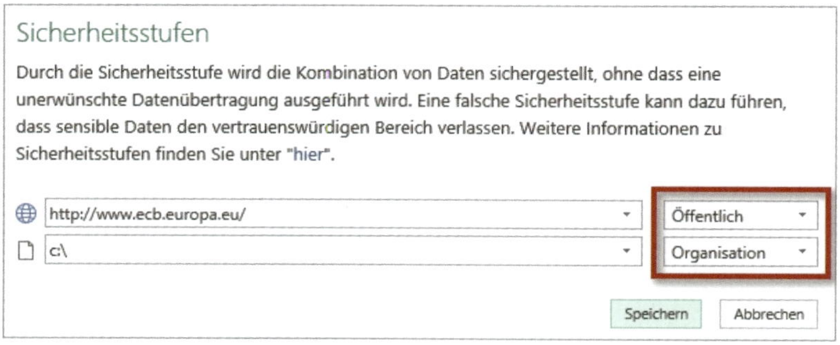

Abbildung 26.28: Damit beim Kombinieren von Abfragen keine sensiblen Daten preisgegeben werden, stellen Sie für jede Datenquelle die Datenschutzstufe ein

4. Im Listenfeld *Join-Art* lassen Sie die Auswahl bei *Linker äußerer Join* und schließen mit *OK* ab.

   Im Ergebnis erhalten Sie eine neue Spalte *NewColumn*. Darin sind beide Spalten der Abfrage *Währungen* enthalten. Es wird jedoch nur die Spalte *Kurs* benötigt:
5. Klicken Sie im Spaltenkopf von *NewColumn* auf die Schaltfläche mit den beiden Pfeilen und entfernen Sie die Häkchen bei *Währung* und *Ursprünglichen Spaltennamen als Präfix verwenden*. Klicken Sie auf *OK*.

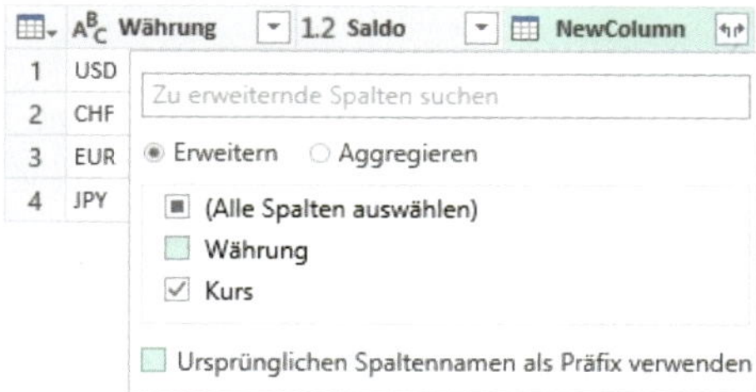

Abbildung 26.29: Tabellen lassen sich mit Power Query mühelos verknüpfen, was den Einsatz von SVERWEIS überflüssig macht

6. Für EUR wird der Kurs mit *null* angegeben, weil sich auf der Internetseite natürlich kein Umrechnungskurs für den Euro befindet. Damit die Division im nächsten Schritt funktioniert, ersetzen Sie per Rechtsklick auf *null* den Wert durch die Zahl *1*.

Die Kontostände in Euro in einer neuen Spalte anzeigen

Um die Salden in Euro umzurechnen, teilen Sie nun die Werte in der Spalte *Saldo* durch den jeweiligen Kurs.

1. Markieren Sie nacheinander mit gedrückter [Strg]-Taste die Spalten *Saldo* und *Kurs*. Wichtig: Nur bei dieser Klickreihenfolge werden im nun folgenden Schritt die Salden durch den jeweiligen Kurs dividiert.
2. Klicken Sie auf der Registerkarte *Spalte hinzufügen* in der Gruppe *Aus Zahl* auf *Standard/Dividieren*.
3. Benennen Sie die neue Spalte per Doppelklick auf den Spaltenkopf in *Euro* um.

Die Kontostände ins Arbeitsblatt laden

1. Benennen Sie die Abfrage in den *Abfrageeinstellungen* am rechten Bildschirmrand in *Konten* um.
2. Klicken Sie auf *Start/Schließen & laden*. Sie erhalten ein neues Arbeitsblatt mit einer »intelligenten« Tabelle, die den Namen *Konten* trägt.

Tipp

Fügen Sie der »intelligenten« Tabelle mit der Tastenkombination [Strg]+[⇧]+[T] eine Ergebniszeile hinzu. Damit stellen Sie ohne eine Formeleingabe sicher, dass die Werte der Spalte *Euro* automatisch addiert werden.

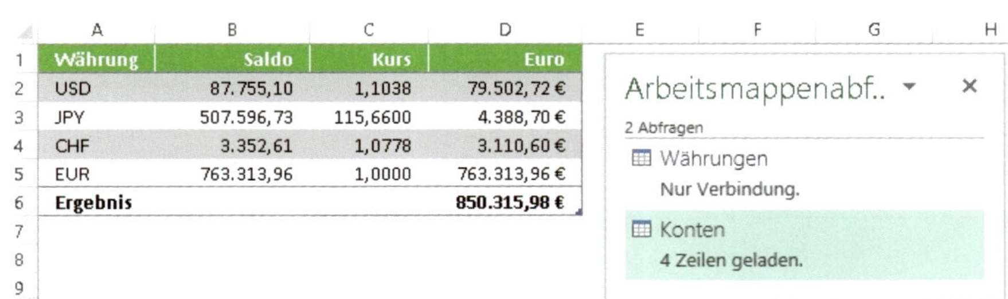

Abbildung 26.30: Eine »intelligente« Tabelle gibt ab sofort Aufschluss über die Gegenwerte der aktuellen Währungspositionen in Euro

Fazit

In diesem Abschnitt haben Sie gesehen, wie Sie mit wenigen Mausklicks und ohne Formeleingabe Ihre Auswertungen mit aktuellen Online-Daten vervollständigen können.

- Dank der Abfrage mit Power Query bringen Sie Ihre Kontoübersicht ab sofort mit nur einem Mausklick täglich auf den neuesten Stand.
- Klicken Sie dazu lediglich auf der Registerkarte *Abfragetools/Abfrage* in der Gruppe *Laden* auf *Aktualisieren* und Sie erhalten umgehend eine Übersicht Ihrer aktuellen Kontostände, die mit den tagesaktuellen Währungskursen der Europäischen Zentralbank bewertet werden.

Duplikate finden und löschen, auch über mehrere Tabellen hinweg

Für eine Marketingaktion benötigen Sie die Namen und Adressen Ihrer Kunden. In Ihrem Haus werden die Kundenadressen jedoch in zwei unterschiedlichen Systemen geführt. Zum einen liegt Ihnen eine Kundenliste als Excel-Datei vor. Eine zweite Liste mit Kundendaten wurde aus SAP im CSV-Format exportiert. Beim Konsolidieren dieser beiden Listen stehen Sie vor folgenden Herausforderungen:

- Die Formate der Quelldateien sind unterschiedlich (Excel und CSV).
- Die Anzahl der Spalten stimmen nicht überein.
- Die Spaltenbezeichnungen sind in beiden Listen nicht immer identisch.
- Manche Kunden sind nur in einer der beiden Listen enthalten.

Diese Aufgabe lösen Sie bisher entweder per VBA oder in zeitraubender und fehleranfälliger Handarbeit:

- Die Inhalte der CSV-Datei nach Excel importieren,
- dafür sorgen, dass die Datentypen der Spalten korrekt sind,
- die nicht benötigten Spalten löschen,
- die jeweils passenden Spalten untereinander kopieren und schließlich
- die Duplikate aus der Liste entfernen.

Erfahren Sie in diesem Abschnitt, wie Sie lästiges Kopieren vermeiden und rationell und ohne VBA mehrere Tabellen aus unterschiedlichen Quellen zu einer Liste ohne Duplikate zusammenfassen.

Online Möchten Sie gleich mitmachen? Dann öffnen Sie eine leere Arbeitsmappe mit Strg+N.

Listen aus verschiedenen Quellen importieren

Zuerst erstellen Sie für beide Quelldateien eine eigene Abfrage. Im Anschluss fügen Sie diese beiden Abfragen zu einer einzigen Tabelle zusammen und entfernen dann die Duplikate. Sie werden sehen: So leicht war das Konsolidieren noch nie!

Die Kunden aus der Excel-Tabelle einlesen

1. Wählen Sie über *Daten/Abrufen und transformieren/Neue Abfrage/Aus Datei* den Befehl *Aus Arbeitsmappe*.
2. Navigieren Sie im Dialogfeld *Daten importieren* zu der Datei *Kap_26_Kunden.xlsx* und klicken Sie auf *Importieren*.
3. Im Navigator sehen Sie nun links die Inhalte der Arbeitsmappe. Sie enthält eine »intelligente« Tabelle *tbl_Kunden* sowie ein Tabellenblatt *Kunden*. Klicken Sie auf *tbl_Kunden*.

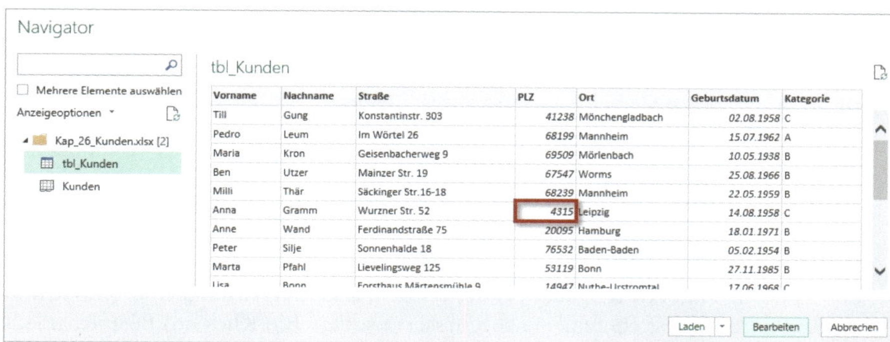

Abbildung 26.31: An der kursiven Schrift und rechtsbündigen Ausrichtung erkennen Sie die automatische Typkonvertierung

In der Vorschau auf der rechten Seite sehen Sie, dass die Inhalte der Spalten *PLZ* und *Geburtsdatum* kursiv und rechtsbündig dargestellt werden. Dies deutet darauf hin, dass Power Query beim Import die Datentypen dieser Spalten verändert hat und dadurch bei der Kundin »Anna Gramm« die führende Null der Postleitzahl verschwunden ist. Dies korrigieren Sie wie folgt:

4. Laden Sie die Datei per Klick auf *Bearbeiten* in den Abfrage-Editor.

Abbildung 26.32: Den Datentyp der Spalte PLZ auf Text ändern

5. Anhand der Symbole in den Spaltenköpfen sehen Sie, dass Power Query alle Spaltentypen mit Ausnahme der Postleitzahl korrekt als Text beziehungsweise Datum erkannt hat. Klicken Sie im Spaltenkopf von *PLZ* auf das Symbol und wählen Sie *Text*. Die Postleitzahl von Leipzig erhält so die führende Null zurück.

Die erste Kundenliste zwischenspeichern

Die Abfrage *tbl_Kunden* soll nachher mit den Kunden aus der CSV-Datei zusammengeführt werden. Speichern Sie daher die Liste zwischen, anstatt sie auf einem Tabellenblatt auszugeben:

1. Klicken Sie auf der Registerkarte *Start* auf den Pfeil der Schaltfläche *Schließen & laden* und dann auf *Schließen & laden in*.
2. Im Dialog *Laden in* wählen Sie die Option *Nur Verbindung erstellen* und klicken anschließend auf *Laden* (siehe Abbildung 26.14)

Die Kunden aus der CSV-Datei importieren

Importieren Sie nun die Kunden aus der CSV-Datei und führen Sie die notwendigen Bereinigungen durch, bevor Sie beide Listen konsolidieren.

1. Wählen Sie über *Daten/Abrufen und transformieren/Neue Abfrage/Aus Datei* den Befehl *Aus CSV*.
2. Navigieren Sie im Dialogfeld *Daten importieren* zu der Datei *Kap_26_Kunden.csv* und klicken Sie auf *Importieren*.
3. Im nächsten Dialogfeld sehen Sie das Ergebnis der Analyse der CSV-Datei. Auch bei der CSV-Datei hat Power Query bei der Postleitzahl den gleichen Fehler gemacht. Beim Geburtsdatum muss ebenfalls nachgebessert werden. Ein Klick auf *Bearbeiten* lädt die Datei in den Editor.

Kap_26_Kunden.csv

Zuname	Vorname	GebDat	Straße	PLZ	Ort
Gung	Till	2081958	Konstantinstr. 303	41238	Mönchengladbach
Zerr	Kurt	22021937	Holzweg 38	69469	Weinheim
Kron	Maria	10051938	Geisenbacherweg 9	69509	Mörlenbach
Thär	Milli	22051959	Säckinger Str.16-18	68239	Mannheim
Nengraben	Maria	13111980	Hanauer Landstr. 67	83791	Karlstein am Main
Wand	Anne	18011971	Ferdinandstraße 75	20095	Hamburg
Tail	Bob	31081971	Gereonstraße 43-65	50670	Köln
Pfahl	Marta	27111985	Lievelingsweg 125	53119	Bonn
Bonn	Lisa	17061968	Forsthaus Märtensmühle 9	14947	Nuthe-Urstromtal
Wein	Rainer	2041987	Comeniusstraße 2	40670	Meerbusch
Rator	Sepp A.	25021966	Nikolaus-Dürkopp-Straße 2a	33602	Bielefeld
Thien	Niko	26111969	Freiligrathstr. 1	40479	Düsseldorf
Denschätze	Bo	21081928	Regensburger Str. 37	92224	Amberg
Ihnen	Philip	14031929	Pirnaer Landstr. 109	1257	Dresden
Lenriff	Cora	14111953	Georgenstr. 65	92224	Amberg
Sehr	Kai	17031964	Elisabethstr. 8	52062	Aachen
Pomm	Fritz	30031975	Norbertstr. 5	45131	Essen

Abbildung 26.33: Die automatische Typkonvertierung führt hier zu Fehlern

4. Analog zur Vorgehensweise bei der Excel-Datei ändern Sie auch hier den Typ der Spalte *PLZ* per Klick auf das Symbol im Spaltenkopf auf *Text*.
5. Ändern Sie ebenso den Typ der Spalte *GebDat* auf *Datum*. Alle Spalten werden jetzt korrekt dargestellt.
6. Benennen Sie die Abfrage in den *Abfrageeinstellungen* am rechten Bildschirmrand in *Kunden_CSV* um.

Die Abfragen für die Konsolidierung vorbereiten

Im Abfrage-Editor können Sie über den Navigationsbereich am linken Seitenrand zwischen den Abfragen wechseln und die Inhalte der Tabellen vergleichen. Dabei fällt Folgendes auf:

- Die Spalte mit den Nachnamen heißt in der CSV-Datei *Zuname*.
- Die Spalte mit den Geburtsdaten heißt in der CSV-Datei *GebDat*.
- Die Spalte *Kategorie* ist in der CSV-Datei nicht enthalten.
- Die Spaltenreihenfolge stimmt in den beiden Tabellen nicht überein.

Damit Power Query beim Zusammenführen von Listen die Spalten korrekt zuordnen kann, müssen die Spaltenüberschriften identisch sein. Die Reihenfolge der Spalten spielt hingegen keine Rolle.

Hinweis Das Konsolidieren von Abfragen funktioniert nur, wenn die Spaltenüberschriften in den einzelnen Tabellen identisch sind. Die Reihenfolge der Spalten spielt hingegen keine Rolle.

Die Spaltenüberschriften vereinheitlichen

1. Klicken Sie im Navigationsbereich am linken Bildschirmrand auf *Kunden_CSV*.
2. Benennen Sie die Spalte *Zuname* per Doppelklick auf den Spaltenkopf in *Nachname* um.
3. Benennen Sie die Spalte *GebDat* auf gleiche Weise in *Geburtsdatum* um.

Abbildung 26.34: Über den Navigationsbereich gelangen Sie bequem zur gewünschten Abfrage

Nicht benötigte Spalten löschen und die Abfragen speichern

In der Abfrage *tbl_Kunden* befindet sich die Spalte *Kategorie*. In *Kunden_CSV* ist sie nicht vorhanden. Löschen Sie die Spalte wie folgt:

1. Klicken Sie im Navigationsbereich am linken Bildschirmrand auf *tbl_Kunden*.
2. Entfernen Sie die Spalte *Kategorie* per Rechtsklick auf den Spaltenkopf.

Die zweite Kundenliste zwischenspeichern

1. Wechseln Sie über den Navigationsbereich zurück zur Abfrage *Kunden_CSV*.
2. Klicken Sie auf der Registerkarte *Start* auf den Pfeil der Schaltfläche *Schließen & laden* und dann auf *Schließen & laden in*.
3. Im Dialog *Laden in* wählen Sie wiederum die Option *Nur Verbindung erstellen* und klicken anschließend auf *Laden* (siehe Abbildung 26.14).

Mehrere Listen zu einer einzigen zusammenfassen

Alle Vorarbeiten sind erledigt. Beide Abfragen sind fertig und zwischengespeichert. Fassen Sie nun beide Listen zu einer einzigen zusammen:

1. Wählen Sie über *Daten/Abrufen und transformieren/Neue Abfrage/Abfragen kombinieren* den Befehl *Anfügen*.
2. Im gleichnamigen Dialogfeld wählen Sie im ersten Listenfeld *tbl_Kunden* und im zweiten *Kunden_CSV* aus. Schließen Sie mit einem Klick auf *OK* ab.

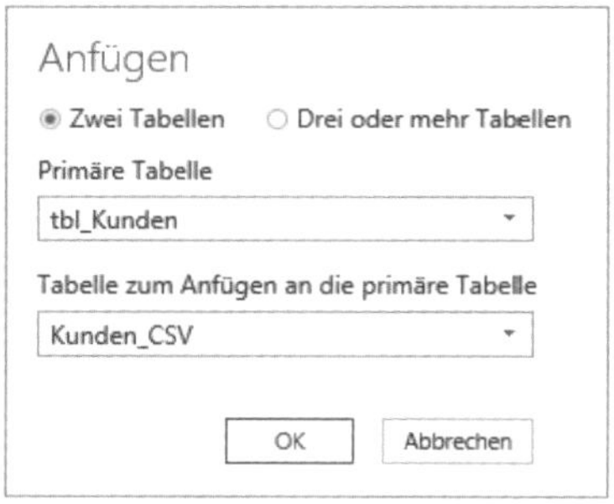

Abbildung 26.35: So einfach fügen Sie zwei Abfragen zu einer einzigen Tabelle zusammen

Im Abfrage-Editor sehen Sie das Ergebnis: Obwohl die Spaltenreihenfolgen in beiden Tabellen verschieden waren, hat Power Query dank der übereinstimmenden Spaltenüberschriften eine korrekte Zuordnung vorgenommen.

Die Duplikate aus der Liste entfernen

Da Kunden in beiden Systemen geführt wurden, enthält die kombinierte Liste noch eine Vielzahl doppelter Einträge. Diese entfernen Sie wie folgt:

1. Um alle Spalten zu markieren, klicken Sie auf den Spaltenkopf der ersten Spalte, halten die [⇧]-Taste gedrückt und klicken dann auf den Spaltenkopf der letzten Spalte.
2. Per Rechtsklick auf einen beliebigen Spaltenkopf wählen Sie *Duplikate entfernen*. Die Liste hat nun anstatt 36 nur noch 25 Zeilen.

Für den Feinschliff sorgen

Stellen Sie die Spalte *Nachname* an den Anfang der Tabelle und sortieren Sie die Liste alphabetisch aufsteigend nach Nachnamen:

1. Wählen Sie die Spalte *Nachname* per Mausklick aus. Die anderen Spalten sind nun nicht mehr markiert.
2. Verschieben Sie per Drag&Drop die Spalte *Nachname* an die erste Position.
3. Klicken Sie auf den Dropdownpfeil neben *Nachname* und wählen Sie *Aufsteigend sortieren.*

Die fertige Liste in ein Arbeitsblatt laden

1. Benennen Sie die Abfrage in den *Abfrageeinstellungen* am rechten Bildschirmrand in *Alle_Kunden* um.
2. Klicken Sie auf der Registerkarte *Start* auf den Pfeil der Schaltfläche *Schließen & laden* und dann auf *Schließen & laden in.*
3. Im Dialog *Laden in* wählen Sie die Option *Tabelle* und unten *Vorhandenes Arbeitsblatt.*
4. Klicken Sie auf *Laden* und Sie erhalten die konsolidierte Kundenliste in einer »intelligenten« Tabelle, die den Namen *Alle_Kunden* trägt.

Fazit

Anhand dieses Beispiels haben Sie gesehen, wie einfach das Konsolidieren von Tabellen mit Power Query ist. Lästiges (und fehleranfälliges) Kopieren entfällt. Die Arbeit mit Power Query hat unter anderem folgende Vorteile:

- Die Daten können aus unterschiedlichen Quellen stammen.
- Das Dateiformat der Quellen spielt keine Rolle.
- Nicht übereinstimmende Spaltenüberschriften korrigieren Sie im Nu.
- Die Spaltenreihenfolge innerhalb der Quellen ist unerheblich.
- Das konsolidierte Ergebnis ist automatisch eine »intelligente« Tabelle.
- Klicken Sie in der Registerkarte *Abfragetools/Abfrage* auf *Aktualisieren*, um neuere Versionen der Quelldaten zusammenzufassen.

Kapitel 27

Mehr Informationsgehalt für Pivot: Mit dem Datenmodell mehrere Tabellen nutzen

In diesem Kapitel:

Die Unterschiede von Pivot-Tabellen mit und ohne Datenmodell

Bisher haben Sie beim Anlegen einer Pivot-Auswertung auf die Daten aus einer einzigen Tabelle zugegriffen. Waren Informationen aus einer weiteren Tabelle erforderlich – zum Beispiel die Warengruppe zu einer ProduktID –, mussten Sie dies in der Vergangenheit umständlich mit SVERWEIS erledigen.

Mit dem Datenmodell wird das einfacher: Sie können nun beliebig viele Tabellen als Datenbasis für Ihre Pivot-Auswertungen heranziehen. Damit eröffnen Sie sich neue Möglichkeiten zur Datenanalyse und -visualisierung.

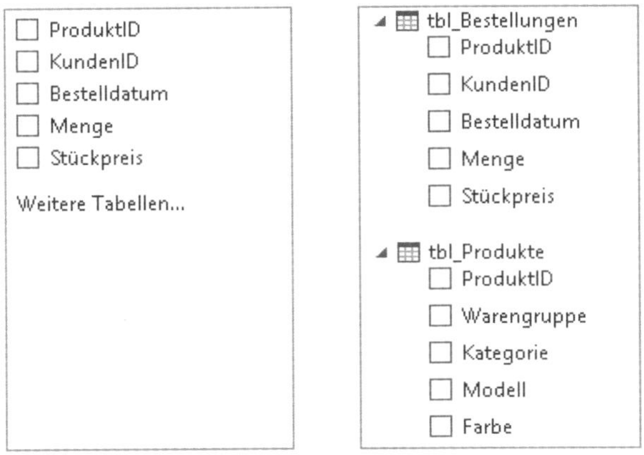

Abbildung 27.1: Links: Mit der Feldliste einer »klassischen« Pivot-Tabelle haben Sie Zugriff auf nur eine Tabelle; rechts: Dank Datenmodell können Sie nun die Inhalte aus mehreren Tabellen in Ihrer Pivot-Tabelle auswerten

Warum »intelligente« Tabellen für Ihr Datenmodell unverzichtbar sind

In der PivotTable-Feldliste stehen nur die Tabellen zur Verfügung, die Sie vorher zu einer »intelligenten« Tabelle gemacht haben (Abbildung 27.1):

- Stellen Sie sicher, dass Ihre Datenliste weder durch leere Zeilen noch durch leere Spalten unterbrochen wird.
- Klicken Sie eine beliebige Zelle in der Datenliste an.
- Drücken Sie die Tastenkombination [Strg]+[T].
- Bestätigen Sie die Bereichsauswahl mit *OK*.

Weitere Informationen zu »intelligenten« Tabellen finden Sie in Kapitel 13.

Die »intelligente« Tabelle bietet einen weiteren Vorteil: Ihre Auswertung greift stets zuverlässig auf die aktuellen Daten zu. Wenn Sie künftig Datensätze ändern, löschen oder hinzufügen, brauchen Sie Ihre Pivot-Tabelle nur noch per Rechtsklick zu aktualisieren.

So bauen Sie ein Datenmodell auf

Sie haben bereits eine Pivot-Tabelle erstellt und möchten darin Daten aus anderen Tabellen verwenden? Oder wissen Sie bereits vor der Erstellung einer Pivot-Tabelle, dass Sie die Daten aus mehreren Tabellen analysieren möchten? In beiden Fällen ist ein Datenmodell in wenigen Schritten erstellt:

Online Öffnen Sie zum Nachvollziehen des folgenden Beispiels die Datei *Kap27_Pivot_ohne_SVERWEIS_UEB.xlsx* und wechseln Sie dort zum Arbeitsblatt *Bestellungen*.

Genial: Ein Häkchen erspart Ihnen den SVERWEIS

Wie viele Artikel Sie pro Warengruppe verkauft haben, lässt sich mit einer Pivot-Tabelle schnell beantworten. Allerdings liegen die Daten in zwei verschiedenen Tabellen vor:

- Die Tabelle *Bestellungen* enthält die ProduktID und die jeweilige Menge.
- Die Warengruppe des jeweiligen Produkts befindet sich in der Tabelle *Produkte*.

ProduktID	KundenID	Bestelldatum	Menge	Stückpreis
528	16115	21.07.2015	5	4,99
477	16982	23.05.2015	1	4,99
530	27066	25.05.2015	2	4,99
314	27623	04.05.2013	1	3578,27
311	27645	22.04.2013	1	3578,27
313	27666	29.04.2013	1	3578,27
584	22293	29.09.2015	1	539,99
606	22257	29.09.2015	1	539,99
363	15321	29.11.2015	1	2294,99
359	11292	25.04.2015	1	2294,99
390	21309	04.06.2015	1	1120,49

Bestellungen

ProduktID	Warengruppe	Kategorie	Modell	Farbe
212	Zubehör	Helme	Sport-100	Rot
215	Zubehör	Helme	Sport-100	Schwarz
218	Bekleidung	Socken	Mountain Bike Socks	Weiß
220	Zubehör	Helme	Sport-100	Blau
223	Bekleidung	Mützen	Cycling Cap	Multi
320	Fahrräder	Rennräder	Road-650	Rot
348	Fahrräder	Mountainbikes	Mountain-100	Schwarz
352	Fahrräder	Mountainbikes	Mountain-200	Silber
358	Fahrräder	Mountainbikes	Mountain-200	Schwarz
364	Fahrräder	Mountainbikes	Mountain-300	Schwarz
368	Fahrräder	Rennräder	Road-250	Rot

Produkte

Abbildung 27.2: Diese beiden Tabellen sollen gemeinsam in einer Pivot-Tabelle ausgewertet werden

Anstatt die Information zur Warengruppe mittels SVERWEIS in die Tabelle mit den Bestellungen zu holen, nutzen Sie die Vorteile des Datenmodells. Da beide Tabellen bereits wie weiter vorn beschrieben in »intelligente« Tabellen umgewandelt wurden, sind ihre Inhalte für das Datenmodell verfügbar:

1. Klicken Sie im Blatt *Bestellungen* in die Liste und wählen Sie *Einfügen/Tabellen/PivotTable.*
2. Aktivieren Sie das Kontrollkästchen *Dem Datenmodell diese Daten hinzufügen* und klicken Sie auf *OK*.
3. Aktivieren Sie in der PivotTable-Feldliste am rechten Seitenrand das Kontrollkästchen vor *Menge*, um dieses Feld dem Wertebereich hinzuzufügen.

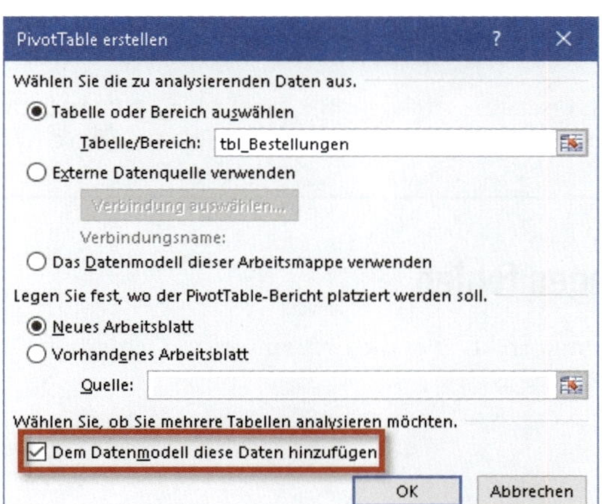

Abbildung 27.3: Das Anklicken des Kontrollkästchens erspart Ihnen das umständliche Hantieren mit dem SVERWEIS

Die Pivot-Tabelle zeigt nun bereits die Gesamtmenge aller bestellten Produkte. Für eine Aufschlüsselung nach Warengruppen fehlt noch das gleichnamige Feld aus der Produkte-Tabelle. So fügen Sie es hinzu (siehe Abbildung 27.4):

1. Um sämtliche Tabellen des Datenmodells in der PivotTable-Feldliste anzuzeigen, klicken Sie oberhalb der Feldliste auf *Alle* [1]. Mit einem Klick auf das Dreieck [2] vor den Tabellennamen *tbl_Produkte* machen Sie alle Felder dieser Tabelle sichtbar.
2. Aktivieren Sie in der Tabelle *tbl_Produkte* das Kontrollkästchen vor *Warengruppe*, um sie als Zeilenbeschriftung zu verwenden.

Abbildung 27.4: Dank Datenmodell können Sie die Daten aus beiden Tabellen in nur einer Pivot-Tabelle anzeigen

---

Hinweis Jede – auch nachträglich erstellte – »intelligente« Tabelle wird automatisch der PivotTable-Feldliste hinzugefügt und ist damit sofort für Auswertungen verfügbar.

Vorsicht, wenn die Beziehungen fehlen

Das Aussehen der Pivot-Tabelle ist zwar korrekt, aber die Ergebnisse sind fehlerhaft.

Zeilenbeschriftungen	Summe von Menge
Bekleidung	115452
Fahrräder	115452
Zubehör	115452
Gesamtergebnis	**115452**

Abbildung 27.5: Das Layout ist korrekt, aber aufgrund fehlender Beziehungen ist das Ergebnis noch falsch

Damit Excel (wie beim SVERWEIS) zu jedem Artikel in *tbl_Bestellungen* über die ProduktID die entsprechende Warengruppe in *tbl_Produkte* nachschlagen kann, muss zwischen beiden Tabellen eine Beziehung bestehen.

Abbildung 27.6: Excel macht Sie in der PivotTable-Feldliste auf fehlende Tabellenbeziehungen aufmerksam

1. Klicken Sie im gelben Hinweiskasten der PivotTable-Feldliste auf die Schaltfläche *ERSTELLEN*.
2. Legen Sie im Dialogfeld die Beziehung zwischen den beiden Tabellen fest und klicken Sie auf *OK*. Die Ergebnisse in der Pivot-Tabelle sind danach korrekt.

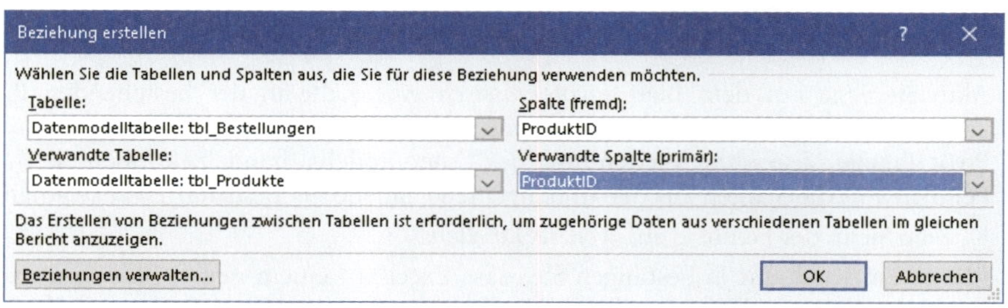

Abbildung 27.7: Tabellenbeziehungen im Datenmodell machen den SVERWEIS überflüssig

Bestehende Pivot-Tabellen um zusätzliche Tabellen ergänzen

Im ersten Beispiel haben Sie die Daten bereits beim Erstellen der Pivot-Tabelle ins Datenmodell geladen und so die Voraussetzung geschaffen, mehrere Tabellen in einer Pivot-Tabelle auszuwerten. Was aber, wenn Sie bereits eine »klassische« Pivot-Tabelle erstellt haben und darin nun auch Daten aus anderen Tabellen verwenden möchten? Oder wenn sich erst im Laufe der Zeit die Notwendigkeit ergibt, die Daten aus mehreren Tabellen zu kombinieren? Müssen Sie jetzt noch einmal von vorn beginnen? Nein, zum Glück ist Ihnen Excel bei der Umstellung behilflich. Mit wenigen Mausklicks wandeln Sie Ihre bestehende Pivot-Tabelle um und kommen in den vollen Genuss des Datenmodells.

Online Nutzen Sie zum Nachvollziehen dieser Aufgabe in der Mappe *Kap_27_klassische_Pivot_erweitern_UEB.xlsx* das Arbeitsblatt *Pivot_klassisch*.

In der Pivot-Tabelle werden die Daten des Tabellenblatts *Bestellungen* ausgewertet: Zu jedem bestellten Produkt wird anhand der ProduktID die bestellte Menge aufgelistet. Allerdings ist die Auswertung in dieser Form wenig aussagekräftig, denn wer weiß schon, welches Produkt sich hinter der entsprechenden ProduktID verbirgt? Der gesuchte Produktname befindet sich in der Spalte *Modell* auf dem Blatt *Produkte*. Um diese Daten in der bestehenden Pivot-Tabelle verwenden zu können, gehen Sie wie folgt vor:

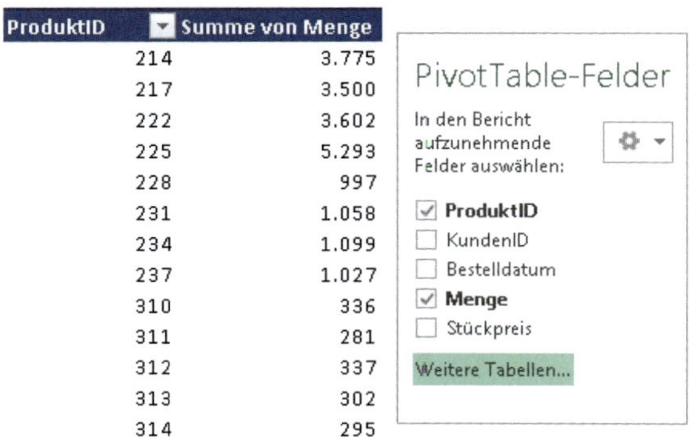

Abbildung 27.8: Mit nur einem Klick erweitern Sie bestehende Pivot-Tabellen um die Daten aus weiteren Tabellen

1. Aktivieren Sie auf dem Blatt *Pivot_klassisch* eine Zelle in der bestehenden Pivot-Tabelle, damit die PivotTable-Feldliste angezeigt wird. Da es sich um eine »klassische« Pivot-Tabelle (also ohne Verwendung des Datenmodells) handelt, können Sie in der Feldliste nur die Spalten aus der »intelligenten« Tabelle *tbl_Bestellungen* auswählen.
2. Klicken Sie in der Feldliste auf *Weitere Tabellen*.
3. Mit einem Klick auf *Ja* bestätigen Sie, dass Excel auf einem neuen Blatt eine exakte Kopie Ihrer Pivot-Tabelle erstellt und die Daten automatisch dem Datenmodell hinzufügt.
4. In der PivotTable-Feldliste stehen Ihnen nun alle »intelligenten« Tabellen der aktiven Mappe zur Verfügung. Das Blatt mit der herkömmlichen Pivot-Tabelle wird nicht mehr gebraucht. Sie können es löschen.

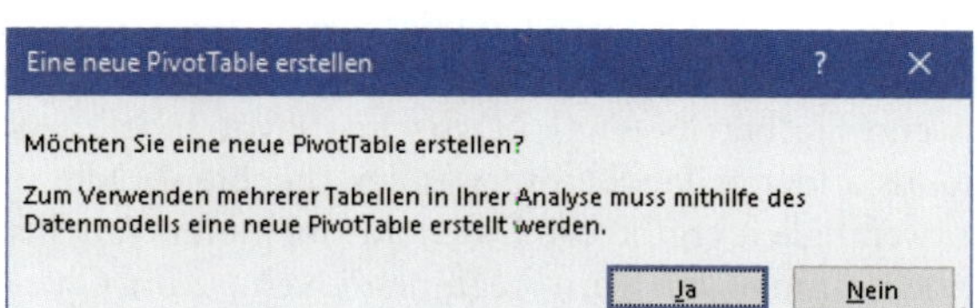

Abbildung 27.9: Nach dem Klick auf Weitere Tabellen *in der PivotTable-Feldliste erscheint dieses Dialogfeld*

Tipp Machen Sie das Datenmodell zum Standard für Ihre neuen Pivot-Tabellen und externe Datenimporte, indem Sie in den Excel-Optionen die in Abbildung 27.10 dargestellte Einstellung vornehmen.

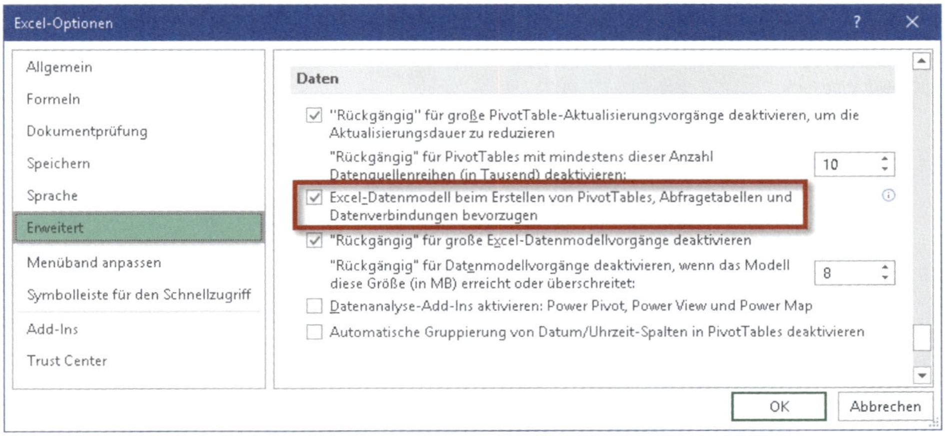

Abbildung 27.10: Mit dieser Einstellung sichern Sie sich bei neuen Pivot-Tabellen und Datenimporten automatisch die vielen Vorteile des Datenmodells

Die Beziehungen zwischen den Tabellen erstellen

Wie Sie in Abbildung 27.6 gesehen haben, weist Sie Excel auf fehlende Tabellenbeziehungen hin, sobald Sie Felder aus mehreren Tabellen in einer Pivot-Tabelle verwenden. Anstatt die Beziehungen erst aufgrund dieses Hinweises zu erstellen, legen Sie die Beziehungen am besten sofort an, wenn Sie dem Datenmodell neue Tabellen hinzufügen. Dadurch vermeiden Sie den Hinweis und die Pivot-Tabelle weist sofort das korrekte Ergebnis aus:

1. Klicken Sie auf der Registerkarte *PivotTable-Tools/Analysieren* in der Gruppe *Berechnungen* auf die Schaltfläche *Beziehungen*.
2. Im Dialogfeld *Beziehungen verwalten* klicken Sie rechts oben auf *Neu*.
3. Legen Sie dann die Beziehung wie in Abbildung 27.7 gezeigt fest. Schließen Sie die offenen Dialogfelder per Klick auf *OK* und *Schließen*.
4. Entfernen Sie in der Pivot-Tabelle die *ProduktID* aus der Zeilenbeschriftung, indem Sie in der PivotTable-Feldliste in der Tabelle *tbl_Bestellungen* das Kontrollkästchen vor dem Feld *ProduktID* deaktivieren.
5. Aktivieren Sie anschließend in der Tabelle *tbl_Produkte* das Kontrollkästchen vor *Modell*, um das Feld als Zeilenbeschriftung zu verwenden. Da Sie die Beziehung zwischen den beiden Tabellen bereits angelegt haben, wird in der Pivot-Tabelle sofort das korrekte Ergebnis angezeigt.

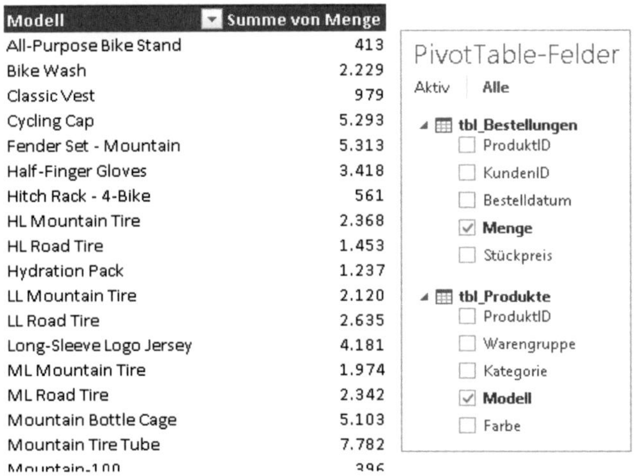

Abbildung 27.11: Dank Datenmodell können Sie die Daten aus den beiden Tabellen in nur einer Pivot-Tabelle anzeigen und auswerten

Das Datenmodell erweitern durch externe Daten

Bisher enthält das Datenmodell lediglich zwei »intelligente« Tabellen. Natürlich können Sie dem Datenmodell auch Daten aus anderen Quellen hinzufügen, zum Beispiel aus CSV-Dateien, Datenbanken und sonstigen externen Quellen. Im Folgenden wird dies am Beispiel einer Kundenliste gezeigt, die im CSV-Format vorliegt.

Online Wenn Sie die folgenden Schritte am PC mitmachen möchten, öffnen Sie die Mappe *Kap_27_Pivot_mit_externen_Daten.xlsx.*

Die Kundenliste aus einer CSV-Datei importieren

1. Klicken Sie auf eine Zelle außerhalb der Pivot-Tabelle, anschließend auf *Daten/Externe Daten abrufen/Aus Text* und wählen Sie die Datei *Kunden.csv* aus..
2. Wählen Sie im ersten Schritt des Assistenten den Datentyp *Getrennt* (siehe Abbildung 27.12 [1]) und aktivieren Sie das Kontrollkästchen *Die Daten haben Überschriften* [2]. Klicken Sie auf *Weiter* [3].
3. Legen Sie im zweiten Schritt das *Semikolon* als Trennzeichen fest [4]. Unten im Dialogfeld sehen Sie in der Vorschau bereits die auf Spalten verteilten Inhalte der CSV-Datei [5].
4. Starten Sie den Import mit einem Klick auf *Fertig stellen* [6].

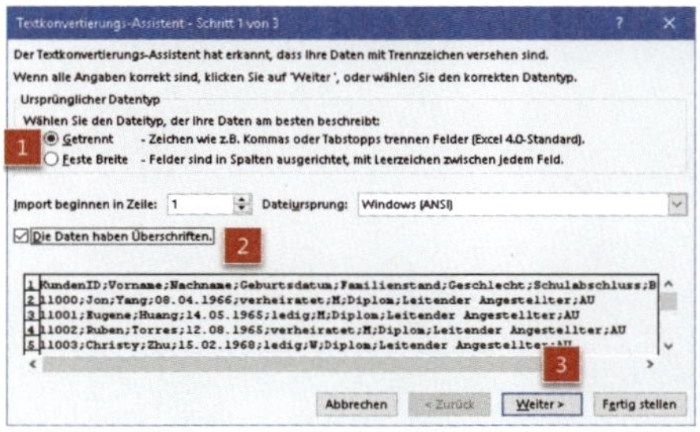

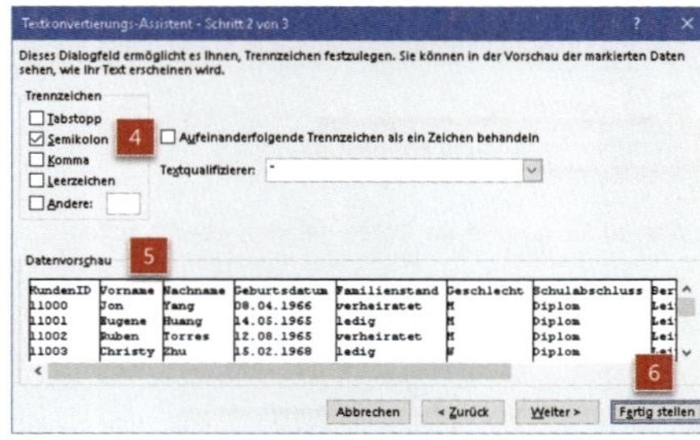

Abbildung 27.12: Die Schritte zum Import der Kunden aus der CSV-Datei

5. Nun legen Sie fest, wohin die Daten importiert werden. Aktivieren Sie im Dialogfeld *Daten importieren* das Kontrollkästchen *Dem Datenmodell diese Daten hinzufügen* (siehe Abbildung 27.13 [1]). Dadurch werden auch die Optionsfelder in der oberen Hälfte des Dialogfeldes aktiv. Da Sie die Daten lediglich im Datenmodell benötigen, aktivieren Sie die Option *Nur Verbindung erstellen* [2] und schließen mit einem Klick auf *OK* ab.

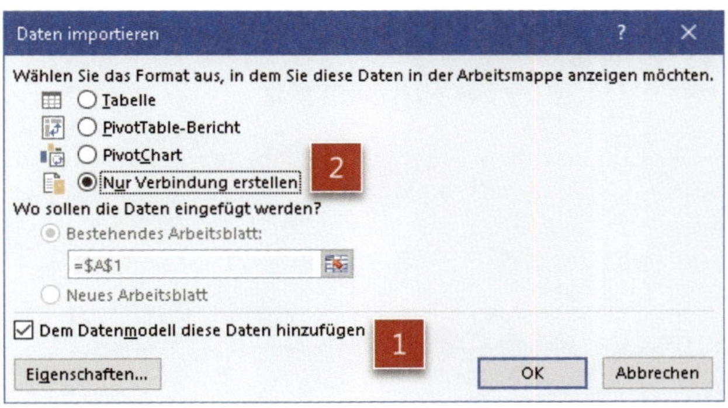

Abbildung 27.13: So fügen Sie den Inhalt der CSV-Datei dem Datenmodell ohne Umwege hinzu

---

Hinweis Sollen externe Daten beim Import aufbereitet werden, verwenden Sie die in Kapitel 26 beschriebenen Befehle der Gruppe *Abrufen und transformieren* auf der Registerkarte *Daten*. Beim Laden der Daten aktivieren Sie dann, wie in Abbildung 27.14 dargestellt, ebenfalls das Kontrollkästchen *Diese Daten dem Datenmodell hinzufügen* und wählen die Option *Nur Verbindung erstellen*.

Abbildung 27.14: Auch beim Datenimport über Daten/Abrufen und transformieren *können Sie die Daten bequem direkt ins Datenmodell laden*

Die fehlende Beziehung ergänzen

Nachdem Sie die CSV-Datei ins Datenmodell geladen haben, stehen ihre Inhalte in der PivotTable-Feldliste automatisch zur Verfügung. An der horizontalen Linie, die *Kunden* von den beiden anderen Tabellen abtrennt, erkennen Sie, dass zwischen *Kunden* und den anderen Tabellen noch keine Beziehung besteht.

Abbildung 27.15: Die Linie weist auf die noch fehlende Beziehung zwischen den Tabellen hin

Erstellen Sie wie weiter vorn beschrieben über *PivotTable-Tools/Analysieren/Berechnungen/Beziehungen* eine Beziehung zwischen *tbl_Bestellungen* und *Kunden* wie in Abbildung 27.16 gezeigt.

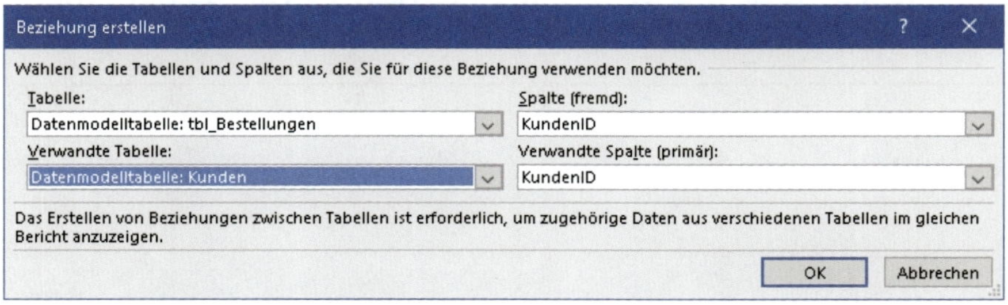

Abbildung 27.16: So binden Sie die Tabelle Kunden *ins Datenmodell ein*

Nun können Sie auch die Felder aus *Kunden* in der Pivot-Tabelle verwenden: Ziehen Sie mit gedrückter Maustaste das Feld *Geschlecht* in den Bereich *Spalten*, um die verkaufte Menge je Warengruppe und Kundengeschlecht zu ermitteln:

Summe von Menge	Geschlecht		
Warengruppe	M	W	Gesamtergebnis
Bekleidung	9935	9797	19732
Fahrräder	7525	7680	15205
Zubehör	40712	39803	80515
Gesamtergebnis	**58172**	**57280**	**115452**

Abbildung 27.17: Die Inhalte der CSV-Datei können Sie jetzt ebenfalls in der Pivot-Tabelle verwenden

Daten und Pivot-Tabelle per Mausklick auf den aktuellen Stand bringen

Im Zeitablauf wird Ihr Unternehmen erfolgreicher: Sie erhalten viele neue Bestellungen, erweitern Ihre Produktpalette und gewinnen neue Kunden hinzu. Mit anderen Worten: Die Inhalte der Excel-Tabellen und der CSV-Datei verändern sich und werden größer. Eine Aktualisierung der Pivot-Tabelle per Rechtsklick führt nicht automatisch dazu, dass vorher auch die aktualisierten Datenquellen neu geladen werden. Dies geschieht nur dann, wenn Sie auf *Daten/Verbindungen/Alle aktualisieren* klicken oder die Tastenkombination `Strg`+`Alt`+`F5` verwenden. Damit laden Sie die Inhalte sämtlicher Datenquellen erneut ins Datenmodell und aktualisieren gleichzeitig die Pivot-Tabelle.

Diese neuen Analysen ermöglicht nur das Datenmodell

Sie haben im bisherigen Verlauf des Kapitels gesehen, wie Sie ein Datenmodell aufbauen, durch weitere Datenquellen ergänzen und mit Pivot-Tabellen analysieren können. Es ist jetzt also endlich möglich, mehrere Tabellen in einer Auswertung zu verknüpfen, ohne die Daten vorher umständlich per SVERWEIS zusammenzuführen. Aber das ist noch lange nicht alles. Die folgenden drei Analysemöglichkeiten stehen Ihnen nur zur Verfügung, wenn sich Ihre Daten im Datenmodell befinden:

- Mit der Aggregationsfunktion *Diskrete Anzahl* zählen Sie nur die unterschiedlichen Werte in einer Spalte. Duplikate bleiben unberücksichtigt.
- Durch den *Schnelleinblick* navigieren Sie per Mausklick durch das Datenmodell und analysieren Datendetails auf unterschiedlichen Ebenen.
- Sie können berechnete Felder, sogenannte Measures, mit der leistungsfähigen Formelsprache DAX (Data Analysis Expressions) erstellen. DAX erweitert die Funktionen zur gezielten Datenanalyse und macht komplexe Berechnungen möglich. Die Syntax der DAX-Formeln ähnelt der von Excel-Formeln.

Mit »Diskrete Anzahl« Duplikate ignorieren

Um in einer Pivot-Tabelle die Werte in einer Spalte zu zählen, stand bisher nur die Aggregationsfunktion *Anzahl* zur Verfügung. Sie liefert die Anzahl der nicht leeren Zellen einer Spalte. Verwenden Sie das Datenmodell, steht Ihnen darüber hinaus eine weitere Funktion zum Zählen zur Verfügung: *Diskrete Anzahl.* Damit ermitteln Sie die Anzahl der unterschiedlichen Werte in einer Spalte. Überzeugen Sie sich im nächsten Beispiel davon, wie hilfreich diese lang ersehnte Funktion ist.

Online Um die neue Funktion gleich auszuprobieren und die Schritte nachzuverfolgen, öffnen Sie die Beispieldatei *Kap_27_Diskrete_Anzahl_UEB.xlsx.*

Mit dem Aufbau der Daten vertraut werden

Für eine Marketingkampagne benötigen Sie die Information, wie oft jeder Kunde bereits bei Ihnen eingekauft hat. Bevor Sie mit Ihrer Arbeit beginnen, schauen Sie sich die Tabelle auf dem Blatt *Bestellungen* genau an. Jede Tabellenzeile steht für den Kauf eines bestimmten Produkts – und nicht für eine Bestellung. Hat ein Kunde bei seiner Bestellung zum Beispiel drei unterschiedliche Produkte erworben, wird dies in der Tabelle durch drei Zeilen dargestellt. Die Anzahl der Bestellungen eines Kunden ergibt sich also nicht aus der Anzahl der Zeilen, sondern aus der Anzahl der unterschiedlichen Tage in der Spalte *Bestelldatum.*

ProduktID	KundenID	Bestelldatum	Menge	Stückpreis
217	11013	06.08.2015	1	34,99
529	11013	06.08.2015	2	3,99
222	11013	14.05.2016	2	34,99
528	11013	14.05.2016	3	4,99
537	11013	14.05.2016	1	35,00

Abbildung 27.18: Dieser Kunde hat zwei Bestellungen aufgegeben – eine in 2015 und eine in 2016

Manche Ihrer Kunden haben nach dem ersten Einkauf keine weiteren Bestellungen aufgegeben. Diesen Kunden möchten Sie nun ein attraktives »Wir vermissen Sie«-Angebot unterbreiten. Um herauszufinden, welche Kunden das sind, gehen Sie wie folgt vor:

Eine neue Pivot-Tabelle auf Basis des Datenmodells erstellen

Eine Excel-Arbeitsmappe kann zwar nur ein Datenmodell enthalten, aber dieses Modell können Sie wiederholt in der gesamten Arbeitsmappe für Pivot-Tabellen und -Diagramme verwenden. Für dieses Beispiel erstellen Sie bitte in der Datei *Kap_27_Diskrete_Anzahl_UEB.xlsx* eine zusätzliche Pivot-Tabelle auf Basis des Datenmodells:

1. Klicken Sie auf eine Zelle außerhalb der bestehenden Pivot-Tabelle.
2. Wählen Sie *Einfügen/Tabellen/PivotTable.*
3. Aktivieren Sie im Dialogfeld *PivotTable erstellen* die Option *Das Datenmodell dieser Arbeitsmappe verwenden.*
4. Legen Sie fest, dass die Pivot-Tabelle auf einem neuen Arbeitsblatt erstellt wird, und beenden Sie per Klick auf *OK.*

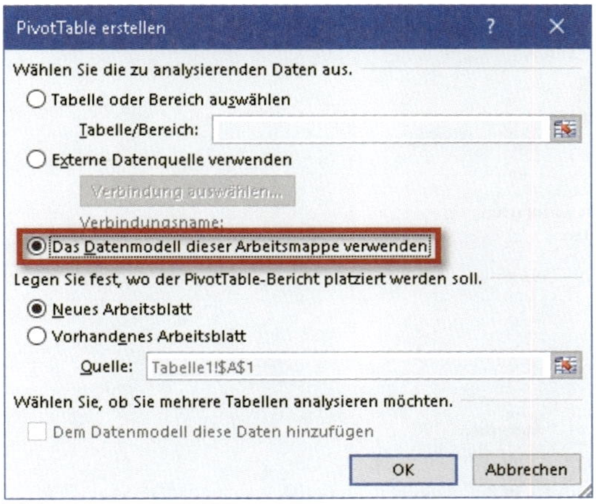

Abbildung 27.19: Ist das Datenmodell einmal erstellt, steht es in der Arbeitsmappe als Quelle für alle neuen Pivot-Tabellen und -Diagramme zur Verfügung

Die Anzahl der Bestellungen je Kunde ermitteln

Viele Ihrer Kunden tragen den gleichen Nachnamen. Um eine eindeutige Identifizierung zu erreichen, verwenden Sie in der Pivot-Tabelle die *KundenID* und zählen Sie dann die unterschiedlichen Tage mit Bestellungen:

1. Ziehen Sie das Feld *KundenID* aus *Kunden* mit gedrückter linker Maustaste in den Bereich *Zeilen*.
2. Ziehen Sie anschließend das *Bestelldatum* aus *tbl_Bestellungen* in den Bereich *Werte*. Im Wertebereich werden automatisch die Tage gezählt.

   Werfen Sie in der Pivot-Tabelle einen Blick auf den Kunden 11013: Angeblich hat er fünf Bestellungen aufgegeben. Wie Sie in Abbildung 27.18 gesehen haben, hat dieser Kunde aber nur zweimal bestellt. In der Pivot-Tabelle liefert Ihnen *Anzahl von Bestelldatum* also ein falsches Ergebnis, nämlich die Anzahl der Transaktionen anstatt die Anzahl der Bestellungen. Letztere ergeben sich aus der Anzahl der unterschiedlichen Tage. Diese ermitteln Sie mit der neuen Zusammenfassungsfunktion *Diskrete Anzahl*:
3. Klicken Sie im Wertebereich auf den Pfeil des Feldes *Anzahl von Bestelldatum* und dann auf *Wertfeldeinstellungen*.
4. Im gleichnamigen Dialogfeld ändern Sie auf der Registerkarte *Werte zusammenfassen nach* (siehe Abbildung 27.20 [1]) den Berechnungstyp in *Diskrete Anzahl* [2].
5. Ändern Sie den Namen des Feldes in *Anzahl Bestellungen* [3] und schließen Sie das Dialogfeld mit einem Klick auf *OK*.

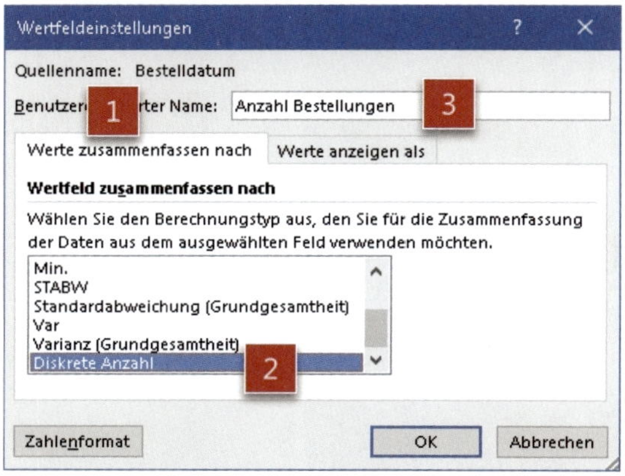

Abbildung 27.20: So ändern Sie den Berechnungstyp auf Diskrete Anzahl

---

Hinweis

Die Verwendung der *KundenID* als eindeutige Bezeichnung ist zwar korrekt, aber nicht sehr informativ. Um stattdessen zum Beispiel eine Kombination aus Vor- und Nachname sowie der Kundennummer zu verwenden, müssten Sie den Daten eine entsprechende Spalte hinzufügen. Die Kundenliste stammt jedoch aus einer CSV-Datei und lässt sich daher nicht um eine berechnete Spalte ergänzen.

Hier hilft das Add-In *Power Pivot* weiter. Mit seiner Hilfe können Sie dem Datenmodell eine entsprechende berechnete Spalte hinzufügen. Wie das geht und was Sie mit *Power Pivot* noch erledigen können, lesen Sie weiter hinten in diesem Kapitel.

Die Kunden mit nur einer einzigen Bestellung herausfiltern

Für Ihr Angebotsschreiben benötigen Sie die Kunden, die nur ein einziges Mal bestellt haben. So filtern Sie die Pivot-Tabelle, um das gewünschte Ergebnis zu erhalten:

1. Öffnen Sie per Rechtsklick auf eine *KundenID* in der Pivot-Tabelle das Kontextmenü und wählen Sie dort den Befehl *Filter/Wertefilter*.
2. Übernehmen Sie im Dialogfeld die in Abbildung 27.21 gezeigten Einstellungen und schließen Sie mit einem Klick auf *OK* ab.

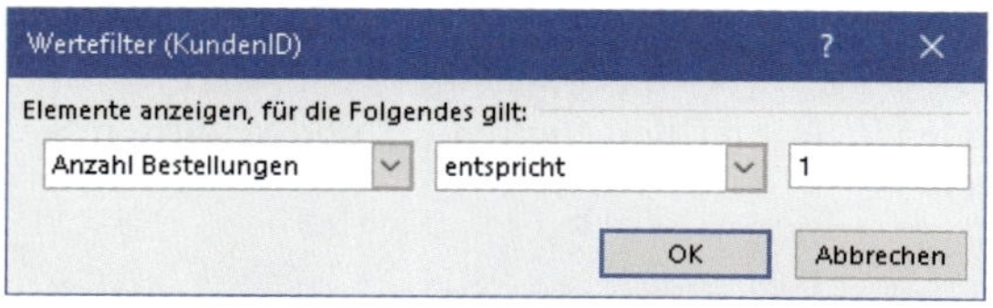

Abbildung 27.21: So blenden Sie alle Kunden mit mehr als einer Bestellung aus

Vereinfachte Datennavigation mit Schnelleinblick

Schnelleinblick ist ein leistungsfähiges Werkzeug, mit dem Sie komfortabel per Mausklick durch das Datenmodell navigieren und Datendetails auf unterschiedlichen Ebenen analysieren können. Um die gewünschte Information darzustellen, passt Excel die Felder in der PivotTable-Feldliste automatisch an und setzt gleichzeitig die notwendigen Filter.

Hinweis *Schnelleinblick* ist nicht in jeder Excel-Version verfügbar, sondern erst ab

- Office 2016 Professional Plus,
- Office 365 ProPlus beziehungsweise
- in der eigenständigen Edition von Excel 2016.

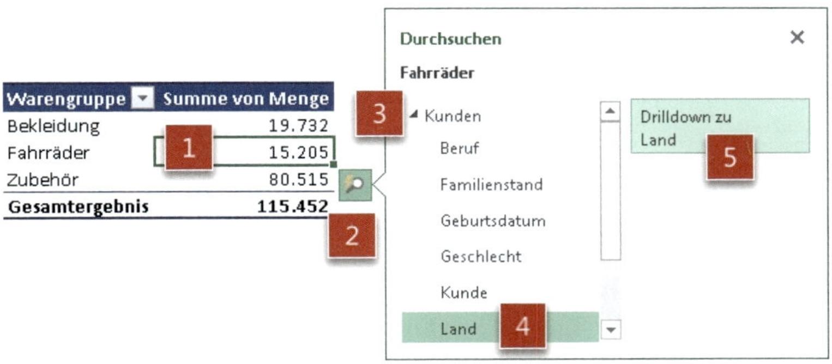

Abbildung 27.22: Per Schnelleinblick gehen Sie Daten auf den Grund und erhalten neue Informationen

Online Nutzen Sie für das folgende Beispiel das Arbeitsblatt *Pivot* in der Übungsdatei *Kap_27_Schnelleinblick_UEB.xlsx*.

Ausgehend von der in Abbildung 27.22 dargestellten Pivot-Tabelle möchten Sie herausfinden, in welche Länder die 15.205 Fahrräder geliefert wurden. Mit dem Schnelleinblick erhalten Sie diese Information im Nu:

1. Markieren Sie in der Pivot-Tabelle die Zahl [1], die Sie genauer analysieren möchten – also die Zahl 15205.
2. Klicken Sie auf die Schaltfläche *Schnelleinblick* [2], die rechts neben der markieren Zelle angezeigt wird.
3. Im Dialogfeld *Durchsuchen* werden alle Tabellen des Datenmodells angezeigt. Klicken Sie auf das Dreieck [3] vor *Kunden*, um alle Felder dieser Tabelle anzuzeigen.
4. Wählen Sie das Feld *Land* [4] in der Feldliste aus und klicken Sie anschließend rechts auf *Drilldown zu Land* [5].

Als Ergebnis hat Excel das Layout der Pivot-Tabelle verändert und auch die notwendigen Filter gesetzt:

- Das Feld *Warengruppe* wurde von der Zeilenbeschriftung in den Bereich *Filter* verschoben.
- Der Berichtsfilter wurde auf die Warengruppe *Fahrräder* gesetzt.
- Das Feld *Land* aus der Tabelle *Kunden* wurde als Zeilenbeschriftung hinzugefügt.

Warengruppe	Fahrräder
Land	**Summe von Menge**
AU	4.472
CA	924
DE	1.600
FR	1.444
GB	1.858
US	4.907
Gesamtergebnis	**15.205**

Abbildung 27.23: Die verkauften Fahrräder je Land

Hinweis Um die Änderungen an der Pivot-Tabelle, die Sie per *Schnelleinblick* vorgenommen haben, rückgängig zu machen, klicken Sie in der Symbolleiste für den Schnellzugriff auf *Rückgängig* oder verwenden Sie die Tastenkombination Strg+Z.

Das Datenmodell mit eigenen Berechnungen ergänzen

Um den Daten mit einer Pivot-Tabelle zusätzliche Informationen zu entlocken, lassen sich die erforderlichen Berechnungen über berechnete Felder realisieren (siehe Kapitel 24). Diese sind allerdings nur bei bestimmten Berechnungen einsetzbar. In Excel 2016 steht Ihnen bei Verwendung des Datenmodells die Formelsprache DAX (Data Analysis Expressions) zur Verfügung. Damit können Sie berechnete Felder, sogenannte Measures, erstellen und so zur gezielten Datenanalyse auch komplexe Berechnungen durchführen.

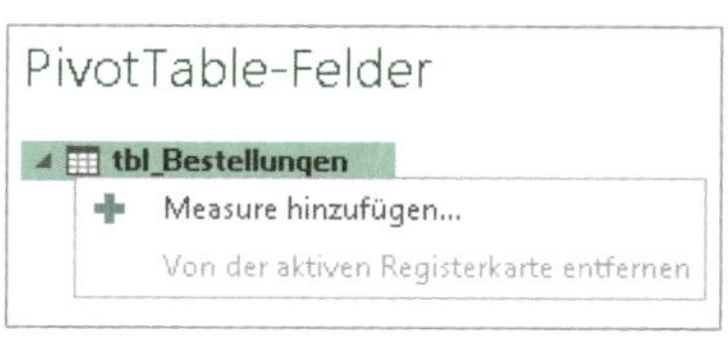

Abbildung 27.24: Per Rechtsklick auf eine Tabelle in der Feldliste erstellen Sie DAX-Measures auch ohne Power Pivot

Bis einschließlich Excel 2013 war die Erstellung von DAX-Measures nur mit dem Add-In *Power Pivot* möglich. In Excel 2016 lassen sie sich auch ohne dieses Add-In erstellen. Da Ihnen *Power Pivot* neben der Erstellung von Measures noch eine Vielzahl weiterer Möglichkeiten bietet, um das Datenmodell zu erweitern und zu vervollständigen, wird das Erstellen von Measures erst später im Abschnitt zu *Power Pivot* beschrieben.

Zwischenfazit zum Datenmodell

Im Datenmodell führen Sie Daten aus mehreren Quellen zusammen und verknüpfen die Tabellen miteinander wie in einer relationalen Datenbank. Das Datenmodell ist eine Sammlung von Tabellen, die miteinander in Beziehung stehen. Es stellt die Basis Ihrer Pivot-Tabellen und Pivot-Diagramme dar.

Die Daten können aus unterschiedlichen Quellen stammen, zum Beispiel aus

- Excel-Mappen,
- CSV-Dateien,
- Access-Datenbanken und vielem mehr.

In einer auf Basis des Datenmodells erstellten Pivot-Tabelle stehen Ihnen in der Feldliste nicht nur die Daten aus einer, sondern aus allen im Modell enthaltenen Tabellen zur Verfügung (siehe Abbildung 27.4). Damit erweitern Sie Ihre Auswertungs- und Analysemöglichkeiten und ersparen sich die Zwischenschritte mit dem SVERWEIS. Darüber hinaus stehen Ihnen bei Verwendung des Datenmodells diese zusätzlichen Analysemöglichkeiten zur Verfügung:

- Die neue Zusammenfassungsfunktion *Diskrete Anzahl* eröffnet Ihnen neue Auswertungsmöglichkeiten – ganz ohne Formeleingabe.
- Mit der Funktion *Schnelleinblick* navigieren Sie bequem per Mausklick durch das Datenmodell und analysieren Datendetails auf unterschiedlichen Ebenen.
- Für komplexere Berechnungen steht Ihnen die Formelsprache DAX zur Verfügung, mit der Sie das Datenmodell um sogenannte Measures (berechnete Felder) ergänzen können.

Für das Bearbeiten des Datenmodells steht Ihnen mit dem Add-In *Power Pivot* ein leistungsfähiges Werkzeug zur Verfügung. Welche Möglichkeiten sich Ihnen damit bieten, erfahren Sie im folgenden Abschnitt.

Erweiterte Modellierungsmöglichkeiten dank Power Pivot

Das Erstellen eines Datenmodells und das Analysieren mit Pivot-Tabellen und -Diagrammen sind mit jeder Version von Excel 2016 möglich. Zum Ändern oder Verwalten des Datenmodells brauchen Sie das Add-In *Power Pivot*. Es bietet fortgeschrittenen Benutzern zahlreiche Möglichkeiten zum Erweitern des Datenmodells. Allerdings ist das Add-In nicht in jeder Excel-Version verfügbar, sondern erst mit

- Office 2016 Professional Plus,
- Office 365 ProPlus beziehungsweise
- der eigenständigen Edition von Excel 2016.

Standardmäßig ist das Add-In deaktiviert. Um es benutzen zu können, gehen Sie wie folgt vor:

Das Add-In »Power Pivot« aktivieren

Mit den folgenden Arbeitsschritten aktivieren Sie *Power Pivot*:

1. Klicken Sie auf die Registerkarte *Datei* und dann auf *Optionen* (siehe Abbildung 27.25).
2. Wählen Sie links die Rubrik *Add-Ins* [1] aus.

3. Wählen Sie im rechten Bereich in der Dropdownliste *Verwalten* den Eintrag *COM-Add-Ins* [2] und klicken Sie auf die Schaltfläche *Los* [3].

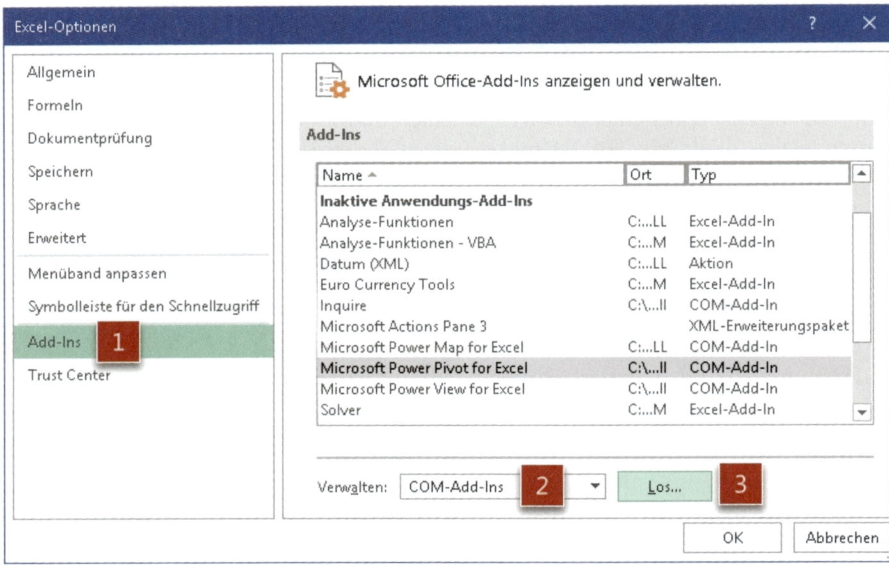

Abbildung 27.25: So gelangen Sie in den Excel-Optionen zu den COM-Add-Ins

4. Aktivieren Sie das Kontrollkästchen vor *Microsoft Power Pivot for Excel* und schließen Sie das Dialogfeld per Klick auf *OK*.

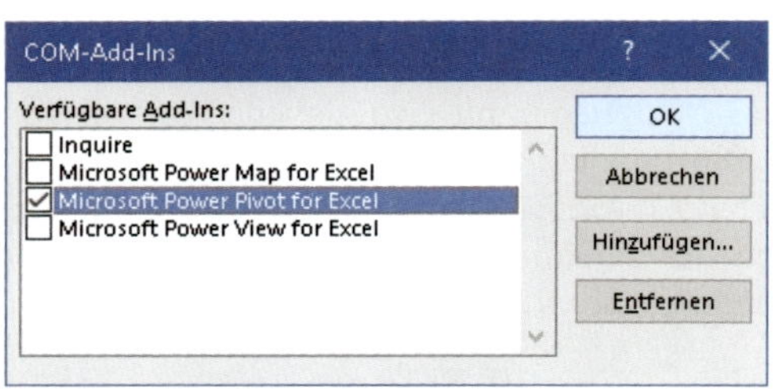

Abbildung 27.26: Das Add-In Power Pivot *aktivieren*

Das Menüband enthält nun rechts am Ende die neue Registerkarte *Power Pivot*.

Abbildung 27.27: Die neue Registerkarte Power Pivot

Ein bestehendes Datenmodell mit Power Pivot bearbeiten

Im Laufe des Kapitels haben Sie bereits ein Datenmodell ohne Power Pivot erstellt. Um an diesem Modell Verfeinerungen oder Änderungen vornehmen zu können, ist Power Pivot als Arbeitsumgebung notwendig.

Online Zum Nachvollziehen des in diesem Abschnitt gezeigten Beispiels verwenden Sie die Datei *Kap27_PowerPivot_UEB.xlsx*.

Die Daten im Datenmodell sichtbar machen

In den bisherigen Beispielen haben Sie das Datenmodell mit zwei »intelligenten« Tabellen und einer CSV-Datei gefüttert und die Beziehungen zwischen diesen drei Tabellen erstellt. Doch die Daten und ihre Beziehungen zueinander konnten Sie im Datenmodell noch nicht sehen. Das Anzeigen und Bearbeiten des Datenmodells ist nur mit *Power Pivot* möglich:

1. Klicken Sie im Menüband auf der Registerkarte *Power Pivot* in der Befehlsgruppe *Datenmodell* auf *Verwalten*. Sie öffnen damit das Power Pivot-Fenster. Dort sehen Sie sämtliche Daten, die bereits ins Datenmodell geladen wurden. In der Datensicht (Abbildung 27.28 [1]) werden alle Tabellen wie in Excel auf einer eigenen Registerkarte angezeigt.

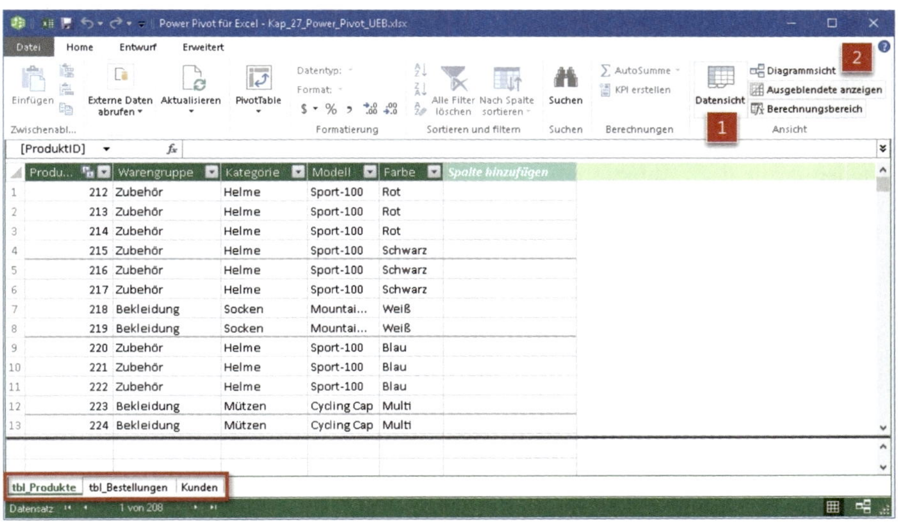

Abbildung 27.28: Das Power Pivot-Fenster zeigt das Datenmodell in tabellarischer Ansicht

2. Die Beziehungen zwischen den Tabellen erkennen Sie am besten in der sogenannten *Diagrammsicht*. Wechseln Sie zu dieser Ansicht per Klick auf *Home/Ansicht/Diagrammsicht* [2].

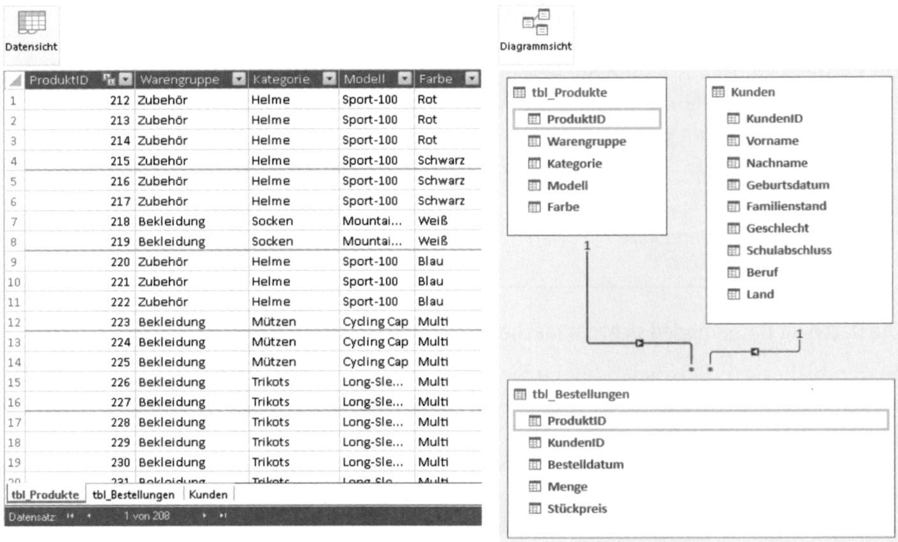

Abbildung 27.29: Das Datenmodell in der Datensicht (links) und in der Diagrammsicht (rechts)

Die Datenbasis erweitern mit berechneten Spalten

Im Beispiel weiter vorn haben Sie ermittelt, welche Kunden lediglich eine einzige Bestellung aufgegeben haben. Zur eindeutigen Identifizierung des Kunden haben Sie dort die wenig aussagekräftige *KundenID* verwendet. Jetzt fügen Sie dem Datenmodell eine weitere Spalte hinzu, in der Sie aus den Einträgen der Spalten *Nachname*, *Vorname* und *KundenID* eine eindeutige Bezeichnung jedes Kunden in der Form »Nachname, Vorname (KundenID)« erstellen (siehe dazu Abbildung 27.30). Diese neue Spalte verwenden Sie anschließend in einer neuen Pivot-Tabelle.

1. Wechseln Sie über *Home/Ansicht/Datenansicht* in die tabellarische Anzeige.
2. Aktivieren Sie per Klick unten auf den Blattnamen die Tabelle *Kunden*.
3. Klicken Sie auf der Registerkarte *Entwurf* in der Gruppe *Spalten* auf die Schaltfläche *Hinzufügen* [1]. Dadurch wird in der leeren Spalte rechts von der Spalte *Land* eine Zelle ausgewählt [2] und in der Bearbeitungsleiste [3] blinkt der Cursor. Dort geben Sie die Formel ein.
4. Tippen Sie `=n` ein. Die Auswahlliste zeigt sowohl Spalten- als auch Funktionsnamen mit dem Buchstaben »n« an. Wählen Sie *Kunden[Nachname]* mit der [Tab]-Taste aus.
5. Um den Vornamen vom Nachnamen abzugrenzen, verwenden Sie ein Komma und ein Leerzeichen. Wie in Excel umschließen Sie die beiden Zeichen mit Anführungszeichen. Das Zusammenfügen der Zeichenketten erledigen Sie wie in Excel mit dem Operator *&*. Tippen Sie `&", "&`.
6. Wenn Sie nun `v` tippen, erscheint in der Auswahlliste an erster Stelle *[Kunden]Vorname*. Übernehmen Sie den Eintrag mit der [Tab]-Taste. Die Formel lautet nun `=Kunden[Nachname] & ", " & Kunden[Vorname]`.
7. Die *KundenID* setzen Sie in Klammern und fügen sie nach dem Vornamen hinzu. Schließen Sie die Formeleingabe mit [Enter] ab. Die fertige Formel lautet somit `=Kunden[Nachname] & ", " & Kunden[Vorname] & " (" & Kunden[KundenID] & ")"`.
8. Benennen Sie die Spalte per Rechtsklick auf den Spaltenkopf [4] in *Kunde* um.

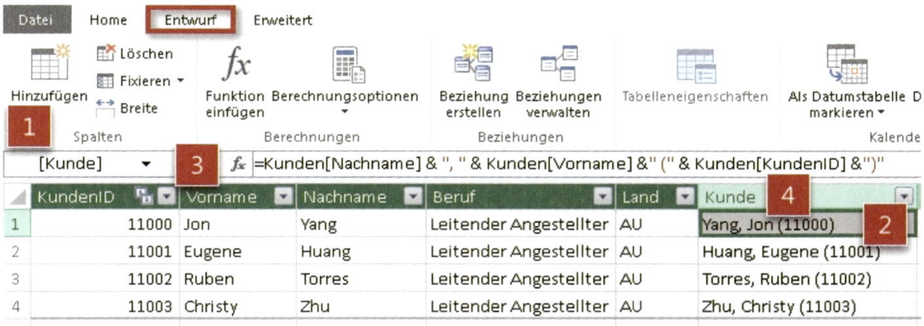

Abbildung 27.30: So fügen Sie dem Datenmodell eine berechnete Spalte hinzu

Das neue Feld in einer Pivot-Tabelle verwenden

Verwenden Sie die neue Spalte, um die Bestellungen je Kunde in einer neuen Pivot-Tabelle zu ermitteln. Auch dies können Sie direkt aus *Power Pivot* heraus erledigen:

1. Klicken Sie auf der Registerkarte *Home* auf die Schaltfläche *PivotTable*.
2. Im folgenden Dialogfeld *PivotTable erstellen* bestätigen Sie die Option *Neues Arbeitsblatt* und klicken auf *OK*.
3. Aktivieren Sie am rechten Seitenrand in der PivotTable-Feldliste in der Tabelle *Kunden* das Kontrollkästchen vor *Kunde*, um das neue Feld als Zeilenbeschriftung zu verwenden.

Hinweis Die folgenden Schritte, um die Anzahl der Bestellungen korrekt zu ermitteln, wurden weiter vorn im Abschnitt zu den neuen Analysemöglichkeiten bereits ausführlich erläutert.

---

4. Ziehen Sie anschließend das *Bestelldatum* aus *tbl_Bestellungen* in den Bereich *Werte*.
5. Nun ändern Sie noch die Zusammenfassungsfunktion auf *Diskrete Anzahl* (siehe Abbildung 27.20). Dazu klicken Sie im Wertebereich auf den Pfeil des Feldes *Anzahl von Bestelldatum* und dann auf *Wertfeldeinstellungen*.
6. Im gleichnamigen Dialogfeld ändern Sie auf der Registerkarte *Werte zusammenfassen nach* den Berechnungstyp in *Diskrete Anzahl*.
7. Ändern Sie den Namen des Feldes in *Anzahl Bestellungen* und schließen Sie das Dialogfeld mit einem Klick auf *OK*.

Kunde	Anzahl Bestellungen
Perez, Dalton (11091)	28
Simmons, Jennifer (11262)	27
Roberts, Mason (11176)	27
Henderson, Ashley (11185)	27
Griffin, Jason (11200)	27
Garcia, Henry (11287)	27
Jenkins, Samantha (11331)	26
Davis, Daniel (11711)	26
Thompson, Ryan (11330)	25
Patterson, Hailey (11223)	25
Jackson, Charles (11277)	25

Abbildung 27.31: Das Ergebnis der berechneten Spalte Kunde *als Zeilenbeschriftung im Einsatz*

Die Benutzerfreundlichkeit erhöhen

Werfen Sie nun einen prüfenden Blick auf die PivotTable-Feldliste und schaffen Sie dort ein wenig Ordnung.

Nicht benötigte Spalten aus der Feldliste ausblenden

Welche Felder der PivotTable-Feldliste werden Sie vermutlich nie in einer Auswertung verwenden? Richtig: Die Schlüsselspalten *KundenID* und *ProduktID*. Zwar können Sie diese Spalten nicht löschen, da sie für die Beziehungserstellung benötigt werden. Aber mit *Power Pivot* können Sie die Spalten aus der Feldliste ausblenden und so die Übersichtlichkeit erhöhen.

1. Wechseln Sie von Excel per Klick auf *Power Pivot/Datenmodell/Verwalten* zurück ins Power Pivot-Fenster.
2. Aktivieren Sie die tabellarische Darstellung per Klick auf *Home/Ansicht/Datensicht* und klicken Sie unten auf das Register *tbl_Produkte*.
3. Wählen Sie per Rechtsklick auf die Spalte *ProduktID* im Kontextmenü den Befehl *Aus Clienttools ausblenden*.

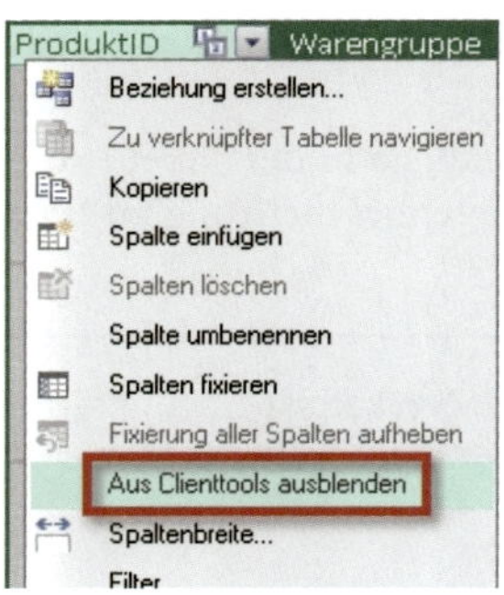

Abbildung 27.32: Durch das Ausblenden von Spalten erhöhen Sie die Übersichtlichkeit in der PivotTable-Feldliste

4. Wiederholen Sie diesen Schritt in der Tabelle *tbl_Bestellungen* mit den Spalten *KundenID* und *ProduktID* und in der Tabelle *Kunden* mit *KundenID*.
5. Durch die berechnete Spalte *Kunde* sind die Spalten *Vorname* und *Nachname* in der Tabelle *Kunden* überflüssig geworden. Blenden Sie diese Spalten ebenfalls aus.

Tipp In *Power Pivot* können Sie in der *Datensicht* mehrere Spalten nur dann markieren, wenn sie direkt nebeneinanderliegen. Klicken Sie dazu auf die Spaltenüberschrift und ziehen Sie die Maus mit gedrückter Maustaste nach rechts beziehungsweise links. Das Markieren nicht zusammenhängender Spalten per Strg+Klick funktioniert nur in der *Diagrammsicht*.

Abbildung 27.33: Durch das Ausblenden nicht benötigter Spalten (rechts) wird die Feldliste übersichtlicher

Eine Hierarchie anlegen

Für die Reporterstellung benötigen Sie häufig Felder in einer bestimmten Reihenfolge als Zeilen- oder Spaltenbeschriftung? Die Verwendung von Hierarchien bietet Ihnen dabei folgende Vorteile:

- Sie verwenden immer dieselben Felder in der richtigen Reihenfolge,
- Sie fügen sämtliche Felder mit einem einzigen Klick hinzu,
- Sie gelangen bequem per Mausklick zur nächsten beziehungsweise vorherigen Ebene und
- Sie machen Pivot-Diagramme zu einem interaktiven Erlebnis.

So legen Sie eine Hierarchie an:

1. Klicken Sie im Power Pivot-Fenster auf *Home/Ansicht/Diagrammsicht*, da sich Hierarchien nur in dieser Ansicht anlegen lassen.
2. Markieren Sie in der Tabelle *tbl_Produkte* per Mausklick das Feld *Warengruppe*. Dies ist die oberste Ebene der zu erstellenden Hierarchie.
3. Klicken Sie nun mit gedrückter `Strg`-Taste nacheinander auf die Felder *Kategorie* und *Modell*. Dies sind die weiteren Hierarchieebenen in der entsprechenden Reihenfolge.
4. Wählen Sie per Rechtsklick auf eine der drei markierten Felder *Hierarchie erstellen*.
5. Geben Sie der Hierarchie den Namen *Warengruppen* und schließen Sie mit der ↵-Taste ab.

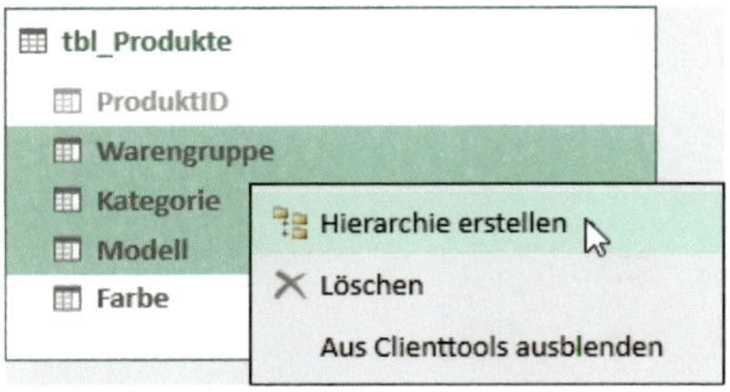

Abbildung 27.34: Hierarchien lassen sich nur in der Diagrammsicht von Power Pivot erstellen

Die Reporterstellung beschleunigen mit Hierarchien

Setzen Sie die eben erstellte Hierarchie *Warengruppen* in einer neuen Pivot-Tabelle ein und überzeugen Sie sich von den Vorteilen:

1. Erstellen Sie eine neue Pivot-Tabelle per Klick auf *Home/PivotTable*.
2. Im folgenden Dialogfeld *PivotTable erstellen* bestätigen Sie die Option *Neues Arbeitsblatt* und klicken auf *OK*.
3. Öffnen Sie in der Feldliste der Pivot-Tabelle per Klick auf das Dreieck vor *tbl_Produkte* die Tabelle. Anstatt aller verfügbaren Felder sehen Sie jetzt die Hierarchie *Warengruppen*. Die anderen Felder sind unter dem Eintrag *Weitere Felder* zusammengefasst (vgl. Abbildung 27.35).
4. Aktivieren Sie das Kontrollkästchen vor *Warengruppen*, um die Hierarchie als Zeilenbeschriftung zu verwenden.
5. In *tbl_Bestellungen* aktivieren Sie das Kontrollkästchen vor *Menge*, um dieses Feld dem Wertebereich hinzuzufügen.

Abbildung 27.35: Die Hierarchie Warengruppen *in der Tabelle* tbl_Produkte

In der Hierarchie bequem zwischen den Ebenen wechseln

In der Pivot-Tabelle sehen Sie die verkauften Stückzahlen je Warengruppe – der obersten Ebene der Hierarchie (siehe Abbildung 27.36).

Zeilenbeschriftungen	Summe von Menge
⊞Bekleidung	19732
⊞Fahrräder	15205
⊞Zubehör	80515
Gesamtergebnis	**115452**

Abbildung 27.36: Die Pivot-Tabelle mit der Hierarchie Warengruppen *als Zeilenbeschriftung*

Interessieren Sie sich ausschließlich für die Warengruppe *Fahrräder* und wollen wissen, welche Kategorie beziehungsweise welches Modell sich besonders gut verkauft hat, blenden Sie per Klick auf das Pluszeichen vor *Fahrräder* die Ebene *Kategorie* zusätzlich ein (siehe Abbildung 27.37).

Zeilenbeschriftungen	Summe von Menge
⊞Bekleidung	19732
⊟Fahrräder	15205
⊞Mountainbikes	4970
⊞Rennräder	8068
⊞Trekkingräder	2167
⊞Zubehör	80515
Gesamtergebnis	**115452**

Abbildung 27.37: Die Pivot-Tabelle mit den Kategorien der Warengruppe Fahrräder

Die verkauften Stückzahlen aus den Warengruppen *Bekleidung* und *Zubehör* interessieren Sie nicht. Außerdem soll die Ergebniszeile nur die Fahrradverkäufe widerspiegeln. Genau diese Darstellung ermöglicht die Hierarchie:

1. Markieren Sie in der Pivot-Tabelle die Zelle mit der Warengruppe *Fahrräder.*
2. Klicken Sie auf der Registerkarte *PivotTable-Tools/Analysieren* in der Gruppe *Aktives Feld* auf die Schaltfläche *Drilldown ausführen.* Als Zeilenbeschriftung werden nun nur die Kategorien der Warengruppe *Fahrräder* aufgelistet: *Mountainbikes*, *Rennräder* und *Treckingräder.* In der Ergebniszeile wird mit 15.205 die Summe aller verkaufter Fahrräder angezeigt:

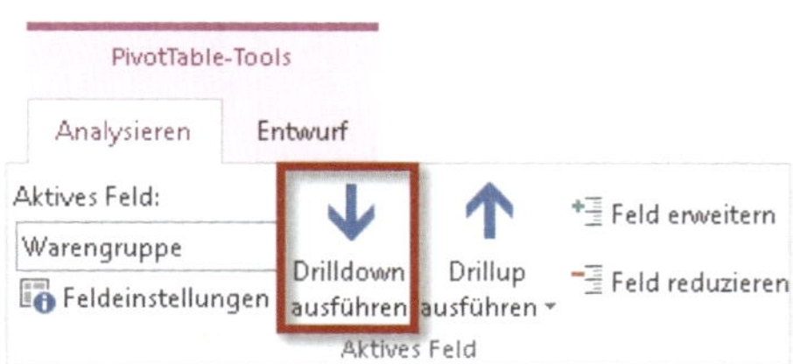

Kategorie	Summe von Menge
⊞Mountainbikes	4970
⊞Rennräder	8068
⊞Trekkingräder	2167
Gesamtergebnis	**15205**

Abbildung 27.38: So gelangen Sie von der Hierarchieebene Warengruppe *nur nächsten Ebene* Kategorie

---

Tipp Sie können in der Pivot-Tabelle auch auf die Warengruppe *Fahrräder* doppelklicken, um die nächsttiefere Hierarchieebene *Kategorie* anzuzeigen.

---

3. Wiederholen Sie Schritt 2, um von der Ebene *Kategorie* auf die nächsttiefere Ebene *Modell* zu gelangen. Haben Sie die unterste Ebene einer Hierarchie erreicht, ist die Schaltfläche *Drilldown ausführen* grau, das heißt inaktiv.
4. Per Klick auf die Schaltfläche *Drillup ausführen* gelangen Sie zur nächsthöheren Ebene. Klicken Sie auf die untere Hälfte der Schaltfläche, um mehrere Ebenen zu überspringen-

gen. Klicken Sie unter *Drillup ausführen* auf *Warengruppe*, um direkt zur obersten Ebene zurückzuspringen.

Abbildung 27.39: Über die Schaltfläche Drillup ausführen *gelangen Sie zu den höheren Hierarchieebenen*

Pivot-Diagramme noch interaktiver machen mit Hierarchien

Sie haben gesehen, dass Sie mit Hierarchien Pivot-Tabellen deutlich schneller erstellen und die Navigation vereinfachen. Dasselbe gilt auch für Pivot-Diagramme.

1. Aktivieren Sie eine Zelle in der Pivot-Tabelle und klicken Sie anschließend auf *PivotTable-Tools/Analysieren/Tools/PivotChart*.
2. Im Dialogfenster *Diagramm einfügen* wählen Sie *Gruppierte Säule* und schließen mit einem Klick auf *OK* ab. In dem Säulendiagramm sehen Sie die verkauften Stücke je Warengruppe.
3. Per Doppelklick auf die Säule *Fahrräder* gelangen Sie zur nächsten Hierarchieebene. Das Diagramm zeigt danach die Anzahl der verkauften Fahrräder nach Kategorie.

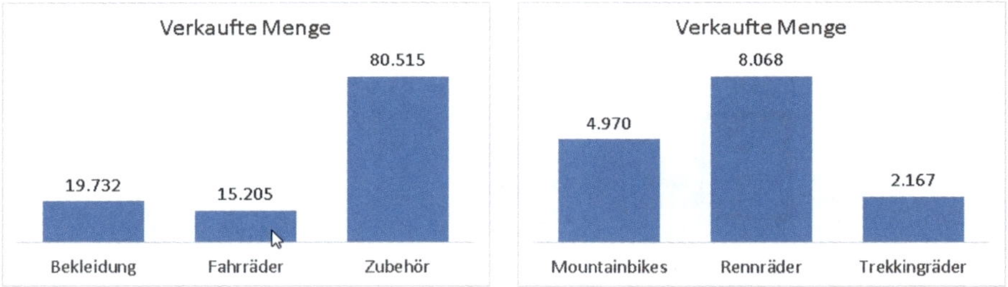

Abbildung 27.40: Nach einem Doppelklick auf die Säule Fahrräder *(links) werden im Diagramm die verkauften Fahrräder je Kategorie angezeigt (rechts)*

4. Um wieder zur nächsthöheren Ebene zu gelangen, klicken Sie auf eine der noch ausgewählten Säulen, sodass nur noch eine einzige Säule ausgewählt ist.
5. Wählen Sie per Rechtsklick auf diese Säule *Drilldown/Drillup* und anschließend *Drillup*.

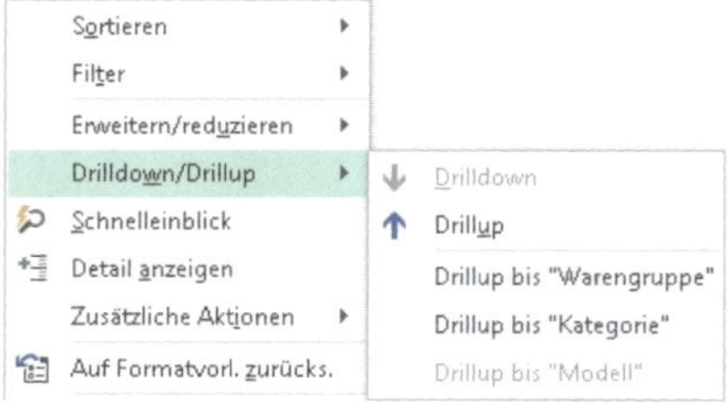

Abbildung 27.41: Per Rechtsklick auf eine Säule gelangen Sie bequem zu einer anderen Hierarchieebene

Hinweis Analog zur Vorgehensweise bei Pivot-Tabellen lässt sich ein Drilldown/Drillup auch per Klick auf die entsprechende Schaltfläche auf der Registerkarte *PivotChart-Tools/Analysieren* in der Gruppe *Aktives Feld* durchführen.

Eigene Berechnungen hinzufügen mit DAX-Measures

In den Beispielen haben Sie bisher immer das Feld *Menge* verwendet. Neben der verkauften Menge interessiert Sie natürlich der damit erzielte Umsatz. In der Tabelle *tbl_Bestellungen* ist diese Größe jedoch nicht enthalten – lässt sich aber einfach durch eine Multiplikation von *Menge* und *Stückpreis* ermitteln.

Folgende zwei Möglichkeiten stehen Ihnen zur Verfügung, um das Datenmodell um eigene Berechnungen zu ergänzen:

- Berechnete Spalten und
- Berechnete Felder, sogenannte Measures

Weiter vorn haben Sie bereits beim Hinzufügen der Spalte *Kunde* berechnete Spalten kennengelernt. Verwenden Sie berechnete Spalten, wenn Sie ihren Inhalt als Filter beziehungsweise als Zeilen- oder Spaltenbeschriftung in einer Pivot-Tabelle verwenden möchten. Berechnete Spalten eignen sich daher besonders für Texte.

Natürlich ließe sich *tbl_Bestellungen* um eine weitere berechnete Spalte ergänzen und für jeden Kauf – also für jede Tabellenzeile – der Umsatz berechnen. Diese Hilfsspalte könnten Sie dann im Wertebereich der Pivot-Tabelle verwenden. Doch diese Vorgehensweise ist aus mehreren Gründen nachteilig:

- Dem Datenmodell werden überflüssige Daten hinzugefügt, weil mit *Menge* und *Stückpreis* bereits alle notwendigen Informationen vorliegen.
- Eine Umsatzberechnung auf Zeilenebene ist nicht notwendig, weil nur der aggregierte Umsatz, zum Beispiel nach Kategorie, Produktfarbe oder Beruf interessiert.

Mit einem DAX-Measure lässt sich der Umsatz auch ohne Hilfsspalte berechnen (vgl. Abbildung 27.42):

Ein DAX-Measure zur Umsatzberechnung erstellen

1. Klicken Sie in Excel auf der Registerkarte *Power Pivot* in der Gruppe *Berechnungen* auf die Schaltfläche *Measures* und wählen Sie dann *Neues Measure*.
2. Im Dialogfeld *Measure* legen Sie den Speicherort [1] und Namen [2] des Measures fest.
3. Zur Berechnung des Umsatzes verwenden Sie die DAX-Funktion SUMX [3]. Diese gibt die Summe eines Ausdrucks (*Menge * Stückpreis*) zurück, der für jede Zeile einer Tabelle (*tbl_Bestellungen*) ausgewertet wird.
4. Um sicherzugehen, dass Ihnen bei der Formeleingabe kein Fehler unterlaufen ist, klicken Sie auf die Schaltfläche *Formel überprüfen* [4].
5. Legen Sie abschließend für das Measure noch das Zahlenformat *Währung* [5] fest und setzen Sie die Anzahl der Dezimalstellen auf *0* [6]. Schließen Sie das Dialogfeld mit einem Klick auf *OK*.

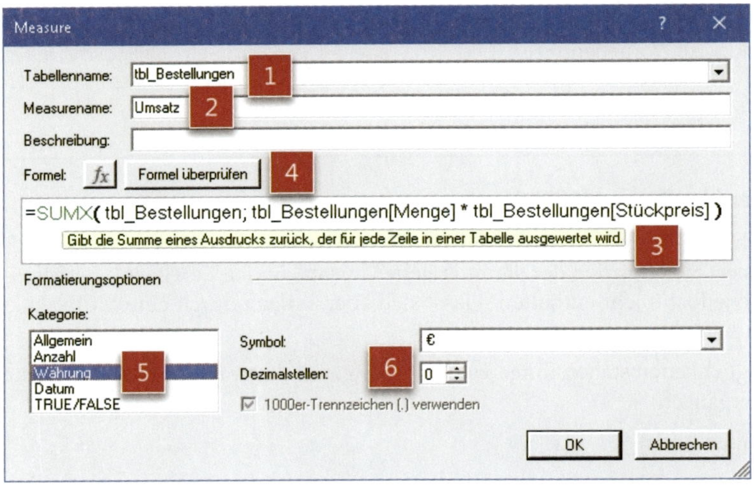

Abbildung 27.42: Dem Datenmodell ein DAX-Measure zur Umsatzberechnung hinzufügen

Das Measure in einer Pivot-Tabelle verwenden

Hatten Sie vor der Erstellung des Measures eine Zelle in der Pivot-Tabelle ausgewählt, hat Excel das neue Measure *Umsatz* der Pivot-Tabelle automatisch hinzugefügt. Falls nicht, gehen Sie wie folgt vor:

1. Markieren Sie eine beliebige Zelle in der Pivot-Tabelle, sodass die Feldliste am rechten Bildschirmrand angezeigt wird.
2. Nach einem Klick auf das Dreieck vor den Tabellennamen *tbl_Bestellungen* sehen Sie nicht nur alle Felder dieser Tabelle, sondern auch das eben erstellte Measure *Umsatz*.
3. Aktivieren Sie das Kontrollkästchen vor *Umsatz*, um das Measure dem Wertebereich der Pivot-Tabelle hinzuzufügen. Die Umsätze werden im Währungsformat ohne Dezimalstellen angezeigt – so wie Sie es bei der Erstellung angegeben haben. Es ist keine Nachbearbeitung mehr notwendig.

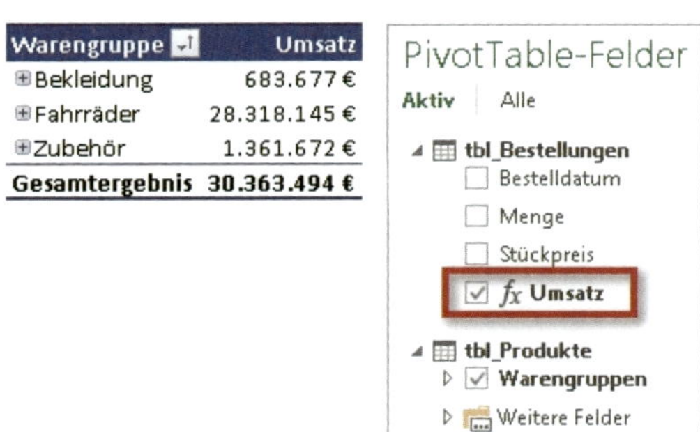

Abbildung 27.43: Die Pivot-Tabelle mit der Hierarchie Warengruppen *und dem DAX-Measure* Umsatz

Zusammenfassung

Durch das Datenmodell eröffnen sich Ihnen neue Möglichkeiten zur Datenanalyse und -visualisierung.

- Ziehen Sie beliebig viele Tabellen als Datenbasis für Ihre Pivot-Auswertung heran – ganz ohne SVERWEIS.
- Das Datenmodell können Sie nicht nur für neue Pivot-Tabellen verwenden, sondern Sie können auch bestehende Auswertungen per Mausklick umwandeln.
- Fügen Sie Daten aus externen Datenquellen (Accesss, CSV et cetera) direkt dem Datenmodell hinzu. Das Importieren auf ein Excel-Tabellenblatt entfällt.
- Mit der Aggregationsfunktion *Diskrete Anzahl* werden mehrfach vorkommende Werte nur ein einziges Mal gezählt. Dies war bisher nur über eine Hilfsspalte lösbar.
- Mittels *Schnelleinblick* navigieren Sie bequem durch Ihre Daten und analysieren Datendetails auf unterschiedlichen Ebenen. Die entsprechenden Anpassungen in der PivotTable-Feldliste und das Hinzufügen von Filtern erledigt Excel nun automatisch für Sie.
- Ergänzen Sie Ihre Daten um eigene Berechnungen mit der leistungsfähigen Formelsprache DAX.
- Beschleunigen Sie die Reporterstellung, indem Sie Hierarchien verwenden. So fügen Sie Ihrer Pivot-Tabelle mit einem Mausklick gleich mehrere Felder hinzu und das immer in der korrekten Reihenfolge.
- Mit Hierarchien machen Sie Ihre Pivot-Diagramme zu einem interaktiven Erlebnis. Gelangen Sie zur nächsten Hierarchieebene ganz einfach per Doppelklick.

Kapitel 28

3D-Landkarten: Daten mit geografischem Bezug analysieren und präsentieren

In diesem Kapitel:

Die Funktion *3D-Karte* ist ein neues Werkzeug zur Visualisierung von Daten, die einen geografischen Bezug haben. Verschaffen Sie sich beispielsweise eine völlig neue Sichtweise auf Ihre Umsätze nach Städten, Regionen, Ländern oder Kontinenten. Gewinnen Sie Einblicke in Ihre Daten, die Ihnen mit traditionellen zweidimensionalen Tabellen und Diagrammen verborgen bleiben. Mit der Funktion *3D-Karte* können Sie

- geografische und zeitliche Daten auf einem 3D-Globus oder einer benutzerdefinierten Karte zeigen,
- deren Entwicklung im Zeitverlauf darstellen,
- visuelle Touren zwischen Kontinenten erstellen und
- das Ergebnis zum Beispiel als Video in eine PowerPoint-Präsentation einbauen.

In Excel 2013 hieß die Funktion *3D-Karte* noch *Power Map* und war nur in Office 365 als Add-In enthalten. In Excel 2016 gehört das Tool zum Standard-Funktionsumfang und ist somit für alle Benutzer zugänglich.

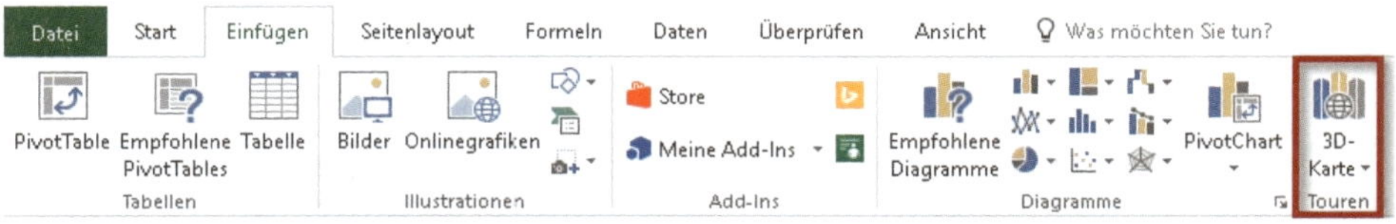

Abbildung 28.1: Das Erstellen einer 3D-Karte *starten Sie über die gleichnamige Schaltfläche auf der Registerkarte* Einfügen *in der Gruppe* Touren

Die Datenbasis für eine 3D-Karte vorbereiten

Um eine dreidimensionale Landkarte mit korrekter Auswertung anzulegen, müssen Ihre Daten entsprechend strukturiert sein. Das sind die Voraussetzungen:

- Die Daten befinden sich entweder im Datenmodell (siehe Kapitel 27) oder in einer »intelligenten« Tabelle (siehe Kapitel 13).
- Jede Tabellenzeile stellt einen eindeutigen Datensatz dar.
- Die Spalten tragen aussagekräftige Namen (zum Beispiel Ort, Postleitzahl, Land), sodass die Funktion *3D-Karte* den Inhalt der Spalten richtig interpretieren und dann zuordnen kann.

So gelingt die geografische Zuordnung

Damit die Daten auf einem Globus dargestellt werden können, benötigen Sie mindestens einen geografischen Wert pro Datenzeile, zum Beispiel

- ein Breitengrad/Längengrad-Paar,
- ein Land,
- eine Stadt,
- ein Bundesland oder einen Kanton,
- eine Postleitzahl oder
- eine Adresse.

Die Genauigkeit, mit der die Datenpunkte auf dem Globus eingezeichnet werden, hängt von der Menge und Vielzahl der geografischen Daten ab, die Sie bereitstellen. Je mehr Angaben Sie machen, desto besser und genauer können die Daten geografisch zugeordnet werden.

Ein Beispiel: In Deutschland gibt es die Stadt Frankfurt zweimal: In Brandenburg und in Hessen. Ohne die Angabe des Bundeslandes ist eine eindeutige Zuordnung nicht möglich, sondern hängt vom Ergebnis der Bing-Suchanfrage ab.

Hinweis Wenn die Daten im zeitlichen Verlauf angezeigt werden sollen, benötigt die Funktion *3D-Karte* mindestens eine Datumsspalte. Formatieren Sie die Spalte(n) als Datum oder Uhrzeit, um optimale Ergebnisse zu erzielen.

Eine Liste mit weltweiten Bestellungen auf einem Globus darstellen

Wichtige geschäftliche Entscheidungen basieren oft auf der Analyse der bisherigen Datenhistorie. Mit welchen Excel-Instrumenten würden Sie folgende Fragen beantworten?

- In welchen Regionen der USA sind Sie bisher kaum oder gar nicht vertreten? Wo gibt es »blinde Flecken«?
- Wie hat sich die Expansion von Kalifornien aus in Richtung Ostküste in den letzten Jahren entwickelt?
- In welchem europäischen Land haben Sie den höchsten Umsatz erzielt?

Mit 3D-Karten ist die Beantwortung dieser Fragen ein Kinderspiel und mit wenigen Mausklicks erledigt.

Online Möchten Sie direkt mitmachen? Dann öffnen Sie die Datei *Kap_28_3D-Karten_UEB.xlsx* und erstellen Sie aus den Daten auf dem Tabellenblatt *Bestellungen* Ihre erste 3D-Karte.

Die Liste in eine »intelligente« Tabelle umwandeln

Die Vorarbeiten sind schnell erledigt:

1. Klicken Sie im Blatt *Bestellungen* in die Liste und betätigen Sie die Tastenkombination `Strg`+`T`. Sie wandelt die Liste in eine »intelligente« Tabelle um. Übernehmen Sie die Einstellungen im folgenden Dialogfeld mit *OK*.
2. Geben Sie im Menüband über das nun neu eingeblendete Register *Tabellentools/Entwurf* ganz links bei *Tabellenname* als Namen der Tabelle *Bestellungen* ein.

Eine 3D-Karte erstellen

Hinweis Die Funktion *3D-Karte* verwendet die Dienste von Microsofts Suchmaschine Bing, um Daten auf Basis ihrer geografischen Eigenschaften automatisch zu geocodieren. Sie benötigen für 3D-Karten also eine Internetverbindung.

---

1. Wählen Sie eine Zelle in der »intelligenten« Tabelle aus und klicken Sie auf *Einfügen/Touren/3D-Karte* (vgl. Abbildung 28.1). Falls Sie das Add-In *Power Map* noch nicht aktiviert haben, erledigen Sie dies im folgenden Dialogfeld.

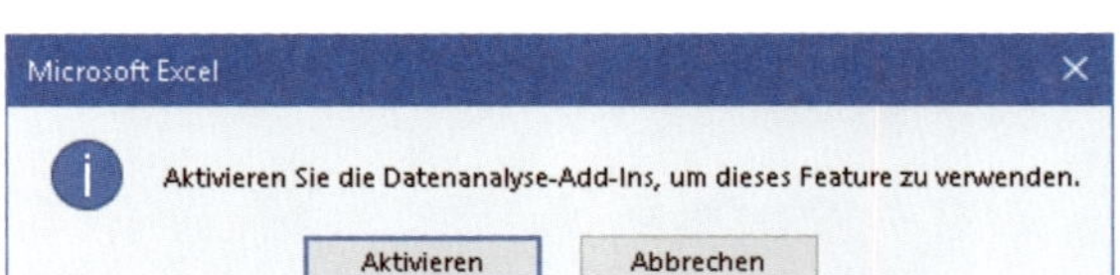

Abbildung 28.2: Das Add-In Power Map *lässt sich bei der ersten Verwendung leicht aktivieren*

2. Die 3D-Karte öffnet sich in einem separaten Fenster. Nachdem Bing die geografischen Informationen aus der Tabelle automatisch geocodiert hat, erscheint ein Globus.

Abbildung 28.3: Nachdem Bing die geografischen Informationen aus der Tabelle automatisch geocodiert hat, erscheint dieser Globus

3. Rechts befindet sich der *Schichtbereich* [1] (vgl. Abbildung 28.4). Er ähnelt der Feldliste bei Pivot-Tabellen. Excel analysiert die Spaltenüberschriften der Datenbasis und ordnet die Spalten mit geografischen Inhalten automatisch dem Bereich *Ort* [2] zu.
4. Falsch zugeordnete Felder korrigieren Sie über den Dropdownpfeil oder Sie löschen das Feld aus der Liste [3].

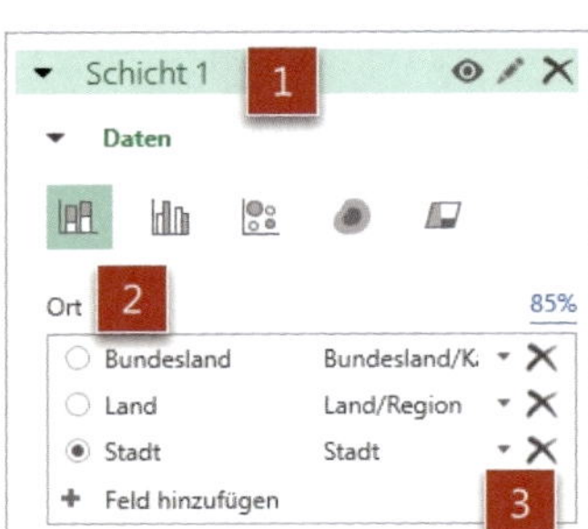

Abbildung 28.4: Spalten mit geografischen Inhalten werden automatisch erkannt

Die strategisch wichtigen Informationen finden

Mit der Funktion *3D-Karte* erscheinen Ihre Daten in einem ganz neuen Licht. Sie gewinnen Einblicke, die Ihnen in anderen Darstellungsformen verborgen bleiben. So nutzen Sie 3D-Karten für beeindruckende visuelle Analysen:

Wo ist in den USA noch Raum für Expansion?

Sie sind mit Ihrem Unternehmen bereits in den USA vertreten. Aber wo genau? Und noch wichtiger: In welchen Regionen sind Sie bisher kaum oder gar nicht vertreten? Wo gibt es »blinde Flecken«? So beantworten Sie diese Fragen:

1. Stellen Sie sicher, dass rechts neben dem Globus im *Schichtbereich* unter *Ort* die Option *Stadt* aktiviert ist (vgl. Abbildung 28.4). Mit dieser Einstellung werden die Städte auf dem Globus markiert, in denen Sie Umsätze erzielt haben.
2. Drehen Sie den Globus mit gedrückter Maustaste oder über die Schaltflächen unten rechts, bis Sie die USA sehen.

Jeder Punkt auf der Karte markiert eine Stadt, in der Ware bestellt wurde. Sie erkennen dabei, dass die Westküste gut abgedeckt ist. In Richtung Ostküste nimmt die Abdeckung merklich ab.

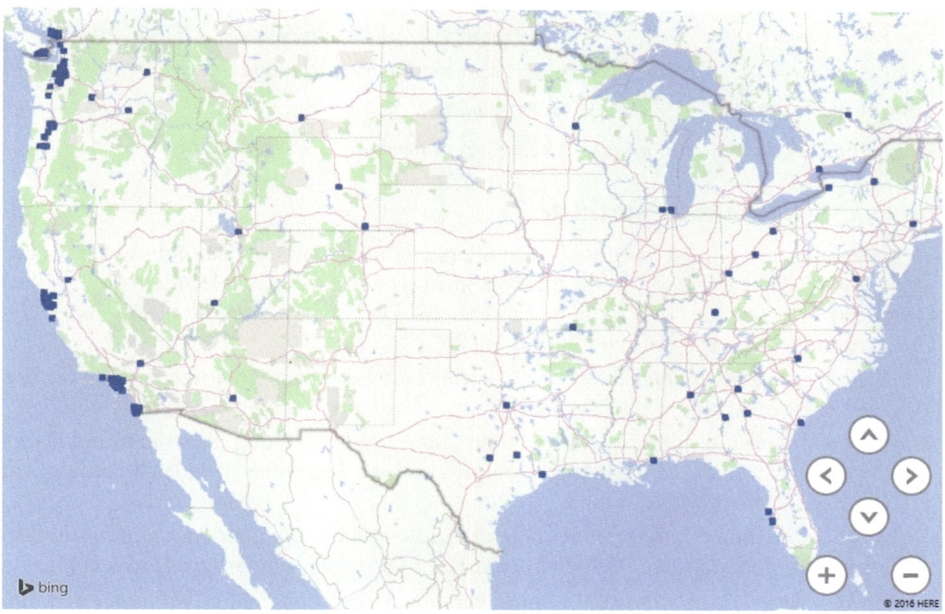

Abbildung 28.5: Während die Westküste gut abgedeckt ist, nimmt die Abdeckung in Richtung Ostküste merklich ab

Tipps zum gekonnten Navigieren auf dem Globus

In den folgenden zwei Tabellen finden Sie die wichtigsten Handgriffe, um auf dem Globus zu navigieren, bestimmte Stellen zu vergrößern und vieles mehr.

Ziel	Vorgehensweise
Auf dem Globus zu einem Ort zoomen	Schneller Doppelklick auf einen beliebigen Teil des Globus
Vergrößern oder Verkleinern	Das Scrollrad drehen oder auf die Plus- und Minus-Tasten klicken
Den Globus schwenken, ohne den Abstand zu ändern	Den Globus nach oben, unten, links oder rechts ziehen
Den Abstand des Globus ändern	Die ⇧-Taste drücken und halten, während der Globus gezogen wird
Den Globus zurücksetzen und prüfen, ob Sie den Fokuspunkt verloren haben	Das Scrollrad drehen, um eine völlige Verkleinerung zu erreichen
Den Globus schwenken und drehen	Auf die Pfeile klicken

Tabelle 28.1: So navigieren Sie mit der Maus in 3D-Karten

Ziel	Vorgehensweise
Einen Datenpunkt auswählen	Auf den Bildschirm tippen
Auf dem Globus zu einem Ort zoomen	Auf die Position doppeltippen
Den Globus schwenken	Den Globus in eine beliebige Richtung ziehen (nach oben, nach unten, nach links oder nach rechts)
Vergrößern	Zwei Finger spreizen
Verkleinern	Zwei Finger zusammenziehen
Den Horizont kippen	Mit zwei Fingern nach oben oder unten wischen
Den Horizont drehen	Mit zwei Fingern nach links oder rechts wischen
Ein Kontextmenü anzeigen	Drücken und halten

Tabelle 28.2: Mit diesen Gesten navigieren Sie auf einem Touchscreen in 3D-Karten

Welche Regionen sind am umsatzstärksten?

Sie sehen jetzt zwar, in welchen Regionen Sie bisher tätig sind (vgl. Abbildung 28.5), aber wo machen Sie viel Umsatz und wo nicht? Beantworten Sie diese Frage, indem Sie die Markierungen auf der Karte in Säulen verwandeln. Die Höhe der Säulen soll dabei die Umsatzhöhe widerspiegeln (siehe Abbildung 28.7):

1. Klicken Sie rechts im *Schichtbereich* bei *Höhe* auf *Feld hinzufügen* und wählen Sie das Feld *Umsatz* [1] aus.
2. Ihre Produkte sind in drei Warengruppen unterteilt: Bekleidung, Fahrräder und Zubehör. Um eine Säule pro Warengruppe zu erhalten, fügen Sie das gleichnamige Feld dem Bereich *Kategorie* [2] hinzu.
3. Erhöhen Sie die Lesbarkeit, indem Sie die Säulen nicht aufeinandergestapelt, sondern nebeneinander anzeigen. Wählen Sie dazu den Diagrammtyp *Gruppierte Säule* [3].
4. Klicken Sie auf das Stiftsymbol [4] und benennen Sie die Schicht in *Warengruppen* um.

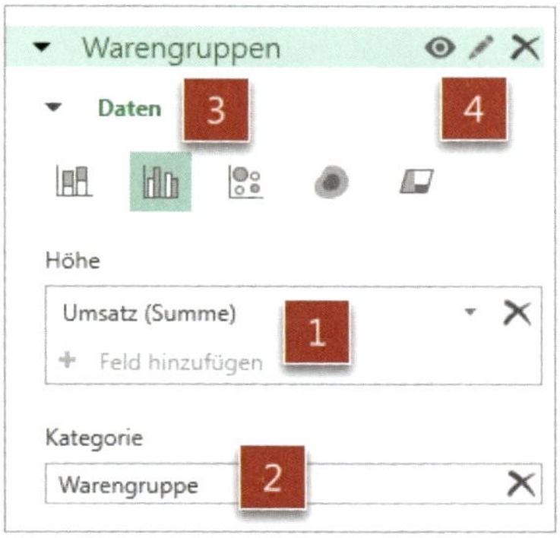

Abbildung 28.6: Mit diesen Einstellungen verwandeln Sie die Datenpunkte auf der Karte in aussagekräftige Säulen

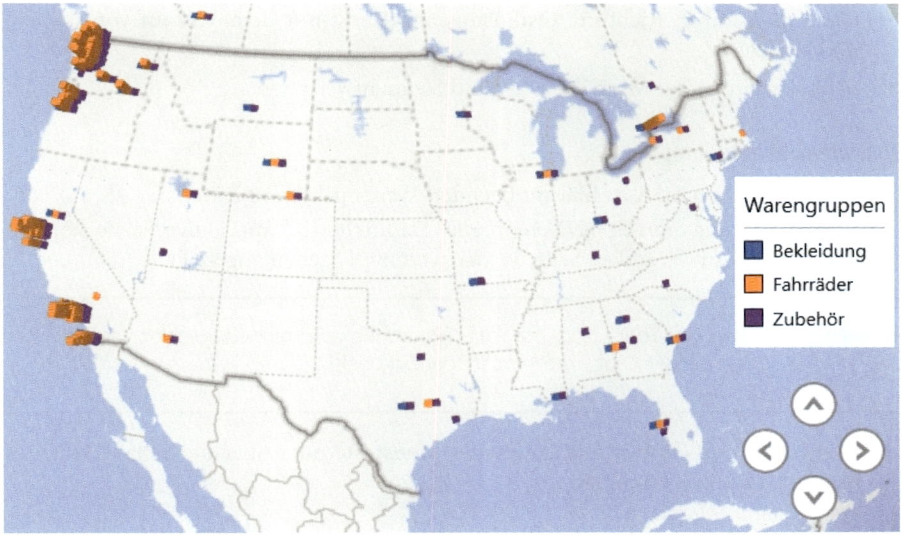

Abbildung 28.7: Anhand der Säulenhöhe erkennen Sie neben der geografischen Abdeckung sofort auch die besonders umsatzträchtigen Regionen

Wie haben sich die Umsätze im Laufe der Zeit entwickelt?

Die Säulen stellen den Gesamtumsatz im Betrachtungszeitraum dar. Doch wie entwickelte sich der Umsatz über die Jahre? So visualisieren Sie die Umsatzentwicklung und erhalten Anregungen beispielsweise für eine Expansionsstrategie (siehe Abbildung 28.8):

1. Fügen Sie im Bereich *Zeit* das Feld *Bestelldatum* [1] hinzu. Unter dem Globus wird die Zeitachse eingeblendet.
2. Klicken Sie auf das Uhrensymbol [2] und überprüfen Sie, dass die Option *Daten sammeln sich im Lauf der Zeit an* [3] eingestellt ist.
3. Starten Sie die Animation per Klick auf *Start/Tour/Tour wiedergeben*.

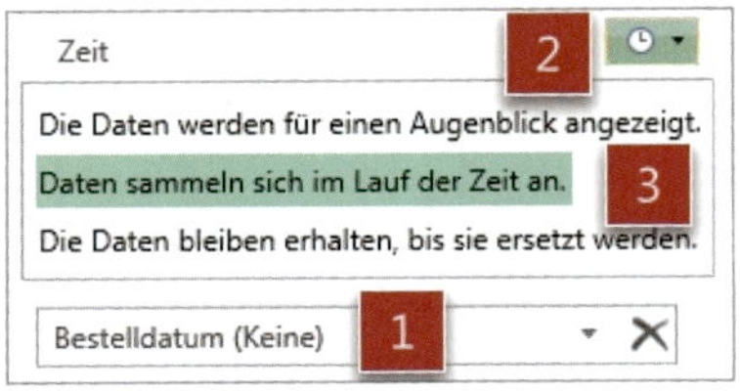

Abbildung 28.8: So werden per Video die kumulierten Umsätze im Zeitablauf angezeigt

Mit dem Video können Sie unter anderem Folgendes erkennen:

- Ihre USA-Expansion startete im Jahr 2013 an der Westküste.
- Bis Dezember 2015 haben Sie ausschließlich Fahrräder verkauft. Erst dann kamen Bekleidung und Zubehör dazu.
- In einigen Bundesstaaten haben Sie keine Fahrräder verkauft.
- Die Expansion in Richtung Ostküste startete erst mit dem Verkauf von Bekleidung und Zubehör.
- Insbesondere in der Mitte der USA sind Sie nicht vertreten.

Und wie sieht es in Europa aus?

Die Betrachtung der USA ist hiermit beendet. Weiter geht's mit Europa:

1. Klicken Sie auf *Start/Szene/Neue Szene*. Dadurch wird die aktive Szene kopiert. Im Tour-Editor auf der linken Seite werden jetzt zwei Szenen angezeigt.

Hinweis Falls der Tour-Editor am linken Bildschirmrand nicht angezeigt wird, blenden Sie ihn per Klick auf *Start/Ansicht/Tour-Editor* ein.

---

2. Drehen Sie den Globus mit gedrückter Maustaste oder über die Schaltflächen unten rechts, bis Europa erscheint.

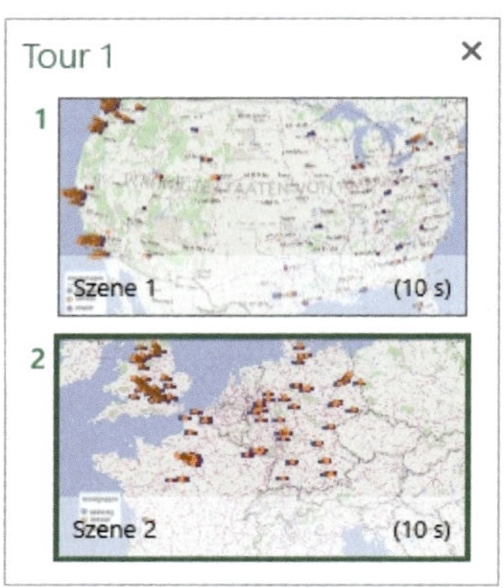

Abbildung 28.9: Im Tour-Editor werden alle Szenen angezeigt

Die vollständige Tour ansehen

Klicken Sie auf *Start/Tour/Tour wiedergeben*, werden beide Szenen nacheinander im Vollbildmodus abgespielt. Die Kamerafahrt über den Atlantik fügt Excel automatisch hinzu. Per Klick auf die untere Hälfte der Schaltfläche *Tour wiedergeben* können Sie wählen, ob Sie die gesamte Tour abspielen oder bei einer bestimmten Szene beginnen möchten.

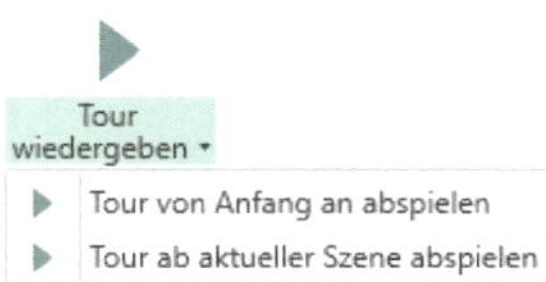

Abbildung 28.10: Sie können die Tour von Beginn an oder erst ab einer bestimmten Szene abspielen

Die Analyse beenden und zu Excel zurückkehren

Die zu Beginn des Kapitels gestellten Fragen konnten alle mit wenigen Mausklicks beantwortet werden. Per Klick auf *Datei/Schließen* kehren Sie zurück zu Excel. Die 3D-Karte ist nun in der Mappe integriert. Für Arbeitsmappen mit 3D-Karten gibt es keinen besonderen Dateityp. Speichern Sie daher wie gewohnt per Klick auf *Datei/Speichern* oder mit der Tastenkombination [Strg]+[S].

Drei Wege, um die animierten 3D-Karten zu präsentieren

Nachdem Sie sich die Mühe gemacht haben, die Daten zu analysieren und zu visualisieren, möchten Sie Ihre Ergebnisse bestimmt anderen zeigen. Dazu gibt es drei Möglichkeiten:

- Die 3D-Karten in Excel vorführen,
- ein Video im MP4-Format erstellen und weitergeben oder
- das Video in einer PowerPoint-Präsentation verwenden.

Wenn Sie eine Mappe mit einer oder mehreren 3D-Karten-Touren öffnen, deutet zunächst nichts auf deren Existenz hin. Um eine bestehende Tour anzusehen oder zu bearbeiten, klicken Sie auf *Einfügen/Touren/3D-Karten* und wählen im Dialogfeld *3D-Karten starten* die gewünschte Tour aus.

Online Möchten Sie eine fertige Tour in Excel ansehen oder daraus gleich ein Video machen, verwenden Sie die Datei *Kap_28_3D-Karten_LOE.xlsx*.

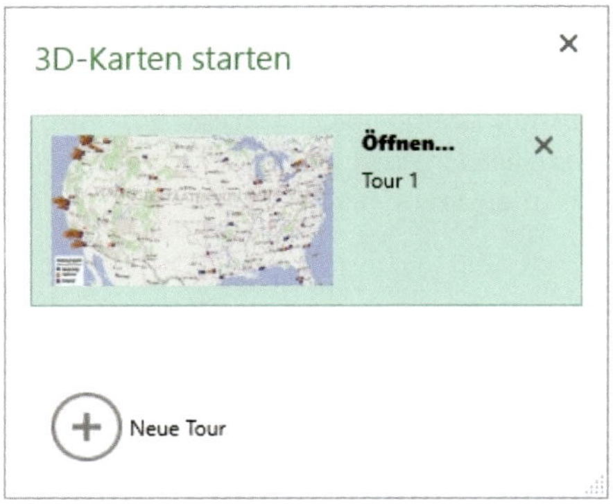

Abbildung 28.11: Über dieses Dialogfeld starten oder bearbeiten Sie bestehende Touren oder erstellen eine neue

3D-Karte in Excel vorführen

Klicken Sie auf *Start/Tour/Tour wiedergeben*, werden alle Szenen nacheinander im Vollbildmodus abgespielt. Die Kamerafahrten zwischen den einzelnen Szenen fügt Excel automatisch hinzu. Per Klick auf die untere Hälfte der Schaltfläche *Tour wiedergeben* können Sie wählen, ob Sie die gesamte Tour abspielen oder bei einer bestimmten Szene beginnen möchten (vgl. Abbildung 28.10).

Das Video im MP4-Format abspeichern

Ohne zusätzliche Software können Sie die Tour als Video im MP4-Format speichern. Klicken Sie dazu auf *Start/Tour/Video erstellen.*

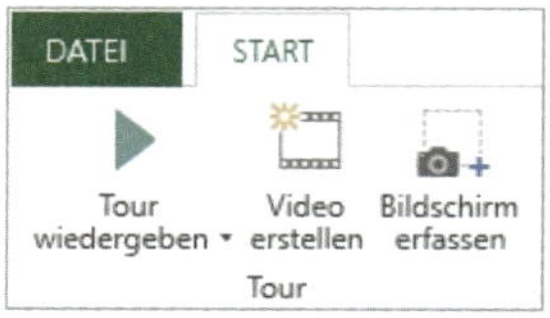

Abbildung 28.12: Das Exportieren der Weltkugel als Bild oder das Abspeichern des Videos erledigen Sie ohne zusätzliche Software direkt aus Excel

---

Profitipp Wenn Ihr Betriebssystem noch keine MP4-Videos abspielt, laden Sie sich den kostenlosen VLC Player unter *https://www.videolan.org/vlc/* herunter.

Das Video mit der 3D-Karte in PowerPoint präsentieren

Nachdem Sie das Video im vorherigen Schritt erstellt haben, fügen Sie es nun gekonnt in eine PowerPoint-Präsentation ein:

1. Öffnen Sie PowerPoint und erstellen Sie eine neue Folie mit dem Layout *Titel und Inhalt*.
2. Klicken Sie im Inhaltsplatzhalter auf die Schaltfläche *Video einfügen* und wählen Sie anschließend das MP4-Video aus.

Abbildung 28.13: Mit dieser Schaltfläche im Inhaltsplatzhalter von PowerPoint fügen Sie die Tour ein

Abbildung 28.14: Das auf einer PowerPoint-Folie eingebettete Video

---

Tipp Sie benötigen nicht den ganzen Film, sondern nur ein Foto des Globus in Ihrer Präsentation? Mit einem Klick auf *Start/Tour/Bildschirm erfassen* wird ein Bild des Globus in die Zwischenablage kopiert. Das fügen Sie mit Strg+V auf einer PowerPoint-Folie ein.

Wichtige technische Voraussetzungen und Datenschutzhinweise

Folgende Punkte sind bei der Arbeit mit 3D-Karten zu beachten:

- Um Daten auf Basis ihrer geografischen Eigenschaften automatisch zu geocodieren, wird Microsofts Suchmaschine Bing verwendet. Sie benötigen zur Nutzung von 3D-Karten also eine Internetverbindung.
- Geben Sie die Datei mit 3D-Karten weiter, benötigt der Empfänger ebenfalls Excel 2016.
- Um eine Mappe mit 3D-Karte in Excel 2013 verwenden zu können, benötigen Sie Excel 2013 mit aktiviertem Add-In *Power Map*. Es steht nur im Rahmen von Office 365 ProPlus oder in einer eigenständigen Edition von Excel 2013 zur Verfügung.

Zusammenfassung zu 3D-Karten

Haben Ihre Daten einen geografischen Bezug, gewinnen Sie mit der Funktion *3D-Karte* Einblicke, die Ihnen mit traditionellen zweidimensionalen Tabellen und Diagrammen verborgen bleiben:

- Erstellen Sie 3D-Karten aus einer einzelnen »intelligenten« Tabelle (siehe Kapitel 13) oder erstellen Sie zuerst aus mehreren Tabellen ein Datenmodell (siehe Kapitel 27).
- Sorgen Sie für eine fehlerfreie geografische Zuordnung der Datenpunkte durch passende Spaltenüberschriften (zum Beispiel PLZ, Stadt, Land).
- Verwandeln Sie die Punkte auf dem Globus in aussagekräftige Säulen, um die Daten nicht nur geografisch, sondern auch nach einer bestimmten Größe (zum Beispiel Umsatz) zu analysieren.
- Stellen Sie die Entwicklung im Zeitablauf dar, indem Sie eine Zeitkomponente (zum Beispiel das Bestelldatum) hinzufügen.
- Erstellen Sie Szenen für unterschiedliche geografische Regionen, fügt Excel automatisch die Kamerafahrten zwischen den Szenen hinzu und macht Ihre Analyse auch optisch zu einem Highlight.
- Exportieren Sie den Film als eigenständige Videodatei oder betten Sie ihn in eine PowerPoint Präsentation ein.

Kapitel 29

Szenarien im Griff: Was-wäre-wenn-Analysen und Prognosen

In diesem Kapitel:

Dieses Kapitel widmet sich einem Thema, das in vielen Bereichen des von Excel unterstützten Lebens von Bedeutung ist: Wie ändern sich die Ergebnisse von Berechnungen oder Auswertungen, wenn die Ausgangslage eine andere ist?

Aufgrund der »lebendigen« Arbeitsweise von Excel (gemeint ist hier: Ändern sich die Werte in Zellen, so ändern sich auch die Formelergebnisse in anderen Zellen) scheint das Ganze kein Problem zu sein. Man ändert einfach das, was zu ändern ist, und schaut nach, was passiert. Nach einigen Schritten in dieser Richtung wird man allerdings feststellen, dass der Überblick verloren gehen kann. »Was hatte ich doch gleich geändert und welche Zellen wollte ich eigentlich beobachten?«

Excel bietet mit zwei Bereichen, nämlich den sogenannten *Datentabellen* und dem *Szenario-Manager* Werkzeuge an, die bei der Systematisierung behilflich sind. Vorangestellt sei ein drittes Werkzeug, das sich hier gedanklich einordnen lässt: die *Zielwertsuche* oder »Wie muss die Ausgangslage sein, damit ein bestimmtes Ergebnis herauskommt?« Alle drei Werkzeuge finden Sie in der Gruppe *Daten/Prognose* im Menü zur Schaltfläche *Was-wäre-wenn-Analyse* (siehe Abbildung 29.1).

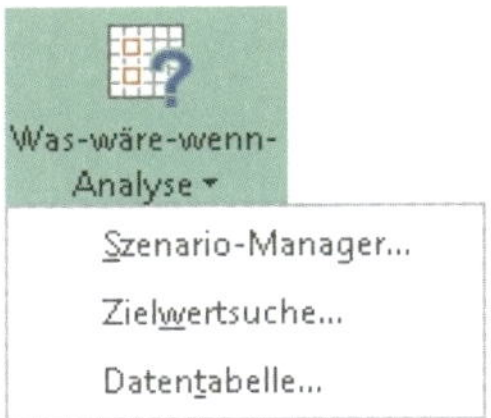

Abbildung 29.1: Der Griff zur Werkzeugkiste

Da diese Art der Analysen mit Excel 2016 ihren Platz in der Gruppe *Daten/Prognose* gefunden hat (und nicht wie in den Vorgängerversionen unter *Datentools*), sollen auch die Prognoseblätter, die sich inhaltlich sehr nahe an den Trend- und Regressions-Möglichkeiten von Diagrammen befinden, in diesem Kapitel kurz beschrieben werden.

Mancher Azubi muss sie noch kennen – die Handelskalkulation

Die Handelskalkulation gibt es in »Reinform« in drei Versionen: Vorwärtskalkulation, Rückwärtskalkulation, Differenzkalkulation. Für alle Nichtinsider: Bei der Vorwärtskalkulation kommt es darauf an, ausgehend vom Einkaufspreis für eine Ware über eigene Kosten bei der Beschaffung und erwarteten Gewinn einen solchen Verkaufspreis zu bestimmen, der auch noch die Kosten der Veräußerung berücksichtigt. Die Rückwärtskalkulation nimmt sich die andere Richtung vor: Welchen Verkaufspreis kann der Händler am Markt realisieren und was bedeutet das für den notwendigen Einkauf? Die Differenzkalkulation ist dem »Leben am nächsten«: Was bedeuten realisierbare Einkaufs- und Verkaufspreise für den zu erwartenden Gewinn?

	B	C	D
4	**Vorwärtskalkulation**		
5			
6	Listeneinkaufspreis		4.500,00 €
7	-Lieferrabatt	20%	900,00 €
8	=Zieleinkaufspreis		3.600,00 €
9	-Lieferskonto	3%	108,00 €
10	=Bareinkaufspreis		3.492,00 €
11	+Bezugskosten (netto)		54,00 €
12	=Bezugspreis (Einstandspreis)		3.546,00 €
13	+Handlungskosten	32%	1.134,72 €
14	=Selbstkosten		4.680,72 €
15	+Gewinn	15%	702,11 €
16	=Barverkaufspreis		5.382,83 €
17	+Kundenskonto	2%	115,76 €
18	+Vertreterprovision	5%	289,40 €
19	=Zielverkaufspreis		5.787,99 €
20	+Kundenrabatt	10%	643,11 €
21	=Listenverkaufspreis (netto)		6.431,10 €

Abbildung 29.2: Eine Vorwärtskalkulation des Handels

Abbildung 29.2 zeigt die Skizze vom Einkauf zum Verkauf (ohne Beachtung der Umsatzsteuer).

Gestartet wird also mit einem Listeneinkaufspreis (netto) von 4.500,00 € in Zelle D6. Ist der Händler guter Kunde des Großhändlers oder lässt die beabsichtigte Stückzahl das zu, kann beim Einkauf ein Lieferrabatt ausgehandelt werden, dessen Größe (hier 20 %) in der Zelle C7 notiert wird. Zieht man den Rabatt vom Einkaufspreis ab (20 % von 4.500 sind 900), bleibt der Zieleinkaufspreis übrig. Als Formel ist also in D7 einzutragen:

```
=C7*D6
```

und in D8 steht:

```
=D6-D7
```

Bis zur Zeile des Barverkaufspreises geht es nach dem eben beschriebenen Schema weiter:

- Ein Lieferskonto ermäßigt die dem Großhändler zu zahlende Summe.
- Bezugskosten (etwa für Transport oder Zwischenlager) erhöhen die Ausgaben zum Einstandspreis.
- Im Geschäft selbst entstehen Handlungskosten (Strom, Wasser, Heizung, Angestelltenlöhne und anderes), die letztlich zu den Selbstkosten führen.
- Der Gewinn, dessen erwartete prozentuale Höhe mit 15 % in C15 steht, bestimmt nun, wie der Gegenstand zu verkaufen ist.

Abbildung 29.3 zeigt im oberen Teil die bisher verwendeten Formeln auf einen Blick.

	B	C	D
4	**Vorwärtskalkulation**		
5			
6	Listeneinkaufspreis		4500
7	-Lieferrabatt	0,2	=C7*D6
8	=Zieleinkaufspreis		=D6-D7
9	-Lieferskonto	0,03	=C9*D8
10	=Bareinkaufspreis		=D8-D9
11	+Bezugskosten (netto)		54
12	=Bezugspreis (Einstandspreis)		=D10+D11
13	+Handlungskosten	0,32	=C13*D12
14	=Selbstkosten		=D12+D13
15	+Gewinn	0,15	=C15*D14
16	=Barverkaufspreis		=D14+D15
17	+Kundenskonto	0,02	=C17*D19
18	+Vertreterprovision	0,05	=C18*D19
19	=Zielverkaufspreis		=D16/(1-C17-C18)
20	+Kundenrabatt	0,1	=C20*D21
21	=Listenverkaufspreis (netto)		=D19/(1-C20)

Abbildung 29.3: Die Formeln für die Vorwärtskalkulation (ohne Umsatzsteuer)

Ab Zeile 17 wird es nun etwas komplizierter: An die Stelle der Prozentrechnung »vom Hundert« tritt die »im Hundert«. Konkret heißt das hier, dass der Zielverkaufspreis ausgerechnet werden sollte, bevor die Posten Kundenskonto und Vertreterprovision berechnet werden. Deshalb finden Sie in Zelle D19 die folgende Formel:

```
=D16/(1-C17-C18)
```

Das ist aber gerade die genannte Rechnung »im Hundert«. Das Kundenskonto selbst und die Vertreterprovision berechnen sich nun wieder als Werte bezogen auf den Zielverkaufspreis.

Im letzten Schritt wird aus dem Zielverkaufspreis unter Berücksichtigung eines möglichen Kundenrabatts der Listenverkaufspreis (also das, was dem Kunden zunächst unterbreitet wird), wieder »im Hundert« berechnet. Daraus ergibt sich auf normalem Wege der Kundenrabatt selbst.

Online In den Begleitdateien zum Buch finden Sie in der Mappe *Was-wäre-wenn-Analysen.xlsx* auf dem Blatt *Grundaufgaben* die eben beschriebene Berechnung und auch die für die Rückwärts- sowie die für die Differenzkalkulation.

Werte finden mit der Zielwertsuche

Die obigen Berechnungen der Vorwärtskalkulation haben etwas »Utopisches« an sich: Was ist, wenn der Markt den berechneten Listenverkaufspreis nicht akzeptiert? Man kann dieses Problem unter Durchführung einer Differenzkalkulation in einem neuen Berechnungsvorgang lösen und dabei gegen den Gewinn, gegen die Handlungskosten oder den Lieferrabatt rechnen. Excels Zielwertsuche ist eine elegante Alternative, da sie ohne erneute Berechnungsschritte auskommt.

Profitipp Mathematisch gesehen ist die Zielwertsuche nichts anderes als das Auflösen einer Gleichung mit einer Unbekannten. Wobei die konkrete Gleichungsform in Gestalt von $y=f(x)$ nicht einmal explizit bekannt ist, sondern die Berechnungsvorschrift f (von Mathematikern auch Funktion genannt) findet sich in den einzelnen Excel-Rechenschritten, die auf einem Arbeitsblatt von der Ausgangsgröße x, die sich in einer Zelle befindet, zur »Zielgröße« y, die in einer anderen Zelle steht, führen. Dabei kommen die in den Formeln verwendeten Operationen und Funktionen zum Zuge, die gegebenenfalls weitere Zellen ansprechen und wiederum deren Werte in die Berechnung einbringen.

Aus der Mathematik weiß man, dass beileibe nicht alle Gleichungen, die man aufstellen kann, eine Lösung besitzen. Manche haben, wenn überhaupt, nicht nur eine, sondern sogar mehrere Lösungen. Und nur die wenigsten[1] Gleichungen kann man dadurch lösen, dass man nach der gesuchten Größe umstellt. Und auch Excel muss sich eines Tricks bedienen, indem es versucht, eine Lösung auf iterativem Wege wenigstens näherungsweise zu finden. Was nicht stets gelingen muss und manchmal sogar zu falschen oder zumindest wenig sinnvollen Ergebnissen führt.

Die Zielwertsuche im vorliegenden Beispiel geschieht in folgenden Einzelschritten:

1. Zuerst suchen Sie sich eine berechnete Zelle (also eine Zelle, die eine Formel enthält) und überlegen sich einen gewünschten Wert für diese Zelle. Im vorliegenden Beispiel sei das die Zelle D21. Hier steht im Moment 6.431,10 €.
2. Dieser Preis ist am Markt nicht durchführbar. Recherchen haben ergeben, dass höchstens 6.000,00 € realistisch sind.

[1] Zu diesen »wenigen« gehören lineare und quadratische Gleichungen, manche Gleichungen dritten Grades und gewisse Gleichungen, in denen die Winkelfunktionen vorkommen.

3. Sie markieren die Zelle D21 und rufen den Befehl *Zielwertsuche* über *Daten/Prognose/ Was-wäre-wenn-Analyse* auf. Es erscheint jetzt das unscheinbare Dialogfeld aus Abbildung 29.4. Die von Ihnen gedachte Zielzelle ist schon, da sie markiert war, eingetragen.

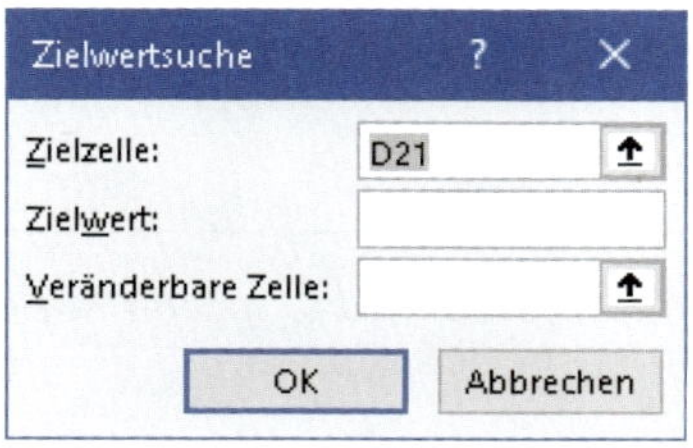

Abbildung 29.4: Klein, aber fein: Der Einstieg in die Zielwertsuche

4. Den von Ihnen gedachten Zielwert von 6000 € tragen Sie nun »per Hand« in das Dialogfeld ein.

Profitipp

Leider gibt es hier nicht die Möglichkeit, den Wert durch das Markieren einer Zelle einzutragen.

Wenn Sie Fehler beim Eingeben des Wertes vermeiden wollen, schreiben Sie ihn in eine Hilfszelle und berechnen die Differenz der Hilfszelle und Ihrer Zielzelle in einer weiteren Hilfszelle. Diese nehmen Sie dann als Zielzelle für Ihr Problem. Der Zielwert ist jetzt die »einfache« Zahl Null.

In Kapitel 32 finden Sie ein kleines Makro, das Ihnen hilft, diese letzte Aufgabe noch zu automatisieren, sodass ein »Knopfdruck« zur Lösung führen kann.

5. Im vorletzten Schritt bestimmen Sie noch, in welcher Zelle sich der Wert befindet, den Sie anpassen lassen möchten. Achtung: In dieser Zelle muss ein Wert stehen, keinesfalls eine Formel. Im Beispiel ist das die Zelle C15 mit dem bisher gedachten prozentualen Gewinn von 15 %.
6. Bleibt noch, die Aktion mit *OK* abzuschließen und auf das Ergebnis »zu warten«. Wenn es eine Lösung gibt, wird diese im Dialogfeld aus Abbildung 29.5 angezeigt.

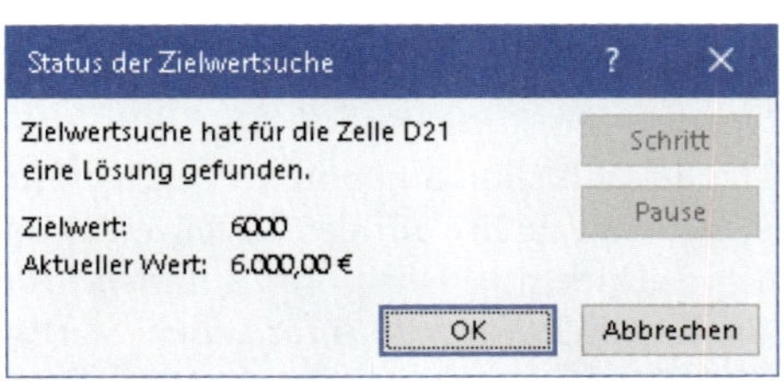

Abbildung 29.5: Die Zielwertsuche hatte Erfolg – die Informationen sind etwas lax

Die Informationen des Dialogfeldes fallen etwas knapp und damit ungenau aus. Die Zielwertsuche hat genau genommen keine Lösung für die Zelle D21, sondern für den gewünschten Wert dieser Zelle in der Ausgangszelle C15 gefunden. Schön wäre es, wenn dieser auch noch im Dialogfeld angezeigt würde. Jedoch steht er in der Zelle selbst. Schließen Sie das Dialogfeld mit *OK*, bleibt er auch dort. Entscheiden Sie sich für *Abbrechen*, gilt der gesamte Vorgang als ungeschehen.

Zielwert und aktueller Wert unterscheiden sich im Beispiel nicht. Dabei meint »aktueller Wert« den Zustand der Zelle *nach* den Iterationsversuchen von Excel. Da diese nicht immer erfolgreich sein müssen, kann der aktuelle Wert auch vom Zielwert verschieden sein, die Iteration stoppt. In diesem Fall können Sie mit einem Klick auf die Schaltfläche *Schritt* verfolgen, welche Zielwerte Excel als jeweiliges Ergebnis der »nächsten Näherung« an die Lösung anbietet. Sollte Excel die Berechnungen nicht von allein stoppen, haben Sie eine Chance, dies mit Klick auf die Schaltfläche *Pause* zu erreichen.

Tipp Sicher haben Sie erkannt, dass die Rückwärtskalkulation nichts anderes ist als die Vorwärtskalkulation mit Zielwertsuche auf den Listeneinkaufspreis.

Aufwand reduzieren mit Datentabellen

Datentabellen gehören schon seit mehreren Generationen zu Excel und hießen zu Beginn *Mehrfachoperationen*. Dieser Begriff beschreibt zunächst besser, worum es eigentlich geht. Nämlich: Rechenoperationen, die man bereits einmal aufgeschrieben und durchgeführt hat, mit anderen Ausgangswerten zu wiederholen. Und das, ohne den gesamten Rechenweg noch einmal aufzuschreiben. Sicherlich werden Sie einwerfen: Da braucht man ja nur die Ausgangsdaten zu modifizieren und Excel rechnet neu. Und das ganz allein.

Richtig. Aber: Was tun, wenn Sie den Vorgang nicht nur einmal, sondern zehnmal oder gar 100-mal durchführen wollen? Wer führt das Protokoll über die Ergebnisse? Genau das nehmen Ihnen die Datentabellen (und hier trifft der Name eben auch irgendwie zu) ab: tabellarische Anordnung der Ergebnisse mehrfacher, von der Sache her gleicher Operationen mit verschiedenen Ausgangssituationen (Was wäre, wenn ...?).

Was so verlockend klingt, hat leider seine Einschränkungen. Wenn das Ganze tabellarisch sein soll, ist die 2D-Form eines Arbeitsblattes die natürliche Grenze. Es lassen sich Datentabellen nur in einer oder in zwei Richtungen aufbauen (Zeilen oder Spalten oder beides). Deshalb gibt es Mehrfachoperationen mit *einem* und mit *zwei* Ausgangsparametern (Variablen). Szenarien, wie sie weiter hinten in diesem Kapitel beschrieben werden, heben diese Einschränkungen in gewissem Sinne auf, haben dafür aber andere Nachteile.

Datentabellen mit einer Variablen

Im Beispiel der weiter vorn beschriebenen Handelskalkulation könnten Sie sich eventuell dafür interessieren, wie sich wechselnde Listeneinkaufspreise auf den Listenverkaufspreis beziehungsweise die Vertreterprovision auswirken. Den Fall *Listeneinkaufspreis = 4.500,00 €* kennen Sie bereits. Um die Ergebnisse nun auch für andere Startwerte protokollieren zu können, bereiten Sie eine einfache (kleine) Tabelle wie in Abbildung 29.6 vor.

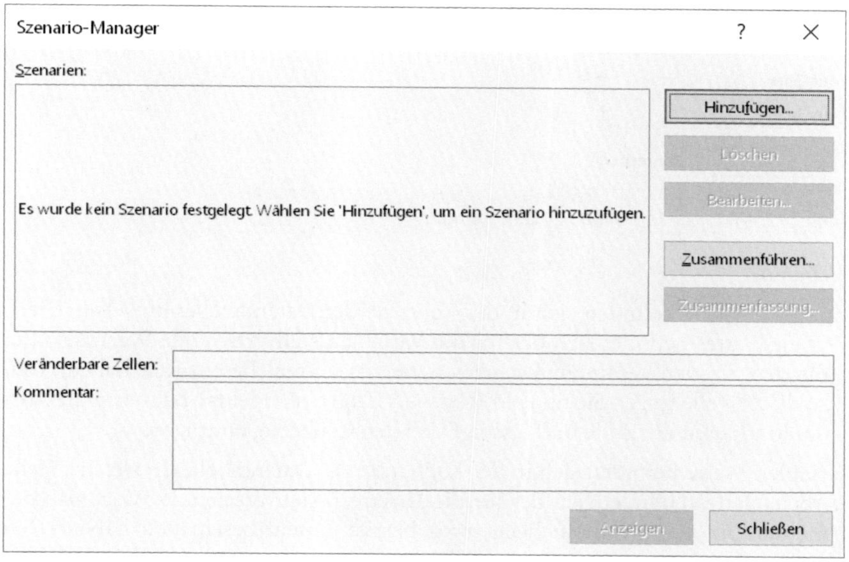

Abbildung 29.6: Der Anfang für eine erste Datentabelle – die Ausgangswerte stehen in einer Spalte

Beachten Sie, dass sich die variablen Werte für den Listeneinkaufspreis in einer *Spalte* befinden. Tragen Sie nun in Zelle G7 das Rechenergebnis für die Ausgangssituation 4.500,00 € ein. Keine Angst, Sie müssen keine komplizierte Formel aufbauen, denn Sie haben es bereits berechnet. Das Ergebnis steht bereits in Zelle D21 (siehe Abbildung 29.3) und Sie benötigen in G7 nur den Bezug auf dieses Ergebnis: `=D21`.

Hinweis Dass es sich bei den verwendeten Formeln um einfache Zellbezüge handelt, ist nicht zwingend. Sie können eine wie auch immer geartete, komplizierte oder einfache, jedoch sinnvolle Formel eintragen. Hauptsache, sie verwendet (unter Umständen neben anderen möglichen Zellbezügen) unter Beachtung möglicher Verkettungen von Zelle zu Zelle den Ausgangswert aus Zelle D6. Also, mit `=D21*1,19` haben Sie den Bruttopreis, mit `=D21*0,19` nur die Umsatzsteuer et cetera.

In H7 tragen Sie noch die berechnete Vertreterprovision, gemeint ist: den Zellbezug zu D18 ein. Damit sind die Vorbereitungen abgeschlossen.

Markieren Sie den gesamten Bereich von F7 bis H12 und klicken Sie auf *Daten/Prognose/Was-wäre-wenn-Analyse/Datentabelle.*

Es erscheint das wohl spartanischste Dialogfeld der Office-Suite aus Abbildung 29.7.

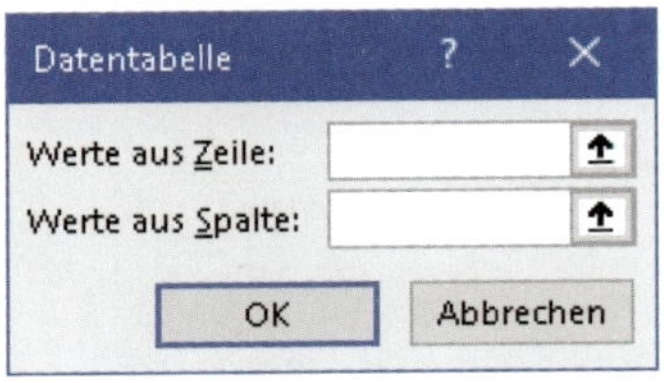

Abbildung 29.7: Knappste Information – tolle Wirkung

Sie interpretieren:

- Ihre variablen Werte befinden sich in der *Kopfzeile* der Datentabelle. In welcher Zelle Ihres Arbeitsblattes befindet sich der für die Variablen stellvertretende Wert, also der Wert, für den Sie den gesamten Rechenweg bereits einmal beschritten haben? Den Bezug zu dieser Zelle tragen Sie im Feld *Werte aus Zeile* ein. Oder Sie benutzen die Auswahl zum Markieren der Zelle und lassen Excel den Zellbezug eintragen.
- Ihre variablen Werte befinden sich in der *Kopfspalte* der Datentabelle. In welcher Zelle Ihres Arbeitsblattes befindet sich der für die Variablen stellvertretende Wert, also der Wert, für den Sie den gesamten Rechenweg bereits einmal beschritten haben? Den Bezug zu dieser Zelle tragen Sie im Feld *Werte aus Spalte* ein. Oder Sie benutzen die Auswahl zum Markieren der Zelle und lassen Excel den Zellbezug eintragen.

Im vorliegenden Fall befinden sich die variablen Werte in der Kopfspalte, Sie tragen also im Feld *Werte aus Zeile* nichts und im Feld *Werte aus Spalte* die Adresse der Zelle D6 ein.

Nun Achtung: Sie dürfen den Vorgang nicht einfach mit Klick auf *OK* abschließen, sondern müssen dabei noch gleichzeitig Strg+⇧ drücken. Wollen Sie nicht die Maus verwenden, ist der »dreifache Griff« erforderlich: Strg+⇧ gedrückt halten und mit ↵ abschließen. (Auf diese Weise legt Excel in den Zellen sogenannte Matrixformeln an. Sie erkennen diese an den umschließenden geschweiften Klammern, die Sie auf keinen Fall über die Tastatur direkt erzeugen dürfen.) Das Ergebnis aus Abbildung 29.8 ist der Lohn für die Mühe.

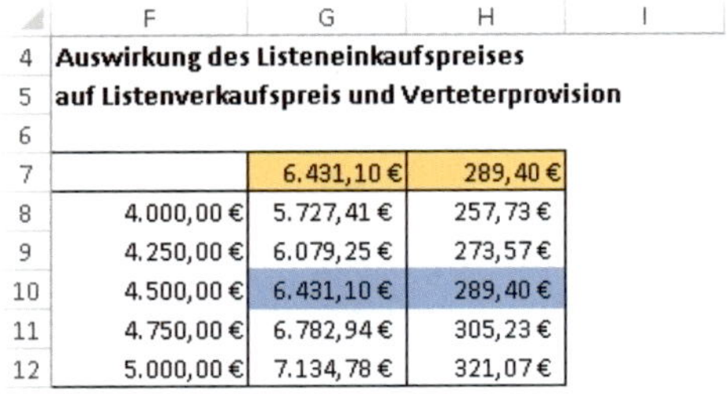

	F	G	H	I
4	**Auswirkung des Listeneinkaufspreises**			
5	**auf Listenverkaufspreis und Verteterprovision**			
6				
7		6.431,10 €	289,40 €	
8	4.000,00 €	5.727,41 €	257,73 €	
9	4.250,00 €	6.079,25 €	273,57 €	
10	4.500,00 €	6.431,10 €	289,40 €	
11	4.750,00 €	6.782,94 €	305,23 €	
12	5.000,00 €	7.134,78 €	321,07 €	

Abbildung 29.8: Die Datentabelle hat sich gefüllt, die markierten Zellen dienen der Kontrolle

In Zeile 10 erkennen Sie zur Kontrolle die Ihnen bereits bekannten Werte.

Beim Umgang mit der Datentabelle sollten Sie die folgenden Dinge im Auge haben:

- Die Formeln der Kopfzeile können jederzeit durch andere Formeln ersetzt werden.
- Wollen Sie zusätzliche Formeln hinzufügen, ist der Weg zur Erstellung der Datentabelle erneut zu gehen (gesamten Bereich markieren, dann *Daten/Prognose/Was-wäre-wenn-Analyse/Datentabelle* wählen). Wenn Sie Spalten mit Formeln entfernen wollen, gilt das Gleiche.

- Die Werte der Kopfspalte können durch beliebige andere Werte ersetzt werden. Die berechneten Werte werden dann neu ermittelt.
- Wollen Sie zusätzliche Werte hinzufügen, ist der Weg zur Erstellung der Datentabelle erneut zu gehen (gesamten Bereich markieren, dann *Daten/Prognose/Was-wäre-wenn-Analyse/Datentabelle* wählen). Wenn Sie Zeilen mit Werten entfernen wollen, gilt das Gleiche.
- Der Tabellenkörper enthält in jeder Zelle die Formel `{=MEHRFACHOPERATION(;D6)}`. Diese Formeln können in einzelnen Zellen nicht verändert werden (es kommt der Hinweis auf das Vorhandensein einer Matrixformel). Jedoch könnten die Zellen »im Set« gelöscht werden, ohne die Kopfzeile und die Kopfspalte zu markieren.
- Falls Sie die Datentabelle an einen anderen Ort kopieren wollen, stellen Sie fest, dass nicht die Formeln, sondern nur die Werte kopiert werden. Selbst dann, wenn Sie eine andere Einfügeoption gewählt haben. Beim Verschieben gibt es keine Probleme.

Hinweis Manchmal kommt es vor, dass nach Abschluss der Aktion »Datentabelle erstellen« alle berechneten Werte einer Spalte (oder Zeile oder beides) in der Datentabelle identisch sind. Meistens[2] ist die Ursache dann in der fehlenden Berechnungskette »von der Stellvertreterzelle zur Formel« zu suchen: Das Ergebnis hat mit der Variation der Werte nichts zu tun und bleibt deshalb konstant. Dann sollten Sie sich auf die Fehlersuche begeben.

Profitipp Mehrfachoperationen gehören zu den volatilen Einträgen in Zellen. Das heißt, sie werden bei Änderungen von Zellen in der Arbeitsmappe unabhängig von der Art der Änderung stets neu berechnet. Also unabhängig auch davon, ob die veränderten Zellen in irgendeiner Beziehung zur Datentabelle mit den Mehrfachoperationen stehen. Sind diese Datentabellen groß, kann das die Performance der Arbeitsmappenberechnungen ausbremsen. Abhilfe schaffen Sie gegebenenfalls, indem Sie die Optionen zur automatischen Berechnung so einstellen, dass Datentabellen nicht betroffen sind: *Formeln/Berechnung/Berechnungsoptionen*.

Online Vorbereitete Berechnungen zu diesem Abschnitt finden Sie in den Begleitdateien zum Buch in der Arbeitsmappe *Was-wäre-wenn-Analysen.xlsx* auf dem Blatt *Mehrfachoperationen P*.

Datentabellen mit zwei Variablen

Datentabellen mit zwei Variablen werden im Prinzip so angelegt wie die Datentabellen mit einer Variablen und sie verhalten sich auch so. Der Unterschied besteht darin, dass sowohl in der Kopfzeile als auch in der Kopfspalte variable Werte stehen; die einen gehören zu einem bestimmten Wert in der bisherigen Berechnungskette, die anderen zu einem zweiten. Somit ist der Platz für auszuwertende Formeln enorm knapp geworden. Es gibt nur

[2] Meistens meint, dass nicht zufälligerweise konstante Ergebnisse herauskommen. In einem solchen Fall kann man natürlich auf Mehrfachoperationen von vornherein verzichten.

noch *eine* Möglichkeit, eine Berechnung in der Datentabelle zu notieren, und zwar in der linken oberen Ecke.

Angenommen, Sie wollen im Beispiel dieses Kapitels die Auswirkungen der Veränderung des Listeneinkaufspreises und des prozentualen Gewinns auf den Barverkaufspreis protokollieren lassen. Dazu bereiten Sie eine kleine Datentabelle wie in Abbildung 29.9 vor.

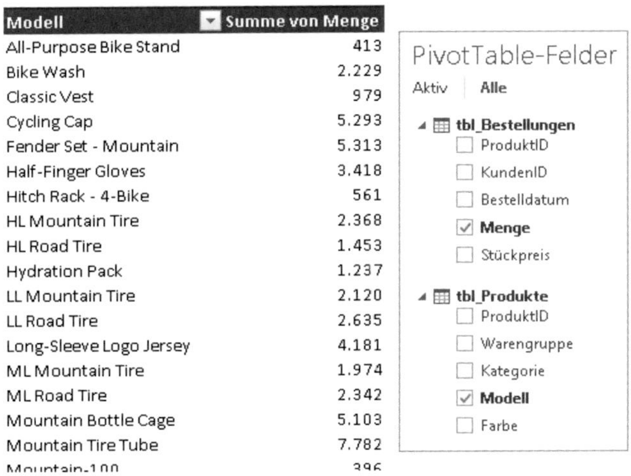

Modell	Summe von Menge
All-Purpose Bike Stand	413
Bike Wash	2.229
Classic Vest	979
Cycling Cap	5.293
Fender Set - Mountain	5.313
Half-Finger Gloves	3.418
Hitch Rack - 4-Bike	561
HL Mountain Tire	2.368
HL Road Tire	1.453
Hydration Pack	1.237
LL Mountain Tire	2.120
LL Road Tire	2.635
Long-Sleeve Logo Jersey	4.181
ML Mountain Tire	1.974
ML Road Tire	2.342
Mountain Bottle Cage	5.103
Mountain Tire Tube	7.782

Abbildung 29.9: Vorbereitung eines Protokolls für zwei Variablen

Nun schreiben Sie in die linke obere Ecke die Formel für den Barverkaufspreis. Da Sie diesen bereits in Zelle D15 berechnet haben, reduziert sich die Formel auf den Zellbezug `=D15`.[3] Markieren Sie wieder die gesamte Datentabelle, wählen Sie *Daten/Datentools/Was-wäre-wenn-Analyse/Datentabelle* und tragen Sie in das Dialogfeld aus Abbildung 29.7 die Adressen der Stellvertreterzellen für den prozentualen Gewinn (*Werte aus Zeile*, Zelle `D5`) und den Listeneinkaufspreis (*Werte aus Spalte*, Zelle `C14`) ein. Nun noch der Abschluss mit [Strg]+[⇧]+[↵]. Voilà, das gewünschte Protokoll ist fertig und sieht etwa aus wie in Abbildung 29.10.

Gelesen wird die Datentabelle auch hier wie eine Kreuztabelle – gesuchte Informationen befinden sich im Schnittpunkt von Zeile und Spalte. Der markierte Wert ist wieder der Ihnen bekannte. Zur Bestätigung, vermutlich alles richtig gemacht zu haben.

Online Vorbereitete Berechnungen zu diesem Abschnitt finden Sie in den Begleitdateien zum Buch in der Arbeitsmappe *Was-wäre-wenn-Analysen.xlsx* auf dem Blatt *Mehrfachoperationen L*.

---

[3] Denkbar sind hier wieder alle sinnvollen Formeln, die irgendetwas mit den variablen Zellwerten zu tun haben.

	F	G	H	I
17				
18	5.382,83 €	12,50%	15%	17,50%
19	4.000,00 €	4.689,63 €	4.793,84 €	4.898,06 €
20	4.250,00 €	4.977,72 €	5.088,34 €	5.198,95 €
21	4.500,00 €	5.265,81 €	5.382,83 €	5.499,85 €
22	4.750,00 €	5.553,90 €	5.677,32 €	5.800,74 €
23	5.000,00 €	5.841,99 €	5.971,81 €	6.101,63 €

Abbildung 29.10: Zwei *Variablen zeigen ihren Einfluss auf* eine *Formel*

Szenarien anlegen und auswerten

Datentabellen haben als Protokolle von wiederholten Berechnungen die folgenden Möglichkeiten ausgewiesen:

- *eine* Variable, *beliebig viele* Formeln zur Auswertung
- *zwei* Variablen, *eine* Formel zur Auswertung

Szenarien, verwaltet durch den Szenario-Manager, haben die Möglichkeit, *beliebig viele* Variablen in *beliebig vielen* Formeln auszuwerten und die Veränderungen zu protokollieren. Allerdings nicht mehr in Tabellen, sondern in sogenannten Berichten. Doch der Reihe nach.

Angenommen, Sie sind am Einfluss der prozentualen Handlungskosten oder des prozentualen Gewinns auf den Gewinn selbst sowie den Zielverkaufspreis interessiert. Starten Sie mit einem Arbeitsblatt, in dem Sie die Vorwärtskalkulation wie in Abbildung 29.3 notiert haben.

Profitipp

Wollen Sie noch mehr Komfort in den nächsten Schritten, bereiten Sie das Arbeitsblatt so vor, dass Sie der Zelle mit den prozentualen Handlungskosten in Spalte C den Namen *Handlungskosten_Prozent* und der Zelle mit dem prozentualen Gewinn den Namen *Gewinn_Prozent* geben. Ebenso nennen Sie in Spalte D die entsprechenden Zellen *Gewinn* und *Zielverkaufspreis.* Sollten Sie keine Erfahrungen mit benannten Bereichen (Namen für eine oder mehrere Zellen) haben, schlagen Sie in Kapitel 13 nach.

Klicken Sie dann auf *Daten/Prognose/Was-Wäre-wenn-Analyse/Szenario-Manager.* Es erscheint das Dialogfeld aus Abbildung 29.11.

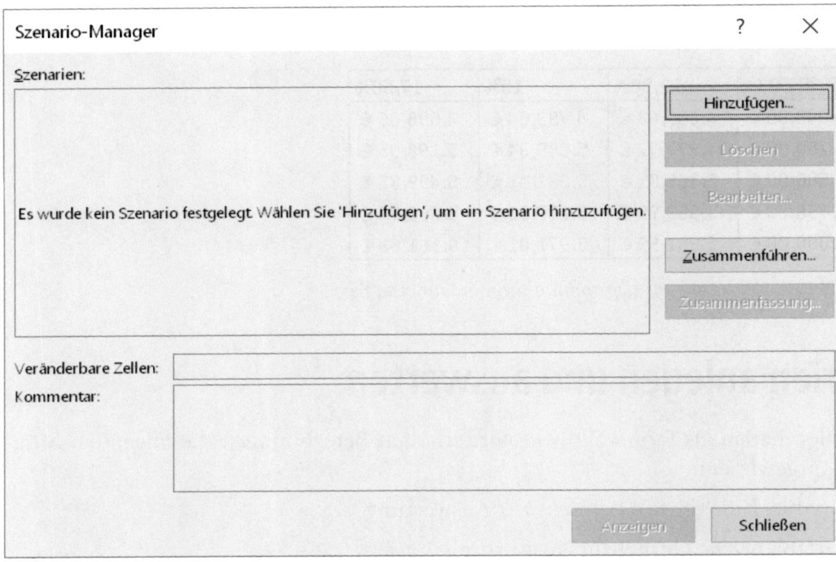

Abbildung 29.11: Noch ist alles leer im Szenario-Manager

Hinweis Falls Sie auf einem Arbeitsblatt bereits Szenarien angelegt haben und Sie das Arbeitsblatt wechseln, um wiederum den Szenario-Manager aufzurufen, kann es passieren, dass sich Ihnen das leere Dialogfeld wie in Abbildung 29.11 zeigt. Grund hierfür ist, dass Szenarien am Arbeitsblatt »festgemacht« sind. Die Schaltfläche *Zusammenführen* könnte Ihnen bei einer gemeinsamen Auswertung weiterhelfen.

Mit Klick auf *Hinzufügen* erstellen Sie in der Liste der vorhandenen Szenarien jeweils ein weiteres, also auch das erste. Haben Sie geklickt, erscheint das sich weitestgehend selbst erklärende Dialogfeld *Szenario hinzufügen*, in dem Sie einen aussagekräftigen Namen für die Analysesituation, in unserem Fall *Situation 1* vergeben. (Mögliche sprechende Namen sind *Worst case* oder *Best case* oder auch *Soll* und *Ist*.) Außerdem benennen Sie die Zellen, in denen sich die veränderbaren Werte befinden. Die durch Semikola getrennte Liste der Adressen dieser Zellen schreiben Sie entweder per Hand oder aber Sie klicken mit der Maus in diese Zellen. Sollen es mehrere sein, halten Sie dabei die Taste `Strg` gedrückt.

Pfiffig ist auch die Möglichkeit, einen Kommentar notieren zu können. So kann man sich später leichter erinnern, was man sich bei dieser oder jener Analyse eigentlich gedacht hat (siehe Abbildung 29.12).

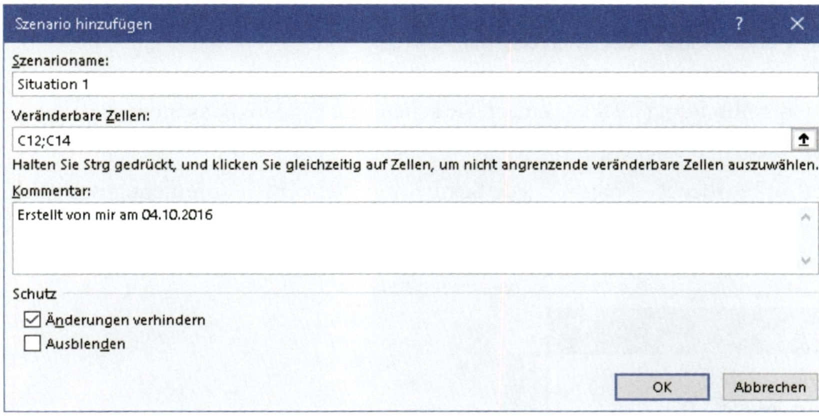

Abbildung 29.12: Das Werkzeug zum Vereinbaren von Szenarien

Tipp Die Einstellungen zum *Schutz* eines Szenarios betreffen seine Unveränderbarkeit sowie die Möglichkeit, das Szenario aus der Liste der Szenarien auszublenden. Beide Schutzmechanismen werden genau dann wirksam, wenn das Arbeitsblatt geschützt ist. Mehr zum Schutz Ihrer Arbeitsmappen erfahren Sie in Kapitel 20.

Bestätigen Sie mit *OK*, erscheint die Aufforderung, für die veränderbaren Zellen Werte einzutragen, die aktuellen Werte sind bereits vornotiert (siehe Abbildung 29.13).

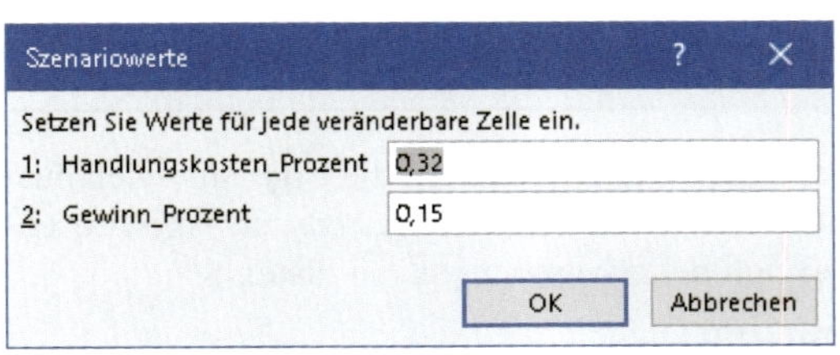

Abbildung 29.13: Die Parameter der Szenarien nehmen konkrete Gestalt an

Es macht sich bemerkbar, dass die Namensvergabe keine schlechte Idee war, denn die Namen helfen im Falle mehrerer Zellen bei der Orientierung. Haben Sie keine Namen vergeben, müssen Sie hier mit der Angabe der Zelladressen vorliebnehmen.

Profitipp Sicherlich ist es gut, zu durchdenken, wie viele Parameter man eigentlich sich ändern lassen will und wie stark diese Änderungen sein sollen. Variieren Sie gleichzeitig zu viele Parameter, ist es schwer zu erkennen, welcher Parameter denn eigentlich welche Einflüsse auf die zu berechnenden Ergebnisse hat.

Mit *OK* beenden Sie das Anlegen von Szenarien, mit *Hinzufügen* stehen Sie wieder im Dialogfeld aus Abbildung 29.12 und können dort ein zweites Szenario mit dem Namen *Situation 2* und gegebenenfalls auch weitere anlegen. Beachten Sie, dass es nicht notwendig ist, die einmal gewählten variablen Zellen beizubehalten. Sie können teilweise oder ganz durch andere Zellen ersetzt oder auch ergänzt werden.

Haben Sie das Anlegen von Szenarien beendet (vielleicht auch nur vorübergehend), hat sich das Bild aus Abbildung 29.11 verändert. Sie sehen jetzt die Möglichkeiten,

- Szenarien wieder zu löschen,
- Szenarien zu bearbeiten (Achtung: Jede Bearbeitung zieht einen Kommentar nach sich, der auf die Modifizierung abzielt) sowie
- durch Klick auf *Zusammenfassung* einen Bericht zu erstellen (siehe Abbildung 29.14).

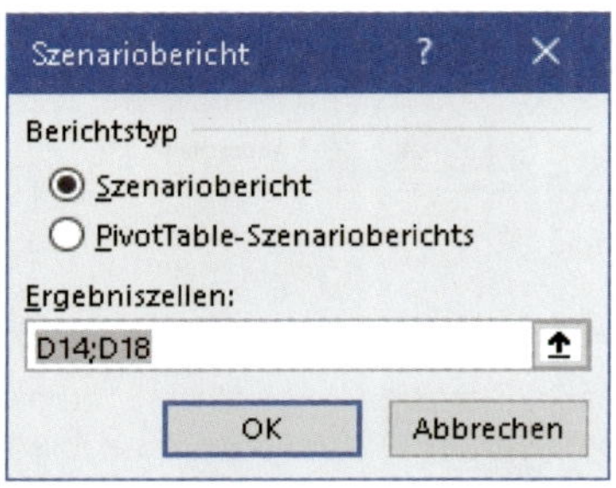

Abbildung 29.14: Berichte schließen das Anlegen von Szenarien ab

---

Hinweis Das Erstellen eines *PivotTable-Berichts* hat sicherlich nur dann Sinn, wenn die Ausgangsdaten eine »Pivotisierung« sinnvoll erscheinen lassen (Stichwort Listen). In unserem Fall des »Durchrechnens von oben nach unten« ist der *Szenariobericht* vermutlich die einzige sinnvolle Form eines Berichts.

In dieser Zusammenfassung besteht nun erstmals die Möglichkeit, die Ergebniszellen auszuweisen (durch Eingeben der – möglicherweise durch Semikola getrennten – gewünschten Zelladressen oder durch Klicken – eventuell bei gehaltener [Strg]-Taste).

Im Ergebnis entsteht etwas wie in Abbildung 29.15.

Es handelt sich um ein gegliedertes Blatt mit dem Wort *Szenariobericht* als Blattnamen, das unmittelbar *vor* dem Blatt mit den Berechnungen und Ausgangssituationen eingefügt wird. Die Formatierung ist schon seit Excel-Generationen gleich und entspricht nicht unbedingt modernen Ansprüchen. Leider lässt sich das nirgendwo im Voraus ausbessern, sodass alle Szenarioberichte »gleich« aussehen. Folglich müssen Anpassungen stets von Neuem durchgeführt werden.

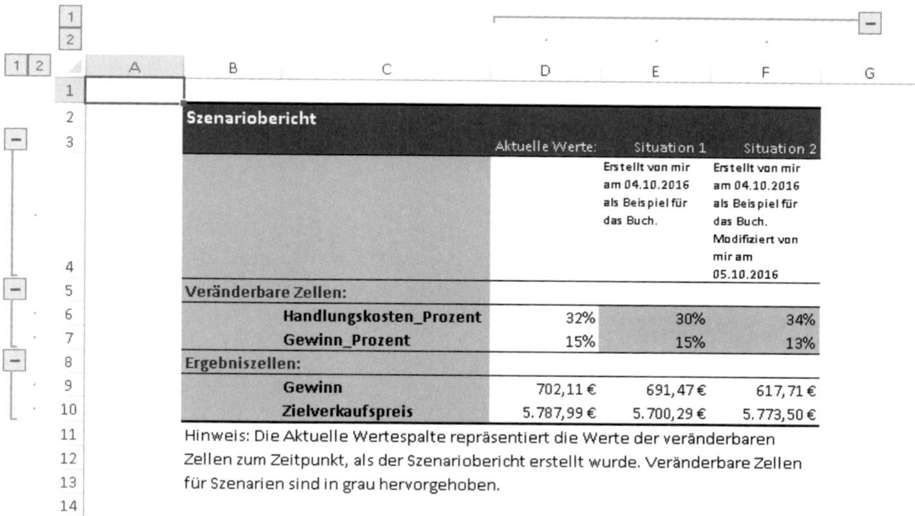

Abbildung 29.15: Der fertige Bericht – die Formatierung ist nicht vorher beeinflussbar

Profitipp Unter Umständen kann die Verschönerung der Berichte eine Aufgabe der Makroprogrammierung sein – mehr zu Makros in Kapitel 32. Aber auch dann geht nichts von allein und will wohldurchdacht sein. Denn mit einer Makroaufzeichnung der anpassenden Handlungen lassen sich meist auch nur die Dinge abfangen, die wirklich immer gleich im Zustand und im Ergebnis sind.

Die Gliederungen bieten nicht viele Überraschungen. Es lassen sich die Kommentare sowie die veränderbaren beziehungsweise die Ergebniszellen ein- und ausblenden. Was wann getan werden soll, hängt sicher von den Umständen ab (Drucken, Veröffentlichen im Netz et cetera).

Online In den Begleitdateien zum Buch finden Sie in der Mappe *Was-wäre-wenn-Analysen.xlsx* auf dem Blatt *Szenarien* vorbereitete Rechnungen und Szenarien.

Prognoseblätter

Prognoseblätter sind neu in Excel 2016. Sie sind eine Erweiterung der Möglichkeiten, die sich bei Diagrammen ergeben, wenn Trend- beziehungsweise Regressionslinien in Verbindung mit den Funktionen TREND und RGP in ein Diagramm eingefügt werden. Anders als der Name es vermuten lässt, dient TREND nicht nur zum Berechnen des linearen

Trends einer Zeitreihe, sondern auch zur Ermittlung vermuteter linearer Zusammenhänge zwischen zwei statistischen Größen, also der Ermittlung der Werte einer Regressionsgeraden.[4]

Hierzu zwei Beispiele.

Trendprognosen

Das Statistische Bundesamt veröffentlicht in regelmäßigen Abständen Informationen zum Bruttoinlandsprodukt (kurz BIP). Abbildung 29.16 zeigt in Spalte E (es handelt sich um Mrd. €) einen Ausschnitt des Standes vom 12. August 2016.

	A	B	C	D	E	F	G	H	I
4									
5		Jahr	Quartal		y-Werte	Trend	Abw.	Durchschnitt	Prognose
6		2012	I	1	682,73	675,9	6,8		
7			II	2	678,15	681,9	-3,8		
8			III	3	701,3	688,0	13,3		
9			IV	4	696,08	694,1	2,0		
10		2013	I	5	685,46	700,1	-14,7		
11			II	6	698,33	706,2	-7,8		
12			III	7	723,16	712,2	10,9		
13			IV	8	719,29	718,3	1,0		
14		2014	I	9	716,38	724,4	-8,0		
15			II	10	718,53	730,4	-11,9		
16			III	11	744,38	736,5	7,9		
17			IV	12	744,64	742,5	2,1		
18		2015	I	13	739,41	748,6	-9,2		
19			II	14	745,99	754,7	-8,7		
20			III	15	771,66	760,7	10,9		
21			IV	16	775,76	766,8	9,0		
22		2016	I	17		772,8		-6,2	766,6
23			II	18		778,9		-8,0	770,8

Abbildung 29.16: Informationen und Berechnungen zum BIP

Die damals bekannten Werte für das Jahr 2016 aus Abbildung 29.17 wurden hier entfernt, um die Wirkungsweise von Trend und Prognose zu skizzieren.

2016	I	763,18
	II	780,34

Abbildung 29.17: Die tatsächlichen Werte des Jahres 2016 zum Vergleich

In der Spalte F unter »Trend« finden Sie nun die durch TREND berechneten Größen unter Zuhilfenahme der Werte aus den Spalten D und E, Zeilen 6 bis 21.[5]

In den Zeilen 22 und 23 finden Sie die ebenfalls durch TREND berechneten Prognosewerte für das erste und zweite Quartal 2016. Diese Werte sind allerdings Prognosen für den

4 Leider gibt dieses Buch den Platz für ausführliche Erläuterungen der mathematischen Zusammenhänge nicht her. Der Blick in ein gutes Buch zu Methoden der betrieblichen Statistik sollte eine hinreichende Voraussetzung liefern, um die mächtigen Excel-Werkzeuge gewinnbringend einzusetzen.

5 Die Verwendung der Zahlen 1 bis 16 in Spalte D ist nicht zwingend. Wenn Sie sie bei der Eingabe der Formel zu TREND (Abschluss mit `Strg`+`Alt`+`↵`) nicht verwenden, rechnet Excel automatisch mit diesen Werten.

Trend, nicht für das BIP. Um diese Prognosen einigermaßen vernünftig zu bestimmen, ermitteln Sie aus den saisonalen Abweichungen[6] für die einzelnen Quartale in Spalte G durch Mittelung über die Quartale mit gleicher Ordnungsziffer eine durchschnittliche Abweichung vom Trend am Ende der Spalte H. Diese zur Trendprognose addiert, ergibt das voraussichtliche Bild für das Jahr 2016. So schlecht wird da nicht einmal geschätzt. Vergleichen Sie mit den tatsächlichen Werten aus Abbildung 29.17.

Möchten Sie die aufwendigen Vorbereitungen vermeiden, so markieren Sie die Werte aus den Spalten D und E, Zeilen 6 bis 21 und rufen mit *Daten/Prognose/Prognoseblatt* den Prognoseblatt-Assistenten »Prognoseblatt erstellen« auf.[7]

Klicken Sie auf *Optionen*, um einige Korrekturen vorzunehmen. Der Prognosebeginn sollte bei 16 liegen, das Ende bei 18.[8] Und so haben Sie etwas wie in Abbildung 29.18.

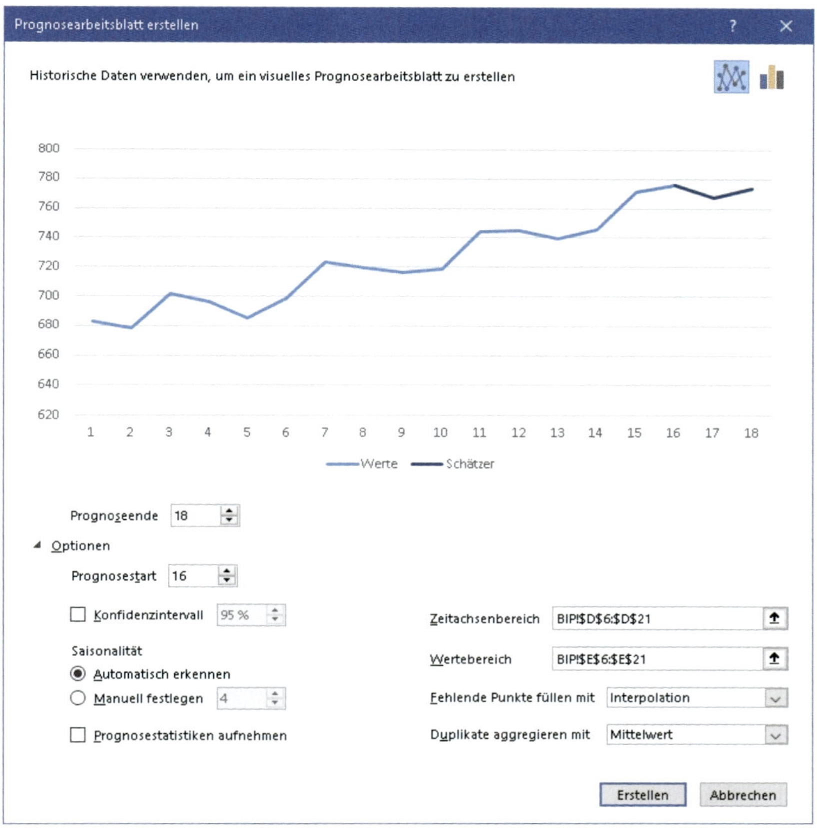

Abbildung 29.18: Die Vorbereitungen wurden getroffen

[6] Der Begriff »saisonale Abweichungen« steht für jede regelmäßige »Schwankung« im Monats-, Quartals-, Halbjahres- oder Jahreszeitenzyklus. Angenommen wird für die Ausprägungen der Zeitreihe der Zusammenhang T plus/minus S. T steht für die längerfristige Entwicklung (fünf bis zehn Jahre oder auch andere sinnvolle Abschnitte), S für die additiven Abweichungen, die saisonal im obigen Sinne bedingt sind.

[7] Jetzt ist die Verwendung der Zahlen von 1 bis 16 Pflicht. Tun Sie das nicht, so erscheint eine Fehlermeldung des Prognoseblatt-Assistenten, die inhaltlich nur auf Zeitreihen abzielt, aber auch andere Situationen betrifft.

[8] Vermeiden Sie zu langfristige Prognosen.

Beachten Sie, dass hier Excel die saisonalen Einflüsse »sauber« erkannt hat. Notfalls helfen Sie »manuell« etwas nach. Die letzten beiden Optionen auf der rechten Seite sind hier nicht relevant, es gibt keine Duplikate und auch keine Lücken. Das kann bei anderen Aufgabenstellungen anders sein.[9]

Klicken Sie auf *Erstellen*, so wird vor dem aktuellen Blatt ein neues Blatt erzeugt, das die von Ihnen markierten Daten, die prognostizierten Werte sowie ein dazu passendes Diagramm (die Vorschau haben Sie bereits gesehen) enthält. Haben Sie sich für *Prognosestatistiken aufnehmen* entschieden, stehen auch diese auf dem Blatt. Die Ausgangswerte werden kopiert, es gibt Formeln für die Prognosewerte mit der Funktion PROGNOSE.

Die Prognosewerte liegen übrigens bei 767 und 773, passen also gut ins Bild.

Online In den Begleitdateien zum Buch finden Sie in der Mappe *Was-wäre-wenn-Analysen.xlsx* auf dem Blatt *BIP* vorbereitete Daten und Berechnungen. Das Blatt davor ist das Ergebnis des Prognoseblatt-Assistenten.

Prognoseblätter für die Regression

Auch bei diesem Beispiel spielt Zeit eine Rolle, aber nicht, wie weiter vorn, auf einer Zeitachse, sondern als Angabe von Werten, die auch Abmessungen, Graduierungen oder andere Größen sein können und eine Extrapolation (hier als Prognose bezeichnet) zulassen.

Der Betreiber einer Schmalspurbahn hat die berechtigte Vermutung, dass es zwischen dem Alter von Waggons und ihren jährlichen Wartungs- und Reparaturkosten einen Zusammenhang gibt.[10]

	A	B	C	D
4				
5		x	y	Regression
6		2	3,6	3,6
7		3	3,8	4,1
8		3	4,4	4,1
9		4	4,4	4,5
10		5	4,8	5,0
11		5	5,0	5,0
12		6	5,4	5,4
13		7	6,0	5,8
14		8	6,4	6,3
15		9	6,6	6,7
16		10	7,2	7,2
17		**11**		**7,6**
18		**12**		**8,1**

Abbildung 29.19: Daten zum Alter x und den Wartungskosten y von Waggons – bereits um Berechnungen zur Regression erweitert

---

9 Am Rande sei erwähnt, dass Excel nicht mit dem linearen Trend rechnet, sondern ein Verfahren der sogenannten exponentiellen Glättung verwendet.

10 Die folgenden Zahlen sind frei erfunden und deshalb auch ohne weitere Wert-Angaben.

Was er weiß, hat er in einer Excel-Tabelle wie in Abbildung 29.19 zusammengestellt. Und er hat bereits unter Zuhilfenahme der Funktion TREND (die hier den linearen Regressions-Zusammenhang ermitteln hilft) einige Berechnungen angestellt. Würde er diese in einem Punkt(XY)-Diagramm mithilfe des Trends einzeichnen, so würde ihm das möglicherweise angezeigte Bestimmtheitsmaß von 0,98 seine Vermutung statistisch belegen. Und Auskunft geben, wann es sinnvoll erscheint, Waggons nicht mehr zu warten, sondern auszusondern.

Der neue Assistent stellt den Anwender von weiteren Vorbereitungen und Berechnungen frei: Letzterer markiert die Werte der Spalten B und C in den Zeilen 6 bis 16 und ruft mit *Daten/Prognose/Prognoseblatt* den Helfer auf. Nach Klick auf *Optionen* erscheint das Dialogfeld aus Abbildung 29.20.

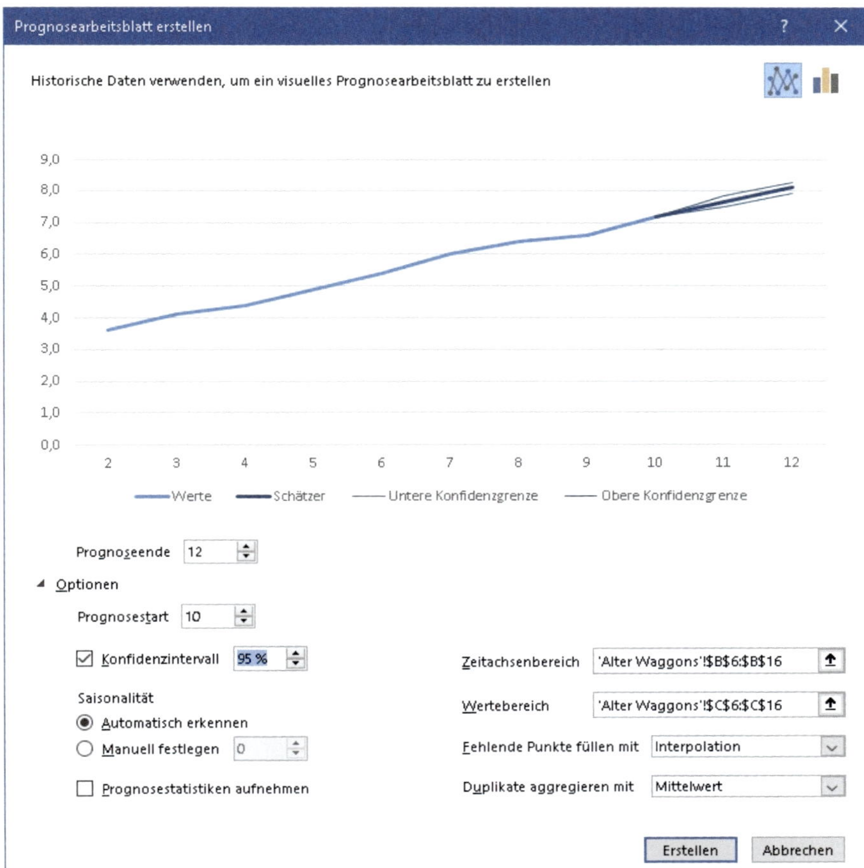

Abbildung 29.20: Der Prognoseblatt-Assistent im Falle der Regression

Alle Einträge sind hier nahezu selbsterklärend. Und wir stellen fest, dass Excel auch »erkennt«, dass der Begriff »Saison« hier keine Rolle spielen kann. Mit *Erstellen* wird das Ergebnis der Berechnungen permanent. Die Prognosen von 7,7 und 8,1 für ein Alter von elf beziehungsweise zwölf Jahren liegen durchaus in der Nähe dessen, was weiter vorn auf anderem Wege berechnet wurde.[11]

Online In den Begleitdateien zum Buch finden Sie in der Mappe *Was-wäre-wenn-Analysen.xlsx* auf dem Blatt *Alter Waggons* vorbereitete Daten und Berechnungen. Das Blatt davor ist das Ergebnis des Prognoseblatt-Assistenten.

---

[11] Der Diagrammtyp ist nicht unbedingt gelungen, da es nicht viele Gründe gibt, die Datenpunkte der Kosten mit Linien zu verbinden. Aber das kann man im entstehenden Prognoseblatt versuchen zu korrigieren. Wählt man ein Säulendiagramm, so gehen die Konfidenzgrenzen quasi unter.

Kapitel 30

Der Arbeitsplatz ist überall: Excel im Netz und in der Cloud

In diesem Kapitel:

Dieses Kapitel beantwortet einige wichtige Fragen moderner Bürokommunikation: Wie gelangen die mit Excel erstellten Arbeitsergebnisse in eine webbasierte Umgebung, um so ohne zusätzlichen Aufwand Teammitgliedern und anderen Partnern zur Kenntnis, zur Auswertung und zur Diskussion bereitgestellt zu werden? Eine zentrale Rolle spielt dabei die Organisation von Arbeitsvorgängen unter Verwendung des Internet Explorers.

Begonnen wird dieses Kapitel mit prinzipiellen Gedanken zum gemeinsamen Arbeiten in einem dateibasierten Netzwerk.

Ein Blick soll auf die Rolle von Outlook beim Versenden von E-Mails geworfen werden.

Anschließend möchten wir den Fokus auf den Informationsaustausch mit Office 365 beziehungsweise SharePoint Server in einem Unternehmen richten. Es werden der Umgang mit einem Dokumentverwaltungsserver (Stichwort SharePoint Services) und der Einsatz der Excel Services und von Excel Online sowie die Arbeit mit Listen auf SharePoint-Seiten vorgestellt.

Freigegebene Arbeitsmappen im Netzwerk

In der Regel ist es nicht möglich, eine Arbeitsmappe zu öffnen, wenn sie bereits durch einen anderen Anwender geöffnet ist. Der entsprechende Versuch wird mit einer Meldung quittiert, die die Sperre beschreibt und anbietet, die infrage stehende Mappe schreibgeschützt zu öffnen beziehungsweise zu informieren, wenn die Sperre aufgehoben wurde (siehe Abbildung 30.1).

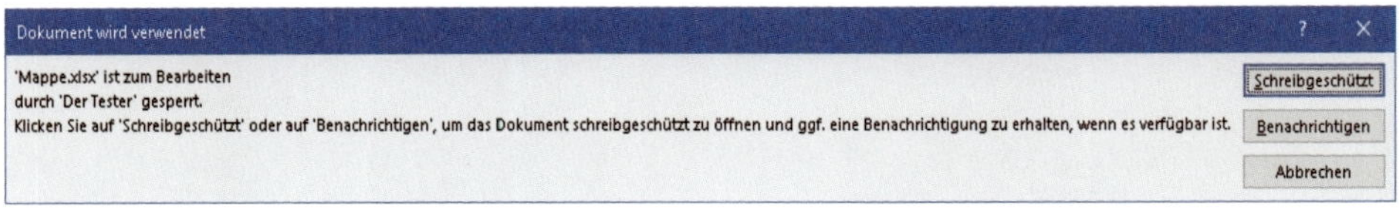

Abbildung 30.1: Die Antwort beim Versuch, eine Mappe zu öffnen, die jemand anders bereits geöffnet hat

Die Voraussetzungen dafür, dass mehrere Personen an einer Mappe nicht nur gemeinsam, sondern auch gleichzeitig arbeiten, sind:

- Die Mappe befindet sich an einem freigegebenen Ort im Netzwerk (die Zugriffsrechte sollten hier gut überlegt und vorbereitet sein),
- die Mappe wird speziell durch einen Anwender freigegeben und
- die Mappe enthält keine intelligenten Tabellen (Listen) oder XML-Zuordnungen.

Weiter hinten in diesem Kapitel werden Sie sehen, dass diese Voraussetzungen beim Arbeiten in einer SharePoint-Umgebung anders ausfallen.

Der erste Punkt ist eine Frage der Abstimmung im Unternehmen, der letzte eine Frage des Inhalts der Mappe. Bleibt der zweite Punkt. Dieser wird auf der Registerkarte *Überprüfen* durch den Befehl *Arbeitsmappe freigeben* in der Gruppe *Änderungen* eingeleitet. Es erscheint ein Dialogfeld,[1] das mit einem Kontrollkästchen auf der ersten Registerkarte die Freigabe besiegelt. Hier erscheinen auch die verschiedenen Bearbeiter, die sich gerade an der Mappe versuchen. Auf der zweiten Registerkarte dieses Dialogfeldes lassen sich Optionen für die Freigabe einstellen (siehe Abbildung 30.2).

Die Art der Freigabe kann, bevor die Mappe freigegeben wird, geschützt werden, auch mit Kennwort (Befehl *Arbeitsmappe schützen und freigeben*). Der Schutz bezieht sich nur auf die Freigabe, nicht auf Inhalte oder Aufbau der Mappe. Die gesperrten Änderungsmöglichkeiten (wie etwa Diagramme einfügen oder den Blattschutz der Mappe aufrufen), die Sie an den inaktiven Befehlen im Menüband erkennen, resultieren aus der Freigabe der Mappe selbst.

---

[1] Unter Umständen müssen Sie im Trust Center einstellen, dass persönliche Informationen beim Speichern der Mappe nicht entfernt werden sollen. Der genaue Anweisungstext erscheint vor dem genannten Dialogfeld.

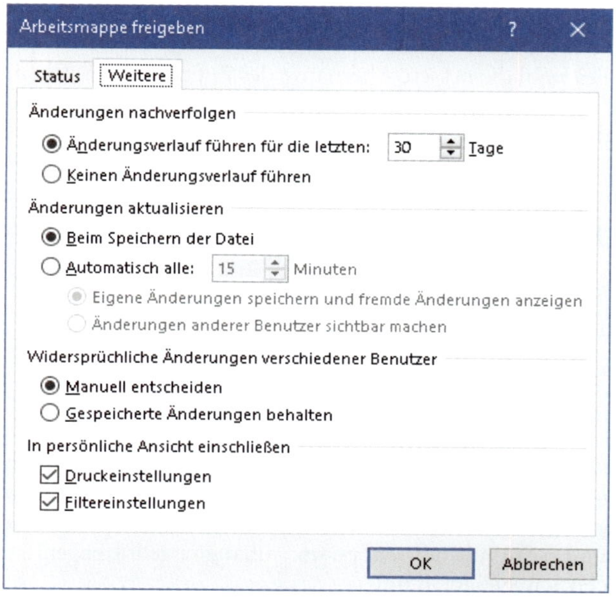

Abbildung 30.2: Freigabe und der Umgang damit

Über die Änderungen in der Mappe durch die einzelnen Benutzer können Sie sich informieren, indem Sie in der gleichen Gruppe des Menübands den Befehl *Änderungen nachverfolgen/Änderungen hervorheben* aufrufen. Je nach Einstellung im erscheinenden Dialogfeld werden die entsprechenden Zellen durch einen blauen Indikator markiert, der ähnlich wie der der Kommentare aussieht und der sich auch so verhält – das heißt, vorgenommene Änderungen durch Anwender werden in einem kurzen Satz protokolliert. Es ist möglich, diese Protokolle auf einem gesonderten Blatt automatisch festzuhalten. Änderungen lassen sich nicht nur anzeigen, sondern auch akzeptieren beziehungsweise ablehnen. Dafür ist der Befehl *Änderungen nachverfolgen/Änderungen annehmen/ablehnen* zuständig. Schritt für Schritt kann dann die Akzeptanz bekundet werden oder eben nicht (siehe Abbildung 30.3).

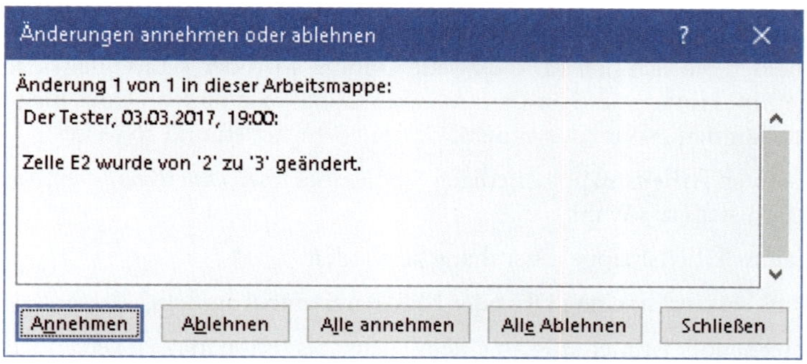

Abbildung 30.3: Entscheidung über Anpassungen

Diese Funktionalität von Excel lässt sich auch nutzen, wenn ein einzelner Anwender seine Mappe auf verschiedenen Rechnern bearbeitet. In Zeiten der Speicherung von Dateien in der Cloud (etwa OneDrive) ist dies wohl die bessere Alternative des Zugriffs von welchem Ort auch immer. Vorausgesetzt, man ist unter Umständen bereit, seine Arbeitsergebnisse an einem »anonymen« Ort abzulegen.

Excel-Inhalte per E-Mail versenden

Excel unterscheidet zwei Varianten des E-Mail-Versands von Arbeitsmappen:

- den Versand als Textkörper und
- den Versand der gesamten Arbeitsmappe als Anlage einer Nachricht.

Um im ersten Fall etwas wie in Abbildung 30.4 zu sehen, bedarf es einer kleinen Vorbereitung: Die Symbolleiste für den Schnellzugriff muss angepasst werden. Öffnen Sie dazu die Registerkarte *Datei*, wählen Sie *Optionen* und dann die Kategorie *Symbolleiste für den Schnellzugriff.* Dort finden Sie in der Liste der Befehle, die nicht im Menüband enthalten sind, den Befehl *An E-Mail-Empfänger senden.* (Verwechseln Sie diesen Befehl nicht mit dem Befehl *E-Mail*, der eine neue E-Mail mit der Mappe im Anhang erstellt.) Fügen Sie den Befehl der Symbolleiste für den Schnellzugriff hinzu.

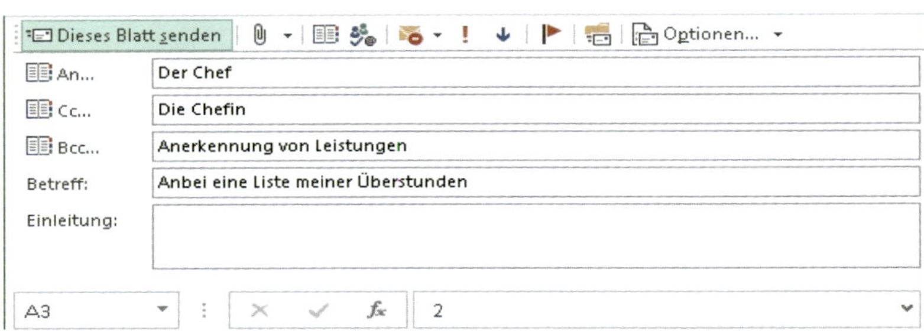

Abbildung 30.4: Ein Arbeitsblatt wird mit einem »E-Mail-Umschlag« versehen

Klicken Sie das erste Mal auf dieses Symbol in der Symbolleiste für den Schnellzugriff, werden Sie gefragt, ob Sie die gesamte Arbeitsmappe oder nur das aktive Arbeitsblatt versenden wollen. Entscheiden Sie sich hier für die zweite Option, wird der »Umschlag« der Nachricht eingeblendet. Im Hintergrund ist Outlook aktiv, sodass Sie diesen »Umschlag« wie gewohnt bearbeiten können (Konto auswählen, Optionen einstellen und so weiter).

Das Versenden der gesamten Arbeitsmappe erledigen Sie flexibel über *Datei/Freigeben.* Sie haben in der Backstage-Ansicht die Wahl,

- mit *E-Mail* die gesamte Arbeitsmappe als Anhang zu senden,
- den Anhang vor dem Versand in eine PDF- oder XPS-Datei umzuwandeln,
- die Datei bei entsprechender Anmeldung an einem Dienst als Internetfax zu versenden oder

- nur einen Link zur Arbeitsmappe zu verschicken.[2] In diesem Fall muss die Arbeitsmappe vorbereitend auf einem Webserver mit SharePoint Services (dazu gehört auch Office 365 mit den Teamseiten oder OneDrive for Business) oder auf OneDrive gespeichert sein. Diese Freigabe hat nichts mit der weiter vorn beschriebenen Freigabe im Netz zu tun.

Sie können aber auch die Symbolleiste für den Schnellzugriff um den Befehl *E-Mail* ergänzen. Der Klick auf diesen Befehl öffnet Outlook, und die Arbeitsmappe befindet sich automatisch im Anhang des gezeigten Entwurfs der Nachricht.

Arbeitsmappen freigeben – der aktuelle Stand

Die Zeiten, in denen man per ftp oder mit HTML-Versionen Excel-Ergebnisse ins Web stellte, sind vorbei. Der Begriff der »Freigabe« ist belegt und wurde im vorigen Abschnitt mit dem Versenden von E-Mails in einer ersten Auslegung vorgestellt. Klicken Sie sich über *Datei* in den Backstage-Bereich, so finden Sie den Begriff *Freigeben* und darin (in Abhängigkeit der Anzahl der verwendeten Konten)

- *Für Personen freigeben*,
- *E-Mail*,
- *Online vorführen* und
- *Als Chatnachricht senden.*

Der erste Weg setzt voraus, dass Sie mit einem Konto bei Office angemeldet sind und über Speicherorte im Web (OneDrive, SharePoint) verfügen. Denn Sie werden im ersten Schritt aufgefordert, die Mappe in der Cloud abzulegen (Abbildung 30.5).

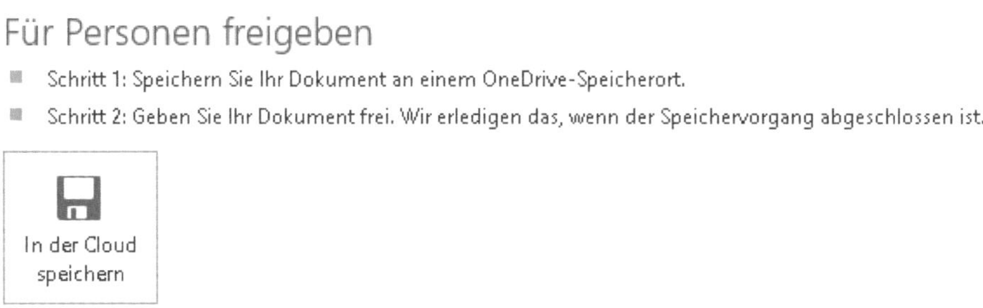

Abbildung 30.5: Freigabe in der Cloud beginnt mit dem Speichern

Ist das erledigt, ändert sich die Backstage-Ansicht zu Abbildung 30.6.

[2] Bei SharePoint beziehungsweise Office 365 richtet sich der Umgang mit Links nach den Voraussetzungen der Einrichtung der Website (Stichwort *Personen einladen* mit Vergabe der Rechte zum Anzeigen/Bearbeiten). Im Falle von OneDrive stehen dem Anwender etwas andere Möglichkeiten im Umgang mit Links zur Verfügung, die sich aus der Oberfläche heraus selbst erklären.

Abbildung 30.6: Freigabe in der Cloud Schritt zwei – Personen einladen

Klicken Sie auf die Schaltfläche, so werden Sie auf die Arbeitsmappe zurückgeführt, Adresslisten erscheinen in einem Aufgabenbereich und die weiteren Schritte ergeben sich von selbst (Namen auswählen, Nachrichten schreiben, zu Skype einladen und so weiter). Die Qual der Wahl bleibt etwas, da das Abrufen eines Links und Einfügen desselben in eine Nachricht zum gleichen Ergebnis führen kann wie die direkte Freigabe.

Der zweite Punkt zum E-Mail-Versand wurde weiter vorn beschrieben, wobei es auch hier zu Überschneidungen mit dem Einladen von Personen kommt.

Der dritte Punkt zielt auf eine Skype-Besprechung, was auch im ersten Punkt erreicht werden kann.

Und schließlich führt der vierte Punkt direkt zu einem Skype-Chat, der mit einigen Klicks auch im ersten Punkt erreichbar wäre.

Office 365 und SharePoint

Der vorige Abschnitt hat schon einen Eindruck vermittelt, in welche Richtung das Speichern von Dokumenten auf dem SharePoint/OneDrive for Business geht. Dieser Abschnitt wendet sich in erster Linie an Mitarbeiter mittlerer und größerer Unternehmen, da sich die Herangehensweise bei Office 365 mit SharePoint Online nur wenig vom Einsatz eines »lokalen« SharePoints unterscheidet. Für Mitarbeiter kleinerer Unternehmen besteht aus organisatorischen Gründen nicht unbedingt die Notwendigkeit, oft auch nicht die zeitliche Reserve zur Vorbereitung, um die vorgestellten Methoden der gemeinsamen Dokumentnutzung anzuwenden. Aber auch der Heimnutzer wird wohl zunehmend Vorteile, die sich mit Office 365 ergeben, ausnutzen wollen.

Unter Umständen ist der Heimnutzer nebst Familie mit den Möglichkeiten des kostenlosen OneDrives unter Verwendung eines Microsoft-Kontos zufrieden. Einige Prinzipien des Speicherns und Bearbeitens von Dokumenten gelten hier wie auf dem SharePoint auch. Der Komfort (detaillierte Rechte, Versionsverwaltung und vieles mehr) wird naturgemäß geringer ausfallen.

Die Verwaltung der erforderlichen Dienste kann hier ebenso wenig wie die Anpassung der Seiten im Detail beschrieben werden. Wichtig ist, dass der Besitzer einer SharePoint-Website oder einer ihrer Unterwebsites[3] jeden Benutzer, der in der Active-Directory-Domäne verzeichnet ist beziehungsweise über andere Authentifizierungen Zugriff hat, einer der vier vordefinierten Gruppen mit Zugangsnamen und Passwort zuordnen kann (wobei weitere Gruppen definiert werden können): *Besitzer*, *Mitglieder*, *Besucher*, *Anzeigende*

[3] OneDrive for Business hat hier eingeschränkte Möglichkeiten mit etwas anderen Freigabemöglichkeiten, die so aber auch für SharePoint-Seiten einsetzbar sind.

Benutzer. Diese Gruppen unterscheiden sich nach der Art und Weise des Umgangs mit einer Website, wie *Vollzugriff*, *Hinzufügen*, *Bearbeiten*, *Löschen* oder *nur Lesen*.

Wichtig Alle Nutzer einer SharePoint-Site sollten diese den vertrauenswürdigen Sites des Internet Explorers hinzugefügt haben.

Arbeitsmappen auf einem Dokumentverwaltungsserver

Bei dieser Art der Teamarbeit geht es um das Hinterlegen von Dokumenten auf dem Server mit der Absicht, diese Dokumente im Team zu verwalten.

Speichern und Weiterbearbeitung

Das Speichern beginnt mit *Datei/Speichern unter*. Haben Sie sich mit dem passenden Organisations-Konto angemeldet, finden Sie den Zugang in der Liste der möglichen Speicherorte. Der Zugang zu Office-365-Sites mittels Konto scheint etwas einfacher als der in einer Domäne. Hier müssen Sie den Speicherort nach Wahl von *Weitere Webspeicherorte* gegebenenfalls mit etwas Geduld in die Adressleiste des *Speichern unter*-Dialogfeldes einfügen. Excel merkt sich den Speicherort allerdings für die Zukunft.

Alle Bedienelemente zum weiteren Umgang mit einem solchen Serverdokument befinden sich in der Backstage-Ansicht der Registerkarte *Datei* unter *Informationen*. Das sind zunächst:

- *Arbeitsmappe verwalten* sowie
- ganz rechts unten hinter dem wichtigen Zugriff auf das Dokument auf dem Server: *Dateispeicherort öffnen*.

So hinterlegte Arbeitsmappen lassen sich vom Ersteller aus Excel heraus öffnen, da dort der Pfad hinterlegt bleibt (zumindest über einige Zeit). Autorisierte Nutzer (inklusive des Erstellers) öffnen die Arbeitsmappe im Browser auf der Website oder navigieren unter Excel an die ihnen bekannte Stelle.

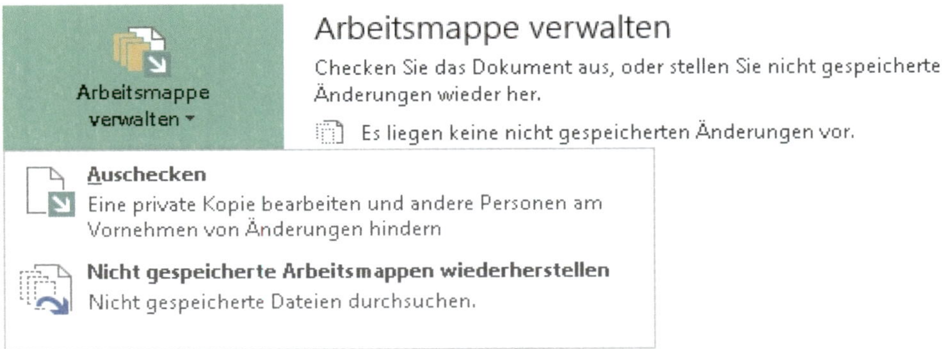

Abbildung 30.7: Umgang mit Arbeitsmappen auf einem Dokumentverwaltungsserver

Ein paar Details zu Abbildung 30.7:

- *Auschecken:* Erstellen einer Kopie (auf dem lokalen Rechner) bei gleichzeitiger Bearbeitungssperre des Originals auf der SharePoint-Site. Das kann auch durch den Bearbeiter über den Zugang zur Website (also im Browser) eingeleitet werden.
- Der in den Vorgängerversionen vorhandene Zugang zu Versionen der Mappe hat seinen Platz gewechselt. Sie finden ihn unter den Aktivitäten zur Mappe rechts oben im Excel-Fenster (Abbildung 30.8).

Abbildung 30.8: Versteckt – der Zugang zu den Versionen einer Datei

Der zweite Punkt in Abbildung 30.7 hat wohl mit Serverdokumenten nichts zu tun.

Workflows

Alle Workflows (wie Genehmigungen, Feedbacks, Bearbeitungen und so weiter) für Dokumente müssen auf der Website vorbereitet sein. Innerhalb des Workflows kann vereinbart werden, unter welchen Umständen er startet und wer wie darin eingebunden ist und darüber informiert wird.

Wird ein Dokument von einem Mitarbeiter geöffnet, dem innerhalb des Workflows Aufgaben zugeordnet wurden, informiert die Meldungsleiste von Excel über diesen Zustand (siehe Abbildung 30.9). Außerdem gibt es unter *Informationen* in der Backstage-Ansicht einen entsprechenden Hinweis mit Schaltfläche zum Öffnen der Workflow-Aufgabe und der Möglichkeit zu ihrer Erledigung.

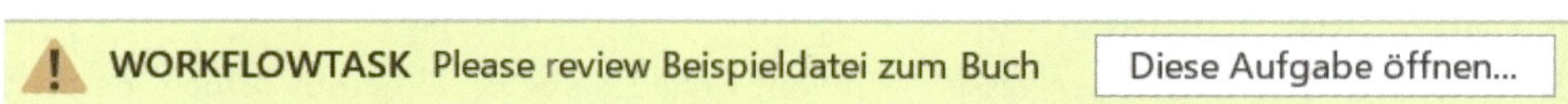

Abbildung 30.9: Eine Aufgabe liegt an – reagieren auf einen Workflow

Workflows lassen sich, wenn sie nicht automatisch oder von Hand auf der SharePoint-Site angestoßen werden, auch in einer Arbeitsmappe über *Datei/Freigeben* starten.

Excel Online

Bei Office Online handelt es sich um eigenständige Programme[4], mit deren Hilfe für Word, Excel und PowerPoint die Ansicht, aber unter Umständen auch Bearbeitung von Dokumenten im Browser ermöglicht wird.

Das Besondere ist: Diese Bearbeitung kann synchron durch mehrere Bearbeiter erfolgen und ist deutlich komfortabler als das, was bisher nur für Excel mit freigegebenen Arbeits-

[4] In der Vorgängerversion hießen diese Programme Office Web Apps. Sie stehen nicht nur Nutzern einer SharePoint-Site, sondern auch denen von OneDrive (Persönlich) – in diesem Falle kostenlos – zur Verfügung. Sie sind in der Tat das Office für unterwegs, zumindest für Privatanwender. In den Möglichkeiten gehen sie über die Möglichkeiten der mobilen Office-Versionen hinaus. Dazu gehören nicht nur die für Windows-Tablets, sondern unter anderem auch die für das iPad. Die mobilen Anwendungen bezieht man über den entsprechenden Store.

mappen auf Dateisystembasis erreicht werden konnte. Die Namen der Diskussionsteilnehmer (hier zwei Autoren, einer mit dem Zusatz 365) werden im Internet Explorer/Microsoft Edge angezeigt (siehe Abbildung 30.10).

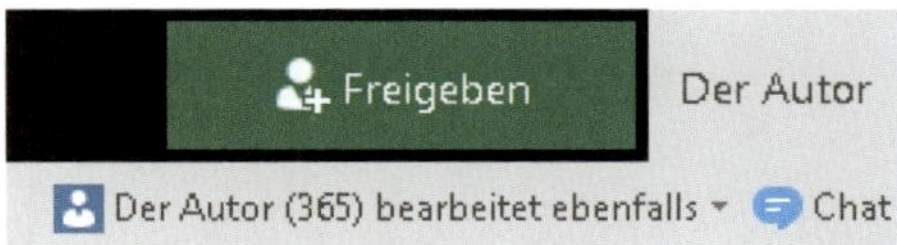

Abbildung 30.10: Womit beschäftigt sich welcher Mitarbeiter?

Das Komfortable ist die Tatsache, dass ein Klick auf den Namen den gegenwärtigen Bearbeitungsort anzeigt (man erkennt ihn auch am farbigen Rahmen um die Zellen und der Chat – unabhängig von Skype – mit dem entsprechenden Bearbeiter direkt vor Augen liegt.

Es gibt zwei Möglichkeiten des Zugangs zu den Online-Anwendungen:

- Speichern der Arbeitsmappe auf einem Microsoft-Server unter Verwendung eines Microsoft-Kontos (OneDrive). Dabei kann noch ein persönlicher Teilnehmerkreis per E-Mail informiert beziehungsweise die Arbeitsmappe an einem öffentlichen Ort abgelegt werden.
- Speichern der Arbeitsmappe auf einem SharePoint-Server mit installierten Online-Anwendungen. In diese Gruppe gehört also auch Office 365.

In beiden Fällen ist es so, dass bei vorliegenden Berechtigungen bei der Auswahl der Arbeitsmappe auf der Webseite die Option zu ihrer Bearbeitung im Browser angeboten wird – und das genau ist der Einsatz der Online-Anwendungen. Das heißt aber nichts anderes, als Excel-Aufgaben mit reduzierten Features zu erledigen.

Hinweis Entscheidet sich jemand vor Beginn der Zusammenarbeit, die Bearbeitung unter Excel selbst vorzunehmen, sperrt er die Mappe für die anderen Teilnehmer.

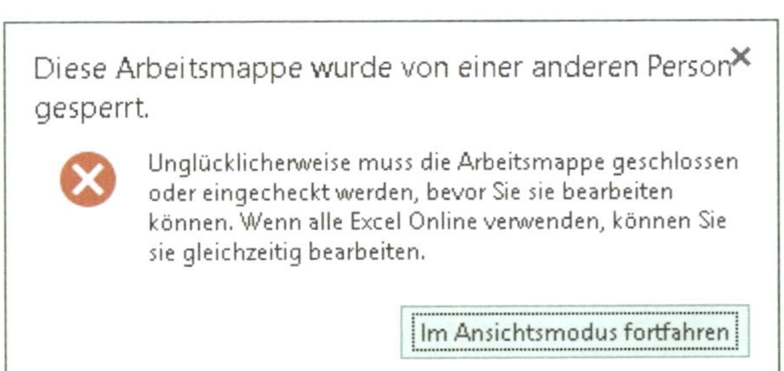

Abbildung 30.11: Ausgesperrt durch direkte Bearbeitung

Online-Umfragen mit Excel erstellen und auswerten

Für manchen Nutzer ist das Feature von Excel Online, Umfragen im Web zu erstellen und auch noch auszuwerten, eine tolle Sache (Excel selbst kennt dies Möglichkeit nicht).

Der Start geschieht im Menüband von Excel Online durch Klick auf die entsprechend beschriftete Schaltfläche (Abbildung 30.12).[5]

Abbildung 30.12: Der Einstieg zu Online-Umfragen

Es erscheint *Neue Umfrage*, worauf noch einmal geklickt werden muss.

Die weiteren Schritte erklären sich selbst:

- Eingabe eines Titels und einer (notwendigen, weil das Weglassen zu einem Fehler führt) Beschreibung zur gezielten Ansprache der potenziellen Teilnehmer
- Formulierung einer ersten Frage und Wahl der Einstellungen je nach Art der Frage (Abbildung 30.13):
  - die Frage und mögliche Beschreibung der Frage
  - der Antworttyp (Text, Absatztext, Anzahl, Datum, Ja-Nein und Auswahl)
  - ist eine Antwort erforderlich oder nicht und
  - gibt es eine vorgeschlagene Antwort als Standard.

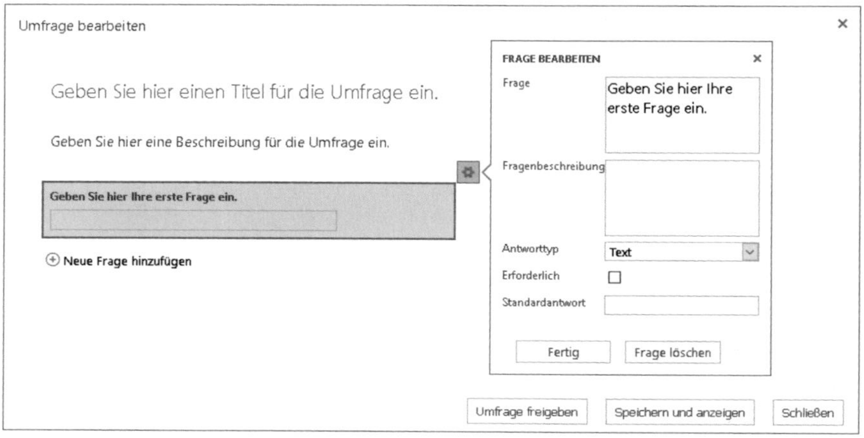

Abbildung 30.13: Formulierung und Wahl der Art der Antworten in einer Umfrage

- Hinzufügen weiterer Fragen nach dem obigen Muster
- Speichern und Anzeige der Umfrage mit der Möglichkeit von Korrekturen
- Freigabe der Umfrage

[5] Eine SharePoint-Dokument-Bibliothek beziehungsweise ein OneDrive-Ordner bietet mit *Neu/Excel-Umfrage* eine Alterative.

Jeder, der den nun abzurufenden Link per E-Mail und damit ohne weitere Anmeldung Zugang zum Formular erhält und dieses beantwortet, wird automatisch in der Datei mit der Umfrage tabellarisch festgehalten,[6] der Auswertung steht nichts im Wege. Leider kann jeder mehrfach antworten und somit genügend Unfug treiben.

Arbeitsmappen und Excel Services

Die Excel Services sind Bestandteil von SharePoint und Office 365. Sie erlauben eine beschränkte Interaktivität mit Arbeitsmappen, falls für den Anwender eine Berechtigung zur Anpassung der Mappe nicht vorliegt. Die Arbeitsmappen werden durch die Services in HTML-Seiten umgewandelt, die Arbeitsblättern/Diagrammen sehr ähnlich sehen.

Mögliche Ergebnisse

Die möglichen Ergebnisse einer vorzunehmenden Veröffentlichung auf einem Office-Server hängen von der Ausgangssituation in der Arbeitsmappe ab:

- *Einfache Arbeitsmappen ohne weitere Funktionalität:* Diese Mappen verhalten sich im Browser ähnlich wie die, die im HTML-Format abgespeichert wurden. Nur dass in diesem Fall die Funktionalität von Excel beim Upload und einem möglichen Download als Excel-Arbeitsmappe nicht beeinträchtigt wird.
- *Mappen mit Parametern:* Parameter werden mit benannten Zellen in die HTML-Seite eingebracht. Sie können durch Betrachter variiert werden und so einfache Was-wäre-wenn-Analysen unterstützen.
- *Mappen mit Diagrammen:* Die Diagramme werden auf den HTML-Seiten so dargestellt, wie sie auch in Excel zu sehen sind.
- *Mischung von Parametern und Diagrammen:* Wollen Sie interaktive Diagramme mit Szenariomöglichkeiten, müssen die Datenquellen der Diagramme als benannte Zellen und mögliche Parameter vereinbart werden.
- *PivotTables:* Befinden sich in einer Arbeitsmappe eine oder mehrere PivotTables, können Sortier- und/oder Filtervorgänge mit in der Webseite erscheinen. Zusätzliche Voraussetzung ist hier, dass die zugrunde liegenden Datenbanken durch einen Administrator als vertrauenswürdig für die Website gekennzeichnet werden.

Ist Excel Online auf dem Server installiert, wird die Arbeitsmappe mit dessen Hilfe angezeigt. Eine Bearbeitung im Browser beziehungsweise Excel selbst durch autorisierte Nutzer ist natürlich möglich.

Vorbereitungen einer Arbeitsmappe mit Parametern

Soll eine Arbeitsmappe mit Parametern veröffentlicht werden, muss sie zwingend benannte Zellen, die als Parameter aktiv werden sollen, beinhalten. Eine solche Namensvergabe geschieht auf der Registerkarte *Formeln* zum Beispiel mit *Namen definieren.*

Die Arbeitsmappe muss vor der Veröffentlichung nicht unbedingt lokal gespeichert werden, da dies vollständig auch auf dem Server passiert inklusive der Einstellungen für die Veröffentlichung. Die Veröffentlichung geschieht wie für den Dokumentverwaltungsserver weiter vorn beschrieben. Für die Vereinbarung von Parametern und die Veröffentlichung

[6] Das geschieht bei geöffneter Mappe live.

von Teilen der Arbeitsmappe nutzen Sie die Schaltfläche *Browseransichtsoptionen* im Dialogfeld zu *Datei/Speichern unter*. Bei dem eben beschriebenen Vorgang handelt es sich im engeren Sinne nicht um ein Veröffentlichen (Erstellen der Kopie von Teilen der Arbeitsmappe), sondern um ein öffentliches Speichern mit besonderen Anzeigeeigenschaften.

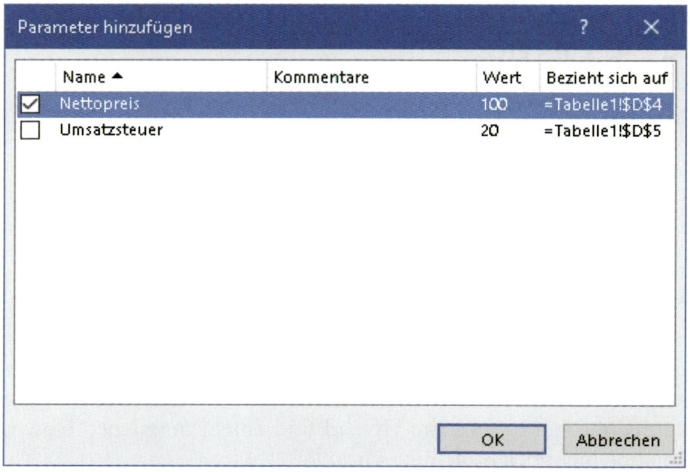

Abbildung 30.14: Festlegen, was »Nur-Leser« im Browser sehen sollen

Betrachter der Website im Internet Explorer haben nun unterschiedliche Zugriffsmöglichkeiten. So haben Autoren und Mitglieder die Möglichkeit des Bearbeitens des Originals unter Excel bei gleichzeitigem Auschecken (Sperren) des Dokuments beziehungsweise des Herunterladens einer Kopie oder die Festlegung von Workflows. Ist Excel nicht installiert, kann Excel Online im Browser aktiv werden. Die Möglichkeiten von Besuchern sind dagegen auf die Anzeige im Browser (unter Umständen mit der Möglichkeit des Variierens der wie in Abbildung 30.14 definierten Parameter oder des Auswertens von Pivot-Tabellen) und das Herunterladen einer schreibgeschützten Kopie beschränkt.

Listen auf SharePoint-Seiten

Nicht immer muss es eine ganze Arbeitsmappe sein, deren Inhalt einem mehr oder weniger großen Teilnehmerkreis zur Diskussion oder auch nur zur Information zur Verfügung gestellt wird. In vielen Fällen befindet sich das mitzuteilende Material in einer Liste.

Listen veröffentlichen

Listen mit den Möglichkeiten eines sehr kontrollierten Umgangs mit den Daten wurden bereits mit Excel 2003 eingeführt. Der Begriff der *Liste* wurde in Excel 2007 durch den der *Tabelle* ersetzt.[7]

Haben Sie Zugriff auf eine SharePoint-Website, bereiten Sie eine Verbindung zwischen Datentabelle und Website mit dem Befehl *Tabelle* auf der Registerkarte *Einfügen* nach dem Muster von Abbildung 30.15 vor.

7 Inzwischen hat sich der Begriff »Intelligente Tabellen« etabliert.

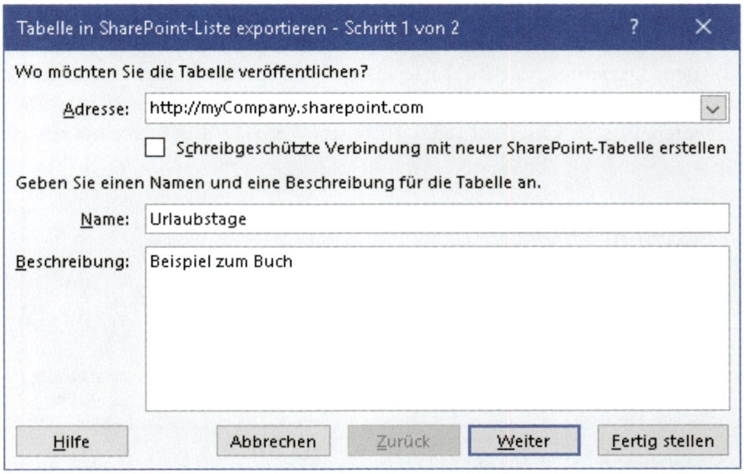

Abbildung 30.15: Typisch für als Tabellen deklarierte Daten ist die automatische Formatierung. Die Registerkarte Tabellentools/Entwurf *hilft bei weiteren Aktionen.*

Auf der kontextbezogenen Registerkarte *Tabellentools/Entwurf* finden Sie den Befehl *Exportieren*, der Sie auf eine SharePoint-Website führen kann. Im erscheinenden Dialogfeld entscheiden Sie sich für eine Verbindung. Das Wort »schreibgeschützt« ist hier eher obsolet, da es nicht um den Schreibschutz für die Daten geht, sondern um eine aktive Verbindung zwischen Blatt und Webseite. Diese Verbindung erlaubt die weitere Bearbeitung der Informationen in der Arbeitsmappe und die sofortige Veröffentlichung. Möchten Sie Daten nur einmal veröffentlichen, verzichten Sie auf die Verbindung.[8]

Gelingt die Veröffentlichung, können Sie den angezeigten Hyperlink verwenden oder später über den Befehl *Im Browser öffnen* der Gruppe *Externe Tabellendaten* zur Website wechseln (bei festgelegter Verbindung).

Tipp

Durch das Verknüpfen der Liste entsteht etwas wie Abfragen unter Query oder Webabfragen – ein Bereich externer Daten, dessen Abfragedefinition allerdings fixiert ist (der Name lässt sich leicht anpassen, der Zugang zur Liste ist kryptisch). Also: Ändern sich die Daten im Web, so ändern sich auch die Daten nach der Aktualisierung in Excel. Die störenden Zusatzspalten können ohne ernste Folgen gelöscht werden.

Import von Informationen

Die eben veröffentlichte Liste finden Sie auf der Teamwebsite auch unter *Listen/Name der Liste*. Die Liste lässt sich auf der Website durch berechtigte Mitglieder modifizieren und auswerten. Der Aufgabenbereich hält für die Auswertung wieder Excel als Arbeitsmittel bereit – *Nach Excel exportieren* (Abbildung 30.16).[9]

[8] Auf der SharePoint-Site ist es möglich, durch eine Import-App, genannt *Kalkulationstabelle importieren*, den Inhalt von Arbeitsmappen in Listen hochzuladen. Dabei entsteht keine Verbindung zur hochladenden Mappe.

[9] Import hier, Export da – was denn nun? Wenn Sie vom SharePoint starten, exportieren Sie nach Excel. Starten Sie von Excel, so importieren Sie vom SharePoint.

Durch die mögliche Auswertung mit Excel durch andere Nutzer der Website entstehen wiederum Verknüpfungen zur Liste im Web, die selbst als externe Datentabelle in Excel behandelt werden können. Derjenige, der die Liste als Erster veröffentlicht hat, kann die auf der Website modifizierten Daten natürlich ohne weitere Vorbedingungen in seiner Arbeitsmappe aktualisieren lassen. Eine Aktualisierung der Website aus Excel heraus ist nicht vorgesehen.

Abbildung 30.16: Listen auf dem SharePoint nach Excel bringen und dort aktuell halten – der Einstieg

---

Profitipp Wenn Sie Erfahrung im Umgang mit Power Query und seinen Abfragen haben, so können Sie mit etwas Anpassungsaufwand den Import durch eine entsprechende Abfrage über *Daten/Abrufen und transformieren/Neue Abfrage/Aus anderen Quellen/Aus SharePoint-Liste* umsetzen.

Kapitel 31

Möglichkeiten ohne Grenzen: Mit Add-Ins die Funktionalität erweitern

In diesem Kapitel:

Dieses Kapitel beschäftigt sich mit der Erweiterung von Excel durch sogenannte Add-Ins. Damit wird in der Regel für Excel als gesamte Anwendung eine Zusatzfunktionalität mit Auswirkung auf all diejenigen Arbeitsmappen bereitgestellt, die diesen zusätzlichen Funktionsumfang einsetzen. Man kann drei Arten von Add-Ins unterscheiden:[1]

- Office-Add-Ins (kurz Add-Ins), die bei ihrer Entstehung den Namen *Office Apps*[2] trugen und nunmehr unter Office-Add-Ins figurieren. Auf die Erstellung und den Einsatz dieser Add-Ins wird im letzten Abschnitt kurz eingegangen.

---

1 Laufzeitbibliotheken mit der Endung *.xll*, die im Laufe der Jahre immer mehr an Bedeutung verloren haben, sollen hier nur am Rande erwähnt werden.

2 Nicht zu verwechseln mit *Office Web Apps*, die jetzt *Office Online* heißen. In Visual Studio heißen die Vorlagen für diese Add-Ins *Office Web Add-Ins*, was der Art und Weise der Erstellung und des Einsatzes wohl am besten entspricht.

- Excel-Add-Ins, die aus »normalen« Arbeitsmappen unter Einschluss von VBA-Projekten entstehen und nach einigen Vorbereitungen mit der Dateiendung *.xlam* gespeichert werden,
- COM-Add-Ins[3], die mit Excel-fremden Mitteln (etwa MS Visual Studio) durch spezielle Programmiertechniken entstehen.

Den Zugriff auf den Einsatz dieser Add-Ins haben Sie auf der Registerkarte *Entwicklertools* des Menübands wie in Abbildung 31.1.

Profitipp Nach der Installation ist diese Registerkarte in der Regel ausgeblendet. Mit Rechtsklick auf das Menüband gelingt durch *Menüband anpassen...* die schnelle Anzeige.

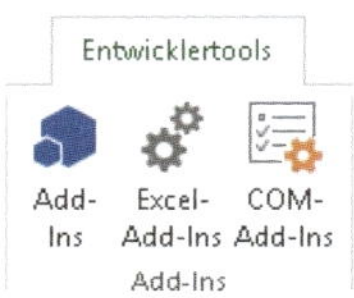

Abbildung 31.1: Der Zugriff auf der Registerkarte Entwicklertools

Es gibt von den letzten beiden Sorten einige, die bereits mit Excel ausgeliefert werden, aber erst durch das explizite Zutun des Anwenders arbeiten können. Andere kann man bei den entsprechenden Quellen zukaufen. Und wieder andere kann man bei Vorhandensein aller Voraussetzungen selbst entwickeln (lassen) und dann einsetzen.

Add-Ins dürfen nur dann auf einem Computer arbeiten, wenn im sogenannten *Trust Center* die entsprechenden Einstellungen vorgenommen werden. Deshalb beginnt dieses Kapitel mit einer kurzen Einführung hierzu. Danach werden die mitgelieferten Excel-Add-Ins vorgestellt und es wird beschrieben, wie man sie aktivieren kann. Einige ausführliche Gedanken sind dem Klassiker *Solver* gewidmet. Danach folgt eine kurze Beschreibung des seit Excel 2013 mitgelieferten COM-Add-Ins *Inquire*, das den vorher sehr lange vermissten wirklichen Vergleich von Arbeitsmappen erlaubt und noch einige andere i-Tüpfelchen im Gepäck hat. Den Abschluss bilden, wie erwähnt, Bemerkungen zu den kurz *Add-Ins* genannten Erweiterungen.

Hinweis Mehr zu VBA-Projekten finden Sie im letzten Kapitel dieses Handbuchs.

Eine Alternative zu Add-Ins sind Erweiterungen, die nur eine einzelne Arbeitsmappe (oder die »Nachkommen« einer Arbeitsmappenvorlage) ansprechen. Diese Erweiterungen haben ihre Quelle im VBA-Projekt der Mappe oder in speziellen Laufzeitbibliotheken, die mit MS Visual Studio entwickelt werden können.

[3] COM steht für *Component Object Model*, eine Übereinkunft, die die »Unterhaltung« von Dokumenten und Programmen über ihre eigenen Grenzen hinweg per Programmierung erlaubt. Diese Add-Ins werden auf der Basis von Visual Studio Tools for Office (VSTO) erstellt und kommen als Anwendungs-Add-Ins und in einigen Fällen auch als Arbeitsmappen-Add-Ins zum Einsatz.

Notwendige Handgriffe vorab

Einstellungen im Trust Center

Die Behandlung von Add-Ins hinsichtlich des in sie gesetzten Vertrauens geschieht im *Trust Center* von Excel, zu erreichen über das Dialogfeld *Excel-Optionen*, Kategorie *Trust Center*. Dort klicken Sie auf *Einstellungen für das Trust Center* und wechseln zur Kategorie *Add-Ins*.

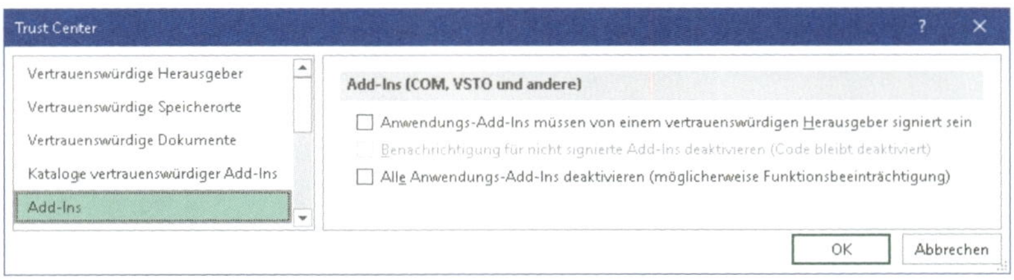

Abbildung 31.2: Add-Ins vertrauen oder nicht – die Standardeinstellung nach der Installation

Die möglichen Einstellungen (die durch Administratoren schon beim Rollout festgelegt werden können) wie in Abbildung 31.2 sagen Folgendes:

- Es ist denkbar, aber nicht unbedingt sinnvoll, allen Add-Ins das Vertrauen zu versagen (dritte Option).
- Add-Ins müssen mit Zertifikaten signiert sein, deren Herausgebern vertraut wird. Dieses Vertrauen wird im Zertifikatsspeicher von Windows hinterlegt (erste Option).
- Falls ein Herausgeber nicht vertrauenswürdig ist, kann eine Benachrichtigung über die Deaktivierung seines Add-Ins angezeigt werden oder nicht (zweite bei aktivierter erster Option).

Hinweis Zur Vertrauenswürdigkeit von Katalogen für Add-Ins finden Sie Hinweise am Schluss des Kapitels.

Zur Vertrauenswürdigkeit von Makros, ihren Erstellern und ihren Speicherorten lesen Sie mehr im folgenden Kapitel.

Sollten Sie mit diesen Einstellungen experimentieren, müssen Sie Excel jeweils neu starten, um die Wirkung beobachten zu können.

Laden und Entladen von Excel-Add-Ins

Excel-Add-Ins werden bei ihrer Erstellung standardmäßig im Ordner *AppData\Roaming\Microsoft\AddIns* des Benutzerordners gespeichert. Dieser Speicherort muss jedoch nicht zwingend verwendet werden. Interessanterweise gehört er nach der Installation von Excel nicht zu den vertrauenswürdigen Speicherorten für Makros. Zugriff auf Excel-Add-Ins erhalten Sie über die Registerkarte *Entwicklertools* (Gruppe *Add-Ins*, Schaltfläche

Excel-Add-Ins) oder den etwas längeren Weg über die *Excel-Optionen*, Kategorie *Add-Ins*, Verwalten: *Excel-Add-Ins* und *Los...*. Auf beiden Wegen gelangen Sie zum Dialogfeld aus Abbildung 31.3.

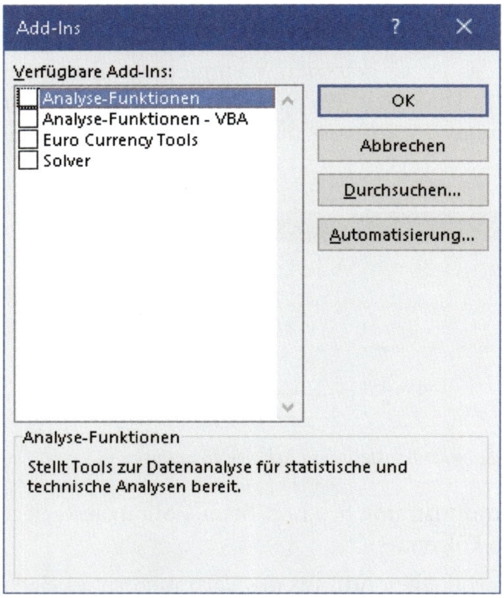

Abbildung 31.3: Excel-Add-Ins – durch Aktivieren des Kontrollkästchens entscheiden Sie über die Aufnahme in die Liste der verwendbaren Add-Ins

Zur Bedeutung der Schaltflächen:

- *OK:* Schließt das Dialogfeld und übernimmt die Änderungen.
- *Abbrechen:* Schließt das Dialogfeld und verwirft die Änderungen.
- *Durchsuchen:* Hier haben Sie die Möglichkeit, auf dem Computer oder im Netz installierte Excel-Add-Ins der Liste der verfügbaren Add-Ins hinzuzufügen. Ein explizites Entfernen gibt es nicht.
- *Automatisierung:* Hilft beim Laden eventuell vorhandener Laufzeitbibliotheken mit benutzerdefinierten Funktionen.

COM-Add-Ins

COM-Add-Ins sind aus der jeweiligen Programmiersprache übersetzte Laufzeitbibliotheken, die wie andere Programme (MS Office, Acrobat Reader und so weiter) durch Installationsprogramme installiert und ordentlich auf dem Zielrechner registriert werden müssen. Ihr Vorteil liegt in der höheren Arbeitsgeschwindigkeit und einem erhöhten Funktionsumfang (etwa Windows-Formulare zur Anzeige und Steuerung).

Normalerweise informiert ein COM-Add-In Excel darüber, wann es geladen werden soll (beim Start von Excel oder bei Bedarf). Informationen über geladene beziehungsweise auch deaktivierte COM-Add-Ins und Excel-Add-Ins erhält der Anwender in der Kategorie *Add-Ins* des Dialogfeldes *Excel-Optionen*.

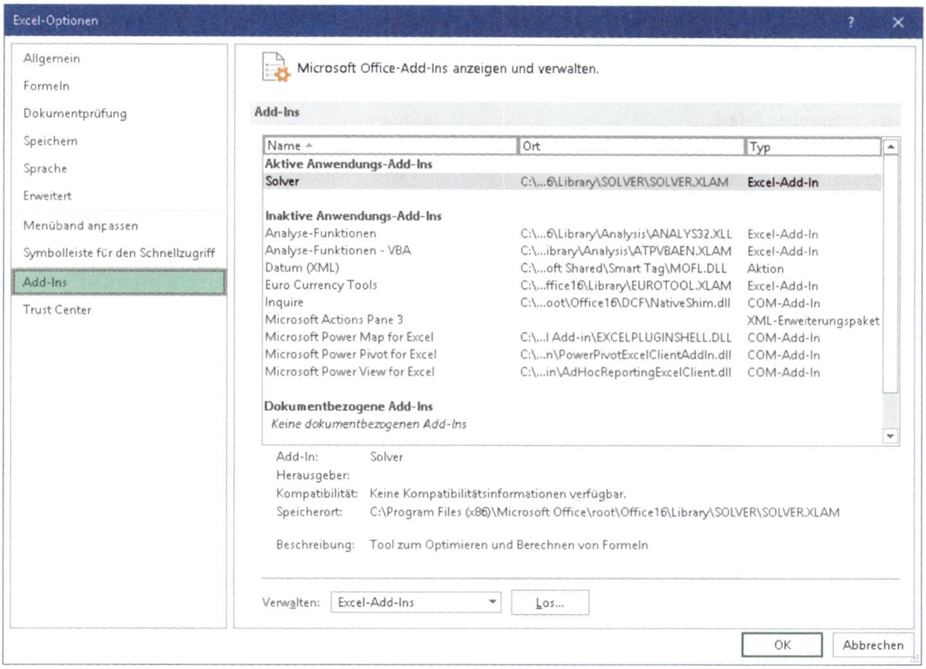

Abbildung 31.4: Der Zugang zu aktivierten und deaktivierten Erweiterungen

Mit der Schaltfläche *Los…* (siehe Abbildung 31.4) können verschiedene Gruppen von Add-Ins aufgelistet und das Laden/Entladen angepasst werden.

Hinweis Detaillierte Informationen zu den COM-Add-Ins Power Map und Pover Pivot finden Sie in den Kapiteln 26, 27 und 28.

Verfügbare Excel-Add-Ins

Mit Excel 2016 werden nur wenige Excel-Add-Ins ausgeliefert. Wir werden nachfolgend die Funktion der einzelnen Add-Ins kurz beschreiben, sofern sie nicht in anderen Kapiteln behandelt werden.

Analyse-Funktionen

Das Excel-Add-In *Analyse-Funktionen* ist ein Tool mit Funktionen zur statistischen Datenanalyse und kann hier nicht näher erläutert werden.[4] Nach der Aktivierung erscheint auf der Registerkarte *Daten* in der Gruppe *Analyse* der Befehl *Datenanalyse*. Er ruft das Dialogfeld *Analyse-Funktionen* auf (siehe Abbildung 31.5).

[4] Die Fourieranalyse erweitert die Tools um eine technische Anwendung.

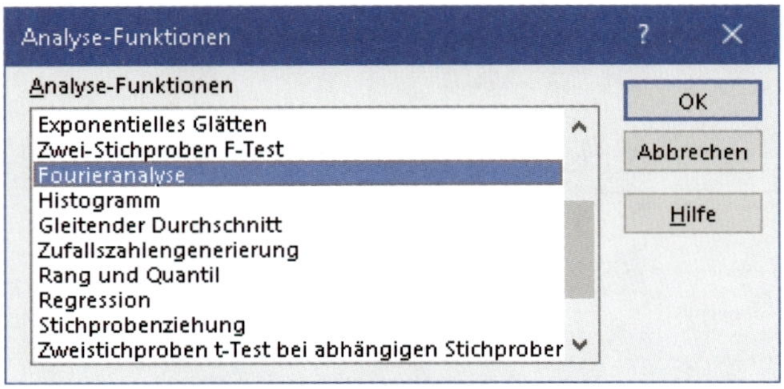

Abbildung 31.5: Zugriff auf im Wesentlichen statistische Hilfsmittel

Analyse-Funktionen – VBA

Dieses Excel-Add-In ist für VBA-Entwickler gedacht und stellt die Funktionen des obigen Add-Ins im VBA-Umfeld bereit.

Euro Currency Tools

Das Excel-Add-In *Euro Currency Tools* hilft bei eventuell noch zu konvertierenden Währungsbeträgen mit Umrechnungskursen zum Stand der Euro-Einführung. Es erscheint mit seinen Schaltflächen auf der Registerkarte *Formeln* in der Gruppe *Lösungen*.

Operations Research und der Solver

Der Solver von Excel ist ein Werkzeug, mit dem man Teilaufgaben des Operations Research lösen kann: Optimierungsaufgaben. Hierbei geht es darum, gewisse Eingabegrößen (Variablen) so zu wählen, dass eine aus diesen Variablen gebildete Wertevorschrift (Funktion) extremal wird (Minimum oder Maximum). Die Variablen selbst unterliegen dabei unter Umständen zusätzlichen Bedingungen (Restriktionen) hinsichtlich der Zugehörigkeit zu bestimmten Zahlenbereichen.

Hinweis Das Excel-Add-In wird von der Firma *Frontline Systems, Inc.* produziert und ist eine Lightversion einer umfangreichen Softwarepalette. Auf der Internetsite *www.solver.com* finden Sie viele Informationen zum mathematischen Hintergrund des Add-Ins, die schon aus Platzgründen nicht in dieses Handbuch aufgenommen werden können.

Das Excel-Add-In ist in vielen praktischen Bereichen für Excel-Anwender mit betriebswirtschaftlichem Hintergrund trotz mancher Einschränkungen gegenüber der von Excel unabhängigen »Vollversion« sicher leistungsstark. Hinsichtlich der Robustheit, Performance und anderer Gesichtspunkte mathematischer Forschung sind den Autoren dieses Handbuchs keine aktuellen Untersuchungen bekannt.

Ein einführendes Beispiel

Jemand hat in seinem Geldbeutel von jeder Münzsorte die für das Bezahlen eines Betrags von 7,14 € notwendige Anzahl. Er möchte aber möglichst wenige Münzen benutzen. Welche?

Die Arbeitsschritte zur Lösung solcher und natürlich auch komplizierterer Probleme sind vom Prinzip her immer die gleichen:

- Formulierung des verbalen Problems in der Sprache von Variablen und Funktionen

  Man muss diesen Vorgang nicht übertreiben, aber hinreichend streng sollte es schon zugehen, sonst misslingt der nächste Schritt.

- Übertragung der Formeln in übersichtlicher Weise in ein Excel-Arbeitsblatt

  Dabei wäre es wünschenswert, wenn (vor allem auch bei umfangreicheren Aufgaben) eine Systematik gefunden wird, die für ähnliche Aufgaben nahezu wiederverwendbar ist. Weiter hinten in diesem Kapitel sehen Sie die Umsetzung dieses Gedankens mithilfe von Matrizen.

- Vorbereitung und Anwendung des Solvers

  Damit dieser Schritt gelingt, bedarf es einiger Kenntnisse der Arbeitsweise des Solvers, die im Folgenden vermittelt werden sollen. Doch der Solver rechnet nicht nur, sondern gibt auch Bewertungen der Lösung in Berichtsform. Auch für das Verständnis dieser Berichte wird Spezialwissen vorausgesetzt.

- Wertung der Ergebnisse mit den praktischen Erfordernissen des Umfelds der Aufgabenstellung

  Es ist nicht sinnvoll, die Ergebnisse des Solvers als unumstößlich zu werten. Fehlerquellen können in der verbalen und/oder in der mathematischen Modellbildung stecken. Und selbst wenn hier alles ohne Zweifel ist – nicht immer gibt es eine Lösung für ein Problem und nicht immer muss der Solver diese auch finden.

  Im Folgenden sollen diese Schritte gegangen werden, wobei der erste – die Formulierung des Problems – bereits hinter uns liegt.

Vom Problem zur Formel

Es gibt acht verschiedene Münzarten. Die geforderte (gesuchte) Anzahl wollen wir mit Buchstaben bezeichnen, die sich aus dem Betrag der Münze ergeben:

1 Cent	2 Cent	5 Cent	10 Cent	20 Cent	50 Cent	1 ?	2 ?
c1	c2	c5	c10	c20	c50	e1	e2

Die Summe der Einzelbeträge der jeweiligen Münzsorte soll insgesamt 7,14 € sein. Die Formel ergibt sich also sofort:

$$0{,}01 \cdot c1 + 0{,}02 \cdot c2 + 0{,}05 \cdot c5 + 0{,}10 \cdot c10 + 0{,}20 \cdot c20 +$$

$$+0{,}50 \cdot c50 + 1{,}00 \cdot e1 + 2{,}00 \cdot e2 = 7{,}14$$

Die Gesamtzahl der Münzen soll möglichst gering sein. Dieser Zusammenhang ist eine einfache Funktion der gesuchten Größen:

$$c1 + c2 + c5 + c10 + c20 + c50 + e1 + e2 \rightarrow Min.$$

Von der Formel zum Arbeitsblatt

Der Aufwand hierzu ist gering. Schreiben Sie in eine Zeile, etwa die vierte, der Reihe nach die Werte der Münzen, also von 0,01 € bis 2,00 €. Darunter notieren Sie in »Platzhaltern« die von Ihnen gedachte Anzahl der jeweiligen Sorte. Es ist im vorliegenden Beispiel unerheblich, ob Sie hier alles mit null oder eins oder irgendeiner von Ihnen gedachten Zahl belegen.

Achtung Bei komplexeren Problemen ist die Wahl der Startwerte zur Lösungsfindung unter Umständen wichtig. Es wird dem Solver somit Gelegenheit gegeben, im »richtigen« Bereich nach einer Lösung zu suchen.

Einen Ansatz sehen Sie in Abbildung 31.6.

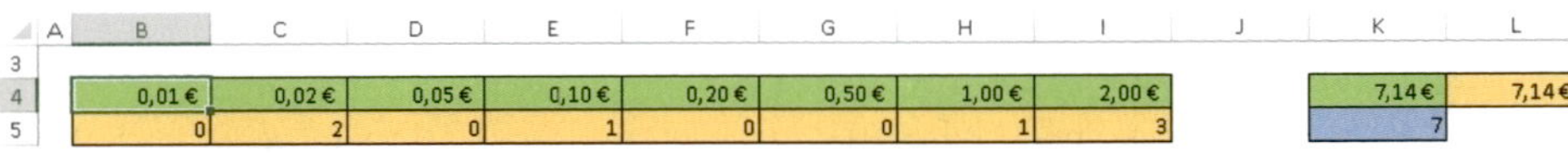

Abbildung 31.6: Die Ausgangssituation für den Solver

Den sich ergebenden Gesamtwert aller Münzen in K4 können Sie Schritt für Schritt mit der Formel

```
=B4*B5+C4*C5+...
```

errechnen oder Sie nutzen

```
=SUMMENPRODUKT(B4:I4;B5:I5)
```

oder Sie setzen elegant eine Matrixformel ein:

```
{=SUMME(B4:I4*B5:I5)}
```

Die Anzahl aller Münzen ermitteln Sie in K5 durch Addition der Werte in der fünften Zeile. Die Eingabe von 7,14 € in L4 beendet die Vorbereitungen.

Vergewissern Sie sich vor dem nächsten Schritt, dass das Solver-Add-In geladen ist (*Datei/Optionen/Add-Ins*).

Vorbereitung und Einsatz des Solvers

Auf der Registerkarte *Daten* finden Sie die Gruppe *Analyse* und dort die Schaltfläche *Solver*. Ein Klick öffnet das Dialogfeld aus Abbildung 31.7.

In diesem Dialogfeld finden sich einige Einträge, die intuitiv klar sind, andere bedürfen einer Erklärung. Zu diesen gehört die im Mittelfeld befindliche Wahl der Lösungsmethode.

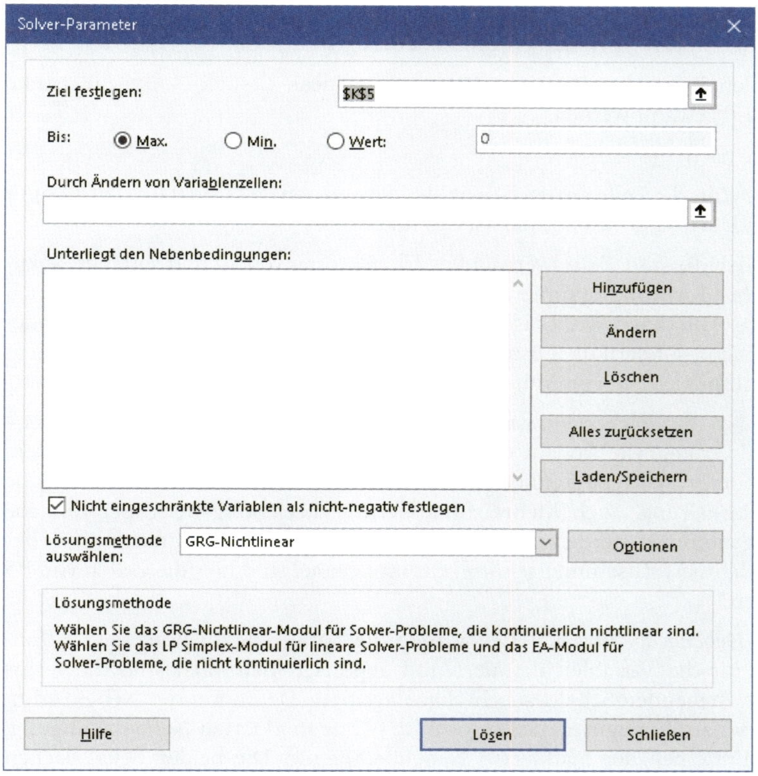

Abbildung 31.7: Der Start mit dem Solver – die Parameter

In der Mathematik wird zwischen *stetigen* (die Excel-Bezeichnung heißt *kontinuierlichen*) und *diskreten* (Excel betitelt das als *nicht kontinuierlich*) Problemen unterschieden, eine Mischung beider ist denkbar. Stetig heißt dabei, dass als veränderliche Größen solche aus Intervallen und ihren mehrdimensionalen Entsprechungen infrage kommen; diskret bedeutet, dass nur unter auseinanderliegenden Punkten der jeweiligen Menge nach Lösungen gesucht wird. Eine zweite Unterscheidung wird nach dem »Schwierigkeitsgrad« der auftretenden Formeln vorgenommen: *lineare* (alle Variablen kommen maximal nur in der ersten Potenz und durch Plus oder Minus miteinander verknüpft vor) und *nichtlineare* Probleme. Diesen Unterscheidungen versucht Excel mit drei Wahlmöglichkeiten gerecht zu werden:

- *GRG-Nichtlinear:* Es handelt sich um ein Verfahren verallgemeinerter reduzierter Gradienten. Eingesetzt werden solche Verfahren zur Lösung stetiger nichtlinearer Optimierungsaufgaben, gefunden werden (wenn überhaupt) lokale Extremstellen (diese Information wird auch im die Schritte abschließenden Dialogfeld Abbildung 31.12 angegeben).
- *Simplex-LP:* Es handelt sich um das hinreichend untersuchte Simplex-Verfahren zur Lösung linearer Optimierungsaufgaben, wobei im Falle der Diskretisierung durch Ganzzahligkeitsforderungen nach den Aussagen auf den Internetseiten des Herstellers Branch & Bound-Verfahren Verwendung finden.

- *EA (Evolutionärer Algorithmus:* beinhaltet stochastische Suchverfahren, die vor allem bei diskreten nichtlinearen Problemen von Bedeutung sind.

Die im vorliegenden Beispiel zu lösende Aufgabe ist linear, deshalb sollte die zweite Methode *Simplex-LP* gewählt werden.

Und nun der Reihe nach:

- *Ziel festlegen:* Meint, die Zelle anzugeben, in der die berechnete Formel für den zu optimierenden Ausdruck steht (im Beispiel ist das K5).
- *Bis:* Ist vermutlich die statt *Zu(m)* verwendete Übersetzung von *To* und verlangt, anzugeben, in welcher Richtung optimiert werden soll: Maximum oder Minimum. Auch die Angabe eines konkreten Wertes ist denkbar, das ist dann allerdings keine Optimierungsaufgabe mehr, sondern die Lösung von Gleichungs- und Ungleichungssystemen. Die gesuchte minimale Zahl von Münzen erfordert die Einstellung *Min*.
- *Durch Ändern von Variablenzellen:* Ist besser mit »Durch Ändern *der* Variablenzellen« beschriftet und verlangt die Angabe der Zellen, in denen die veränderlichen Größen, die Excel an anderer Stelle gelegentlich als *Parameter* bezeichnet, stehen. Diese Angabe kann durch Markierung, auch Mehrfachmarkierung, beziehungsweise per Eingabe von Hand vorgenommen werden. Das Semikolon trennt dabei Zellaufzählungen, der Doppelpunkt definiert Zusammengehörigkeit. Im Beispiel sind hier die Zellen von B5 bis I5 zu wählen.
- *Unterliegt den Nebenbedingungen:*[5] Hier werden die notwendig zu beachtenden Einschränkungen für die Variablen definiert und angezeigt. Behilflich sind die rechts neben der Liste stehenden Schaltflächen *Hinzufügen* zur Definition der Nebenbedingungen, *Ändern* zum Korrigieren der zuvor in der Liste markierten Nebenbedingung, *Löschen* zum Entfernen der markierten Nebenbedingung. Die beiden Schaltflächen *Alles zurücksetzen* und *Laden/Speichern* betreffen das gesamte Modell. Im ersten Fall werden alle Einstellungen aufgehoben, der zweite betrifft das mögliche Merken der Einstellungen und deren Wiederverwendung. Dieses Merken geschieht in Zellen des Arbeitsblattes, die vorher leer sein sollten, das Markieren dieser Zellen lernt man am besten dadurch, dass man zuerst ein Modell speichert und beobachtet, welche Zellen beschrieben werden, und es dann wieder lädt.

Das Erfassen der Nebenbedingungen geschieht meistens in mehreren Schritten. Nach dem Klick auf *Hinzufügen* erscheint das Dialogfeld aus Abbildung 31.8.

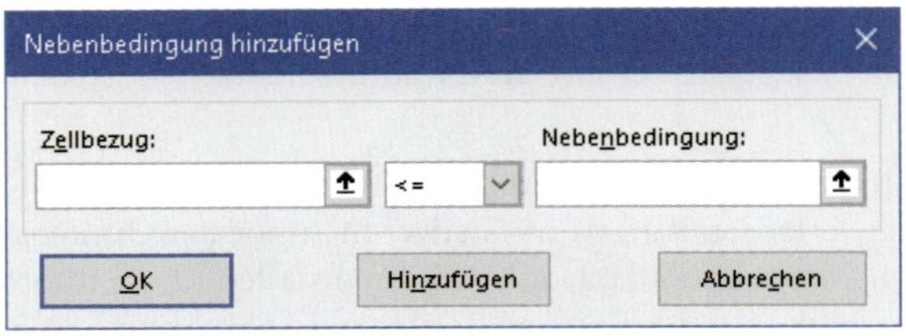

Abbildung 31.8: Eingabe der Nebenbedingungen, die aus Gleichungen oder Ungleichungen bestehen und gelegentlich auch verbal beschrieben werden

[5] Auch hier stünde besser: *die den Nebenbedingungen unterliegen.*

In diesem Dialogfeld bedeutet

- *OK*, dass die definierte Nebenbedingung dem Modell hinzugefügt und das Dialogfeld geschlossen wird,
- *Hinzufügen*, dass die definierte Nebenbedingung dem Modell hinzugefügt wird und das leere Dialogfeld zur Eingabe einer weiteren Nebenbedingung geöffnet bleibt, und
- *Abbrechen*, dass die gerade vorgenommene Einstellung verworfen und das Dialogfeld geschlossen wird.

Im Beispiel besteht die erste Forderung aus der Nichtnegativität der Zellwerte (das Dialogfeld aus Abbildung 31.7 hat hierzu ein Kontrollkästchen, dessen Wirkung in konkreten Beispielen untersucht werden muss, da es nur die bislang nicht eingeschränkten Variablen betreffen sollte) – siehe Abbildung 31.9.

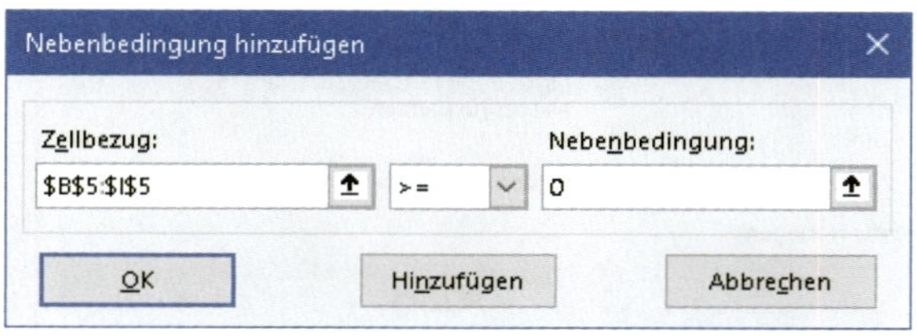

Abbildung 31.9: Nicht negativ wird durch >= (größer gleich) übersetzt

Mit der zweiten Forderung wird der zu erreichende Geldbetrag festgelegt – siehe Abbildung 31.10.

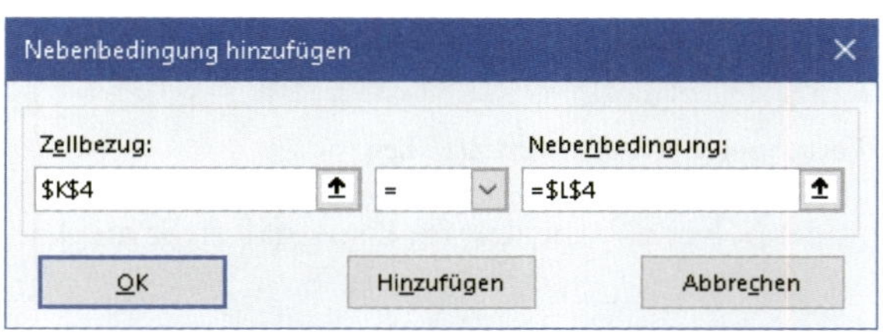

Abbildung 31.10: Die Eingabe der zu erreichenden Summe

Die Forderung der Ganzzahligkeit wird nach Auswahl der Option *int* eingetragen – siehe Abbildung 31.11.

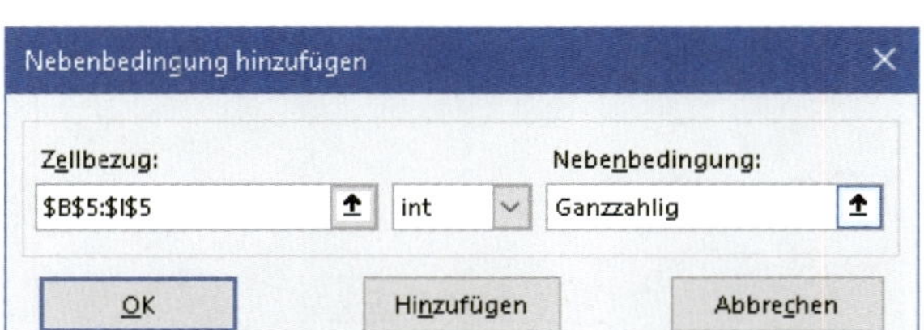

Abbildung 31.11: Das Listenfeld enthält verschiedene Optionen

Mit *bin* ließe sich die Forderung nach 0 oder 1 umsetzen. Die Option *dif* garantiert, dass die zu variierenden Zahlen am Ende alle voneinander verschieden sind.

Abschließend ergibt sich ein Bild wie in Abbildung 31.12 und wartet auf den abschließenden »lösenden« Klick.

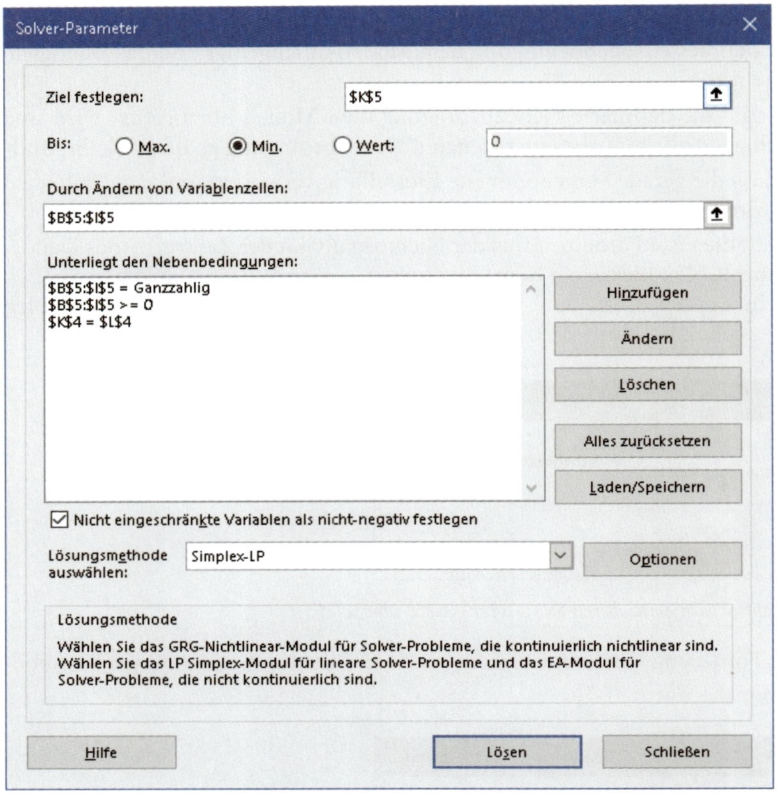

Abbildung 31.12: Kurz vor dem Ziel – alle Einstellungen wurden vorgenommen

Durch diesen Klick auf *Lösen* beginnt der Solver zu arbeiten; im Erfolgsfall sieht die Antwort wie in Abbildung 31.13 aus.

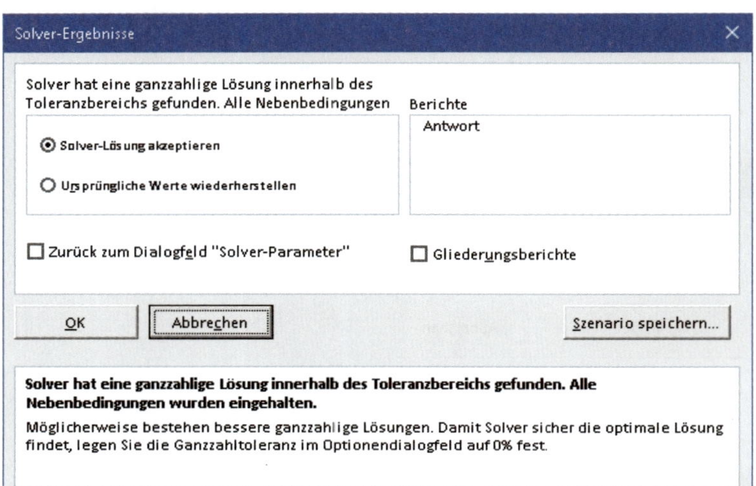

Abbildung 31.13: Die Erfolgsmeldung des Solvers mit zusätzlichen Informationen

Sie akzeptieren die Lösung und sehen das Ergebnis in der Tabelle wie in Abbildung 31.14.

0,01 €	0,02 €	0,05 €	0,10 €	0,20 €	0,50 €	1,00 €	2,00 €
0	2	0	1	0	0	1	3

7,14€	7,14€
7	

Abbildung 31.14: Der Zielwert ist erreicht und die Stückelung eingetragen

Die Auswertung des Ergebnisses

Zählen Sie nach, 3 mal 2 plus 1 mal 1 Euro und 1 mal 10 plus 2 mal 2 Cent.

Sicher haben Sie erkannt, dass Sie das Solver-Ergebnis erreichen, indem Sie beim Bezahlen mit der größten Münze zuerst anfangen und wenn der Rest zu klein ist, die nächstkleinere einsetzen. Damit können Sie das Ergebnis des Solvers sogar überprüfen, was bei komplexeren Aufgaben in der Regel nicht mehr der Fall sein wird.

Sie können nun experimentieren und das nicht überraschende Ergebnis von 714 1-Cent-Münzen erhalten, wenn Sie die Zahl der Münzen möglichst groß werden lassen wollen, oder auch schauen, ob Sie das Ergebnis auch mit 12 oder 37 Münzen erreichen können.

Online Sie finden dieses Beispiel in der Arbeitsmappe *Der Solver.xlsx* auf dem Arbeitsblatt *Münzen*.

Besonders schön lassen sich solche Aufgaben lösen, die in ein bestimmtes Schema passen. Zu diesen gehören die linearen Optimierungsprobleme. Warum, das zeigt der folgende Abschnitt.

Etwas Mathematik der späten Schulzeit

Aufgabenstellungen gibt es zuhauf; folgen sie einem Prinzip, kann es auf höherem Abstraktionsniveau zu Theorien und Handlungsanweisungen für eine gesamte Gruppe kommen. Zu einer solchen Gruppe gehören lineare Optimierungsaufgaben, die sich mit den Schlagworten

- Gewinnmaximierung bei beschränkten Ressourcen beziehungsweise
- Kostenminimierung bei geforderter Produktion

umreißen lassen. Solche Aufgaben lassen sich besonders leicht mittels der Matrizenrechnung der Mathematik modellieren und lösen.

Stellen Sie sich folgende Aufgabe vor: Ein Möbellieferant verpackt Kleinteile. Für eine kleine Schublade (kS) werden vier Dübel (D), sechs Schrauben (S) und ein Griff (G) benötigt. Für eine große Schublade (gS) sind es sechs Dübel, zehn Schrauben und zwei Griffe.

Wie viele Kleinteile müssen eingepackt werden, wenn drei kleine und zwei große Schubladen geliefert werden?

Schematisch kann man das so notieren:

$$\begin{array}{ccc}\left(4\left[\frac{D}{kS}\right]+6\left[\frac{S}{kS}\right]+1\left[\frac{G}{kS}\right]\right)\cdot 3[kS] & & (4\cdot 3+6\cdot 2)[D] \\ & \rightarrow & (6\cdot 3+10\cdot 2)[S] \\ \left(6\left[\frac{D}{gS}\right]+10\left[\frac{S}{gS}\right]+2\left[\frac{G}{gS}\right]\right)\cdot 2[gS] & & (1\cdot 3+2\cdot 2)[G]\end{array}$$

$$\begin{pmatrix}4 & 6\\ 6 & 10\\ 1 & 2\end{pmatrix}\begin{pmatrix}3\\ 2\end{pmatrix}=\begin{pmatrix}24\\ 38\\ 7\end{pmatrix}\begin{bmatrix}D\\ S\\ G\end{bmatrix}$$

Dabei fasst die letzte Zeile auf kleinstem Raum zusammen, was die Rechenvorschriften der ersten Zeilen beschreiben. Die Multiplikationen und Additionen stellt man sich im Kopf vor. In der Sprache der Schüler und Studenten multipliziert man die Matrizen (das sind die rechteckigen Konstrukte mit Zahlen in Zeilen und Spalten), indem man Zeile mal Spalte multipliziert. Und das kann auch Excel mit der Funktion MMULT.

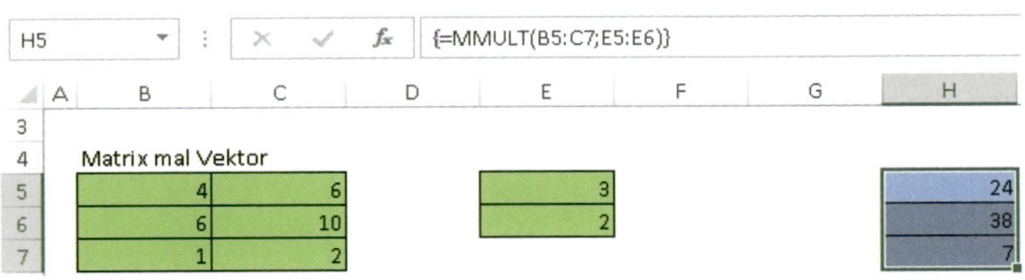

Es handelt sich um eine Matrixformel, deren Eingabe mit [Strg]+[⇧]+[↵] abgeschlossen werden muss.

Weiter, ein kleiner Büroschrank (kB) hat zwei kleine und eine große Schublade, ein großer Büroschrank (gB) vier kleine und drei große Schubladen. Ein Kunde bestellt drei kleine und vier große Büroschränke. Wie viele Kleinteile sind in diesem Fall vorzuhalten?

Zunächst kann die Anzahl der benötigten Schubladen schematisch erfasst werden:

$$\begin{array}{ccc}\left(2\left[\frac{kS}{kB}\right]+1\left[\frac{gS}{kB}\right]\right)\cdot 3[kB] & & (2\cdot 3+4\cdot 4)[kS] \\ & \rightarrow & \\ \left(4\left[\frac{kS}{gB}\right]+3\left[\frac{gS}{gB}\right]\right)\cdot 4[gB] & & (1\cdot 3+3\cdot 4)[gS]\end{array}$$

$$\begin{pmatrix}2 & 4\\ 1 & 3\end{pmatrix}\begin{pmatrix}3\\ 4\end{pmatrix}=\begin{pmatrix}22\\ 15\end{pmatrix}\begin{bmatrix}kS\\ gS\end{bmatrix}$$

(Die Berechnung mit MMULT folgt diesem Schema.)

Nun muss man nur die benötigten Schubladen in der unter Excel vorbereiteten Formel für die Kleinteile einsetzen und bekommt das gewünschte Ergebnis. Aber man kann das Ganze elegant in einem Zug umsetzen, indem man nochmals die Matrizenrechnung bemüht:

$$\begin{pmatrix}4 & 6\\ 6 & 10\\ 1 & 2\end{pmatrix}\begin{pmatrix}22\\ 15\end{pmatrix}=\begin{pmatrix}4 & 6\\ 6 & 10\\ 1 & 2\end{pmatrix}\left(\begin{pmatrix}2 & 4\\ 1 & 3\end{pmatrix}\begin{pmatrix}3\\ 4\end{pmatrix}\right)=\left(\begin{pmatrix}4 & 6\\ 6 & 10\\ 1 & 2\end{pmatrix}\begin{pmatrix}2 & 4\\ 1 & 3\end{pmatrix}\right)\begin{pmatrix}3\\ 4\end{pmatrix}$$

$$=\begin{pmatrix}14 & 34\\ 22 & 54\\ 4 & 10\end{pmatrix}\begin{pmatrix}3\\ 4\end{pmatrix}=\begin{pmatrix}178\\ 282\\ 52\end{pmatrix}\begin{bmatrix}D\\ S\\ G\end{bmatrix}$$

Im rechten oberen Teil sehen Sie die Matrizenmultiplikation für den Fall, dass auch die zweite von beiden kein einspaltiger Vektor ist, MMULT leistet auch hier die geforderte Arbeit.

Online Die Excel-Umsetzung finden Sie in der Arbeitsmappe *Der Solver.xlsx* auf dem Arbeitsblatt *Matrizen*.

Der Vorteil solcher Schematisierungen springt ins Auge: Anstatt alle Rechenwege für jedes Beispiel der Anforderungen von Kunden an den Möbelhersteller jeweils neu aufzubauen, genügt es, an den »Stellschrauben« zu drehen, also die konkreten Zahlen in den Matrizen zu erfassen.

Gewinnmaximierung bei beschränkten Ressourcen

Zu den Klassikern solcher Aufgaben gehört sicher die folgende aus W. Zimmermann: Operations Research, R. Oldenburg Verlag München Wien, 1992, Seite 83.

- Ein Landwirt hat die Wahl, Weizen beziehungsweise Rüben anzubauen. Es stehen 40 Hektar Boden zur Verfügung.
- Die Kosten für Saatgut belaufen sich bei Rüben auf 40 €/ha, bei Weizen auf 120 €/ha. Mehr als 2.400 € sollen nicht eingesetzt werden.
- Zur Bearbeitung/Ernte benötigt man sieben Arbeitseinheiten pro Hektar Rüben und zwölf Arbeitseinheiten pro Hektar Weizen. Insgesamt können maximal 312 Arbeitseinheiten erbracht werden.
- Der Gewinn beläuft sich bei Rüben auf 100 € pro Hektar, bei Weizen auf 250 € pro Hektar.

Wie ist die Anbaufläche aufzuteilen, um maximalen Gewinn zu erhalten? Die Zahlenangaben sind dabei frei erfunden.

Beginnen wir mit dem mathematischen Modell. Die erste Hürde lautet: Was ist gesucht, wie soll es bezeichnet werden?

Benennen wir mit R die Fläche (in ha) für Rüben, W die für Weizen. Dann ergeben sich folgende Nebenbedingungen:

$$R[ha] + W[ha] \leq 40[ha]$$
$$40\left[\frac{€}{ha}\right]R[ha] + 120\left[\frac{€}{ha}\right]W[ha] \leq 2400[€]$$
$$7\left[\frac{AE}{ha}\right]R[ha] + 12\left[\frac{AE}{ha}\right]W[ha] \leq 312[AE]$$
$$R \geq 0, W \geq 0$$

mit der Zielfunktion

$$z[€] = 100\left[\frac{€}{ha}\right]\mathrm{R}\,[ha] + 250\left[\frac{€}{ha}\right]W[ha] \rightarrow \max$$

Das Mitführen der Maßeinheiten hilft, den Überblick und die Kontrolle zu behalten. Ist hier etwas nicht in Ordnung, stimmt das gesamte Modell nicht.

Nun ist die Umsetzung in Excel gefragt. Und da hilft uns die Matrizenrechnung. Es ginge hier unter Umständen auch ohne, wenn man gewillt ist, alle Rechnungen per Hand einzutragen. Nur was macht man, wenn 15 Produkte so angesetzt werden müssen, dass 21 Nebenbedingungen erfüllt sein sollen?

Die Kurzschreibweise lautet nun:

$$z = (100 \quad 250)\begin{pmatrix} R \\ W \end{pmatrix} \rightarrow \max$$

Für die Nebenbedingung gilt bei nichtnegativen R und W:

$$\begin{pmatrix} 1 & 1 \\ 40 & 120 \\ 7 & 12 \end{pmatrix}\begin{pmatrix} R \\ W \end{pmatrix} \leq \begin{pmatrix} 40 \\ 2400 \\ 312 \end{pmatrix}$$

Mit MMULT lässt sich alles schön notieren, und dann ist wieder der Solver an der Reihe.

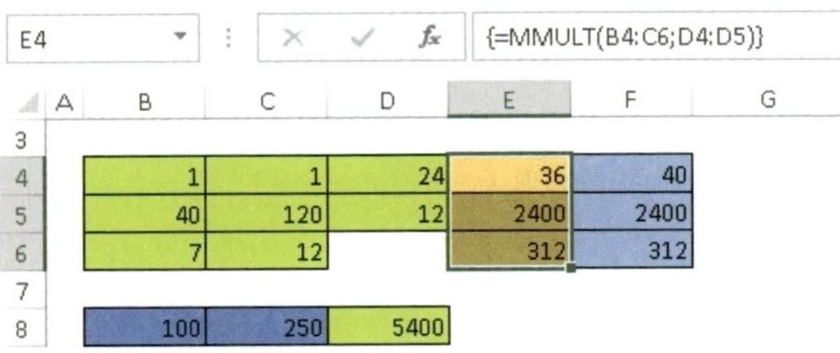

Abbildung 31.15: Umsetzung der Aufgabe im Arbeitsblatt Landwirt

Das Eintragen der Zielzelle (D8), der veränderbaren Zellen (D4;D5), der Nebenbedingungen (die E4:E6 mit F4:F6 vergleichen) und der Nichtnegativität der zu bestellenden Flächen führt letztlich zum Dialogfeld aus Abbildung 31.16.

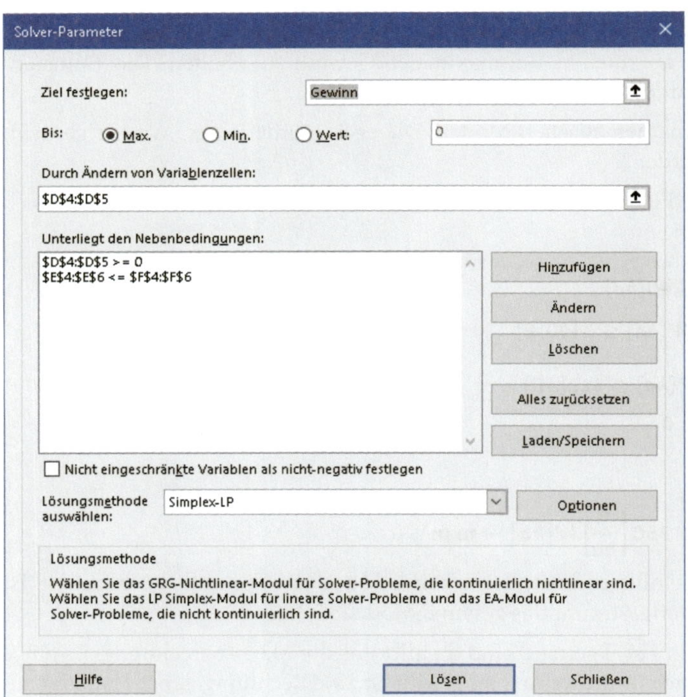

Abbildung 31.16: Der Solver wartet auf seinen Einsatz, Zellnamen unterstützen die Auswertung

Beachten Sie noch, dass vorbereitend wichtige Zellen in der Beispieldatei Namen bekommen haben. Diese werden in den noch zu erläuternden Berichten von Nutzen sein.

Lassen Sie den Solver nun arbeiten, schließt er mit dem Dialogfeld aus Abbildung 31.17 ab.

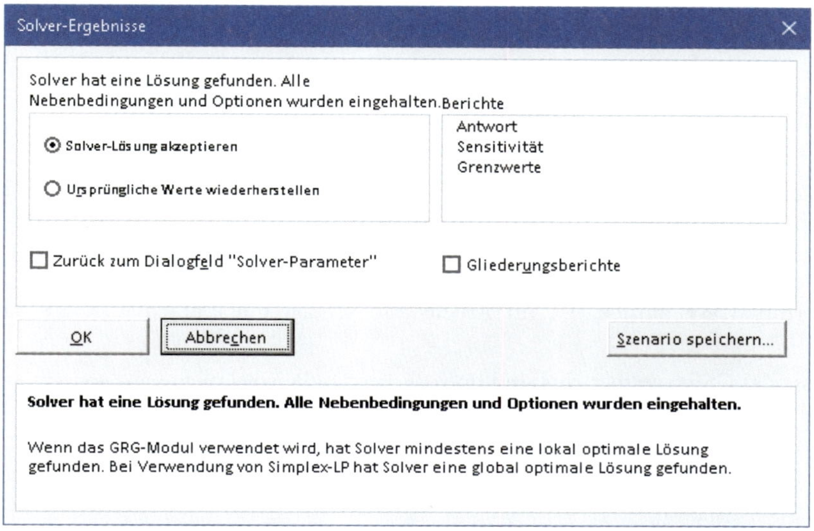

Abbildung 31.17: Ergebnisse wurden gefunden, Berichte können erstellt werden

Das Fazit lautet: Der Gewinn beträgt 5.400 €, wenn 24 Hektar mit Rüben und 12 Hektar mit Weizen bestellt werden.

Wenn Sie mit unterschiedlichen Werten experimentieren wollen, können Sie diese über die Schaltfläche *Szenario speichern* für die spätere Wiederverwendung speichern.

Die Solver-Berichte

Im Dialogfeld in Abbildung 31.17 haben Sie die Möglichkeit, sich (in diesem Fall) drei Berichte erstellen zu lassen: *Antwort*, *Sensitivität* und *Grenzwerte*. Nicht alles in diesen Berichten ist mit Zusatznutzen verwertbar (das liegt nicht an Excel, sondern an der Tatsache, dass die Berichte auch bei dem anderen Aufgabentyp – Kostenminimierung bei geforderter Produktion – erzeugt werden und dann die für diese Aufgabe relevanten Informationen ebenfalls bereithalten). Die Berichte werden als Arbeitsblätter vor dem Blatt mit der Aufgabe automatisch eingefügt.

Der Antwortbericht

Der Antwortbericht beantwortet die Fragen nach den sich einstellenden Werten. Neben der Entwicklung der gesuchten Werte inklusive Zielfunktionswert aus der Ausgangsstellung heraus ist es vor allem auch die Auswertung des Verhaltens der Nebenbedingungen.

Sie erkennen unschwer, dass vier Hektar ungenutzt bleiben, bestellbar sind sie im Moment nicht, da weder Geld noch Arbeitskräfte übrig bleiben.

Der Sensitivitätsbericht

Der Sensitivitätsbericht gibt Antwort auf zwei Fragen:

- Was passiert, wenn sich der Gewinn pro Hektar erhöht beziehungsweise verringert? Werden die angegebenen zulässigen Änderungen verletzt, kann das gesamte Modell »kippen«. Und zwar in dem Sinne, dass gar keine Rüben beziehungsweise Weizen angebaut werden. Bei komplexeren Modellen ist diese Aussage sehr wichtig, denn wenn Maschinen eingerichtet werden, auf denen dann nicht produziert werden dürfte, ist das Kind bereits in den Brunnen gefallen. Das ist aber kein Problem des Solvers, sondern eines der Zuverlässigkeit gewonnener Daten und ihrer Verwendung.
- Wie wirken im vorhandenen Modell die Schattenpreise? Das Thema kann in diesem Buch nicht erläutert werden (Stichwort zur weiteren Recherche in einschlägiger Literatur: primale und duale Aufgaben). Nur so viel: Man kann ablesen, dass die Ackerfläche zum Gewinn nichts beiträgt (es fehlte ja auch die Bewertung), 1 € des eingesetzten Geldes bringt 1,53 € zurück, 1 € für Arbeitskraft schlägt mit erbrachten 5,56 € zu Buche.

Die Ergebnisse des Grenzwertberichts sind im vorliegenden Beispiel nicht ganz so interessant. Sie sind aus dem Arbeitsblatt mit dem Modell bereits ablesbar.

Online Die fertige Lösung finden Sie in der Arbeitsmappe *Der Solver.xlsx* auf dem Arbeitsblatt *Landwirt*.

Solver-Optionen

Für die Profis der Optimierung hält der Solver noch Optionen bereit, deren sinnvoller Einsatz jedoch Kenntnisse der Algorithmen beziehungsweise Fingerspitzengefühl bei der Lösung konkreter Aufgaben verlangt. Das kann vor allem dann sinnvoll sein, wenn die Anzahl der Variablen die für Excel geltende Grenze von 200 erreicht und eine Optimierung des Rechenprozesses selbst gefragt ist, da er oft angewendet werden soll.

Weitere Grenzen für Excel finden Sie übrigens auf der Webseite des Add-In-Herstellers unter *www.solver.com*.

Das COM-Add-In Inquire

Das Add-In *Inquire* gehört zum Lieferumfang von Excel, wird automatisch installiert, aber nicht automatisch geladen. Wenn Sie es, wie zu Beginn des Kapitels beschrieben, geladen haben, bringt es seine eigene Registerkarte mit (siehe Abbildung 31.18).

Abbildung 31.18: Ein starkes Tool zur Analyse von Arbeitsmappen

Dieses Add-In lädt geradezu zum Experimentieren ein. Seine Funktionalität erklärt sich weitgehend selbst:

- *Arbeitsmappenanalyse:* Nach dem Speichern einer Mappe wird hier in einer Übersicht eine Menge Wissenswertes zur Arbeitsmappe angezeigt und lässt sich zur eventuellen weiteren Auswertung auch in eine neue Arbeitsmappe exportieren. Dazu gehören etwa die Anzahlen sichtbarer und ausgeblendeter Blätter, Zellen mit Formeln oder Matrixformeln, mit Nachfolgern oder leeren Bezügen und, und, und ...

Wurde der Export der Ergebnisse einmal durchgeführt, merkt sich das Add-In, welche Auswahl von Eigenschaften in den Bericht eingeflossen ist.

- *Arbeitsmappen-, Arbeitsblatt- und Zellbeziehung:* Dieser Bericht in Form eines Diagramms skizziert das Auftreten der Beziehungen der genannten Arten. Wichtig ist auch hier, dass die beteiligten Arbeitsmappen (im einfachsten Fall nur eine einzelne – die aktive) aktuell gespeichert sein müssen.
- *Dateien vergleichen:* Das ist wohl etwas, was viele Anwender in früheren Jahren sich schon lange gewünscht hatten. Wichtig ist, dass die beiden zu vergleichenden Mappen geöffnet und aktuell gespeichert sind. Leider liegt auch im aktuellen Fall die Auswertung immer noch nur in Englisch vor.
- *Übermäßige Zellformatierung entfernen:* Dieses Werkzeug hilft, den Ausdruck von Arbeitsblättern vorzubereiten und formatierte, aber leere Zellen so zurückzusetzen, dass sie beim Ausdruck nicht mit erscheinen. Eine Hilfe für alle, die schon einmal verzweifelt versucht haben, herauszufinden, wo denn die vielen leeren Blätter im Drucker herkommen. Bei sehr großen Mappen kann unter Umständen auch die Berechnungsperformance (die bereits beim Laden einer Mappe von Bedeutung sein kann) verbessert werden, da die infrage kommenden Blätter hinsichtlich der zu berücksichtigenden Zellen auf ihr Minimum reduziert wurden.
- *Arbeitsmappenkennwörter:* Der dahinter befindliche Kennwort-Manager gestattet bei entsprechender Einstellung dem Add-In das Öffnen kennwortgeschützter Dateien zur Analyse (etwa der Struktur von Zellbezügen).

Add-Ins (Web Add-Ins)

Add-Ins (Entwickler nennen sie, von Visual Studio kommend, im Moment zutreffender *Web Add-Ins*) kommen mit Excel 2016[6] in den Zustand ständig zunehmender Verbreitung. Das hat seine Ursache unter Umständen in folgenden Punkten:

- Die Entwicklung hat innerhalb der letzten eineinhalb Jahre an Fahrt aufgenommen,
- diese Add-Ins laufen nicht auf der Basis von COM, sondern auf der Basis von HTML-Dateien unterstützt von JavaScript, und sind somit quasi auf verschiedenen Plattformen verfügbar, die mit Windows nichts zu tun haben,
- wegen der Lauffähigkeit der HTML-Seiten funktionieren die Add-Ins mit Office Online in Browsern, die weder Internet Explorer noch Edge heißen,
- die Add-Ins können über einen Store bezogen werden, den es bekanntermaßen nicht nur bei Microsoft gibt.[7]

---

[6] Die Add-Ins stehen auch Nutzern von Excel 2013 zur Verfügung. Voraussetzung für den Zugriff auf den Microsoft Store ist ein Microsoft-Konto.

[7] Interessant ist zum gegenwärtigen Zeitpunkt, dass die im Apple Store erworbene Version von Excel das Benutzen der Add-Ins aus dem Store erlaubt. Excel Mobile aus dem Microsoft Store (das de facto ein Office-365-Abonnement voraussetzt) hat diese Möglichkeit noch nicht.

Mit Abbildung 31.1 hatten Sie bereits einen Zugriff auf Add-Ins gesehen. Für den täglichen Gebrauch ist allerdings der Zugriff über *Einfügen/Add-Ins* der gängige Weg (Abbildung 31.19).[8]

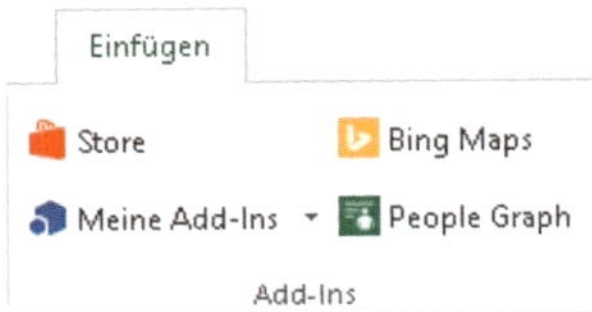

Abbildung 31.19: Der Zugriff auf Add-Ins

Dieser Zugriff ist schnell erklärt:

- Es gibt zwei fest integrierte Add-Ins: Bing Maps und People Graph. Beide gehören zur Gruppe der Inhalts-Add-Ins, sie sorgen also dafür, dass auf dem Dokument (hier Arbeitsblatt) etwas erscheint, was wie eine Grafik aussieht und sich bei Nichtbesitzern des Add-Ins auch so verhält. Diese Grafik ist allerdings »interaktiv«.
- Es gibt den direkten Zugriff zum Store.
- Es lassen sich die erworbenen Add-Ins des Anwenders verwalten.

Ein Klick[9] auf *Meine Add-Ins* bringt den Dialog aus Abbildung 31.20.[10]

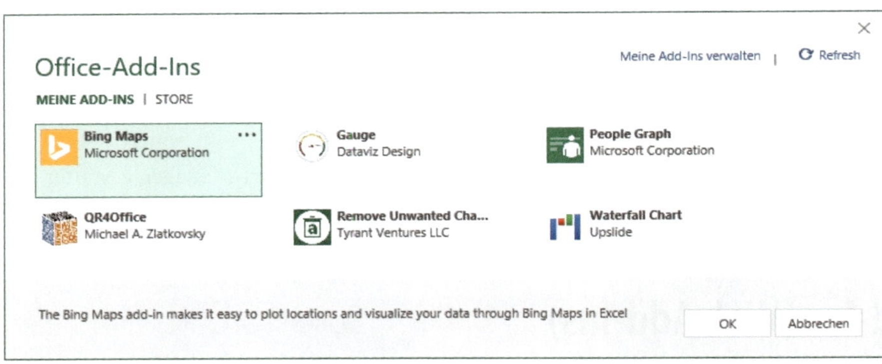

Abbildung 31.20: Welche Add-Ins der Anwender im Moment einsetzen kann

Zwei Bemerkungen zu diesem Dialog:

- Das Add-In *Range Calculations* ist ein Vertreter der zweiten Art von Add-Ins. Diese erscheinen nicht als interaktive Dokumentinhalte, sondern als Aufgabenbereiche, mit deren Hilfe sich Inhalte des Dokuments steuern lassen.
- Neben dem »offiziellen« Store gibt es die Möglichkeit, Unternehmens-Stores auf freigegeben Ordnern im Netz beziehungsweise auf dem SharePoint einzurichten. Diese Add-Ins werden über sogenannte Kataloge angesprochen, deren Vorhandensein im Trust Center durch den Anwender beziehungsweise die zugehörige IT erfasst werden muss (Abbildung 31.21).

8 Das gilt auch für iPad-Nutzer.
9 Das Öffnen des Dropdowns liefert eine Liste der zuletzt (auch in anderen Mappen) verwendeten Add-Ins.
10 Dass hier alles in Bewegung ist, zeigt der Titel des Dialogs: *Office-Add-Ins*.

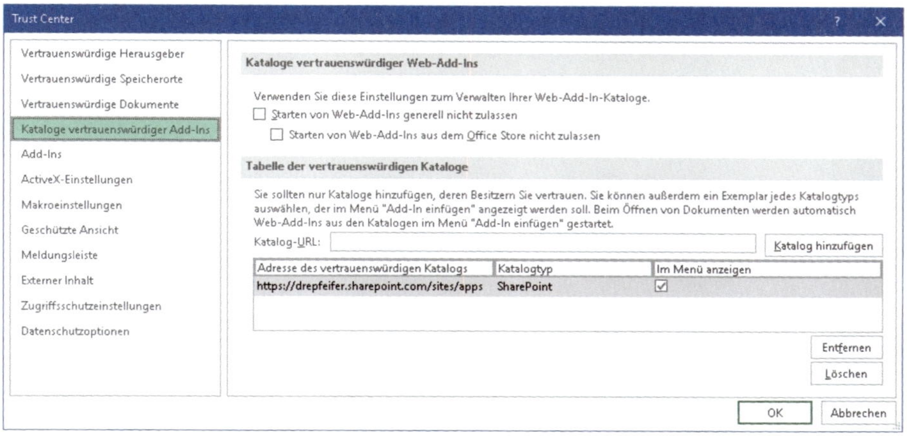

Abbildung 31.21: Vertrauenswürdige Kataloge im Trust Center

Wie bereits bemerkt: Hier sind die Dinge in schnellem Fluss, Anwendern und Entwicklern stehen spannende Zeiten bevor. Probieren Sie die ersten Möglichkeiten aus.

Kapitel 32

Routinearbeiten automatisieren – Makros aufzeichnen und nutzen

In diesem Kapitel:

Dieses Kapitel gibt Ihnen eine (zugegebenermaßen sehr knappe) Einführung in VBA – *Visual Basic for Applications*. Sie erfahren, wozu sogenannte Makros verwendet werden können, wie Sie Makros an Schaltflächen anbinden, und Sie lernen die Bestandteile der VBA-Entwicklungsumgebung kennen.

Ein kurzer Blick auf Objekte mit Eigenschaften, Methoden und Ereignissen soll vor allem Ihre Neugier wecken, die Sie dann in weiterführende Literatur zum Thema VBA führt. Auch das Thema der Menübandanpassung kann nur kurz gestreift werden.

Besonderes Augenmerk wurde auf den Umgang mit Sicherheitseinstellungen gelegt, da hier der Wissensbedarf oft groß ist.

Wozu Makros gebraucht werden

Was ist eigentlich ein »Makro«? Unter diesem Begriff kann man eine geordnete Sammlung von Befehlen zur Steuerung einer gegebenen Anwendung verstehen. Ziel ist es, die tägliche Arbeit von Routine frei zu halten, mühsame Handgriffe durch einen Automatismus zu ersetzen, Verlässlichkeit bei der Gestaltung oder Überprüfung von Dokumenten zu garantieren und vieles mehr. In weiter zurückliegender Vergangenheit wurden Makros in einer eigenen Sprache geschrieben (etwa Excel in der Version 4, Project in der Version 3 et cetera). Mit Office 97 wurde einheitlich *Visual Basic for Applications* (kurz *VBA*) in die Office-Anwendungen integriert. Nur Access kennt in der aktuellen Version neben VBA noch eine eigene Makrosprache.

Mit der Einführung von VBA ist der Begriff Makro (er steht abkürzend für Makrobefehl und kann sowohl mit dem Artikel »der« als auch »das« verwendet werden) »zu tief gestapelt«: VBA ist eine vollwertige Programmiersprache, die über weite Strecken, allerdings eben auch mit vielen Einschränkungen objektorientiert ist und den Anwendungen ein vollkommen »neues Leben« einhauchen kann. Dabei bietet dieser Zugang gerade auch dem in der Programmierung eher unerfahrenen Anwender viele Einstiegsmöglichkeiten, um seinen Office-Alltag interessanter und vor allem effektiver zu gestalten.

Dieses Kapitel des Handbuchs kann keinen Ersatz für einen Programmierlehrgang bieten. Sie sollen Anregungen erhalten, die beispielhaft in die »Geheimnisse« vorzudringen helfen. Es wird also im Besonderen nicht die Sprache VBA selbst beschrieben, sondern der mögliche Umgang mit ihr.

Wie Makros entstehen

In Excel oder auch in Word entstehen Makros im einfachsten Fall durch das Aufzeichnen der Handlungsabläufe des Anwenders mithilfe des sogenannten Makrorekorders.

Bevor Sie sich aber an die Arbeit heranwagen oder diese delegieren, sollten Sie drei Dinge klären:

1. Welche Art von Aktion soll automatisiert werden?
2. Unter welchen Umständen soll diese Automatisierung abrufbar und funktionstüchtig sein?
3. Welche Hilfsmittel stehen zur Verfügung?

Die erste Frage wird anhand eines Beispiels beantwortet: Sie möchten die jeweils aktive Mappe mit einem Deckblatt versehen, auf dem in der Zelle B2 Ihr Name und in der Zelle B4 das aktuelle Datum nebst Uhrzeit (unveränderlich) steht.

Dieses Makro – und das ist die Antwort auf die zweite Frage – soll in jeder Mappe zur Verfügung stehen. Mit diesem Wunsch entstehen jedoch neue Probleme:

- Wo sind solche »globalen« Anweisungen aufzubewahren?
- Wie werden Makros durch Befehle im Menüband beziehungsweise solche in der Symbolleiste für den Schnellzugriff aktiviert?
- Kann das Menüband auch situationsbezogen aufgebaut werden? Mit der Antwort »Ja« kommen Sie zwangsläufig zu (fortgeschrittenen) Entwicklerthemen, die sich (nicht nur) um den Schwerpunkt »Add-Ins entwerfen« drehen.

Am leichtesten ist die Beantwortung der dritten Frage: Es gibt zwei Einstiegsmöglichkeiten zu den Hilfsmitteln. Die erste besteht im Einblenden der Registerkarte *Entwicklertools* im Menüband (siehe Abbildung 32.1), was im Dialogfeld *Excel-Optionen* in der Kategorie *Menüband anpassen* im rechten Teil durch Setzen des Häkchens im entsprechenden Kontrollkästchen geschieht. (Diese Einstellung ist nicht Office-übergreifend.) Danach stehen die Entwicklerwerkzeuge, im Zentrum der VBA-Editor, zur Verfügung. Die zweite Möglichkeit steht nur erfahrenen Entwicklern offen und bedeutet den Einsatz von Programmiertools wie etwa *Visual Studio* mit den *Visual Studio Tools for Office* in der geeigneten Version.

Abbildung 32.1: Entwicklerwerkzeuge des Menübands

Die *Entwicklertools* weisen Gemeinsamkeiten mit den anderen Office-Anwendungen auf. Sie finden hier den Zugang zur *Visual Basic-Benutzeroberfläche*, dem Editor für VBA-Programme (Befehl *Visual Basic*), die Liste der im Moment zur Verfügung stehenden Makros (Befehl *Makros*) sowie den Zugang zu den *Makrosicherheitseinstellungen* (Befehl *Makrosicherh.*). Bei den Elementen der Gruppe *Steuerelemente* gibt es nicht nur optische Unterschiede innerhalb von Office, sondern auch wesentliche funktionelle.

Die folgende kurze Anleitung hilft Ihnen bei der Erstellung Ihres ersten Makros (das, Sie erinnern sich, der aktiven Mappe ein Blatt mit Namen und Datum voranstellt).

1. Öffnen Sie eine leere Mappe.
2. Klicken Sie auf der Registerkarte *Entwicklertools* in der Gruppe *Code* auf *Makro aufzeichnen* oder nutzen Sie den betreffenden Befehl im Menü zur Schaltfläche *Makros* in der Gruppe *Makros* auf der Registerkarte *Ansicht* (siehe Abbildung 32.2)

Abbildung 32.2: Die Aufzeichnung der Aktivitäten beginnt

Tipp Noch schneller geht der Start der Makroaufzeichnung mit einem Klick auf die kleine Schaltfläche, die sich etwas versteckt in der Statusleiste von Excel unten links befindet.

Hinweis Der Makrorekorder zeichnet *alle* Ihre Aktivitäten auf: Mappen öffnen oder schließen, Blätter einfügen, löschen oder verschieben, Klicks in Zellen (Änderung der Markierung) und Bearbeitung der Zellen und anderes mehr. Es empfiehlt sich also, die einzelnen durchzuführenden Schritte bis zum Ergebnis gedanklich durchzuspielen oder auch zu trainieren, um alles passgenau zu haben.

Hinsichtlich der »Zellprotokollierung« wird der absolute Bezug zum in Rede stehenden Zellbereich notiert. Wollen Sie das in eine relative Aufzeichnung ändern, steht Ihnen der entsprechende Befehl (Option) *Relative Verweise verwenden* zur Verfügung (siehe Abbildung 32.2).

3. Noch vor dem eigentlichen Beginn der Aufzeichnung werden Sie mit einer technischen Frage konfrontiert, um deren Beantwortung Sie allerdings auch nicht herumkommen (siehe Abbildung 32.3).

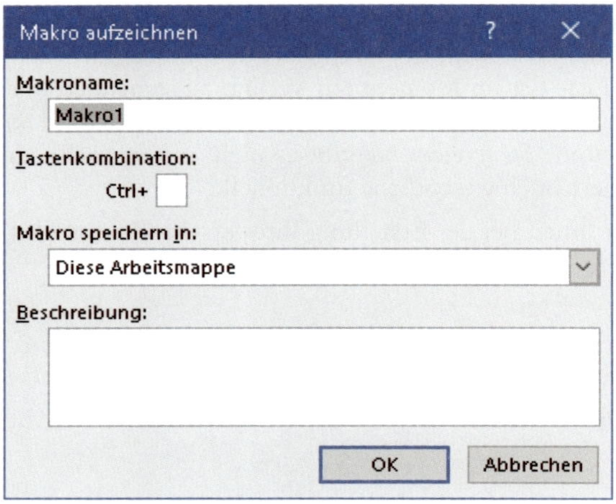

Abbildung 32.3: Ordnung halten vom ersten Moment an – ein gutes Prinzip bei der Makroaufzeichnung (und -bearbeitung)

- Vergeben Sie einen aussagekräftigen Namen wie etwa `DeckblattAnlegen`. In der Namensvergabe sind Sie weitestgehend frei, es dürfen allerdings keine Leerzeichen vorkommen und der Name darf nicht mit einer Ziffer beginnen.[1]
- Vergeben Sie, wenn Sie diese Art der Zugriffe bevorzugen, eine Tastenkombination. Das ist eine Möglichkeit, das Makro bei Bedarf wieder »abzuspielen«.
- Der Speicherort der Makrobefehle bestimmt sich nicht nur aus dem persönlichen Geschmack. Es stehen drei Optionen zur Auswahl: Speichern in der aktuellen oder einer neuen Arbeitsmappe oder in der sogenannten *persönlichen Makroarbeitsmappe*. Die ersten beiden Optionen bieten sich an, wenn das Makro nur in Verbindung mit den genannten Arbeitsmappen zur Anwendung kommen soll. Es sei

[1] Es gibt noch weitere »verbotene« Zeichen, auf die hier aber nicht eingegangen werden soll. Außerdem gibt es noch Namenskonventionen, an die sich verschiedene Entwickler in ebenso verschiedener Art halten. Eine der bekanntesten Konventionen ist die (gelegentlich auch umstrittene) sogenannte *Ungarische Notation*.

denn, aus der betreffenden Mappe soll später ein Excel-Add-In gebaut werden (zu Add-Ins siehe im vorherigen Kapitel). Die persönliche Makroarbeitsmappe kann als Speicherort für gelegentlich oder auch oft benötigte Makros angesehen werden, die nicht notwendig an eine spezielle Mappe gebunden sind. Die Rolle dieser Arbeitsmappe ist grob mit der der *Normal.dotm* von Word zu vergleichen. Sie befindet sich im Startordner (*XLSTART*) von Excel (beziehungsweise wird dort mit dem ersten Versuch der Speicherung eines Makros angelegt), trägt die Bezeichnung *personal.xlsb* und ist im Normalfall stets ausgeblendet.[2]

– Die Angabe einer Beschreibung erfüllt die Funktion eines Kommentars und kann sowohl zum eigenen Verständnis als auch zum Verständnis für andere Anwender angegeben werden.

4. Mit *OK* starten Sie die Aufzeichnung der folgenden Schritte, mit *Abbrechen* beenden Sie Ihren ersten Versuch, ohne Spuren zu hinterlassen.
5. Fügen Sie nun ein neues Blatt ein, nennen Sie es *Deckblatt* und geben Sie dort Ihren Namen sowie das jetzige Datum und die Uhrzeit (nutzen Sie hierfür die Arbeitsblattfunktion JETZT()) in die von Ihnen gewünschten Zellen ein. Kopieren Sie den Inhalt der Datumszelle in die Zwischenablage und lassen Sie an der gleichen Stelle aus der Zwischenablage nur die Werte einfügen (damit werden Datum und Uhrzeit fixiert). Lassen Sie noch die Spaltenbreite optimieren und drücken Sie dann [Esc], um den Kopiermodus zu verlassen.
6. Schließen Sie die Aufzeichnung ab, indem Sie entweder im Menü zur Schaltfläche *Makros* den Befehl *Aufzeichnung beenden* wählen oder den gleichen Befehl in der Gruppe *Code* auf der Registerkarte *Entwicklertools* verwenden.

Tipp Vermutlich am schnellsten geht es in Analogie zum Starten der Makroaufzeichnung mit der kleinen Schaltfläche, die sich etwas versteckt in der Statusleiste von Excel unten links befindet.

Wie Makros getestet und wiederverwendet werden

Natürlich wollen Sie ausprobieren, ob sich das von Ihnen Aufgezeichnete auch wieder abspielen lässt. Dazu greifen Sie auf den Befehl *Makros anzeigen* aus Abbildung 32.2 zurück oder klicken einfach auf den oberen Teil der Schaltfläche *Makros* (ebenda oder in der Gruppe *Code* auf der Registerkarte *Entwicklertools*), *nachdem* Sie eine neue, leere Mappe mit einem Tabellenblatt angelegt haben.

[2] Anders als Excel-Add-Ins lässt sich die persönliche Arbeitsmappe mit den entsprechenden Befehlen auch einblenden, was den meisten Anwendern aber eher lästig sein wird.

Achtung Der Start mit einer neuen, leeren Mappe ist wichtig, damit das Makro unter den gleichen Umständen ablaufen kann, unter denen es aufgezeichnet worden ist. Führen Sie das Makro in der gleichen Mappe wiederholt aus, kommt es zu einem Fehler, da die Umbenennung in *Deckblatt* ein zweites Mal nicht möglich ist. Das Blatt muss vorher gelöscht werden (was auch per Makro geschehen kann, sogar im gleichen Zug wie das anschließende Neuanlegen) oder es muss auf den Fehler »professionell« reagiert werden. Wie Letzteres prinzipiell geschehen kann, lesen Sie weiter hinten in diesem Kapitel im Abschnitt zur Fehlerbehandlung.

Es erscheint ein Dialogfeld wie in Abbildung 32.4, was aber nach einigen (erfolgreichen) Versuchen bei Weitem nicht so aufgeräumt erscheinen muss.

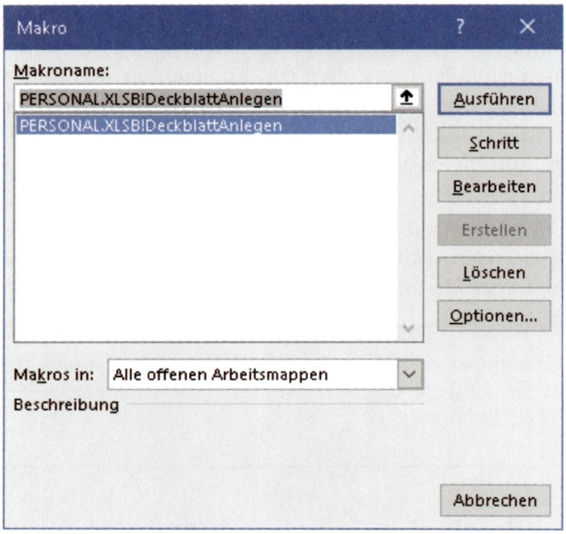

Abbildung 32.4: Der Umgang mit vorhandenen Makros

Dieses Dialogfeld gibt Aufschluss über das, was nun geschehen kann:

- *Ausführen* zum Start des ausgewählten Makros
- *Schritt* zum schrittweisen Abarbeiten des aufgezeichneten Makros; dazu wird automatisch zur Visual-Basic-Benutzeroberfläche gewechselt, die aktuelle Befehlszeile gelb markiert und Sie können in Ruhe mit F8 die Befehle Zeile für Zeile abarbeiten. Dieses Verhalten wird sich für alle »Neulinge« auf diesem Gebiet zusammen mit den Informationen der folgenden Abschnitte zunehmend erhellen.
- *Bearbeiten* zum Wechsel zum VBA-Editor, was allerdings im Falle der persönlichen Makroarbeitsmappe nicht zum Erfolg führt (da diese ausgeblendet ist)
- *Erstellen* eines Makros; hier wird nach Angabe eines noch nicht existierenden Makronamens der Rumpf der Makroprozedur mit diesem Namen in einem Modul angelegt, es wird also nichts aufgezeichnet
- *Löschen* zum Entfernen des markierten Makros vom Ort seiner Speicherung
- *Abbrechen* zum Schließen des Dialogfeldes

Wie Makros angepasst werden

Da der Befehl *Bearbeiten* des Dialogfeldes aus Abbildung 32.4 im Falle ausgeblendeter Mappen nicht wirkt, lassen Sie Excel über den auf der Registerkarte *Entwicklertools* ganz links stehenden Befehl *Visual Basic* oder über die Tastenkombination [Alt]+[F11] zum VBA-Editor wechseln. Von dem, was Sie nun sehen, ist im Moment der Quellcode des aufgezeichneten Makros wie in Listing 32.1 interessant.

```
Sub DeckblattAnlegen()
' DeckblattAnlegen Makro
' Für das Handbuch 2016
    Sheets("Tabelle1").Select
    Sheets.Add
    Sheets("Tabelle2").Select
    Sheets("Tabelle2").Name = "Deckblatt"
    Range("B2").Select
    ActiveCell.FormulaR1C1 = "Mein Name"
    Range("B4").Select
    ActiveCell.FormulaR1C1 = "=NOW()"
    Range("B4").Select
    Selection.Copy
    Selection.PasteSpecial Paste:=xlPasteValues, Operation:=xlNone, SkipBlanks _
        :=False, Transpose:=False
    Columns("B:B").EntireColumn.AutoFit
    Application.CutCopyMode = False
End Sub
```

Listing 32.1 Die Aufzeichnung Ihres ersten Makros

Mit ein wenig Englischgrundkenntnissen sieht das alles sehr durchschaubar aus. Ein Blatt wird gewählt, eins hinzugefügt und umbenannt, Zellen werden angewählt und befüllt, etwas wird kopiert und eingefügt und eine ganze Spalte wird in der Breite automatisch angepasst. Eigentlich einfach. Und je besser man sein Programm kennt, desto besser wird man auch ohne Aufzeichnung die Anweisungen formulieren können. Bis zum perfekten Programm kann der Weg allerdings noch lang sein, da neben der Sprache VBA auch die Besonderheiten des sogenannten Objektmodells von Excel (der übernächste Abschnitt führt kurz in die Thematik ein) gelernt und beherrscht sein wollen. Der erfahrene Nutzer sieht Listing 32.1 an, dass es aus einer Aufzeichnung stammt, denn man kann eine Mappe bearbeiten, ohne die Bearbeitungsgegenstände vorher durch »Selection« anzufassen. Und so kann der Code für das Makro auch wie in Listing 32.2 aussehen.

```
Sub AuchDeckblattAnlegen()
' Für das Handbuch 2016 angepasst
    Sheets.Add
    Sheets(1).Name = "Deckblatt"
    Sheets("Deckblatt").Range("B2").FormulaR1C1 = "Mein Name"
    Sheets("Deckblatt").Range("B4").FormulaR1C1 = "=NOW()"
    Sheets("Deckblatt").Range("B4").Value = Sheets("Deckblatt").Range("B4").Value
    Sheets("Deckblatt").Columns("B:B").EntireColumn.AutoFit
End Sub
```

Listing 32.2 Der Code wurde etwas optimiert

Probieren Sie den Code aus, indem Sie ihn vollständig unter den aufgezeichneten schreiben (so, wie Sie es im Windows-Editor oder in Word tun würden). Wie man das so entstandene Makro, das nun ebenfalls in der Liste aus Abbildung 32.4 aufgeführt wird, startet, haben Sie weiter vorn gesehen.

Hinweis Nach ein wenig Übung werden Sie sich durch einen Trick wie

```
Sheets("Deckblatt").Range("B4").Value =
Sheets("Deckblatt").Range("B4").Value
```

nicht mehr beeindrucken lassen. Denn: Erst wird in die Zelle das Datum als Formel geschrieben. Der Wert (`Value`) der Zelle ist aber nicht die Formel, sondern deren Ergebnis. Und nun überschreiben Sie die Formel durch den bisherigen Wert. Denken Sie einfach daran, dass eine Programmieranweisung trotz des vorhandenen Gleichheitszeichens keine Gleichung ist. Dem, was links steht, wird das zugewiesen, was rechts steht.

Makros und das Thema Sicherheit

Um zu verstehen, was es mit der Makrosicherheit auf sich hat, zeichnen Sie zuerst ein Makro in einer beliebigen Arbeitsmappe, aber nicht der persönlichen Makroarbeitsmappe, auf und speichern diese Mappe im Ordner *Eigene Dateien*.

Hinweis Als Dateityp für die Speicherung müssen Sie nun einen wählen, der Makros beinhalten darf, etwa *Excel-Arbeitsmappe* oder *Excel-Vorlage mit Makros* (Dateiendung *.xlsm* oder *.xltm*) oder auch *Excel-Binärarbeitsmappe* (Dateiendung *.xlsb*).

Schließen Sie die Mappe und kopieren Sie sie im Datei-Explorer von Windows auf Ihren Desktop. Wenn Sie sie anschließend wieder öffnen, wird das Vorhandensein des Makros als gefährliches Potenzial eingestuft, auch wenn Sie selbst der Urheber sind. Die Meldungsleiste im oberen Teil des Programmfensters gibt Auskunft (siehe Abbildung 32.5).

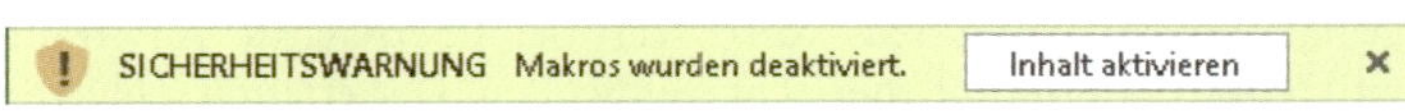

Abbildung 32.5: Makros können im Prinzip nicht »heimlich« laufen

Sie können den *Inhalt aktivieren*, das wird von Excel bemerkt und notiert, und beim nächsten Öffnen der Mappe wird nicht mehr nachgefragt – es ist ein *vertrauenswürdiges Dokument* entstanden.

Der Reihe nach – das Sicherheitskonzept von Office 2016 steht auf vier Säulen:

- Makros werden aufgrund ihres Herausgebers unterschiedlich behandelt.
- Makros werden aufgrund des Speicherorts der Datei (Arbeitsmappe, Word-Dokument, Präsentation) unterschiedlich behandelt.
- Makros in vertrauenswürdigen Dokumenten werden ausgeführt.
- Apps aus vertrauenswürdigen Katalogen werden geladen und ausgeführt.

Vertrauenswürdige Herausgeber

Mit dem Befehl *Makrosicherheit* auf der Registerkarte *Entwicklertools* oder über *Datei/Optionen/Trust Center/Einstellungen für das Trust Center* gelangen Sie zur Kategorie *Vertrauenswürdige Herausgeber*. In die Liste der Herausgeber, denen Sie vertrauen können, werden unter anderem auch solche Personen oder Unternehmen eingetragen, die die VBA-Projekte ihrer Präsentationen digital signiert haben und deren Signaturen akzeptiert wurden.

Unter den Optionen der Meldungsleiste erscheint beim erstmaligen Öffnen ein Dialogfeld, in dem Sie sich das Zertifikat, das zur Signatur benutzt wurde, anzeigen lassen können. Daraufhin besteht die Möglichkeit, das Zertifikat zu installieren, den Herausgeber also vertrauenswürdig zu machen. Allerdings sollten Sie Windows nicht die Entscheidung überlassen, wohin das Zertifikat installiert werden soll, sondern den Speicher selbst angeben (im Unternehmen sollten das die Administratoren vorbereiten). Nun haben Sie noch die Wahl, ob es bei diesem einen Öffnen bleibt oder allen so signierten Dokumenten vertraut werden soll. Durch Wahl der zweiten Option erscheint der Herausgeber auch in der Liste des Trust Centers. Haben Sie die erste Option gewählt, wird später noch einmal nachgefragt, ob das Dokument vertrauenswürdig sein soll.

Vertrauenswürdige Speicherorte

Im *Trust Center* finden Sie auch die Kategorie *Vertrauenswürdige Speicherorte*. Hier können Sie die Ordner Ihres Rechners (unter Umständen auch solche im Netzwerk) verwalten, deren Dateien (gegebenenfalls befinden sich diese in weiteren Unterordnern) Sie hinsichtlich der Makrosicherheit unabhängig vom Autor und der sonstigen Herkunft der Datei trauen. Speichern Sie also die weiter vorn angelegte kleine Beispielmappe in einem solchen Ordner, unterbleibt das Erscheinen der Meldungsleiste.

Die voreingestellten Orte sollten Sie nicht verändern.

Vertrauenswürdige Dokumente

Nicht signierte Dateien, die Makros enthalten, können, falls Makros prinzipiell nicht ausgeschlossen sind, auf Nachfrage als vertrauenswürdig eingestuft werden (siehe Abbildung 32.5). Das Protokoll darüber wird in der Kategorie *Vertrauenswürdige Dokumente* geführt. Die Makros werden später ohne Nachfrage aktiviert, es sei denn, Sie leeren (das Dialogfeld verwendet hier den Begriff »Löschen«) den Speicher, in dem die Liste der Dokumente gehalten wird.

Vertrauenswürdige App-Kataloge

Office-Apps haben mit VBA in diesem Zusammenhang nichts zu tun. Die Einstellungen im Dialogfeld sind selbsterklärend und betreffen den Einsatz von Apps aus dem Microsoft Store beziehungsweise aus unternehmenseigenen Katalogen.

Sicherheitsstufen für Makros

Für Dateien mit Makros, die *nicht* an einem vertrauenswürdigen Speicherort liegen und die *nicht* als vertrauenswürdig eingestuft wurden, gelten vier Stufen des Verfahrens, die Sie in der Kategorie *Einstellungen für Makros* des Trust Centers finden und durch Aktivieren der betreffenden Option zum Standard machen:

- Alle Makros werden ohne Benachrichtigung deaktiviert.
- Alle Makros werden mit Benachrichtigung in der Meldungsleiste deaktiviert (es besteht also individuell die Möglichkeit der Aktivierung im Einzelfall), es sei denn, sie stammen von einem vertrauenswürdigen Autor, dann erfolgt die automatische Aktivierung der Makros in Mappen des entsprechenden Herausgebers.
- Alle Makros werden ohne Benachrichtigung in der Meldungsleiste deaktiviert, es sei denn, sie stammen von einem vertrauenswürdigen Autor, dann erfolgt die automatische Aktivierung.
- Alle Makros werden aktiviert.

Im ersten Fall werden auch die Makros deaktiviert, deren Herausgeber Sie vertrauen.

Hinweis Diese Sache ist mehr als kompliziert. In Unternehmen sollten sich Administratoren ein Konzept überlegen und durchsetzen. Der Privatanwender sollte Makros mit Benachrichtigung deaktivieren und die genannten Sicherheitssäulen für sich entdecken. Beim Probieren ist zu beachten, dass Einstellungen immer erst nach dem Neustart von Excel wirksam werden, da braucht's Geduld.

Makros und die Schnellzugriffsleiste

Ist Ihnen die weiter vorn beschriebene Methode zum Aufrufen von Makros etwas zu umständlich, haben Sie die Möglichkeit, in der Symbolleiste für den Schnellzugriff eine Schaltfläche für ein Makro einzufügen. Klicken Sie mit der rechten Maustaste auf die Schnellzugriffsleiste, finden Sie im Kontextmenü den Zugriff zu ihrer Anpassung. Im erscheinenden Dialogfeld (das Sie auch über *Datei/Optionen/Symbolleiste für den Schnellzugriff* aufrufen können) gibt es im Auswahlfeld für *Befehle* die Gruppe *Makros.* In dieser erscheint auch das von Ihnen weiter vorn in diesem Kapitel angelegte Makro. Fügen Sie das Makro mit Klick auf *Hinzufügen* in die Schnellzugriffsleiste ein. Die Schaltfläche *Ändern* erlaubt die Änderung des Symbols und auch die des angezeigten Befehlsnamens.

Achtung Nach dem Schließen der Mappe mit dem zugewiesenen Makro bleibt der Befehl in der Schnellzugriffsleiste erhalten. Wird er aufgerufen, öffnet sich die genannte Mappe wieder (sofern sie nicht verschoben oder gar gelöscht wurde). Das kann unter manchen Umständen unerwünscht, weil irreführend sein. Abhilfe schaffen mehrere Alternativen:

- Nur Makros in der persönlichen Arbeitsmappe werden an Befehle gebunden.
- Makros in anderen ausgeblendeten Mappen werden an Befehle gebunden.
- Es werden Excel-Add-Ins verwendet.
- Es erfolgt eine Anpassung der Schnellzugriffsleiste außerhalb von Excel.

Die beiden letzten Techniken werden weiter hinten in diesem Kapitel kurz skizziert.

Das Anpassen des Menübands hinsichtlich der Ausführung eigener Makros folgt den eben beschriebenen Regeln für die Schnellzugriffsleiste.

Ein Blick hinter die Kulissen

Wollen Sie nicht beim Anpassen von Makros stehen bleiben, sollten Sie zunächst einen Blick in den folgenden Abschnitt werfen und dann zu einem Buch greifen, das speziell der VBA-Programmierung unter Excel gewidmet ist.

Von der Klasse zum Objekt: Eigenschaften, Methoden, Ereignisse

Alles das, was unter Excel per VBA programmierbar ist, wurde in einem sogenannten *Objektmodell* hinterlegt. Dieses Objektmodell besitzt eine hierarchische Struktur: Die darin befindlichen *Objekte* spiegeln nahezu eins zu eins das wider, was der Anwender mit dem Programm »per Hand« erledigen kann. Hinterlegt sind die Objekte zunächst in »abstrakten« *Klassen*, die Instanziierung als Ergebnis einer Deklaration oder eines gleichwertigen Vorgangs erstellt aus der Klasse das Objekt. So bewirkt etwa der Befehl

```
Dim xlApp As Application
```

ein Zurverfügungstellen des in der Hierarchie obersten Objekts, der Anwendung selbst. Im Weiteren ist dann der Gebrauch von

```
Application.Workbooks.Open "c:\meine-mappe.xlsx", , msoTrue
```

gleichwertig mit

```
xlApp.Workbooks.Open "c:\meine-mappe.xlsx", , msoTrue
```

In beiden Fällen wird die genannte Mappe schreibgeschützt geöffnet.

Das Objektmodell ist sehr umfangreich. Leider gibt es wohl keine schematische Übersicht über hierarchische Strukturen dieses Objektmodells in der Onlinehilfe, wie das in früheren Versionen der Fall war. Damit muss der Einsteiger, aber auch der erfahrene Programmierer sich durch alphabetische Listen hangeln und sich dabei selbst den Überblick erarbeiten. Die Hilfe ist eine Fundgrube, allerdings sind das Foren und andere Orte ebenfalls.

Objekte zeichnen sich durch drei mögliche Zusätze aus: ihre *Eigenschaften*, *Methoden* und *Ereignisse*.

- *Eigenschaften* eines Objekts verstehen sich wie Eigenschaften des täglichen Lebens: Es gibt Menschen, die sind klein oder groß, dick oder dünn. Man kann aber noch tiefer splitten. Menschen haben eine Haarfarbe, diese kann zum Beispiel blond oder braun sein. Sie haben eine Größe (Länge), die kann groß, mittel oder klein sein. Und sie haben einen Namen. In der Objektsprache würde das so aussehen:

  ```
  Dim EinMann As Mensch
  EinMann.Name = "Onkel Paul"
  EinMann.Haarfarbe = "blond"
  EinMann.Laenge = "mittel"
  ```

  Der Punkt trennt das Objekt und die folgende Eigenschaft. Ein Gleichheitszeichen verlangt die Zuordnung eines Wertes.

Eigenschaften unter Excel haben Sie bereits etwas weiter vorn in diesem Kapitel im Einführungsbeispiel kennengelernt. So hat ein Blatt (`Sheet`) einen Namen (`Name`). Oder eine Zelle (`Cell` oder `Range`) hat eine Formel (`FormulaR1C1`) oder einen Wert (`Value`).

Eigenschaften können ermittelt und, falls sie nicht schreibgeschützt sind (read only), auch gesetzt werden.

- *Methoden* sind mögliche Aktivitäten, über die Objekte verfügen (können). Zum Beispiel kann ein Mensch mit der Hand winken, links, rechts, links ..., der Code sieht dann vielleicht so aus:

```
If EinMann.KannWinken = True then
    EinMann.Winke "links"
    EinMann.Winke "rechts"
    EinMann.Winke "links"
End If
```

  Auch hier trennt der Punkt den *Methodennamen* vom Objekt. Ein Gleichheitszeichen kommt nicht vor, dafür folgt eine gewisse Zahl von Parametern. Nicht alle Methoden erfordern einen Parameter und nicht alle möglichen Parameter müssen spezifiziert werden (sie sind dann standardmäßig belegt).

  Die Zeile

```
Application.Workbooks.Open "c:\meine-mappe.xlsx"
```

  ist eine Mischung aus Eigenschaften und Methoden. Das `Application`-Objekt hat die Eigenschaft `Workbooks`. Das ist die Auflistung der aktuell geöffneten Arbeitsmappen. Diese Auflistung kennt die Methode `Open`, um eine weitere Mappe zu öffnen. Die Reihenfolge eventuell nachfolgender Parameter ist wichtig. Wollen Sie Parameter nicht in der notwendigen Reihenfolge angeben, können Sie benannte Argumente verwenden. Also

```
Application. Workbooks.Open ReadOnly:= msoTrue, FileName:="c:\meine-mappe.xlsx"
```

- *Ereignisse* sind etwas, auf das Objekte reagieren können. Das Wie steht dann in einer sogenannten *Ereignisprozedur*. So kann in unserem Beispiel »Onkel Paul« etwa spüren, dass Regen fällt, und daraufhin den Schirm aufspannen oder, je nach Windstärke, schnellstens einen trockenen Ort aufsuchen:

```
Sub OnkelPaulWirdNass(Windstaerke)
   If Windstaerke <6 Then
      OnkelPaul.NimmtSchirm "schnell", "offen"
   Else
      OnkelPaul.GehtNachHause "sehr schnell"
   End If
End Sub
```

  Unter Excel kann nicht nur das `Application`-Objekt auf Ereignisse reagieren (dazu gehört zum Beispiel das Öffnen oder Schließen einer Mappe), sondern eine Reihe weiterer Objekte, die hier aus Platzgründen nicht genannt werden sollen.

Vielleicht stellen Sie sich jetzt die Frage: Woher soll ich aber wissen, welche Objekte wie ausgestattet sind? Hier drei mögliche Antworten:

- Bitte immer auf *IntelliSense* (siehe etwas weiter hinten) beim Programmieren achten.
- Per Zwischenablage aus Beispiel- oder Musterdateien eingefügten Code wachen Auges inspizieren.

- Jede sich bietende Möglichkeit nutzen, um in der *Hilfe* oder in Foren zu »schmökern«.
- Aktiv den *Objektkatalog*, der sich in der Entwicklungsumgebung befindet, in die Programmierung einbinden. Worum es sich dabei handelt, sehen Sie im folgenden Abschnitt.

Details der Visual-Basic-Benutzeroberfläche

Wechseln Sie mit `Alt`+`F11` zur Entwicklungsumgebung und schauen Sie sich dort etwas um.

Im linken Teil, dem sogenannten *Projekt-Explorer*, werden alle geöffneten Arbeitsmappen mit ihren Projekten gelistet. Ist er beim ersten Mal nicht zu sehen, drücken Sie `Strg`+`R` oder wählen Sie den entsprechenden Eintrag im Menü *Ansicht*. Im Ordner *Module* eines Projekts befindet sich nur dann mindestens ein Modul, wenn dort eins angelegt wurde (Menü *Einfügen*). Ein Modul kann mehrere Prozeduren (Makros und Funktionen) aufnehmen.

Der *Quellcode*, das ist der Text, den Sie im rechten Bereich sehen, lässt sich wie in jedem Editor intuitiv bearbeiten. Und so funktioniert auch der Einsatz der Windows-Zwischenablage, um Texte von einem Modul in ein anderes zu kopieren oder zu verschieben. Das hilft, Ordnung zu halten. Sehen Sie kein Textfeld, drücken Sie `F7` oder wählen den Menübefehl *Ansicht/Code*.

Die Entwicklungsumgebung kennt, neben der Menüleiste, vier weitere Symbolleisten: *Bearbeiten*, *Debuggen*, *UserForm* und *Voreinstellung* (hier wäre *Standard* treffender als Übersetzung). Da alle wesentlichen Aktivitäten des Nutzers ebenso über die Menüleiste eingeleitet werden können, sei an dieser Stelle auf eine ausführliche Beschreibung der am häufigsten benötigten Schaltflächen in der Symbolleiste *Bearbeiten* und *Debuggen* verzichtet, einige Menübefehle werden im Folgenden erläutert.

Oft gebraucht werden zum Bearbeiten die Schaltflächen, die den Einzug der Codezeilen regulieren, um ein übersichtliches »Schriftbild« zu erzeugen, die Schaltflächen zum Auskommentieren und Aufheben der Auskommentierung von Zeilen und die Schaltfläche zum Setzen eines Haltepunkts. Zum Debuggen (darunter versteht man das schrittweise Abarbeiten des Quellcodes mit dem Ziel einer möglichen Fehlersuche oder einer anders motivierten Untersuchung der Ergebnisse der Codezeilen) werden häufig die Schaltflächen zum Starten, Pausieren und Beenden des Programmlaufs, zum Erledigen von Einzelschrittanweisungen und zum Einblenden weiterer Fenster der Visual-Basic-Benutzeroberfläche verwendet.

Durch Vergleich der Symbole und Beachtung der QuickInfos werden Sie sehr schnell die Bedeutung der Schaltflächen verstehen. Legen Sie sich vorbereitend die genannten Symbolleisten, die nach der Installation ausgeblendet sind, an den unteren oder auch den oberen Rand des Fensters der Entwicklungsumgebung.

Befindet sich die Einfügemarke des Editors innerhalb der Zeilen einer Prozedur, die keine Parameter verlangt – also einem »klassischen Makro« –, wird diese mit dem Menübefehl *Ausführen/Sub/UserForm ausführen* oder der Taste `F5` sofort gestartet. Anderenfalls erscheint ein Dialogfeld, in dem der Name der zu startenden Prozedur abgefragt wird.

Um den Programmablauf zu kontrollieren, haben Sie zwei Möglichkeiten: Sie starten ein Makro aus dem Dialogfeld *Makro* (siehe Abbildung 32.4) heraus, indem Sie sich für *Schritt* entscheiden, und/oder Sie setzen sogenannte *Haltepunkte* in den Quellcode (Menübefehl

Debuggen/Haltepunkt ein/aus oder Taste [F9]). In diesen Programmzeilen, die Sie am farbigen Punkt auf dem Rahmen und der farbigen Unterlegung der Zeile erkennen, bleibt das Programm stehen. Und das so lange, bis Sie seinen Fortgang im Einzelschritt (Menübefehl *Debuggen/Einzelschritt* oder Taste [F8]) oder insgesamt (Menübefehl *Debuggen/Prozedurschritt* oder Tastenkombination [⇧]+[F8]) anstoßen.

Tipp Wollen Sie Ihr Programm nur auf syntaktische Korrektheit prüfen, starten Sie den Kompiliervorgang (das ist das Lesen und Übersetzen Ihres Programms) über den Menübefehl *Debuggen/Kompilieren von <Projektname>*. Diese Überprüfung hinterlässt keine Spuren in einer geöffneten Mappe.

Während das Programm anhält, haben Sie weitere Möglichkeiten der Kontrolle und Steuerung:

- Ist der Halt wegen eines Fehlers aufgetreten, können Sie diesen in vielen Fällen korrigieren, ohne dass das Programm erneut gestartet werden muss. Die Haltezeile erkennen Sie an der gelben Einfärbung. Natürlich können Sie auch Änderungen vornehmen, wenn das Programm wegen eines Haltepunkts stoppt.
- Im *Direktfenster*, das Sie über das Menü *Ansicht* öffnen, können Sie Eigenschaften von Objekten abfragen und unter Umständen auch setzen sowie die Belegung von Variablen kontrollieren. Eine Abfrage beginnt dabei stets mit einem Fragezeichen.
- Ein oft unterschätztes Hilfsmittel ist das *Überwachungsfenster*, das Sie ebenfalls über das Menü *Ansicht* einblenden. Dieses Fenster öffnet Ihnen den Blick auf die Objekte wie in ein »gläsernes Haus«. Über das Kontextmenü lässt sich der Inhalt des Fensters steuern; zu überwachende Objekte können bei Programmhalt per Drag&Drop aus dem Quellcode in das Fenster gezogen werden. So erhalten Sie nicht nur Informationen über den Zustand der Objekte, sondern lernen nebenher auch ihre Eigenschaften kennen.
- Eines der wichtigsten Hilfsmittel ist der *Objektkatalog*. Sie bringen ihn mit *Ansicht/Objektkatalog* in den Vordergrund. Hier werden alle Objekte der eingebundenen Programmbibliotheken sowie ihre Eigenschaften, Methoden und Ereignisse gelistet. Vertiefen Sie sich in die angezeigten Informationen, werden die Parallelen zu Excel als Programm deutlich. Haben Sie dieses im Griff, erschließen sich die VBA-Möglichkeiten fast von allein. Die Bedienung des Objektkatalogs (Auswahl der Bibliothek, Suche nach bestimmten Begriffen, Aufruf der eventuell vorhandenen Hilfedateien und so weiter) gestaltet sich intuitiv.

Variablen deklarieren

Was man durch Makroaufzeichnung nicht lernt, ist das Deklarieren von Variablen wie in:

```
Dim xlApp As Application
```

Die Deklaration kann durch die Zeile

```
Option Explicit
```

an erster Stelle in einem Programmiermodul erzwungen werden, wobei in den Optionen des VBA-Editors festgelegt werden kann, dass der Editor selbst diese Zeile in Zukunft jedem Modul voranstellt.

Pflichtgemäße Variablendeklaration hat den Vorteil, dass Schreibfehler bei der Benutzung der Variablen durch die VBA-Umgebung erkannt werden. Variablendeklaration selbst hat den Vorteil, dass IntelliSense beim Schreiben von Code hilft (siehe Abbildung 32.6).

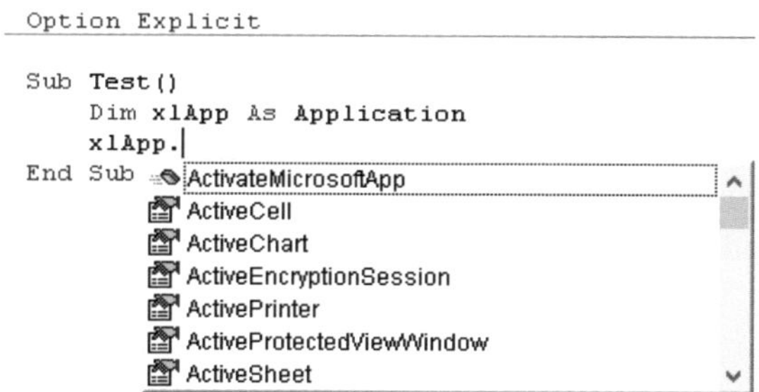

Abbildung 32.6: IntelliSense zeigt es – was kann nach dem Punkt kommen (Eigenschaften, Methoden)

Benutzerdefinierte Funktionen erstellen und verwenden

Obwohl Excel ja nahezu 500 Tabellenblattfunktionen mitbringt, gibt es doch hin und wieder Grund, diese Sammlung um eigene Funktionen zu erweitern. Das Beispiel der Bruttoberechnung aus einem Nettowert ist denkbar kurz. Es ließe sich auch durch entsprechende Arbeitsschritte im Arbeitsblatt umgehen, ist aber hinreichend für ein Beispiel, das zeigen soll, wie es prinzipiell geht.

In ein Modul Ihrer Wahl (das kann sich in der persönlichen Makroarbeitsmappe, einem Add-In oder irgendeiner anderen Mappe mit Makros befinden) schreiben Sie die folgenden Codezeilen:

```
Function Brutto(Netto As Double, Methode As Variant) As Variant
    If Methode = "V" Then
        Brutto = VBA.Round(Netto * 1.19, 2)
    ElseIf Methode = "E" Then
        Brutto = VBA.Round(Netto * 1.07, 2)
    ElseIf Methode = "O" Then
        Brutto = Netto
    Else
        Brutto = "Methode?"
    End If
End Function
```

Diese Funktion lässt sich dann wie eine Tabellenblattfunktion einsetzen, also etwa in der Form

```
=Brutto(B5;C5)
```

Sie verlangt einen Zahlenwert (Nettobetrag) sowie ein Zeichen für die Methode der Mehrwertsteuerberechnung. Dieses Zeichen wird ausgewertet und je nach Auswertung wird der Bruttobetrag berechnet.

Benutzerdefinierte Formulare einsetzen

Excel bietet aufgrund seiner tabellarischen Strukturen die Möglichkeit, Rechenwege, Auswertungen in Listen unter anderem zielgerichtet und ablauforientiert auf Arbeitsblättern zu platzieren. Gelegentlich kann dieser Prozess durch die Verwendung von Dialogfeldern (und diese entstehen aus benutzerdefinierten Formularen) vorbereitet, unterstützt oder auch abgeschlossen werden.

Ein benutzerdefiniertes Formular wird im VBA-Editor angelegt (Menübefehl *Einfügen/UserForm*) und mithilfe der Werkzeugsammlung (*Toolsammlung*, Abbildung 32.7) mit sogenannten Steuerelementen belegt und dadurch gestaltet.

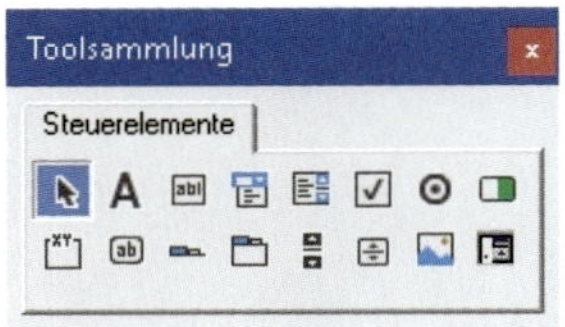

Abbildung 32.7: Die Werkzeugsammlung der VBA-Entwicklungsumgebung

Hinter den Steuerelementen stecken ihre Ereignisprozeduren, die mit dem beabsichtigten Code durch den Programmierer gefüllt werden müssen.

So kann hinter der Befehlsschaltfläche *CommandButton1* der Code

```
Private Sub CommandButton1_Click()
    AuchDeckblattAnlegen
End Sub
```

stecken und mit anderen Aktivitäten verknüpft die Vorbereitungen zu einer einheitlichen Gestaltung von Mappen übernehmen.[3]

Wenn das Formular den Namen *meinFormular* hat (der Name wird in den Eigenschaften des Formulars, die am linken Rand der Entwicklungsumgebung erscheinen, angepasst), kann es innerhalb einer Prozedur (eines Makros) mit dem Befehl

```
meinFormular.Show
```

angezeigt, mit

```
meinFormular.Hide
```

ausgeblendet oder mit

```
meinFormular.Close
```

auch geschlossen werden.

Leider fehlt auch hier der notwendige Platz für ein umfassendes Anwendungsbeispiel, sodass auf andere Quellen verwiesen werden muss.

[3] Der fortgeschrittene Programmierer wird gleich nach der Platzierung von Elementen auf dem Formular deren Namen aussagekräftig anpassen.

Steuerelemente auf Arbeitsblättern nutzen

Sehr angenehm kann der Aufruf von Makros über eine Schaltfläche sein, die direkt auf dem Arbeitsblatt platziert wird, Drehfelder erlauben bequeme Voreinstellungen für Zellwerte, mit Listen lassen sich Einträge voreinstellen und Optionsfelder erlauben das Verzweigen der Berechnungen in verschiedene Richtungen. Eine Schaltfläche wird, wie die anderen Elemente auch, über die Registerkarte *Entwicklertools* des Menübands (siehe Abbildung 32.8) auf dem Arbeitsblatt platziert, beschriftet und gestaltet.

Abbildung 32.8: Einfügen von Steuerelementen auf Arbeitsblättern

Für welche Gruppe der Steuerelemente Sie sich entscheiden, ist fast egal. Jede hat Vor- und Nachteile. Die ActiveX-Elemente sind die gleichen wie die der Werkzeugsammlung bei der Gestaltung von Formularen. Die Formularsteuerelemente sind die, die es in Office schon seit Generationen gibt. Sie lassen sich durch rechten Mausklick bearbeiten, bei ActiveX-Steuerelementen muss man vorher zum sogenannten Entwurfsmodus wechseln und diesen nach der Bearbeitung auch wieder ausschalten.

Zielwertsuche auf Null	Gewinn	
Listeneinkaufspreis		4.500,00 €
-Lieferrabatt	20%	900,00 €
=Zieleinkaufspreis		3.600,00 €
-Lieferskonto	3%	108,00 €
=Bareinkaufspreis		3.492,00 €
+Bezugskosten (netto)		54,00 €
=Bezugspreis (Einstandspreis)		3.546,00 €
+Handlungskosten	32%	1.134,72 €
=Selbstkosten		4.680,72 €
+Gewinn	15%	702,11 €
=Barverkaufspreis		5.382,83 €
+Kundenskonto	2%	115,76 €
+Vertreterprovision	5%	289,40 €
=Zielverkaufspreis		5.787,99 €
+Kundenrabatt	10%	643,11 €
=Listenverkaufspreis (netto)		6.431,10 €
gewünschter Listenverkaufspreis		6.000,00 €
Differenz		431,10 €

Zu Null

Abbildung 32.9: Der Klick auf die Schaltfläche macht die Differenz zu Null und zeigt den realisierbaren (prozentualen) Gewinn

In Kapitel 29 wurde die Zielwertsuche im Zusammenhang mit der Handelskalkulation eingeführt. Abbildung 32.9 zeigt noch einmal die Aufgabenstellung der Differenzkalkulation.

Der Trick, in der letzten Zeile die Zielwertsuche auf 0 (null) zu richten, erspart bei wiederholter Verwendung des Arbeitsblattes für verschiedene tatsächliche Szenarien die Anpassung des Zielwerts im Dialogfeld der Zielwertsuche. Sie erinnern sich, dass dieser Wert jedes Mal per Hand in das Dialogfeld eingegeben werden muss, da eine Übernahme des Zellwerts nicht vorgesehen ist. Und dieser Trick kommt auch dem Makro zugute, das Sie durch Aufzeichnung erhalten:

```
Sub Zielwertsuche()
    Range("D22").GoalSeek Goal:=0, ChangingCell:=Range("C14")
End Sub
```

Sie können es jederzeit benutzen, ohne Rücksicht auf andere Werte als 0, da diese Null durch die Differenzbildung immer gleich bleibt.

Ziehen Sie nun ein *Formularsteuerelement* vom Typ *Schaltfläche* auf, die Ausführung des Makros können Sie im unmittelbar erscheinenden Dialogfeld zuweisen. Die Schaltfläche können Sie nach Ihrem Wunsch beschriften.

Auch das ist wichtig: Eine Fehlerbehandlung

Auf dieses Problem der Programmierung kann hier nur kurz mit dem Ziel der Anregung für weitere Studien eingegangen werden. Dabei geht es nicht um logische Fehler, die einem Programmierer nahezu zwangsläufig immer wieder unterlaufen, sondern um solche, die aus der Situation entstehen.

Die häufig bei Einsteigern zu findende Codezeile `On Error Resume Next` ist nicht zu empfehlen; Fehler werden auf diese Weise einfach ignoriert und das Programm mit der Zeile nach dem Fehler fortgesetzt. Damit verliert der Programmentwickler in der Regel die Kontrolle über das Programm und der Anwender steht schlimmstenfalls vor einem »Scherbenhaufen«.

Ausnahmen bestätigen auch hier wie immer die Regel.

Im Dialogfeld, das über *Extras/Optionen* der Entwicklungsumgebung aufgerufen wird, lässt sich einstellen, wie auf auftretende Fehler durch den Compiler reagiert werden soll (Registerkarte *Allgemein*). Vor allem zwei Einstellungen sind interessant: Das Programm soll anhalten, sobald ein Fehler auftaucht, unabhängig davon, ob Sie den möglichen Fehler »vorausgeahnt« und mit einer `On Error`-Anweisung vorbereitet haben. Oder das Programm soll nur dann anhalten, wenn ein Fehler auftaucht, der nicht mit einer `On Error`-Anweisung abgefangen wird.

Fehler im genannten Sinne sind solche wie

- die Division durch null,
- die Zuweisung von Eigenschaften, die schreibgeschützt sind,
- die Verwendung von Befehlen, die nur in einer bestimmten Ansicht oder nur bei Auswahl bestimmter Objekte zulässig sind, wie
  - eine aktive Mappe wird angesprochen, obwohl keine geöffnet ist,

- der Name eines Blattes soll verwendet werden, es gibt aber kein Blatt mit diesem Namen, da es gelöscht wurde,
- die Formeln eines Zellverbunds sollen untersucht werden, es gibt aber im Verbund Zellen ohne Formel

und anderes mehr. Es sind also nicht solche Fehler, die auf einem Irrtum des Programmierers beruhen (Farbe Grün statt Weiß, Rahmen vorhanden statt unsichtbar, Anzeige des Speichern-Dialogfeldes statt des Dialogfeldes zum Öffnen und so weiter).

Listing 32.3 zeigt die prinzipielle Struktur einer Fehlerbehandlung. Dabei wird untersucht, welcher Fehler aufgetreten ist, und mit einer selbst verfassten Meldung reagiert, nicht vorhergesehene Fehler melden den durch Excel generierten Fehlertext.

```
Sub Test()
    Dim a As Integer
    'weitere Deklarationen
    On Error GoTo errh
    'tu was
    Exit Sub
errh:
    Select Case Err.Number
        Case n
            MsgBox "Ups, hier geht etwas schief."
        Case Else
            MsgBox Err.Description
    End Select
End Sub
```

Listing 32.3 Muster einer Fehlerbehandlung

Dieses Listing verwendet zwei bemerkenswerte Dinge: eine Sprungmarke `errh`, die das Programm anspringt, wenn ein Fehler aufgetreten ist, und die `Select`-Anweisung zum Reagieren auf verschiedene Fehlernummern. Diese werden wie auch die Beschreibung (`Description`) mit dem `Err`-Objekt durchgegeben.

Add-Ins: Automatisierung für mehrere Mappen

Bei Excel-Add-Ins handelt es sich vom Ursprung her um »normale« Arbeitsmappen mit Makros. Diese Makros werden ähnlich denen der persönlichen Arbeitsmappe in der als Mappe vorliegenden Datei angelegt, modifiziert und benutzt. Die Mappe speichern Sie als *Excel-Add-In* mit der Dateiendung *.xlam*, die Wahl dieser Endung bringt Sie direkt an den Speicherort für Add-Ins. Das wiederum hat den Vorteil, dass im Dialogfeld *Add-Ins* das Add-In automatisch gelistet wird. Es wird allerdings erst mit dem Setzen des Häkchens dort aktiv. Andere Speicherorte sind denkbar, Sie müssen dann allerdings über das Dialogfeld nach dem Add-In suchen lassen.

Mit der Speicherung als Add-In wird die Mappe ausgeblendet, sie lässt sich aber, anders als die persönliche Makroarbeitsmappe, nicht auf dem üblichen Weg einblenden. In den VBA-Eigenschaften der Mappe (die Sie sehen, wenn Sie im Projekt-Explorer der Entwicklungsumgebung auf *DieseArbeitsmappe* klicken) suchen Sie nach der Eigenschaft *IsAddIn* und setzen sie auf *False*. Das bewirkt, dass die Mappe eingeblendet wird. Vor dem Speichern nach eventuellen Anpassungen müssen Sie die Eigenschaft allerdings wieder auf *True* setzen. Vergessen Sie das, erscheint beim Versuch zu speichern eine Meldung, die zu

Verwirrung führen kann. Die Blätter des Add-Ins können trotz Unsichtbarkeit bei Berechnungen jeglicher Art durch die Makros (Prozeduren) angefasst, modifiziert und ausgewertet werden.

Das Menüband anpassen: XML wird gebraucht

Für professionelle Lösungen, wie sie mit VBA-Code in Mappen, Vorlagen oder Add-Ins entstehen, reicht das »oberflächliche« Anpassen des Menübands unter Umständen nicht aus, Automatismen sind gefragt. Und diese sind nur mit Spezialkenntnissen umsetzbar, neben VBA spielt XML eine zentrale Rolle.

Was mit Modifizierungen von Menü- und Symbolleisten der Versionen bis 2003 passiert

Die bis Version 2003 erstellten Symbolleisten und Menüeinträge für Mappen und Add-Ins fallen auch mit der neuen Version nicht unter den Tisch. Vorausgesetzt, dass das VBA-Objektmodell die Funktionsfähigkeit schlechthin nicht infrage stellt, werden auf einer speziellen Registerkarte im Menüband, der Registerkarte *Add-Ins*, automatisch drei Befehlsgruppen eingerichtet: *Menübefehle*, *Symbolleistenbefehle* und *Benutzerdefinierte Symbolleisten*. Bei Letzteren muss allerdings im Code sichergestellt werden, dass die Symbolleisten beim Erzeugen sichtbar gemacht werden (*Visible* = *True*). Aufgrund der beschränkten Abmessungen des Menübands kann es passieren, dass die Übersicht verloren geht, da einige der Befehle sich zunächst außerhalb des Bildschirms befinden. Aus diesem Grund wird es nicht selten erforderlich sein, die entsprechenden Codestellen zu überarbeiten.

XML-Grundlagen der Gestaltung des Menübands

Alles, was nicht in den drei genannten Gruppen der Registerkarte *Add-Ins* passieren soll, kann nicht mit VBA eingeleitet werden, sondern beruht auf einer Anpassung der Arbeitsmappe (der Mustervorlage, des Add-Ins) in Gesamtstruktur als Open-XML-Dokument.

Hinweis Entwickler, die Visual Studio ab Version 2010 mit den Visual Studio Tools for Office oder den Nachfolger benutzen, haben weitaus mehr Möglichkeiten als die im Folgenden geschilderten.

Es sind somit zwei Fragen zu beantworten:

- Wie kann man die Struktur des Dokuments anpassen?
- Was genau ist dort einzubringen?

Die erste Frage ist schnell geklärt: Sie benutzen ein Tool, das *Office Custom UI Editor* heißt und sich unter

http://openxmldeveloper.org/blog/b/openxmldeveloper/archive/2009/08/07/7293.aspx

herunterladen lässt.[4] Prinzipiell können Sie auch die Dateiendung von *xlsx* (*xlsm*, *xlam*) temporär auf *zip* ändern und im Windows-Explorer auf die Datei doppelklicken (vorausgesetzt, Sie lassen Dateiendungen bekannter Dateien nicht ausgeblendet, was die Standardeinstellung der aktuellen Windows-Versionen ist), um sich dann innerhalb der Datei durch die Ordner zu arbeiten. Das ist aber sehr umständlich und außerdem muss man noch wissen, was an welcher Stelle zunächst nur vorzubereiten ist, ohne dass es schon Wirkung zeigt.

Für den zweiten Schritt bereiten Sie eine einfache Textdatei, Name und Endung *meineAnpassung.xml*, vor. Den Namen vor der Dateiendung können Sie frei wählen. Der Text der Datei soll zunächst wie in Listing 32.4 aussehen.

```
<?xml version="1.0"?>
<customUI xmlns="http://schemas.microsoft.com/office/2009/07/customui">
   <ribbon>
      <tabs>
         <tab id="myTab" label="Mein Register">
            <group label="Meine Gruppe" id="myGroup">
               <button idMso="VisualBasic" size="large" />
               <button idMso="MacroSecurity" size="normal" />
            </group>
         </tab>
      </tabs>
   </ribbon>
   <backstage>
      <tab id="MyTab" label="Mein Register">
         <firstColumn>
            <group id="MyGroup" label="Meine Gruppe">
               <bottomItems>
                  <button id="MyButton" label="Test"/>
               </bottomItems>
            </group>
         </firstColumn>
      </tab>
   </backstage>
</customUI>
```

Listing 32.4 Eine erste Anpassung des Menübands mit einer eigenen Registerkarte, auch die Backstage-Ansicht wird erweitert

Was wird bewirkt? Das Menüband (`ribbon`) erhält in der Auflistung der Registerkarten (englisch `tabs`) eine neue Registerkarte mit der Bezeichnung (englisch `label`) *Mein Register*. Auf dieser Registerkarte befindet sich eine Gruppe (englisch `group`) mit der Bezeichnung *Meine Gruppe*, die zwei Befehlsschaltflächen (englisch `button`) aufnimmt. Beide Schaltflächen gibt es bereits unter Excel, was Sie an ihrem Identitätsattribut erkennen, die durch `idMso` spezifiziert wird (es ist der Aufruf des Visual Basic Editors sowie der Einstellungen zur Makrosicherheit). Jedes aufgeführte Element muss ein Identitätsattribut haben, wobei `id` auf benutzerdefinierte, `idMso` auf integrierte Elemente abzielt.

---

[4] Es ist der Editor für Office 2010, der auch 2007 bearbeiten hilft. Einen speziellen Editor für Office 2013/16 gibt es im Moment wohl nicht und er scheint auch nicht notwendig zu sein, da die Spezifikation der Menübänder von Office 2013/16 anscheinend der von Office 2010 entspricht.

Analog einleuchtend ist die Erweiterung der Backstage-Ansicht angelegt. Die Schaltfläche kann noch mit einem Makro verknüpft werden, wie weiter hinten in diesem Kapitel beschrieben wird.

Woher weiß man nun, welche integrierten Elemente es gibt? Da ist zum einen die Quick-Info, die erscheint, wenn in den *Excel-Optionen* das Menüband angepasst werden soll; zum anderen gibt es auf den Entwicklerseiten von Microsoft entsprechende Listen und andere Hilfsmittel.

Starten Sie den *Custom UI Editor* und öffnen Sie in ihm die Arbeitsmappe, für die Sie eine Anpassung des Menübands beabsichtigen. Diese Mappe darf nicht in Excel geöffnet sein. Es kann sich auch um eine Excel-Vorlage oder um ein Excel-Add-In handeln. Wählen Sie dann *Insert/Office 2010 Custom UI Part* (siehe Abbildung 32.10).

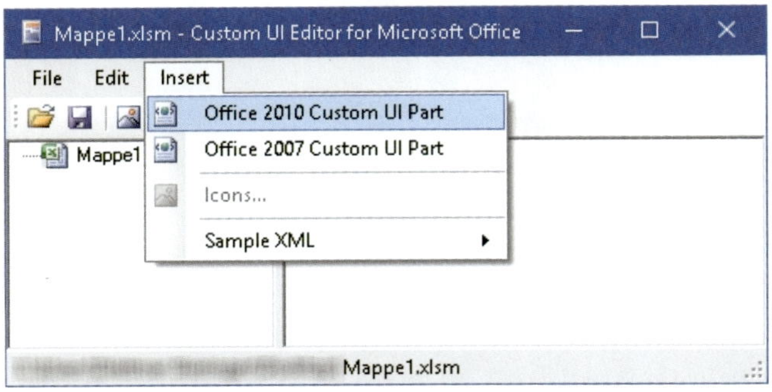

Abbildung 32.10: Inmitten der Dokumentstruktur (im ZIP-Container der Datei)

Im sich anschließend öffnenden Editor fügen Sie den Text der vorbereiteten XML-Datei ein.[5] Speichern Sie Ihre Mappe im *UI Editor*, schließen Sie ihn und öffnen Sie die Mappe in Excel. Die eingerichtete Registerkarte erscheint und verschwindet wieder, wenn eine andere Mappe aktiv wird. Handelt es sich bei der Mappe um eine Vorlage, haben alle ihre »Nachkommen« das gleiche Verhalten. Handelt es sich um ein Add-In, erscheint die Registerkarte immer, wenn das Add-In aktiviert ist.

Ein XML-Editor wird benötigt

Weshalb den XML-Code in einer extra Datei pflegen? Der *UI Editor* gibt keinerlei Hilfe dazu, was geschrieben werden kann. XML-Dateien müssen, wenn ihr Gebrauch hieb- und stichfest sein soll, stets einem Schema folgen. Im vorliegenden Fall heißt die Schemadatei *customUI14.xsd* und bezieht sich auf den Namensraum *http://schemas.microsoft.com/office/2009/07/customui*. Sie finden diese Datei, die, um Ihnen Hilfe zu sein, in keinem Falle geändert werden darf, in den Begleitdateien zum Buch. Um diese Datei zielgerichtet nutzen zu können, brauchen Sie einen XML-Editor, der in der Lage ist, XML-Dateien mit einem Schema zu verbinden und die Korrektheit der XML-Datei überwachen zu helfen. Die im XML-Editor entwickelten Codezeilen kopieren Sie dann in den *UI Editor*.

[5] Sie finden im UI Editor auch einen Menüpunkt, der es Ihnen gestattet, Icons für die Menübandelemente in die Datei einzufügen. Die *id* eines solchen Icons nutzen Sie dann bei der *image*-Zuweisung im XML-Code.

Callback-Prozeduren

Bleibt innerhalb dieser (naturgemäß sehr kurzen) Einführung noch zu klären, wie Funktionalität nicht nur hinter integrierte, sondern auch individuelle Befehle kommt. Dazu bedient sich Office sogenannter Callback-Prozeduren, die für jedes der möglichen Elemente des Menübands (`button`, `label`, `splitButton`, `toggleButton`, `checkBox`, `comboBox` und einige andere) vorbereitet sind. Sehr oft wird das die zu nutzende Prozedur sein, die sich hinter dem Attribut `OnAction` verbirgt und somit als Nachfolger der `OnAction`-Eigenschaft »klassischer« Steuerelemente der Symbolleisten gelten kann.

Um einen eigenen Befehl mit Aktivität auszustatten, bereiten Sie etwas wie in Listing 32.5 vor und binden es so, wie weiter vorn beschrieben, in die Arbeitsmappe (Mustervorlage, Add-In) ein.

```
<?xml version="1.0"?>
<customUI xmlns="http://schemas.microsoft.com/office/2009/07/customui">
  <ribbon>
    <tabs>
      <tab id="myTab" label="Mein Register">
        <group label="Meine Gruppe" id="myGroup">
          <button id="myButton" label="Schaltfläche" tag="Schaltfläche"
            onAction="myMacro" imageMso="HappyFace" showImage="true" />
        </group>
      </tab>
    </tabs>
  </ribbon>
</customUI>
```

Listing 32.5 Vorbereiten der `OnAction`*-Callback-Prozedur*

Die Prozedur `myMacro` ist nun in ein Modul der Arbeitsmappe (deren Dateiendung zwingend den Buchstaben *m* am Ende hat) einzufügen, wobei es auf die genaue Signatur der Prozedur und natürlich einen schlüssigen Inhalt ankommt. Listing 32.6 zeigt nur einen exemplarischen Ansatz.

```
Sub myMacro(cmd As IRibbonControl)
    MsgBox "Es wurde der Befehl mit der Aufschrift '" & cmd.Tag & "' gedrückt."
End Sub
```

Listing 32.6 Die Callback-Prozedur im Falle von `OnAction`

Haben Sie vergessen, Callbacks zu schreiben, beziehungsweise sind die entsprechenden Prozeduren fehlerhaft, passiert in der Standardeinstellung zunächst nichts. Erst wenn Sie in den *Excel-Optionen* (Gruppe *Erweitert*) das Kontrollkästchen *Fehler von Benutzeroberflächen-Add-Ins anzeigen* aktivieren, werden Sie mit Fehlermeldungen konfrontiert.

VBA-Projekte signieren

Office bietet die Möglichkeit einer »Selbstzertifizierung«. So erstellte Zertifikate sind natürlich nur bedingt vertrauenswürdig. Sie helfen, Angriffe von außen abzuwehren, sind aber an das Vertrauen in die sich selbst zertifizierende Person (und das kann jeder Mitarbeiter im Unternehmen sein) gebunden.

1. Der erste Schritt besteht im Aufruf des Programms *selfcert.exe*. Es befindet sich im Installationsverzeichnis von.
2. Im anschließenden Dialogfeld vergeben Sie einen aussagefähigen Namen für das Zertifikat. Dieses kann neben dem Namen auch den Verwendungszweck beinhalten.
3. Lassen Sie sich das zu signierende VBA-Projekt in der Visual-Basic-Benutzeroberfläche anzeigen. Sie finden dort auch den Menübefehl *Extras/Digitale Signatur*. Rufen Sie ihn auf, sehen Sie den Status quo. In einem neuen Projekt wird *[Kein Zertifikat]* ausgewiesen. Die Schaltfläche *Wählen* öffnet eine Liste aller Zertifikate, die auf Ihrem Rechner zur Signatur zur Verfügung stehen. Allerdings wird das von Ihnen erstellte Zertifikat im Moment als nicht vertrauenswürdig eingestuft. Dies können Sie ändern.
4. Lassen Sie das Zertifikat anzeigen.
5. In dem folgenden Dialogfeld wechseln Sie zur Registerkarte *Details*. Hier haben Sie die Möglichkeit, mithilfe eines Assistenten das Zertifikat in eine Datei zu kopieren. Deren Namen können Sie selbst bestimmen, die Endung lautet notwendig *cer*. Auch der Speicherort ist frei wählbar, empfehlenswert ist der Windows-Desktop. So haben Sie bequemen Zugang zur Datei und können darauf doppelklicken.
6. Das Zertifikat wird – mit einem Hinweis auf fehlende Vertrauenswürdigkeit – daraufhin nochmals angezeigt. Jetzt gibt es allerdings eine Schaltfläche mit der Beschriftung *Zertifikat installieren* auf der Registerkarte *Allgemein*. Klicken Sie auf diese Schaltfläche, werden Sie durch den Installationsvorgang geführt.

Tipp Durch die Weitergabe der CER-Datei, auch über ein Netzwerk, können so erstellte Zertifikate auf verschiedenen Rechnern installiert werden und VBA-Projekte später als vertrauenswürdig ausweisen. Achten Sie nochmals auf den Unterschied der Erstellung und der Installation von Zertifikaten. Ein installiertes Zertifikat kann natürlich auf dem fremden Rechner, auf dem es nicht erstellt, aber installiert wurde, nicht zum Signieren von Projekten verwendet werden. Und damit werden Änderungen an Projekten auf anderen Rechnern verhindert – sie verlieren beim Speichern ihre Signatur!

Nach der Installation steht das Zertifikat den Projektsignaturen als vertrauenswürdig zur Verfügung. Die Makros der Begleitdateien zu diesem Kapitel sind signiert, Sie können also etwas experimentieren.

Online Alle vorgestellten Dateien und die darin enthaltenen Beispiele finden Sie im Ordner *Kap32* in den Begleitdateien zu diesem Buch.

Index

B

C

D

E

F

G

H

I

J

K

N

O

P

Q

R

S

T

U

V

W

X

Z